Winkmann

Offizieller Führer des Touring Club Italiano

Trentino-Südtirol
Friaul–Venetien
Emilia-Romagna

Band 2

Atlasteil
28 Routenbeschreibungen
61 Stadtpläne
8 Kartenausschnitte

Kümmerly+Frey

Bei einem Reiseführer dieser Art ist es unvermeidbar, daß trotz größtem Bemühens der Redaktion um äußerste Genauigkeit manche Angaben von den Ereignissen überholt werden. Wir sind unseren Lesern für jeden hilfreichen Hinweis dankbar, um den Italien-Reiseführer auch weiterhin stets auf dem letzten Stand zu halten.

Dieses Werk ist eine durchgreifend aktualisierte Übersetzung des Werkes „Guida Rapida d'Italia".

Redaktion und Bearbeitung: Giovanni Corbella und Carlo Anfosso
Redaktionssekretariat: Carla Gibelli
Karten und Pläne: Kartographische Abteilung des TCI
Grafik und Illustration: Giovanni Filippi und Antonello Vincenti

Aus dem Italienischen übertragen von Martina Frank, Wien
Redaktion und Bearbeitung: Dr. Günter Treffer, Wien
Herstellung: Franz Hanns, Wien
Satz: RSB Fotosatz Ges.m.b.H., Wien

Redaktionsschluß Hotel- und Restaurantteil: August 1984

ISBN 3-259-06102-9

VORWORT

Seit Jahrhunderten ist Italien das klassische Reiseland Europas. Für uns verkörpert es Wärme, Licht und Sonne. Dem Besucher öffnet sich eine Welt von Schönheit, Anmut und Fröhlichkeit. Von den Seen Oberitaliens bis zur Spitze des „Stiefels“ wechselt die Landschaft oft ihr Antlitz – über allem aber liegt der unverwechselbare Zauber dessen, was Italien ausmacht: die innige Verschmelzung von Natur und dem von Menschenhand Geschaffenen. Italien ist das Land der Musik und der Malerei; im Reichtum an Kunstschätzen steht es wohl einzigartig da; aber auch kaum ein anderes Land hat dem Sonnenhungrigen und Badefreudigen so viel zu bieten.

So ist Italien Jahr für Jahr das Urlaubsziel von Millionen. Über die Alpenpässe geht es nach Süden – auf Straßen, die schon die Staufenkaiser benutzten, als sie nach Rom zogen. Die heutige, friedlichere Invasion hat viele Ziele: Manche kommen, um einen unbeschwerten Badeaufenthalt zu genießen; andere gehen auf Kulturreise und pilgern zu den großen Zeugen einer glanzvollen Vergangenheit – und gerade in Italien ist diese Vergangenheit vielleicht lebendiger als sonstwo. Noch andere suchen Erholung und Entspannung und wollen dennoch nicht ganz auf geistige Nahrung verzichten. In Italien können sie beides im Überfluß genießen.

Unter den vielen Italien-Reiseführern nimmt der offizielle Führer des TOURING CLUB ITALIANO dank seinem einzigartigen Reichtum an aktueller Information, seiner Genauigkeit und nicht zuletzt wegen seines hervorragenden Kartenteils einen besonderen Platz ein. Der Verlag KÜMMERLY+FREY ist stolz darauf, nun die erste deutsche Fassung dieses Führers präsentieren zu können.

Bitte beachten Sie die Erläuterungen auf den ersten Seiten – so können Sie wirklich alle Informationen ausnützen.

Wir wünschen Ihnen mit dem neuen KÜMMERLY+FREY-Reiseführer viel Freude und eine gute und sichere Fahrt!

Kümmerly+Frey

Redaktion Italien-Führer

INHALT

Allgemeine Hinweise 4
Kartenteil 7
Entfernungsübersicht 18
Reiseland Italien 19
Die Regionen
Trentino 20
Südtirol 20
Friaul – Julisch Venetien 21
Venetien 22
Emilia – Romagna 23
Routenvorschläge 25
Ortsbeschreibungen 55
Register 305

ALLGEMEINE HINWEISE

Dieser Führer gliedert sich in 4 Teile:

TEIL 1: **Kartenteil**
Auf dieser Übersichtskarte finden Sie alle wichtigen Straßenverbindungen der beschriebenen Regionen. Die Routenvorschläge (Teil 3) sind mit Nummern gekennzeichnet. Alle schwarz gedruckten Orte werden im Teil 4/Ortsbeschreibungen ausführlich behandelt.

TEIL 2: **Die Regionen**
Hier finden Sie eine allgemeine Beschreibung der in diesem Band enthaltenen Regionen.

TEIL 3: **Routenvorschläge**
Falls Sie kein festes Reiseziel haben, wählen Sie aus den empfohlenen Routenvorschlägen – Sie werden über alle wichtigen Sehenswürdigkeiten am Rande der Strecke informiert.

TEIL 4: **Ortsbeschreibungen**
Jede **Ortsbeschreibung** beginnt mit einem **Informationskasten**. Neben dem Ortsnamen finden Sie die Einwohnerzahl, die Seehöhe und die Angabe des Planquadrates, in dem sich der Ort im Kartenteil befindet, eine Kurzbeschreibung des Ortes, die Postleitzahl, die Telefonvorwahlnummer und die Telefonnummer der Touristischen Informationsstelle.

Es folgt die **Hotel- und Restaurantinformation:**
Wenn aus der Fülle von Unterkunfts- und Gaststätten nur einige empfehlenswerte Hotels und Restaurants ausgewählt wurden, so erhebt diese Auswahl weder Ansprüche auf Vollständigkeit noch auf Ausschließlichkeit. Die Einstufung wurde von der Redaktion mit Sorgfalt und Gründlichkeit vorgenommen.
Vor dem Namen des Betriebes finden Sie ein Symbol der entsprechenden Kategorie – Sie können aus dieser Einstufung den ungefähren Preisrahmen ableiten. Wenn ein Betrieb nicht ganzjährig geöffnet ist, zeigt dies ebenfalls ein Symbol an. Es folgt die Adresse, die Telefon- und evt. die Telex-Nummer und die Angabe der Zimmeranzahl (ergänzt mit der Information: mit Bad oder mit Dusche etc.). Die weiteren Symbole zeigen an, was der Betrieb außerdem noch zu bieten hat. In der Klammer am Schluß finden Sie die Lage im Planquadrat des Ortsplanes, der Betrieb ist mit Buchstaben im Plan gekennzeichnet.

Nach dem Hotel und Restaurantverzeichnis folgt eine ausführliche **Ortsbeschreibung** mit Angabe der wichtigen **Sehenswürdigkeiten:**
Ein Stern ⋆ gibt an, daß es sich um ein **sehr interessantes** Objekt handelt, zwei Sterne ⋆⋆ kennzeichnen **einzigartige** Sehenswürdigkeiten. Darüber hinaus werden in größeren Städten Rundgänge vorgeschlagen oder Ausflüge in die nähere Umgebung empfohlen.

Praktische Reisehinweise:

Feiertage: 1. Jänner (Neujahr), 6. Jänner (Erscheinungsfest, Hl. Drei Könige), 25. April (Tag der Befreiung/1945), Ostermontag, 1. Mai (Tag der Arbeit), Himmelfahrt, Frohnleichnam, 2. Juni (Proklamation der Republik – Feiern am darauffolgenden Samstag), 15. August (Ferragosto, Maria Himmelfahrt/Familienfeiertag – der Höhepunkt des Ferienreiseverkehrs innerhalb Italiens), 1. November (Allerheiligen), 4. November (Tag der Nationalen Einheit – Feiern am darauffolgenden Samstag), 8. Dezember (Maria Empfängnis), 25. und 26. Dezember (Weihnachten).

Bitte beachten Sie, daß alle staatlichen Ausgrabungsstätten, Museen und Denkmäler jeden Montag sowie zu Neujahr, am 25. April, am 1. Mai, am 1. Samstag im Juni, am 15. August und zu Weihnachten geschlossen sind.

Reiseinformation: Vor Ihrer Abreise sollten Sie unbedingt die aktuellen Informationen über Reisedokumente, Zoll- und Devisenbestimmungen – wenn Sie mit dem Auto reisen, auch über die Verkehrsvorschriften bei Ihrem Automobil- oder Touringclub bzw. bei Ihrem Reisebüro einholen.

Ärztliche Hilfe: Die ärztliche Betreuung ist wie in Ihrem Heimatland gewährleistet. Meist sprechen die Ärzte eine europäische Umgangssprache. In Städten, in denen ein Konsulat des Heimatlandes vorhanden ist, kann man sich nach dem Vertrauensarzt des Konsulates erkundigen. Bei den Reiseveranstaltern und Automobilclubs liegen Verzeichnisse der deutschsprechenden Ärzte auf. Bitte informieren Sie sich vor Ihrer Abreise bei Ihrem Arzt oder bei der zuständigen Krankenversicherungsanstalt über notwendige Dokumente.

Öffnungszeiten: Banken: Montag bis Freitag 8.30 bis 13.30 Uhr, Sonn- und Feiertags geschlossen. Museen: meist von 9 (10) bis 13 Uhr und 15 (16) bis 18 Uhr, an Montagen normalerweise geschlossen (siehe auch „Feiertage"). Geschäfts-Warenhäuser: in der Regel von 8.30 bis 12.30 Uhr und 15.30 bis 19.30 Uhr geöffnet, in den Ferienorten oft bis spät in den Abend und auch an Sonn- und Feiertagen.

Post-Telefon: Die Postämter sind überwiegend von 9 bis 13 Uhr und von 16 bis 20 Uhr geöffnet (Hauptpostämter in Großstädten bis 22 Uhr).
Vorwahlnummern für den Selbstwählverkehr:

– von der Bundesrepublik Deutschland und der Schweiz nach Italien	0039
– von Österreich nach Italien	040
– von Italien in die BR-Deutschland	0049
– von Italien nach Österreich	0043
– von Italien in die Schweiz	0041

(Es entfällt jeweils die Null vor der Ortskennzahl.)
Die italienischen **Telefonautomaten** funktionieren teilweise mit Geld, in der Regel aber mit Telefonmünzen (Gettoni), die man in Tabakgeschäften und Zeitungskiosken kaufen kann.

LEGENDE KARTENTEIL

ORTE MIT SEHENSWÜRDIGKEITEN

VENEZIA	außerordentlich interessant (eine Reise wert)
MODENA	sehr interessant (auch Eilige sollten hier halten)
Palmanova	interessant

URLAUBSORTE

Merano	besonders wichtig
Riccione	sehr wichtig
Moena	wichtig

KURORTE

Abano Terme	besonders wichtig
Levico Terme	sehr wichtig
Monticelli Terme	wichtig

HOTELS

- Orte mit einem/mehreren Luxushotels (oder 1. Kategorie)
- Orte mit einem/mehreren Hotels 2. Kategorie
- Orte mit einem/mehreren Hotels 3. Kategorie
- Orte mit einem/mehreren Hotels 4. Kategorie
- einzelstehendes Hotel

NUMMER DER ROUTENBESCHREIBUNG

STRASSEN UND EISENBAHNEN

- A 2 Area di servizio Stazione — Autobahnen mit Mittelstreifen
- Autobahnen ohne Mittelstreifen
- Schnellstraßen mit 2 Fahrbahnen je Richtung
- Schnellstraßen mit 1 Fahrbahn je Richtung
- a 4 corsie — Regionalstraßen
- Nebenstraßen
- wichtige Eisenbahnlinie
- Nebenlinie

SYMBOLE

- Kloster (einzelstehend)
- Burg (einzelstehend)
- Ausgrabung
- Grotte
- Zoll
- Seilbahn
- Schiffslinie (Fähre)
- Staatsgrenze
- Regionengrenze
- Provinzgrenze

KARTENTEIL

Maßstab 1:800.000

1 cm = 8 km

Seiteneinteilung:

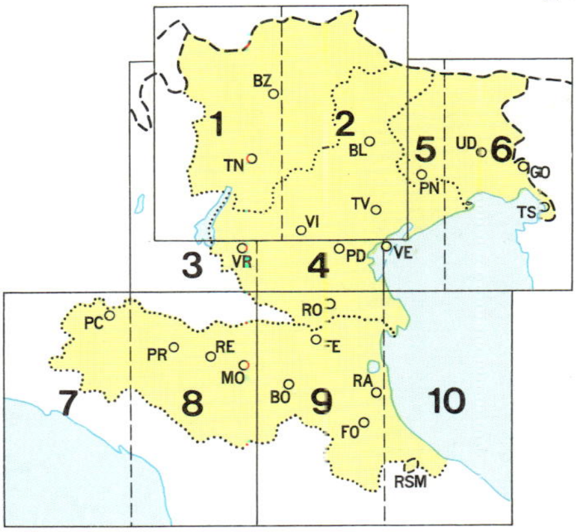

REGIONEN UND PROVINZEN

TRENTINO – SÜDTIROL/TRENTINO – ALTO ADIGE

Bozen/Bolzano (BZ)
Trient/Trento (TN)

VENETIEN/VENETO

Belluno (BL)
Padua/Padova (PD)
Rovigo (RO)
Treviso (TV)
Venedig/Venezia (VE)
Verona (VR)
Vicenza (VI)

FRIAUL – JUL. VENETIEN/FRIULI – VENEZIA GIULIA

Görz/Gorizia (GO)
Pordenone (PN)
Triest/Trieste (TS)
Udine (UD)

EMILIA – ROMAGNA

Bologna (BO)
Ferrara (FE)
Forli (FO)
Modena (MO)
Parma (PR)
Piacenza (PC)
Ravenna (RA)
Reggio nell' Emilia (RE)

Alle im nachfolgenden Kartenteil schwarz gedruckten Orte werden im Ortsteil (Seite 55) ausführlich beschrieben.

1
S. Anton-a-Arlberg
Landeck
Kappl
Prutz
Ischgl
Serfaus
Feuchten
St. Leonhard
Längenfeld
Schrankogel
3500
Gschnitz
Ranalt
Galtür
Samnaun
1835
Stuben
Hochfinstermünz
Mittelberg
1734
Sölden
Zuckerhütl
3507
Zwieselstein
Fleres
Ridanna
Timmelsjoch
2433
Gepatschhaus
1928
Wildspitze
3774
Vent
1893
Angern
Obergurgl
1927
Jaufenpass
2094
Martina (Martinsbruck)
3399
Nauders
1365
Reschenpass
1507
Reschen
Melago
Moso in Pass.
St. Leonhard
693
Ardez
Scuol/Schuls
Tarasp
Curon Venosta
3738
Weisskugel
Alb. Maso Corto
3597
Similáun
3479
S. Martino in Pass.
Riobianco
5
S. Valentino alla Muta
V. Senáles
Madonna di Senáles
3336
Rifiano
Tirolo
2781
Abb. di M. Maria
Lagundo
Foresta
Scena
Mals
Meran
Glurns
Sluderno
Spondigna
Schlanders
Naturns
1824
1290
Avelengo
Campola
961
Pass dal Fuorn (Ofenpass)
2149
Tubre
Müstair
4
Lasa
Prad a. Stilfser Joch
Láces
S. Vigilio
Lana
Postal
Méltina
Tschierv
S. Maria im M.
Adige
S. Pancrázio
Gomagoi
Último
S. Genésio Atesino
1087
L. di S. Giacomo
2502
Trafoi
3544
Le Palade
1518
Terlano
P.so di Foscagno
2291
Stilfser Joch
Sulden
1906
Gioveretto
3438
Senale
BOZEN
3905
Ortler
Parco Nazionale dello Stélvio
Bagni di Bórmio
Bórmio
Paradiso al Cevedale
S. Gertrude
2
Fondo
Eppan
Cevedale
3769
Marcena
Ronzone
1217
1363
S. Caterina Valfurva
Bagni di Rabbi
Cavareno
Revò
Mendelpass
Kaltern
S. António Morignone
P.so di Gávia
Péio Terme
Malè
738
Cles
2116
M. Roen
3
Auer
Sóndalo
Mezzana
Tuenno
Pellizzano
Dimaro
Dermulo
Vermiglio
Folgárida
2
Egna
Grósio
Campo Carlo Magno
1682
L. di Tóvel
Ponte di Legno
1883
P.so d. Tonale
Temù
Mezzolombardo
Salorno
P.so d. Mortirolo
1896
Vezza d'Oglio
3556
Madonna di Campiglio
1500
Tirano
450
Presanella
Brenta
Fai
d. Paganella
S. Michele all'Adige
Édolo
690
Cembra
Aprica
3554
Adamello
Carisolo
Pinzolo
3150
Ándalo
2125
Paganella
Molveno
Baselga di P.
Lavis
3
Vezzano
TRENTO
Pérgine Valsugana
Saviore d. Adamello
Vigo Rendena
L. di Malga Bissina
Sténico
M. Bondone
292
S. Cristoforo
Cedégolo
Sarca
Tione di Trento
Ponte d. Arche
Comano Terme
L. di Caldonazzo
Lévico Terme
P.so del Vivione
Capo di Ponte
2
Lardaro
Ballino
Dro
Drena
Oglio
Borno
Breno
3
Tenno
Arco
Lavarone
Bienno
Calliano
1350
P.so di Croce Dominii
1892
Condino
Bezzecca
Riva d. Garda
Rovereto
Folgaria
Darfo
Pieve di Ledro
Mori
Serrada
2162
Storo
Tórbole
Tonezza
2070
Bagolino
1225
Pedescala
Cáffaro
1694
M. Pasubio
2235
Cóllio
1662
Limone s. Garda
Brentónico
Arsiero
Bóvegno
P.so d. Maniva
Tremósine
San Valentino
Pósina
Magasa
Ráossi
1056
Anfo
Lago d'Idro
Malcésine
Ala
Pian d. Fugazze
1159
Valli d. Pasubio
Tignale
Avio
Schio
Idro
Brozzo
1
671
Vestone
Gardone Val Trómpia
Casto
Barghe
Gargnano
Brenzone
1546
1399
1820
Recoaro Terme
Ferrara di M. Baldo
Peri
Valdagno
Lumezzane
Toscolano-Maderno
S. Zeno di M.
Giazza
Caprino V.
939
Castelvecchio
Tórmini
Gardone Riv.
S. Anna d'Alfaedo
Bosco Chiesanuova
Bolca
Nave
574
Salò
Torri d. Benaco
Roveré V.
Gavardo
Dolcè
Cerro Ver.
Badia Calavena
Crespadoro
Chiampo
BRÉSCIA
149
Manerba d. G.
3
S. Vigilio
Garda
Fane
Volargne
Pedemonte
Grezzana
Rezzato
Bardolino
Cisano
Arzignano
A
B
C
D
E
F

2
Kasern
Hintertun
Steinach
Rosswand
3158
Gross Venediger
3674
Glockenkar-Kopf
2911
1
2
3
Gries am Brenner
Brennerpass
1375
Brenner
Caserel
Hinterbichl
Prägraten
Matrei in Osttirol
Cadipietra
Pso di Vizze
2251
Terme di Brennero
S. Giácomo di Vizze
3510
Gran Pilastro
Lutago
971
Riva di Túres
1595
Hochgall
34
Erlsbach
1569
St. Jakob
Huben
A
Isel
A22
Gossensass
3134
Lappago
1436
Sand in Taufers
Molini di Túres
Sterzing
2048
Anterselva
Hochgrabe
2952
Múles
S. Maddalena Vallalta
5
Vandóies
Pso di Pennes
2214
Rio di Pusteria
838
Bruneck
Welsberg
Innervillgraten
Mitewald
Fortezza
S. Lorenzo di Sebato
Olang
Niederdorf
Toblach
Prato alla Drava
Sillian
Drava
Obertilliach
Novacella
Luson
Longega
St. Vigil
1495
Prags
Innichen
Sexten
1450
B
Brixen
Plose
Plàncios
1894
Marebbe
L. di Bráies
10
Pso M. Croce di Comélico
1636
Chiusa
S. Maddalena di Fúnes
Pederü
Croda Rossa
3139
11
Badia
Carbonin
2999
Tre Cime di Lavaredo
Comélico
S. Stéfano di Cadore
Castelrotto
St. Ulrich
St. Christina
Colfosco
Pedráces
la Villa
Cristallo
3221
Misurina
Candide
1482
Ponte Gardena
Wolkenstein
Grödner Joch
2121
S. Cassiano
Tofane
3243
Pso Tre Croci
1814
Pocol
Pso di Falzárego
2105
Cortina d'Ampezzo
Auronzo di Cad.
2932
Seis
Seiser Alm
7
Sella
3151
Corvara in Badia
1875
Fiè
Sellajoch
Arabba
2236
Lozzo di Cadore
Vigo di Cad.
1797
Lorenzago di Cad.
1295
Prato all'Isarco
Canazei
Campitello di Fassa
Pso Pordoi
2239
Pieve di Liv.
2057
Selva di Cadore
S. Vito di Cadore
Antelao
3263
Calalzo di Cad.
Pso d. Máuria
C
Tires
1690
6
Caprile
Colle S. Lucia
Borca di C.
Venas
Pieve di Cadore
Welschnofen
Vigo di F.
Pozza di Fassa
3343
Marmolada
Rocca Piétore
Malga Ciapèla
Álleghe
1773
3158
Pelmo
Boite
Deutschnofen
Carezza al Lago
1745
Karerpass
Moena
Pso di S. Pellegrino
1918
Zoldo Alto
3218
Flla Cibiana
1536
Perarolo di Cad.
Forni
Pso di Lavazè
1805
Pso di Valles
2033
Falcade
M. Civetta
9
Cencenighe Agordino
1601
Forno di Zoldo
la Pussa
Ospitale di Cadore
5
Avisio
Bellamonte
Varena
Predazzo
Pso di Rolle
Tésero
1970
3192
Ágordo
611
la Valle Agordina
827
Cimolais
Cláut
Cavalese
Panchià
8
S. Martino di Castrozza
Pale di S. Martino
Frassenè
1299
Longarone
Erto
Castello di F.
Flla Aurine
Gosaldo
Piave
Cismon
Fiera di Primiero
Pso di Cereda
1369
D
Cima d'Asta
2847
Canal S. Bovo
Tonadico
Primiero
988
Mezzano
BELLUNO
Vignole
Ponte n. Alpi
Alpago
Montereale Valcellina
Piano del Cavallo
Farra d'Alpago
Pso d. Brocon
1616
Sédico
S. Croce
488
Cansiglio
Aviano
Roncegno
Strigno
Castello Tesino
Croce d'Aune
1011
Mel
Lentiai
13
Nevegal
la Crosetta
1124
Borgo Valsugana
M. Ortigara
2105
Grigno
Fonzaso
Arten
Feltre
Pso di S. Boldo
706
Revine
Vittório Véneto
Arsiè
Primolano
1062
Sacile
E
Énego
Follina
Cismon d. Grappa
Valdobbiádene
Pieve di Soligo
Conegliano
2
Gállio
999
Asiago
Brenta
M. Grappa
1775
Pederobba
16
Possagno
Susegana
Cesuna
Valstagna
Cornuda
Nervesa d. Battáglia
Maser
Ásolo
Oderzo
Lusiana
128
Bassano d. Grappa
Montebelluna
Spresiano
Motta di Livenza
Maróstica
Piovene
Nove
Rosà
Riese Pio X
A27
Ponte di Piave
Thiene
Breganze
TREVISO
F
Castelfranco Veneto
Paese
S. Biágio di Callalta
Malo
Sandrigo
Cittadella
15
Resana
Motta
Zerman
Campo san piero
Scorzè
Mogliano Veneto
4
Montecchio Magg.
VICENZA
1
2
3
Noale
Piazzola s. Brenta
Campo
Mestre
Portegrandi
Torcello

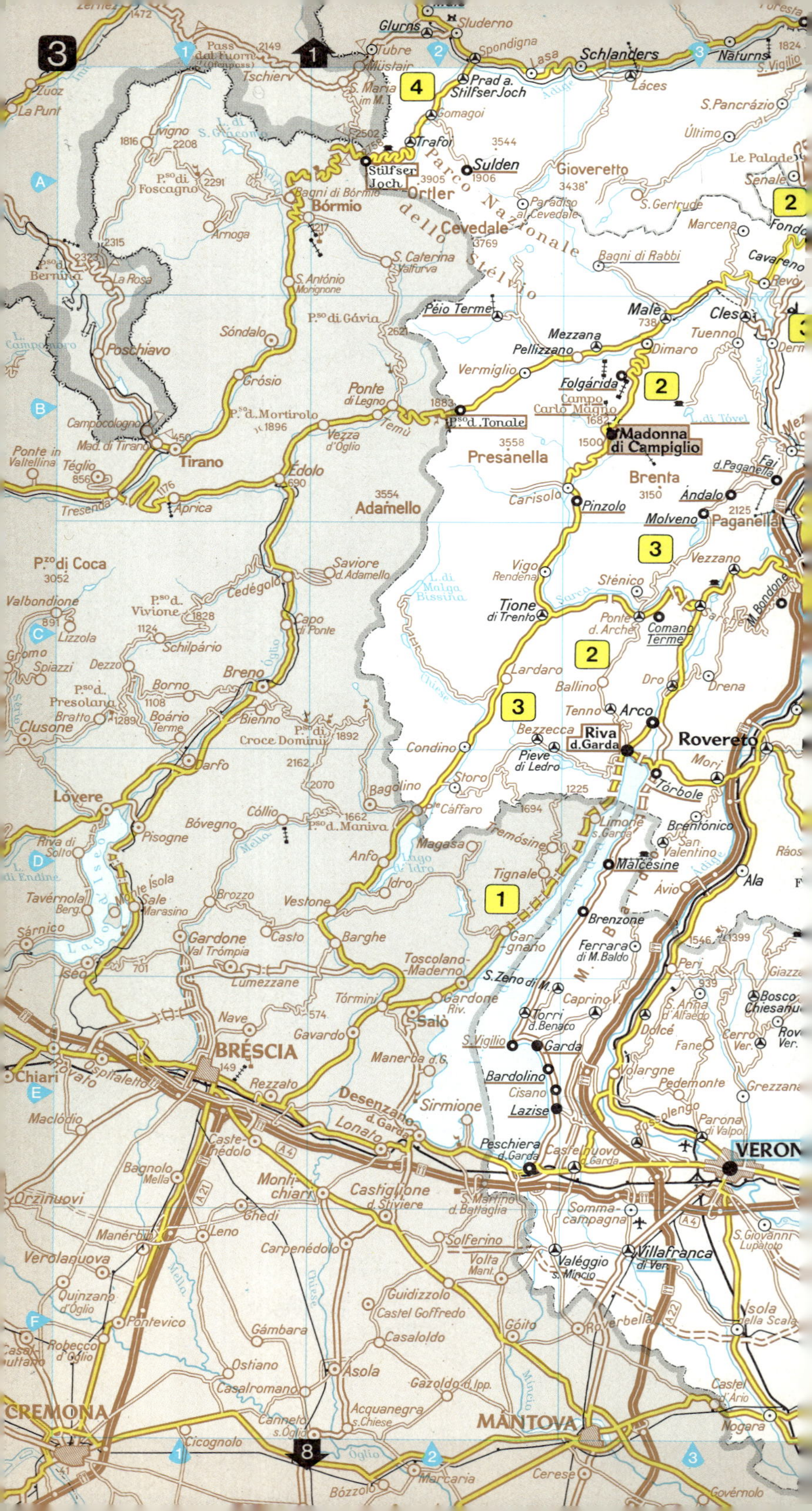
3
Zuoz
La Punt
Pass dal Fuorn (Ofenpass)
2149
Tschierv
Müstair
Tubre
Glurns
Sluderno
Spondigna
Lasa
Schlanders
Naturns
S. Vigilio
Prad a. Stilfser Joch
Láces
S. Pancrázio
Último
Le Palade
Senale
Fondo
Gomagoi
Trafoi
Stilfser Joch
Sulden
3905
Ortler
3544
Gioveretto
3438
Paradiso al Cevedale
S. Gertrude
Marcena
Cavareno
Revò
Livigno
2208
L. di S. Giácomo
2502
P.so di Foscagno
2291
Bagni di Bórmio
Bórmio
1217
Parco Nazionale dello Stélvio
Cevedale
3769
Bagni di Rabbi
Arnoga
2315
P.so di Bernina
2323
La Rosa
S. Caterina Valfurva
S. António Morignone
Péio Terme
Malè
738
Cles
Tuenno
Dimaro
Mezzana
Pellizzano
Vermiglio
Folgárida
Campo Carlo Magno
1682
L. di Tóvel
Sóndalo
P.so di Gávia
2621
L. Campocologno
Poschiavo
Grósio
Ponte di Legno
Temù
1883
P.so d. Tonale
Presanella
3558
Madonna di Campiglio
1500
Brenta
3150
d. Paganella
Fai
Ándalo
2125
Molveno
Paganella
Campocologno
P.so d. Mortirolo
1896
Vezza d'Oglio
Mad. di Tirano
450
Tirano
Ponte in Valtellina
Téglio
856
Trésenda
1176
Áprica
Édolo
690
Adamello
3554
Carisolo
Pinzolo
P.zo di Coca
3052
Saviore d. Adamello
L. di Malga Bissina
Vigo Rendena
Sténico
Vezzano
Valbondione
891
Lizzola
P.so d. Vivione
1828
1124
Schilpário
Cedégolo
Capo di Ponte
Tione di Trento
Ponte d. Arche
Comano Terme
M. Bondone
Gromo
Spiazzi
Dezzo
P.so d. Presolana
1108
Borno
Breno
Lardaro
Ballino
Dro
Drena
Clusone
Bratto
1289
Boário Terme
Bienno
P.so di Croce Dominii
1892
Tenno
Arco
Bezzecca
Riva d. Garda
Rovereto
Condino
Pieve di Ledro
Mori
Lóvere
Darfo
2162
2070
Bagolino
Storo
1225
Tórbole
Riva di Solto
Pisogne
Bóvegno
Cóllio
1662
P.so d. Maniva
P.te Cáffaro
1694
Limone s. Garda
Brentónico
San Valentino
Tremósine
Magasa
Lago d'Iseo
L. di Endine
Monte Ísola
Anfo
Lago d'Idro
Tignale
Malcésine
Ala
Avio
Ráossi
Tavérnola Berg.
Sale Marasino
Brozzo
Idro
Vestone
Brenzone
1546
1399
Sárnico
Gardone Val Trómpia
Casto
Barghe
Gargnano
Ferrara di M. Baldo
Iseo
701
Lumezzane
Toscolano-Maderno
S. Zeno di M.
Peri
Giazza
939
Bosco Chiesanuova
Caprino V.
Tórmini
Gardone Riv.
S. Anna d'Alfaedo
Nave
574
Salò
Torri d. Benaco
Dolcè
Cerro Ver.
Rovere Ver.
Gavardo
S. Vigilio
Garda
Fane
BRESCIA
149
Chiari
Rovato
Ospitaletto
Manerba d.G.
Bardolino
Volargne
Pedemonte
Grezzana
Rezzato
Cisano
Desenzano d. Garda
Sirmione
Lazise
Parona di Valpol.
Pescantina
Maclódio
Lonato
Peschiera d. Garda
Castelnuovo d. Garda
VERONA
Castenédolo
A4
Bagnolo Mella
Montichiari
Castiglione d. Stiviere
S. Martino d. Battaglia
Sommacampagna
Orzinuovi
Ghedi
A21
Manérbio
Leno
Solferino
S. Giovanni Lupatoto
Carpenédolo
Volta Mant.
Valéggio s. Mincio
Villafranca di Ver.
Verolanuova
Quinzano d'Oglio
Guidizzolo
Castel Goffredo
Góito
Roverbella
Ísola della Scala
A22
Pontevico
Gámbara
Casaloldo
Robecco d'Oglio
Ostiano
Ásola
Gazoldo d. Ipp.
Castel d'Ario
Casalromano
Acquanegra s. Chiese
CREMONA
Canneto s. Oglio
MANTOVA
Nogara
Cicognolo
Marcaria
Cerese
Bózzolo
Govérnolo
Oglio
Chiese
Mincio
Adige
Sarca
Noce
Mella
1472
1824
1906
3
2
4
1
8
A
B
C
D
E
F

Meran
Campolasta
Sarentino
Chiusa
Avelengo
S. Maddalena di Fúnes
Plancios
Marebbe
Croda Rossa
Federa
Postal
Méltina
Soprabolzano
Renòn
S. Genésio Atesino
Terlano
BOZEN
Eppan
Kaltern
Láives
Deutschnofen
Welschnofen
Tires
Prato all'Isarco
Fiè
Seis
Seiser Alm
Castelrotto
Ponte Gardena
St. Ulrich
St. Christina
Wolkenstein
Grödner Joch
Colfosco
Badia
Pedráces
la Villa
S. Cassiano
Corvara in Badia
Sella
Sellajoch
Canazei
Campitello di Fassa
Pozza di Fassa
Vigo di F.
Carezza al Lago
Karerpass
Moena
Arabba
Pso Pordoi
Pieve di Liv.
Caprile
Rocca Piétore
Marmolada
Malga Ciapéla
Pso di S. Pellegrino
Pso di Válles
Falcade
Tofane
Pso di Falzárego
Cristallo
Misurina
Pso Tre Croci
Cortina d'Ampezzo
Antelao
S. Vito di Cadore
Borca di C.
Selva di Cadore
Colle S. Lucia
Pelmo
Alleghe
Zoldo Alto
M. Civetta
Fla Cibiana
Forno di Zoldo
Cencenighe Agordino
Ágordo
la Valle Agordina
Longarone
Auer
Pso di Lavazè
Egna
S. Lugano
Castello di F.
Varena
Tésero
Predazzo
Bellamonte
Cavalese
Panchià
Pso di Rolle
S. Martino di Castrozza
Pale di S. Martino
Frassenè
F. Aurine
Gosaldo
Salorno
Sover
S. Michele all'Adige
Brusago
Cembra
Cima d'Asta
Fiera di Primiero
Pso di Cereda
Tonadico
Canal S. Bovo
Primiero
Mezzano
Baselga di Pinè
Pso d. Brocon
TRENTO
Pergine Valsugana
S. Cristoforo
Vetriolo Terme
Roncegno
Strigno
Castello Tesino
Croce d'Áune
Borgo Valsugana
M. Ortigara
Grigno
Lévico Terme
Sella
Fonzaso
Arsiè
Artén
Feltre
BELLUNO
Vignole
Ponte
Sédico
Mel
Lentiai
Pso di S. Boldo
Revine
Nevegal
Vittório Véneto
Follina
Lavarone
Primolano
Énego
Cismon d. Grappa
Valdobbiádene
Pieve di Soligo
Conegliano
Gállio
Roana
Asiago
M. Grappa
Pederobba
Possagno
Cornuda
Nervesa d. Battáglia
Susegana
Serrada
Tonezza
Pedescala
M. Pasubio
Cesuna
Valstagna
Ásolo
Masèr
Arsiero
Pósina
Valli d. Pasúbio
Piovene
Lusiana
Maróstica
Bassano d. Grappa
Montebelluna
Spresiano
Riese Pio X
Schio
Thiene
Nove
Rosà
Breganze
Castelfranco Veneto
TREVISO
Paese
Recoaro Terme
Valdagno
Malo
Sandrigo
Cittadella
Resana
Castelvécchio
Bolca
Vestenanova
Molvena
VICENZA
Chiampo
Badia Calavena
Montécchio Magg.
Arzignano
Tregnago
Montebello Vicentino
Camposampiero
Scorzè
Zerman
Mogliano Veneto
Noale
Piazzola s. Brenta
Campo darsego
Mirano
Mestre
Marghera
Soave
Longare
Grisignano di Zocco
PÁDOVA
Ábano Terme
Stra
Dolo
Mira
Malcontenta
VENÉZIA
S. Bonifácio
Zevio
Barbarano Vicent.
Lonigo
Ponte di B.
Sossano
Téolo
Montegrotto Terme
Legnaro
Albaredo d'Adige
Cologna Ven.
Noventa Vic.
Galzignano
Arquà Petrarca
Battáglia Terme
Piove di Sacco
Chióggia
Este
Monsélice
Conselve
Minerbe
Montagnana
Bagnoli di Sopra
Cerea
Legnago
Sanguinetto
Solesino
Cona
Casalagnaro
Stanghella
Cavarzere
Badia Polesine
Lendinara
ROVIGO
Rosolina

5
2
11
17
9
13
18
16
15
22
4
9
1
2
3
A
B
C
D
E
F
Croda Rossa
3139
S.Maddalena di Fúnes
Badía
Pedrů
P.so M.Croce di Comélico
Tre Cime di Lavaredo
Comélico
Forni Avoltri
Collina
Ulrich
St.Christina
Colfosco
Wolkenstein
Grödner Joch
2121
Pedráces
la Villa
S.Cassiano
Tofane
3243
Cristallo
3221
Misurina
P.so Tre Croci
1814
Corvara in Badia
Sella
3151
1875
2105
P.so di Falzárego
Poco
Cortina d'Ampezzo
Auronzo di Cad.
2932
Candide
1482
S.Stéfano di Cadore
Sappada
Rigolato
Comeglians
Vigo di Cad.
Lozzo di Cadore
1797
Lorenzago di Cad.
Sáuris
Arabba
2239
2236
P.so Pordoi
Pieve di Liv.
Canazei
2057
Selva di Cadore
S.Vito di Cadore
Antelao
3263
Calalzo di Cad.
P.so d.Máuria
1295
Forni di Sopra
Ampezzo
560
Pozza di Fassa
Marmolada
3343
Malga Ciapéla
Caprile
Rocca Piétore
Colle S.Lucia
3168
Pelmo
Borca di C.
Venas
Pieve di Cadore
Bóite
Alleghe
1773
Zoldo Alto
3218
Forni di Sotto
660
Tagliamento
Moena
P.so di S.Pellegrino
1918
F.lla Cibiana
1536
Perarolo di Cad.
la Pussa
F.lla di M.Rest
1052
M.Civetta
P.so di Valles
Falcade
2033
Cencenighe Agordino
Forno di Zoldo
1601
Ospitale di Cadore
Tramonti di Sopra
Predamonte
P.so di Rolle
1970
3192
Ágordo
611
la Valle Agordina
Longarone
827
Erto
Cimolàis
Cláut
S.Martino di Castrozza
Pale di S.Martino
Frassené
1299
F.lla Aurine
Gosaldo
Cismon
Piave
Meduno
Fiera di Primiero
P.so di Cereda
1369
Tonadico
Canal S.Bovo
Primiero
988
Mezzano
Ponte n.Alpi
Alpago
Bárcis
Maniago
Montereale Valcellina
Sequals
BELLUNO
Vignole
Farra d'Alpago
Piano del Cavallo
Spilimbergo
1616
Sédico
S.Croce
488
Cansiglio
S.Martino di Campagna
Aviano
Croce d'Aune
1011
Fonzaso
Arten
Mel
Lentiai
Nevegal
la Crosetta
1120
S.Giorgio d.Richinvelda
P.so di S.Boldo
706
Revine
Feltre
Vittório Véneto
Casarsa d.Delizia
Arsie
1062
Follina
Sacile
PORDENONE
Cismon d.Grappa
Valdobbiádene
Pieve di Soligo
Conegliano
A28
S.Vito al Tagl.
Sesto al Reghena
M.Grappa
1775
Pederobba
Possagno
Cornuda
Susegana
Meduna
Villotta
Masèr
Nervesa d.Battáglia
Ásolo
Spresiano
Oderzo
Livenza
Motta di Livenza
A4
Bassano d.Grappa
Montebelluna
128
Nove
Rosà
Riese Pio X
A27
Ponte di Piave
Concórdia Sagittaria
TREVISO
Castelfranco Véneto
Paese
S.Biágio di Callalta
Céggia
Cittadella
Resana
S.Donà di Piave
S.Giórgio di Livenza
Brenta
Zerman
Scorzè
Eraclea
Camposampiero
Mogliano Veneto
Jésolo
Noale
Portegrandi
Eraclea Mare
Piazzola s.Brenta
Campo dársego
Mestre
Torcello
Lido di Jésolo
Mirano
Burano
Cavallino
Marghera
Murano
Punta Sabbioni
VENEZIA
Sira
Dolo
Mira
Malcontenta
Lido
PÁDOVA
Ábano Terme
Alberoni
Legnaro
Montegrotto Terme
602
Battaglia Terme
Piove di Sacco
Pellestrina
Este
Monsélice
Chióggia
Conselve
Sottomarina
Bagnoli di Sopra
A13
Cona
Anguillara Véneta
Adige
Stanghella
Cavárzere
Rosolina Mare
I. Albarella
ROVIGO
Rosolina
G
V e

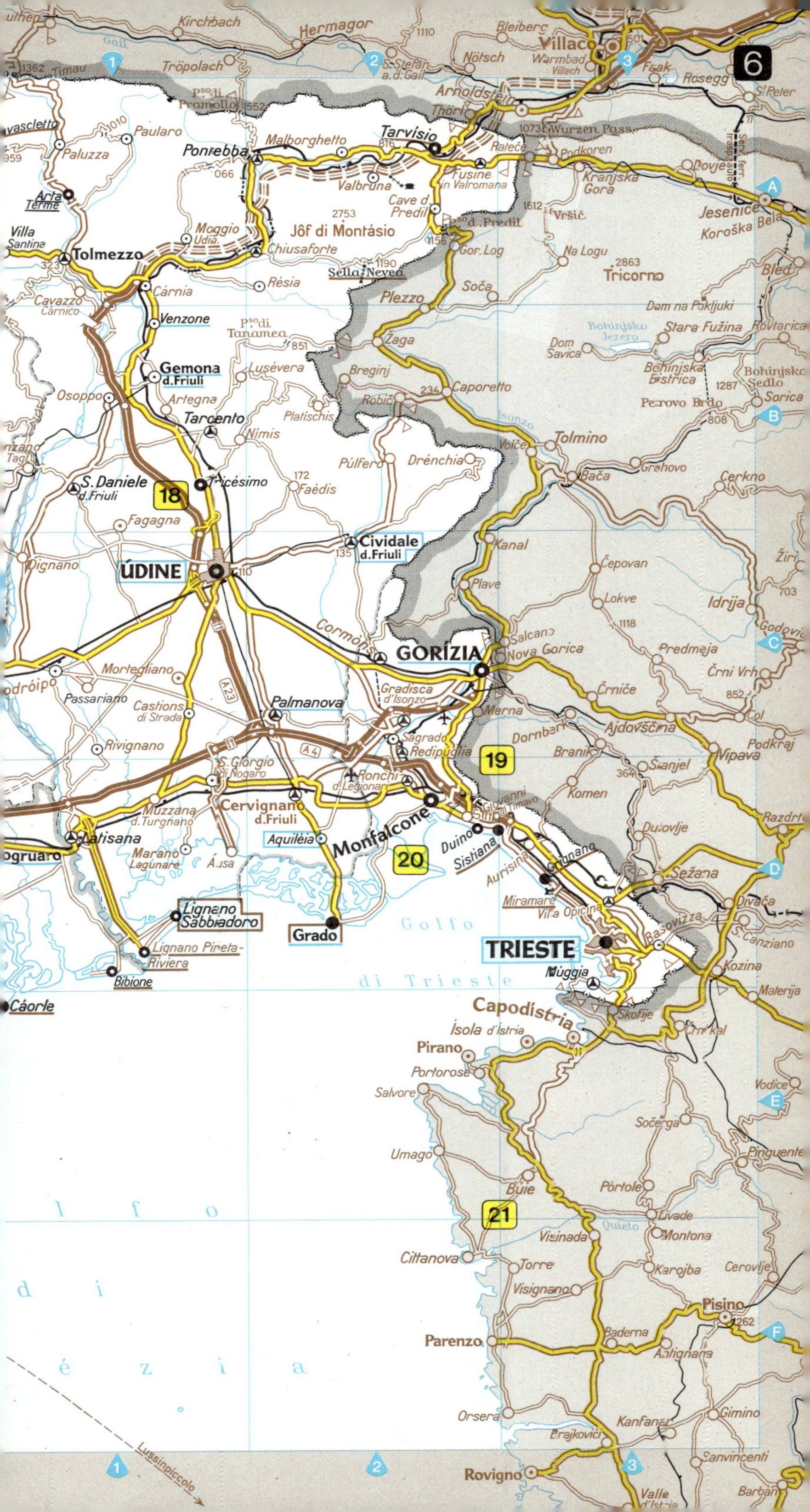
6
Kirchbach
Hermagor
Bleiberg
Villaco
Tröpolach
S. Stefan a.d. Gail
Nötsch
Warmbad Villach
Faak
Rosegg
Timau
Gail
P.so di Pramollo 1552
Arnoldstein
Thörl
St. Peter
Paularo
Paluzza
Pontebba
Malborghetto
Tarvisio
Rateče
Wurzen Pass
Podkoren
Kranjska Gora
Dovje
Arta Terme
Valbruna
Fusine in Valromana
Cave d. Predil
Jesenice
Koroška Bela
Villa Santina
Tolmezzo
Moggio Udin.
Jôf di Montásio
2753
P.so d. Predil
Vršič
Chiusaforte
Gor. Log
Na Logu
Tricorno
2863
Sella Nevea
Résia
Cárnia
Cavazzo Cárnico
Soča
Plezzo
Bled
Dom na Pokljuki
Venzone
P.so di Tanamea
Žaga
Bohinjsko Jezero
Stara Fužina
Rovtarica
Dom Savica
Bohinjska Bistrica
Gemona d. Friuli
Lusévera
Breginj
Caporetto
Bohinjsko Sedlo
Sorica
Osoppo
Artegna
Platischis
Robič
Petrovo Brdo
Tarcento
Isonzo
Tolmino
Nímis
Volče
Púlfero
Drénchia
Bača
Grahovo
Cerkno
S. Daniele d. Friuli
Tricésimo
Faédis
18
Fagagna
Cividale d. Friuli
Kanal
Dignano
ÚDINE
Čepovan
Žiri
Plave
Lokve
Idrija
Godovič
Cormòns
GORÍZIA
Salcano
Nova Gorica
Predmeja
Mortegliano
Črniče
Črni Vrh
Passariano
Castions di Strada
Gradisca d'Isonzo
Palmanova
Merna
Col
A23
Ajdovščina
Dornberk
Rivignano
Sagrado
Redipuglia
Branik
Podkraj
Vipava
A 4
19
S. Giorgio di Nogaro
Štanjel
Ronchi d. Legionari
Komen
Cervignano d. Friuli
Muzzana d. Turgnano
Monfalcone
S. Giovanni al Timavo
Razdrto
Latisana
Duino
Dutovlje
Aquiléia
Sistiana
Marano Lagunare
Ausa
20
Aurisina
Sežana
Miramare
Villa Opicina
Divača
Lignano Sabbiadoro
Grado
Golfo
Basovizza
S. Canziano
Lignano Pineta-Riviera
TRIESTE
Kozina
Bibione
di Trieste
Múggia
Materija
Cáorle
Capodístria
Škofije
Črni Kal
Ísola d'Istria
Pirano
Portorose
Vodice
Salvore
Sočerga
Umago
Pinguente
Buie
Pórtole
21
Livade
Quieto
Montona
Visinada
Cittanova
Torre
Karojba
Cerovlje
Visignano
Pisino
Parenzo
Baderna
Antignana
Orsera
Kanfanar
Gimino
Brajkovići
Canvincenti
Rovigno
Valle d'Istria
Barban
Lussinpiccolo
Golfo di Venezia

Garlasco
Gropello Cairoli
PAVIA
S. Martino Siccomario
Belgioioso
Terme di Miradolo
Casalpusterlengo
Pizzighettone
Codogno
CREMONA
Corteolona
S. Colombano al Lambro
Sannazzaro de' Burgondi
Po
Bressana
Stradella
A21
Monticelli d'Ongina
A7
Casei Gerola
Broni
Castel S.Giovanni
Rottofreno
PIACENZA
Caorso
Castelnuovo Scr.
Voghera
Casteggio
Borgonovo Val Tidone
Pontenure
Corte-maggiore
Pontecurone
Montalto Pavese
S.Maria d.Versa
Agazzano
S.Giorgio Piac.
Rivanazzano
Pianello Val Tidone
Grazzano Visc.
Fiorenzuola d'Arda
Salice Terme
Godiasco
Nibbiano
Rivergaro
Carpaneto Piacentino
Tortona
Zavattarello
Trebbia
Ponte-d.Olio
28
Castel-l'Arquato
Cortina V.
S.Alberto di Butrio
Varzi
Villalvérnia
Perino
Lugagnano Val d'Arda
Salso-maggiore Terme
Garbagna
P.so d. Penice
1149
S.Sebastiano Curone
S.Margherita di Staff.
Bóbbio
760
Béttola
VELLÉIA
Vernasca
Brallo
951
Caldirola
Serravalle Scrívia
Marságlia
Farini d'Olmo
Morfasso
Pellegrino Parmense
Bore
1724
Cabella Ligure
P.so d. Pelizzone
1029
Arquata Scrivia
Montaldo di Cósola
Varsi
Varano de' Melegari
Voltaggio
Ronco Scrivia
Ottone
Ferriere
Bardi
Vóbbia
Busalla
P.so d. Giovi 772
Crocefieschi
1597
Fontanigorda
S.Stéfano d'Aveto
Casella
Torriglia
Rezzoáglio
Taro
Montóggio
Montebruno
Borgo Val di Taro
Berceto
Bedónia
Pontedecimo
625
P.so d.Scoffera
876
Tarsogno
P.so d.Cisa
1039
Doria
953
A12
Borzonasca
956
P.so di Cento Croci
1055
Montelungo
S. Pier d'Arena
Úscio
Cicagna
P.so d.Bocco
Lago
GÉNOVA
Sturla
Nervi
Rapallo
Pontrémoli
Bogliasco
Pieve Ligure
Sori
Recco
Varese Ligure
Zeri
Camogli
Ruta
S.Pietro Vara
1047
S.Fruttuoso
Portofino
S.Margherita L.
Zoagli
Chiávari
Lavagna
Cavi
Castiglione Chiáv.
P.so d. Bracco
Sesta Godano
Villafranca in Lunig.
A15
Sestri Levante
613
Monéglia
Déiva Marina
Framura
Borghetto di Vara
A12
Vara
Bonassola
Lévanto
Fegina
Monterosso al Mare
Cinque Terre
Via Aurélia
Riomaggiore
LA SPÉZIA
Portovénere
I. Palmária
Lérici
Tellaro
Bocca di Magra
Golfo di Génova
M. LÍGURE
A
B
C
D
E
F
1
2
3

8
Asola
Casalromano
Gazoldo d. Ipp.
Mincio
Castel d'Ario
Sanguinetto
Canneto s.Oglio
Acquanegra s.Chiese
3
MANTOVA
Nogara
1
2
Cicognolo
Oglio
Piadena
Marcaria
Cerese
Bòzzolo
Gazzuolo
Gavèrnolo
S.Daniele Po
S.Giovanni in Croce
Rivarolo Mant.
Borgoforte
Po
S.Benedetto Po
Révere
A
Zibello
Roccabianca
Quistello
Poggio Rusco
Busseto
Casalmaggiore
Sabbioneta
Suzzara
27
Soragna
Luzzara
Gonzaga
Reggiolo
Móglia
Concórdia s.Sècchia
Colorno
Viadana
Guastalla
S.Secondo Parm.
Fontanellato
Brescello
Gualtieri
Mirándola
A1
Novi di Mod.
A22
Sórbolo
Novellara
Cavezzo
Ponte Taro
Poviglio
Noceto
Tabiano Bagni
PARMA
Corréggio
Carpi
B
Medesano
S.Ilario d'Enza
Cadelbosco di Sopra
Sorbara
Collécchio
Monticelli Terme
A15
25
Montécchio Em.
Felino
Monte-chiarúgolo
RÉGGIO NELL'EMÍLIA
Nonántola
Fornovo di Taro
MÓDENA
24
Torrechiara
35
Rubiera
Bardone
Langhirano
Traversètolo
S.Polo d'Enza
Castelfranco Emilia
Calestano
Ciano d'Enza
Vezzano sul Cróstolo
Scandiano
Formigine
Canossa
Sassuolo
Spilamberto
C
Tizzano V.P.
Casina
Castellarano
Terme d.Salvarola
Maranello
Bazzano
Schia
Enza
Baiso
Vignola
Vetto
Marola
Monteveglio
1580 M.Cáio
Felina
Palanzano
Castelnovo ne' Monti
Carpineti
Sécchia
Serra-mazzoni
Guiglia
9
Mónchio d.Corti
973
Cerrédolo
Toano
Busana
Villa Minozzo
Pavullo n. Frignano
Zocca
Marzabotto
Collagna
Montefiorino
1200
la Gabellina
P.so d. Cerreto 1261
Ligónchio
Frassinoro
Lama Mocogno
Bocca d. Ravari
M.Cusna 2120
Castel d'Aiano
Vergato
D
1578
la Santona
1154
26
Civago
Riola di Vergato
Fivizzano
Pian-delagotti
Siliano
Séstola
Gággio Montano
Lagaro
Foce d.Radici
1529
Pievepélago
2165
1141
Fanano
Piazza al Sérchio
S.Pellegrino in Alpe
M.Cimone
Silla
Fiumalbo
Porretta Terme
Lizzano in Belvedere
691
Equi Terme
Castiglione di Garfagnana
1388
Abetone
Mad. dell'Acero
349
Castiglione dei Pépoli
Fosdinovo
1940
Alpe Tre Potenze
Cutigliano
L.di Vagli
S.Marcello Pist.
Montepiano
Castelnuovo di Garf.
Carrara
Barga
P.so di Oppio
454
la Lima
Gallicano
Pontepetri
E
MASSA
821
932
Bagni di Lucca
P.so d.Collina o d.Porretta
Marina di Massa
Seravezza
Prunetta
Borgo a Mozzano
Forte dei Marmi
Pietrasanta
Colognora
Vaiano
PISTÓIA
Capostrada
Marina di Pietrasanta
Camaiore
Montale
Sérchio
Montecatini Terme
Lido di Camaiore
Péscia
Prato
Viaréggio
Massarosa
LUCCA
Monsummano Terme
Porcari
A11
Torre d. Lago Puccini
Campi Bisénzio
Altopáscio
Lastra a Signa
F
Vinci
Migliarino
Galleno
S.Giuliano Terme
A12
Certosa di Pisa
Montelupo Fior.
Rovezzano
Vicopisano
Gombo
Fucécchio
Arno
PISA
S.Croce s.Arno
Empoli
Marina di Pisa
Cascina
P.te a Elsa
Cerbaia
S.Piero a Grado
2
3
S.Miniato
Monte-spertoli
Pontedera
Ponsacco

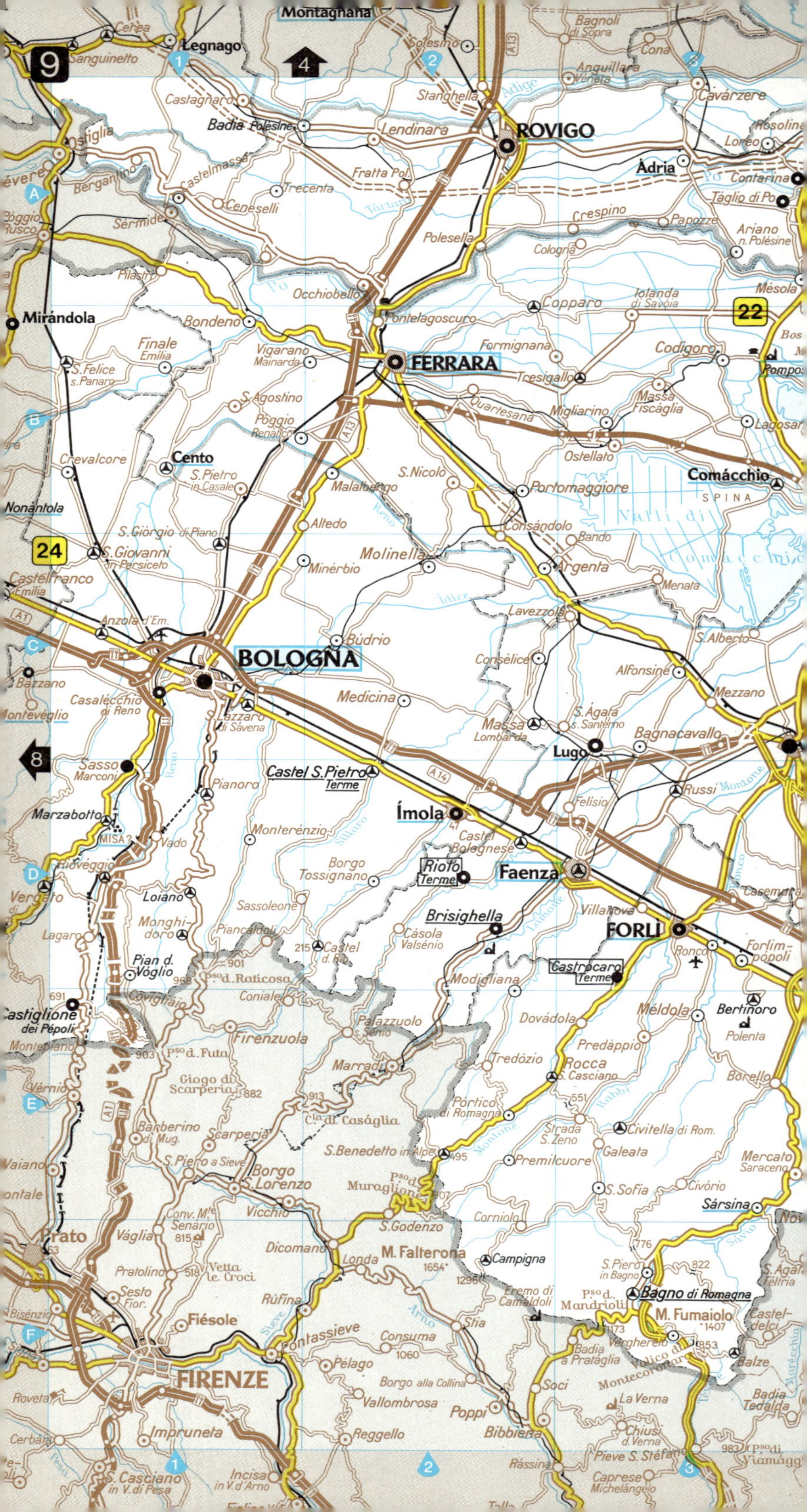

Montagnana
9
4
Legnago
Cerea
Sanguinetto
ROVIGO
Àdria
Badia Polesine
Lendinara
Castagnaro
Ostiglia
Bergantino
Castelmassa
Trecenta
Ceneselli
Fratta Pol.
Sérmide
Polesella
Crespino
Cavàrzere
Loreo
Contarina
Taglio di Po
Ariano n. Polèsine
Papozze
Cologna
Mésola
Occhiobello
Pontelagoscuro
Copparo
Iolanda di Savoia
22
Mirandola
Bondeno
Finale Emilia
Vigarano Mainarda
FERRARA
Formignana
Tresigallo
Codigoro
Pomposa
S. Felice s. Panaro
S. Agostino
Poggio Renatico
Quartesana
Migliarino
Massa Fiscaglia
Lagosanto
Ostellato
Cento
Crevalcore
S. Pietro in Casale
S. Nicolo
Malalbergo
Portomaggiore
Comacchio
SPINA
Valli di Comacchio
Nonantola
Altedo
Consandolo
Bando
S. Giórgio di Piano
24
S. Giovanni in Persiceto
Molinella
Minérbio
Argenta
Menata
Castelfranco Emilia
Lavezzola
Anzola d'Em.
Búdrio
S. Alberto
BOLOGNA
Consélice
Alfonsine
Bazzano
Monteveglio
Casalécchio di Reno
Medicina
Mezzano
S. Lazzaro di Sàvena
Massa Lombarda
S. Àgata s. Santerno
Bagnacavallo
Lugo
8
Sasso Marconi
Castel S. Pietro Terme
Russi
Pianoro
Felisio
Marzabotto
Ímola
Castel Bolognese
Vado
Monterénzio
Borgo Tossignano
Riolo Terme
Faenza
Vergato
Loiano
Sassoleone
Brisighella
Villanova
FORLÌ
Casemurate
Monghidoro
Piancaldoli
Càsola Valsènio
Forlimpopoli
Lagaro
Castel d. Rio
Ronco
Pian d. Voglio
Castrocaro Terme
Modigliana
P.so d. Raticosa
Coniale
Castiglione dei Pépoli
Bertinoro
Polenta
Méldola
Covigliaio
Palazzuolo s. Senio
Dovádola
Predáppio
Montepiano
Firenzuola
P.so d. Futa
Marradi
Tredózio
Rocca S. Casciano
Bórello
Giogo di Scarperia
Vernio
Portico di Romagna
Cla di Caságlia
Barberino di Mug.
Scarperia
Strada S. Zeno
Civitella di Rom.
Galeata
S. Benedetto in Alpe
Premilcuore
Vaiano
S. Piero a Sieve
Borgo S. Lorenzo
Muraglione
Mercato Saraceno
Montale
S. Sofia
Civório
Vicchio
Sàrsina
Conv. M.te Senario
Prato
Váglia
S. Godenzo
Corniolo
Dicomano
M. Falterona
Campigna
Londa
Pratolino
Vetta le Croci
S. Piero in Bagno
S. Agata Feltria
Sesto Fior.
Rúfina
Eremo di Camàldoli
P.so d. Mandrioli
Bagno di Romagna
Bisénzio
Fiésole
Stia
M. Fumaiolo
Castel-delci
Pontassieve
Consuma
Badia a Pratáglia
Verghereto
Valico di Montecoronaro
Balze
Pélago
FIRENZE
Borgo alla Collina
Soci
Badia Tedalda
Vallombrosa
La Verna
Poppi
Impruneta
Reggello
Bibbiena
Chiusi d. Verna
Pieve S. Stéfano
P.so di Viamaggio
Cerbaia
Rássina
Caprese Michelángelo
S. Casciano in V. di Pesa
Incisa in V. d'Arno
A1
A13
A14
Po
Adige
Arno
Reno
Sieve
Savio

5
1
2
3
A
B
C
D
E
F
MARE ADRIATICO
Sottomarina
Rosolina Mare
I. Albarella
Porto di Levante
La Pila
Porto Tolle
Scardovari
Goro
Gnocchetta
Gorino Ferr.
Lido di Volano
Lidi di Comácchio
Lido d. Nazioni
Lido di Pomposa
Lido d. Scacchi
Porto Garibaldi
Lido d. Estensi
Lido di Spina
Casal Borsetti
Marina Romea
Marina di Ravenna
Punta Marina
Lido Adriano
RAVENNA
S. Apollinare in Classe
Lido di Classe
Lido di Sávio
Milano Maríttima
Cérvia
Cesenático
Gatteo a Mare
S. Máuro a Mare
Bellária
Igea Marina
Torre Pedrera
Viserba
Cesena
Rímini
Savignano sul Rubicone
Santarcángelo di Rom.
Miramare
Riccione
Misano Adriático
Cattólica
Gabicce Mare
Sogliano al Rubicone
Verucchio
S. Giustina
S. MARINO
PÉSARO
Gradara
Morciano di Rom.
Montécchio
S. Leo
Mercatino Conca
Saludécio
23
Fano
S. Ángelo in Lizzola
Pennabilli
Macerata Feltria
Foglia
Sasso-corvaro
Mombaróccio
Via Flaminia
A14
Torrette d. Fano
Marotta
Cesano
Senigállia
Carpegna
Lunano
Calcinelli
S. Costanzo
Mondolfo
Urbino
Sestino
S. Ángelo in Vado
Fossombrone
Metauro
Mondávio
Marzocca
751
Urbánia
Fermignano
Corinaldo
Marina di Montemarciano
Mercatello sul Metauro
Acqualagna
Gola d. Furlo
S. Michele
S. Lorenzo
Ostra
Chiaravalle

ENTFERNUNGSÜBERSICHT

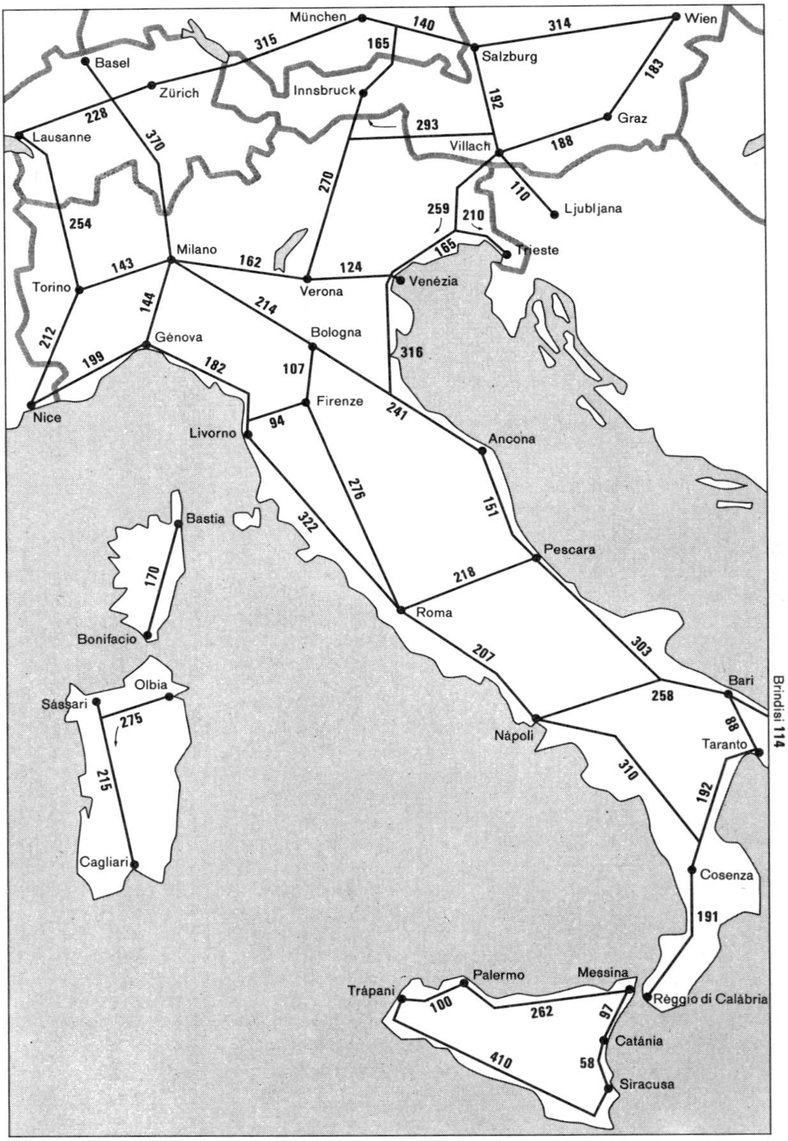

REISELAND ITALIEN

Fläche 301.225 km^2, Einwohnerzahl 57,000.000 (190 Ew/km^2).
Italien wird im W und N von dem schneebedeckten Hauptkamm der Alpen begrenzt (nur der schweizerische Tessin greift über diese Wasserscheide hinaus). Daran schließt die Oberitalienische Tiefebene an, die in west-östlicher Richtung vom Po durchflossen wird, dem größten Fluß des Landes. Der Schaft des italienischen „Stiefels" umfaßt Mittel- und Süditalien. Er ragt weit ins Mittelmeer (das er in eine westliche und eine östliche Hälfte teilt); die Westküste liegt am Tyrrhenischen Meer, die Ostküste an der Adria. Sizilien ist im S knappe 150 km von Afrika entfernt. In ihrer ganzen Länge wird die Halbinsel vom Apennin durchzogen, einer Folge von Gebirgsgruppen mittlerer Höhe (in den Abruzzen erreicht der höchste Gipfel knappe 3000 m). Etwa zwei Drittel der Gesamtfläche der Halbinsel sind gebirgig. Südlich von Rom erreicht der Apennin das Tyrrhenische Meer und umschließt in weitem Bogen die historischen Kernlandschaften Italiens, die Toskana, Umbrien und Latium. In welligem Gelände blicken von Hügelkuppen kleine Städte und Märkte, oft noch von mittelalterlichen Mauern umgeben, weit über das Land. Zwischen den Erhebungen liegen größere und kleinere Becken; richtiges Flachland sind nur die toskanischen Maremmen und die römische Campagna. Von O nach W fließen Arno und Tiber, die einzigen bedeutenden Flüsse der Halbinsel. An Latium schließt Kampanien an mit dem Vesuv, Europas berühmtesten Vulkan (weitere Vulkane sind der Ätna auf Sizilien und der Inselvulkan Stromboli; auch Erdbeben sind in Italien häufig). Zu Süditalien gehören ferner die Basilikata, ein einförmiges, herbes Agrarland am Spann des Stiefels um den Golf von Tarent; Apulien am Stiefelsporn und -absatz, mit dem Tafelland des Tavoliere, und schließlich Kalabrien mit seinen öden Hochflächen und weiten Sandstränden. Unmittelbar gegenüber, nur durch die schmale Straße von Messina vom Festland getrennt, liegt die Insel Sizilien; wesentlich weiter ab, auf der geographischen Länge von Genua mit der Breite etwa von Neapel, Sardinien. Unter den kleineren Inseln sind Capri, Ischia und Elba die bekanntesten.
Klima und Pflanzenwuchs weisen in Italien große regionale Verschiedenheiten auf. Oberitalien, mit der Alpenregion und der Po-Ebene, hat ein durchaus kontinentales Klima mit kalten Wintern und warmen Sommern. Aufgrund ihrer abgeschirmten Lage besonders begünstigt ist die ligurische Küste, die Riviera. Hier sind die Wintertemperaturen höher als selbst in Neapel. Eine ähnliche mediterrane Enklave ist das Gebiet der oberitalienischen Seen. Im allgemeinen aber bildet der Apennin die Grenze zur mediterranen Zone mit milden Wintern, Herbst- und Frühjahrsregen und trockenen, heißen Sommern. Die Pflanzenwelt ist im N und in den Gebirgen, abgesehen von den oberitalienischen Seen, noch vorwiegend mitteleuropäisch mit Laub- und Nadelwäldern, die freilich sehr stark durch Weide- und Buschland verdrängt sind. An der Küste und im S herrscht immergrüne mittelmeerische Vegetation aus hartlaubigen, dornigen Sträuchern (Macchia) vor.
Abgesehen von Erdöl- und Erdgaslagern in der Po-Ebene und dem berühmten Marmor der Apuanischen Alpen ist Italien arm an Bodenschätzen. Dennoch ist es eine der großen Industrienationen der Welt. Freilich ist die Kluft zwischen dem hochindustrialisierten Norden, wo in der Achse Turin–Mailand das wirtschaftliche Herz Italiens schlägt, und dem überwiegend agrarischen Süden, dem Mezzogiorno, unübersehbar – trotz aller (z. T. durchaus erfolgreicher) Versuche, den Gegensatz zu mildern. Die Landflucht hält unvermindert an; das schafft soziale Probleme, trägt aber andererseits dazu bei, die nach wie vor innerhalb des Landes bestehenden starken regionalen Verschiedenheiten in Lebensführung, Sitten und Gebräuchen und selbst in der Sprache (die lokalen Mundarten sind noch immer sehr lebendig) allmählich abzuschleifen.
Italien hat lange auf seine staatliche und politische Einheit warten müssen. Auf das Römische Weltreich, dessen Erbe überall präsent ist, folgten fünfzehn Jahrhunderte, in denen das Land – ähnlich wie Deutschland – in unzählige größere und kleinere unabhängige Territorialherrschaften zersplittert war, von denen die Stadtrepubliken von Venedig, Florenz und Mailand die größte politische und kulturelle Bedeutung hatten. Weite Gebiete wurden von fremden Mächten (Habsburger, Bourbonen) kontrolliert. Es sind noch keine 125 Jahre her, daß Italien aus einer „rein zufälligen geographischen Gegebenheit" zu einem Einheitsstaat fand. Heute ist Italien in 20 Regionen und 95 Provinzen gegliedert.

TRENTINO

Fläche 6213 km², Einwohnerzahl 440.000 (71 Ew/km²).
Das Trentino umfaßt das Tal der mittleren Etsch mit ihren Nebenflüssen. Das Gebirgsland zeigt verschiedenartige Formen: Voralpenland (Teile der Baldo-Kette und die Pasubio-Gruppe), Dolomiten im O der Etsch (Marmolata, Porphyrkette der Lagorei, Pala-Gruppe); im W die Kalkabstürze der Brenta-Gruppe und, als südlichste Gipfel der Zentralalpen, Adamello und Presanella. Die landschaftliche Vielfalt wird durch Hochplateaus (Folgaria und Lavarone) und die zahlreichen kleinen Seen (Molveno, Castel Toblino, Caldonazzo, Lévico, Tovel usw.) unterstrichen.
Die Wirtschaft der Region gründet sich in erster Linie auf Landwirtschaft und Fremdenverkehr; dazu im Etschtal etwas Industrie. Der Waldreichtum ermöglicht eine blühende Holzindustrie; weite Weideflächen kommen der Viehzucht entgegen. Recht bedeutend ist auch der Obst- und Weinbau im Etsch- und Nonstal. Die Industrie ist vor allem auf die Ausbeutung der Naturschätze ausgerichtet: wichtig sind Elektrizitätswirtschaft, Elektrochemie, Holzindustrie und Elektronik; ferner Tabak und Baumaterialien; bekannt ist auch der Porphyrabbau für den Straßenbau. Der wichtigste Wirtschaftsbereich bleibt dennoch der Fremdenverkehr.
Geschichte – Aufgrund ihrer außergewöhnlichen geographischen Lage zwischen dem Brenner und Verona hat die Region zu allen Zeiten ihre Bedeutung wahren können. Vom 3.–1. Jh. v. Chr. wurde sie dem Römischen Reich eingegliedert. Im 6.–8. Jh. errichteten die Langobarden rund um Trient den nördlichsten Vorposten ihres Herrschaftsbereichs. In der Karolingerzeit dehnte sich die Tridentinische Mark gegen die Ebene aus. 952 kam das Gebiet an das Heilige Römische Reich Deutscher Nation; die Kaiser machten den Fürstbischof von Trient zu einem der großen Territorialherren an der Südflanke des Reichs. Von 1027 bis zur Säkularisierung des Fürstbistums, 1803, spielte Trient eine wichtige historische Rolle. Einer der bedeutendsten (und auch streitbarsten) Bischöfe war der große Philosoph Nikolaus von Kues (Cusanus), der im 15. Jh. in offener Fehde mit dem Landesherrn von Tirol lag. Nach der von Napoleon angeordneten Säkularisierung überließ der Korse das Gebiet zunächst (1802) Österreich; 1810 gliederte er es als Departement Etschland dem Königreich Italien ein. 1816 kam es an Österreich und wurde zu Tirol geschlagen („Welschtirol“). Während des ganzen 19. Jhs. war Trient (zusammen mit Triest) Hauptziel der Irredenta (der „Erlösung“ der unter Fremdherrschaft schmachtenden italienischen Gebiete). 1918 fand der Anschluß an Italien statt.
Kunstgeschichte – Während der Romanik waren sowohl Architektur als auch Plastik ein Monopol der lombardischen Künstler, die mit dem Dom von Trient das wichtigste Bauwerk der Region hinterließen. Die Gotik, die bis ins 16. Jh. bestand, sah die Errichtung vieler Kirchen (Cavalese; Cles) und Burgen. In der Malerei entstanden in dieser Stilphase einzigartige Beispiele der ritterlichen Malerei, wie die Fresken der Burg von Avio oder die Monatsdarstellungen in der Torre dell' Aquila in Trient (ca. 1400), und der religiösen Kunst, wie die Fresken des Domes von Trient. Die Renaissance setzte sich unter dem Fürsterzbischof Clesio durch und zeigt ihre reifste Ausformung im Castello del Buonconsiglio in Trient. Beachtenswerte Zeugnisse hinterließen im 16. Jh. die Maler Dossi, Romanino, Fogolino und andere Kleinmeister aus Bergamo (Baschenis) und Venetien.

SÜDTIROL (Alto Adige, Tiroler Etschland)

Fläche 7400 km², Einwohnerzahl 432.231 (58 Ew/km²).
Das Gebiet von Südtirol entspricht der Provinz Bozen. Zusammen mit Trient bildet es seit 1948 die Autonome Region Trentino-Tiroler Etschland (Trentino-Alto Adige).
Im geographischen Aufbau umfaßt Südtirol den breiten Talboden der Etsch und deren Zubringertäler. Das Gebirgsland hat Anteil an der Urgesteinszone des Hauptalpenkamms (mit den ihm vorgelagerten Gebirgsstöcken bis zu Ortler und Adamello) und den Südlichen Kalkalpen mit der Brenta-Gruppe im W des Etschtals und den berühmten Dolomiten (s. d.) im O.
Die wichtigen Täler sind außer dem Etschtal (das in seinem oberen Bereich Vintschgau heißt) das Ulten-, Passeier-, Sarn-, Eisack-, Puster-, Rienz- und Grödner Tal. Einige Täler werden von steilen Bergwänden gesäumt, andere öffnen sich zu breiten freundlichen Kesseln (Meran, Brixen, Sterzing). Die Vielfalt der Landschaft wird schließlich auch durch einige Hochplateaus (Seiser Alm, Ritten) mit

Weiden und Wiesen und von wunderschönen kleinen Seen (Karersee, Pragser Wildsee) unterstrichen.
Die Wirtschaft Südtirols ist vorwiegend auf Landwirtschaft ausgerichtet; sie stützt sich vor allem auf Getreideanbau in den Talböden (Roggen, Gerste, Kartoffeln), Viehzucht (Milchprodukte), Obst- und Weinbau; für die Holzwirtschaft von großer Bedeutung sind die ausgedehnten Nadelwälder. Die Industrie ist vor allem in und um Bozen konzentriert; sehr charakteristisch ist die Holzschnitzerei (Heiligenstatuen, früher Spielzeug) im Grödner Tal. Blühend sind alle mit dem Fremdenverkehr verbundenen Wirtschaftszweige; die sportlichen Einrichtungen und das Hotelwesen gehören zu den modernsten Italiens.
Das bis 1918 mit Ausnahme der ladinischen Volks- und Sprachgruppe rein deutsche Gebiet hat heute, besonders in den Städten, eine starke italienische Bevölkerung; dennoch sind auch heute die Deutschsprachigen mit ca. 60%, gegenüber 29% Italienisch- und etwa 5% Ladinischsprachigen (vor allem im Grödner und Gadertal, im Fassatal und um Cortina) bei weitem in der Überzahl. An der Auflage, in Verwaltung und Schulwesen die Zweisprachigkeit Deutsch/Italienisch durchzusetzen, wird gearbeitet.
Geschichte – Die Römer besetzten das Gebiet im 1. Jh. v. Chr. Im 6./7. Jh. erfolgte die Besiedlung vom Norden her durch die Bajuwaren. Politisch war das Land Teil des langobardischen, später des karolingischen Reichs. Im 11. Jh. gelangte es unter die Herrschaft der Bischöfe von Trient und Brixen, die diese aber bald (13. Jh.) an die Grafen von Tirol abgeben mußten, deren Namen auf das „Land im Gebirge" übertragen wurde. 1363 kam die Gefürstete Grafschaft Tirol an das Haus Österreich. 1803 wurde das Fürstbistum Brixen säkularisiert; seine weiten Besitzungen fielen an Österreich. Ein kurzes bayerisches Zwischenspiel (1805–1815) stärkte nur die Verbundenheit der Tiroler mit Österreich (Tiroler Volkserhebung 1809). 1919 wurde im Frieden von St. Germain Tirol südlich des Brenners zu Italien geschlagen. Nach dem Zweiten Weltkrieg (Gruber-De Gasperi-Abkommen, Römische Verträge) kam es zu einer Anerkennung der Bestrebungen der deutschsprachigen Südtiroler nach Selbstbestimmung, die im Autonomiestatut der Region Trentino-Tiroler Etschland ihren Ausdruck findet.
Kunstgeschichte – Die ersten bedeutenden Zeugen der künstlerischen Entwicklung stammen aus karolingischer Zeit (Fresken in St. Prokulus in Naturns), aber erst aus der Romanik stammen Zeugen eines regen künstlerischen Lebens; Kirchen (Innichen, Neustift, Kloster Marienberg) und Burgen (Schloß Tirol) belegen vor allem im Vintschgau eine eigenständige künstlerische Entwicklung. Reiche Blüte trägt diese Entwicklung dann in der Gotik; vor allem aus der Übergangszeit zur Renaissance sind uns wertvolle Schnitzaltäre und profane (Schloß Runkelstein) oder sakrale (Kreuzgang von Brixen) Freskenzyklen erhalten. Die gotische Architektur zeigt lokaltypischen alpenländischen Charakter bei Kirchen (Dom von Bozen, Pfarrkirchen von Innichen und Meran) wie bei Burgen und Wohnhäusern (Laubengassen). Am Ende des 15. Jhs. tritt mit dem Maler und Bildhauer Michael Pacher ein Künstler internationalen Ranges auf. Die Gotik setzt sich in einem mit Renaissanceelementen versehenem Mischstil bis ins 16. Jh. fort: dieser ist als typischer Stil der Überetsch bekannt (Kaltern). Auch im prächtigen Barock werden lokale Eigenheiten nicht vergessen (St. Michael in Innichen, Neustift).

FRIAUL-JULISCH VENETIEN

Fläche 7846 km^2, Einwohnerzahl 1,244.114 (158 Ew/km^2).
Die Region umfaßt den äußersten Nordosten Italiens. Ihr Anteil an der Ebene reicht von den Moränenhügeln des Tagliamento-Livenza im W und des Isonzo im O, nur Triest liegt noch weiter östlich; im N wird sie durch die Kette der Karnischen Alpen, im NO durch die Julischen Alpen begrenzt. Die Region hat Anteil an der Ebene, von den Moränenhügeln des Tagliamento bis zu den Lagunen der Adriaküste zwischen dem Tagliamento und Monfalcone; ein Teil ist Voralpenland: die aus tertiärem Kalkgestein bestehenden Karnischen Voralpen (Monte Cavallo, Hochplateau des Cansiglio); der alpine Teil, im N von Tagliamento und Fella, wird von einem nicht hohen (Monte Coglians, 2780 m) Wall zwischen dem Paß des Monte Croce di Comélico und Tarvis umschlossen. Der O des mittleren und unteren Isonzo-Tals ist Karstgebiet und weist z. T. beeindruckende Höhlenformationen (Grotta Gigante, Hervortreten des Timavo).
Die Wirtschaft der Region stützt sich auch heute noch zum großen Teil auf die Landwirtschaft (Getreide, Wein, Obst), die mit gutem Erfolg in den Anschwemmungsgebieten der Küste betrieben wird. Im Voralpengebiet und in den Bergen

Viehzucht und Holzindustrie. In den letzten Jahren ist ein bemerkenswerter Aufschwung der Industrie in Mittel- und Kleinbetrieben zu verzeichnen. Beachtenswert ist auch die Holzindustrie und das Kunsthandwerk in Tricésimo und in den Moränenhügeln des Tagliamento. Triest besitzt den wichtigsten Hafen der Adria. Von großer wirtschaftlicher Bedeutung ist auch der Fremdenverkehr (Badestrände). Friaul-Julisch Venetien ist seit 1963 eine Region mit eigenen Statuten. Hauptstadt ist Triest; Hauptorte der Provinzen sind Görz, Pordenone und Udine.

Geschichte – Das Gebiet wurde im 2.–1. Jh. v. Chr. dem Römischen Reich eingegliedert. Nach den Stürmen der Völkerwanderung kam das Landesinnere zum langobardischen Herzogtum Friaul (Hauptort Cividale); das Küstengebiet (Grado) fiel an Byzanz (6.–8. Jh.). Auf das Langobardenreich folgt die fränkische Herrschaft, unter der die Macht des Patriarchen von Aquileia und anderer Bischöfe ständig zunimmt. Im 11. Jh. herrscht Aquileia über Friaul und Istrien, es ist das größte kirchliche oder weltliche Fürstentum Oberitaliens. In den östlichen Gebieten etablieren sich die Grafen von Görz (11.–15. Jh.). Während dieser Zeit dringt Venedig ständig weiter vor, bis es 1420 Friaul und weite Teile des Gebietes um Triest beherrscht. Triest selbst stellt sich 1382 unter österreichischen Schutz. Bis zur Zeit Napoleons bleibt die Region zwischen Venedig und Österreich aufgeteilt. Nach dem Ende der Lagunenrepublik fällt das ganze Gebiet an Österreich. 1866 kommt mit Venetien auch die Provinz Udine an Italien, Triest bleibt „unerlöst" und für die nächsten 50 Jahre Hauptforderung der italienischen Irredenta. 1919 wurden Stadt und Hinterland mit Italien vereint; nach 1945 ging Istrien an Jugoslawien verloren. Die furchtbaren Erdbeben des Jahres 1976 hatten für Friaul katastrophale Folgen: Gemona, Venzone und die umliegenden Dörfer wurden vollständig zerstört, viele Orte am oberen Tagliamento schwer beschädigt. Tausende Menschen fanden den Tod. Das Wiederaufbauwerk ist noch immer nicht beendet.

Kunstgeschichte – Zeugen der römischen Herrschaft finden sich in der gesamten Region. Grado besitzt zahlreiche bedeutende Baudenkmäler aus der frühchristlichen Zeit (5.–6. Jh.); Cividale del Friuli besitzt ein außergewöhnliches Bauwerk (Tempietto) und viele Plastiken aus der Langobardenzeit. Von der Macht des Patriarchats von Aquileia zeugt die prächtige romanisch-gotische Basilika. Bemerkenswerte Beispiele gotischer Architektur sind die zerstörten Dome von Gemona und Venzone. Ab dem 15. Jh. wird Friaul eine künstlerische Provinz Venedigs, wie der monumentale Hauptplatz von Udine beweist.

VENETIEN (Veneto)

Fläche 18.377 km^2, Einwohnerzahl 4,361.527 (237 Ew/km^2).

Venetien erstreckt sich über den nordöstlichen Teil der Po-Ebene, im W begrenzt von der Linie Gardasee – Mincio, im S vom Po, im O von den Flüssen Livenza und Tagliamento und im N von einem Abschnitt der Ostalpen vom Monte Baldo bis zum Cadore. Das Gebiet teilt sich morphologisch in zwei Zonen: in die Ebene, die als Schwemmland der Flüsse entstanden ist und gegen die Adria mit den typischen Landschaftsformen von Lagune und Flußdelta (Po) abschließt, und das Bergland, das aus den Voralpen und den eigentlichen Alpen besteht. Die Voralpen, Kalkformationen mit Bergmassiven und waldreichen, grünen Hochplateaus, erstrecken sich vom Gardasee bis nach Friaul. Die Alpen in Venetien umfassen ein Gebiet, das vom oberen Piave-Becken (Cadore) über ein Stück der Hauptwasserscheide bis zu den Karnischen Alpen reicht. Der Charakter der hochalpinen Zone ist geprägt durch die landschaftlich einzigartige Bergwelt der Dolomiten (s. d.) mit Gipfeln bis zu Höhen über 3000 m.

Die Wirtschaftsstruktur der Region umfaßt verschiedenste Sparten. Die Landwirtschaftsproduktion konzentriert sich hauptsächlich auf den Getreideanbau (Mais; Weizen); daneben Kartoffeln und Viehfutter für den Zuchtviehbestand (Milchprodukte). Im Alpenvorland werden Weine von bekannt guter Qualität und relativ niedrigem Alkoholgehalt gezogen (Valpolicella, Bardolino, Soave etc.). Obstbau vorwiegend im Gebiet um Verona und Treviso. Von Bedeutung ist der Tabakanbau. Die Industrie hat ihre Ballungszentren im Hügelvorland, rund um Padua und in Mestre–Marghera (Metallurgie, Chemie, Petrochemie). Eine alte Tradition hat die Textilindustrie. Metallverarbeitende Betriebe verschiedener Sparten sind über die ganze Region verbreitet. Wichtig die Glasherstellung in Marghera und Murano mit seiner berühmten, traditionsreichen Glasbläserkunst. Nicht unbedeutend sind Tischlerei und Möbelerzeugung; ferner Papierfabriken, Druckereien und Lederverarbeitung (in Montebelluna Herstellung von Bergschuhen). Von einiger Bedeutung auch

der Fischfang (Chioggia). Wichtig für die Energieversorgung ist die Wasserkapazität der Alpen. Die größten Handelszentren sind Venedig/Mestre/Marghera, ferner Verona und Padua (Agrarhandel). Einen wesentlichen Wirtschaftsfaktor stellt der Fremdenverkehr dar, für den die großen Kunstzentren, die Wintersportorte und Seebäder beliebte Ziele sind.
Verwaltungszentrum der Region ist Venedig; die Hauptorte der einzelnen Provinzen sind Belluno, Padua, Rovigo, Treviso, Verona und Vicenza.
Geschichte – Die hier ansässigen Veneter erhielten 49 v. Chr. das römische Bürgerrecht. Nach dem Niedergang des Römischen Reiches diente ab dem 4. Jh. das Lagunengebiet als Fluchtbezirk der Bevölkerung vor fremden Invasoren. Die Städte des Festlands kommen unter langobardische, später unter fränkische Herrschaft; sie werden Herzogtümern, Grafschaften oder kaiserlichen Marken (Verona) zugeschlagen. Venedig hingegen untersteht zunächst Byzanz; dann, als unabhängige Stadtrepublik, kann es durch expansive Handelspolitik seinen Einflußbereich über die Adria und das östliche Mittelmeer ausdehnen und über Jahrhunderte behaupten. Im 11.–12. Jh. erlangt ein Großteil der Städte die Unabhängigkeit; ein Gegengewicht dazu sind die kleinen Stadtherrschaften (Signorien) feudalen Ursprungs, die sich gegen Ende des 14. Jh. endgültig durchsetzen: in Verona träumen die Skaliger von einem großen Staat; in Padua die Carrareser; in Treviso die da Camino; im Polésine die Herren von Este, die später nach Ferrara auswandern. Ab dem 14. Jh. erobert Venedig auf dem Festland eine Stadt nach der anderen: 1339 Verona, dann Padua, im frühen 15. Jh. die von Mailand besetzten Gebiete, bis 1420 das gesamte Venetien und Friaul in den Händen der Lagunenrepublik ist. Die Herrschaft hält sich über 400 Jahre. Nach dem Ende der Republik Venedig, 1797, kommt das Territorium unter österreichische Verwaltung. Im Revolutionsjahr 1848 probt die Stadt Venedig den Aufstand gegen die Besatzungsmacht, doch erst 1866 fällt Venetien an das wiedererstandene Königreich Italien.
Kunst – Das bedeutenste Kunstwerk in Oberitalien aus römischer Zeit ist die Arena von Verona. Im frühen Mittelalter stand Venedig unter byzantinischem Einfluß (Markuskirche in Venedig, Dom zu Torcello); auf dem Festland herrscht später lombardischer Einfluß (San Zeno in Verona). Im 13./14. Jh. entstanden im Mischstil von Romanik und Gotik zahlreiche Kirchen, vielfach in Backstein (z. B. S. Antonio in Padua), öffentliche Gebäude und Burgen (Castelvecchio in Verona, Palazzo della Ragione in Padua) sowie Stadtmauern (z. B. Montagnana). Gleichzeitig entwickelte sich in Venedig eine eigenständige Art der Gotik mit leichten, phantasievollen Formen und fein abgestuften Farbakzenten (Dogenpalast, Ca' d'Oro). Von Padua, wo 100 Jahre früher Giotto gearbeitet hatte, breitet sich im 15. Jh. die Renaissance aus, mit Künstlern aus Florenz wie Donatello oder Mantegna. Aber bald übernimmt Venedig auch in der Kunst die Führungsrolle. In der venezianischen Malerei, die mit ihrem poetischen Naturalismus der farblichen Gestaltung den größten Wert beimißt, tragen vor allem Künstler wie Giovanni und Gentile Bellini, Carpaccio und andere zu dem neuen Aufschwung bei. Die Architektur behält, obwohl nun bereits in Renaissanceformen, in Kirchen und Palästen die in der Gotik ausgeformte Leichtigkeit in Ornament und Farbgebung bei. Im 16. Jh. erreicht die venezianische Kunst ihren glanzvollen Höhepunkt. Die klassische Architektur wird in den Bauten Sansovinos und Palladios (S. Giorgio Maggiore in Venedig; Teatro Olimpico in Vicenza; Villa Rotonda) zur vollendeten Synthese mit der venezianischen Tradition gebracht. Mit Giorgione, Tizian, Veronese und Tintoretto gelangt die Malerei zur größtmöglichen Ausschöpfung der farblichen Werte und zu klassischer Ausgewogenheit in Form und Komposition. Im 17. Jh. treten Barockkünstler wie B. Longhena hervor (S. Maria della Salute), im 18. Jh. leben mit großen Malern wie Piazzetta, Tiepolo, Guardi, Canaletto und Longhi die Traditionen des 16. Jhs. in der Betonung des Farbenreichtums wieder auf.

EMILIA-ROMAGNA

Fläche 22.122 km², Einwohnerzahl 3,962.304 (179 Ew/km²).
Die Region wird im N vom Po, im S vom Apennin und im O von der Adriaküste begrenzt. Die südöstliche Partie mit den Provinzen Forlì und Ravenna, Teilen der Provinzen Bologna und Ferrara und die Republik San Marino bildet die Romagna. Die landschaftliche Struktur ist einfach: Ebene (etwas mehr als die Hälfte der Gesamtfläche) und bergiges Hügelland. Die Ebene ist alluviales Schwemmland der Flüsse des Apennins; im N wird sie durch die Valli von Comacchio, eine seichte fischreiche Lagune, die dem ehemaligen Po-Delta entspricht, bestimmt. Das Berg-

und Hügelland umfaßt die Hänge des toskanisch-emilianischen Apennin; die Berghöhen erreichen durchschnittlich 1000 m und übersteigen nur sehr selten 2000 m (Monte Cimone, 2165 m). In den höher gelegenen Zonen haben die Gletscher einige kleine Seen hinterlassen.
Die Wirtschaft der Region, traditionellerweise auf die Landwirtschaft ausgerichtet, hat in den letzten Jahrzehnten auf dem Sektor der Industrie und des Fremdenverkehrs einen Aufschwung genommen. Der fruchtbare Boden, der hohe Stand der Mechanisierung und die genossenschaftliche Organisation sorgen für hohe Erträge in der Landwirtschaft. Die Weinerzeugung ist beachtlich, der Wein eher leicht und von erlesenem Geschmack (Lambrusco, Aleatico usw.). Auch die Rinderzucht ist bedeutend, hervorragend die Käseproduktion (Parma – Parmesan). Wichtig auch die mit der Landwirtschaft verbundenen Industriezweige (Zucker, Teigwaren, Konserven). Auf dem Industriesektor sind von größter Bedeutung die Erdöl- und Erdgasförderung (Cortemaggiore, Ravenna) und die Petrochemie, wichtig ferner keramische (Fayencen, Industriekeramik) und metallverarbeitende Betriebe, Textilindustrie und Schuherzeugung. Sportwagenfabriken von internationalem Ruf bestehen in Maranello und Modena. Nicht zu vergessen die Meersalzgewinnung bei Cervia. Einen besonders bedeutenden Wirtschaftsfaktor stellt der Fremdenverkehr dar, vor allem an der Adriaküste (Riviera Romagnola).
Hauptstadt der Region ist Bologna; Hauptorte der Provinzen sind Ferrara, Forlì, Modena, Parma, Piacenza, Ravenna und Reggio nell'Emilia.
Geschichte – Vom späten 6. bis zum frühen 4. Jh. v. Chr. gehörte die Region zum Einzugsgebiet der etruskischen Kultur (Marzabotto, Spina). Nach dem 2. Punischen Krieg übernahmen die Römer die Herrschaft: in dieser Zeit (187 v. Chr.) wurde die Via Emilia angelegt. Gegen Ende des Römischen Reiches löste Ravenna Rom als Hauptstadt des Westreiches ab. Nach dessen Ende (476) residierten hier Odoaker und der große Ostgotenkönig Theoderich (491–526). Im Zuge der Eroberung der Region durch die Langobarden (568) und Franken (754–774) entstand eine Reihe von Herzogtümern und Grafschaften; nur der östliche Teil, das Exarchat, konnte sich noch bis 751 als byzantinischer Brückenkopf halten. Im 9. und 10. Jh. sicherten in den größeren Städten die Bischöfe ihre Macht, es bereitete sich die glanzvolle, aber turbulente Zeit der freien Stadtstaaten vor (12. Jh.); die Niederlagen Friedrichs II. bei Parma und Fossalta (1249) setzen dem Traum eines machtvollen Kaiserreiches ein Ende. In Parma und Piacenza übernehmen die Visconti die Macht, in Modena und Reggio die Herzöge von Este. Die vielen kleinen Herzogtümer der Romagna werden von allen Seiten, von Florenz, von Venedig und vor allem vom Papst bedroht. Der Kirchenstaat kann zunächst (1353–67) durch Kardinal Albornoz, dann endgültig im 16. Jh. (Cesare Borgia) seine Macht über die gesamte Romagna und darüber hinaus ausdehnen.
Der Nepotismus der Päpste und die Auswirkungen der französisch-spanischen Kriege bringen immer wieder Unruhe in das Gebiet, bis sich in der zweiten Hälfte des 16. Jhs. drei starke Staaten bilden: die Farnese in Parma und Piacenza; die Este in Modena und Reggio; der Kirchenstaat in allen anderen Teilen. Napoleon vereinigt große Teile des Gebietes unter dem Namen „Repubblica Cispadana", die er in der Folge dem Königreich Italien einverleibt. Die Restauration stellt den Zustand der vornapoleonischen Zeit wieder her, nur Parma und Piacenza fallen an die Habsburgerin Marie Louise. Die Unruhen in der Zeit der Einigung Italiens finden erst mit der Eingliederung der Emilia-Romagna in den italienischen Staat 1860 ein Ende.
Kunstgeschichte – Römische Kunstschätze aus der Zeit des Augustus finden sich vor allem in Rimini (Augustusbogen). Ravenna war vom 4. bis zum 6. Jh. das wichtigste Zentrum der neuen christlich-byzantinischen Kunst im Westen. Bedeutende Beispiele der direkt von der Lombardei beeinflußten romanischen Kunst sind die großen Kathedralen von Modena, Parma, Piacenza und Ferrara. Am Baptisterium von Parma arbeitete der berühmteste Bildhauer der italienischen Romanik, Benedetto Antelami. Die schönsten Architekturwerke der Gotik befinden sich in Piacenza (Palazzo del Gotico) und in Bologna, wo die Gotik den Charakter der Stadt geprägt hat. Im 14. Jh. entstand hier eine Malerschule, die sich durch einen für diese Zeit ungewöhnlichen Realismus auszeichnet. Im 15. Jh. ging die Vorrangstellung an Ferrara über, eines der wichtigsten Kulturzentren der Renaissance. Hier stampfte ein genialer Architekt eine moderne Stadt aus dem Boden, während Tura, Cossa und Ercole de'Roberti eine expressive Malerschule der Frührenaissance ins Leben riefen. Im 16. Jh. muß Ferrara die Vorrangstellung an Bologna abgeben. In der Malerei übernimmt Parma mit Parmigianino und Correggio die Führung. Gegen Ende des Jahrhunderts leistet Bologna mit den Carraccis, Guido Reni, Guercino und anderen den wertvollsten Beitrag zur Entwicklung der Barockmalerei. Um 1916 entsteht in Ferrara mit De Chirico und Carrà die spezifisch italienische Variante des Surrealismus, die „metaphysische Malerei".

ROUTENVORSCHLÄGE

Diese Routenvorschläge sollen keine vollständige Zusammenstellung der Schönheiten der einzelnen Regionen sein. Sie sollen eine Anregung sein, wie man doch die bekannten und auch weniger bekannten, touristisch interessanten Sehenswürdigkeiten im Zuge einer Rundfahrt kennenlernen kann. Gute Fahrt und viel Vergnügen!

1 DER GARDASEE 26
2 BRENTA-GRUPPE UND GAMPENJOCH 27
3 DIE JUDIKARIEN UND DAS NONSTAL 28
4 STILFSER JOCH UND OBERER VINTSCHGAU 30
5 PASSEIERTAL, EISACKTAL, PUSTERTAL 31
6 DIE GROSSE DOLOMITENSTRASSE 32
7 DAS GRÖDNER TAL UND DIE SELLA-GRUPPE 33
8 PALA-GRUPPE UND FLEIMSTAL 34
9 DAS ZOLDO-TAL UND DIE MARMOLATA 35
10 MISURINA-SEE UND OBERES PUSTERTAL 36
11 COMÉLICO UND SEXTENTAL 37
12 DIE HOCHEBENE VON ASIAGO IM TRENTINISCHEN . 38
13 DER CANSIGLIO UND DIE SENKE VON BELLUNO 39
14 DIE EUGANÄISCHEN HÜGEL 40
15 DIE BRENTA-EBENE UND DIE MARK VON TREVISO . . 41
16 DER MONTE GRAPPA, DIE ASOLANISCHEN HÜGEL UND DIE WEISSWEINSTRASSE 42
17 KARNIEN (CARNIA) UND DIE KARNISCHEN ALPEN . . 43
18 FRIAUL 44
19 DER KARST (DAS KALKHOCHLAND IM NW VON TRIEST) 45
20 DIE ADRIAKÜSTE IN FRIAUL UND JULISCH VENETIEN 46
21 DAS KÜSTENGEBIET DES WESTLICHEN ISTRIEN 47
22 DIE STRADA ROMEA 48
23 SAN MARINO UND DAS BERGLAND DES MONTEFELTRO 49
24 DIE EBENE VON MODENA UND DIE STRASSE DER SCHLÖSSER 50
25 DIE VORBERGE DES APENNIN ZWISCHEN PARMA UND REGGIO 51
26 DER BOLOGNESER UND DER MODENESER APENNIN 52
27 DIE VERDI-GEDENKSTÄTTEN 53
28 DAS APENNINVORLAND BEI PIACENZA 54

1 DER GARDASEE

Peschiera – Malcésine – Riva – Salò – Sirmione *155 km*

Der Gardasee ist der größte und meistbesuchte italienische See. Seine meist stark frequentierten Uferstraßen bieten den Touristen eine Reihe von Attraktionen: die malerischen Uferstädtchen; die reiche Mittelmeerflora mit ihren Oliven und Zypressen; die Verschiedenartigkeit der Landschaft; den Kontrast zwischen dem blauen Wasser und den eindrucksvollen Gebirgsformationen in der mittleren und oberen Partie des Sees.

Der erste Abschnitt der Rundfahrt, von Peschiera bis Garda, beginnt in der Ebene und führt dann in leichten Kurven bergauf durch Weingärten am östlichen Seeufer, vorbei an den Städtchen Lazise, Bardolino und Garda. Nach der romantischen Punta di San Vigilio führt die Straße zwischen dem See und den steil abfallenden, mit Olivenbäumen bewachsenen Hängen entlang des Ufers; man durchfährt malerische Orte mit den für Venetien typischen bunten Häusern. Hinter Malcésine fällt die Küste steil ab, die Straße – die östliche Gardesana – führt durch zahlreiche Tunnel. Hinter Tórbole öffnet sich um die Mündung der Sarca eine kleine Ebene; nach dem Ort M. Brione kommt man nach Riva am nördlichsten Ende des Sees. Hier beginnt die berühmte Straße der westlichen Gardesana mit ihrer dichten Abfolge von Tunnels und Galerien, die in den steil abfallenden Fels gegraben sind. (Wenn der Verkehr es erlaubt, sollte man die Anhaltemöglichkeiten nützen und den Blick auf die gegenüberliegende Seeseite und den Gipfel des Monte Baldo genießen.) Die Hauptstraße verläßt bei Limone das Ufer und führt durch waldreiches Gebiet bis auf das wenig besuchte Hochplateau von Tremósine, von dem aus man die Bergkette des Baldo und den See am besten überschauen kann. Hinter Gárdola gelangt man wieder an den See, dessen Uferstraße bis Gargnano eine weitere Reihe Tunnels aufweist; danach wird die Landschaft sanfter, und man fährt am Fuße begrünter Hügel durch bekannte Luftkurorte (Toscolano-Maderno, Gardone Riviera, Salò) und an zahlreichen Villen vorbei. Noch einmal verändert sich die Landschaft; entlang der Bucht von Salò (schöner Blick bis nach Portese) gelangt man über die leicht kurvige Straße der Valténesi, quer durch Weingärten und Olivenhaine, nach Desenzano. Der letzte Streckenabschnitt führt durch flaches Land bis zu der schmalen Halbinsel an der breitesten Stelle des Sees, an deren Spitze in herrlicher Lage Sirmione liegt.

SEHENSWÜRDIGKEITEN – **Peschiera del Garda:** Blick vom Ufer des Mincio und von den Bastionsgärten aus auf die eindrucksvollen venezianischen Festungsanlagen des 16. Jhs.
Lazise: Beachtenswerte mittelalterliche Stadtmauern und die Skaliger-Burg.
Bardolino: Romanische Kirche S. Severo, Kirchlein S. Zeno.
Garda: Empfohlen wird ein Spaziergang entlang des Seeufers durch die Altstadt. Eine Rast auf der **Punta S. Vigilio***, einer der meistgerühmten und romantischsten Stellen am See, sollte nicht versäumt werden.
Torri di Benaco besitzt eine bemerkenswerte Burg aus dem 14. Jh. inmitten der typischen Häuser rund um das Burgtor, das Kirchlein S. Trinità mit Fresken aus dem 15. Jh.
Malcésine: Besonders malerisch ist der alte Stadtteil am Hafen mit dem Renaissancepalast des Statthalters und der Skaliger-Burg. Eine Fahrt mit der Seilbahn auf den Tratto Spino (1780 m) am Kamm des Monte Baldo empfiehlt sich wegen der schönen Aussicht auf beide Ufer des Sees und hinüber ins Etschtal.
Auf der Straße von **Tórbole** nach Nago und von Nago nach Arco (Aussicht auf den See) geologische Riesentopfformationen.

Riva del Garda*: Altstadt (Piazza 3 Novembre), Stadtmuseum (Museo Civico della Rocca) und die Kirche der Immacolata aus dem 17. Jh. Lohnenswerter Abstecher zu den *Wasserfällen des Varone* (4 km).
Limone sul Garda: Malerisches Seeufer.
Einen außergewöhnlichen Ausblick genießt man von *Pieve di Tremósine* in 414 m Höhe.
Kurz vor Gàrdola zweigt von der Hauptstraße, die von Tremósine nach Tignale führt, ein steiler Fußweg ab mit Stationen zu der mittelalterlichen Wallfahrtskirche *Madonna di Monte Castello*, auf einer Bergspitze über dem See gelegen (1,5 km).
In *Bogliaco* die großartige Villa Bettoni, in **Maderno** am Seeufer die romanische Kirche S. Andrea.
Gardone Riviera*: Nach einer Rast am Ufer Fahrt auf den Vittoriale Dannunziano; auch ein Besuch des interessanten Botanischen Gartens des Dr. Hruska sollte nicht versäumt werden.
Salò: Spätgotischer Dom mit schönen Gemälden.
San Felice del Benaco: in der Pfarrkirche ein Altarbild des Romanino; Wallfahrtskirche der *Madonna del Carmine* mit Fresken aus dem 15. Jh.
In Pieve Vecchia, vor Manerba, eine romanische Kirche (12. Jh.).
Desenzano del Garda: Überreste einer römischen Villa; einige sehenswerte Gemälde, vor allem ein Tiepolo in der Pfarrkirche; malerischer Hafen, lohnenswerter Uferspaziergang.
Sirmione*: Die Skaliger-Burg und die Grotte des Catull. Landschaftlich faszinierend schöne Umgebung.
EINKAUFSTIPS: Olivenöl, Wein, Obst und Gemüse.

In antiker Zeit besiedelte ein etruskisches Volk das Hochplateau von Tremósine. Dies wird durch eine in Voltino gefundene Inschrift, heute im Museum von Brescia, die den Forscher vor eine schwierige Aufgabe stellt, bewiesen. Ihre ersten vier Zeilen sind in Latein, die letzten in Etruskisch oder einem verwandten Dialekt geschrieben.
Eine weitere eigenartige Begebenheit erzählt uns die Geschichte vom Krieg zwischen Venedig und Filippo Maria Visconti; im April 1440 wurde mit Hilfe vieler Hunderter Männer und 2000 Ochsen eine kleine venezianische Flotte, bestehend aus 6 Galeeren und 25 Barken, von der Etsch über den Paß von San Giovanni bis nach Tórbole geschafft. Dies verhalf dem Dogen Stefano Contarini zum Sieg über die Visconti, als dessen Folge die Lagunenrepublik ihr Territorium bis nach Riva ausdehnte.

2 BRENTA-GRUPPE UND GAMPENJOCH

Riva del Garda – Ponte Arche – Tione – Madonna di Campiglio – Malé – Fondo – Meran *162 km*

Die Strecke führt vom Gardasee über schöne Gebirgsstraßen und grüne Täler durch die westlichen Judikarien ins obere Nonstal und nach Meran. Verbunden mit der Route 3, ergibt sie eine vollständige Rundfahrt um die Brenta-Gruppe.
Von Riva führt die Straße über die felsige Geländestufe des Varone nach Tenno und dann durch ein kleines Tal bis nach Ballino; von hier gelangt man durch grüne Wiesenlandschaft nach Ponte Arche. Nun geht es bergauf durch das mittlere Sarca-Tal in die naturbelassene Scaletta-Schlucht, in Galerien an dem schmalen Stausee entlang. Weiterhin bergauf kommt man nach Tione und dann ins Val Rendena mit seinen kleinen Ortschaften inmitten dichter Nadelwälder. Vorbei an dem berühmten Wintersportzentrum Madonna di Campiglio, dem Sattel des Campo Carlo Magno, dem kurzen Meledrio-Tal, das in das breite Nonstal mündet, kommt man schließlich zum Stausee von S. Giustina. Nach der an schönen Aus-

blicken reichen Umfahrung schlägt man die Straße zum Gampenjoch ein, das man nach der Fahrt durch das einsame grüne Novella-Tal erreicht. Nach der Überquerung des Jochs führt die kurvenreiche Straße durch einen Tunnel, nach dem man plötzlich einen freien Blick auf das Etschtal genießt: an den beiden Enden die Städte Meran und Bozen, im Hintergrund die rahmende Kulisse der Sarntaler und Passeier Alpen.

SEHENSWÜRDIGKEITEN – **Riva del Garda*** (siehe Rte. 1).
Tenno: Ein Blick auf die Burg und die Altstadt mit der Kirche S. Lorenzo (Fresken aus dem 15. Jh.). Empfehlenswert eine Rast am nahen Tenno-See mit seiner baumbewachsenen Insel.
Hinter **Ballino** durchquert man *Fiavè* bekannt durch seine Pfahlbauten aus der Bronzezeit.
Vigo Lomaso: Romanische Pfarrkirche mit polygonalem Baptisterium.
Von **Ponte Arche** ein lohnenswerter Abstecher (5 km) zur *Burg von Sténico* (Kastellan an Ort und Stelle).
Am Ortsausgang von **Pelugo** das Kirchlein S. Antonio Abate mit Außenfenstern des Dionisio Baschenis (1493).
An der Seitenfassade der Kirche S. Vigilio bei **Pinzolo** die berühmten Totentanzfresken des Simone Baschenis (1539).
Ein wunderschönes Ausflugsziel bietet das Waldgebiet des **Val Genova*;** die Straße führt von *Carisolo* (in der Kirche S. Stefano weitere Fresken des Simone Baschenis) über die großartigen *Wasserfälle von Nárdis* (4,5 km) und *Láres* (8,5 km) bis zum Pian die Bédole (22 km) in 1578 m Höhe, von hier schöner Blick auf Felswände und Gletscher.
Hinter **S. Antonio di Mavignola** im Garten eines Hotels ein Springbrunnen mit einer Panoramatafel der Brenta-Gruppe.
Madonna di Campiglio* ist der Ausgangspunkt für Ausflüge in die wunderschöne Umgebung; besonders empfehlenswert der (2 km) See von Nambino und vor allem die Fahrten mit der Seilbahn auf den Spinale (2093 m) und vom Campo Carlo Magno auf den Grostè (2438 m), mit herrlichem Blick auf die Brenta-Gruppe, das Rendena-Tal und den Monte Adamello.
Malè: Nächst der Pfarrkirche die eigenartige Renaissancekapelle S. Valentino. Wenn die Zeit es erlaubt, ist ein Abstecher (12 km) zum Thermalkurort *Bagni di Rabbi* zu empfehlen.
Kurz vor dem **Gampenjoch** führt links eine Straße bergab durch ein einsames Tal bis zum malerischen Ort *Unsere Liebe Frau im Walde (Senale),* dort die gotische Wallfahrtskirche (1432) gleichen Namens.
Von **Lana** aus lohnt sich die Fahrt mit der Seilbahn auf das Vigiljoch (1486 m) mit seinem herrlichen Blick auf das Becken von Meran und auf die entfernten Dolomiten; noch beeindruckender ist die Aussicht, wenn man mit dem Sessellift bis auf 1814 m Höhe fährt.
Meran*, die Perle Südtirols, dessen schönes Stadtbild in Hügel und Gärten gebettet ist. Besonders malerisch die Altstadt um die Laubengasse und Stadtpfarrkirche (14.–15. Jh.). Zahlreiche Ausflugsmöglichkeiten, darunter vor allem die Fahrt zum Schloß Tirol, ferner mit der Seilbahn nach Hafling und nach Meran 2000.
EINKAUFSTIPS: Trentiner Kunsthandwerk in Madonna di Campiglio; Südtiroler Kunsthandwerk (Wollstoffe, Dekorstoffe, Schmiedeeisen, Hüte, Trachten, Korbwaren) in Meran.

Die Burg von Tenno, die das Ortsbild beherrscht, gehörte den Bischöfen von Trient, die sie 1479 neu erbauen ließen. 1439, im Krieg gegen die Visconti, fand hier Nicolò Piccinino, genannt Braccio di Ferro („Eisenarm"), Zuflucht. Von den Venezianern unter Gatamelata in Riva eingeschlossen, konnte er sich laut Machiavelli dank seiner geringen Körpergröße vor den Feinden retten: ein treuer Diener trug ihn in einem Sack versteckt durch das feindliche Lager.
Der Paß des Campo Carlo Magno erhielt seinen Namen nach einem legendären Zug Karls des Großen gegen die Langobarden im Jahre 776; das Ereignis wird auch in volkstümlichen Fresken aus dem 16. Jh. in der Kirche S. Stefano in Carisolo festgehalten. Historisch ist die Begebenheit allerdings nicht belegt.

3 DIE JUDIKARIEN UND DAS NONSTAL

Riva del Garda – Bezzecca – Tione – Ponte Arche –
Molveno – Cles – Mendelpaß – Bozen *185 km*

Wunderschöne Rundfahrt durch die Täler des Trentino westlich der Etsch, abwechslungsreich in der Aufeinanderfolge der verschiedenen Berglandschaften, herb und streng im ersten Teil, sanft und weit, mit zahlreichen Seen und riesigen Wäldern im zweiten.
Hinter Riva mündet die kurvenreiche, in den Fels gehauene Ponale-Straße; herrlicher Blick über den ganzen Gardasee. Nach einer Schlucht kommt man zu einem Bergsattel, in dem sich in vielen Windungen der Ledro-See erstreckt. Von hier aus bergab durch das Ámpola-Tal bis nach Storo, dann bergauf durch das Chiese-Tal. Weiter dann, mit schönem Blick auf die Brenta-Gruppe, geht es ins Sarca-Tal, wo in einer belebten, grünen Senke Tione liegt. Die Straße führt nun in Galerien weiter in die wilde Scaletta-Schlucht, entlang dem langgestreckten, schmalen See, der von der Sarca gebildet wird. Hinter Ponte Arche klettert sie an der felsigen Seite des Tals empor, läßt links das kurze Straßenstück nach Stelvo hinter sich und läuft dann hoch über einem Felsabsturz in Galerien weiter. Nun erreicht man die Senke, in der der Molveno-See liegt, in dem sich die Gipfel der Brenta-Gruppe spiegeln. Man fährt an Andelsboden vorbei, und nun geht es mit vielen schönen Ausblicken abwärts dem freundlichen Nons- oder Anauntal entgegen. Dieses wird vom Noce durchzogen, auf den man bei der Enge von Rocchetta stößt. Die Straße steigt nun am Westhang des Tals an und führt, vorbei an Obstpflanzungen und etlichen kleinen Ansiedlun-

gen, vorbei auch an der Abzweigung zum malerischen, einsamen Tovelsee bis nach Cles. Dort führt sie zum Staudamm von S. Giustina hinunter; von dort aus Blick über die vielen Buchten des Stausees. An der anderen Talseite steigt die Straße mit herrlichem Rundblick an, führt durch einige Ortschaften und durchquert schließlich einen wunderschönen Tannenwald auf der Anhöhe des Mendelpasses, der sich wie eine Terrasse auf das Etschtal öffnet. In Serpentinen geht es nun die steile, bewaldete Bergwand abwärts in den schönen Talboden vor Bozen mit seinen Weingärten.

SEHENSWÜRDIGKEITEN – An der Mündung der **Ponale-Straße** ins Tal schöner Blick auf den Gardasee und auf die tiefe Klamm des Ponente.

Am Beginn des **Ledro-Sees,** bei Molina, befindet sich die Rekonstruktion eines Pfahlbaues, auf Resten eines großen Pfahldorfes aus der Bronzezeit (über 10.000 Pfähle sind erhalten). Die diversen Funde sind zum Teil im nahen Museum zu besichtigen.

In **Bezzecca,** auf einer Anhöhe in herrlicher Umgebung, liegt die kleine Kirche S. Stefano aus dem 16. Jh., die zu einer Begräbnisstätte für die Opfer der garibaldinischen Kriege umgewandelt wurde und von Gedenk- und Grabsteinen und Erinnerungen an die Kriege von 1866 und von 1915–18 umgeben ist.

In **Condino** sind die charakteristischen Bauernhäuser bemerkenswert; einen Besuch lohnen auch die beiden Kirchen S. Rocco und S. Maria aus dem 16. bzw. späten 15. Jh.

In **Creto** befinden sich in einer Kapelle der Pfarrkirche interessante gotische Fresken aus dem 15 Jh.

Von **Agrone** aus sollte man wenn möglich in das schöne, wildromantische Daone-Tal abzweigen. Durch Wälder, Schluchten und an erratischen Felsblöcken vorbei, führt eine gute Straße (24 km) den Oberlauf der Chiese entlang bis zu den künstlichen Seen von Malga Boazzo (1224 m) und Malga Bissina (1780 m), unmittelbar unterhalb der Gletscher der Adamello-Gruppe.

Von **Sténico** aus (oberhalb von Ponte Arche) empfiehlt sich ein Besuch der Burg (Pförtner), eines malerischen Gebäudekomplexes aus dem 13.–16. Jh.

Wer Zeit hat, kann von **Molveno** aus mit dem Sessellift auf den Croz dell'Altissimo (1525 m) zu den felsigen Ausläufern der Brenta-Gruppe gelangen.

Herrliche Fernsicht genießt man vom Gipfel des Paganella (2125 m) aus. Er ist von **Ándalo** aus mit Seilbahn oder Sessellift zu erreichen.

In **Térres** befindet sich auf einer Anhöhe hinter der Pfarrkirche das Kirchlein S. Giorgio mit einem romanischen Fresko (vermutlich 11. Jh.) und Wandmalereien der Baschenis (16. Jh.).

Bei **Tuenno** lohnt sich ein Ausflug (11 km) zum Tovelsee* (1178 m). Die landschaftliche Umgebung ist von großer Schönheit, auch wenn der See die rötliche Färbung seines Wassers zum Teil verloren hat.

In **Cles** sind die Kirche S. Maria Assunta (16. Jh.) und das gotische Amtsgebäude (15. Jh.) sehenswert. Auf dem Weg zum Stausee S. Giustina kann man einen Abstecher nach **Tassullo** machen, wo das malerische Kastell Valer (Burg aus dem 13. Jh.; keine Besichtigung) liegt.

Vor **Dermulo** sollte man einen Augenblick bei der Brücke über die tiefe Schlucht anhalten, die talaufwärts durch den mächtigen Staudamm (152 m hoch) des S. Giustina-Stausees versperrt wird. In **Sanzeno** ist die Casa Gentili (17. Jh.) auf dem Hauptplatz beachtenswert; besonders empfiehlt sich ein Ausflug zum Wallfahrtsheiligtum *S. Romedio** (4 km).

Vom **Mendelpaß** aus kann man zum Pénegal (1737 m) fahren (4 km); vom Aussichtsturm auf dem Gipfel herrliches Panorama; Blick über das Nons- und Etschtal vor dem Hintergrund der Ortlergruppe und der Presanella im W, und dem Sciliar, dem Rosengarten und dem Latemar im O.

Das Ortsbild von **St. Michael, Eppan** ist besonders malerisch mit den kleinen Häusern im Stil des Überetsch (16., 17. Jh.), einer Verbindung von deutscher Gotik und italienischen Renaissanceelementen.

Die Anziehungskraft **Bozens*** liegt vor allem in dem eigenartigen Charakter dieser Stadt, wo deutscher und italienischer Einfluß miteinander verschmelzen: einerseits die malerische Altstadt rund um die Laubengasse, andererseits das elegante Flair eines beliebten Fremdenverkehrsorts. Besonders lohnend sind die Ausflüge nach Jenesien, zur Burg Runkelstein und auf das Hochplateau des Ritten.

EINKAUFSTIPS: Bauerntruhen und Bauernmöbel, getriebene Holzarbeiten in den Antiquitätenläden und in den Schnitzereien im Nonstal; Südtiroler Handwerksprodukte und Qualitätswaren in der Laubengasse in Bozen.

Der Molveno-See, eine der landschaftlichen Hauptattraktionen der Rundfahrt, wurde leider durch die Umwandlung in ein Staubecken mit variablem Wasserniveau und einem Ablaufstollen schwer in Mitleidenschaft gezogen; das ehemals blaue Wasser hat seine ursprüngliche Klarheit durch die Zuleitung der milchig-trüben Schmelzwässer der Gletscher der Adamellogruppe ganz verloren. Auch die rötliche Färbung des Wassers des Tovelsees, die durch einen Mikroorganismus, das „Glenodinium sanguineum", hervorgerufen wird, ist durch die zunehmende Wasserverschmutzung, der man nun entgegenzuwirken versucht, bedroht.

4 STILFSER JOCH UND OBERER VINTSCHGAU

Spondinig – Sulden – Trafoi – Stilfser Joch – S. Maria im Münstertal – Mals im Vintschgau – Reschenpaß *112 km*

Die Rundfahrt führt fast zur Gänze durch eine Hochgebirgsregion, die zu den schönsten und eigentümlichsten zählt. Die Hauptattraktion stellt die kühn angelegte Paßstraße auf das Stilfser Joch dar (nur im Sommer durchgehend befahrbar); sie ist eine der steilsten Alpenstraßen und wurde von den Österreichern 1820 bis 1825 zu militärischen Zwecken erbaut. – Die Route beginnt in Spondinig, wo man ins Trafoiertal einfährt, das zusehends enger und düsterer wird, verdunkelt durch die dichten Wälder. Nachdem man in Sulden und in seiner smaragdgrünen, herrlichen Talsenke Station gemacht hat, fährt man bergauf bis nach Trafoi. Hier beginnt die lange, eindrucksvolle Auffahrt zum Stilfser Joch: sie führt über 48 enge Kehren mit großartigen Ausblicken auf die Ortlergruppe. Wenige Kilometer nach der Paßüberschreitung biegt man rechts auf die Straße ein, die über das S.-Marien-Joch auf Schweizer Territorium führt, und fährt über ein Steilstück hinunter bis ins Münstertal nach St. Marein. Kurz danach kehrt man wieder auf italienisches Staatsgebiet zurück und erreicht bei Glurns den Vintschgau. Die Straße führt nun talaufwärts durch ein weites wunderschönes Stück Land mit Wiesen und Wäldern, abwechslungsreich durch viele Schlösser, Burgen und Türme. Gegen Ende fährt man an den beiden Staubecken des Haider- und des riesigen Reschensees vorbei, aus dessen Tiefe märchenhaft der Kirchturm (aus dem 14. Jh.) des im Wasser versunkenen Dorfes Graun im Vintschgau aufragt.

SEHENSWÜRDIGKEITEN – Von **Sulden** aus sollte man unbedingt mit der Seilbahn zum Schutzhaus *Mailänderhaus* (Città di Milano) auf 1606 m Höhe fahren: traumhafte Aussicht auf die Gletscher der Ortler-Gruppe.
Auch vom Furkel-Haus (Forcola) in 2190 m Höhe, erreichbar mit der Kabinenseilbahn von **Trafoi** aus, genießt man einen herrlichen Fernblick.
An der Auffahrtsstraße zum **Stilfser Joch** lohnt sich ein Aufenthalt im Restaurant „Rocca Bianca" („Weißer Knott", 1877 m), einem der großartigsten Aussichtspunkte der Gegend.
Wer vom **Stilfser Joch** aus die Gletscher ganz aus der Nähe erleben will, sollte mit der Kabinenseilbahn zunächst bis zum *Nuovo Albergo Pirovano* fahren, und von dort aus mit der Seilbahn auf die Schutzhütte *Livrio* in 3174 m, mitten durch die großartige alpine Bergwelt.
In **Müstair** im Münstertal ist ein Besuch der berühmten *Abtei St. Johann** (8.–9. Jh.) und ihrer Kirche mit den einzigartigen karolingischen Fresken (9. Jh.) zu empfehlen.
In **Taufers** macht sich ein Kurzbesuch in der Kirche St. Johann mit Fresken aus dem 13. Jh. bezahlt.
Besonders malerisch ist **Glurns** mit seiner gotischen Pfarrkirche St. Pankrazius aus dem 15. Jh., umgeben von den noch vollständig erhaltenen, quadratisch angelegten Befestigungsmauern.
In **Schluderns** ist die großartige *Churburg** aus dem 13.–16. Jh. zu besichtigen, berühmt vor allem wegen ihrer großartigen Waffensammlung.
In **Mals** lohnt sich der Besuch der Altstadt mit ihrem gut erhaltenen Hauptplatz, der Pfarrkirche, den Kirchtürmen und dem mittelalterlichen Turm; Kunstbegeisterte werden sicherlich das Kirchlein St. Benedikt mit seinen Fresken aus dem 9. Jh. besichtigen.
Von **Burgeis** aus geht es hinauf zu der Benediktinerabtei *Marienberg** in beherrschender Lage; Krypta mit Fresken aus dem 12. Jh.
EINKAUFSTIPS: Außer den üblichen Artikeln, die man in der Schweiz ersteht, besonders Feinschmiedearbeiten aus dem Münstertal.

Eine wenig bekannte Kuriosität bei Trafoi ist das kleine Wallfahrtsheiligtum „Heilige Drei Brunnen" aus dem 18. Jh. Es steht am Ende eines engen Tales, das von der Stilfserjoch-Straße aus leicht zu erreichen ist, in landschaftlich sehr reizvoller Lage. Sein Inneres ist reich mit den eigenartigsten Votivgaben geschmückt. In einer nahe gelegenen Hütte befinden sich drei Holzstatuen (Jesus, Maria, hl. Johannes), unter denen je eine eiskalte Quelle entspringt.

5 PASSEIERTAL, EISACKTAL, PUSTERTAL

Meran – Sterzing – Brixen – Bruneck – Sand im Taufertal *140 km*

Die Rundfahrt geht durch das nördliche Südtirol und führt durch drei lange Täler, in denen mehrere Städte liegen, die reich an Kunstschätzen sind. Diese Städte und nicht so sehr die Landschaft – das Pustertal ausgenommen – sind die Hauptattraktion der

Route. – Von Meran aus steigt die Straße bis nach St. Leonhard durch das enge grüne Passeiertal an, vorbei an schmucken Tiroler Dörfern, durch Wälder, Wiesen und Weiden, am Beginn der Auffahrt zum Jaufenpaß (2094 m). Von der Paßhöhe genießt man einen schönen Blick ins liebliche Ridnauntal bis hinunter nach Sterzing. Nachdem man dieses Tal und Sterzing hinter sich gelassen hat, folgt man der Straße das Eisacktal abwärts. An vielen Stellen durch die bewaldeten Abhänge zu beiden Seiten eingeengt, besonders bei Franzensfeste, wo alte österreichische Befestigungsanlagen den Durchgang fast verschließen, öffnet es sich am Zusammentreffen mit dem Pustertal in eine weite, heitere Mulde, in der Brixen liegt. Man biegt nun ins Pustertal ein und fährt talaufwärts durch eine liebliche erholsame Landschaft, in der sich riesige Nadelwälder mit grünen Senken, Wiesen und Feldern abwechseln; dazwischen liegen wie hingestreut hübsche Dörfer und Burgen. In Bruneck angekommen, zweigt man in das Tauferer Tal ab, ein breites grünes alpines Seitental, dem man bis zum malerischen kleinen Dorf Sand im Tauferer Tal folgt.

SEHENSWÜRDIGKEITEN – **Meran*** (siehe Rte. 2).
Oberhalb von **Riffian** liegt die barocke Wallfahrtskirche Zur Schmerzhaften Muttergottes, gleich daneben ein Kirchlein aus dem 15. Jh.
Kurz nach **St. Martin im Passeier** stehen rechts der Straße das Geburtshaus Andreas Hofers und die Hoferkapelle, in deren Fresken Szenen aus dem Leben des Tiroler Freiheitshelden festgehalten sind
Auf dem **Jaufenpaß** (2094 m) herrlicher Fernblick über zahlreiche Gipfel, darunter die Hohe Wilde (3480 m) und die Stubaier Alpen.
Ganz **Sterzing*** ist sehenswert, vor allem die Altstadt mit ihrem typisch Südtiroler Gepräge, die gotische Pfarrkirche zum hl. Geist und das Multscher-Museum.
Der Stadt **Brixen*** sollte man mindestens ein paar Stunden widmen; durch die Altstadt von der Laubengasse zum Dom spazieren, und auf jedem Fall den Kreuzgang beim Dom, das Diözesanmuseum und die Bischöfliche Burg besichtigen. Wer es nicht eilig hat, kann mit der Kabinenseilbahn auf die Plose (2504 m) fahren (Aussicht).
Außerhalb von Brixen, am Beginn des Pustertals, liegt die **Abtei Neustift***, ein malerisches Ensemble verschiedener Gebäude (St.-Michaels-Kapelle, Marienkirche, Kreuzgang, Bibliothek) aus dem 12.–17. Jh.
In **Bruneck** führt die malerische Hauptstraße durch das Herz der Altstadt, von dort aus steigt man hinauf zur alten Burg. Eine Seilbahn geht zum Kronplatz auf 2273 m, mit herrlicher Fernsicht über die Dolomiten, vom Cristallo bis zur Marmolata und vom Sella-Stock bis zum Langkofel.
EINKAUFSTIPS: Die typisch Südtiroler Erzeugnisse: Holzschnitzereien, Bauernmöbel, handbemalte oder -bedruckte Stoffe. In Sterzing Arbeiten aus Onyx, Marmor und Horn. In Brixen Zierkerzen.

Eine alte Südtiroler Rechtsgepflogenheit, die dem modernen Recht entgegensteht, ist der Erbhof, das heißt, daß der Landbesitz einer Familie jeweils ungeteilt nur dem erstgeborenen Sohn zufällt. Die größeren Bauernhöfe stellten regelrechten Feudalbesitz dar, einige waren besonders groß, wie die elf „Schildhöfe" im Passeiertal, deren Besitzer rechtmäßige Ritter waren und eigene Privilegien genossen. Ihr Zeichen war ein Steinschild, der auch heute noch auf den Häusern von Burgeis zu sehen ist.

6 DIE GROSSE DOLOMITENSTRASSE

Bozen – Karerpaß – Canazei – Pordoi-Joch – Falzárego-Paß – Cortina d'Ampezzo *109 km*

Es handelt sich hierbei um die klassische Dolomitenrundfahrt, eine der berühmtesten Touren im inneren Alpenbogen; sie vermittelt einen intensiven und faszinierenden Eindruck von den Naturschönheiten und den Hauptsehenswürdigkeiten der Dolomitenwelt. – Von Bozen aus fährt man zunächst ins Eggental, das sich in seinem ersten Abschnitt als eindrucksvolle Klamm zwischen hochaufragenden, überhängenden Felswänden erweist. Dann öffnet sich die Landschaft, und hinter Welschnofen fährt man inmitten grüner Weiden und dunkler Tannenwälder bergauf, bis man die rötlichen Zinnen des Rosengartens und die gezackten Gipfel des Latemar vor sich aufragen sieht, die sich in dem tiefblauen Wasser des Karersees spiegeln. Vom Karerpaß (1745 m) geht es nun rasch abwärts bis Vigo im Fassa-Tal. In landschaftlich herrlicher Gegend, immer die Felszacken des Langkofel vor Augen, durchquert man dieses freundliche breite Tal, vorbei an vielen Ferienorten, bis Canazei am Fuß der mächtigen Sella-Gruppe. Über eine kurvige Straße am Fuße der Felswände des Piz Boè erreicht man nun das Pordoi-Joch (2239 m); die Aussicht wird zusehends weiter (Gran Vernel, Marmolata, Langkofel, Sorapis und Antelao). Hinter Arabba führt die Straße durch das obere Ende des Cordevole-Tals und steigt mit Ausblicken auf die Marmolata, den Monte Pelmo und den Monte Civetta durch ein karges Tal entlang der senkrecht aufragenden Steilwand des Lagazuoi zum Falzárego-Paß (2105 m) an. Bergab entlang den Ausläufern der hohen Felsnasen der Tofana, dann durch den Wald bei Pocol, der auf einer Terrasse über der freundlichen Senke von Cortina liegt.

SEHENSWÜRDIGKEITEN – **Bozen** (siehe Rte. 3).
Am Beginn des Eggentals lohnt sich ein Blick von der **Brücke über dem Wasserfall** auf den Wildbach.
Am **Karersee**★ sollte man eine Pause einlegen. In seinen Wassern spiegeln sich die dunklen Tannenwälder und die gezackten Grate des Latemar mit violetten Reflexen.
Vor dem **Karerpaß** empfiehlt es sich, zumindest ein Stück über die schöne Straße in Richtung Nigra-Paß, unterhalb des Rosengartens, zu fahren, von wo aus man einen großartigen Blick auf den Latemar hat. Schöne Fernsicht bietet auch die Fahrt mit dem Sessellift auf die Pauliner Schutzhütte.
Von Vigo di Fassa aus erreicht man mit der Seilbahn den *Ciampedie* mit schöner Aussicht über die zerklüfteten Steilabfälle von Larsec. Auch die gotische Kirche *S. Giovanni* (15. Jh.) mit ihrem schlanken Glockenturm, etwas unterhalb des Dorfes gelegen, lohnt einen Besuch.
Von **Pozza di Fassa** aus kann man einen Abstecher in das grüne Tal von S. Nicolò machen; mit der Kabinenseilbahn auf den *Buffaure,* von dort aus herrlicher Blick auf Rosengarten und Sella-Gruppe.
Wer über ein robustes Auto verfügt und es nicht unbedingt schonen will, kann bei **Pera di Fassa** die Abzweigung nach links nehmen und durch das Vajolett-Tal 6,5 km zur *Gardeccia-Schutzhütte* fahren; von dort aus erreicht man in 1 Std. zu Fuß die *Vajolett-Hütte,* im Herzen des Rosengartens; der hier gewonnene Eindruck von den Dolomitenspitzen wird unvergessen bleiben.
Von **Campitello** führt ein Sessellift auf den *Col Rodella*★*;* herrliches Panorama.
Von **Canazei** aus kann, wer Zeit hat, über die ausgezeichnete Straße nach Pian Trevisan (12 km) und zum *Fedaja-See* gelangen; von dort aus führt eine Seilbahn mitten in die Gletscherwelt der *Marmolata*★.
Vom **Pordoi-Joch** erreicht man mit der kühn angelegten Kabinenseilbahn die *Pordoispitze*★ auf dem oberen Plateau des Sella-Stocks; großartiges Panorama vom Langkofel bis zur Tofana, vom Civetta bis zu den Pale di S. Martino und der Brenta-Gruppe.
Mit der Seilbahn erreicht man von **Arabba** aus die *Porta Vescovo*★ (2550 m) auf einer herrlichen Terrasse über den Gletschern der Marmolata; schöne Ausblicke bieten sich auch entlang der Straße vom Campolungo-Paß ins Gadertal.

Auch vom *Lagozuoi Piccolo*★ aus hat man eine großartige Fernsicht über die Dolomiten; man erreicht ihn mit der Seilbahn vom **Falzárego-Paß** aus.
In **Pocol** lohnt es sich anzuhalten und zu Fuß zum Belvedere★ (in der Nähe des turmartigen Karners) zu gehen; schöner Blick auf die Senke von Cortina.
Cortina★ kann neben dem vielfältigen Angebot eines großen, eleganten, hochalpinen Fremdenverkehrsortes in landschaftlich herrlicher Umgebung auch mit zahlreichen empfehlenswerten Spaziergängen und Wanderungen aufwarten, z. B. Fahrten mit der Seilbahn auf die Tofana und auf den Cristallo. Der klassische Ausflug im Auto führt von Cortina aus rund um den Cristallo (40 km); man fährt durch die großartige Dolomitenlandschaft, vorbei am Misurina-See.
EINKAUFSTIPS: In allen Fremdenverkehrsorten finden sich zahlreiche Läden, die Kunsthandwerk aus der Gegend anbieten, außerdem auch industriell gefertigte Produkte wie bemalte Möbel aus Lärchenholz aus dem Etschtal und Holzeinlegearbeiten aus dem Grödner Tal. Die Preise sind im allgemeinen günstig, auch für Berg- und Wintersportartikel, die besonders in Cortina in einigen bekannten Fabriken hergestellt werden.

Die bekannteste unter den vielen Dolomitensagen ist wohl die vom Rosengarten, die mit der eigenartigen Rosafärbung der Berggipfel bei Sonnenaufgang und Sonnenuntergang in Verbindung steht. Im Rosengarten lebte in einem großen Steinpalast der Zwergenkönig Laurin. Der Berg war über und über mit herrlichen roten Rosen bedeckt. Laurin verliebte sich in Ismilde, die Tochter eines benachbarten Königs, und entführte sie. Ihrem Vater aber wiesen die Rosen den Weg: er befreite Ismilde und nahm Laurin gefangen. Nach einiger Zeit gelang es dem Zwergenkönig zu entfliehen; auf seinen Berg zurückgekehrt, verwünschte er die Rosen, die ihn verraten hatten. Er verwandelte sie in Felsen, damit man sie weder bei Tag noch bei Nacht sehen könne. Und tatsächlich blüht der Rosengarten nur bei Sonnenauf- und Sonnenuntergang, wenn es noch nicht Tag oder noch nicht Nacht ist.

7 DAS GRÖDNER TAL UND DIE SELLA-GRUPPE

Waidbruck – St. Ulrich – Sella-Joch – Falzárego-Paß – Stern im Gadertal – Grödner Joch 138 km

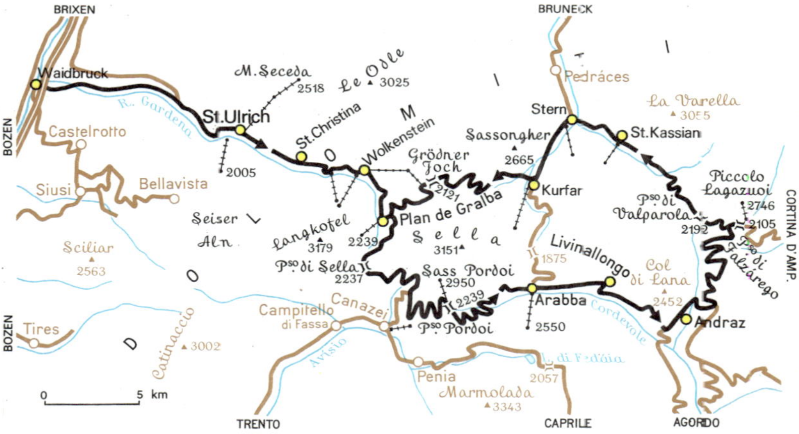

Die Rundfahrt führt zur Gänze durch die herrliche Bergwelt der Dolomiten und hat ihre Schwerpunkte in der einzigartigen Schönheit der Formen und Farben dieser Berge, in ihrer landschaftlichen Vielfalt, in den zahlreichen Möglichkeiten, mit Seilbahnen, Kabinenbahnen und Sesselliften herrliche Aussichtspunkte – und in den Wintermonaten wunderbare Schigebiete – zu erreichen. – Von Waidbruck aus fährt man durch eine enge bewaldete Schlucht bis nach St. Ulrich/Ortisei; danach öffnet sich die Landschaft: umrahmt von den Gipfeln und Graten des Langkofels, der Sella-Gruppe und der Geislerspitzen liegt vor uns das obere Grödner Tal mit seinen steilen grünen Hängen und dichten Nadelwäldern. Man durchquert St. Christina und Wolkenstein, gepflegte Fremdenverkehrsorte, die im Sommer und im Winter gern besucht werden. Am Ende des Tales beginnt die Straße auf das Sella-Joch (2213 m) anzusteigen, immer entlang am Fuß der mächtigen Felswände der Sella-Gruppe. Die Landschaft verändert sich: vor uns, breit hingelagert, die gewaltige Marmolata mit ihren schimmernden Gletschern. Die Straße geht steil abwärts ins Antermont-Tal, um gleich danach über ein Steilstück auf das Pordoi-Joch (2239 m) zu führen. Hinunter ins Cordevole-Tal, mit schönen Ausblicken auf den Pelmo und den Civetta. In Andraz beginnt neuerlich ein Anstieg durch ein zerklüftetes Tal auf den Falzárego-Paß (2105 m). Hier verläßt man die Straße nach Cortina und gelangt durch eine wildromantische Talenge zu dem einsam gelegenen Valparola-Paß (2192 m). Die Fahrt hinab ins Tal von St. Kassian ist im ersten Stück etwas beschwerlich, man wird aber durch die herrliche Natur und überraschende Ausblicke auf die umliegenden Gipfel entschädigt. Inmitten schöner grüner Matten biegt man nun bei Stern ins Grödner Tal ein und gelangt nach Überwindung eines weiteren Engpasses in die freundliche Senke von Corvara, die von den eindrucksvollen Zinnen des Sella-Massivs überragt wird. Die Straße steigt über Almen wieder langsam in Kehren an, vorbei an Kolfuschg bis zum Grödner Joch, wo sie sich ganz eng an die Felswände der Sella (2121 m) drängt. In Kreuzboden stößt sie, nach angenehmer Talfahrt inmitten grüner Almwiesen mit herrlichen Ausblick auf den Langkofel, auf die Grödnertal-Straße.

SEHENSWÜRDIGKEITEN – In dem hübschen Ort **St. Ulrich*** *(Ortisei)*, einem der Zentren des Grödner Tales, lohnt sich ein Besuch im Museum und in den Ausstellungsräumen der dort heimischen Kunsthandwerkproduktion. Wer Zeit hat, kann mit der Seilbahn auf die *Seiser Alm** (2000 m) fahren, einem ausgedehnten grünen Hochplateau, das von Langkofel und Plattkofel überragt wird; Aussicht.
Vom **Kreuzboden** *(Plan de Gralba)* führt eine Seilbahn auf den Sattelnock (2239 m), einem schönen Aussichtspunkt unterhalb des Langkofels (Sassolungo) mit Blick auf das obere Grödner Tal, die Sella-Gruppe und die Geislerspitzen.
Vom **Sella-Joch** herrlicher Fernblick auf den Gran Vernel, die Marmolata und das obere Fassa-Tal.
Vom **Pordoi-Joch** aus empfiehlt sich die Fahrt mit der Seilbahn auf die Pordoi-Spitze* (*Sass Pordoi*, 2950 m). Von dort bietet sich die großartigste Fernsicht der gesamten Dolomitenregion.
Von **Arabba** aus führt eine Seilbahn auf die Porta Vescovo* (2550 m), eine Felsterrasse, die sich zur Marmolata hin öffnet.
Vom **Falzárego-Paß** aus empfiehlt sich eine Fahrt mit der Seilschwebebahn auf den Lagazuoi Piccolo* (2746 m): der Blick umfaßt die gesamte Dolomitenwelt.
Das **Grödner Joch** ist ein großartiger natürlicher Aussichtspunkt auf die Sella mit ihren steilen Wänden, den Langkofel und die Cir-Spitzen.
EINKAUFSTIPS: Die meisten Schnitzarbeiten, die man in den Läden der Dolomitenregion findet, stammen aus dem Grödner Tal. Abgesehen von den kleinen Souvenirs und der Massenware kann man auch echte Kunstwerke finden, wenn man bei den Bildhauern selbst auf die Suche geht. Auch ein Besuch der Bildhauerschule in St. Ulrich kann sehr interessant werden.

Zu den aufsehenerregendsten Ereignissen des Ersten Weltkrieges zählte die Sprengung der Castelletto-Spitze am 11. Juli 1916, einem der äußersten Ausläufer der Tofana, in der Nähe des Falzárego-Passes. Die Minierungsarbeiten unter dieser uneinnehmbaren österreichischen Stellung dauerten über 6 Monate; 35 Tonnen Sprengstoff wurden eingesetzt.
Mit einer anderen riesigen Sprengladung (6 Tonnen Dynamit) wurde am 17. April 1916 nach dreimonatiger Arbeit der Gipfel des Col di Lana, oberhalb von Pieve di Livinallongo, in die Luft gejagt und damit die Form des Berges erheblich verändert.

8 PALA-GRUPPE UND FLEIMSTAL

Fiera di Primiero – S. Martino di Castrozza – Válles-Paß – Falcade – S. Pellegrino-Paß – Moena – Cavalese *85 km*

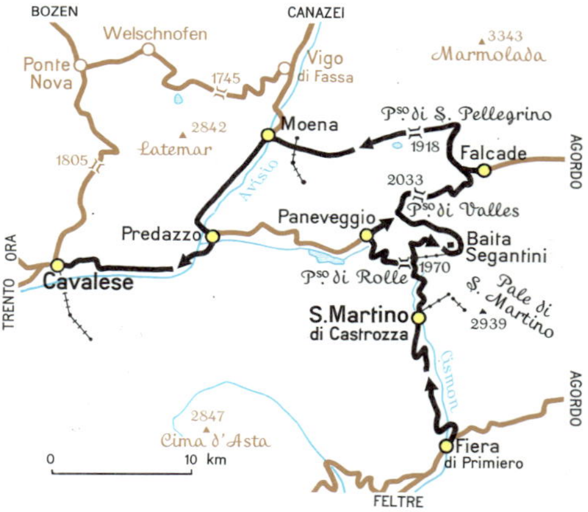

Diese wunderschöne Rundfahrt durch die Berge im S der Trientiner Dolomiten hat als Hauptattraktionen die großartige Pala-Gruppe (Pale di S. Martino) und den riesigen Wald von Paneveggio, der wohl zu den schönsten Nadelwäldern überhaupt zählt.
Von Fiera di Primiero steigt das enge waldige Cismon-Tal am Fuß der hochaufragenden Spitzen der Pala-Gruppe hinauf bis zur Senke von S. Martino di Castrozza, einem der renommiertesten Wintersportorte. Über eine Reihe von Kehren geht es inmitten eines Föhrenwaldes entlang des Lagorei-Kamms und der Pala-Gruppe auf den Rollepaß (1970 m). Hier gibt es zwei Möglichkeiten: entweder man fährt über die kurvenreiche Straße durch dichte Wälder hinunter ins obere Travignolo-Tal bis Paneveggio, oder man nimmt die Abzweigung in Richtung Válles-Paß; eine dritte Variante – wenn man Straßen in etwas schlechterem Zustand

nicht scheut – stellt die Fahrt zur Segantini-Hütte am Fuß des eindrucksvollen Cimon della Pala dar, der wegen seiner kühnen Formen auch das Matterhorn der Dolomiten genannt wird. Für diese Route zweigt man etwas unterhalb des Rolle-Passes in eine Seitenstraße ab, die mit herrlichen Ausblicken in eine fast unberührte Bergregion führt. – Durch das idyllische Venegia-Tal geht es wieder abwärts bis zur Kreuzung mit der Straße, die von Paneveggio kommt, der man bis zu dem einsam gelegenen Válles-Paß (2033 m) folgt. In kurzer Fahrt durchquert man die Senke von Falcade und gelangt nach einem Waldstück auf die Höhe des inmitten grüner Matten gelegenen S. Pellegrino-Passes (1918 m). Inmitten von Wäldern und Weiden, mit Blick auf die rechts der Straße liegende Montoni-Gruppe, fährt man weiter talwärts nach Moena im Fleimstal, dem man bis Predazzo folgt; von dort aus weiter auf halber Höhe über dem Tal bis nach Cavalese, durch ein Gebiet mit zahlreichen Ferienorten.

SEHENSWÜRDIGKEITEN – In **Fiera di Primiero** sind die Casa del Dazio (16. Jh.) und die nahegelegene spätgotische Pfarrkirche (1493) sehenswert.
Von **S. Martino di Castrozza** aus empfiehlt sich eine Fahrt mit Sessellift und Seilbahn auf die Rosetta* (2609 m), einem nackten Felsvorsprung über dem Tal, unterhalb des Cimon della Pala.
Nehmen sie sich Zeit für den herrlichen **Wald von Paneveggio*** (besonders empfehlenswert die Fahrt auf der Straße zum Válles-Paß in großartiger Landschaft.
Kurz nach dem **S. Pellegrino-Paß** führt eine kurze Abzweigung nach links zu dem winzigen gleichnamigen See, in dem sich die Gipfel der Monzoni-Gruppe spiegeln.
In **Moena** neben der Pfarrkirche das mittelalterliche Kirchlein S. Volfango mit Fresken aus dem 15. Jh.
In **Predazzo** gibt es für Freunde der Gesteinskunde die Sammlungen des Mineralogischen Museums neben der Casa della Cultura.
In **Tésero** lohnt sich ein Besuch der winzigen Kapelle S. Rocco (Fresken aus dem 16. Jh.) und der gotischen Kirche S. Leonardo.
In **Cavalese** sind der Palazzo della Magnifica Comunità (16. Jh.) und die gotische Pfarrkirche interessant. Wer Zeit hat, kann mit der Seilbahn auf die *Alpe Cermis* (2200 m) im Lagorei-Kamm fahren; schöne Fernsicht.
EINKAUFSTIPS: Bauernmöbel in Fiera di Primiero und im Fleimstal; Käse, Butter und Pilze am Rolle-Paß und im Venegia-Tal.

Im ehemaligen Palast der Fürstbischöfe von Trient in Cavalese hat die Magnifica Comunitá di Fiemme ihren Sitz, die Versammlung der Stadtherren, der im Mittelalter die Selbstverwaltung (und relative Unabhängigkeit) der Gemeinden des Fleimstals oblag.
Heute beschäftigt sie sich unter dem Vorsitz eines Präsidenten mit der Verwaltung der riesigen Wald- und Wiesengebiete des Tales. Früher mußten zur Heuernte zahlreiche Helfer, Männer und Frauen aus dem Tal, gerufen werden, die über Wochen hier arbeiteten, in Zelten wohnten, sich von Polenta und Käse ernährten und nur am Sonntagmorgen ins Tal gehen durften. Die Männer waren mit der Mahd beschäftigt, die Frauen mußten das Heu zusammentragen. Einem Mann waren jeweils zwei Frauen („resteladore“) zugeteilt. Das zu bearbeitende Land wurde durch das Los („boletin“) ermittelt.

9 DAS ZOLDO-TAL UND DIE MARMOLATA

Ágordo – Zoldo – Selva di Cadore – Caprile – Malga Ciapela – Caprile – Falzárego-Paß – Cortina d'Ampezzo *109 km*

Eine weitere Dolomitenrundfahrt durch das Zoldo-Tal und das Ágordo-Tal, umgeben von den Bergmassiven des Civetta, des Pelmo und der Marmolata. – Von Ágordo aus führt eine enge, kurvenreiche Straße auf den Duran-Paß (1601 m; geöffnet von Mai bis November) mit Ausblicken auf die Senke von Ágordo und den Monte Agner. Nach der Überquerung des Sattels geht es hinunter ins Zoldo-Tal, über dem sich mächtig der Pelmo und der Antelao erheben. Von Dont aus führt die Straße aufwärts durch das dünn besiedelte Gebiet von Zoldo Alto mit seinen schönen Wäldern und

Almwiesen, zur Linken den langgestreckten Bergzug des Civetta, dem auf der anderen Seite die schneebedeckten Gipfel des Monte Pelmo gegenüberliegen. Man erreicht die Staulanza-Scharte (Forcella Staulanza, 1773 m) und fährt nun das obere Fiorentina-Tal entlang, läßt die großartige Pyramide des Monte Pelmo hinter sich, gelangt nach Selva di Cadore und dann, hinter Colle di S. Lucia, zu einem großartigen Aussichtspunkt über die Gipfel der Dolomiten. Nun geht es in Kehren abwärts durch das Cordévole-Tal bis Caprile, wo das Pettorina-Tal einmündet; nach der Senke von Sottoguda überquert eine neue Straße die tiefe Schlucht der Serrai di Sottoguda und führt über Galerien auf die weite Hochebene von Malga Ciapela, wo die kühn angelegte Seilbahn auf die Marmolata ihre Talstation hat. Man kehrt nun nach Caprile zurück und fährt durch das Cordévole-Tal, mit schönem Blick zurück auf den Civetta, bis Cernadoi, wo man zur Großen Dolomitenstraße abbiegt und ihr durch ein karges Tal bis auf den Falzárego-Paß folgt. Schöne Talfahrt entlang der Felswände der Tofana (rechts Blick auf die Croda da Lago) bis Pocol, wo sich die weite Senke von Cortina öffnet.

SEHENSWÜRDIGKEITEN – Auf dem Hauptplatz von **Ágordo** beachte man den schönen Palazzo Crotta (17., 18. Jh.). In **Chiesa** verdient die Kirche S. Tiziano di Goima (15. Jh.) mit einem geschnitzten und bemalten Flügelaltar und einem Altarbild aus dem Umkreis Tizians einen Besuch.
Ein kurzer Aufenthalt bei der **Casera Staulanza** (Sennhütte) vor der gleichnamigen Scharte lohnt sich wegen der herrlichen Aussicht auf den Monte Pelmo, das Zoldo-Tal und den Monte Civetta.
Von **Colle di S. Lucia** aus schöner Blick auf das Fiorentina-Tal und die am Horizont aneinandergereihten Bergmassive des Civetta, Pelmo und Antelao. Nach der Ortschaft sollte man beim *Belvedere*★ anhalten, wo man aus einer Höhe von 1400 m über das Cordévole-Tal am Fuß der Felswände des Monte Civetta bis zum See von Álleghe sieht.
Entweder bei der Hin- oder bei der Rückfahrt von Malga Ciapela sollte man auf der alten Straße die feuchte, dunkle Klamm der **Serrai di Sottoguda**★ durchqueren, die der Wildbach Pettorina hier gegraben hat.
Beeindruckend ist die Fahrt mit der Seilbahn von **Malga Ciapela** aus auf die Punta Rocca (3270 m) auf der *Marmolata*★, von wo aus sich inmitten der ewigen Gletscher ein großartiger Weitblick über die Dolomitenwelt öffnet (Sommerskibetrieb).
Vom **Falzárego-Paß** führt eine Seilbahn auf den *Lagazuoi Piccolo*★, von wo aus man einmal mehr einen Blick über die gesamte Dolomitenregion werfen kann.
Von **Pocol** erreicht man zu Fuß das Belvedere★, in der Nähe des Karners, um den Blick über die schöne Senke von Cortina zu genießen.
Cortina★ liegt in einem landschaftlich besonders reizvollen Gebiet und bietet, abgesehen von seinen Eigenschaften als alpinistisches, touristisches und gesellschaftliches Zentrum, auch zahlreiche Möglichkeiten für Ausflüge und Spaziergänge: zu empfehlen ist unter anderem die Fahrt mit der Seilbahn auf die Tofana und auf den Cristallo.
EINKAUFSTIPS: Im Zoldo-Tal und im oberen Cordévole-Tal schön gearbeitetes Schmiedeeisen. In Cortina gibt es wunderschöne Geschäfte aller Art und Artikel für den Alpinismus.

Im Gletscher der Marmolata wurde von den Österreichern 1916 die „Gletscherstadt" errichtet, ein über 8 km langes Galeriensystem mit elektrischer Beleuchtung und einer Kanone von 3300 m Reichweite; hier konnten etliche Truppenabteilungen Schutz finden.
Der Sessellift (heute Kabinenseilbahn) von Fedaia auf die Marmolata war einer der ersten in Italien (1947) und wurde mehrmals von Lawinen zerstört; die Seilbahn von Malga Ciapela auf die Marmolata (1969) ist eine der modernsten und steilsten in ganz Italien.

10 MISURINA-SEE UND OBERES PUSTERTAL

Cortina d'Ampezzo – Misurina-See – Toblach – Pragser Wildsee – Antholzer See – Bruneck — *117 km*

Die Rundfahrt führt durch einen der schönsten Teile der Dolomiten des Cadore, im O von Cortina, wo die berühmten Drei Zinnen liegen, und läuft an zwei bekannten Seen vorbei: dem Misurina-See und dem Pragser Wildsee. – Von Cortina aus fährt man über eine kurvige Straße zwischen Wiesen und Wäldern, mit Sicht über die Senke und die umliegenden Berge bis auf den Tre Croci-Paß (1814 m), am Fuß des Cristallo. Weiter geht es nun durch das obere Ende des waldigen Ansiei-Tales, die Landschaft ändert sich: rechts das Sorapis-Massiv und dahinter die Gipfelkette der Marmarole; gegenüber die Cadini-Gruppe. Gleich darauf erreicht man den herrlichen Misurina-See, in dessen Wasser sich die Drei Zinnen spiegeln. Diese erreicht man auf der schönen Mautstraße vom Col S. Angelo zur Auronzo-Schutzhütte (2320 m). Wieder auf den Col zurückgekehrt, fährt man durch das dunkle Höhlensteintal, in dem der einsame Dürrensee am Fuße des Birkenkofels liegt. Dann geht es zu dem kleinen Toblacher See und in die weite Senke von Toblach. Man befindet sich nun im breiten, grünen Pustertal, in dem man in Richtung Bruneck bis Niederdorf (Villabassa) fährt und kurz danach nach links durch ein kurzes Tal zum Pragser Wildsee abbiegt. Wieder zurück im Pustertal, geht es über Welsberg (Monguelfo) mit seiner schönen Burg und nach einem kurzen Abstecher zum einsam gelegenen Antholzer See nach Bruneck.

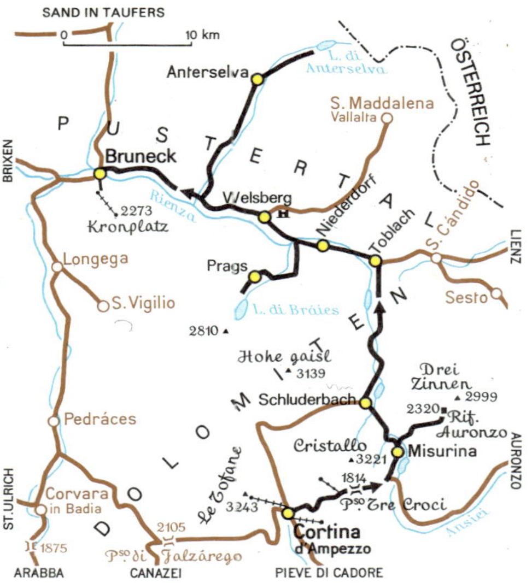

SEHENSWÜRDIGKEITEN – An der Anfahrtsstrecke auf den Tre Croci-Paß liegt die Talstation der Kabinenseilbahn und des Sessellifts auf den **Monte Cristallo*;** durch ein kanalartiges, enges Tal führen sie hinauf zur Staunies-Klamm, von wo aus man von mehreren Terrassen aus, besonders nach N, einen unvergeßlichen Fernblick von den Drei Zinnen bis zum Großglockner genießt.
Der **Misurina-See*** ist eines der klassischen Ziele in den Dolomiten; wenn möglich, sollte man ihn umrunden, um den herrlichen Anblick der sich im Wasser spiegelnden Berggipfel zu genießen.
Von der **Auronzo-Schutzhütte** aus, am Fuß der steilaufragenden Felswände der Drei Zinnen*, hat man einen herrlichen Ausblick über die Dolomiten und das Ansiei-Tal. Wer möchte, kann weiter bis zur Lavaredo-Schutzhütte fahren, dort das Auto abstellen und in 45 Min. zu Fuß die Lavaredo-Klamm* erreichen (schöner Blick auf die Drei Zinnen); wer Zeit hat, kann noch weiter bis zur Locatelli-Schutzhütte (1 Stunde) gehen, die unterhalb der Dreischusterspitze* liegt. Ein anderer Ausflug, der allerdings einen ganzen Tag beansprucht, führt auf den Monte Piana, einen der Kriegsschauplätze 1915–18. Auf der Fahrt nach Toblach kann man bei einer Rast am **Dürrensee** einen letzten Blick zurück auf die Drei Zinnen und auf den Monte Cristallo werfen.
Der **Pragser Wildsee*** ist ein anderes beliebtes Ziel in den Dolomiten und noch eindrucksvoller als der Misurina-See. Wer Zeit hat, kann über die Straße, die am See entlang führt, weiter bis zur Plätzwiesen (1993 m) fahren, die am Ende des Tals von Bad Alt Prags am Fuß der Hohen Gaisl liegt.
Wenn man etwas mehr Zeit zur Verfügung hat, sollte man nicht versäumen, in das ruhige **Antholzer Tal** zu fahren, bis zu dem kleinen See am waldreichen Talende.
In **Bruneck** sollte man über die Hauptstraße bummeln, die Burg (13.–14. Jh.) besuchen und, wenn möglich, mit der Seilbahn auf den Kronplatz (2273 m), einen herrlichen Aussichtspunkt über das Tauferer Tal und die Dolomiten, fahren.
EINKAUFSTIPS: Typisch Südtiroler Handwerk in Toblach und Bruneck: handgewebte Stoffe, Keramik, Einlegearbeiten. Am interessantesten sind vielleicht die Spezialitäten der Südtiroler Küche: Speck, Käse, Süßspeisen (Strudel, Zelten, diverse Torten).

Die Grenze zwischen den beiden Gemeinden Toblach und Auronzo verläuft fast am Ende des Höhlensteintals entlang der Straße nach Misurina. Wie diese Grenze zustandegekommen ist, erzählt eine kuriose Geschichte: Zu Beginn des 18. Jhs. beschlossen die Bürgermeister der beiden Orte, den Grenzverlauf dort festzulegen, wo zwei Frauen, die jeweils aus ihrem Dorf bei Morgengrauen in Begleitung eines gegnerischen Wachtrupps aufbrechen sollten, einander begegnen würden. In der Nacht erwartete die Frau aus Auronzo, überwacht von einigen Toblachern, den ersten Hahnenschrei und vertrieb sich die Zeit durch Stricken. Nach einiger Zeit nickten die Männer ein, die Frau hingegen nützte die Gelegenheit, um den Hahn mit einer Stricknadel zu stechen, so daß er lange vor Tagesanbruch zu krähen begann und somit das vereinbarte Zeichen zum Aufbruch gab. Der Zeitvorsprung gereichte Auronzo natürlich sehr zum Vorteil. Heute erinnert noch das kleine Kirchlein S. Maria delle Grazie in Auronzo an die Episode: Auf seinem Dach ist ein eiserner Hahn mit drei Löchern angebracht.

11 COMÉLICO UND SEXTENTAL

Cortina – Tre Croci-Paß – Auronzo – Zovo-Paß – Candide – Kreuzbergpaß – Innichen *91 km*

Die Rundfahrt kann auch als eine Variante zur vorhergehenden Tour Nr. 10 betrachtet werden und führt über ruhige Straßen und die am wenigsten schwierigen Pässe der Dolomiten durch Wälder und weites Wiesenland, mit schönen Aussichtspunkten auf die Dolomitengipfel östlich von Cortina. – Von Cortina aus fährt man über eine kurvige Straße zwischen Wiesen und Wäldern, mit Sicht über die Senke und die umliegenden Berge bis auf den Tre Croci-Paß (1814 m), am Fuß des Monte Cristallo. Auf der anderen Seite des Bergsattels folgt man der Straße durch das einsame Ansiei-Tal bis zu der langgestreckten Siedlung Auronzo, an einem Stausee gelegen. Kurz vor dem Ortsausgang zweigt die Straße auf den Zovo-Paß (1482 m) ab; man überquert nun ein hoch über dem Piavetal gelegenes Hochplateau mit Almwiesen und Wäldern und fährt dann von dem freundlichen, kleinen Dorf Danta aus abwärts bis S. Nicolò di Comélico im Pádola-Tal. Weiter geht es durch herrlich frisches Grünland auf den Kreuzbergpaß (Passo di Monte Croce di Comélico, 1636 m), und von dort aus hinunter ins Sextental. Die Landschaft ändert sich, man fährt durch typisch Tiroler Dörfer und erreicht schließlich, nach einer bewaldeten Talenge, Innichen (S. Candido).

SEHENSWÜRDIGKEITEN – An der Anfahrtsstrecke auf den Tre Croci-Paß liegt die Talstation der Kabinenseilbahn und des Sessellifts auf den **Monte Cristallo★**; durch ein kanalartiges, enges Tal führen sie hinauf zur Staunies-Klamm, von wo aus man von mehreren Terrassen, besonders nach N, einen unvergeßlichen Fernblick von den Drei Zinnen bis zum Großglockner genießt.
Von der Straßengabelung „Dogana Vecchia" aus erreicht man nach wenigen Kilometern den **Misurina-See★**, eines der klassischen Ziele in den Dolomiten (siehe Rte. 10).
Wer Zeit hat, kann mit der Seilbahn auf den Monte Agudo★ (1585 m) fahren; schöne Aussicht über das Becken von **Auronzo** und über die Gipfel der Marmarole, der Cadini und die Drei Zinnen. Beim Abstieg vom Sextenpaß empfiehlt es sich, von **Moos** *(S. Giovanni)* aus einen Ausflug ins Fischleintal (Val Fiscalina), zuerst mit dem Auto bis zum Ende der Straße und dann zu Fuß zur Capanna Fondovalle (1526 m), zu unternehmen; großartiger Blick auf die umliegenden Dolomitengipfel: Elferkofel, Zwölferkofel, Dreischusterspitze. In einigen Stunden erreicht man von hier aus zu Fuß die Comici-Schutzhütte (2224 m), am Fuß der Steilwand des Zwölferkofels.
In **Innichen** *(S. Candido)* ist die romanische Kollegiatskirche (13. Jh.) mit ihrem mächtigen Glockenturm sehenswert.
EINKAUFSTIPS: In Auronzo findet man eine reiche Auswahl an Sportbekleidung und Antiquitäten zu viel günstigeren Preisen als in Cortina. Antiquitäten und Tiroler Bauernmöbel in Dodoledo und im Sextental.

Eine schöne, aber anstrengende Bergwandertour kann man bei gutem Wetter von Bagni di Valgrande im oberen Comelico aus unternehmen. Man steigt zuerst hinauf zur Berti-Schutzhütte (1950 m) und folgt dann der sogenannten Strada degli Alpini (Alpenjägerstraße). Dieser gesicherte, wunderschöne Wanderweg führt in Höhen über 2500 m (an schwierigen Stellen Sicherung durch fix angebrachte Seile) unterhalb des Elferkofels und der Sextener Rotwand entlang zur Comici-Schutzhütte im oberen Fischleintal.

12 DIE HOCHEBENE VON ASIAGO IM TRENTINISCHEN

Rovereto – Folgaría – Serrada – Tonezza – Caltrano – Asiago – Lavarone – Trient *158 km*

Die Rundfahrt führt über ausgezeichnete, ruhige Straßen durch ein landschaftlich sehr reizvolles Bergland mit dichtem Wald und weiten Wiesenflächen, in dem verstreut einige Erinnerungsstätten an den Ersten Weltkrieg liegen. – Von Rovereto aus fährt man durch das Etschtal bis Calliano und von dort aus über einen kurzen Anstieg auf das Hochplateau von Folgaría, einem bekannten Wintersportzentrum. Über eine Straße mit schönen Ausblickspunkten erreicht man Serrada und von dort aus über ein Waldstück den Fondo Grande. Man überquert nun den Valbona-Paß (1782 m) und ge-

langt auf die Vicentiner Seite; an einem steilen Hang entlang (Galerien, Panorama) fährt man bis zum Vena-Paß (1546 m) auf einem Felsüberhang über dem Ástico-Tal. Lange Talfahrt an den Hängen des Monte Spitz (Galerien) bis zur weiten, grünen Hochebene von Tonezza del Cimone. Man überwindet nun den Steilabfall des Felsmassivs, auf dem dieses Hochplateau liegt, und erreicht Arsiero; ein kurzes Stück auf dem Talboden; die Straße steigt wieder in breiten Kehren an (schöner Blick über das Ástico-Tal und die Senke von Thiene) bis an den Rand des Hochplateaus der Sette Comuni (Sieben Gemeinden). Durch freundliches Hügelland fährt man weiter nach Asiago und dann nach Camporóvere; von hier aus führt die Straße durch ein enges Waldtal auf den Vézzena-Paß (1402 m), auf der anderen Seite wieder hinunter durch dichte Wälder zur weiten Hochebene von Lavarone, wo ein kleiner See liegt. In Carbonare schlägt man die Straße nach Trento ein und erreicht nach kurzer Fahrt über eine kurvenreiche Strecke (Galerien) die Fricca-Schlucht. Nach Überquerung des gleichnamigen Sattels beginnt eine lange Talfahrt hoch über der Valsugana, unter den Felsüberhängen des Becco di Filadonna. Man erreicht den Caldonazzo-See und danach das Etschtal, dem man bis Trient folgt.

SEHENSWÜRDIGKEITEN – In **Rovereto** Erinnerungen an den Ersten Weltkrieg (Kriegsmuseum in der Burg, „Glocke der Gefallenen" und Kriegerfriedhof von Castel Dante).
In **Volano** ist am Ortsrand das Kirchlein S. Rocco (Fresken aus dem 15. und 16. Jh.) zu sehen.
In **Mezzaselva,** an der Straße Folgaría-Serrada, schöner Blick über das tief unten liegende Tal, im Hintergrund die Burg Beseno.
Von **Serrada** aus lohnt sich eine Fahrt mit der Seilbahn auf den Dosso Martinella (1604 m) mit schönem Blick über den südlichen Teil des Trentino und den Pasubio.
Vom **Valbona-Paß** (1782 m) führt ein kurzer, steiniger Weg zu dem zerstörten Fort Campomolon (1850 m), fast auf dem Gipfel des gleichnamigen Berges; großartige Aussicht.
Von **Tonezza del Cimone** kann man im Auto die Piazza degli Alpini und von dort in wenigen Gehminuten das Beinhaus am Gipfel des Cimone (1230 m), auf dem Felsüberhang über dem *Ástico-Tal,* erreichen.
Interessant ist die Kirche S. Giorgio (14. Jh.) im gleichnamigen Ort bei **Velo d'Ástico** (Fresken aus dem 14. Jh., Gemälde aus dem 15. Jh.; Schlüssel im Haus daneben).
In **Asiago** Fahrt mit dem Sessellift auf den Monte Kaberlaba (1221 m); schöner Rundblick über das Hochplateau der Sieben Gemeinden.
Von **Cappella,** auf der Hochebene von Lavarone, aus kann man einen kurzen Ausflug zum Fort Belvedere unternehmen; mächtiger österreichischer Bau mit interessantem Inneren (Kustos), schöne Aussicht. An der Strada della Fricca liegt der **Orrido della Fricca*,** eine wilde, vom Wasser ausgespülte Schlucht zwischen spitzen Felszacken.
In **Trient*** sollte man unbedingt den Dom und die Burg der Buonconsiglio besichtigen sowie auf den Doss Trento fahren.
EINKAUFSTIPS: Butter und besonders Käse in Asiago; Bergschnäpse.

Die Zone, durch die die Rundfahrt führt, war im Ersten Weltkrieg Kampfgebiet. Der Sitz des österreichisch-ungarischen Kommandos befand sich in einer großen Höhle bei Virti (zu besichtigen), in einer malerischen Schlucht auf dem Hochplateau von Lavarone; der zentrale Teil der Hochebene von Asiago und der dahinterliegende Monte Ortigara waren 1917 Schauplatz heftiger Kämpfe (viele Kapellen und Heldenfriedhöfe); der Monte Cimone bei Tonezza wurde im September 1916 durch die Explosion einer österreichischen Mine gesprengt, wobei 1200 italienische Soldaten umkamen.

13 DER CANSIGLIO UND DIE SENKE VON BELLUNO

Conegliano – Vittorio Veneto – Hochebene von Alpago – Ponte nelle Alpi – Belluno – Feltre – Passo di S. Boldo – Conegliano *130 km*

Diese abwechslungsreiche Rundfahrt durch die venetischen Voralpen führt durch riesige Wälder, zu Ausblickspunkten über das Bergland und in ruhige, reizvolle Städtchen. – Von Conegliano aus erreicht man rasch Vittorio Veneto. Von hier steigt die Straße an auf die Crosetta in 1120 m (nach O schöne Aussicht auf die Ebene von Livenza) und läuft weiter über das von dichtem Wald bedeckte Hochplateau des Cansiglio, in dessen Mitte sich das Weideland des Campon öffnet. Ein kleiner Paß führt in die Hochebene von Alpago nach Spert und in den auf einem Sattel gelegenen Sommerfrischeort Tambre. Durch ein schmales Tal geht es nun abwärts in Richtung Pieve d'Alpago, dem Zentrum der Hochebene von Alpago. Am Talboden angelangt, überquert man die Piave bei Ponte nelle Alpi und erreicht nach kurzer Fahrt, vorbei an einigen schönen Städten, Belluno. Man fährt weiter nach Feltre durch das dichtbesiedelte Gebiet auf der rechten Seite des breiten Piave-Tals. Von Feltre aus geht es ein Stück zurück bis nach Busche, wo man die Piave wieder überquert und auf dem linken Ufer nach Trichiana weiterfährt. Dort schlägt man die Straße zum Passo di S. Boldo ein. Sie gehört mit ihrer gewagten Trassenlegung in engsten Kurven und Galerien entlang einer wilden Schlucht zu den beeindruckendsten Straßenstücken Italiens. Weiter geht es in ein Tal, auf dessen Grund der Soligo fließt, bis zum Tarzo-See und zwischen auf Hügeln angelegten Weingärten zurück nach Conegliano.

SEHENSWÜRDIGKEITEN – In **Conegliano** lohnt sich ein Spaziergang über die malerische Via XX Settembre, an der auch der Dom liegt; schöne Aussicht vom Schloßhügel aus.
In **Vittorio Veneto*** empfehlen sich Kurzbesuche der Kathedrale von Céneda und der nahegelegenen Loggia Cenedese; in Serravalle, am Ende der schönen Via Martiri della Libertà, sind die Loggia Serravallese und der Dom sehenswert.
In der **Hochebene des Cansiglio** Gelegenheit zu schönen Waldausflügen. Man fährt entweder über die Waldstraße vom Crosetta-Paß hinauf zu den Hängen des Monte Candaglia, oder man erreicht vom Hotel S. Marco aus in 20 Gehminuten durch den Wald die 225 m tiefe Schlucht Bus de la Lum.
Von **Ponte nelle Alpi** aus kann, wer Zeit hat, bis Longarone fahren (10 km), von dort aus den Staudamm von Vaiont erreichen (16 km) und die Spuren des verheerenden Bergrutsches des Monte Toc sehen. In der darauffolgenden Überschwemmung kamen 1963 fast 2000 Menschen um.
In **Belluno*** sind bemerkenswert: der Domplatz mit dem Dom und dem Palazzo dei Rettori, das Museo Civico, ebenso der Marktplatz und S. Stefano. Wer Zeit hat, kann im Auto auf den *Nevegal* und von dort mit dem Sessellift auf den Monte Faverghera in 1610 m fahren, mit schöner Aussicht über dieses Wintersportgebiet.
In **Feltre** sind die Via Mezzaterra in der Oberstadt und die Piazza Maggiore interessant, in deren Nähe das Städtische Museum. Empfehlenswert ist der Ausflug (3,8 km) zur romanischen Kirche Ss. Vittore e Corona. Von der nahegelegenen *Pedavena* kann man auf den Sattel von Croce d'Aune fahren.
In **Lentiai** ist die Pfarrkirche (16. Jh.) reich an wertvollen Kunstwerken.
Bei der Abfahrt vom **Passo di S. Boldo** kurz anhalten und einen Blick hinunter auf die Straße werfen, die sich in engen Kurven und unter Galerien am Rand der Schlucht entlang windet.
EINKAUFSTIPS: Grobe und feine Salami sowie Weine (Raboso, Cabernet, Merlot) in Vittorio Veneto; Pilze, Erdbeeren und Heidelbeeren im Cansiglio; Antiquitäten, Elfenbeinschnitzereien und Bauernmöbel in Belluno; Schmiedeeisenarbeiten in Feltre.

Im Veneto gab es auf dem Land, besonders in der Gegend um Vittorio Veneto, einen alten Brauch, das Schwein des hl. Antonius; es gehörte der Pfarre und war durch ein Glöckchen gekennzeichnet; es wurde der Reihe nach auf den einzelnen Bauernhöfen gemästet, und wenn es geschlachtet wurde, ging der Erlös an die Kirche. Heutzutage versteht man unter „Schwein des hl. Antonius" einen Schmarotzer.

14 DIE EUGANÄISCHEN HÜGEL

Padua – Teolo – Montagnana – Este – Monsélice –
Arquà Petrarca – Battaglia Terme – Ábano Terme *116 km*

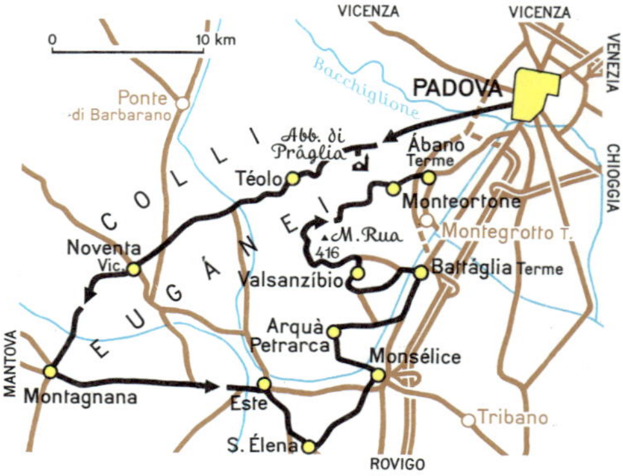

Die Rundfahrt führt durch das gesamte Gebiet der Euganäischen Hügel, ein Bergland vulkanischen Ursprungs, das unvermittelt aus der Ebene im SW von Padua aufragt. Am Fuße dieses malerischen, begrünten Höhenzugs mit seinen regelmäßigen Kuppen, seinen verstreut gelegenen Dörfern und Wallfahrtsstätten liegen bekannte Thermalbäder und kleine Städte mit bemerkenswerten Kunstschätzen. Die Straße führt von Padua in leichten Kurven geradewegs nach S bis zur Abtei von Praglia; von dort steigt sie an bis zum Sattel von Teolo und führt anschließend hinunter in einen fruchtbaren Talboden, der von zahlreichen Wasserläufen durchzogen wird. Rechts sieht man in der Ferne die Monti Bérici, links die Euganäischen Hügel und den einsam aufragenden Monte Lozzo. Über Noventa Vicentina führt die Straße nach Montagnana. Nun wendet man sich gegen O und nähert sich wieder den blauen Euganäischen Hügeln, deren südlichste Ausläufer man auf der Strecke von Este nach Monselice streift. Über kleinere Nebenstraßen mitten im Grünen geht es nach Arquà Petrarca. Nach einem Abstecher ins Tal von Battaglia Terme führt unser Weg am Osthang, dem landschaftlich eindrucksvollsten Teil der Euganäischen Hügel, entlang über Torreglia und Monteortone nach Abano Terme.

SEHENSWÜRDIGKEITEN – Für **Padua*** sollte man sich unbedingt einen Tag reservieren. Wer es eilig hat, beschränkt sich auf den Besuch der Antonius-Basilika und der Giotto-Fresken in der Arenakapelle, wirft einen Blick auf die Piazza delle Erbe (Marktplatz) und besucht, wenn möglich, das Städtische Museum. Nicht versäumen sollte man die **Benediktinerabtei von Praglia*** mit ihrer herrlichen Lage und ihren Kunstschätzen.
In **Teolo** lohnt sich der Aufstieg zur Kirche S. Giustina (18. Jh.) mit herrlichem Blick über die Euganäischen Hügel. Auf Anfrage kann man den kleinen Park der Villa Concordia mit seinen exotischen Pflanzen besichtigen.
Ein kurzer Aufenthalt in **Noventa Vicentina;** auf dem Hauptplatz mit seinen Arkadengängen die großartige Villa Barbarigo (17. Jh.), heute Rathaus, und der Dom mit einem sehenswerten Gemälde von Tiepolo. Unmittelbar hinter Poiana Maggiore rechts und links der Straße die beiden Poiana-Villen, die eine aus dem 15. Jh., die andere ein Werk Palladios.
In **Montagnana*** der Rundgang um die Stadtmauer, eine der besterhaltenen in ganz Europa; sehenswert auch die Villa Pisani (wieder Palladio) und der schöne Dom.
In **Este*** das archäologische *Museo Atestino*, im malerischen Mauergürtel der alten Burg gelegen; auch der Dom ist einen kurzen Besuch wert.
In **S. Elena d'Este** der schöne Park der *Villa Castello* mit einem kleinen See in der Villa selbst Gemälde venezianischer Meister des 16. bis 18. Jhs.
In **Monselice*** folgt man der malerischen Via del Santuario bis zur Villa Duodo und der Wallfahrtskirche, vorbei an der Burg, der Villa Nani-Mocenigo, am alten Dom und an den Kapellen der Kreuzwegstationen. Schöne Aussicht.
In **Arquà Petrarca** ist das mittelalterliche Stadtbild reizvoll. Hier lebte Petrarca bis zu seinem Tod und ist auch hier begraben.
Battaglia Terme ist wegen der großartigen Villen Emo Capodilista und Cataio (beide nicht zu besichtigen) den Umweg wert.
In **Valsanzibio** ist der wunderschöne italienische Garten der Villa Barbarigo zu besichtigen.
Die Einsiedelei des **Monte Rua** (416 m) zeichnet sich durch die einsame Lage mitten im Wald aus. Schöne Aussicht.
In **Monteortone** besuche man die schöne Wallfahrtskirche.
In **Abano Terme** bietet ein Spaziergang auf dem Viale delle Terme mit seinen schönen Geschäften und dem stets regen Treiben Abwechslung. Ebenso lohnt sich der Besuch der Quelle des Montirone.
EINKAUFSTIPS: Wein von den Euganäischen Hügeln; Rohschinken in Montagnana; Obst in Monsélice; Stilmöbel in Montagnana (jeden ersten und letzten Freitag des Monats Markt in Casale Scodosia); Keramik in Este; verschiedene kunsthandwerkliche Gegenstände und Modeartikel in Abano.

Der große rote Marmorsarkophag des Petrarca besitzt eine von Klammern aus Bronze gehaltene Inschriftafel. 1630 wurde vom damaligen Pfarrer des Ortes, dem Dominikanermönch Tommaso Martinelli aus Portogruaro, der Sarkophag mit Gewalt geöffnet und der rechte Arm des Dichters entwendet. Dieser wurde nie wieder gefunden.

15 DIE BRENTA-EBENE UND DIE MARK VON TREVISO

Padua – Stra – Mira – Treviso – Castelfranco – Cittadella – Piazzola sul Brenta Vicenza *132 km*

Die Rundfahrt – in erster Linie eine Kunstreise – führt durch das flache Land im Herzen Venetiens, einer Gegend, in der das Charakteristische der Menschen und der Landschaft dieser Region besonders deutlich wird. – Von Padua aus fährt man die Brenta entlang, an deren Ufern die großen Familien aus Padua und Venedig vom 16. bis ins 18. Jh. herrliche Landsitze errichteten (dreimal in der Woche befährt der Burchiello, ein größeres Ausflugsboot, den Fluß, und am Tag darauf wieder zurück). Über die Industriestädte Marghera und Mestre gelangt man auf den Terraglio, eine breite, von Bäumen flankierte Straße, die direkt nach Treviso führt. Auch hier befanden sich einst zahlreiche Villen des venezianischen Adels. Von Treviso aus fährt man durchwegs über geradlinige Alleestraßen nach Castelfranco und Cittadella, zwei besonders typische Städtchen des Veneto. Entlang der Strecke stößt man auf beachtenswerte Villen aus dem 16. und 18. Jh. In Cittadella wendet man sich nach S und fährt durch die feuchte Brenta-Ebene bis Piazzola sul Brenta; von hier geht es weiter nach Vicenza am Fuß der Monti Bérici mit dem über der Stadt thronenden Wallfahrtsheiligtum am Monte Bérici. Die Fahrt zu den Villen des Veneto findet hier ihren Abschluß.

SEHENSWÜRDIGKEITEN – **Padua*** hat zahlreiche Kunstschätze zu bieten. Wer wenig Zeit hat besichtige auf jeden Fall die Antonius-Basilika, die Piazza delle Erbe, den nahegelegenen Dom und das Baptisterium sowie die Capella degli Scrovegni mit den herrlichen Fresken des Giotto; nach Möglichkeit auch das Städtische Museum.
An den **Ufern der Brenta** reiht sich eine herrschaftliche Villa an die andere; die großartigsten sind: in

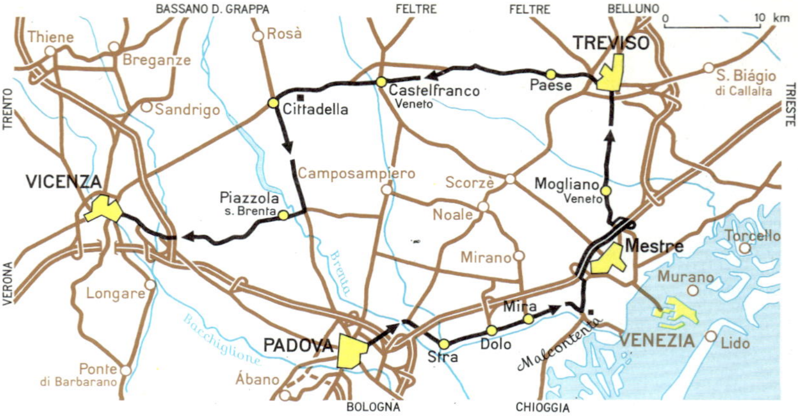

Stra die **Villa Pisani*** (oder **Nazionale**) und ihr Park sowie am Ortsende die Villa Lazara Pisani oder Barbarigo; in *Dolo* die Villa Ferretti-Angeli von V. Scamozzi; hinter *Mira Vecchia* die Villa Venier-Contarini-Zen; hinter *Mira* die Villa Widmann; in *Oriago* die Villa Gradenigo (zu besichtigen); an der Straße nach Fusina die große **Villa Foscari*** oder **Malcontenta*** von Palladio (zu besichtigen).
Die Villen am **Terraglio** aus dem 17. und 18. Jh. sind schwer zu finden; man kann vor Mogliano bei der Villa Contarini anhalten, wo sich auch ein Antiquitätengeschäft befindet.
In **Treviso*** lohnt sich besonders ein Besuch im Dom und in S. Nicolò sowie der Piazza della Signoria, der Calmaggiore und des Fischmarktes (Pescheria).
In **Istrana** besichtige man die Villa Lattes und ihre Kunstwerke.
In **Castelfranco Veneto** empfiehlt es sich, den Dom mit dem berühmten Altarbild des Giorgione, das Geburtshaus des Malers – heute ein Museum – und das Schloß zu besuchen.
In **Galliera Veneta,** vor Cittadella, beachte man nach der Ortseinfahrt links die palladianische Villa Imperiale, heute Kurzentrum.
In **Cittadella** sollte man einen Spaziergang rund um die Stadtmauer* nicht unterlassen.
In **Piazzola sul Brenta** sind die Villa Lattes und die Villa Simes (ehem. Contarini) mit ihren Sammlungen von Landkarten und Zeichnungen und dem schönen Park für Besucher geöffnet.
Vicenza* ist zur Gänze sehenswert; wer nur wenig Zeit hat, sollte zumindest die Piazza dei Signori mit der Basilica, das Teatro Olimpico und das nahegelegene Museo Civico sowie den Dom besichtigen; sehr interessant sind außerdem die Wallfahrtskirche auf dem Monte Bérico, die Villa Valmarana und die Rotonda.
EINKAUFSTIPS: Schmiedeeisenarbeiten und Keramik in Treviso; Weine und Grappa in Mogliano Veneto und Cittadella; Kuchen aus Maismehl in Cittadella; in Vicenza Silberzeug, Kupferwaren und Skulpturen aus weichem Stein.

Zu Beginn des 13. Jhs. war Treviso eine reiche, blühende Stadt, Turniere und Feste wurden abgehalten, man nannte sie die „fröhliche und liebreiche Mark". 1214 wurde das berühmte Fest der „Liebesburg" inszeniert; in der heutigen Selvana Bassa, außerhalb der Porta S. Tomaso, wurde ein Pavillon errichtet, der von schönen Jungfrauen verteidigt wurde. Teams aus Treviso, Padua und Venedig waren die Belagerer. Den Venezianern gelang es, durch reiche Geschenke den Widerstand der Mädchen zu brechen. In der Folge entbrannte deswegen ein heftiger Streit zwischen Treviso, Padua und Venedig, der in einen kleinen Krieg ausartete und erst durch das Eingreifen des Papstes Honorius III. geschlichtet werden konnte.

16 DER MONTE GRAPPA, DIE ASOLANISCHEN HÜGEL UND DIE WEISSWEINSTRASSE

Maróstica – Bassano – Monte Grappa – Possagno – Ásolo – Maser – Valdobbiádene – S. Pietro di Feletto – Conegliano *123 km*

Die Rundfahrt führt fast zur Gänze über ruhige Straßen durch die hügeligen Ausläufer der venetischen Voralpen mit ihren ausgedehnten Weingärten, den verstreut gelegenen Dörfern und zahlreichen Zeugnissen aus der Blütezeit der Republik Venedig. – Von Maróstica aus erreicht man Bassano, macht kurz Halt auf dem Monte Grappa mit seiner Gedenkstätte an den Ersten Weltkrieg und genießt die herrliche Aussicht. Zur Weiterfahrt ins Tal kann man statt der Straße, über die man gekommen ist (Strada Cadorna) auch die nehmen, die über Campo Croce nach Semonzo führt (Strada Giardino). Man fährt nun am Fuß der Bergkette Monte Grappa – Monte Tomba entlang bis Possagno, von wo aus die Straße durch die Hügel nach S bis Ásolo führt. Weiter geht es nun hinunter nach Casella und am Fuß der Hügel entlang nach Maser zur berühmten Villa Barbaro. Dann läßt man Cornuda hinter sich, überquert die Piave bei Vidor und erreicht Valdobbiádene, von wo aus man durch freundliches Hügelland und hübsche Dörfer bis Conegliano der sogenannten Weißweinstraße folgt.

SEHENSWÜRDIGKEITEN – In **Maróstica** die berühmte Piazza della Scacchiera (Schachbrettplatz) und das Castello Superiore (Oberes Schloß), schöne Aussicht.
In **Bassano** besuche man die bekannte überdachte Holzbrücke und, wenn möglich, das Museum.
In **Cima Grappa** erinnern die Soldatenfriedhöfe, die Via Eroica und die Galleria Vittorio Emanuele mit ihrem 1500 m langen Haupttunnel an den Ersten Weltkrieg.
In **Possagno** lohnt sich ein Kurzbesuch im Tempel und im Wohnhaus des Bildhauers Canova.
Ganz **Ásolo**★ ist sehenswert, besonders aber der Dom, das Rathaus und die Festung.
Bei **Casella** empfiehlt sich ein Abstecher zur Villa Rinaldi aus dem 17. Jh. (zu besichtigen).
Der Besuch der *Villa Barbaro*★ in **Maser** mit ihren Fresken von Veronese stellt wahrscheinlich den Höhepunkt der Rundfahrt dar; rechtzeitig Erkundigungen über die Öffnungszeiten einziehen!
Wer Zeit hat, kann von **Valdobbiádene** über die Panoramastraße (12 km) zum Wintersportort Pianezze, 1095 m, fahren, von dort mit einem Sessellift auf den Monte Barbaria in 1464 m Höhe (schöne Aussicht).
In **Solighetto** an der Weißweinstraße lohnt sich ein Blick vom Kirchenplatz auf die Villa Brandolin (18. Jh.) und ihren Park.
Von **S. Pietro di Feletto** Aufstieg zur alten Kirche S. Pietro Vecchio (Fassadenfresken, im Inneren Gemälde).
An **Conegliano** sind die malerische Via XX Settembre, an der auch der Dom liegt, und die schöne Aussicht vom Burgplatz aus interessant.
EINKAUFSTIPS: In Bassano stellt man schöne Keramiken und Teppiche her. Borso del Grappa ist für seine Pfeifenschnitzereien bekannt. Ásolo bietet Musikspielwaren, Antiquitäten, feine Stoffe und Kunststickerei. Cornuda und seine Umgebung sind für die Herstellung von Berg- und Schischuhen bekannt. An der Weißweinstraße und in Conegliano findet man die guten Weine der Gegend (Prosecco, Cartizze usw.).

Im Audienzsaal der Burg von Ásolo wurde 1857 ein kleines Holztheater mit drei Rängen eingerichtet, in dem auch die große Schauspielerin Eleonora Duse auftrat. Zusammen mit dem englischen Dichter Robert Browning gehörte sie im vorigen Jahrhundert zu den berühmtesten Gästen von Ásolo, wo sie auch begraben sein wollte. Das Theater wurde 1930 nach Venedig gebracht, dann von Amerikanern gekauft und in Sarasota in Florida wieder aufgebaut.
Seine glänzendste Zeit erlebte Ásolo, als hier Caterina Cornaro residierte, die nach dem Tod ihres Mannes, Giacomo II. von Lusignan und König von Zypern, die Insel an die Republik Venedig abtrat. Im Tausch dafür erhielt sie die Burg von Ásolo und viel Geld. Sie hielt hier glänzend Hof mit 12 Edelfräulein, 80 Bediensteten und dem Zwerg Zavir als Hofnarren. Die größten Dichter ihrer Zeit waren ihre Gäste, unter ihnen Pietro Bembo, der hier seine berühmten „Dialoghi sugli Asolani“ verfaßte.

17 KARNIEN (CARNIA) UND DIE KARNISCHEN ALPEN

Tolmezzo – Ampezzo – Sáuris – Forcella Lavardet – Campolongo – Sappada – Comeglians – Ravascletto – Zuglio – Tolmezzo *149 km*

Die Rundfahrt führt durch das Gebirgsland Karniens, einer bisher nur wenig bekannten alpinen Region, der wegen ihrer Naturschönheiten, des Reichtums und der Vielfalt der Flora und der typischen Dorfgemeinschaften größeres touristisches Interesse gebühren würde. – Von Tolmezzo aus führt die Straße bergauf durch das breite Tagliamento-Tal nach Villa Santina und nach Enemonzo; hier nimmt die Landschaft eindeutig alpinen Charakter an. Hinter Ampezzo führt die enge Straße durch eine Schlucht; nach einer Reihe von Galerien gelangt man zum Stausee von Sáuris und nach Sáuris selbst; von hier führt eine steile Straße auf den Paß von Razzo (1760 m) auf ein weites und grünes Hochplateau. Nach der Überquerung der Anhöhe von Lavardet (1542 m) mit schönem Blick auf die nahen Dolomiten fährt man bergab in das enge Val Frison; bei Campolongo trifft man auf die Staatsstraße N. 355, die durch Sappada und das obere Piavetal führt. In 1286 m Höhe überquert man den Sattel der Cima Sappada, danach geht es durch dichten Wald ins Degano-Tal bis nach Comeglians. Hier biegt man links in die Staatsstraße N. 465 ein, die über das Joch von Valcada (959 m) führt, mitten durch Wiesen und Weiden zum Sommer- und Wintersportort Ravascletto. Bergab bis nach Paluzza in das Tal des But, von da aus über die Anhöhen von Lins (1010 m) und Duron (1121 m) über eine schmale Straße rund um den M. Tersadia. Ab der malerischen Ortschaft Paularo folgt man dem Chiarsòtal mit seinen Schluchten und Wasserfällen bis nach Cedárchis; von dort geht es wieder ins But-Tal bis nach Tolmezzo.

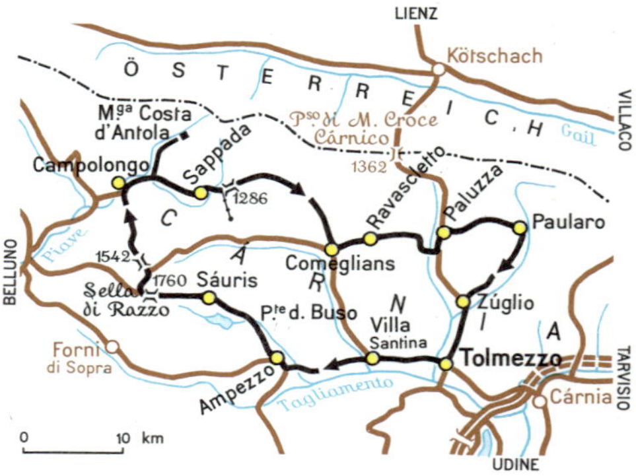

SEHENSWÜRDIGKEITEN – In **Tolmezzo** sollte der an ländlichem Brauchtum Interessierte nicht den Besuch des *Karnischen Volkskunstmuseums* (Museo Carnico d'Arte Paesana) versäumen.
In **Socchieve** lohnt sich der Aufstieg zum alten Kirchlein S. Martino mit seinem schönen Altarbild und dem Apsisfresko des Gian Francesco da Tolmezzo.
Nach 7 km auf der Straße nach Sáuris kann man die erste Parkmöglichkeit nützen, um von der Brücke **Ponte del Buso*** einen Blick in die Schlucht des Lumici zu werfen.
In **Sáuris** (Ober- und Unterstadt) sehenswertes malerisches Ortsbild, ebenso die beiden Kirchen (15. Jh., gotische Altarbilder).
Bei der Abfahrt von der **Forcella Lavardet** bemerke man die eigenartige achteckige Kapelle der Madonna della Difesa alle Terze.
In **Presenaio** in der Wolfgangskirche ein schöner vergoldeter Altar.
Bei der Straßengabelung hinter der Galerie ist der Ausflug mit dem Auto (6,5 km bis nach Malga Costa d'Antola) in das naturbelassene waldreiche einsame **Val Visdende** zu empfehlen.
Rast an der Brücke des Acquatona (Ponte dell'Acquatona) vor **Sappada,** von dort aus über Wege und Stiegen hinab in die eindrucksvolle Schlucht des Piave.
Von **Cima Sappada** mit dem Sessellift auf das Larici-Plateau; unterhalb der Cima Dieci schöne Aussicht; interessant ist ebenfalls ein Ausflug mit dem Auto (8 km) auf schmaler Straße zu den Piavequellen beim Schutzhaus Fortunato Calvi.
In **Paluzza** besitzt die moderne Pfarrkirche Reste der Apsis aus dem 15. Jh. und einen schönen Schnitzaltar.
In **Paularo** sind einige Häuser im alten karnischen Stil bemerkenswert, darunter vor allem die Casa Gerometta (1591) und der Palazzo Fabiani (18. Jh.).
Im Tal des Chiarsò vor **Salino** der eindrucksvolle Wasserfall von Rio Lambrugno.
In **Zuglio** sollte man die römischen Ausgrabungen am Ortsrand besichtigen; wer mehr Zeit zur Verfügung hat, kann z. T. zu Fuß, z. T. mit dem Auto in Richtung Fielis bis zum Kirchlein S. Pietro in Carnia fahren, eine der ältesten Kirchen der Gegend (Schlüssel beim Pfarrer in Zuglio; vergoldeter Altar, Altarbild und Fresken aus dem 15. Jh.) sowie zur nahegelegenen Kirche der Madonna (18. Jh.).
EINKAUFSTIPS: Butter, Käse und Wildbret in beinahe allen Orten; typisch sind die aus Bronze gefertigten dreibeinigen „Bronzini“, die vor allem in Pesáriis hergestellt werden; zu empfehlen ist auch die Pflaumengrappa, eine Art Slibowitz; Bauernmöbel, Schnitzarbeiten, Ski- und Wintersportartikel in Tolmezzo.

Das Fest Mariä Himmelfahrt ist in Zuglio besonders eindrucksvoll, da hier noch der alte Brauch „Kuß der Kreuze“ weiterlebt. Alle Pfarren des Tals entsenden ihre mit Bändern geschmückten Kreuze in die Kirche S. Pietro, wo zum Zeichen der Ehrerbietung und des Zusammengehörens jeder Kreuzträger mit seinem Kreuz das des hl. Petrus berührt.

18 FRIAUL

Pordenone – Spilimbergo – S. Daniele del Friuli – Gemona – Tarcento – Cividale – Udine *123 km*

Die Strecke führt am Fuße der Berge durch eine der interessantesten Gegenden von Italien, reich an Denkmälern, alten Häusern und Burgen, die freilich durch das furchtbare Erdbeben vom 6. Mai 1976 und seine Nachbeben schwer in Mitleidenschaft gezogen wurden. Neben landschaftlichen Schönheiten sind heute auch wieder Kunstschätze zu bewundern, die dank der Bemühungen der zähen Friulaner Bevölkerung im alten Glanz erstrahlen. – Von Pordenone fährt man durch die Ebene in Richtung NO nach Spilimbergo und Pinzano, wo man den Tagliamento über eine moderne einbogige Brücke überquert, und weiter bis zu dem auf einer kleinen Anhöhe gelegenen S. Daniele. Dann fährt man durch sanftes Hügelland durch die vom Erdbeben am härtesten betroffenen Gebiete, von Osoppo nach Venzone, Gemona und Tarcento, wo selbst die Berge ihre Wunden zeigen. Ab Nimis führt die Straße quer über die Hügel bis zum Sattel des M. Croce, danach gelangt man weiterhin durch hügeliges Land nach Cividale und schließlich durch die Ebene bis nach Udine.

SEHENSWÜRDIGKEITEN – In **Pordenone** lohnt sich ein Spaziergang auf dem Corso Vittorio Emanuele mit Rathaus, Pinakothek und Dom.
In **Spilimbergo** sind der Dom (derzeit in Restaurierung) und die Burg mit dem bemalten Palast (Palazzo Dipinto) bemerkenswert.

In **S. Daniele del Friuli** das Kirchlein S. Antonio (ebenfalls in Restaurierung); von der Burg aus schöne Aussicht.
Gemona, auf einem Hügel gelegen, befindet sich mit seinem berühmten Dom im Wiederaufbau. Das schöne Rathaus ist wiederhergestellt.
Die schrecklichsten Zerstörungen trafen das nahe gelegene **Venzone,** vom mittelalterlichen Ensemble des Doms und der Stadtmauern ist mit Ausnahme der „Mumien" und des wiederhergestellten Rathauses nichts erhalten geblieben.
Tarcento, in einer grünen Talmulde gelegen, hat den Wiederaufbau bereits hinter sich. Es lohnt sich der Spaziergang auf der Via Roma im Zentrum und der Abstecher zum malerischen Kirchlein S. Eufemia; vom Hügel schöne Aussicht.
Cividale*, die Perle Friauls, ist beinahe vollständig erhalten geblieben. Schöner Dom, interessantes Archäologisches Museum* und der weltberühmte Tempietto*, ein einzigartiges mittelalterliches Baudenkmal.
In **Udine*,** einer hübschen Stadt, muß man sich bis zur Fertigstellung der Restaurierungsarbeiten am Schloß und seinem wichtigen Museum auf die Besichtigung des unteren Stadtteils beschränken: Piazza della Libertà mit dem wundervollen Rathaus, Dom, Bischofspalast mit Fresken von Tiepolo und das Museum Moderner Kunst.
EINKAUFSTIPS: Rohschinken in S. Daniele; in Cividale die typische Mehlspeise „Gubana" und Grappa; Gütesiegelweine (Tocai, Merlot, Refosco, Weine des Collio).

Unter den Kunstwerken im Domschatz von Cividale befindet sich ein herrliches Schwert, in das der Name des Patriarchen Marquardc (1368–1381) eingraviert ist. Am Dreikönigstag segnet ein Diakon, auf dem Kopf einen Helm mit Helmzier, in der linken Hand ein altes Evangeliar, während und nach der Messe mit diesem Schwert Obrigkeit und Volk. Diese „Schwertermesse" hat eine uralte Tradition; vermutlich geht sie auf eine Zivilinvestitur zurück, die der Kaiser dem Patriarchen von Aquileia (seit dem 8. Jh. mit Sitz in Cividale) gewährte.

19 DER KARST (DAS KALKHOCHLAND IM NW VON TRIEST)

Triest – S. Dorligo – S. Antonio in Bosco – Padriciano – Villa Opicina – Sistiana – Redupuglia – Gradisca – Görz *88 km*

Die Route führt am Rande des Kalkplateaus des Karstes entlang, eine steinige und felsige Gegend, in der das Schmelz- und Niederschlagswasser in engen Schluchten und Gräben z. T. unterirdisch zu Tal strömt. Die Bedeutung dieses Gebietes liegt nicht nur in der Eigentümlichkeit seiner durch die Erosion geformten Landschaft, sondern auch bei den zahlreichen Erinnerungsstätten an den Ersten Weltkrieg. – Man verläßt Triest im SO und fährt auf der Straße, die von S. Dorligo nach S. Antonio in Bosco führt und die zahlreiche schöne Ausblicke auf die Stadt und ihren Hafen bietet, über eine Geländestufe auf das Hochplateau. Nachdem die oberste Stufe erreicht ist, kommt man der Reihe nach, immer noch auf Nebenstraßen, nach Padriciano, Villa Opicina und Prosecco, in dessen Nähe sich die Riesenhöhle (Grotta Gigante) befindet. Man folgt nun der sogenannten „Camionale" und fährt bei Sistiana auf die Autobahn, der man bis zur Raststätte Redipuglia folgt. Von hier geht es nun weiter nach N in das Isonzotal. Man überquert den Fluß und gelangt nach Sagrado und Gradisca d'Isonzo, wo man wieder auf das andere Ufer zurückkehrt.

Von da an fährt man durch ein im Jahre 1916 heftig umkämpftes Gebiet bis zum Gipfel des Monte S. Michele. Von diesem geht es schließlich bergab nach Savogna und Görz.

SEHENSWÜRDIGKEITEN – Von **Bagnoli della Rosandra** lohnt sich die Weiterfahrt bis ins enge, tief in den Kalk eingeschnittene Rosandra-Tal. In 20 Min. erreicht man zu Fuß das Schutzhaus Premuda.
Von **S. Antonio in Bosco** in 10 Min. zu den Castelli di Moccò; schöner Blick ins Tal der Rosandra.
Von **Villa Opicina** auf der Piazzale del Obelisco schöner Blick auf Triest. Schöne Spaziergänge durch die Kiefernwälder der Umgebung, vor allem entlang der „Via Cobolli“ mit dem Abstecher zur Vedetta d'Italia.
Unbedingt empfehlenswert ist der Besuch der **Grotta Gigante*** (Riesenhöhle), eine wie der Name sagt riesige Tropfsteinhöhle.
Von **Sistiana** schöner Blick auf die mit weißem Fels eingerahmte Meeresbucht.
Bei der **Raststätte Duino** sollte man die Autobahn kurz verlassen, um einen Blick auf die Ortschaft und das mächtige Schloß zu werfen, vor allem aber einen Abstecher zu der Stelle (2 km) machen, wo der Fluß Timavo wieder aus der Erde tritt – ein stets aufs neue beeindruckendes Schauspiel.
In **Gradisca d'Isonzo** ein Blick auf die alten venezianischen Befestigungsanlagen; schöne Häuser in der Via Ciotti und für Weinkenner die Weinstube „La Serenissima“.
Die Besichtigung von **Görz** kann sich auf die Burg und das malerische Burgviertel beschränken.
EINKAUFSTIPS: Weine in Gradisca; Schmiedeeisen, Lampen, Goldschmiedearbeiten, Filz in Görz.

Eine Triestiner Legende erzählt, daß Gott nach der Erschaffung der Erde einige Steine übrig blieben; er beauftragte einen Engel, diese ins Meer zu werfen. Aber der Teufel schlitzte den Sack auf, und die Steine fielen zu Boden; aus ihnen entstand das Karstgebirge. Es besteht aus wasserdurchlässigem Kalkstein, in dem durch Auswaschung und Erosion Höhlen und Schluchten entstehen. Unterirdische Wasserläufe öffnen sich in großen Höhlen mit zahlreichen Stalaktiten und Stalagmiten. Ein typisches Beispiel hierfür ist der Timavo, der über 40 km unterirdisch verläuft, bevor er wieder an die Erdoberfläche dringt.

20 DIE ADRIAKÜSTE IN FRIAUL UND JULISCH VENETIEN

Portogruaro – Palmanova – Grado – Monfalcone – Triest *133 km*

Die Rundfahrt führt entlang der Adriaküste in Friaul – Julisch Venetien und bietet, abgesehen von den Reizen der Lagunenlandschaft, auch die Kunstzentren Aquileia und Grado als Anziehungspunkte. – Aus Venedig kommend, fährt man bei Portogruaro von der Autobahn ab, richtet sich nach S und erreicht zuerst das Städtchen und kurz darauf, mitten im flachen, von Kanälen durchzogenen Land, das antike Concordia Sagittaria. Man kehrt auf die Autobahn zurück und fährt durch die friaulische Ebene mit ihren Weingärten, Flüssen und Kanälen bis nach Palmanova. Wieder zweigt man nach S ab und folgt den schnurgeraden Straßen durch die einförmige Ebene, an Cervignano vorbei, nach Aquileia, das einsam zwischen Zypressen im Flachland liegt. Schließlich erreicht man über eine lange Brücke die Insel, auf der sich Grado befindet. Über eine sandige, pinienbewachsene Landenge geht es nun weiter bis Bocca di Primero und dann durch das flache, trockengelegte Lagunenland, nach Überquerung des Isonzo, bis Monfalcone. Nach Monfalcone führt die Straße durch die malerischen Erhebungen des Timavo bis zum Punkt, wo sich die Bucht von Triest öffnet, und läuft dann weiter am Fuß der unfruchtbaren Karstfelsen entlang bis Triest. Auf dieser Strecke hat man einen herrlichen Ausblick von der Landspitze von Miramare mit seinem Schloß und dem Park über Triest und seinen Hafen bis zur zerklüfteten Küste Istriens.

SEHENSWÜRDIGKEITEN – Ganz **Portogruaro** ist hübsch, insbesondere das Rathaus.
In **Concordia Sagittaria** sind das frühchristliche Grabmal aus römischer Zeit sowie die Kathedrale und das Baptisterium, beide aus dem Mittelalter, von Interesse.
Von der **Autobahnstation von Portogruaro** aus kann man einen Abstecher (10 km) nach *Sesto Réghena* machen und die Abtei *S. Maria in Silvis*★ besichtigen.
Den besten Eindruck von der sternförmigen Anlage von **Palmanova** hat man vom Hauptplatz aus; auch ein Rundgang zu den Bollwerken und den monumentalen Stadttoren von V. Scamozzi lohnt sich.
In **Aquileia**★ verdient die Basilika die größte Aufmerksamkeit, aber auch die Via Sacra, die Ausgrabungsstätten und das Museo Archeologico sind interessant.
Grado★ ist ein malerisches altes Städtchen; ein Besuch bei S. Eufemia und dem nahe gelegenen Baptisterium lohnt sich.
Von **Monfalcone** aus erreicht man die imposante *Kriegergedenkstätte von Redipuglia* für die Gefallenen von 1915–1918.
Bei **S. Giovanni al Timavo** betrachte man das großartige Karstphänomen des wieder an die Oberfläche tretenden Flusses Timavo; an seinem Ufer die gotische Kirche S. Giovanni in Tuba.
In **Sistina** lohnt sich ein Blick hinunter auf die schöne Bucht mit ihren weißen Felsen.
Von **Grignano** aus kann man das *Schloß Miramare* besichtigen und insbesondere den herrlichen Park.
Vom Leuchtturm della Vittoria bei **Bárcola,** errichtet für die gefallenen Marinesoldaten, genießt man eine herrliche Aussicht über die Bucht von Triest.
Triest★ sollte man bei einem Kurzbesuch zumindest einen Tag widmen. Unerläßlich ist die Besichtigung von S. Giusto und des Schlosses. Lohnend sind diverse Spaziergänge durch die Stadt, besonders aber im Viertel entlang der Kaimauer bei der Piazza Unità d'Italia. Unter den Museen lohnt sich speziell die Besichtigung des Museo di Storia e Arte.
EINKAUFSTIPS: In Grado Puppen und Spielzeug aus Stoff; in Triest Orientteppiche, Intarsien, Lederwaren, Weine aus dem Karst.

Das weiße Schloß von Miramare ist untrennbar mit der Erinnerung an Erzherzog Maximilian von Österreich, den jüngeren Bruder von Kaiser Franz Joseph, verbunden. Nach seiner Hochzeit mit Charlotte von Belgien wählte er Miramare als Residenz. 1864, als Maximilian die Kaiserkrone von Mexiko annahm, war das Schloß noch unfertig, und er bewohnte das Schlößchen im oberen Teil des Parkes. Dort starb auch Charlotte von Belgien, die nach der Erschießung ihres Gemahls 1867 in Mexiko dem Wahnsinn verfiel. Die Einrichtung des Schlosses ist ebenso düster wie die Erinnerungen, die es wachruft.

21 DAS KÜSTENGEBIET DES WESTLICHEN ISTRIEN

Triest – Capodistria – Pirano – Umago – Parenzo – Búie – Triest *204 km*

Die Rundfahrt führt fast zur Gänze durch ehemals italienisches Territorium, das nach dem letzten Krieg in jugoslawische Verwaltung überging. Der Charakter der Dörfer und Städtchen ist auch heute noch durch die jahrhundertelange Zugehörigkeit zur Republik Venedig geprägt. – Von Triest aus fährt man nach S, läßt zur Rechten Muggia liegen und überquert bei Rabuiese die Grenze. Über die jugoslawische Straße Nr. 2 fährt man nun das breite Tal von Koper (Capodistria) abwärts, folgt dann der Küste (schöner Blick über die Bucht von Triest) vorbei an der Insel, auf der Isola d'Istria liegt, streift Portoroz und erreicht Piran. Nach Überquerung der Ebene des Dragogna mit ihren Salzgewinnungsstätten verläßt man die Straße Nr. 2 und fährt nach Punta Salvore, wobei ein langes Stück Wegs durch das Pirana-Tal führt. Die Straße läuft nun am Meer entlang; vor Umago liegen große Fremdenverkehrszentren. Weiter geht es nun entlang der Küste mit ihren kleinen Buchten bis Cittanova d'Istria an der Mündung des Flusses Quieto; man überquert den schmalen Mündungstrichter auf einer Dammbrücke und fährt in Richtung Parenzo. Von dort aus wendet man sich ins Landesinnere und gelangt wieder auf die Straße Nr. 2, die über ein kurviges, leicht hügeliges Streckenstück nach Visinada führt, dann zum Quieto hinunter abfällt und diesen überquert. Man fährt nun bis Búie durch Karstland mit seinen Dolinen und trifft in der Ebene von Sicciole wieder auf die Straße, die man zur Hinfahrt genommen hat.

SEHENSWÜRDIGKEITEN – **Triest*** (siehe Rte. 20).
In **Muggia** besichtige man den Dom und Muggia Vecchia.
In **Capodistria** *(Koper)* hat sich der Hauptplatz* (Piazza Tito) ganz in seinem venezianischen Charakter erhalten. Neben gotisch-venezianischen Palästen und Häusern befinden sich dort der Palazzo Pretorio, die Loggia, die Kathedrale* mit ihren Kunstwerken und der Schatzkammer, das Oratorio del Carmine* und der alte Fontego. Beachtenswert sind die Renaissancegemälde venezianischer Meister im Palazzo Tacco und in der Kirche S. Anna.
Malerisch ist **Isola d'Istria** *(Izola)* auf der gleichnamigen Insel mit Palästen und Häusern im venezianischen Stil.
In *Pirano (Piran)* sind im Zentrum die Piazza Tartini mit der gotisch-venezianischen Ca' d'Oro, die Kirche S. Francesco und der oberhalb der Stadt liegende Dom sehenswert; lohnend ist auch ein Spaziergang entlang der Stadtmauer und im alten Ort am äußersten Rand des Berges.
Portorose *(Portorož)* ist ein bekannter Thermalkur- und Badeort in landschaftlich reizvoller Umgebung voll üppiger Vegetation.
Umago *(Umag)* ist ebenfalls ein großer Badeort mit herrlichen Stränden; auch hier existieren noch typisch venezianische Häuser und Reste der Stadtmauer mit Türmen entlang der Küste.
Cittanova *(Novigrad)* ist in seinem Charakter ganz venezianisch mit krummen Gäßchen und Resten der Stadtmauer.
Die Grundzüge der Stadtanlage von **Parenzo** *(Poreč)*, einer der schönsten Städte Istriens, stammen noch aus römischer Zeit; zu besichtigen sind besonders die ravennatische Basilica Eufrasiana* (6. Jh.) mit ihren herrlichen Mosaiken, die Strada Decumana* mit ihren alten Palästen, das Archäologische Museum* und die schönen Häuser der Altstadt.
In **Visinada** *(Vižinada)* lohnt sich ein Blick auf das malerische, halb verlassene Dorf mit Resten der venezianischen Laubengänge und steinernen Brunnenbecken.
Die Altstadt von **Búie** *(Buje)* liegt auf einer Hügelkuppe, gruppiert um den Hauptplatz „alla veneziana" mit der Pfarrkirche aus dem 18. Jh., einem freistehenden Glockenturm und einem Palast mit gotischen Fenstern; etwas unterhalb befindet sich, auf einer Terrasse vorgelagert, ein weiterer Platz mit der Kirche S. Maria und einem kleinen Museum.
EINKAUFSTIPS: Kunsthandwerk, zumeist kroatischer und bosnischer Herkunft; Arbeiten in Holz, Skipetarenpfeifen, Teppiche, Filigranarbeiten, zumeist teurer als in ihren Herkunftsorten.

In Triest und an der Küste Istriens weht im Winter die Bora, ein NO-Wind, der Spitzengeschwindigkeiten bis 160 km pro Stunde erreichen kann. Im Volksglauben ist die Bora eine alte Hexe, die in einer Höhle hockt und aus aller Kraft pustet, um ihre Wut auszulassen. Bläst sie stark, so heißt das, daß jemand sich aufhängt oder aufgehängt wird; bläst sie besonders stark, so bedeutet das den Tod eines Ketzers oder eines Gottlosen, dessen Seele der Teufel fortträgt.

22 DIE STRADA ROMEA

Ravenna – Comacchio – Mésola – Chioggia – Mestre *147 km*

Die Rundfahrt führt über die moderne Romea-Straße (Strada Romea), die ihren Namen von der alten Straße hat, auf der die Rompilger („Romei") aus dem O und aus Venedig gegen S zogen. Sie läuft am Rand der Poebene entlang der Küste durch weites, flaches Land mit unendlichen Wasserflächen, durch trockengelegtes, von Kanälen durchzogenes Gebiet, und dann wieder vorbei an Sanddünen und Küstenstreifen mit dichten Pinienwäldern und modernen Badeorten. – Von Ravenna aus führt die Straße am Rand der Pineta (Pinienwald) von S. Vitale entlang bis zur Brücke über den Reno, nach deren Überquerung sich zur Linken die riesige Wasserfläche der Tiefebene des Comacchio erstreckt. Nach Porto Garibaldi und einem kurzen Umweg nach Comacchio fährt man von der Romea ab und begibt sich auf kleinere Straßen, die quer durch die Pinienwälder der Küstenzone führen, in der die modernen Badeorte Lido degli Scacchi, Lido di Pomposa, Lido delle Nazioni liegen. Vor dem Lido di Volano durchquert man ein Stück Lagunenlandschaft und kehrt in der Nähe der einsam gelegenen Abtei von Pomposa wieder auf die Romea zurück. Bei Bosco kann man einen Abstecher in den Staatsforst der Mésola machen und eventuell nach Goro. Man überquert den Po von Goro nach Mésola; es folgt ein flaches Stück Land, in dem der Hauptarm des Po fließt, den man bei Contarina übersetzt. Landschaft und Dörfer haben nun bereits die Charakterzüge Venetiens. Nach Rosolina fährt man über die Etsch (Ádige) und kommt nach Chioggia, am Südende der Lagune von Venedig. Die Strada Romea führt nun auf einer langen Brücke über die Lagune und danach in langen Geraden durch ihre Randgebiete. In der Ferne erkennt man bereits die Industrieanlagen von Mestre und Marghera, während rechter Hand die Kuppeln und Kirchtürme von Venedig aufragen.

SEHENSWÜRDIGKEITEN – Für die Besichtigung von **Ravenna*** braucht man nicht mehr als einen Tag. Wer es eilig hat, sollte zumindest S. Vitale, das Mausoleum der Galla Placidia, das Baptisterium des Domes, S. Apollinare Nuovo und an der Ortsausfahrt das Grabmal des Theoderich besuchen.

Bei *Porto Garibaldi* lohnt sich ein kurzer Abstecher nach **Comacchio,** einem malerischen, kleinen Ort mit vielen Kanälen. An ihren Schnittpunkten sieht man die typischen Trepponti („Dreierbrücken"). Lohnend ist auch eine Fahrt von Comacchio nach Alfonsine über den Agosta-Damm, der im O die Tiefebene des Comacchio mit ihren weiten Wasserflächen gegen die öden, urbar gemachten Landstriche abgrenzt.

Die **Abtei von Pomposa★**, das interessanteste Kunstdenkmal der ganzen Rundfahrt; beachtenswert sind die Fresken aus dem 14. Jh. in der Basilika und im Kloster. Wer Zeit hat, kann einen Umweg über das einsam gelegene Volano machen.

Bevor man Mésola erreicht, empfiehlt es sich, eine Runde (6 km) durch den **riesigen Bosco** (Wald) **della Mésola** bis zu dessen interessantestem Punkt, dem Parco delle Duchesse, zu machen.

In **Mésola** beachte man das turmbekrönte Schloß aus dem 16. Jh., den alten Jagd- und Sommersitz der Fürsten von Este.

Von **Mésola** oder **Contarina** aus führen verschiedene Straßen durch das noch naturbelassene *Po-Delta★*.

In **Chioggia★** stellt man das Auto beim Dom ab, spaziert über den Corso del Popolo und die malerischen engen Gäßchen und besucht den Dom und die Kirche S. Domenico.

Bei **Fusina** zweigt man nach rechts ab zur *Malcontenta★*, der berühmten Villa des Palladio.

EINKAUFSTIPS: Stickereien, Klöppelspitzen, Fischernetze und andere Fischfangartikel und Kuriositäten aus dem Meer in Chioggia; Aale, frischer Fisch und Obst entlang der Küste und im Hinterland.

Im Küstenstreifen zwischen Comacchio und Ravenna ist die Erinnerung an die mühsame Flucht Garibaldis im Jahr 1849 nach dem Fall der Römischen Republik wach. Der Freiheitskämpfer war übers Meer in Richtung Venedig geflohen; um dort den Österreichern nicht in die Hände zu fallen, ging er in Magnavacca (heute Porto Garibaldi; Gedenkstein) an Land, mit der Absicht, sich über die Romagna und die Toscana ins Königreich Sardinien/Piemont durchzuschlagen. Am 4. August starb seine Frau Anita auf dem Gutshof Bastogi bei Casal Borsetti (Gedenkstein westlich der Strada Romea); er selbst, fiebernd, verbarg sich am 11. August in der berühmten Strandhütte bei Porto Corsini.

Weniger bekannt ist das Ende des Ciceruacchio, eines einfachen Mannes aus Trastevere, der zum Aufstand von Rom aufgerufen hatte und zur gleichen Zeit auf den Spuren Garibaldis nach Venedig flüchtete. Er wurde am 10. August in Porto Tolle gefangengenommen und hingerichtet (Gedenkkreuz, Denkmal).

23 SAN MARINO UND DAS BERGLAND DES MONTEFELTRO

Rimini – S. Marino – Carpegna – S. Leo – Rimini *138 km*

Die Rundfahrt führt durch das Bergland des Montefeltro, an der Grenze zwischen Romagna und den Marken gelegen, und bietet einerseits eine große Vielfalt an landschaftlichen Schönheiten, andererseits den Besuch zweier touristischer Hauptanziehungspunkte, nämlich von San Marino und San Leo. – Von Rimini aus erreicht man rasch über die „Superstrada" und, immer vor sich den Monte Titano, Serravalle, von wo aus die Straße nach San Marino hinaufführt. Auf der anderen Seite des Berges fährt man nun wieder talwärts, erreicht bei Mercatino Conca das Tal des Wildbaches Conca, durch das die Straße wieder ansteigt. Nach Überquerung eines Bergrückens gelangt man nach Macerata Feltria, von wo aus ein ziemlich steiles Straßenstück nach Carpegna führt, am Fuß des gleichnamigen Berges – des höchsten im Montefeltro – gelegen. Man umrundet den Berg von S aus, überquert kurz vor Pennabilli in 1007 m den Cantoniera-Sattel und fährt dann durch die schöne Apenninlandschaft hinunter ins Tal des Marecchia, dem man nun ein Stück folgt. Wenn man sich fast gegenüber von Novafeltria befindet, verläßt man das Tal und beginnt die Auffahrt zu dem landschaftlich herrlich gelegenen San Leo. Von dort aus geht die Straße wieder abwärts ins Tal des Marecchia, den man nun bis zu seiner Mündung bei Rimini entlangfährt, mit einem kurzen Abstecher nach Verucchio, das auf einem riesigen Felsvorsprung liegt.

SEHENSWÜRDIGKEITEN – Wer es eilig hat, sollte in **Rimini*** zumindest den Tempio Malatestiano und den Augustus-Bogen besichtigen.
In **San Marino*** lohnt sich ein Blick auf die im Zentrum gelegene Piazza della Libertà und der Aufstieg zum Kastell auf dem Monte Titano. Herrliche Aussicht.
In **Macerata Feltria** das interessante mittelalterliche Stadtviertel Castello.
Im Zentrum von **Carpegna** der würdevolle Palazzo Carpegna. Zu empfehlen ist die Fahrt über die neue Straße (3 km) hinauf zum Grenzstein durch die schönen Wälder des Monte Carpegna (Staatsbesitz).
In **Pennabilli** der mittelalterliche Stadtkern rund um den sogenannten „Roccione" und die Kirche Madonna delle Grazie.
Hauptziel der Rundfahrt ist **San Leo*,** ein malerisches Städtchen. Interessant sind: die mittelalterliche Stadtpfarrkirche und der Dom aus der gleichen Zeit; auf der Höhe des Felsens die stolze Festung, Werk des Francesco di Giorgio Martini (15. Jh.).

In **Verucchio** besuche man die Collegiata mit ihren reichen Kunstschätzen und die Rocca Malatestiana mit einem interessanten prähistorischen Museum. Schöne Aussicht.
EINKAUFSTIPS: San Marino ist übervoll an Souvenirläden; Muskatwein und Waffeltorte erfreuen die Tausenden von Touristen, die von den Stränden der Romagna hierherkommen. Im Montefeltro gibt es guten Käse.

Unter den vielen Geschichten, die es um die Festung San Leo gibt, ist auch jene über Cagliostro, den berühmten Abenteurer aus Palermo, der 1791 dorthin als Gefangener gebracht wurde. Er war an verschiedenen Orten eingekerkert: in der feuchten, düsteren „Schatzzelle" und in dem 3 Meter breiten „Brunnenverließ", das nur von oben einen Zugang hatte. Bevor er in Ketten gelegt wurde, hatte der Gefangene die ganzen Wände beschrieben. Dort starb er auch am 26. August 1795.

24 DIE EBENE VON MODENA UND DIE STRASSE DER SCHLÖSSER

Bologna – Nonántola – Carpi – Modena – Vignola – Bologna *133 km*

Die Rundfahrt führt durch eine der reichsten und interessantesten Gegenden der Emilia, in langen Geraden quer durch die fruchtbare Ebene, vorbei an alten, malerischen Städtchen, wo sich das Neue zwanglos mit dem Alten mischt und sich neben der seit jeher wichtigen Landwirtschaft kleine Industriebetriebe angesiedelt haben. – Im ersten Teil der Rundfahrt, zwischen Bologna und Nonántola, ist die Landschaft einförmig, mit vielen Obstplantagen und verstreuten Ansiedlungen. Von Nonántola nach Carpi durchquert man Weingärten;

wir befinden uns hier im typischen Anbaugebiet des Lambrusco mit Sorbara als bekanntestem Produktionszentrum. Von Modena nach Vignola fährt man durch üppige Obstplantagen, vorwiegend Kirschkulturen, bis zu jenen freundlichen, mit Weingärten bewachsenen und von Schlössern bekrönten Hügeln, durch die zwischen den Flüssen Panaro und Reno die „Straße der Schlösser" führt. Bei Casalecchio überquert man den Reno und kehrt, vorbei am Fuß des Hügels S. Luca, wieder nach Bologna zurück.

SEHENSWÜRDIGKEITEN – Für die Besichtigung von **Bologna*** braucht man mindestens zwei Tage. Eiligen empfiehlt sich eine Runde um die Piazza Maggiore und die Piazza di Porta Ravegnana sowie der Besuch von S. Maria dei Servi und S. Stefano.
Nonántola war der Sitz einer berühmten Abtei, von der heute nur noch die Kirche* existiert, eines der eindrucksvollsten romanischen Baudenkmäler der Emilia.
In **Carpi** besuche man die weite Piazza dei Martiri, einen der schönsten Plätze Italiens, und das imposante Schloß.
Wer für **Modena*** nur wenig Zeit hat, sollte den Dom, wenn möglich die Galleria Estense und den Palazzo Ducale besichtigen.
In **Spilamberto** ist die Festung mit ihrem Wachturm aus dem 13. Jh. sehenswert.
In **Vignola** lohnt sich ein Besuch der Burg mit ihren vielen Türmen und den freskierten Innenräumen.
EINKAUFSTIPS: Lambrusco-Wein, nicht nur in Sorbara; Zampone, Tortellini, Salami und Käse in Modena; Kirschen und anderes Obst in Vignola, Spilamberto und Bazzano.

Zu den Kuriositäten von Modena zählt der berühmte Eimer, der den Bolognesern in der Schlacht vom 15. November 1325 entrissen wurde. Er wird in dem hohen Glockenturm – Ghirlandina genannt – aufbewahrt. Eine weniger bekannte Legende ist die vom gefüllten Schweinsfuß (Zampone), den die Modeneser für sich in Anspruch nehmen, er ist jedoch in Wirklichkeit aus Mirándola; und zwar soll er 1511 während der Belagerung durch die Armee des Papstes Julius II. entstanden sein. Damals versuchten die Bürger von Mirándola, alles zu füllen, was vom Schwein zu verwenden war, also auch die Schweinsfüße.

25 DIE VORBERGE DES APENNIN ZWISCHEN PARMA UND REGGIO

Parma – Collecchio – Torrechiara – Montecchio Emilia – Ciano d'Enza – Canossa – Reggio nell' Emilia *92 km*

Diese kurze Rundfahrt geht durch das Hügelland am Fuß des Apennin zwischen Parma und Reggio nell'Emilia, vorbei an historisch bedeutenden Schlössern durch eine Landschaft, in der fruchtbare Zonen mit kargen, herben Gegenden abwechseln. – Von Parma fährt man in Richtung Fornovo und biegt in Collecchio nach Sala Berganza ab (auf den ersten Berghängen vor Sala beachte man das „Casino dei Boschi", ein riesiges, ehemals fürstliches Gut mit Park und Pinienwäldern). Nach Überquerung des Wildbaches Baganza erreicht man Felino, das für seine Salamiproduktion bekannt ist; dann, von Pilastro aus, geht es weiter nach Torrechiara, man fährt ein Stückchen zurück, um den Fluß Parma zu überqueren, und gelangt nach Traversétolo. Von dort aus nimmt man die Straße bergan nach Montechiarúgolo, überschreitet die Enza in Höhe von Montecchio Emilia und folgt dem Fluß auf dem anderen Ufer bis Ciano d'Enza, wo man in das Hügelland Richtung Canossa einbiegt. Es geht nun bergauf über lehmige Abhänge, unterhalb des Schlosses von Rossena vorbei; nach Durchquerung eines malerischen, zerfurchten Stück Berglandes gelangt man zu dem einsam gelegenen Felsen, auf dem sich die Ruinen der Burg von Canossa befinden. Die Straße führt nun über einen kahlen Rücken (schöne Aussicht; in der Ferne der flache, isoliert liegende Felsen von Bismántova) und dann hinunter nach S. Polo, zweigt danach nach Quattro Castella ab und läuft ab Cantone durch die Ebene Richtung Reggio.

SEHENSWÜRDIGKEITEN – Der Besuch von **Parma*** erfordert mindestens einen Tag; wer es eilig hat, sollte wenigstens den Dom, das Baptisterium, S. Giovanni Evangelista und die Kirche Madonna della Steccata besichtigen.
In **Collecchio** lohnt sich ein Kurzbesuch bei der romanischen Kirche S. Prospero.
Außerhalb von **Felino** beachte man die turmbekrönte Burg aus dem 15. Jh.
Im **Schloß von Torrechiara*** (15. Jh.) sind das Goldene Zimmer, ausgeschmückt von Bembo, und andere mit Fresken dekorierte Räume zu besichtigen.
In **Montechiarúgolo** lohnt sich ein Besuch in dem mächtigen Schloß mit seinen freskierten Säulen.
Von der **Burg von Rossena** aus, die auf einem Felsplateau aufragt, hat man eine schöne Aussicht.
Die **Burg von Canossa** ist in jeder Hinsicht eindrucksvoll: durch ihre einsame Lage, die schmale Straße, die zu den Resten der Ruine hinaufführt, das Museum, die Aussicht.

In **Quattro Castella,** so benannt nach vier Burgen, die auf ebensovielen Hügeln errichtet worden waren (heute existiert nur noch eine), sind in der Pfarrkirche Überreste aus der Romanik zu besichtigen. Im Frühjahr wird hier jährlich ein Erinnerungsfest in historischen Kostümen abgehalten, zur Erinnerung an die Krönung von Mathilde von Canossa zur Vizekönigin von Italien.
In **Reggio nell' Emilia** besuche man die Galleria Parmeggiani, die Kirche Madonna della Ghiara und den Dom.
EINKAUFSTIPS: Wir befinden uns im Land des Rohschinkens, der Salami und des Parmesan-Reggiano-Käses. Gute Weine im Gebiet um Felino, in Langhirano und in Quattro Castella.

Um das Jahr 1000 war die Burg von Canossa durch einen dreifachen Mauerring befestigt. Am 25. Januar 1077 beherbergte die Herzogin Mathilde von Tuszien hier Papst Gregor VII. Am selben Tag erreichte auch der deutsche Kaiser Heinrich IV. die Burg, um die Befreiung vom päpstlichen Bann zu erwirken, mit dem er für seinen Widerstand gegen das Papsttum im Investiturstreit belegt worden war. Drei Tage lang mußte er im Schnee, barfuß und in ärmliches Wollzeug gekleidet, zwischen dem ersten und zweiten Mauerring warten. Erst am Abend des 27. Januar wurde er zum Papst vorgelassen. (Letztlich war jedoch die „Unterwerfung" des Kaisers ein politischer Schachzug, der den erwünschten Erfolg brachte.) Fünfzehn Jahre später, 1092, berannte Heinrich IV. vergeblich die Felsenfestung. Diese wurde zum ersten Mal 1255 erobert, als die Truppen der Stadt Reggio gegen den Raubritter Bonifacio da Canossa ins Feld zogen.

26 DER BOLOGNESER UND DER MODENESER APENNIN

Bologna – Vergato – Lizzano in Belvedere – Pavullo nel Frignano *144 km*

Die Rundfahrt führt über schöne Aussichtsstraßen durch den hinter Bologna und Modena gelegenen Abschnitt des Apennin, in dem manche Gipfel zu beträchtlicher Höhe aufragen, etwa der Corno alle Scale, der Libro Aperto und der Cimone, an dessen Fuße sich inmitten von schönen Wäldern Wintersportzentren und Sommerfrischen entwikkelt haben. – Man fährt das Tal des Flusses Reno aufwärts, das bis Sasso Marconi breit ist und von der „Autostrada del Sole" durchzogen wird und dann bis hin nach Vergato schmäler wird. Hier verläßt man den Talboden und folgt der Straße durch kleine Täler hinaus bis nach Castel d'Aiano. In kleinen Kurven mit schönen Aussichtspunkten geht es nun hinunter nach Gaggio Montano im Flußtal des Silla, den man entlangfährt bis Lizzano in Belvedere und Vidiciático an der Wasserscheide zwischen Reno und Panaro. Die Straße führt nun in das Tal des Flusses Leo und dann aufwärts nach Fanano, das unterhalb des Libro Aperto liegt. Ein Stück noch geht es nun bergauf, über sich die Felsüberhänge des Monte Cimone, bis nach Séstola, dem größten Ort in diesem Teil des Apennin. Von dort fährt man durch ein waldiges Tal abwärts bis zum Fluß Scoltenna, überquert ihn, um gleich darauf in das weite, offene Hügelland im S von Modena und nach Pavullo nel Frignano zu gelangen. Wer die Rundfahrt hingegen verlängern will, kann von Séstola aus über Montecreto nach Pievepélago fahren, wo sich die Straße teilt: in Richtung Abetone und Pistoia, und in Richtung der Schlucht Foce delle Radici in die Garfagnana.

SEHENSWÜRDIGKEITEN – **Bologna★** (siehe Rte. 24).
In **Pontecchio Marconi:** die Villa und das Mausoleum von Marconi.
In **Marzabotto** sollte man den Besuch der etruskischen Ausgrabungsstätten und des dazugehörigen Museums nicht versäumen.
In **Gaggio Montano** hat man von der Terrasse des Leuchtfeuers einen schönen Ausblick.
Von **Vidiciático** lohnende Fahrt (8,5 km) zum Wallfahrtsort *Madonna dell'Ácero★,* der in 1195 m Höhe mitten im Wald liegt, und weiter auf 1630 m Höhe nach *Baggioledo,* einem Wintersportort, von dem aus man den Scaffaiolo-See in 1775 m Höhe erreichen kann, direkt unterhalb des Corno alle Scale (1945 m).
In **Fanano** die Kirche S. Silvestro mit Kunstwerken aus Romanik und Renaissance.

Von **Séstola** hübscher Ausflug (9 km) zum kleinen, von Lärchen gesäumten Lago della Ninfa (Nymphensee) in 1503 m Höhe; von dort aus mit der Seilbahn auf den Pian Cavallaro (1827 m) unterhalb des Gipfels des Monte Cimone (2165 m). Schöne Aussicht.
Von **Pavullo nel Frignano** aus empfiehlt sich ein kleiner Ausflug zum Schloß von Montecuccolo. Malerisch ist auch der Ort selbst mit seinen um den Schloßberg gedrängten, alten Häusern.
EINKAUFSTIPS: Pilze, Erdbeeren, Heidelbeeren in den Gebirgsorten; Kirschen und anderes Obst im Tal.

In der Villa Grifone in Pontecchio führte Marconi 1895 seine ersten Funkübertragungsexperimente mit einem Funkengenerator und einem Kohärer (Empfänger) durch. Der aufregendste Teil des Versuchs war der Moment, als erprobt werden sollte, ob mit dem neuen Kommunikationsmittel auch Bodenerhebungen und andere Hindernisse überwunden werden konnten, denn ohne diese Eigenschaft wäre seine praktische Anwendbarkeit äußerst beschränkt gewesen. Marconi schickte seinen Bruder Alfonso mit dem Kohärer und einem Gewehr auf die andere Seite des Hügels und drückte die Taste. Ein Schuß verkündete ihm den Erfolg seiner Erfindung, einer der bedeutendsten in der Geschichte der Menschheit.

27 DIE VERDI-GEDENKSTÄTTEN

Fidenza – Fontanellato – Soragna – Busseto — *55 km*

Diese kurze Rundfahrt ist speziell den Erinnerungsstätten an Giuseppe Verdi gewidmet; sie führt zur Gänze über Straßen in der Ebene, durch die fruchtbaren Landstriche der Emilia mit ihren verstreut liegenden, blühenden Bauerndörfern, wo sich die Tradition der guten Küche mit der der Musik und des Gesanges vereint. – Von Fidenza aus fährt man auf der Via Emilia in Richtung Parma bis Parola, wo man auf eine Nebenstraße abbiegt, die, jenseits der Autobahn, nach Fontanellato führt. Weiter geht es durch die eintönige Landschaft nach Soragna, nach Róncole und nach Busseto; nach der Brücke über den Ongina gelangt man auf einem kurzen Umweg zur Villa Verdi. Wieder zurück auf der Provinzstraße, überquert man den Arda bei Villanova und fährt Richtung Cremona, das man über eine lange Brücke über den Po erreicht.

SEHENSWÜRDIGKEITEN – **Fidenza** ist berühmt für seinen Dom aus dem 12.–13. Jh.; besonders schön sind die Skulpturen an der Fassade und das Innere.
In **Fontanellato** beachte man in der Festung Sanvitale besonders die Fresken von Parmigianino.
Auch in **Soragna** lohnt sich die Besichtigung der Burg aus dem 16. Jh. mit ihren Fresken, Gemälden und anderen Kunstwerken.
In **Róncole** beeindruckt das Geburtshaus Verdis in seiner Einfachheit.
Busseto ist voll von Erinnerungen an Verdi, wie das Teatro Verdi in der Burg und das Museo Civico in der Villa Pallavicino mit einer Sammlung von Erinnerungsstücken des großen Musikers. Auch ein Kurzbesuch in der davor befindlichen gotischen Kirche S. Maria degli Angeli lohnt sich.
Die **Villa Verdi,** nahe von S. Agata, liegt in einem Park. Die Wohnräume sind unverändert.
In **Cremona*** verdient der herrliche Hauptplatz mit seinen Sehenswürdigkeiten – dem Dom, dem Torrazzo, dem Baptisterium und der Loggia dei Militi – große Beachtung; danach sollte man nach Möglichkeit auch das Museo Civico besichtigen.
EINKAUFSTIPS: Schinkenwurst (Culatello), Lambrusco-Wein und andere gastronomische Spezialitäten der Emilia.

Die Anfänge Verdis als Musiker waren nicht leicht. Aus einer armen Familie stammend, fand er Unterstützung beim alten Organisten der Kirche S. Michele in Róncole und von Bewohnern von Busseto, angefangen vom Arbeiter, der ihm ein altes Spinett wieder in Ordnung brachte, bis zum Spirituosenhändler Barozzi, der ihm in seinen Jugendjahren finanziell unter die Arme griff und ihm seine Tochter zur Frau gab. In Mailand bestand Verdi die Aufnahmeprüfung aufs Konservatorium nicht, hatte aber das Glück, als Lehrer den Maestro Lavigna zu finden, der Direktor und Konzertmeister an der Scala war. So wendete er sein Talent dem Musiktheater zu und lehnte zu seinem Vorteil, aber zur Kränkung seiner Mitbürger in Busseto den Posten des Kapellmeisters ab, der ihn vielleicht für immer an seinen Heimatort gebunden hätte. Hingegen war er drei Jahre lang Leiter des Gemeindeorchesters und komponierte in dieser Zeit sein erstes Werk, „Oberto conte di S. Bonifacio“, das 1839 mit mäßigem Erfolg in der Mailänder Scala aufgeführt wurde. Sein erster Triumph war „Nabucco“ im Jahre 1842.

28 DAS APENNINVORLAND BEI PIACENZA

Piacenza – Grazzano Visconti – Carpaneto – Velleia – Castell'Arquato – Chiaravalle della Colomba – Fiorenzuola *123 km*

Die Rundfahrt ist ein Streifzug über ruhige Nebenstraßen durch die Ausläufer des Apennin im S von Piacenza. Sie bietet neben der besonders im Frühling und im Herbst sehr reizvollen Landschaft auch Kunstdenkmäler von großem Interesse. – Von Piacenza fährt man nach S bis Grazzano Visconti, von dort aus ein Stück zurück bis Podenzano, wo man den Nure vor S. Giorgio Piacentino überquert. Die Straße führt weiter nach S, zuerst durch die Ebene, dann durch die Hügellandschaft bis Gropparello und zu den römischen Ausgrabungen von Velleia. Nach Überschreitung eines mit lichtem Wald bewachsenen Bergrückens trifft sie im oberen Tal des Arda auf die Straße, die von Lugagnano aus bis zum ehemaligen Parco Provinciale Piacentino ansteigt (ideal für Picknicks). Man folgt ihr nun bis Lugagnano, umfährt den Ort (kurz danach sieht man einige schöne Errosionspyramiden) und erreicht Vigo Marchese, wo man nach rechts auf die breite Provinzialstraße abbiegt, die einen Bogen um den Bergausläufer zieht, auf dem sich Castell'Arquato befindet. Über eine Nebenstraße, die über den niedrigen Bergrücken zwischen dem Arda und dem Ongina führt, geht es nun nach Costa Stradivari und Bacedasco Alto und von dort aus in engen Kehren hinauf zu dem malerischen kleinen Dorf Vigoleno. Man nimmt dieselbe Straße zurück ins Tal und fährt in Richtung der Ebene. Bei Alseno überquert man die Via Emilia und erreicht danach die Abtei Chiaravalle della Colomba. Von Alseno aus gelangt man über die Via Emilia nach Fiorenzuola d'Arda.

SEHENSWÜRDIGKEITEN – Eine nicht nur oberflächliche Besichtigung von **Piacenza*** erfordert mindestens einen halben Tag. Wer es eilig hat, begnüge sich mit dem Besuch der Piazza Cavalli und des Domes.
In **Grazzano Visconti** lohnt sich ein Rundgang durch diesen eigenartigen Ort, der getreuen Rekonstruktion eines mittelalterlichen Dorfes.
Die Pfarrkirche von **Carpaneto Piacentino** ist mit Fresken aus verschiedenen Epochen geschmückt.
Vor **Gropparello** beachte man das malerisch auf einem Hügel gelegene Schloß.
In **Velleia*** besichtige man die Ausgrabungen und das kleine Antiquarium.
Hinter Velleia erstreckt sich der ehemalige **Naturpark der Provinz Piacenza** mit seinen einsamen Wäldern unter dem Gipfel des Croce dei Segni, 1071 m, und einer kleinen Schutzhütte. (Zufahrt über die Straße von Lugagnano aus.)
In **Vigolo Marchese** sind die romanische Pfarrkirche und das *Baptisterium aus dem Jahre 1008 bemerkenswert.
Castell'Arquato* ist die Hauptattraktion der Rundfahrt; von der Höhe des Hügels aus überblickt man den mittelalterlichen Gebäudekomplex – Dom, Festung und Palazzo Pretorio – rund um die Piazza Matteotti; ein Besuch des geologischen Museums in Torrione Farnesiano (Farnese-Turm) lohnt sich; für eine Ruhepause im Grünen empfiehlt sich der Naturpark bei den nahegelegenen *Terme di Bacedasco*.
Vigoleno ist ein Dorf mit mittelalterlichem Charakter, gruppiert um die romanische Kirche S. Giorgio und umgeben von den turmbekrönten Mauern der Festung.
In der alten Zisterzienserabtei **Chiaravalle della Colomba** ein schöner gotischer Kreuzgang* (13. Jh.).
In **Fiorenzuola** empfiehlt sich ein Kurzbesuch der gotischen Kirche S. Fiorenzo; ebenso ein Abstecher nach **Cortemaggiore** auf die andere Seite der Autobahn, zur Franziskanerkirche und zu S. Maria delle Grazie, beide aus Gotik und Renaissance stammend und reich an Kunstwerken.
EINKAUFSTIPS: In Grazzano Gegenstände aus Schmiedeeisen und Stilmöbel; in Chiaravalle Klosterliköre; in Piacenza und in den anderen Städten Salami und gute Weine.

1747 wurde durch Zufall in Macinesso die berühmte „Tavola Alimentaria" des Trajan gefunden (Hypothekenvorschriften auf den Grundbesitz zur Unterstützung armer Kinder), die sich heute im Museo Nazionale in Parma befindet. Am selben Ort brachten Ausgrabungen auch die Basilika der römischen Stadt Velleia, die im 5. Jh. unterging, zutage. Ebenso zufällig wurde von einem Bauern in der Gegend von Séttima die „etruskische Leber" aus Bronze entdeckt, auf der geheimnisvolle Zeichen (vielleicht ein „Handbuch" für die antiken Seher) eingeritzt sind. Sie ist heute im Museum von Piacenza zu besichtigen.

ORTSBESCHREIBUNGEN

Zeichenerklärungen

Ortsinformation:

Postleitzahl
Telefonkennzahl/Vorwahl
Touristische Information:
AA: Fremdenverkehrsamt, Kurverwaltung (Azienda Autonoma di Soggiorno)
CIT: Amtliches Italienisches Reisebüro (Compagnia Italiana Turismo)
EPT: Provinz-Fremdenverkehrsbüro (Ente Provinciale per il Turismo)
TCI: Geschäftsstelle des Touring Club Italiano

Postamt (mit Planquadrat)
Telefonamt (mit Planquadrat)

Hotel- und Restaurantteil:

Luxuskategorie
hervorragend (1. Kat.)
sehr gut (2. Kat.)
gut (3. Kat.)
zufriedenstellend (4. Kat.)
preiswert (5. Kat.)

Luxuskategorie (bzw. 1. Kat.)
sehr gut (2. Kat.)
gut (3. Kat.)
einfach (4. Kat.)

Telefonnummer
Betrieb nicht ganzjährig geöffnet
TV Fernsehen
Tennis
Hotelgarage
schöne Aussicht

Telexanschluß
Garten
AIR Aircondition
hoteleigenes Schwimmbad
Parkplatz (z. T. bewacht)
Ruhetag, geschlossen

bei Orten mit Stadtplan:

– nach den Informationen über den Betrieb, Angabe der Lage im Plan, z. B. A3, c: Betrieb liegt im Planquadrat A3 und ist mit dem Buchstaben „c" eingetragen. Die Angabe a. P. bedeutet, daß der Betrieb außerhalb des Plans liegt aber in der Richtung des angegebenen Planquadrates.

Stadtpläne:

Straßen

Autobahnen und Schnellstraßen
Hauptstraßen
andere Straßen
Stiege
Nebenstraßen
Wege
Straße in Bau

Bahnen

Eisenbahnlinie und Bahnhof
Zahnradbahn
Seilbahn
Sessellift

Denkmäler und Museen

außerordentlich interessant
sehr interessant
bemerkenswert

Rundgänge

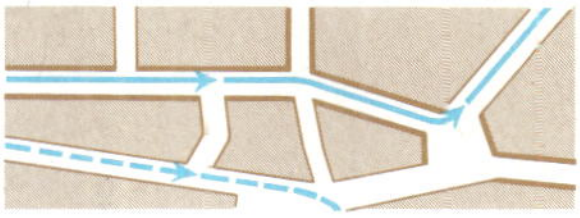

Hotels und Restaurants

a Hotel und entsprechender Hinweisbuchstabe im Text
r Restaurant und entsprechender Hinweisbuchstabe im Text
Motel

andere Zeichen

wichtige Parkplätze
Kirche
Gärten und Parks
öffentliche Gebäude
Spital
Höhenangaben

ABANO TERME★ 16.647 Ew, 14 m (4 E–F2)

Provinz Padua. Moderner Thermalkurort in den Euganäischen Hügeln, zählt zu den berühmtesten und bestausgestatteten in Italien, seit den Zeiten der Römer für Schlammkuren bekannt.

⊠ 35031, ✆ 049, B2, B2, ⓘ AA: Via P. d'Abano 16, B2, ☎ 66 94 55

Freizeitangebot: Thermalschwimmbäder (Hallen- und Freibäder) in den Hotels; Tennis; Tontaubenschießen; Golf (18 Löcher) in Valsanzibio (10 km).

- **Gr. Hotel Orologio ◪,** Viale delle Terme 1, ☎ 66 95 02, [Tx] 430254, 165 Zi (mB/mD), Ⓟ Ⓖ ❀ ≈ ⚲, Golf, TV, Sauna, AIR . . . (B2, **a**)
- **Bristol Buja,** Via Monteortone 2, ☎ 66 93 90, [Tx] 410210, 152 Zi (mB/mD), Ⓟ Ⓖ ❀ ≈ ⚲, Minigolf, AIR . . . (B1–2, **g**)
- **La Residence,** Via Monte Ceva 8, ☎ 66 83 33, [Tx] 431368, 116 Zi (mB/mD), ❀ ≈ ⚲, AIR . . . (B2, **j**)
- **President,** Via Monteortone 31, ☎ 66 82 88, [Tx] 430280, 120 Zi (mB/mD), Ⓟ Ⓖ ❀ ≈, AIR . . . (B2, **aa**)
- **Grand H. Magnolia,** Via A. Volta 6, ☎ 66 72 33, [Tx] 430241, 148 Zi (mB/mD), Ⓟ, TV, AIR . . . (C2, **c**)
- **Savoia Todeschini ◪,** Via Pietro d'Abano 49, ☎ 66 91 13, [Tx] 430225, 180 Zi (mB/mD), Ⓟ ❀ ≈ ⚲, AIR. . . (B–C1, **au**)
- **Ritz ◪,** Via Monteortone 19, ☎ 66 99 90, [Tx] 430222, 150 Zi (mB/mD), Ⓟ Ⓖ ❀ ≈ ⚲, AIR . . . (B1, **at**)
- **Trieste e Victoria,** Via Pietro d'Abbano 1, ☎ 66 91 01, [Tx] 430250, 102 Zi (mB/mD), Ⓟ, TV, AIR . . . (B2, **u**)
- **Astoria ◪,** Piazza Colombo, ☎ 66 90 30, [Tx] 430215, 96 Zi (mB/mD), Ⓟ ❀ ≈ ⚲, AIR (C3, **ab**)
- **Due Torri Morosini ◪,** Via P. d'Abano, ☎ 66 91 07, [Tx] 430460, 95 Zi (74 mB/mD), Ⓟ ❀ ≈ ⚲, AIR. . . (B2, **d**)
- **Centrale,** Via Iapelli, ☎ 66 98 60, [Tx] 440044, 136 Zi (mB/mD), Ⓟ ❀ ≈, AIR . . . (C2, **l**)
- **Quisisana,** Viale delle Terme 67, ☎ 66 92 99, [Tx] 430285, 95 Zi (mB), Ⓟ ❀ ≈ ⚲, Sauna, AIR . . . (B3, **i**)
- **Panoramic H. Plaza,** Piazza Repubblica, ☎ 66 93 33, [Tx] 430230, 129 Zi (mB/mD), Ⓟ (B2, **o**)
- **Ariston Molino,** Via Augure 5, ☎ 66 90 61, 175 Zi (172 mB/mD), Ⓟ ❀ ≈ ⚲, AIR. . (B1, **x**)
- **Metropole,** Via Flacco 99, ☎ 66 86 22, 73 Zi (59 mB), Ⓖ ❀ ≈ ⚲, Sauna, AIR . . . (C3, **am**)
- **Salus,** Via Marzia 2, ☎ 66 90 56, [Tx] 430202, 76 Zi (65 mB), Ⓟ ❀ ≈ . . . (C2, **af**)
- **Eden,** Via Flacco 70, ☎ 66 94 43, [Tx] 430255, 68 Zi (66 mB/mD), Ⓟ ❀ ≈. . . (C3, **ag**)
- **Columbia ◪,** Via Agure 15, ☎ 66 96 06, 102 Zi (78 mB), Ⓟ ❀ ≈
- **Internazionale,** Via Mazzini 5, ☎ 66 80 00, [Tx] 430039, 145 Zi (mB/mD), Ⓟ Ⓖ ❀ ≈ ⚲ (B2, **s**)
- **Alexander,** Via Martiri d'Unghezia 24, ☎ 66 83 00, [Tx] 431370, 221 Zi (mB/mD), Ⓟ Ⓖ (C3, **ah**)
- **Venezia,** Via Flacco 42, ☎ 66 98 00, [Tx] 410620, 93 Zi (85 mB), ❀ ≈, Sauna, AIR . . . (B–C3, **e**)
- **Harris H. Terme,** Via Marzia 50, ☎ 66 70 11, 66 Zi (mB), Ⓟ . . . (C1, **h**)
- **All' Alba,** Via Flacco 32, ☎ 66 91 15, 132 Zi (92 mB), Ⓟ ❀ ≈ ⚲ . . . (B2–3, **w**)
- **Universal,** Via Flacco 28, ☎ 66 93 49, 115 Zi (76 mB) Ⓟ ❀ ≈. . . (B2, **n**)
- **Smeraldo ◪,** Via Busonera 174, ☎ 66 98 65, [Tx] 430260, 73 Zi (mB/mD), Ⓟ ❀ ≈ ⚲. . (C2, **y**)

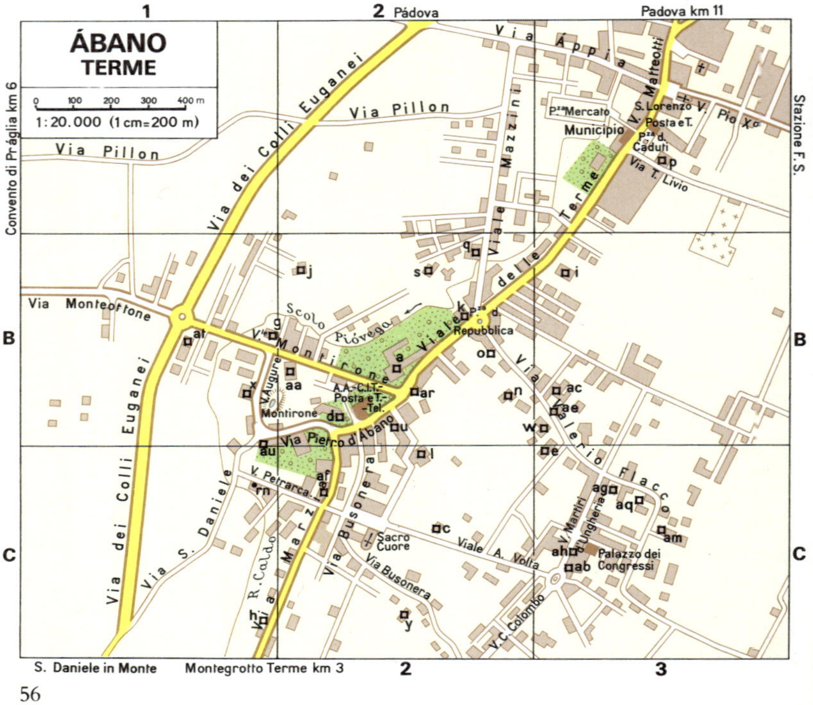

Milano, Viale Terme 169, ☎ 66 91 39, 102 Zi (71 mB/mD), ≋ . . . . (B2, **ar**)
Europa, Via Flacco 13, ☎ 66 92 39, 142 Zi (87 mB/mD), P ≋
Italia, Viale Mazzini, ☎ 66 96 00, Tx 430039, 166 Zi (151 mB), P ≋, AIR . . . . . (B2, **q**)
Bologna, Via Flacco 29, ☎ 66 91 78, 129 Zi (80 mB/mD), P . . . . (B3, **ae**)
Villa Pace, Viale Terme 54, ☎ 66 81 00, 84 Zi (19 mB), ≋ . . . . (B2, **k**)
Firenze, Via Flacco 74, ☎ 66 97 44, 74 Zi (36 mB), P . . . . (C3, **aq**)
Salvagnini Bernerhof, Piazza Caduti, ☎ 66 91 38, 106 Zi (mB/mD), ≋ . . . . . . (A3, **p**)

in Monteortone (2 km nach W):
Hermitage Bel Air, Via Monteortone 74, ☎ 66 95 04, Tx 430240, 135 Zi (mB/mD), P
Leonardo da Vinci, Via Monteortone 70, ☎ 52 40 57, Tx 430390, 110 Zi (mB/mD), P
Michelangelo, ☎ 66 86 88, Tx 430390, 120 Zi (mB/mD), Konferenzräume
Buja Monteortone Terme, Via Santvario, ☎ 66 86 33, Tx 430210, 106 Zi (mB/mD)

in Torreglia (✉ 35036, 6 km):
Piccolo Marte, ☎ 51 11 77, ~~Mo~~, internationale Küche
„Ballotta“, Straße nach Teolo, ☎ 51 10 61, P, ~~Di~~
„Castelletto“ da „Taparo“, ☎ 51 10 60, P AIR, ~~Mi~~
Rifugio M. Rua, M. Rua (400 m), ☎ 51 10 49, P, Terrasse, ~~Di~~
Al Roccolo, Via Roccolo 6, ☎ 51 11 01, P, ~~Mi~~ + Jan. u. Feb.

KURBETRIEB – Heiße radioaktive, salz-, brom-, jodhaltige Thermalquellen (80° C). Anwendungen in Form von Schlammpackungen und Schwitzbädern bei arthritischen und rheumatischen Erkrankungen. Andere Kuren: Inhalationen, Bäder usw. Saison: ganzjährig.
SPAZIERGANG (3 km) zum Wallfahrtsheiligtum **Monteortone*** oder *Madonna della Salute,* errichtet 1435–1497, mit schönem Glockenturm; im Inneren Gotik- und Renaissanceausstattung, im Chor (mit schönem Renaissancealtar) Fresken* von Jacopo da Montagnana.
AUSFLÜGE – 1. Zur **Abtei von Praglia**** (6 km), einem riesigen Benediktinerkloster in einer waldigen Einbuchtung der Euganäischen Hügel, gegründet 1080 und im 15.–16. Jh. fast zur Gänze neu errichtet. Eine Freitreppe führt zur Kirche **Mariä Himmelfahrt,** errichtet 1490–1548 nach Plänen von T. Lombardo; Glockenturm aus dem 14. Jh. Das Innere ist ein eleganter dreischiffiger Renaissanceraum mit Pilasterstützen; Altargemälde der venezianischen Schule des 16. Jhs. (Zelotti, L. Longhi); über dem Hochaltar ein auf Holz gemaltes Kruzifix aus dem 14. Jh.; im Chor Fresken von D. Campagnola. Rechts von der Kirche befindet sich der Eingang zum weitläufigen **Kloster** *(Besichtigung in Begleitung eines Mönches nachmittags, ausgenommen Mo und hohe kirchliche Feiertage; Spende),* mit dem *botanischen Kreuzgang* aus dem 15. Jh.; dem besonders schönen *hängenden Kreuzgang* von 1495; dem großen Refektorium mit Gemälden von Zelotti, einem Chorgestühl aus dem 18. Jh. und einem Kreuzigungsfresko von B. Montagna (1490–1500); dem *Doppelkreuzgang* (Klausur) mit Portikus und Loggia (1460); der *Bibliothek,* die den Gelehrten vorbehalten ist, mit Deckengemälden von Zelotti und dem *Kapitelsaal.* – 2. Zur **Einsiedelei auf dem Monte Rua** (10 km), über Torreglia (5 km) (im nahe gelegenen *Luvigliano* die *Villa dei Vescovi,* 16. Jh.) und das *Belvedere della Croce* (Aussicht). Die Einsiedelei in 416 m Höhe (keine Besichtigung) wurde 1339 gegründet, 1537 von Kamaldulensern neu erbaut und ist noch heute in ihrem Besitz. Schöne Aussicht*.

ÁDRIA 21.712 Ew, 4 m (9 A3)

Provinz Rovigo; Bischofssitz. Alte Stadt im Herzen der Po-Ebene; wichtiges Landwirtschafts- und Handelszentrum am schiffbaren Canal Bianco, der mit dem Meer und über Schleusen mit Etsch und Po direkt verbunden ist. Adria gab dem Adriatischen Meer, an dem es früher lag, seinen Namen.

✉ 45011, ✆ 0426, i *Verkehrsamt:* Corso Vittorio Emanuele 53, ☎ 21 675

Stella d'Italia, Viale Maddalena 4, ☎ 21 062, 25 Zi (1 mB, 13 mD), P
Laguna, Vicolo San Francesco 2, ☎ 22 431, ~~Sa~~

in Ariano Polésine:
Due Leoni, Corso del Popolo 21, ☎ 71 138, 17 Zi (6 mB, 7 mD), ~~Mo~~
Due Leoni, Spezialitäten: Gnocchi; Hirsch; Aal

ARCHÄOLOGISCHES MUSEUM, Piazzale Etruschi 1 *(Öffnungszeiten: 9–19 Uhr; Feiertage 9–13 Uhr; Mo geschl.):* Ausgrabungsfunde aus der Gegend, vor allem ein zweispänniger **Pferdewagen*** aus Eisen aus dem Grab eines gallischen Kriegers (4. Jh. v. Chr.); schwarze und rote Figurenvasen (6.–4. Jh. v. Chr.); etruskisch-kampanische Keramiken aus der Eisenzeit; griechische und etruskische Bronzestatuetten; Goldschmiedearbeiten; Glas aus Ägypten und Phönizien. Im römischen Saal Münzen, Glas, Keramik usw.
Von der Brücke *(Ponte di Castello)* schöner Blick über das **Becken von Canalbianco,** mit seinen Palästen und dem *Teatro Comunale* von G. B. Scapari, eine typisch venezianische Szenerie.
Am Ende der Via Angeli liegt links die **Kirche S. Maria Assunta** aus dem 18. Jh. mit schönem Glockenturm. Im Inneren ein achteckiges Taufbecken aus dem 8. Jh.; in der Marienkapelle Terrakottaarbeiten aus dem 15. Jh.

ÁGORDO 4.259 Ew, 611 m (2 D2)

Provinz Belluno. Wichtigster Ort im Cordévole-Tal; Sommerfrische, in einem weiten Talkessel inmitten der Dolomiten (Monte Agner, Pale di S. Lucano) gelegen.

✉ 32021, ✆ 0437, i AA *Conca Agordina,* Piazza Libertà, ☎ 62 105

Freizeitangebot: Tennis. Reiten. Skilift am Col di Foglia; Eislaufplatz.

Milano, Einfahrt von Belluno, ☎ 62 046, 34 Zi (3 mB, 23 mD), P

In Ágordo gibt es ein Mineralogisches Institut mit einem *Mineralienmuseum.*
An dem schönen, großen Hauptplatz (alter Brunnen mit dem Markuslöwen) der **Palazzo Crotta** aus dem 17.–18. Jh. mit seinem skulpturengeschmückten Garten.

ÁLA 6.722 Ew, 210 m (1 F3)

Provinz Trient. Städtchen im mittleren Etschtal (Val Lagarina), das von Landwirtschaft und Weinhandel lebt; alter Grenzort zu Österreich.

Hübscher alter Stadtkern mit engen, kopfsteingepflasterten Straßen, die zur Pfarrkirche ansteigen, mit Palästen aus dem 16.–17. Jh. *(Malfatti, Angelini, Pizzini);* auf dem Hauptplatz das kleine *Städtische Museum* mit naturgeschichtlichen und archäologischen Sammlungen und Objekten zur Lokalgeschichte. Kirche *S. Pietro in Bosco* mit romanischen Fresken und einem byzantinischen Erlöserbild (6. Jh.).
AUSFLUG 6 km nach SW zur **Burg von Avio** (260 m) bei *Sabbionara,* einem schön gelegenen mittelalterlichen Bau (13.–14. Jh., restauriert durch den Fondo Ambiente Italiano); lange Kurtinen mit wichtigen Fresken profanen Inhalts aus dem späten 14. Jh. *(Öffnungszeiten: März–Sept. 9–13, 14–18 Uhr, an Feiertagen nur 14–18 Uhr; Okt.–Feb. 13–16 Uhr. Mo geschl., ausgenommen Juli/Aug.).*

ÁLLEGHE 1.575 Ew, 979 m (2 C2)

Provinz Belluno. Malerische Sommerfrische am gleichnamigen See im Cordévole-Tal, am Fuß der gewaltigen Felswand des Monte Civetta (3218 m). Am südl. Ende des Sees liegt *Masarè* (970 m); 4 km nach N, im Talschluß, *Caprile* (1023 m).

✉ 32022, ✆ 0437, ℹ AA: in Álleghe und Rocca Piétore, Hauptplatz, ☎ 72 333

Freizeitangebot: Tennis in Masarè und Caprile; Boccia-Bahnen; Eisstadion. Sessellift Álleghe-Coí (1459 m); Schlepplifte auf der Hochebene von Pezzé und in Caprile. Berg- und Seilbahnen siehe auch Marmolata.

- **Sporthotel Europa ◪,** am See, ☎ 72 33 62, 33 Zi (mB/mD), Ⓟ Ⓖ, TV
- **Alleghe,** ☎ 72 35 27, 13 Zi (mD), Ⓖ
- **La Nava,** garni, zum Hotel Alle Alpi gehörend, ☎ 72 33 40, 20 Zi (19 mD), Ⓟ ❀
- **Coldai,** Via Coldai, ☎ 72 33 05, 20 Zi (mD) Ⓟ

in Caprile (1023 m), ✉ 32023, 4 km:
- **Alla Posta ◪,** im Ort, ☎ 72 11 71, Tx 440136, 46 Zi (mB/mD), Ⓟ, TV
- **Marmolada ◪,** an der Straße, ☎ 72 11 07, 29 Zi (27 mD), Ⓟ

Der **See von Álleghe** (Länge ca. 1500 m, maximale Tiefe 18 m) entstand 1771 durch einen Erdrutsch, der das Tal versperrte.
AUSFLUG – zur Marmolata (s. d.) über *Rocca Piétore* und die *Serrai di Sottoguda* bis *Malga Ciapela* (Seilbahn).

ALPAGO 700–900 m (2 D3)

Provinz Belluno. Almgebiet im NO des Sees von S. Croce am Übergang zum Hochplateau des Cansiglio, Sommerurlaubsgebiet (siehe auch Cansiglio).

✉ 32010, ✆ 0437, ℹ AA: in Tambre, ☎ 49 277; während der Saison Touristenbüros in Chies, Parra, Pieve, Peros, Spert und S. Croce del Lago.

Freizeitangebot: Skilifte in Tambre und auf der Hochfläche des Cansiglio (s. d.).

- **Beyrouth,** in Torres bei Pieve, ☎ 47 056, 18 Zi (4 mB), Ⓟ ❀
- **Dolada,** in Plois, oberhalb von Pieve, ☎ 47 068, intern. Küche – Tischreservierung, ~~Mi~~
- **Beyrouth,** in Torres bei Pieve, ☎ 48 056, intern. Küche, ~~Mo~~ + Okt.
- **Alle Alpi,** ☎ 48 016, ~~Mi~~
- **S. Lorenzo,** ☎ 43 52, Ⓟ, ~~Mi~~

ÁNDALO 947 Ew, 1042 m (1 D2)

Provinz Trient. Gutbesuchte Sommerfrische und Wintersportort in einer grünen Senke an der Wasserscheide zwischen Sarca und Noce, zwischen den östlichen Hängen der Brenta-Gruppe im W und der Paganella im O.

✉ 38010, ✆ 0461, ℹ AA: Hauptplatz, ☎ 58 78 36

Freizeitangebot: Schwimmhalle; Tennis. Gondellift: Andalo (1023 m) – Pian Dosson (1450 m); Laghet (1070 m) – Prati di Gaggia (1333 m). Sessellifte: Pian Dosson (1450 m) – Malga Terlago (1772 m) – Paganella (2103 m); Andalo (1050 m) – Prati di Gaggia (1333 m) – Paganella II (1750 m); S. Antonio (1740–1890 m); Laghet (1050–1075 m). Schlepplifte in Laghet, Prati di Gaggia und Malga Terlago. Eislaufplatz; Skischule; Skipaß.

- **La Baita ◪,** oberhalb der Ortschaft, ☎ 58 58 41, Tx 400596, 47 Zi (mB/mD), Ⓟ ≈ ❦
- **Andalo ◪,** Straße nach Fai, ☎ 58 58 49, 38 Zi (mB/mD), Ⓟ ❀
- **Piccolo Hotel ◪,** Via Crosaré, ☎ 58 57 10, 38 Zi (16 mB/18 mD), Ⓟ ❀
- **Splendid ◪,** Straße nach Fai, ☎ 58 57 77, 44 Zi (mB/mD), Ⓟ ❦
- **Garden ◪,** Ortsausgang Richtung Cles, ☎ 58 58 70, 30 Zi (mB/mD), Ⓟ
- **Eden ◪,** Ortsausgang Richtung Fai, ☎ 58 58 48, 48 Zi (23 mB/17 mD), Ⓟ ❀ ❦

Dalbon ▣, Via Dossi 4, ☎ 58 58 39, 30 Zi (mD), Ⓟ
Melchiori, Via S. Rocco, ☎ 58 58 29, 45 Zi (6 mB/36 mD), Ⓟ
Olimpia ▣, Straße nach Fai, ☎ 58 57 15, 27 Zi (mD), Ⓟ
Cristallo ▣, Gondellift-Talstation, ☎ 58 57 44, 33 Zi (7 mB/20 mD), Ⓟ

AUSFLUG – Seilbahn auf die **Paganella,** 2125 m; ein Sessellift führt in zwei Abschnitten auf *La Roda* (2100 m), einen Bergrücken, der über das Etschtal hinausragt; schöne Aussicht*.

ANTHOLZER TAL (Valle di Anterselva) 2462 Ew (2 A2)

Gemeinde Rasen-Antholz, Provinz Bozen. Seitental des Pustertals, verbindet auf einer Länge von ca. 25 km Olang (Valdáora) mit dem Staller Sattel (Passo Stalle, 2048 m). Inmitten von Almwiesen und Nadelwäldern liegen verstreut die Ortschaften. Hauptort ist *Niederrasen* (*Rasun di Sotto*, 1030 m), als Sommerfrische und Wintersportort besucht.

✉ 39030, ✆ 0474, ℹ *Verkehrsverein:* Mittelantholz, ☎ 42 116; Niederrasen, ☎ 86 269

Freizeitangebot: Skilifte in Mittel- und in Oberantholz.

Ansitz Heufler ▣, Oberrasen, ☎ 46 288, 9 Zi (mB/mD), Ⓟ, in einer Burg aus dem 16. Jh.
Antholzerhof, Niederrasen, ☎ 42 148, 30 Zi (mB/mD), Ⓟ ≈, TV, Sauna
Sporthotel Rasen, Niederrasen, ☎ 46 134, 23 Zi (mB/mD), Ⓟ ≈
Frida ▣, Niederrasen, ☎ 86 102, 25 Zi (mB), Ⓟ ≈
Wildgall ▣, Oberrasen, ☎ 42 136, 20 Zi (mB/mD), Ⓟ ≈, abgelegen, Sauna
Bagni di Salomone, Niederrasen, ☎ 42 199, 22 Zi (mB/mD), Ⓟ, Thermalbad
Wegerhof, Mittelrasen, ☎ 42 130, 10 Zi (mB/mD)

AUSFLUG – 3,6 km von *Antholz Obertal (Anterselva di Sopra)* zum **Antholzer See** (*Lago di Anterselva,* 1642 m), der mit einer Länge von über 1000 m und einer Breite von ca. 800 m zwischen Nadelwäldern eingebettet ist.
Nahe von *Niederrasen* ein Torfmoor (Landschaftsschutzgebiet; *Besichtigung über den Verkehrsverein*).

AQUILEIA* 3.424 Ew, 5 m (6 D2)

Provinz Udine. Bäuerliche Siedlung im Hinterland der Lagune von Grado; von großer Bedeutung wegen seiner archäologischen Ausgrabungsstätten und mittelalterlichen Baudenkmäler.

✉ 33051, ✆ 0431, C1, C1 (Hotel Aquila Nera), ℹ *Touristenbüro:* Piazzale Basilica, ☎ 91 087

La Campannina, ☎ 91 019, Ⓟ

in Cervignano del Friuli (✉ 33052, 8 km nach N):
Internazionale, Umfahrungsstraße, ☎ 30 751, 40 Zi (35 mD), Ⓟ
La Rotonda, ☎ 30 751, Ⓟ, Pizzeria, ~~Mo~~
Friuli, Piazza dell'Unità, ☎ 26 023, 26 Zi (mD)
Al Turista, 2 km Richtung Triest, ☎ 2535, Ⓟ, ~~Mi~~
Al Campanile, in Scodavacca (2 km nach O), ☎ 2018, Ⓟ, ~~Mo~~ abend, ~~Di~~ und Sept.

in Marano Lagunare (✉ 33050, 27 km nach W):
Alla Laguna-Vedova Raddi, Piazza Garibaldi 1, ☎ 67 019, nur Fisch, ~~Mi~~
Stella d'Oro, Piazza Vittorio Emanuele, ☎ 67 018, ~~Di~~ abend im Winter, ~~Mo~~

Die Stadt in der Geschichte – Ab 181 v. Chr. war Aquileia römische Kolonie und ein wichtiger militärischer Stützpunkt, später, unter Augustus, Hauptort der Region „Venetia et Histria". Die Hafenanlagen, das Forum, die Gräber und die Reste frühchristlicher Kunstschätze sind Zeugen seiner Blütezeit bis ins 5. Jh. (Zerstörung durch Attila 452). Im Mittelalter war das Patriarchat von Aquileia das größte geistliche Fürstentum Norditaliens; seinen Höhepunkt erlebte es unter Patriarch Poppone (oder Popone, 1019–1042), auf den auch der Neubau der Basilika zurückgeht.
Stadtbesichtigung im Zeitraffer – Erfordert einige Stunden. Von größtem Interesse sind die *Basilika***, das *Archäologische Museum**, die *Via Sacra** und das *Frühchristliche Museum;* viele antike Baudenkmäler, wie das Amphitheater und die Thermen, sind schwer beschädigt und verschüttet und nicht zu besichtigen.

Basilika** (C2) – Herrlicher romanischer Bau, errichtet 1021–1031 unter dem Patriarchen Poppone als Erweiterung einer bereits bestehenden Kirche aus dem 9. Jh. (die ihrerseits über einer Basilika des 5. Jhs. und einer frühchristlichen Halle des 4. Jhs. errichtet worden war), 1365–1381 durch gotische Umbauten verändert. Die Fassade ist durch einen Portikus mit der *Chiesa dei Pagani* (*Heidenkirche*, 9. Jh.) und den Überresten des *Baptisteriums* (5. Jh.) verbunden. Der isoliert stehende *Glockenturm* mit seiner konisch zulaufenden Spitze (9. Jh.) ist in seiner Form typisch für Friaul und Istrien.

Der INNENRAUM** erhebt sich dreischiffig über Säulen mit Querhaus und erhöhtem Presbyterium; die gotischen Arkaden stammen aus dem 14. Jh., die Schiffskieldecke des Mittelschiffs aus dem Jahre 1526. Der großartige Mosaikfußboden** der Basilika (4. Jh.) ist der schönste und größte des Frühchristentums im Abendland. Am Kopfende des rechten Seitenschiffs die gotische Kapelle S. Ambrogio mit vier großen Sarkophagen von Patriarchen und einem Altar-Polyptychon des Pellegrino di S. Daniele

(1503); rechts neben der Kapelle eine Pietà von einem deutschen Meister aus dem späten 15. Jh. In der rechten Apsiskapelle Chorschranken aus dem 9. Jh., an der Wand wurden Fresken aus der Halle des Bischofs Theodor (4. Jh.) angebracht. Im Presbyterium: im Zentrum des Treppenaufgangs der elegante Renaissancethron* von Bernardino di Bissone, von dem auch, links davon, der Sakramentsaltar mit Ziborium stammt (Anfang 16. Jh.); Hochaltar aus dem Jahre 1498. In der Apsis romanische Fresken (11. Jh.). Rechts vom mittleren Altar sieht man Teile eines Mosaiks aus der zweiten Hälfte des 5. Jhs., das 1970 entdeckt wurde und bis zu den Säulen reicht. Unter dem Presbyterium liegt die KRYPTA mit Fresken aus dem späten 12. Jh. In der Ecke des linken Querschiffs auf einem Säulenstumpf die „Milch-Madonna", eine polychrome Statue aus dem 13. Jh. Am Anfang des linken Seitenschiffs das Heilige Grab, ein romanischer Steinbaldachin aus dem 9. Jh.

Aquileia: Basilika

Neben dem Baldachin ist der Eingang zur **Cripta degli Scavi*** *(Öffnungszeiten: 9–14 Uhr, Feiertage 9–13 Uhr, Mo geschl.; die Eintrittskarte gilt auch für das Museo Archeologico),* wo die Reste der beiden frühchristlichen Basiliken aus dem 4. Jh. und eines römischen Hauses aus dem 1. Jh. v. Chr. zu sehen sind (großartige Fußbodenmosaike* vom Ende des 3. und Anfang des 4. Jhs.).

Friedhof der Gefallenen (B–C2) – Hinter der Basilika liegt der Friedhof mit dem Grab zehn unbekannter Soldaten des Ersten Weltkriegs (Inschriften von d'Annunzio).

Via Sacra* (B2) – Zypressenallee, die entlang der freigelegten Reste des römischen Flußhafens am Fluß Natissa führt; auf dem Weg selbst Kapitelle und andere Bauteile.

Frühchristliches Museum* (*Museo Paleocristiano;* A2) – *Öffnungszeiten: 9–14 Uhr, Feiertage 9–13 Uhr; Mo geschl.* Das Museum liegt im Vorort Monastero, in einem Vorbau, der mit einer großen christlichen Apsisbasilika verbunden ist, die aus dem 4.–5. Jh. stammt und mit schönen Fußbodenmosaiken in zwei Schichten ausgestattet ist (im 1. Stock des Museums zu besichtigen). Die Sammlung enthält verschiedenes Material aus dem frühchristlichen Aquileia: Mosaike mit Betenden und Kirchen aus dem 4.–5. Jh.; Chorschranken mit Schmuckreliefs; Reste von Sarkophagen; frühchristliche Inschrifttafeln, darunter eine mit der Darstellung der Taufe.

Die römischen Häuser und die frühchristlichen Oratorien (C2) – Die Ausgrabungsstelle befindet sich gegenüber des Viale Patriarca Poppone, der zur Basilika führt, und besteht aus einer Gruppe von Wohnhäusern, von denen einige sogar in die Endzeit der römischen Republik datierbar sind, mit Fragmenten von Fußbodenmosaiken, Rohrleitungen und Brunnen sowie zwei kleinen frühchristlichen Oratorien mit Apsiden. Ein ähnlicher Fundort befindet sich im N der Basilika mit Zugang von der Piazza del Capitolo (B2).

Archäologisches Museum* (*Museo Archeologico;* A2) – *Öffnungszeiten: 9–14 Uhr, Feiertage 9–13 Uhr, Mo geschl.* Das Museum ist in einem Gebäude und unter weitläufigen Arkaden untergebracht, mit Eingang auf der Via Roma, und zeigt einen großen Teil der in Aquileia ausgegrabenen Objekte.

Zu den wichtigsten Stücken zählen: die Inschrift mit den Namen des Triumvirats der Gründer, ein Relief mit der Gründungszeremonie; zahlreiche Porträtköpfe, darunter ein Porträt eines alten Mannes aus dem 1. Jh. v. Chr.; Statuen und Porträts vom Beginn der julisch-claudischen Epoche; eine Venus, die der von Medici ähnelt; eine hervorragende Sammlung von Gläsern; unter den Arkaden ein Mosaik mit einer Nereide auf einem Meeresstier; Athletenreliefs.

Die Ausgrabungen auf dem Forum (B1–2) – Sie liegen rechts von der heutigen Via Giulia Augusta, kurz nach dem 17 m hohen Mausoleum eines Unbekannten vom Ende des 1. Jhs. v. Chr., das 1955 rekonstruiert wurde. Man sieht eine Reihe restaurierter Steinsäulen, die vom östlichen Teil des Portikus stammen, der das Forum umgab; daneben Steinschranken, auf denen fahnentragende Putti dargestellt sind; die Forumsbasilika wird gerade ausgegraben.
Kleiner Römischer Friedhof (C1) – *Schlüssel im Haus Nr. 7 in der Via XXIV Maggio.* Der kleine Friedhof liegt einsam inmitten der Felder, besteht aus fünf von Mauern eingefaßten Familiengräbern mit Gedenksteinen, Altären und Sarkophagen und stammt aus dem 1.–4. Jh. n. Chr.

ARABBA 220 Ew, 1602 m (2 C2)

Provinz Belluno. Sommerfrische und Wintersportort im oberen Cordévole-Tal, am Fuß der Sella-Gruppe (Piz Boè), an der Großen Dolomitenstraße.

✉ 32020, ✆ 0436, ℹ AA: nahe dem Hotel Pordoi, ☎ 79 130, Tx 44 08 23

Freizeitangebot: Seilbahn Porto Vescovo, 2560 m; Sessellift M. Burz, 1610–1942 m; Carpazza, 1959–2496 m; Portados, 1636–2123 m; Padon 1, 2107–2370 m. Siehe auch Pordoi-Joch. Schlepplifte in Arabba und am Paß von Campolongo; Skischule.

- **Porta Vescovo,** ☎ 79 139, 56 Zi (mB/mD), P G ❀, Sauna
- **Sport H. Arabba** ◪**,** ☎ 79 158, 28 Zi (mD), P G ❀, TV
- **Evaldo** ◪**,** ☎ 79 109, 26 Zi (mB/mD), P ❀
- **Chalet Olimpia** ◪**,** Richtung Campolongo, ☎ 79 135, 15 Zi (4 mB/3 mD), P ❀
- **Al Forte,** 2 km Richtung Cortina, ☎ 79 150, P, in einem alten Fort, Di

Arabba ist Ausgangspunkt für herrliche Wanderungen und Ausflüge: ins Val Badia über den Passo di Campolongo; aufs Pordoi-Joch, 2239 m; zur Porta Vescovo, 2546 m, mit der Seilbahn; von hier zum Fedaja-See und auf die Marmolata. Schöne Aussicht.
4,3 km nach N der **Campolongo-Paß,** 1875 m, ein breiter Sattel am Fuß der Sella-Gruppe, der das Cordévole- mit dem Abteital (Val Badia) verbindet; Skigebiet.

ARCO 11.796 Ew, 91 m (1 E2)

Provinz Trient. Bekannter Luftkurort in schöner landschaftlicher Umgebung am Fuße eines steilen Felsens mit den Überresten einer mittelalterlichen Festung, an der Mündung des Sarca-Tals in die Ebene von Riva.

✉ 38062, ✆ 0464, ℹ AA: Piazza Vicenza 7 (Autobahnstation), ☎ 51 61 61

Freizeitangebot: Tennis; Hallenschwimmbad; Festsaal; Reitschule.

- **Palace H. Città,** bei der Busstation, ☎ 53 11 00, 85 Zi (mB/mD), P ❀ ≈, Sauna
- **Al Sole,** Piazza S. Anna, ☎ 51 676, 16 Zi (mD), P ❀
- **Marchi,** Via Ferrara, ☎ 51 771, 17 Zi (7 mB/10 mD), P, TV
- **Olivo,** Viale Roma, ☎ 51 626, 15 Zi (10 mB), P ❀ ≈
- **Michelotti,** in der Altstadt, ☎ 56 275, 23 Zi (2 mB), ❀
- **Alla Lega,** Via Vergolano 4, ☎ 51 62 05, Mi

in Drò (✉ 38074; 4,6 km in Richtung Trient):
- **Eden,** an der Straße, ☎ 50 43 75, 28 Zi (mB/mD), P G ❀ ≈

Die teilweise von den Burgmauern umgebene Altstadt unter dem Burgfelsen, die von der gewaltigen Pfarrkirche aus dem 17. Jh. beherrscht wird, besitzt einige schöne Palais. Im neueren Teil der Stadt hübsches Villenviertel (Anfang 20. Jh.).
SPAZIERGANG (20 Min. auf einem steilen Weg zwischen Olivenhainen zu Fuß oder mit dem Auto bis zum Einfahrtstor) zur *Burgruine* (280 m, Privatbesitz), von Zypressen umgeben; schöne Aussicht.

ARQUÀ PETRARCA 1.997 Ew, 80 m (4 F2)

Provinz Padua. Malerisches Dorf in den Euganäischen Hügeln mit mittelalterlichem Ortsbild, in dem der große Dichter Francesco Petrarca aus Arezzo (1304–1374) lebte, starb und auch begraben ist.

✉ 35032, ✆ 0439

- **La Montanella,** in Spinei (1 km oberhalb des Ortes), ☎ 72 829, P ❀ ♆, Mi
- **Miravalle,** ☎ 72 043, Di
- **Miravalle,** Via Fontanella (oberhalb des Ortes), ☎ 72 043, 10 Zi (mD), P ❀ ♆
- **Aganoor,** Via Aganoor (2 km Richtung Cinto E.), ☎ 73 540, P, Mi

Auf dem Hauptplatz das **Grab des Petrarca,** ein großer Sarkophag auf niedrigen Säulen (1380). Dahinter liegt die mittelalterliche Kirche *S. Maria* mit Fresken aus dem 11., 13. und 14. Jh. sowie einem Polyptychon von Iacobello di Bonomo (1375).
Über dem Dorf, auf der anderen Seite der Piazetta S. Marco, liegt in einem Garten das Haus des Petrarca* *(Öffnungszeiten: Sommer 9.30–12.30, 15–19.30 Uhr [19 Uhr an Feiertagen]; Winter 9.30–12.30, 13.30–16.30 Uhr [16 Uhr an Feiertagen]; Eintrittsgebühr; läuten).* Es wurde im 14. Jh. erbaut und im 16. Jh. erweitert. Die Innenausstattung ist zum Teil original, zum Teil im 17. Jh. erneuert; zu sehen sind Erinnerungsstücke an den Dichter, wie der Lehnstuhl, in dem man ihn tot auffand, die Mumie seiner Lieblingskatze, Ausgaben seiner Werke, Autogramme berühmter Besucher.
Nicht weit entfernt davon das *Bethaus der hl. Dreifaltigkeit* (*Oratorio della Trinità,* 12.–13. Jh.), mit einigen Resten der *Loggia dei Vicari.*
AUSFLUG – 6,5 km nach N nach **Valsanzibio** (siehe Battaglia Terme).

ARTA TERME 2.315 Ew, 443 m (6 A1)

Provinz Udine. Thermalkurort im But-Tal, im Karnischen, mit dem Nebenort Piano d'Arta, 564 m, auch als Sommerfrische bekannt.

✉ 33020, ✆ 0433, ℹ AA von Arta, ☎ 92 002

Freizeitangebot: Tennis; Schwimmbad.

- **Alla Fonte,** Avosacco, an der Staatsstraße, ☎ 92 105, 26 Zi (mD)

in Piano d'Arta, 564 m:
- **Poldo,** ☎ 92 056, 32 Zi (17 mB/9 mD), P
- **Belvedere,** ☎ 92 006, 33 Zi (9 mB/24 mD), P G
- **Gardel,** ☎ 92 001, 51 Zi (mD), P
- **Salon,** ☎ 92 003, P, Di (Winter)

KURBETRIEB – Sulfat-Sulfidkalkhaltige Quelle *(Fonte Pudia)* in einem modernen Kurzentrum mit Park am Talgrund zur Behandlung von Arthrose, Nervenentzündungen, Arthritis, Erkrankungen der Atmungsorgane, Verstopfung, Magenleiden, Taubheit. Saison: Mai bis Oktober.
In 1 km Entfernung, auf der anderen Seite des But, liegt **Zuglio,** 425 m, 712 Ew, an der Stätte von Julium Carnium, der Hauptstadt der römischen Provinz Carnium, von der einige Reste erhalten sind: die Zone rund um das Forum mit der Basilika, die Thermen und Spuren anderer Gebäude. Oberhalb des Dorfes liegt die Pfarrkirche *S. Pietro di Carnia,* 750 m, mit gotischer Struktur (14. Jh.) und romanischen Resten; im Innenraum befand sich bis 1981 ein Polyptychon mit Apostelstatuen von Domenico da Tolmezzo (1483).
AUSFLÜGE – 1. Nach **Paluzza,** 8 km nach N, in 602 m Seehöhe, 3302 Ew, Sommerfrische. Die *Pfarrkirche* hat als Chorabschluß die Apsis (15. Jh.) der abgerissenen Kirche S. Maria. – 2. 15 km nach NO liegt **Paularo,** 648 m, 3438 Ew, ebenfalls Sommerfrische, in einer weiten Senke des Incaroio-Tales; im Ort einige alte Häuser in typisch karnischer Bauweise.

ASIAGO 6.867 Ew, 1001 m (4 D1–2)

Provinz Vicenza. Bekannte Sommerfrische und Winterurlaubsort inmitten des gleichnamigen Hochplateaus, bekannt auch unter dem Namen *„Sette Comuni" (Sieben Gemeinden).* Schauplatz harter Kämpfe im Ersten Weltkrieg.

✉ 36012, ✆ 0424, ℹ AA: Piazza Carli 1 (Gemeindeamt), ☎ 62 221

Freizeitangebot: Golfplatz mit 9 Löchern (Sais.), Tennis, Eisbahn, Schießstand, Tontaubenschießen; Reitschule. Touristenflughafen mit Segelflugschule. Gondelbahn Verena, 13 km von Roana, 1565–2005 m. Doppelsessellift in Kaberlaba, 994–1221 m, Maletta di Mezzo in Gallio, 1424–1642 m; Skisprungschanze in Gallio, 1407–1737 m. Skilifte in Kaberlaba, Ekar, Canove, Gallio, M. Corno, Valbella, Ongara, Cesuna, Roana, Verena, Cina Laria. Eisstadion (künstlich); Skischule und Sprungschanze.

- **Linta Park,** Ausfahrt Richtung Bassano, ☎ 62 753, 103 Zi (mB/mD), G, TV
- **Paradiso,** Via Monte Valbella 33, ☎ 62 660, 42 Zi (30 mB/9 mD)
- **Bellevue,** Kaberlaba, ☎ 63 367, 22 Zi (mB/mD), P G
- **Croce Bianca,** Via IV. Novembre 30, ☎ 62 642, 45 Zi (31 mB), P
- **Mirapini,** Ausfahrt Richtung Trient, ☎ 62 128, 35 Zi (29 mD), P G
- **Europa,** Via IV. Novembre 65, ☎62 659, 27 Zi (25 mB)
- **Miramonti,** Kaberlaba, ☎ 62 526, 29 Zi (mB/mD), P
- **Erica,** Via Garibaldi 27, ☎ 62 113, 26 Zi (mB/mD), G
- **Alpino,** Via IV. Novembre, ☎ 62 076, 20 Zi (2 mB/14 mD)
- **Milano,** Via Brigata Ligura 3, ☎ 62 670, 21 Zi (4 mB/6 mD), P

Gallio (✉ 36032; 4 km nach NO):
- **Europa,** Piazza Italia 24, ☎ 62 423, 27 Zi (21 mD)
- **Gallio,** Via IV. Novembre 10, ☎ 62 455, 25 Zi (1 mB/18 mD), P G
- **Baita dei Macucchi,** an der Straße nach Asiago, ☎ 62 014, P, Do

in der Gemeinde Roana (✉ 36010):
- **Jok,** in Cesuna (7 km SW), ☎ 67 015, 19 Zi (mB/mD), P G, Sauna
- **Paradiso,** in Canove, an der Staatsstraße, ☎ 69 20 37, 21 Zi (mB/mD), P
- **All'Amicizia,** in Roana, ☎ 66 014, 11 Zi (5 mD), G

Auf einem Hügel im O der Ansiedlung liegt der **Soldatenfriedhof** (1936; *Öffnungszeiten: 9–12, 14–19 bzw. 17 Uhr im Winter*); hier ruhen 33.086 italienische und 18.505 österreichisch-ungarische Gefallene des Ersten Weltkrieges. In den Anbauten neben dem Eingang zur Krypta Erinnerungsstücke aus der Schlacht von Asiago.
In der Nähe befindet sich die **Sternwarte** *(Osservatorio Astrofisico)* der Universität Padua *(Besuch im Sommer einmal in der Woche, meist mittwochs möglich; Auskunft beim Fremdenverkehrsverein).*

Das leicht hügelige Hochplateau mit seinen grünen Wiesen und Nadelwäldern ist seit prähistorischer Zeit besiedelt; hier hielt sich bis ins 20. Jh. eine deutsche Sprachinsel, die einen „kimbrischen" Dialekt sprach. Hier liegen einige Ferienorte mit Wintersportanlagen: **Gallio,** 1090 m, 4 km im NO von Asiago; **Roana,** 1001 m, zu dem auch die Ortschaften **Canove, Camporóvere,** 1057 m, **Cesuna,** 1052 m, und **Treschè-Conca,** 1079 m, gehören; **Foza,** 1083 m, 9,5 km von Asiago; **Enego,** 750 m, im äußersten NO der Hochebene; **Lusiana,** 752 m, am südlichsten Ende, und **Conco,** 830 m.
In Canove ist im ehemaligen Bahnhof das *Kriegsmuseum (Museo della Guerra 1915–1918)* untergebracht *(Öffnungszeiten: Juni–September 9–12, 15–17.30 Uhr)*; zu sehen sind Waffen und Erinnerungsstücke aus dem Ersten Weltkrieg.

ASOLO 6.359 Ew, 190 m (5 D1)

Provinz Treviso. Hübsches altes Städtchen in herrlicher Lage in den asolanischen Hügeln. Hier residierte am Ende des 15. Jh. Caterina Cornaro, Königin von Zypern, die an ihrem Hof viele Gelehrte versammelte; auch heutzutage beherbergt der Ort oft Künstler und Wissenschafter.

✉ 31011, ✆ 0423, ℹ *Verkehrsverein:* Via Regina Cornaro 209, ☎ 55 045

Freizeitangebot: Tennis; Tontaubenschießen.

- **Villa Cipriani,** Via Canova 298, ☎ 52 166, 32 Zi (mB/mD), P G. Haus aus dem 16. Jh.
- **Duse,** Via Browning 190, ☎ 55 242, 13 Zi (mB/mD), TV, AIR
- **Villa Bellavista,** Via Collalto 5, ☎ 52 088, 13 Zi (7 mB/mD), P
- **Due Mori,** Piazza Duse 29, ☎ 52 256, P, Terrasse, Mi
- **Casella – Da Mario,** in Casella (1,8 km), ☎ 52 270, P, Fr

Dom aus dem 18. Jh., mit einem schönen Portikus zum Platz hin; Gemälde von Lotto (Madonna und Heilige, 1506), L. Bassano (Mariä Himmelfahrt) und L. Bastiani (S. Girolamo).
In der **Loggia del Capitano,** dem alten Sitz der Stadtgemeinde von Asolo aus dem 15. Jh., mit einem Portikus und Fresken an der Fassadenfront (1560), ist das **Städtische Museum** *(Museo Civico)* untergebracht *(Öffnungszeiten: wochentags 9.30–12, 16–19 Uhr; Feiertage 8–12, 15–19 Uhr; Mo geschl.; Eintrittsgebühr)* mit paläontologischen und archäologischen Funden, Erinnerungsstücken an Caterina Cornaro, Gabriele D'Annunzio und Eleonora Duse (ihr Haus ist in der Via Canova, ihr Grab auf dem Stadtfriedhof), sowie Gemälden (B. Strozzi, Pordenone, Canaletto, L. Giordano) und Skulpturen (Canova).
Die Via Regina Cornaro (am oberen Ende links ein mächtiger mittelalterlicher Turm, der zur *Burg* der Caterina Cornaro gehört) und die Via Dante führen an schönen Palästen vorbei hinauf zur romanischen *Porta del Colmarion,* von wo aus man die **Rocca** erreicht. Die Festung mit polygonalem Grundriß und hohen, massiven Mauern stammt aus vorrömischer Zeit und war später in Händen des Kaisers dann der Herren von Carrara; schöne Aussicht.
In der Via Foresto Nuovo die Kirche *S. Gottardo* (14. Jh.) mit interessanten Fresken; Kirche *S. Caterina* in der gleichnamigen Gasse mit Fresken aus dem 15. Jh.
Traditionelle Handwerkskunst findet sich in der *Tessoria,* wo man auf Webstühlen kostbare Stoffe herstellt, und in der *Scuola del ricamo antico,* neben dem Restaurant „Antico Mulino". In Oné die Fonte, 5 km in Richtung Bassano gelegen, gibt es ein *Museo degli Antichi Mestieri* (Museum des alten Handwerks; *zu besichtigen: 10–12, 16–18 Uhr, Mo, Di geschl.)*

2,5 km nach SW bei Casella liegt die **Villa Rinaldi-Barbini** aus dem 17. Jh. mit einem erhöhten Mittelrisalit, der von einem Giebel mit Tympanon bekrönt ist, und freskierten seitlichen Laubengängen. Reich ausgestattete Innenräume. *Privatbesitz; keine Besichtigung.*

AUER (Ora) 2.521 Ew, 242 m (1 C3)

Provinz Bozen. Landwirtschaftliches Zentrum und wichtiger Straßenkreuzungspunkt im Etschtal am Beginn der Dolomitenstraße.

✉ 39040, ✆ 0471, ℹ *Verkehrsverein:* ☎ 80 231

Kirche St. Peter, spätgotisch, mit schönem Kirchturm mit Biforen- und Triforenfenstern.
4,5 km nach S liegt in der Ortschaft Vill, Gemeinde Neumarkt, die gotische *Kirche St. Marein* mit polygonal geschlossener Apsis (1412) und Fresken aus dem 15.–16. Jh.

AURONZO DI CADORE 3.923 Ew, 864 m (2 C3)

Provinz Belluno. Einer der größten Orte des Cadore, in einem weiten Becken des Ansiei-Tales vor der Kulisse der Dolomitengipfel (Cadini di Misurina, Cime di Lavaredo, Croda dei Toni, Aiárnola) in der Nähe eines großen Stausees gelegen; stark besuchter Sommerfrische- und Wintersportort (siehe auach Misurina).

✉ 32040 und 32041, ✆ 0435, ℹ AA: Via Roma, ☎ 93 59

Freizeitangebot: Tennis; Boccia-Anlage; Strandbad; Reitschule in S. Marco; Seilbahn von S. Rocco (860 m) auf den Monte Agudo (1585 m); Sessellift von Taiarezze (879 m) nach Fedo (1120 m); Schlepplifte; Kunsteisbahn; Skischule.

Auronzo, an der Straßenüberführung, ☎ 92 15, 51 Zi (30 mB/9 mD), P
Al Lago, Via Piave 14, ☎ 93 14, 28 Zi (2 mB/18 mD),
Excelsior, an der Straßenüberführung, ☎ 93 44, 36 Zi (mB/mD),
Juventus, am See, ☎ 92 21, 49 Zi (7 mB/8 mD), Badestrand
Centrale, an der Straßenüberführung, ☎ 92 11, 27 Zi (mB/mD)
La Montanina, Via Monti 3, ☎ 94 22, 16 Zi (mB/mD), P
Panoramic, Abfahrt zum See, ☎ 93 98, 17 Zi (7 mB/4 mD), P
Vienna, Via Verona 2, ☎ 93 94, 14 Zi (9 mD)
Elina, Zovo, ☎ 94 73, 25 Zi (5 mB/11 mD)
De Cavalier, an der Abzweigung nach Cima Gogna (5,5 km nach S), ☎ 98 34, P, Mi

Der *Auronzo-* oder *S. Caterina-See,* 827 m, hat ein Stauvolumen von 7 Millionen m³ und ist Austragungsort von Motorbootrennen (Außenbord-Weltmeisterschaften) und Paddelwettbewerben.
In Villagrande ist die Pfarrkirche S. Giustina aus dem 18. Jh. (Marmoraltäre) mit dem freistehenden Glockenturm aus dem 15. Jh. von einigem Interesse.
AUSFLUG – 22 km zum **Misurina-See*** (s. d.).

AVIANO 8.532 Ew, 159 m (5 C3)

Provinz Pordenone. Ballungszentrum am Fuß des Monte Cavallo, an den Ausläufern der Ebene von Pordenone.

✉ 33081, ✆ 0434

Freizeitangebot: Tennis; geheiztes Schwimmbad; Sauna; Sessellift: in Piancavallo: Tremol 1 (1267–1605 m); Tremol 2 (1606–1802 m); Skilifte; Eislaufen; Skischule in Piancavallo.

Royal, in Giais (4 km nach N), ☎ 65 60 01, 20 Zi (mB/mD), P G, TV
Alla Stella, in Costa (2 km nach N), ☎ 65 10 98, P, Di
Park Hotel Montecavallo, in Piancavallo (17 km nach NW), ☎ 65 52 51, 87 Zi (mD), P
Regina, in Piancavallo, ☎ 65 51 66, 20 Zi (mD), P

in Polcenigo (✉ 33070, 8 km nach SW):
Al Gorgazzo – Da Genio, ☎ 74 008, an den Quellen des Livenza, Di
Cial de Brent, Via Pordenone 1 (Richtung S. Giovanni), ☎ 74 777, Mo und Januar

in Montereale Valcellina (✉ 33086, 13 km nach NO):
Motel Spia, in Plans (3 km nach SW), ☎ 79 128, 9 Zi (mD), P
Da Orsini, in Grizzo (1 km nach SW), ☎ 79 042, P, Mo und Juli
Da Gino, in Malnisio (5 km nach SW), ☎ 65 60 60, Mi und Sept.

Pfarrkirche (16. Jh.) mit Gemälden aus dem 16. und 17. Jh. und einem Taufbecken von Pilacorte.
Im Vorort **Castello d'Aviano** die kleine Kirche *S. Giuliana* (13.–16. Jh.; *wenn geschl., Auskunft in der Pfarrkirche)* mit einem Freskenzyklus aus dem 13. Jh. und später.
In dem kleinen Bethaus des *S. Gregorio* aus dem 13. Jh. Fresken von Gian Francesco da Tolmezzo und von Amalteo.
AUSFLUG auf das Hochplateau von **Piancavallo** in 1260 m Seehöhe, im Sommer Ausflugsziel, im Winter Skisportzentrum; 17 km auf einer Höhenstraße mit schöner Aussicht.

BADIA POLÉSINE 10.183 Ew, 11 m (9 A1–2)

Provinz Rovigo. Landwirtschaftliches Ballungszentrum und Marktflecken im Polésine, am rechten Ufer der Etsch.

✉ 45021, ✆ 0425

Alla Fontana, nahe dem Kloster, ☎ 51 421, Sa + Juli
Alpino, Ausfahrt nach Rovigo, Via Ca' Mignola Nuova 10, ☎ 51 830, Di

in Lendinara (9 km Richtung Rovigo):
Da Vasco alla Stazione, Viale Stazione 4, ☎ 61 700, So

Malerische Ruinen des **Klosters von Vangadizza,** gegründet im 10. Jh., im 15. Jh. erweitert *(Eintritt frei; Auskunft beim Küster);* auf dem Vorplatz zwei mittelalterliche Sarkophage; Glockenturm mit kegelförmigem Helm, steht seit dem 12. Jh. schief; Marienkapelle (1490) mit marmornem Eingangsbogen. Kreuzgang.
Palazzo degli Estensi aus dem 15. Jh. in venezianischer Gotik.
Auf der Piazza Vittorio Emanuele das *Museo Civico Baruffaldi (Besichtigung: Auskunft in der Stadtbibliothek)* mit Keramiken aus dem 14. und 15. Jh., historischen landwirtschaftlichen Geräten und Erinnerungsstücken aus dem Ersten Weltkrieg.

BAGNO DI ROMAGNA 6.333 Ew, 491 m (9 F3)

Provinz Forlì. Thermalbad und Sommerfrische im Apennin in der Romagna, an der Straße auf den Mandrioli-Paß in einer Senke des oberen Savia-Tals gelegen.

✉ 47021, ✆ 0543, i AA (Saison): Piazzetta S. Maria 1, ☎ 91 10 46 (Winter: 91 10 26).

Freizeitangebot: Schwimmbad; Tennis; Reitschule.

Terme Roseo, Via della Fonti 1, ☎ 91 10 16, 48 Zi (mB/mD), P, Kurbetrieb
Balneum, Via Lungo Savio, ☎ 91 10 85, 34 Zi (mD), P, TV
Tosco-Romagnolo, Piazza Dante, ☎ 91 10 14, 36 Zi, (7 mB/18 mD), P G
Al Tiglio, Via Lungo Savio, ☎ 91 10 32, 16 Zi (mB/mD), P G
Del Ponte, in S. Piero in Bagno, ☎ 91 71 20, Di

KURBETRIEB – *Terme Giardino* und *Terme S. Agnese* mit sehr warmem bikarbonat-alkalischem, schwefeligem, halbmineralischem Wasser, das in Form von Schlammpackungen, Bädern und Inhalationen gegen arthro-rheumatische Beschwerden und Krankheiten der Atmungswege angewendet wird. In der modernst eingerichteten Kuranstalt *Euroterme* (Hotelbetrieb) werden auch Frauenleiden, Venenentzündungen und Krampfadern behandelt; Aerosol- und Physiotherapie. Saison: März–Nov.
S. Maria Assunta (15. Jh.), eine einschiffige Basilika mit Gemälden der toskanischen Schule, darunter im Chor ein Triptychon von Neri di Bicci (Die hl. Jungfrau mit Heiligen, 1468) und in der 1. Kapelle links eine Madonna mit Kind aus der Schule des Andrea del Sarto.
Palazzo Pretorio (16. Jh.) mit zahlreichen Wappen der regierenden Räte der Stadtrepublik von Florenz.

BARDI 2.831 Ew, 625 m (7 C3)

Provinz Parma. Sommerfrische im Apennin, in Höhenlagen über dem Ceno-Tal, von einer mächtigen Burg überragt.

✉ 43032, ✆ 0525

Freizeitangebot: Tennis; Scheibenschießen. Schlepplift auf dem Passo del Pelizzone.

- **Pavone,** ☎ 72 271, 34 Zi (3 mB/12 mD), P
- **Carpanella,** an der Straße nach Bedonia (2 km), ☎ 71 107, P, Di

In der *Pfarrkirche* befindet sich das früheste bekannte Werk Parmigianinos, Die mystische Hochzeit der hl. Katharina.
In der dekorativ auf einem Felsen sich erhebenden *Burg* aus dem 13.–14. Jh. sind holzgeschnitzte Decken (15.–16. Jh.) und Grisaillefriese (Mitte 16. Jh.) zu besichtigen *(Auskunft beim Kustos)*.
8,5 km nach N liegt der *Passo del Pelizzone,* 1029 m, ein Skigebiet (Skilifte); ein Stück weiter, 16,5 km von Bardi, der Sommerfrischeort *Bore* in 832 m Seehöhe.

BARDOLINO 5.835 Ew, 68 m (3 E2)

Provinz Verona. Luftkurort und Markt am Ostufer des Gardasees, berühmt wegen seiner klaren, leichten Weine.

✉ 37011, ✆ 045, i AA: Piazza Matteotti 39, ☎ 62 30 78

Freizeitangebot: Sportclub; Schwimmbad; Reiten; Tennis; Wasserski; Segeln; Schießstand und Tontaubenschießen. Yachthafen; Passagierschiffahrt.

- **Nettuno,** Via D. Alighieri, ☎ 72 10 323, Tx 480444, 67 Zi (mB), P
- **Du Lac,** Via S. Cristina, der Straße, ☎ 72 10 025, Tx 480444, 94 Zi (mB), P, Badestrand
- **Sportsman,** im Ortsteil Serenella, ☎ 72 11 344, Tx 480444, 66 Zi (mB), P G, Badestrand
- **Kriss,** Lungolago Cipriani, ☎ 72 10 242, 32 Zi (mB), P, Badestrand
- **Quatro Stagioni,** Borgo Garibaldi 23/25, ☎ 72 10 036, 36 Zi (34 mB), P
- **Vela d'Oro,** in Cisano, ☎ 72 10 067, 50 Zi (mB), P
- **S. Pietro,** Via Madonnina 15, ☎ 72 10 139, 44 Zi (mB), P
- **Villa Letizia,** Lungolago Cipriani, ☎ 72 10 012, 50 Zi (mB),
- **S. Marco,** in Cisano, Via Peschiera, ☎ 62 35 38, 21 Zi (mD), P G
- **Cristina,** Via S. Cristina, ☎ 62 33 39, 48 Zi (mB/mD), P
- **Aurora,** Piazza S. Severo, ☎ 72 10 038, Mo + Nov.
- **Bardolino,** Piazza Matteotti 14, ☎ 72 10 043, Di + Jan./Feb.

Die romanische Kirche *S. Severo* (12. Jh.) hat einen beachtenswerten Glockenturm, der die Chorpartie überragt, und im Inneren Fresken aus dem 12. und 13. Jh.
Etwas entfernt von der Gardesana liegt inmitten einer malerischen Siedlung das Kirchlein *S. Zeno,* dessen Bausubstanz aus dem 9. Jh. stammt.
In **Cisano,** 2,5 km nach S die Pfarrkirche *S. Maria* mit romanischen Bauteilen (Fassade mit Vorhalle, Apsis und Glockenturm) aus dem 11.–12. Jh.

BASELGA DI PINÈ 3.994 Ew, 965 m (1 D3)

Provinz Trient. Sommerfrische und Wintersportort im Pinè-Tal, auf einem Hochplateau in der Nähe des Serraia-Sees und des Piazze-Stausees.

✉ 38042, ✆ 0461, i AA: Via C. Battisti 9 in Serraia, ☎ 55 70 28

Freizeitangebot: Badestrand, Tennis, am See von Serraio. Tontaubenschießen; Reiten in Prestella. Skilifte in Bedollo (6 km); Eislaufplatz.

- **Lagorai,** in Miola, ☎ 55 70 44, 54 Zi (mB/mD), P
- **Nazionale,** in Miola, ☎ 55 70 19, 44 Zi (mD), P G
- **Al Mas,** in Miola, ☎ 55 75 40, P, Vorbestellung, Di

an der Straße nach Montagnaga:

- **Scoiattolo,** in Bedolè (3 km), ☎ 55 77 39, 25 Zi (2 mB/23 mD), P
- **Villa due Pini,** in Vigo (1,5 km), ☎ 55 70 30, 20 Zi (mB/mD), P
- **Due Camini,** in Miola (1 km), ☎ 55 72 00, P, Mo

5 km von *Montagnaga* liegt in 882 m Seehöhe die Wallfahrtskirche (*Santuario della Madonna,* 13.–19. Jh.); im Inneren zahlreiche Votivgaben; schöne Aussicht von dem dahinter gelegenen Hügel.

BASSANO DEL GRAPPA★ 38.619 Ew, 122 m (4 D2)

Provinz Vicenza. Hübsches, lebendiges Städtchen an der Brenta, am Fuße des Monte Grappa, mit malerischen alten Laubengängen und schönen Häusern. Kunst- und Wirtschaftszentrum, 1402–1797 unter venezianischer Herrschaft.

✉ 36061, ✆ 0424, B1, B2. ℹ AA: Viale delle Fosse 9, ☎ 24 351. TCI: Agenzia ABA, Via Verci 24.

Freizeitangebot: Hallenbad und Freibad; Tennis.

- **Belvedere,** Piazza Gen. Giardino 14, ☎ 29 845, 55 Zi (mB), TV, AIR, Radio ..... (A2, **a**)
- **Stella d'Oro,** Via Vittorelli 61, ☎ 22 025, 16 Zi (2 mB/6 mD) .... (A2, **c**)
- **Nuovo Mondo,** Via Vittorelli 45, ☎ 22 010, 30 Zi (4 mB/8 mD) .... (A2, **b**)
- **Belvedere,** Viale delle Fosse 1, ☎ 26 602, AIR, ~~So~~ .... (A2, **a**)
- **Al Sole,** Via Vittorelli 42, ☎ 23 306, Spezialitätenlokal, ~~Mo~~ .... (A2, **b**)
- **Al Ponte – Da Renzo,** Via Volpato 60, ☎ 26 703, Ⓟ, Fischspezialitäten, ~~Di~~ ..... (A1, **r**)
- **Onorio,** Viale Venezia 98, ☎ 29 695, toskanische Küche, ~~Mo~~ .... (A2, a. P.)
- **Al Amicizia,** Via Museo 60, ☎ 22 513, französische Gerichte, ~~Mo~~ .... (A–B2, **s**)
- **Continental,** Viale Venezia 91, ☎ 32 462, Ⓟ, bolognesische Küche, ~~Mo~~ .... (A2, a. P.)

in der Umgebung:

- **Al Camin,** in Cassola, 2 km an der Straße nach Padua, ☎ 25 164, 48 Zi (45 mB/mD), Ⓟ, TV, AIR, Radio
- **Primavera,** Via L. da Vinci 64 (Cassola), ☎ 26 096, 22 Zi (mD), Ⓟ .... (A2, a. P.)
- **Ca'Sette,** an der Staatsstraße N. 47, an der Abzweigung nach Grappa, in einer Villa aus dem 18. Jh., ~~So~~ abend + ~~Mo~~
- **Alla Torre,** in S. Zenone degli Ezzelini (Provinz Vicenza), 8 km nach O, auf einem Hügel, ☎ 57 086, ~~Di~~ + ~~Mi~~ mittags
- **Volpera,** in Volpera di Mussolente, 5 km nach O, auf einem Hügel, ☎ 87 019, ~~Mi~~

an der Straße nach Grappa:

- **Miravalle,** in Campo Solagna (nach 16 km), ☎ 80 240, 28 Zi (6 mD), Ⓟ, TV
- **Da Giuliano,** in Romano d'Ezzelino (nach 6 km), ☎ 28 026, ~~Mo~~, ~~So~~ abend + Aug.
- **Casa „Armata del Grappa"**, in Cima Grappa (nach 32 km), ☎ 53 101, Ⓟ
- **Rifugio Scarpon**, 4,5 km von Cima Grappa Richtung Seren, ☎ 80 287, Ⓟ

Das Stadtbild von Bassano ist geprägt durch die alten Laubengänge, durch die Gebäude in Renaissance- und Barockstil, durch seine gewundenen Gassen und einige Häuser mit Fassadenmalereien. In der Gegend um Bassano wird Spargel angebaut; die wichtigsten Wirtschaftszweige sind Feinmechanik, Goldschmiedekunst, eine seit dem 17. Jh. berühmte Keramikproduktion sowie die Herstellung von Stilmöbeln und Schmiedeeisenarbeiten; bekannte Grappa-Brennereien. Im Frühling Spargelfeste; Verkaufsausstellungen von Kunsthandwerk und Keramik (im Sommer im Palazzo Bonaguro).
Stadtbesichtigung im Zeitraffer – Sie erfordert wenige Stunden und kann sich auf einen Besuch des Städtischen Museums★ und der überdachten Brücke★ beschränken.

Piazza Garibaldi – Überragt von dem quadratischen *Turm des Ezzelino* (13. Jh.), einem Rest der mittelalterlichen Burg, und flankiert von der gotischen Kirche **S. Francesco** (A2) aus dem späten 13. Jh.

Hauptportal mit Vorhalle aus dem Jahre 1306 (rechts: Verkündigung im Sinne der valentinischen Häresie, vielleicht von Guariento oder Battista da Vicenza), schlanker Glockenturm; im Inneren Freskenreste aus dem 15. Jh., in der Kapelle links ein Barockaltar, in der Chorkapelle bemaltes Holzkruzifix (14. Jh.), ein Spätwerk des Guariento. auf der nebenan gelegenen Piazza della Libertà befindet sich der *Palazzo del Municipio* (Rathaus) aus dem 16. Jh. mit seiner ebenerdigen Loggia aus dem 15. Jh.

Städtisches Museum★ *(Museo Civico)* (A2) – Eingang auf der Piazza Garibaldi, rechts neben der Vorhalle von S. Francesco. *Öffnungszeiten: 10–12.30, 14.30–18.30 Uhr; So 10–12.30 Uhr.*

Das Museum ist im alten Franziskanerkloster untergebracht (Kreuzgang aus dem 17. Jh. mit einem Lapidarium; Kapitelsaal mit Fresken, die dem Battista da Vicenza, 15. Jh., zugeschrieben werden).
Im 1. Stock die PINAKOTHEK mit Gemälden von Jacopo (Flucht nach Ägypten★; Der hl. Valentin tauft die hl. Lucilla★★; hl. Martin★), Francesco und Leandro Bassano (16. Jh.) und von anderen Malern der venezianischen Schule (M. Giambono, Guariento, Vivarini); zahlreiche Werke aus dem 17. und 18. Jh.: F. Maffei, M. Ricci, G. B. Tiepolo; P. Longhi; A. Magnasco (Begräbnis eines Mönchs★ im Refektorium). In den anderen Sälen: Skulpturen (Gipsabdrücke und Skizzen von Canova und dem Bassaner Künstler O. Marinali, 17./18. Jh.); Zeichnungen; die interessante *Sammlung Remondini (Besichtigung auf Anfrage;*

Bassano: Überdachte Brücke (Ponte Coperto)

volkstümliche Kupferstiche aus der Bassaner Druckerei Remondini, 17.–19. Jh.), frühgeschichtliches Material aus der Angarano-Kultur (11. Jh. v. Chr.), archäologische Funde aus Großgriechenland (Sammlung Chini) und aus römischer Zeit; Münzen aus griechischer und neoklassischer Zeit und lokale Keramikproduktion (18.–19. Jh.); Kostüme und Erinnerungsstücke des berühmten Baritons Tito Gobbi († 1982).

Piazza Monte Vecchio – Belebter Platz volkstümlichen Charakters, mit dem schönen *Palazzo del Monte di Pietà* (15. Jh.) mit Wappen und Inschriften auf der Fassade, sowie der *Casa Michieli-Bonato,* einem Haus mit Fassadenfresken von J. Bassano und G. Nasocchio (16. Jh.).

Die überdachte Brücke* (A1) – Malerische Brücke über die Brenta, mehrmals im Lauf der Jahrhunderte rekonstruiert (das letzte Mal 1948). Schöne Aussicht.
Am Ende der Brücke, von der „Taverna al Ponte" aus, ist der Zugang zum *Museo del Ponte degli Alpini* (*geöffnet 7–20 oder 8–20 Uhr;* Spende), in dem historische Erinnerungen und Bilddokumente zu sehen sind.

Auf der anderen Seite der Brücke, linker Hand auf der Via Angarano, befindet sich der schlichte und elegante **Palazzo Bonaguro** (A1) aus dem frühen 17. Jh., wo im Sommer Keramiken und Kunsthandwerk (Möbel und Schmiedeeisenarbeiten) ausgestellt werden.
Palazzo Sturm (A1) – Schönes Patrizierhaus aus dem 18. Jh. am Ufer der Brenta, mit guter Aussicht auf die überdachte Brücke; im Sommer regelmäßig Kunstausstellungen.
Dom (A1) – Errichtet im 15. Jh. innerhalb des Mauerringes der Oberen oder Ezzelinen-Burg, mehrmals umgebaut; der mächtige Glockenturm war ursprünglich ein Teil der Burg; im Inneren mehrere Gemälde der Malerfamilie der Bassano.
Viale dei Martiri (A2) – Läuft an der Stelle der ehemaligen Befestigungsanlagen entlang und bietet einen schönen Blick über den Talausgang, den Brentakanal, die Hochebene von Asiago und den Monte Grappa.
Votivkirche (A2) – Riesiges modernes Gebäude in neugotischem Stil, in dem 600 Gefallene aus dem Ersten Weltkrieg ruhen.

SPAZIERGÄNGE – 1. Zur **Ca'Rezzonico,** 15 Min. nach SO, ein Jugendwerk Longhenas (17. Jh.); im Ehrensaal Gemälde von Canova, D. Pellegrini und G. Busato. – 2. 30 Min. nach NW über den Viale Scalabrini zur **Villa Bianchi-Michiel,** ein Werk der Longhena-Schule aus dem frühen 17. Jh., mit einem großen, mit Statuen geschmückten Platz und einem Park. – 3. **Grotten von Oliero,** 10 km in Richtung Valstagna, dem Westufer der Brenta entlang. Besichtigung *(vom 15. Juni bis 15. September täglich 9–19 Uhr; von November bis März an Feiertagen und Tagen davor)* der **Parolini-Grotte;** Bootsfahrt auf einem von einer Karstquelle gespeisten unterirdischen See.

AUSFLÜGE – 1. **Monte Grappa,** 31,5 km. Das isoliert liegende Bergmassiv (1775 m) der Venetischen Voralpen zwischen den Tälern der Brenta und des Cismon war 1917/1918 während der großen Offensive der Mittelmächte der Kernpunkt der italienischen Verteidigungslinie; Nationalheiligtum. Zufahrt von Bassano auf der Straße Nr. 141 („Strada Cadorna"). 4,2 km: Ab *Romano Alto* Anstieg in Serpentinen (schöne Ausblicke). 17,5 km: *Campo di Solagna* (1020 m). 30,7 km: *Piazzale Milano.* Oberhalb davon der **italienische** (1935) und der **österreichische Heldenfriedhof** mit insgesamt 23.700 Gefallenen, die Kapelle *„Madonnina del Grappa"*, die *Via Eroica* (Heldenweg) und ein *Museum.* – 2. **Mussolente,** 5,5 km in Richtung Montebelluna. Auf einem Hügel die schöne Anlage der **Villa Negri-Piovene** von a. Gaidon (1763). *Besichtigung: Mo 16–18 Uhr (Sommer), 15–17 Uhr (Winter); an anderen Tagen mit Voranmeldung,* ☎ *87 298.*

BATTAGLIA TERME 4.296 Ew, 11 m (4 F2)

Provinz Padua. Thermalbad (mit dem nahe gelegenen *Galzignano*) und Industrieort (Präzisionsapparate) am gleichnamigen Kanal und am Fuße der Euganäischen Hügel.

✉ 35041, ✆ 049, ℹ AA: Traversa Terme 23a, ☎ 52 52 69

Freizeitangebot: Golf (18 Löcher) in Valsanzibio (4 km nach O); Tennis; Reitschule; Tontaubenschießen in Galzignano.

Terme Euganee, Viale S. Elena 20, ☎ 52 50 55, 38 Zi (23 mB/mD), Sauna
in der Thermalzone von Galzignano (✉ 35030), 2 km von Battaglia Terme (alle aufgezählten Hotels haben Garten und Thermalbäder):
Sporting, Viale delle Terme 80, ☎ 52 55 00, Tx 410606, 108 Zi (mB/mD), Sauna
Splendid, ☎ 52 53 33, Tx 410415, 108 Zi (mB/mD), Sauna
Majestic, Viale delle Terme, ☎ 52 54 44, Tx 430223, 125 Zi (mB/mD), Sauna
Green Park, Viale delle Terme 78, ☎ 52 55 11, Tx 430238, 92 Zi (mB/mD), Sauna
Elite, in Galzignano, 5 km nach NW, Via Porto, ☎ 52 80 51, 41 Zi (mB/mD)

KURBETRIEB – Radioaktive heiße (87°C) Quellen mit Salz-Sulfat-Alkali-Gehalt; Anwendungen vor allem in Schlammpackungen und Bädern gegen rheumatische und arthritische Erkrankungen. Saison: Ganzjährig geöffnet.

Hoch auf dem Hügel S. Elena hinter dem Ort thront die im 16./17. Jh. im Stil Palladios erbaute **Villa Emo-Capodilista** über einer terrassenförmigen Anlage.
Am äußersten Ende des Ortes, an der Straße nach Padua, liegt in einem riesigen Park die **Villa Cataio***, ein vierteiliger, malerischer Gebäudekomplex, errichtet 1572, im 17. Jh. mit barocken Elementen verschönert.
AUSFLÜGE – 1. Nach **Carrara S. Giorgio,** 4008 Ew, 3 km nach O, auf der anderen Seite der Autobahn. In der Burg **(Castello di S. Pelagio)** ist ein Luftfahrtsmuseum untergebracht *(Museo dell'Aria; Öffnungszeiten: 8–17 Uhr),* mit einer Dokumentation über das Luftfahrtswesen, von den Versuchen der Antike bis zu den modernen Raketen und Weltraumstationen. Daneben liegt **Carrara S. Stefano,** 1845 Ew, der Stammort der Familie Carrara. In der Kirche *S. Stefano* aus dem 10.–11. Jh. mit Glockenturm aus dem 13. Jh. Reste des Mosaikfußbodens aus dem 11. Jh. und der Marmorsarkophag des Marsilio da Carrara aus dem 14. Jh. – 2. Nach **Valsanzibio,** 4,5 km nach W; *Villa Barbarigo* (2. Hälfte 17. Jh.) inmitten eines herrlichen Parks* *(Besichtigung: Mitte März–Okt., 9–12, 15–19 Uhr; Eintrittsgebühr),* mit Wasserspielen und Statuen.

BELLAMONTE siehe Predazzo

BELLARIA – IGEA MARINA 12.443 Ew, 2 m (10 D-E1)

Provinz Forlì. Beliebter Badeort an der mittleren Adria-Küste und Fischerdorf mit einem Hafen im Mündungskanal des Flusses Uso, der die beiden Strände voneinander trennt.

✉ 47041 Bellaria, ✉ 47044 Igea Marina, ✆ 0541, ℹ Bellaria: Via Leonardo da Vinci *(Palazzo del Turismo),* ☎ 44 574; ℹ Igea Marina (Saison): Viale Pinzon, ☎ 63 00 52

Freizeitangebot: Tennis; Reitschule; Yachthafen.

Alle Betriebe mit Strandservice

in Bellaria:
- **Locanda delle Dune**, Viale Villa Valducci 223, ☎ 44 296, 38 Zi (mD), Golf, Minigolf, am Meer
- **Gambrinus**, Viale Panzini 101, ☎ 49 421, 63 Zi (mD)
- **Elizabeth**, Via Rovereto 13, ☎ 44 119, 49 Zi (45 mD), am Meer
- **Miramare**, Via C. Colombo 37, ☎ 44 131, 54 Zi (mD), an der Strandpromenade
- **Gioiella**, Via Po 21, ☎ 47 422, Tx 550531, 48 Zi (mD)
- **Ermitage**, Via Ala 11, ☎ 47 633, 50 Zi (mD), am Meer
- **Fabius**, Via L. da Vinci 7, ☎ 44 590, 43 Zi (40 mD)
- **Orizzonte**, Via Rovereto 10, ☎ 44 298, Tx 550531, 28 Zi (mD), am Meer
- **La Pace**, Via C. Colombo 73, ☎ 47 519, 26 Zi (mD), am Meer
- **Capanni**, Viale Italia 20, ☎ 44 114, 48 Zi (mD), am Meer
- **Orchidea**, Viale Panzini 37, ☎ 47 425, 33 Zi (30 mD)
- **Bel Turismo**, Viale Panzini 195, ☎ 49 179, 38 Zi (mD)
- **Rosa Maria**, Via Italia 27, ☎ 47 515, 30 Zi (mD), am Meer
- **Excelsior**, Via C. Colombo 55, ☎ 47 550, 18 Zi (mD), an der Strandpromenade

in Igea Marina:
- **Touring**, Viale Pinzon 217, ☎ 63 04 19, 31 Zi (mD), am Meer
- **Majestic**, Viale Pinzon 209, ☎ 63 02 42, 49 Zi (mD), am Meer
- **Italia**, Viale Pinzon 214, ☎ 63 00 20, 88 Zi (70 mD)
- **Agostini**, Viale Pinzon 68, ☎ 44 110, Tx 550531, 56 Zi (mD)
- **Strand**, Viale Pinzon 171, ☎ 63 01 26, 31 Zi (27 mD), am Meer
- **Marcus**, Viale Pinzon 242, ☎ 63 00 37, 45 Zi (mD), Meerblick
- **Globus**, Viale Pinzon 193, ☎ 63 01 95, 54 Zi (mD)
- **Marco Polo**, Viale Pinzon 207, ☎ 63 02 59, 50 Zi (mD), am Meer
- **Carlton**, Viale Pinzon 195, ☎ 63 02 23, 40 Zi (mD), am Meer
- **Elios**, Viale Pinzon 116, ☎ 63 04 53, 29 Zi (mD)
- **Victoria**, Viale Pinzon 246, ☎ 63 02 53, 30 Zi (mD), Meerblick
- **Tolmino**, Viale Pinzon 8 (am Kanalhafen), ☎ 44 031, Fisch, Mo

VERANSTALTUNGEN – Fischerkirchweih (Juli); Treffen klassischer Musik; Fest des Meeres und des „blauen Fisches" (August).

BELLUNO 36.450 Ew, 389 m (2 D3)

Provinzhauptstadt, Bischofssitz. Hübsches Städtchen, auf einem Landvorsprung am rechten Piave-Ufer gelegen, in einem breiten Tal, das im N von den Dolomiten und im S von einer Hügelkette abgeschlossen wird; Fremdenverkehrs-, Handels- und Industriezentrum. War im Mittelalter eine freie Stadt; 1404–1797 zur Republik Venedig gehörig.

✉ 32100, ✆ 0437, B2, B2, ℹ EPT: via Rodolfo Psaro 21, ☎ 22 043; AA: Via Matteotti 3, ☎ 24 077; *Informationsbüro* und TCI: Ufficio Turistico ASVI, Piazza Martiri 27e, ☎ 25 163, Tx 440077; *Touristenbüro* (■) auf dem Nevegal, Hauptplatz, ☎ 98 129

Freizeitangebot: Sportflugplatz in S. Piero in Campo (3,8 km). Tennis; Reiten; Sporthalle. Sessellifte auf dem Nevegal: AAST (1061 m) auf den M. Faverghera (1610 m); SIS vom Col Canil (1009 m) auf den Col Balaz (1441 m); mehrere Schlepplifte; Skischule; Eislaufplatz.

Europa, Via Vittorio Veneto 158, ☎ 24 705, 42 Zi (4 mB/32 mD), P G ❄ . . . . (A3, a. P.)
Astor, Piazza dei Martiri 26e, ☎ 24 922, 32 Zi (mB/mD) . . . . (B2, **c**)
Dolomiti, Via Carrera 46, ☎ 27 077, 32 Zi (mB/mD) . . . . (B2, **a**)
Daj Dam, nahe dem Stadion, ☎ 26 513, AIR, M6 . . . . (A3, a. P.)
Bel Sit – Da Amedeo, 1 km an der Straße nach Feltre, ☎ 24 786, P M6 . . . . . . (B1, a. P.)
Al Sasso, Via Consiglio 12, ☎ 22 424, M6 . . . . (B2, **r**)
Cappello e Cadore, Via S. Ricci 8, ☎ 20 122 . . . . (B2, **b**)

auf dem Nevegal, 1030 m, (✉ 32024):
Nevegal, neben dem Campingplatz, ☎ 98 141, 25 Zi (6 mB/9 mD), ❄
Olivier, rechts vom Hauptplatz, ☎ 98 165, 32 Zi (mB/mD), P
Slalom, am Hauptplatz, ☎ 98 156, 18 Zi (mD)

in Ponte nelle Alpi, ☎ 04 28, 388 m, 8 km in Richtung NO, ✉ 32 014
Boito, an der Abzweigung, ☎ 99 333, 17 Zi (mD), P ❄, TV
Trieste, an der Abzweigung, ☎ 99 333, Pf
Dante, in Fiorane (4 km Richtung Vittorio Veneto), ☎ 99 291, 11 Zi (3 mB/5 mD), P
Da Benito, in Pian di Vedoia (3 km Richtung Cortina), ☎ 99 81 57, 26 Zi, (2 mB/17 mD), M6 P

Eine Stadt stellt sich vor – Der älteste Teil der Stadt liegt am höchsten Punkt eines Felssporns an der Mündung des Ardo in die Piave. Das Stadtbild hat sich größtenteils noch so erhalten, wie es im Zuge der Erneuerung der Befestigungsanlagen durch die Venezianer im 15. und 16. Jh. gestaltet wurde. Es ist geprägt durch malerische Straßen und Plätze mit schönen Ausblicken über die Piave und die umliegenden Berge, mit zahlreichen Laubengängen, Häusern aus der Zeit der Gotik und der Renaissance und den typischen Brunnen aus dem 15.–17. Jh. Bedeutende Wirtschaftszweige sind der Antiquitätenhandel, die Produktion von Einrichtungsgegenständen und Möbeln sowie Steinmetzarbeiten aus Marmor; auf dem Industriesektor: elektrische und elektronische Geräte, Destilliermaschinen und Käseprodukte.

Veranstaltungen – Internationale Wettbewerbe im Bogenschießen (Juli und August); nationale Wettbewerbe im Bergwandern (Juni und September); internationale Konzertsaison; Skirennen auf dem Nevegal; Pilzausstellungen; nationale Wettbewerbe im Kunstspringen; Opernstagione (Oktober); Theaterstagione (November–April).

Stadtbesichtigung im Zeitraffer – Erfordert wenige Stunden; der kurze, auf der Karte angegebene Rundgang kann zur Gänze zu Fuß unternommen werden. Von der Piazza Martiri über die Piazza Castello zur Piazza Duomo (**Duomo*; Palazzo dei Rettori***; *Museo Civico*); hinter dem Museum geht es über die Via Mezzaterra hinunter bis zur Via S. Maria dei Battuti und Via S. Pietro *(S. Pietro)*, über die man wieder zurückkehrt. Über die Piazza Mercato, Piazza Vittorio Emanuele und Via Roma gelangt man nach **S. Stefano★.**

Piazza dei Martiri (B2) – Belebter Hauptplatz mit Parkanlage; an der N-Seite der klassizistische *Palazzo Capellari della Colomba* und die Kirche S. Rocco (erbaut im 16. Jh., restauriert im 19. Jh.); im Inneren links die Verzückung des hl. Franziskus, von G. Diziani.

Piazza del Duomo★ (B2) – Dom, Stadtturm und der Palazzo dei Rettori geben dem Platz einen monumentalen Charakter. Der **Dom★** wurde Anfang des 16. Jh. nach Plänen von T. Lombardo umgebaut; an der einfachen Fassade zwei gotische Spitzbogenfenster, schöner barocker Glockenturm von F. Iuvara (1743). Auf den Altären des hellen Innenraumes Gemälde von A. Schiavone (1. rechts), C. Vecellio (2. rechts), J. Bassano (3. rechts) und von Palma Giovane (4. rechts); in der Krypta auf dem Altar, der aus einem behauenen Steinsarkophag aus dem 14. Jh. besteht, ein Polyptychon aus der Rimineser Schule des 15. Jh. Am 1. Altar des linken Seitenschiffes zwei Marmorstatuen, die T. Lombardo zugeschrieben werden.

Auf der N-Seite des Platzes befindet sich der **Palazzo dei Rettori★** (jetzt Präfektur) in venezianischen Renaissanceformen mit Arkaden im Erdgeschoß, Biforenfenstern und Loggien in der Mitte, errichtet ab 1491. Rechts davon der Stadtturm (11.–12. Jh.), ein Rest der alten Burg der Fürstbischöfe; seitlich schließt daran an der Palazzo dell'Auditorium an, in dem Konzerte und andere Veranstaltungen abgehalten werden.

Belluno: Palazzo dei Rettori

Städtisches Museum *(Museo Civico)* (B2) – Via Duomo Nr. 16. ☎ 24 836; *Öffnungszeiten: April–Okt. 10–12, 15–18 Uhr, Mo geschl.; Feiertage 10–12 Uhr; im Winter 10–12 Uhr, an Feiertagen geschl.* Zu sehen sind: Prähistorische Funde und Stücke aus der römischen Antike; in der PINAKOTHEK Werke von B. Montagna (zwei Madonnen mit Kind)★, A. Solario, P. Amalteo, V. Ghislandi, S. und M. Ricci, G. Zais, G. Diziani, A. Longhi, I. Caffi; außerdem kleine Bronzen, Medaillen und Plaketten aus der Renaissance; Siegel; Objekte zur Lokalgeschichte.
Via Mezzaterra (B–C 2–3) – Wichtigster Straßenzug der Altstadt, flankiert von kleinen Palästen in venezianischem Stil. In der Nähe die Kirche **S. Pietro** mit Gemälden von A. Schiavone, S. Ricci (in der Apsis) sowie zwei geschnitzten Altartafeln von A. Brustolon. Neben der Kirche das *Seminario Gregoriano,* mit zwei Kreuzgängen aus dem 14. Jh. (Lunette mit einem Fresko des Jacopo da Montagnana) und dem 15. Jh., ferner zwei abgenommene Fresken von S. Ricci sowie der bedeutenden Biblioteca Lolliniana.

Piazza del Mercato oder *delle Erbe* (B2) – Rund um den Platz Renaissancehäuser mit Laubengängen, darunter der mit Wappen geschmückte *Monte di Pietà,* gegründet 1501; in der Mitte ein Brunnen aus dem Jahre 1410.

S. Stefano★ (B2) – Die gotische Kirche wurde 1486 erbaut; auf der rechten Seite ein schönes Portal aus dem 15. Jh. und die Kopie eines römischen Sarkophags auf sechs Säulen (das Original befindet sich im Palazzo Crepadona). Im schönen gotischen Innenraum sind in der rechten Apsiskapelle ein Altarbild aus vergoldetem Holz von A. di Foro (16. Jh.) sowie Fresken von Jacopo da Montagnana (ca. 1487) und Holzskulpturen (Kandelaber, Leuchterengel und ein Kruzifix auf geschnitztem Sockel) von A. Brustolon beachtenswert. Der *Kreuzgang* befindet sich im anschließenden Palast (15. Jh.), der einst den Serviten gehörte.

WEITERE SEHENSWÜRDIGKEITEN – Die skulpturengeschmückte **Porta Doiona** (B2), zwischen Piazza Vittorio Emanuele und Via Rialto gelegen, errichtet 1289 und 1553 erweitert. – Die **Porta Rugo** (C3) aus dem 12. Jh. mit Erneuerungen aus dem 17. Jh. liegt am Ende der Via S. Croce (alte Häuser, darunter auf Nr. 26 das ehemalige Haus des *Capitano della Giustizia* aus dem 14.–15. Jh.); schöne Aussicht auf die Piave und auf die Hügel.

AUSFLÜGE – 1. Zur **Certosa di Vedana,** 424 m, 10 km nach NW über die Straße nach Ágordo, wo man nach links abbiegt; großes Kloster aus dem 15. Jh. (geräumiger Kreuzgang aus dem 16. Jh.); in der Kirche (keine Besichtigung) zwei Altarbilder von S. Ricci und eines von F. Frigimelica. – 2. Auf die **Almen des Nevegal** (1030 m), 12 km nach SO auf einer Höhenstraße. Dieses leicht hügelige Hochplateau, das vom Col Visentin, 1761 m, abfällt, ist ein beliebter Sommerfrischen-, Wintersport- und Ausflugsort. Mit dem Sessellift AAST fährt man auf den Monte Faverghera, 1610 m (Schutzhütten), und zum *Giardino Botanico delle Alpi Orientali* (Botanischer Garten der Ostalpen, 1500 m); in 40 Gehminuten erreicht man den Col Visentin, 1761 m, herrliche Fernsicht. Mit dem Sessellift SIS vom Col Canil zum Col Balaz (1441 m); markierter Rundwanderweg durch Tannenwälder; am Weg zwei restaurierte und der Öffentlichkeit zugänglich gemachte Bauernhöfe. – 3. Nach **Feltre** (s. d.), 32,5 km entlang dem linken Ufer der Piave. Nach 16 km kommt man nach **Mel,** 253 m, 6721 Ew, mit etlichen herrschaftlichen Spätrenaissance- und Barockhäusern (17.–18. Jh.) rund um die Piazza Umberto I; auf dem Platz liegt auch die *Pfarrkirche* aus dem 18. Jh. mit Gemälden von Schiavone und C. Vecellio. Nicht weit davon die *Kirche dell'Addolorata* mit Bildern von Schiavone und einem Taufbecken aus dem Jahre 1481. Knapp vor Lentiai führt eine Abzweigung nach Tiago zum **Castello di Zumelle** (453 m; *Besichtigung*), antiken Ursprungs, mit Türmen zum Teil aus dem 11. Jh. (Restaurant; Fernsicht). 22 km: **Lentiai,** 261 m, 2868 Ew, Renaissancekirche **S. Maria Assunta** mit Gemälden von Palma Giovane, C. Vecellio (Fresken an den Wänden und in den Feldern der Kassettendecke, Leinwandbild links vom Chor) und aus der Werkstatt Tizians (vom Meister selbst ist der hl. Tiziano).

BERCETO 3.079 Ew, 800 m (7 C3)

Provinz Parma. Sommerfrische und Durchzugsort an der Straße auf den Cisa-Paß im westlichen Apennin, in einer Mulde auf der rechten Seite des Taro-Tales gelegen.

✉ 43042, ✆ 0525

Freizeitangebot: Schlepplifte in Fugazzolo (945–1415 m), 5 km.

- **Del Poggio**, in Poggio, an der Straße, ☎ 64 257, 30 Zi (mB/mD), P
- **Gioli,** Via Ripasanta 4, ☎ 64 251, 19 Zi (11 mB/3 mD), P
- **Vittoria – Da Rino,** am Cisa-Paß (9,5 km), ☎ 64 306, Mo

Romanische *Pfarrkirche* (13. Jh.) mit interessanter Bauplastik, besonders auf dem Portalbogen; dreischiffiger Bau mit Spitzbogengewölbe.

AUSFLUG – 8,5 km nach SW auf den **Cisa-Paß,** 1039 m, einem Bergsattel zwischen den Flüssen Taro und Magra, vorbei an den *Fonti di S. Moderanno* (bikarbonat-, alkali-, lithiumhältige Quellen).

BERTINORO 8.069 Ew, 257 m (9 E3)

Provinz Forlì; Bischofssitz. Kleines altes Städtchen auf einem Hügel mit weitem Ausblick über die Ebene der Romagna; bekannt wegen seiner qualitätsvollen Weine.

✉ 47032, ✆ 0543

- **Panorama,** Piazza della Libertà 1, ☎ 44 54 65, 16 Zi (mB/mD), TV
- **La Colombaia,** in Ospedaletto (3 km Richtung Forlimpópoli), ☎ 44 51 79, Di

An der Piazza della Libertà liegen die *Kathedrale,* Ende des 15. Jh. neu erbaut, und der *Palazzo Comunale* aus dem 13. Jh., der in letzter Zeit umfassenden Restaurierungsarbeiten unterzogen wurde; am Ende des Platzes die *Colonna dell'Ospitalità* oder *degli Anelli* (Säule der Gastfreundlichkeit oder der Ringe).

Unterhalb des Platzes befindet sich die *Cà de Bè,* eine große Weinstube mit dem Weinangebot der Gegend (Pagadebit, Canina, Albana, Sangiovese, Trebbiano di Romagna).

6 km nach W, in einem kleinen Tal auf der rechten Seite des Flusses Ronco, liegt das Thermalbad **Fratta Terme,** 49 m. Drei verschiedene Gruppen von Mineralquellen (salz-, brom-, jodhältige; sulfidhältige; salz- und magnesiumhältige); Anwendungen: Bäder, Irrigationen, Inhalationen und Trinkkuren bei Erkrankungen des Bewegungsapparates, der Atmungsorgane, des Stoffwechselsystems, von Darm und Magen, der Lymphgefäße und bei Frauenleiden.

6,5 km nach S liegt die romanische Kirche **S. Donato** aus dem 9.–10. Jh. (restauriert), ein dreischiffiger Bau mit drei Apsiden und Krypta. Nicht weit entfernt davon sind die Reste der *Burg von Polenta* (11. Jh.), wo Dante als Gast weilte.

BIBIONE 1.670 Ew, 1 m (6 D1)

Gemeinde S. Michele al Tagliamento, Provinz Venedig. Großer Sommerbadeort an der nördlichen Adria, auf der rechten Seite der Mündung des Tagliamento, dazu auch *Bibione Pineda.*

✉ 30020, ✆ 0431, ℹ AA: Viale Aurora 20, ☎ 43 362

Freizeitangebot: Tennis; Galopprennbahn.

- **Ritz**, Corso Europa 25, ☎ 43 380, 105 Zi (mB/mD), P ≈
- **Principe**, Via Ariete, ☎ 43 256, Tx 461075, 80 Zi (mD), P, am Meer
- **Bembo**, Corso Europa 29, ☎ 43 418, 70 Zi (mD), P
- **Palace**, Via Leone 28, ☎ 43 135, 80 Zi (mB/mD), P ≈, am Meer
- **Concordia**, Via Maia 149, ☎ 43 433, 44 Zi (mD), P
- **Leonardo da Vinci**, Corso Europa 122, ☎ 43 416, 54 Zi (mB/mD), P
- **Excelsior**, Via Croce del Sud 2, ☎ 43 377, 92 Zi (mB/mD), P, am Meer
- **Ambassador**, Via Mercurio, ☎ 43 498, 42 Zi (mB/mD), P
- **Ariston**, Corso Europa 98, ☎ 43 138, 37 Zi (mD), P ≈
- **Garni Renania**, Via Acquario 57, ☎ 43 391, 40 Zi (mD), P
- **I Lecci**, Straße nach Pineda, ☎ 43 326, P, ländlich

in Lido del Sole (3 km):
- **Alemagna**, Via Michelangelo 1, ☎ 43 502, 42 Zi (mB/mD), P
- **Nevada**, Via Veneto 7, ☎ 43 346, 40 Zi (mD), G, nahe dem Meer
- **Franz**, Via Alemagna 10, ☎ 43 518, 39 Zi (mD), P

in Bibione Pineda (4 km):
- **S. Marco**, Via delle Ortensie 2, ☎ 43 301, 57 Zi (mD), P ≈, Badestrand
- **Esplanada**, Via delle Dune 6, ☎ 43 260, 72 Zi (mD), P ≈
- **Xibana**, Via dei Ginepri 127, ☎ 43 240, 60 Zi (mD), P
- **Lily**, Via delle Ortensie 1, ☎ 43 356, 32 Zi (mD)

BOBBIO 4.110 Ew, 272 m (7 B2)

Provinz Piacenza; Bischofssitz. Marktflecken und Urlaubsort im mittleren Trebbia-Tal im westlichen Apennin, Sitz einer der berühmtesten Benediktinerabteien des Abendlandes.

✉ 29022, ✆ 0523, ℹ AA: Piazza S. Francesco, ☎ 93 61 78

Freizeitangebot: Skilift am Pénice-Paß.

Piacentino, ☎ 93 62 66, 18 Zi (1 mB/13 mD), G, AIR
Antica Trattoria della Paolina, ☎ 93 292, 12 Zi (6 mB)
Antica Trattoria della Paolina, ☎ 93 292, ~~Mo~~
Dei Cacciatori, ☎ 93 267, 11 Zi (6 mB)
Dei Cacciatori, ☎ 93 267, ~~Mi~~

in S. Salvatore (✉ 29020, 3,5 km in Richtung Genua):
Ra – Ca' Longa, ☎ 93 69 48, 12 Zi (mD), P, abgeschieden
Ra – Ca' Longa, ☎ 93 69 48, ~~Mo~~

am Penice-Paß, 1149 m (✉ 29020, 12,5 km):
Chalet della Volpe, 2 km in Richtung Bobbio, ☎ 93 904, 21 Zi (mD), P
Lo Scarpone, am Paß, ☎ 93 933, ~~Di~~

Die **Benediktinerabtei S. Colombano** (im 7. Jh. gegründet, mehrmals umgebaut) war eines der großen geistigen Zentren des Mittelalters. Die heutige Kirche datiert aus dem 15.–17. Jh., der Glockenturm aus dem 11. Jh. Im dreischiffigen Innenraum Malereien von B. Lanzani (1526); schönes geschnitztes Chorgestühl mit Intarsien (1488). Interessant ist die Krypta mit dem Sarkophag des Namensheiligen, mit Resten des Mosaikfußbodens aus dem 12. Jh., zwei Chorschranken aus Marmor mit Flechtbandornamenten (9. Jh.) und zwei feingearbeiteten Eisengittern (15. Jh.). Unter der hinter der Kirche gelegenen Loggia ist der Eingang zum MUSEO DI S. COLOMBANO *(meist am So geöffnet; an anderen Tagen Voranmeldung,* ☎ 93 60 18; *Eintrittsgebühr):* Reste von Architekturteilen und Plastiken der ersten Kirche, der Klosterschatz (Reliquiare aus verschiedenen Epochen, ein Elfenbeinbehälter aus dem 4. Jh.; Zinnampullen aus dem 6. Jh.), Skulpturen und Gemälde von lombardischen Meistern (B. Lanzani, B. Luini, G. Campi).
Auf dem Domplatz (mittelalterliche Häuser und Laubengänge wie in der nahe gelegenen Via Genova) der romanische **Dom** (13. Jh.), der in der Apsispartie im 15. Jh. erweitert und später umgestaltet wurde.
Über den Trebbia führt der *Ponte di S. Colombano,* auch *Ponte Gobbo* (Buckel-Brücke) genannt, mit 11 ungleichen Bogen, in dem trotz mehrmaliger Erneuerungen noch römische und mittelalterliche Elemente enthalten sind.
2,5 km nach S, nahe dem Kiesbett des Flusses, liegt der Kurort **Terme di Bobbio** mit sulfidsolehältigem Wasser. Anwendungen: Bäder, Unterwassermassagen und Inhalationen bei Erkrankungen der Atemwege, Frauenleiden, rheumatischen Beschwerden und Hautkrankheiten; ferner Trinkkuren bei Leberleiden und Verstopfung.
AUSFLUG – 12,5 km auf den **Pénice-Paß,** 1149 m; die Straße führt durch Nadelwälder vom Trebbia-Tal ins Stáffora-Tal; beliebtes Ausflugsziel und Wintersportort (Skipisten auf dem Paß und auf den Hängen des Monte Pénice). Auf einer 3 km langen Straße, vorbei an einer Sendestation des italienischen Rundfunks, gelangt man zum **Monte Pénice** (1460 m), mit *Marienkirche.* Herrlicher Fernblick*.

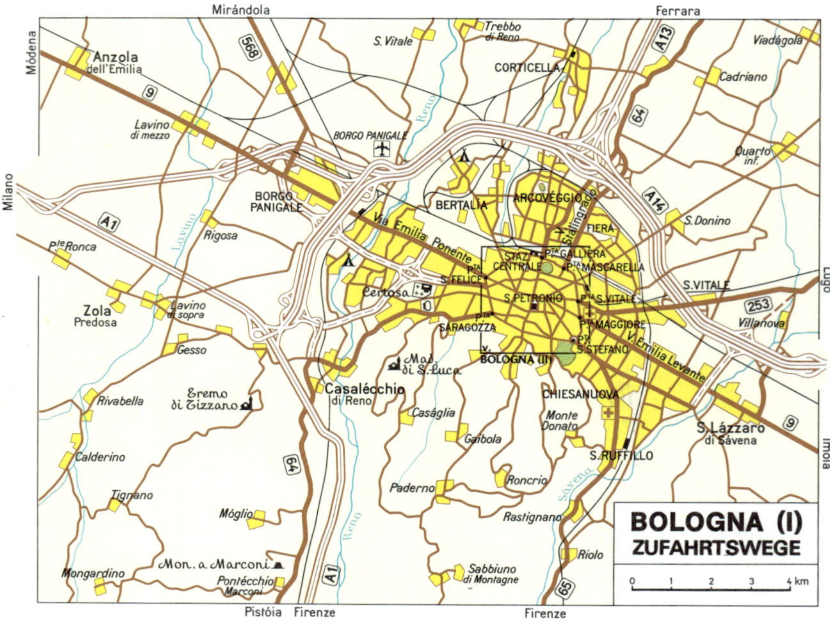

BOLCA 580 Ew, 801 m (4 E1)

Gemeinde Vestenanova, Provinz Verona. Kleine Sommerfrische in den Lessinischen Hügeln, in dominierender Lage am oberen Ende des Alpone-Tals; interessante Fundstätte von Fossilien aus dem Eozän.

✉ 37030, ✆ 045

- **Baita Cerato,** ☎ 74 70 002, 19 Zi (14 mB), P ❄ ♆
- **Ca' del Diaolo,** im Talboden, 8 km nach W, ☎ 78 10 700, P, Fr

In *Villa di Bolca* sind im modernen **Fossilienmuseum** *(Museo dei Fossili)* seltene Fossilienfunde aus der Gegend ausgestellt; Fische – bemerkenswert der „Engelsfisch" *(pesce angelo)* –, Reptilien, Krustentiere, Muscheln, Palmen und andere Pflanzen usw. *(Öffnungszeiten: 10–12, 14 30–18 Uhr, im Winter 14–17 Uhr; Mo geschl.; Eintrittsgebühr).*
Ein *paläontologischer Rundgang* (3 km) führt zur Fischklippe *(pesciara)*, auf den *Monte Postale*, 677 m, auf den Monte Vegroni, 750 m, und auf den Monte Purga, 933 m, zu den Ausgrabungsstätten mit hervorragend erhaltenen Fossilien aus dem Eozän (Terziär).

BOLOGNA★★ 447.971 Ew, 55 m (9 C1)

Provinz- und Regionalhauptstadt (Emilia-Romagna); Erzbischofssitz; Universität.
Am Fuße der letzten Ausläufer des Apennin zwischen Reno und Sávena am südlichsten Rand der Po-Ebene gelegen; reges Industrie- und Handelszentrum, Verkehrsknotenpunkt ersten Ranges. Das monumentale Stadtbild wird bestimmt durch lange Laubenstraßen, die merkwürdigen mittelalterlichen Türme, durch prächtige Paläste des 16./17. Jhs. und das warme Kolorit der Häuser. Um die Innenstadt führt an der Stelle der ehemaligen Stadtmauern des 13. und 14. Jhs. eine breite Ringstraße.

✉ 40100, ✆ 051, II, D4, II, C–D4 und B4, i EPT: Via Leopardi 1, ☎ 23 66 02 (II, B–C3); Bahnhof, Ankunftshalle, ☎ 37 22 20; Autostrada del Sole, bei Cantagallo, ☎ 57 22 63. CIT: Piazza del Nettuno 2, ☎ 22 58 48 (II, D4). TCI: neben der CIT.

Autobusbahnhof, Piazza XX Settembre 6, ☎ 22 69 48 (II, A4). Flugplatz in Borgo Panigale (7 km nach NW), ☎ 42 58 30. Alitalia, Stadtbüro, Via Marconi 34, ☎ 26 57 11 (II, B3).
Freizeitangebot: Golf, 18 Löcher, in Chiesa Nuova di Monte S. Pietro, 16 km nach SW.

- **Royal Hotel Carlton,** Via Montebello 8, ☎ 55 41 41, Tx 510356, 250 Zi (mB/mD), G, TV, AIR ... (II, B3, t)
- **Internazionale,** Via dell'Indipendenza 60, ☎ 51 16 85, Tx 520038, 144 Zi (129 mB/15 mD), G, TV, AIR ... (II, B4, u)
- **Garden,** Via Lame 109/2, ☎ 52 22 22, 83 Zi (35 mB/47 mD), G ❄, TV, AIR, in einem ehemaligen Kloster ... (II, B2, a)
- **Etap Hotel Bologna,** Via Pietramellara 59, ☎ 55 85 58, Tx 214822, 244 Zi (mB/mD), G, TV, AIR ... (II, A3, b)
- **Jolly – De la Gare,** Piazza XX Settembre 2, ☎ 26 44 05, Tx 510076, 176 Zi (76 mB/100 mD), TV, AIR ... (II, A3–4, n)
- **Corona d'Oro,** Via Oberdan 12, ☎ 23 64 56, 35 Zi (mB), TV ... (II, C-D4, f)
- **Milano-Excelsior,** Via Pietramellara 51, ☎ 23 94 42, Tx 510213, 78 Zi (52 mB/18 mD), P, AIR ... (II, A3, b)
- **Alexander,** Via Pietramellara 47, ☎ 27 09 24, Tx 510213, 108 Zi (mB/mD), P G, AIR, Gesellschaftsraum ... (II, A3, e)
- **Palace,** Via Montegrappa 9/2, ☎ 27 89 54, 173 Zi (27 mB/83 mD), G, AIR ... (II, C3, g)
- **Nettuno,** Via Galliera 65, ☎ 26 09 64, 38 Zi (7 mB/25 mD), ♆ ... (II, B3–4, o)
- **Roma,** Via d'Azeglio 9, ☎ 27 44 00, 82 Zi (44 mB/38 mD), ♆, TV ... (II, D3, d)
- **San Donato,** Via Zamboni 16, ☎ 23 53 97, 61 Zi (20 mB/39 mD), G, Terrasse ... (II, C4, h)
- **Cristallo,** Via S. Giuseppe 5, ☎ 23 75 06, 42 Zi (mB) ... (II, B3, c)
- **Regina,** Via Indipendenza 51, ☎ 23 68 17, 61 Zi (mB/mD) ... (II, B4, i)
- **Astoria,** Via F.lli Roselli 14, ☎ 52 14 10, 25 Zi (mB/mD), P G ... (II, A2, k)
- **Donatello,** Via dell'Indipendenza 65, ☎ 23 28 25, 38 Zi (mD), AIR ... (II, B4, p)
- **Accademia,** Via Belle Arti 6, ☎ 23 23 18, 28 Zi (4 mB/17 mD), P ... (II, C4, r)
- **Dei Commercianti,** Via Pignattari 11, ☎ 23 30 52, 32 Zi (2 mB/20 mD) ... (II, D3, s)
- **San Felice,** Via Riva Reno 2, ☎ 55 74 57, 36 Zi (mB/mD) ... (II, C1, j)
- **Notai,** Via Pignattari 1, ☎ 22 86 94, elegant, Klavier, Vorbestellung, So ... (II, D3–4, rk)
- **Al Pappagallo,** Piazza Mercanzia 3, ☎ 23 28 07, aus dem 15. Jh., alte bolognesische Tradition, AIR, Mo ... (II, D4, ra)
- **Dante,** Via Belvedere 2, ☎ 22 44 64, AIR, modern, auserlesen, flambierte Gerichte, Vorbestellung, Mo + Di mittag ... (II, C3, rn)
- **Il Tartufo,** Via del Porto 34, ☎ 52 13 50, Vorbestellung, AIR, So + Sa im Sommer ... (II, B3, rb)
- **Al Cantunzein,** Piazza Verdi 4/D, ☎ 23 83 56, AIR, ruhige Lage, Mi + Aug. ... (II, C5, rm)
- **Rosteria Luciano,** Via Santo 19, ☎ 23 12 49, Vorbestellung, AIR, Mi ... (II, C3, ro)
- **Grassilli,** Via del Luzzo 3, ☎ 22 29 61, Spezialitäten: Risotto und Gnocchetti, Vorbestellung, Mi, an Feiertagen abends + Juli ... (II, D4, rq)
- **Antico Brunetti,** Via Caduti di Cefalonia, ☎ 23 44 41, mittelalterlicher Rahmen, Mo + So abend ... (D4, rl)
- **Palmirani,** Via Calcavinazzi, ☎ 23 66 28, AIR, modern, im Freien, Do ... (II, D3, ro)

1
2
3
A
B
C
D
E
F
Staz. Centr. F.S.
E.P.T.
Medaglie d'oro
Via Bovi Campeggi
Via Boldrini
Viale Pietro Pietramellara
Via F. Zanardi
Via Cairoli
Via G. Amendola
Via Gramsci
Via C. Casarini
Lod. Berti
Via Don Minzoni
P.za d. Martiri 1943-1945
P.za VII Nov. 1944
P.ta Lame
Via Scalo
Via dei
Via I. Malvasia
Pal. della Regione
Viale Ant. Silvani
V. Ercolani
Via delle Lame
Terminal Alitalia
Via Marconi
Via S. Carlo
Via Galliera
Via Calori
Pal. d. Sport
P.za Azzarita
E.P.T.
V. dei Falegnami
Via Riva di Reno
P.za di P.ta S. Felice
Autostrada km 8 - Modena km 39
Via Riva di Reno
Via San Felice
Via Gugl.
Via Nazario Sauro
V. Galliera
Mad. di Galliera
V. Manzoni
Pal. Ghisilardi - Fava
V. dell'Indipendenza
Via della Grada
Viale Giov. Vicini
Via Pietralata
Via del Pratello
Via Ugo Bassi
Fontana d. Nettuno
Pal. Comunale
S. Francesco
P.za Malpighi
P.za Nuova
P.za Roosevelt
Via IV Novembre
Prefettura
S. Salvatore
Via Costa
P.za di P.ta S. Isaia
Via Sant'Isaia
Pal. d. Notai
Via R. Audinot
Viale C. Pepoli
Via Frassinago
Via S. Caterina
Via Nosadella
Via Barberia
Pal. Salina
S. Giov. Batt. d. Celestini
Via M. D'Azeglio
V. Carbonesi
S. Paolo
Pal. Bevilacqua
P.za di P.ta Saragozza
Via Saragozza
Via Urbana
S. Procolo
Corpus Domini
Via delle
Autostrada km 8 - Pistoia km 94
V.le Risorgimento
Viale Antonio Aldini
P.za di P.ta S. Mamolo
Viale
SS. Annunziata
Via di S. Mamolo
V. dell'Osservanza
100
125
Itinerari
1°
2°
3°
4°
BOLOGNA (II)
0 100 200 300 m
1:12.500 (1 cm = 125 m)

Ferrara km 49
Autostrade km 5 - Fiera
4
5
6
A
B
C
D
E
F
Ravenna km 77
Autostrada km 8 - Rimini km 113
Firenze km 106
V. Matteotti
Pza XX Settembre
Pta Galliera
Staz. Autolinee
Viale Angelo Masini
Via Stalingrado
Via d. Lavoro
Via Pezzana
Pza di Pta Mascarella
Viale C. Berti-Pichat
V. Ranzani
Via S. Donato
Montagnola
Via Galliera
Via dell'Indipendenza
Via del Pallone
Via Mascarella
Palazzina della Viola
Mille
Pza Otto Agosto
Telef.
Via Irnerio
Via Alessandrini
Via A. Righi
Pinacoteca Nazionale
Pza di Pta S. Donato
Vle Malaguti
Staz. S. Vitale
Via delle Belle Arti
Via Zamboni
Via Marsala
V. Oberdan
S. Martino
Pza S. Martino
Teatro Comunale
Università
Viale Quirico Filopanti
Viale A. Zanolini
Via Albiroli
V. Belmeloro
Metropolitana
Pal. Arcivescovile
S. Giacomo Maggiore
Conservatorio
Pza Rossini
Via G. Oberdan
Torri Pendenti
Casa d. Drappieri
Tel.
Pal. di Re Enzo
V. Rizzoli
C.I.T.
Pal. d. Podestà
Pza Maggiore
Pza di Pta Ravegnana
S. Bartolomeo
Via S. Vitale
Ss. Vitale e Agricola S.
Pza di Pta S. Vitale
V. Massarenti
Pal. d. Banchi
S. Maria d. Vita
Museo Civico
Pal. d. Mercanzia
Strada Maggiore
Pza Aldrovandi
Via Broccaindosso
Palazzo Davia Bargellini (Museo d'Arte Industr.)
Viale G. Ercolani
V. Castiglione
Via S. Stefano
S. Stefano
Via Guerrazzi
S. M. dei Servi
Posta e Telegr.
Archiginnasio
Pza Galvani
Via Farini
Pza Cavour
Pza di Pta Maggiore
S. Giovanni in Monte
Via Fondazza
V. Garibaldi
S. Domenico
Via Castiglione
Via Rialto
Via Santo Stefano
Via della
Viale G. Carducci
Casa di Carducci
Tovaglie
Pza d. Tribunali
Pal. di Giustizia
Via Dante
Solferino
Viale XII Giugno
Via Orfeo
Vle Carducci
Enrico Panzacchi
Pza di Pta Castiglione
Viale G. Gozzadini
Pza di Pta S. Stefano
V. Murri
V. Castiglione
Giardini Margherita

Franco Rossi, Via Donzelle 1, ☎ 27 99 59, AIR, internationale Küche, ~~Di~~ (II, C4, **re**)
Rodrigo, Via della Zecca 2, ☎ 22 04 45, AIR, ländlich-elegant, Schnellgerichte, ~~Mi~~ (II, D3, **rd**)
La Tavernetta, Piazza Malpighi 12, ☎ 23 69 47, ~~So~~ abend + Aug. (II, D2, **ri**)
La Cesoia – Da Pietro, Via Massarenti 90, ☎ 34 28 54, ~~So~~ abend + ~~Mo~~ (II, D3, **rs**)
Al Battibecco, Via Battibecco 4/B, ☎ 27 58 45, internationale Küche, ~~Sa~~ + ~~So~~ (II, D3, **rs**)
Montegrappa – Da Nello, Via Montegrappa 2, ☎ 23 63 31, AIR, Pilzspezialitäten, ~~Mo~~ (II, C–D3, **rp**)
Da Césari, Via de Carbonesi 8, ☎ 23 77 10, Regionalküche, ~~Do~~ (II, E3, **rh**)
La Brenta, Via Manzoni 6, ☎ 26 57 86, ~~Di~~ (II, C3, **rc**)
Le Tre Frecce, Strada Maggiore 19, ☎ 23 12 00, ~~So~~ + ~~Mo~~ (II, D5, **rf**)
Alla Grada, Via della Grada 6, ☎ 41 48 03, Grillspezialitäten, ~~Mi~~ + Aug. (II, C1, **rg**)
Antica Trattonia Romagnola, Via Rialto 13, ☎ 26 36 99, ~~Mo~~ + Aug. (II, E5, **ry**)
Serghei, Via Piella 12, ~~Sa~~ abend, ~~So~~ + Aug. (II, C4, **rw**)
Da Carlo – Già Tura, Via Marchesana 6, ☎ 23 32 27, AIR, mittelalterlicher Rahmen, ~~Di~~ (II, D4, **rj**)
Birreria Bologna, Piazza Malpighi 1, ☎ 23 34 23, AIR, Schnellrestaurant – kalte Küche, ~~Di~~ (II, D2, **rt**)
Birreria Lamma, Via dei Gindei 4, ☎ 27 94 22, warme Küche, ~~Mi~~ (II, D4, **rz**)
Balanzone, Via Fossalta 5, ☎ 23 20 98, AIR, kalte Küche, ~~Fr~~ abend + ~~Sa~~ (II, C–D4, **ru**)
Buca S. Petronio, Via dei Musei 4, ☎ 22 45 89, ~~Mi~~ abend + ~~Do~~ (II, D4, **rv**)
Da Bertino, Via delle Lame 55, ☎ 27 48 27, ~~So~~ (II, C2, **rx**)

am Stadtrand:
Elite, Via Saffi 36, ☎ 43 74 17, Tx 510067, 152 Zi (mB/mD), P G ≈, TV, AIR
Cordon Bleu, Via Saffi 36, ☎ 43 74 17, Tx 510067, internat. Küche, Piano-Bar, ~~So~~
Crest Hotel, Piazza Constituzione (beim Messegelände), ☎ 37 21 72, Tx 510676, 164 Zi (mB/mD), P G ≈, AIR, Gesellschaftsraum
City Hotel, Via Magenta 8/10, ☎ 37 26 76, 50 Zi (mB/mD), P G ❀ ≈, TV, AIR
Motelagip, Via M. E. Lepido 203/4 (an der via Emilia nach Modena), ☎ 40 11 31, 60 Zi (mD), P G
Maggiore, Via Emilia Ponente 62/2, ☎ 38 16 34, 62 Zi (mB/mD), P G, beim Ospedale Maggiore
Fiera, Via Stalingrado 84, ☎ 37 77 35, 93 Zi (23 mB/66 mD), P G, nahe dem Messegelände
Kennedy, Via Fossolo 13, ☎ 30 18 46, 17 Zi (2 mB/14 mD), P
Bacco, Via Emilio Lepido 193 (Ausfahrt nach Modena), ☎ 40 02 18, Spezialität: Schnecken, ~~Sa~~
Tre Galli d'Oro, Via Stalingrado 42, ☎ 36 78 16, ~~Mi~~
Nonno Rossi, Via Aeroporto 38 (Borgo Panicale), ☎ 40 12 95
Al Portichetto, Via dei Colli 21 (Ausfahrt nach via S. Mamolo, II, F3), ☎ 58 11 10, ❀, ~~Mo~~

in Casalecchio di Reno (✉ 40033, 7 km auf der Porrettana):
Pedretti, Via Porrettana 255, ☎ 57 21 49, 24 Zi (4 mB/11 mD)

in Bazzano (✉ 40035, 24 km Richtung Vignola):
Della Rocca, im Ort, ☎ 83 12 17, Tx 511203, 27 Zi (22 mB), ❀, gute Küche mit verschiedenen Spezialitäten, ~~Fr~~

in Castel Maggiore (✉ 40013, 10 km nach N auf der Landstraße nach Galliera):
Olimpic, Via Galliera 23 (Richtung Bologna), ☎ 70 08 72, 38 Zi (mB/mD), P G, AIR
Rally, Ausfahrt nach Bologna, ☎ 71 11 86, 28 Zi (mD), P G
Da Nando, Ausfahrt nach Bologna, ☎ 71 11 86, separate Geschäftsführung, ~~So~~

in S. Lazzaro di Savena (✉ 40068, 7 km Richtung Rimini):
Il Sambuco – Da Franco, Via Emilia 267, ☎ 45 55 59, AIR, nur Fisch, ~~Mo~~

in Pianoro (✉ 40065, 12 km auf der Staatsstraße 65 zum Futa-Paß):
Parkhotel, an der Straße nach Bologna, ☎ 77 78 11, 35 Zi (mD), P ❀ ≈, TV
Pampa Grill, an der Straße nach Bologna, ☎ 77 78 11, P ❀ ≈, AIR, ~~Mi~~
Bellevue, an der Straße, ☎ 77 70 26, 26 Zi (5 mB/6 mD), P ❀
Da Roberto, an der Straße, ☎ 77 70 26, separate Geschäftsführung, ~~Fr~~

Die Stadt in der Geschichte – Bologna war zunächst eine etruskische *(Felsina),* dann römische *(Bononia)* Siedlung und hatte vor allem vom 11.–17. Jh. eine bewegte Geschichte und ein reges kulturelles Leben. Als eine der ersten freien Stadtrepubliken kämpfte sie erfolgreich gegen die Kaiser Friedrich I. Barbarossa und Friedrich II. und erlangte im 13. Jh. mit der Gefangennahme des Stauferkönigs Enzio den Höhepunkt ihrer Macht, die freilich in der Folge durch innere und äußere Streitigkeiten (mit den Visconti von Mailand, dem Papst und den Bentivoglio) beeinträchtigt wurde. 1506–1859 war die Stadt dem Kirchenstaat einverleibt.
Wissenschaft und Kunst – In die Epoche der freien Republik (11.–14. Jh.) fällt die Blüte der berühmten Universität, die Studenten aus allen Ländern Europas anzog. Das war auch die Zeit einer regen Bautätigkeit. Aus jenen Jahrhunderten stammen romanische und gotische Bauwerke wie S. Stefano, die beiden schiefen Türme, der Palast des Königs Enzio, die Kirchen S. Domenico und S. Francesco, S. Giacomo und dei Servi und schließlich der große Bau von S. Petronio; fast alle bedeutenden Werke der Gotik stammen von dem Bologneser Antonio di Vincenzo. Eine Malerschule, die sich durch ihre Geradlinigkeit und einen gewissermaßen volkstümlichen Charakter auszeichnet, war mit Vitale da Bologna, Simone de' Crocefissi, Jacopino di Francesco u. a. während des ganzen 14. Jhs. tätig. In der Renaissance wurde der monumentale Aspekt der Stadt noch gesteigert: Die Architekten des 16. Jhs., wie Vignola, Tibaldi, Formigine und Terribilia, bauten großartige Paläste (Palazzo del Podestà; Palazzo Bevilacqua, die Palazzina della Viola u. a. m.), ferner viele Kirchen und Kreuzgänge. Berühmte Bildhauer hinterließen bedeutende Werke, unter ihnen Jacopo della Quercia, Nicolò dell'Arca, Michelangelo und schließlich Giambologna. Im 15. Jh. übersiedelte die Malerschule Ferraras mit Lorenzo Costa und Francia nach Bologna, im späten 16. Jh. gründeten die Brüder Carracci eine beispielgebende Bewegung, aus der im Jahrhundert darauf die Bologneser Schule (Reni, Guercino und Domenichino) erwuchs. Im 18. Jh. arbeiteten die Architekten Torreggiani und G. F. Dotti, letzterer schuf die Wallfahrtskirche Madonna di S. Luca.
Eine Stadt stellt sich vor – Bologna hat sein mittelalterliches Stadtbild in weiten Teilen der Stadt in unglaublicher Vollkommenheit erhalten können, der warme rötliche Farbton der Häuser und die Türme unterstreichen diese Geschlossenheit. Die Schönheit und Monumentalität der Stadt gehört vielleicht nicht gerade zu den auffälligsten ihrer Art, aber sicher zu den authentischsten und ursprünglichsten. Besonders charakteristisch die langen Laubengassen, die malerische Ausblicke freigeben. Das Leben pulsiert vor allem im mittelalterlichen Teil; außer der Piazza Maggiore sind die Via Ugo Bassi, die Via Rizzoli, die Via Indipendenza und Via Marconi durch Geschäfte und Cafés besonders belebt. Die

Atmosphäre der Stadt ist im Einklang mit ihren Bewohnern freundlich und festlich. Das Zentrum der kulturellen Tradition ist die Universität, die älteste und jahrhundertelang eine der bedeutendsten Europas; heute genießt vor allem die medizinische Fakultät internationales Ansehen; das orthopädische Institut Rizzoli ist in aller Welt bekannt. Das literarische Leben hatte seinen Höhepunkt um die Jahrhundertwende (Carducci, Pascoli). Auch das Musikkonservatorium hat einen guten Ruf. Jährlich finden wichtige Veranstaltungen und Ausstellungen alter, neuerer und moderner Kunst statt; der bedeutende zeitgenössische Maler Giorgio Morandi ist ein Kind der Stadt.
Die Wirtschaft, in der Vergangenheit vor allem durch Landwirtschaft und Handel bestimmt, hat in neuester Zeit, bedingt durch die wichtige geographische Schlüsselposition Bolognas zwischen Mittel- und Norditalien, großen Aufschwung genommen: Zahlreiche Mittel- und Kleinbetriebe auf dem Gebiet des Maschinenbaus, der Elektrotechnik, Lebensmittelindustrie (Teigwaren, Spirituosen, Konserven), Bekleidungs- und Schuhindustrie und des Druckereiwesens haben sich hier angesiedelt. Das Messegelände im NO der Stadt (500.000 m^2) beherbergt jedes Jahr die Internationale Messe (Juni) und mehrere spezialisierte Messen: im April die Arta Fiera, eine Verkaufsausstellung moderner Kunst, und die internationale Kinderbuchmesse; im April/Mai die Kosmetik- und Parfümeriemesse („Cosmoprof“); im Juni die internationale Lebensmittelmesse; im September die internationale Messe für Baukeramik und die internationale Schuhmodenmesse (Micam); im November die internationale Landwirtschaftsmaschinenmesse.
Typisches aus dem Ortsbild – Piazza Maggiore*; Piazza di Porta Ravagnana*; Via Zamboni*; Piazza S. Stefano; S. Domenico; Piazza Malpighi; Via Galleria*.
Sehenswürdigkeiten auf einen Blick – S. Petronio**; Neptun-Brunnen**; die schiefen Türme*; Pinacoteca Nazionale**; Archäologisches Museum*; S. Domenico**; S. Francesco*.
Küche und Keller – Die Bologneser Küche ist eine der renommiertesten Italiens. Die Tortellini (gefüllte Teigtaschen) und die Mortadella sind die bekanntesten Spezialitäten. Die Tortellini werden mit Schinken, Mortadella, Kalbfleisch oder Parmesan mit Muskatnuß gefüllt und wurden ursprünglich in Suppe serviert; die Varianten mit Tomatensugo oder Sahne (Panna) sind eine moderne Einführung. Weitere bekannte Teigwarengerichte sind die Tagliatelle (breite Nudeln); überbackene grüne Nudeln (Lasagne verdi al forno); Passatelli in brodo (Nudelsuppe); Tortellini mit Ricotta (Hüttenkäse) und Petersilie sowie die Nudelarten „Strichetti“ und „Papardelle“; weniger bekannt ist die „Minestra del Paradiso“, eine Suppe mit geriebenem Weißbrot und Ei. Außerdem sind die Cotolette alla bolognese (mit Schinken, Käse und Trüffel), Fritto misto (gebackene Meeresfrüchte), Pollo alla cacciatora (Huhn in Tomatensauce), die Bocconotti (gefüllter Blätterteig) und die Filetti di tacchino (gebackener Truthahn) lokale Spezialitäten. Mehlspeisen: Reistorte, „Sfrappole“, „Certosino“, Ravioli di S. Giuseppe (Teigtaschen mit Marmelade gefüllt). Weine: Sangiovese, Albana, Lambrusco, Sauvignon (aus Castel S. Pietro) und andere emilianische Weine.
Tips für den Einkaufsbummel – Schuhe, Keramik und Majolika, Lederwaren, Spielzeug, kulinarische Spezialitäten.
Stadtbesichtigung im Zeitraffer – Die Besichtigung erfordert mindestens zwei Tage und ist hier in vier Rundgänge unterteilt, die vorzugsweise zu Fuß und notfalls mit öffentlichen Verkehrsmitteln gemacht werden sollten. Aussichtsmöglichkeiten über die Stadt gibt es von der Torre degli Asinelli, von S. Michele in Bosco und von der Wallfahrtskirche Madonna di S. Luca.

Der 1. RUNDGANG beginnt im Zentrum (*Piazza Maggiore*;* **S. Petronio**; Palazzo Comunale*; Neptun-Brunnen****), führt durch die Via Rizzoli zur Piazza di Porta Ravegnana **(Schiefe Türme*)** und durch die Via Zamboni nach **S. Giacomo Maggiore*** und zur **Pinacoteca Nazionale****. Durch die Via Belle Arti nach S. Martino.
Der 2. RUNDGANG führt von der Piazza di Porta Ravegnana durch die Strada Maggiore zu **S. Maria dei Servi*** und zum Museo d'Arte Industriale; durch die Via Guerazzi und S. Stefano nach S. Giovanni in Monte, S. Stefano* und zum **Palazzo della Marcanzia***.
Der 3. RUNDGANG geht von der Piazza Maggiore durch die Via d'Azeglio zum **Palazzo Bevilacqua*;** durch die Via Marsili nach **S. Domenico**;** zurück zum Zentrum durch die Via Archiginnasio **(Archäologisches Museum*)**.
Der 4. RUNDGANG führt durch die Via 4 Novembre und die Via Porta Nuova zu Kirche **S. Francesco**;** zurück ins Zentrum durch die Via Ugo Bassi und durch die Via Indipendenza zur **Metropolitana*;** nach einem Spaziergang durch die benachbarten Gassen kommt man durch die Via Manzoni und die Via Galleria.

1. RUNDGANG:
Piazza Maggiore – Torri Pendenti – Pinakothek.

Piazza Maggiore* (II, D4) – Das monumentale Zentrum der Stadt ist von großartigen Baudenkmälern umgeben: die Basilika S. Petronio, ihr gegenüber der Palazzo del Podestà und an der westlichen Seite der Palazzo Comunale (Rathaus). Rechts von S. Petronio der *Palazzo dei Notai* (Notarpalast; 14.–15. Jh.). An der Ostseite des Platzes der arkadenbewehrte *Palazzo dei Banchi*, so genannt wegen der hier untergebrachten Geschäftslokale mehrerer Banken, erbaut von Vignola (1568).

S. Petronio** (II, D4) – Eine der schönsten Schöpfungen der italienischen Gotik, entworfen von Antonio di Vincenzo, Bauzeit 1390–1659. Die unvollendete Ziegelfassade ist nur im unteren Teil mit Marmor verkleidet. Das mittlere der drei Portale ist mit prächtigen Plastiken** des Sienesers Jacopo della Quercia (1425–1438) geschmückt (an den Seiten: biblische Szenen; im Gewände: 18 Propheten; im Giebelfeld: Madonna mit Kind), Meisterwerke der Frührenaissance in den Giebelfeldern der Seitenportale, Reliefs und Skulpturen verschiedener Künstler des 16. Jh. (A. Lombardi, A. Aspertini u. a.). Bemerkenswerte marmorne Maßwerkfenster an den malerischen, eindrucksvollen Seitenfassaden.

Gewaltiger dreischiffiger Innenraum (Gewölbehöhe 44 m), Seitenkapellen mit marmornen oder schmiedeeisernen Balustraden (15.–18. Jh.). Reiche Innenausstattung: 2. Kapelle rechts: Fresken (15. Jh.), Polyptychon (2. Hälfte 15. Jh.); 3. Kapelle: Polyptychon und Fresken in der Art der Vivarini; 4. Kapelle: marmorne Balustrade (1483) und Glasfenster des Hermann aus Ulm (1466); 5. Kapelle: Pietà des A. Aspertini (1519); 6. Kapelle: Hl. Hieronymus* von L. Costa, Terrakottaplastik Madonna mit Kind (1543); 8. Kapelle: marmorne Schranken (1525), Altar-Mensa von Vignola (1550) und geschnitztes

Chorgestühl* (1521); 9. Kapelle: Statue des hl. Antonius, von Sansovino (16. Jh.), an den Wänden Grisaillemalerei, Die Wunder des hl. Antonius, von Girolamo da Treviso (1526); in der 11. Kapelle in einer Nische Terrakottagruppe der Pietà des V. Onofri (Ende 15. Jh.). Im Chor großartige Tribüne von Vignola, geschnitztes Chorgestühl (1477) und bemerkenswerte Orgeln (die rechts aus den Jahren 1470–1475 ist vielleicht die älteste Italiens); 9. Kapelle links: eleganter schmiedeeisener Schranken (1482), Altarbild von D. Calvaert; 7. Kapelle: schöne Marmorbalustrade (15. Jh.), Madonna und Heilige* von L. Costa; 5. Kapelle: Martyrium des hl. Sebastian*, emilianische Schule, 15. Jh. (an den Seiten Verkündigung: Engel von F. Francia, Madonna von L. Costa); schöne Fayence-Fliesen am Fußboden (1487); 4. Kapelle: schöne gotische Marmorbalustrade, am Altar bemerkenswertes gotisches Holztriptychon, vergoldet und bemalt, venezianische Schule des frühen 15. Jh., an den Wänden Fresken* (Reise der Hl. Drei Könige; Szenen aus dem Leben des hl. Petronius; Himmel und Hölle) von Giovanni da Modena und Gehilfen (1410–1415); Glasfenster (15. Jh.); 2. Kapelle (Kapelle des hl. Petronius) mit schönen schmiedeeisernen Schranken (18. Jh.), reiche Barockausstattung aus dem 18. Jh. (A. Torreggiani); 1. Kapelle: Fresken des Giovanni da Modena (1420). Bemerkenswert der in den Fußboden eingelassene Meridian (1655), der vom linken Seitenschiff bis zur Fassade verläuft. Links vom Chor ist der Eingang zum MUSEUM *(Öffnungszeiten: 10–12.30 Uhr; Di u. Mi geschl.)*: Modelle und Entwurfszeichnungen mehrerer Künstler für die Fassade der Kirche; Kirchengewänder; Goldschmiedearbeiten (13.–18. Jh.); Schnitz- und Schneidearbeiten aus Holz, Elfenbein und Edelsteinen, illuminierte Chorgesangsbücher (15.–16 Jh.).

Bologna: S. Petronio

Palazzo del Podestà (II, D4) – Der von der zinnenbekrönten *Torre dell'Arengo* (1212) überragte mittelalterliche (frühes 15. Jh.) Stadtpalast wurde ab 1484 in den eleganten Formen der Renaissance vermutlich von A. Fieravanti umgebaut. Im Erdgeschoß Arkaden, in der Mitte treffen zwei Straßen unter einer Wölbung aufeinander: an den Ecken vier Terrakottaplastiken (Schutzheilige der Stadt) von A. Lombardi.

Palazzo Comunale* *(Rathaus)* (II, D3) – Großartiger, aus zwei unabhängigen Teilen bestehender Bau: der linke mit Spitzbogenarkaden wird von einem seitlichen Turm (13. Jh.) überragt, der rechte mit zweibogigen Fenstern (1428) mit Terrakottaverzierung.

Prächtiges Portal von G. Alessi (1555; oberer Teil von D. Tibaldi vollendet), am darüberliegenden Balkon mächtige Bronzestatue Gregors XIII. (1580); etwas höher oben wunderschöne Terrakottaplastik* (Madonna mit Heiligen) von Nicolò dell'Arca (1478).
Im INNEREN imposanter Arkadenhof (1425–1508) mit zwei schönen Portalen (1547); über eine sanft ansteigende Treppe, die Bramante zugeschrieben wird (1507), gelangt man in den ersten Stock, wo mehrere reich ausgestattete Räume besichtigt werden können *(Auskunft beim Personal)*: Herkulessaal (große Terrakottastatue des Herkules von A. Lombardi; Erdbebenmadonna (Fresko von F. Francia), Farnese-Saal (Marmorportal von Alessi) und Festsaal (stuckiertes Fries von Alessi). Im zweiten Geschoß die **Städtischen Kunstsammlungen** *(Collezioni Comunali d'Arte; Öffnungszeiten: 9–14 Uhr, So 9–12.30 Uhr; Di und an Feiertagen unter der Woche geschl.)*; vor allem Werke der Bologneser Schule (14.–16. Jh.; Vitale da Bologna, F. Francia), Kunstgewerbe, Miniaturensammlung (18.–19. Jh.), Majoliken, Gläser; bemerkenswert sind auch die Decken- und Wanddekorationen.

Piazza del Nettuno** – Unmittelbar an die Piazza Maggiore anschließend. Im zinnenbekrönten *Palazzo di Re Enzio* aus dem 13. Jh. wurde König Enzio, der Sohn Friedrichs II., der 1249 bei Fossalta in die Gewalt der Bologneser geraten war, bis zu seinem Tod (1272) gefangengehalten.

Im Inneren schöner gewölbter gotischer Saal, der sogenannte *Salone del Trecento,* von Antonio di Vincenzo (1386), in dem Ausstellungen und Kongresse abgehalten werden.

Neptun-Brunnen** (II, D3) – Der berühmte Brunnen, einer der schönsten des 16. Jhs., wurde von T. Laurenti entworfen; die Bronzestatuen (Neptun mit Dreizack, auch Gigant genannt, Putti und Sirenen) sind elegante Schöpfungen von Giambologna, vielleicht sogar sein Hauptwerk.

Bologna: Neptun-Brunnen

Via Rizzoli (II, D4) – Eine der wichtigsten Straßen des städtischen Lebens mit zahlreichen Cafés (in dem Fußgängerdurchgang zwischen der Piazza del Nettuno und der Straße einige Reste der römischen Siedlung Bononia). Sie trifft auf die **Piazza di Porta Ravegnana***, eine wichtige Straßenkreuzung mit den beiden berühmten schiefen Türmen; auf Nr. 1 die *Casa dei Drappieri (Gewandhaus)* aus der Renaissance (1496).

Die Schiefen Türme★ (*Torri pendenti;* II, D4) sind die letzten Überreste der einst zahlreichen typischen mittelalterlichen Adelstürme der Stadt. Der höhere (97,6 m) ist die **Torre degli Asinelli,** erbaut in den ersten Jahrzehnten des 12. Jhs., der Tradition nach von der Familie Asinelli, wahrscheinlich aber als Machtsymbol der Stadt. Sie hat eine Neigung von 1,23 m gegen W. 498 Stufen führen hinauf *(täglich 9–18 Uhr; Eintrittsgebühr);* prächtiger Blick★ auf die Stadt. Auch die **Torre Garisenda** (spätes 11. Jh.) wurde vermutlich nicht von der Familie Garisenda, sondern von der Stadtverwaltung errichtet. Sie ist 48,16 m hoch und hat aufgrund der Senkung des Bodens eine Neigung von 3,22 m.

Via Zamboni (II, C4–5) – Paläste aus dem 16.–18. Jh. geben dieser Arkadenstraße einen monumentalen Charakter. Bemerkenswert die Paläste auf Nr. 16 (Fassade aus dem Jahre 1760), Nr. 18 (16. Jh.); auf Nr. 13 (Palast aus dem Jahre 1560); auf Nr. 20 *Palazzo Salem-Magnani* von D. Tibaldi (1587), Ehrensaal mit Fresken★ zur Gründungsgeschichte Roms von den Carracci (1588–1591) *(zur Besichtigung wende man sich an den Credito Romagnolo);* auf Nr. 22 der schöne *Palazzo Malvezzi-Campeggi* von 1549. Auf Nr. 30, das *Städtische Theater (Teatro Comunale,* II C5), von A. Bibbiena im 18. Jh. erbaut, später verändert.

S. Giacomo Maggiore★ (II, C5) – Vom gotischen Bau (13.–14. Jh.) bestehen noch die Fassade mit dem Portal und den seitlichen Nischengräbern und der Chor mit den Radialkapellen. Entlang der Seitenfront eine elegante offene Säulenhalle mit Terrakottafries.

Das einschiffige INNERE stammt aus der Renaissance und besitzt Barockdekorationen. Rechts, 8. Kapelle: Mystische Hochzeit der hl. Katharina; Heilige, beide von Innocenzo da Imola (1536); 10. Kapelle: Der hl. Rochus, von einem Engel getröstet, von L. Carracci; die 12. Kapelle (Cappella Poggi), ein bemerkenswertes Beispiel manieristischer Kunst, entworfen und dekoriert von P. Tibaldi. In den Chorumgangskapellen: 2. Kapelle mit Polyptychon des P. Veneziano und einem bemalten Kruzifix von Jacopo di Paolo (ca. 1426); 3. Kapelle: Polyptychon von Jacopo di Paolo und Kruzifix von Simone da Bologna (1370); gegenüber dem Chor das Bentivoglio-Grab★ von Jacopo della Quercia und Gehilfen (1435).
Dahinter die CAPPELLA BENTIVOGLIO★★ auf quadratischem Grundriß mit eleganter Kuppel, 1486 geweiht: an den Wänden Fresken von L. Costa (15. Jh.), Altarbild von F. Francia (ca. 1494); außerdem kann auf Anfrage in der Sakristei das ORATORIO DI S. CECILIA besichtigt werden: es stammt aus dem 15. Jh. und ist mit zehn Fresken★★ von F. Francia und L. Costa und Schülern (1506, Leben der hl. Cäcilie und des hl. Valerian) ausgestattet.
Interessant sind auch die großartigen Schränke (der linke von 1640) in der Sakristei (1386). Im anschließenden Kapitelsaal, im 18. Jh. erneuert, Gemälde und Fresken aus dem 13. und 14. Jh.
Rechts neben der Kirche das ehemalige **Augustinerkloster,** von dem noch Kreuzgänge aus dem 15. und 18. Jh., die Treppe der Torreggiani, das Refektorium und die Bibliothek erhalten sind *(Eingang in der Via S. Vitale 42).* Heute ist es Sitz des *Musikkonservatoriums,* an dem u. a. Rossini und Donizetti tätig waren, mit dem *Civico Museo Bibliografico,* einer wichtigen Musiksammlung.

Universität (II, C5) – Sie ist die älteste Europas (Dokumente aus dem 11. Jh.) und das Vorbild für alle anderen. Sie wurde vor allem durch die Wiederaufnahme des Römischen Rechts berühmt. Hauptgebäude in der Via Zamboni 33 in einem prächtigen Palast von P. Tibaldi oder B. Triachini (1549) mit schönem Innenhof. Im Obergeschoß ist das interessante MUSEO DELLE NAVI *(Seefahrtsmuseum)* untergebracht *(für die Besichtigung wende man sich an das Personal; Voranmeldung ☎ 27 29 33):* Galeonen-, Galeeren- und Kanonennachbildungen aus dem 17. und 18. Jh., Sammlung geographischer Karten. Auf Nr. 31 *Accademia delle Scienze* (Akademie der Wissenschaften) mit zwei freskierten Sälen (Taten des Odysseus) von P. Tibaldi (1550–1560).

Pinacoteca Nazionale★★ (II, C5), Gemäldegalerie. *Öffnungszeiten: 9–12 Uhr; Sonn- und Feiertage 9–13 Uhr; Mo geschl.; Eintrittsgebühr.* Wichtig vor allem für die Kenntnis der Bologneser Malerei vom 14.–18. Jh., in drei Abteilungen gegliedert.

Mittelalterliche Abteilung – Saal I, Bologneser Maler des 14. Jh.: Vitale da Bologna (Hl. Georg mit Drachen; Leben des hl. Antonius Abate); Jacopino da Bologna (Polyptychon); Giovanni da Bologna; Giovanni da Modena. – Saal II, Werke des 13. und 14. Jh. aus der Toskana, Umbrien und Venetien: Lorenzo Monaco; Giotto und Werkstatt (Thronende Madonna mit 4 Heiligen★); Andrea di Bartolo; Lorenzo Veneziano. – Saal III, Gemälde des 15. Jh.; 2 Kruzifixe des Michele di Matteo. – Saal IV, Fresken aus dem 14. und 15. Jh.; Vitale da Bologna (Abendmahl★ und 4 Heilige); Jacopino da Bologna (Sieg des hl. Jakob in der Schlacht von Clavijo★★). – Saal V und VI, Fresken (14. und 15. Jh.) der ehemaligen Kirche S. Apollonia di Mezzaratta: Vitale da Bologna (Verkündigung★ und Krippe), Jacopo da Bologna, Simone de' Crocifissi, Jacopo di Paolo, Cristoforo da Bologna.
Renaissance-Abteilung, aufgeteilt auf mehrere Räume – Gemälde der zweiten Hälfte des 15. und des 16. Jhs.: A. und B. Vivarini (Polyptychon★); N. Alunno; Cima da Conegliano (Madonna); Marco Zoppo (Hl. Hieronymus); A. Vivarini (Christus); Francesco del Cossa (Bild der Kaufleute★); L. Costa (Madonna mit Kind und 2 Heiligen; die hll. Petronius, Franziskus und Dominikus); Ercole de' Roberti (Weinende Maria★; Erzengel Michael★); M. Palmezzano; F. Francia (Madonna Scappi; Pala Felicini Anbetung★); A. Aspertini (Verzückung der hl. Cäcilie★★, 1515); Franciabigio (Madonna mit Kind); G. Bugiardini; Bachiacca (Wunder des hl. Ubaldo); Perugino (Madonna im Glorienschein); Giulio Romano (zugeschrieben; Hl. Johannes in der Wüste); Garofalo; Innocenzo da Imola; Cotignola; Bagnacavallo; B. Pupini; Parmigianino (Madonna der hl. Margarethe★); emilianische Manieristen des 16. Jh.: B. Passarotti; P. Tibaldi. Gemälde der katalanischen (15. Jh.), deutschen (15. Jh.) und flämischen Schule. Durch einen Gang, in dem gelegentlich graphische Ausstellungen stattfinden, gelangt man in den Saal mit den Gemälden der zweiten Hälfte des 16. Jhs.: G. Vasari (Abendmahl des hl. Gregor★); P. Faccini (Verkündigung★); G. Reni (Krönung Mariens); L. Sabattini; B. Passarotti; O. Sammachini; P. Fontana; C. Procaccini; B. Cesi (hl. Anna und Immacolata).

Barock-Abteilung – Werke der Carracci: Annibale (Verkündigung*; Aufnahme Mariens in den Himmel), Agostino (Kommunion des hl. Hieronymus) und Ludovico (Martyrium der hl. Ursula; Paulussturz; Madonna degli Scalzi*; Madonna dei Bargellini*). Der nächste Saal ist G. Reni gewidmet: Pietà dei Mendicanti**; Kreuzigung; Der siegreiche Samson**; Bethlehemitischer Kindermord; Ecce Homo. Links Eingang zur Sektion des Barock und des 18. Jh. – Saal I: L. Carracci (Rosenkranzmadonna*; Bildnis der Familie Tacconi*); A. Carracci (Venus); A. Tiarini; G. Cavedoni (Madonna von S. Alò*); F. Albani; Guercino; Mastelletta; G. F. Gessi. – Saal II: A. Carracci (Christus); Guercino (die hl. Irene pflegt den hl. Sebastian); L. Spada; Domenichino (Sylvia und Satyr); F. Albani (Zeus und Pandora); S. Cantarini (Bildnis Guido Renis*); G. Reni (Bildnis seiner Mutter**); Domenichino; G. F. Gessi; Guercino; A. Tiarini; S. Cantarini; G. Cagnacci. – Saal III: F. Albani; Mastelletta; L. Pasinelli (Martyrium der hl. Ursula*); G. G. Dal Sole; G. A. Burrini (Erminia und die Schäfer); mehrere Säle mit Werken G. M. Crespis (Liebesschlaf; Familie; Bethlehemischer Kindermord; Verwandlung der Schäfer in Kröten; Il Casolare*; hl. Johannes Nepomuk); L. Pasinelli; G. A. Burrini; G. M. und L. Crespi. – Saal IV: L. Pasinelli (hl. Katharina von Alexandrien*); D. Creti (Achilles im Styx; Heimsuchung); G. M. Crespi (Bildnis eines Mädchens mit Katze und Rose*); 4 Jahreszeitenbilder von M. A. Franceschini; U., G. und M. Gandolfi; V. M. Bigari; E. Graziani; A. Calvi. Im didaktischen Saal 7 große Leinwandbilder (C. Cignani; L. Carracci; Domenichino; F. Albani; Guercino und F. Barocci). Vor dem Ausgang links ein Raum mit 8 Fresken des Nicolò dell'Abate aus dem Palazzo Zucchini-Solimeni in der Via Galleria.

S. Martino (II, C4) – Im Inneren der gotischen Kirche (13. bis frühes 16. Jh.) Gemälde des 14.–19. Jhs.

F. Francia (Madonna und Heilige*) in der 1. Kapelle links, schöne Renaissance-Architektur mit Fresko von P. Ucello); B. Cesi (Kruzifix mit Heiligen, 3. Altar links), L. Carracci (Hl. Hieronymus, 4. Altar), L. Costa (Himmelfahrt Mariens, 5. Altar), und A. Aspertini (Madonna mit Heiligen, 5. Altar rechts). In der 1. Kapelle rechts die Anbetung der Hl. Drei Könige, das Hauptwerk von Girolamo da Carpi; zwischen der 4. und 5. Kapelle rechts das Fragment einer Vitale da Bologna zugeschriebenen Kreuzigung; bemerkenswert auch die barocke Kapelle (A. Torreggiani, 1753) am Ende des rechten Seitenschiffes.

Interessante Bauwerke mit Arkaden, Vorhallen und Festtreppen in der *Via Marsala,* die die Via Indipendenza mit der Via Zamboni verbindet. Nach der Kreuzung mit der Via Oberdan auf Nr. 12 die *Casa Grassi* aus dem späten 13. und frühen 14. Jh. mit schönem balkengedecktem Portikus, Spitzbogenportal und Terrakottaplastiken an den Fenstern.

2. Rundgang:
Piazza die Porta Ravegnana – S. Stefano – Palazzo della Mercanzia.

Strada Maggiore – Die malerische Straße mit mittelalterlichen Häusern (Nr. 11, 13, 17, 19), Palästen und Kirchen, verbindet die Piazza di Porta Ravegnana und die Porta Maggiore. An ihrem Beginn **S. Bartolomeo** (II, D4) aus dem 17. Jh. mit Portikus aus dem 16. Jh.: in dem weitläufigen, reich ausgestatteten Inneren Verkündigung von F. Albani (1632) am 4. Altar rechts und das kleine Gemälde der Madonna mit Kind von G. Reni im linken Seitenschiff.

S. Maria dei Servi* (II, D5) – Diese gotische Kirche ist eine der schönsten Bolognas; Baubeginn 1346, Ausbau 1386–1396, Bauabschluß zu Beginn des 16. Jhs. Elegante Vorhalle, z. T. aus dem 15. Jh., interessanter Chor (15. Jh.).

Harmonischer, dreischiffiger Innenraum mit Pfeilern und Säulen in strenger gotischer Ordnung; Umgangschor. Reicher Hauptaltar aus dem 16. Jh. mit Plastiken von G. A. Montorsoli; hölzernes Chorgestühl mit Einlegearbeiten, 1450 begonnen, 1617 vollendet. An der linken Wand Madonna mit den sieben Gründern des Servitenordens, von G. M. Crespi. Im Chorumgang, Zugang von der rechten Seite, Deckenfresko des Vitale da Bologna; Polyptychon (Thronende Madonna mit Heiligen) mit Terrakottarahmen von Lippo di Dalmasio; schöne bemalte Terrakottagruppe der Madonna mit Heiligen, von V. Onofri (1503); in der 3. Kapelle die großartige Thronende Madonna**, von Cimabue; am Ende des Umgangs Grabmal des G. Giacomo und Andrea Grati, von V. Onofri. Im linken Seitenschiff: Darbringung im Tempel, von A. Tiarini; in der 6. Kapelle Verkündigung, von Innocenzo da Imola. In der 4. und 2. Kapelle Martyrium des hl. Andreas und Noli me tangere, von F. Albani. Im Kloster sind einige von der Wand gelöste Fresken aufbewahrt, darunter Vier Engel, von G. Reni.

Museo d'Arte Industriale (*Kunstgewerbemuseum;* II, D5) – Strada Maggiore Nr. 44. *Öffnungszeiten: 9–14 Uhr; Sonn- und Feiertage 9–12.30 Uhr; Di geschl.* Hat seinen Sitz im *Palazzo Davia Bargellini* aus dem 17. Jh., auch *Palazzo dei Giganti* genannt, wegen der zwei großen Figuren, die den Balkon tragen.

Die große kunstgewerbliche Sammlung der Galleria Davia Bargellini nimmt sieben Säle ein: Bologneser Möbel (16.–18. Jh.); sakrale Gegenstände (17.–18. Jh.); Keramik, Glas, Leder; Miniaturen; Stickereien; Krippen und Marionetten (18. Jh.); Gemälde der Bologneser Schule des 14. Jh. (Vitale da Bologna; Simone de'Crocifissi), Werke des 15. Jh. (A. und B. Vivarini) und Meister des 16., 17. und 18. Jh. (M. A. Franceschini, G. M. Crespi).

Via S. Stefano – Verbindet die Porta S. Stefano mit der Piazza di Porta Ravegnana; eine typische Straße des alten Bologna mit mehreren Palästen des 16.–18. Jhs. und der mittelalterlichen Anlage der Piazza S. Stefano; auf Nr. 14 die 30 m hohe *Torre Alberici* aus dem 12. Jh.

S.Giovanni in Monte (II, E5) – Von der Via S. Stefano aus über eine Rampe erreichbar. Die im 13. Jh. erbaute und 1440 vergrößerte Kirche hat eine venezianische Renaissance-Fassade (1474). In der Portallünette ein schöner Terrakottaadler des Nicolò dell'Arca (1480). Gotischer Innenraum.

An der Eingangswand zwei Glasfenster, eines von L. Costa (Hl. Johannes), das andere von Cossa (Madonna). Rechts in der 7. Kapelle schönes Tafelbild (Madonna mit Heiligen*) von L. Costa (1497). Über dem Hauptaltar Holzkruzifix, von Jacopino di Francesco (14. Jh.); im Chor Gestühl mit Einlegearbeiten (1523) und ein weiteres Gemälde von L. Costa (Krönung Mariä, 1501); im linken Querschiff Kapelle im toskanischen Stil aus dem Jahre 1514; in der 2. Kapelle links ein Gemälde von Guercino, die hll. Franziskus, Girolamo und Maria Magdalena. Kleines *Kirchenmuseum* mit bemerkenswerten Reliquien (13.–17. Jh.).

Piazza S. Stefano – Hier stehen die gleichnamige Basilika und mehrere typische Paläste und Häuser aus dem 15. und 16. Jh.; auf Nr. 9–11 *Palazzo Bolognini-Amorini* (16. Jh.); auf Nr. 15–21 die malerische Anlage der *Case Tacconi* (15.–16. Jh.); auf Nr. 18 die *Casa Isolani-Bolognini* im Mischstil der Gotik und Renaissance, erbaut von Pagno di Lapo Portigiani aus der Toskana (1455).

S. Stefano★ (II, D5) – Eindrucksvolle Anlage mehrerer mittelalterlicher Sakralbauten, die alle zusammen unter dem Namen des Heiligen laufen, obwohl keiner von ihnen ihm geweiht ist.

Der Reihe nach von links: die Kirche Ss. Vitale e Agricola, die Heiliggrabkirche (S. Sepolcro) und die Kirche zum gekreuzigten Heiland (Crocefisso), die man zunächst betritt. Die Kirche des CROCEFISSO stammt aus dem 11. Jh.; sie ist einschiffig mit einem über der Krypta erhöhten Chor. – Die romanische Kirche S. SEPOLCRO oder CALVARIO, aus dem 12. Jh., mit polygonalem Grundriß, einem Umgang und einer Kuppel, unter dem Altar und der Kanzel Zugang zum Grab des Hl. Petronius (Bischof von Bologna im 5. Jh.); Reliefs aus dem 13. und 14. Jh. – Die Kirche Ss. VITALE E AGRICOLA (auch *Peter und Paul* genannt) wurde im 5. Jh. gegründet, im 8. Jh. mit Resten römischer Bauten erneuert und schließlich im 11. Jh. im strengen romanischen Stil mit drei Schiffen und drei Apsiden neu errichtet.

Von der Heiliggrabkirche kommt man in den strengen CORTILE DI PILATO *(Hof des Pilatus)* aus dem 12. Jh. (in der Mitte Marmorbecken aus dem 8. Jh.). Durch das linke Portal gelangt man zu mehreren zugänglichen Kapellen und Sälen, darunter die *Sala della Compagnia,* erbaut von den Lombardi (*zu besichtigen:* kleine Tafelbilder von Simone de'Crocefissi, Giovanni da Modena und Tommaso Garelli, 1466).

Zurück in den Hof, in dessen Hintergrund die Kirche DELLA TRINITÀ *(Hl. Dreifaltigkeitskirche)* aus dem 13. Jh. mit 2 Querschiffen, einer Kreuzkapelle (man bemerke die seltene Holzfigurengruppe der Anbetung der Könige aus dem 14. Jh.). Rechts ein schöner **Kreuzgang**★ aus dem 11.–12. Jh. mit Doppelsäulchen. Von der Galerie Zugang zum kleinen **Museum** *(Eintrittsgebühr; beim Pförtner läuten):* Gemälde der Bologneser Schule des 14. Jh. (Simone de'Crocefissi, Lippo di Dalmasio) und des 17. Jh.; Plastiken von Giovanni di Balduccio (14. Jh.) und wertvolle Goldschmiedearbeiten (Reliquiar des hl. Petronius, von Jacopo Roseto, 1380; Reliquiar des hl. Florian, 1451).

Piazza della Mercanzia – Malerischer Platz, gesäumt von alten Häusern (Nr. 1 aus dem 16. Jh., Nr. 2 und 3 gotisch), dem Palazzo della Mercanzia (alte Handelskammer) und zwei nahe gelegenen Türmen.

Palazzo della Mercanzia★ (II, D4), alte Handelskammer – Eines der elegantesten mittelalterlichen Bauwerke Bolognas, Baubeginn 1382, der Tradition nach von Antonio di Vincenzo; ein gotischer Stadtpalast mit hohem Portikus, baldachinüberdecktem Balkon, Doppelfenstern und Zinnen.

3. RUNDGANG:
Piazza Maggiore – S. Domenico – Archäologisches Museum.

Via d'Azeglio – Verbindet Piazza Maggiore und Porta di S. Mamolo. Sie wird außer vom Palazzo Bevilacqua (Nr. 31–35) von zahlreichen anderen bemerkenswerten Gebäuden (Nr. 38, 40, 42, 47, 48) des 15.–18. Jhs. gesäumt. Außerdem befindet sich an ihrem Beginn die Kirche *S. Giovanni Battista dei Celestini* (II, D3) aus dem 16. Jh., die Fassade aus dem 18. Jh. (im Inneren Dekorationen, Skulpturen und Gemälde vom 16. bis zum 18. Jh.: G. Mazza, M. A. Franceschini). Links neben der Kirche der malerische mittelalterliche Winkel der *Corte de'Galluzzi* mit dem gleichnamigen 32 m hohen *Turm* (1257). In der Via Carbonari, einer Nebenstraße, liegen unter dem Palazzo Maiani die Reste eines *römischen Theaters* (1. Jh. n Chr.). Nach dem Palazzo Bevilacqua die Kirche *S. Procolo* (II, E3), zwischen 1535 und 1539 von Terribiglia und Formigione neu erbaut; bemerkenswert sind die vier Kreuzgänge der ehemaligen Benediktinerabtei (drei aus dem 16. Jh., der vierte aus dem frühen 17. Jh.). Gegenüber der Kirche ein Palast mit hohen Arkaden aus dem 16. Jh.

Bologna: Palazzo Bevilacqua

Palazzo Bevilacqua★ (II, E3) – Schönstes Beispiel der Frührenaissance in Bologna. Zwischen 1474 und 1482 von mehreren Künstlern mit toskanischer Ausbildung erbaut. Ganz mit Bossenwerk verkleidet, im Obergeschoß elegante Doppelfenster, schöne schmiedeeiserne Balkonbrüstung. Wunderschöner Arkadenhof mit Loggia (in der Mitte originelle Brunnen).

Corpus Domini (II, E3) – In der Via Tagliapietra. Die Kirche, auch *La Santa* genannt, stammt aus dem 15. Jh. und wurde im 17. Jh. erneuert. Das reich mit Terrakottaplastiken geschmückte Portal aus dem 15. Jh. von Sperandio ist noch erhalten. Im Inneren noch Reste der Ausstattung von Franceschini (17. Jh.); bemerkenswert auch zwei Gemälde von L. Carracci im rechten Querschiff und in der Kapelle S. Catarina de'Vigri.

Piazza dei Tribunali – Hier erhebt sich der mächtige **Palazzo della Giustizia** (*Justizpalast,* II, E4), dessen Mittelteil vermutlich von D. Tibaldi (1584) entworfen wurde; bemerkenswert der erste Hof und die Feststiege (1695) in den ersten Stock (dort in den Sälen Dekorationen von M. A. Franceschini).

Piazza S. Domenico – Einer der malerischsten Plätze Bolognas, mit zwei Säulen aus dem 17. Jh. und den beiden typischen Baldachingräbern des E. Foscherari (1289) und des Rolandino de'Passeggeri (14. Jh.).

S. Domenico★★ (II, E4) – Große Dominikanerkirche, erbaut 1221–1233, barockisiert 1728–1732 durch C. F. Dotti. Links neben der einfachen Fassade aus dem 13. Jh. (später umgestaltet) die elegante *Cappella Ghisilardi* von B. Peruzzi (um 1530).

Das großartige dreischiffige Innere ist reich an Kunstwerken: Im rechten Seitenschiff die CAPPELLA DI S. DOMENICO★★ (1605; Apsisfresko von G. Reni, Der hl. Dominikus in der Glorie), mit der berühmten marmornen **Arca di San Domenico★★** (Schrein des hl. Dominikus): am Schrein selbst Basreliefs (Szenen aus dem Leben des Heiligen) aus der Werkstatt von Nicola Pisano (Arnolfo di Cambio, Lapo, Fra Giuglielmo; 1267); Statuen der Stadtheiligen★, von Nicolò dell'Arca (1473); rechter Engel★ und Statuen des hl. Petronius★ und Prokulus★, von Michelangelo (1494). Hinter dem Grab das Reliquiar des Mantels des hl. Petronius★ von Jacopo Roseto (1383). – Im rechten Querschiff Altar des hl. Thomas von Aquin von Guercino. In der rechten Chorkapelle Tafelbild (Vermählung der hl. Katharina★) von Filippino Lippi (1501). In der mittleren Apsis Chorgestühl★ mit Einlegearbeiten (1541–1551); höher oben, zwischen prächtigem vergoldetem architektonischem Gesims, Epiphanie und zu beiden Seiten die hll. Nikolaus und Dominikus von B. Cesi (1595). In einer Kapelle im rechten Querschiff Kreuzigung★, von Giunta Pisano (1250) und Grab des Taddeo Pepoli aus dem 14. Jh. Im linken Seitenschiff: 7. Kapelle auf griechischem Kreuz von Terribilia (1551); Altarbild von D. Calvaert, Verkündigung; 5. Kapelle (1460; außen polygonale spätgotische Struktur), mit 15 Rosenkranzbildern von Calvaert, B. Cesi, L. und A. Carracci, G. Reni und Albani; im anschließenden Vestibül Denkmal A. Tartagnis, von Francesco Simone Ferrucci; in der 2. Kapelle Hl. Raimund von Peñaforte, von L. Carrecci.
Vom rechten Seitenschiff durch die Sakristei in das MUSEUM: Terrakottabüste des hl. Dominikus★, von Nicolò dell'Arca (1474); schöner Tondo (Rundbild) mit Johannes d. Täufer von 1460; Madonna, von Lippo di Dalmasio; zwei Fresken von L. Carracci; Goldschmiedearbeiten und Kirchengegenstände. – Vom rechten Seitenschiff der Kirche Zugang zum *Chiostro dei Morti* (*Totenkreuzgang,* 14.–15. Jh., überragt von der Apsis der Kapelle des hl. Dominikus und dem romanisch-gotischen Glockenturm (1336).

Via Archiginnasio – Zwischen der Seitenfassade von S. Petronio und dem Palazzo dell'Archiginnasio, dessen Arkadengang *Portico del Pavaglione* genannt wird; er gehört zu den elegantesten und beliebtesten Punkten der Stadt. Auf Nr. 1 Eingang zum Archiginnasio, Nr. 2 das Museo Civico Archeologico (Städtisches Archäologisches Museum).

Archiginnasio (II, D4) – Der große Palast wurde 1563 von Terribilia errichtet und beherbergt heute die *Städtische Bibliothek (9–19.45 Uhr an Wochentagen).*

Eleganter Arkadenhof mit Loggia und zahlreichen Wappen von Lehrern oder Schülern der Universität, die hier bis 1803 ihren Sitz hatte. Im Hintergrund des Hofes *(man wende sich an den Pförtner: 9–14 Uhr an Sonn- und Feiertagen)* die *Kapelle S. Maria dei Bulgari* mit Freskenresten von B. Cesi und einer Verkündigung von D. Calvaert. Im ersten Stock der interessante *Anatomische Hörsaal* aus dem 17.–18. Jh. mit (restaurierten) holzverkleideten Wänden und Decke und die *Sala Stabat Mater* (ehemaliger Vorlesungssaal der Rechtswissenschaften).

Museo Civico Archeologico (*Städtisches Archäologisches Museum;* II, D4) – *Öffnungszeiten: 9–14 Uhr; So 9–12.30 Uhr; Mo und Feiertage geschl.* Besonders interessant sind die Prähistorischen und Etruskischen Sammlungen.

Erdgeschoß (Atrium und zwei benachbarte Höfe): Inschriftensammlung (beachtenswert ein Meilenstein, 77. Meile von Rimini). Eine Treppe führt in das Obergeschoß (Gipsabguß des Neptun von Giambologna). – Saal I und II: Prähistorische Sammlung (vom Paläolithikum bis zur Bronzezeit). – Saal III–V: wichtige Ägyptische Sammlung: Basreliefs der Horemheb-Gräber (18. Dynastie); Mumien; Votivstatuetten; Amulette etc. – Saal VI: Griechische Abteilung: Skulpturen (Kopf der Athene Lemnia★ des Phidias, Marmorkopie aus augustäischer Zeit) und Reliefs aus hellenistischer Zeit; Attische Vasen (Tazza di Codro★ im Stil des Phidias, Mitte 5. Jh. v. Chr.); Goldschmiedearbeiten. – Saal VII: Römische Abteilung: Skulpturen, vor allem römische Kopien nach griechischen Originalen. – Saal VIII: Etruskisch-italische Altertümer (Sammlung aus der Eisenzeit). – Saal IX: Römische Altertümer: Bronzen, Vasen, verschiedene Werkzeuge. – Saal Xa: Sammlung der Nekropolen Villanovianus I und II (9. u. 8. Jh. v. Chr.); Terrakotta-Urnen, Rasiermesser etc. (Bronzegürtel★); entlang der Wände etruskische Grabstelen. – Saal X: Villanovianus III und IV (8.–6. Jh. v. Chr.); Bronze-Urnen, Keramik; bemerkenswert der Askos Benacci★; links etruskische Sammlung (Votivsäulen★ mit den bedeutendsten Bronzearbeiten aus etruskischer Zeit, griechische und etruskische Vasen; die sogenannte Certosa-Situla★, ein Eimer aus der Bronzezeit). – Saal XII: Gallische und römische Funde aus Bologna. – Saal Xb: Tausende Bronzen (Gewandnadeln etc.) von einem einzigen Fundort (Piazza S. Francesco in Bologna).
Außerdem reiche Sammlungen des Mittelalters und der Neuzeit (Waffen, Plastiken, illuminierte Handschriften, Bronzen, Keramiken), die 1985 in neue Ausstellungsräume im Palazzo Ghislardi Fava in der Via Manzoni (s. S. 83) übersiedeln.
MUSEUM DES RISORGIMENTO beinhaltet Gegenstände (Dokumente, Waffen, Uniformen, Fahnen, Plakate, Gemälde, Graphik, Büsten), die an die Rolle der Emilia-Romagna im Freiheitskampf vom 18. Jh. bis zum Widerstand im Zweiten Weltkrieg erinnern. Besonderes Interesse verdienen die Waffen des Joachim Murat, Schwager Napoleons und König von Neapel.

S. Maria della Vita (II, D4) – Links vom Palazzo dei Musei in der Via Clavature. Barockkirche (1690), die Kuppel (1877). Im Inneren rechts vom Hauptaltar die wunderschöne Terrakottagruppe der Pietà★, von Nicolò dell'Arca (ca. 1485).

4. RUNDGANG:
S. Francesco – Dom – Montagnola.

Via IV Novembre – Beginnt an der Piazza Maggiore links neben dem Palazzo Comunale, führte zum *Palazzo della Prefettura* (*Präfektur,* 1603), zum *Palazzo Marescalchi* (Nr. 5; Ende 16.– frühes 17. Jh.) und dann zur Seitenfassade der Barockkirche **S. Salvatore** (17. Jh.; II, D3); in deren Innerem schöne Gemälde (Mastelletta, Simone de' Crocefissi, Vitale da Bologna, Bononi, Innocenzo da Imola). Ihre Verlängerung, die Via Porta Nuova, führt durch den Bogen des alten Stadttors (12.–13. Jh.).
Piazza Malpighi (II, D2) – Malerischer Platz mit dem Chor und den beiden Glockentürmen von S. Francesco, den drei Gräbern von Glossatoren (Kommentatoren der Werke der Rechtsgelehrten) aus dem 13. Jh. und der Säule der Immacolata.

S. Francesco★★ (II, D2) – Eines der sehenswertesten Baudenkmäler der Stadt, zwischen 1236 und 1263 von den Franziskanern unter dem Einfluß der französischen Gotik erbaut; nach starkem Bombenschaden im Zweiten Weltkrieg (vor allem die hohe Westfront) wiederaufgebaut. An der malerischen linken Seitenfassade die spätgotische *Kapelle des hl. Bernardin*. Bewegte Apsis mit Radialkapellen und Strebebögen. Der niedrige Glockenturm aus dem Jahre 1260, der andere ist ein schönes Werk Antonio di Vincenzos (1402).

Großartiger dreischiffiger INNENRAUM mit achteckigen Pfeilern, Spitzbogen und hohen Segelgewölben. Marmorner gotischer Hauptaltar★ mit vielen Plastiken von Pier Paolo dalle Masegne (1392). Entlang der Wände mehrere Gräber aus der Renaissance: in der 6. Kapelle des Chorumgangs das Albergati-Grab, von F. Ferrucci (15. Jh.), im linken Seitenschiff das Grab Alexanders V., von N. Alberti (1424) und Sperandio di Bartolomeo (1482). – Bemerkenswert auch die Sakristei des Antonio di Vincenzo (spätes 14. Jh.) und die beiden Kreuzgänge: der CHIOSTRO DEI MORTI (Blick auf die beiden Glockentürme) vom Ende des 14. Jh. mit zahlreichen Rektorengräbern und der CHIOSTRO GRANDE (1460–1571; *Eingang von der Piazza Malpighi*) mit doppelter Loggia.

Via Ugo Bassi – Belebte Verkehrsader, die von der Piazza Malpighi ins Zentrum zurückführt. Der letzte Abschnitt entlang der Seitenfassade des Palazzo Comunale (Brunnen von T. Laurenti; 1565) mit schönem Blick auf die beiden schiefen Türme und die Piazza del Nettuno.
Via dell'Indipendenza – Lange und gerade Arkadenstraße, die das Zentrum mit der Porta Galliera (1661) und dem Hauptbahnhof verbindet. An ihrem Beginn rechts auf Nr. 3–5 die *Casa Emaldi* aus dem 16. Jh. mit *Turm* aus dem 13. Jh. (39 m); gegenüber auf Nr. 4 die *Palazzina Maiani* (1908), ein bemerkenswertes Beispiel des Jugendstils; kurz danach rechts die Kirche der Metropolitana; am Ende die Montagnola (Parkanlage).

Metropolitana (Dom; II, C4) – Die Kirche *(S. Pietro)*, alten Ursprungs, wurde ab 1605 wiederaufgebaut; prächtige Fassade von A. Torreggiani aus dem 18. Jh. und bemerkenswerter romanischer Glockenturm des 12.–13. Jhs.

INNENRAUM von riesenhaften Proportionen; miteinander verbundene Seitenkapellen. Zu Seiten des Hauptportals zwei rote Marmorlöwen von dem romanischen Vorgängerbau (1220). Über dem niederen Bogen des Hauptschiffes vier elegante Emporen von Torreggiani. Chor von D. Tibaldi (1575) über der alten Krypta; Apsisfresko der Verkündigung★, letztes Werk von L. Carracci (1619). Gemälde von Bagnacavallo, A. Tiarini, D. Creti, P. Fontana. In der Krypta romanische Holzplastik (Kreuzigung; 13. Jh.) und eine Pietà mit acht großen Terrakottafiguren von Alfonso Lombardi (16. Jh.).

Hinter der Metropolitana erstreckt sich ein gut erhaltenes typisches altes Stadtviertel★. Entlang der rechten Seitenfassade der Kirche die Via Altabella (man bemerke den Glockenturm) mit dem *Palazzo Arcivescovile* (*Erzbischöfliches Palais;* 13. Jh.); vom Renaissance-Innenhof (D. Tibaldi, 16. Jh.) Blick auf den Chor des Doms. Rechts die 60 m hohe **Torre Azzoguidi** oder **Altabella** (12. Jh.). Weiter durch die Via S. Alò zur **Torre Prendiparte** (59 m; ebenfalls 12. Jh.) und dann durch die Via Albiroli (mittelalterliches Haus mit Turm); auf Nr. 16 der *Palazzo Bocchi* (16. Jh.). Etwas weiter trifft man auf die Via Marsala, s. S. 80.
Via Manzoni – Hier die Kirche **Madonna della Galliera** (II, C3), 1479 umgebaut, mit Backsteinfassade aus der Frührenaissance (1486); reich ausgestattetes Inneres (17. Jh.): Christus zwischen Maria und Josef, von F. Albani. An der anderen Straßenseite drei bemerkenswerte Paläste: auf Nr. 6 Palazzo Conoscenti aus dem 14. Jh.; auf Nr. 4 *Palazzo Ghisilardi Fava*★ (in Restaurierung), schönes Beispiel der Herrschaftsarchitektur aus dem 15. Jh. (mit Hof und doppelter Loggia); auf Nr. 2 der ehemalige *Palazzo Fava* (zum Teil Hotel) aus der Mitte des 16. Jhs.

Via Galliera★ (II, B–C3) – Eine der monumentalsten Straßen Bolognas mit prächtigen Palästen (15.–18. Jh.). Nr. 14, *Palazzo Felicini-Fibbia* von 1497; Nr. 21, *Palazzo Gamberini,* vielleicht von Terribilia (16. Jh.); Nr. 13, *Casa Bertoni,* spätes 15. Jh., aber noch mit gotischen Elementen; Nr. 8, *Palazzo Aldrovandi-Montanari,* mit Fassade von A. Torreggiani aus dem 18. Jh.; Nr. 3–5, *Palazzo Calzoni,* Andrea di Formigine zugeschrieben (1529).

Montagnola (II, A–B4) – Öffentliche Parkanlage auf einem kleinen Hügel, im 17. Jh. angelegt, heute Vergnügungs- und Erholungsstätte. Mit der Piazza XX Settembre durch eine Treppe, im Volksmund der *Pincio* genannt, verbunden (1896): mit Reliefs und Plastiken, die an die Geschichte der Stadt erinnern, und einem Nixenbrunnen.

WEITERE SEHENSWÜRDIGKEITEN – **Haus des Giosuè Carducci** (II, E6) – Piazza Carducci Nr. 5. *Öffnungszeiten: 9–12, 15–17 Uhr; Sonn- und Feiertage 9–13 Uhr; Mo geschl.* Hier wohnte der Dichter von 1890 bis zu seinem Tod (1907), in den Räumen wurde nichts verändert. Beinhaltet ein kleines Museum und die Bibliothek des Dichters. Rechts neben dem Haus das Denkmal Carduccis, von L. Bistolfi (1928).
Palazzina della Viola (II, B5) – In der Via F. Re auf einem begrünten Platz. Eleganter Bau mit Arkaden und Loggia, 1497 für Annibale Bentivoglio als Lustschlößchen erbaut, heute Sitz des Instituts für Agrarmechanik.
Museo Nazionale Storico Didattico della Tappezzeria (*Museum für Textilkunde;* II, D3), im *Palazzo Salina* (Fassade von C. F. Dotti), Via Barberia 13. *Öffnungszeiten: 9.30–12.30 Uhr; Sa, So auch 15.30–19 Uhr. Eintritt frei.* Orientalische Stoffe (17.–19. Jh.); Venezianische Stoffe (17.–18. Jh.); Brokat und Damast aus Bologna; Samte; Florentiner Stoffe (15.–16. Jh.); Werkzeuge der Stoffweberei (darunter ein Webstuhl aus 1380); Embleme der Bologneser Zünfte; in einem Saal moderne Herstellungstechniken (synthetische Fasern); interessante Sammlung koptischer Stoffe (4.–7. Jh.); französische Brokate; Briefmarken aus aller Welt mit Textil-Themen.
Unweit davon, an einer Straßenkreuzung, die Barockkirche **S. Paolo** aus dem 17. Jh. (II, E3), mit reich ausgestattetem Inneren: 2. Kapelle rechts: Paradies, von L. Carracci, 4. Kapelle: ein Gemälde von Guercino.
Kirche Annunziata (II, F3) – In der Via S. Mamolo, jenseits der Umfahrungsstraßen. Kirche aus dem 15. Jh. mit Renaissanceportikus (im Inneren an der linken Wand bemerkenswertes Fresko der Anbetung der Hl. Drei Könige, 16. Jh.).

Ss. Vitale e Agricola (II, D5) – Via San Vitale 44. Daneben bemerkenswerte Paläste: Nr. 28–30: *Palazzo Marconi,* erbaut von Terribilia im 16. Jh.; Nr. 23: der mächtige *Palazzo Fantuzzi* (1517–1532), vermutlich von Formigine; Nr. 31: schönes Haus aus dem 16. Jh. mit Terrakottadekorationen; auf Nr. 56 die *Casa Gnudi* mit Fassade aus dem 15. Jh.; gegen Ende der Straße der *Torresotto di S. Vitale,* ein Stadttor aus dem 11.–12. Jh.

Die Kirche Ss. Vitale e Agricola ist romanischen Ursprungs (Krypta aus dem 11. Jh.; archäologische Funde in einem danebenliegenden Haus), wurde im 15. Jh. verändert und im 19. Jh. neu erbaut. Im Inneren die interessante *Kapelle der S. Maria degli Angeli* aus dem 15. Jh. (1. Kapelle links); am Altar in einem Rahmen des Formigine Madonna mit Kind, aus dem Kreis des F. Francia; links Heimsuchung, von Bagnacavallo.

Galleria Comunale d'Arte Moderna (II, A5–6, a. P.; Städtische Galerie der modernen Kunst) – Untergebracht im Palazzo della Cultura, einem modernen Bau (1975) neben dem Kongreßhaus auf dem Messegelände. *Öffnungszeiten: 10–20 Uhr, Di geschl.* Das Museum will italienische und ausländische Kunstexperimente und die Suche nach neuen Formen und ästhetischen Werten ab dem 19. Jh. dokumentieren. Im Rahmen der kulturellen Einrichtungen der Stadt fördert die Galerie Ausstellungen, kritische Informationen, didaktische Aktivitäten, künstlerische Experimente, den Austausch mit anderen kulturellen Organisationen Italiens und des Auslands und die Dokumentation über die Arbeiten von Künstlern aus Bologna und der Emilia. 2. Stock: Sammlung des 20. Jh. mit Werken von Morandi (Archiv, Studienzentrum, ständige Ausstellung), Romagnoli, Corazza, Pizzirani, Saetti, Manaresi, Guidi und anderen wichtigen Bologneser und italienischen Künstlern. Die *Villa delle Rose* in der Via Saragozza 234, in einem schönen öffentlichen Park gelegen, ist als weiterer Ausstellungsort im Gespräch.

Certosa – Kartause in der Via Certosa hinter der *Porta S. Isaia* (II, D1, a. P.), *Öffnungszeiten: 7–18 Uhr (8–17 Uhr von November bis März).* Das alte Kartäuserkloster, erbaut im 14. Jh., wurde 1801 städtischer Friedhof. Viele Kreuzgänge (der schönste ist der Kapellenkreuzgang), Gänge, Galerien und eine Kirche *(S. Girolamo),* die z. T. noch ihre ursprüngliche Gestalt aus dem 14. Jh. hat: im Inneren Dekorationen und Gemälde aus dem 17. Jh., Grabstätte bedeutender Persönlichkeiten (G. Carducci, O. Respighi), zahlreiche schöne Grabdenkmäler (L. Bartolini, V. Vela, L. Bistolfi).

NÄHERE UMGEBUNG – **San Michele in Bosco*** – Auf einem Hügel im S der Stadt. Zufahrt über die *Porta Castiglione* (II, F5), dann bis zu den *Giardini Publici* (öffentlicher Park), dort rechts in die Via Putti einbiegen. – Die Kirche S. Michele in Bosco, 124 m, wurde 1494–1510 errichtet; sie hat eine schöne Renaissancefassade (B. Peruzzi und B. Rossetti, 1523) und ein reich geschmücktes Portal von Rossetti (ein weiteres Portal von 1525 unter dem seitlichen Portikus). Im Inneren Chorschranken und schöne Renaissance-Skulpturen. In der Sakristei Fresken von Bagnacavallo, B. Pupini und (?) Girolamo da Carpi. Kapitelsaal mit Stuckarbeit von (?) Formigine und schlecht erhaltenen Fresken von Innocenzo da Imola; sogenannter Kreuzgang der Carracci, mit Fresken von L. Carracci, G. Reni und anderen Bologneser Malern. Das alte Kloster ist Sitz des Orthopädischen Universitätsinstituts Rizzoli. Vom Vorplatz Blick auf die Stadt.

Madonna di San Luca* – Im SW der Stadt, auf dem Colle della Guardia, 291 m, einem Hügel außerhalb der *Porta Saragozza* (II, E1) gelegen. Zufahrt mit dem Autobus von der Via Saragozza, auf der Höhe der Villa Spada, über die Via di Casaglia (10 km); oder zu Fuß (1½ Std.) über die Via di S. Luca (am Ende der Via Saragozza) entlang eines 3,5 km langen Säulengangs mit 665 Arkaden, der von 1674–1793 errichtet wurde. Die elegante Wallfahrtskirche mit ovalem Grundriß wurde von 1723–1757 von C. F. Dotti erbaut; in dem großartigen, an Stuck und Gemälden reichen Inneren wird ein Tafelbild der Madonna mit Kind aus dem 12. Jh. verehrt. Vom Vorplatz prachtvoller Rundblick, vor allem auf die Stadt.

RUNDFAHRT ÜBER DIE HÜGEL – Mit dem Auto ca. 1 Stunde; empfehlenswert wegen der zahlreichen schönen Ausblicke auf Stadt und Landschaft und der vielen Baudenkmäler (Kirchen und Villen) auf der Strecke (Hinweistafeln). Ausfahrt bei der Porta Saragozza, weiter auf der Via di Casaglia, die zur Madonna di S. Luca (s. o.) führt; nach dem öffentlichen Park Cavaioni erreicht man *Gaibola* (237 m) und die Kirche von *Ronzano* (286 m), eine ehemalige Einsiedelei, im 15. Jh. umgebaut (im Inneren Fresken des frühen 16. Jh.); man fährt weiter über den Paß der Osservanza (klassizistische *Villa Aldini* und *Rotonda della Madonna del Monte* aus dem 12. Jh.; Kirche *S. Paolo in Monte,* Minoriten-Observantenkirche, im 19. Jh. neu erbaut). Bergab in die Via S. Mamolo, dann rechts bergauf nach *S. Vittore* (288 m), einer romanischen Kirche (12. Jh.) mit zweigeteiltem Inneren; Fresken (13. und 15. Jh.), Kreuzgang (15. Jh.). Weiter über den *Monte Donato* (244 m) und über die Via Toscana zurück in die Stadt.

AUSFLÜGE – 1. Nach **Marzabotto** (s. d.), 25 km. Auf der Staatsstraße („Porrettana") nach (12,5 km) **Pontecchio Marconi** (97 m) zum Mausoleum von G. Marconi am Fuße der *Villa Grifone,* in der der Wissenschaftler sein erstes Experiment einer Radioübertragung machte (1895). Weiter nach (17 km) *Sasso Marconi* (124 m; in der Pfarrkirche ein Gemälde der Madonna mit Kind, Bologneser Schule des 17. Jh.); kurz vor Marzabotto befindet sich auf der anderen Seite des Reno unter den wenigen Häusern von *Pànico* die romanische Kirche *S. Lorenzo* (12. Jh.). – 2. Nach **Monteveglio,** 28,5 km. Nach SW auf der sogenannten Burgenstraße (Strada dei Castelli), über **Bazzano,** 93 m, 5.258 Ew, Landwirtschaftszentrum; Obst- und Weinbau; Altstadt mit Überresten der mittelalterlichen Mauern und Stadttore; Pfarrkirche; *Rocca* (Festung, kleines archäologisches Museum mit prähistorischen Funden, Vasen und Bronzebehältern aus der Römerzeit). **Monteveglio,** malerisch auf einer Paßhöhe in 280 m Höhe gelegen, besitzt noch seinen historischen Stadtkern mit Überresten der Mauern, einem Stadttor und einem Turm aus dem 14. Jh. Interessant die alte *Abteikirche S. Maria* (12.–13. Jh.), im Inneren Kreuzrippengewölbe und ein über der Krypta erhöhter Chor; an den Wänden ein altes Kruzifix und Himmelfahrt Mariens, von (?) L. Costa. Großer Kreuzgang (15. Jh.) mit Resten eines Vorgängerbaus (12. Jh.). – 3. Nach **Budrio** (25 m, 13.476 Ew), 19 km nach NO. Landwirtschaftszentrum (Obst) mit Ortsbild aus dem 18. Jh. und einigen mittelalterlichen Türmen. Beachtenswert: die *Kirche S. Lorenzo* aus dem 17.–18. Jh.; das gotische (15. Jh.) *Rathaus;* die ehemalige Kirche *S. Agata* (15. und 18. Jh.); die Kirche *S. Domenico* aus dem 17. Jh. In der Via Mentana Nr. 9 die PINACOTECA CIVICA INZAGHI *(man wende sich an den Pförtner des Theaters in der Via Garibaldi oder an das Rathaus)* mit Gemälden der emilianischen Schule vom 15.–18. Jh. (bemerkenswert eine Madonna mit Kind und die Heiligen Rochus und Sebastian, von D. Dossi). – 4. Nach **S. Marino di Bentivoglio,** 16 km nach NO (20 m, zwischen der Staatsstraße 64 und der Autobahn Richtung Ferrara), wo in der *Villa Smeraldi* aus dem 18. Jh. das **Museo della Civiltà Contadina** *(Museum bäuerlicher Kultur)* untergebracht ist *(Öffnungszeiten: 9.30–12.30, 14.30–17.30 Uhr im Winter bzw. 16–19 Uhr im Sommer; Sonn- und Feiertage 14–20 Uhr. Eintritt frei. Mi geschl.):* Dokumentation über das bäuerliche Leben, Geräte und Werkzeuge, Arbeitsbedingungen und Bräuche in der Bologneser Provinz bis zum Beginn der landwirtschaftlichen Industrialisierung.

BORCA DI CADORE 752 Ew, 942 m (2 C3)

Provinz Belluno. Sommerfrische und Wintersportort (mit den Ortschaften *Villanova,* 965 m, und *Corte,* 1017 m) im Tal des Bóite (auch Valle d'Ampezzo genannt) am Fuße des Monte Pelmo und des Monte Antelao.

✉ 32040, ✆ 0426

Freizeitangebot: Tennis; Reiten; Skilifte; Eislaufen beim ENI-Dorf.

- **Boite**, im AGIP-Dorf, 2 km oberhalb der Ortschaft, ☎ 82 001, 78 Zi (mD), P
- **Bories**, an der Straße, ☎ 82 205, 33 Zi (mB/mD), P
- **Villa Ines**, in Villanova (1 km), ☎ 82 003, 28 Zi (15 mB/3 mD), P
- **San Leo,** in Villanova, ☎ 82 300, 13 Zi (mB), P

BORGO VAL DI TARO 7.337 Ew, 411 m (7 C3)

Provinz Parma. Hauptort des Taro-Tals, Marktort und Sommerfrische.

✉ 43043, ✆ 0525

Freizeitangebot: Tennis; Korbball; Boccia-Anlage.

- **Firenze,** Largo Roma 2, ☎ 96 478, Rt + Nov.

in Bedonia (✉ 43041, im Ortsteil Costa Belvedere, 2 km in Richtung Passo di Cento Croci)
- **Belvedere – U Risso,** ☎ 86 659, 19 Zi (mD)

Renommierte Pilzzucht. Eine gut besuchte Veranstaltung ist der „Gastronomische September des Taro-Tals" (Settembre Gastronomico Valtarese). Beachtenswertes: die Kirche *S. Domenico* aus dem späten 15. Jh. mit einem von der Wand gelösten Fresko und Gemälden aus dem 16. und 17. Jh.; an der Hauptstraße Nr. 21 der barocke ehem. *Palazzo Boveri.*
14 km in Richtung NW, in einem Becken des Taro-Tals am Fuße des Monte Pelpi, liegt das lebhafte Städtchen **Bedonia,** 500 m, 5192 Ew, eine beliebte Sommerfrische. Auf einem Hügel die moderne *Wallfahrtskirche der Madonna di S. Marco;* daneben das *Seminar* mit einer naturgeschichtlichen und einer archäologischen Sammlung sowie einer kleinen Gemäldegalerie.

BOSCO CHIESANUOVA 2.988 Ew, 1106 m (3 E3)

Provinz Verona. Hauptort der Lessinischen Hügel, Sommerfrische und Wintersportort in schöner Lage.

✉ 37021, ✆ 045, ℹ AA: Piazza della Chiesa 35, ☎ 69 70 88

Freizeitangebot: Tennis; Skilifte; Sessellifte: S. Giorgio, 1505–1805 m; Doppelsessellift: M. Tombo, 1500–1766 m.

- **Fraccaroli,** ☎ 69 70 23, 17 Zi (13 mB)
- **Al Giardino,** Via Lessini 19–23, ☎ 69 70 24, Rt

in Malga San Giorgio (1494 m; 13 km):
- **Valon**, ☎ 69 72 19, 18 Zi (13 mD)
- **Sporting-Nevada-Valnera**, ☎ 69 70 29, Tx 431015, 121 Zi (102 mD)

BOZEN (Bolzano)* 103.009 Ew, 262 m (1 C3)

Provinzhauptstadt, Bischofssitz (Diözese Bozen–Brixen). Bozen, die bei weitem größte Stadt Südtirols, liegt am Rande eines weiten Talkessels an der Mündung von Eisack und Talfer in die Etsch – dort, wo deutscher und italienischer Sprachraum ineinandergreifen. Seit eh und je begünstigt durch seine Lage an der N-S-Verbindung der Brennerstraße, ist Bozen mit seinem historischen Ortskern und den gegen W und S sich ausbreitenden modernen Stadtvierteln heute ein bedeutendes Wirtschafts-, Industrie- und Fremdenverkehrszentrum.

✉ 39100, ✆ 0471, B4, B4, ℹ *Landesverkehrsamt für Südtirol* und *AA:* Waltherplatz 8, ☎ 21 867 oder 25 680, Tx 400158; *Städt. Verkehrsamt – Kurverwaltung:* Waltherplatz 28; CIT: Waltherplatz 11, ☎ 21 119; TCI: siehe CIT.

Flugplatz (kein Linienverkehr; nur Sommersaison), St. Jakob, 4 km nach S.

Freizeitangebot: Hallenschwimmbad (im Sommer geschl.) und 4 Freibecken, Triesterstraße. Tennisplätze in Gries; Kunsteisbahn (Messegelände); Reitbahn (beim Flugplatz). Seilschwebebahnen: Kohlererberg (1107 m); Jenesien (1087 m); Ritten-Oberbozen (1225 m). Schmalspurbahn Oberbozen-Klobenstein. Skilifte: Kohlererberg, Jenesien, Ritten (s. d.).

- **Park Hotel Laurin,** Laurinstraße 4, ☎ 47 500, Tx 400081, 110 Zi (mB/mD), P G ≈, TV . . . . . (B5, **a**)
- **Grifone – Greif,** Waltherplatz 7, ☎ 27 057, Tx 400081, 130 Zi (101 mB/mD), P G ≈ . . . . . (B4–5, **c**)

Alpi, Südtirolerstraße 35, ☎ 25 625, Tx 400156, 110 Zi (103 mB/mD), TV . . . . (C4, **e**)
Luna – Mondschein, Piavestraße 15, ☎ 25 642, 110 Zi (mB/mD), P G . . . . (B5, **m**)
Città, Waltherplatz 21, ☎ 25 221, 98 Zi (79 mB/mD), TV . . . . (B4, **t**)
Scala – Stiegl, Brennerstraße 11, ☎ 41 111, 60 Zi (mB/mD), P G ≋ . . . . (B6, **h**)
Asterix, Mazziniplatz 35, ☎ 43 300, 24 Zi (mB/mD), P, z.T. TV . . . . (A2, **d**)
Herzog, Kornplatz 2, ☎ 26 267, 20 Zi (3 mB/16 mD) . . . . (B4–5, **g**)
Gurhof, Rafensteinerweg 17, ☎ 25 012, 19 Zi (4 mB/15 mD), P, Terrasse . . . . (A3, a. P.)
Feichter, Weintraubengasse 15, ☎ 21 768, 26 Zi (mB/mD) . . . . (B5, **l**)
Rentschenerhof, Rentscherstraße 70 (auf der Straße zum Brenner), ☎ 25 346, 12 Zi (2 mB/8 mD), P ≋ . . . . (B6, a. P.)
Figl, Kornplatz 9, ☎ 21 412, 25 Zi (7 mB/6 mD) . . . . (B4, **k**)
Metropol, Rosministraße 14, ☎ 34 107, 37 Zi (4 mB/19 mD), G . . . . (B3, **i**)
Da Abramo, Griesplatz 16, ☎ 30 141, Wildbret, ~~So~~ abend, ~~Mo~~ . . . . (A1, **s**)
Caterpillar, Flavon-Schloß-Straße 109, ☎ 44 644, intern. Speisen; Fisch, Pizzeria, Vorbestellung, ~~Mo~~ . . . . (D3, a. P.)
Chez Frederic, A. Diaz-Straße 12, ☎ 41 411, franz. Küche, Frösche, ~~Di~~ . . . . (A2, **r**)
Città, Waltherplatz 21, ☎ 27 796, ital. reg. Küche, ~~So~~ . . . . (B4, **t**)
Zur Kaiserkron', Mustergasse 1, ☎ 27 870, intern. Küche, Gasthausgarten, ~~Sa~~ abend, ~~So~~ . . . . (B4, **v**)
Dodiciville, Brennerstraße 8, ☎ 21 494, Tiroler Küche, ~~Di~~ . . . . (B6, **u**)

in Guntschna (486 m; 2,5 km nach NW, Zufahrtsstraße nach Jenesien):
🏨 **Castel Gúncina,** ☎ 46 345, 22 Zi (mB/mD), Ⓟ ❀ ≋ ♆

an der Straße nach Trient:
🏨 **Lewald,** in St. Jakob (3 km), ☎ 94 03 30, 32 Zi (mB/mD), Ⓟ ❀ ≋

an der Straße nach Meran:
🏨 **Bagni di Zolfo,** in Moritzing (4 km), ☎ 91 84 12, 22 Zi (mB/mD), Ⓟ ❀ ≋, z.T. TV
🍴🏨 **Pircher,** 3,5 km, ☎ 91 75 13, 22 Zi (mB/mD), Ⓟ ❀ ≋, ~~Di~~
🍴 **Moritzingerhof,** nach 4 km, ☎ 91 74 91, Ⓟ, AIR, tradition. Küche, Vorbestellung ~~Mo~~

Die Stadt in der Geschichte – Bozen ist eine römische Gründung; 15 v. Chr. entstand hier die Militärstation Pons Drusi. Nach der Völkerwanderung siedelten hier Bajuwaren, zunächst unter langobardischer, ab 740 unter fränkischer Oberhoheit. Später war Bozen Sitz der bayrischen Grenzgrafen. 1363 kam die Stadt mit dem übrigen Tirol an das Haus Habsburg. Im Mittelalter und der frühen Neuzeit war Bozen ein wichtiger Warenumschlagplatz an der Brennerstraße, eine bekannte Messestadt (erste Messeordnung 1450). Nach dem erzwungenen Anschluß an Italien 1919 betrieben die faschistischen Machthaber eine gezielte Überfremdungspolitik, vor allem nach der durch Dekret verfügten Schaffung einer Bozner Industriezone, die Tausende Zuwanderer aus dem Süden brachte, so daß Bozen heute über eine nach wie vor überwiegend deutsche Altstadt und eine italienische Neustadt verfügt. Der Anteil der deutschsprachigen Bewohner ist auf ca. 25% zurückgegangen.

Eine Stadt stellt sich vor – Das Bild Bozens wird nach wie vor geprägt von dem regen Treiben im historischen Stadtkern rund um die Laubengasse und den Obstmarkt. Dem künstlerischen und kulturellen Erbe der Vergangenheit begegnet man allerorten – in den Häuserzeilen der Altstadt, den Kirchen wie den Schlössern und Edelsitzen der Umgebung; konzentriert im Städtischen Museum. Bozen ist ein lebendiges kulturelles Zentrum: Es gibt hier eine Musikschule mit Konzerten und internationalen Wettbewerben und einen regen Theaterbetrieb. Zeitungen, Radio und Fernsehen gibt es in beiden Sprachen, wenn auch die Möglichkeit eines gegenseitigen kulturellen Austausches von den beiden Volksgruppen noch viel zu wenig wahrgenommen wird.
Zu Handel, Gewerbe und Landwirtschaft (Obst- und Weinbau), die seit Jahrhunderten die Wirtschaft bestimmen, kommt (seit den 30er Jahren und der Nachkriegszeit) eine industrielle Entwicklung im Süden der Stadt, vor allem auf dem metallverarbeitenden Sektor.
Typisches aus dem Ortsbild – Laubengasse*, Obstmarkt; Waltherplatz.
Sehenswürdigkeiten auf einen Blick – Dom*; Städtisches Museum; Burg Runkelstein.
Küche und Keller – Die Ortsküche ist typisch tirolerisch, wenn man auch in beinahe allen Restaurants italienisch essen kann. Zahlreiche Spezialitäten: Tiroler Knödel, Frittatensuppe, Terlaner Weinsuppe, Gerstensuppe, Bauernschmaus (Schlachtplatte), „Schlutzkrapfen" (eine Art Spinatravioli), Speck. Mehlspeisen: Strudel, Kuchen und Torten nach Wiener Art. Weine: Kalterer, St. Magdalener, Lagreiner, Cabernet. Eine Südtiroler Spezialität ist im Herbst das „Törggelen" – Weinkost mit Kastanien und Speck.
Tips für den Einkaufsbummel – Die Laubengasse besteht aus einer Abfolge einladender Geschäfte mit italienischen und Tiroler Waren: vor allem Bekleidung, Geschenk- und Sportartikel, Feinschmekkerwaren.
Veranstaltungen – Außer den schon erwähnten kulturellen Aktivitäten finden im September eine internationale Messe und im Frühjahr eine Weinkostschau statt. Alle zwei Jahre Landwirtschaftsmesse im Oktober.
Stadtbesichtigung im Zeitraffer – Man benötigt einen halben Tag. Am besten stellt man das Auto auf einem der Parkplätze ab und beginnt den Rundgang am Waltherplatz (Dom*). Am Postamt vorbei zur Dominikanerkirche; über die Goethestraße zum Obstmarkt und weiter zur Franziskanerkirche, von dort zum Rathaus und durch die Laubengasse zurück zum Obstmarkt. Dann durch die Museumstraße bis zum Städtischen Museum. Weiter zu Fuß, mit dem Auto oder mit dem Autobus über den Talferbach, die Freiheitsstraße (Corso Libertà) entlang bis nach Gries, dann mit dem Auto bis zur Guntschna-Promenade und zur Burg Runkelstein.

Waltherplatz (B4) – Im Zentrum gelegen, benannt nach Walther von der Vogelweide, dem großen deutschen Minnesänger, der möglicherweise vom Vogelweiderhof bei Waidbruck nahe Klausen stammt. Seit 1981 befindet sich das 1935 an einen anderen Ort verlegte Denkmal wieder an Ort und Stelle.

Dom* (B4) – Die ehemalige *Stadtpfarrkirche Mariä Himmelfahrt,* das Wahrzeichen Bozens, ein eindrucksvoller gotischer Bau aus dem 14./15. Jh., nach schweren Bombenschäden im Zweiten Weltkrieg wiederhergestellt, mit großartigem Umgangschor, einem vielfarbigen Dach und dem eleganten 62 m hohen Turm mit durchbrochenem Helm (1519).

Außen Portale und Reliefs (14.–15. Jh.); im dreischiffigen Innenraum bedeutende Fresken (14.–15. Jh.); eine reich mit Reliefs geschmückte Kanzel (1514) und ein mächtiger barocker Hochaltar (1716).

Bozen: Dom

Dominikanerkirche (B4) – Auch dieser gotische Bau aus dem frühen 14. Jh. wurde nach schweren Bombenschäden im Zweiten Weltkrieg wiederaufgebaut. Im Inneren Freskenreste (14.–15. Jh.) und Lettner. In der Johanneskapelle wertvolle Fresken der Giotto-Schule (um 1340). Im Kreuzgang (Eingang auf Nr. 19A) Fresken des F. Pacher (um 1500), in der Katherinenkapelle weitere Fresken der Giotto-Schule aus Padua.
Obstplatz (B4) – Hier wird heute noch der farbenfrohe Obstmarkt abgehalten. In der Platzmitte, umgeben von malerischen alten Bürgerhäusern, der barocke *Neptunbrunnen* (1746). Unweit davon die **Franziskanerkirche** (14. Jh., B4). Das 1224 gegründete Franziskanerkloster von Bozen ist eine der ältesten Niederlassungen dieses Ordens auf deutschem Boden. Kirche mit sehenswertem Chor; in der Marienkapelle der großartige Krippenaltar* (H. Klocker, Brixen, 1500). Herrlicher Kreuzgang (14. Jh.) mit zierlichen Säulchen und Freskenresten. Unweit davon, in einer Nebengasse der Via Cavour, die kleine *Johanneskirche* (A5) aus dem 12. Jh., ausgebaut im frühen 13. Jh., mit einem mächtigen romanisch-gotischen Glockenturm.

Laubengasse* (B4–5) – Seit Jahrhunderten ist diese enge Straße mit durchgehenden Arkadengängen („Lauben") das Zentrum des Geschäftslebens der Stadt. Typische Arkadenhäuser (15.–18. Jh.) mit Erkern. Auf Nr. 39 das barocke Merkantilgebäude (1704–1715).

Städtisches Museum* (B3) – Eingang: Sparkassenstraße 14. *Öffnungszeiten: 9–12, 15–17 Uhr, Sonn- und Feiertage geschl. Eintrittsgebühr.* Volkstümliche Sammlung (Trachten, Hausrat und Werkzeuge, rekonstruierte Inneneinrichtungen), Gemälde Südtiroler Meister des 15. Jhs. und des Barock, wertvolle Holzplastiken (13.–16. Jh.).

Talferbrücke (B3) – Am linken Ufer der Talfer die Wassermauer-Promenade, wunderschöner Spazierweg bis zur Burg Maretsch (13.–16. Jh.) und weiter die Oswald-Promenade entlang, bergauf über die Hänge des Ritten mit schönen Aussichtsplätzen.
Gries (A1) – Der zwischen Gärten und Weinbergen eingebettete Vorort ist ein beliebter Luftkurort. Am Hauptplatz das großartige *Benediktinerkloster* mit Stiftskirche im Rokokostil (1771) mit schönen Fresken in der Wölbung; unweit davon die gotische Pfarrkirche (15.–16. Jh.) mit wertvollen Schnitzaltar* (M. Pacher, 1475).
Bozener Messe (C2) – Alljährlich im September; Landwirtschaftsmesse im Oktober.
In der Nähe des Messegeländes die malerische *Heimsuchungskirche* (1640).

NÄHERE UMGEBUNG – 1. **Guntschna-Promenade.** Von Gries bis zum *Gescheibten Turm* (Castel Guncina; 450 m), mit schöner Aussicht auf Bozen und die Dolomiten, und über die Oswald-Promenade zum malerischen Ort St. Magdalena. – 2. Nach *Jenesien* mit der Seilbahn (schöne Fahrt mit ständig sich weitendem Ausblick) oder über eine steile Straße (18% Steigung; neue Straße in Bau). *Jenesien (S. Genesio Atesino,* 1087 m, 2.100 Ew) ist ein stark besuchter Sommerfrischen- und Wintersportort. Pfarrkirche mit Glockenturm aus dem 15. Jh. – 3. **Zur Burg Runkelstein** *(Castel Roncolo):* 2,5 km auf der Straße ins Sarntal. Burg Runkelstein, eine der bekanntesten der Umgebung, in beherrschender Lage auf einem Porphyrfelsen (361 m), stammt aus dem Jahre 1237 (im 19. Jh. teilweise verändert). *Besichtigung: 10–12, 15–17 Uhr; So, Mo geschl.* Einzigartige Fresken (um 1400). – 4. Auf den **Kohlererberg** (Col di Villa; 1136 m) mit der Seilbahn. Luftkurort mit schönen Wäldern auf der Anhöhe, die das Becken von Bozen im SO abschließt; Blick auf die Sarntaler Alpen. – 5. Zum Hochplateau des **Ritten** (s. d.) mit der Seilbahn bis Oberbozen und dann mit der Schmalspurbahn nach Klobenstein; oder über eine Höhenstraße bis nach Klobenstein (20 km).

BRENNER (Brénnero) 2.410 Ew, 1375 m (2 A1)

Provinz Bozen. Grenzort nach Österreich am Brennerpaß (Passo Brénnero), dem wichtigsten Alpenübergang der Ostalpen, Wasserscheide zwischen Schwarzem Meer (Donau) und Mittelmeer. 3 km vor dem Paß im obersten Eisacktal der Weiler *Brennerbad* (Terme di Brénnero), 1309 m, neuerdings auch Wintersportort.

✉ 39041, ✆ 0472, ℹ AA: in Gossensaß, Hauptplatz, ☎ 62 372; ENIT: an der Grenze, ☎ 61 162; TCI: siehe ENIT.

Freizeitangebot: Sessellift: von Brennerbad (1327 m) auf die Ziroger Alm (1762 m); Schlepplift auf der Ziroger Alm; Skischule.

HEILQUELLEN – Eine mineralhaltige warme Quelle (22° C) und eine kalte Bikarbonatquelle kommen in Form von Bädern und Trinkkuren bei Neurasthenie, Anämie, Gicht und Dyspepsie zur Anwendung. Die Thermalbäder befinden sich in der Pension Silbergasser (das ganze Jahr geöffnet).

BRENTÓNICO 3.128 Ew, 692 m (1 F2)

Provinz Trient. Sommerfrische und Wintersportort, bestehend aus mehreren verstreut gelegenen Häusergruppen auf den kleinen Hochplateaus zwischen dem Gardasee und dem Val Lagarina im NO des Monte Baldo.

✉ 38060, ✆ 0464, ℹ *Verkehrsverein:* ☎ 95 149

Freizeitangebot: Tennis; Sessellifte: Montagnola: von Polsa (1175 m) nach Cima Postemon (1513 m), Rosa del Sole: Polsa (1260–1514 m); Skilifte in Polsa, S. Valentino und S. Giacomo; Eislaufen; Skischule.

- **S. Giacomo,** in S. Giacomo, 1194 m, ☎ 86 560, 32 Zi (mB/mD), P ≈ ❦
- **Bucaneve ◪,** in S. Valentino, 1314 m, ☎ 86 557, 66 Zi (mB/mD), P G ≈ ❦

Besonders beliebte Wintersportorte an beiden Hängen des Tals sind *Polsa,* 1244 m, in 12 km Entfernung, sowie *S. Giacomo,* 1194 m, und *S. Valentino,* 1314 m, 6 bzw. 9 km entfernt.

BRENZONE 2.390 Ew (3 D3)

Provinz Verona. Luftkurort am Ostufer des Gardasees an den olivenbewachsenen Hainen unter den Felswänden des Monte Baldo, bestehend aus mehreren Orten (*Magugnano,* 69 m, der Hauptort; *Castelletto; Porto; Assenza*).

✉ 37010, ✆ 045, ℹ AA: in Magugnano, Via Gardesana 17, ☎ 60 20 76; *Fremdenverkehrsbüro:* in Castelletto, Via D. F. Angeleri, ☎ 60 20 56

Freizeitangebot: Tennis; Yachthafen; Segelschule; Passagierschiffahrt.

in Castelletto:
- **Castelli ◪,** an der Gardesana, ☎ 60 22 05, 28 Zi (24 mD), P ❀
- **Orione ◪,** an der Gardesana, ☎ 60 20 27, 25 Zi (2 mB/16 mD), P ❀
- **Merano ◪,** Via Gardesana 35, ☎ 60 21 72, 33 Zi (31 mD), P G

in Magugnano:
- **Rely Hotel ◪,** Via Gardesana 1, ☎ 60 20 25, Tx 480448, 49 Zi (mD), P ❀ ≈, Golf
- **Piccolo Hotel ◪,** Via Laverino 12, ☎ 60 20 24, 22 Zi (mB), P ❀
- **Santà Maria ◪,** in S. Maria, Via Benaco 12, ☎ 60 20 45, 23 Zi (mD), P ❀

in Porto:

- **Du Lac** ◪, an der Gardesana, ☎ 60 21 38, 48 Zi (mB), Ⓟ ❀ ≈
- **Bel Fiore** ◪, an der Gardesana, ☎ 60 21 79, 32 Zi (21 mB), Ⓟ ❀
- **Nettuno** ◪, an der Gardesana, ☎ 60 20 83, 25 Zi (23 mD)
- **Vela d'Oro** ◪, Via Laverino 13, ☎ 60 21 45, 23 Zi (mD), Ⓟ ❀
- **Sorriso,** an der Gardesana, beim Yachthafen, ☎ 60 20 14, 26 Zi (22 mD), Ⓟ
- **Stella** ◪, an der Gardesana, ☎ 60 20 57, 27 Zi (mB/mD), Ⓟ

in Assenza:

- **Drago** ◪, Via Gardesana 24, ☎ 60 20 50, 22 Zi (13 mD), Ⓟ ❀

Im Friedhof von Castelletto das romanische Kirchlein *S. Zeno* (12. Jh.) mit Baldachinportal und Glockenturm mit Biforenfenstern; im zweischiffigen Inneren Überreste von Fresken aus dem 15. Jh. In Assenza im Kirchlein *S. Nicola di Bari* (14. Jh.) Fresken aus dem 13. und 14. Jh.

BRISIGHELLA 8.224 Ew, 115 m (9 D2)

Provinz Ravenna. Malerischer Marktflecken und Thermalkurort am Beginn des Lamone-Tals, überragt von drei Felshügeln, bedeutendes Landwirtschaftszentrum.

✉ 48013, ✆ 0546, ℹ *Verkehrsverein:* Piazza Stazione, ☎ 81 166; Kurdirektion, ☎ 81 068

Freizeitangebot: Schwimmbad; Tennis.

- **Terme** ◪, Via delle Terme 37, ☎ 81 144, 56 Zi (mB/mD), Ⓟ ❀ ♆, Badekuren
- **La Meridiana** ◪, Via delle Terme 29, im Kurbezirk, ☎ 81 590, 56 Zi (mB/mD), Ⓟ ❀
- **Valverde,** Via Lamone 14, ☎ 81 388, 40 Zi (mB/mD), Ⓟ ❀
- **Gigiolè,** im Ort, ☎ 81 209, ~~Mo~~
- **Gigiolè,** im Ort, ☎ 81 209, 17 Zi (mD), ausgezeichnete Küche, reiche Weinkarte

VERANSTALTUNGEN – Frusta d'Oro, Wettbewerb im Peitschenschnalzen (Juli oder August); Festa del Bevilacqua mit Weinkost (Ende August).
KURBETRIEB – In einer modernen Kuranstalt (Parkanlage) wird jod- und bromhaltiges Kochsalz- und Schwefelwasser in Form von Inhalationen, Bädern, Schlammbädern und Trinkkuren gegen Entzündungen der Atemwege, Arthritis, Koliken, Frauenleiden etc. angewendet. Saison: Mai–Oktober.

In der Kirche **S. Maria degli Angeli** (1518–1525) ein Tafelbild des Palmezzano (1520).
Im klassizistischen *Rathaus* ist das **Museo Civico della Val Lamone** *(Städtisches Museum)* untergebracht: archäologische Funde vor allem aus den vorrömischen Nekropolen von S. Martino in Gattara, volkskundliche Sammlung. Im oberen Teil der Ortschaft der malerische überdachte Straßenzug der **Via del Borgo** oder *degli Asini.*
Auf einem der Hügel liegt die *Torre dell'Orologio* (Uhrturm) von 1290, restauriert 1850, auf einem anderen die *Festung* aus dem 14. Jh., die im 16. Jh. von den Venezianern ausgebaut wurde und heute das **Museo del Lavoro Contadino della Valle del Lamone** *(Volkskundliches Museum)* beherbergt *(im allgemeinen Sa nachmittag und So vormittag geöffnet).*
Nach 1,5 km an der Straße nach Marradi liegt die romanische Kirche **S. Giovanni in Ottavo** oder *del Tho* aus dem 11. Jh., in deren dreischiffigem Innenraum Säulen und Kapitelle z. T. aus der Römerzeit stammen.

BRIXEN (Bressanone)★ 16.232 Ew, 559 m (2 B1)

Provinz Bozen. Malerisches Städtchen am Zusammenfluß des Eisack und der Rienz, typischer alter Stadtkern mit Bauwerken vom Mittelalter bis zum Barock, die auf die historische Bedeutung der Stadt als Sitz der Fürstbischöfe von Brixen hinweisen. Gut besuchter Luftkurort und Wintersportgegend *(Plose, Palmschoß).*

✉ 39042, ✆ 0472, 🚂 B1, Ⓑ A1, ℹ *Kur- und Fremdenverkehrsamt:* Bahnhofstraße 9 (B1), ☎ 22 401, Tx 400638

Freizeitangebot: Schwimmbad; Tennis; Bowling; Reiten.
Seilbahn von Brixen (560 m) nach S. Andrä (980 m) und Kreuztal (Val di Croce, 2040 m); Gondellift von Kreuztal auf die Plose-Hütte, 2446 m; Sessellifte vom Sporthotel (1900 m) zum M. Fana (2450 m) und von Palmschoß (1705 m) nach Kreuztal (2050 m); Schlepplifte: in Kreuztal und auf der Plose.
In Mühlbach (Rio di Pusteria, 806 m), am Eingang des Pustertals (10 km) Seilbahn nach Meransen (Maranza), 1414 m. Gondellift: von Meransen ins Skigebiet des Gitsch (2510 m); verschiedene Lifte.
In Vals im Valstal (17 km, über Mühlbach): Jochtal-Sessellift (1350–2009 m) und Schlepplifte.

- **Elefant,** Weißlahnstraße 6 (in einem Gebäude aus dem 16. Jh.), ☎ 22 288, Tx 400491, 44 Zi (mB), Ⓟ Ⓖ ❀ ≈, TV, gute Küche . . . (A1, **a**)
- **Dominik,** Unterdrittelgasse 13, ☎ 30 144, 29 Zi (mB), Ⓟ Ⓖ ❀ ≈, TV, Sauna . . . (A2, **l**)
- **Grüner Baum,** Stuflergasse 11, ☎ 22 218, 75 Zi (mB/mD), Ⓟ Ⓖ ❀ ≈, TV . . . (A2, **h**)
- **Temlhof,** Elvaser Straße 77 (auf einer Anhöhe jenseits des Flusses), ☎ 22 658, 53 Zi (mB/mD), Ⓟ ❀ ≈ ♘ ♆, Sauna . . . (A5, a. P.)
- **Gasser** ◪, Rappanlagen 19, ☎ 22 105, 30 Zi (mB/mD), Ⓟ Ⓖ ❀ . . . (A2, **b**)
- **Goldene Krone,** Stadelgasse 4, ☎ 24 154, 36 Zi (mB/mD), Ⓟ Ⓖ . . . (A1, **f**)
- **Jarolim,** Bahnhofplatz, ☎ 22 230, 34 Zi (mB/mD), Ⓟ ❀ ≈ . . . (B1, **g**)
- **Goldener Schlüssel,** Weissenturmgasse 10, ☎ 22 379, 32 Zi (mB/mD), Ⓖ . . . (A1, **e**)
- **Fink,** Kleine Hafenstraße 4, ☎ 23 883, ~~Di~~ abend u. ~~Mi~~ . . . (A1, **r**)
- **Oste Scuro,** ☎ 22 343, alter Landgasthof . . . (A1, **s**)

in Vahrn (2 km nach N):
- **Clara,** Kreuzung der Straßen 12 und 49, ☎ 23 882, 18 Zi (4 mB/12 mD), P ❀ ≈
im Gebiet des Plose (im SO):
- **Rienzner** ◪**,** in Plose (20 km), ☎ 49 329, 21 Zi (mB/mD), P, Sauna
- **Edith,** beim Sessellift (17,5 km), ☎ 49 307, 22 Zi (18 mD), P ≈, Sauna

Brixen: Dom

Domplatz *(Piazza Duomo)* – Die **Domkirche Mariä Himmelfahrt** (A2) mit zwei hohen Fassadentürmen wurde 1745–1755 in lombardischem Barock errichtet, 1785–1790 erfolgte der Zubau der klassizistischen Vorhalle. Im prächtigen Inneren großartige Deckengemälde★ von Paul Troger (1748–1750). Im rechten Querschiff Marienstatue★ (Hans Leinsberger, 1520). Rechts vom Dom der Eingang zu dem malerischen romanisch-gotischen Kreuzgang★ mit gekoppelten Säulchen und den in ihrer Reichhaltigkeit in Südtirol wohl unübertroffenen gotischen Fresken★ (14./15. Jh.).

Weiter zur ebenfalls freskengeschmückten **Johanniskirche** (*Baptisterium*, 11.–14. Jh.) und zum DIÖZESANMUSEUM *(Öffnungszeiten: 10–17 Uhr; Sonn- und Feiertage geschl.; Eintrittsgebühr)*, das Südtiroler Holzskulpturen aus Romanik und Gotik, mehrere Gemälde und den Domschatz mit einer Krippensammlung (darunter eine Jahreskrippe mit 4000 Figurinen) beherbergt.

Bischöfliche Burg *(Palazzo dei Principi Vescovi)* – Die Burg, ein Renaissancebau (1591–1600, von A. Lucchese) am Hofburgplatz geht in ihrer Anlage (Wassergraben, Ecktürme) auf das 13. Jh. zurück. Der Innenhof mit dreistöckigen Arkaden ist mit 24 Terrakottastatuen von Mitgliedern des Hauses Habsburg geschmückt (Hans Reichle, um 1600). Westflügel mit Barockfassade (1710).

Pfarrplatz *(Piazza della Parrocchia)* – Er öffnet sich an der linken Seite des Domes; auf ihm liegen die gotische Pfarrkirche **St. Michael** (A2) aus dem 15. Jh., deren *„Weißer Turm“* das Wahrzeichen Brixens ist, und das **Pfaundler-Haus** aus der Renaissance mit seinen schönen Erkern und kunstvollen Schmiedeeisenarbeiten.

Große und kleine Lauben★ *(Via dei Portici)* – Sie beginnen am Pfarrplatz; wie viele Straßen der Brixener Altstadt haben sie ihren mittelalterlichen Charakter bewahrt; die Häuser mit Erkern, Zinnen und Treppengiebeln stammen meist aus dem 15./16. Jh. Auf Nr. 14 das *Alte Rathaus,* in einem seiner Innenhöfe ein Fresko (Urteil des Salomo).

SPAZIERGÄNGE – 3 km gegen N zu dem 1142 gegründeten Augustiner-Chorherrenstift **Neustift** *(Novacella)*, einer großen Anlage mit mehreren Bauten aus verschiedenen Epochen vom 12. bis zum 18. Jh. *Führungen: 10, 11, 14, 15, 16 Uhr; Sonn- und Feiertage geschl.* Sehenswert die runde *St.-Michaels-Kapelle* (12.–15. Jh.); die barocke *Stiftskirche Zu Unserer Lieben Frau* (18. Jh.); gotischer Kreuzgang (14. Jh.) mit bedeutenden Fresken aus dem 15. Jh. (Friedrich Pacher); die Bibliothek mit Gemälden der Südtiroler Schule des 14. und 15. Jhs. – 3 km gegen SW zum Renaissance-Schloß **Feldthurn** *(Velturno)*, der ehemaligen Sommerresidenz der Brixener Fürstbischöfe; in den Räumen Fresken und schöne Decken. *Führungen: 10, 11, 14.30, 15.30 Uhr; Mo geschl.; Eintrittsgebühr. Auskunft im benachbarten Haus Stern.*
In 10 km Entfernung am Beginn des Pustertals bei der Einmündung des Valsertals liegt der Sommerfrischen- und Wintersportort **Mühlbach** *(Rio di Pusteria)*, 774 m, 2.162 Ew, mit dem Ortsteil *Meransen* (Maranza). Nahe von Mühlbach **Burg Rodeneck** (Castello di Rodengo) aus dem

12. Jh. mit dem erst kürzlich freigelegten Freskenzyklus zu Hartmann von Aues Versepos „Iwein“ (frühes 13. Jh.). *Führungen: Mitte Mai–Mitte Okt. 11, 15 Uhr.*

BRUNECK (Brunico) 11.758 Ew, 838 m (2 B2)

Provinz Bozen. Der Hauptort des Pustertals, ein reizendes, malerisches Städtchen, liegt in einem offenen Kessel an der Einmündung des Taufertals; wichtiges Fremdenverkehrszentrum, Sommerfrische und Wintersportort. Aus Bruneck stammt Michael Pacher (†1498), der große Maler und Bildschnitzer der Spätgotik.

✉ 39031, ✆ 0474, 📯 B1, ✆ B2, ℹ *Fremdenverkehrsamt:* Europastraße; AA: Autobusbahnhof (B1), ☎ 85 722

Freizeitangebot: Geheiztes Schwimmbad; Tennis; Bowling; Reiten in Reischach (Riscone). Skigebiet Kronplatz (Plan de Corones, 2277 m): Seilbahn von Reischach (960 m) in zwei Abschnitten auf 2250 m Höhe; Sessellift Hernegg: 1050–2275 m, mit Zwischenstation (1742 m); Doppelsessellift Belvedere: 2010–2273 m. Ferner Schlepplifte (auch in Reischach).

🏨	**Post,** ☎ 85 127, 62 Zi (41 mB/mD), P, TV	(B1, **a**)
🏨	**Bologna,** ☎ 85 917, 25 Zi (mB/mD), P, TV	(B1, **p**)
🏨	**Andreas Hofer,** ☎ 85 469, 54 Zi (mB), P ❀.	(A2, **c**)
🏨	**Blitzburg,** ☎ 85 723, 19 Zi (15 mB/mD), P ❀	(B1, **d**)
🍴	**Post,** ☎ 85 127, auch kalte Küche, Mo	(B1, **b**)
🍴	**Corso,** ☎ 85 434, Winter Sa	(B1–2, **e**)

in Reischach (960 m, 3 km):

- 🏨 **Rudolf,** ☎ 21 223, 37 Zi (mB/mD), P G ❀ ≈, TV, Sauna
- 🏨 **Royal Hotel Hinterhuber,** ☎ 21 22, Tx 400650, 55 Zi (mB/mD), P G ≈ 🎾, TV, Sauna, abgelegen
- 🏨 **Petrus,** ☎ 84 263, 28 Zi (mB/mD), P G ❀, Sauna
- 🏨 **Majestic,** ☎ 84 887, 33 Zi (mB/mD), P G ❀ ≈, Sauna
- 🏨 **Olympia** ◪, ☎ 84 657, 42 Zi (mB), P ❀ ≈, Sauna

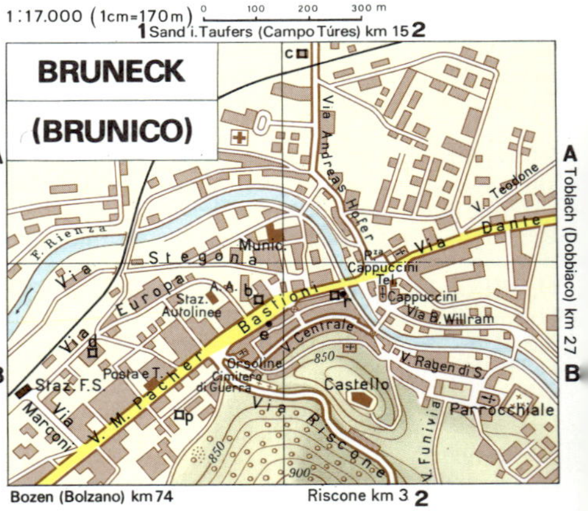

Bruneck ist eine Gründung der Bischöfe von Brixen, die um die Mitte des 13. Jhs. unter der Burg eine ummauerte Marktsiedlung anlegten.

Die malerische **Stadtgasse*** (Via Centrale, B1–2), die durch die Altstadt führt, ist mit ihren zinnenbekrönten Häusern mit schönen Ladenschildern (Zunftzeichen), die meisten aus dem 15./16. Jh., einer der geschlossensten Straßenzüge Südtirols. Wohnhaus des Michael Pacher (Nr. 29). Am Westende der Stadtgasse das *Ursulinentor,* daneben die gotische *Ursulinenkirche* (15. Jh.). Auf dem Weg vom *Oberragner Tor* am Ostende der Stadtgasse auf dem Schloßberg steht die barocke *Rainkirche* (17./18. Jh.), deren Doppelzwiebelturm das Wahrzeichen Brunecks ist. Am Schloßberg (862 m) **Schloß Bruneck** (*Castello,* B2), 1251 als Burg der Brixener Fürstbischöfe errichtet, im 14. und 16. Jh. erweitert und umgebaut. Im Hof Wappen und Fresken; zinnenbekrönter Wehrturm.

In *Dietenheim* (Teodore), 865 m, im NO des Talkessels von Bruneck (A2, a. P.) in einem alten Bauernhof aus dem 16. Jh. und auf einem großen Freigelände ist das neue **Südtiroler Volkskundemuseum** untergebracht: bäuerliches Handwerkszeug, Gerätschaften und Einrichtungsgegenstände. *Öffnungszeiten: 9–12, 13–17 Uhr; So 13–17 Uhr; Sa geschl.*

SPAZIERGANG – Über Reischach (Riscone) zur (4 km) **Lamprechtsburg** *(Castel Lamberto),* 950 m, aus dem 13. Jh. mit Zubauten aus dem 17. Jh. auf einer Felskuppe über der Rienz gelegen.

AUSFLUG – Von Reischach aus mit der Seilbahn auf den **Kronplatz** *(Plan de Corones),* 2273 m, einen bewaldeten Bergstock im S, mit herrlichem Blick* nach N (Taufererital, Zillertaler Alpen) wie nach S (Dolomiten).

BURANO siehe Venedig

BUSSETO 7.422 Ew, 40 m (8 A1)

Provinz Parma. Ackerstädtchen in der emilianischen Ebene, Heimatstadt Giuseppe Verdis. War bis 1588 Hauptstadt des kleinen Staates der Pallavicini.

✉ 43011, ✆ 0524, ℹ *Gemeindeverkehrsbüro:* beim Teatro Verdi, ☎ 92 487

Due Foscari, Piazza Verdi, ☎ 92 337, 20 Zi (mB/mD), P, AIR, Terrasse, gute Küche, Mo
Sole, Piazza Matteotti 11, ☎ 92 243, Mo

in der Umgebung:
Guareschi, in Roncole Verdi (4 km nach SO), ☎ 92 495, vorbestellen, P, Fr + Juli
Da Cantarelli, in Samboseto (8 km nach O), ☎ 90 133, P, vorbestellen, So, Mo

VERANSTALTUNGEN – Operettensaison; Internationaler Wettbewerb für Verdi-Stimmen (Juni); Karneval; Verdi d'Oro (Sängerpreis für Verdi-Interpreten).

Im Zentrum, auf der Piazza Verdi, der *Palazzo del Comune* (altes Rathaus; 15. Jh.) mit einem Terrakottafries und die **Rocca** (*Schloß;* im 16. Jh. umgestaltet), heute Sitz der Stadtverwaltung, mit dem kleinen schönen *Verdi-Theater (Besichtigung: 9.30–12, 15–18.30 bzw. 14–17.30 Uhr; Eintrittsgebühr; die Eintrittskarte gilt auch für das Städtische Museum und Verdis Geburtshaus)*. Gegenüber die *Pfarrkirche* aus dem 15. Jh. (gotische Fassade), deren Inneres im 18. Jh. umgestaltet wurde (in der 4. Kapelle links Fresken von M. Anselmi, 16. Jh.).
An der Ortsgrenze die **Villa Pallavicino** (16. Jh.) mit Fresken und Stuckdekorationen aus dem 16.–18. Jh. und den Sammlungen des **Städtischen Museums** *(Museo Civico)* mit Gemälden (15.–18. Jh.), Keramik, Möbel und Skulpturen, und im Erdgeschoß die Verdi-Zimmer (Sale Verdiane) mit Erinnerungsstücken an den Meister. Gegenüber der Villa die Kirche *S. Maria degli Angeli,* ein gotischer Bau von 1472; im Inneren eine Terrakottagruppe der Pietà von G. Mazzoni.
4 km nach N die **Villa Verdi di S. Agata** (1849) mit den Wohnräumen des Meisters *(Besichtigung: Mai–Okt. 9.30–12, 15–19 Uhr; Eintrittsgebühr)*.
4 km nach SO in **Róncole Verdi** das bescheidene Geburtshaus Verdis (1813–1901).

CALALZO DI CADORE 2.453 Ew, 806 m (2 C3)

Provinz Belluno. Ort im oberen Piave-Tal mit reger Handelstätigkeit und kleiner Industrie (Brillengläser), Sommerfrische mit Blick auf den See von Pieve di Cadore.

✉ 32042, ✆ 0435, ℹ AA (Centro Cadore) und TCI: an der Straße zum Bahnhof, ☎ 55 166

Freizeitangebot: Tennis.

Calalzo, an der Abzweigung zum Bahnhof, ☎ 28 82, 38 Zi (mB/mD), P
Delle Alpi, neben der Staatsstraße, ☎ 32 19, 34 Zi (12 mB/6 mD), P
Ferrovia, an der Abzweigung, ☎ 21 57, venezianische Küche, Mo
Ferrovia, an der Abzweigung, ☎ 21 57, 18 Zi (mB/mD), P

in Domegge (✉ 32040, 4 km Richtung Auronzo):
Olimpia, an der Straße, ☎ 72 052, 40 Zi (12 mB/11 mD), P G

SPAZIERGANG – ca. 1¼ Std. durch das Otental nach **Grea,** 912 m, einer einsamen Ortschaft mit der gotischen Kirche *S. Leonardo* (1430; im 16. Jh. ausgebaut) auf einem Hügel.

CAMPIGNA 1068 m (9 F2)

Gemeinde S. Sofia, Provinz Forlì. Sommerfrische und Wintersportort (Sportregion der *Burraia,* 1447 m) im oberen Tal des Bidente di Corniolo, am Fuße der Hänge des M. Falterona, in einem dichten Wald gelegen.

✉ 47010, ✆ 0543

Freizeitangebot: Skilift in Burraia, M. Gabrendo und M. Falco. Skischule.

La Scoiattolo, ☎ 98 00 52, 10 Zi (2 mB/1 mD)

CAMPITELLO DI FASSA 659 Ew, 1448 m (2 C1)

Provinz Trient. Sommerfrische und Wintersportort im oberen Fassa-Tal am Eingang zum Duron-Tal beim Col Rodella unterhalb der Felswände des Langkofels.

✉ 38031, ✆ 0462, ℹ AA: von Canazei, Nebenstelle, ☎ 61 137

Freizeitangebot: Tennis; Sessellifte auf die Elbetina (1911 m) und den Col Rodella (2385 m); Schlepplifte: in Campitello und am Sella-Joch; Eislaufen; Skischule.

Park Hotel Fedora, ☎ 61 597, 38 Zi (mB), P G, Sauna
Salvan, ☎ 61 427, 26 Zi (mB/mD), P, Sauna
Sporthotel Enrosadira, ☎ 61 203, 47 Zi (mB/mD) P
Gran Paradis, ☎ 61 222, 42 Zi (mB/mD), P, Sauna
Villa Kofler, ☎ 61 244, 22 Zi (2 mB/18 mD), P
Crepes de Selà, ☎ 61 538, 16 Zi (mD), P

AUSFLÜGE – Mit dem Sessellift in zwei Etappen auf den **Col Rodella*** (2485 m, Schutzhaus); Rundblick auf die Dolomiten. Vom Col Rodella kann man zu Fuß in 30 Min. oder mit dem Sessellift zum *Sella-Joch* (s. d.) gelangen. Ein ebener Weg führt auf die Seiser Alm (s. d.) und (2 Std.) zum *Schutzhaus Seiser Alm* des TCI. – Zur **Seiser Alm** (s. d.) über das steile naturbelassene Val Duron (zu Fuß oder mit dem Jeep); an der S-Seite des Hochplateaus das *Schutzhaus Seiser Alm* des TCI.

CANAZEI 1500 Ew, 1.633 m (2 C1)

Provinz Trient. Wichtiges alpines Zentrum im oberen Fassa-Tal an der Großen Dolomitenstraße, in der Umgebung wichtige Pässe (Pordoi, Sella, Fedaja); gut besuchter Sommerfrischen- und Wintersportort in großartiger Landschaft (Langkofel, Sella, Marmolata).

✉ 38032, ✆ 0462, ℹ AA: Via Roma 16, ☎ 61 113, Tx 400012

Freizeitangebot: Hallenbad; Sauna; Tennis; Boccia-Anlage; Seilbahn: Canazei (1450 m) nach Pecol (1930 m) und zum Belvedere (Col dei Rossi, 2377 m); von Alba (1490 m) auf den Ciampac (2147 m); Doppelsessellift: Pecol (1926 m) – Col dei Rossi (2335 m); Cristiania (2140 m) – Col dei Rossi (2374 m); Belvedere: 1930–2345 m; Ciampac (2142 m) – Sella Brunec (2441 m). Schlepplifte in Canazei, Pecol, Alba. Eislaufen; Skischule.

- **Dolomiti** ◪, ☎ 61 106, 76 Zi (mB/mD), G ❄
- **Bellevue,** ☎ 61 104, 46 Zi (mB/mD), P
- **Faloria,** Richtung Alba, ☎ 61 118, 35 Zi (mB), P ❄
- **Tyrol,** im Ort, ☎ 61 156, 36 Zi (mB/mD), P ✿
- **Croce Bianca,** ☎ 61 111, 41 Zi (6 mD), P ❄
- **Alla Rosa,** ☎ 61 107, 40 Zi (mB/mD), P G
- **Astoria** ◪, ☎ 61 302, 37 Zi (mB/mD), P ❄
- **Diana** ◪, ☎ 61 477, 28 Zi (mD), P G ❄
- **El Garber** ◪, Via Pareda 9, ☎ 61 395, P, ~~Di~~
- **Chalet Pineta** ◪, ☎ 61 162, 16 Zi (mB/mD), P ❄

in Alba (1517 m, 1,5 km Richtung Fedaia):
- **Alpino – Al Cavalletto,** ☎ 61 318, 32 Zi (3 mB/28 mD)
- **La Cacciatora,** Talstation Seilbahn, ☎ 61 411, ~~Mo~~

in Pecol (1972 m, 8 km Richtung Pordoi-Joch):
- **Bellavista** ◪, ☎ 61 165, 46 Zi (31 mB/1 mD), P ✿

in Pian Trevisan (7 km Richtung Fedaia):
- **Villetta Maria** ◪, ☎ 61 121, P, im Wald, rustikale Küche

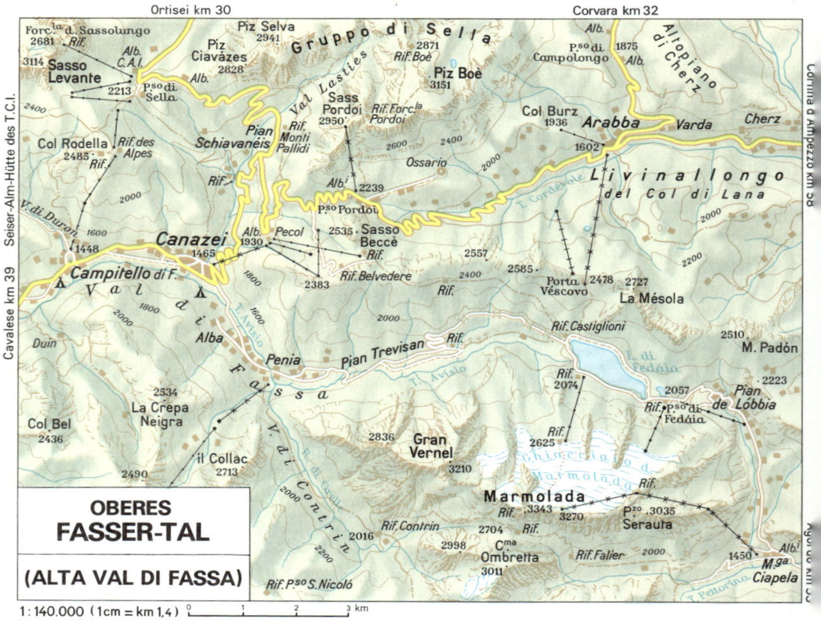

AUSFLÜGE – Mit der Seilbahn zum **Belvedere I** (2389 m); herrlicher Blick★ auf die Sella-Gruppe, den Langkofel, den Rosengarten und die Marmolata. In 45 Min. gelangt man zum Pordoi-Joch; auf leichtem Weg erreicht man in ca. 2 Std. den Fedaja-See. – 12 km zum Pordoi-Joch (2239 m; s. d.) und mit der Seilbahn auf den Sass Pordoi★ (2950 m) und den Piz Boè. – 11,5 km zum Sella-Joch (2213 m; s. d.). – Über Alba (1517 m) zum Fedaja-See und auf die Marmolata★ (s. d.).

CANOSSA, BURG VON (Castello di C.) 579 m (8 C2)

Gemeinde Ciano d'Enza, Provinz Reggio nell'Emilia. Historisch bedeutende Burg, heute eine Ruine, auf einem Felsen in der gebirgigen Zone des Enza-Tals.

La Rupe, am Platz, ☎ 0522/87 81 00, Mi

in der Umgebung (⌀ 0522):

Papillon, in S. Polo d'Enzo (✉ 42020, 10 km nach NO), ☎ 87 32 56, 15 Zi (mD)

Belvedere, in Bergonzano di Quattro Castella (✉ 42020, 6 km nach N), ☎ 88 71 01, Mo

Man erreicht die Burg über einen steilen Treppenweg *(man wende sich an den Pförtner; Besichtigung: 9–12, 15–18.30 Uhr);* sie stammt aus dem 10. Jh. und war während der Zeit des Investiturstreits im Besitz der Herzogin Mathilde von Tuszien; hier trat Kaiser Heinrich IV. 1077 seinen denkwürdigen „Canossagang" vor Papst Gregor VII. an.

In der Ruine spärliche Überreste aus verschiedenen Epochen, darunter die uralte Kirche *S. Apollonio;* in einem kleinen *Museum* sind Funde ausgestellt. Herrliche Aussicht*.

4 km nach NW auf einem Felsen die Burgruine **Rossena** (493 m); vom ursprünglichen Bau aus dem 11. Jh. ist nichts mehr erhalten. Hier hat das Forschungsinstitut für Mathilden-Studien seinen Sitz.

CANSIGLIO, HOCHPLATEAU (Altopiano del Cansiglio) 1000 m (5 C2)

Provinz Treviso und Belluno. Karstiges Hochplateau in den Voralpen Bellunos mit dichten Föhren-, Tannen- und Lärchenwäldern (Bosco del Cansiglio); Sommerfrische, Wintersportort und Ausflugsziel (siehe auch Alpago).

✉ 32010 (Tambre), ⌀ 0438, i AA von Vittorio Veneto: Piazza del Popolo, ☎ 57 243

Freizeitangebot: Golf (9 Löcher); Skilift: Col Dar, 1035–1200 m, 1200 m lang, und mehrere kurze Lifte.

S. Marco, ☎ 58 53 50, 43 Zi (mB/mD), Golf, Skilift

Locanda S. Osvaldo, ehem. Schutzhaus Cansiglio, ☎ 58 53 53, Wildspezialitäten

Beim Forstamt von Pian de Cansiglio ein *Institut für Umweltforschung* mit einem Naturwissenschaftlichen Museum; *zu besichtigen im Sommer, Sa, So, Feiertage 14.30–19 Uhr.* In der Nähe des Hotels der **Bus de la Lum,** eine 225 m tiefe Doline.

CÁORLE 11.500 Ew, 1 m (6 E1)

Provinz Venedig. Stark besuchter Badeort und Fischereizentrum an der nördlichen Adria mit einem alten Stadtkern.

✉ 30021, ⌀ 0421, i AA: Piazza Europa 3, ☎ 81 085

Freizeitangebot: Yachthafen in S. Margherita; Schwimmbad; Tennis; Reiten.

Alle Betriebe mit Strandservice

Airone, Lungomare Trieste, ☎ 81 570, Tx 410482, 61 Zi (mD), AIR
Metropol, Via Emilia 1, ☎ 82 091, 44 Zi (mB/mD)
Garden, Piazza Belvedere 2, ☎ 82 836, 50 Zi (mD), an der Seepromenade
Alexander, Lungomare Trieste 60, ☎ 82 019, 48 Zi (mB/mD)
Touring, Via A. Vespucci 5, ☎ 81 511, 53 Zi (mD), an der Seepromenade
Savoy, Via Paseoli 1, ☎ 81 879, 44 Zi (mB)
Stellamare, Via del Mare 8, ☎ 81 203, 27 Zi (mB/mD), gegenüber dem Meer
Serena, Lungomare Trieste 76, ☎ 81 133, 37 Zi (mD)
Nettuno, Via G. d'Annunzio 4, ☎ 81 142, 42 Zi (32 mD), an der Seepromenade
Da Duilio, Strada Nuova 19, ☎ 81 087, Tx 410402, am Ortseingang
Da Duilio, Strada Nuova 19, ☎ 81 087, Meeresspezialitäten, Mo (im Winter) + Di mittag

in Porto S. Margherita (5 km):

San Giorgio, Via dei Vichinghi 1, ☎ 82 351, 100 Zi (mD), am Meer und am Hafen
Oliver, Via Lepanto 3, ☎ 82 022, 66 Zi (mD), am Meer
Galeone d'Oro, Corso Pisa 20, ☎ 81 898, 65 Zi (mB/mD), am Hafen, ganzjährig geöffnet
Florida, Via Lepanto 7, ☎ 81 103, 50 Zi (mD), am Meer

auf der Landstraße nach S. Stino di Livenza in Ottava Presa (5 km):

Villa dei Dogi, in Riva al Livenza, ☎ 82 825, 16 Zi (mB/mD), ganzjährig geöffnet
Villa dei Dogi, in Riva al Livenza, ☎ 82 825, ganzjährig geöffnet

in Duna Verde (10 km Richtung SW):

Playa Bianca, Viale Cherso 80, ☎ 82 882, Tx 410522, 45 Zi (mD)

Im Herzen des alten Stadtkerns die romanische **Kathedrale** (1048) mit hoher, durch Lisenen dreigeteilter Fassade und byzantinischen Reliefs aus dem 12. Jh.; freistehender hoher, nach ravennatischer Art runder Glockenturm*. Im schönen dreischiffigen Inneren mit Pfeilern und Säulen (byzantinische Kapitelle): mehrere Fresken aus dem 14. und 15. Jh.; Apostel auf 6 Tafelbildern aus dem 14. Jh.; über dem Hauptaltar (Kruzifix aus dem 15. Jh.) die Pala d'oro*, aus vergoldetem Silber mit byzantinischen (12.–13. Jh.) und venezianischen (14. Jh.) Goldschmiedearbeiten.

Im SW des Ortes, am anderen Ufer des Livenza, die modernen Anlagen des Badeortes **Porto S. Margherita.**

CARPI 60.595 Ew, 28 m (8 B3)

Provinz Modena. Malerische Stadt, beachtenswertes Industriezentrum (Hemden- und Strickwarenerzeugung) und Handelszentrum in der fruchtbaren Ebene von Modena. 1319–1525 stand die Stadt unter der Herrschaft der Familie Pio.

✉ 41012, ⌀ 0531

Touring, Viale Dellai 1 (beim Bahnhof), ☎ 68 61 11, 70 Zi (mB/mD), P ❄, AIR
Molly, Via Bellini (gegenüber dem Bahnhof), ☎ 68 66 15, 29 Zi (mD), AIR
Duomo, Via C. Battisti 25, ☎ 68 67 45, 16 Zi (4 mB/12 mD), P ❄, AIR
Da Magnani, Via Bellentanina, ☎ 68 60 94, AIR, ~~Do~~ + ~~Sa~~ abend
Da Giorgio, Via G. Rocco, ☎ 68 53 65, AIR, ~~Mo~~

Piazza dei Martiri – Platz im Stadtzentrum, mit dem *Portico Lungo,* einer Säulenhalle mit 52 Arkaden (15. Jh.), der Kathedrale und der Burg.
Die **Kathedrale** hat eine barocke Fassade (1667) und einen Innenraum aus der Renaissance (1514) mit hoher Kuppel von B. Peruzzi (sehenswerte Alabaster-Antependien und Skulpturen von P. Spani und Begarelli im hinteren linken Seitenschiff).

Carpi: Castello dei Pio

Castello dei Pio *(Burg)* – Weitläufige, turmbewehrte Anlage aus dem 15.–18. Jh. Die Fassade wird von der *Torre dell'Orologio* (Glockenturm) aus dem 17. Jh. beherrscht: durch sie gelangt man in den von Bramante in klassischen Formen entworfenen, 1875 restaurierten Renaissance-Innenhof. Von der monumentalen Halle kommt man in die Repräsentationsräume; hier ist das **Städtische Museum** *(Museo Civico)* untergebracht. *Besichtigung: Mai–Okt. an Werktagen 16–19 Uhr; an Sonn- und Feiertagen 10.30–12.30, 16–19 Uhr; während der anderen Monate Besichtigung auf Anfrage in der Direktion).*

Beachtenswert die Kapelle mit Fresken des frühen 16. Jhs. (B. Loschi) und 4 Tondi in der Art des Lucca della Robbia; im „geschmückten Saal" eine schöne geschnitzte und vergoldete Holzdecke (16. Jh.); im danebenliegenden Saal „della Torre Passerino" lombardische Fresken aus dem 15. Jh.; im „Mohrensaal" Wandgemälde und Scheinarchitektur von G. Del Sega (1506). Die Sammlung des Museums beinhaltet in erster Linie Werke der emilianischen Schule vom 15.–19. Jh., mit einer bemerkenswerten Sammlung der venezianischen Schule: M. Preti, Palma Giovane, Scarsellino, Calvaert usw.; ferner Tapisserien, Skulpturen sowie der Saal des *Holzschnitt-Museums* (Museo de Xilografia) mit Arbeiten von Ugo da Carpi (16. Jh.) und Arbeiten zeitgenössischer Künstler aus dem In- und Ausland.

La Sagra – *Kirche S. Maria* aus dem 8. Jh., im 13. Jh. in romanischem Stil wiedererrichtet (hoher Glockenturm mit Doppelfenstern, 1221), 1515 teilweise abgerissen und mit einer Renaissancefassade von B. Peruzzi versehen. Im romanischen Inneren sehenswerte Fresken aus dem 13. Jh., eine romanische Kanzel (12. Jh.) und das Grab des Manfredo Pio aus dem 14. Jh.; die Kapellen S. Martino und S. Caterina (links) mit Fresken aus dem 15. Jh. aus der Schule des Giovanni da Modena.
S. Nicolò – Die Renaissancekirche wurde 1493 begonnen und 1516 von B. Peruzzi fertiggestellt; mehrere bemerkenswerte Altäre und Tafelbilder von B. Loschi.

CASTELFRANCO VENETO 28.697 Ew, 43 m (5 D1)

Provinz Treviso. Malerisches Städtchen in der venetianischen Ebene, beachtenswertes Handelszentrum und Verkehrsknotenpunkt. Heimatstadt Giorgiones (1478–1510), des Erneuerers der venezianischen Malerei.

✉ 31033, ✆ 0423, ℹ *Verkehrsverein:* Via Garibaldi, ☎ 49 50 00

Roma, Via Filzi 13, ☎ 49 50 41, 63 Zi (mB/mD), G, AIR
Al Moretto, Via S. Pio X. 10, ☎ 49 36 25, 39 Zi (22 mD), P ❄

in Salvarosa (3 km nach NO):
Da Barbesin, an der Straße, ☎ 49 02 32, P ❄, ~~Mi~~ abend + ~~Do~~
Da Rino Fior, Via Loreggia, ☎ 49 04 62, P ❄, ~~Di~~

Burg★ – Die Festungsanlage auf quadratischem Grundriß samt Burggraben umschließt den alten Stadtkern. Die roten Mauern mit ihren fünf hohen Türmen sind heute noch weitgehend erhalten.

Rund um die Burg die *Bastia Nuova* mit mehreren Bauten aus dem 16.–18. Jh., der große alte Marktplatz und die Kornhalle.

Dom★ – Erhebt sich im Zentrum des Burgkomplexes und wurde im 18. Jh. im palladianischen Stil von F. M. Preti erbaut. Im Inneren in der rechten Chorkapelle das berühmte **Altarbild** der Thronenden Madonna★ mit den Heiligen Franziskus und Georg, ein Jugendwerk Giorgiones (1504).

An den Wänden und der Decke der Sakristei Freskenreste★ (allegorische Figuren) von Veronese (1551) aus der nicht erhaltenen Villa Soranza, ferner Gemälde von Palma Giovane, I. Bassano, Maffei und Carracci.

Neben dem Domplatz das **Haus des Giorgione** *(Besichtigung: Sa, So 15–18 Uhr, So auch 10.30–12.30 Uhr)*. Das dekorative Grisaillefries mit den Symbolen der sieben Künste im Obergeschoß stammt vermutlich vom Meister selbst. Im Inneren ein *Giorgione-Museum* im Aufbau, mit photographischen Reproduktionen seiner Werke und einer historisch-kritischen, ikonographischen Dokumentation über Giorgione und die Renaissance.
In der Via Garibaldi das *Teatro Accademico*, erbaut nach Plänen F. M. Pretis (18. Jh.), mit Backsteinfassade und originellem Inneren (Stuckdekor). *Besichtigung: 9–12.30, 14–18 Uhr, Sa, So, Feiertag geschl.*
Im Borgo Treviso Nr. 46 die in der 2. Hälfte des 19. Jhs. erneuerte **Villa Revedin-Bolasco;** sehenswerter Park mit Skulpturen, Teich und Aussichtspavillon. *Besichtigung: Di, Sa und erster So des Monats 14–17 Uhr (Winter), 15.30–18.30 Uhr (Sommer); Eintrittsgebühr.*
4 km in Richtung SW befindet sich in *S. Andrea* die **Villa Corner,** heute *Chiminelli*, aus dem 16. Jh. *(Besichtigung: Sa 15–18 Uhr; an anderen Tagen nach Voranmeldung; Eintrittsgebühr)* mit Fresken der Schule Veroneses. Angeschlossen ist ein *Ackerbau- und Gerbereimuseum (Besichtigung tägl. 15–18 Uhr).*
6 km in Richtung NO nach *Fanzolo di Vedelago* zur **Villa Emo-Capodilista*,** ein Werk Palladios mit Fresken G. B. Zelottis. *Besichtigung: Sa, So, Feiertage 14–17 Uhr (nur Winter), 14 bzw. 15–18 Uhr (Sommer), Reisegruppen bei Voranmeldung auch an anderen Tagen, ☎ 48 70 40; Eintrittsgebühr).*

CASTELL'ARQUATO* 4.512 Ew, 225 m (7 B3)

Provinz Piacenza. Marktflecken in schöner Lage auf einem niedrigen Hügel der Apenninvorläufer, das Flußbett der Arda beherrschend, mit bemerkenswertem mittelalterlichen Stadtbild.

✉ 29014, ✆ 0523, ℹ *Verkehrsverein:* im Torrione Farnesiano

Freizeitangebot: Schwimmbad; Tennis.

- **San Carlo,** Piazza S. Carlo (im unteren Dorf), ☎ 80 31 38, 21 Zi (18 mD), G
- **Stradivarius,** Via Sforza Caorzi (auf halber Höhe), ☎ 80 33 81, Atmosphäre aus dem 15. Jh., Mo
- **Taverna del Falconiere,** Piazza Matteotti 4, ☎ 80 31 55, Atmosphäre aus dem 15. Jh., Fr
- **Faccini,** in S. Antonio (3 km Richtung Piacenza), ☎ 89 63 40, P, Mi
- **Perugino,** in Lugagnano Val d'Arda (5 km), ☎ 89 21 40, Di
- **Nettuno,** am Staudamm des Mignano-Sees (12 km nach S Richtung Val d'Arda), ☎ 89 250, P, Mi

Castell'Arquato: Piazza Matteotti

Eindrucksvoll die monumentale Anlage der **Piazza Matteotti** in der Oberstadt, zu der man durch steile Gäßchen hinaufsteigt; hier stehen der Palazzo Pretorio, die Collegiata und die Überreste der Burg.

Der zinnenbekrönte gotische **Palazzo Pretorio** *(Rathaus)* mit fünfeckigem Turm wurde 1293 erbaut; im 15. Jh. kamen Außentreppe und Loggia hinzu.

Die romanische **Stiftskirche** (*Collegiata;* 12. Jh., restauriert) hat einen schönen Chor und an der linken Seitenfassade eine Loggia mit Spitzbogen.

Im Inneren das Baptisterium mit dem alten Taufbecken (8. Jh.) und die gotische Katharinenkapelle (am Beginn des rechten Seitenschiffs, *Spende*) mit Fresken aus dem 15. Jh.
Neben der Kirche ein malerischer kleiner Kreuzgang und das interessante STIFTSMUSEUM *(Museo della Collegiata; Pförtner, Eintrittsgebühr)* mit sakralen Geräten (eucharistisches byzantinisches Meßgewand aus dem 11. Jh.), verschiedenen Funden aus römischer Zeit, romanischen Architekturresten, Skulpturen und Gemälden. Das jüngst eingerichtete historische Archiv besitzt Pergamentdokumente aus dem Jahre 1120 und Antiphonare aus dem 16. und 17. Jh.

Die **Rocca** (Burg) mit ihren hohen zinnenbekrönten Türmen wurde 1343 von der Stadt Piacenza errichtet und 1347 von Luchino Visconti neu befestigt. Von einer Seite des Platzes Blick auf das Tal der Arda. Tiefer unten in der Via Remondini der *Torrione Farnesiano* aus dem 16. Jh. mit einem GEOLOGISCHEN MUSEUM *(im allgemeinen So nachm. geöffnet, weitere Informationen: ☎ 80 37 24)* mit reicher Fossiliensammlung; außerdem kleine ur- und frühgeschichtliche Sammlung; im Erdgeschoß Erinnerungsstücke an den Librettisten Luigi Illica.
Im Ortsteil *Crocetta* römische Ausgrabungen.

AUSFLÜGE – 7 km in Richtung NW nach **Vigolo Marchese** (128 m), bäuerliche Gemeinde mit zwei bemerkenswerten mittelalterlichen Baudenkmälern: die romanische *Pfarrkirche* aus dem 11. Jh. (restauriert), daneben das kreisrunde Baptisterium (1008) mit einem Taufbecken, das aus einem römischen Kompositkapitell gearbeitet wurde. – 12 km in Richtung S zum **Lago di Mignano,** 342 m, über (5 km) *Lugagnano Val d'Arda* (229 m, 4205 Ew); in dessen Pfarrkirche aus dem 16. Jh. (am Chor Überreste des Baus des 12. Jhs.) ein Gastmahl zu Emmaus von L. Crespi. – Nach **Velleia** (20 km) und zum ehemaligen **Park der Provinz Piacenza** (21 km), siehe Velleia.

CASTELLO TESINO 1.643 Ew, 871 m (2 E1)

Provinz Trient. Sommerfrische und Wintersportgebiet (*M. Ágaro – Brocon-Paß,* 1600–1900 m) auf einem Hochplateau an den Nordhängen der Valsugana.

✉ 38053, ✆ 0461, ℹ *Verkehrsverein:* ☎ 59 41 36

Freizeitangebot: Tennis; Sessellift von Malga Marande (1617 m, auf der Straße zum Brocon-Paß, 15 km) auf den M. Ágaro (1904 m); Skilift in Maranda, Pieve Tesino und Coazzo.

Bellavista, ☎ 59 41 69, 24 Zi (mB/mD),

Auf einem Hügel in der Nähe des Friedhofes die Kirche *S. Ippolito* aus dem 15. Jh. mit Wandgemälden (1436–1438).
In Richtung des Brocon-Passes die interessanten **Höhlen des Castel Tesino** (960 m, Auskunft beim Verkehrsverein) mit reichen Tropfsteinformationen und kleinen Seen.
Entlang der Nordhänge der Valsugana, zwischen Castel Tesino und Roncegno, zahlreiche kleine Sommerfrischenorte in schöner Lage: *Pieve Tesino,* 882 m; *Bieno,* 810 m; *Strigno,* 506 m; *Samone,* 673 m; *Telve,* 480 m; *Telve di Sopra,* 656 m; *Torcegno,* 779 m.

CASTELNOVO NE' MONTI 9.509 Ew, 702 m (8 C1–2)

Provinz Reggio nell'Emilia. Beachtenswertes, als Sommerfrische besuchtes Städtchen im nordwestlichen Apennin, an der Straße zum Cerreto-Paß, am Fuße des Felsstocks der Pietra di Bismántova.

✉ 42035, ✆ 052, ℹ *Verkehrsverein:* Piazza Martiri della Libertà, ☎ 81 23 69

Freizeitangebot: Schwimmbad; Tennis.

Bismantova, Via Roma 73, ☎ 81 22 18, 18 Zi (mB/mD), gute Küche, Restaurant,
Miramonti, Umfahrungsstraße, ☎ 81 23 00, 26 Zi (mB/mD), P G
Cacciatori, Via Prampolini 2, ☎ 81 23 78, 17 Zi (7 mB/2 mD), P

AUSFLÜGE – 5 km zur **Pietra di Bismántova,** 1047 m, ein schroffer Felsen mit vorkragenden Wänden, bei Dante erwähnt; am Fuße des Osthanges die Einsiedelei *(L'Eremo),* eine kleine Kirche aus dem 17. Jh., die jüngst erneuert wurde (im Inneren von der Wand gelöste Fresken des 15. Jhs.) und ein kleines Benediktinerkloster. Vom Berggipfel (30 Min. Fußweg) großartige Aussicht*.
11 km in Richtung SW nach **Cervarezza,** 900 m, eine kleine Sommerfrische an der Staatsstraße zum Cerreto-Paß, mit Blick auf den M. Cusna; in 2 km Entfernung, auf der anderen Seite der Staatsstraße, in einer Parkanlage die *Mineralquellen von S. Lucia* (schwefelhaltig und alkalisch) und *Cerva* (bikarbonat-alkalisch) für Trinkkuren zur Behandlung von Nierensteinen, Blasenkrankheiten und Entzündungen des Verdauungstraktes.

CASTEL SAN PIETRO TERME 16.090 Ew, 70 m (9 D2)

Provinz Bologna. Bedeutendes Landwirtschafts- und Industriezentrum, Thermalkurort, am Fluß Síllaro an der Via Emilia gelegen.

✉ 40024, ✆ 051, ℹ AA: Viale Terme 150, ☎ 94 14 57

Freizeitangebot: Hallenbad, Freibad; Tennis; Tontaubenschießen; Boccia-Anlage; Reitzentrum (Pferde).

Delle Terme, Viale delle Terme 13, ☎ 94 11 40, 55 Zi (mB/mD), Thermalbad
Nuova Italia, Via Cavour 73, ☎ 94 19 32, 28 Zi (mB/mD), TV, AIR
Derby, an der Via Emilia in S. Nicolò, 5 km Richtung Bologna, ☎ 94 51 06, 34 Zi (mB/mD), TV, AIR
Da Maraz, Piazza Vittorio Veneto 1 am Ortseingang, ☎ 94 12 36,

KURBETRIEB – In der Nähe des Ortes, im Parco delle Terme und im benachbarten S. Martino in Pedriolo, befinden sich Quellen mit schwefel- bzw. salz-brom-jodhaltigem Wasser, das in Form von Bädern, Schlammpackungen, Inhalationen etc. bei rheumatischen und arthritischen Beschwerden, Neuralgien, Frauenleiden und Erkrankungen des Hals-, Nasen-, Ohrentrakts angewendet wird. Saison: April–November.
SEHENSWERT – *Wallfahrtskirche des Gekreuzigten Heilands* (*Santuario del Crocifisso;* (17.–18. Jh.) und Pfarrkirche *S. Maria Maggiore* (13. Jh., Umbauten im 15. u. 18. Jh.) mit Glockenturm aus dem 14. Jh. und terrakottageschmückter Portallünette (15. Jh.).

CASTIGLIONE DEI PÉPOLI 6.047 Ew, 691 m (9 E1)

Provinz Bologna. Sommerfrische im Bologneser Apennin im Brasimone-Tal, an der Straße zum Montepiano-Paß, inmitten von Tannen- und Kastanienwäldern.

✉ 40035, ✆ 0534, ℹ *Verkehrsverein:* Piazza Libertà 10, ☎ 91 081

Freizeitangebot: Schwimmbad; Tennis.

Montegatta, Via Mattei 25, ☎ 91 035, 34 Zi (3 mB/15 mD)
Torretta, am Ortsausgang Richtung Bologna, ☎ 91 039

in Roncobilaccio (✉ 40031; 560 m, 11 km, an der Ausfahrt zur Autostrada del Sole):
Roncobilaccio, ☎ 97 112, Tx 511095, 86 Zi (mB/mD)

AUSFLÜGE – 4 km nach W zum großen **Stausee von Brasimone.**
8 km in Richtung SO zum **Wallfahrtsort Boccadirio,** 719 m, erbaut gegen Ende des 18. und im frühen 19. Jh., mit einer Terrakotta-Madonna im Stil L. della Robbias.

CASTROCARO TERME 5.093 Ew, 68 m (9 D3)

Gemeinden Castrocaro Terme und Terra del Sole, Provinz Forlì. Thermalkurort im unteren Montone-Tal an der Straße zum Muraglione-Paß; auf einem Hügel Überreste der Festung.

✉ 47011, ✆ 0543, ℹ AA: Via Garibaldi 50, ☎ 76 71 62

Freizeitangebot: Schwimmbad; Tennis. Kongreßzentrum.

Grand Hotel Terme, Via Roma 2, ☎ 76 71 14, 116 Zi (55 mB/22 mD), Thermalkur
Prati, Via Samori 6 (jenseits des Flusses), ☎ 48 75 31, 27 Zi (mD)
Piccolo Hotel, Viale Marconi 47, ☎ 76 71 39, 34 Zi (5 mB/19 mD)
Ariston, Via Dante 11, ☎ 48 73 12, 44 Zi (mD)
Eden, Via Samori 11, ☎ 76 76 00, 17 Zi (mD)
Bassani, Via Sorgenti 44, ☎ 48 71 59, 23 Zi (mD)
La Frasca, Via Matteotti (an der Straße nach Florenz), ☎ 76 74 71, Regionalküche, gute Weinkarte, Di und August.

KURBETRIEB – Hier entspringen mehrere Quellen mit sole-, brom-, jod- und schwefelhaltigem Wasser, das in Form von Bädern, Schlammpackungen, Unterwassermassagen, Inhalationen bei rheumatischen und arthritischen Beschwerden, Frauenleiden und Erkrankungen des Hals-, Nasen-, Ohrentrakts zur Anwendung gelangt. Saison: April–November.
Kurpark mit diversen Sportanlagen (Schwimmbecken, Minigolf etc.) und dem *„Vergnügungspavillon"*, in dem verschiedene kulturelle Ereignisse stattfinden, u. a. das jährliche „Festival der neuen Stimmen".
In der *Pfarrkirche* u. a. ein Tafelbild des Marco Palmezzano (Thronende Madonna mit Heiligen). Unweit davon, im höher gelegenen alten Stadtteil, die Kirche *S. Nicolò* aus dem 11. Jh. mit spätgotischem Innenraum und Fresken aus der gleichen Zeit (15. Jh.). Auf dem Hügel der Zentralbau des *Baptisteriums S. Giovanni,* vermutlich aus dem 8. Jh., und die mächtige Ruine der *Festung* (Rocca).
Das nahe gelegene (2 km) **Terra del Sole** ist von einer rechteckigen Mauer mit Ecktürmen aus dem 16. Jh. umgeben. Am großen Waffenplatz (Piazza d'armi) die Kirche *S. Reparata* aus dem späten 16. Jh., der *Palazzo del Provveditore* im toskanischen Renaissancestil und der strenge *Palazzo dei Commissari,* der von Buontalenti erbaut wurde: an der Fassade Wappen, schöner Arkadenhof. Im Palazzo ist ein *Heimatkundliches Museum* untergebracht *(Öffnungszeiten: Di, Mi, Fr am Spätnachmittag).*

CATTÓLICA 15.699 Ew, 10 m (10 E2)

Provinz Forlì. Wichtiger Badeort und Fischereizentrum an der mittleren Adria, am Fuße der Hügel des Gabicce, an der Grenze zwischen der Romagna und den Marken.

✉ 47033, ✆ 0541, Via Mancini, B2, B2 (Bar Mazzini), ℹ AA: Piazza Nettuno, (B2), ☎ 96 33 41; TCI: Reisebüro Giunta, Viale Bovio 71A

Freizeitangebot: Tennis; Tontaubenschießen; Wasserskischule; Reiten.

Alle Betriebe mit Strandservice

Caravelle, Via Padova 6, ☎ 96 24 16, 45 Zi (mD) . . . (A1, **a**)
Victoria Palace, Viale Carducci 24, ☎ 96 29 21, 88 Zi (mB/mD) . . . (A2, **k**)
Negresco, Viale del Turismo 6, ☎ 96 32 81, 75 Zi (mD) . . . (A1, a. P.)
Beaurivage, Via Carducci 82, ☎ 96 31 01, 69 Zi (mB/mD) . . . (A1, **d**)
Royal, Viale Carducci 30, ☎ 96 11 33, 65 Zi (mB) . . . (A1, **c**)
Alexander, Via Gran Bretagna 16, ☎ 96 32 41, 52 Zi (mB/mD) . . . (A1, a. P.)
Diplomat, Viale del Turismo 9, ☎ 96 22 00, 64 Zi (mB) . . . (A1, a. P.)
Savoia, Via Carducci 38, ☎ 96 11 74, 70 Zi (mB) . . . (A1, **h**)
Acapulco, Viale del Turismo 1, ☎ 96 32 53, 45 Zi (mD) . . . (A1, a. P.)
Napoleon, Via Carducci 52, ☎ 96 34 39, 52 Zi (mB/mD) . . . (A1, **o**)
Europa Monetti, Via Curiel 39, ☎ 96 11 59, 77 Zi (70 mD) . . . (A2, **e**)
Mediterraneo, Viale Carducci 141, ☎ 96 34 68, 50 Zi (15 mB/26 mD) . . . (A1, **z**)
Maxim, Via Facchini 7, ☎ 96 21 37, 55 Zi (mB/mD)
Moderno-Majestic, Via d'Annunzio 15, ☎ 96 11 69, 64 Zi (mB/mD)
Astoria-Salus, Via Carducci 22, ☎ 96 13 28, 54 Zi (mB/mD) . . . (A2, **i**)
Belsoggiorno, Viale Carducci 88, ☎ 96 31 33, 44 Zi (mD) . . . (A1, **f**)
Regina, Viale Carducci 40, ☎ 96 11 67, 62 Zi (mB/mD) . . . (A1, **b**)
Capitol, Giardini de Amicis 4, ☎ 96 11 08, 46 Zi (mB/mD) . . . (A2, **q**)
Villa Fulgida, Piazzale 1° Maggio, ☎ 96 23 65, 40 Zi (7 mB/18 mD) . . . (A2, **v**)
Nord-Est, Viale Carducci 60, ☎ 96 12 63, 71 Zi (mB/mD) . . . (A1, **g**)
La Rosa, Via Carducci 80, ☎ 96 32 75, 53 Zi (mB/mD) . . . (A1, **s**)
Moresco, Via Fiume 16, ☎ 96 11 61, 39 Zi (32 mD) . . . (B2, **ad**)
Villa Ombrosa, Via del Prete 61, ☎ 96 10 64, 24 Zi (mD) . . . (B1, **p**)
Bellavista, Via Marconi 92, ☎ 96 29 27, 18 Zi (mD) . . . (A3, **ac**)
La Torretta, Via Marconi 82, ☎ 96 11 05, 44 Zi (40 mD) . . . (A3, **ab**)
La Lampara – Da Mario, Hafen, ☎ 96 32 96, AIR, Fisch, Di . . . (A3, **ra**)
Moro – Da Osvaldo, Via Mazzini 91, ☎ 92 24 38, 30 Zi (27 mD), Fisch, ganzjährig geöffnet, Do . . . (B2, **rc**)
Al Dollaro, Via Verdi 33, ☎ 96 27 91, auch Pizzeria, Mo . . . (B3, **rb**)

In der Via C. Marx (B2–3) Überreste eines römischen Baus aus der ersten Kaiserzeit; die Ausgrabungsfunde sind, zusammen mit anderen archäologischen Exponaten aus der Gegend, in einem **Städtischen Archäologischen Museum** neben dem Kulturzentrum auf der Piazza della Repubblica (A3) ausgestellt, das außerdem über prähistorische, etruskische und römische Sammelstücke verfügt.

AUSFLÜGE – Vom Strand des Gabicce 4,5 km bergauf nach **Gabicce Monte,** 144 m, in beherrschender Lage an der romagnolischen Küste, mit Blick auf San Marino und die Hügel der Marken. – 6 km nach SO nach **Gradara,** 142 m, ein mittelalterliches Städtchen in beherrschender Lage, umgeben von Befestigungsmauern aus dem 14. Jh., die sich bis zu der turmbewehrten **Rocca** (Festung) aus dem 13. Jh. hinaufziehen. (Der Tradition nach ist dies der Ort der Tragödie der Francesca da Rimini, siehe Italienführer, Bd. III.)

CAVALESE 3.489 Ew, 1000 m (2 D1)

Provinz Trient. Hauptort des Fleimser Tals (Val di Fiemme), wichtiger Sommerfrischen- und Wintersportort. Gelegen in einer grünen Talmulde, die gegen N vom Schwarzhorn (La Rocca oder Corno Nero), 2439 m, und gegen S von der bewaldeten Kette der Lagorai beherrscht wird. Gut ausgestattete Ferienorte sind auch *Carano,* 1086 m, in 2 km Entfernung; *Varena,* 1181 m, in 3,5 km Entfernung; *Castello di Fiemme,* 953 m, in 3 km Entfernung.

✉ 38033, ✆ 0462, ℹ AA (Centro Fiemme) und TCI: Via F.lli Bronzetti 4, ☎ 30 298; Tx 400096

Freizeitangebot: Tennis; Schwimmbad in Salazanda, in der Nähe des Touristendorfes; Reiten; überdachte Boccia-Anlage. Seilbahn: Cavalese (973 m) – Dosse dei Larici (1279 m) – Alpe Cermis (1980 m); Schlepplifte am Alpe Cermis und in Salazanda; Sessellift von M. Cermis (2000 m) auf Paion (2222 m); Eisstadion; Skischule; Skipaß; Doppelsessellift: Lagorai: 2007–2230 m.

🏨 **Grünwald,** beim öffentlichen Park, ☎ 30 369, 27 Zi (mD), P ❀, Sauna
🏨 **San Valier ◪,** beim Park, ☎ 31 285, 30 Zi (mB/mD), P ❀ ≈
🏨 **Park H. Azalea ◪,** in der Unterstadt, ☎ 30 109, 40 Zi (26 mB), ❀
🏨 **Angelo d'Oro,** an der Piazza, ☎ 30 102, 39 Zi (19 mB/8 mD)
🏨 **Bellavista,** an der Straße Richtung Predazzo, ☎ 30 205, 27 Zi (mB/mD), P ❀
🏨 **Cauriol ◪,** ☎ 31 035, 22 Zi (mD), P
🍴 **Orso Grigio,** an der Kreuzung, ☎ 31 481, französische und tridentinische Küche, ~~Mi~~
🍴 **Da Gigi,** an der Kreuzung, ☎ 30 400, venezianische und tridentische Küche, ~~Do~~

in Alpe Cermis auf 2000 m (neben der Bergstation der Seilbahn):
🏨 **Eurotel Cermis ◪,** ☎ 30 572, 52 Zi (mB/mD), P ❀ ♆

in Carano, 1086 m, 2 km:
🏨 **Bagni ◪,** ☎ 30 220, 33 Zi (7 mB/15 mD), G ❀ ♆

in Castello-Molina di Fiemme, 953 m (✉ 38030, 3 km nach SW):
🏨 **Los Andes ◪,** in Castello, ☎ 30 098, 45 Zi (mB/mD), P ❀ ≈, Sauna
🍴 **Ginette,** in Molina, ☎ 31 700, P, italo-franz. Küche, ~~Mo~~

Eine große sportliche Attraktion ist die **„Marcialonga",** ein Skilanglaufwettbewerb, der von Moena nach Cavalese führt. Diese Konkurrenz mit einigen tausend Teilnehmern findet am letzten Sonntag im Januar statt.

Unter den zahlreichen bäuerlich-herrschaftlichen Bauten des Städtchens ist vor allem der **Palazzo della Magnifica Comunità** aus dem 16. Jh. zu nennen, mit Fassadenfenstern der venezianischen Schule des

16. Jhs.; die Sommerresidenz der Fürstbischöfe von Trient und später Sitz der Magnifica Comunità („Großartige Gemeinde"), die sich aus 11 Gemeinden des Tals zusammensetzt und noch heute große Waldgebiete verwaltet. Im Palazzo *(Besichtigung: 15–17 Uhr; Sa, So, Feiertage geschl.; Eintritt frei)* ist eine bemerkenswerte kleine *Gemäldegalerie* mit Werken der Maler des Fleimser Tals des 17. und 18. Jhs. untergebracht.
In der öffentlichen Parkanlage befindet sich eine typische doppelte Bank mit steinernem Tisch; hier kam früher die Gemeinde im Sommer zusammen; im Hintergrund die aus dem 12. Jh. stammende, später umgebaute Pfarrkirche.
AUSFLÜGE – 9,5 km nach N auf einer Straße, die von *Varena* bergauf durch Nadelwälder führt, zum **Paß von Lavazè,** 1805 m, einem grünen Sattel mit Blick auf Latemar, Rosengarten und ein weites Bergpanorama (schöne Skigebiete). – Eine moderne Seilbahn führt auf die **Alpe Cermis,** 2000–2200 m.

CAVARENO 847 Ew, 973 m (1 C3)

Provinz Trient. Sommerfrische und Wintersportort am Oberen Nonsberg an den Hängen des M. Roen.

✉ 38011, ✆ 0463, ℹ *Verkehrsverein:* an der Kreuzung, ☎ 81 296

Freizeitangebot: Tennis; Skilift in Cavareno und in Predana.

Royal Hotel Paolino, ☎ 81 390, 30 Zi (mB/mD), 🅿, im Pinienhain
in Romeno, 961 m (✉ 38010, 2 km Richtung Trient):
Cavallo Bianco, an der Kreuzung, ☎ 85 174, Regionalküche, Di
in Málgolo (3 km nach S):
Nerina, ☎ 34 165, 🅿, neapolitanische Küche, Di

Das Gebiet des M. Roen ist im Ausbau für den Tourismus begriffen; an den Nordhängen mehrere Steighilfen – Sessellifte, Schlepplifte (siehe Mendelpaß), die mit den Zufahrtsstraßen Amblar-Alle Valli, Mendelpaß-Golfplatz verbunden sind.
AUSFLUG – 8 km nach SW zur Wallfahrtskirche **S. Romedio;** man durchfährt die kleinen Urlaubsorte **Romeno,** 961 m, und **Sanzeno,** 641 m, 860 Ew, am Hauptplatz des letzteren die *Casa De Gentili* aus dem 17. Jh. (mit Biforenfenstern und Schmiedeeisenarbeiten), und das romanische Kirchlein *S. Alesandro;* am Ortsende die große Kirche *Ss. Sisinio, Martirio und Alesandro* aus dem 15.–16. Jh., im Inneren die Kapelle mit dem Porphyrsarkophag der drei Märtyrer (15. Jh.) und Fresken aus dem 13. Jh. Der Wallfahrtsort **S. Romedio,** 732 m, liegt mitten im Wald auf einem Felsen und besteht aus mehreren malerischen Kirchlein verschiedener Epochen (11.–18. Jh.), die durch Treppen miteinander verbunden sind.

CEMBRA 1.443 Ew, 677 m (4 B1)

Provinz Trient. Hauptort des Zimmertals (Val di Cembra), im unteren Lauf des Avisio in schöner Lage auf einer Terrasse mit Weingärten, inmitten bewaldeter Hänge.

✉ 38034, ✆ 0461, ℹ AA (Val di Cembra): Viale IV Novembre 3, ☎ 68 31 10

Al Caminetto, ☎ 68 30 07, 17 Zi (mB/mD), 🅿, gute veronesische Küche, Mo
in Faver, 673 m (✉ 38030, 2 km nach NO):
Ponciach, in Ponciach, 1025 m, 3 km, ☎ 68 31 66, 22 Zi (2 mB/12 mD), 🅿, im Pinienhain
Olivo, 1 km an der Straße nach Segonzano, ☎ 68 121, 🅿, Alpenhütte (rustikal), Mo

Gotische Fresken in der Vorhalle der *Pfarrkirche* und der Kirche *S. Pietro* (12. Jh.).
SPAZIERGANG – 5 km zum *Lago Santo,* 1195 m, einem kleinen See, umgeben von Wiesen und Wäldern.
AUSFLÜGE – 6 km nach **Segonzano,** 660 m, eine Streusiedlung auf der anderen Seite des Tals mit den Überresten einer Burg; unweit die *Erdpyramiden von Segonzano*★, durch Erosion hervorgerufene Steinbildungen, die bis zu 40 m Höhe erlangen.

CENTO 29.300 Ew, 15 m (9 B1)

Provinz Ferrara. Agrarstädtchen im Herzen der emilianischen Ebene am linken Ufer des Reno. Heimatstadt des Malers G. F. Barbieri, genannt Guercino (1591–1666).

✉ 44042, ✆ 051, ℹ TCI: Reisebüro Cento Viaggi, corso Guercino 162

Europa, Via IV Novembre 16 (Umfahrungsstraße), ☎ 90 33 19, 44 Zi (mB/mD), 🅿, TV, AIR
Al Castello, in Penzale, 2 km Richtung Modena, ☎ 90 33 53, 38 Zi (2 mB/27 mD), 🅿, Fr

Beachtenswert: die *Piazza Guercino* mit prächtigen Gebäuden aus dem 15.–17. Jh.; die *Rocca* (Festung) von 1378, im 16. Jh. erweitert, mit Ecktürmen und hohem Wehrturm; die Kirche *Del Rosario* mit Werken des Guercino (Mariä Himmelfahrt in der Wölbung; Gemälde in der 2. Kapelle links, die auf Kosten des Malers errichtet wurde); die **Pinacoteca Civica** *(Städtische Gemäldesammlung, Öffnungszeiten: 9–12 Uhr; Sonn- und Feiertage 9.30–13 Uhr; Mo geschl.),* mit Werken von Guercino, der Gennari, L. Carracci und der *Galleria d'arte Moderna A. Bonzagni,* mit 200 Werken moderner und zeitgenössischer Künstler.
In 2 km Entfernung, auf der anderen Seite des Reno, liegt **Pieve di Cento,** 20 m, dessen *Kollegiatskirche* noch den romanisch-gotischen Glockenturm und die hohe polygonale Apsis des ursprünglichen Baus besitzt; im Inneren Gemälde aus dem 16. und 17. Jh., darunter eine Geburt Mariens, von Scarsellino (2. Altar rechts), eine Mariä Himmelfahrt des G. Reni (Apsis) und eine Verkündigung des Guercino (1. Altar links). Im Rathaus eine kleine *Gemäldesammlung* und ein malerisches *Theater* aus dem 19. Jh.

CERRETO (LAGO DEL) 1344 m (8 D1)

Gemeinde Collagna, Provinz Reggio nell'Emilia. Kleiner See im Gebiet des Apennin bei Reggio nell'Emilia, in einer Senke am Fuße des M. La Nuda, etwas östlich des Cerreto-Passes (3 km); als Sommerfrische und Wintersportort besuchtes Gebiet.

✉ 42030, ✆ 0522, ℹ Verkehrsverein: in Collagna, Soc. SVAR, ☎ 89 81 21

Freizeitangebot: 3 Doppelsessellifte: vom See (1351 m) nach La Pielle (1670–1697 m); 2 vom Le Piagne (1660–1675 m) nach M. La Nuda (1839–1898 m). Schlepplifte; Nachtpiste; Skischule.

Sport ◪, ☎ 89 82 11, 70 Zi (mB), G ♆
Cristallo ◪, ☎ 89 81 23, 48 Zi (mB/mD), G, am See

CÉRVIA 24.813 Ew, 3 m (10 D1)

Provinz Ravenna. Bedeutendes Seebad und Thermalkurort an der mittleren Adria, in der Nähe ausgedehnte Salzseen. Im Norden, jenseits des Kanalhafens, inmitten eines Pinienwaldes das elegante Seebad **Milano Maríttima;** im SO der Strand von *Pinarella.*

✉ 48015, ✆ 0544, 📯 Piazza Garibaldi (F1); Milano Maríttima, Viale Ravenna (C1); in Pinarella, Via Umbria, ✆ Piazza Garibaldi (F1); Milano Maríttima, Viale Forlì (C1), ℹ AA: Viale Roma 53 (E2), ☎ 71 791; Piazza Garibaldi 8 (◪) (F1), ☎ 97 10 13; in Milano Maríttima (◪): Viale Romagna 107, ☎ 99 34 35; in Pinarella (◪): Viale Emilia, ☎ 98 72 54; in Tagliata: Via Sicilia 63, ☎ 98 79 45

Freizeitangebot: Tennis; Reiten; Tontaubenschießen; Binnenhafen; Go-Kart-Bahn.

Alle Betriebe mit Strandservice

Strand ◪, Lungomare G. Deledda 104, ☎ 72 325, 43 Zi (mB/mD), P ❀ . . . (F2, a. P.)
Nettuno ◪, Lungomare G. d'Annunzio 34, ☎ 97 11 56, Tx 550394, 46 Zi (mB/mD), P ≋ ❀ . . . (E2, **a**)
Bristol ◪, Lungomare G. d'Annunzio 22, ☎ 71 518, 51 Zi (mD), P ❀ . . . (E2, **b**)
Diplomatic ◪, Lungomare G. Deledda 114, ☎ 72 352, 36 Zi (mD), P ❀ . . . (F2, a. P.)
Buenos Aires, Lungomare G. Deledda 130, ☎ 71 948, 58 Zi (mB/mD), P ❀ . . . (F3, a. P.)
Ascot, Viale Titano 14, ☎ 72 318, 30 Zi (mD), P ❀ . . . (F3, a. P.)
Gambrinus ◪, Lungomare G. Deledda 102, ☎ 71 643, 34 Zi (mD), P . . . (F1, a. P.)
Genny ◪, Viale Volturno 2, am Kanalhafen, ☎ 71 427, nur Fisch, Vorbestellung, ~~So~~ abends + ~~Mo~~ . . . (E1, **ra**)

in Milano Maríttima:

Mare e Pineta ◪, Viale Dante 40, ☎ 99 22 62, 197 Zi (mB/mD), P ❀ ≋ ⚲, AIR, Reiten . . . (D1, **f**)
Le Palme ◪, VII. Traversa 12, ☎ 99 46 60, 85 Zi (24 mB/54 mD), P ❀ ⚲, am Meer. (B1, **t**)
Aurelia ◪, Viale 2 Giugno 34, ☎ 99 20 82, Tx 550394, 105 Zi (mB/mD), P ❀ ≋ ⚲ ♆ . (D2, **i**)
Doge ◪, Viale 2 Giugno 36, ☎ 99 20 71, 78 Zi (mB/mD), P ❀ ≋ ♆, ruhige Lage . . . (D2, **j**)
Imperiale ◪, Piazzale Torino 1, ☎ 99 22 82, 81 Zi (mB/mD), P ❀ . . . (B1, **w**)
Bellevue Beach, XIX Traversa 9–10, ☎ 99 42 33, Tx 550546, 70 Zi (mB/mD), P ❀ ≋ . . . (A1, a. P.)
Gallia ◪, Piazzale Torino 16, ☎ 99 46 92, Tx 550394, 99 Zi (mB/mD), P ❀ ≋ ⚲, AIR . . . (B1, **o**)
Michelangelo ◪, Viale 2 Giugno 119, ☎ 99 44 70, 50 Zi (mB/mD), P ❀ ♆ . . . (B1, **p**)
Miami ◪, III Traversa 31, ☎ 99 16 28, Tx 550270, 75 Zi (mB/mD), P ❀ ≋, am Meer (B1, **k**)
Rouge ◪, III Traversa 26, ☎ 99 22 01, Tx 550394, 84 Zi (mB/mD), P ❀ ≋, am Meer . (B1, **u**)
Benini Nuovo Hotel ◪, XII Traversa 16, ☎ 99 47 55, 52 Zi (mD), P ❀, am Meer. . (A1, **a**)
Kent ◪, Viale 2 Giugno 142, ☎ 99 20 48, 45 Zi (mB/mD), P ❀ . . . (B1, **g**)
Deanna ◪, Viale Matteotti 131, ☎ 99 13 65, 67 Zi (mB/mD), P ❀, AIR. . . (A1, **s**)
Caesar ◪, Viale Cadorna 16, ☎ 99 12 03, 36 Zi (34 mD), P ❀, am Meer. . . (C2, **ab**)
Globus ◪, Viale Enrico Toti 5, ☎ 99 21 15, 48 Zi (mD), P ❀ . . . (C1, **n**)
Ariston ◪, Via C. Battisti 16, ☎ 99 46 59, 59 Zi (mB/mD), ❀, am Meer . . . (C1–2, **m**)
Acapulco ◪, VI Traversa 19, ☎ 99 23 96, 49 Zi (mB/mD), P, am Meer . . . (B1, **ac**)
Derby, II Traversa 27, ☎ 99 16 92, 48 Zi (45 mD), P ≋ . . . (B1, **ae**)
Sorriso ◪, VIII Traversa 19, ☎ 99 40 63, 34 Zi (mD), P ❀ ≋, AIR . . . (B1, **r**)
Ridolfi, XII Traversa 18, ☎ 99 45 47, 36 Zi (mB/mD), P ❀. . . (A1, **q**)
Paradiso ◪, Viale 2 Giugno 79, ☎ 99 14 17, 30 Zi (mB/mD), P ❀ . . . (C1, **x**)
Savini ◪, XVIII Traversa 14, ☎ 99 42 19, 64 Zi (mB/mD), P ❀, am Meer . . . (A1, a. P.)
Majestic ◪, X Traversa 23, ☎ 99 41 22, 45 Zi (mB/mD), P ❀, am Meer . . . (A1, **aa**)
Parco ◪, Viale 2 Giugno 49, ☎ 99 11 30, Tx 550031, 37 Zi (mD), P ❀ ♆ . . . (D1, **am**)
Mirage ◪, XVI Traversa 9, ☎ 99 43 32, 43 Zi (mD), P ❀ ♆ . . . (A1, **h**)
Sahara ◪, Anello del Pino 4, ☎ 99 20 01, 56 Zi (46 mD), P ❀ . . . (A1, **z**)
Nadia, Viale Puccini 1, ☎ 99 14 21, 20 Zi (mD), P ❀ . . . (D1, **ae**)
Silver, Via Spalato 10, ☎ 99 23 12, 52 Zi (mD), P ❀ . . . (C1, **af**)
Saraceno, Viale 2 Giugno 37, ☎ 99 20 99, 45 Zi (3 mB/36 mD), P ❀. . . (D1–2, **v**)
Perla Verde-Fantini ◪, Viale 2 Giugno 144, ☎ 99 40 14, 48 Zi (mD), P ❀ ♆ . . . (B1, **y**)
Fenice ◪, XVII Traversa 6, ☎ 99 14 97, 40 Zi (mD), P ❀ ♆ . . . (A1, a. P.)
Vela ◪, Viale 2 Giugno 130, ☎ 99 13 27, 42 Zi (mD), P ❀. . . (B1, **ag**)
Crystal ◪, Viale Vittorio Veneto 86, ☎ 99 16 97, Tx 550394, 65 Zi (mD), P ❀ ⚲ . . . (D1, **a**)
Pic-Nic ◪, VIII Traversa 22, ☎ 99 41 66, 32 Zi (mD), P ❀ ♆ . . . (B1, **al**)
Arizona ◪, Viale 2 Giugno 135, ☎ 99 40 16, 36 Zi (1 mB/30 mD), P ❀. . . (B1, **ad**)
Delizia ◪, VIII Traversa 23, ☎ 99 40 09, 24 Zi (20 mD), P, am Meer . . . (A1, **ah**)

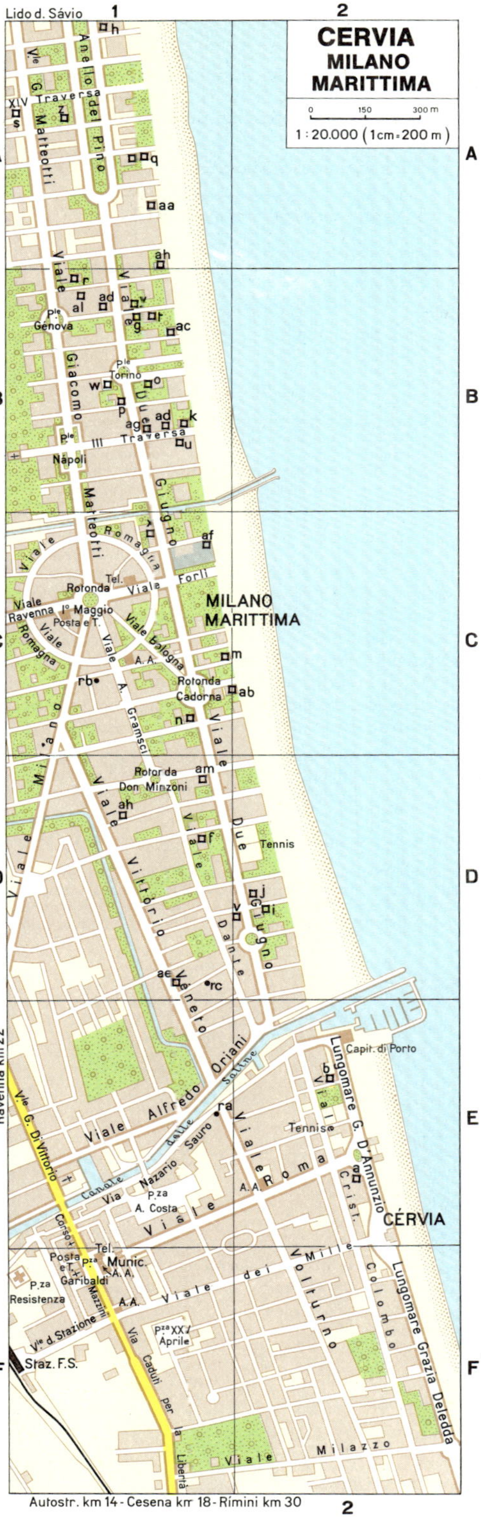

🍴 **Del Marinaio,** Viale Puccini 8, ☎ 99 23 46, Fischspezialitäten, ~~Mo~~ + Jan. . . . . (D1, **rc**)

🍴 **Zi Teresa – Da Riccardo,** Viale Romagna 171, ☎ 99 44 52, Spezialitäten: Fisch und Wild, ganzjährig geöffnet, ~~Di~~ . . . . (C1, **rb**)

in Pinarella:

Zenith ◪, Via Val Padana 6, ☎ 98 72 24, 36 Zi (33 mD), Ⓟ ❀ ≋

Norma, Viale Italia 284, ☎ 98 72 16, 42 Zi (mD), Ⓟ ❦, ganzjährig geöffnet

Bamby ◪, Viale Italia 236, ☎ 98 70 47, 36 Zi (33 mD), Ⓟ ❀ ❦

President ◪, Viale Irpinia 16, ☎ 98 74 70, 44 Zi (mD), Ⓟ ❦

Antea ◪, Viale Italia 286, ☎ 98 74 47, 42 Zi (mB/mD), Ⓟ ❦

Bianca ◪, Via Valesia 6, ☎ 98 74 41, 34 Zi (mD), Ⓟ

Cinzia ◪, Viale Italia 252, ☎ 98 72 41, 32 Zi (mD), Ⓟ ❀

Mondial ◪, Viale Titano 43, ☎ 98 70 04, 50 Zi (mD), Ⓟ ❀ ≋

Andreucci ◪, Viale Abruzzi 130, ☎ 98 70 71, 36 Zi (mD), Ⓟ ❀

VERANSTALTUNGEN – Fest der Hochzeit der Meere (seit 1442 nachweisbar; am ersten Sonntag nach Christi Himmelfahrt); Fest des hl. Laurentius (August); Internationaler Ökologiepreis „Cervia Ambiente" (1. September).

KURBETRIEB – In einer modernen Kuranstalt *(Terme di Cervia)* mitten im Pinienwald finden das Wasser und der Schlamm der Salinen (salz-, brom- und jodhaltig) in Form von Bädern, Schlammbädern, Inhalationen, Unterwassermassagen usw. zur Behandlung von Arthrosen, Rheumatismus, Entzündungen der Atemwege und Frauenleiden Anwendung. Saison: Mai–Oktober.

SPAZIERGÄNGE – 2,5 km in Richtung NW auf der Straße nach Ravenna zur Wallfahrtskirche der *Madonna del Pino,* einem Bau aus dem 15. Jh. mit lombardischem Portal und Terrakottareliefs an der Fassade; im Inneren die „Madonna del Pino", ein Tafelbild venezianischer Schule aus dem 15. Jh. – 8 km auf der Straße nach Forlì oder Cesena nach *Pisignano;* dort die Kirche *S. Stefano,* die aus dem Jahre 977 stammt und 1521 neu erbaut wurde, mit Renaissance-Fresken und einer Sammlung von Marmorarbeiten aus der Umgebung.

AUSFLÜGE – 21,5 km im NW liegt **Ravenna*** (s. d.), kurz davor **S. Apollinare in Classe****. – 29,5 km nach **Rimini*** (s. d.) in Richtung SO oder entlang der Staatsstraße der Adriatica oder der Küstenstraße; auf dieser kommt man bei *Pinarella* und *Zadina Pineta* an ausgedehnten Sandstränden vorbei.

CESENA 90.005 Ew, 40 m (10 E1)

Provinz Forlì; Bischofssitz. Agrar- und Industriestadt, belebtes Handelszentrum an der Via Emilia im Herzen der Romagna, zu Füßen der Festung. Gehörte im 15. Jh. zum Fürstentum der Malatesta; aus dieser Zeit sind im Ortsbild noch Spuren erhalten geblieben.

✉ 47023, ✆ 0547, B2, B2, i TCI: Reisebüro Manuzzi, Via Finali 1

Casali's, Via B. Croce 81, ☎ 22 745, 36 Zi (mB/mD), P G, TV, AIR . . . . (A3, **r**)
Casali's, Via B. Croce 81, ☎ 22 745, Mo . . . . (A3, **r**)
Meeting Hotel, Via Romea 545 (Ausfahrt nach Bagno di Romagna), ☎ 33 31 60, 26 Zi (mB/mD), G, TV, AIR . . . . (B1, a. P.)
Barriera, Corso Cavour 5, ☎ 21 981, 35 Zi (mD), ... (A2, **d**)
Savio, Via IV Novembre 21, ☎ 21 406, 41 Zi (38 mD) . . . . (A–B1, **c**)
La Grotta, Via Casuola 13, ☎ 22 734, Di . . . . (B2, **a**)
Tre Papi, Via Montalti 1, ☎ 24 171, Pizzeria, Mo + Aug. . . . . (B2, **m**)
Da Gianni, Via N. dell'Amore 9, ☎ 21 328, Do . . . . (A2, **n**)

an der Via Emilia Richtung Forlì (4 km):
Castello, ☎ 34 70 30, P, in einem Schloß aus dem 16. Jh., mit Park, Mo

Cesena ist dank der auf Obst- und Weinbau (Weine: Sangiovese und Albana) spezialisierten Landwirtschaft des Hinterlandes und den darauf aufbauenden Industrie- und Handelsunternehmen eine blühende Stadt: eine Viehhaltung nach modernen wissenschaftlichen Erkenntnissen, eine exportorientierte Gemüse- und Obstbau; Konservenindustrie; Bau landwirtschaftlicher Maschinen usw. Ende August/Anfang September wird eine landwirtschaftliche und kunsthandwerkliche Woche abgehalten. Die nächtlichen Trabrennen im Hippodrom sind ein bemerkenswerter Anziehungspunkt für die Urlauber der nahegelegenen Badeorte.

Biblioteca Malatestiana★ (A–B2) – Im *Palazzo delle Scuole,* Piazza Bufalini 2. *Öffnungszeiten: Winter: 9–13, 15–19 (Sa 15–18) Uhr; So, Mo geschl.; Sommer: 8–13 Uhr; Mo nur 16–20 Uhr; Sonn- und Feiertage 10–12 Uhr; zur bloßen Besichtigung wende man sich an den Pförtner.* Sie ist eine vollständig erhaltene humanistische Klosterbibliothek, dank der Großzügigkeit von Malatesta Novello im Franziskanerkloster von M. Nuti (1452) als originelles Renaissancebauwerk im Florentiner Stil errichtet. Ein elegantes Portal mit einer geschnitzten Holztüre (1454) bildet den Zugang zum langgestreckten dreischiffigen Bibliothekssaal, in diesem zwei Reihen von Schaukästen mit 343 wertvollen Handschriften mit Miniaturen und kostbaren Einbänden.

Im Erdgeschoß, unter dem Saal der Malatesta, ist das MUSEO STORICO DELL'ANTICHITÀ *(Historisches Museum der Antike)* untergebracht: archäologische Sammlungen der Ur- und Frühgeschichte und der Römerzeit mit Funden aus der Umgebung Cesenas. *Öffnungszeiten: Winter: 9–13 Uhr; Mo geschl.; Sommer: 8.30–12.30, 17–19 Uhr; Sonn- und Feiertage 10–12 Uhr.*

Kathedrale (B2) – Am Ende des Corso Mazzini. Sie hat im Kern noch die Struktur aus dem 15. Jh. Im Inneren einige Renaissancealtäre aus dem 15. Jh.
Rocca Malatestiana *(Zitadelle)* (B2) – Über die malerische Piazza del Popolo (eleganter *Brunnen,* spätes 16. Jh.) gelangt man über eine sanft ansteigende Treppe zu der auf einem Hügel gelegenen Festung. Sie wurde von Galeotto Malatesta (14. Jh.) erbaut und nach 1466 von M. Nuti gewaltig ausgebaut. Sie besitzt lange zinnenbekrönte Wehrgänge und Befestigungstürme. In den Räumen rund um den

Innenhof ist das HEIMATMUSEUM *(Museo della Civiltà Contadina)* untergebracht *(Öffnungszeiten: werktags 9–12, 17–19 Uhr; Winter: 9.30–12, 15–16.30 Uhr, Mo geschl.)*: es beherbergt bäuerliche Zimmereinrichtungen, Werkzeuge und eine volkskundliche Sammlung aus der Romagna.

SPAZIERGANG – 2 km SO zur **Madonna del Monte★**, einer alten Benediktinerabtei, deren Kirche im 15. und 16. Jh. erneuert wurde. Im schönen einschiffigen Inneren ein über einer Krypta erhöhter Umgangschor: in der 3. Kapelle rechts Vorführung im Tempel★, von F. Francia; geschnitztes Chorgestühl von 1562; reiche Sammlung von Votivgaben★ ab dem 15. Jh., die aus volkskundlichen wie auch aus künstlerischen Gründen sehenswert ist.

CESENÁTICO 20.190 Ew, 4 m (**10** D1)

Provinz Forlì. Fischereizentrum und wichtiger Badeort an der mittleren Adria, mit einem malerischen Kanalhafen, um den sich der alte Stadtkern gruppiert.

✉ 47042, ✆ 0547, Viale Roma e Piazza Pisacane (B1 und B2), Bar Calipso (B1), ℹ AA: Viale Roma 112 (*Fremdenverkehrsamt*, B2), ☎ 80 091

Freizeitangebot: Schwimmbad; Tennis; Yachthafen; Wasserski; Segelschule; Schießbude.

Alle Betriebe mit Strandservice

- **Internazionale ◪,** Via Ferrara 7, ☎ 80 231, 51 Zi (mD), 🅿 ≋ 🔑, am Meer . . . . (A2, **a**)
- **Britannia ◪,** Viale G. Carducci 129, ☎ 80 041, 44 Zi (mB/mD), 🅿 G ❀ ≋, am Meer. (B3, **u**)
- **Esplanade ◪,** Viale G. Carducci 120, ☎ 82 405, 56 Zi (mB), 🅿 . . . . (B2, **c**)
- **Sporting ◪,** Viale G. Carducci 191, ☎ 83 082, Tx 550278, 40 Zi (mD), 🅿, am Meer . (C3, a. P.)
- **San Pietro ◪,** Viale G. Carducci 194, ☎ 82 496, 78 Zi (mB/mD), 🅿 ♆ . . . . (C3, **v**)
- **Roxy ◪,** Viale G. Carducci 193, ☎ 82 004, 40 Zi (mD), 🅿 ❀, am Meer. . . . . (C3, a. P.)
- **Il Gabbiano,** Viale dei Mille 78, ☎ 80 089, 28 Zi (mD), ❀ . . . . (B3, **d**)
- **Miramare,** Viale Carducci 2, ☎ 80 06, 30 Zi (mD), ♆ . . . . (A2, **f**)
- **Domus Mea,** Viale del Fortino 7, ☎ 82 119, 29 Zi (mD), 🅿 . . . . (A2, **l**)
- **Sabrina ◪,** Viale dei Mille 150, ☎ 80 545, 52 Zi (mD), 🅿 ❀ ≋ . . . . (C3, a. P.)
- **Ori ◪,** Viale G. Da Verazzano 14, ☎ 81 880, 27 Zi (mD), 🅿. . . . . (A1, **i**)
- **Stefania ◪,** Viale Bologna 49, ☎ 83 544, 24 Zi (mD), 🅿 ❀, am Meer . . . . (B3, **m**)

Rondinella, Via Zara 86, ☎ 83 106, 32 Zi (mD) . . . . . (C3, z)
Al Trocadero – Da Vittorio, Viale Pasubio, ☎ 81 173, nur Fisch, Mo . . . . . (A2, s)
Gambero Rosso, Molo di Levante 21, ☎ 81 260, Spezialitäten: Fische und Grill, intern. Küche, Di . . . . . (A2, r)
Al Gallo – Da Giorgio, Via Baldini 31, ☎ 81 067, Fisch, Mi . . . . . (B1, t)
Da Marchino, Viale Mazzini 48, ☎ 83 777, 35 Zi (31 mD), Mo . . . . . (B1, n)
Teresina, Viale Trento, ☎ 81 108, am Strand, ganzjährig geöffnet, Mi . . . . . (B3, q)
Punta Nord, Viale Cavour 12, ☎ 81 446, Fischspez., ganzjährig geöffnet, Mi . . . (A1, a. P.)
Titon, Via Mozetti 8, ☎ 80 622, Meeresspezialitäten, Di . . . . . (B1, u)

in Valverde (2 km Richtung Rimini):

- **Caesar**, Viale G. Carducci 290, ☎ 86 500, 55 Zi (mD)
- **Ambasciatori**, Via Michelangelo 15, ☎ 86 156, 48 Zi (mB/mD)
- **Colorado**, Viale G. Carducci 306, ☎ 86 242, 45 Zi (mD), an der Seepromenade
- **Michelangelo**, Via Michelangelo 22, ☎ 86 849, 50 Zi (mD)
- **Royal**, Viale G. Carducci 292, ☎ 86 140, 70 Zi (mD), an der Seepromenade
- **Imperiale,** Via Bernini 52, ☎ 86 209, 44 Zi (mD), ganzjährig geöffnet
- **Raffaello**, Via Melozzo da Forli 39, ☎ 86 262, 44 Zi (mD)
- **San Giorgio**, Viale G. Carducci 298, ☎ 86 056, 60 Zi (mD), an der Seepromenade
- **Ben Hur**, Via Melozzo da Forli 1, ☎ 86 405, 30 Zi (mD)

in Villamarina (3,5 km Richtung Rimini):

- **David**, Viale G. Carducci 297, ☎ 86 154, 38 Zi (mD), am Meer
- **Excelsior**, Viale G. Carducci 346, ☎ 87 040, 95 Zi (mD), an der Seepromenade
- **Edelweiss**, Viale G. Carducci 323, ☎ 86 515, 70 Zi (60 mD), am Meer
- **Croce di Malta**, Viale G. Carducci 354, ☎ 86 018, 57 Zi (48 mD)

in Zadina Pineta (2 km Richtung Ravenna):

- **Meeting**, Via dei Pini 60, ☎ 82 206, 45 Zi (mD)
- **Nuovo Renzo**, Via dei Pini 49, ☎ 82 316, 24 Zi (mB)
- **Beau Soleil**, Via Mosca 43, ☎ 82 209, 48 Zi (mD), ruhige Lage
- **Wonderful**, Via Mosca 50, ☎ 81 241, 32 Zi (mB/mD)

VERANSTALTUNGEN – Preis für Dialektlyrik (April); Antiquitäten-Verkaufsmesse (Juli); Garibaldi-Fest (August); mehrere Regatten.
Interessant ist das *Delphin-Aquarium*, das sich in einer Seitenstraße des Kanalhafens befindet.
In der Fortsetzung des Strandes von Cesenático folgen im NW der von *Zadina Pineta* und im SO die von *Valverde* und *Villamarina*.
AUSFLÜGE – 15 km im SW liegt **Cesena** (s. d.) – 21,5 km im SO **Rimini*** (s. d.).

CHIARAVALLE DELLA COLOMBA 900 Ew, 54 m (7 A3)

Gemeinde Alseno, Provinz Piacenza. Ackerdorf neben einer alten Zisterzienserabtei, einem bedeutenden romanisch-gotischen Bauwerk.

✉ 29010, ✆ 0523

Da Nora, an der via Emilia (Abzweigung zur Bahnstation Alseno, 5,5 km), ☎ 98 91 47, Mo

Die 1135 gegründete **Abtei** hatte bis ins späte 15. Jh. große Bedeutung. Romanische Kirche aus dem 12./13. Jh. mit Vorhalle aus späterer Zeit; das gotische Grab neben dem Portal enthält möglicherweise die Überreste des Stifters Oberto Pallavicino (gestorben 1148). Dreischiffiges Innere in lombardischem Stil; im rechten Seitenschiff gotische Elemente; quadratische Apsis mit Seitenkapellen; rechts die Kapelle des Gekreuzigten mit Fresken der lombardischen Schule (14. Jh.). Wunderschöner gotischer **Zisterzienserkreuzgang*** (13. Jh.) mit Kreuzrippengewölbe, das auf reichverzierten Konsolen auflastet, und Spitzbogen auf gekoppelten Säulchen; ein von Triforen flankiertes Portal bildet den Zugang zum *Kapitelsaal;* daneben das Zisterzienserkloster mit einer Weinbrennerei in der ehemaligen Klosterküche.
In **Alseno,** 79 m, 4353 Ew, an der Via Emilia, eine mittelalterliche *Burg* (stark verändert) und die *Pfarrkirche,* die im Inneren und an der Seitenfront noch ihre gotische Struktur (14. Jh.) bewahrt hat.

CHIOGGIA* 53.886 Ew, 2 m (5 F2)

Provinz Venedig, Bischofssitz. Malerisches Städtchen auf einer Insel am südlichsten Rand der Lagune von Venedig; wichtiges Fischereizentrum, Badeort *(Sottomarina).*

✉ 30015, ✆ 041, B1, B1 (in Sottomarina, Viale Veneto 32, B–C3, ☎ 40 06 21), AA: in Sottomarina, Viale Veneto 32 (B–C3), ☎ 40 06 21

Freizeitangebot: In Sottomarina: Schwimmbad; Tennis; Reitverein mit Reitschule.

Grande Italia, piazza Vigo 1, ☎ 40 05 15, 45 Zi (17 mB/6 mD) . . . . . (A1–2, f)
Bella Venezia, calle Corona 51, ☎ 40 05 00, Do . . . . . (A1, n)
El Gato, Corso del Popolo 1310, ☎ 40 18306, Fisch am Grill, Mo . . . . . (A1, m)
Mano Amica, Corso del Popolo 1340, ☎ 40 17 21, Grillspezialitäten, Mo . . . . . (A2, o)

in Sottomarina:

Ritz, Lungomare Adriatico 48, ☎ 49 17 00, 84 Zi (mB/mD), am Meer . . . (C3, b)
Vittoria Palace, Lungomare Adriatico 28, ☎ 40 18 20, 120 Zi (mB/mD), am Meer . . . . . (B3, s)
Mosella, Via S. Felice 3, ☎ 40 08 62, 45 Zi (mB/mD), am Meer . . . . . (A3, h)
Anzoletti, Lungomare Adriatico 30, ☎ 40 06 60, 50 Zi (mB/mD), am Meer . . . . . (B–C3, a)
Capinera, Lungomare Adriatico 12, ☎ 40 09 61, 48 Zi (mB/mD), am Meer (B3, r)
Park Hotel, Lungomare Adriatico Süd, ☎ 49 06 87, 42 Zi (mB/mD), am Meer . . . . . (C3, a. P.)
Florida, Viale Mediterraneo 9, ☎ 49 15 05, 49 Zi (mB/mD) . . . . . (C3, a. P.)

Chioggia: Canale della Vena

🏨 **Stella d'Italia,** Viale Veneto 37, ☎ 40 06 00, 29 Zi (mB/mD), Nov. geschl. . . . . (B3, **p**)

🍴 **al Granso Stanco,** Lungomare Adriatico Sud, ☎ 40 13 92, P, am Meer, rustikal; Fisch; Mi . . . . (C3, a. P.)

an der Via Romea:

🍴 **La Fazenda,** in Valli di Chioggia (2 km nach W), ☎ 40 56 80, P ❄ Mi

🍴 **Da Bepi el Ciosoto,** in S. Anna (8 km nach S), ☎ 40 91 11, P, Fisch, Mi

Stadtbesichtigung – Man benötigt einige Stunden. Der Reiz des Städtchens liegt, mehr noch als bei seinen Baudenkmälern, in seinem malerischen Ortsbild mit den Kanälen und den Straßen, die von venezianischen Häusern gesäumt werden und den Eindruck eines Miniatur-Venedig vermitteln. Die typischsten Winkel sind der *Corso del Popolo*★, die *Piazza Vescovile*★, der *Canade della Vena,* das Zentrum des Fischereiwesens; unter den Kirchen sind der *Dom* und *S. Domenico* sehenswert. *Traditionelle Festivitäten* – Nächtliche Bootsfahrt in der Lagune; Bootsfest in der Lagune von Lusenzo zwischen Chioggia und Sottomarina; Fisch-Kirtag mit Weihe des Meeres (Beginn August).

Corso del Popolo★ – Die Hauptstraße durchquert das Städtchen von N nach S. Bei einem Spaziergang in dieser Richtung kommt man links an der barocken Kirche *S. Andrea* (A1–2) mit romanischem Glockenturm vorbei; am gotischen Bau des *Kornspeichers* (A1) von 1322, an dessen Fassade eine Madonna von J. Sansovino; am modernen Rathaus (im Inneren ein dem Iacobello del Fiore zugeschriebenes Tafelbild); an der *Kirche S. Giacomo* (B1) mit prachtvollem Inneren aus dem 18. Jh.; danach, rechts, das graziöse gotische **Oratorium S. Martino** (B1) aus dem Jahre 1392 *(tägl. bis 10 Uhr geöffnet),* mit polygonalem Dachaufsatz, im Inneren ein Paolo Veneziano zugeschriebenes Polyptychon von 1349, und der schöne gotische Glockenturm des Doms aus dem 14. Jh.

Dom (B1) – Nach einem Vorgängerbau aus dem 11. Jh. barocker Neubau von B. Longhena (1674). Großartiger Innenraum; schöne Marmorkanzel (1677); bemerkenswerter Hochaltar mit Marmoreinlegearbeiten; in der linken seitlichen Chorkapelle mehrere Gemälde der venezianischen Schule des 18. Jhs., darunter ein Jugendwerk Tiepolos.

Piazza Vescovile* (B1) – Sie liegt neben dem Dom und ist einer der malerischsten Winkel Chioggias. Der Platz wird von einer mit Skulpturen bekrönten Balustrade (18. Jh.) umgeben; unter den Figuren wird besonders eine Madonna mit Kind verehrt, das sogenannte „Refugium peccatorum" (Heimstatt der Sünder).

S. Domenico(A1) – Die im 18. Jh. umgebaute Kirche hat ihren Glockenturm aus dem 14. Jh. bewahrt. Im Inneren mehrere Gemälde, darunter ein hl. Paulus, das letzte bekannte Werk Carpaccios (1520); in der Mitte des rechten Schiffs ein Kruzifix aus dem 15. Jh.; am mächtigen Hauptaltar, links vom Chor, eine Kreuzigung mit Heiligen, die Tintoretto zugeschrieben wird; rechts vom Chor eine Grablegung von L. Bassano. In der Sakristei Holzeinlegearbeiten von Brustolon.
In fünf Minuten erreicht man den vielbesuchten Badeort **Sottomarina** (A–C3); weiter Strand.

AUSFLÜGE – Mit dem Schiff durch die malerische und eindrucksvolle Lagune nach **Venedig**** (s. d.). Man verläßt im W den Hafen von Chioggia durch die südlichste Einfahrt in die Lagune (Blick* auf Chioggia); fährt dann entlang der Küste von Pellestrina (11 km), die in ihrem ersten Abschnitt durch die berühmten sogenannten „Murazzi" befestigt ist, dem letzten großen Bauvorhaben der Republik Venedig (1744–1782); in *Pellestrina* die palladianische Kirche *S. Maria di S. Vito* aus dem 18. Jh.

CITTADELLA 17.563 Ew, 49 m (4 D2)

Provinz Padua. Befestigtes mittelalterliches Städtchen in der Ebene von Padua, in der Nähe der Brenta; Landwirtschafts- und Handelszentrum, Verkehrsknotenpunkt.

✉ 35013, ✆ 049, ℹ *Verkehrsverein:* Via Garibaldi, ☎ 59 09 86

Motel Palace, Borgo Vicenza 64, ☎ 59 19 22, 51 Zi (43 mB/mD), P G, AIR
Due Mori, Borgo Bassano 137 (auf der Straße nach Bassano), ☎ 59 03 38, 21 Zi (12 mB/4 mD), P, Restaurant Mo + Aug.
Alla Nave, Borgo Padova 94, ☎ 59 06 65, Di + Sept.

Der ovale historische Stadtkern ist von einer guterhaltenen, zinnengekrönten **Befestigungsmauer*** aus dem 13. und 14. Jh. mit 32 Wehrtürmen und 4 Stadttoren (das interessanteste ist die *Porta Bassano*) umschlossen.
In der klassizistischen *Pfarrkirche* (Ende 18. Jh.) Gemälde der venezianischen Schule des 16.–18. Jhs.

CIVIDALE DEL FRIULI* 11.187 Ew, 138 m (6 C2)

Provinz Udine. Altes malerisches Städtchen am Natisone, Landwirtschafts- und Handelszentrum, mehrere Industriezweige; mit zahlreichen sehenswerten Baudenkmälern aus dem Hochmittelalter, als Cividale die Hauptstadt Friauls war.

✉ 33043, ✆ 0432, B2, B2

Roma, Piazza Pico, ☎ 73 171, 50 Zi (mB/mD) . . . . . (A1, **a**)
Al Fortino, Via Carlo Alberto 46, ☎ 71 217, Mo abend + Di . . . . . (A2, **n**)
Al Castello, Via del Fortino (1 km nach N), ☎ 71 340, 40 Zi (mD), P, Mi . . . . . (A1, a. P.)
Zorutti, Via Borgo Ponte 9, ☎ 71 100, Mo . . . . . (B2, **m**)
Alla Frasca, Via de Rubeis 4/A, ☎ 73 12 70, So abend + Mo . . . . . (A2, **r**)

Die Stadt in der Geschichte – Von Cäsar gegründet (*Forum Julii,* daher der spätere Name Friaul) an der ältesten Verbindungsstraße zu den Donauländern, erlangte Cividale durch den Handel und als Sommerfrische für die Reichen Aquileias Bedeutung. 569 wurde die Stadt von den Langobarden besetzt, unter Gisulf wurde sie Hauptstadt ihres ersten Herzogtums in Italien; im 8. Jh. wurde sie ein wichtiges Zentrum des geistlichen Lebens (seit ca. 730 bis ins 13. Jh. Sitz des Patriarchen von Aquileia); im 9. Jh. war sie unter dem Namen Civitas Austriae Sitz eines fränkischen Markgrafen. 1419 kam Aquileia an Venedig, 1797 an Österreich, 1866 mit dem übrigen Venetien an das Königreich Italien.
Stadtbesichtigung – Man benötigt einige Stunden und kann sich auf den *Dom**, das *Archäologische Museum** und den *Tempietto** beschränken.

Piazza del Duomo (B2) – Malerischer Hauptplatz der Stadt, an der Stätte des ehemaligen römischen Forums. An den Längsseiten die linke Seitenfassade des Doms und das Archäologische Museum; gegenüber vom Dom das *Rathaus* aus dem 14.–16. Jh. mit Spitzbogenarkaden und Doppelfenstern; davor die Bronzestatue des Julius Cäsar. Neben der Apsis des Doms der *Palazzo Pretorio,* einst Sitz der venezianischen Statthalter, von Palladio gegen Ende des 16. Jhs. mit klassizistischem Portikus errichtet.

Dom* (B2) – 1457 im gotisch-venezianischen Stil von dem aus Istrien stammenden Bartolomeo delle Cisterne begonnen, im 16. Jh. von P. Lombardo im Renaissancestil vollendet. Die hohe Fassade hat drei Spitzbogenportale (das mittlere von Iacopo da Venezia, 1476), neben ihr der barocke Glockenturm (17.–18. Jh.).

Mächtiges säulenunterteiltes dreischiffiges INNERES. Im rechten Seitenschiff unter der Orgel Mariä Verkündigung, von Giovanni da Udine (1536); in der Kapelle S. Donato Verkündigung, von P. Amalteo; am Hochaltar barocke Plastiken und silberner Altaraufsatz* (frühes 13. Jh.); in der linken Sakramentskapelle Noli me tangere, von Pordenone (derzeit im Museum), Letztes Abendmahl und Martyrium des hl. Stephanus, von Palma il Giovane. Im linken Seitenschiff Wandsarkophag des Patriarchen Nicolò Donato (lombardische Schule, frühes 13. Jh.) mit schönen bekrönenden Plastiken.

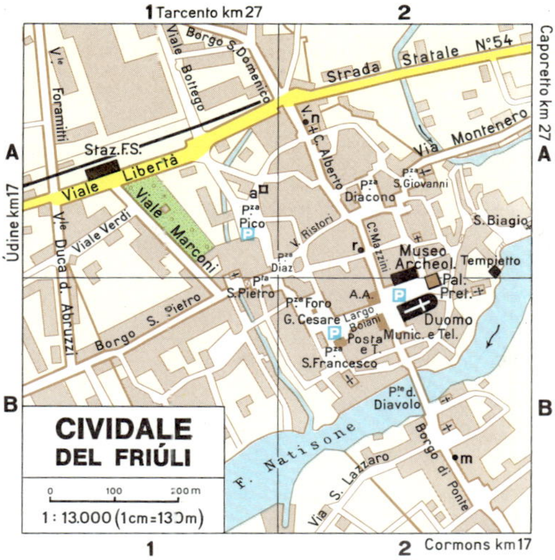

Vom rechten Seitenschiff aus gelangt man in den ehemaligen **Kapitelsaal,** in dem das MUSEUM CHRISTLICHER KUNST untergebracht ist. Es beherbergt das im 15. Jh. aus Werken des 8. Jhs. zusammengesetzte achteckige Baptisterium★★ des Callixtus, den Marmorschrein★ des Herzogs Ratchis (8. Jh.), einen Bischofsthron, Reliefs und Fresken aus dem langobardischen Tempietto.

Archäologisches Museum★ (*Museo Archeologico Nazionale,* A–B2) – Auf der Piazza Duomo 5 im *Palazzo Nordis* (17. Jh.; die Verlegung des Museums in den *Palazzo Pretorio* ist geplant). Es ist vor allem wegen der Kunstgegenstände und Reliefs der Langobardenzeit von großer Bedeutung. *Öffnungszeiten: 9–13.45 Uhr; Sonn- und Feiertage 9–12.45 Uhr; Mo geschl.*

ERDGESCHOSS: Inschriftentafeln, Plastiken, römische Fußbodenmosaike und der Sarkophag des Herzogs Gisulf. 1. STOCK: Vorrömische und römische Sammlung: Waffen, Werkzeuge, Schmuckgegenstände und langobardische Grabbeigaben (5.–8. Jh.); Goldschmiedekunst (Kreuze; Fibeln★; 8.–9. Jh.); Handschriften (Egbertkodex★, 10. Jh., und Elisabethkodex★, 13. Jh.); bestickter Schleier★ (13. Jh.); Gemälde von Pellegrino da S. Daniele und von Pordenone (16. Jh.).

Tempietto★★ (A2) – Das Oratorium liegt auf einem Felsen über dem Natisone in der Via Michele della Torre im mittelalterlichen Stadtteil Borgo Brossana (man erreicht es durch einen römischen, dann durch einen romanischen Torbogen). *Öffnungszeiten: 9–12, 14–17 Uhr; Sonn- und Feiertage 9–13 Uhr; Mo geschl. Auskunft beim Pförtner in der Via Monastero Maggiore 17; Trinkgeld.* Der Tempietto, oder *Oratorium S. Maria in Valle,* ist eines der interessantesten frühmittelalterlichen Denkmäler (8. Jh.). Es besteht aus einem durch Säulen dreigeteilten tonnengewölbten Chorraum und einer quadratischen Aula; an deren Wänden byzantinisierende Fresken (8.–14. Jh.), ein geschnitztes gotisches Chorgestühl (14 Jh.) und die berühmten Stuckfiguren★★ mit dekorativem Fries aus dem 8. Jh.

Gegenüber dem Tempietto das Kirchlein *Ss. Pietro e Biagio* aus dem 13. Jh., mit Fresken (14./15. Jh.) an der Außenwand und im Inneren.

WEITERE SEHENSWÜRDIGKEITEN – Die Kirche **S. Francesco** (B2, 14. Jh.) auf dem gleichnamigen Platz, mit Fresken aus dem 14.–15. Jh., zum Teil aus der Schule Giottos; ferner der *Palazzo Pontotti–Brosadola* (18. Jh.). Der Platz führt zum *Foro Giulio Cesare;* links, jenseits des *Arsenale Veneto,* eines alten Stadttors aus dem 15. Jh., die Kirche *S. Pietro ai Volti* (A–B1), mit einem schönen Gemälde des Palma il Giovane.

CLES 5.789 Ew, 658 m (1 C2–3)

Provinz Trient. Hauptort des Nonstals, Sommerfrische, auf einem mit Obstbäumen bestandenen Plateau oberhalb des Stausees von S. Giustina.

✉ 38023, ✆ 0643, ℹ *Verkehrsverein:* Via Dante 30 (Stadtplatz), ☎ 21 376

Freizeitangebot: Tennis; Hallenbad mit Olympiabecken; Skilift in Predaia (1280 m) über Córedo.

Cristallo, an der Piazza, ☎ 21 355, 43 Zi (10 mB/31 mD)
Cles, an der Piazza, ☎ 21 300, 48 Zi (40 mB/3 mD)
Nazionale, an der Straße nach Trient, ☎ 21 594, Mo

in Smarano, 981 m (✉ 38010, 12 km, oberhalb von Córedo:
Alla Torre, ☎ 36 201, 31 Zi (mD)

in Córedo, 831 m (✉ 38010, 9 km nach O:
Roen, ☎ 36 295, Vorbestellung, Di + Oktober

Am Rathausplatz der *Palazzo Assessorile* aus dem 15. und 16. Jh. mit kleinen Biforenfenstern und einem zierlichen Balkon. Ganz nahe davon liegt die *Pfarrkirche* (16. Jh.) im Mischstil Gotik-Renaissance. Schöner Campanile mit Biforen. Bemerkenswertes Inneres.
In der Ortschaft *Pez* das romanische Kirchlein *S. Vigilio* mit Fresken aus dem 14. und 15. Jh.
Etwa 1,5 km entfernt auf einem Hügel im NO die großartige, mit vielen Türmen versehene *Burg Cles* (12.–14. Jh.). Sie befindet sich in Privatbesitz. Sie war einst der herrschaftliche Sitz des Kardinals Bernardo Clesio (1485–1539) aus dem Geschlecht der Herren von Cles In einem kleinen Saal Fresken von M. Fogolino.
AUSFLÜGE – Zur **Wallfahrtskirche S. Romedio,** 732 m (siehe Cavareno). Bei km 12 auf der Straße nach *S. Giustina* kommt man in 525 m Höhe an das Südufer des *Stausees von S. Giustina* (vom

imposanten Staudamm schöner Blick). Zurück nach *Dermulo,* 548 m. Rechts zweigt eine Straße (3,7 km) zu der kleinen Sommerfrische *Córedo,* 831 m, ab. Gleich hinter *Sanzeno,* 641 m, geht es rechts in eine bewaldete Schlucht. – Auf einer Schotterstraße auf den *Monte di Cles,* 1172 m, Blick über das gesamte Nonstal.
Über *Tuenno* zum (15 km) **Tovel-See*** (s. d.).

COLLE SANTA LUCIA 541 Ew, 1453 m (2 C2)

Provinz Belluno. Sommerfrische und Wintersportort in schöner Panorama-Lage im Val Fiorentina.

✉ 32020, ✆ 0437, ℹ *Verkehrsverein* ◪, ☎ 72 12 37

Freizeitangebot: Doppelsessellift Nuvolau am Giau-Paß 2003–2423 m (derzeit nicht in Betrieb); Skilifte auf dem Pezzel-Plateau (1439–1565 m) und am Giau-Paß.

Enrosadira, unterhalb des Passo di Giau, ca. 2100 m, (11 km), ☎ 72 01 09, 14 Zi (1 mB/10 mD), G

Posta, auf der Piazza, ☎ 72 11 32, 42 Zi (3 mB/33 mD),

An der Straße nach Andraz liegt das **Belvedere*,** ein wunderschöner Aussichtsplatz an der Kreuzung der Täler des Cordévole, des Fiorentina und des Pettorina mit Blick auf den Monte Civetta und den Monte Pelmo.
AUSFLÜGE – 12 km zum **Paß von Giau,** 2233 m, an der Grenze zwischen dem Fiorentina-Tal und der Senke von Cortina d'Ampezzo; Ausgangspunkt für Ausflüge und Auffahrten zum M. Nuvolau, 2575 m, zum Averau, 2648 m, und ins Skigebiet der Croda del Lago.

COLORNO 7.289 Ew, 29 m (8 A1-2)

Provinz Parma. Malerisches Städtchen in der Nähe des Po am Parma-Fluß, einst Sommerfrische der Farnese.

✉ 43052, ✆ 0521, ℹ *Verkehrsverein* im Palazzo Ducale

Freizeitangebot: Schwimmbad.

Italia, via Riboli 4, ☎ 81 461, 9 Zi (1 mB/3 mD), P

Stendhal – Da Bruno, in Sacca di Colorno (4 km nach N), ☎ 81 54 93,

Der mächtige **Palazzo Ducale** mit Ecktürmern und einigen reich ausgestatteten Räumen im Obergeschoß wurde im 17./18. Jh. von den Farnese im Zuge des Ausbaus der alten Burg errichtet.
An der Rückseite des Palastes an der Umfahrungsstraße die Kirche *S. Liborio,* entworfen 1796 von Petitot (im Inneren Marmorarbeiten, Stuck und Gemälde), die heute als Ausstellungslokal dient (z. B. Antiquitätenmesse, Mitte Mai/Juni) und dann zu besichtigen ist. *(In der übrigen Zeit Besichtigung mit Voranmeldung beim Verkehrsverein.)* Im Garten die Aranciaia, eine alte Obstdörre, in der ein Heimat- und Volkskunstmuseum eingerichtet ist.

COMACCHIO 21.349 Ew, 1 m (9 B3)

Provinz Ferrara; Bischofssitz. Malerisches Städtchen, wichtigster Ort der „Valli di Comacchio", des Entwässerungsgebietes von Ferrara; bekanntes Fischerei- (Aale) und Jagdgebiet. An der nahe gelegenen Küste folgen einander die Strände, die *Lidi di Comacchio* (s. d.), auch *Lidi Ferraresi* genannt.

✉ 44022, ✆ 0533, ℹ siehe Lidi di Comacchio

La Pace, via E. Fogli 21, ☎ 81 285,

Comacchio liegt auf einer Gruppe von 13 durch Kanäle verbundenen Inseln. An einer Kanalkreuzung liegt die eigenartige Brücke Trepponti aus dem Jahre 1634.
Ein anderes interessantes Bauwerk ist der 1647 errichtete **Laubengang der Kapuziner** *(loggiato dei Cappucini),* der die Ortschaft mit der Wallfahrtskirche **S. Maria in Aula Regis** verbindet; neben dieser das *Museum für zeitgenössische sakrale Kunst* (Museo Mariano di Arte Sacra contemporanea) mit sakralen Plastiken, Gemälden und Graphik. *Öffnungszeiten: 9–12, 15–19 Uhr.*
Etwas westlich befand sich die alte griechisch-etruskische Stadt *Spina* (6.–3. Jh. v. Chr.), deren Ausgrabungsfunde heute im Archäologischen Museum von Ferrara aufbewahrt sind. *(Im Sommer Führungen; Vorbestellung: Via Mazzini 177, ☎ 81 234.)*
Wenige km im SO von Spina liegen die Fundamente der frühchristlichen Kirche **S. Maria in Padovetere** mit einer teilweise freigelegten Metropole. Besichtigung der Ausgrabungsstätte in einem kleinen Ausstellungsraum *nur Juli/August.*
AUSFLÜGE – Unbedingt zu empfehlen ist ein Besuch (22 km) der **Abtei von Pomposa*** (s. d.).

COMANO (TERME DI) 395 m (1 E2)

Gemeinde Lomaso (Trient). Thermalkurort in den äußeren Judikarien in einer Talenge des Sarca-Tals.

✉ 38077, ✆ 0465, ℹ *Verkehrsverein* in Ponte Arche, Via Marconi 68, ☎ 71 465; Kurdirektion, ☎ 71 277

🏨 **Gr. Alb. Terme,** ☎ 71 421, 65 Zi (mB/mD), Ⓖ ❀, Thermalkur
🏨 **Flora,** 1 km Richtung Sténico, ☎ 71 529, 32 Zi (mB/mD), Ⓟ ❀ ⚲
🏨 **Angelo,** in Ponte Arche, 400 m, nach 2,3 km, ☎ 71 438, 35 Zi (4 mB/8 mD), Ⓟ Ⓖ
🏨 **Cattoni-Plaza,** 1 km Richtung Ponte Arche, ☎ 71 442, 66 Zi (mB/mD), Ⓟ ❀, TV

in Sténico, 634 m (✉ 38070, 6 km nach NW):
🏨 **American Hotel,** ☎ 71 320, 32 Zi (11 mB/18 mD), ❀ ✿
🏨 **Alpino,** in Villa Banale (3 km nach O), ☎ 71 459, 30 Zi (11 mB/4 mD), Ⓟ Ⓖ ❀

in S. Lorenzo in Banale, 750 m (✉ 38078; ⓘ *Verkehrsverein,* ☎ 74 040; 9 km nach NO):
🏨 **Beohotel,** ☎ 74 171, 39 Zi (mD), Ⓟ
🏨 **Castel Mani,** oberhalb des Ortes, ☎ 74 017, 36 Zi (mB/mD), Ⓟ ❀ ✿

KURBETRIEB – In einer hypermodernen Kuranstalt wird oligomineralhaltiges Thermalwasser (27° C) in Form von Bädern, Inhalationen, Unterwassermassagen und Trinkkuren bei Hautkrankheiten (Ekzeme, Psoriasis etc.), Stoffwechselkrankheiten, Erkrankungen der Atemwege und des Urogenitaltraktes angewendet.

AUSFLÜGE – 6 km in Richtung NW nach **Sténico,** 624 m, 1009 Ew, einer kleinen Sommerfrische in einer Einbuchtung gegen die Hänge der Brenta-Gruppe, mit Öffnung gegen das Sarca-Tal. Der Ort wird von einer mächtigen *Burg* aus dem 12./13. Jh. beherrscht, die im 14.–16. Jh. um- und ausgebaut und kürzlich restauriert wurde; man achte auf die Biforen- und Triforenfenster und die elegante Renaissance-Loggia. Im Inneren *(kostenloser Besuch mit Führung, Sommer 9–10.30, 15–16.30 Uhr; Winter 10–15 Uhr; Mo geschl.)* mehrere Säle mit Freskenschmuck (15.–16. Jh.), eine Reihe von Zellen und die Hauskapelle. Gegenüber der Burg der Wasserfall von *Riobianco.*
Zum **See von Molveno** (s. d.), 20 km, über **S. Lorenzo in Banale** (9 km, 750 m, 1071 Ew, Sommerfrische in schöner Lage.

COMÉLICO 900–1200 m (5 A2-3)

Provinz Belluno. Gebiet im oberen Cadore, entspricht dem oberen Teil des Tales des Pádola und zum Teil dem oberen Piavetal und besteht aus mehreren verstreut gelegenen Dörfern, die als Sommerfrische und zum Wintersport besucht werden: *S. Nicolò,* 1062 m, *Candide,* 1210 m, *Danta,* 1395 m, *Dosoledo,* 1237 m, *Pádola,* 1215 m, *S. Pietro di Cadore,* 1038 m und dem Hauptort *S. Stefano di Cadore* (s. d.).

✉ 32040, ✆ 0435, ⓘ AA: (Val Comélico) mit Sitz in S. Stefano di Cadore, ☎ 62 230; ◪, Nebenstellen in Pádola, ☎ 68 967; in Dosoledo, ☎ 68 017; in Casamazzagno, ☎ 68 841

Freizeitangebot: Skilifte: in Pádola, Danta, Casamazzagno und am M. Croce Comélico-Paß; Eislaufen.

in Pádola, 1215 m:
🏨 **D'la Verda ◪,** ☎ 68 977, 13 Zi (2 mB/9 mD), Ⓟ
🏨 **Sport ◪,** ☎ 68 971, 19 Zi (mB/mD)

in Dosoledo, 1237 m:
🏨 **Bellavista ◪,** unterhalb des Ortes, ☎ 68 936, 14 Zi (mD), Ⓟ ✿

am Passo di M. Croce Comélico, 1056 m (✉ 39030):
🏨 **Passo Monte Croce – Kreuzbergpaß ◪,** ☎ 0474/70 328, 26 Zi (mB), Ⓟ Ⓖ ≋ ✿, TV, Sauna

in der Umgebung:
🏨 **Comelico,** in S. Nicolò (Campitello) an der Straße, ☎ 62 202, 20 Zi (1 mB/6 mD), Ⓟ
🏨 **Passo S. Antonio ◪,** 4 km von Pádola in Richtung Zovo-Paß, ☎ 62 530, 12 Zi (2 mB/4 mD), Ⓟ
🏨 **Ai Tre Pini,** in Danta, ☎ 62 362, 19 Zi (8 mD), Ⓟ ✿

S. Nicolò di Comélico, in schöner Lage am O-Hang des Pádola-Tals (im W Blick auf die Gruppe Cima Popera-Cima Bagni und im S auf das Massiv des Monte Brentoni). Die mehrmals (zuletzt 1792) umgebaute Pfarrkirche ist vor allem wegen ihrer Apsisfresken von 1492 interessant.
Candide ist Sitz der Gemeindeverwaltung des Oberen Comélico (3373 Ew). Sehenswert die *Pfarrkirche* aus dem 18. Jh. (schöne Gemälde des 16.–17. Jh.; beachtenswerte Orgel, das gotische Kirchlein *S. Antonio Abate* (1530) und einige alte Herrenhäuser *(Casa Gera,* mit Zubauten aus Renaissance und Barock).
Pádola liegt in einer von mächtigen Felswänden (Cima Undici, Cima Bagni, Aiárnola) beherrschten Talsenke; in der Pfarrkirche ein vergoldeter Schnitzaltar.
S. Pietro di Cadore liegt an den Nordhängen des Piave-Tals. Villa **Poli del Pol*** (heute Rathaus) von B. Longhena (17. Jh.) mit schönen Fresken (1682) in beiden Obergeschossen.

CONCORDIA SAGITTARIA siehe Portogruaro

CONEGLIANO 36.051 Ew, 75 m (5 C2)

Provinz Treviso. Wichtiges Handels-, Industrie- und Weinbauzentrum, in schöner Lage am Rand der venetischen Ebene.

✉ 31015, ✆ 0438, ⓘ AA: Viale Carducci 16, ☎ 21 230

Freizeitangebot: Tennis; überdachte Boccia-Anlage.

🏨 **Sporting H. Ragno d'Oro,** Via Diaz 37 (Hügellage), meublé, ☎ 24 955, 15 Zi (mB/mD), 🅿 ❀ ≈ 🎾, TV
🏨 **Cristallo,** Corso G. Mazzini 45, ☎ 35 445, 35 Zi (4 mB/29 mD), 🅿 ❀, AIR
🏨 **Canon d'Oro,** Via XX settembre 129, ☎ 22 171, 26 Zi (8 mB/13 mD), 🅿 G
🏨 **Esso Motel,** Viale Italia 331 (auf der Tangente), ☎ 24 330, 16 Zi (mD), 🅿, AIR
🍴 **Tre Panoce,** Via Vecchia Trevigiana (2 km nach W), ☎ 60 071, 🅿 ❀, rustikale Küche; in einem alten Gehöft auf dem Hügel, ~~Mo~~ + Aug.

an der Weißweinstraße (vgl. auch Valdobbiádene) ✆ 04 38:
🍴 **Da Lino,** in Solighetto (Pieve di Soligo), ☎ 82 150, 🅿, Wildspezialitäten, ~~Mo~~
🏨🍴 **Alla Colomba,** in Pieve di Soligo, ☎ 82 093, 9 Zi (mD), 🅿, ~~Mo~~

an der Rotweinstraße (vgl. auch Motta di Livenza) ✆ 04 22:
🏨 **Park H. Villa Fiorita,** in Monastier, ☎ 79 81 89, 95 Zi (mB/mD), 🅿 G ❀ ≈
🍴 **Gambrinus,** in S. Polo di Piave, ☎ 74 20 43, ❀, ~~Mo~~
🍴 **Menegaldo,** in Pralongo di Monastier, ☎ 79 80 25, ~~Mi~~

Conegliano besitzt einige typische Arkadenstraßen; in den Häusern Fresken von Pordenone, Beccaruzzi und Pozzoserrato. Besondere Bedeutung unter der heimischen Industrie (Haushaltsgeräte, Möbel, Strumpferzeugung) hat die Weinproduktion: ausgezeichnet sind ist die Grappa und die Weißweine von den Hügeln (Bianco di Conegliano, Prosecco, Spumante) sowie die Rotweine aus der Ebene. Es besteht eine Weinbau-Fachschule. Eine wichtige Veranstaltung ist der „autunno coneglianese" („Herbst von Conegliano", September) mit dem Traubenfest.
Entlang der Via XX Settembre stößt man auf mehrere kleine Paläste im venezianischen Stil (15.–17. Jh.) und auf den **Dom** mit seinem schönen gotischen Portal (14.–15. Jh.) und dem Glockenturm von 1497. Im Inneren wurde der Originalzustand des 14. Jhs. wiederhergestellt; bemerkenswert ein Gemälde von Beccaruzzi (Hl. Franziskus, im rechten Seitenschiff) und am Hochaltar das Tafelbild★ (Thronende Madonna mit Heiligen) von G.B. Cima da Conegliano (1493). Die darüberliegende SALA DEI BATTUTI aus dem späten 14. Jh. ist ganz mit Fresken des frühen 16. Jhs. geschmückt: Pozzoserrato, Girolamo da Treviso d. J., A. Previtali, Francesco da Milano. *Besichtigung: man wende sich an den Pförtner der Kirche.*
An der Rückseite des Doms, in der Via Cima 24, das restaurierte **Haus des Cima da Conegliano** *(Besichtigung: Sa, So, 15–17 Uhr im Winter bzw. 16–18 Uhr im Sommer)* mit Urkunden, Erinnerungsstükken und Reproduktionen der Werke des Künstlers sowie einer archäologischen Abteilung.
Auf einem Hügel über der Stadt der *Burgplatz* mit Mauer- und Turmresten des mittelalterlichen Castelvecchio und das Oratorium *S. Orsola;* im Glockenturm MUSEUM *(Öffnungszeiten: 9–12 Uhr, 15.30–19 Uhr im Sommer, 14–17.30 Uhr im Winter; Mo geschl., Eintrittsgebühr):* Inschriften, Münzen, Fresken (15.–16. Jh., davon zwei von Pordenone), Gemälde (Francesco da Milano, Girolamo de Santacroce), Plastiken, historische Erinnerungsstücke. Schöne Aussicht★.
AUSFLÜGE – Nach 42 km **Valdobbiádene** (s. d.) auf der **Strada del Vino Bianco** (*„Weißweinstraße";* Informationstafeln) über sanfte Hügel durch Weingärten, in denen zahlreiche ausgezeichnete Weinsorten wachsen, die in den Weinstuben und Gasthäusern entlang der Strecke gekostet werden können. An der Strecke liegen: (10 km) **S. Pietro di Feletto,** 263 m, mit romanischer Kirche *S. Pietro Vecchio* (12. Jh.), mit schönem Glockenturm, Fassaden- und Innenfresken (12.–15. Jh.); (18 km) **Pieve di Soligo,** 132 m, 9103 Ew, mit mehreren Bauten aus dem 17. und 18. Jh.; in der großen Pfarrkirche Himmelfahrt Mariens mit Apostel, von Francesco da Milano (1540); nach 20 km erreicht man **Soligo** (170 m) mit der *Villa De Toffoli* (16. Jh.) und dem Kirchlein *S. Maria Nuova* (Freskenzyklus der Malerschule aus Rimini vom 15. Jh.); nach 24 km **Farra di Soligo,** 163 m, 7141 Ew, mit der *Villa Savoini* aus dem frühen 16. Jh. (Fassadenfresken) und der alten Kirche *S. Stefano* (Gemälde von Paris Bordone, Kruzifix von Brustolon).
Nach *Oderzo* (s. d.) auf der *Strada del Vino Rosso („Rotweinstraße"):* 68 km durch die Ebene am linken Piaveufer, das ausgezeichnete Rotweine und Rosés (Cabernet, Merlot, Raboso) hervorbringt. In **S. Polo di Piave** (22 km) das Kirchlein *S. Giorgio* mit Fresken aus dem 15. Jh.; ein kurzer Umweg ab *Ormelle* führt nach *Tempio* zur *Kirche des Templerordens* mit romanischem Portal und Glockenturm mit Biforenfenster. Weiter über (50 km) *Cessalto* nach (58 km) *Motta di Livenza* (s. d.) und Oderzo. Hinter Fagarè endet die Weinstraße in *Roncade;* dort das *Castello Giustinian,* heute *Ciani Bassetti* (spätes 15. Jh.).

CORNIGLIO 3.190 Ew, 690 m (**8** C1)

Provinz Parma. Sommerfrische in einem Kastanienwald im Parma-Tal; Ausgangspunkt für Ausflüge zum Lago Santo und auf die Bergketten des Apennin.

✉ 43021, ✆ 0521

Freizeitangebot: Sessellifte: von Lagdei (1257 m) zum Santo-See (1525 m); von (30 km) Prato Spilla (1340 m) zum Rio Spilla (1629 m); Schlepplifte in Prato Spilla.

🏨 **Ferretti,** bei der Festung, ☎ 88 241, in Restaurierung

in Bosco di Corniglio, 841 m (✉ 43020), 10 km:
🏨 **Zanicchi,** in Sesta Trincerone (1 km Richtung Corniglio), ☎ 88 910, 11 Zi (1 mB/7 mD), 🅿
🏨 **Ghirardini,** im Ort, ☎ 43 020, 10 Zi (3 mB), 🅿 ❀

AUSFLÜGE – Nach (17 km) **Lagdei,** 1254 m, über *Bosco,* 841 m, einem Gebirgsdorf in einer grünen Mulde, umgeben von Nadelwald, Ausflugsziel und Wintersportzentrum. Auf einem Esel (ca. 45 Min.) oder mit dem Sessellift zum *Lago Santo,* 1507 m, mit einem Schutzhaus des C.A.I. am NO-Hang des Monte Mamagna (Skigebiet). – Nach (ca. 30 km) **Prato Spilla,** 1341 m, über *Monchio delle Corti,* 820 m, Sommerfrische im oberen Tal des Wildbaches Cedra. Prato Spilla ist eine schöne Gebirgsgegend am Fuße des Monte Malpasso mit vielen kleinen Seen; besuchtes Ausflugsziel und Wintersportzentrum (Sessellift).

CORREGGIO 19.761 Ew, 32 m (**8** B2-3)

Provinz Reggio nell'Emilia. Städtchen in der Ebene von Reggio nell'Emilia, recht bedeutendes Landwirtschafts- und Handelszentrum; Heimatstadt des Malers Antonio Allegri, genannt il Correggio (1489–1534).

✉ 42015, ✆ 0522

🍴 **Bel Sit,** an der Umfahrungsstraße nach Reggio, ☎ 69 23 93, 🅿, 🚫6

Der **Palazzo dei Principi** (die Correggeschi herrschten bis ins 17. Jh. in der Stadt) hat ein schönes dekoriertes Portal und einen schönen Arkadenhof. Im Inneren ist, gemeinsam mit anderen kulturellen Einrichtungen, das MUSEO CIVICO (Stadtmuseum) untergebracht das derzeit neu eingerichtet wird *(zur Besichtigung wende man sich an den Pförtner):* mit 12 Tapisserien der flämischen Schule (16. Jh.), Gemälden (Christuskopf*, Mantegna; S. Peranda) und Druckgraphik.
Beachtenswert ferner die nach Plänen von Vignola errichtete Basilika *S. Quirino,* mit schönem Campanile aus dem 14. Jh., der ursprünglich Wehrturm der alten Festung war (am Platz Correggio-Denkmal von V. Vela); die Kirche *S. Francesco* (1470, später umgebaut) und das *Theater* aus dem 19. Jh., ebenfalls umgestaltet.
AUSFLUG – 5,5 km nach S nach **S. Martino in Rio,** 36 m, dort eine große Festung (heute Rathaus) mit gotischer Burgkapelle (15. Jh.) und Sälen mit bemalten Kassettendecken (14.–17. Jh.) sowie einem kleinen *Ackerbaumuseum.*

CORTEMAGGIORE 4.754 Ew, 50 m (7 A3)

Provinz Piacenza. Wichtiges Industriegebiet (Erdgas- und Erdölvorkommen) in der emilianischen Ebene an der Arda.

✉ 29016, ☏ 0523, ℹ *Verkehrsverein:* Viale Boni Brighenti 2

🍴🏨 **Le Ruote,** in Roveleto di Cadeo (11 km auf der Via Emilia), ☎ 51 72 65, 33 Zi (15 mB/3 mD), 🅿, 🚫6

Erdgas- und Erdölvorkommen. – Die Vorkommen von Cortemaggiore gehören zu den reichsten Italiens. 1949–1960 wurden 87 Bohrungen in Tiefen von 1500–2000 m durchgeführt, von denen 81 fündig waren.
Auf dem Hauptplatz die Kollegiatskirche **S. Maria delle Grazie,** 1481 begonnen; im gotischen Inneren zwei Grabmäler der Pallavicino (1499) von einem lombardischen Meister und die Bilder zu 3 Flügelaltären von F. Mazzola.
In der im Mischstil von Gotik und Renaissance errichteten **Franziskanerkirche** die Capella S. Anna mit Fresken des Pordenone (1530); gegenüber im Seitenschiff eine Grablegung desselben Meisters. Im benachbarten Kloster ein großer Kreuzgang mit Fresken aus dem späten 16. Jh.

CORTINA D'AMPEZZO* 8.005 Ew, 1210 m (2 C2-3)

Provinz Belluno. Cortina, ein Fremdenverkehrszentrum ersten Ranges, in einem großen Talkessel im Bóite-Tal gelegen, gehört zu den schönsten und bekanntesten Sommerfrischen und Wintersportorten Europas. Herrliche Lage, umgeben von den Gipfeln der Dolomiten (Tofana im NW; Pomagagnon im N; Monte Cristallo im NO; Sorapis im SO; Cinque Torri, Croda da Lago und Becco di Mezzodì im SW); hervorragend ausgestattete Hotels; modernste Sportanlagen und Aufstiegshilfen; reiches Angebot an schönen Spaziergängen und Ausflügen in die Umgebung, auch für den extremen Bergsteiger (Drei Zinnen).

✉ 32043, ☏ 0436, ✈ B2, ✆ B2, ℹ AA: Piazzetta S. Francesco, B2, ☎ 32 31, Tx 440004. – CIT: Piazza Roma, B2, ☎ 20 01, TCI siehe CIT

Freizeitangebot: Golf mit 9 Löchern (bei Alb. Miramonti); Hallenbad in Guargnè; Tennis (Halle und offen); Reiten mit Reithalle; Turnhalle; Bowling; Sauna; Eisstadion; Bobbahn; Eisschnellaufbahn; Langstreckenlaufbahn; Olympische Sprungschanze in Zuel; Skischule; Seilbahn (siehe auch Falzárego-Paß): Freccia del Cielo, vom Eisstadion (1240 m) am Col Druscié (1770 m), in Ra Valler (2470 m) und Tofana di Mezzo (3195 m), Faloria, vom ehemaligen Bahnhof (1225 m) nach Mandres (1480 m) und nach Faloria (2123 m); – Sessellifte: von Rio Geres (1680 m) nach Som Forca (2240 m) und mit der Kabine auf die Forcella Staunfes (2918 m), Rio Gere (1680 m) am Pian della Bigontina (1757 m); Col Druscié: Calfiere (1462 m) auf den Col Druscié (1775 m); in Tolfana-Pomedes, von Rumerlo (1678 m) auf die Schutzhütte Duca d'Aosta (2098 m) und am Forcella Pomedes (2282 m); Pian Ra Valler, 2150 m–2500 m; Bus Tofana, 2464–2829 m; Col Tondo-Mietres, von Guargnè (1304 m) am Col Tondo (1437 m) und nach Mietres (1710 m); Staulin (1388 m) – Piera (1515 m); Padeon, Doppel-, in Som Forca, 1770–2230 m; Vitelli, unterhalb von Tondi di Faloria, 2001–2344 m. Girilada, id., Doppel-, 2001–2340 m. – Schlepplifte in: Pocol, Lacedel, Ra Valles, Grignes, Pierosa, Malgo Lareto, Tondi di Faloria, Olimpia, Roncate, Socrepes, Piemerlo, Pian della Bigantina und am Giau-Paß. Siehe auch Falzárego-Paß.

🏨🏨🏨🏨🏨	**Miramonti Majestic** ◪, in Pezziè (an der Straße nach Pieve di Cadore), ☎ 42 01, 130 Zi (115 mB/10 mD), 🅿 🅶 ❀ ≋ 🎾, Golf, Skilift	(C3, a. P.)
🏨🏨🏨🏨	**Cristallo Palace** ◪, Via Menardi 42, ☎ 42 81, 95 Zi (mB/mD), 🅿 🅶 ❀ ≋ 🎾, TV, Eislaufen	(C3, **a**)
🏨🏨🏨🏨	**Savoia** ◪, Via Roma 62, ☎ 32 01, 142 Zi (mB/mD), 🅿 🅶 ❀ ≋ 🎾, Minigolf	(C3, **b**)
🏨🏨🏨🏨	**De la Poste,** Piazza Roma 14, ☎ 42 71, 81 Zi (79 mB), 🅶, TV	(B2, **d**)
🏨🏨🏨	**Europa,** Corso Italia 207, ☎ 32 21, 52 Zi (mB), 🅿	(A–B2, **q**)
🏨🏨🏨	**Splendid Venezia** ◪, Corso Italia 177, ☎ 32 91, 93 Zi (mB/mD), 🅿	(A2, **f**)
🏨🏨🏨	**Parc Victoria** ◪, Corso Italia 1, ☎ 32 46, 45 Zi (35 mB/4 mD), 🅿 🅶 ❀	(B3, **m**)
🏨🏨🏨	**Corona** ◪, Via C. Battisti 10, ☎ 32 51, 57 Zi (40 mB/2 mD), 🅶, Sammlung moderner Kunstwerke	(B1, **e**)
🏨🏨	**Ancora** ◪, Corso Italia 70, ☎ 32 61, 82 Zi (61 mB/7 mD), 🅶	(B2, **i**)
🏨🏨	**Cortina** ◪, Corso Italia 92, ☎ 42 21, 48 Zi (mB/mD)	(B2, **j**)
🏨🏨	**Concordia e Parco** ◪, Corso Italia 28, ☎ 42 51, 62 Zi (27 mB), 🅿 🅶 ❀	(B2–3, **h**)
🏨🏨	**Franceschi** ◪, Via C. Battisti 86, ☎ 26 00, 42 Zi (33 mB/3 mD), 🅿 ❀ 🎾	(B2, **c**)
🏨🏨	**Menardi** ◪, Via Maion 110, ☎ 24 00, 41 Zi (36 mB), 🅿 ❀	(A2, a. P.)
🏨🏨	**Maioni** ◪, Via Roma 53, ☎ 66 945, 50 Zi (mB/mD), 🅿	(C3, **n**)
🏨🏨	**Motel Agip,** Via Roma 70, ☎ 61 401, 42 Zi (mD), 🅶	(C3, **g**)

Impero, Via C. Battisti, ☎ 42 46, 31 Zi (mB/mD), P G . . . (B2, **p**)
Olimpia ◪, Largo Posta 37, ☎ 32 56, 46 Zi (mB/mD) . . . (B2, **k**)
Trieste ◪, Via Maion 26, ☎ 22 45, 30 Zi (13 mB/7 mD), P ❀ . . . (A2, **o**)
Nord Hotel ◪, in Verra (auf der Straße nach Toblach), ☎ 47 07, 26 Zi (14 mB/ 2 mD), P ❀ . . . (A2, a. P.)
Aquila ◪, Corso Italia 168, ☎ 26 18, 39 Zi (mB/mD). . . . (B2, **l**)
Montana ◪, Corso Italia 96, ☎ 33 66, 35 Zi (22 mB) . . . (B2, **v**)
Al Larin, in Verra (neben Nord Hotel), ☎ 61 341, 12 Zi (7 mB/4 mD), P . . . (B2, a. P.)
Fanes ◪, Via Roma 136, ☎ 34 27, 21 Zi (mB/mD), P ❀ . . . (C3, a. P.)
Villa Nevada ◪, Via Ronco 64, ☎ 47 78, 14 Zi (11 mB), P. . . . (A1, **x**)
Columbia ◪, Via Ronco 14, ☎ 36 07, 22 Zi (16 mB) . . . (A1, **y**)
Des Alpes ◪, in La Verra, ☎ 20 21, 38 Zi (11 mB), P ❀ . . . (A2, a. P.)
El Toulà ◪, Via Ronco 123, ☎ 33 39, P ♆, in alter Scheune; Vorbestellung, ~~Mo~~ + Aug. . . . (A1, **rd**)
La Capannina ◪, Via dello Stadio 11, ☎ 29 50, P ❀, ~~Mi~~ . . . (A2, **ra**)
La Capannina, Via dello Stadio 11, ☎ 29 50, 20 Zi (mB/mD), P ❀ . . . (A2, **ra**)
Da Beppe Sello ◪, Via Ronco 68, ☎ 32 36, P, ~~Di~~ . . . (A1, **re**)
Bellavista – Il Meloncino, in Gilardon (Richtung Pocol), ☎ 61 043, Vorbestellung, P, ~~Di~~ + Juni u. Nov. . . . (B–C3, **rc**)
Gambrinus, Via C. Battisti 36, ☎ 47 55, P, Bierkeller, ~~Mo~~ . . . (B2, **rf**)
Da Melon, Via Sopiazes 1, ☎ 61 819, P, ~~Di~~ . . . (A1, **rb**)
Al Campanile, Piazza Venezia 2, ☎ 61 277, ~~Mi~~ . . . (B2, **rf**)
Rio Gere, bei der Ausfahrt zum Sessellift Cristallo (6 km Richtung Tre Croci-Paß), ☎ 34 34, P, ~~Di~~. . . . (A3, a. P.)

in Zuel (3 km Richtung Pieve di Cadore):
Silvano ◪, an der Straße, ☎ 26 20, 33 Zi (9 mB/22 mD), P . . . (B2, **rc**)

in Rumerlo, 5 km bei der Zufahrt zur Straße von Falzárego:
El Camineto ◪, ☎ 35 25, P ♆, ~~Mi~~

in Pocol, 6 km Richtung Falzárego-Paß:
Sport H. Tofana ◪, ☎ 32 81, 88 Zi (44 mB/2 mD), G ❀ ♆
Argentina ◪, ☎ 56 41, 106 Zi (67 mB/3 mD), P G
Pocol ◪, im Wald, ☎ 26 02, 21 Zi (mB), P

Der erste nennenswerte Ausbau der Ortschaft fällt ins Jahr 1830 mit dem Bau der Straßenverbindung ins Österreichische. Zwischen 1850 und 1875 erlangt Cortina seine erste Bedeutung als Fremdenverkehrsort, es entstehen die ersten Hotels; um 1909 wird es mit der Fertigstellung der Straße auf den Falzárego-Paß unangefochten zum wichtigsten Ort der Dolomiten. In der Zwischenkriegszeit steigert sich die Bedeutung der Stadt durch die noch von den Österreichern gebaute Dolomitenbahn Toblach–Cortina –Calalzo (heute eingestellt) und die Errichtung der ersten Seilbahnen; in neuerer Zeit wurde das Stadtgebiet beträchtlich erweitert. Der Wintertourismus, der schon zu Beginn des Jahrhunderts recht stark war (1902 fand das erste italienische Skirennen in Cortina statt), fand durch die 7. Olympischen Winterspiele 1956 und den damit verbundenen großzügigen Ausbau der Anlagen einen neuerlichen Aufschwung.

Der Ruf Cortinas beruht ebenso auf der schönen Lage der Stadt in herrlicher Umgebung wie auf der hervorragend ausgebauten sportlichen Infrastruktur: 8 Seilbahnen (davon eine in über 3000 m Höhe), 16 Sessellifte und zahlreiche Schlepplifte führen auf die über 140 km langen, gut präparierten Skipisten; in Cortina ist eine der größten italienischen Skischulen stationiert; das Eisstadion und die Sprungschanze gehören zu den modernsten Europas. Derzeit stehen den Besuchern über 70 Hotels und Pensionen mit über 5000 Betten, dazu über 11.000 Privatzimmer zur Verfügung. Skipaß; weitere Vergünstigungen während der „Weißen Wochen" im Winter und der „Grünen Wochen" im Sommer. Neben den sportlichen Veranstaltungen bietet Cortina ein lebhaftes kulturelles Leben mit Kunstausstellungen, wissenschaftlichen, künstlerischen und literarischen Preisen und mehreren Veranstaltungen, darunter das alle ungeraden Jahre stattfindende Filmfestival von Cortina (Abenteuer, Sport, Umwelt), die literarische Veranstaltung des „Mese Mondadori" im August und der europäische Literaturpreis „Cortina-Ulisse".

Durch das Zentrum der Stadt führt der Corso Italia (Fußgängerzone), der von Hotels, Pensionen, Kaffeehäusern und eleganten Geschäften gesäumt wird; in der Mitte die *Piazza Roma* (B2) mit der **Pfarrkirche** aus dem 18. Jh.; am 1. Altar links ein hölzerner Tabernakelschrank von A. Brustolon (1724) und am Hochaltar ein Gemälde von 1679; vom Glockenturm schöne Aussicht.

In der *Ciasa de ra Regoles* (Haus der Gemeinschaft der Ampezzaner Familien), Viale Parco 1, sind reichhaltige geologische, mineralogische und volkskundliche Sammlungen untergebracht. *(Öffnungszeiten: 16–19.30 Uhr, Winter 16–19 Uhr; So geschl.)* Gleich daneben die *Collezione Rimoldi,* eine Sammlung moderner Kunst, mit Gemälden von Campigli, Carrà, de Chirico, de Pisis, Guttuso, Morandi, Rosai, Sassu, Tosi u. a. sowie der Sammlung Levi.

Am Nordende des Ortes das mächtige olympische Eisstadion (A2) mit einer Fläche von 4230 m². – Etwas außerhalb gegen S, in Zuel, befindet sich die Sprungschanze aus Stahlbeton, 54 m hoch und 86–90 m lang. – Im Wald von Ronco liegt die olympische Bobbahn, in Fiames an der Straße nach Toblach (5 km) die Eisschnellaufbahn.

Ausflüge mit Seilbahn oder Sessellift – Auf die **Tondi di Falória** (2340 m); großartige Aussicht★ und wundervolle Skipisten.
Auf die **Tofana di Mezzo,** 3244 m, mit der neuen Seilbahn „Freccia del Cielo" (Himmelspfeil); Zwischenstationen: *Col Drusciè* und *Ra Valles* (2470 m, Skigebiet mit Skiliften und Sesselliften). Vom Gipfel großartiger Rundblick★ vom Adamello bis zum Großglockner und zur Lagune von Venedig.
Auf die **Tofana** mit dem Sessellift von *Piemerlo,* 1678 m (4 km) zum Schutzhaus Duca d'Aosta, 2098 m, am Fuße der Tofana-Gruppe. Von dort aus weiter auf die *Forcella Pomédes,* 2282 m; schöne Aussicht★; Skigebiet.

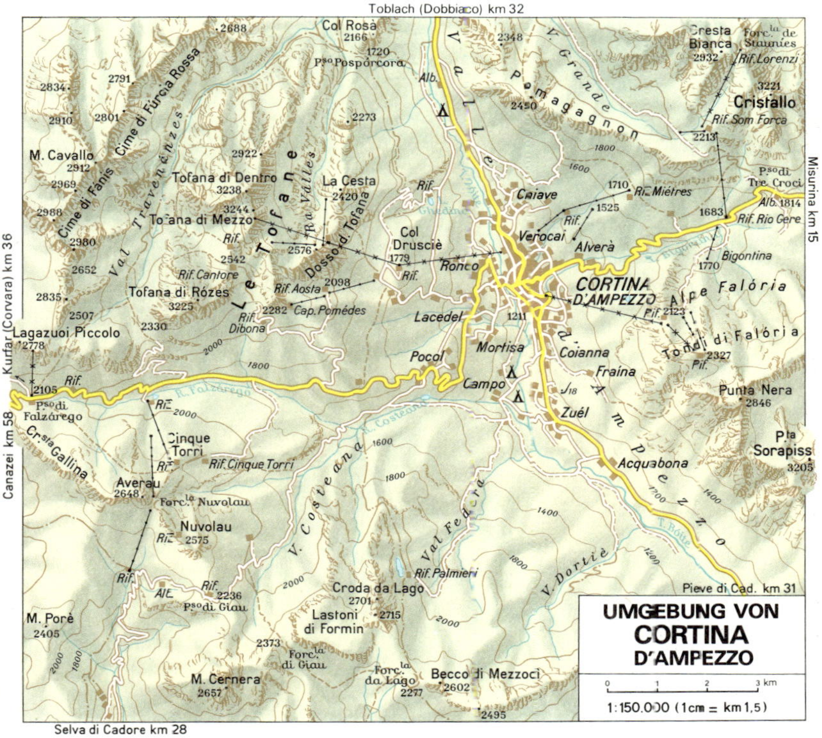

Auf den **Monte Cristallo** mit dem Sessellift von Rio Geres, 1680 m (6 km auf der Straße zum Tre Croci-Paß), auf die Forcella Stauníes, 2989 m; umsteigen in Kabinenseilbahn auf der Zwischenstation Som Forca, 2230 m. Herrliche Aussicht* in Richtung Großglockner; ein Weg mit Stufen führt zum kleinen Gletscher Cresta Bianca (2740 m), der für den Sommerskilauf erschlossen ist.

AUSFLÜGE MIT DEM AUTO – Zum **Belvedere von Pocol,** 1539 m (Autobusverbindung), wunderschöne Aussicht, besonders bei Sonnenuntergang, auf den Kessel von Cortina; Skilifte.

In der Nähe der *Sacrario Pocol,* ein Beinhaus auf quadratischem Grundriß mit den Gebeinen von 7725 Soldaten des Ersten Weltkrieges. *(Besichtigung: 7–12, 16–19 Uhr (Sommer), bzw. 9–12, 14–17 Uhr (Winter).*
Zum **See von Ghedina** (11 km), einem malerischen, von Tannen umgebenen See (Restaurant; Forellenfischen).
Zum **Tre Croci-Paß** (1809 m), einem Sattel zwischen dem Kessel von Cortina und dem Valle dell'Ansiei mit schönem Blick auf die Dolomiten, besuchte Sommerfrische. Die Straße führt weiter zum **Misurinasee** (1756 m, s. d.) und zum *Schutzhaus Auronzo* (20 km; Rückfahrt von Misurina eventuell über Carbonin, 24,5 km).
Zum **Falzárego-Paß,** 2105 m (16 km; s. d.) und Fahrt mit der Seilbahn auf den Lagazuoi Piccolo (2746 m).
Zum *Passo di Giau,* 2233 m (16 km; s. Colle S. Lucia).

CORVARA 1.203 Ew, 1568 m (2 C2)
(Corvara in Badia)

Provinz Bozen. Sommerfrische und Wintersportort in einem großen Talkessel des oberen Gadertals (Val Badia). Hier treffen die Straßen vom Grödner Joch und vom Passo di Campolongo aufeinander.

✉ 39033, ✆ 0471, ℹ AA: im Rathaus, ☎ 83 176

Freizeitangebot: Hallenbad auf der Straße nach Colfosco; Tennis (Halle und offen); Minigolf; Bowling; Sauna; Seilbahn zum Boé-Teich (2200 m); Doppelsessellift nach Vallon (2530 m); nach dem Col Alto (1980 m); von Corvara Alta (1700 m) nch Pralongià (2050 m); Arlara, von 1642 m auf 1850 m; Schlepplifte im Skikarussel in Pralongià und andere in Crep de Mont und beim Ort. Doppelsessellift in Castorata, 1850–2067 m; Einzelsessellift in Vallon, 2200–2530 m; Eislaufen; Skischule; Skipaß.

- **Panorama,** ☎ 83 083, Tx 400920, 32 Zi (mB/mD), P G ≈, TV, Sauna
- **La Peria ◪,** ☎ 83 132, 50 Zi (mB), P ❀ ≈, TV
- **Posta-Zirm,** ☎ 83 130, 74 Zi (mB/mD), P ≈, Sauna
- **Salvan ◪,** Richtung Kolfuschg, ☎ 83 015, 36 Zi (mB/mD), P ❀ ≈, TV, Sauna

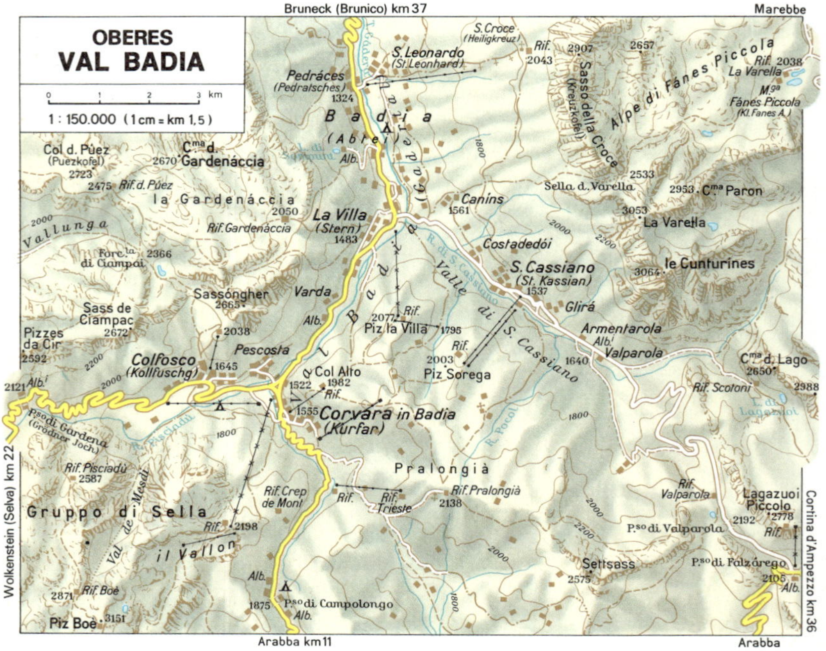

- **Sassongher** ◪, in Pescosta, ☎ 83 085, 50 Zi (mB/mD), Ⓟ ≋, ♆, TV, Sauna
- **Col Alto,** an der Kreuzung, ☎ 83 129, 60 Zi (mB/mD), Ⓟ ❀ ≋, Sauna
- **Tablé** ◪, an der Kreuzung, ☎ 83 144, 27 Zi (mB), Ⓟ Ⓖ ❀, TV, Sauna
- **Villa Eden** ◪, an der Kreuzung, ☎ 83 041, 34 Zi (mB/mD), Ⓟ ❀, TV, Sauna
- **Planac** ◪, 3 km Richtung Arabba, ☎ 83 210, 34 Zi (mB), Ⓟ Ⓖ ❀ ♆
- **Miramonti,** in Pescosta, ☎ 83 012, 56 Zi (mB/mD), Ⓟ ❀, TV
- **La Tambra** ◪, Via Pescosta 159, ☎ 83 281, Ⓟ

AUSFLUG – Mit dem Sessellift zum **Col Alto,** 1980 m, großartige Aussicht* auf die Dolomiten des Gadertals, die Sella-Gruppe und die Marmolata; im Winter schöne Skipisten.

DEUTSCHNOFEN (Nova Ponente) 3.071 Ew, 1357 m (2 C1)

Provinz Bozen. Sommerfrische und Wintersportort auf einem Hochplateau zwischen dem Eggen- (Ega-) und dem Branten- (Vallarsa-) Tal mit Blick auf Latemar und Rosengarten.

✉ 39050, ✆ 0471, ℹ *Verkehrsverein,* Hauptstraße, ☎ 61 65 15

Freizeitangebot: Bowling; Sessellifte: Obereggen – Oberholz 1540–2100 m, Absam (1740 m) – Maierl (2170 m), Ochsenweide, 1550–1850 m; Schlepplifte in Obereggen, Deutschnofen und Petersberg. Eislaufen.

- **Schönwald,** 3 km im Tal, ☎ 61 65 04, 27 Zi (mB/mD), Ⓟ ≋, Sauna
- **Obkircher** ◪, oberhalb des Ortes, ☎ 61 65 42, 15 Zi (mD), Ⓟ ≋ ♆
- **Pfössl,** 1 km Richtung Eggental, ☎ 61 65 37, 16 Zi (1 mB/13 mD), Ⓟ ❀ ♆

in Petersberg (Monte S. Pietro), 1389 m, 5 km nach SW:
- **Peter** ◪, Richtung Aldein, 35 Zi (mB/mD), Ⓟ Ⓖ ❀ ≋, Sauna

in Obereggen (S. Floriano), 1512 m, 10 km nach SO:
- **Sporthotel Obereggen,** ☎ 61 57 97, Tx 401205, 55 Zi (mB/mD), Ⓟ Ⓖ ❀ ≋
- **Bessaler** ◪, ☎ 61 57 29, 21 Zi (mB/mD)

10 km nach SO, zu Füßen des Latemar, liegt das jüngst entwickelte Skigebiet von *Obereggen (S. Floriano),* 1512 m, mit Zugang zur Paßstraße aufs Lavazè-Joch.
AUSFLUG – (ca. 8 km) zur Wallfahrtskirche von **Weißenstein** *(Madonna di Pietralba),* 1521 m; schöne Lage mitten im Tannenwald. Die Kirche stammt aus dem 17. Jh. (Kapelle aus dem 15. Jh.), wurde später aber mehrmals umgebaut.

DOLOMITEN (2 B–D1–3; 1 D2)

Mit dem Namen Dolomiten bezeichnet man den Teil der Ostalpen, der vom Rienzer Tal im N, der Valsugana im S, dem Piave-Tal im O und der Etsch im W begrenzt wird. Die unregelmäßigen Kalkberge werden von tiefen Tälern durchschnitten. Die geologische Formation, in der der Dolomitenkalkstein vorherrscht, die horizontal gelagerten Schichten und die speziellen klimatischen Gegebenheiten sind Ursache für die besondere Form der Berge. Während in den tieferen Zonen Nadelwälder und weite Almwiesen bestimmend sind, ragen in höheren Lagen riesige Felswände oder Türme mit vorkragendem Gestein unvermittelt in die Höhe.
Wenn die Täler im Dunkel liegen, erstrahlt der von Natur aus leicht rötliche Fels in sämtlichen Schattierungen von Rosa, Rot und Lila und bietet eines der schönsten Naturschauspiele der Alpen. Die wichtigsten Berggruppen sind: Pala-Gruppe (3192 m), Cima d'Asta (2847 m), Latemar (2846 m), Rosengarten (3002 m), Langkofel (3179 m), Sella-Gruppe (3152 m) und Marmolata (mit 3343 m die höchste Erhebung und die einzige Vergletscherung der Dolomiten). Das sind die westlichen Dolomiten, die östlichen bestehen aus Sorapis (3205 m), Civetta (3218 m), Monte Pelmo (3168 m), Antelao (3263 m), Tofana (3243 m) und den Drei Zinnen (2999 m). Im W des Etschtals, zwischen dem Val Rendena im W, dem Val di Sole im N und dem Nonstal im O, erhebt sich die Brenta-Gruppe (Cima Tosa, 3173 m; Cima Brenta, 3150 m), die mit den Dolomiten Struktur und Aussehen gemein hat. (Der Name des Gesteins „Dolomit" stammt übrigens nicht etwa von seinem Hauptvorkommen, den Dolomiten; vielmehr heißt die Gebirgsgruppe nach dem Gestein, und dieses nach seinem „Entdecker", dem französischen Naturforscher Etienne Dolomieu).
Die Dolomiten gehören zu den berühmtesten Fremdenverkehrsgegenden der Welt. Die unvergleichliche Landschaft, die wunderschönen Täler, die grünen Wiesen und die ausgedehnten Nadelwälder, die kleinen blauen, von dunklen Wäldern umrandeten Seen (Karersee, Misurinasee, Pragser Wildsee usw.) ziehen jährlich Tausende Fremde an. Als Wintersportgegend, für den Sommerurlaub und zum Klettern und Bergsteigen sind die Dolomiten die meistbesuchte Region der Alpen. Die zahlreichen berühmten Fremdenverkehrsorte sind hervorragend für den Fremdenverkehr ausgestattet (Hoteleinrichtungen; Erschließung des Geländes). Cortina d'Ampezzo genießt weltweiten Ruf; es folgen S. Martino di Castrozza, St. Ulrich und Wolkenstein im Grödner Tal, Canazei, Auronzo, Moena, S. Vito di Cadore sowie am Fuß der Brenta-Gruppe Madonna di Campiglio.
Das dichte Straßennetz und die zahlreichen Wanderwege, die in scheinbar unbegehbare Gebiete führen, die bequemen Hotels und die Schutzhäuser bieten jedem Touristen eine optimale Grundlage zur Erforschung der Region. Die wichtigsten Zufahrtsstraßen führen über Bozen, Trient, Feltre, Belluno, Toblach und Bruneck. Zwischen Bozen, Cortina d'Ampezzo und Auronzo verläuft die wohl zu den schönsten Straßen der Welt zählende Große Dolomitenstraße. Sie führt von Bozen durch das Eggental auf den Karerpaß, von hier ins Fassatal und zum Pordoi-Joch, dann entlang des Cordévole über den Falzárego-Paß nach Cortina, über den Passo Tre Croci gelangt man nach einem Abstecher zum Misurinasee ins Ansiei-Tal. Entlang der Strecke sieht man die bekanntesten Dolomitengipfel: Latemar, Rosengarten, Langkofel, Sella, Marmolata, Tofana und die Dolomiten des Cadore.

DUINO 8.270 Ew, 53 m (6 D2)

Gemeinde Duino-Aurisina, Provinz Triest. Fischerdorf im Golf von Triest mit schönem Badestrand.

✉ 34013, ✆ 040, ℹ AA (Triest und Küste): Autobahnraststätte Duino, ☎ 20 82 81

Motelagip, bei der Autobahn, ☎ 20 82 73, 80 Zi (mD), P, AIR
Dama Bianca, am Hafen, ☎ 20 81 37, P und Badestrand, Mi

Eindrucksvolles **Schloß** *(Castel Nuovo)* der Fürsten Thurn und Taxis, sehr alten Ursprungs (restauriert), mit einem mächtigen Turm und Befestigungsmauern aus dem 15. Jh. Hier schrieb Rainer Maria Rilke seine „Duineser Elegien". Auf einem Felsen die Ruine des *Castel Vecchio.*
Nach 2 km an der Straße in Richtung Monfalcone liegt **S. Giovanni al Timavo;** in dessen Nähe ein hochinteressantes Karstphänomen – der Austritt* des Timavo, der nach 40 km langem unterirdischen Lauf hier wieder an die Oberfläche kommt. Am malerischen Ufer die gotische Kirche *S. Giovanni in Tuba* aus dem 15. Jh. (schöne Apsis).

EPPAN AN DER WEINSTRASSE (Appiano sulla strada del vino) 10.269 Ew, 411 m (1 C3)

Provinz Bozen. Streugemeinde (Hauptort *St. Michael* – S. Michele) im Überetsch, inmitten üppiger Weinberge und Obstkulturen zu Füßen des Penegal-Gantkofels gelegen; Frühjahrs- und Herbsturlaubsort.

✉ 39057, ✆ 0471, ℹ AA: St. Michael, an der Kreuzung, ☎ 52 206; Nebenstelle (◪): St. Paul, ☎ 51 557

Freizeitangebot: Tennis; Schwimmbad in Girlan; Sauna; Strandbad am Montigglsee.

Schloß Korb ◪, in Missian (4 km von St. Michael), ☎ 63 32 22, 56 Zi (42 mB/mD), P
Uli ◪, Richtung St. Paul, ☎ 52 503, 25 Zi (mB/mD), P
Lambrechtshof, oberhalb von St. Michael, ☎ 52 280, 43 Zi (mB/mD), P, Sauna
Girlaner Hof ◪, in Girlan, ☎ 52 442, 31 Zi (25 mB/mD), P
Stroblhof ◪, oberhalb von St. Michael, ☎ 52 250, 25 Zi (mB/mD), P, Sauna
Angerburg ◪, in St. Michael, ☎ 52 107, 35 Zi (mB/mD), G
Weinegg ◪, in Girlan, ☎ 52 511, 35 Zi (mD), P, Sauna
Tirolerhof, in St. Michael (Ausfahrt zur Mendel), ☎ 52 644, 16 Zi (mB/mD), P
Bellavista-Marklhof, in Girlan, ☎ 52 407, P, Mo
Sternegg, in St. Michael, ☎ 52 166, P, Sauna, Mi

am Montigglsee, 500 m (6 km vor St. Michael):
Seehotel Sparer ◪, ☎ 51 061, 24 Zi (mB/mD), P, Badestrand

Überetsch: siehe Kaltern.
In St. Michael sind mehrere alte Bürgerhäuser aus dem 16. und 17. Jh. sehenswert: typischer Südtiroler Baustil, vor allem an den Bauten entlang der malerischen Hauptstraße.
SPAZIERGÄNGE von St. Michael. – 2,5 km gegen SO zu den **Seen von Montiggl** (Monticolo), ca. 500 m, kleine Gletscherseen im Wald (Badestrand; Restaurants). – 4 km gegen N und dann 20 Min. zu Fuß zur **Burg Hocheppan** (636 m) durch Weingärten, vorbei an schönen Patrizierhäusern aus dem 17. Jh. Von der Burg (12. Jh.) bestehen auf einem Fels noch malerische Ruinen; daneben die *Magdalenenkapelle* (12. Jh.) mit Fresken aus dem frühen 13. Jh.

ESTE* 18.032 Ew, 13 m (4 F2)

Provinz Padua. Malerisches Städtchen am Fuße der Euganäischen Hügel; uralte Siedlung der Veneter; Heimatstadt der Fürstendynastie der Este.

✉ 35042, ✆ 0429, A2, A2, ℹ *Verkehrsverein:* Piazza Maggiore (A1–2), ☎ 36 35

Beatrice d'Este, Viale Rimembranza 1, ☎ 36 81, 30 Zi (mB/mD), P . . . . (A2, **a**)
Centrale, Piazza Beatrice d'Este, ☎ 39 30, 21 Zi (mB/mD) . . . . (A1–2, **b**)
La Tavernetta, Piazza Trento 16, ☎ 23 55, Do + Juli. . . . . (A1, **r**)

Die Wirtschaft von Este stützt sich auf die Landwirtschaft, das Kunsthandwerk (Keramik) und die Industrie (Maschinen). Veranstaltungen: Euganäischer September mit Folklore-Veranstaltungen; Premio Colli (Festival der Dokumentarfilme).
Stadtbesichtigung. – Man benötigt einige Stunden. Besonders zu empfehlen ist der Besuch der Burg* und des Museo Nazionale Atestino*; man sollte auch einen Blick auf den Dom werfen.

Burg* *(Castello;* A1–2), erbaut 1339 von Ubertino di Carrara. Heute stehen noch die mächtigen zinnenbekrönten und turmbewehrten Burgmauern, die sich z. T. den Schloßberg hinaufziehen. Innerhalb des Mauerringes wurde ein schöner öffentlicher Park angelegt.

Estensisches Nationalmuseum* *(Museo Nazionale Atestino;* (A2). – Es ist links vom Eingang zum Park in einem Palast aus dem 16. Jh. untergebracht. *Öffnungszei-*

ten: April–Sept. 9–13, 15–19 Uhr; Okt.–März, 9–13, 15–18 Uhr; Sonn- und Feiertage 9–14 Uhr; Mo geschl.; Eintrittsgebühr. Es ist eines der wichtigsten archäologischen Museen in Oberitalien und ist in zwei Abteilungen unterteilt.

VORRÖMISCHE ABTEILUNG (1. Stock, Saal I–V): Frühgeschichtliche Funde, die ein Bild der alten Zivilisation Venetiens geben: Jungsteinzeit und Bronzezeit; Grabbeigaben aus der ersten Eisenzeit (die fein ziselierte Benvenuti-Bronzesitula★; Fragmente der Votivsäule★ der Göttin Reitia). RÖMISCHE ABTEILUNG (im Erdgeschoß; Saal VI–X): Inschriften, Mosaike, Architekturelemente, Plastiken, Gläser und Münzen. In Saal XI Architekturfragmente und Keramiken vom 11.–19. Jh.

Dom (A1). – 1708 neu erbaut (A. Gaspari). Eindrucksvoller Innenraum auf ovalem Grundriß mit einigen schönen Skulpturen und Gemälden, darunter am Hochaltar ein Werk G. B. Tiepolos (Die hl. Thekla★ befreit 1630 Este von der Pest, 1759). Beachtenswert sind außerdem: die Kirche **S. Martino** (A2) in romanisch-gotischem Stil mit typischem schiefen Glockenturm (1293); die Kirche **S. Maria delle Consolazioni** oder *degli Zoccoli* aus dem 16. Jh. mit einem schönen Tafelbild (Madonna mit Kind★) von Cima da Conegliano (1504); ferner die Kirche **S. Maria delle Grazie★** (B2) aus dem frühen 18. Jh. mit reichen Altären und einem byzantinisierenden Tafelbild (Madonna mit Kind) aus dem 15. Jh.

FAENZA★ 54.922 Ew, 35 m (9 D2-3)

Provinz Ravenna, Bischofssitz. Romagnolisches Städtchen am Lamone an der Via Emilia, mit zahlreichen Kunstdenkmälern und -sammlungen; blühendes Landwirtschafts- und Industriezentrum. War einst wegen seiner Fayencen, die im 15. und 16. Jh. ihren künstlerischen Höhepunkt hatten, weltweit berühmt.

✉ 48018, ✆ 0546, 📯 C2, ✆ B2, ℹ *Verkehrsverein,* im Gewölbe Molinella unterhalb des Rathauses, B2, ☎ 22 308

- **Vittoria,** Corso Garibaldi 23, ☎ 21 508, 38 Zi (30 mD) . . . . (B2–3, **a**)
- **Cavallino,** Via Emilia Levante 32 (2 km Ri. Forlì), ☎ 30 226, 38 Zi (29 mD), G . . . . (C3, a. P.)
- **Osteria del Mercato,** Piazzo Martiri 13, ☎ 22 133, S6 . . . . B–C2, **m**)

in Granarola (8 km Richtung Cotignola):
- **Amici Miei,** Via Garibaldi 10, ☎ 41 033, Mi
- **Monte Brullo,** Richtung S. Lucia, ☎ 42 014, P, Di

Der historische Stadtkern wird durch Bauten des 17. und 18. Jhs. bestimmt. Die Wirtschaft stützt sich auf Bekleidungsindustrie, Maschinenbau, chemische und Nahrungsmittelindustrie.
Die berühmte Fayenceherstellung wird durch die Tätigkeiten des Museo delle Ceramiche (Keramikmuseum) und anderer Vereinigungen und durch die Wiederbelebung des Kunsthandwerks am Leben erhalten (Verkaufsgemeinschaft am Hauptplatz und zahlreiche Keramikgeschäfte). Die Stadt veranstaltet seit 1930 die *Internationale Schau zeitgenössischer Kunstkeramik* („Manifestazioni Internationali della Ceramica d'arte Contemporanea"), die wichtigste einschlägige Veranstaltung in Europa (ca. 250 Aussteller aus dreißig Ländern; Ende Juli–Ende Sept.).
Weitere VERANSTALTUNGEN sind der *Palio del Niballo,* in historischen Kostümen (am letzten Sonntag im Juni), der Wettbewerb der Fahnenträger (am Sonntag davor) und die *Nott de' Biso',* am ersten Samstag des Jahres).

Stadtbesichtigung im Zeitraffer – *Kathedrale★; Pinakothek★; Keramikmuseum★.*

Piazza del Popolo (B2). – Der an zwei Seiten von Arkaden und Loggien gesäumte einheitliche Platz bildet gemeinsam mit der anschließenden Piazza della Libertà das Zentrum der Stadt. Der **Palazzo del Podestà** wurde 1256 erweitert und in neuerer Zeit verändert (der Eingang stammt aus dem 17.–18. Jh.), daneben der 1953 wiederaufgebaute *Uhrturm (Torre dell'Orologio)* und das *Rathaus,* von dessen ursprünglicher Form aus dem 13. Jh. kaum etwas erhalten geblieben ist; im Innenhof das *Stadttheater.* Auf der Piazza della Libertà ein mächtiger barocker Brunnen und die Kathedrale.

Kathedrale★ (B2). – Eines der wichtigsten Baudenkmäler der Frührenaissance in der Romagna. Sie wurde 1474 nach Plänen von Giuliano da Maiano begonnen und im frühen 16. Jh. vollendet. Die mächtige Fassade mit der Treppenanlage blieb unvollendet.

Das dreischiffige INNERE hat strenge toskanische Formen. In den Kapellen zahlreiche Plastiken aus dem 15. und 16. Jh., darunter besonders sehenswert die beiden Gräber★ des hl. Terenz und des hl. Emilianus in der 5. rechten und 8. linken Kapelle, die der toskanischen Schule des 15. Jhs. zugeschrieben werden; noch schöner ist in der linken Chorkapelle das Grab des hl. Savinus★ von Benedetto da Maiano mit fein gearbeiteten Reliefs (1476). Unter den Gemälden beachte man in der 4. Kapelle rechts eine Madonna mit Kind und Heiligen von Innocenzo da Imola. Hinter dem Hochaltar hölzernes Chorgestühl (1513). Im linken Querschiff die reich ausgestattete Kapelle der Gnadenmuttergottes.

Pinakothek★ (B2). – Die Gemäldegalerie befindet sich in der Via S. Maria dell'Angelo 1, im Palazzo des Torricelli-Gymnasiums. *Öffnungszeiten: 9.30–13.30 Uhr; So geschl. Eintritt frei.* Das beachtenswerte Museum beherbergt in erster Linie Werke der Schule Faenzas und der Romagna vom 14. bis zum 19. Jh. (Giovanni da Rimini, Scaletti, Palmezzano, Bertucci, Bagnacavallo, S. Foschi, Innocenzo da Imola, F. Fenzoni) und der Bologneser Schule des 16.–18. Jh. (G. Francia, Albani, Tiarini, Domenichino, Cignani).

Außerdem: Holzstatue des hl. Hieronymus★, von Donatello und Schülern; Madonna mit Kind, aus der Schule Ferraras aus dem 16. Jh.; Marmorbüste (Hl. Johannes★) von A. Rossellino; bemerkenswerte Stillebensammlung aus dem 17. und 18. Jh. (Recco, Ruoppolo, Boselli, Magini), Gemälde (Judith★, deutsche Schule der ersten Hälfte des 17. Jhs.; Terrakottaplastik★, von Alfonso Lombardi; Bildnis eines Beamten★, holländische Schule des späten 17. Jhs.; Gemälde (Blumen und Früchte), F. Guardi zugeschrieben; Werke des 19. Jhs. (Giani und Minardi). Eine ABTEILUNG FÜR MODERNE KUNST befindet sich in Corso Matteotti 2, *(Öffnungszeiten: 9.30–12.30 Uhr; Mo geschl.; Eintritt frei)* mit Werken aus der zweiten Hälfte des 19. Jhs. (Fattori, Spadini, Signorini, Carena etc.) und des 20. Jhs. (Rodin, Martini, de Pisis, Morandi).

Keramik-Museum★ (*Museo delle Ceramiche;* A–B2) – Ecke Via Campidoro 2 und Viale Baccarini. *Öffnungszeiten: 9.30–13, 15.30–18.30 Uhr (Sommer) bzw. 14.30–17.30 Uhr (Winter); Sonn- und Feiertage 9–13 Uhr; Mo geschl.; Eintrittsgebühr.*

Die Ausstellungsräume bieten eine einzigartige Gelegenheit zum Studium der Keramikkunst aller Zeiten und Völker. In den Sälen sind zu besichtigen: italienische Majolika aus der Renaissance, türkische Fayencen und chinesisches Porzellan; Fayence-Vorlagen, Majoliken aus Faenza und Vorlagen aus allen Teilen Italiens vom 13. bis ins frühe 20. Jh.; volkstümliche italienische und ausländische Keramik; Keramik vorkolumbianischer Kulturen; vorgeschichtliches Ausgrabungsmaterial; eine didaktische Ausstellung; eine Fachbibliothek und eine Fotothek; Werke von Chagall, Léger, Matisse, Picasso, Rouault; eine Nationenschau; völkerkundliche Exponate aus Amerika, Asien und Afrika; eine reichhaltige Sammlung moderner italienischer und internationaler Keramik.

Im **Palazzo Milzetti** (B1–2), in der Via Tonducci 15, einem beachtenswerten Beispiel klassizistischer Architektur (G. Pistocchi), mit üppiger Ausstattung von F. Giani, ist das **Museum des Klassizismus der Romagna** mit angeschlossenem Studien- und Forschungszentrum *(Öffnungszeiten: 9–14 Uhr, Feiertage geschl.)*. In Zukunft sollen hier das *Theatermuseum* (mit einer Sammlung alter Streichinstrumente sowie Porträts und Erinnerungsstücken berühmter Musiker und Opernsänger) und eine *Sammlung moderner Kunst* untergebracht werden.
Palazzo Mazzolini (B1–2) – Am Corso Mazzini, in Zukunft Sitz des *Archäologischen Museums*, mit Funden aus der Umgebung, und des *Museums des Risorgimento*.

WEITERE SEHENSWÜRDIGKEITEN: Die im 17. Jh. umgebaute Kirche **S. Maria Vecchia** (C1), die noch einige Reste des Vorgängerbaus aufweist (die Mauern des Langhauses und vor allem den achteckigen Glockenturm* aus dem 8. Jh.), und die Kirche **della Commenda** (erreichbar über den Corso Europa, C3) aus dem 13. Jh. mit bemerkenswerten Fresken des Girolamo da Treviso d. J. (1533).

FAI DELLA PAGANELLA 844 Ew, 958 m (1 D3)

Provinz Trient. Sommerfrische und Wintersportort auf einem grünen Hochplateau am Fuß der Paganella, das sich gegen das Etschtal öffnet.

✉ 38010, ✆ 0461, ℹ AA von Molveno, Nebenstelle Fai: Via C. Battisti 29, ☎ 58 31 30

Freizeitangebot: Tennis. Sessellifte: Santel (1030 m) – Meriz la Rocca (1440 m), Meriz la Rocca (1440 m) – Dosso Larici (1825 m), Meriz la Rocca (1440 m) – Malga di Fai (1670 m), Dosso Larici (1838 m) – Paganella (2125 m); Schlepplifte in Fai und Malga; Eislaufen.

- **Santellina**, in Santel (2 km), ☎ 58 31 20, 40 Zi (mB/mD) P, im Wald
- **Hotel Dolomiti**, ☎ 58 33 18, 40 Zi (mB/mD), P
- **Al Sole-Beppin**, ☎ 58 31 27, 13 Zi (2 mB/10 mD), P
- **Negritella**, ☎ 58 31 45, 22 Zi (1 mB/18 mD), P
- **Fai**, ☎ 58 31 04, 30 Zi (mB/mD), P
- **Belvedere**, ☎ 58 31 85, 19 Zi (6 mB/10 mD), P

AUSFLUG – Mit dem Sessellift von Santel auf die Paganella, 2125 m.

FALCADE 2.392 Ew, 1145 m (2 C2)

Provinz Belluno. Wichtiges Urlaubsziel und Wintersportort des Agordino im Biόis-Tal, mit schönem Blick auf die umliegenden Gipfel der Dolomiten (im SW die Gruppe des Focobon und im O des Monte Civetta); 2 km talwärts liegt das ebenfalls als Urlaubsort besuchte *Caviola,* 1090 m.

✉ 32020, ✆ 0437, ℹ AA: im Rathaus, ☎ 59 241, Tx 440821, Verkehrsbüro in Caviola, ☎ 50 116

Freizeitangebot: Tennis; Seilbahn: Molino (1190 m) – Le Buse (1885 m); Sessellift: Le Buse (1885 m) – Laresei (2168 m); Schlepplifte: in Falcade, Caviola, Le Buse, Valles-Paß, S. Pellegrino-Paß; Eislaufen; Skischule.

- **San Giusto**, ☎ 50 216, 115 Zi (mD), P
- **Focobon**, ☎ 59 244, 32 Zi (mB/mD), P
- **Stella Alpina**, ☎ 59 049, 37 Zi (mB/mD), P
- **Serena**, Richtung Caviola, ☎ 50 134, 26 Zi (6 mB/11 mD), P
- **Scoiattolo**, in Caviola, ☎ 50 346, 28 Zi (mD), P, im Wald
- **Belvedere**, an der Straße zum S. Pellegrino-Paß, ☎ 59 021, 18 Zi (3 mB/13 mD), P
- **Miramonti**, in Valt, am Berghang, ☎ 50 288, 18 Zi (4 mB/8 mD), P

AUSFLÜGE – 8 km in Richtung NO über die Fraktionen der *Vallada Agordina* (verstreute Häusergruppen an der linken Talseite) zur Kirche **S. Simon** (1143 m). Die Kirche liegt auf einem alleinstehenden Hügel, stammt aus dem 12. Jh. und hat einen schönen Glockenturm mit hoher Turmhaube; sie wurde mit Hilfe des TCI restauriert. Im Kircheninneren Fresken (große Heiligenfiguren und 4 Szenen, darunter ein Letztes Abendmahl) des Paris Bordone (16. Jh.); außerdem Holzplastiken (19. Jh.), Hochaltar aus dem 16. Jh. – 9,2 km zum **Passo di Valles***, 2033 m, am Schnittpunkt der Täler von Biόis und Travignolo; Blick auf den Monte Civetta, den Monte Cristallo, den Pelmo, den Focobon, die Tofana und die Drei Zinnen. – 7,5 km zum **Passo di S. Pellegrino,** 1918 m (s. d.).

FALZÁREGO-PASS 2105 m (2 C2)

Gemeinde Cortina d'Ampezzo. Provinz Belluno. Sattel und Wasserscheide zwischen dem Bóite und dem Cordévole an der Großen Dolomitenstraße; an der Straße, die vom Abteital kommend zum Passo di Valparola führt.

✉ 32043, ✆ 0436

Freizeitangebot: Seilbahn Lagazuoi Piccolo, 2105–2746 m; Sessellifte: Cinquetorri 1900–2280 m; Averau 2113–2404 m; Falzárego (2080 m) – Col Gallina (2372 m) u. a.

AUSFLUG – Mit der Seilbahn auf den **Lagazuoi Piccolo,** 2746 m; schöne Aussicht*.

FELTRE 20.691 Ew, 325 m (2 E2)

Provinz Belluno; Universität (Sprachfakultät). Lebhaftes Städtchen mit Handel und Industrie (Metallverarbeitung und Textilien), in einem von Felsen beherrschten Talkessel. Der obere Stadtteil zeigt heute noch das von den Venezianern geprägte Stadtbild des 16. Jhs., das Feltre nach den Zerstörungen des Krieges der Liga von Cambrai 1509 erhielt.

✉ 32032, ✆ 0439, 🚂 B2, 🚌 B1, ℹ AA: Largo Castaldi 7, B1, ☎ 25 40

Freizeitangebot: Eisstadion; Tontaubenschießen in Col Fiorito (6 km in Richtung Belluno). In Pedavena: Tennis; Boccia-Anlage; Skilift am Croce d'Aune.

- **Residence Casagrande,** an der Ausfahrt nach Belluno, ☎ 83 30, 29 Zi (27 mB), P G (A2, a. P.)
- **Nuovo,** Via Fornere Pazze 5, ☎ 21 10, 23 Zi (mB/mD), P, TV . . . . (A1, **b**)
- **La Casona,** Via Segusini 17 (beim Stadion), ☎ 27 26, Mi + Juni . . . . (A1, a. P.)

in Pedavena (✉ 32034), 3 km:

- **Birreria Pedavena,** Viale Vittorio Veneto, ☎ 22 46, kleiner Zoo, Unterhaltungen, Boccia-Anlage, Di

Stadtbesichtigung im Zeitraffer – Man benötigt einige Stunden und kann sich auf den oberen Stadtteil mit der Via Mezzaterra★ und der Via Luzzo beschränken.

Via Mezzaterra★ (A1–2) – Sie beginnt bei der Porta Imperiale oder Castaldi aus dem 16. Jh. (B1) und führt bergauf durch den alten Stadtkern: Zahlreiche malerische alte Häuser (Nr. 9, 19, 26, 35, 41) aus dem 16. Jh. mit Fresken, Sgraffiti und Steildächern.

Piazza Maggiore★ (A2) – Malerischer und lebendiger Platz, im Zentrum die Denkmäler berühmter Feltriner (Vittorino da Feltre, Panfilo Castaldi). Von oben wird sie vom mächtigen Wehrturm der Burg beherrscht; Kirche *S. Rocco* (1599) mit elegantem Innenraum, davor ein schöner Brunnen von T. Lombardo (1520), *Rathaus* in palladianischem Stil mit schönem Portal (im Inneren kleines Theater aus Holz von 1802), *Palazzo Guarnieri* mit gotisch-venezianischer Fassade aus dem 19. Jh.

Galleria Rizzarda (A1) – Auf Nr. 8 in der Via del Paradiso, an deren Beginn sich der sgraffitigeschmückte *Monte della Pietà* (Pfandleihhaus; 15. Jh.; restauriert) erhebt. *Öffnungszeiten: 9–12, 14–18 Uhr; (wenn nicht geschl. wegen Instandsetzungsarbeiten); Eintrittsgebühr.* Beherbergt Schmiedeeisenarbeiten des Grafen Carlo Rizzarda und eine Sammlung mit Plastiken und Gemälden aus dem 19. und 20. Jh.

Via L. Luzzo (A2) – Wird von Häusern aus der Renaissance gesäumt; auf Nr. 3 die *Casa dell'Armi* mit schöner Sgraffitifassade; auf Nr. 23 der *Palazzo Villabuna,* Sitz des Städtischen Museums.

Städtisches Museum★ *(Museo Civico; A2) – Öffnungszeiten: 9 Uhr bzw. 10–12 Uhr; Sa auch 15–17 Uhr, So auch 17–19 Uhr; Mo geschl.; Eintrittsgebühr.* Verschiedene Abteilungen, die interessanteste ist die Gemäldegalerie: Bildnis von Gentile Bellini; Triptychon von Cima da Conegliano; Gemälde von Morto da Feltre, P. Marescalchi und venezianischen Meistern des 18. Jhs. (Ricci, Bellotto).

Im ersten Stock das *Historische Museum,* das die Geschichte Feltres dokumentiert und außerdem eine archäologische Abteilung besitzt.

Chiesa di Ognissanti – Kirche in der Via Belluno, außerhalb des Stadtzentrums. In der Sakristei ein Fresko (Erscheinung Christi★), Meisterwerk des Morto da Feltre, am 2. Altar links ein Gemälde von Tintoretto (Thronende Madonna mit den hll. Viktor und Nikolaus von Bari).

Kathedrale (B2) – Die im 16. Jh. neu erbaute Kirche besitzt noch die gotische Apsis aus dem 15. Jh. und den Campanile von 1392, an dessen Basis ein schöner Grabstein aus dem 15. Jh. Im Inneren Krypta (9. Jh.) und das schöne Bellatigrab von T. Lombardo im Chor. An der Rückseite der Kirche das *Baptisterium* mit Apsis aus dem 15. Jh. und Renaissanceportal (Taufbecken von 1399); vor der Fassade das frühchristliche Baptisterium, derzeit in Restaurierung.

SPAZIERGÄNGE – 3,8 km in Richtung SO zur romanischen Kirche *Ss. Vittore e Corona* (1096–12. Jh.) mit freskengeschmücktem Inneren des 13.–14. Jh.; um die Apsis Zwerggalerie mit Säulchen und Kapitellen. Das Kloster stammt aus dem Jahre 1495; schöne Aussicht.

3 km in Richtung NW nach **Pedavena,** 359 m, 4.102 Ew, bekanntes Ausflugsziel in freundlicher Hügellandschaft; neben der Brauerei ein Tiergarten mit sportlichen Einrichtungen. Am Beginn der Straße nach Croce d'Áune die Villa Pasole-Berton aus dem 18. Jh. mit einem italienischen Garten.

AUSFLUG – 11,3 km in Richtung NW über Pedavena zum Sattel von **Croce d'Áune** (1011 m) zwischen dem Piave-Tal und dem Cismon-Tal; schöner Nadelwald.

FERRARA★★ 147.328 Ew, 10 m (9 B2)

Provinzhauptstadt; Erzbischofssitz; Universität. Eines der wichtigsten Kunstzentren Italiens mit strenger Stadtplanung der Renaissance, mächtigen Baudenkmälern und bemerkenswerten Museen. Die Stadt liegt in der Nähe des Pos in einem fruchtbaren Agrargebiet, das gemeinsam mit einigen Industriezweigen die wirtschaftliche Grundlage der Stadt bildet.

✉ 44100, ✆ 0532, C3, C4, ℹ EPT: Largo Castello 22, C4, ☎ 35 017. – TCI: Reisebüro Centro Turismo, Via Borgo dei Leoni 33

De la Ville, Piazza Stazione 11, ☎ 53 101, 85 Zi (mB/mD), AIR. . . . . (B2, **g**)
Astra, Viale Cavour 55, ☎ 26 234, 82 Zi (34 mB/35 mD), G, AIR . . . . (C3, **a**)
Ripagrande, Via Ripagrande 21, ☎ 34 734, 40 Zi (mB/mD) . . . . (D3, **e**)
Ferrara, Piazza Repubblica 4, ☎ 33 015, 66 Zi (7 mB/34 mD), AIR. . . . . (C4, **b**)
Europa, Corso Giovecca 49, ☎ 33 460, 48 Zi (9 mB/23 mD), G, in einem Schloß aus dem 16. Jh. mit wertvollen Fresken . . . . (C4, **d**)
Touring, Viale Cavour 11, ☎ 26 096, 39 Zi (mB/mD), P . . . . (C4, **f**)
Carlton, Via Garibaldi 93, ☎ 33 141, 73 Zi (11 mB/43 mD) . . . . (C3, **c**)
Nord-Ovest, Viale Po 52, ☎ 52 083, 38 Zi (mB/mD), P, AIR, (Restaurant m. anderer Geschäftsleitung), Do abend + So . . . . (B2, **r**)
Da Toni, Via Garibaldi 93, ☎ 33 141, Sa
Buca S. Domenico, Piazza Sacrati 22, ☎ 37 006, Mo + Juli . . . . (C3, **s**)
Grotta Azzurra, Piazza Sacrati 43, ☎ 37 320, AIR, kalte Küche, So . . . . (C3, **n**)
Italia-da Giovanni, Largo Castello 32, ☎ 35 775, AIR, Di . . . . (C4, **m**)
Al Giglio, Corso Isonzo 1, ☎ 33 974, toskanische Küche, Mo . . . . (B3, **p**)
Aldobrando, Corso Porta Mare 45, ☎ 37 186, Pergola, So . . . . (B5, **o**)
La Provvidenza, Corso Ercole d'Este 92, ☎ 21 937, Lokalkolorit, Mo . . . . (A4, **q**)

in der Umgebung:
Tassi, in Bondeno (18 km nach NW) viale Repubblica 23, ☎ 89 30 30, P, Regionalküche, Mo
Elsa, in Vigarano Mainarda (12 km auf der Straße Richtung Cento), ☎ 43 222, P, Di

Die Stadt in der Geschichte – Die Geschichte und der Ruhm Ferraras sind eng mit dem Hause Este verknüpft. Die Este, die bis ins 9. Jh. zurückgehen, gehören zu den ältesten Adelsfamilien Italiens. Von ihnen stammt auch das deutsche Geschlecht der Welfen ab. In der 1. Hälfte des 13. Jhs. kamen sie in den Besitz der Stadt und erhielten 1332 die endgültige Investitur des Papstes. Ihre Herrschaft dauerte bis zum Ende des 16. Jhs. und zeichnete sich durch eine liberale Regierungsform und eine starke Förderung der Künste aus, die aus Ferrara eines der wichtigsten Zentren der Kultur und Kunst der Renaissance machte. Schon im 14. Jh. ließ Niccolò II. d'Este (1338–88) neben der schon bestehenden Kathedrale die mächtige Burg erbauen. Niccolò III. (1393–1441) und stärker noch Lionello (1441–50) umgaben sich mit berühmten Humanisten und Künstlern wie Pisanello, Rogier van der Weyden, Piero della Francesca, Andrea Mantegna, Leon Battista Alberti. Unter Borso (1450–71) wurde die Stadt durch Paläste (Palazzo Schifanoia) und Kirchen (Certosa) verschönert, die Stadtmauern wurden verlängert; mit Cosmè Tura, Francesco Cossa und Ercole de'Roberti konnte sich eine bedeutende Malerschule durchsetzen. Unter Ercole I. (1471–1505) trat die Renaissance in Ferrara in ihr Goldenes Zeitalter. Die Größe der Stadt verdoppelte sich; mit der „Addizione Erculea", nach den Plänen Biagio Rossettis, wurde die erste moderne Stadtplanung in Europa geschaffen; es entstanden wunderschöne Gebäude, wie der Palazzo Ludovico il Moro und der Palazzo dei Diamanti. Am Hof Alfonsos I. (1505–34) weilten Dichter wie Ariost und Maler wie Garofalo, Ortolano und die beiden Dosso. Der Ruhm des Hofes setzte sich unter Ercole II. (1534–59) und Alfonso II. (1559–97), dem Gönner Torquato Tassos, fort. Mit Alfonso II. starb die Hauptlinie des Hauses Este aus; eine Nebenlinie konnte sich in Modena und Reggio halten. Mit der Einverleibung in den Kirchenstaat (1598) begann der Abstieg der Stadt.

Eine Stadt stellt sich vor – Neben der wahrscheinlich genialsten Stadtplanung der Renaissance, die Ferrara zur ersten „modernen" Stadt Europas machte, bestehen in den südöstlichen Vierteln erstaunlich gut erhaltene mittelalterliche Stadtteile. Während das bekannte und gerühmte Ferrara der Renaissance seine Faszination vor allem durch den herrschaftlichen Charakter einer Residenzstadt erlangt hat, so bietet die mittelalterliche Stadt zahlreiche malerische enge Gassen und Winkel, die in ihrem scheinbaren Durcheinander wertvollen Lebensraum darstellen. Der Ruf Ferraras als Kulturzentrum ruht vor allem auf der 1391 gegründeten Universität, die besonders im 16. Jh. blühte; außerdem verfügt die Stadt über wertvolle Kunstschätze in den griechisch-etruskischen Sammlungen aus Spina und in der Gemäldegalerie der Pinacoteca Nazionale. Vor allem auf dem Gebiet der bildenden Kunst wird durch die Bemühungen der Stadtverwaltung (zahlreiche Ausstellungen moderner und zeitgenössischer Kunst) ein reges kulturelles Leben gefördert. Alljährlich im September verleiht Ferrara den „Premio letterario-giornalistico Estense" (Literarischer Wettbewerb für Journalisten).

Küche und Keller – Bekannt sind das Brot aus Ferrara und die „Salama da sugo". Typische Speisen: Cappelletti, die mit Kürbis gefüllten Cappellacci, Aal; Mehlspeisen: Panpepato al cioccolato (Schokoladelebkuchen). In Ferrara bekommt man noch mehrere Spezialitäten der jüdischen Küche.

Einkaufstips – Salama da sugo, Obst, Schmiedeeisen- und Kupferarbeiten.

Sehenswürdigkeiten auf einem Blick – *Kathedrale★★; Castello Estense★; Palazzo di Schifanoia★★; Palazzo di Ludovico il Moro★★* mit dem *Archäologischen Museum★; Palazzo dei Diamanti★★* mit der *Pinakothek★; Casa Romei★.*

Stadtbesichtigung im Zeitraffer – Man benötigt mindestens einen Tag und kann dem am Stadtplan eingezeichneten Rundgang folgen. Nach Möglichkeit in der Nähe des **Castello Estense★** parken; von hier zu Fuß zum **Palazzo Comunale** und zur **Kathedrale★★.** Zurück zur Burg und mit dem Auto entlang dem Corso Giovecca mit Aufenthalt bei der **Palazzina di Marfisa★;** dann zu Fuß durch die Via Savonarola bis zur **Casa Romei★** und zu **S. Francesco** bis zum **Palazzo di Schifanoia★★.** Weiter mit dem Auto über die äußere Umfahrungsstraße zum **Palazzo Ludovico il Moro★★ (Archäologisches Museum★);** durch die Via XX Settembre zur Porta Reno, von dort zu Fuß in die Via delle Volte. Mit

Rovigo km 33
Autostrada km 6 - Mantova km 89 - Verona km 102
Autostrada km 8 - Bologna km 49
Via Padova
Strada Statale N°16
Viale Po
Via Modena
Viale Po
Via del Lavoro
Staz. F.S.
Strada S. Giacomo
Via Darsena
Canale di Burana
Strada
Darsena
Motovelodromo
Campeggio
Via G. Bianchi
Via Ordoboni
Via Porta Catena
P.za Catena
Viale XXV Aprile
Viale Belvedere
Via Bagaro
Via Arianuova
Casa di L. Ariosto
Via Ariosto
Largo Barriere
V.le d. Costituzione
Corso Porta Po
Viale Cavour
Via Cittadella
V. Poledrelli
Via IV Novembre
V.le IV Novembre
Viale IV Novembre
Arturo Cassoli
Campo Sportivo
Via Piave
C.o Vitt. Véneto
Corso Isonzo
Via Aldighieri
Posta e T.
P.za Sacrati
Via Garibaldi
Via d. Spadari
P.za XXIV Maggio
Corso Isonzo
Via Boccacanale
Via Ripagrande
Via Piangipane
Via Ippolito d'Este
Via Darsena
P.za Travagli
Porta Reno
Via Argine Ducale
Via Foro Boario
Via Bologna
Via Goretti
Ippodromo
Staz. Porta Reno

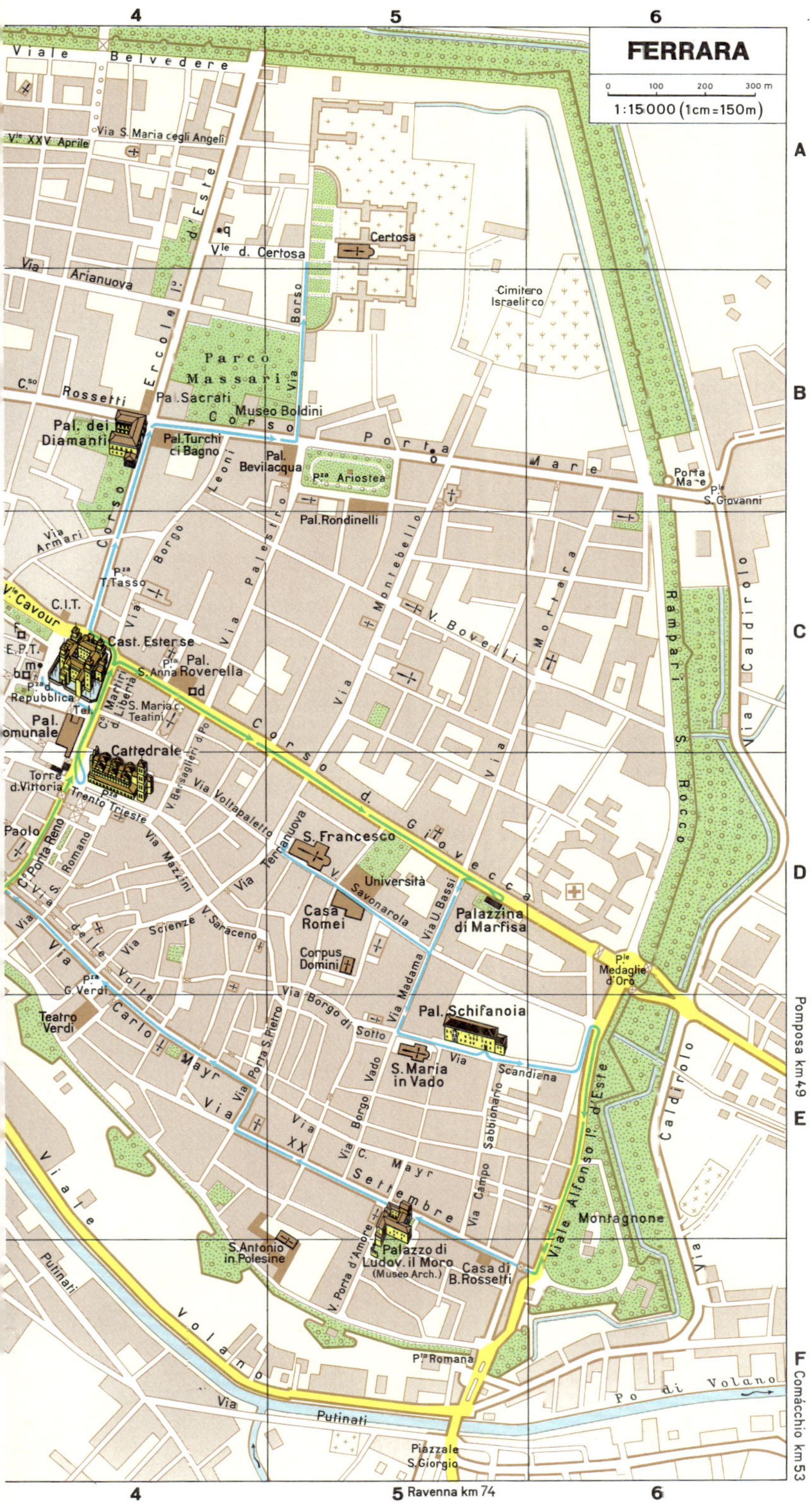
FERRARA
0 100 200 300 m
1:15000 (1cm=150m)
4
5
6
A
B
C
D
E
F
Viale Belvedere
Via S. Maria degli Angeli
V.le XXV Aprile
C.so Ercole I° d'Este
V.le d. Certosa
Certosa
Via Arianuova
Via Borso
Cimitero Israelitico
Parco Massari
C.so Rossetti
Pal. Sacrati
Museo Boldini
Corso Porta a Mare
Pal. dei Diamanti
Pal. Turchi di Bagno
Pal. Bevilacqua
P.za Ariostea
Porta Mare
P.le S. Giovanni
Pal. Rondinelli
Via Leoni
Via Palestro
Via Montebello
Via Mortara
Rampari S. Rocco
Via Caldirolo
Via Armari
Via Borgo
P.za T. Tasso
V.le Cavour
C.I.T.
E.P.T.
Cast. Estense
Pal. Roverella
P.za S. Anna
P.za d. Repubblica
C.so Martiri d. Libertà
S. Maria d. Teatini
V. Bovelli
Pal. Comunale
Cattedrale
Torre d. Vittoria
P.za Trento Trieste
V. Bersaglieri d. Po
Via Voltapaletto
Corso d. Giovecca
Via Terranuova
S. Francesco
Università
V. Savonarola
Casa Romei
Via U. Bassi
Palazzina di Marfisa
Corpus Domini
P.le Medaglie d'Oro
Via Romano
Via Mazzini
Via Scienze
V. Saraceno
C. Porta Reno
Via delle Volte
P.za G. Verdi
Teatro Verdi
Via Carlo Mayr
Via Borgo di Sotto
Via Madama
Pal. Schifanoia
Via Scandiana
S. Maria in Vado
Via Porta S. Pietro
Via Borgo Vado
Via Sabbioni
Via XX Settembre
Via C. Mayr
Via Campo
Viale Alfonso I° d'Este
Montagnone
Via Caldirolo
Pomposa km 49
Viale Pulinati
S. Antonio in Polesine
Palazzo di Ludov. il Moro (Museo Arch.)
V. Porta d'Amore
Casa di B. Rossetti
Viale Volano
P.ta Romana
Po di Volano
Via Putinati
Piazzale S. Giorgio
Ravenna km 74
Comácchio km 53

dem Auto durchquert man auf dem Corso Porta Reno und dem Corso Ercole d'Este das Zentrum und gelangt schließlich zum **Palazzo dei Diamanti★★ (Pinakothek★)**, zum **Museo Boldini** und zur **Certosa.** An Sonn- und Feiertagen starkes Verkehrsaufkommen.

Piazza Cattedrale – Der Platz bildet das Zentrum der Stadt. Hier stehen die Kathedrale, das Rathaus und die *Torre dell'Orologio* (*Glockenturm,* 1600). Rechts neben der Kathedrale geht er in die Piazza del Listone (heute Piazze Trento und Trieste) über. Am Beginn der Via S. Romano, die hier einmündet, der kleine malerische *Kreuzgang S. Romano,* romanischen Ursprungs.

Kathedrale★★ (D4) – Die vom 12.–14. Jh. errichtete romanisch-gotische Kirche ist das wichtigste mittelalterliche Bauwerk der Stadt. Mächtige dreiteilige romanische Fassade★ aus Marmor mit Säulchenwald: an den Portalen interessante Skulpturen (1135) und schöner Baldachin (12. Jh.) mit darüberliegender Loggia mit Biforen (13.–14. Jh.). An der Seitenfassade, die ebenfalls mit Blendbogen gegliedert ist (im unteren Teil offener Arkadengang, einst für Läden bestimmt) der mächtige klassizistische marmorne Campanile★ (1451–1596), wahrscheinlich nach Plänen von L.B. Alberti.

Ferrara: Kathedrale

Schöne halbkreisförmige Apsis von B. Rossetti (Ende 15. Jh.). Durch eine Vorhalle (römisch-ravennatischer Sarkophag aus dem 5. Jh.) gelangt man in den mächtigen, im 18. Jh. erneuerten und im späten 19. Jh. ausgestatteten INNENRAUM. An der inneren Fassade Fresken des Garofalo (1530). Am 1. Altar rechts Fresko der Madonna delle Grazie (15. Jh.); am 3. Altar rechts Madonna und Heilige, von Bastianino; im rechten Querschiff Martyrium des hl. Laurentius, von Guercino (1629); am Ende des Schiffes monumentaler Kreuzaltar (1678) mit Bronzestatuen, darunter zwei aus dem 15. Jh. (Hl. Maurelius★ und hl. Georg★) von D. Paris. Im Chor Gestühl mit Intarsien von B. und D. Canozzi (1501–25); in der Apsiswölbung großes Fresko des Letzten Abendmahls★ von Bastianino (1580). Am 6. Altar links Marienkrönung, von F. Francia; am dritten Altar Madonna★ und Heilige, von Garofalo (1524).

Dommuseum *(Museo del Duomo★) – Öffnungszeiten: Wochentage 10–12, 15–17 Uhr, bzw. 16–18 Uhr (Winter).* Der Eingang befindet sich links in der Vorhalle der Kirche. Es enthält wertvolle Kunstschätze: Hl. Georg★ und Verkündigung★, Temperagemälde von Cosmè Tura; drei Tafelbilder, vermutlich von Ortolano; sechs Marmortafeln★ des 12. Jhs. (man beachte die Weinlese); Madonna mit Granatapfel★★ (1408) und Hl. Maurelius★, beide von Jacopo della Quercia; acht Tapisserien★ (16. Jh.); 12 Marmortafeln★ mit den Monatsdarstellungen (spätes 12. Jh.). Außerdem wertvolle illuminierte Handschriften (15.–16. Jh.), Reliquiare etc.

Palazzo Comunale (C4) – Er stammt aus dem 13. Jh. und war einst Regierungssitz der Este. Die heutige zinnenbekrönte Fassade wurde 1924 wiederaufgebaut. An der rechten Seite ein kleiner vorspringender Bogen, der L.B. Alberti zugeschrieben wird, darüber die Reiterstatuen des Niccolò III. d'Este und des Borso d'Este (beide sind zeitgenössische Werke); zwischen den beiden Statuen durch den sogenannten *Volto del Cavallo* in den Innenhof (heute Piazza Municipio), wo noch einige Renaissancefenster und eine Außentreppe (1481) erhalten sind.

Burg★ (*Castello Estense;* C4) – Die eindrucksvolle, von einem Wassergraben umgebene Burg mit quadratischem Grundriß und vier mächtigen Ecktürmen wurde 1385 erbaut und im 16. Jh. fertiggestellt. *Öffnungszeiten: 9.30–12.30 Uhr, 15–18 Uhr bzw. 14–17 Uhr (Sept.–März); Mo geschl.*

Außer dem Hof (15. Jh.) sind einige Säle mit Gewölbefresken von Bastianino und Girolamo da Carpi (16. Jh.) und der Salone dei Giochi★ (Spielsaal) mit eleganter Freskenausstattung der Filippi (2. Hälfte des 16. Jh.) zu besichtigen; ähnliche Fresken auch in den danebenliegenden Räumen und im Saal

Ferrara: Castello Estense

der Morgenröte (Aurora); schöne Kapelle der Renata von Frankreich, der Gemahlin Herzog Ercoles II. und Sympathisantin des Calvinismus. Die unterirdischen Gefängnisse, in denen Parisina, die junge Gemahlin des Herzogs Niccolo II., wegen ihrer Liebe zu ihrem Stiefsohn Ugo bis zu ihrer Enthauptung gefangen war, sind derzeit geschlossen.

Corso della Giovecca★ (C–D4–6) – Eine der schönsten und belebtesten Straßen der Stadt, die von Ercole I. angelegt wurde. Sie wird gesäumt von der Theatinerkirche (C4; am 3. Altar links Darbringung im Tempel★, von Guercino) und von zahlreichen schönen Palästen: auf Nr. 47 der Palazzo Roverella von 1508 mit schöner Fassade★ mit Terrakottaverzierungen; auf Nr. 174 die schöne **Palazzina di Marfisa**★ (D5), einst Residenz der Marfisa d'Este, schönes Portal. *Besichtigung: 9–12.30, 15–18 Uhr (Okt.–März: 14–17 Uhr); Sonn- und Feiertage 9–12.30 Uhr.* Die schönen Räume haben an den Decken Groteskendekorationen der Filippi und bemerkenswerte Möbel. Am Ende des Gartens die Loggia degli Aranci mit geschmückter Wölbung.

Via Savonarola (D5) – Herrschaftliche Straße der Frührenaissance, gesäumt von zahlreichen Stadtpalästen. Stadteinwärts folgen einander: auf Nr. 9 der *Palazzo Pareschi,* einst im Besitz der Este und Wohnsitz der Renata von Frankreich, heute Sitz der Universität; von dem B. Rossetti zugeschriebenen Bau aus dem 15. Jh. bestehen noch das Portal und der schöne Arkadenhof.

Gegenüber auf Nr. 30 die **Casa Romei**★ *(Besichtigung: 8.30–12.30 Uhr, 15–18.30 Uhr bzw. 15–17 Uhr, Okt.–April; Mo geschl.),* ein typisches Beispiel herrschaftlicher Architektur des 15. Jhs. mit mittelalterlichen Anklängen und zwei malerischen Arkadenhöfen.

Im Inneren zwei freskengeschmückte Säle, der Sibyllensaal und der Prophetensaal. Die Fresken stammen von einem Meister aus Ferrara um die Mitte des 15. Jhs. Neben dem ersten Hof die Sala lapidario mit Bauplastik der Renaissance (Kamin, Decke). In den Räumen der Obergeschosse ist die Originalausstattung erhalten, Fresken des 14. Jhs. sind ausgestellt. Am Ende der Straße rechts der Kirche **S. Francesco** (D5), mittelalterlichen Ursprungs, 1494 von B. Rossetti umgebaut; schönes dreischiffiges Inneres mit zahlreichen Kunstwerken des 15. und 16. Jhs.: Gemälde von Scarsellino in der 2. und 7. Kapelle links, Garofalo in der 1. Kapelle links, und im linken Querschiff ein byzantinisch-ravennatischer Sarkophag (5. Jh.).

Via Scandiana (E5–6) – Rechts an ihrem Beginn die Kirche **S. Maria in Vado,** von B. Rossetti zwischen 1495 und 1518 neu erbaut, im weiten strengen dreischiffigen Inneren und in der Sakristei Gemälde der Malerschule Ferraras aus dem 16. Jh. Auf Nr. 23 der Straße der Palazzo di Schifanoia.

Palazzo di Schifanoia★★ (E5) – Der Palast war einst Lustschloß der Herzöge von Este, die ihn im 14. Jh. erbauen und zwischen 1466 bis 1493 von B. Rossetti umbauen ließen; prächtiges Portal von F. del Cossa. Im Palast ist das **Städtische Museum** eingerichtet. *Öffnungszeiten: tägl. 9–19 Uhr.* Monatssaal mit prächtigen Fresken★★ (Szenen aus dem Leben des Borso d'Este und Monatsallegorien) von Cossa, Roberti und anderen Meisstern Ferraras aus der 2. Hälfte des 15. Jhs. In den übrigen Sälen illuminierte Handschriften★ (15. Jh.), Bronzen, Keramik und ein Münzkabinett (Pisanello und andere).

Viale Alfonso I d'Este (E–F6) – Verläuft parallel zu der weiten Grünfläche des *Montagnone,* der sich neben der (1518 erneuerten) Stadtmauer erstreckt.
Via XX Settembre (E–F4–5) – Die breite und gerade Straße wurde in der ersten Hälfte des 15. Jhs. angelegt. Auf Nr. 152 das Haus Biagio Rossettis aus dem 15. Jh. Das Wohnhaus des großen Architekten Ferraras ist an Fenstern und am Portal mit Terrakotten geschmückt. Auf Nr. 124 der Palast des Ludovico il Moro.

Palast des Ludovico il Moro★★ (E–F5) – Dieses Musterbeispiel ferraresischer Baukunst wurde an der Wende vom 15. zum 16. Jh. von B. Rossetti für Antonio Costabili, Botschafter Ercoles I. d'Este am Hof Ludovico Sforzas von Mailand, errichtet. Er hat einen prächtigen Arkadenhof★ mit Galerien an zwei Seiten.

In einem Saal des Erdgeschosses bemerkenswerte Fresken★ von Garofalo (16. Jh.). Das Obergeschoß beherbergt das **Archäologische Museum**★ *(Museo Archeologico Nazionale* oder *di Spina). Öffnungszeiten: Sonn- und Feiertage 9–14 Uhr bzw. 9–18 Uhr (Mai–Sept.); Mo geschl.* In 14 Sälen sind hier die Ergebnisse der Ausgrabungen im Trebba- und Pega-Tal in der Nähe von Comacchio ausgestellt: Funde aus der griechisch-etruskischen Nekropole von Spina (über 4000 Gräber aus dem 6.–3. Jh. v. Chr.), vor allem Keramiken★ (rotfigurige attische Vasen). Sie bezeugen die Bedeutung der Stadt im Altertum und ihre Handelsbeziehungen mit Griechenland, Ägypten und Süditalien.

Via delle Volte★ (D–E4) – Sie ist die besterhaltene und typischste Straße des mittelalterlichen Ferrara mit zahlreichen Backsteinhäusern mit Terrakottaportalen, verbindenden Laubengängen, Strebebogen und malerischen Winkeln. An ihrer Mündung in den Corso Porta Reno ein Geschlechterturm aus dem 13. Jh.

Corso Porta Reno (D4) – Sie wird von einigen interessanten mittelalterlichen Bauten gesäumt, darunter bemerke man besonders auf Nr. 64 den alten Campanile der 1575 neu erbauten Kirche **S. Paolo** (D4). In ihrem reich ausgestatteten Inneren Gemälde des Scarsellino, Bastianino, Bononi, Girolamo da Carpi u. a. Daran anschließend das ehemalige Karmeliterkloster mit seinen zwei schönen Renaissance-Kreuzgängen. Die Straße führt weiter unter der Torre dell'Orologio hindurch und endet am Domplatz.

Corso Ercole I d'Este* (A–C4) – Wichtigste Verkehrsader der Stadtplanung unter Ercole I., im Renaissance-Stadtviertel im N der Stadt. Die prächtige, wohlausgewogene Straße mit ihren Palästen und Gartenanlagen ist ein Werk B. Rossettis (Ende des 15. Jhs.).

Auf Nr. 12 wunderschönes *Marmorportal* aus der Renaissance; auf Nr. 16 der majestätische *Palazzo di Giulio d'Este* aus dem späten 15. Jh. (verändert; man beachte den Innenhof); auf Nr. 32 der *Palazzo Turchi di Bagno,* ebenfalls aus dem späten 15. Jh.; auf Nr. 21 der Palazzo dei Diamanti, s. u.; auf Nr. 23, hinter dem **Quadrivio*,** der Kreuzung zwischen dem Corso Rossetti und dem Corso Porta Mare, der *Palazzo Prosperi-Sacrati* (15.–16. Jh.) mit dem prächtigen *Sacrati-Portal** (1506–16).

Palazzo dei Diamanti** (*Diamantenpalast,* B4) – Der Palast verdankt seinen Namen den Marmorquadern der Fassade, die wie Diamanten zugeschnitten sind. Er wurde um 1492 von Rossetti begonnen und in der zweiten Hälfte des 16. Jhs. vollendet und gehört zu den bemerkenswertesten Schöpfungen der Renaissance. Man beachte die prächtigen Kandelaber* (Eckpilaster mit darüberliegendem Balkon).
Im Palast ist die **Pinacoteca Nazionale*** (Gemäldegalerie) untergebracht *(Öffnungszeiten: 9–14 Uhr; Sonn- und Feiertage 9–13 Uhr).* Vom säulenunterteilten Vestibül (dahinter befindet sich ein Garten mit modernen und antiken Plastiken und Sarkophagen) gelangt man in den ersten Stock, in dem die Gemäldesammlung untergebracht ist. Sie beinhaltet vor allem Werke der Malerschule Ferraras ab dem 15. Jh., mit besonderer Berücksichtigung des 16. Jhs.

Im Ehrensaal sind große byzantinisierende Fresken (Maestro di S. Bartolo, 13. Jh.), die aus dem ehemaligen Kloster S. Bartolo fuori le Mura stammen, sowie zwei große Fresken, die die Apotheose des hl. Augustinus von Serafino da Modena und den Triumph der Kirche von Garofalo darstellen.

Saal I: Neue Aufstellung der 35 Bilder des Nachlasses Vendeghini-Baldi; unter anderem Christus* mit der Muttergottes, von Mantegna; Rosenmuttergottes und hl. Petronius, von E. de Roberti; Muttergottes mit Kind, von Gentile da Fabriano; Anbetung der Hl. Drei Könige, von Giovanni Bellini; weiters Werke von Baldassare d'Este, Vicino da Ferrara, Giovanni da Modena, Bartolomeo Vivarini und anderen. Saal VI: Freskenzyklus von Garofalo, M. Coltellini, D. Panetti. B. Boccaccino, aus dem ehemaligen Oratorium der Unbefleckten Empfängnis oder der Scala in Ferrara. Saal IX (Hörsaal): Martyrium des hl. Maurelius, von Guercino; Letztes Abendmahl und Hl. Bruno, von Scarsellino; Bekehrung und Taufe des hl. Roman, von Bastianino; Grablegung, von Bastrolo. Saal X: Christi Geburt (1513), Madonna mit den Wolken (1514) und Bethlehemitischer Kindermord (1519), von Garofalo; Pietà, Jugendwerk von Ortolano; Hl. Sebastian (1513) von Zaganelli. Saal XII: Garofalo gewidmet. Hier sind besonders die drei Altarbilder mit der Säulenmadonna (1523), der ruhenden Madonna (1525) und der Ankunft der Hl. Drei Könige (1537) hervorzuheben. Saal XIII: Hl. Sebastian, von Nicolò Pisano; Christi Geburt, von Mazzolino; Die Wundmale des hl. Franziskus, von Calzolaretto; zwei Altarbilder von Dossi. Saal XIV: vier einfarbige Temperabilder über die Bekehrung Constantins von Garofalo sowie Werke des Meisters der 12 Apostel. Saal XV: Madonna mit Heiligen*, Polyptychon, 1530 von Garofalo begonnen und von D. Dossi beendet; zwei Hochzeiten zu Kanaa, eine von Scarsellino und die andere von Bonomi. Weitere Säle sind gerade in Aufbau; dort werden Werke von Ferraresen des 15. Jhs. hängen (Cosmé Tura, Ercole de'Roberti, Pannonio); außerdem noch Werke von Simone dé Crocefissi, Carpaccio, Bastianino, Scarsellino, Bonomi und anderen, sowie 16 Tafelbilder auf Goldgrund, die dem Meister Stefano Veneziano zugeschrieben werden.
In 11 Räumen des Erdgeschosses ist das **Städtische Museum für moderne Kunst** *Galleria Civica d'Arte Moderne; Öffnungszeiten: 9–13, 16–19 Uhr; im Winter 9.30–13, 15–18.30 Uhr);* mit wichtigen Werken italienischer und ausländischer Künstler untergebracht. Dieses dynamische Museum veranstaltet jährlich mindestens vier Ausstellungen von nationaler Bedeutung. Links im Hof befindet sich der Ausstellungssalon *B. Tisi;* auch die alten Stallungen, in denen das *Zentrum für visuelle Aktivitäten* (Centro Attività Visive) untergebracht ist, dienen als Präsentations- und Ausstellungsräume.

Boldini-Museum und Museum des 19. Jhs. (*Museo Boldini e dell'Ottocento ferrarese;* B4–5) im *Palazzo Massari-Palazzina Cavalieri di Malta* in der Via Porta Mare 7. *Öffnungszeiten: 9.30–13, 15–18 Uhr (Winter); 9–13, 16–19 Uhr (Sommer); Sonn- und Feiertage 9.30–13 Uhr; Mo geschl.*

Die reichhaltige Übersicht über das Werk (Öl- und Temperagemälde, Aquarelle, Zeichnungen, Entwürfe) des bekannten ferraresischen Malers G. Boldini ist im ersten Stock des kleinen Palais der Malteserritter untergebracht, das mit dem danebenliegenden Palazzo Massari verbunden ist. In letzterem werden andere bedeutende Künstler aus Ferrara präsentiert, z. B. G. Previati, G. Mentessi, A. Funi, F. De Pisis, R. Melli etc.
Im Museum sind außerdem die Sektion Ferrara der *Fondazione Carlo Levi* und eine Fotogalerie untergebracht: in 30 Sälen werden jährlich 30 Ausstellungen und Dokumentationen über internationale Kunstströmungen des letzten Jahrhunderts gezeigt. Eine Abteilung ist der „metaphysischen Kunst" gewidmet und zeigt Reproduktionen in Originalgröße. Die beiden Gebäude im Garten (ehemalige Stallungen) sind als zeitgenössischer *Kunstpavillon* und als Mehrzweckräume eingerichtet.

Piazza Ariostea (B5) – In der Mitte des weiten baumbestandenen Platzes das moderne Standbild des Ariost auf einer hohen Säule aus dem 16. Jh. Schöne Renaissancepaläste: Nr. 10 *Palazzo Rondinelli;* Nr. 11 *Palazzo Bevilacqua.*
Certosa (A5) – Ehemaliges Kartäuserkloster (1452–61), heute Friedhof. Die schöne *Kirche (12–15 Uhr geschl.)* wurde um die Wende des 15./16. Jhs. von B. Rossetti entworfen und beherbergt Tafelbilder aus dem 16. Jh.

Weitere Sehenswürdigkeiten – **S. Antonio in Polesine.** (E–F5; Vicolo Giambono 17.) *Besichtigung: 9–11.30 Uhr, Wochentage 15–17 Uhr; Spende.* Das Kloster, 1249 von der Herzogin Beatrice II. d'Este gegründet und danach mehrmals verändert, steht in einem der malerischsten Winkel des alten Ferrara und hat im Inneren einen künstlerisch wertvollen *Nonnenchor** mit Freskenzyklen des 13. und 14. Jhs. in den drei Kapellen.

Corpus Domini (D5) – Die Kirche wurde im 14. und 15. Jh. errichtet (Fassade aus dem 15. Jh. mit Portal, Rosenfenster und Dekorationen aus Terrakotta) und im Inneren im 18. Jh. umgestaltet: am Hochaltar Letztes Abendmahl, von Giambettino Cignaroli. Im malerischen *Klarissinenchor★ (in Via Pergolata 4 läuten; Besichtigung an Wochentagen 9.30–11.30 Uhr bzw. 12 Uhr und 15.30–17.30 Uhr; Spende)*; am Altar eine Kreuzigung, von Scarsellino und mehrere Gräber von Mitgliedern des Hauses Este (Alfonso I., und Lucrezia Borgia, Alfonso II. und Lucrezia de'Medici).
Haus des Ariost (B3; Via Ariosto 67). Ein einfaches Haus aus dem späten 15. Jh. oder dem frühen 16. Jh. (interessant ist nur die Fassade), das der Dichter erwarb und bewohnte; heute sind darin Amtsräume der Stadtverwaltung untergebracht.

AUSFLÜGE – Zur **Abbazia di Pomposa★** 49 km (s. d.) über Codigoro, in dessen Gebiet sich zahlreiche Wasserhaltungsanlagen befinden. – 57 km nach **Comacchio** und den **Lidi di Comacchio** (s. d.) über die Schnellstraße zum Meer. An der Strecke das Dorf *S. Vito* (Ausfahrt Rovereto-Portomaggiore), wo sich eine interessante romanische *Kirche* aus dem Jahre 1027 befindet; Campanile (1228), in der Krypta ein römischer Sarkophag. – 34 km auf der Staatsstraße in Richtung Ravenna („Adriatica") nach **Argenta** (23.744 Ew), am Fluß Reno, einem Agrarstädtchen mit Industrie in fruchtbarem, urbar gemachtem Gelände. In der restaurierten Kirche *S. Domenico* (in der Via G.B. Aleotti) aus dem späten 15. Jh. (in der Apsis beachtenswerte Fresken von N. Rondinelli, 1500) Werke von A. Aleotti, Garofalo, Scarsellino, Michele da Argenta u. a. Außerhalb des Zentrums (1 km) in Richtung W auf der anderen Seite des Reno im ehemaligen alten Stadtkern die kleine Kirche *S. Giorgio,* ein kleiner byzantinischer Bau, der vom Bischof von Ravenna, Agnello, 570 errichtet wurde; original ist nur eines der drei Schiffe, schönes geschmücktes Portal (Martyrium des hl. Georg und Monatsdarstellungen); im Inneren *(Schlüssel in der Pfarrkirche S. Nicolò)* Überreste von Fresken (10.–12. Jh.).

FERRARA DI MONTE BALDO 212 Ew, 856 m (3 D3)

Provinz Verona. Dorf am Osthang des Monte Baldo, besuchte Sommerfrische, ebenso wie das nahegelegene *Spiazzi.*

✉ 37020, ✆ 045

Freizeitangebot: Skilifte in Novezza (1400 m).

Ospizio Stella Alpina, in Spiazzi, ☎ 62 25 04, 41 Zi (mD), P

SPAZIERGANG – 1,2 km von *Spiazzi* zum Wallfahrtsort der *Madonna della Corona,* 774 m, im 16. Jh. errichtet, auf einem Felsen über dem Etschtal.
AUSFLUG – Nach (13 km) **Pra'Alpesina,** 1400 m. Die z. T. schwierige Straße ist im Winter unpassierbar, aber landschaftlich sehr schön (mehrere Schutzhäuser). Das Wintersportgebiet ist ganzjährig auf der Straße von Avio und mit dem Sessellift auf den Tratto-Spino von Malcésine (s. d.) erreichbar.

FIDENZA 23.510 Ew, 75 m (8 B1)

Provinz Parma, Bischofssitz. Landwirtschaftszentrum (Käsereien) mit Industrie (Petrochemie, Maschinenfabriken, Glaserzeugung) an der Via Emilia, bekannt wegen seines romanischen Doms.

✉ 43036, ✆ 0524, A1–2, A–B1, TCI: Reisebüro Horizon, Via Malpeli 24

Freizeitangebot: Schwimmbad; Tennis.

Astoria, Via Gandolfi 5, ☎ 43 14, 30 Zi (27 mB), AIR . . . . (A1–2, **b**)
Astoria, Via Gandolfi 7, ☎ 45 68, AIR, ~~Mo~~ . . . . (A1–2, **b**)
Ugolini, Via Cornini Malpeli 90, ☎ 24 22, ~~Do~~ . . . . (A2, **m**)
Al Duomo, Via Micheli 27, ☎ 42 66, ~~Mo~~ + Aug. . . . . (A1, **n**)

Dom★ (A1) – Eine der schönsten Kirchen der Emilia, im 12 Jh. im romanischen Stil begonnen und im 13. Jh. in gotischen Formen vollendet (Außenteil der Apsis und Wölbung). Prächtige, im oberen Teil unvollendete Fassade mit zwei seitlichen Türmen und drei wunderschönen Baldachinportalen.

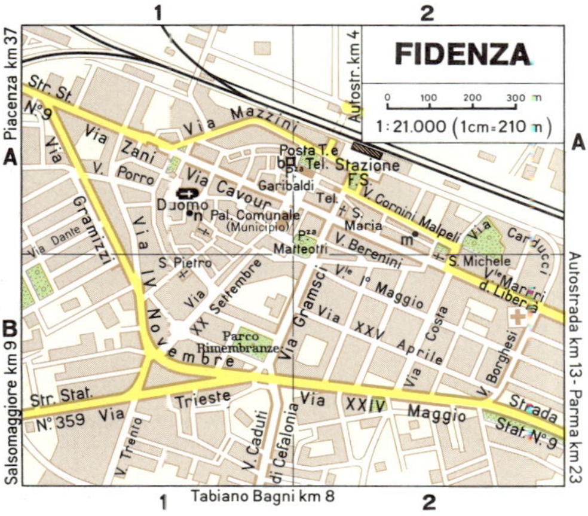

Im unteren Teil reiche Bauplastik★: die der Seitenportale stammt noch aus der Zeit vor Benedetto Antelami, während das großartige Hauptportal aus der Schule dieses großen Meisters stammt (die Statuen des Ezechiel und des David sind vermutlich eigenhändige Arbeiten). Man beachte auch am rechten Seitenschiff die Zwerggalerie und eine Kapelle aus dem 15. Jh. sowie die Apsis. Dreischiffiges schlankes Inneres mit hohem Chor; schönes Weihwasserbecken und in der Apsis ein Freskenzyklus mit der Darstellung des Jüngsten Gerichtes aus dem späten 13. Jh.; darüber Skulpturenreste aus dem 15. Jh. In der Krypta der Sarkophag des hl. Donnino, mit Basreliefs, die Giovanni Pietro da Rho zugeschrieben werden.

Gegenüber dem Dom unterhalb der Porta di S. Donnino Überreste der mittelalterlichen **Stadtmauern,** die von den Visconti erbaut wurden, und Reste einer *römischen Brücke* über den Stirone.

Auf dem Hauptplatz (Piazza Garibaldi) der gotische *Palazzo Comunale* (A1) mit Arkaden, Zinnen und Turm aus dem späten 13. Jh. (verändert). Gegenüber auf Nr. 25 der *Palazzo degli Uffici* mit dem *Museo del Risorgimento (Besichtigung auf Anfrage,* ☎ 81 141; *Di–Do 15–18 Uhr)* mit Dokumenten von der napoleonischen Zeit bis 1918.

AUSFLÜGE – Nach **Busseto** (s. d.) und zu den *Verdi-Gedenkstätten,* 15 km in Richtung NW über **Castione Marchesi** (6,5 km, 53 m), einem kleinen Dorf mit romanischer *Abteikirche* (11.–12. Jh.): dreischiffiges Inneres mit kreuzförmigen Pfeilern (Überreste des Mosaikfußbodens; Fresko aus dem 15. Jh.).

FIERA DI PRIMIERO siehe Primiero

FIORENZUOLA D'ARDA 13.906 Ew, 82 m (**7** A3)

Provinz Piacenza. Städtchen mit Landwirtschaft, Handel und Industrie (Erdölraffinerien und -lager) an der Via Emilia.

✉ 29017, ✆ 0523

- **Domus,** an der Umfahrungsstraße, ☎ 98 28 50, 14 Zi (5 mB/7 mD)
- **Italia,** Via Illica 4 (Ausfahrt nach Castell'Arquato), ☎ 98 33 36, P, Mo

in Terme di Bacedasco (12 km)

- **Cortina,** in der Gegend von Cortina, ☎ 94 81 01, 56 Zi (mD)
- **Da Giovanni,** an der Landstraße, ☎ 94 81 13, Pergola, Di

Kollegiatskirche S. Fiorenzo, im späten 15. Jh. erbaut, mit schönem Terrakottaportal aus der Renaissance und gotischem freskengeschmücktem Innenraum vom Ende des 15. Jhs. (Apsis, Chor und Schiffe). – In der Nähe der ehemalige *Palazzo Grossi* mit Spitzbogenfenstern und Renaissancefries.
AUSFLUG – 12,5 km in Richtung SO zu den **Terme di Bacedasco,** ca. 160 m, mit 11 Quellen in einem riesigen eingefriedeten Naturpark (für den Autoverkehr gesperrt; Verbindungen mittels einer kleinen Eisenbahn): kaltes schwefel-, brom- und jodhaltiges Wasser zur Behandlung von Magen- und Darmerkrankungen; im Zentrum des Parks kleine *Kuranstalt.*

FIUMALBO 1.604 Ew, 935 m (**8** D2)

Provinz Modena. Sommerfrische und Wintersportort im westlichen Apennin an den Hängen des Monte Cimone neben der Straße nach Abetone; an dieser befindet sich nach 2 km **Dogana Nuova,** 1070 m.

✉ 41022, ✆ 0536, i *Verkehrsverein* in Fiumalbo, im Rathaus, ☎ 73 909 und in Dogana Nuova, ☎ 73 908

Freizeitangebot: Skilift in Benucci; Eislaufen; Hallenbad; Sporthalle; Tennis. In Val di Luce: Seilbahn: Le Pozze (512 m) – Tre Potenze (1940 m); Doppelsessellift: Val di Luce (1512 m) – M. Gómito (1887 m); Schlepplifte.

- **K 2,** in Faidello (Richtung Abetone), ☎ 93 913, 31 Zi (5 mB/20 mD), P
- **Bristol,** Via Giardini 146, ☎ 73 912, 19 Zi (5 mB/9 mD), P

Sehenswert: das Oratorium *S. Rocco* aus dem 15. Jh. mit (schlecht erhaltenen) Fresken (1535); die *Pfarrkirche* aus dem 13. Jh. mit Überresten romanischer Plastiken im Inneren wurde im 15. Jh. vergrößert.
AUSFLÜGE – 9 km zum Pian Cavallaro, 1827 m, und auf den Monte Cimone, 2165 m (siehe Séstola). – 9,5 km zum **Val di Luce,** 1500–1600 m über eine bei Faidello von der Hauptstraße abzweigende Straße, die durch leicht gewelltes Gelände und durch Nadelwälder führt. Beliebtes Ausflugsziel und Wintersportzentrum am Fuß der Bergkette des Apennin (Monte Gómito, Alpe Tre Potenze, Femminamorta), Teil des Skizirkus von Abetone.

FOLGARÍA 3.087 Ew, 1168 m (**1** E3)

Provinz Trient. Sommerfrische und Wintersportort an den Hängen des Monte Cornetto auf dem gleichnamigen grünen Hochplateau, besteht aus mehreren verstreut gelegenen Häusergruppen. Stark besucht wird auch der Ortsteil *Serrada,* 1250 m, in 5 km Entfernung.

✉ 38064, ✆ 0464, i AA: Via Roma 15, ☎ 71 133

Freizeitangebot: Tennis; Hallenbad; Boccia-Anlage; Seilbahn: Paradiso, von Folgaría (1175 m) nach Malga Cornetto (1635 m); Serrada, von Serrada (1255 m) nach Dosso Martinella (1604 m); Sessellifte: Keisel (1292–1543 m); Francolini (1186 m) – Sommo Alto (1535 m). Zahlreiche Schlepplifte in Malga Cornetto entlang der Straße nach Carbonara, in Carbonara, in Francolini, in Fondo Grande, in Serrada, in Martinella und in Fondo Piccolo. Eislaufen; Skischulen in Folgaría und Serrada.

Miramonti, an der Straße nach Fondo Grande, ☎ 71 461, 45 Zi (17 mB/23 mD), ❀
Vittoria ◪, an der Hauptstraße, ☎ 71 122, 38 Zi (mB/mD), P ❀
Villa Wilma, oberhalb der Kirche, ☎ 71 278, 22 Zi (mB/mD), P ❀ ♆

in Costa, 1200 m; 1,5 km Richtung Lavarone:
Sayonara, ☎ 71 186, 39 Zi (24 mD), P G ❀ ৎ, Minigolf
Sporting, ☎ 71 367, 21 Zi (mD), P ❀
Nevada ◪, ☎ 71 495, 24 Zi (mD), P ❀

in Fondo Grande, 1350 m; 3 km in Richtung Coe-Paß:
Cristallo, ☎ 71 320, 34 Zi (mB/mD), P G

in Serrada, 1248 m, ✉ 38060, 5 km nach S:
Villa Cristina, an der Straße nach Fondo Grande, ☎ 77 1:7, 18 Zi (mB/mD), P ❀ ♆
Pineta, 14 Zi (mB/mD), P

VERANSTALTUNGEN – Marsch der Nationen (Sommer).

FOLGÁRIDA 1302 m (1 D2)

Gemeinde Dimaro, Provinz Trient. Moderner Sommer- und Winterferienort am Beginn des waldreichen Meledrio-Tals an der Straße, die das Val di Sole mit Madonna di Campiglio verbindet.

✉ 38025, ⌀ 0463, ⓘ *Verkehrsbüro,* ☎ 96 113

Freizeitangebot: Seilbahn: Folgárida (1302 m–1860 m); Sessellifte: Belvedere (1357 m–1856 m), Genzianella (1848 m–2087 m); Schlepplifte: in M. Spolverino und im M. Vigo (siehe auch Marivella); Skischule.

Gran Baita Palace Hotel, ☎ 96 261, 52 Zi (46 mD), P G, TV
Park Hotel ◪, abgelegen, 2 km oberhalb Folgárida, ☎ 96 110, 70 Zi (4 mB/53 mD), P ❀ ৎ
Sun Valley, ☎ 96 208, 20 Zi (mD), P G ❀, TV
Derby ◪, ☎ 96 163, 58 Zi (mB/mD), P G, Waldlage
Vecchia America, ☎ 96 255, 20 Zi (mD), P

Zahlreiche Skipisten und Auffahrtsmöglichkeiten im Verbund mit den Skigebieten von Madonna di Campiglio und Marivella (siehe Mezzana).

FONDO 1.458 Ew, 987 m (1 C3)

Provinz Trient. Hauptort des oberen Nonstals (Alta Anáunia) am Beginn der Straße zum Gampenjoch (Passo delle Palade) in offener Lage an den Hängen des Monte Pénegal, besuchte Sommerfrische, ebenso wie das 1 km entfernte **Malosco,** 1041 m.

✉ 38013, ⌀ 0463, ⓘ *Verkehrsverein,* Piazza S. Giovanni, ☎ 81 180; in Malosco, ☎ 81 559

Freizeitangebot: Tennis; Eislaufen am Smeraldo-See; Geheiztes Schwimmbad, Tennis, Eislaufen, Skilift in Malosco, ☎ 81 559.

Alla Pineta, an der Straße, ☎ 81 176, 20 Zi (mD), P

in Malosco, 1041 m; 1 km (ⓘ *Verkehrsverein,* ☎ 81 253):
Baita Fiorita ◪, oberhalb des Ortes, ☎ 81 150, 47 Zi (2 mB/37 mD), ❀ ≋ ♆
Bel Soggiorno ◪, ☎ 81 205, 28 Zi (8 mB/18 mD), P ❀ ♆
La Montanina ◪, ☎ 81 168, 19 Zi (3 mB/13 mD), P ❀ ♆

an der Straße zum Tonale-Paß:
Rudig, in Castelfondo (2,5 km), ☎ 81 260, P, ~~Mo~~

Etwas oberhalb des Dorfes, in Richtung Gampenjoch, liegt der kleine, von Nadelbäumen gesäumte See *Lago Smeraldo.*

FONTANELLATO 6.108 Ew, 45 m (8 B1)

Provinz Parma. Agrarzentrum mit einschlägiger Produktion (Käsereien; Parmesanherstellung) in der emilianischen Ebene, einst unter der Herrschaft der Sanvitale.

Tre Pozzi, in Sanguinaro (5 km Richtung S auf der Via Emilia), ☎ 87 41 19, ~~Mo~~

in S. Secondo Parmense (✉ 43 017, ⌀ 0521), 8 km nach NO:
Locanda della Volpe, Piazza Mazzini, ☎ 87 21 37, + Zimmer, ~~Mi~~

Beachtung verdient die **Rocca** (Festung, heute Rathaus), einst Burg der Sanvitale aus der ersten Hälfte des 15. Jhs., im 16. und 17. Jh. zur prächtigen Residenz umgestaltet; quadratischer Bau mit zinnenbekrönten Mauern, Ecktürmen und Burggraben. *Besichtigung mit Führung: Winter 9.30–12.30 Uhr, 15–18 Uhr; Sommer 9–12.30 Uhr, 15.30–19 Uhr; Mo geschl; Eintrittsgebühr.*

Vom inneren Burghof mit Arkaden und Loggien gelangt man in mehrere mit Möbeln (16.–17. Jh.), Waffen und Gemälden (Stilleben von F. Boselli) ausgestattete Räume; in einem kleinen Saal Gewölbefresken des 20jährigen Parmigianino mit der Legende von Diana und Aktäon*; in der Kapelle ein von der Wand gelöstes Fresko (Madonna mit Kind) von B. Schedoni. Eine Kuriosität das *„optische Zimmer“* („Camera ottica“), von dem man durch Spiegel den Hauptplatz und die Kirche sehen kann. In der Nähe der Festung die gotische Pfarrkirche *S. Croce* (15. Jh.).

Fontanellato: Rocca

AUSFLÜGE – 4 km in Richtung SO nach **Fontevivo.** Unmittelbar hinter Fontanellato die *Wallfahrtskirche der Madonna del Rosario* aus dem 17. und 18. Jh. In Fontevivo eine romanische **Kirche** mit gotischen Stilelementen und strengen Formen (Ende 12. Jh.): am Beginn des rechten Seitenschiffs bemalte Skulptur einer Madonna mit Kind aus dem 12.–13. Jh. – 8 km nach **Soragna** (s. d.) und 18,5 km nach **Busseto** (s. d.); 11 km nach **Fidenza** (s. d.); 20 km nach **Parma**** (s. d.).

FORCELLA AURINE siehe Frassenè

FORLÌ 110.943 Ew, 34 m (9 D3)

Provinzhauptstadt; Bischofssitz. Einer der wichtigsten Orte der Romagna, im Mittelpunkt einer blühenden Agrarregion in der Ebene an der Via Emilia gelegen. Römischen Ursprungs *(Forum Livii),* hatte die zunächst freie Stadt, die in der Renaissance unter die Herrschaft der Ordelaffi kam, ab dem Mittelalter eine bewegte Geschichte.

✉ 47100, ✆ 0543, A2, B2, ℹ EPT: Corso della Repubblica 23, B2, ☎ 25 545. – TCI: Reisebüro Ramilli, Piazza Saffi 48

Freizeitangebot: Flughafen 4 km SO.

San Giorgio, Autobahnauffahrt, ☎ 72 23 00, 36 Zi (mB/mD), P, TV, AIR . . . . . . (A3, a. P.)
Della Città, Via Fortis 8, ☎ 28 297, 28 Zi (mB/mD), P, TV, AIR . . . . . . (B2-3, **a**)
Da Vittorino, Via Baratti 2/4, ☎ 24 393, 21 Zi (mB/mD) . . . . . . (B2, **o**)
Masini, Corso Garibaldi 28, ☎ 28 072, 42 Zi (mD) . . . . . . (A2, **b**)
Astoria, Piazza Ordelaffi 4, ☎ 26 220, 37 Zi (21 mB/7 mD), G . . . . . . (A2, **e**)
Lory, Via Lazzarini 20, ☎ 25 007, 24 Zi (mD), P, AIR . . . . . . (A1, **d**)
A M'arcord, Via Solferino 1/3, ☎ 27 349, Mi . . . . . . (A2, **r**)

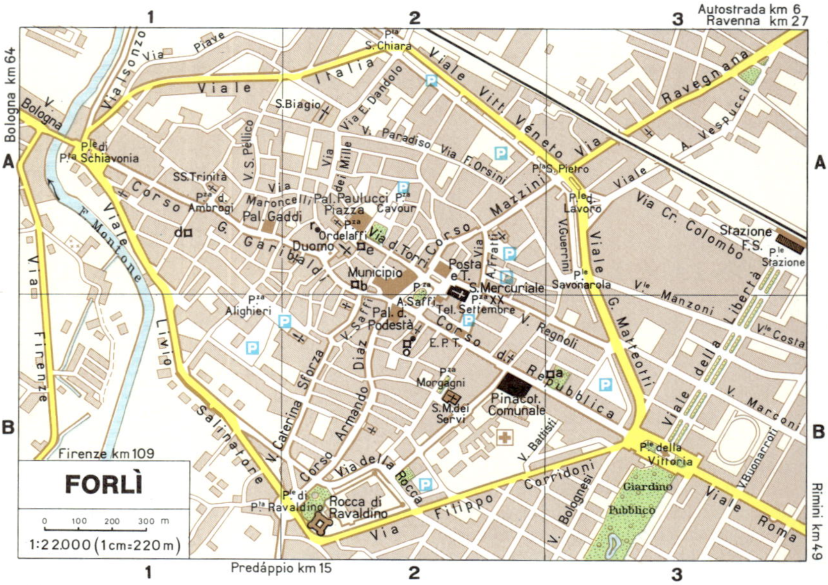

in der nahen Umgebung:
Principe, an der via Emilia, 2 km in Richtung Bologna, ☎ 29 362, 46 Zi (mD), P, TV, AIR
Air Hotel, 3 km Richtung Flughafen, ☎ 78 14 70, 24 Zi (mB/mD), P, TV, AIR

in Forlimpópoli (8 km Richtung Cesena):
Edo, Sobborgo Mazzini 10 (via Emilia Est), ☎ 42 12 45, P Sa

Eine Stadt stellt sich vor – Der historische Stadtkern ist vom Barock des 17. und 18. Jhs. geprägt. Die wirtschaftlichen Aktivitäten der Stadt konzentrieren sich im Bereich der Industrie vor allem auf Maschinenbau, Textilien, Schuhe und Haushaltsgeräte und auf den Handel mit landwirtschaftlichen Gütern; mit diesem in Verbindung steht die Messe von Forlì (September), eine beachtenswerte Ausstellung, in der vor allem die Geflügelverkaufsschau (die Geflügelzucht ist in der Hügelzone der Provinz stark verbreitet) Bedeutung hat.

Piazza A. Saffi (A-B2) – Der große Platz bildet das Zentrum der Stadt; hier erheben sich das *Rathaus* und andere öffentliche Gebäude, der gotische *Palazzo del Podestà* (1460), die *Palazzina Albertini* aus dem späten 15. Jh. und *S. Mercuriale.*

S. Mercuriale★ (A-B2) – Die romanische Kirche wurde im 12. und 13. Jh. erbaut, später verändert. Im Giebelfeld des Portals ein Relief aus dem 13. Jh. (Traum und Anbetung der Hl. Drei Könige★).

Im rechten Seitenschiff Grab der Barbara Manfredi★, ein Jugendwerk von Francesco di Simone Ferrucci da Fiesole (15. Jh.) und ein Tafelbild von Palmezzano; in der Capella dei Ferri im linken Schiff (eleganter Steinbogen von 1536) ein weiteres Werk Palmezzanos.
Rechts neben der Kirche der eindrucksvolle mächtige *Campanile★* (1180) und der **Kreuzgang** (15. Jh.) der ehemaligen Abtei.

Piazza Ordelaffi (A2) – Hier erheben sich der prächtige Palazzo Paulucci Piazza (Präfektur) aus dem 17. Jh. und der klassizistische Dom (1841): im rechten Schiff die Sakramentskapelle aus dem 15. Jh. und das Taufbecken (1504); in der 2. Kapelle rechts ein hl. Sebastian, von Rondinelli, und hl. Rochus, von Palmezzano; an der Kuppel der barocken Capella della Madonna del Fuoco Himmelfahrt★, ein Fresko des Carlo Cignani (1681–1706); am Ende des Schiffs großes romanisches Kruzifix.
Corso Garibaldi (A1-2) – Nordöstliche Verkehrsader der Stadt, gesäumt von schönen Gebäuden des 15.–18. Jhs.; auf Nr. 96 der barocke *Palazzo Gaddi,* der das MUSEO DEL RISORGIMENTO *(Museum der italienischen Einigung),* den ersten Teil des MUSEO ETNOGRAFICO ROMAGNOLO *(Volkskunstmuseum der Romagna)* und das *Museo Romagnolo del Teatro (Theatermuseum),* beherbergt. *Öffnungszeiten: 9–14 Uhr; So 9–13 Uhr; Sa geschl.*

Gemäldegalerie und Städt. Museum (*Pinacoteca e Musei Comunali* B2) – Am Corso della Repubblica 72. *Öffnungszeiten: 9–14 Uhr; So 10–13 Uhr; Sa geschl.* Im Erdgeschoß das ARCHÄOLOGISCHE MUSEUM mit einer Inschriftensammlung und einem Münzkabinett. Im ersten Stock ist außer der Städtischen und der Piancastelli-Bibliothek (bedeutende römische Medaillen- und Münzsammlung) die GEMÄLDEGALERIE untergebracht.

Sie beinhaltet vor allem Werke aus der Romagna vom 14. bis zum 16. Jh.: Palmezzano (Verkündigung★, 1491), Beato Angelico (Christi Geburt★ und Gebet im Garten★), Lorenzo di Credi (weibliches Bildnis★), F. Albani, C. Cignani, L. Carracci. Beachtenswert ist außerdem das Fresko vom sogenannten Pestapepe★ (Pfefferstampfer), das Melozzo da Forlì zugeschrieben wird, und zwei flämische Tapisserien★ des späten 15. Jhs. Unter den Vertretern moderner Kunst sind drei Werke des Giorgio Morandi zu nennen. Plastiken: Büste des Pino III. Ordelaffi, dem Pollaiolo zugeschrieben; Amanni-Sarkophag von Antonio und Bernardo Rossellino; Hebe, von Canova.
Im 2. Stock sind die 2. und 3. Sektion des interessanten VOLKSKUNST-MUSEUMS DER ROMAGNA und die SAMMLUNG VERZOCCHI untergebracht: 70 Werke zeitgenössischer Kunst (Carrà, Campigli, De Pisis, Sironi etc.), die das Thema Arbeit zum Inhalt haben; im 3. Stock die SAMMLUNG G. PEDRIALI mit Werken flämischer (Van Goyen, Van Ostade, Hobbema) und italienischer Meister (S. Ricci, G.B. Ruoppolo, B. Ciardi, G. Fattori).

Rocca di Ravaldino (B2) – Die Burg wurde auf quadratischem Grundriß mit niederen Ecktürmen und einem mächtigen Mittelturm im 14. Jh. errichtet und im 15. Jh. vergrößert. 1499–1500 widersetzte sich hier heldenhaft die Witwe von Girolamo Viario, Caterina Sforza, dem Herzog Valentino
S. Maria dei Servi (B2) – Die Kirche stammt aus dem 12. Jh. (man bemerke das Portal) und wurde im 17. und 18. Jh. umgestaltet. Innenraum: die gotische Cappella del Capitolo★ besitzt wertvolle Fresken einer einheimischen Schule vom 14.–17. Jh. und von einer Malerschule aus Rimini aus der ersten Hälfte des 14. Jhs.

AUSFLÜGE – 8 km gegen O zur Kirche **S. Maria delle Grazie di Fornò,** einem eigenartigen Zentralbau aus der zweiten Hälfte des 15. Jhs. mit dekorativem Terrakottafries und Kuppel; im Inneren, hinter dem Hochaltar, ein feingearbeitetes Renaissance-Relief (Hl. Dreifaltigkeit★) in der Art des A. Rossellini und Agostino di Duccio.
13,8 km nach **Bertinoro** (s. d.) und der Chiesa di Polenta, vorbei an Forlimpópoli, 8 km (10.693 Ew, 30 m), einem lebhaften Städtchen an der Via Emilia. Mächtige *Burg* aus dem 14. und 15. Jh. mit einem **Archäologischen Museum** *(Auskünfte im Rathaus);* vor allem Architekturexponate und Fragmente römischer Mosaike. Daneben die Kollegiatskirche *S. Ruffillo* aus dem späten 14. Jh. (antike Apsis, vielleicht aus dem 5. Jh.). Traditionelles Fest der *Segavacchia* um die Mitte der Fastenzeit.

FORNI AVOLTRI 957 Ew, 888 m (5 A3)

Provinz Udine. Sommerfrische und Wintersportort in Karnien, in einem Kessel des oberen Degano-Tals (Kanal von Gorto) inmitten von Nadelwäldern gelegen.

✉ 33020, ✆ 0433, i *Verkehrsbüro* (Sommer) im Rathaus, ☎ 72 052

Freizeitangebot: Skilift in Collina (1250 m) nach 7 km.

Samassa, ☎ 72 020, 36 Zi (4 mB/17 mD), G
Al Fogolar, 1 km Richtung Sappada (Kreuzung Pieravec), P, im Wald

FORNI DI SOPRA 1.280 Ew, 907 m (5 A3)

Provinz Udine. Typisch karnisches Dorf; Sommerfrische und Wintersportort in einem schönen Talkessel des oberen Tagliamento-Tals, von Dolomitengipfeln (Crídola-Gruppe, 2580 m) umgeben.

✉ 33024, ✆ 0433, ℹ AA: Via Cadore 1, ☎ 88 024

Freizeitangebot: Hallenbad; Tennis; Sessellift in Varmost, Doppelsessellift in 3 Abschnitten: Pursil (Forni, 920 m) – Som Picol (1454 m) – Malga Varmost (1758 m) – M. Crusicalas (2065 m); Schlepplifte in Varmost und am Talboden; Eislaufen; Skischule.

Davost, beim Fluß, ☎ 88 103, 27 Zi (mD), [P] ❁
Edelweiß, Ausfahrt nach La Mauria, ☎ 88 017, 23 Zi (2 mB/21 mD), [P] ❁
Alla Posta, an der Kreuzung, ☎ 88 014, 40 Zi (mB/mD), [P] ❁
Villa Alpina, Via Madonna della Salute, ☎ 88 065, 32 Zi (10 mB/19 mD), [P] ❁
Italia, in Andrazza, ☎ 88 040, 29 Zi (25 mD)

In der Nähe der Pfarrkirche von *Cella* (mehrere Schnitzaltäre, darunter einer von Domenico da Tolmezzo) die Kirche *S. Floriano* aus dem 15. Jh. mit Fresken des Giovanni Francesco da Tolmezzo und einem Flügelaltar von 1480.
In *Vico* die Kirche *S. Giacomo* aus dem 15. Jh. mit gotischem Portal, Fresken am Außenbau und einem hohen Campanile.

FORNO DI ZOLDO 3.494 Ew, 848 m (2 C2-3)

Provinz Belluno. Urlaubsort im Zoldo-Tal in einem vom Monte Pelmo und Monte Civetta überragten Talkessel.

✉ 32012, ✆ 0437, ℹ *Verkehrsverein* im Rathaus, ☎ 78 341

Freizeitangebot: Tennis; Skischule in Pralongo.

Corinna, 1 km Richtung Longarone, ☎ 78 564, 33 Zi (24 mD), [P] [G] ❁
De Feo, an der Straße, ☎ 78 191, 29 Zi (10 mB/7 mD), [P] ❁
Ninetta, in Mezzocanale (9 km Richtung Longarone), ☎ 78 240, [P], ~~Mi~~ + Sept.

SPAZIERGANG – 1,5 km zum Ortsteil *Pieve,* 918 m, dort die Kirche *S. Floriano* aus dem 15. Jh. mit mehreren Kunstschätzen, darunter ein Steintriptychon aus dem 13. Jh., der Seelenaltar von A. Brustolon (1687) und hölzernem Chorgestühl, z. T. aus dem 15. Jh.
AUSFLUG – 8 km in Richtung N nach **Zoppè di Cadore,** 1461 m, 428 Ew, einem einsam gelegenen Sommerfrischenort inmitten von Wiesen und Wäldern, beherrscht vom Monte Pelmo. In der Kirche *S. Anna* Madonna mit Kind und die hll. Paulus, Anna und Hieronymus* aus der Werkstatt Tizians (einige Teile vielleicht von der Hand des Meisters).

FORNOVO DI TARO 5.993 Ew, 140 m (8 B1)

Provinz Parma. Lebhaftes Städtchen am Fuße der ersten Hügel des westlichen Apennins bei Parma, an der Straße zum Cisa-Paß gelegen; Schauplatz der Schlacht zwischen der Italienischen Liga und den Invasionstruppen des französischen Königs Karl VIII. (1495).

✉ 43045, ✆ 0525

Italia-Da Egisto, an der Kreuzung, ☎ 21 26, ~~Mo~~
Impero, ☎ 21 02, [P], ~~Mi~~

in Collecchio (✉ 43044) 12 km Richtung Parma:
Da Ceci-Villa Maria Luigia, bei S. Prospero, ☎ 80 54 89, [P] ❁, ~~Do~~
Baule, 5 km auf der Straße nach Parma, ☎ 80 41 10, ❁, ~~So~~ + ~~Di~~ abend
Camorali, in Cafragna (9 km n. S), ☎ 23 63, Pergola, ~~So~~ + ~~Mo~~

Die romanische **Pfarrkirche** (11. Jh.) hat bemerkenswerte Skulpturen und Basreliefs (13. Jh.) an der Fassade, der rechten Seitenfront und in einer Apsisnische (Statue eines Pilgers); der Narthex wurde im 13. und 14. Jh. hinzugefügt, am Hochaltar schön gearbeitete Marmorreliefs in der Art des B. Antelami.
AUSFLÜGE – 10 km in Richtung S auf der Straße nach Calestano liegt **Bardone,** 402 m, dessen Kirche noch Überreste des alten romanischen Baus besitzt, vor allem zahlreiche plastische Fassadendetails aus der Schule des Antelami. – Nach **Parma**** (s. d.; 22,5 km), vorbei an (11 km) dem lebhaften Städtchen **Collecchio,** 111 m; 10.812 Ew, mit der stark veränderten romanischen Pfarrkirche *S. Prospero* (12. Jh.; im Inneren bemerkenswerte Kapitelle und ein Basrelief aus dem 13. Jh. mit griechischer Inschrift).

FRASSENÈ 560 Ew, 1082 m (2 D2)

Gemeinde Voltago Agordino; Provinz Belluno. Sommerfrische und Wintersportort im Agordino, in einem Talkessel zu Füßen der Kette der Croda Grande-Agner, an der Straße zur Forcella Aurine.

✉ 32020, ✆ 0437, ℹ AA (Conca Agordina), *Informationsbüro:* an der Kreuzung, ☎ 67 035

Freizeitangebot: Tennis; Sessellift nach Malga Losch, 1100–1704 m; Schlepplifte in Frassenè und bei den Schutzhütten Scarpa und Forcella Aurine; Eislaufen.

🏨 **Trieste,** Ausfahrt nach Gosaldo, ☎ 67 005, 23 Zi (9 mB/2 mD), 🅿 ❀ ♆

in der Gemeinde Gosaldo:
🏨 **Aurine ⊠,** in Forcella Aurine (4 km), ☎ 67 103, 37 Zi (6 mB/12 mD), 🅿
🏨 **La Serenetta,** in S. Andrea (6 km), ☎ 68 122, 16 Zi (2 mB/4 mD), 🅿 ♆

4 km in Richtung Fiera di Primiero liegt die **Forcella Aurine,** 1299 m, ein grüner Sattel mitten im Nadelwald, der sich zum Kessel von Gosaldo (im oberen Mis-Tal) hin öffnet; besuchter Sommerfrischen- und Wintersportort.

FRASSINORO 2.729 Ew, 1127 m (8 D2)

Provinz Modena. Hoch über dem Dragone-Tal im westlichen Apennin gelegen, als Sommerfrische und (ebenso wie der Ortsteil *Piandelagotti* 1209 m) als Wintersportort besucht.

✉ 41044, ✆ 0531, ℹ *Verkehrsverein,* Via Roma; in Piandelagotti, Piazza Mons. Lunardi, ☎ 96 70 79

Freizeitangebot: Tennis (auch in Piandelagotti); Skilift in Frassinoro, Piandelagotti und Foce delle Radici; Sprungschanze.

🍴 **Piacentini,** im Ort, ☎ 96 98 17, Fr

in Piandelagotti (✉ 41047) 13,5 km:
🏨 **La Posta,** an der Kreuzung, ☎ 96 70 70, 14 Zi (13 mD)
🍴 **Alpino,** an der Kreuzung, ☎ 96 70 34, Di

in S. Pellegrino in Alpe (✉ 55030), 1524 m; 23 km:
🏨 **Appennino,** ☎ 66 50 67, 7 Zi (3 mB), ♆
🍴 **Da Pacetto,** ☎ 66 50 67, Mo

Die *Pfarrkirche* erhebt sich auf den Überresten einer Benediktinerabtei des 11. Jhs., von der noch architektonische und plastische Elemente am Glockenturm und im Inneren der Kirche sichtbar sind.
AUSFLUG – 9,5 km im SW von Piandelagotti, auf der anderen Seite des Apenninhauptkamms, den man am *Passo delle Radici* (1529 m, in der Nähe Skipisten; weite Aussicht) überquert, liegt **S. Pellegrino in Alpe,** 1524 m. Das einsam gelegene Dorf ist um die *Wallfahrtskirche S. Pellegrino* (der Pilger, der ihr den Namen gab, stammte der Legende nach aus Schottland und zog sich im 7. Jh. hierher zurück) gruppiert; im Inneren Spitzbogenfenster und Sarkophag des Matteo Civitali (15. Jh.); in der Via del Voltone das kleine *Museo della Campagna della vita di ieri* (Museum des Lebens auf dem Lande und des Lebens von gestern), geöffnet in den Sommermonaten *(8.30–13, 15–20 Uhr; ansonsten Auskunft im Albergo Appennino).* Schöne Aussicht★ vom Monte Cusna bis zur Garfagnana und den Apuanischen Alpen.

FUGAZZE (PIAN DELLE) 1159 m (1 F3)

Gemeinde Valli del Pasubio; Provinz Vicenza. Sattel zwischen dem Vallarsa- und dem Léogra-Tal, Ausgangspunkt für die Besichtigung des Pasubio, dessen vorkragende Felswände im N sichtbar sind.

🍴 **Chalet Fonti Staro,** in Valli di Pasubio (11 km auf der Straße nach Schio), ☎ 53 060, 🅿 ❀, Di

AUSFLÜGE – Zum (2 km) **Beinhaus des Pasubio,** 1221 m *(Pförtner)* mit den Überresten von 5017 Gefallenen des Ersten Weltkrieges. Im Vorraum kleines *Historisches Museum* mit Dokumenten, Photographien und Erinnerungsstücken; großartige Aussicht★.
Auf den **Monte Pasubio,** 2235 m, einem der Brennpunkte der Kämpfe im Ersten Weltkrieg, auf zwei schlechten, aber interessanten Straßen erreichbar: 1. die *Strada degli Eroi* („Heldenweg"), die vom Paß durch die Galleria d'Havet und eine steile, von Tunneln unterbrochene Straße zu den (10,5 km) **Porte di Pasubio,** 1934 m, führt: dort das *Schutzhaus Gen. Papa* (im Sommer Restaurant; Photographien, Erinnerungsstücke); – 2. die *Strada degli Scarubbi,* die bei Ponte Verde von der Hauptstraße zum (7,6 km) Passo di Xomo, 1056 m, führt (links die Bocchetta di Campiglia, 1210 m); dort zweigt die 2 m breite, 6,5 km lange Straße der 1. Armee (Strada della I Armata) ab; sie wurde 1917 mit 51 Tunneln angelegt und trifft bei den Porte di Pasubio wieder auf die Strada degli Scarubbi. Ein kurzer weiterer Abschnitt gegen N endet bei der **Selletta Sette Croci,** 2081 m. Der Weihebezirk **(Zona Monumentale★)** umschließt den *Dente Italiano* und *Cima Palon* und wird von 30 Erinnerungssäulen an die Kriegsschauplätze umschlossen; etwas höher liegt das Schutzhaus Gen. Papa, mit einer malerischen Votivkirche; in der Nähe der Römische Bogen, der an die Gefallenen erinnert. Vom Palon schöne Aussicht★.

GAGGIO MONTANO 4.086 Ew, 682 m (8 D3)

Provinz Bologna. Sommerfrische im Bologneser Apennin, in erhöhter Lage am W-Hang des Silla.

✉ 40041, ✆ 0534

Freizeitangebot: Tennis; Schwimmbad; Boccia-Anlage.

🏨 **Linda,** ☎ 37 181, 36 Zi (5 mB/20 mD), 🅿 ❀ 🔍
🏨 **Da Cirillo,** ☎ 37 122, 17 Zi (3 mB/12 mD), 🅿 ❀

Im oberen Teil des Dorfes die *Pfarrkirche* mit einigen Überresten des romanischen Baus (Apsis) und einer Madonna mit Heiligen des 16. Jhs.; höher oben auf einem Felsen ein *Leuchtfeuer* in Gedenken an die Gefallenen; Aussichtsterrasse.

GARDA 3.470 Ew, 68 m (3 E2-3)

Provinz Verona. Freundlicher, vielbesuchter Luftkurort in einer wunderschönen Bucht am östlichen Ufer des Gardasees, am Fuße der letzten Ausläufer des Monte Baldo.

✉ 37016, ✆ 045, ℹ AA: Lungolago Regina Adelaide 25, ☎ 62 41 94

Freizeitangebot: Tennis; Yachthafen; Passagierschiffahrt.

- **Garden**, Via Marina, ☎ 72 55 138, 33 Zi (mB)
- **Eurotel**, Ausfahrt Richtung S. Vigilio, ☎ 62 41 07, Tx 480154, 154 Zi (mB/mD), AIR
- **Flora**, hinter dem Ort, ☎ 72 55 384, 55 Zi (mB/mD)
- **Regina Adelaide**, ☎ 72 55 013, 53 Zi (mD), gute Küche
- **Terminus e Garda**, ☎ 72 55 030, Tx 43 11 91, 40 Zi (mB/mD), gute Küche
- **Gabbiano**, Ausfahrt nach S. Vigilio, ☎ 72 55 363, 30 Zi (mB/mD)
- **Continental**, Via Giorgione 6, ☎ 72 55 398, 56 Zi (mB)
- **Bisesti**, Corso Italia 44, ☎ 72 55 227, 90 Zi (mB/mD)
- **Piccolo Hotel**, Piazza Catullo, ☎ 72 55 256, 12 Zi (2 mB/6 mD)
- **Conca d'Oro**, Lungolago Europa 2, ☎ 72 55 275, 20 Zi (mB/mD)
- **Giotto**, ☎ 62 47 86, 29 Zi (mD)
- **Tre Corone**, am Seeufer, ☎ 72 55 033, 25 Zi (mB/mD)
- **S. Marco**, Largo Pisanello, ☎ 72 55 008, 15 Zi (1 mB/13 mD), Terrasse
- **Giardinetto**, Lungolago Regina Adelaide 22, ☎ 72 55 051, 24 Zi (mD), Pergola

in Costermano (✉ 37010) 237 m, 4 km nach O:

- **Da Remigio al Bellavista**, ☎ 62 00 64, Mo
- **Milano**, Via Verdi 7, ☎ 80 023, 26 Zi (mD)
- **Pontelli**, Viale dei Moreri 31, ☎ 80 201, 28 Zi (mB/mD)
- **Lido**, Via Morsini 12, ☎ 80 420, 31 Zi (mD)
- **Marea**, Via Provveditori 6, ☎ 81 206, 16 Zi (mD)
- **Helvetia**, Viale Kennedy 15, ☎ 80 598, 39 Zi (mD)
- **Comelli**, Via Fermi 2, ☎ 80 182, 27 Zi (mB/mD)
- **Colussi**, Via Roma 1, ☎ 80 471, Fisch, Mo im Winter
- **Serena**, Riva S. Andrea 31, ☎ 80 697, am Yachthafen, Mi im Winter
- **All' Androna**, Calle porta Piccola 6, ☎ 80 950, Mi

in Pineta, an der Straße nach Monfalcone (4 km):

- **Plaza**, Via Pegaso 1, ☎ 80 226, Tx 460336, 45 Zi (mB/mD), AIR, Sauna, Badestrand
- **Al Bosco**, Ortsteil La Rotta, ☎ 80 485, 47 Zi (mB/mD), Badestrand
- **Ai Pini**, Via Andromeda 16, ☎ 80 888, 34 Zi (mD), Badestrand
- **Mar del Plata**, Via Andromeda 5, ☎ 81 081, 35 Zi (mB/mD), Badestrand
- **Tanit**, Viale dei Pesci, ☎ 81 845, 16 Zi (mD), ganzjährig geöffnet

Garda besitzt noch heute am baumbewachsenen Ufer einen typischen alten Stadtkern. *Pfarrkirche* aus dem 18. Jh. mit Campanile (15. Jh.) und Überresten eines Kreuzgangs (ebenfalls 15. Jh.)
AUSFLUG – 3 km zur romantischen vielgerühmten **Punta di S. Vigilio****, eine zypressenbewachsene Landspitze mit dem alten Kirchlein *S. Vigilio* und der vielleicht von Sanmicheli entworfenen *Villa Guarienti* (16. Jh.).

GARDASEE 65 m (3 D–E2–3)

Der Gardasee (Oberfläche 370 km^2; Länge 51,6 km; Breite 2,4–17,5 km; größte Tiefe 346 m) ist der größte See der Voralpen und zugleich der größte italienische See. Er ist ein Gletschersee und füllt einen langen und großen Talboden zwischen der Lombardei im W, Venetien im O und dem Trentino im N. Der wichtigste Zufluß ist der Sarca, der bei Tórbole im N in den See mündet, der größte Abfluß ist der Mincio, der ihn im S bei Peschiera verläßt. Das südliche Becken ist sehr breit und von der schmalen Halbinsel von Sirmione in zwei Teile geteilt. Der nördliche Teil ist schmal, im W von steilen Felswänden und im O vom langen Kamm des Monte Baldo (2200 m) beherrscht. Die Landschaft ist abwechslungsreich, manchmal sanft und freundlich, dann wieder wild und abweisend, aber immer großartig und eindrucksvoll. Die landschaftliche Schönheit wird durch den blauen See und die üppige Vegetation unterstrichen. Dank dem geradezu außergewöhnlichen Klima (Jahresdurchschnitt: Januar +2–3°, Juli 23–25°) gedeiht eine typische Mittelmeerflora mit Oliven, Zedern und Zypressen (typische Terrassenkulturen an der Uferseite von Brescia), Oleander, Magnolien, Agaven, Palmen; die Flora des Monte Baldo ist reich an seltenen Pflanzen.
Der Gardasee ist vor allem aufgrund seines Klimas eines der blühendsten und meistbesuchten Fremdenverkehrsgebiete. Am bekanntesten ist die sogenannte **Riviera von Brescia,** zwischen Salò und Gargnano, mit ihren zahlreichen Luftkurorten (Salò, Gardone Riviera, Fasano, Maderno), Villen, Hotels und Gärten. Am südlichen Ende liegen Desenzano, das wichtigste Handelszentrum des Sees, und Sirmione auf einer malerischen schmalen Halbinsel mit der berühmten Skaligerburg, römischen Ruinen und einer Unterwasserthermalquelle. Zwischen Salò und Desenzano erstreckt sich die freundliche Region der Valténesi mit Wein- und Obstgärten auf sanften Moränenhügeln *(zum lombardischen Teil des Gardasees vgl. Band 1)*. Am Veroneser Ufer sind die bekanntesten Orte Lazise, Bardolino, Garda, die malerische Landspitze von S. Vigilio, Torri del Benaco und Malcésine. Entlang des Ufers gibt es zahlreiche Campingplätze. Am nördlichen Seeufer schließlich sind Riva und Tórbole bekannte und gut ausgestattete Luftkurorte.
Ein Netz von ausgezeichneten Straßen (144 km) läuft rund um den See. Am lombardischen Ufer zwischen Salò und Riva verläuft die **westliche Gardesana;** mit ihren zahlreichen in den Fels gegrabenen Galerien ist sie eine der malerischsten und eindrucksvollsten Straßen weit und breit; großartige Ausblicke auf die gegenüberliegende Seeseite. Auf dieser verbindet die **östliche Gardesana** die Städte Peschiera del Garda und Riva. Es besteht ein regelmäßiger Schiffsverkehr (Motorschiffe und Tragflügelboote) von Desenzano, Sirmione und Peschiera nach Riva; er stellt die Verbindung zwischen den wichtigsten Orten am Seeufer her und ist vor allem wegen der abwechslungsreichen Ausblicke auf die Landschaft von Interesse. Autofähre von Torri del Benaco nach Maderno.

GATTEO A MARE 1.050 Ew, 2 m (10 D1)

Gemeinde Gatteo; Provinz Forlì. Badeort an der romagnolischen Adriaküste, in der Nähe der Mündung des Rubikon.

✉ 47043, ✆ 0541, ℹ *Gemeindeverkehrsbüro,* Piazza della Libertà, ☎ 86 083

Freizeitangebot: Schwimmbad; Tennis; Reiten.

- **Metropol,** Viale G. Cesare 16, ☎ 86 013, 60 Zi (mD), [P] [G] ≈ ✿
- **Capitol** ☑**,** Viale G. Cesare 27, ☎ 86 553, 50 Zi (mD), [P], am Meer
- **Miramare** ☑**,** Viale G. Cesare 63, ☎ 87 313, 52 Zi (mD), [P], am Meer
- **Spiaggia,** Viale G. Cesare 25, ☎ 86 241, 60 Zi (4 mB/56 mD), [P], am Meer
- **Splendid,** Viale G. Cesare 67, ☎ 86 022, 65 Zi (8 mB/37 mD), [P], am Meer
- **Villa Miriam** ☑**,** Via Bologna 8, ☎ 86 138, 42 Zi (mD), [P] ✿
- **Royal,** Viale G. Cesare 7, ☎ 86 126, 52 Zi (mD), [P], am Meer
- **Belvedere,** Viale delle Nazioni 138, ☎ 86 017, 37 Zi (30 mD), [P]

GEMONA DEL FRIULI 11.050 Ew, 237 m (6 B1)

Provinz Udine. Hauptort des unteren Tagliamento-Tals, von historischer Bedeutung aufgrund seines Domes und anderer Baudenkmäler, aus der Zeit, als Gemona eine der vier größten Gemeinden des Friulaner Parlaments war, und die das mittelalterliche Stadtbild bestimmen; vom Erdbeben des Jahres 1976 und den Nachbeben fast völlig zerstört.

✉ 33013, ✆ 0432

- **Da Willy,** an der Straße neben der Bahnstrecke, ☎ 98 16 71, 18 Zi (mB), [P]
- **Al Boschetto,** 3,5 km an der Straße Richtung Udine, ☎ 98 09 10, [P], ~~Mo~~ und August

In der historischen Oberstadt, die sich in vollem Wiederaufbau befindet (1984), ragt der *Dom* auf, von dem das Erdbeben nur die äußeren Mauern stehen ließ (vorgesehene Beendigung der Wiederaufbauarbeiten: 1987), und das wiederhergestellte *Rathaus* (Palazzo del Comune), erbaut 1502 im Stil der lombardischen Renaissance mit Arkaden und Triforenbalkon; dazu einige Überreste der *Burg.*
Der **Dom,** eine der schönsten Kirchen Friauls, wurde im 13. und 14. Jh. vom Maestro Giovanni aus Gemona in einem romanisch-gotischen Mischstil errichtet. Prächtige Fassade mit einer Statuenreihe, drei Rosenfenstern und Reliefs, darunter ein riesenhafter hl. Christophorus (1331), ist erhalten geblieben. Das Innere hatte ursprünglich schlanke gotische Arkaden und runde Pfeiler und beherbergte zahlreiche Kunstschätze, darunter einen römischen Sarkophag und einen hölzerner Altar von 1391.

Gemona del Friuli: Dom (vor dem Erdbeben)

GLURNS (Glorenza) 734 Ew, 907 m (1 B1)

Provinz Bozen. Malerisches mittelalterliches Städtchen im oberen Vintschgau, mit der einzigen intakten Stadtbefestigung in Tirol.

✉ 39020, ✆ 0473, ℹ *Verkehrsverein* Schluderns, ☎ 75 858

Freizeitangebot: Tennis in Schluderns (s. d.)

- **Zur Post,** an der Kreuzung, ☎ 81 208, 25 Zi (mB/mD), [P] [G] ✿
- **Krone,** am Hauptplatz, ☎ 81 440, 22 Zi (mB/mD)

Der befestigte STADTKERN* besitzt einen quadratischen Mauergürtel (1510; 1555 verstärkt) mit Ecktürmen und drei Stadttoren. Außerhalb der Mauern liegt die *Pfarrkirche St. Pankras* (1481) mit einem Glockenturm aus dem 14. Jh., an dessen Sockel ein großes Fresko von 1496 (Jüngstes Gericht).
2,8 km nach O liegt an der Straße zum Reschenpaß *Schluderns* (Sluderno), 921 m; der Ort wird von der gewaltigen **Churburg*** *(Castel Coira)* beherrscht, der wohl bedeutendsten aller Burgen Südtirols. Erbaut um 1230 vom Bischof von Chur, dem Herrn über den oberen Vintschgau, als Zwingburg gegen die widerspenstigen Vögte von Matsch, war sie kaum 50 Jahre später in deren Hand und ist nun 700 Jahre im Besitz der Familie. Im 16. Jh. großzügiger Anbau durch die Erben und Nachfolger der Vögte von Matsch, die Grafen von Trapp. Die Burg wurde nie vom Feind besetzt, daher weitgehend unversehrte Innenausstattung. Prächtiger Renaissance-Arkadenhof, alte (14. Jh.) und neue (16. Jh.) Burgkapelle, großartige Rüstkammer* mit Meisterwerken der Tiroler und Mailänder Plattner. *Führung: 10–12, 14–16.30 Uhr; Mo geschl.; Eintrittsgebühr.*
8 km gegen SW in der Nähe der schweizerisch-italienischen Grenze liegt die Sommerfrische **Taufers** im Münstertal (Tubre), 1230 m; *Pfarrkirche St. Johann* mit großartigen romanischen Fresken* (1230).

GÖRZ (Gorizia) 41.413 Ew, 86 m (6 C2)

Provinzhauptstadt; Erzbischofssitz. Modernes Agrar-, Industrie- und Handelszentrum, am Beginn der Friulaner Ebene am Isonzo an der Grenze zu Jugoslawien gelegen, eingebettet zwischen Bergen, die wichtige Kriegsschauplätze im Ersten Weltkrieg waren. Mittelalterlichen Ursprungs, freie Grafschaft (die Grafen von Görz waren Landesherren von Tirol) bis ins 16. Jh., später sowohl von Österreich als auch von Venedig beansprucht, kam es schließlich an Österreich, bei dem es bis 1918 blieb. 1947 wurde der Ostteil der Stadt Jugoslawien zugesprochen.

✉ 34170, ☏ 0481, B2, C2, ⓘ *Verkehrsverein* und EPT: Galleria del Corso 100, C2, ☎ 38 70. TCI: Reisebüro Appiani, Corso Italia 60, C2.

Flugplatz in Ronchi dei Legionari, 23 km nach S. ☎ 77 001. Stadtbüro: Corso Italia 60, C2

- **Palace Hotel,** Corso Italia 63, ☎ 82 166, 70 Zi (mB/mD), Ⓟ .... (C2, **c**)
- **Internazionale Automobile Club,** Via Trieste 175 (Ausfahrt nach Triest), ☎ 82 021, 46 Zi (mD), Ⓟ (1985 geschlossen) .... (D1, a. P.)
- **Kappa,** Corso Italia 63, ☎ 82 166, Ⓟ Ⓖ, ~~Mo~~ .... (C2, **c**)
- **Alla Transalpina,** Via Caprin 30, ☎ 20 08, Ⓟ Ⓖ .... (A3, **b**)
- **Motel Nanut,** Via Trieste 253, ☎ 83 790, 16 Zi (mD), Ⓟ ≋ .... (D1, a. P.)
- **Alla Lanterna d'Oro,** Borgo Castello, ☎ 55 65, ~~So~~ .... (C3, **r**)

in der Umgebung:
- **Al Fogolar,** 3 km auf der Straße 351 nach Gradisca, ☎ 39 01 07, Ⓟ, ~~Mo~~
- **Al Puia,** kurz vor Fogolar, ☎ 39 01 17, Ⓟ, ~~So~~
- **Parco Formentini,** in S. Floriano al Collio (8 km nach NW), ☎ 55 87, Ⓟ, in einem Schloß aus dem 15. Jh., ~~Mo~~ + ~~Do~~; ~~Sa~~ + ~~So~~ im Jan. u. Feb.

in Gradisca d'Isonzo (✉ 34072) 13 km n. SW:
- **Al Ponte,** an der Straße nach Triest, ☎ 99 213, Ⓟ, ~~Sa~~ + ~~So~~
- **Blanch,** in Mossa, 3 km auf der Straße 56 nach Udine, ☎ 80 020, Ⓟ, ~~Mi~~ u. Sept.
- **Al Commercia,** Via della Campagnola 6, ☎ 99 358, ~~Do~~ abends u. ~~Mo~~

in Cormons (✉ 34071) 13 km in Richtung Udine:
- **Felcaro,** Via S. Giovanni 45, ☎ 60 214, 37 Zi (6 mB/21 mD), Ⓟ ≋, gute Küche, ~~Mo~~
- **Al Cacciatore,** in Monte (Richtung Plessiva-Paß), ☎ 60 531, Ⓟ, ~~Di~~ + ~~Mi~~
- **Al Giardinetto,** Via Matteotti 54, ☎ 60 257, ~~Mo~~ abend, ~~Di~~ u. Juli

Im Gebiet von Görz Anbau bekannter roter und weißer Weinsorten: in der Ebene *Weine des Isonzo;* auf den Hügeln an der Grenze zu Jugoslawien *Weine des Collio.* Ausgezeichnetes Obst (Cormons). Messe von Görz („Espomego“): Mai–Juni.

Stadtbesichtigung im Zeitraffer – Man benötigt einige Stunden und kann sich auf das Stadtviertel um die Burg und auf die Burg* beschränken. Zufahrt mit dem Auto möglich.

Piazza della Vittoria (B2–3) – Großer Platz im Zentrum der Stadt. Hier erhebt sich die barocke Kirche *S. Ignazio* (1654–1757), in der Nähe der Neptun-Brunnen von N. Pacassi aus dem 18. Jh.
Dom (C2) – Er stammt aus dem 14. Jh. (Überreste an der Apsis) und wurde mehrmals umgebaut (vollständige Erneuerung nach 1918); er besaß einen reichen, aus Aquileia stammenden Domschatz.

Burg* (C3) – Der Hügel, auf dem sie sich erhebt, ist von einem Mauergürtel umgeben, der zum großen Teil von den Venezianern 1509 errichtet wurde. Durch ein Portal von 1660 betritt man den **Borgo Castello** (mittelalterlichen Stadtkern) mit typisch venezianischen Häusern. Links, auf Nr. 15, das **Historische Provinzmuseum** *(Museo di Storia e Arte). Öffnungszeiten: 10–12, (Sonn- und Feiertage 9–12), 15–18 Uhr; Mo geschl; Eintrittsgebühr.* Volkstümliche, historische, kunsthandwerkliche (Keramik und Glas aus Görz aus dem 18. und 19. Jh., Stoffe, Kirchengeräte) und archäologische Sammlungen. In der Nähe die gotische Kirche *S. Spirito* (1398) mit Baldachinportal und schönem kleinen Glockenturm.
Auf dem Gipfel (148 m) erhebt sich die aus mehreren Gebäuden bestehende **Burg,** von Mauern mit runden Ecktürmen umgeben. Sie stammt aus dem 12. Jh. und wurde bis 1700 mehrmals ausgebaut. Im Inneren *(Besichtigung: 9–12, 14–17 bzw. 15–20 Uhr; Mo geschl.; Eintrittsgebühr)* mehrere eingerichtete Räume und Gemälde aus dem 16. und 17. Jh. Von den Mauern weite Aussicht auf die Schlachtfelder des Isonzo und des Karstes.

Provinzialmuseum (*Musei Provinciali;* B3) – An der Piazza De Amicis 2, im schönen *Palais Attems* (1745). *Öffnungszeiten: 9 bzw. 10–12, 15–18 Uhr; Mo geschl.; Eintrittsgebühr.* Es beinhaltet im Erdgeschoß das *Kriegsmuseum* mit Photographien, Dokumenten und Erinnerungsstücken an den Ersten Weltkrieg, und im ersten Stock eine *Gemäldesammlung* mit Werken Görzer Maler vom 18. Jh. bis heute (G. Tominz, A. Rotta, A. Strata) sowie als Leihgabe ein Gemälde* von A. Guardi (1746). Neben dem Garten in einer Säulenhalle ein kleines römisches *Lapidarium* (Grabaltäre).

AUSFLÜGE – 13 km im SW von Görz liegt das kleine venezianische Städtchen **Gradisca d'Isonzo,** 32 m, 6.237 Ew, mit den Türmen der alten venezianischen Befestigungsanlage. *Dom* mit barocker Fassade (1752). In der Via C. Battisti in der alten *Loggia* ein kleines *Lapidarium (geöffnet tägl. 9–12 Uhr; zu anderen Zeiten Auskunft beim Pförtner)* mit Inschriften, Reliefs und Architekturfragmenten der römischen und venezianischen Zeit. Weinstube *„La Serenissima“.* Ferner im Palazzo Torriani (Rathaus) die *Gemäldegalerie L. Spazzalpan* mit Werken des Malers und anderer zeitgenössischer Meister.

Besichtigung der Schlachtfelder – Görz ist der Ausgangspunkt für eine Besichtigung der Schlachtfelder des Karsts und des mittleren Isonzo, wo im Laufe des Ersten Weltkriegs zwischen 1915 und 1917 die 12 Isonzoschlachten geschlagen wurden. Die empfehlenswertesten Ausflüge führen zum Monte San Michele, zum Friedhof von Redipuglia und zum Monte Calvario (Kalvarienberg), die übrigen Schlachtfelder befinden sich heute auf jugoslawischem Territorium.

Zum **Kriegerdenkmal von Oslávia** 4,5 km. Man verläßt Görz in Richtung NW, überquert den Isonzo und hält sich rechts. Nach 4,5 km *Oslávia,* 175 m. Man erblickt sofort eine große **Gruft,** die 60.000 Gefallene beherbergt. Die Votivglocke wird jeden Abend zur Vesper geläutet. Von den Türmen der Gedenkstätte sieht man den 609 m hohen Monte Sabatino, den nördlichsten Stützpunkt der Verteidigung von Görz.

Zum **Monte Calvario** (Podgora), 240 m; 5,4 km durch das enge Tal der Acque. Vom Plateau (mit Obelisk und Gedenktafeln zur Erinnerung an die Gefallenen) hat man einen herrlichen Blick*.

Zum **Monte San Michele** 16 km. Man fährt auf der Staatsstraße in Richtung Triest. Nach km 11 kommt rechter Hand die Abzweigung nach Devetachi; bei km 13,8 die Kreuzung von San Martino, von wo aus rechts eine Straße bis km 16 auf den *Monte San Michele,* 276 m, hinaufführt, dem südlichsten Stützpunkt der Verteidigung von Görz. Interessantes *Museum:* Gedenksteine sowie große Galerie mit Geschützpforten. Weites Panorama.

Zur **Militärgedenkstätte von Redipuglia** 18,3 km, über *Gradisca d'Isonzo* (s. o.), *Sagrado* und *Fogliano.* Kurz danach befindet sich linker Hand die beeindruckende Gedenkstätte von *Redipuglia* (siehe Monfalcone).

GOSSENSASS (Colle Isarco) 900 Ew, 1098 m (2 A1)

Gemeinde Brenner; Provinz Bozen. Bekannter Sommerfrischen- und Wintersportort im oberen Eisacktal an der Mündung des Pflerschtals (Val di Fléres).

✉ 39040, ✆ 0472, ℹ *Fremdenverkehrsamt,* Hauptplatz, ☎ 62 372

Freizeitangebot: Schwimmbad; Tennis; Sessellift: Gossensaß (1120 m) – Hühnerspiel (2706 m), Ladurns (1133 m) – Ladurnser Alm (1710 m); Schlepplifte; Eislaufen und Eisschießen; Skischule.

Juliane, Hauptplatz, ☎ 62 450, 17 Zi (mB/mD), P, TV
Erna, Abzweigung nach Pflersch, ☎ 62 307, 15 Zi (mB/mD), P

Hoch über der Ortschaft quert die 1030 m lange Brücke der Brennerautobahn das Eisacktal; der mittlere Bogen ist 100 m hoch und hat eine Spannweite von 165 m.
AUSFLUG – Nach (4 km) **Ladurns** im äußeren Pflerschtal; Sessellift auf die *Ladurnser Alm,* 1710 m; schönes Sommerwander- und Skigebiet.

GRADO 9.639 Ew, 1 m (6 D2)

Provinz Görz. Lebhaftes Fischereistädtchen auf einer Insel zwischen der Lagune und dem offenen Meer, bekannter Badeort und Thermalkurort, der zu den meistbesuchten und elegantesten dieser Art an der Adria gehört. Hatte vom 5.–9. Jh. als oftmalige Residenz der Patriarchen von Aquileia große Bedeutung.

✉ 34073, ✆ 0431, Via G. Caprin, B2, Via Manzoni, B2; im Sommer auch AA: B3, i AA: Viale Dante Alighieri 58, B3, ☎ 80 035

Freizeitangebot: Schwimmbad; Tennis; Segel- und Wasserskischule; Reiten.

Alle Betriebe mit Strandservice

Adria, Viale Europa Unita 18, ☎ 80 856, Tx 46594, 78 Zi (2 mB/66 mD), P . . . . (B2, **d**)
Antica Villa Bernt, Via Colombo 6, ☎ 80 042, 22 Zi (mD), P . . . . (B2, **c**)
Savoy, Via Carducci 33, ☎ 81 171, 78 Zi (mB/mD), G ≈, Sauna. . . . . (B2, **a**)
Friuli, Riva U. Foscolo 14, ☎ 80 841, 45 Zi (mB/mD), P . . . . (B3,)
Tiziano Palace H., Riva Slataper 6, ☎ 80 965, 94 Zi (mB/mD), AIR . . . . (B2, **l**)
Ariston, Via Donizetti 1, ☎ 80 300, 41 Zi (mB/mD). . . . . (B2, **b**)
Diana, Via Verdi 3, ☎ 80 026, 66 Zi (10 mB/50 mD) . . . . (B2, **e**)
Europa, Viale Kennedy, ☎ 80 600, 34 Zi (mD), P . . . . (A–B3, **j**)
Eden, Via Marco Polo 2, ☎ 80 136, 39 Zi (mD) . . . . (A–B3, **n**)
Rialto, Viale del Turismo 2, ☎ 81 182, 40 Zi (mB/mD), P . . . . (B3, a. P.)
Villa Rosa, Via Carducci 12, ☎ 81 100, 27 Zi (mD), P . . . . (B2, **m**)
Milano, Via Verdi 7, ☎ 80 023, 26 Zi (mD), P . . . . (B2, **l**)
Lido, Via Morosini 12, ☎ 80 420, 31 Zi (mD), ... (B2, **i**)
Cristina, Viale Martiri della Libertà 11, ☎ 80 989, 26 Zi (mB/mD), P . . . . (A3, a. P.)
Marea, Via Provveditori 6, ☎ 81 206, 16 Zi (mD) . . . . (B1, **y**)
Helvetia, Viale Kennedy 15d, ☎ 80 598, 39 Zi (mD), P . . . . (A3, **f**)
Comelli, Via Fermi 2, ☎ 80 182, 27 Zi (4 mB/22 mD) . . . . (B3, **h**)
Colussi, Via Roma 1, ☎ 80 471, Fisch, ~~Mo~~ im Winter. . . . . (B2, **r**)
Adriatico, Campiello della Torre 2, ☎ 80 002, Fisch, ~~Mi~~ . . . . (B1, **s**)
Serena, Riva S. Andrea 31, ☎ 80 697, am Binnenhafen, ~~Mi~~ im Winter . . . . (A–B3, **s**)
All' Androna, Calle Porta Piccola 6, ☎ 80 950, ~~Mi~~ . . . . (B1, **t**)

in Pineta, an der Straße nach Monfalcone (4 km):
Plaza, Via Pegaso 1, ☎ 80 226, Tx 460336, 45 Zi (mD), P ≈, AIR, Sauna, Badestrand
Al Bosco, Ortsteil La Rotta, ☎ 80 485, 47 Zi (mB/mD), P, Badestrand
Ai Pini, Via Andromeda 16, ☎ 80 888, 34 Zi (mD), P, Badestrand
Mar del Plata, Via Andromeda 5, ☎ 81 081, Tx 460336, 35 Zi (mD), P G, Badestrand
Adriaco, Viale delle Pleiadi 11, ☎ 81 210, 20 Zi (mD), P
Tanit, Viale dei Pesci, ☎ 81 845, 16 Zi (mD), , ganzjährig geöffnet
Margherita Garni, Via Croce del Sud 7, ☎ 80 009, 14 Zi (mD), P

VERANSTALTUNGEN – Prozession zur Wallfahrtskirche von Barbana durch die Kanäle der Lagune (1. Sonntag im Juli); internationales Basketball- (Juni) und Tennisturnier (August); Trofeo Isola del Sole (Wettbewerb im Fischen in den ersten Septembertagen).

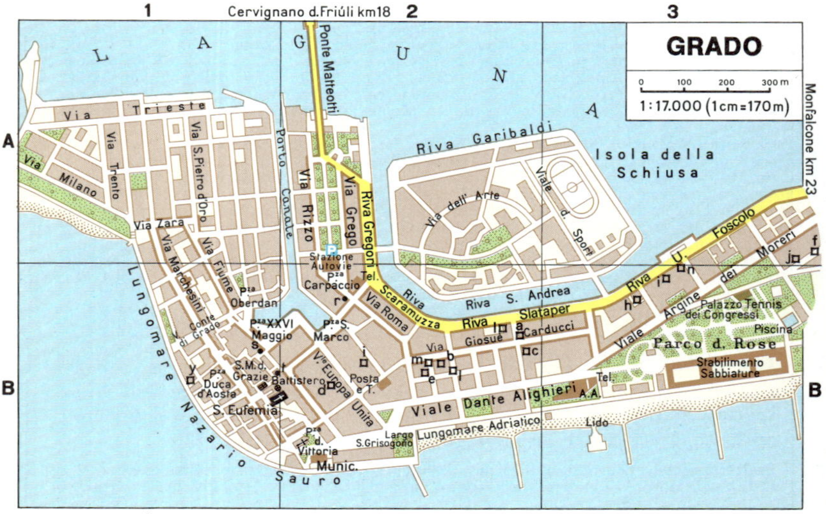

KURBETRIEB – In speziell dafür eingerichteten Kuranstalten nützt man die therapeutische Wirkung des Meerwassers und des Sandes für Sandpackungen, Physiotherapie, Inhalationen und Bäder (Hallenbad mit 30° warmem Wasser) etc. zur Behandlung von Arthrose, traumatischen Zuständen, Erkrankungen der Atemwege und Frauenleiden.
S. Eufemia* (B1–2) – Kirche in klassischen basilikalen Formen, die im 6. Jh. über einem Vorgängerbau aus dem 4.–5. Jh errichtet wurde. Schöner Glockenturm (15. Jh.) mit Turmhaube, gekrönt von einer Statue des Erzengels Michael (1462).
Dreischiffiges Inneres mit römischen Säulen und schönen Kapitellen und großer Apsis: prächtiges Fußbodenmosaik* (6. Jh.); Bischofsthron (11. Jh.) mit Reliefs mit den Evangelistensymbolen und einem typischen Baldachin; Chor mit Schranken aus dem 6. Jh.; am Hochaltar Altaraufsatz aus vergoldetem Silber (1372); in der Apsis Tafelbilder und Fresken (15. Jh.); neben dem Eingang zur Sakristei weitere (abgelöste) Fußbodenmosaike. Reicher Kirchenschatz. Im Sommer werden hier Konzerte veranstaltet.
Links vom Dom römische Sarkophage und das **Baptisterium** (B1–2) aus dem 5. Jh. auf achteckigem Grundriß, mit einem sechseckigen Taufbecken. Gegenüber liegt die Kirche **S. Maria delle Grazie** (B1), ein byzantinischer Bau aus dem 5. und 6. Jh. mit Fußbodenmosaik und skulptierten Transennen. Auf der *Piazza della Vittoria* (B2) in einem kleinen Garten Überreste einer frühchristlichen *Basilika* (5.–6. Jh.) und Sarkophage aus derselben Zeit.
AUSFLÜGE – In der Lagune liegt die Wallfahrtskirche **S. Maria di Barbana** (Motorbootverbindung). – 11 km nach **Aquileia*** (s. d.). – Nach **Redipuglia** (siehe Monfalcone) und zu den Schlachtfeldern im Karst. – Zur **Villa Manin*** (siehe Passariano).

GRAZZANO VISCONTI 500 Ew, 142 m (7 A3)

Gemeinde Vigolzone; Provinz Piacenza. Ortschaft in der Po-Ebene südlich von Vicenza; getreue Nachbildung einer mittelalterlichen Siedlung.

✉ 29020, ✆ 0523

🍴 **Taverna del Biscione,** im Ortszentrum, ☎ 88 149, Di

Der Ort wurde am Ende des vorigen Jahrhunderts von Graf G. Visconti um eine Burg des 14. Jhs. angelegt. Er besteht aus perfekt dem Stil des 14. und 15. Jhs. nachgebildeten Häusern, die malerisch im Grünen verteilt sind. Im Palazzetto Podestarile Schule und Werkstatt mit Ausstellung und Verkauf von Schmiedeeisenarbeiten und Möbeln. Bei den Festivitäten im Sommer treten die Frauen in historischen Trachten auf.

GRIGNANO 350 Ew, 25 m (8 A2)

Gemeinde Triest. Badeort im Golf von Triest, in einer Bucht neben der Landspitze von Schloß Miramare.

✉ 42016, ✆ 0522

Freizeitangebot: Badestrand mit Tennis beim Hotel Adriatico Palace.

Adriatico Palace, ☎ 22 42 41, Tx 460499, 102 Zi (mB/mD), P G ≋ Tennis, TV, AIR, Badestrand
Riviera, ☎ 22 41 62, 56 Zi (13 mB/34 mD), P, Terrasse, Abstieg zum Badestrand
Mignon, ☎ 22 41 30, 13 Zi (10 mD)

GRÖDNER JOCH (Passo di Gardena) 2121 m (2 B-C2)

Gemeinde Wolkenstein; Provinz Bozen. Sattel zwischen dem Grödner Tal (Val Gardena) und dem Gadertal (Val Badia) an den Hängen der Sella-Gruppe; Wintersportort und Ausflugsziel.

✉ 39048, ✆ 0471, i AA: Wolkenstein, ☎ 75 122

Freizeitangebot: Sessellift: Costa Dantercepies 2140–2350 m; von dort Seilbahn nach Wolkenstein. Schlepplifte auf der Kolfuschger Seite (s. d.).

Cir, beim Sessellift, ☎ 75 127, 34 Zi (mB/mD), P, Sauna

GUASTALLA 13.442 Ew, 25 m (8 A2)

Provinz Reggio nell'Emilia; Bischofssitz. Städtchen mit Landwirtschafts- und Industriebetrieben (Maschinenbau, Lebensmittel, Holz) am rechten Po-Ufer. War bis 1746 Herzogtum einer Nebenlinie der Gonzaga, die hier eine prächtige Hofhaltung entfalteten.

✉ 42016, ✆ 0522

Old River, Viale Po 1 (Ausfahrt N), ☎ 82 46 76, 30 Zi (mB/mD), AIR
🍴 **Leon d'Oro,** Via Verdi, ☎ 82 42 38, Sammlung von „naiven" Bildern, Mo
🍴 **Rina,** Viale Po, ☎ 82 45 80, Fischspezialitäten, Laubengang, Mo
🍴 **Stazione,** gegenüber dem Bahnhof, ☎ 82 40 76, Fischspezialitäten u. Fleisch vom Rost, Mo

Auf der zentralen Piazza Mazzini die schöne **Statue des Ferrante I. Gonzaga,** ein Werk des Leone Leoni (1564), der recht schlecht erhaltene *Palazzo Gonzaga* aus dem 16. Jh. (in einigen Räumen Dekorationen von B. Campi) und zwischen zwei Türmen die *Kathedrale* aus dem 16. Jh., die im 18. und 19. Jh. erneuert wurde. Am arkadengesäumten Corso Garibaldi 54 die *Biblioteca Maldotti;* im Anbau ein kleines *Museum (Besichtigung an Wochentagen 15–19 Uhr; Sa geschl.),* mit Bildnissen, Münzen und Gemälden.

AUSFLÜGE – 3,2 km nach SW nach **Gualtieri,** 22 m, 6.131 Ew, 2 km vom Po entfernt. Die große Piazza Bentivoglio ist an drei Seiten von barocken Arkaden umgeben und wird von der Torre del Comune *(Gemeindeturm)* beherrscht; ferner die Kollegiatskirche *S. Maria delle Neve* aus dem frühen 17. Jh., im 18. Jh umgebaut; an der vierten Seite des Platzes liegt der im späten 16. Jh. begonnene mächtige *Palazzo Bentivoglio* (im Inneren schön ausgestattete Räume).

10 km von Gualtieri gegen W liegt **Brescello,** 24 m, 4.452 Ew, ebenfalls in der Nähe des Po; am Hauptplatz die Statue des Herzogs Ercole II., von Jacopo Sansovino (1553).

6,3 km in Richtung NO nach **Luzzara,** 22 m, 8.043 Ew, unweit des Po an der Grenze zur Lombardei gelegen. Barocke Pfarrkirche *S. Giorgio* mit romanischen Architekturresten in der Apsis; daneben der *Palazzo della Macina,* einst Wohnsitz der Gonzaga (Terrakotta-Wappen an der Fassade). Im ehemaligen Kloster Lodigiani in Villasuperiore ist ein *Museum für Naive Kunst* eingerichtet *(Besichtigung an Wochentagen 9–12, 15–18 Uhr; Mo geschl.).*

IGEA MARINA siehe Bellaria

ÍMOLA 61.169 Ew, 47 m (9 D2)

Provinz Bologna; Bischofssitz. Wichtige Landwirtschafts-, Handels- und Industriestadt an der Via Emilia in der Ebene am linken Santerno-Ufer.

✉ 40026, ☏ 0542, A1, Galleria Risorgimento, A2, ℹ TCI: Reisebüro Santerno, Porta Appia 92

Freizeitangebot: Autorennbahn.

- **Olimpia,** an der Via Emilia, 1 km Richtung SO, ☎ 35 830, Tx 21 60 06, 80 Zi (mB/mD), P G, TV, AIR . . . (B2, a. P.)
- **Molino Rosso,** beim Autobahnanschluß, ☎ 31 240, 41 Zi (7 mB/28 mD), P, gute Küche, D6 . . . (A2, a. P.)
- **Campana,** Piazza Matteotti, ☎ 23 150, 24 Zi (1 mB/18 mD) . . . (B2, **a**)
- **San Domenico,** Via Sacchi 1, ☎ 29 000, typische, raffinierte ital. Küche, Vorbestellung, Mi . . . (A1, **m**)
- **Naldi,** Via Sonterno 13, ☎ 29 581, S6 . . . (B2, **n**)
- **Ziò,** Via Nardozzi 14, ☎ 23 473, S6 (abend) . . . (A1, **o**)
- **Locanda Moderna,** Via XX Settembre 22, ☎ 23 122, Mo . . . (A–B1, **r**)

in Dozza (✉ 40050) 8 km nach W auf 190 m:
- **Cané,** an der Hauptstraße, ☎ 88 120, Mo

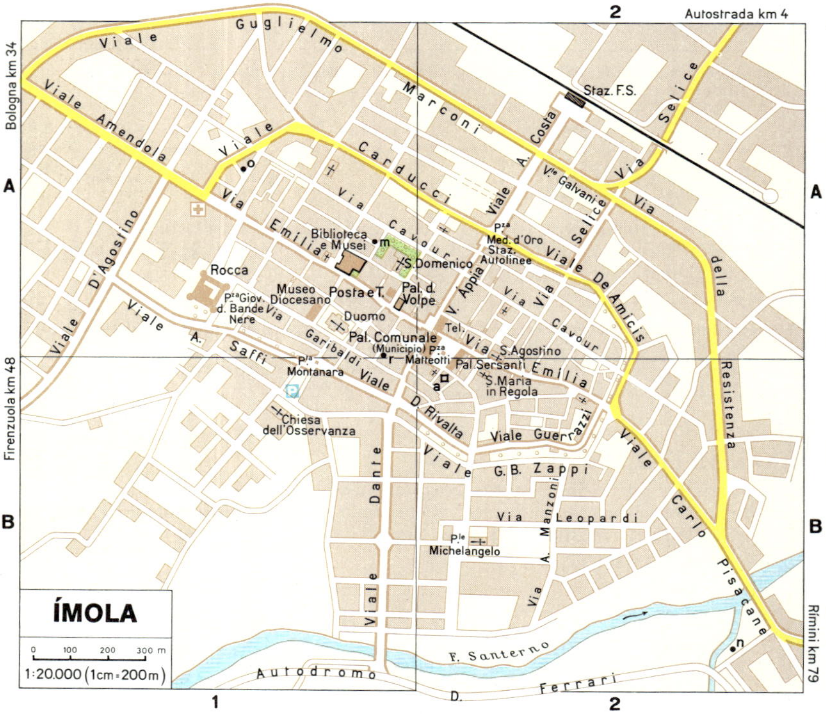

Altstadt mit zahlreichen Bauten aus Renaissance und Barock. Die Industrie stützt sich auf die Erzeugung von landwirtschaftlichen Maschinen, Textilien, Büromöbeln, Keramik, Baumaterialien und sanitären Artikeln. Ende August – Anfang September wird die „Fiera del Santerno" abgehalten, eine Industrie-, Kunsthandwerks- und Landwirtschaftsmesse, im Juni das (Ananas-) Erdbeerfest „sagra del fragolone". Wichtige Autorennstrecke.

Piazza Matteotti (A–B2) – Der Platz bildet das Zentrum der Stadt. Hier erheben sich der schöne *Palazzo Sersanti* mit Arkaden im toskanischen Stil, von Giorgio Fiorentino (1482) erbaut, und der barocke *Palazzo Comunale* (Rathaus).

Via Emilia (A–B1–2) – Sie durchquert die Stadt und trennt sie in zwei beinahe gleiche Teile. Im NW-Teil an der Ecke mit Via F. Orsini befindet sich der **Palazzo Della Volpe** (A1–2) von 1482, der z. T. noch die originale Terrakottaverzierung besitzt; gegenüber die barocke *Spitalsapotheke* mit einer Sammlung von Behältern aus Imola und Faenza; auf Nr. 69 der *Palazzo Monsignani* aus dem 16. Jh.; auf Nr. 80 der *Palazzo dei Musei*.

Museum (*Musei e Pinacoteca;* A1) – *Öffnungszeiten: 9–12.30, 14.30–18 Uhr; Sa geschl.* Im Erdgeschoß das reichhaltige **Naturhistorische Museum:** Mineralogie, Fossilienkunde, Botanik (Herbarium), Ornithologie, dazu eine ur- und frühgeschichtliche Sammlung, exotische Waffen und andere Gegenstände, und das *Museo del Risorgimento;* im Untergeschoß archäologische, numismatische und keramische Abteilung. Im Obergeschoß befindet sich außer der *Bibliothek* samt Archiv die **Gemäldegalerie** mit Werken der romagnolischen Schule (C. Scaletti), von Künstlern aus Imola (G. Sacchi, Innocenzo da Imola), Ferrara (Garofalo, Girolamo da Carpi, Bastianino) und Bologna (B. Passarotti, L. Carracci, G. Reni, C Cignani, M. Franceschini, G.M. Crespi) des 15.–18. Jhs.

Diözesanmuseum *(Museo Diocesano)* – Im *Bischofspalast (Vescovado)* gegenüber dem Dom (A1). *Öffnungszeiten: Di, Do 9.30–12 Uhr, man wende sich an den Direktor.* In den Wohnräumen des Bischofs von Imola (1832–1846) und späteren Papstes Pius IX. befinden sich illuminierte Handschriften vom 13.–15. Jh. und Gemälde von L. Veneziano, B. Vivarini, Giovanni da Riolo (Polyptychon, ehemals in S. Domenico).

Die **Burg** (*Rocca;* A1) stammt aus dem Jahre 1259 und wurde im 15. Jh. umgestaltet. Sie hat niedere Mauern, vier runde Ecktürme und im Zentrum einen quadratischen Wehrturm. *Besichtigung: im Sommer Do, Sa 9–12, 15.30–18.30 Uhr, So 9–12 Uhr; im Winter nur Sa, So.*

Hier ist die *Städtische Sammlung alter Waffen* (Civica raccolta di armi antiche) untergebracht; ferner gibt es eine Dokumentation über die Geschichte der Burg und die Restaurierungsarbeiten und eine Sammlung mittelalterlicher Keramiken; mehrere Räume sind für Ausstellungen und kulturelle Veranstaltungen eingerichtet. Im Sommer finden im großen Waffenhof Theateraufführungen statt.

Chiesa dell'Osservanza – Auf der Piazza Bianconcini bei der *Porta Montanara* (B1). Die Kirche wurde in der zweiten Hälfte des 15. Jhs. errichtet; an der Fassade Gräber aus der Spätrenaissance und im Inneren der Originalgiebel der Tribüne Julius' II. (frühes 16. Jh.) und an der linken Wand ein Fresko von 1472, das Antonio da Imola oder einem der Vivarini zugeschrieben wird. In der Kapelle der Gnadenmuttergottes schönes Temperagemälde (Madonna mit Engeln*) eines unbekannten Meisters (derzeit in der Kirche ausgestellt).

WEITERE SEHENSWÜRDIGKEITEN – Die Kirchen *S. Domenico* (A1) mit schönem gotischen Portal und *S. Maria in Regola* (B2) mit eigenartigem rechteckigen Inneren: in diesem ein Altar mit byzantinischen Marmorarbeiten aus dem 6. Jh. Ferner *S. Agostino* (A–B2), ein großartiger Barockbau.

SPAZIERGANG – 3,7 km auf der Via Emilia in Richtung Bologna zur Wallfahrtskirche der **Madonna del Piratello** aus dem Jahre 1491; Innenausstattung aus dem 19. Jh.; über dem Hochaltar Ziborium (1494) und dahinter das verehrte Votivbild der Madonna aus dem 15. Jh.

AUSFLUG – 8 km in Richtung W nach **Dozza,** 190 m, 3.378 Ew, einer alten befestigten Stadt auf einem Hügel, die auch aufgrund der zahlreichen modernen Wandmalereien recht interessant ist. Auf einer Anhöhe die *Rocca* (Festung) aus dem 15. und 16. Jh., davor eine Mauer aus dem 16. Jh.; im Inneren *(Besichtigung: 10–12, 14–17 bzw. 15–18 Uhr; Sonn- und Feiertage 10–12 , 14–18 bzw. 15–19 Uhr; Mo geschl.)* ein Volkskundliches Museum, ein Weinbaumuseum mit Weinkost und eine Sammlung der Entwürfe für die Fassadenmalerei der Häuser.

INNICHEN (San Candido) 2.985 Ew, 1175 m (2 B3)

Provinz Bozen. Sommerfrische und Wintersportort im oberen Pustertal, am Ausgang des Sextentals, nahe der österreichischen Grenze.

✉ 39038, ✆ 0474, ℹ *Fremdenverkehrsamt,* ☎ 73 149, Tx 400329

Freizeitangebot: Hallenbad; Tennis; Reiten; Bowling; Sessellifte: Doppelsessellift Haunold (nach Pian di Valle, 1490 m), Versciaco (im Tal, Richtung Grenze) 1130 m, nach Raut (1686 m) und Kegelplätze (M. Elmo, 2041 m); Schlepplifte; Eislaufen; Eisschießen; Skischule; Skipaß.

- **Sporthotel Tyrol,** ☎ 73 198, 27 Zi (mB/mD), P G ❀ 🔍, Sauna
- **Pic-Nic,** ☎ 73 198, P G ❀, Di
- **Park Hotel Sole Paradiso ◪,** an der Straße nach Sexten, ☎ 73 120, 47 Zi (mB/mD), P G ❀ ≈, TV, Sauna
- **Weißes Rössl,** ☎ 73 135, 46 Zi (25 mB/mD), P G ❀ ≈, TV, Sauna
- **San Candido-Innichen,** ☎ 73 102, 26 Zi (mB/mD), P G
- **Post,** ☎ 73 355, Tx 400328, 39 Zi (mB/mD), P G ❀
- **Wiesthaler,** ☎ 73 103, Lokalkolorit, Di

in Vierschach, 1154 m, 4 km nach O:

- **Blaslerhof ◪,** ☎ 76 755, 15 Zi (mB/mD), P G ❀, Sauna
- **Giovo-Da Katti,** in Winnebach, 3 km Richtung Grenze, ☎ 76 736, P, Mo

Der Markt entstand um das 769 von Bayernherzog Tassilo III. gegründete *Benediktinerstift*. Die **Stiftskirche*** ist das bedeutendste Bauwerk der Romanik in Tirol (1. Hälfte des 13. Jhs.), mit späteren Zugaben, darunter der mächtige Turm (1326) und die große Vorhalle (1474). Venezianer Tor mit romanischem Relief, darüber gotisches Fresko (Michael und Friedrich Pacher, um 1480).
Dreischiffiges Inneres mit Pfeilern und Vierungskuppel; hinter dem Hochaltar eine Kreuzigungsgruppe mit drei Holzfiguren aus dem 13. Jh., Krypta aus dem 12.–13. Jh. mit Fresken aus dem 13.–14. Jh.
Im Pfarrhof das *Heimatmuseum* mit archäologischen Funden und volkskundlichen Exponaten. *(Jeden Dienstag Führung in deutscher Sprache.)*

JÉSOLO (Lido di Jésolo) ca. 10.000 Ew, 2 m (5 E3)

Gemeinde Jésolo. Provinz Venedig. Einer der wichtigsten Badeorte der nördlichen Adriaküste, zwischen den Mündungen der Piave und Sile, am NO-Rand der Lagune von Venedig.

✉ 30017, ✆ 0421, 📯 A4, ✆ im Ort Jésolo, Piazza della Repubblica (Bar delle Corriere), i AA: Piazza Brescia 13, A4, ☎ 90 073

Freizeitangebot: Tennis; Reiten; überdachte Boccia-Anlage; Bowling; Go-Kart; Segelschule; Yachthafen.

- **Cavalieri ◪,** Via Mascagni 1, ☎ 97 19 69, 56 Zi (mB/mD), P ❀ ≈, AIR, am Meer . . . (B1, **z**)
- **Las Vegas ◪,** Via P. Mascagni 2, ☎ 97 15 15, 104 Zi (mB/mD), P ❀ ≈, am Meer . . . (B1, **a**)
- **Byron-Bellavista ◪,** Via Padova 83, ☎ 97 10 28, 56 Zi (48 mB/mD), P ❀ ≈, am Meer . . . (B1, a. P.)
- **Anthony ◪,** Via Padova 25, ☎ 97 07 11, 68 Zi (mB/mD), P ❀ ≈, am Meer . . . (B1, **b**)
- **Majestic Toscanelli ◪,** Via Canova 2, ☎ 97 13 31, 56 Zi (mB/mD), P ❀, AIR, am Meer . . . (B2, **e**)
- **Aurora,** Piazza Aurora 8, ☎ 97 20 27, 77 Zi (mB/mD), P ❀ ≈ . . . (B2, **g**)
- **Galassia ◪,** Via Treviso 7, ☎ 97 22 98, 64 Zi (mD), P ≈, am Meer . . . (B2, **c**)
- **Alexander ◪,** Piazza Nember 20, ☎ 97 17 14, 74 Zi (mB/mD), G ❀ ≈ . . . (B1, **ab**)
- **Tahiti,** Via Dante Alighieri 44, ☎ 92 210, 95 Zi (84 mD), P, AIR . . . (B6, **m**)
- **Le Soleil ◪,** Via Treviso 3, ☎ 97 21 10, 116 Zi (mB/mD), P ❀ ≈, am Meer . . . (B2, **g**)
- **Capitol ◪,** Via Padova 77, ☎ 97 16 90, 64 Zi (mB/mD), P ❀ ≈, am Meer . . . (B1, a. P.)
- **Heron ◪,** Via Padova 3, ☎ 97 12 42, 96 Zi (85 mB/mD), P ≈, am Meer . . . (B2, **q**)
- **Imperial Palace,** Via Zara 29, ☎ 97 22 66, 62 Zi (mB/mD), P ❀ ≈ . . . (B2, **g**)
- **Ritz,** Via Zanella 2, ☎ 90 661, 48 Zi (mD), P ❀ . . . (B3, **l**)
- **Nettuno ◪,** Via A. Bafile, 23. Zugang zum Meer, ☎ 92 803, 74 Zi (mB/mD), P, am Meer . . . (B3, **f**)
- **Rivamare ◪,** Via A. Bafile, 17. Zugang zum Meer, ☎ 90 432, 55 Zi (mB), P, am Meer . . . (B4, **ag**)
- **Universo ◪,** Via Treviso 7, ☎ 91 698, 60 Zi (mD), P ❀ ≈, am Meer . . . (B2, **ac**)
- **Regina ◪,** Via A. Bafile 115, ☎ 90 383, 47 Zi (mB/mD), P . . . (A5, **p**)
- **La Bussola ◪,** Via Levantina 1/3, ☎ 92 180, 56 Zi (mD), P ≈, am Meer . . . (B6, a. P.)
- **Termini ◪,** Via Altinate 32, ☎ 90 488, 45 Zi (39 mD), P ≈ ❀, am Meer . . . (B6, a. P.)
- **Souvenir ◪,** Viale Venezia 2, ☎ 90 562, 39 Zi (mD), P, am Meer . . . (B5, **r**)

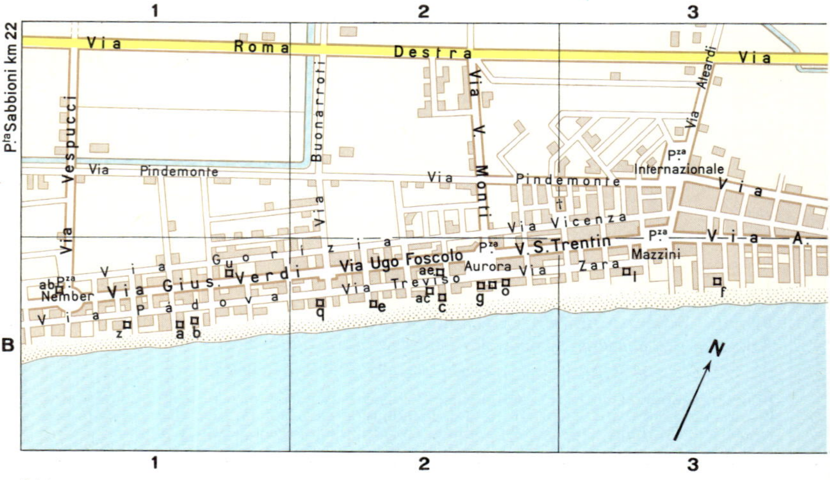

Coppe ⊠, Via Altinate 65, ☎ 92 549, 45 Zi (mD), P . . . (B6, a. P.)
Ancora, Via A. Bafile, ☎ 90 507, 67 Zi (61 mD), P . . . (B5, **s**)
Promenade ⊠, Via delle Nereidi 1, ☎ 92 205, 39 Zi (mB/mD), P, am Meer . . . (A5, **v**)
Sofia ⊠, Via Treviso 22, ☎ 97 19 93, 50 Zi (mD), P . . . (B5, **ae**)
Orizzonte ⊠, Viale Venezia 5, ☎ 90 004, 51 Zi (43 mD), P . . . (B5, **t**)
Milton ⊠, Via Verdi 80, ☎ 91 788, 50 Zi (10 mB/40 mD), P ≈ . . . (B1, **u**)
Sanremo ⊠, Via A. Bafile, 18. Zugang zum Meer, ☎ 90 229, 30 Zi (26 mD), P, am Meer . . . (B4, **w**)
La Fenice ⊠, Via dei Mille 81, ☎ 92 242, 50 Zi (mD), P ≈ . . . (B1, a. P.)
Colombo ⊠, Via Aquilea 127, ☎ 92 279, 55 Zi (46 mD), P . . . (A4, **x**)
Da Alfredo ⊠, Largo Tempini 113, ☎ 91 227, P, nur abends . . . (A–B5, **ra**)

in Jésolo Paese:
Udinese-Da Aldo ⊠, Via C. Battisti 23, ☎ 95 14 09, P, ~~Mi~~

in Jésolo Pineta:
Elite ⊠, Via Oriente 64, ☎ 96 11 33, ⊡ 410533, 44 Zi (mD), P ❀ ≈, AIR, am Meer
Bellevue ⊠, Via Oriente 120, ☎ 96 12 33, 62 Zi (mB/mD), P ❀ ≈ ⚲, am Meer
Gallia ⊠, Via del Cigno Bianco 3, ☎ 96 10 18, 58 Zi (mB/mD), P ❀ ≈, AIR, ruhig, am Meer
Negresco ⊠, Via Bucintoro 8, ☎ 96 11 37, 44 Zi (mD), P ≈ ❀ ⚲, AIR, am Meer
Mediterraneo ⊠, Via Oriente 106, ☎ 96 11 75, 57 Zi (mB/mD), P G ❀ ≈ ⚲, am Meer
Bauer ⊠, Via Bucintoro 6, ☎ 96 13 63, 35 Zi (mD), P ❀ ≈, AIR, am Meer
Viña del Mar ⊠, Via Oriente 62, ☎ 96 11 82, 48 Zi (mD), P ≈, am Meer
King ⊠, Via Oriente 180, ☎ 96 10 67, 42 Zi (mB/mD), P ❀ ≈, am Meer
Harvey ⊠, Via del Cigno Bianco 9, ☎ 96 10 05, 36 Zi (3 mB/33 mD), P ❀
Danmark ⊠, Via Airone 1, ☎ 96 10 13, 55 Zi (52 mB/mD), P ❀ ≈, am Meer
Alla Darsena ⊠, Via Oriente 166, ☎ 96 10 81, P ❀, Fisch vom Rost, ~~Do~~

in Cavallino (⊠ 30013; ✆ 041), 10 km nach W:
Fenix ⊠, Via Baracca, Zona Faro E., ☎ 96 80 40, 64 Zi (mD), P ❀ ⚲, am Meer
International ⊠, Ca' di Valle, ☎ 96 81 08, 48 Zi (mB/mD), P ❀
Da Achille Scarpa ⊠, Piazza Centro, ☎ 96 80 05, P, rustikal, Fisch, ~~Mo~~

in Treporti (⊠ 30010; ✆ 041), 11 km nach W:
Al Pescatore ⊠, ☎ 96 61 96, P, abgeschieden, an der Lagune, Fisch, ~~Di~~

in Punta Sabbioni (⊠ 30010; ✆ 041), 22 km nach W:
Lio Grando ⊠, Piazza Lio Grando, ☎ 96 61 36, 60 Zi (51 mB/8 mD), P ❀ ⚲

in Eraclea Mare (⊠ 30020; ✆ 0421), 12 km nach O:
Park Hotel Pineta ⊠, Via della Pineta, ☎ 66 063, 34 Zi (mD), P ❀
Aurora ⊠, Via Dancalia 71, ☎ 66 045, 36 Zi (33 mD), P ❀

An der Westseite des Ortes, in der Via Bafile 145, befindet sich das *Stabilimento Termale Elioterapico:* Meerwasserkuren; Sandpackungen; Abteilung für Hals-Nasen-Ohrenerkrankungen.
Im SW des Lido di Jesolo, zwischen der Mündung des Sile und der Punta Sabbioni, erstreckt sich der Badeort *Cavallino*.
Im NO, am Ufer der Piave, liegt der kleine Badeort *Eraclea Mare*.
AUSFLUG – nach **Venedig**** (s. d.) über die Küstenstraße (21 km) bis nach Cavallino und Punta Sabbioni, von dort mit dem Schiff bis nach Venedig (auch Autofähre).

KALTERN AN DER WEINSTRASSE (Caldaro sulla strada del vino)

5.820 Ew, 426 m (1 C3)

Provinz Bozen. Hauptort des Bozener Überetschlandes, berühmtestes Weinbauzentrum Südtirols, mit interessanten Bauten in einem Mischstil zwischen Gotik und Renaissance.

⊠ 39052, ✆ 0471, i *Fremdenverkehrsamt* in Unterdorf, Marktplatz, ☎ 53 169

Freizeitangebot: Tennis; Schwimmbad; Sauna; Badestrand und Segelschule am See.

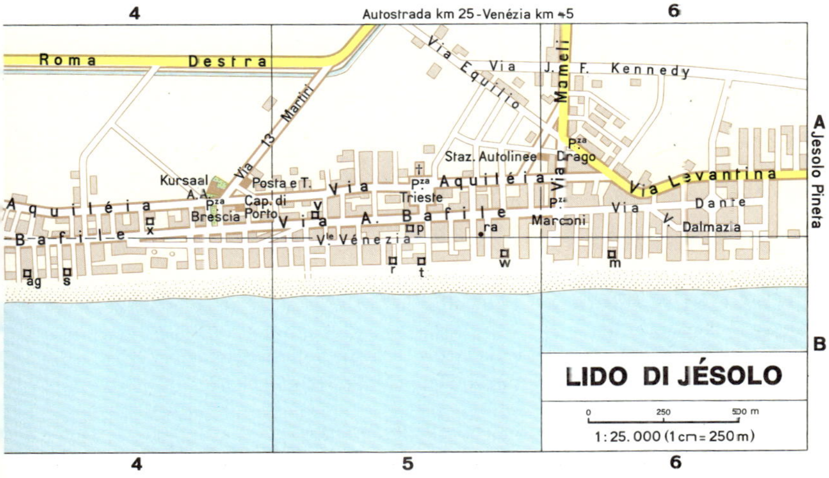

Weingarten ◪, Ausfahrt nach Bozen, ☎ 96 33 87, 31 Zi (mB), Ⓟ ≋, Sauna
Goldener Stern, im Ort, ☎ 96 31 53, 28 Zi (4 mB/19 mD)
Tannhof ◪, in Oberplanitzing (2 km), ☎ 52 377, 15 Zi (mD), Ⓟ ≋ ♆
Europa ◪, im oberen Ort, ☎ 96 33 70, 22 Zi (mB/mD), Ⓟ Ⓖ ❀, Sauna
Ritterhof ◪, an der Straße zum See, ☎ 96 33 30, Ⓟ ♆

am Kalterer See (4 km):
Seehof (Seehotel Ambach) ◪, am Ostufer, ☎ 96 33 98, 27 Zi (mB/mD), Ⓟ ❀, TV, Badestrand
Seegarten ◪, am Nordufer, ☎ 96 32 60, 22 Zi (mB/mD), Ⓟ, Badestrand

in Tramin (✉ 39040; 9,5 km nach S, 276 m):
Traminer Hof ◪, ☎ 86 384, 39 Zi (mB/mD), Ⓟ Ⓖ ❀ ≋
Arndt ◪, ☎ 86 336, 22 Zi (mB/mD), Ⓟ ❀ ≋, Sauna

Das *Überetsch* ist ein Hochplateau im SW von Bozen am Fuß der Mendelkette, im Spätmittelalter bevorzugter Sitz des Südtiroler Adels; viele Schlösser und Herrensitze. Im 16. Jh. Ausbildung des typischen „Überetscher Baustils“, einem Mischstil zwischen deutscher Spätgotik und lombardischer Renaissance. Weinbaugebiet erster Güte („Kalterer See“).
Die Gemeinde Kaltern besteht aus mehreren *Ortschaften: Unterdorf, Mitterdorf, St. Anton, St. Nikolaus.* In **Kaltern Markt** *(Unterdorf)* der schöne Hauptplatz mit Laubenzeilen, dem Gasthof „Weißes Rössel“ aus dem 16. Jh. und der gotischen *Pfarrkirche Maria Himmelfahrt* (um 1500). In Mitterdorf die *Katharinenkirche* mit Fresken aus dem 15. Jh. (verändert).
In der Fraktion **St. Anton,** 513 m, die gotische *Pfarrkirche* (13.–14. Jh.) mit Chorfresken aus dem späten 15. Jh.
4 km nach S liegt der 1,5 km² große **Kalterer See** *(Lago di Caldaro),* 214 m, mit Bade- und Sportmöglichkeiten (Strandbad, Restaurants). An der Zufahrtsstraße liegt *Schloß Ringberg* (Montetondo), Sitz des *Südtiroler Weinmuseums (Öffnungszeiten: werktags 9.30–12, 14–18 Uhr; Mo geschl.).* Weiter auf der schönen **Südtiroler Weinstraße*** nach *Tramin* (Termeneo), 276 m, *Kurtasch* (Cortaccio), 333 m, und *Magreid* (Magie dell' Adige).

KARERSEE (Carezza al Lago) 1609 m (2 C1)

Gemeinde Welschnofen; Provinz Bozen. Der berühmte See liegt an der Großen Dolomitenstraße unterhalb des Karerpasses (Passo di Costalunga), 1745 m, der das Eggen-Tal (Val d'Ega) mit dem Fassa-Tal verbindet, unter der großartigen Kulisse von Rosengarten und Latemar. Beliebtes Ausflugs- und Wintersportgebiet.

✉ 39056, ✆ 0471, ⓘ *Verkehrsverein* in Welschnofen, ☎ 61 31 26 und Vigo di Fossa (Prov. Trient), ☎ (1462) 64 093.

Freizeitangebot: Tennis; Gondellifte Laurin I und II von Welschnofen (1324 m) zur Frommer-Alm (1730 m) und Rosengartenhütte (2315 m); Rosengartenlift: 1640–2125 m (Bergstation Paoloni-Schutzhaus); Schlepplifte.

Savoy ◪, Karerpaß (Provinz Trient), ☎ 61 68 24, 44 Zi (28 mB/17 mD), Ⓟ Ⓖ ≋
Simhild, an der Straße, ☎ 61 68 69, 9 Zi (mB/mD), Ⓟ, im Pinienhain

An der Straße nach Welschnofen (Nova Levante) liegt der kleine, von dunklen Tannenwäldern umgebene **Karersee*** (Lago di Carezza), in dessen Wasser sich die Gipfel des Latemar spiegeln.

KASTELRUTH (Castelrotto) 5.446 Ew, 1095 m (2 B1)

Provinz Bozen. Malerischer Sommerfrischen- und Wintersportort am gleichnamigen Hochplateau am NW-Rand der Seiser Alm.

✉ 39040, ✆ 0471, ⓘ *Verkehrsverein,* Hauptplatz, ☎ 71 333; in Tschars: Verkehrsverein

Freizeitangebot: Schwimmbad; Reiten; Gondellift: Marinzen, 1052–1484 m; Skilift; Eislaufen; Skischule; Rodelbahn.

Madonna ◪, ☎ 71 194, 22 Zi (mB/mD), Ⓟ Ⓖ ❀ ≋, TV
Cavallino d'Oro – Goldenes Rössl, ☎ 71 337, Ⓣ 400877, 25 Zi (mB/mD), Ⓖ, Sauna, gute Küche, Restaurant, Di
Scolaia – Haus am Sonnenhang ◪, ☎ 71 444, 33 Zi (mB), Ⓟ ❀
Tyrol ◪, ☎ 71 397, 28 Zi (15 mB/7 mD), Ⓟ Ⓖ ❀ ≋
Posthotel Lamm, ☎ 71 343, 41 Zi, (34 mB/mD), Ⓟ ❀ ≋, Sauna
Belvedere – Schönblick, ☎ 71 336, 38 Zi (24 mB/mD), Ⓟ ❀, Sauna
Alpen Royal ◪, ☎ 71 350, 22 Zi (mB/mD), Ⓟ Ⓖ ❀

VERANSTALTUNGEN – Weit über die Landesgrenzen bekannt ist die Kastelruther Fronleichnamsprozession, vor allem durch die Pracht der bei diesem Anlaß getragenen alten Südtiroler Trachten.

KLAUSEN (Chiusa) 4.073 Ew, 523 m (2 B1)

Provinz Bozen. Altes malerisches Städtchen (das römische *Sabiona*) in einer Talenge der Eisack; Fremdenverkehrsort, beliebte Sommerfrische.

✉ 39043, ✆ 0472, ⓘ *Verkehrsverein,* Hauptstraße, ☎ 47 424

Post, Thinne-Platz, ☎ 47 514, 60 Zi (40 mB/mD), Ⓟ Ⓖ ❀ ≋
Sylvanerhof, Brennerstraße 52, ☎ 47 557, Ⓣ 400826, 91 Zi (mB/mD), Ⓟ Ⓖ ❀ ≋

Besonders sehenswert ist die Hauptstraße mit ihren malerischen Häusern mit Holzportalen und Erkern aus dem 15./16. Jh. Interessant ist auch die spätgotische *Pfarrkirche St. Andreas* (1480–1494) und die *Apostelkirche* (ebenfalls 15. Jh.). – Im ehemaligen Kapuzinerkloster die Loretokapelle, in deren Anbau *(Besichtigung: 15. Mai–September, 10–11, 16–17 Uhr)* der wertvolle Kirchenschatz (17. Jh.) mit Gemälden italienischer und flämischer Meister des 16. und 17. Jh.
Über dem Ort die **Burg Branzoll** *(Torre del Capitano)* mit mächtigem Turm (13. Jh.).
Vom Autobahnanschluß Klausen nach (3 km) **Gufidaun** (Gudon) mit kleinem privaten Volkskundemuseum *(Besichtigung nach Voranmeldung,* ☎ 47 401).
Die Stadt wird von dem auf steilen Felsen gelagerten heutigen Benediktinerinnenkloster *Säben (Sabiona,* 30 Min. Fußweg), 729 m, überragt. Säben war vom 6. Jh. bis 990 Bischofssitz; dann wurde es von Brixen abgelöst. Die von Mauern und Türmen umschlossene Anlage besteht aus romanischen und barocken Gebäuden.

KOLFUSCHG (Colfosco) 1.000 Ew, 1645 m (2 B2)

Gemeinde Corvara; Provinz Bozen. Sommerfrische und Wintersportort in der Hochabtei (Alta Badia) an den Hängen des Sassongher, zwischen Corvara und dem Grödner Joch.

✉ 39030, ✆ 0471, ℹ *Fremdenverkehrsverein* Corvara-Kolfuschg, ☎ 83 145

Freizeitangebot: Tennis; Hallenbad und andere Anlagen in Corvara; Sessellift: von Kolfuschg (1650 m) auf den Col Pradat (2000 m), Sodliria, 1535–1655 m, Borest, 1500–1535 m; Schlepplifte: aufs Grödner Joch (s. d.); 3 Sektionen, 1620–2055 m; Skipaß.

- **Cappella** ▣, ☎ 83 183, Tx 400643, 40 Zi (mB/mD), P G ❀ ≈, TV, Sauna
- **Kolfuschgerhof** ▣, Richtung Grödner Joch, ☎ 83 188, 32 Zi (mB/mD), P ❀ ≈, TV, Sauna
- **Sport,** ☎ 83 074, 49 Zi (47 mB/mD)

LAMA MOCOGNO 3.219 Ew, 812 m (8 D2-3)

Provinz Modena. Sommerfrische im westlichen Apennin Modenas an der Straße nach Abetone, bestehend aus mehreren Dörfern: *La Santona,* 1154 m, in schöner Lage gegenüber dem Monte Cimone, *Barigazzo,* 1217 m, und *Piane di Mocogno.*

✉ 41023, ✆ 0536, ℹ *Verkehrsbüro* im Rathaus, ☎ 44 003

Freizeitangebot: Schwimmbad; Tennis; Skilifte am Piane di Mocogno und am Cento-Croci-Paß.

in Piane di Mocogno, 1300 m (✉ 41020, 9 km):
- **Victoria** ▣, ☎ 45 015, 12 Zi (mB/mD), P, im Pinienhain
- **Mazzieri,** am Platz, ☎ 45 000, 33 Zi (4 mB/27 mD)

AUSFLÜGE – 3 km von La Santona entfernt liegt in ca. 1300 m Höhe **Piane di Mocogno** inmitten von Wiesen und Wäldern mit Einrichtungen für den Wintersport. – 5,8 km von Barigazzo (bei Serpiano von der Hauptstraße in Richtung W abzweigen) zum **Passo Cento Croci,** 1271 m, einem Sommerfrischen- und Wintersportgebiet *(Valle dei Castori – Bibertal).*

LANA 7.957 Ew, 316 m (1 B3)

Provinz Bozen. Wichtiges Agrar- (Obst, Wein), Industrie- (Konserven, Papier, Holz) und Fremdenverkehrszentrum in der Nähe von Meran an der Mündung des Ultentals an der Straße zum Gampenjoch.

✉ 39011, ✆ 0473, ℹ *Verkehrsverein,* Andreas-Hofer-Straße 6, ☎ 51 770

Freizeitangebot: Tennis; Schwimmbad; Rollschuhlaufbahn; Reiten; Bowling; Seilbahn: Lana (327 m) – Vigiljoch (1487 m), Postal (270 m) – Verano (1170 m); Sesselift: Vigiljoch (1500 m) – Larchbühel (1814 m); Schlepplifte auf dem Vigiljoch; Eislaufen; Skischule. Im Ultental: Doppelsessellift von Breiteben (1505 m) auf die Schwemmalm (1905 m); Schlepplifte auf der Schwemmalm und in St. Nikolaus.

- **Teiss Weißes Rössel,** bei der Brücke, ☎ 51 101, Tx 400316, 47 Zi (mB/mD), P ❀ ≈, TV
- **Villa Arnika** ▣, in der Nähe des Verkehrsvereins, ☎ 51 236, 13 Zi (mB/mD), P ❀ ≈
- **Poder,** Ausfahrt nach Bozen, ☎ 51 258, 48 Zi (mB/mD), P G ❀ ≈

in der Umgebung:
- **Waldhof** ▣, in Völlan, 696 m, n. 4 km, ☎ 51 181, 28 Zi (mB/mD), P G ❀ ≈, TV
- **Wöllanerhof,** in Völlan, 606 m (4 km), ☎ 58 033, 41 Zi (mB/mD), P G ❀ ≈, TV, Sauna
- **Monte S. Vigilio** ▣, Vigiljoch, 1485 m, mit der Seilbahn erreichbar, ☎ 51 236, 41 Zi (8 mB/21 mD), ❀ ≈
- **Felderhof** ▣, in Tscherms (Richtung Meran), ☎ 51 437, 19 Zi (3 mB/13 mD), P ❀ ≈

in Burgstall, 261 m (✉ 39014) 4 km Richtung Bozen:
- **Forstlerhof** ▣, an der Straße, ☎ 92 288, 22 Zi (mD), P ❀ ≈, Sauna
- **Eichhof,** ☎ 51 196, 28 Zi (mB/mD), P ❀ ≈, Sauna
- **Rebgut** ▣, ☎ 51 430, 12 Zi (mB/mD), P ❀ ≈

im Ultental (✉ 39016):
- **Waltershof,** in St. Nikolaus (30 km), ☎ 79 144, 20 Zi (mB/mD), P ❀ ≈, Sauna
- **Enzian - Genziana,** in St. Gertraud (34 km) am Weißbrunner See, ☎ 79 133, Vorbestellung

In der schönen spätgotischen *Pfarrkirche von Niederlana* der großartige Schnitzaltar* von G. Schnatterpeck (1503–1511), mit Flügelbildern von H. Schäuffelin. *Besichtigung mit Führung alle Stunden, 9.30–11.30, 14–18 Uhr*

4 km gegen S an der Gampenjochstraße liegt in schöner Umgebung die Sommerfrische **Völlan** *(Foiana)*, 696 m; in der Nähe die prächtige Ruine von *Braunsberg*.
AUSFLÜGE – In 5 Min. mit der Seilbahn (Baujahr 1912; eine der ältesten der Alpen!) auf das **Vigiljoch** *(Monte S. Vigilio)*, 1486 m; die schöne mattenreiche Gegend oberhalb Merans bietet Wintersportmöglichkeiten; ein Sessellift führt auf den *Larchbühel* (Doso dei Larici), 1837 m, der höchsten Erhebung des Marlinger Berges, der den Talkessel von Meran nach SW abschließt. Die Straße durch das **Ultental** *(Val d'Ultimo)*, 34 km bis nach St. Gertraud, führt durch schönes waldreiches Gebiet bis zum Bergmassiv der Zufallspitze (Cevedale; siehe auch Stilfser Joch).

LATISANA 10.708 Ew, 7 m (**6** D1)

Provinz Udine. Wichtiges Landwirtschaftszentrum am Tagliamento in trockengelegtem Gelände.

✉ 33053, ✆ 0431

- **Bella Venezia,** Gasperipark (Autobahnabfahrt), ☎ 50 180, 22 Zi (mB/mD), P, gute Küche, ~~Mo~~
- **Sot la Nape,** via Marconi 59 (Ausfahrt nach Triest), ☎ 50 310, P, ~~Di~~ und Okt.

in Pocenia, 9 m (✉ 33050, 9 km n. NO):
- **Al Paradiso,** in Paradiso (7 km n. NO), ☎ 77 70 00, P, ~~Mo~~
- **Al Laghetti,** Via Udine 14, ☎ 77 90 30, P, Fisch, Teich, ~~Di~~ und Februar

In der Pfarrkirche: Taufe Christi*, von Veronese (1567), und Holzkruzifix (1566).

LAVARONE 1.152 Ew, 1171 m (**1** E3)

Provinz Trient. Aus mehreren Ortschaften bestehende Streusiedlung auf dem gleichnamigen hügeligen Hochplateau, wichtiger Sommer- und Winterurlaubsort.

✉ 38046, ✆ 0464, i AA: in Gionghi: Rathaus, ☎ 73 226

Freizeitangebot: Sportzentrum mit Tennis, Minigolf und Schwimmbad in Bertoldi; Sessellifte: Elbele, 1079 m – Monte Rust, 1280 m, Prombis, 1148 m – Monte Rust, 1280 m, Malga Laghetto, 1185 m – Monte Cucco, 1555 m, Bertoldi, 1196 m – M. Tablat, 1382 m; Schlepplifte in Bertoldi; Eislaufen; Skischule.

- **Villa Maria,** in Chiesa, ☎ 73 230, 37 Zi (mB/mD), P
- **Cimone,** in Bertoldi, ☎ 73 113, 54 Zi (3 mB/36 mD), P ≈
- **Capriolo,** in Bertoldi, ☎ 73 187, 29 Zi (25 mD), P
- **Esperia,** in Chiesa, ☎ 73 124, 16 Zi (mD)
- **Monte Verde** ◪, in Gionghi, ☎ 73 174, 25 Zi (3 mB/19 mD), P

VERANSTALTUNGEN – Millegrobbe (Skilanglaufwettbewerb); Marcia delle Nazioni (Wanderkonkurrenz im Sommer).
Unterhalb der Fraktion Chiesa in einer kleinen Talmulde liegt der kleine malerische See von Lavarone (1114 m) mit einem kleinen Badestrand.
AUSFLUG – (nur im Sommer; Eintrittsgebühr) zum **Fort Belvedere,** 1,5 km von Cappella (1178 m) entfernt; eine mächtige, halb unterirdische Anlage, die die Österreicher im Ersten Weltkrieg zur Verteidigung des Val d'Astico und des Hochplateaus von Asiago errichteten. Im eindrucksvollen Inneren historische Fotos und ein kleines *Museum* mit Waffen und Erinnerungsgegenständen.

LAZISE 5.506 Ew, 76 m (**3** E2)

Provinz Verona. Handelszentrum und Luftkurort am Ostufer des Gardasees mit Blick auf Sirmione.

✉ 37017, ✆ 045, i AA: Via F. Fontana, ☎ 64 31 14

Freizeitangebot: Tennis; Reiten; Yachthafen; Schiffahrtsverkehr.

- **Lazise** ◪, Via Esperia, ☎ 64 32 92, 47 Zi (mB/mD), P G ≈, AIR
- **Al Pescador,** Via Verona Lago 24, ☎ 64 30 65, 42 Zi (mB), P ≈
- **Benacus** ◪, Viale Roma 10, ☎ 64 31 24, 27 Zi (mD), P
- **Miralago,** Lungolago Marconi 16, ☎ 64 36 11, 23 Zi (5 mB/17 mD), P
- **Santa Marta,** Via Sentieri 13, ☎ 64 30 26, 42 Zi (mD), P
- **Alla Grotta** ◪, Via Francesco Fontana 10, ☎ 64 50 65, 17 Zi (mD), ~~Di~~
- **Da Oreste,** Via Francesco Fontana, ☎ 64 30 19, ~~Mi~~
- **La Cambusa,** Vicolo Calle Prima, ☎ 64 31 58, ~~Mo~~
- **La Forgia,** Via Calle Prima 26, ☎ 64 32 87, Spezialitäten vom Rost, ~~Mo~~ + Nov.

Malerische *Stadtmauern;* **Burg** im 14. Jh. von den Skaligern mit 5 Türmen und einem Wehrturm erneuert. Neben dem winzigen Eingang das Kirchlein *S. Nicolò* aus dem 12. Jh. (im Inneren Fresken aus dem 14. Jh.) und der niedere Bau des venezianischen *Zollamts* (16. Jh.).
AUSFLUG – 22 km in Richtung SO nach **Verona**** (s. d.), vorbei an (10 km) **Pastrengo** (192 m), 1799 und 1848 Schauplatz von Gefechten zwischen Österreichern und Franzosen bzw. Piemontesen, und **Bussolengo** (127 m, 13.667 Ew), einem lebhaften Städtchen über dem Etschtal mit der Kirche *S. Valentino* aus dem 13. Jh., die außen und innen mit Fresken aus dem 13. und 14. Jh. geschmückt ist. Gegenüber auf der anderen Seite des Flusses liegt *Pescantina,* 80 m, bekanntes Obstbaugebiet (Pfirsiche). Die *Pfarrkirche* aus dem 18. Jh., Gemälde aus dem 17. und 18. Jh. und Überreste ihres romanischen Vorgängerbaus; bemerkenswerte Kapitelle. Zwischen den Gemeinden Pastrengo und Bussolengo liegt ein 24 ha großes *Freiwildgehege (Restaurant, Schwimmbecken; Besuchszeit: 9–18 Uhr)* mit heimischer Tierwelt, einem mit dem Auto zu durchfahrenden *Safaripark* (5 km) mit frei lebenden exotischen Tieren und einem *Dinosaurierpark* mit Nachbildungen der urgeschichtlichen Fauna in Naturgröße.

LEDRO (LAGO DI) siehe Pieve di Ledro

LEGNAGO 27.146 Ew, 16 m (4 F1)

Provinz Verona. Beachtenswertes Handels- und Industriezentrum (Maschinenbau, Zuckerraffinerie) und Verkehrsknotenpunkt an der Etsch; ehemalige österreichische Festung im „Festungsviereck" Verona – Peschiera – Legnago – Mantua.

⌧ 37045, ✆ 0442.

Salieri, Viale dei Caduti 64, ☎ 22 100, 32 Zi (mD), AIR
Da Fileno, Corso della Vittoria 51, ☎ 20 103, AIR, Mo

in Cerea (⌧ 37053) 8,5 km Richtung Mantua:
Europa, Via Paride da Cerea, ☎ 80 488, 15 Zi (mB/mD)
Lini Hotel, Piazzale Stazione, ☎ 80 633, 11 Zi (mD)
Romagnolo, Via Vittorio Venetto 105, ☎ 80 122, AIR, Mi

in Sanguinetto (⌧ 37058) 13 km Richtung Mantua:
Ilva, an der N. 10, 2 km Richtung Cerea, ☎ 81 119, 13 Zi (mB), P G

Auf der Piazza della Libertà die Ruine des *Torrione,* des letzten der ursprünglich vier Türme der ehemaligen Festung. Im **Palazzo Fioroni** ist die *Fondazione Museo Fioroni (Besichtigung: So 16.30–19.30 Uhr im Sommer, 15–17.30 Uhr im Winter; August geschl.).* Sie umfaßt ein *Historisches Museum,* mit Waffen und Werkzeugen von der Völkerwanderungszeit bis ins Mittelalter, Keramik aus dem 15. und 16. Jh., Möbeln und Erinnerungsgegenständen an die italienische Einigung und den letzten Krieg, sowie ein neu eingerichtetes *Archäologisches Museum* mit prähistorischen und römischen Funden aus der Umgebung.

LÉVICO TERME 5.573 Ew, 506 m (1 E3)

Provinz Trient. Städtchen in der Valsugana, wichtiger Thermalkurort, auch als Sommerfrische besucht, in einem gegen den See abfallenden Talkessel gelegen.

⌧ 38056, ✆ 0461, ℹ AA: Viale Dante Alighieri, ☎ 70 61 01

Freizeitangebot: Schwimmbad; Tennis; Sporthalle; überdachte Boccia-Anlage; Reithalle mit Reitschule; Wasserski.

Grand Hotel Terme, ☎ 70 61 04, 71 Zi (mB/mD), P ≋, Thermalkur, 1984 in Restaurierung
Bellavista, ☎ 70 61 36, Tx 400856, 78 Zi (mB/mD), P ≋
Romanda, ☎ 70 71 22, 41 Zi (mB), P
Europa, ☎ 71 397, 41 Zi (mB/mD), P G
Eden Libardi, ☎ 71 103, 46 Zi (29 mB/2 mD), P
Vittoria, ☎ 71 430, 23 Zi (mD), P
Sorriso, am See, ☎ 70 70 29, 42 Zi (mD), P ≋
Du Lac Park Hotel, am See, ☎ 71 450, 32 Zi (mB), P
Miralago Alietti, ☎ 71 359, 27 Zi (mD), P
La Pace, ☎ 70 61 17, 40 Zi (7 mB/9 mD), P G
Lucia, ☎ 70 62 29, 40 Zi (8 mB/22 mD), P ≋
Levico, ☎ 70 63 35, 39 Zi (4 mB/37 mD), P
La Stua, Via Battisti 62, ☎ 70 70 28, Di und Juni
Florida, am See, ☎ 71 400, 29 Zi (4 mB/23 mD), P

KURBETRIEB – Zwei Thermalbäder (der moderne *Palazzo delle Terme* und das *Grand Hotel*) wenden das arsen- und eisenhaltige, aus Vetriolo kommende Wasser in Form von Bädern und Schlammbädern (gelegentlich auch Trinkkuren und Inhalationen) bei Blut-, Schilddrüsen-, Nerven-, Haut-, Hals-, Nasen-, Ohrenerkrankungen, Arthritis und Frauenleiden an. Saison: 15. Mai–15. Oktober.
SPAZIERGÄNGE – 1 km zum **See von Lévico** (Fläche 1,16 km^2), einem grünen Wasserspiegel mit Badestrand. – 30 Min. vom öffentlichen Park entfernt liegt das Kirchlein *S. Biagio,* 573 m, mit Fresken aus dem 14.–16. Jh.; schöner Blick auf Lévico und den See. – 12 km nach **Vetriolo** (s. d.).

LIDI DI COMACCHIO (10 B-C1)

Gemeinde Comacchio; Provinz Ferrara. Das Urlaubsgebiet an der Adria besteht aus sieben Badeorten, die sich auf einer Länge von 20 km im O und im N der Valli di Comacchio verteilen. Sie liegen zum Teil in Pinienwäldern: *Lido di Spina, Lido degli Estensi* (am besten ausgestattet), *Porto Garibaldi, Lido degli Scacchi, Lido di Pomposa, Lido delle Nazioni* und etwas abseits im N *Lido di Volano.*

⌧ 44024, 44029, 44020, ✆ 0533, ℹ AA: in Lido degli Estensi, Viale Carducci 147, ☎ 87 574; in Porto Garibaldi, Viale dei Mille, ☎ 87 580; in Lido di Volano, Via Imperiale 11, ☎ 85 115; in Lido delle Nazione, ☎ 89 068; in Lido di Pomposa, Via Dolomiti, ☎ 88 228; in Lido di Spina, ☎ 80 250

Freizeitangebot: Schwimmbad; Tennis; Segelschule; Wasserski; Reithalle; Tontaubenschießen; Bedarfsflugplatz in Lido delle Nazione.

in Lido degli Estensi:
- **Vela d'Oro ◪,** Via G. Pascoli, ☎ 87 262, 48 Zi (6 mB/42 mD), 🅿 ❀, am Meer
- **Tropicana ◪,** Via U. Foscolo 2, ☎ 87 673, 65 Zi (mD), 🅿 ❀
- **Logonovo ◪,** Viale Querce 109, ☎ 87 531, 45 Zi (mD), ❀ ≈
- **Bristol ◪,** Via G. Pascoli 55, ☎ 87 161, 30 Zi (2 mB/25 mD), 🅿 ❀, am Meer
- **Casa Bianca ◪,** Strada Romea 35, ☎ 87 460, 🅿, Fisch- und Wildspezialitäten, ~~Di~~

in Lido degli Scacchi:
- **Alfiere ◪,** Via Lido Scacchi, ☎ 88 165, 67 Zi (mD), 🅿 ❀ ≈ ⚲, AIR
- **La Fattoria ◪,** Viale Patrignani, ☎ 88 255, ❀, auch Pizzeria, ~~Mo~~

in Lido di Pomposa:
- **Park Hotel ◪,** Viale Mare Adriatico 44, ☎ 88 125, 52 Zi (41 mD), 🅿 ❀
- **Lido ◪,** an der Seepromenade, ☎ 88 136, 44 Zi (mD), 🅿, TV

in Lido delle Nazioni:
- **Delle Nazioni ◪,** Viale Unione Sovietica 1, ☎ 89 276, Tx 510245, 81 Zi (mB/mD), 🅿 ❀ ≈ ⚲
- **Quadrifoglio ◪,** Viale Inghilterra 2, ☎ 89 316, 68 Zi (mB/mD), 🅿 ❀
- **Hotel Club Spiaggia Romea ◪,** in Richtung Lido di Volano, ☎ 85 130, 152 Zi (mD), 🅿 ❀ ⚲, isoliert, im Pinienhain, Bungalows
- **I camini ◪,** Viale Egitto, ☎ 89 081, Fisch, am Meer, ~~Di~~

in Lido di Spina:
- **Gallia ◪,** Viale Leonardo, ☎ 80 318, 48 Zi (mD), 🅿 ❀ ≈
- **Caravel ◪,** Viale Leonardo, ☎ 80 106, 22 Zi (mD), 🅿 ❀
- **Continental ◪,** Via Tintoretto, ☎ 80 120, 34 Zi (6 mB/28 mD), ❀, am Meer
- **Aroldo ◪,** Viale Acacie 26, ☎ 80 536, auch Pizzeria, ~~Mo~~ und Nov., Dez.

in Porto Garibaldi:
- **Rivamare ◪,** Viale dei Mille 75, ☎ 87 247, 19 Zi (mD), am Meer
- **Pacifico – Da Franco ◪,** Via Resistenza, ☎ 87 169, am Kanalhafen, Fisch, ~~Mo~~
- **Villa Pia ◪,** Viale Finlandia, ☎ 89 013, ❀, Spezialitäten vom Rost, auch Zimmer, ~~Sa~~
- **La Greppia ◪,** in Lido di Volano, Via del Bosco 70, ☎ 85 129, 🅿 ❀, mit Pizzeria, ~~Mo~~

LIDO DI JÉSOLO siehe Jésolo

LIDO DEL SAVIO 4 m (10 D1)

Gemeinde Ravenna. Badeort an der mittleren Adriaküste zwischen Milano Marittima und der Mündung des Savio, auf der anderen Seite des Flusses liegt der *Lido di Classe.*

✉ 48020, ✆ 0544, ℹ AA: von Ravenna, ◪, Viale Romagna 168, ☎ 94 90 63

Freizeitangebot: Tennis; Reithalle.

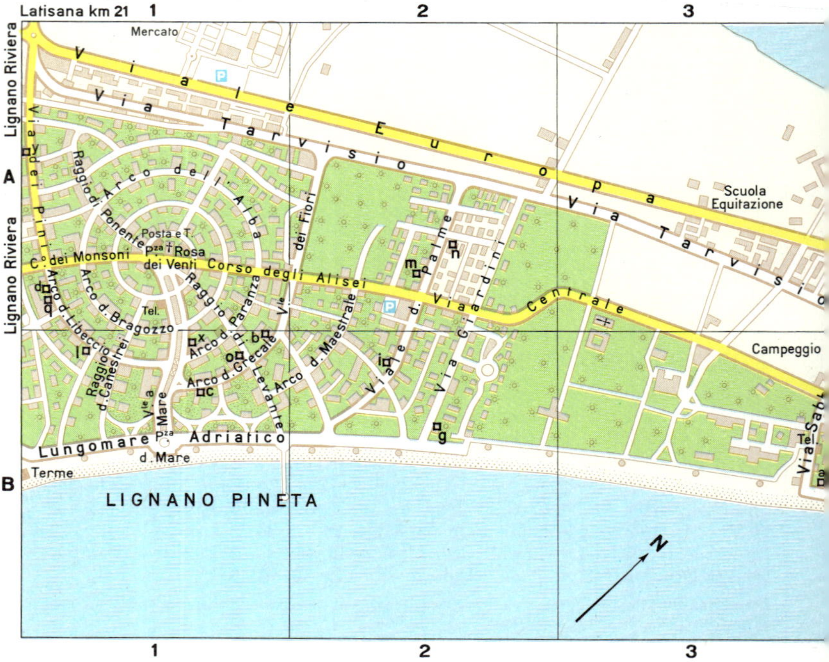

- **Palace Lido,** Via Marradi 12, ☎ 94 92 23, 73 Zi (mD), P ≈ am Meer
- **Mediterraneo,** Via Modigliana 11, ☎ 94 90 18, 80 Zi (67 mD), P, am Meer
- **Rossi's,** Via Lavezzola 2, ☎ 94 90 01, 35 Zi (33 mD), P, am Meer
- **Man,** Via Lavezzola 1, ☎ 94 91 29, 43 Zi (mD), P ≈, am Meer
- **Tokio,** Viale Romagna 155, ☎ 94 91 00, 42 Zi (mD), P
- **Cosmopol,** Viale Romagna 199, ☎ 94 90 08, 38 Zi (35 mD), P, am Meer
- **Asiago Beach,** Viale Romagna 217, ☎ 94 91 87, 30 Zi (27 mD), P, am Meer
- **Levante,** Via Russi 23, ☎ 94 92 22, 32 Zi (mD), P, am Meer

in Lido di Classe:

- **Astor,** Via F.lli Vivaldi 94, ☎ 93 94 37, 25 Zi (mD), P, am Meer

in Savio:

- **La Gramadora,** Staatsstraße Adriatica, auf km 163, ☎ 60 530, P, am Meer, charakteristisch, Mo

Im 6 km entfernten **Savio** (2 m) im Landesinneren an der Staatsstraße der Adriatica ist im Restaurant La Gramadora das **Museum für mechanische Musikinstrumente** untergebracht *(Besichtigung mit Voranmeldung, ☎ 60 530)*: Spinette, Zylinderorgeln, Glockenspiele, Zylinderklaviere, mechanische Orgeln etc.

LIDO DI VENEZIA siehe Venedig

LIGNANO 5.594 Ew, 2 m (6 D1)
(Lignano Sabbiadoro)

Provinz Udine. Einer der wichtigsten Badeorte an der oberen Adriaküste; er liegt zwischen der Lagune von Marano und der Tagliamento-Mündung und besteht aus den Ortschaften *Sabbiadoro, Pineta* und *Riviera.*

✉ 33054, ✆ 0431, 📯 Viale Gorizia 37, B5; in Lignano Pineta: Piazza Rosa dei Venti, A1; Viale Gorizia 18, B5; Via Sabbiadoro, B5; nur Sommer: Via Codroipo, B5; i AA: Via Latisana 42, ☎ 71 821, B5, Sommerbüro in Lignano Pineta: Viale a Mare, B1, ☎ 42 169

Freizeitangebot: Tennis; Tontaubenschießen; Reiten; Segelschule; Schwimmschule.

- **Atlantic,** Lungomare Trieste 160, ☎ 71 101, Tx 450017, 68 Zi (mB/mD), P . . . . . (B3–4, **a**)
- **Playa,** Lungomare Trieste 128, ☎ 71 071, 64 Zi (mD), P . . . . . (B4, **d**)
- **Al Cigno,** Viale Europa 13, ☎ 71 889, 52 Zi (mD), P ≈ . . . . . (B5, **p**)
- **Bellavista,** Lungomare Trieste 70, ☎ 71 313, Tx 450193, 48 Zi (mD), P G . . . . . (B5, **g**)
- **Columbus,** Lungomare Trieste 22, ☎ 71 516, 60 Zi (mB/mD), P G . . . . . (B6, **c**)
- **Vittoria,** Lungomare Morin 28, ☎ 71 221, 48 Zi (mB/mD), P G . . . . . (B6, **n**)

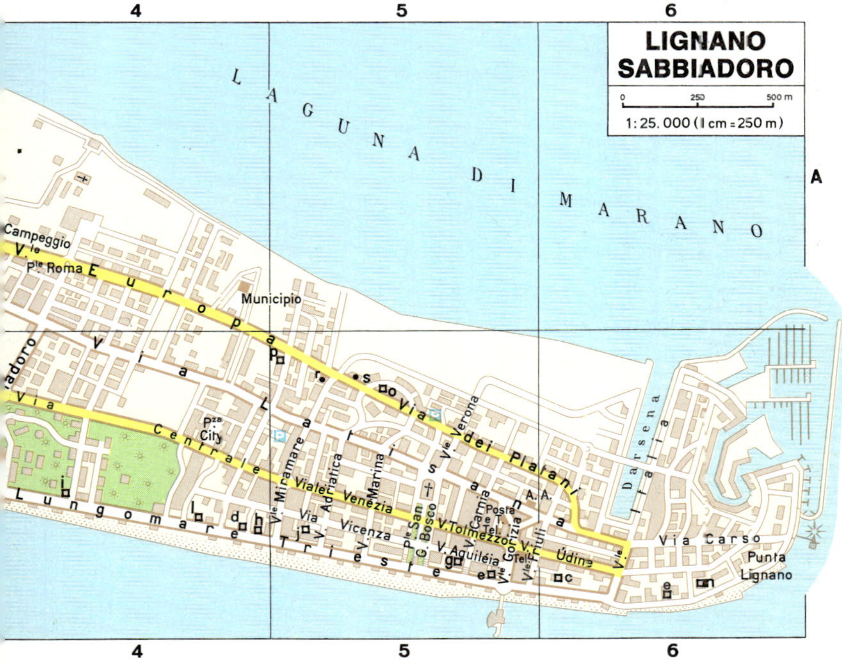

- **La Lampara,** Viale Gorizia 1, ☎ 71 200, 50 Zi (mD), P . . . . . (B5, **e**)
- **Bristol,** Lungomare Trieste 132, ☎ 73 131, 51 Zi (mD), P . . . . . (B4, **l**)
- **Astoria,** Lungomare Trieste 150, ☎ 71 315, 37 Zi (mB/mD), P G AIR . . . . . (B4, **i**)
- **Ambra,** Lungomare Trieste 124, ☎ 71 027, 43 Zi (mB/mD), P . . . . . (B4, **h**)
- **Punta dell' Est,** Via Timavo 26, ☎ 71 990, 37 Zi (mD), P ≋ . . . . . (B6, **a**)
- **Al Cavallino Bianco,** Viale dei Platani 88, ☎ 71 509, 34 Zi (10 mB/19 mD), P Ψ, Sauna, ganzjährig geöffnet. . . . . . (B5, **o**)
- **Bahia,** Via Adriatica 66, ☎ 70 432, 24 Zi (mD) . . . . . (B5, **j**)
- **Bidin ◪,** Viale Europa 1, ☎ 71 988, P, AIR, Vorbestellung, ~~Mi~~ . . . . . (B5, **r**)
- **Alle Bocce – Da Jole,** Via dei Platani 92, ☎ 71 512, P ~~Mi~~ . . . . . (B5, **s**)

in Pertegada, 7,5 km Richtung Latisana:
- **Da Franca ◪,** ☎ 59 461

in Lignano Pineta:
- **Greif,** Arco del Grecale 25, ☎ 42 22 61, 69 Zi (mD), P ≋, AIR . . . . . (A–B1, **b**)
- **Bella Venezia Mare,** Arco del Grecale 18/A, ☎ 42 21 84, 45 Zi (mD), P, gute Küche . . . . . (B1, **c**)
- **Medusa, Splendid,** Raggio dello Scirocco 33, ☎ 22 111, 56 Zi (8 mB/48 mD), AIR
- **Colorado,** Via Giardini 69, ☎ 42 22 81, 72 Zi (mD), P G . . . . . (B2, **g**)
- **Martini,** Via delle Palme 47, ☎ 42 26 66, 42 Zi (39 mD), P ≋ . . . . . (A2, **m**)
- **Park Hotel,** Via delle Palme 41, ☎ 42 23 80, 45 Zi (mB/mD), P ≋ . . . . . (B2, **i**)
- **Croce di Malta,** Raggio delle Capelonghe 2, ☎ 42 22 27, 40 Zi (6 mB/31 mD), P . (B1, **l**)
- **Olympia,** Viale delle Palme 54, ☎ 42 24 68, 51 Zi (3 mB/45 D), P ≋ . . . . . (A2, **n**)
- **Carlton,** Arco del Libeccio 39, ☎ 42 85 31, 37 Zi (mB/mD), P . . . . . (A1, **d**)
- **Erica,** Arco del Grecale 21/23, ☎ 42 21 23, 38 Zi (3 mB/32 mD), P . . . . . (B1, **o**)
- **Dany,** Via dei Pini 25, ☎ 42 83 33, 17 Zi (mD), P
- **Bellevue,** Arco del Libeccio 37, ☎ 42 85 21, 24 Zi (mD), ... (A1, **q**)

in Lignano Riviera:
- **President,** Viale della Pittuna, ☎ 42 87 77, [Tx] 450497, 53 Zi (mD), P
- **Eurotel,** Calle Mendelssohn 13, ☎ 42 89 92, [Tx] 450193, 61 Zi (mB/mD), P ≋, AIR
- **Meridianus,** Viale della Musica 7, ☎ 72 412, [Tx] 430260, 90 Zi (12 mB/82 mD), P ≋, physiotherapeutische Kuren
- **Arizona,** Via Prassitele 2, ☎ 42 85 28, 36 Zi (mB/mD), P ≋
- **Delle Nazioni,** Corso delle Nazioni 62, ☎ 42 84 61, [Tx] 450191, 48 Zi (mB/mD), P ≋
- **Siesta Club ◪,** Corso delle Nazioni 50 , ☎ 72 455, P
- **Dal Beppe,** Corso delle Nazioni 108, ☎ 42 85 08, Vorbestellung, ~~Di~~ u. November

Lignano Pineta ist spiralenförmig angelegt, die Häuser liegen verstreut in einer Pinienwaldung (= Pineta).
In **Lignano Riviera** befindet sich das *Istituto Psammaterapico e di Cure Marine,* wo die therapeutische Wirkung des Meerwassers und des Sandes in Form von Sandpackungen, Bädern und Inhalationen zur Behandlung von Arthrorheumopatie, Erkrankungen der Atemwege und Frauenleiden genützt wird. Etwas außerhalb des Ortes befindet sich der in jüngster Zeit großzügig ausgebaute **Yachthafen** von Lignano.

LIZZANO IN BELVEDERE 2.397 Ew, 640 m (**8** E3)

Provinz Bologna. Gut besuchter Urlaubsort im Bologneser Apennin. Zur Gemeinde Lizzano gehört auch das 3,5 km entfernte **Vidiciático,** 810 m, mit weitem Blick über das Silla-Tal.

✉ 40042, ✆ 0534, [i] AA: Piazza Marconi, ☎ 51 052; in Vidiciático: Via Mercanti, ☎ 53 159

Freizeitangebot: Schwimmbad (in Lizzano und in Vidiciático): Tontaubenschießen; Fechtzentrum; Sessellift am M. Pizzo von 640 m auf 1200 m; Schlepplifte am Corno alle Scale, in Budiara und in Madonna dell' Acero; Skischule.

- **Monte Pizzo ◪,** Kreuzung, ☎ 51 055, 40 Zi (6 mB/18 mD), P
- **Piccolo Hotel,** Piazza Principale, ☎ 51 107, 22 Zi (mB)
- **Villa Fedora ◪,** bei der Kirche, ☎ 51 122, 19 Zi (10 mB/5 mD),
- **Nappini,** an der Kreuzung, ☎ 51 011, 25 Zi (4 mB/7 mD), P G

in Vidiciático (✉ 40049):
- **Miramonti,** in der Ortschaft, ☎ 53 060, 29 Zi (14 mB/14 mD),
- **Felsineo,** in der Ortschaft, ☎ 53 008, 38 Zi (5 mB/13 mD)
- **Everest,** in der Ca' (3 km in Richtung Madonna dell' Acero), ☎ 53 005, 21 Zi (mD), P

VERANSTALTUNGEN – Musikalische Kurse (September).
AUSFLUG – 12 km zu dem alten Wallfahrtsort **Madonna dell' Acero,** 1195 m (im Inneren der Kirche Holzfigurengruppe aus dem 15. Jh.); ruhige Sommerfrische inmitten von Wäldern und Wintersportort; Ausgangspunkt für Ausflüge auf den Monte Corno alle Scale, 1945 m, und den L. Scaffaiolo, 1775 m, einem in Aufbau befindlichen Skigebiet.

LOIANO 2.470 Ew, 710 m (**9** D1)

Provinz Bologna. Sommerfrische in schöner Lage im Sávena-Tal an der Straße zum Futa-Paß im Bologneser Apennin.

✉ 40050, ✆ 051

Freizeitangebot: Tontaubenschießen; Boccia-Anlage.

🏨 **Pineta,** ☎ 92 18 65, 60 Zi (33 mB/21 mD), 🅿 🅶 ❀ 🌴

in Madonna dei Boschi, 4 km auf der N 65, Richtung Monghidoro (✉ 40083):
🏨 **Mini Hotel,** ☎ 92 55 65, 23 Zi (4 mB/10 mD), 🅿 ❀

in S. Benedetto Val di Sambro (✉ 40048), 502 m:
🏨 **Boseo dei Grilli,** ☎ 95 008, 28 Zi (mD), 🅿 ❀ 🎾, TV

Oberhalb der Ortschaft das *Astronomische Observatorium* der Universität Bologna mit Teleskop (150 cm).
AUSFLÜGE – Zum **Passo della Raticosa** (968 m), 12,5 km auf der Straße nach Florenz, über (7,5 km) **Monghidoro,** 841 m, Sommerfrische in Kiefernwaldungen am Bergkamm zwischen dem Sávena- und dem Idice-Tal. – 26,5 km zum **Futa-Paß,** 903 m, der nach dem Paß von Raticosa an der Straße nach Florenz liegt; man durchfährt die toskanischen Sommerfrischen **Pietramala,** 845 m, und **Covigliaio,** 814 m, im oberen Santerno-Tal. Der Sattel ist die Wasserscheide zwischen Adria und Ligurischem Meer (Santerno und Sieve); mächtige Windschutzmauer (1835); großer deutscher Kriegerfriedhof. – 16 km zum **See von Castel dell' Alpi** (Abzweigung von der Straße zum Futa-Paß bei Monghidoro). Das kleine Wasserbecken mitten im Wald ist durch einen Erdrutsch entstanden. Von der Sommerfrische *Madonna dei Fornelli,* 798 m, führt eine Straße (6 km) zum *Pian di Balestra,* 1149 m, einer waldreichen Gegend an den Hängen des Monte Bastione, 1190 m, und (17 km) zum Hochplateau **Piano del Voglio** (s. d.).

LONIGO 12.535 Ew, 31 m (4 F1)

Provinz Vicenza. Malerisches Agrar- und Industriestädtchen (Textilien, Lebensmittel, Maschinenbau) an den Hängen der Monti Bérici.

✉ 36045, ✆ 0444, ℹ *Verkehrsverein,* ☎ 83 05 08

🏨 **Lonigo Hotel,** Via Cesare Battisti 76, ☎ 83 182, 19 Zi (mB)
🍴 **Centrale,** Piazza Garibaldi 37, ☎ 80 355, ~~Do~~

Am typischen, geschlossenen Hauptplatz das schöne **Rathaus** *(Palazzo Comunale)* mit Außentreppe, das 1557 errichtet wurde und vereinzelt Sanmicheli zugeschrieben wird. An der nahe gelegenen Piazza 4 Novembre, in der Nähe des Doms, zwei **Türme** der ehemaligen Skaligerburg.
Außerhalb der Ortschaft auf einer Anhöhe die **Rocca** oder *Villa Pisani* (nicht zu verwechseln mit der Villa Pisani bei Montagnana, S. 172, und der „Villa Nazionale", auch Villa Pisani genannt, bei Stra, S. 238), 1578 von V. Scamozzi errichtet, eine Imitation von Palladios berühmter Villa Rotonda bei Vicenza.
AUSFLUG – 2,5 km auf der Straße nach S. Bonifacio zur Wallfahrtskirche **Madonna dei Miracoli** (1488–1501); schöne lombardische Fassade und im Inneren interessante Votivbilder.
In **Bagnolo,** 3,5 km nach S, steht eine weitere Villa nach einem unvollendeten Entwurf Palladios *(Besichtigung: Mi, Fr 10–12, 15–17 Uhr; Eintrittsgebühr).*

LORENZAGO DI CADORE 649 Ew, 883 m (2 C3)

Provinz Belluno. Sommerfrische und Wintersportort im oberen Piave-Tal auf einem Hochplateau mit schöner Aussicht auf das mittlere Cadore.

✉ 32040, ✆ 0435, ℹ AA (Centro di Cadore), ◪, ☎ 75 042

Freizeitangebot: Tennis; Eislaufen.

🏨 **Dolomiti-Lena,** ☎ 75 002, 36 Zi (13 mB/14 mD)
🏨 **Trieste,** ☎ 75 004, 31 Zi (11 mB/3 mD), 🅿 ❀

LUGO 33.947 Ew, 15 m (9 C3)

Provinz Ravenna. Wichtiges Agrar- (Obst, Zuckerrüben) und Handelszentrum (Viehmarkt) in der romagnolischen Ebene zwischen den Flüssen Santerno und Senio.

✉ 48033, ✆ 0545, ℹ *Verkehrsverein:* Largo Ralencini 13, ☎ 25 043

🏨 **Ala d'Oro,** Corso Matteotti 56, ☎ 22 388, 39 Zi (35 mD)
🏨 **S. Francisco,** Via Amendola 16, ☎ 22 324, 22 Zi (3 mB/19 mD), TV
🍴 **La Meridiana – Da Mario,** an der Straße Richtung Bologna nach 2,5 km, ☎ 24 111, romagnolische Spezialitäten, 🅿, ~~Mo~~ + Aug.

Die **Rocca** (Festung, heute Rathaus) besitzt vom mittelalterlichen Bau noch den Turm und die nördliche Kranzmauer; der Rest wurde im 16. Jh. verändert. In einem Saal des Erdgeschosses Erinnerungsgegenstände an Francesco Baracca, Flieger-As des Ersten Weltkriegs.
Gegenüber der Burg der rechteckige Arkadenplatz des *Pavaglione* (1783–1889), auf dem der Markt abgehalten wird.
Die im 18. Jh. erneuerte Kollegiatskirche *S. Francesco* besitzt an der rechten Seite noch romanische und am Portal gotische Reste des Vorgängerbaus.
SPAZIERGANG – 3,5 km in Richtung NW entlang der Straße nach Ca' di Lugo zur Kirche der *Ascensione (Himmelfahrt)* aus dem 16. Jh., die im Inneren mit Fresken der Malerschule aus Ferrara (16. Jh.) geschmückt ist.

MADONNA DI CAMPIGLIO 700 Ew, 1522 m (1 D2)

Gemeinde Pinzolo; Provinz Trient. Berühmte Sommerfrische und Wintersportort zwischen Brenta-Gruppe im O und Presanella-Gruppe im W, in einem Talkessel des Sarca di Nambino- oder Campiglio-Tals gelegen, von Tannenwäldern umgeben; wichtiger Ausgangspunkt für Ausflüge. 2,5 km zum *Campo Carlo Magno,* 1682 m.

✉ 38084, ✆ 0465, B2, A1, ℹ AA: Centro Rainalter, B2, ☎ 41 026

Freizeitangebot: Seilbahn: Spinale: 1515 m–2100 m; Pradalgo: 1530 m–2100 m; 5 Laghi: 1520 m–2065 m; Grosté: im Campo Carlo Magno, 1. Abschnitt: 1650 m–1954 m, 2. Abschnitt: 1954 m–2440 m. Sessellifte: Miramonti: 1462 m–1745 m; Spinale I und II: 1510 m–1720 m–2110 m; Patascoss (1720 m) – Pancúgolo (2060 m); Tre-Tre, in Pancúgolo, 1960 m–2140 m; Rododendro (nur im Winter), von Malghe di Boc (1950 m) auf die Schutzhütte Graffer (2250 m); Nube d'Oro (nur im Winter), von Campo Carlo Magno (1800 m) auf den Spinale (2100 m); Genziano (nur im Winter), bei Pradalgo, von Malga di Vigo (1850 m) auf 2085 m; Fortini (1606 m) – Busa dei Mughi (1904 m) – Prada-See (2090 m); Fiocco di Neve 1840 m–2200 m; Doppelsessellift Grostè: 2245 m–2504 m; Vagliana 1896 m–2081 m; Schlepplifte in Madonna di Campiglio, Spinale, Campo Carlo Magno, Pradalgo, Grosté; Eislaufen; Skischule.

Savoia Palace H., ☎ 41 004, 57 Zi (mB/mD), G . . . . (B1)
Il Caminetto ◪, ☎ 41 242, 32 Zi (mB/mD), P ❄ . . (C1)
Oberosler, ☎ 41 136, 31 Zi (mB/mD), P G, TV, Sauna . . . . . (B2)
St. Hubertus, ☎ 41 144, Tx 400882, 32 Zi (mB/mD), P ❄, TV . . . . (B1, **i**)
Grifone ◪, ☎ 42 002, 40 Zi (mB/mD), P G ❄ . (C2, **j**)
Splendid, ☎ 41 141, 41 Zi (15 mB/25 mD), P G ❄ . . . . (C1, **g**)
Bonapace, ☎ 41 019, 50 Zi (32 mB/17 mD), P G ❄ ✂, Boccia . . (C1–2)
Hotel Milano, ☎ 41 210, 41 Zi (mB/mD), P . . . . (B1, **d**)
Miramonti, ☎ 41 021, Tx 40082, 31 Zi (mB/mD), P G, TV, Sauna . . (A–B1, **k**)
Christiania, ☎ 41 470, 23 Zi (mB/mD), P . . . . (A1–2, **h**)
Ariston ◪, ☎ 41 070, 26 Zi (mB/mD), P . . . . (A1, **m**)
Touring ◪, ☎ 41 051, 27 Zi (mB/mD), P ❄ . . (A2, **l**)
Chalet dei Pini, ☎ 41 489, 13 Zi (11 mD), P G ❄ . . (B2, **n**)
Zeni / Piccolo Hotel, ☎ 41 366, 28 Zi (mB/mD), P . . . . (A1, **o**)
Bellavista ◪, ☎ 41 034, 32 Zi (14 mB/16 mD), P ❄ . . . . (A1, **p**)
Doria ◪, ☎ 41 306, 20 Zi (mB), P . . . . (C1, **s**)

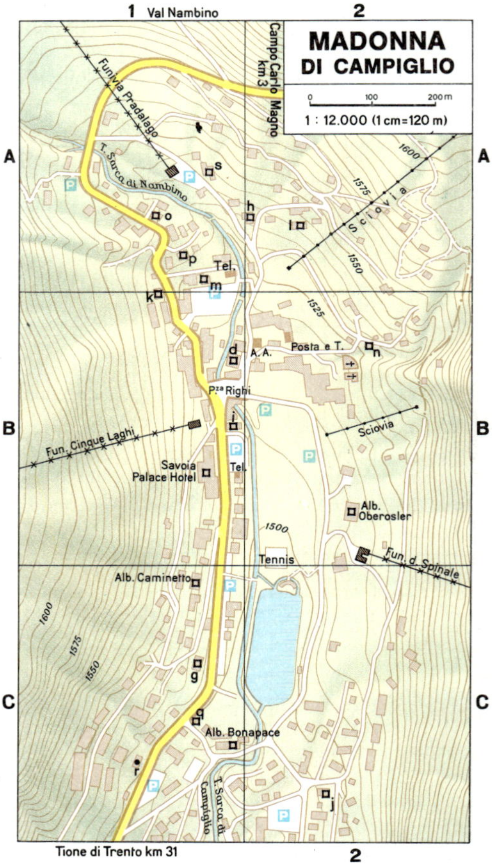

Hermitage, am südl. Ende des Ortes, ☎ 41 558, 14 Zi (mB/mD), ❄ . . . . (C1, a. P.)
Alpina, ☎ 41 075, 21 Zi (mB/mD), P ❄ . . . . (A1, **p**)
Betulla, ☎ 41 215, 16 Zi (mB/mD), P G ❄ . . . . (C1, a. P.)
Crozzon ◪, ☎ 42 217, P . . . . (C1, **r**)

in Campo Carlo Magno, 1682 m (2,5 km):
Golf Hotel ◪, ☎ 41 003, Tx 400882, 124 Zi (97 mB/17 mD), P ❄, Golf
Catturani ◪, ☎ 41 163, 50 Zi (mB/mD), P G ❄
Carlo Magno Zeledria H. ◪, ☎ 41 010, 94 Zi (mB/mD), P G ❄
Catturanino ◪, ☎ 41 074, 30 Zi (20 mB/8 mD), P G

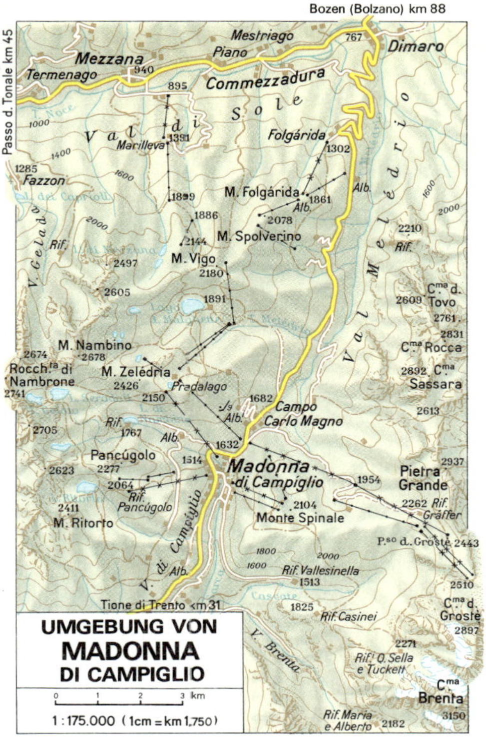

UMGEBUNG VON MADONNA DI CAMPIGLIO

1 : 175.000 (1cm = km 1,750)

VERANSTALTUNGEN – Das Tre-Tre-Rennen, einer der berühmtesten internationalen Langlaufwettbewerbe. Die Entwicklung des Fremdenverkehrs setzte 1872 mit der Gründung des ersten Hotels in einem ehemaligen Hospiz ein; einen bedeutenden Aufschwung nahm er in der Zwischenkriegszeit und schließlich mit der Verbreitung des Wintersports nach dem Zweiten Weltkrieg. Madonna verfügt über drei Skigebiete: Pancúgolo (eine Seilbahn, zwei Sessellifte), Spinale und Grosté (drei Seilbahnen, zwei Sessellifte und mehrere Schlepplifte, bis ins späte Frühjahr benützbar) und Pradalgo (drei Seilbahnen, einen Sessellift und mehrere Schlepplifte). Ein Sessellift führt weiter auf den Monte Vigo, der Endstation mehrerer Lifte von Folgárida und Marivella, womit der Skizirkus von Madonna di Campiglio geschlossen ist.

In der Kirche S. Maria (1895) ein gotischer Flügelaltar (spätes 15. Jh.) mit drei Statuen und bemalten Flügeln.

SPAZIERGANG – 3 km zur Malga Nambino, von hier 20 Min. zum *See von Nambino,* 1767 m; schöne Aussicht.

AUSFLÜGE – Mit der Seilbahn auf den **Monte Spinale**, 2105 m, und vom Campo Carlo Magno auf den **Grosté***, 2501 m (Schutzhäuser). Herrlicher Blick auf die Brenta-Gruppe.

MALCÉSINE 3.488 Ew, 90 m (3 D3)

Provinz Verona. Gut besuchter Luftkurort am Ostufer des Gardasees zu Füßen des Monte Baldo inmitten von Olivenhainen.

✉ 37018, ✆ 045, ℹ AA: Via Capitanato, ☎ 60 00 44

Freizeitangebot: Tennis; Reitschule; Segelschule; Yachthafen; Schiffahrtsverkehr; Seilbahn: S. Michele (90 m) – M. Baldo (1780 m); Sessellift: Pra Alpesina (1430 m) – Belvedur del Garda (1830 m); Schlepplifte; Skischule.

- **Vega** ◪, Viale Roma 10, ☎ 60 01 51, 19 Zi (mB/mD), P ❄, TV, AIR, Badestrand
- **Paina** ◪, Via Gardesana, ☎ 60 03 01, 32 Zi (mB), P ❄, Badestrand
- **Du Lac** ◪, Ortsteil Sopri, am See, ☎ 60 01 56, 41 Zi (mB/mD), P ❄
- **Europa** ◪, Via Gardesana, ☎ 60 00 22, 10 Zi (mD)
- **Alpino** ◪, Piazza Statuto, ☎ 60 00 53, 26 Zi (22 mB), Badestrand
- **Sirena** ◪, Viale Roma 4, ☎ 60 00 19, 24 Zi (22 mD), P
- **Diana** ◪, Via Scoise, ☎ 60 01 92, 18 Zi (mB/mD), P ❄
- **Cirano,** Via Gardesana, ☎ 60 02 03, Mo

in Val di Sogno:

- **Bellevue San Lorenzo** ◪, ☎ 60 00 88, 24 Zi (mD), P ❄
- **Olivi** ◪, ☎ 60 04 44, 91 Zi (85 mB/mD), P ❄ ≈ 🎾
- **Maximilian** ◪, ☎ 60 03 17, 33 Zi (mB/mD), G ❄ ≈ 🎾
- **Val di Sogno** ◪, ☎ 60 01 08, 39 Zi (mB/mD), P ❄ ≈ 🎾
- **Rosa** ◪, ☎ 60 02 56, 28 Zi (8 mB), P ❄, Badestrand

in Campagnola:

- **Piccolo Hotel** ◪, via Nazionale 28, ☎ 60 02 64, 19 Zi (1 mB/16 mD), P ≈

Die Altstadt (man beachte den Renaissancebau des *Palazzo dei Capitani del Lago,* heute Rathaus) wird von der zinnengekrönten **Skaligerburg** aus dem 13. und 14. Jh. mit ihrem hohen Turm beherrscht. Das kleine *Burgmuseum (Öffnungszeiten: im Sommer tägl. 9–20 Uhr, im Winter nur Sa, Sonn- und Feiertag, 9–17 Uhr; Eintrittsgebühr)* verfügt über eine archäologische und eine Waffensammlung, ferner über Erinnerungsgegenstände an die italienische Einigung und die Lokalgeschichte. Daneben in einem venezianischen Palast eine naturhistorische Sammlung mit Bezug auf den Monte Baldo und den Gardasee; in einer ehemaligen Pulvermühle eine Goethe-Gedenkstätte (der hier 1786 auf seiner italienischen Reise weilte). Dazu ein kleiner Botanischer Garten und ein Freilufttheater.

AUSFLUG – In 15 Min. mit der Seilbahn auf den **Monte Baldo** bis zum *Tratto Spino,* 1780 m, Wasserscheide zwischen dem Gardasee und dem Lagarina-Tal. Ausflugsziel und Wintersportort (Sessel- und Schlepplifte); schöne Aussicht*.

MALÈ 2.026 Ew, 737 m (1 C2)

Provinz Trient. Wichtigster Ort des Val di Sole (Sulzbergtal) am Ausgang des Rabbies-Tal; Sommerfrische. 3 km im W an den Nordhängen des Tals liegt zwischen Obstgärten *Monclássico,* 782 m; 5,5 km im SW am Beginn des Meledrio-Tals der Ort *Dimaro,* 766 m.

✉ 38027, ✆ 0463, ℹ AA: Viale Marconi, ☎ 91 280

Freizeitangebot: Hallenbad; Sauna; Tennis; Eislaufen; beleuchtete Skilanglaufloipe.

- **Rauzi,** Ausfahrt nach Tonale, ☎ 91 228, 33 Zi (30 mD), P G, Sauna
- **Stazione Puller,** beim Bahnhof, ☎ 91 419, 39 Zi (mB/mD), P
- **Segosta,** an der Kreuzung, ☎ 91 390, P, ~~Do~~
- **Anselmi,** in Croviana (2 km Richtung Tonale), ☎ 91 219, P, ~~Mo~~

in Dimaro (✉ 38025) 5,5 km Richtung Tonale:
- **Vittoria,** ☎ 94 234, 22 Zi (mD), P

in Bagni di Rabbi, 1222 m (✉ 38020), 12 km n. NW:
- **Miramonti,** in S. Bernardo, 1095 m (3 km im Tal), ☎ 95 119, 20 Zi (3 mB/16 mD)

Am Hauptplatz die aus dem 15. und 16. Jh. stammende Kirche der *Assunta* mit Portal aus dem 16. Jh. mit Baldachin und hohem Glockenturm; an der Seite die ehemalige Renaissance-Kapelle *S. Valentino* mit Arkaden. An der Straßenüberquerung das *Museo della Civiltà Solandra* (Heimatkundliches Museum des Sulzbergtals), mit Gegenständen und Werkzeugen aus dem ländlichen Raum.
AUSFLUG – 12 km nach NW nach **Bagni di Rabbi,** 1222 m, einem kleinen Heilbad und Sommerfrischenort im kühlen Rabbi-Tal. Die eisenhaltige alkalische Heilquelle wird vor allem als Trinkkur bei Anämie, Störungen des Verdauungstraktes und bei Rekonvaleszenz angewendet.

MALS (Málles Venosta) 4.590 Ew, 1051 m (1 B1)

Provinz Bozen. Großgemeinde, Hauptort des oberen Vintschgaus mit einer eindrucksvollen „Skyline" von fünf mittelalterlichen Befestigungs- und Kirchentürmen. Sommerfrische und Ausgangspunkt für Fahrten in das Skigebiet des Watles.

✉ 39024, ✆ 0473, ℹ *Verkehrsverein,* Hauptplatz, ☎ 81 190

Freizeitangebot: Schwimmbad; Sessellift vom Premajur (1740 m, 6 km von Burgeis) – Hofer-Alm (2140 m); Schlepplifte in Watles; Skischule.

- **Plavina,** in Burgeis (3 km), ☎ 81 223, 32 Zi (mB), P ≋, Sauna, Rest. bei der Pension Al Moro
- **Garberhof,** ☎ 81 399, 25 Zi (mB/mD), P ≋, Sauna
- **Al Moro,** in Burgeis, ☎ 81 223, 15 Zi (9 mB/mD), P, Sauna
- **Croce Bianco,** in Burgeis, ☎ 81 307, 12 Zi (mB/mD)
- **Grifone-Greif,** ☎ 81 189, 19 Zi (14 mB/mD), P

In der Nähe des Hauptplatzes die gotische *Pfarrkirche* mit hohem Glockenturm aus dem 16. Jh., das Kirchlein *S. Michael* mit Fresken des frühen 16. Jhs., die Überreste der Burg mit einem runden romanischen Turm (12.–13. Jh.) und der romanische Glockenturm einer zerstörten Kirche.
Im W der Ortschaft das Kirchlein **S. Benedikt** (*S. Benedetto, Schlüssel im Hause Nr. 26*), ein karolingischer Bau (frühes 9. Jh.), wohl im Konnex mit dem Kloster *Müstair* in Graubünden stehend; mit hochbedeutenden Wandmalereien* aus dem 9. Jh., nach denen von Naturns (s. d.) die ältesten der deutschen Kunstgeschichte.
AUSFLUG – 5,2 km über die Fraktion *Burgeis* (*Burgusio,* 1216 m), vorbei an *Burg Fürstenberg* aus dem 13.–16. Jh., zur Benediktinerabtei **Marienberg*** (Monte Maria, 1335 m), gegründet im 12. Jh., im 18. und 19. Jh. umgebaut. In der mächtigen festungsartigen Anlage mit ihren weißen Gebäuden sind vor allem der gotische Kreuzgang aus dem 16. Jh. (Klausur) und die Kirche sehenswert: in der Krypta hochinteressante Fresken* aus dem 12. Jh.
Hinter der Abtei erreicht man das an Aussichtsmöglichkeiten reiche Schlinigertal (Valle di Slingia) unterhalb des Piz Sesvenna (3205 m); eine Abzweigung führt bergauf nach *Premajur* (1700 m), von dort mit dem Sessellift in das Wintersportgebiet des Watles (2100 m–2500).

MARINA DI RAVENNA 4.200 Ew, 3 m (10 C1)

Gemeinde Ravenna. Vielbesuchter Badeort der Adria in der Nähe der Pinienwaldungen von Ravenna an der Mündung des Candiano-Kanals. Im S erstreckt sich der Strand von *Punta Marina,* dann folgt der *Lido Adriano;* im N, jenseits des Kanalhafens in einem Pinienwald, liegen **Marina Romea** und *Casal Borsetti.*

✉ 48023, ✆ 0544, ℹ AA von Ravenna ◪: Viale della Nazione 159, ☎ 43 01 17; in Punta Marina: Via della Fontana 4, ☎ 43 73 12; in Lido Adriano: Viale Parini, ☎ 49 40 86; in Marina Romea: Viale Italia 112, ☎ 44 60 35

Freizeitangebot: Schwimmbad; Tennis; Yachthafen; Segelschule.

Alle Betriebe mit Strandservice

- **Park Hotel Ravenna ◪,** Viale delle Nazioni 181, ☎ 43 17 43, Tx 550185, 246 Zi (139 mB/7 mD), P ≋, im Pinienhain, in der Nähe des Meeres
- **Mare Pineta ◪,** Viale delle Nazioni 215, ☎ 43 01 47, 54 Zi (mB/mD), P, im Pinienhain, in der Nähe des Meeres

🏨 **Belvedere,** Viale Lungomare 59, ☎ 43 01 13, 36 Zi (mD), Ⓟ ❀, am Meer, ganzjähriger Betrieb
🏨 **Diga ◪,** Viale Lungomare 75, ☎ 43 04 28, 28 Zi (25 mD), am Meer
🏨 **Bermuda ◪,** Ortsteil Rivaverde, Viale delle Nazioni 363, ☎ 43 05 60, 17 Zi (mD), ❀
🏨🍴 **Maddalena ◪,** Rivaverde, Viale delle Nazioni 345, ☎ 43 04 31, 32 Zi (3 mB/24 mD), ~~Mo~~
🍴 **Miramare,** Viale delle Nazioni, ☎ 43 04 64, Ⓟ, ~~Mi~~
🍴 **Sole,** Viale Thaon di Revel 22, ☎ 43 04 88, ~~Di~~

in Marina Romea (im N von Marina di Ravenna, jenseits des Kanalhafens):
🏨 **Corallo ◪,** Viale Italia 102, ☎ 44 61 07, 82 Zi (66 mD), ❀ ≋, gegenüber von Pinienhain und Meer
🏨 **Solaria ◪,** Viale Italia 58, ☎ 44 60 88, 36 Zi (30 mD), Ⓟ ❀, gegenüber von Pinienhain und Meer
🏨 **Royal ◪,** Viale Ferrara 25, ☎ 44 62 27, 40 Zi (mB/mD), Ⓟ ❀
🏨 **Millepini ◪,** Viale Italia 60, ☎ 44 60 47, 16 Zi (mD), ❀
🍴 **La Pioppa ◪,** Largo Italia 70, ☎ 44 60 38, ❀, ~~Mo~~
🏨 **Columbia ◪,** Largo Italia 70, ☎ 44 60 38, 44 Zi (2 mB/40 mD), Ⓟ ❀

in Punta Marina (5,5 km südl. von Marina di Ravenna):
🏨 **Gianna ◪,** Via della Medusa 98, ☎ 43 73 08, 21 Zi (2 mB/11 mD), Ⓟ ❀
🍴 **La Conchiglia ◪,** Viale Colombo 171, ☎ 43 71 45, am Meer, ~~Mo~~

VERANSTALTUNGEN – Malereiwettbewerb; Mosaikkurs am Lido Adriano; Schachwettbewerbe in Marina Romea (August).
Zwischen Punta Marina und Marina di Ravenna befinden sich in der Via Colombo 161 die **Thermen von Punta Marina:** Bäder, Sandpackungen und Inhalationen zur Behandlung von Arthrosen, Erkrankungen der Atemwege und Frauenleiden.
SPAZIERGANG – 5 km zum *Capanno di Garibaldi,* wo der Freiheitskämpfer nach dem Fall der Römischen Republik die Nacht vom 6. auf den 7. August 1849 verbrachte.

MARMOLATA (Marmolada) 3342 m (2 C2)

Gemeinden Canazei und Rocca Piétore, Provinzen Trient und Belluno. Die mächtigste, höchste und geschlossenste Berggruppe der Dolomiten zwischen den Tälern von Fassa, Cordévole, S. Pellegrino und Biois. Die Nordseite ist zum Teil vergletschert und fällt zum Fedaja-Plateau ab. Bedeutendes alpines Winter- und Sommersportgebiet (auch Sommerskilauf).

ⓘ AA von Álleghe und Rocca Piétore in Alleghe, ☎ (0437) 72 33 33; in Rocca Piétore, ☎ 72 13 19; AA: von Canazei, ☎ (0462) 61 113

Freizeitangebot: Seilbahn: Malga Ciapela (1450 m) – Antermoia (2350 m) – Serauta (2950 m) – Punta Rocca (3270 m); Gondellift: Marmolada da Fedaia (2085 m) – Pian dei Fiacconi (2635 m); Sessellifte: Tablà Palazzo (1800 m) – Fedaja-Paß (2050 m) – Sass del Mul (2580 m); Doppelsessellift: Padon 1781–2381 m; Schlepplifte in Sottoguda und Sass del Mul; Sommerskilift auf der Marmolata; Skischule.

Zufahrt zum *Pian Fedaia,* 2040 m, der zum Großteil von dem (1750 m langen und 500 m breiten) *Fedaja-Stausee* bedeckt ist, entweder von (12 km) Canazei (s. d.) auf einer gut ausgebauten Asphaltstraße oder von (16,5 km) Cordévole über *Rocca Piétore,* 1143 m (s. d.), die sogenannten Serrai di Sottoguda (*Sottoguda-Schlucht*★, 2 km lang, zahlreiche Tunnel, die alte Straße ist nur im Sommer geöffnet) bis zur **Malga Ciapela,** 1428 m (Seilbahn auf die Marmolata), und dann steil bergauf zum *Fedaja-Paß,* 2057 m, und dem nahe gelegenen *Fedaja-See.*

MAROLA 130 Ew, 807 m (8 C2)

Gemeinde Carpineti; Provinz Reggio nell' Emilia. Sommerfrische in der Nähe der Straße zum Cerreto-Paß inmitten der Kastanienwälder des Reggianer Apennins.

✉ 42030, ✆ 0522

Freizeitangebot: Tennis.

🏨 **Marola,** außerhalb des Ortes, ☎ 81 31 10, 27 Zi (mD), Ⓟ ❀ ❦
🏨 **Europa,** im Ort, ☎ 81 32 15, 12 Zi (6 mD), Ⓟ Ⓖ
🍴 **Ca' del Merlo – da Lino,** auf der Straße zum Cerreto-Paß, ☎ 81 31 28, Ⓟ, ~~Mo~~

Restaurierte romanische *Kirche* (12. Jh.) einer ehemaligen Benediktinerabtei.

MARÓSTICA 12.395 Ew, 105 m (4 D2)

Provinz Vicenza. Reizvolles, lebhaftes Städtchen am Fuße der Vicentiner Voralpen (Hochplateau von Asiago), von mittelalterlichen Mauern umgeben.

✉ 36063, ✆ 0424, ⓘ AA: *Verkehrsverein,* Piazza Castello 7, ☎ 72 127

Freizeitangebot: Tennis.

🍴 **Alla Scacchiera,** Piazza Castello, ☎ 72 346, AIR, ~~So~~ abend + ~~Mo~~
🍴 **S. Luca,** in S. Luca, 495 m, 8 km n. NW, auf einem Hügel, ☎ 72 957, Ⓟ ❦, ~~Mo~~ + Jan.

VERANSTALTUNGEN – Schachpartie (s. u.); Kunstgewerbe-Ausstellung (Juni–August).
In der Umgebung Obstanbau, vor allem Kirschen (Kirschenfest Anfang Juni). Elektro- und Bekleidungsindustrie; Kunsthandwerk (Keramik).

Auf der schönen zentralen Piazza Castello findet alle zwei Jahre (im allgemeinen an geraden Jahreszahlen) im September die traditionelle Schachpartie in historischen Kostümen statt. Hier erhebt sich auch das **Castello Inferiore** (*Untere Burg,* heute Rathaus) aus dem 14. Jh. mit Zinnen, mächtigem Turm und malerischem Innenhof.

Die barocke Kirche *S. Antonio* besitzt noch den eindrucksvollen Campanile mit Turmhaube aus dem 12. und 13. Jh.: an der Innenseite der Fassade Gemälde (Predigt des hl. Paulus) von J. Bassano (1574).

Am Monte Pausolino, der die Stadt beherrscht, die Überreste (Turm und Portale) des **Castello Superiore** *(Obere Burg)* aus dem 14. Jh. Hier beginnen die zinnenbekrönten Mauern, die noch heute die Stadt umgeben.

Maróstica: Piazza Castello

SPAZIERGANG – 3,6 km im SO liegt **Nove** (84 m, 4.745 Ew.), das für seine im 17. Jh. gegründete Keramikindustrie bekannt ist. Hier arbeitet das *Istituto Statale d'Arte per la Ceramica* (Staatliches Institut für künstlerische Keramik) mit seinem angeschlossenen **Keramikmuseum** *(Besichtigung nach Vereinbarung mit der Direktion,* ☎ *82 022);* interessante Majolika-, Porzellan- und Tongefäßsammlung lokaler Herkunft (ca. 400 Stück); bemerkenswert vor allem die Erzeugnisse der Werkstätten Antonibon und Viero). Etwas südlicher liegt die von G. Carponi mit Außenfresken versehene *Villa Macchiavello* aus dem 17. Jh.

MARZABOTTO 4.374 Ew, 135 m (9 D1)

Provinz Bologna. Marktflecken im Reno-Tal an der Straße nach Porretta; Ausgrabungen einer Etruskerstadt (wahrscheinlich *Misa*).

✉ 40043, ☏ 051

Freizeitangebot: Schwimmbad; Tennis; Kunsteisbahn; Reithalle und offene Reitbahn.

Piccolo Paradiso, in Sirano (3 km von Sasso Marconi im Setta-Tal), ☎ 84 13 51, 15 Zi (11 mD), ≋, Restaurant mit anderer Geschäftsleitung, Sportanlagen

in Sasso Marconi (✉ 40037) 8 km in Richtung Bologna:
Tre Galletti, Autobahn-Abfahrt, ☎ 84 11 28, 20 Zi (mB/mD), P, ~~Mo~~
La Bettola, beim Dorf, ☎ 84 13 76, 20 Zi (mB/mD), P, ~~Di~~

Unterhalb der Pfarrkirche ein *Beinhaus* für die 1830 Zivilisten, die 1944 im Zuge der Kriegshandlungen erschossen wurden.

Ausgrabungsgebiet – Hier befinden sich die Reste der einzigen etruskischen Stadt, deren Anlage noch heute genau bekannt ist. Sie wurde etwa um 575 v. Chr. gegründet und von den Galliern im 4. Jh. zerstört. 500 m vom Ort entfernt an der Staatsstraße nach Porretta liegen linker Hand das ETRUSKERMUSEUM P. ARIA und die Ausgrabungsstätte *(Besichtigung von 9–12 Uhr, 15 Uhr bis eine Stunde von Einbruch der Dunkelheit. Mo geschl.).* Man erkennt die regelmäßige Anlage der Siedlung, die Grundmauern der Häuser und die rechtwinkeligen Straßentrassen. Die östliche Nekropole liegt am Fuße der Akropolis. Im Park der **Villa Aria** befindet sich ein kleines gallisches Grab. Auf der Terrasse der Akropolis stehen die Sakralbauten, an der gegenüberliegenden Seite der Staatsstraße liegt die Nekropole Nord.

MASER 4.500 Ew, 147 m (5 D1)

Provinz Treviso. Kleiner Agrarort am Fuß der Asolaner Berge, bekannt durch die Villa Barbaro.

✉ 31010, ☏ 0423, i *Verkehrsverein* in Cornuda, Via Verdi 1

Al Biancospino, in Fagarè, an der Straße nach Feltre, ☎ 83 203, 14 Zi (mB/mD), P
Brotto, in Cornuda, an der Straße nach Feltre, ☎ 83 392, intern. Küche, ~~Mi~~
Al Cavallino, in Cornuda, an der Kreuzung, ☎ 83 301, Fische, ~~So~~ abend + ~~Mo~~

Die **Villa Barbaro,** heute Volpi *(Besichtigung: Di, Sa, Sonn- und Nationalfeiertage,*

Maser: Villa Barbaro

14–17 Uhr (Okt.–März), 15–18 Uhr (April–Sept.); geschlossen zu Ostern, Ferragosto, 1. Nov.–8. Dez. und 24. Dez.–6. Januar; Eintrittsgebühr), eine der schönsten Villen Venetiens, wurde 1560 von Palladio erbaut. Sie ist berühmt wegen der prächtigen **Fresken★★ von Veronese** (1566–68) und der das Vestibül und die Räume schmükkenden Stuckarbeiten A. Vittorias.

An der Rückseite der Villa schöne *Exedra* mit Pfirsichbäumen und Statuen von Vittoria; an der Decke der Neptun-Grotte Allegorie des Friedens, von Veronese. Auf dem nahe gelegenen Hügel ein Nadelwäldchen und eine *Wagenburg (Besichtigung wie die Villa).*
In der Nähe der Villa, in Richtung zur Straße, der ebenfalls von Palladio errichtete *Tempel★ (Eintrittsgebühr),* ein Zentralbau mit Statuen von O. Marinali und im Inneren Plastiken von Vittoria.

In 3,5 km Entfernung liegt **Cornuda,** 163 m, Erzeugung von Bergschuhen; Denkmal für die Gefallenen des 8. Mai 1848; Wallfahrtskirche *S. Maria della Rocca,* 349 m, aus dem 19. Jh.; am Ostermontag großes Volksfest.

MÉNDOLA (Mendel) 30 Ew, 1363 m (1 C3)

Gemeinde Ruffrè, Provinz Trient. Sommerfrische und Wintersportgebiet in der Nähe der Paßhöhe, die das obere Nonstal mit dem Etschtal verbindet; große Nadelwälder und weite Aussicht.

✉ 38011, ✆ 0471, ℹ *Verkehrsverein* in Ruffrè, ☎ 82 127

Freizeitangebot: Tennis; Schwimmbad; Doppelsessellift: Schutzhütte Campi Golf (1344 m) – Schutzhütte Mezzavia (1572 m); Schlepplifte in Ruffrè und am M. Pénegal, andere in Bau am M. Roen.; Eislaufen; Skischule.

- **Caldaro,** am Paß, ☎ 63 21 24, 23 Zi (mB/mD), P G
- **Dolomiti,** am Paß, ☎ 63 21 19, 21 Zi (2 mB/5 mD), P G
- **Chalet al Bosco,** an der Straße Richtung il Tonale nach 3 km, ☎ (0463) 81 156, 18 Zi (mB/mD), P ≋, Sauna, im Pinienhain

SPAZIERGANG – 4 km zum **Monte Pénegal,** 1737 m (Mautstraße), von diesem schöne Aussicht in das Etschtal, den Talkessel von Bozen und auf die umliegenden Berge, von der Presanella-Gruppe bis zu den Trentiner Dolomiten.

MERAN (Merano) 33.502 Ew, 325 m (1 B3)

Provinz Bozen. Die nach Bozen größte und wichtigste Stadt Südtirols, ein Kurort von Weltruf, liegt in einer weiten und fruchtbaren Senke des Etschtales, an der Einmündung des Passeier-Tales, umgeben von Weinbergen und einer wunderschönen Bergkulisse. Dank seinem sprichwörtlich milden Klima ist Meran vor allem im Frühling und Herbst, der Zeit der „Meraner Traubenkur“, viel besucht. Mit seinen großzügigen Parkanlagen und Promenadewegen hat die Stadt viel von dem weitläufigen Charme eines Nobelkurortes des 19. Jhs. bewahrt. Neben dem Spaziergänger kommen (im weiteren Umfeld Merans) auch der Alpinist und der Skifahrer auf ihre Rechnung. Fremdenverkehrseinrichtungen und Hotellerie sind auf dem letzten Stand. Zu Meran gehören neben der Altstadt am rechten Ufer der Passer die Vororte *Obermais* (Maia Alta) im O und *Untermais* (Maia Bassa) im S.

✉ 39012, ✆ 0473, B2, B2, ℹ *Autonome Kurverwaltung,* Kurhausgebäude, Freiheitsstraße 47, B2, ☎ 35 223; CIT: Freiheitsstraße 1/3, B2, ☎ 22 460; TCI: siehe CIT

Freizeitangebot: Strandbad mit 3 Becken; Hallenthermalbad; Tennis (Halle im Winter); Pferderennbahn und Reithalle; Sportplatz; Kanu; Schießplätze; Rollschuhlaufbahn; Eisstadion. Seilbahnen: Meran, 325 m – Hafling, 1225 m; Dorf Tirol, 651 m – Hochmuter, 1361 m; Oberlana, 319 m – Vigiljoch, 1485 m; Verdins, 869 m – Oberkirn, 1441 m – Klammeben, 1976 m (Hirzerhütte, 1983 m); Schenna, 827 m – Obertaser, 1450 m; Naiftal-Seilschwebebahn: Naiftal, 665 m (3 km) – Piffinger Köpfl (Meran 2000), 1905 m. Gondellifte: Vellau, 920 m – Leiteralm, 1521 m; Piffinger Köpfl (Meran 2000), 1905 m – Kirchsteiger Alm, 1938 m. Sessellifte: Meran, 325 m – Segenbühel, 514 m; Algund, 400 m – Vellau, 920 m; Hafling, 1225 m – Piffinger Köpfl (Meran 2000), 1905 m; Vigiljoch, 1486 m – Larchbühel (Marlinger Berg), 1837 m; in Meran 2000, 1800–2400 m: Falzeben, 1620 m – Piffinger Köpfl, 1900 m; Kuhweide, 1940–2030 m; Wallpach, 1675–1910 m; Naijoch, 1860–2030 m; bei der Hirzerhütte, 1983 m: Sonntagsweide, 1970–2260 m. Schlepplifte in Hafling, am Obertaser und in Meran 2000. Skischule.

(Praktisch alle angeführten Hotels haben Garten)

- **Palace** ◪, Cavour-Straße 2, ☎ 34 734, Tx 400256, 124 Zi (mB/mD), P ≋, TV, Thermalbäder . . . . . (B2, **x**)
- **Grand Hotel Bristol** ◪, Otto-Huber-Straße 14, ☎ 49 500, Tx 400662, 134 Zi (mB/mD), P G ≋ . . . . . (A–B1, **a**)
- **Meranerhof,** Manzoni-Straße 1, ☎ 30 230, 70 Zi (mB/mD), P ≋ TV . . . . . (B2, **h**)
- **Savoy,** Raetia-Straße 1, ☎ 47 600, Tx 400632, 54 Zi (mB/mD), P ≋, TV . . . . . (B1, **b**)
- **Riz Stefanie** ◪, Cavour-Straße 12, ☎ 26 045, 56 Zi (mB/mD), P ≋, TV . . . . . (B3, **g**)

Emma, Mazzini-Platz, ☎ 47 422, Tx 400210, 140 Zi (mB/mD), P ≈, TV . . . . (A1, **w**)
Villa Mozart, S. Marco-Straße 26, ☎ 30 630, 10 Zi (mB/mD), P ❀ ≈, Sauna, TV . . (C2, a. P.)
Parkhotel Mignon ◪, Grabmayrstraße 5, ☎ 30 353, 48 Zi (mB/mD), P ≈, Sauna . . (B3, **k**)
Regina, Cavourstraße 101, ☎ 33 432, Tx 440195, 79 Zi (73 mB/D), G P ≈ . . . . (B3, **k**)
Juliane ◪, Feldweg 4, ☎ 30 195, 39 Zi (mB/mD), P G ❀ ≈, Sauna . . . . (C3, **d**)
Eurotel, Garibaldistraße 5, ☎ 34 900, Tx 400471, 148 Zi (mB/mD), P G ❀ . . . . (B2, **y**)
Irma ◪, Schönblickweg 17, ☎ 30 124, Tx 402089, 55 Zi (mB/mD), P ≈ ⚲, Sauna . . (A3, a. P.)
Anatol ◪, Kastaniengasse 3, ☎ 25 511, 48 Zi (mB/mD), P ≈ . . . . (B3, a. P.)
Augusta ◪, Otto-Huber-Straße 2, ☎ 49 570, Tx 400632, 26 Zi (mB), P ❀, TV . . . . (B1, **r**)
Europa Splendid, Freiheitsstr. 178, ☎ 32 376, Tx 440206, 55 Zi (mB/mD), P, TV . . (B2, **e**)
Adria ◪, Hermann-von-Gleim-Weg 2, ☎ 36 610, 40 Zi (mB/mD), P ≈ . . . . (B3, **i**)
Windsor, Raetia-Straße 2, ☎ 46 556, 16 Zi (mB/mD), G ≈ . . . . (B1, **f**)
Seisenegg ◪, Steinachplatz 21, ☎ 24 112, 37 Zi (29 mB), P ❀ . . . . (B3, **n**)
Mendola ◪, Winkelweg 45, ☎ 36 130, 43 Zi (mB/mD), P ❀ ≈ . . . . (C3, **c**)
Aurora ◪, Passer-Promenade 38, ☎ 33 028, 34 Zi (mB/mD) . . . . (B2, **p**)
Atlantic ◪, St. Katharina-Straße 7/A, ☎ 33 093, 20 Zi (mB/mD), P ≈ . . . . (C3, **t**)
Tiffany, Geigerstraße 3, ☎ 34 825, 16 Zi (mB), P ≈ . . . . (C3, a. P.)
Castel Verruca-Fragsburg ◪, Fragsburger Straße 3, ☎ 44 071, 98 Zi (mB/mD), P G ❀ ≈ . . . . (B1, a. P.)
Mirabella ◪, Garibaldistraße 35, ☎ 26 312, 30 Zi (mB/mD), P G ❀ ≈, TV, Sauna . . (B2, **q**)
Naiftal, Naifweg 35, ☎ 32 286, 11 Zi (9 mB/mD), P . . . . (B3, a. P.)
Pitscheider, Winkelweg 4, ☎ 26 542, 17 Zi (mB/mD), P . . . . (B3, **v**)
Holzmann ◪, Brennerstraße 1/A, ☎ 26 062, 28 Zi (mB/mD), P ≈ . . . . (B2, **m**)
Conte di Merano – Graf von Meran, Rennweg 78, ☎ 32 181, 27 Zi (22 mB/mD), P ❀ . . . . (A2, **s**)
Bel Sit ◪, Pendlgasse 3, ☎ 46 184, 27 Zi (mB/mD), P . . . . (A1, **u**)
Andrea, Galileistraße 44, ☎ 37 400, versch. Spezialitäten, ~~Mo~~ . . . . (A2, **rb**)
Flora, Laubengasse 75, ☎ 31 484, ~~Do~~ . . . . (A2, **ra**)
Terlaner Weinstube, Laubengasse 231, ☎ 35 571, Lokalkolorit, ~~Mi~~ . . . . (B2, **rc**)
Naif, Mittelstation der Meran 2000-Seilbahn (4,5 km), ☎ 32 216, P ~~Mo~~ . . . . (B2, a. P.)

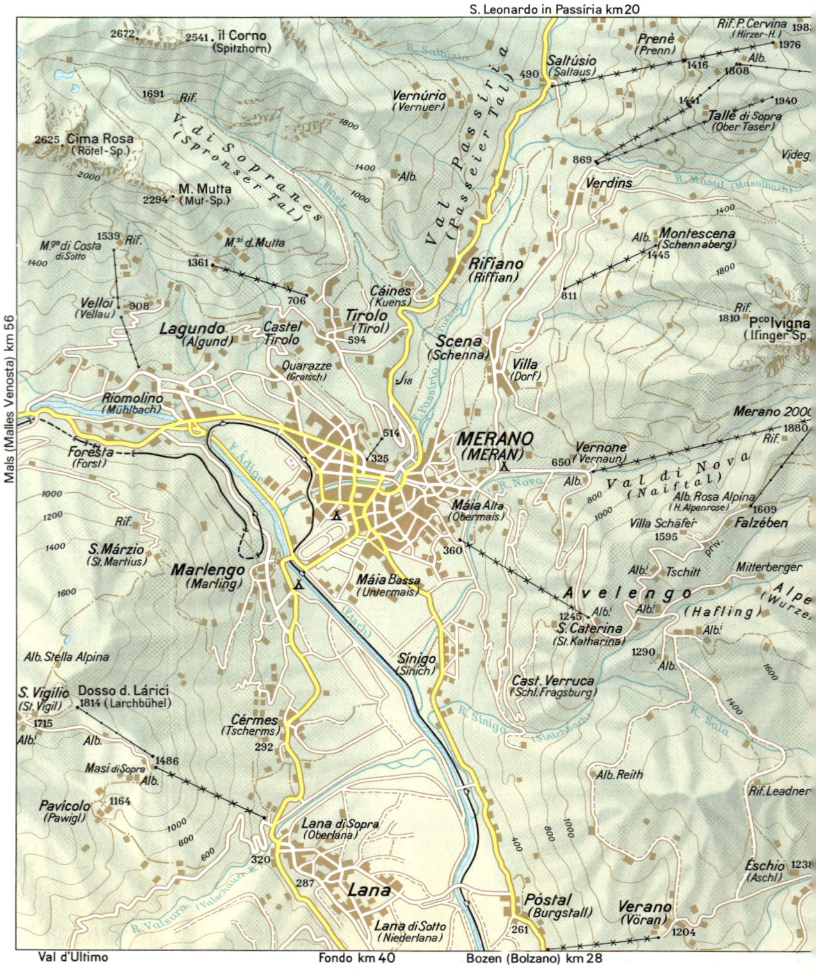

🍴 **Haisrainer Weinstube,** Laubengasse 102, ☎ 26 944, Lokalkolorit, gotischer Saal . . . (A–B2, **re**)
🍴 **Meraner Weinkost,** im Kursaal, ☎ 30 578, ländl. kalte Küche, nur abends, S6 . . . . . (B2, **rd**)

Hotels in alten Schlössern:
- **Castel Freiberg,** in Freiberg (7 km nach SO), ☎ 44 196, Tx 401081, 36 Zi (mB), P G ≈, TV
- **Schloß Rundegg,** in Obermais, Schennastraße 2, ☎ 34 364, Tx 400840, 30 Zi (mB), P G ≈, TV . . . . . (B3, **z**)
- **Castello Vorst,** in Forst (3 km Richtung Reschen), ☎ 24 376, 22 Zi (14 mB/2 mD), P ≈, Sauna
- **Schloß Labers,** 3 km oberhalb Obermais, ☎ 34 484, 32 Zi (30 mB/mD), P ≈ (B3, a. P.)

in Algund (✉ 39022) 2 km nach NW:
- **Bindhof-Römerkeller,** ☎ 48 553, 19 Zi (mB/mD), P ≈, TV
- **Algunderhof,** Richtung Forst, ☎ 48 558, 29 Zi (mB/mD), P, ≈
- **Des Alpes,** Richtung Meran, ☎ 31 031, 47 Zi (mB/mD), P ≈, Sauna

in Marling (✉ 39020; *Verkehrsverein,* ☎ 30 303, bei der Kirche) 3 km nach W:
- **Marlena,** ☎ 47 166, 44 Zi (mB/mD), P G ≈, TV, Sauna
- **Oberwirt,** beim Ort, ☎ 47 111, 28 Zi (mB/mD), P G ≈, Sauna
- **Nörder,** gegenüber vom Bahnhof, ☎ 47 000, 27 Zi (mB/mD), P ≈, Sauna, Di
- **Piccolo Hotel Marlingerhof,** an der Brücke über die Etsch, ☎ 47 157, 28 Zi (mB/mD), P

in Hafling, 1200–1400 m (✉ 38010) mit der Seilbahn erreichbar, Straße in Bau:
- **Viertlerhof,** in Oberdorf (4 km vor der Seilbahn), ☎ 99 428, 20 Zi (mB/mD), P G ≈, Sauna
- **Belvedere,** 5 Min. von der Seilbahn, ☎ 28 780, Terrasse

in Meran 2000 (erreichbar mit der Seilbahn von Ivigna):
- **Berghotel Merano 2000,** ☎ 99 446, Tx 400188, 40 Zi (mD),

in Dorf Tirol, 594 m (✉ 39019) *Verkehrsverein,* ☎ 93 314, nahe der Kirche, 4 km nach N
- **Erika,** ☎ 93 338, 32 Zi (mB/mD), P ≈, TV, Sauna
- **Küglerhof,** oberhalb des Ortes, ☎ 93 428, 23 Zi (mB/mD), P ≈
- **Patrizia,** oberhalb des Ortes, ☎ 93 485, 24 Zi (mB/mD), P ≈, Sauna
- **Gartner,** ☎ 93 414, 31 Zi (mB/mD), P ≈, TV
- **Lisetta,** 2 km Richtung Meran, ☎ 93 422, 33 Zi (mB/mD), P ≈, TV, Sauna, Terrasse

in Schenna, 600 m (✉ 39017) 5 km nach NO, *Verkehrsverein,* ☎ 95 669, bei der Kirche:
- **Starkenberg,** ☎ 95 665, 40 Zi (mB), P ≈, Sauna
- **Schennerhof,** ☎ 95 623, Tx 401018, 22 Zi (mB/mD), P, TV
- **Hohenwart,** ☎ 95 629, 26 Zi (mB/mD), P G ≈, Sauna

UMGEBUNG VON MERAN
1: 120.000 (1cm = km 1,2)

Die Stadt in der Geschichte – Meran ist, wie prähistorische Funde zeigen, uraltes Siedlungsgebiet. Die Römer bauten hier das Militärlager Castrum Maiense. Im 15. Jh. kam der Ort an die Grafen von Tirol und war Hauptstadt der Gefürsteten Grafschaft, bis es 1420 von Innsbruck abgelöst wurde. Dann trat die Stadt an Bedeutung hinter Bozen zurück. Neuen Aufschwung brachte der Aufstieg zum Weltkurort im 19. Jh. Heute ist der Fremdenverkehr die Haupteinnahmequelle der Stadt.
Eine Stadt stellt sich vor – Meran, das nicht ohne Grund die Perle Südtirols genannt wird, hat keine überwältigenden Kunsterlebnisse zu bieten, auch wenn die Altstadt rund um die Laubengasse eine eigenwillige und anheimelnde Atmosphäre ausstrahlt, ebenso wie die zahlreichen schönen Burgen in der Umgebung. Die größte Anziehung übt Meran allerdings durch seine traditionsverbundene Eleganz aus, seine Geschäftigkeit, seinen „Hauch von Welt", seinen Reichtum an Parks und Spazierwegen entlang der Passer oder auf den umliegenden Hügeln, die einen malerischen und ruhigen Erholungsraum darstellen. Hier hat sich besonders im Frühjahr und im Herbst die eigenartige Atmosphäre alter Nobelkurorte erhalten, während im Sommer der typische Durchzugstourismus vorherrscht. Neben der traditionellen Traubenkur im Herbst bietet Meran auch ein modernes Thermalkurzentrum, das das ganze Jahr über geöffnet ist; die großartigen Liftanlagen und Seilbahnen, die von der Talmulde aus auf die Hochplateaus in der Umgebung führen, eröffnen unbegrenzte Möglichkeiten für den Sportler, besonders für den Skifahrer.
Während der Sommer- und Herbstmonate werden in Meran zahlreiche kulturelle Veranstaltungen abgehalten, meist organisiert von der Kurverwaltung. Im einzelnen: Vokal- und Instrumentalkonzerte auf den Kurpromenaden und im Kursaal (ständiges Orchester), „Tiroler Abende" und Modeschauen; Pferderennen auf der Galopprennbahn von Mais (im September Großer Preis von Meran); wissenschaftliche, besonders medizinische Kongresse.
Küche und Keller – Südtiroler Spezialitäten (s. Bozen) in den Gasthöfen; in den Hotels im allgemeinen italienische und französische Küche. Bei den Tiroler Speisen sind noch die Forellen aus der Passer zu erwähnen und eine besonders gute Specksorte. Weine: Riesling, Küchelberger, Sankt Valentin, Napoleon, Merlot, Gelber Muskat.
Einkaufstips – Bekleidung, Berg- und Wintersportartikel, Tiroler Volkstrachten, Trachtenstoffe, Holzschnitzereien, Korbwaren, Goldschmiedearbeiten; Speck, Tiroler Mehlspeisen, Wein und Früchte.
Typisches aus dem Ortsbild – *Laubengasse★; Tappeinerweg★; Passerpromenade★; Winter- und Sommerpromenade.*

KURBETRIEB – Oligomineralhältige und radioaktive Wasser, die in St. Vigil (Hochquellen) und bei Sankt Martin (Niederquellen) entspringen, werden vor allem in Form von Bädern, aber auch Schlammkuren, Inhalationen, Trinkkuren und Irrigationen angewendet. Die therapeutische Wirkung erstreckt sich von rheumatischen Erkrankungen über den Stoffwechsel, neurovegetative Störungen, Entzündungen der Harnwege, der Atmungsorgane bis zu Frauenleiden. Modernes Thermalzentrum mit Kursaal in einem großen Park mit Freibad.

Der **Theaterplatz** (*Piazza del teatro,* B2), der sich auf die *Theaterbrücke* (Ponte del Teatro) über den Fluß Passer öffnet, ist das Zentrum der Stadt; alle Hauptstraßen münden hier.
Freiheitsstraße (*Corso Libertà;* B1–2) – Hauptverkehrsader Merans, führt vom Bahnhof zum Sandplatz (Piazza della Rena), vorbei am Schauspielhaus und am *Kursaal,* B2, dem allgemeinen Treffpunkt und Schauplatz kultureller und Folklore-Veranstaltungen.
Pfarrkirche St. Nikolaus★ (A–B2) – Das bedeutendste Bauwerk der Stadt, eine weitschiffige gotische Hallenkirche (Chor 1367, Langhaus 1420, Langhausgewölbe um 1470). Der Turm mit der charakteristischen achteckigen Haube ist das Wahrzeichen der Stadt. Außenfront mit schönen Strebepfeilern und reicher Bauplastik (Portale, Statuen, Reliefs) und Fresken aus dem 14. und 15. Jh. Im Innenraum sind zwei gotische Glasfenster und ein Schnitzaltar (15. Jh.) erwähnenswert.
Hinter der Kirche die gotische **Barbara-Kapelle** mit achteckigem Grundriß. In der Nähe das kleine *Museum Steiner (Öffnungszeiten: 11–12.30, 15–17 Uhr, Sa 11–12.30 Uhr; Sonn- und Feiertage geschl.)* mit Gemälden und Skulpturen.

Laubengasse★ (A–B2). – Dieser malerische, geradlinige, von Bogengängen gesäumte Straßenzug ist der belebte Mittelpunkt der Altstadt. Auf Nr. 192 das moderne *Rathaus* (1929).

Landesfürstliche Burg (A2). – Befindet sich in der Via Galilei hinter dem Rathaus. Wurde 1480 vom Erzherzog Sigismund von Österreich errichtet. Zu besichtigen sind Räume, in denen sich zum Teil die spätgotische Innenausstattung (1879 ergänzt) erhalten hat *(Öffnungszeiten: 9–12, 15–18; Sa 9–12, 14–16 Uhr, Eintrittsgebühr).* Gegenüber der Burg liegt die Talstation des Segenbühel-Sesselliftes (475 m).

Städtisches Museum★ (A2). – Galileistraße 43. Zu sehen sind naturwissenschaftliche, volkskundliche und archäologische Sammlungen sowie mittelalterliche und moderne Kunst, darunter gotische Holzskulpturen und Fresken der Schule von Meran. *(Öffnungszeiten: 10–12, 16–18 Uhr; Sonn- und Feiertage sowie Sa nachmittag geschl.; Eintrittsgebühr.)*

SPAZIERGÄNGE – **Passerpromenade**★. Führt an dem von Pappeln gesäumten rechten Ufer der Passer entlang. Flußaufwärts von der *Theaterbrücke* (Ponte del Teatro; B2) kommt man über die Kurpromenade zum *Kursaal* und danach zur *Postbrücke* (Ponte della Posta; B2); über die zum Teil überdachte sogenannte WINTERPROMENADE gelangt man zum *Steinernen Steg* (Ponte Romano; A3) und weiter, inmitten üppiger Mittelmeervegetation über die *Gilfpromenade* bis unterhalb der Ruine der Zenoburg.

Sommerpromenade. – Läuft am linken Passerufer entlang, beginnt auf der Höhe der Postbrücke (dort die Spitalkirche zum Hl. Geist, 15. Jh.) und führt unter Bäumen flußaufwärts bis zur *Passerbrücke* (Ponte Passirio; B3). Von der Promenade aus erreicht man in Kürze *Obermais* mit seinen Villen, Hotels und Parks.
Tappeinerweg★ (A2). – Der auf Betreiben (und mit den Mitteln) des Kurarztes Dr. Tappeiner 1893 angelegte Promenadenweg setzt an der Galileistraße an und läuft hoch über der Stadt zwischen herrlichen Gärten und Weinbergen entlang; wunderbare Aussicht über die Senke von Meran.
Pferderennbahn (*Ippodromo;* C1). – Befindet sich in Untermais, zu erreichen vom Theaterplatz aus über die Piavestraße nach S; hier werden bedeutende Galopprennen sowie Reit- und Springturniere abgehalten.

AUSFLÜGE – Von Obermais aus mit der Seilbahn (12 Min.) oder über die Straße (6 km), die von der nach Schenna abzweigt, nach **Hafling** *(Avelengo)*. Von der Bergstation der Seilbahn (schöner Ausblick über die Talsenke★) führt eine Straße (2 km) in das Dorf *Hafling* (1290 m), das aus etlichen zwischen den Weiden und Wäldern des Hochplateaus verstreut liegenden Siedlungen besteht; beliebter Ferienort mit Wintersportanlagen, die mit dem Skigebiet Meran 2000 (s. u.) in Verbindung stehen. Aus Hafling stammt die berühmte Pferderasse der Haflinger.
Nach **Schloß Tirol;** zu erreichen über die Straße, die durch das Passertor nach (4 km) **Dorf Tirol** (*Tirolo;* 594 m, 2.120 Ew) führt, einem Sommerfrischenort mit einer beachtenswerten gotischen Pfarrkirche; von hier aus gelangt man in 20 Gehminuten durch das sogenannte Knappenloch nach **Schloß Tirol** (647 m), das hoch auf einem Felsen liegt und die Senke von Meran dominiert. Es wurde um die Mitte des 12. Jhs. als Stammburg der Grafen von Tirol errichtet; von ihr leitet das „Land im Gebirge" seinen Namen ab. Nach der Machtübernahme durch die Habsburger (1363) verfiel die Burg, wurde 1807 öffentlich versteigert und kam schließlich an die Stadt Meran. Großzügige Restaurierungen im 19. und frühen 20. Jh. Im Inneren romanische Portale mit Reliefschmuck und zwei weite Säle sowie eine Kapelle mit Freskendekoration aus dem 14. Jh. *(zur Zeit wegen Einrichtung eines Heimatmuseums geschl.).* Unweit davon ist in der *Brunnenburg* ein *Landwirtschaftliches Museum* untergebracht *(Öffnungszeiten: 9.30–11.30, 14–17 Uhr, Di geschl.),* das dem Leben der Bauern, ihrer Arbeitswelt, ihren Bräuchen und ihrer Sprache gewidmet ist.
Oberhalb von Dorf Tirol liegt der *Naturschutzpark Texelgruppe,* zu dessen beliebtesten Ausflugszielen das *Spronser Seenplateau* zählt (7 kleine Bergseen in Höhenlagen von 2117–2589 m).
Nach **Schenna** *(Scena),* 600 m, 2.506 Ew, 5 km nach NO, einem Ferienort; sehenswert ist das **Schloß Schenna,** errichtet im 14. Jh., im 18. Jh. erneuert und 1845 von Erzherzog Johann von Österreich erworben; reichhaltige Sammlungen von Waffen und Erinnerungsstücken. *Öffnungszeiten: 10–11.30, 14.30–17 Uhr; Führung alle 45 Min.; Eintrittsgebühr.*
In der Nähe der Pfarrkirche liegt das neugotische *Mausoleum* für den 1859 verstorbenen Erzherzog Johann und seine Gemahlin, der Postmeisterstochter Anna Plochl aus Bad Aussee. Eine Seilbahn führt auf den *Taser* (Monte Scena; 1400 m), einem Hochplateau mit Wintersportanlagen; Aussicht. Eine weitere Seilbahn verbindet *Verdins* (849 m) mit *Oberkirn* (Talle di Sopra; 1441 m) und mit dem Gebiet um die *Hirzerhütte* (Rifuggio Pizzo Cervina; 1983 m), auch mit der Seilbahn von *Saltaus* (Saltusio; 490 m) oder über die Passeier Straße und vom Jaufenpaß aus zu erreichen. Die Gegend westlich des *Hirzer Spitz* (Pizzo Cervina; 2781 m) ist ein beliebtes Wintersportgebiet
Mit der Naiftal-Seilschwebebahn (3 km) von Naiftal (Val di Nova) aus in das Berggebiet im NO der Stadt *(Haflinger Hochplateau)* zu dem bestens erschlossenen Erholungsraum **Meran 2000,** der beste Möglichkeiten zum Wintersport, aber auch für Bergwanderungen bietet; herrliche Aussicht★.
Aufs (8 km) **Vigiljoch** *(S. Vigilio)* auf der Straße nach **Lana** (s. d.).

MESTRE ca. 150.000 Ew, 4 m (5 E2)

Gemeinde Venedig. Der geschäftige Ort liegt auf dem Festland am Rande der Lagune; bedeutender Verkehrsknotenpunkt, Zugang zur Lagunenstadt (Straßen- und Eisenbahndamm); hier und in dem Schwesterort Marghera liegt die Industriezone Venedigs.

✉ 30171-74, ✆ 041, A3; in Marghera: C1, A3, ℹ EPT: Büro in Marghera, an der Autobahn-Tangente nach Padua (C1, a. P.).

Michelangelo, Via Forte Marghera 69, ☎ 98 66 00, Tx 431371, 51 Zi (mB/mD), P G, AIR . . . (A3, **b**)
Ambasciatori, Corso del Popolo 221, ☎ 92 66 99, Tx 410445, 104 Zi (mB/mD), P, AIR . . . (B3, **p**)
President, Via Forte Marghera 99/a, ☎ 98 56 55, 51 Zi (mB/mD), G, AIR . . . (B3, a. P.)
Bologna & Stazione, Via Piave 214, ☎ 93 10 00, Tx 410678, 131 Zi (mB/mD) . . . (B2, **a**)
Sirio, Via Circonvallazione 109, ☎ 94 91 94, Tx 410626, 100 Zi (mB/mD), P, AIR . . . (A2, **q**)
Plaza, Piazza Stazione, ☎ 92 03 88, Tx 410490, 226 Zi (mB/mD), AIR . . . (B2, **l**)
Alla Giustizia, Via Miranese 111, ☎ 91 39 55, 23 Zi (mB/mD), AIR . . . (B1, **n**)
San Giuliano, Via Forte Marghera 193/a, ☎ 95 76 04, 58 Zi (mB/mD), P, AIR . . . (B3, a. P.)
Aurora, Piazza G. Bruno 15, ☎ 98 98 32, 33 Zi (21 mB), P, AIR . . . (A3, **f**)
San Carlo, Via Forte Marghera 131, ☎ 97 05 12, 27 Zi (mB/mD), P . . . (B3, a. P.)
Amelia, Via Miranese 111, ☎ 91 39 55, AIR, Fischspezialitäten, ~~Mi~~ . . . (B1, **n**)
Valeriano, Via col di Lana 18, ☎ 92 64 74, AIR, ~~So~~ abend + ~~Mo~~ . . . (B2, **i**)
Tonin Geremia, Calle Legrenzi 20, ☎ 97 25 74, ~~Sa~~ abend + ~~So~~ . . . (A3, **m**)
Dante, Via Dante 53, ☎ 95 942, ~~So~~ . . . (B2, **t**)
Al Gambero, Via Palazzo 27, ☎ 98 48 56, ~~So~~ abend + ~~Mo~~ . . . (A3, **o**)

in Marghera (✉ 30175):
Lugano-Torretta, Via Rizzardi 11, ☎ 93 67 77, Tx 411166, 62 Zi (mB/mD), P ≋, Restaurant ◪ . . . (C2, **u**)

🏨 **Mondial,** Via Rizzardi 21, ☎ 93 00 99, 60 Zi (mB/mD), AIR. . . . . (C2, **z**)
🏨 **Colombo,** Via Paolucci 5, ☎ 92 07 11, 40 Zi (mB/mD) . . . . (C2, **s**)

in Oriago (✉ 30030) auf der B11, 7 km Richtung Padua:
🏨 🍴 **Il Burchiello,** ☎ 47 22 44, 41 Zi (mB), 🅿, ~~Mo~~ + ~~Do~~ abend

Die Pfarrkirche *S. Lorenzo* (A3) stammt aus dem 18. Jh. und hat eine klassizistische Fassade: vom Vorgängerbau ist noch der romanische Campanile erhalten. Rechts, in der recht malerischen Via Poerio, die *Scoletta dei Battuti,* ein schöner Bau aus dem 15. Jh. mit Maßwerkfenstern.
Die *Torre dell' Orologio* (*Uhrturm,* A3) von 1108 ist der einzige Überrest der ehemaligen Burg.
AUSFLÜGE – 5 km in Richtung S zur **Villa Foscari*** oder *Malcontenta* am anderen Ufer des Brentakanals. Sie wurde 1571 von Palladio in eleganten klassizistischen Formen erbaut. *Besichtigung: Mai–Sept., Di, Sa und 1. Sonntag im Monat, 9–12 Uhr (Mai–Sept.); Eintrittsgebühr.* Innenfresken von B. Franco und G.B. Zelotti.
15 km gegen NO an der Straße Nr. 14 in Richtung Triest nach **Altino,** das *Altinum* der Antike, in römischer Zeit eine wichtige Gemeinde an der Via Annia, die Padua mit Concordia und Aquileia verband. In Altino zweigte die Via Claudia Augusta ab, die Venetien mit den Gebieten jenseits der Alpen verbinden sollte und deren Beginn heute noch erhalten ist. Am Kirchenplatz das ARCHÄOLOGISCHE MUSEUM *(Besichtigung: 9–14 Uhr; Mo geschl.)* mit Funden der Ausgrabungen im Stadtgebiet und in der Nekropole von Altino; Mosaike, Architekturteile, Säulen, Grabstelen, Kleinplastiken, Statuen und Grabbeigaben.

MEZZANA 862 Ew, 941 m (**1** C2)

Provinz Trient. Dorf im mittleren Val di Sole, durch eine Straße (10 km) und einem Gondellift verbunden mit **Marilleva,** ca. 1400 m, einem modernen Fremdenverkehrsort und Wintersportzentrum am Südhang des Tals.

✉ 38020, ✆ 0463

Freizeitangebot: Kabinenseilbahn Marilleva von Mezzana (925 m) auf die Malga Copai (1473 m); Doppelsessellifte: Marilleva 1458–1906 m, Doss de la Pesa 1974–2234 m, Malga Panciana 1800–2160 m, Orso Bruno 1912–2143 m; Schlepplift in Marilleva.

Ravelli, an der Straße, ☎ 77 122, 37 Zi (mD), P
Eccher, an der Straße, ☎ 77 146, 13 Zi (mB), P

in Marilleva, 1400 m:
Solaria, ☎ 77 191, 117 Zi (mB), G ≈, Sauna, Kino, Sportzentrum

in Costa Rotian:
Costa Rotian, ☎ 94 307, 35 Zi (mD), P

Das durch Liftanlagen gut erschlossene Gebiet von Marilleva bildet mit Folgárida (s. d.) und Madonna di Campiglio (s. d.) einen riesigen Skizirkus.
AUSFLUG – 3 km nach W nach *Piano,* 850 m, einer beliebten Sommerfrische, ebenso wie die anderen Ortsteile der Gemeinde *Commezzadura;* neben dem Friedhof die Kirche *S. Agata,* aus dem 17. Jh., mit freistehendem altem Campanile; im Chor Wandgemälde von S. Baschenis, 1499.

MILANO MARITTIMA siehe Cervia

MIRÁNDOLA 21.979 Ew, 18 m (8 B3)

Provinz Modena. Lebhaftes Städtchen (Lebensmittelindustrie) im Herzen der Ebene von Modena; jahrhundertelang die Hauptstadt des Herrschaftsgebietes der Pico (1311–1707).

✉ 41037, ✆ 0535

Pico, 1 km auf der Straße nach Modena, ☎ 20 050, 26 Zi (mB/mD), P, AIR
Castello, Piazza Marconi (neben der Burg), ☎ 22 918, Di
Da Saul – Ganzerli, in S. Giacomo (3 km), ☎ 20 00 52, P, Mc

in S. Felice sul Panáro (✉ 41038) 12 km n. SO:
Polhotel, im Industrieviertel, ☎ 84 351, 22 Zi (mB/mD), P G

Am großen Hauptplatz das *Rathaus (Palazzo del Comune)* mit Arkaden, im Renaissance-Stil restauriert, und die Ruine der *Burg Pico.* In der gotischen Kirche *S. Francesco* (15. Jh.) befinden sich mehrere Gräber der Pico (14.–15. Jh.), darunter jenes des Prendiparte, ein Werk des Paolo di Jacobello dalle Masegne (1394).
In der Via Verdi, neben der *Städt. Bibliothek (Biblioteca Comunale)* befindet sich das kleine **Städtische Museum** *(Museo Civico)* mit Gemälden, einem Münzkabinett, Erinnerungsgegenständen an die italienische Einigung und archäologischen Funden.
Auf der Piazza Conciliazione die gotische *Kollegiatskirche* (1477) mit einer Grablegung, von Sante Peranda.
AUSFLÜGE – 6 km gegen NO nach **Quarántoli,** 13 m, einem Ackerdorf mit der romanischen Kirche *S. Maria della Neve,* die wahrscheinlich im 9. Jh. gegründet und im 12. Jh. umgestaltet wurde.
12 km gegen SO nach **S. Felice sul Panáro,** 19 m, 9.465 Ew, einem Agrarstädtchen mit beachtlicher Industrie. Im Ort befindet sich die 1340 von den Este errichtete Burg mit einer archäologischen Sammlung *(Auskunft bei der Städtischen Bibliothek);* in der Kirche des *Arcipretale* Triptychon von B. Loschi (1500).

MISANO ADRIÁTICO 8.105 Ew, 5 m (10 E2)

Provinz Forlì. Gut besuchter Badeort an der mittleren Adria zwischen Riccione und Cattólica, am Ende der aus Rimini kommenden Küstenstraße.

✉ 47046, ✆ 0541, i AA: Via Platani 22, ☎ 61 55 20

Freizeitangebot: Tennis; Reiten; Yachthafen (Portoverde); Autorennbahn.

Gala, Via Pascoli 8, ☎ 61 51 09, 27 Zi (mD), P, AIR
Atlantic, Via Sardegna 28, ☎ 61 54 45, 39 Zi (mD), P ≈
Europa, Via Litoranea Nord 13, ☎ 61 55 94, 42 Zi (mD), P, an der Seepromenade
Savoia, Via della Repubblica 1, ☎ 61 53 19, 81 Zi (mD), P, an der Seepromenade
Villa Rosa, Via Litoranea Sud 4, ☎ 61 55 56, 30 Zi (mD), P, an der Seepromenade
Haway, Via Sardegna 21, ☎ 61 55 63, 39 Zi (mD), P
Mercedes, Via Piemonte 6, ☎ 61 55 05, 36 Zi (32 mD), P, an der Seepromenade
Santamonica, Via Bramante 5, ☎ 61 51 11, 36 Zi (33 mD), P ≈
Al Messicano, Via del Carro 18, ☎ 61 53 07, P, rustikal, Mi
Da Siro, im Rathaus, ☎ 61 54 15, P, ganzjährig geöffnet

AUSFLÜGE – Nach **Gabicce Monte** und **Gradara** (siehe Cattólica). – 16 km nach **Montefiore Conca** (siehe Riccione).

MISURINA 1756 m (2 B3)

Gemeinde Auronzo. Provinz Belluno. Sommerfrische und Wintersportort in großartiger landschaftlicher Umgebung mit Blick auf die Gipfel der Dolomiten, am malerischen Misurina-See am Beginn des Ansiéi-Tals.

✉ 32040, ✆ 0436, i AA von Auronzo, ☎ 82 16

Freizeitangebot: Sessellift auf den Col de Varda (2124 m); Schlepplifte; Eislaufen am See; Skischule in Auronzo

Lavaredo, ☎ 82 39, 33 Zi (mB/mD), P, am See
Sorapiss, ☎ 82 09, 24 Zi (3 mB/9 mD), P, am See

Dolomiti des Alpes, in Col S. Angelo, ☎ 82 37, 17 Zi (2 mB/15 mD), P
Miralago, ☎ 82 17, 25 Zi (20 mD), P, am See
Cristallo, 5 km Richtung Auronzo, ☎ 82 34, 13 Zi (3 mB/9 mD), P

Der **Misurina-See**,** ca. 1 km lang und 300 m breit, liegt in einem von Nadelwäldern und Felswänden umgebenen Kessel: im N erheben sich die Drei Zinnen (Tre Cime di Lavaredo), im O die Gruppe der Cadini und im S die Gruppe der Marmarole und der Sorapis. Eine Straße ermöglicht die Umfahrung des Sees.
AUSFLÜGE – Mit dem Sessellift auf den **Col de Varda,** 2400 m; Blick auf die Gruppe des Monte Cristallo. – Auf den **Monte Piana,** 2324 m, auf schwieriger Straße (6 km) bis zum *Schutzhaus Angelo Bosi* (Kriegsschauplatz des Ersten Weltkriegs); schöne Aussicht*.
Zum **Schutzhaus Auronzo*,** 2320 m *(die letzten 4 km sind mautpflichtig),* entlang der eindrucksvollen Felswände der Drei Zinnen; wundervolle Aussicht*.

MODENA 178.985 Ew, 34 m (8 C3)

Provinzhauptstadt; Erzbischofssitz; Universität; Militärakademie. Landwirtschafts-, Handels- und Industriezentrum, wichtiger Verkehrsknotenpunkt an der Via Emilia in der Po-Ebene zwischen den Flüssen Secchia und Panaro. Besitzt einen wunderschönen romanischen Dom und reiche Kunstsammlungen aus der Zeit, als die Stadt Hauptstadt eines Herzogtums der Este war (1598–1859).

✉ 41100, ✆ 054, C2, C2, i EPT: Corso Canal Grande 1A, C2, ☎ 22 24 82; Autobahnstation Secchia, ☎ 51 81 77; TCI: Reisebüro ITER, Via S. Carlo 5; Reisebüro Domus, Largo Garibaldi 6

Canalgrande, Corso Canal Grande 6, ☎ 21 71 60, Tx 510480, 78 Zi (mB/mD), G, TV, AIR, in einem Palast aus dem 17. Jh. . . . . (C2, **h**)
Secchia Rapita, Corso Canal Grande 6, ☎ 21 71 60, Tx 510480, G, AIR, in einem Palast aus dem 17. Jh., Di . . . . (C2, **h**)
Fini Hotel, Via Emilia Est 441, ☎ 23 80 91, Tx 510286, 93 Zi (mB/mD), P G, TV, AIR, Hotelbus zum gleichnamigen Restaurant im Zentrum . . . . (C–D3, a. P.)
Central Park, Viale V. Veneto 10, ☎ 22 58 58, Tx 224614, 44 Zi (mB/mD), TV, AIR (B1, **c**)
Palace, Via Emilia Est 27, ☎ 23 60 90, Tx 222031, 53 Zi (mB/mD), G, TV, AIR . . . (C3, **a**)
Donatello, Via Giardini 402 (Ausfahrt nach Abetone), ☎ 35 13 31, 75 Zi (mB/mD), G, TV, AIR, Restaurant m. getrennter Geschäftsführung . . . . (C1, a. P.)
Eden, Via Emilia Ovest 666, ☎ 33 56 60, Tx 213474, 51 Zi, (mB/mD), TV, AIR . . . (B1, a. P.)
Principe, Corso V. Emanuele 94, ☎ 21 86 70, 51 Zi (mB/mD), AIR . . . . (A3, **d**)
Lux, Via Galilei 288, ☎ 35 33 08, 43 Zi (mB/mD), G AIR . . . . (C1, a. P.)
Estense, Via Berengario 11, ☎ 24 20 57, 47 Zi (21 mB/24 mD), P, AIR . . . . (B1, **e**)
Roma, Via Farini 44, ☎ 22 22 18, 56 Zi (12 mB/41 mD), G . . . . (B2, **c**)
Libertà, Via Blasia 10, ☎ 22 23 65, 48 Zi (mB/mD), G, TV . . . . (B2, **b**)
Milano, Corso V. Emanuele 68, ☎ 22 30 11, 62 Zi (5 mB/52 mD), P, TV, AIR . . . (B3, **f**)
La Torre, Via Cervetta 5, ☎ 22 26, 26 Zi (23 mD), G . . . . (C1–2, **l**)
Fini, Rua Frati Minori 54, ☎ 22 33 14, AIR, modenesische Küche, ~~Mo~~, ~~Di~~ + Aug. (C1, **m**)
Oreste, Piazza Roma 31, ☎ 24 33 24, verschiedene Spezialitäten, ~~So~~ abend + ~~Mi~~ . . . (B2, **q**)
Al Tucano, Largo Garibaldi 13, ☎ 22 22 99, Laubengang, ~~Di~~ . . . . (C3, **p**)
Bianca, Via Spaccini 24, ~~Sa~~ mittag, ~~So~~ + Aug. . . . . (A3, **v**)
Borso d'Este, Piazza Roma 5, ☎ 21 41 14, ~~So~~ + Aug. . . . . (E2, **x**)
Osteria Toscana, Via Gallucci 21, ☎ 21 13 12, ~~Mi~~ + Aug. . . . . (C2, **y**)
Enzo, Via Coltellini 17, ☎ 22 51 77, AIR, ~~Sa~~ . . . . (B2, **n**)
Zelmira, Via S. Giacomo 27, ☎ 22 23 51, ~~Mi~~ abend + ~~Do~~ . . . . (C1, **r**)
Al Boschetto – Da Loris, Via Due Canali 202 (Ausfahrt nach Nonantola), ☎ 25 17 59, Wildbret, ~~Mi~~, ~~Mo~~ abend, ~~Do~~ abend + Aug. . . . . (A3, a. P.)
Belvedere – da Danilo, Via Coltellini 31, ☎ 22 54 98, ~~Do~~ . . . . (B2, **t**)
Fantino, Via Donzi 7, ☎ 22 36 46, ~~So~~ . . . . (C2, **u**)

am Stadtrand und in der Umgebung:
Motelagip Autosole, 7 km, bei der Autobahn-Auffahrt Modena N, ☎ 51 82 21, 184 Zi (mD), AIR
Mini Hotel, Via Giardini 1270 (6 km Richtung Abetone), ☎ 35 90 51, 26 Zi (mD), P, TV
Green Park, in Casinalbo, 7 km an der Straße nach Abetone, ☎ 34 82 00, 22 Zi (mD), ≈, AIR
Castello, Via Pica 321 (4 km Richtung Vignola), ☎ 36 60 24, 26 Zi (mD), P
Aicardi – Buca di Attila, (5 km nach O von der Autobahn), ☎ 35 51 31, P, ~~Mo~~ + Feb.
Baia del Re, Via Vignolese 1684 (5 km nach SO von der Autobahn-Auffahrt Modena S), P
Green Grill – Da Gaetano, Via Emilia Ovest 802 (3 km Richtung Reggio), ☎ 33 00 73, ~~Mo~~
Leoncino, Via Emilia Ovest 407 (2 km), ☎ 33 41 90, P, ~~Sa~~

Eine Stadt stellt sich vor – Die regelmäßige städtebauliche Anlage des römischen *Mutina* ist noch heute im ältesten Stadtteil um die Via Emilia erkennbar. Rundherum, vor allem in den westlichen Vierteln, erstreckt sich die mittelalterliche Altstadt, die zunächst unter den Bischöfen (12.–13. Jh.) und dann in der Zeit, als Modena freie Stadt war, entstand. Aus dieser Epoche stammt der Dom, eines der schönsten Beispiele romanischer Baukunst. Den wichtigsten städtebaulichen Akzent setzten schließlich die Herzöge von Este zwischem dem 16. und 18. Jh.; von den zahlreichen unter ihrer Herrschaft erbauten profanen und sakralen Bauten sind besonders der Palazzo Ducale und der Palazzo dei Musei (Museumspalast) hervorzuheben. In der Stadt lebt eine beachtenswerte kulturelle Tradition weiter: die Universität hat sich aus einer Studierstube des 12. Jhs. entwickelt; die künstlerischen und wissenschaftlichen Impulse wurden vor allem vom Hof der Herzöge von Este getragen und setzen sich noch heute in den Tätigkeiten der Akademie für Literatur, Wissenschaft und Kunst fort. Von großer Bedeutung sind die Bibliotheken und Kunstsammlungen, allen voran die Galleria Estense mit ihrer reichen Sammlung an Werken der emilianischen Malerei. Die einst sehr wichtige Militärakademie ist heute noch aktiv. Modena ist das Zentrum einer arbeitsamen Provinz, deren Wirtschaft auf der Landwirtschaft und der Industrie begründet ist. An der Peripherie bestehen zahlreiche Industrieanlagen, einige stehen mit der

Landwirtschaft in Verbindung (Lebensmittel, Düngemittel, Tabak, Traktoren und landwirtschaftliche Maschinen), andere arbeiten auf dem Gebiet der Metallverarbeitung und der Metallurgie (Stahlwerk, Eisenbahnbau, Autowerke) und der Textilien (Bekleidung, Strickwaren). Berühmte Sportwagenproduktion in der Stadt und im benachbarten Maranello (Ferrari, Maserati, De Tomaso etc.). Unter den sportlichen Einrichtungen ist die neugeschaffene Pferderennbahn zu erwähnen.

Küche und Keller – Berühmte Spezialitäten sind der Zampone, der Schinken und mehrere Wurstsorten. Ein gutes Essen beginnt immer mit einer kalten Platte – Salami und „Gnocco", gebackener Blätterteig. Ausgezeichnet sind auch die Suppen (*tortellini in brodo,* Bohnensuppe). Die Lasagne, in Modena stets grün (mit Spinat), kommen gratiniert auf den Tisch; zu empfehlen sind außerdem die Tagliatelle mit Ragout und die *tortelli di ricotta* (mit Hüttenkäse gefüllte Teigtaschen).

Die bekannteste Hauptspeise ist der Zampone (gefüllte Schweinsstelze) mit Linsen, Bohnen oder Kartoffelpüree; daneben gibt es ausgezeichnete Braten. Typische Mehlspeisen sind die Amaretti; lokale Spezialitäten sind die Liköre „Nocino" und „Sassolino", außerdem ein spezieller Essig, dem Käsestückchen hinzugefügt werden. Weine: drei typische Lambrusco-Sorten: Sorbara, Salamino und Graspa Rossa, die sogar nach USA exportiert werden.

Einkaufstips – Zampone, Tortellini und andere kulinarische Spezialitäten; Lambrusco; Strickwaren, Kinderbekleidung; die Liköre „Nocino" und „Sassolino"; Keramik und Fliesen aus Sassuolo; Antiquitäten (Verkaufsschau jeden 4. Samstag und Sonntag des Monats).

Sehenswürdigkeiten auf einen Blick – *Dom★★; Galleria Estense★★; Biblioteca Estense★.*

Stadtbesichtigung – Man benötigt einen halben Tag und kann der am Stadtplan eingezeichneten Route folgen. Man parkt am besten in der Nähe des Palazzo Comunale oder entlang der Umfahrungsstraßen und gelangt zu Fuß oder mit einem öffentlichen Verkehrsmittel auf die zentrale *Piazza Grande* **(Dom★★);** von hier durch die *Via Emilia* zum **Palazzo dei Musei;** wieder ein Stück zurück und dann durch die *Via Castel Maraldo* bis zur *Aedes Muratoriana;* weiter durch die *Via Taglio* in Richtung Zentrum, bis man links den **Palazzo Ducale★** erblickt.

Piazza Grande (B–C2) – Der Platz öffnet sich an der rechten Seite des Doms und ermöglicht den Blick auf die drei mächtigen Apsiden. Der barocke Bau mit Arkaden und einem Glockenturm im Zentrum ist der *Palazzo Comunale* (Rathaus); im Innenhof *(Eingang in der Via Scudari 20)* dreigeschossige Loggia, überdachte Außentreppe und Überreste des mittelalterlichen Baus. Im Obergeschoß *(man wende sich an das Rathaus)* einige interessante Räume (Kassettendecke aus dem 16. Jh., abgelöste Fresken des Nicolò dell' Abate, Dekorationen und Gemälde von Ercole dell'Abate und B. Schedoni).

Dom★★ (B2) – Das wichtigste Baudenkmal der Stadt, Meisterwerk der romanischen Architektur. Er wurde 1099 unter der Leitung des Lombarden Lanfranco und des Bildhauers Wiligelmo begonnen und im 13. Jh. vollendet. Prächtige dreigeteilte Fassade mit drei geschmückten Portalen (die mittlere Porta Maggiore hat einen von Löwen gestützten Baldachin), eine Blendbogenarkade mit Triforen (13. Jh.) und eine Fensterrose; die Basreliefs★ (Schöpfungsgeschichte) des Meisters Wiligelmo (12. Jh.) gehören zu den frühesten Beispielen romanischer Bildhauerkunst. An der rechten Seite, mit Blendbogen und Zwerggalerie, öffnen sich die romanische, mit Reliefs geschmückte *Porta dei Principi* und die *Porta Regia* mit Baldachin, die schon gotische Formen hat (ca. 1178); an der letzten Arkade Basreliefs von Agostino di Duccio (Szenen aus dem Leben des hl. Geminianus; 1442). Die schöne Porta della Pescheria öffnet sich an der linken Seite, sie ist ein Werk eines Nachfolgers des Meisters Wiligelmo und zeigt Einflüsse der burgundischen Kunst (ca. 1220–30). Neben den drei schönen Apsiden erhebt sich das Wahrzeichen der Stadt, die *Ghirlandina★,* der mächtige, 88 m hohe Campanile mit gotischer Turmhaube (1319).

Modena: Dom

Das mächtige dreischiffige INNERE mit einander abwechselnden Pfeilern und Säulen hat strenge Formen. Der Chor ist erhöht, die gotische Wölbung stammt aus dem 15. Jh. Am Ende des Mittelschiffs der wunderschöne Lettner★, mit Basreliefs (Szenen aus der Leidensgeschichte), ein Werk des Anselmo da Campione (ca. 1180); darüber hängt ein Holzkruzifix aus dem 14. Jh.; links vom Lettner ein Bischofsthron mit Reliefs aus dem 13. Jh., ein Werk der Schule von Campione. In der Mitte des Schiffes links Kanzel von Arrigo da Campione (1322). Große dreischiffige Krypta mit 60 Säulchen (Kapitelle aus dem späten 11. Jh.) mit dem Steinsarkophag des hl. Geminianus; rechts die bemalte Terrakotta-Gruppe der Madonna della Pappa★ des Guido Mazzoni (1480). Altarbegrenzung mit Säulchen aus dem 13. Jh.; schönes hölzernes Chorgestühl mit Intarsien von Cristoforo und Lorenzo da Lendinara (1465). In der linken Chorkapelle ein Basrelief toskanischer Schule des 15. Jhs. (Madonna mit Kind) und Marmorstatue des hl. Geminianus, A. di Duccio zugeschrieben; Flügelaltar von Serafino Serafini (1384) und unterhalb der Orgel vier Intarsienbilder von Cristoforo da Lendinara (1477).

In der Sakristei Deckenfresko des F. Bianchi Ferrari (1507). Im linken Seitenschiff: am Beginn Terrakotta-Plastik des Michele da Firenze (ca. 1440); am 2. Altar Gemälde von D. Dossi (1522). In der Mitte des rechten Schiffs Terrakotta-Krippe von A. Begarelli (1527). Außen, an der linken Seite in der Via Lanfranco 6, befindet sich das **Museo Lapidario** *(Öffnungszeiten – sofern Personal verfügbar: 9–12, 15–18 Uhr),* das römische und mittelalterliche Skulpturen beherbergt: besonders interessant sind acht wunderschöne romanische Metopen★★ aus dem 12. Jh.

Via Emilia – Hauptverkehrsader der Stadt, z. T. mit Arkadengängen; Treffpunkt und Korso. Im westlichen Abschnitt die Kirche **S. Giovanni Battista** (B1–2) von 1730, im Inneren schöne bemalte Terrakotta-Gruppe (Kreuzniederlegung★) von G. Mazzoni.

Palazzo dei Musei (Museumspalast; B1) – Der großartige barocke Bau aus dem 18. Jh. beherbergt die städtischen Kunstsammlungen.

Im letzten Geschoß des Palastes befindet sich die **Galleria Estense★★,** die vor allem an Werken der emilianischen und venezianischen Malerschule des 14.–18. Jhs. reich ist. Sie wurde 1975 neu eingerichtet. *Öffnungszeiten: werktags 9–14 Uhr; Sonn- und Feiertage 9–13 Uhr; Mo geschl.*

Im Vestibül griechisch-römische Marmorarbeiten und Reliefs. – Am Beginn mittelalterliche Malerei aus der Emilia, mit Werken von Tommaso* und Barnaba da Modena und Simone de Crocifissi, und aus der Toskana: Giovanni di Paolo (Anbetung*). – Malerei aus Ferrara und Venetien aus dem 15. Jh.: Cosmè Tura (Hl. Antonius*), Cima da Conegliano (Grablegung), B. Montagna (Madonna mit Kind), G. Caroto, B. Boccacino und F. Mazzola. – Maler aus Modena aus dem 15. und frühen 16. Jh.: Agnolo und Bartolomeo degli Erri (Polyptychon*,), B. Bonascia (Pietà*), F. Bianchi Ferrari (Kreuzigung*; Verkündigung*). – Venezianer aus dem 16. und 17. Jh: Veronese (Heilige* und Orgelflügel), Tintoretto, J. Bassano (Hll. Petrus und Paulus), Palma il Giovane. Außerdem der kleine Hausaltar des El Greco*, ein Jugendmeisterwerk des Künstlers mit venezianischen Einflüssen. – Malerei aus Ferrara vom 15. und 16. Jh.: D. Dossi (Madonna mit Kind und Heiligen*); Deckengemälde* aus dem Zimmer Alfons I. von Este; Garofalo; G. Gherardo dalle Catene. – Abgelöste Fresken* des Nicolò dell' Abate; Werke des Girolamo da Carpi (Anbetung der Könige*). Von Correggio ist die Madonna Campori* ausgestellt; von ihm nahestehenden Meistern, L. Orsi (Fresko*) und B. Schedoni (Madonna). – Lombardische Künstler aus dem späten 16. und 17. Jh.: Procaccini, F. del Cairo, D. Crespi; aus der Emilia: Scarsellino (Anbetung), C. Bononi, die Carracci, Guercino, G. Reni (Kreuzigung*), Mastelletta (Der gerettete Moses), C. Cignani. Neapolitaner und Genuesen aus derselben Epoche: Werke* von S. Rosa und B. Strozzi. – Unter den Gemälden des 18. Jhs. ist vor allem ein Frauenbildnis* von Rosalba Carriera zu nennen. – Maler aus Modena des 17. und 18. Jhs.: L. Lana, S. Caula, F. Vellani. – Ausländische Meister: D. Velazquez (Bildnis des Franz I. von Este*); Werke flämischer, deutscher und französischer Schulen des 15. und 16. Jhs. (Corneille de Lyon, Joos van Cleve).
Das im selben Stock untergebrachte MUSEO ESTENSE besitzt ein reiches Münzkabinett mit Medaillen* von Pisanello, Matteo de' Pasti u. a., Abzeichen aus dem 16. Jh. (Riccio, Caradosso u. a.), Renaissance-Bronzen (Herkules* von Bertoldo di Giovanni; zwei Mädchenköpfe* von T. Lombardo; Denker* von J. Sansovino; A. Vittoria; Riccio und Giambologna). Skulpturen und Reliefs aus der Renaissance aus Marmor oder Terrakotta (Kopf eines Alten* von G. Mazzoni; Madonna del Latte* von A. Begarelli; Ruhende von Mosca; Hl. Monika* des Nicolò dell' Arca); ferner die Büste des Franz I. von Este**, von G.L. Bernini; Elfenbeinarbeiten, Möbel, Muranoglas, Böhmisches Kristall, Fayencen, Keramik aus Gubbio und Urbino.

Im unteren Stockwerk befindet sich das **Städtische Museum** *(Museo Civico Archeologico, Medioevale e Moderno). (Öffnungszeiten: 9–13, 15.30–18.30 Uhr (Winter), 16–19 Uhr (Sommer); Sonn- u. Feiertage 9.30–13 Uhr; Mo sowie Fr, Sa nachm. geschl.; freier Eintritt.* Es beinhaltet verschiedene Sammlungen: Ur- und Frühgeschichte, Keramiken aus römischer und neuerer Zeit aus Sassuolo, Scandiano und Faenza; Waffen; Musikinstrumente; Medaillen; ethnographische Sammlung; Gemälde und Fresken aus Modena.

Auf Anfrage kann man die ca. 100 Bilder verschiedener Schulen des 17. und 18. Jhs. der **Galleria Campori** besichtigen. Im Hof das wichtige *Lapidario Estense* mit spätrömischen Sarkophagen und Marmorarbeiten verschiedener Art aus dem Mittelalter und der Renaissance *(vorübergehend geschl.).*

Die **Biblioteca Estense*** gehört zu den reichsten Bibliotheken Italiens, *ständige bibliographische Ausstellung* (Besichtigung: Mo bis Fr, 9–14 Uhr im Sommer, 9–20 Uhr im Winter; Sa 9–14 Uhr; Sonn- und Feiertage geschl.).* Sie besitzt aus dem In- und Ausland illuminierte Handschriften von außergewöhnlicher Bedeutung, vor allem die berühmte Bibel* des Borso d'Este *(nur vormittags von 9–14 Uhr zu sehen),* die von Taddeo Crivelli und anderen illuminiert wurde (15. Jh.); außerdem Bucheinbände, Holzschnitte und Kupferstiche vom 14.–16. Jh.

Im Erdgeschoß das **Unabhängigkeitsmuseum** *(Öffnungszeiten wie Städt. Museum)* mit Erinnerungsgegenständen an die italienische Einigung und die Zeit des Hauses Österreich-Este (1817–1860). Im Hof ein *Lapidarium* mit einer griechisch-römischen und einer mittelalterlich-neuzeitlichen Sammlung.

Neben dem Museumspalast die Kirche **S. Agostino,** die im 17. Jh. erneuert wurde. Überreste des Vorgängerbaus aus dem 13. Jh. an der linken Seite. Großes einschiffiges Inneres mit Statuen Stuckarbeiten, Basreliefs und einer bemerkenswerten Kassettendecke (ca. 1662); am 1. Altar rechts Terrakotta-Gruppe der Grablegung, von A. Begarelli; im rechten Querschiff ein abgelöstes Fresko des Tomaso da Modena.

S. Maria Pomposa (B1–2) – Ziegelbau aus dem 18. Jh., der Wiederaufbau geht auf L.A. Muratori zurück, dessen Denkmal von L. Pogliaghi (1931) im Inneren. Das danebenliegende Haus in der Via Pomposa 1, einst Wohnsitz Muratoris, beherbergt das **Aedes Muratoriana;** im 1. Stock *Studienzentrum und Museum (Besichtigung: werktags 9–12 Uhr)* mit der Sammlung sämtlicher Werke des großen Historikers.

Palazzo Ducale (B2) – Einst Regierungssitz der Herzöge von Este, ab 1629 erbaut, eines der größten Gebäude Italiens; heute ist es Sitz der *Militärakademie,* der einzigen ständigen Einrichtung zur Ausbildung von Berufsoffizieren in Italien. Man beachte die mächtige Fassade und den schönen zweigeschossigen Arkadenhof

WEITERE SEHENSWÜRDIGKEITEN – Die gotische Kirche **S. Francesco** (C1) von 1244 (später verändert): im Inneren Grablegungsterrakotta von A. Begarelli.
S. Pietro (C2), Renaissancekirche (1476–1506) mit eleganter Fassade. Im weitläufigen fünfschiffigen Inneren schöne Gemälde (Romanino an der linken Chorwand; F. Bianchi Ferrari am 3. Altar links), Skulpturen im Mittelschiff, sechs jüngst restaurierte Statuen von A. Begarelli und Schule; andere an der Fensterrose, im Querschiff und in der rechten Chorkapelle) und Chorgestühl mit Intarsien (1543).
S. Vincenzo (C2), Grablege der Herzöge von Este in Modena, 1617 als Theatinerkirche begonnen, Fassade aus dem 18. Jh. Das einschiffige kuppelbekrönte Innere *(wenn geschl., Auskunft im Pfarrhof neben der Kirche)* mit reicher Stuck- und Freskendekoration wurde im Zweiten Weltkrieg schwer beschädigt; in der strengen achteckigen Cappella Palatina zahlreiche Gräber von Mitgliedern des Hauses Este, darunter von sechs Herzögen von Modena.

AUSFLÜGE – 13 km entlang der Via Emilia in Richtung Bologna nach **Castelfranco Emilia** (42 m, 20.386 Ew): in der Pfarrkirche in der Apsis eine *Mariä Himmelfahrt** von G. Reni, am Ende des linken Seitenschiffs eine Hl Barbara, von F. Monti. Weiter gegen S erreicht man nach 4,2 km **S. Cesario**

sul Panáro (54 m): romanische Kirche *S. Cesario*★ (12. Jh.) mit Resten aus früherer Zeit (10.–11. Jh.); im Inneren (man bemerke die Kapitelle) Sarkophagreste aus der spätrömischen Zeit und Boschetti-Grab von A. Begarelli (1525).
22,5 km in Richtung SO nach **Vignola** (s. d.), davor (16 km) liegt *Spilamberto* mit einer *Festung*, Ziegelbauten aus dem 15. Jh., einem Turm aus dem 13. Jh. und einem Teil der alten Stadtmauer.

MOENA 2.587 Ew, 1184 m (2 C1)

Provinz Trient. Bekannter Sommerfrischen- und Wintersportort in einem großen Talkessel an der Grenze zwischen dem Fleimser- und dem Fassatal, eingezwängt zwischen den Berggruppen des Latemar und der Monzoni.

✉ 38035, ✆ 0462, ℹ AA: Piazza C. Battisti 18, ☎ 53 122, Tx 400677

Freizeitangebot: Tennis; Eislaufen; überdachte Boccia-Anlage; geheiztes Hallenbad; Sauna; Seilbahn von Lusia: Ronchi, 1370 m – Valbona, 1820 m – Le Cune, 2200 m; Doppelsessellift: Campo, 1947 m – Le Cune, 2213 m; Campo, 1947 m – Lasté, 2347 m; Valbona, 1764 m – Piavac, 2224 m; Schlepplifte in Moena; Eislaufen; Skischule.

- **Monza,** ☎ 53 205, 21 Zi (mB/mD), P ≈ ⚲ ✿
- **De Ville,** ☎ 53 338, 32 Zi (mB/mD), P
- **Catinaccio ◪,** ☎ 53 235, 41 Zi (mB/mD), P ❀ ✿
- **Leonardo ◪,** ☎ 53 355, 21 Zi (mB/mD), P ❀
- **Dolce Casa ◪,** ☎ 53 126, 50 Zi (21 mB/23 mD), P ❀ ✿
- **Laurino,** ☎ 53 238, 39 Zi (mB/mD), P ❀ ✿
- **Patrizia ◪,** ☎ 53 185, 30 Zi (mB/mD), P ❀ ✿
- **Alpi ◪,** ☎ 53 194, 27 Zi (mB/mD), P ❀ ✿
- **Garden ◪,** ☎ 53 314, 27 Zi (mD), P G ❀
- **Maria ◪,** ☎ 53 314, 27 Zi (mD), P G ❀
- **La Campagnola ◪,** ☎ 53 232, 21 Zi (mB/mD), P ✿

VERANSTALTUNGEN – „Marcialonga“, (letzter Sonntag im Januar, siehe Cavalese).
Auf einem Hügel neben der modernen Pfarrkirche liegt das Kirchlein *St. Wolfgang,* im Inneren volkstümliche Fresken aus dem 15. Jh.
AUSFLÜGE – Mit der Seilbahn auf die Cune, 2200 m; schöne Aussicht★ auf die Dolomitengipfel des Fassatals. – 11,5 km zum **Passo di S. Pellegrino,** 1918 m (s. d.).

MOLVENO 941 Ew, 864 m (1 D2)

Provinz Trient. Bedeutende Sommerfrische mit Möglichkeiten zum Wintersport, an den östlichen Hängen der Brenta-Gruppe am Nordende des gleichnamigen Sees gelegen.

✉ 38018, ✆ 0461, ℹ AA: Piazza Marconi 1, ☎ 58 69 24

Freizeitangebot: Hallenbad mit olympischem Becken; Badestrand; Tennis; Kabinenseilbahn: Molveno, 909 m – Pradel, 1400 m; Sessellift: Pradel, 1400 m – Croz dell' Altissimo, 1530 m; Schlepplift in Pradel und in Carbonare; Eislaufen; Skischule.

- **Belvedere ◪,** an der Staatsstraße, ☎ 58 69 33, 75 Zi (mB/mD), P ❀ ≈
- **Ischia ◪,** Seepromenade, ☎ 58 60 57, 22 Zi (mB), P ❀
- **Miralago ◪,** im Ort, ☎ 58 69 35, 34 Zi (mB/mD), P ✿
- **Ariston ◪,** im Ort, ☎ 58 69 07, 43 Zi (4 mB/28 mD), P ✿
- **Gloria ◪,** am See, ☎ 58 69 62, 33 Zi (mB/mD), P ❀
- **Lido,** Seepromenade, ☎ 58 69 32, 54 Zi (9 mB/24 mD), P G ❀
- **Londra,** an der Staatsstraße, ☎ 58 69 43, 35 Zi (19 mB/12 mD), P ✿
- **Cima Tosa ◪,** an der Staatsstraße, ☎ 58 69 28, 32 Zi (10 mB/10 mD), P
- **Venezia ◪,** an der Staatsstraße, ☎ 58 69 20, 39 Zi (6 mB/32 mD), P ❀
- **Bellariva ◪,** Seepromenade, ☎ 58 69 52, 27 Zi (13 mB/13 mD), P ❀ ⚲
- **Olimpia ◪,** ☎ 58 69 61, 30 Zi (mB/mD), P ✿

Der **See von Molveno** (823 m) liegt in einem schönen Talkessel mit der Brenta-Gruppe im Hintergrund. Er ist 4,4 km lang und 1,5 km breit und wurde durch einen Erdrutsch gebildet; heute liegt an ihm ein großes Kraftwerk. Wassersporteinrichtungen.

MONFALCONE 29.783 Ew, 6 m (6 D2)

Provinz Görz. Wichtiges Industriezentrum (Werften) in einer Bucht (Golfo di Panzano) des Golfes von Triest am Fuß des Karstgebirges.

✉ 34074, ✆ 0481, ℹ *Verkehrsverein,* via S. Ambrogio 12, ☎ 74 492; TCI: Reisebüro Universal Italiana, Piazza Unità 2

Freizeitangebot: Flughafen in Ronchi, 4 km.

- **Sam,** Via Cosulich 3 (an der Kreuzung), ☎ 73 471, Tx 460580, 66 Zi (mB/mD), G, AIR
- **Da Bruno,** Via Cosulich 3, ☎ 73 471, Tx 460580, G, AIR, ✗ mittag und ✗
- **Excelsior,** Via Arena 4 (Zentrum), ☎ 72 893, 46 Zi (mB/mD), AIR
- **Roma,** Via S. Ambrogio 60 (hinter der Kirche), ☎ 72 468, 47 Zi (10 mB/19 mD), P
- **Detroit,** Via Matteotti 25 (östl. Stadtrand), ☎ 73 300, 30 Zi (mD), P

in Redipuglia (✉ 34070) 6 km nach W:
- **Ai Cacciatori,** Via III. Armata 20, ☎ 79 198, 23 Zi (mD), P ❀ ≈ ⚲

Die Küste um Monfalcone besitzt mehrere gut ausgestattete Badeorte wie den *Lido di Fanzano, Marina Julia und den Lido di Staranzano* und einen Motorboothafen *(Marina Hannibal).*
AUSFLUG – 6 km nach **Redipuglia,** 31 m; an den Hängen des Monte Sei Busi der großartige **Sacrario Militare.** In diesem Kriegerfriedhof und Beinhaus ruhen 100.000 Gefallene des Ersten Weltkriegs, unter ihnen Herzog Emanuele Filiberto von Aosta, Kommandeur der 3. Armee. Kapelle und zwei Museen mit Erinnerungsgegenständen an den Krieg; Aussichtsterrasse mit Blick ins Isonzo-Tal.

MONSÉLICE 17.639 Ew, 9 m (4 F2)

Provinz Padua. Malerisches Agrarstädtchen mit etwas Industrie am Fuß der Euganäischen Hügel, noch heute zum Teil von mittelalterlichen Stadtmauern umgeben.

✉ 35043, ☏ 0429, 📯 B1, ✆ A1

¶¶ **La Torre,** Piazza Mazzini 14, ☎ 73 752, ~~Ft~~ abend + ~~Mo~~ . . . . (A–B1, **r**)
¶ **Monte Ricco,** Via Valli 21 (Ausfahrt nach Isola), ☎ 72 746, 🅿, Fisch, ~~Sa~~ . . . . (A1, a. P.)

Piazza Mazzini (A1) – Der Platz bildet das Zentrum des Städtchens und wird von der **Torre Civica,** dem Stadtturm aus dem 13. Jh., der im 16. Jh. erhöht wurde, beherrscht. Etwas zurückversetzt am Beginn des Weges, der auf den Hügel führt, ein malerischer Bau mit Loggia, das Pfandhaus *(Monte di Pietà)* aus dem 16. Jh. und ein kleiner gotischer Palast.

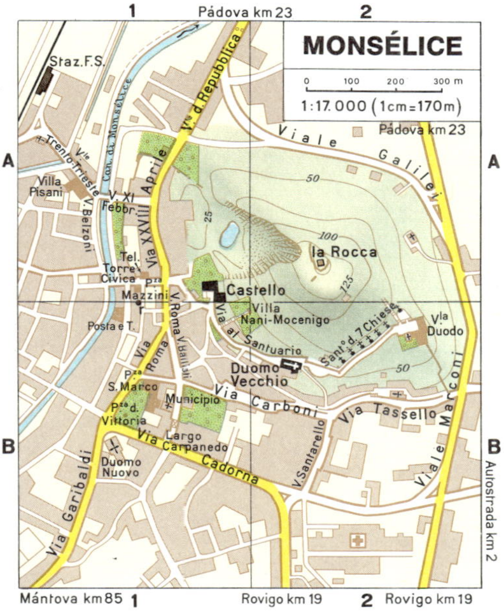

Via al Santuario – Sie ist der malerischste Spaziergang der Stadt und führt auf den Schloßberg; an ihr liegen die bedeutendsten Baudenkmäler (Burg; Alter Dom; Wallfahrtsheiligtum; Villa Duodo), von zahlreichen Aussichtsterrassen hat man einen schönen Blick auf den Ort und die Umgebung.
Burg★ (*Castello;* A1) – Die Anlage besteht aus mehreren interessanten Gebäuden, z. T. aus dem 13. Jh. (Kastell und Palast des Ezzelino), z. T. aus dem 15. Jh. (Palazzo dei Marcello). Das Innere *(Führungen April–Nov.: 9, 10.30, 15.30, 17 Uhr; So 9, 10.30 Uhr)* beherbergt ein Museum für mittelalterliche und Renaissance-Kunst. Etwas weiter liegt die **Villa Nani-Mocenigo** aus dem 16.–17. Jh., deren Mauer mit grotesken Zwergenstatuen aus dem 18. Jh. bekrönt ist: im Park großartige Treppenanlage.

Alter Dom★ (*Duomo Vecchio;* B2) – Romanisch-gotische Kirche (1256) mit einfacher Fassade, Baldachinportal aus dem 15. Jh. und schönem Campanile an der Apsisseite. Im einschiffigen Inneren in den Apsiskapellen einige Fresken und Tafelbilder der venezianischen Schule des 15. Jhs.

Santuario delle Sette Chiese (B2) – Der Eingang zu dem Wallfahrtsheiligtum befindet sich hinter dem Dorf auf der Piazzale *Rotonda* (Aussicht). Er besteht aus mehreren von V. Scamozzi entworfenen und von Palma il Giovane mit Leinwandbildern ausgestatteten Kapellen. Die Zypressenallee, in der sie angeordnet sind, führt bis zur ebenfalls von Scamozzi (1593–1611) errichteten **Villa Duodo** (B2), deren monumentale Treppenanlage und Hauptfassade im 18. Jh. erbaut wurden. Heute ist hier ein internationales Studienzentrum eingerichtet. Auf dem Gipfel, 152 m, befinden sich die Ruinen der **Rocca** (Burg, A2), die von Friedrich II. erbaut und von den Herzögen von Carrara erneuert wurde; heute bestehen noch der Wehrturm und die rechteckigen Befestigungsmauern; schöne Aussicht★.

MONTAGNANA 9.913 Ew, 16 m (4 F1–2)

Provinz Padua. Agrar- und Industriestädtchen (Möbelerzeugung) in der Ebene von Venetien mit einer der schönsten Stadtmauern Europas.

✉ 35044, ☏ 0429, 📯 A1, ℹ Piazza Vittorio Emanuele II, A–B2

🏨 **Ezzelino,** Via Praterie 1 (Ausfahrt nach Cologna Veneta), ☎ 82 035, 10 Zi (mD), 🅿 (A1, a. P.)
🏨🍴 **Aldo Moro,** Via Marconi 27, ☎ 81 351, 18 Zi (17 mD), 🅶, ~~Mo~~ . . . . (B2, **m**)

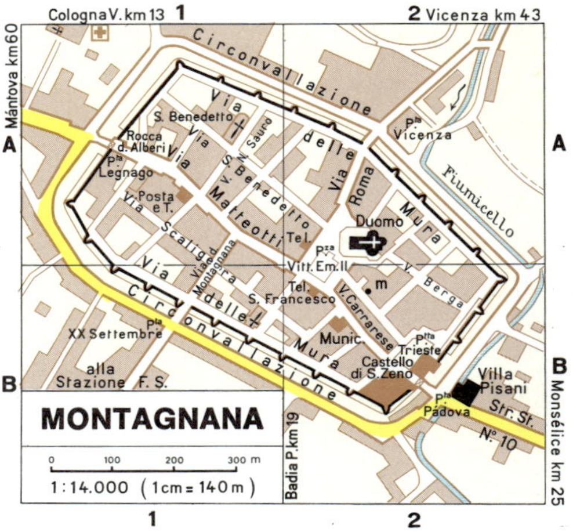

Stadtmauer* – Die zinnenbekrönte Mauer aus dem 13. und 14. Jh. umschließt noch heute die gesamte Stadt. Sie hat 24 Türme, 4 Stadttore und einen Wallgraben.

Die wichtigsten Tore sind die *Rocca degli Alberi* oder *Porta Legnago* (A1) von 1388, in dem die *Jugendherberge* untergebracht ist, und die *Porta Padova* (B2) mit der hohen Torre Ezzelina.

Etwas außerhalb der Stadt die schöne **Villa Pisani*,** erbaut 1560 nach Entwurf von A. Palladio; Säulenhof mit den Statuen der vier Jahreszeiten von A. Vittoria (1577).

Dom* (A2) – Er erhebt sich auf der von Laubengängen umgebenen Piazza Vittorio Emanuele im Zentrum der Stadt. Er wurde 1431–1502 im Mischstil von Gotik und Renaissance erbaut; das klassizistische Portal wird Sansovino zugeschrieben. Besonders schön die Seitenfassaden und die Apsis.

Das Innere hat Formen der Frührenaissance: verschiedene Fresken des 15. und 16. Jhs.; drei Gemälde von Buonconsiglio, frühes 16. Jh. (rechte Seitenwand, 1. Altar rechts, linke Chorkapelle) und ein Apsisfresko der Verkündigung*, vielleicht von Buonconsiglio; weitere Fresken dieses Meisters auf der linken Seitenwand des linken Querschiffs. Am Hochaltar Transfiguration* von Veronese; hölzernes Chorgestühl von 1555.
Beachtenswert ferner das **Rathaus** (*Palazzo del Municipio,* B2), ein strenger Arkadenbau von Sanmicheli, im 17. und 18. Jh. ausgebaut, und die Kirche **S. Francesco** (B1) aus dem 14. und 15. Jh.

MONTEBELLUNA 24.744 Ew, 109 m (5 D1)

Provinz Treviso. Hauptort des Montello, Zentrum der Bergschuh- und Skierzeugung.

✉ 31044, ✆ 0423, ℹ *Verkehrsverein,* Piazza Marconi, ☎ 23 827

🏨 **Al Gallo,** Piazza IV Novembre 15, ☎ 22 959, 44 Zi (mB/mD), 🅿 🅶
🏨 **Alla Pineta,** auf einem Hügel, 2,5 km oberhalb Biadene, ☎ 29 489, 28 Zi (mB/mD), 🅿 ❀ ♆
🍴 **Al Tiglio d'Oro,** Via Zuccareda (in S. Maria in Colle), ☎ 22 419, 🅿 ❀, ~~Fr~~

rund um den Montello:
🍴 **Agnoletti,** in Giavera del Montello, ☎ 76 009, 🅿 ❀, Muscheln, ~~Mo~~, ~~Di~~
🍴 **Da Celeste alla Costa d'Oro,** in Volpago, ☎ 86 267, 🅿 ❀, ~~Di~~
🍴 **La Falconera – da Celeste,** in Venegazzù, bei Volpago, ☎ 83 445, 🅿 ❀, ~~Mo~~, ~~Di~~
🍴 **I Ragazzi del '99,** in S. Croce bei Nervesa (5 km nach NW), ☎ 89 001, 🅿, Vorbestellung, ~~Mo~~
🍴 **Al Forchetton,** in Ciano, bei der Crocetta del Montello, ☎ 84 147, ~~Mo~~

In der Villa Biagi (Corso Mazzini 70, ☎ 30 04 65) das **Städtische Museum** *(Museo civico di Storia e Scienze Naturali; Öffnungszeiten: 9–12 Uhr; wochentags auch 15–18 Uhr)* mit archäologischen Ausstellungsstücken.
RUNDFAHRT UM DEN MONTELLO – 37 km lange Fahrt um einen 368 m hohen Hügel von eigenartig kuppelartiger Form, der einer der wichtigsten strategischen Punkte während der Piave-Schlachten 1917/18 war. Man fährt durch malerische Dörfer, vorbei an bemerkenswerten Villen; hinter *Nervesa della Battaglia* schöner Blick auf die Piave. 1 km hinter Nervesa liegt auf 160 m Höhe ein *Beinhaus* mit den Überresten von 10.000 Gefallenen; in einem Saal Erinnerungsgegenstände an die Schlacht.

MONTE BONDONE (1 E3)

Provinz Trient. Großes Bergmassiv im SW von Trient zwischen der Etsch und der Sarca; die Ortschaften *Sardagna,* 571 m, *Candriai,* 1025 m, der Hauptort *Vaneze,* 1282 m, und *Vason,* 1450–1650 m, sind beliebte Sommer- und Winterurlaubsorte.

✉ 38040, ✆ 0461, ℹ AA: in Trient, via Alfiera 4, ☎ 98 38 80, Büro ◪ in Vaneze, ☎ 47 128

Freizeitangebot: Tennis in Vaneze und in Vason; Gondellift: Vaneze – Vason, 1295–1647 m; Sessellifte: Rocce Rosse, 1184–1647 m, Del Fortino, 1657–1974 m, Canalon Doppelsessellift, 1653–1920 m, Palon Iª, 1656–2098 m, Montesel Doppelsessellift, 1440–1739 m, 3 Tre, 1288–1630 m; Schlepplift: Stella Alpina in Vaneze; Eislaufen; Skischule.

in Candriai:
- Alla Posta, ☎ 47 207, 23 Zi (2 mB/20 mD), Ⓟ
- Bellaria, ☎ 47 181, 22 Zi (11 mB/2 mD), Ⓟ

in Vaneze:
- **Monte Bondone**, ☎ 47 118, 26 Zi (mB/mD), Ⓟ, Bowling
- **Zodiago**, ☎ 47 135, 43 Zi (3 mB/34 mD), Ⓟ
- **Vaneze**, ☎ 47 113, 19 Zi (mB/mD), Ⓟ
- **Alpino**, ☎ 47 117, 39 Zi (18 mB/22 mD)

in Vason:
- **Montana**, ☎ 47 176, 40 Zi (mB/mD), Ⓟ, TV, Eislaufplatz, Appartements mit TV und Kitchenette
- **Sport**, ☎ 47 141, 34 Zi (mB/mD), Ⓟ
- **Nevada**, ☎ 47 317, 25 Zi (mB/mD), Ⓟ
- **Norge**, ☎ 47 147, 12 Zi (mB/mD), Ⓟ
- **Norge**, ☎ 47 147, Ⓟ, auch Self-Service

Der Bondone ist auch wegen der typischen alpinen Flora bekannt; das hier geerntete Heu wird in vielen Kuranstalten in Form von Heubädern zur Behandlung rheumatischer Beschwerden verwendet.
Bei *Le Viotte,* 1537 m, einem schönen grünen Kessel an den höchsten Ausläufern des Massivs, liegt der *Botanische Alpengarten (Giardino Botanico Alpine)* mit über 2200 Pflanzenarten aus der Umgebung und aus anderen Teilen der Welt *(Besichtigung: Mai–Okt., 8–12, 14–18 Uhr).*

MONTECCHIO MAGGIORE 19.762 Ew, 72 m (4 E1)

Provinz Vicenza. Agrar- und Industriestädtchen am Fuße der Voralpen im SW von Vicenza.

✉ 36075, ✆ 0444

- **Dei Castelli,** auf der Staatsstraße 11,3 km, ☎ 79 73 66, Tx 48 13 66, Zi (mB), Ⓟ, AIR
- **Plaza,** Piazza Marconi 39, ☎ 79 64 21, 13 Zi (4 mB/6 mD), Ⓖ
- **Taverna Giulietta e Romeo**, im Schloß von Bellaguardia (2 km), ☎ 79 60 21, Panorama

in Arzignano (✉ 36071), 6 km nach W:
- **Piccolo Hotel,** Via F. Kennedy, ☎ 67 19 90, 30 Zi (mB/mD), Ⓟ, Restaurant mit getrennter Geschäftsleitung

Kirche *S. Pietro* mit Statuen aus dem 16. Jh., Gemälden von Maganza und einer Madonna della Sapienza von G. Buonconsiglio (1519).
Vom Ort führt eine Straße (2 km) zu den beiden einander gegenüberliegenden, teilweise restaurierten Skaligerburgen aus dem 14. Jh. mit Türmen und Wehrmauern: Castello della Villa und C. di Bellaguardia – im Volksmund die **Burgen von Romeo und Julia.** Schöne Aussicht★.
An der Ortsausfahrt in Richtung Sovizzo die **Villa Cordellina Lombardi,** in palladianischen Formen im 18. Jh. erbaut, mit dem von Tiepolo mit Fresken ausgestatteten Festsaal (1743). *(Besichtigung: Mi, Sa, So, 9–12, 15–18 Uhr; in der Karwoche, vom 4. Mai–18. Juli und vom 17. August–15. Okt.)*

MONTEFIORINO 2.565 Ew, 797 m (8 D2)

Provinz Modena. Sommerfrische im westlichen Apennin in offener Lage über den Wildbächen Dolo und Dragone.

✉ 41045, ✆ 0531

Freizeitangebot: Schwimmbad; Tennis.

- **Baroni,** Piazza Marconi, ☎ 96 51 30, 13 Zi (2 mB/4 mD)

Im oberen Teil des Dorfes (Blick in die Ebene) erhebt sich die *Rocca* (Burg, heute Rathaus), ein mächtiger Bau aus dem 13. Jh., der später verändert wurde.
SPAZIERGANG – 2,5 km nach W nach *Rubbiano,* 584 m, mit (restaurierter) romanischer *Kirche* aus dem 11. Jh.

MONTEGROTTO TERME 9.194 Ew, 11 m (4 F2)

Provinz Padua. Wichtiger Thermalkurort in der Nähe von Ábano bei den Euganäischen Hügeln.

✉ 35036, ✆ 049, ℹ AA: Viale della Stazione 37, ☎ 79 33 84

Freizeitangebot: Golf in Valsanzibio (Richtung Battaglia Terme); Tennis; Reiten.

- **Esplanada Tergesteo,** Via Romana 54, ☎ 79 34 44, Tx 430035, 135 Zi (mB/mD), Ⓟ AIR, Sauna
- **Bertha International,** Largo Traiano, ☎ 79 31 00, Tx 430277, 126 Zi (mB/mD), Ⓟ Ⓖ, TV, AIR, Sauna
- **Grand Hotel,** Viale Stazione 21, ☎ 79 31 11, Tx 430266, 125 Zi (mB/mD), Ⓟ, AIR, Sauna
- **Caesar,** Via Ameliana, ☎ 79 36 55, Tx 430241, Zi 135 (mB/mD), Ⓟ Ⓖ, AIR, TV, Sauna
- **Augustus,** Viale Stazione 142, ☎ 79 32 00, Tx 430407, 126 Zi (mB/mD), Ⓟ Ⓖ, AIR, Sauna
- **Garden,** Corso delle Terme 7, ☎ 79 40 33, Tx 430322, 112 Zi (mB/mD), Ⓟ
- **Sollievo,** Viale Stazione 89, ☎ 79 36 00, Tx 430180, 136 Zi (mB/mD), Ⓟ Ⓖ, AIR, Sauna
- **Continental,** Via Neroniana 16, ☎ 79 35 22, Tx 430814, 100 Zi (mB/mD), Ⓟ Ⓖ, Sauna
- **Olympia,** Viale Stazione, ☎ 79 34 99, Tx 430266, 108 Zi (102 mB/mD), Ⓟ, Sauna

- **Imperial,** Via dei Colli, ☎ 79 30 33, Tx 430347, 105 Zi (mB/mD), P, Sauna
- **Mondial,** Corso delle Terme 176, ☎ 66 82 39, 137 Zi (mB/mD), P, Sauna
- **Marconi,** Via Cataio, ☎ 79 31 44, 115 Zi (mB/mD), P G, Sauna
- **Delle Nazioni,** Via Mezzavia 12, ☎ 79 33 22, 84 Zi (mB/mD), P G, Sauna
- **Rio d'Oro,** Via Mingoni, ☎ 79 39 11, 76 Zi (mB/mD), P G, Sauna
- **Vulcania,** Viale Stazione, ☎ 79 34 51, 78 Zi (76 mB/mD), P, Sauna
- **Cristallo,** Via Roma 69, ☎ 79 33 77, Tx 430322, 119 Zi (mB/mD), P, Sauna,
- **Miramonti,** Piazza Roma 7, ☎ 79 34 55, 95 Zi (91 mB/mD), P, Sauna
- **Petrarca Touring,** Piazza Roma 6, ☎ 79 34 22, 72 Zi (37 mD)
- **Mioni Terme,** Piazzale Stazione, ☎ 79 34 33, 150 Zi (130 mD), P, Sauna

KURBETRIEB – Warme sole-, brom- und jodhältige radioaktive Mineralquellen; Anwendung in Form von Bädern, Schlammpackungen und Schwitzbädern zur Behandlung von Arthrosen und rheumatischen Beschwerden.
Entlang des Viale della Stazione die Ruinen römischer *Thermen* und eines kleinen *Theaters* aus der frühen Kaiserzeit.

MONTICELLI TERME 1.850 Ew, 95 m (8 B2)

Gemeinde Montechiarúgolo; Provinz Parma. Kleiner Thermalkurort in ruhiger Lage in der Ebene von Parma zwischen den Flüssen Parma und Enza.

✉ 42023, ✆ 0521, i AA: Via Marconi 7, ☎ 65 233

- **Delle Rose,** ☎ 65 521, 87 Zi (55 mB/6 mD), P, TV, Thermalkur

in S. Ilario d'Enza (✉ 42049) auf der Via Emilia, 9 km n. O):
- **Select,** an der Umfahrungsstraße, ☎ 67 21 11, 24 Zi (mB/mD), G
- **Moro,** an der Umfahrungsstraße, ☎ 67 22 63, P, AIR, Mi

KURBETRIEB – Kalte sole-, brom- und jodhältige Quellen; Anwendung in Form von Schlammpackungen, Inhalationen und Schwitzbädern zur Behandlung von arthro-rheumatischen Beschwerden, Erkrankungen der Atemwege, Frauenleiden und dgl.
AUSFLUG – 5 km gegen SO nach **Montechiarúgolo** (127 m, 7.191 Ew), am linken Ufer der Enza; mächtige *Burg* aus dem 15. Jh. *(Eintrittsgebühr),* deren Innenräume im 15.–18. Jh. mit Fresken ausgestattet wurden.
Auf der anderen Seite des Flusses *Montecchio Emilia,* 99 m, wo man eine Käserei des 18. Jh. in ursprünglicher Form wiederhergestellt hat.

MOTTA DI LIVENZA 7.923 Ew, 9 m (5 D3)

Provinz Treviso. Lebhaftes Agrar- und Industriestädtchen am Livenza in der Ebene Venetiens.

✉ 31045, ✆ 0422

- **Al Ponte,** Via Scarpa 155 (Ausfahrt nach Portogruaro), ☎ 76 023, Mo

in Cessalto (✉ 31040) 8 km n. S:
- **Al Ben Vegnù,** ☎ (0421) 37 200, französische Spezialitäten; Vorbestellung, Di + Mi mittag
- **Ai 4 Camini,** Ausfahrt nach Céggia, ☎ (0421) 60 244, Mi

In der Umgebung Weinbau; Sorten: Merlot, Cabernet und Malbek (rot); Tocai, Verduzzo (weiß). Industrie: Maschinenbau, Elektronik, Möbelerzeugung und Bekleidungsindustrie. Schöner **Dom** (16.–17. Jh.) mit Gemälden von P. Amalteo, L. Bassano, 14 Ovalen von G. Diziani, einem steinernen Altar von Sansovino und einem schönen Hochaltarbild der venezianischen Schule (1590).
An der Ortsausfahrt in Richtung Oderzo liegt die Wallfahrtskirche **Madonna dei Miracoli** (1510–13), die zum Teil von Arkaden umgeben ist: schöne rundbogig abgeschlossene Fassade, Glockenturm mit Turmhaube und schöner Innenraum mit Gemälden der venezianischen Schule, am Hochaltar ein Sansovino zugeschriebener Marmoraltar mit Basreliefs. Das danebenliegende Kloster besitzt zwei Kreuzgänge, die mit Fresken von 1674 geschmückt sind.

MUGGIA 13.795 Ew, 1 m (6 D3)

Provinz Triest. Kleines venezianisches Städtchen in Istrien an der jugoslawischen Grenze in der gleichnamigen Bucht gegenüber von Triest; Industriezentrum (Werften) und Badeort.

✉ 34015, ✆ 040

Freizeitangebot: Turnhalle; Yachthafen; Tontaubenschießen.

- **Lido,** Ausfahrt nach Triest, ☎ 27 33 38, 47 Zi (mB/mD), P
- **Sole,** in Lazzaretto, 5 km nach W, nahe der Grenze, ☎ 27 11 06, 22 Zi (2 mB/17 mD), ≈
- **Alla Stazione,** 1,5 km Richtung Triest an der Abzweigung nach Pola, ☎ 27 11 38, 10 Zi (mD), P
- **Alla Stazione,** ☎ 27 11 38, P, Di

Gotischer **Dom** aus dem 15. Jh. mit typischer Steinquaderfassade, Fensterrose, Biforenfenstern, geschwungenem Giebel und schönem Glockenturm.

SPAZIERGÄNGE – 2 km nach **Muggia Vecchia,** 170 m, auf einem Hügel über der Stadt; *Wallfahrtskirche:* volkstümliches romanisches Kirchlein, schöner Blick auf Triest und die Industriezone. – 3 km nach *Santa Barbara,* 180 m, zu den Überresten einer bis ins Mittelalter verwendeten frühgeschichtlichen Befestigungsanlage.

Muggia. Dom

MURANO siehe Venedig

NATURNS (Naturno) 4.145 Ew, 554 m (1 B2-3)

Provinz Bozen. Wichtige Ortschaft im Vintschgau (Val Venosta) in der Nähe des Beginns des Schnalser Tals, Sommerfrische, Obstanbau.

✉ 39025, ⌀ 0473, ℹ *Verkehrsverein,* Bahnhofstraße, ☎ 87 287

Freizeitangebot: Schwimmbad; Tennis; Reiten; Bowling, Eisschießen.

- **Sunnvies,** ☎ 87 157, 37 Zi (mB/mD), P G ❀, ≈, Sauna
- **Feldhof,** ☎ 87 264, 26 Zi (mB/mD), P ❀ ≈, TV, Sauna
- **Lindenhof,** ☎ 87 208, 25 Zi (mB/mD), P ❀ ≈, TV, Sauna
- **Funggashof,** ☎ 87 161, 34 Zi (28 mB/mD), P G ❀ ≈, TV, Sauna
- **Weingarten,** ☎ 87 299, 22 Zi (mB/mD), P G ❀ ≈, TV
- **Burg Hochnaturns** ◪, bei der Burg, oberhalb des Ortes, ☎ 87 138, 10 Zi (mB/mD), P
- **Schnalserhof,** bei der Abzweigung nach Schnals (2 km), ☎ 87 219, 23 Zi (mB/mD), G ≈

In der Nähe des Ortes liegt die Kirche **St. Prokulus*** *(S. Procolo)* aus dem 8.–9. Jh. (mit Zubauten aus dem 13. Jh.), die außen und innen mit hochinteressanten Fresken** geschmückt ist *(9.30–12 Uhr und 14–18 Uhr, wenn geschl., wende man sich an den Pfarrer);* besonders wertvoll sind jene der Langhauswände und des Chorbogens, die aus dem 8. und 9. Jh. stammen und zu den wichtigsten Zeugen der künstlerischen Entwicklung in Südtirol gehören. Sie sind die ältesten erhaltenen Wandmalereien des deutschen Kulturraums.

NIEDERDORF (Villabassa) 1.246 Ew, 1158 m (2 B3)

Provinz Bozen. Sommerfrische und Wintersportort in offener Lage im Pustertal.

✉ 39039, ⌀ 0474, ℹ *Verkehrsverein,* ☎ 75 136

Freizeitangebot: Tennis; Skilifte.

- **Goldener Adler,** ☎ 75 128, Tx 400585, 45 Zi (mB/mD), P ❀ ≈, Sauna
- **Vivaio,** ☎ 75 106, 22 Zi (10 mB/mD), P ❀, gute Küche, ~~Sa~~
- **Friedlerhof,** ☎ 75 003, P, ~~Mi~~

NONÁNTOLA 10.482 Ew, 24 m (8 B3)

Provinz Modena. Agrarstädtchen am Ufer des Panáro in der Ebene von Modena mit weltberühmter Abtei.

✉ 41015, ⌀ 0531

- **La Torre,** Via Vittorio Veneto 15 (Ausfahrt nach Modena), ☎ 54 91 39, AIR, ~~Do~~ + Aug.

S. Giovanni in Persiceto, ✉ 40017, ⌀ 051; Provinz Bologna (13 km Richtung Bologna):
- **Leon d'Oro,** Via Pio X 10, ☎ 82 18 74, 19 Zi (4 mB/9 mD)
- **La Tortuga,** Ausfahrt nach Bologna, ☎ 82 14 00, P, erlesene Weine, ~~Mo~~
- **La Posta,** Umfahrungsstraße N, ☎ 82 12 35, ~~Di~~
- **Giardinetto,** Umfahrungsstraße O, ☎ 82 15 50, Trattoria, Vorbestellung, P, ~~Mo~~

Die **Benediktiner-Abtei von Nonántola*,** im 8. Jh. von den Langobarden gestiftet, war kulturelles Zentrum und besaß im 15. Jh. eine eigene Druckerei. Die heutige romanisch-lombardische *Kirche* (mehrmals verändert) stammt aus dem 12. Jh.; Portalreliefs aus der Schule Wiligelmos (1121); schöne

Apsis. Strenger dreischiffiger Innenraum mit drei Apsiden und einem über einer großen Krypta erhöhten Chor; am Hochaltar Polyptychon des Michele di Matteo (1460). Kirchenschatz *(Besichtigung mit Voranmeldung, ☎ 54 90 025)* mit kostbaren illuminierten Handschriften, Pergamenten (8.–14. Jh.) und Reliquiaren aus dem 10. und 12. Jh.
In der Nähe die romanische Kirche *S. Michele Arcangelo* aus dem 9. Jh., im 11. Jh. umgebaut, teilweise restauriert.

ODERZO 16.406 Ew, 13 m (5 D2)

Provinz Treviso. Marktflecken mit Agrarproduktion (Vieh, Weine) in der Ebene von Treviso zwischen den Flüssen Piave und Livenza; hatte zur Zeit der Römer große Bedeutung *(Opitergium)*.

✉ 31046, ✆ 0422

Postumia, Via C. Battisti 1, ☎ 71 76 28, 25 Zi (23 mD), P
Quattro Corone, Via dell' Ongaro 3, ☎ 72 240, P, Sa

in Gorgo al Monticano (✉ 31040) 5 km Richtung Motta di Livenza:
Revedin, 400 m von der Straße, ☎ 74 00 69, 32 Zi (mB/mD), P

Auf dem Hauptplatz einige alte Häuser mit Fassadenfresken und der **Dom** mit gotischen und Renaissanceformen aus dem 14.–15. Jh. Der schlanke Glockenturm erhebt sich auf einem Turm der mittelalterlichen Stadtbefestigung (13. Jh.); der einschiffige Innenraum mit schönen Apsiden ist mit Fresken (14.–16. Jh.) und mit großen Leinwandbildern von Pompeo Amalteo (16. Jh., Cappella di S. Francesco) geschmückt.
Kleines **Städtisches Museum** *(Museo Civico)*, Via Garibaldi 18, *(Öffnungszeiten: 8–13, 15–18 Uhr; Sa 10–12 Uhr; Mo geschl.)* mit Exponaten aus römischer Zeit (Mosaiken und Jagdszenen) und dem Mittelalter sowie einer Medaillensammlung.
Auf Nr. 80 die *Gemäldegalerie A. Martini (Öffnungszeiten: 14.30–18.30 Uhr bzw. 15–19 Uhr; Sa, So geschl.)*, mit Werken heimischer zeitgenössischer Künstler.
AUSFLUG – 9 km in Richtung Pordenone nach **Portobuffolé,** das die alte Anlage eines mittelalterlichen Flußhafens an der Livenza bewahrt hat.

ORTISEI siehe St. Ulrich

OLANG (Valdáora) 2.332 Ew, 1073 m (2 B2)

Provinz Bozen. Sommerfrische und Wintersportort im Pustertal, besteht aus mehreren verstreut gelegenen Ortschaften am linken Ufer der Rienz am Eingang des Antholzer Tals.

✉ 39030, ✆ 0474, ℹ *Verkehrsverein,* im Gemeindeamt, ☎ 84 577

Freizeitangebot: Geheiztes Schwimmbad; Sessellifte: Gassel, 1195 m – Oberegg, 1670 m, Alpina, 1802–2156 m, Plateau, 2008–2235 m; Schlepplifte; Eislaufen (Kunstbahn); Rodelbahn.

Mirabel, in Mittel-Olang, ☎ 86 191, 31 Zi (mB/mD), P G ≈, Sauna
Markushof, ☎ 46 250, 26 Zi (mB/mD), P G, Sauna
Posta, in Ober-Olang, ☎ 86 127, Tx 40350, 38 Zi (mB/mD), P G ≈, Sauna
Sporthotel Keil, in Ober-Olang, ☎ 86 151, 28 Zi (mB/mD), P
Hubertus, in Geiselsberg, 1300 m, Richtung Kronplatz, ☎ 86 104, 25 Zi (21 mB/mD), P, Sauna

AUSFLUG – 12 km zum **Antholzersee,** siehe Antholz.

PADUA (Padova) 230.744 Ew, 12 m (4 E2-3)

Provinzhauptstadt, Bischofssitz. Eine von Leben durchpulste Stadt, wichtiger Handels- und Verkehrsknotenpunkt, bedeutendes Kulturzentrum mit Industrieansiedlungen, im äußersten O der Po-Ebene gelegen.

✉ 35100, ✆ 049, B3, C3, B3, ℹ EPT: Riviera Mugrai, B3, ☎ 65 18 56; AA: Piazzetta Pedrocchi 18, C3, ☎ 44 711; Büro am Bahnhof, A3, ☎ 27 767; CIT: Via Matteotti 12, ☎ 25 349, B3; TCI: siehe CIT

Plaza, Corso Milano 22, ☎ 65 68 22, Tx 430360, 142 Zi (mB/mD), G, TV, AIR, Restaurant nur abends, So . . . . . (B–C2, **f**)
Majestic/Toscanelli, Via dell' Arco – Via Solferino, ☎ 66 32 44, 38 Zi (mB/mD), P, TV, AIR, toskanische Küche, So, Mo mittag + Juli . . . . . (C3, **s**)
Europa/Zaramella, Largo Europa 9, ☎ 66 12 00, 60 Zi (mB/mD), P G, AIR, Sa mittag, So + Aug. . . . . . (B3, **b**)
Grande Italia, Corso del Popolo 81, ☎ 65 08 77, 64 Zi (51 mB/mD), G, AIR . . . . . (A3, **e**)
Milano, Via Vicenza 2, ☎ 66 37 88, 58 Zi (mB/mD), P G, TV, AIR . . . . . (B1, **m**)
Leon Bianco, Piazza Pedrocchi 12, ☎ 22 514, 22 Zi (mB/mD) . . . . . (C3, **d**)
Al Cason, Via Fra Paolo Sarpi 40, ☎ 66 26 36, 48 Zi (mB/mD), G . . . . . (A2, **p**)
Donatello, Piazza del Santo, ☎ 35 275, 42 Zi (38 mB), G, AIR . . . . . (D3, **o**)

🏨 **Monaco,** Piazza Stazione, ☎ 34 012, 57 Zi (54 mB/mD) . . . . (A3, **h**)
🏨 **Biri,** Via Grassi 2, ☎ 42 442, Tx 430357, 64 Zi (mB/mD), TV, AIR . . . . (C6, **c**)
🏨 **Mignon,** Via Belludi 22, ☎ 66 17 22, 20 Zi (mD) . . . . (E3, **v**)
🏨 **Al Giardinetto,** Prato della Valle 54, ☎ 65 69 72, 18 Zi (mB) . . . . (E3, **y**)
🍴 **El Toula',** Via Belle Arti 11, ☎ 26 649, Vorbestellung, ~~Sa~~ mittags + ~~So~~ + Aug. . . . . (C2, **t**)
🍴 **Da Giovanni,** Via Maroncelli 22, ☎ 77 26 20, ~~So~~ . . . . (B6, a. P.)
🍴 **Dotto,** Via Squarcione 23, ☎ 25 055, P, AIR, ~~So~~, ~~Mo~~ + Aug. . . . . (C2, **n**)
🍴 **Isola di Caprera,** Via Marsiglio da Padova 11, ☎ 39 385, ~~Mo~~ abend + ~~Di~~ . . . . (C3, **q**)
🍴 **Cavalca,** Via Manin 8, ☎ 39 244, AIR
🍴 **Al Fagiano,** Via Locatelli 45, ☎ 65 29 13, ~~Mo~~ . . . . (D3, **z**)
🍴 **Da Placido,** Via S. Lucia 59, ☎ 28 476, AIR, ~~Sa~~ abend, ~~So~~ + Aug. . . . . (C3, **r**)

am Stadtrand und in der unmittelbaren Umgebung:

🏨 **Villa Altichiero,** Strada Altichiero 2, ☎ 61 51 11, 71 Zi (mB/mD), P ❀ ≋, AIR, gute Küche, ~~So~~
🏨 **Le Padovanelle,** im Ortsteil Ponte di Brenta, Via Ippodromo 2, ☎ 62 56 22, Tx 430452, 44 Zi (mB/mD), P ❀ ≋ ⚲, TV, AIR
🏨 **La Bulesca,** in Selvazzano, 6 km auf der Straße nach Vicenza, im Ortsteil Gemini, ☎ 63 02 88, Tx 430402, 67 Zi (63 mB/mD), P ❀ ≋, AIR
🏨 🍴 **El Rustego,** in Rubano, 6 km auf der Straße nach Vicenza, Via Rossi 16, ☎ 63 14 66, 4[illegible] Zi (mB/mD), P ❀, AIR ~~Fr~~ + ~~Sa~~ mittag
🍴 **All' Ancora,** in Mandria, 6 km auf der Straße nach Montegrotto, ☎ 68 09 94, P ❀, nur Fisch, ~~Mo~~
🍴 **Dotto,** in Ponte di Brenta (6 km nach O), Via Torre, ☎ 62 54 69, P, ~~So~~ abend, ~~Mo~~ + Aug.
🍴 **Bertolini,** im Ortsteil Altichiero (Ausfahrt nach Trient), ☎ 60 03 57, P, ~~Fr~~ abend + ~~Sa~~
🍴 **Burchiello,** in Tencarola (6 km Richtung Teolo), Via Euganea 23, ☎ 63 72 54 P ❀, ~~Di~~

Die Stadt in der Geschichte – Padua war schon zur Zeit der Römer bedeutend (der Historiker Titus Livius wurde hier 59 v. Chr. geboren). Im 12.–13. Jh. gab es für Padua als freie Stadt zuweilen sehr unruhige Zeiten. Unter dem Regiment der Herren von Carrara (1318–1405) erlebte die Stadt eine kulturelle und künstlerische Blütezeit. Die 1222 gegründete Universität zog Studenten aus vielen Ländern an, auch von jenseits der Alpen; Berühmtheiten wie Dante oder Petrarca verweilten hier. Aus dieser Epoche stammen auch die bedeutendsten Baudenkmäler Paduas, wie der Palazzo della Ragione, die Basilika S. Antonio, die Kirche der Eremitaner, die von Giotto mit Fresken geschmückte Capella degli Scrovegni. 1405 fiel die Stadt an die Republik Venedig und war ihr stets ein treuer Verbündeter. Im 15. Jh. war Padua das führende Kunstzentrum der Region, mit Künstlern wie Mantegna oder Donatello, der hier eines seiner Hauptwerke schuf, das Reiterstandbild des Gattamelata; erst ab dem 16. Jh. ging diese Rolle an Venedig über.

Eine Stadt stellt sich vor – Von allen Städten Venetiens hat Padua wahrscheinlich den am wenigsten monumentalen Charakter, obwohl es an bedeutenden Kunstwerken nicht mangelt. Die Anlage der Stadt ist unregelmäßig und wegen der zahlreichen im Lauf der Jahrhunderte vorgenommenen Veränderungen keineswegs einheitlich, obwohl die Altstadt mit ihren von langen, niedrigen Laubengängen flankierten Straßen durchaus malerisch wirkt. Zum Ausgleich ist Padua die geschäftigste und lebendigste Stadt Venetiens; das liegt vor allem an den zahlreichen Studenten, die das Stadtbild beleben und den strengen Rhythmus des Alltags auflockern. Die von der Universität ausgehenden Anregungen geben auch, zusammen mit dem reichen künstlerischen Erbe, Impulse zur Befruchtung des kulturellen Lebens der Stadt. Auf dem Wirtschaftssektor hat sich das ehemalige Agrarzentrum Padua binnen kurzer Zeit zu einer Industriestadt gewandelt, mit Schwerpunkten auf dem Gebiet der Metallverarbeitung sowie Textil- und Lebensmittelindustrie. Die Bedeutung der Stadt als Handelszentrum zeigt sich in

1
2
3
A
C
E
F
Autostr. km 5 - Bassano d. G. km 42
Castelfranco V. km 32
Vicenza km 33
Téolo km 20
Autostrada km 3 - Rovigo km 42
Via Fra Paolo Sarpi
Via Bezzecca
Barr. Trento
Via Citolo da Perúgia
Via Beato Pellegrino
Via di Verdara
Via Pilade Bronzetti
Via Raggio di Sole
Via S. Giov.
Via Wiel
Via dei Savonarola
Via Vicenza
P.ta Savonarola
Corso Milano
V.le Mazzini
P.le Mazzini
V.le Codalunga
Via Guariento
Via I. Avanzo
Staz. F.S.
V. d. Pace
Via N. Tommaseo
V. Foscolo
Corso d. Popolo
Via Trieste
Staz. Autolinee
Via Giotto
Scuola d. Carmine
i Carmini
P.za Petrarca
Via d. Carmine
P.le Molino
E.P.T.
Via Matteotti
C.I.T.
Posta e T.
Tel.
Corso Garibaldi
Capp.la d. Scrovegni
Musei Civici (Nuova Sede)
P.za Eremitani
Eremitani
Via San Pietro
Via Dante
Via S. Fermo
Europa
P.za Insurrezione
V. Verdi
V. Em. Filib.
P.za Garibaldi
Scuola S. Rocco
S. Lucia
Corpus Dom.
P.za Cavour
Riviera dei Ponti Romani
Via Altinate
Via d. Zabarella
Via Volturno
Via Orsini
Via S. Nicolò
Via San Benedetto
Liviano
P.za Capitaniato
P.za d. Signori
P.za d. Frutta
Caffè Pedrocchi
Gran Guardia
Pal. d. Ragione
Munic.
Via Palestro
V. S. Prosdocimo
Riviera
V. Tadi
Battistero
Monte di Pietà
P.za d. Erbe
Università
Via Cesare Battisti
Duomo
Vescovado
Via Vescovado
Via S. Martino
Solferino
Tomba di Antenore
Via Euganea
V. Milazzo
Via Roma
Prefettura
Via S. Francesco
Via G. Barbarigo
Via Marsala
S. M. d. Servi
Via del Santo
S. Francesco
P.ta S. Giovanni
Via Sorio
Via Cernáia
Via Cris. Moro
Via Paleocapa
Via S. Tomaso
Riv. Tito Livio
Via G. Galilei
Questura
P.za Castello
Via XX Settembre
Via Umberto I.
Via Rudena
S. Antonio
Via T. Folengo
Via Pietro
Specola
Via d. Rogati
Via Seminario
Mon. a Gattamelata
Oratorio S. Michele
P.za Delia
V. Riello
Via Belludi
Museo Civico
Scuola di S. Antonio
V. Castelfidardo
Riviera
Via Dimesse
Via Acquette
F. Bacchiglione
Via Marin
Barriera Saracinesca
Via Aosta
Via P. Paoli
Via A. Cavalletto
Via Cerato
Loggia Amulea
Prato della Valle
Orto Botanico
Palazzetto dello Sport
Campo Sportivo Tre Pini
Via S. Maria in Vanzo
Via L. Cadorna
Corso Vittorio Emanuele II.
P.le Firenze
Via 4 Novembre
Via Carducci
Via 58 Fanteria
Via Cavazzana
S. Giustina
Via M. Sanmicheli
Velodromo Monti
Campo Sportivo Appiani
Via Giosuè
Via Goito
Via Marghera
Via A. Manzoni
P.za S. Croce
Via M. Polo
Via Giordano Bruno
Via G. Fabrici d'Acquapendente
V. Cavallotti
V. Costa

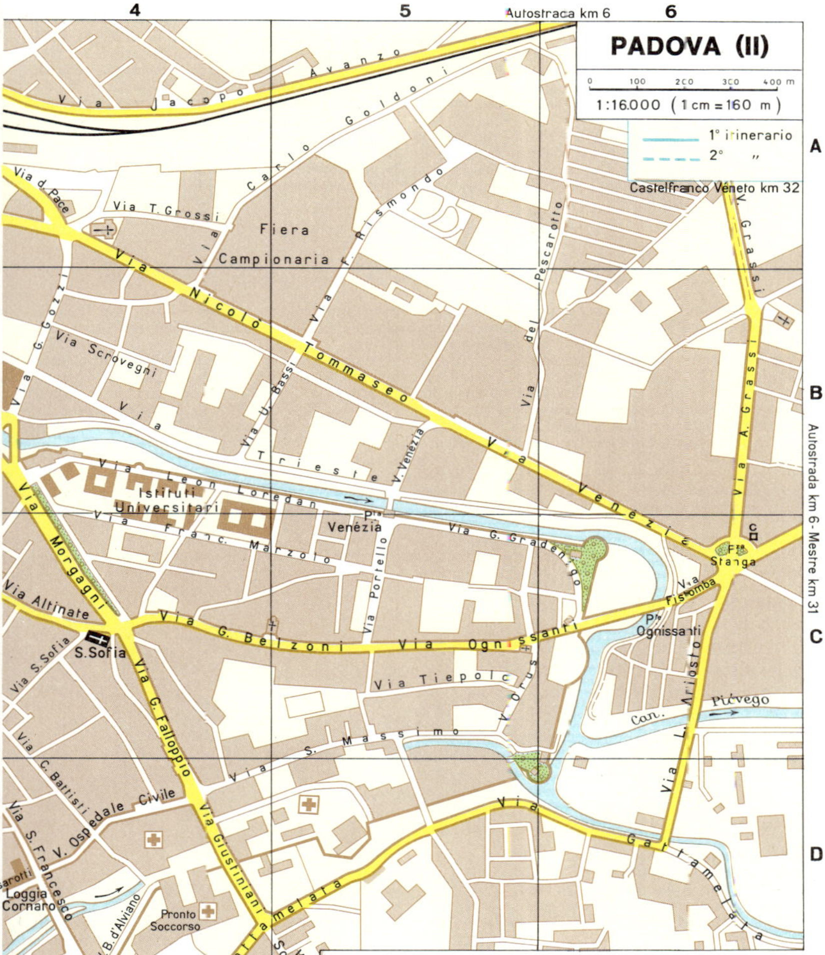

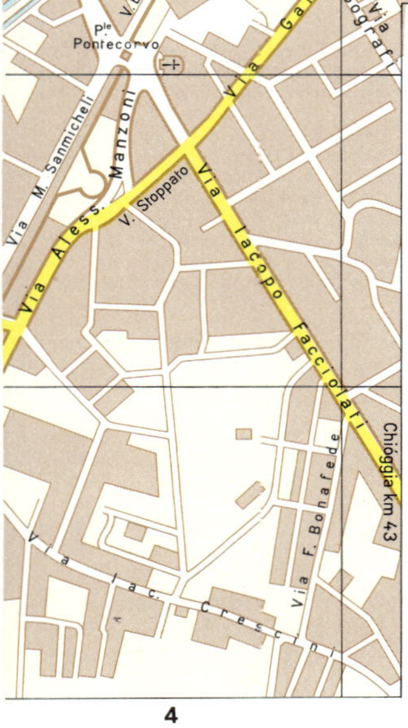

Veranstaltungen wie der Internationalen Mustermesse im Mai bzw. Juni (eine der wichtigsten Italiens), der Ausstellung der Regionen des Triveneto im April, der Ausstellung des Öffentlichen Dienstes, des Internationalen Salons für Industrielogistik und der Fremdenverkehrsmesse „Turismat“ im Herbst. Zahlreich sind die kulturellen Veranstaltungen: Opern- und Schauspielstagione im Teatro Verdi; Konzerte im Teatro Liviano; die „Giornate del Ruzante“; das internationale Geigen-Festival; das Sommertheater u. a. m.

Küche und Keller – Die Küche ist der venezianischen (s. d.) verwandt und bietet eine große Vielfalt an Risotto-Arten, Polenta, Huhn und anderem Geflügel; typisch sind das „Risotto ricco“ und das „Pollo alla Padovana“ (Huhn in einer Sauce aus geschlagenem Eigelb); unter den Süßspeisen die „Pazientina“, eine gefüllte Torte, und die „Fugassa“, ein Osterkuchen aus Hefeteig. Weine aus den Euganäischen Hügeln.

Einkaufstips – Stoffe, Teppiche, Arbeiten aus Kupfer, Bronze, Zinn und emailliertes Silber.

Typisches aus dem Ortsbild – *Piazza delle Erbe und Piazza della Frutta; Piazza dei Signori; Piazza del Santo; Prato della Valle.*

Sehenswürdigkeiten auf einen Blick – *S. Antonio★★; Reiterstandbild des Gattamelata★★; Capella degli Scrovegni★★; Palazzo della Ragione★; Eremitani★; Städtisches Museum★.*

Stadtbesichtigung – Erfordert einen Tag und ist hier in zwei Rundgänge unterteilt, die zu Fuß unternommen werden können.

RUNDGANG I beschränkt sich auf die Altstadt; es wird empfohlen, das Auto auf dem Parkplatz am Prato della Valle oder etwas außerhalb abzustellen und mit öffentlichen Verkehrsmitteln zur zentral gelegenen Piazza Cavour zu fahren; dort in der Nähe befindet sich der **Palazzo della Ragione*** und die *Piazza dei Signori* mit der **Loggia della Gran Guardia;** über die *Via Monte Pietà* erreicht man den *Domplatz* (**Dom** und **Baptisterium***). Man kehrt um und begibt sich in die jüngeren Viertel der Altstadt, *Piazza Insurrezione* **(Scuola di S. Rocco);** über den Corso Europa durchquert man einen modernen Teil der Stadt und erreicht die **Eremitani-Kirche***, die **Capella degli Scrovegni**** und, sobald es übersiedelt sein wird, das **Städtische Museum***.

RUNDGANG II führt durch das Viertel um die Basilika del Santo und ist leicht mit dem ersten zu verbinden. Er beginnt bei der alten Universität und führt durch die Via S. Francesco *(Grab des Antenor)* und die *Via del Santo* zum gleichnamigen Platz **(S. Antonio**; Reiterstandbild des Gattamelata**; Scuola del Santo*; Städt. Museum*).** Über die *Via Belludi* gelangt man rasch zum *Prato della Valle* **(S. Giustina*).**

1. RUNDGANG

Piazza Cavour – Palazzo della Ragione – Dom – Capella degli Scrovegni.

Piazza Cavour (C3) – Das belebte Zentrum der Stadt; an einem kleinen anschließenden Platz befindet sich das **Caffè Pedrocchi** (C3), ein klassizistischer Bau von 1831, der zur Zeit des Risorgimento und im Paduaner Studentenleben große Bedeutung hatte.

Via VIII Febbraio – Auf der linken Seite die Universität, auf der rechten der Palazzo Municipale (Rathaus). Die **Universität** (C3), auch der *Bo* genannt, nach einer alten Herberge, die sich einst an dieser Stelle befand, zählt zu den ältesten Italiens und Europas, wurde 1222 gegründet und blickt auf eine reiche Tradition zurück. Sie wurde früher, besonders im 16. Jh., zumeist von Ausländern besucht; Galileo unterrichtete hier 18 Jahre lang; sie wird als die Wiege der modernen Medizin angesehen. Das Gebäude, in manieristischen Formen im 16. Jh. errichtet, umschließt einen schönen Hof mit Loggia und Arkaden; an den Wänden zahlreiche Wappen. Im Oberstock befinden sich die *Aula Magna* (viele Wappen) und das *Teatro Anatomico,* der erste Seziersaal, 1595 eingerichtet *(Führungen: werktags 9–13 Uhr zu jeder vollen Stunde).* Das **Municipio** (*Rathaus;* C3) stammt aus dem 13. Jh., wurde im 16. Jh. umgebaut (rückwärtige Fassade, Innenhof und Stiegenhaus) und hat heute eine moderne Frontpartie. Der Turm des Rathauses steht an der rechten Seite, die auch mit dem *Palazzo degli Anziani* aus dem 13. Jh. verbunden ist.

Piazza delle Erbe (C3) – Malerischer Gemüsemarkt, umgeben von alten Häusern mit Arkadengängen und dem Palazzo della Ragione, auf dessen anderer Seite die Piazza della Frutta anschließt.

Palazzo della Ragione* (C2–3) – Auch als *„Salone"* bezeichnet, eines der charaktervollsten Gebäude der Stadt, errichtet als Gerichtsgebäude 1218–19 und 1306 erneuert. Um den rechteckigen Baukörper mit seinem Dach in Form eines Schiffsrumpfes sind Arkadengänge und Loggien aus dem 14. Jh. geführt.

Padua: Palazzo della Ragione

Der INNENRAUM besteht aus einer einzigen riesigen Halle, 27 m breit, 78,46 m lang und 27 m hoch; an den Wänden Fresken mit religiösen und astrologischen Darstellungen, die im Jahre 1430 erneuert wurden; großes Holzpferd (1466), eine Nachbildung des Pferdes des Gattamelata. *(Besichtigung: 9.30–12.30, 14.30–17.30 Uhr; Feiertage: 9.30–12.30 Uhr; Mo geschl.; Eintrittsgebühr.)*

Piazza dei Signori (C2) – Am Ende des Platzes links die elegante **Loggia della Gran Guardia** (1496–1523) mit einer breiten Stiege und einer Säulenvorhalle; daneben der ehemalige *Palazzo del Capitanio* (1605), in dessen Fassade der 1532 von Falconetto errichtete Uhrturm einbezogen wurde. Das Uhrwerk, das erste in Italien, wurde 1437 erneuert.

Hinter dem Uhrturm öffnet sich der Hof des Capitaniato, mit Gebäuden aus dem 16. Jh. und dem Universitätsbau *Liviano,* errichtet 1939 nach Plänen von Giò Ponti, Sitz der Geisteswissenschaftlichen Fakultät; im Atrium Fresken von M. Campigli und eine Plastik von A. Martini, die Titus Livius darstellt. Im Oberstock befindet sich die geräumige *Sala dei Giganti (Saal der Giganten)* aus dem 16. Jh., die mit großen Figurenfreskos aus dem 16. Jh. geschmückt ist, in einer Ecke Porträt des Petrarca aus dem 14. Jh. *(Besichtigung: jeden 2. und 4. Samstag des Monats, 9–13 Uhr).* An das Archäologische Institut ist ein *Museum für Archäologie und Kunst (Museo di Scienze archeologiche e d'Arte)* angeschlossen, mit Werken aus der Antike und aus der Renaissance, darunter Modelle von Sansovino und Ammanati *(Besichtigung wie oben).*

Dom (C2) – Neubau von 1552, die Fassade blieb unvollendet. Der Innenraum, mit mächtigen Pfeilern, ist monumental und schmucklos; an den Wänden des Querhauses Grabmäler aus dem 16. Jh. Rechts vom Dom ist das Baptisterium.

An der Rückseite des Doms befindet sich in der Via Dietro Duomo 15 das **Diözesanmuseum** *(Öffnungszeiten: 9–12.30 Uhr; Sa 9–12; Do, Sonn- und Feiertage geschl., ebenso Juli/Aug.),* mit Gemälden, Skulpturen und Weihgeräten.

Baptisterium* (C2) – Romanischer Bau aus dem 13. Jh. über quadratischem Grundriß mit zylindrischer Kuppel. Im Inneren *(wegen Restaurierungsarbeiten geschlossen)* ein Freskenzyklus von Giusto de' Menabuoi (1374–76); von ihm auch der Flügelaltar; in der Mitte Taufbecken (1260). Der Platz wird auf der rechten Seite vom *Palazzo del Monte di Pietà* abgeschlossen – die Obergeschosse sind von Falconetto (1530) – und links vom *Bischöflichen Palais,* dessen Kern aus dem 15. Jh. stammt; am Ende des Platzes mittelalterliche Häuser.

Piazza Insurrezione (C2–3) – Hier beginnen die modernen Viertel des Zentrums. In der Nähe, in der Via S. Lucia, befindet sich die Kirche *S. Lucia* oder *Corpus Domini* aus dem 18. Jh.; im Inneren Skulpturenschmuck und viele Gemälde (D. Campagnola, Sassoferrato, Padovanino) und in der Oberzone Leinwand-Grisaillen von Ceruti und Tiepolo (hl. Lukas). Daneben befindet sich die **Scuola di S. Rocco** aus dem 15.–16. Jh., mit bemerkenswerten Fresken (16. Jh.) von D. Campagnola, Girolamo del Santo und anderen (C2–3; *wegen Restaurierungsarbeiten vorübergehend geschlossen*). Unweit davon, bei der Abzweigung in die Via Marsilio da Padova befindet sich die sogenannte *Casa di Ezzelino (Haus des Ezzelin),* aus der 2. Hälfte des 12. Jhs., mit Biforenfenstern und einem Triforium aus dem 15. Jh.

Eremitani* (B3) – Die Kirche wurde 1276–1306 in romanisch-gotischen Formen erbaut, 1944 durch Bombentreffer zur Hälfte zerstört, besonders in der Chorpartie, und vorlagengetreu wieder rekonstruiert. Im unteren, mit Stein verkleideten Teil der Fassade das große Hauptportal und hohe Arkaden, die sich auch an der rechten Seite der Kirche fortsetzen bis zu dem schönen Renaissanceportal mit Baldachin und *Monatsdarstellungen* des Florentiner Bildhauers N. Baroncelli (um 1442).

Der INNENRAUM *(Besichtigung: werktags 8.15–12, 15.30–17.30 Uhr bzw. 18.30 Uhr; Sonn- und Feiertage ab 9 Uhr)* ist eine weitläufige, einschiffige Halle mit einer dreiteiligen, geschwungenen Holzdecke; an den Wänden Gräber und Skulpturen aus dem 13.–15. Jh.: Grabmal* des Jacopo da Carrara mit einem lateinischen Vers von Petrarca als Inschrift (links) und des Ubertino da Carrara (rechts), beide aus dem 14. Jh.; links zwei Antependien (15. Jh.); großartiges Grabmonument für M. Mantoa Benavides, von B. Ammanati (1546). Neben der Apsis rechts öffnet sich die CAPELLA OLIVETARI, einst berühmt wegen der dort befindlichen Fresken von Mantegna, Ansuino da Forlì, Bono da Ferrara und anderen, die bei einem Bombenangriff zerstört wurden. Nur die Himmelfahrt Mariä* (hinter dem Altar), zwei Szenen aus dem Martyrium des hl. Christophorus* von Mantegna (rechts) und das Martyrium des hl. Jakob (links) blieben erhalten; auf dem Altar Tonrelief (Madonna mit Kind und Heilige) von N. Pizzolo. Im Chor (Leben des hl. Augustinus) und in den Chorkapellen Fresken und Grabmäler aus dem 14. Jh. Links von der Kirche sieht man Reste des alten Eremitanerklosters (Freskenfragmente aus verschiedenen Epochen), das gerade zum Sitz des neuen Städt. Museums umgebaut wird. Unweit davon, in der Via Giotto 36 (Palazzo Cavalli), befinden sich das *Museum für Geologie* und *Paläontologie* und das *Universitätsmuseum für Mineralogie (Besichtigung an jedem 1. und 3. Samstag des Monats, 15–18 Uhr).*

Cappella degli Scrovegni** (B3) – *Besichtigung: Sommer 9–12.30, 14.30–17.30 Uhr; Winter 9.30–12.30, 13.30–16.30 Uhr; Sonn- und Feiertage 9.30–12.30 Uhr. Eintrittsgebühr.* Befindet sich in einer öffentlichen Parkanlage, *Arena* genannt, nach den Resten eines *römischen Amphitheaters* aus dem 1. Jh. n. Chr., die sich hier befinden. Die kleine Kirche, auch als *Madonna dell' Arena* bekannt, wurde im Auftrag von E. Scrovegni in schlichten romanisch-gotischen Formen errichtet und 1305 geweiht.
Das INNERE ist zur Gänze mit den berühmten **Fresken des Giotto**** geschmückt, die der florentinische Meister mit seinen Gehilfen vor 1305 schuf und die zu den Hauptwerken der italienischen Malerei zählen.

An der Eingangswand das Jüngste Gericht; an den Seitenwänden in der Sockelzone Darstellungen der Tugenden (rechts) und der Laster (links), darüber in 38 Bildfeldern Szenen aus dem Leben Mariä und Christi, wo sich die Hauptmerkmale der Kunst Giottos in reinster Form manifestieren: monumentale Komposition, narrative Dichte, plastische Geschlossenheit, dramatische Bewegtheit. Im Presbyterium, am Altar, die herrliche Marmorskulpturengruppe von Giovanni Pisano, Madonna mit zwei Engeln*; im Chor Fresken mit Szenen aus dem Marienleben von einem späten Schüler Giottos; in den beiden Apsisnischen, links und rechts vom Altar, zwei Darstellungen der stillenden Muttergottes, Fresken von Giusto de' Menabuoi; hinter dem Altar das Grabmal des E. Scrovegni (gest. 1336).

2. RUNDGANG

Grab des Antenor – Gattamelata-Standbild – S. Antonio – Städt. Museum – S. Giustina.

Via S. Francesco – Auf dem Piazzale Antenore, den die Straße überquert, befindet sich das sogenannte **Grab des Antenor** (C3), ein Steintabernakel mit spitzem Baldachin von 1233, in dem sich die Urne des Antenor, des legendären Gründers von Padua, befinden soll. Daneben ein weiterer Sarkophag von 1309. In der Straße sind einige Paläste sehenswert: auf Nr. 9 ein gotischer, aber modernisierter *Palast;* auf Nr. 15 der *Palazzo Spada* aus dem 15. Jh.; auf Nr. 19 der *Palazzo degli Zabarella* aus dem 13. Jh. (Turm und Fassadenbekrönung) mit Veränderungen aus dem 15. Jh. in der unteren Zone. Etwas weiter die Kirche S. Francesco, s. u.
Piazza del Santo – Großer, malerischer Platz, gerahmt von der Basilica del Santo, dem Oratorio di S. Giorgio, dem Museo Civico und alten Häusern mit Arkadengängen, in denen sich Devotionalienläden befinden; in Kirchennähe das Reiterstandbild des Gattamelata.

Reiterstandbild des Gattamelata** (D3) – Wurde von den Familienangehörigen zur Erinnerung an Erasmo da Narni, Feldherrn der Republik Venedig, genannt Gattamelata (1370–1443), errichtet. Eines der Hauptwerke Donatellos (1453), der auch den hohen Sockel entwarf.

S. Antonio** (D3) – Die Basilika, auch einfach nur *Santo* genannt, ist eines der berühmtesten Wallfahrtsheiligtümer Italiens. Sie wurde zwischen 1232 und der Mitte des 14. Jhs. als Grabeskirche für den hl. Antonius von Padua (geboren 1195 in Lissabon, gestorben 1231 in Padua) errichtet. Fassade mit dreieckigem Giebelabschluß; Gliederung durch hohe, gotische Spitzbogenarkaden und darüber durch eine Zwerggalerie. Die Faszination dieses Bauwerks liegt im Nebeneinander von byzantinischen und venezianischen Elementen – wie etwa die 8 Kuppeln –, von Einflüssen der französischen Romanik des Périgord und von orientalischen Motiven, wie die minarettähnlichen Glockentürme und Dachaufsätze.

Das geräumige INNERE hat massive Pfeiler, die die drei Schiffe trennen, einen Emporenrundgang in der Oberzone, halbkugelförmige Kuppeln und ein tiefes Presbyterium mit Umgangskapellen; prunkvolle Ausstattung. In der 1. Kapelle des rechten Seitenschiffs das Grabmal des Gattamelata (15 Jh.). Im rechten Querhaus die Cappella di S. Felice, eine gotische Konstruktion mit Fresken★ (Geschichte des hl. Jakob; Kreuzigung und andere Szenen) von Altichiero und Jacopo Avanzo (1377).

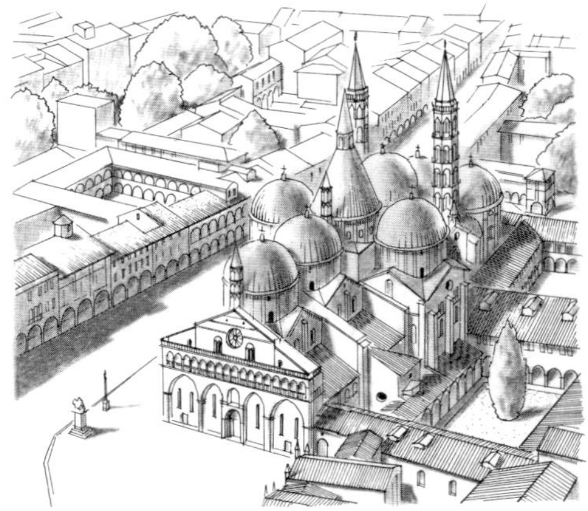

Padua: S. Antonio

Im PRESBYTERIUM *(Einlaß durch den Sakristan; Spende)* ist der Hochaltar mit den herrlichen **Bronzen★★ von Donatello** und dessen Schule (1443–50) geschmückt: Auf dem Antependium und auf der Predella Basreliefs (musizierende Engel; Wunder des hl. Antonius); über der Predella ein Kruzifix und eine Madonna mit Kind und Heiligen; hinter dem Altar Kreuzabnahme in Stein. Links vom Altar ein reichgeschmückter Kerzenständer★ aus Bronze von A. Briosco (1515). An den Wänden des Presbyteriums 12 Bronzereliefs (Geschichten des Alten Testaments) von B. Bellano und A. Briosco. In der 5. Kapelle des Chorumgangs, die als Zentralbau von F. Prodi errichtet wurde (von ihm auch die Skulpturen; 1689), befindet sich der Klosterschatz★: bemerkenswert sind einige Reliquiare (etwa das der Zunge des hl. Antonius, 13. und 15. Jh.), ein Weihrauchkessel (15. Jh) und die Holzkästchen mit den sterblichen Überresten des Heiligen. Am Ende des Chorumgangs auf der linken Seite die Kapelle der Schwarzen Muttergottes, 1264 über den Resten einer älteren Kirche (12. Jh.) erbaut und verbunden mit der Kapelle des Seligen L. Belludi von 1382, die mit Fresken von G. de' Menabuoi geschmückt ist. Im linken Querschiff befindet sich die KAPELLE DES HL. ANTONIUS★, entstanden zwischen 1500 und 1549 (die Stuckdecke ist von Falconetto, 1533): an den Wänden 9 Reliefs mit Szenen aus dem Leben des Heiligen von Bildhauern des 16. Jhs., darunter T. und A. Lombardo und I. Sansovino (Der Heilige erweckt eine Ertrunkene wieder zum Leben★, 1563; Der Heilige holt seinen ertrunkenen Neffen ins Leben zurück, unter Mitarbeit von A. Minello); in der Mitte der reichgeschmückte Altar von T. Aspetti (1593), dahinter das Grabmal des Heiligen. – Hinter der Kapelle befindet sich an der Wand des linken Seitenschiffs das Grabmal für A. Rosselli, von P. Lombardo (1467); am 2. Pfeiler des Mittelschiffes links Grabmonument für A. Contarini von M. Sanmicheli, gegenüber davon, rechts, das Grabmal des Kardinal Bembo, ebenfalls von Sanmicheli. – Vom rechten Seitenschiff aus Zugang zu den Kreuzgängen (13.–15. Jh.)

Scuola di S. Antonio★ (D3) – Rechts von der Basilika das ORATORIO DI S. GIORGIO aus dem 14. Jh., dessen gesamter Innenraum mit Fresken von Altichiero und seiner Schule (1377) geschmückt ist *(Besichtigung: 7–12, 14.30–18 Uhr)*. Daneben liegt die SCUOLA DI S. ANTONIO *(selbe Öffnungszeiten, Trinkgeld)* mit einem Freskenzyklus vom Anfang des 16. Jhs. im Oberstock, gemalt von verschiedenen venezianischen Meistern, darunter auch Tizian (1512).

Städtisches Museum★ (*Museo Civico;* D3) *– Öffnungszeiten: 9–13.30 Uhr; Feiertage 9.30–13 Uhr; Mo geschl. Eintrittsgebühr.* In Kürze sollen die Sammlungen in einem im ehemaligen Eremitanerkonvent (s. d.) neu errichteten Museum adaptiert werden. Die hier gegebene Beschreibung kann daher Veränderungen unterworfen sein. Von besonderem Interesse die PINAKOTHEK★ im 1. Stock mit zahlreichen Gemälden venezianischer Meister vom 14. bis zum 17. Jh.

Saal 1: Venezianische Schule des 14. und frühen 15. Jhs.: Giotto (Kruzifix★★ auf Holz), Lorenzo und Paolo Veneziano, M. Giambono, Guariento (Madonna und Engel★). – Saal 2: Venezianische Schule des 15. und frühen 16. Jhs.: I. Bellini (Christus im Limbus★), A. Vivarini, M. Basaiti, A. Previtali (Madonna und Betender), F. Morone, Giov. Bellini (Junger Senator★), Palma Vecchio, Giorgione (Leda und der Schwan★; Schäferszene★), Tizian (Mythologische Szenen★), Boccaccio Boccaccino, G. Mocetto, Bartolomeo Veneto, Bonifacio Veronese, F. Torbido, Paris Bordone. – Saal 3: Venezianische Maler des 16. Jhs.: Paolo Veronese, Dom. Tintoretto, Leandro und Franc. Bassano. – Saal 4 und 5: Venezianische Schule des 17. Jhs.: Padovanino, Monsù Bernardo, A. Carneo, P. Liberi, F. Maffei. – Saal 6: Terrakottaarbeiten von A. Briosco und G. Mazzoni (Pietà★). – Saal 7: Venezianische Schule des 16. Jhs.: Veronese (Mariä Verkündigung★; Martyrium★ der hll. Primus und Felicianus; Martyrium der hl. Giustina), Tintoretto (Gastmahl im Hause des Pharisäers★; Kreuzigung★), Romanino (Madonna und Heilige★; Abendmahl), Paris Bordone, D. Campagnola, Girolamo del Santo. Säle 8–10: Venezianische Maler des 17. und 18. Jhs.: B. Strozzi, S. Mazzoni, C. Loth, G.B. Piazzetta (Mahl von Emmaus★), M. Ricci, G. Zais, P. und A. Longhi, G.B. Tiepolo (Der hl. Paolinus heilt einen Besessenen★), A. Diziani.

Außerdem sind zu besichtigen: die *Sammlung Emo Capodilista* (Gemälde von venezianischen und flämischen Meistern des 16. bis 18. Jhs.); die Sammlung der Bronzeskulpturen aus der Renaissance (A. Briosco, B. Ammanati, Sansovino, T. Aspetti); das MUSEO BOTTAGIN mit über 40.000 Münzen, überwiegend italienischer Herkunft. In anderen Sälen sind Skulpturen, Möbel, Keramiken, Elfenbeinarbeiten und verschiedene Dokumente zu sehen. Im Erdgeschoß, im Kreuzgang, sind ein *Lapidarium* und das *Archäologische Museum* untergebracht.

Loggia und Odeo Cornaro – Via Cesarotti 21, neben der Basilika S. Antonio. *(Wegen Restaurierungsarbeiten vorübergehend geschl.)* Die Loggia wurde 1524 von Falconetto als feste Kulisse für die Aufführung von Komödien entworfen; das achteckige Odeon diente für musikalische und literarische Veranstaltungen. Innenausstattung (Fresken, Stuck und Skulpturen) aus dem 16. Jh.

Botanischer Garten (*Orto Botanico;* E3) *– Öffnungszeiten: 9–13 Uhr; Feiertage (nur im Sommer): 10–13 Uhr; Eintrittsgebühr.* Ältester botanischer Garten Europas (gegr. 1545) und einer der schönsten und vollständigsten in Italien. Zu sehen sind einheimische und exotische Pflanzen, darunter Exemplare von selten hohem Alter.

Prato della Valle (E3) – Weite Platzanlage aus dem Jahre 1775; in der Mitte ein kleiner, von einem Wassergraben umgebener Park mit zahlreichen Steinfiguren. An einer Seite die Basilika S. Giustina.

S. Giustina* (E3) – Monumentaler Backsteinbau aus dem 16. Jh. mit ungeschmückter Fassade und 8 Kuppeln.

Harmonischer INNENRAUM mit drei auf Pfeilern ruhenden weiten Schiffen. Geschnitztes Chorgestühl* (1566) und großes Altarbild von Veronese (Martyrium der hl. Justina*, 1575). Im linken Querhaus Sarkophag des hl. Lukas mit Reliefs aus der pisanischen Schule (1316). In der 2. Kapelle links der hl. Gregor der Große*, von S. Ricci. – Im rechten Querschiff ist der Zugang zur CAPPELLA DELLA MADONNA* oder *Grabkapelle des hl. Prosdocimus,* ein Rest der ersten Basilika aus dem 5.–6. Jh. mit der marmornen Ikonostasis aus dem 6. Jh. Zu besichtigen sind: der ALTE CHOR* (1462) mit dem herrlichen Chorgestühl (Einlegearbeiten) von 1477; in den Nebenräumen befinden sich eine Lünette* und ein Architrav eines romanischen Portals aus dem 13. Jh.; das anschließende Benediktinerkloster stammt aus dem 15.–16. Jh.

Via Umberto I (D3) – Auf der linken Straßenseite alte Paläste mit Arkadengängen; auf Nr. 4 der *Palazzo Olzignani* (15. Jh.) mit Elementen aus Gotik und Renaissance und vierteiliger Fenstergruppe an der Fassade.
Via Roma (C–D3) – Eine der belebtesten Straßen der Stadt, auf der linken Seite von Arkadengängen flankiert. Längs der Straße erstreckt sich auch die Seitenfront der Kirche **S. Maria dei Servi** (D2–3), ein romanisch-gotischer Bau (1372–92) mit einer Säulenvorhalle aus dem 16. Jh.; im Inneren diverse Fresken (Pietà von Jacopo da Montagnana im rechten Seitenschiff) und Renaissanceskulpturen.

WEITERE SEHENSWÜRDIGKEITEN – **S. Sofia*** (C4) ist die älteste Kirche von Padua; sie wurde im 11.–12. Jh. neu erbaut und im 14. Jh. und danach verändert. Interessant sind die Fassade (11.–14. Jh.) und die Apsis* mit großen, byzantinischen Nischen; eindrucksvoll ist der dreischiffige, romanisch-gotische Innenraum mit einem schönen Umgangschor.
S. Francesco (C–D3), eine dreischiffige gotische Kirche aus dem 15. Jh. Hauptportal mit Arkadenvorbau; über dem Portal eine Himmelfahrt Christi, von Veronese; in der 2. Kapelle rechts Fresken von Girolamo del Santo (1523); zu beiden Seiten des Presbyteriums Bronzen von Bellano (1498).
I Carmini (B2–3) – Die Karmeliterkirche *S. Maria del Carmine* wurde Anfang des 16. Jhs. von Lorenzo da Bologna umgebaut; die Fassade blieb unvollendet, die gotische Apsis erhalten; im einschiffigen Innenraum reicher architektonischer Dekor, besonders in der Apsiszone und Sakristei* in Renaissanceformen von Lorenzo da Bologna. Die neben der Kirche gelegene **Scuola del Carmine** aus dem 14. Jh. ist in ihrem Inneren zur Gänze mit Fresken (Szenen aus dem Leben Christi und Mariä) von venezianischen Malern des 16. Jhs. (D. und G. Campagnola, Girolamo del Santo und anderen) geschmückt. *(Besichtigung auf Anfrage beim Sakristan der Karmeliterkirche.)*
Oratorio di S. Michele (D2) – An der Riviera Tiso da Camposanpiero befinden sich gegenüber dem Observatorium der Universität die Überreste einer Kirche aus dem 10. Jh. mit Fresken von Jacopo da Verona *(1397; Besichtigung nach Anfrage im Städtischen Museum.)*
Santuario dell' Arcella (man fährt links am Bahnhof vorbei in die Via Guariento, weiter in die Via Tiziano Aspetti und biegt dann rechts in den Viale dell' Arcella ab), wo in einer modernen Kirche die kleine Klosterzelle erhalten ist, in der der hl. Antonius von Padua am 13. Juni 1231 starb.

AUSFLÜGE – 18 km nach NW nach **Piazzola sul Brenta,** 28 m, 10.768 Ew, einem Zentrum der Textilindustrie, wo die **Villa Simes,** ehemals *Contarini,* liegt. Der große Gebäudekomplex in einem Park mit Fischteichen und einem See wurde vor kurzem restauriert und ist als Sitz des Centro Culturale Cardiologico Austragungsort wichtiger wissenschaftlicher und kultureller Veranstaltungen. Die Villa besteht aus einem Mittelteil von 1546 und zwei ausladenden seitlichen Anbauten aus dem 17. und 19. Jh., die mit Balustraden und Statuen bekrönt sind; die Anlage wird durch halbkreisförmige Arkaden auf bossierten Säulen vervollständigt. Im Inneren ist neben den zahlreichen, mit Fresken und Leinwandbildern von meist unbekannten Meistern des 17. Jhs. geschmückten Sälen besonders das Auditorium oder der Saal der verkehrten Gitarre von Interesse. *Besichtigung: 9–12, 15–19 Uhr bzw. 14–18 Uhr; an Feiertagen 1 Stunde länger; Mo geschl.*
18 km nach SO **Piove di Sacco,** 5 m; 17.274 Ew, einem Agrar- und Handelsstädtchen mit bemerkenswerten Laubenstraßen (die schönste ist die Via Garibaldi). In der *Pfarrkirche* Gemälde von G.B. Tiepolo (2. Altar rechts und in der Sakristei) und Flügelaltäre von Guglielmo und Paolo Veneziano, die 1979 entwendet und wieder zurückgestellt wurden. In 1 km Entfernung das Wallfahrtsheiligtum *Madonna delle Grazie,* eine einschiffige romanische Halle mit einem kleinen Anbau, in dem sich auf dem Altar ein Giov. Bellini zugeschriebenes Bild der Madonna mit Kind befindet. – Zur **Abtei von Praglia*,** 13 km (s. Abano Terme). – Nach **Arquà Petrarca,** 22 km (s. d.). – Zur **Villa Nazionale*** in **Stra,** 11 km (s. Stra). – Nach **Venedig**** mit dem *Burchiello,* einem Boot, das dreimal wöchentlich auf dem Brenta-Kanal verkehrt *(Mai–Sept, Di, Fr, So; Auskunft bei Siamic, Via Trieste 42),* zur Besichtigung der Brenta-Villen* (Aufenthalte bei der Villa Pisani und der Malcontenta).

PALMANOVA 5.576 Ew, 26 m (6 C2)

Provinz Udine. Die Kleinstadt im unteren Friaul, errichtet 1593 von den Venezianern, ist das großartigste Beispiel einer als Befestigungsanlage konzipierten Stadt.

✉ 33057, ✆ 0432

🏨 **Roma,** Borgo cividale 27, ☎ 92 84 72, 39 Zi (15 mB/13 mD), P
🍴 **Da Baffo – Alla Buona Vite,** Borgo cividale, ☎ 92 85 08, Mi

Die Stadt ist auf sternförmigem, polygonalem Grundriß mit 9 Seiten angelegt, mit Kurtinen und noch vollständig erhaltenen Bollwerken mit Lünetten umgeben, ebenso von einem tiefen Graben. 1682 waren die Arbeiten abgeschlossen, 1806 wurden unter Napoleon Erweiterungen vorgenommen.
An einem weiten sechseckigen Platz im Stadtzentrum, der mit Statuen und einem Fahnenmast geschmückt ist, steht der **Dom,** 1615 nach Plänen von Longhena oder Scamozzi erbaut. Von diesem Platz gehen strahlenförmig sechs Straßen aus, von denen drei zu den monumentalen, von Scamozzi 1605 errichteten Stadttoren (Udine, Cividale, Aquileia) führen.
Im *Historischen Museum* (Borgo Udine Nr. 4; *meist geöffnet 9 bzw 10–12 Uhr; Mo geschl.)* sind Dokumente, Waffen und andere Zeugnisse aus der Stadtgeschichte zur Zeit der venezianischen und napoleonischen Herrschaft ausgestellt.

PARMA 177.062 Ew, 52 m (8 B1)

Provinzhauptstadt, Bischofssitz; Universität. Eine modern wirkende Stadt mit attraktivem, vornehmen alten Zentrum, in der Po-Ebene an der Via Emilia gelegen, an beiden Seiten des Flusses Parma; wichtiges Agrar- und Handelszentrum mit zahlreichen herrlichen Baudenkmälern und Kunstsammlungen.

✉ 43100, ☎ 0521, C3, C3, EPT: Piazza Duomo 5, ☎ 34 735, C4; CIT: Via Mameli 9; TCI: siehe CIT

Palace Hotel Maria Luigia, Viale Mentana 140, ☎ 21 032, [Tx] 531008, 67 Zi (16 mB/40 mD), TV, AIR . . . (B4, **e**)
Maxim's, Viale Mentana 140, ☎ 21 032, [Tx] 531008, Vorbestellung, ~~So~~ + Aug. . . . (B4, **e**)
Park Hotel Stendhal, Via Bodoni 3, ☎ 20 80 57, [Tx] 531216, 60 Zi (mB), [G], TV, AIR . . . (B3, **d**)
La Pilotta, Via Bodoni 3, ☎ 20 80 57, AIR, ~~So~~ abend + ~~Mo~~ . . . (B3, **d**)
Park Hotel Toscanini, Viale Toscanini 4, ☎ 29 141, [Tx] 531216, 48 Zi (mB), [G], AIR . . . (C3, **a**)
Al Torrente, Viale Toscanini 4, ☎ 29 141, [G], nur abends, ~~So~~ . . . (C3, **a**)
Daniel, Via Gramsci 16, ☎ 91 991, 32 Zi (mB), [P] . . . (B1, a. P.)
Cocchi, Via Gramsci 16, ☎ 91 991, ~~Sa~~ . . . (B1, a. P.)
Savoy, Via XX Settembre 3, ☎ 21 101, 21 Zi (mB/mD) . . . (B4, **g**)
Torino, Via A. Mazza 7, ☎ 29 046, 33 Zi (mB/mD), [G] . . . (C3, **o**)
Button, Borgo Salina 7, ☎ 20 80 39, 44 Zi (10 mB/16 mD), [G] . . . (C3, **b**)
Principe, Via Emilia Est 46, ☎ 49 38 47, 33 Zi (4 mB/21 mD), Restaurant ◪ . . . (D5, a. P.)
Terminus, Via Trento 9, ☎ 77 13 49, 76 Zi (28 mB/11 mD) . . . (A4, **f**)
Residence, Via Emilia Est 250, ☎ 49 12 53, 21 Zi (19 mB/1 mD), [P] . . . (D5, a. P.)
Angiol d'Oro, Piazza Duomo, ☎ 22 632, emilianische und brescianische Spezialitäten, ~~Di~~ + ~~Mi~~ (im Winter), ~~Sa~~ + ~~So~~ (im Sommer) . . . (C4, **r**)
La Filoma, Via XX Marzo 15, ☎ 34 269, Parma-Spezialitäten; Vorbestellung, ~~Di~~ . . . (C4, **p**)
Parizzi, Via dell' Repubblica 71, ☎ 25 952, AIR, ~~Mo~~ + Juli . . . (D5, **s**)
Da Matteo (ex Baule), Via Cocconi 59, ☎ 35 653, Fischspezialitäten, ~~So~~ . . . (C1, **t**)
San Martino, Via San Martino 2, ☎ 54 359, ~~So~~ + ~~Mo~~ . . . (F3, **y**)
San Biagio, Borgo S. Biagio 10, ☎ 37 665, ~~Do~~ + ~~Fr~~ . . . (C4, **u**)
Cannon d'Oro, Via Sauro 3, ☎ 25 234, parmesische und romanische Küche, ~~So~~ . . . (C–D3, **x**)
Vecchio Molinetto, Viale Milazzo 39, ☎ 52 672, [G], ❀, Trattoria, ~~Fr~~ + Aug. . . . (E1, **v**)
La Greppia, Strada Garibaldi 39, ☎ 33 686, AIR, ~~Do~~ + ~~Fr~~ . . . (B3, **m**)

in Ponte Taro (✉ 43010) 10 km auf der Via Emilia Richtung Piacenza:
San Marco, ☎ 61 521, 82 Zi (mB/mD), [P], AIR

Die Stadt in der Geschichte – In der Geschichte von Parma, das schon zur Zeit der Römer große Bedeutung hatte, gibt es drei Blüteperioden. In der ersten, vom 11. bis ins 13. Jh., war Parma eine freie Stadt; u. a. wurden der Dom und das Baptisterium erbaut. Die zweite Blüte fällt ins 16. Jh., als Parma die Hauptstadt des Herzogtums der Farnese wurde (1545). Prachtvolle Bauten entstanden, so die Kirchen Madonna della Stecca und S. Giovanni Evangelista oder der Palazzo della Pilotta. In der Malerei brachte die Schule von Parma Meister wie Correggio und Parmigianino hervor. Mit der Thronbesteigung von Philipp von Bourbon-Parma, 1749, begann für die Stadt unter französischem Einfluß eine dritte kulturelle Glanzzeit. Im 18. und auch im 19. Jh. (das Herzogtum ging 1815 an Marie Louise über, die Gemahlin Napoleons I.) erfuhr das Stadtbild Veränderungen, die es auch heute noch in seinem eleganten Charakter prägen.
Eine Stadt stellt sich vor – Parma hat sich den über Jahrhunderte in der Geschichte vorgeformten Charakter einer kleinen Hauptstadt bis heute bewahrt. Das vermitteln besonders die Altstadt, die Strada und die Piazza Garibaldi, die Strada Mazzini, die Uferpromenade und der herzogliche Park, aber auch die natürliche Gelassenheit und Eleganz, mit der das Leben in der Stadt abläuft. An die große Vergangenheit des ehemaligen Herzogtums erinnern auch die noch heute von der Universität und von den Kulturinstitutionen des Palazzo della Pilotta gepflegten Traditionen, die zahlreichen Kunstsammlungen (allen voran die Galleria Nazionale) sowie die Leidenschaft der Bevölkerung für die Musik („Musikalischer April" und „Musikalischer Juli"); das Publikum der Opernbühne des Teatro Regio zählt zu den kritischsten in Italien. Die Wirtschaft lebt vor allem von der reichen Agrarproduktion des Hinterlandes; an der Spitze liegen die Lebensmittelindustrie (Teigwaren, Konserven, Käse – Parmesan! – Würste, Zucker) und die Herstellung von Landwirtschaftsmaschinen. Die jährlich abgehaltene Internationale Messe (September) und das experimentelle Institut für Lebensmittelkonserven tragen zur Verbesserung der Produkte und zur Förderung des Exports bei. Andere Wirtschaftszweige befassen sich mit der Herstellung von Möbeln (Kücheneinrichtungen), Glaswaren, Bekleidung und Kosmetika (Parfums). Handwerksmesse (Juni).
Küche und Keller – Die Küche Parmas unterscheidet sich von jener des restlichen Teils der Emilia (siehe Bologna) durch die *tortelli con le erbette* (Teigtäschchen mit Kräutern), weiters gibt es gekochten oder Rohschinken aus Langhirano, Salami aus Felino, Schinkenwurst *(culatello)* aus Zibello, Lammkoteletts, Gnocchi („Nockerl", Klöße aus Kartoffelteig), Trüffeln, Artischocken und Spargel auf Parmesaner Art. Weine: Lambrusco, Fortanina, Folgarina, Berzemino, Malvasia. Ausgezeichnete Süßspeisen; eine Spezialität zum Fest des Stadtpatrons sind die *Scarpette* (Schuhe) *di S. Ilario.*
Einkaufstips – Parmesan-Käse, Schinkenwurst (culatello), Schinken, Parfums, Lederwaren, Bekleidung.
Typisches aus dem Ortsbild – *Domplatz; Uferpromenade; herzoglicher Park; Piazza Garibaldi.*
Sehenswürdigkeiten auf einen Blick – *Dom**; Baptisterium**; Galleria Nazionale**; Camera di S. Paolo**.*

Stadtbesichtigung – Erfordert einen Tag; Rundgang zu Fuß, wie auf dem Stadtplan angegeben. Parkplatz in der Nähe des Palazzo della Pilotta; vom *Piazzale Marconi* geht man, an der Post vorbei ein kurzes Stück bis zum *Domplatz* **(Dom**, Baptisterium**);** hinter dem Dom die Kirche **S. Giovanni Evangelista*.** Über die *Strada Cairoli* und die *Strada della Repubblica* erreicht man das Stadtzentrum und die *Piazza Garibaldi;* von hier aus kehrt man über die gleichnamige Straße **(Madonna della Steccata*; Teatro Regio)** zum *Piazzale Marconi* zurück (**Palazzo della Pilotta**** und **Museen;** *Museo Glauco Lombardi*) und besucht zum Schluß die **Camera di S. Paolo**.** Bei Überquerung des Parma hinter dem Palazzo della Pilotta können in den Rundgang auch das *Herzogsschloß* samt *Park* miteinbezogen werden.

Piazza del Duomo (C4) – Ruhiger, geschlossener Platz mit fast unverändert mittelalterlichem Charakter, dominiert von Dom, Baptisterium und *Bischofspalast.*

Parma: Dom und Baptisterium

Dom★★ (C4) – Eine der bedeutendsten romanischen Bauten des 12. Jhs. Die Fassade wird durch drei Galerien gegliedert; Mittelportal (1281, von Giambono da Bissone) mit Vorhalle, im Torbogen Monatsdarstellungen. Der hohe gotische *Glockenturm* mit Triforenfenstern in Höhe der Glockenstube stammt aus dem Jahre 1294. Die Apsis mit ihren hohen Arkaden und Loggien wird von einer Kuppel auf polygonalem Tambour überragt.

Dreischiffiger INNENRAUM mit Emporen, erhöhtem Presbyterium und Krypta. Die obere Wandzone des Mittelschiffs ist mit Fresken von G. Mazzola Bedoli (16. Jh.) geschmückt *(elektrische Beleuchtung mit Münzapparat);* am 3. Pilaster links Kupferstatue des Erzengels Rafael (1294). 4. Kapelle rechts, 5. Kapelle links: Fresken aus dem 15. Jh. Geschnitzte Barockkanzel von 1613. In der Kuppel ein Fresko von Correggio (1526–30), **Mariä Himmelfahrt**★★, eine großartige Komposition mit kühnen Bewegungen und Verkürzungen. Im rechten Querschiff (rechte Wand) Relief mit der Kreuzabnahme★ von B. Antelami (1178). Presbyterium: in den Hochaltar integriert der alte Altar mit Reliefs von Meistern aus Campione (Ende 12. Jh.); Bischofsthron★ aus dem 12. Jh. mit Hochreliefs von B. Antelami; geschnitztes Chorgestühl von C. Canozzi (1473).
Weitläufige Krypta; im Fußboden des Mittelteils farbige Mosaikfragmente aus zwei Bodenschichten (bemerkenswert das jüngere, frühchristliche mit Inschriften); Grabmäler (16. Jh.).

Baptisterium★★ (C4) – Das großartige Bauwerk mit vier durchlaufenden Außengalerien wurde von B. Antelami 1197 begonnen, der obere Teil 1260 im gotischen Stil vollendet. Die Reliefs★ der drei Portale und der Fassade (religiös-moralisierende Themen) sind ebenso wie die Nischenstatuen★ Werke von B. Antelami und stellen einen Höhepunkt der romanischen Plastik in Italien dar.

Polygonales INNERES, mit Nischen im unteren Teil, zwei Reihen von Wandarkaden und einer hohen Kuppel mit Gewölberippen *(Küster; Besichtigung: 9–12, 15–19 Uhr bzw. 15–17 Uhr; Beleuchtung gegen Entgelt);* entlang der Wände Reliefs und 12 Statuen★★ (Monatsdarstellungen; bemerkenswert besonders der Winter und der Frühling), zum Großteil von Antelami; die byzantinisierenden Fresken in den Lunetten und in der Kuppel stammen großteils aus der 2. Hälfte des 13. Jhs. (Reste der vorhergehenden Dekoration sind in den großen Nischen und in den Gewölben zu sehen); in der Mitte des Baptisteriums 2 Taufbecken, ein drittes in einer Nische.

S. Giovanni Evangelista★ (C4) – Renaissancekirche (1510) mit Fassade und Glokkenturm aus dem frühen 17. Jh. Im Inneren *(Beleuchtung gegen Entgelt)* **Fresken von Correggio**★★ von 1520–23 (in der Kuppel die Vision des hl. Johannes, in den Zwickeln die Evangelisten und Kirchenväter, in einer Lünette im linken Querschiff der schreibende Evangelist Johannes) und von Parmigianino (die Heiligen auf den Bögen der 4., der 2. und der 1. Kapelle links).

Die Fresken in der Wölbungszone von Vierung und Querschiff stammen von M. Anselmi (1520–21); die imitierte Kassettendecke zwischen den Arkaden und der Grisaille-Fries im Hauptschiff stammen von F.M. Rondani (1522–23), nach Vorlagen von Correggio.
Im Presbyterium ein geschnitztes Chorgestühl mit Intarsien von M.A. Zucchi (1512–31), 1538 vervollständigt; unterhalb der Apsiskalotte Transfiguration, von G. Mazzola Bedoli (um 1556), von ihm auch die Madonna mit Kind und Heiligen in der 4. Kapelle links. Im linken Querschiff vier Tonplastiken von A. Bergarelli (bemerkenswert die Madonna mit der Rose). In der Sakristei schöne Schränke mit Einlegearbeiten (frühes 16. Jh.); im Anschluß daran drei Kreuzgänge aus dem 16. Jh.

Alte Apotheke von S. Giovanni Evangelista (C4) – Neben dem Benediktinerkloster S. Giovanni, Borgo Pipa 1. *Öffnungszeiten: 9–14 Uhr; Feiertage 9–13 Uhr; Mo geschl.* Die 1201 (!) gegründete Apotheke war bis 1881 in Betrieb.

In drei großen Sälen sind Fresken (16. Jh.), Möbel (16.–17. Jh.), 192 Arzneigefäße aus Keramik (15.–17. Jh.) und riesige Mörser zu sehen; in einem vierten Raum Destillierkolben, Reagenzgläser usw.

Piazza Garibaldi (C3) – Platz im Stadtzentrum mit dem Denkmal Garibaldis; in der Runde der *Gouverneurspalast* (*Palazzo del Governatore;* 1760), der *Uhrturm* und das *Rathaus* (1673) mit Arkadengängen; rechts davon der ehemalige Palazzo del Capitano del Popolo aus dem 13. Jh.
Strada Garibaldi (B–C3) – An dieser Straße liegt der klassizistische Bau des **Teatro Regio** von 1829, eine der berühmtesten Bühnen Italiens (Saal mit vier Logenrängen) und schräg gegenüber die Kirche Madonna della Steccata. Von der Piazza Garibaldi führt die Strada Mazzini bis zum *Ponte di Mezzo,* einer Brücke über den Parma; am rechten Flußufer in einer Unterführung die *römische Brücke* der Via Emilia, wahrscheinlich zur Zeit des Augustus erbaut, später, bis zur Verlegung des Flußbettes in der 2. Hälfte des 12. Jhs., bei Überschwemmungen immer wieder zerstört und wiederhergestellt.

Madonna della Steccata★ (C3) – Die eindrucksvolle Renaissancekirche wurde 1521–39 von B. und G.F. Zaccagni in der Form eines griechischen Kreuzes erbaut. Die Kreuzarme schließen jeweils mit einer großen, halbkreisförmigen Apsis ab, über ihrem Schnittpunkt erhebt sich eine hohe Kuppel mit Galerie.

Der harmonische und majestätische INNENRAUM *(Beleuchtung gegen Entgelt)* ist in der Wölbungszone mit Fresken der Schule von Parma des 16. Jhs. geschmückt (in der Kuppel Mariä Himmelfahrt von B. Gatti; im Bogen über dem Hochaltar Fresken von Parmigianino, M. Anselmi und G. Mazzola Bedoli). Links vom Eingang des ersten Kreuzarmes Grabmal des Grafen Adam Neipperg, des zweiten Gemahls der Herzogin Marie-Louise (1841). Schöne Sakristei★ (1670, *Eintrittsgebühr*) mit reichgeschnitzten Schränken. Darunter liegt die Krypta der Farnese, Herzöge von Parma.

Piazzale Marconi (B3) – Hier stehen das *Verdi-Denkmal,* ein Partisanen-Mahnmal (1955) und, am Ende des Platzes, der Palazzo della Pilotta. An einer Ecke der klassizistische *Palazzo di Riserva* (Eingang Via Garibaldi Nr. 51) mit Stuckdekorationen von E. Petitot, in dem das **Museo Glauco Lombardi** untergebracht ist (C3). *Öffnungszeiten: 9.30–12.30 Uhr, 16–18 Uhr bzw. 15–17 Uhr im Winter; Sonn- und Feiertage: 9.30–13 Uhr; Mo geschl.; Eintrittsgebühr).* Zu sehen sind Gegenstände aus der Zeit der Bourbonenherrschaft und besonders Erinnerungsstücke an Marie Louise und Napoleon (18.–19. Jh.) sowie Teile der Sammlungen der Herzogin; viele Gemälde französischer Meister des 18. Jhs.

Palazzo della Pilotta (B3) – Der von den Farnese 1583–1622 errichtete monumentale Bau ist unvollendet geblieben. Der Name leitet sich von dem Pelotaspiel ab, einem Zielwurfspiel (pélote basque), das in einem der Höfe stattfand. Der große, nüchterne Haupthof stammt aus dem 16. Jh.

Im 1. Stock befindet sich das **Museo Archeologico Nazionale★,** gegründet von Philipp I. von Bourbon-Parma zur Aufnahme der Ausgrabungsfunde von Velleia im Jahr 1760. *Öffnungszeiten: 9–14 Uhr; Sonn- und Feiertage: 9–13 Uhr; Mo geschl.; Eintrittsgebühr.*

Die Sammlung zählt zu den besten ihrer Art in Italien und wird auch heute noch ständig durch die neuen Funde bereichert, die unter Leitung der Museumsdirektion im W der Emilia gemacht werden.

Zu sehen sind: Skulpturen aus den großen Sammlungen der Farnese und der Gonzaga; die ägyptische Abteilung, die zum Großteil aus Ankäufen und Schenkungen aus der 1. Hälfte des 19. Jhs. besteht; ein Teil der Bestände an griechischen, großgriechischen und etruskischen Keramiken, etruskische Bronzen und Graburnen *(Besichtigung auf Anfrage)*; die Medaillensammlung *(Besichtigung nach Vereinbarung)*.
Die Aufstellung der Funde aus Velleia in diesem Teil des Gebäudes ist nur provisorisch, bis sie in neuen Sälen endgültig untergebracht werden können; bemerkenswert: Statuenzyklus von der Basilika; Bronzekopf eines Mädchens; Steintafel mit der *Lex de Gallia Cisalpina* (Gesetze für die römischen Gebiete Oberitaliens); die berühmte *Tabula alimentaria* (Gesetze zur Armenfürsorge) des Kaisers Trajan.

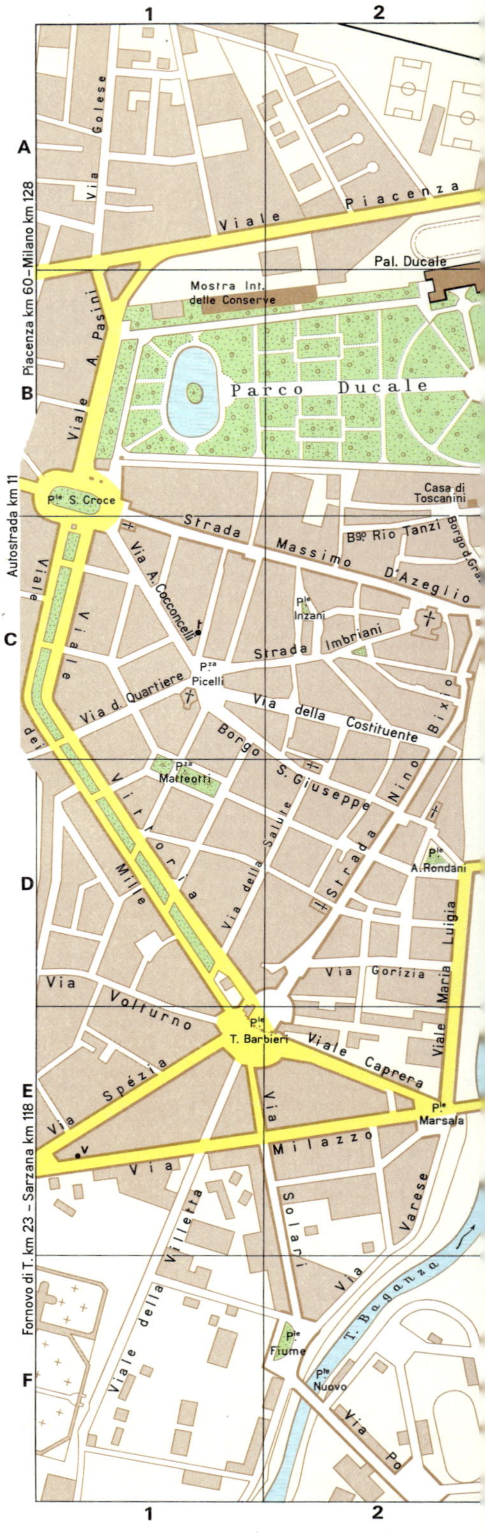

PARMA
0 100 200 300 m
1:13.000 (1cm=130 m)
Autostrada km 5
Mántova km 62
3
5
4
A
B
C
E
F
Mántova km 66
Mántova km 66
Bologna km 91
Langhirano km 23
Monticelli T. km 12
Staz. F. S.
Piazzale Dalla Chiesa
Ple d. Circonvallazione
Viale Bottego
Via Trento
Via Palermo
V. Bologna
Viale Antonio Fratti
Via Trieste
Viale Mentana
Viale Zanardelli
Viale P. Toschi
Via G. Verdi
Pal. d. Pilotta
Ple G. Verdi
Garibaldi
Via F. Cavallotti
Borgo Giordani
Borgo Naviglio
Borgo Parmigianino
Bgo d. Studi
Ple S. Francesco
V. Pietro del Prato
Borgo d. Colonne
Ple S. Allende
Viale Mentana
Viale F. Tanara
Ple Marconi
S. Paolo
V. Melloni
Museo Lombardi
Vescovado
P.T.
Pza E.P.T. d. Duomo
Str. d. Duomo
Str. S. Anna
Duomo
Battistero
Farmacia
S. Giovanni Ev.
Borgo Retto
A. Saffi
Viale G. Mariotti
Teatro Regio
Piazza d. Ghiaia
Via Carducci
Str. Pisacane
Via Dante
Strada Cavour
Via Card. Ferrari
Madonna d. Steccata
Tel.
Pza Garibaldi
Via XX Marzo
Strada Cairoli
Borgo d. Correggio
Str. Petrarca
Strada
Via C. Corsi
Via Dalmazia
Strada Mazzini
Str. dell' Università
Università
Via Gavestro
Via del Conservatorio
Municipio
Pinacot. Stuard
Ple A. Boito
Strada della Repubblica
Prefettura
S. Sepolcro
Borgo Tommasini
Strada Farini
XXII Luglio
Strada Nuova
Ple Vitt. Emanuele
Viale Toscanini
Borgo Riccio da Parma
Pza S. Fiora
Borgo Regale
Borgo Padre Onorio
Viale S. Michele
Viale P. Maria Rossi
Vle Campanini
Viale F. Basetti
Borgo Felino
Strada
Ple Risorgimento
Vle Partigiani d'Italia
Orto Botanico
Viale Martiri della Libertà
Vle Berenini
Viale delle Rimembranze
Via Pelacani
Via Alessandro
Stadio
Via G. Puccini
Pza XXV Aprile
Vle Magenta
Via Palestro
Viale Solferino
Campeggio
Cittadella
Viale Pomponio Torelli
Via Rondizzoni
G. Rustici
Viale Conforti
Duca
Via Italo Pizzi
Via Flli Cervi
Via A. Frank
Via Battei
Viale
Vle S. Martino
Museo d'Arte Cinese
a
b
d
e
f
g
m
o
p
s
u
x
y

Im Unterstock, in den Sälen links vom Eingang vor- und frühgeschichtliche Funde aus der Gegend um Parma; in den Sälen auf der rechten Seite römische Ausgrabungsstücke aus Parma und Umgebung (Bronzen, Inschriften, Mosaike, „instrumentum domesticum" – „Hausrat"). – Außen unter einem Portikus Inschriften und Skulpturen aus der römischen Kaiserzeit.

Galleria Nazionale★★; Gemäldegalerie im 2. Stock, mit Werken vorwiegend von Meistern aus Parma vom 15. bis zum 18. Jh., darunter einige Hauptwerke von Correggio. Zur Zeit wird das Museum teilweise neu eingerichtet. *Öffnungszeiten: 9–14 Uhr; Sonn- und Feiertage 9–13 Uhr; Mo geschl.; Eintrittsgebühr.*

Saal 1: Meister aus der Emilia des 15. und frühen 16. Jhs. (S. Lamberti; I. Loschi; C. Caselli; A. und J. Araldi; F. Francia). – Saal 2: Fresken aus dem 13.–14. Jh. und neobyzantinische Gemälde. – Saal 3: frühe Meister aus der Toskana (B. Daddi; A. Gaddi) aus dem Veneto (Paolo Veneziano) und aus der Emilia (Simone de' Crocifissi). – Saal 4: Internationaler Stil aus der Toskana, 15. Jh.: Spinello Aretino; Bicci di Lorenzo; Giovanni di Paolo, (Christus und Heilige tragen das Kreuz); Beato Angelico; Zanobi Strozzi (Madonna mit Kind und Heilige★). – Saal 5: Cima da Conegliano (Schlafender Endymion★, Apollo und Marsyas★, Madonna mit Kind und Heilige★, Thronende Madonna mit Kind und Heilige★★); Leonardo (Mädchenkopf★★); Bozzetto; Sebastiano del Piombo (Clemens VII. und Kleriker★); Dosso Dossi. – Saal 6: Renaissancegemälde aus Ferrara und der ersten Generation der Schule von Parma: Garofolo; B. Dossi. – Säle 7–10: Werke von Corregio (Madonna di S. Girolamo★★; abgelöstes Fresko mit der Stiegenmadonna★★; Kreuzabnahme★; Martyrium der hll. Placidus, Flavia, Eutichius und Victorinus★; Madonna della Scodella★★; Krönung Mariä★★ und Verkündigung★★); A. Mor (Porträt★ des A. Farnese); Parmigianino (Kopie nach der verlorengegangenen Vermählung der hl. Katherina★; Türkensklavin★★, Selbstporträt★★); H. Holbein d. J. (Erasmus von Rotterdam★★); Murillo (Jupiter★). – Saal 11: G. Mazzola Bedoli; M. Anselmi; F.M. Rondani; I. Bertoia.
Saal 12: Riesige Basaltstatuen aus dem 2. Jh. n. Chr. (Junger Bacchus und Faun, Herkules); M. Anselmi; F.M. Rondani; Gandini del Grano; A. van Dyck (Isabella Clara Eugenia von Spanien★). In provisorischen Schaukästen flämische Gemälde des 16.–18. Jhs. (früher in Saal 13): P. Brueghel d. J., P. Brill, S. Vrancx, J. Brueghel d. Ä., P. Mulier (Das Gewitter).

Saal 13 oder Saal der Marie Louise: G. Mazzola Bedoli; L. Orsi; Manieristen aus der Toskana und aus dem Veneto: Bronzino (Madonna mit Kind und hl. Johannes); El Greco (Heilung des Blinden★★); emilianische und ausländische Maler, die zu Ende des 16. Jhs. in Parma arbeiteten: A. Carracci (Kreuzabnahme; Selbstporträt); L. Carracci (Grablegung Mariä; die Apostel am Grab; aus der Kathedrale von Piacenza). Provisorisch in der Saalmitte angebracht: einige Jugendwerke von S. Ricci (Die Mäßigung des Scipio★; Apelles malt Campaspe★; Cincinnatus★★; Raub der Helena★★; aus dem Besitz des Bürgerspitals in Verwahrung in der Galleria Nazionale). Außerdem einige Werke von Carravaggio-Schülern aus der Emilia (diese Gemälde befinden sich normalerweise in den derzeit wegen Restaurierungsarbeiten geschlossenen Sälen): G. Lanfranco, L. Spada, Guercino; von Meistern aus Bologna: C. Cignani und G.M. Crespi; Genua: G.A. De Ferrari; Venedig: G.B. Tiepolo, B. Bellotto, Canaletto, G.B. Piazetta (Mariä Empfängnis★★); Frankreich: Nattier und Vigée Le Brun.
Saal 14 *(provisorisch)* mit Werken aus dem 18. Jh.: G. Traversi (Gekreuzigter und Heilige; hl. Antonius von Padua; die hll. Lucia, Apollonia und Agathe), G.B. Tagliasacchi, G. Baldrighi (Selbstporträt mit Ehefrau); P.M. Ferrari (Frugoni in Arkadien), G. Callani, J.-B. Boudard (Büste von Philipp von Bourbon-Parma).
Die anderen Sammlungen der Galerie (Plastiken, Möbel, Keramik, Porzellan, Gobelins) sollen im neuadaptierten Museum ausgestellt werden.
In der PORTRÄTGALERIE befinden sich weitere bedeutende Werke, darunter Gemälde von M. Anselmi, einem der bedeutendsten Maler des frühen 16. Jhs. in Parma, von J. Sons, einem lange Zeit in Parma tätigen Flamen, von G.C. Amidano. Aus der Schule von Parma (17. Jh.): B. Schedoni, G. Lanfranco, S. Baldocchio. Unter den Lombarden: G.C. Procaccini, C.F. Nuvolone, F. Del Cairo. Unter den Malern aus Parma (18. Jh.): F. Boselli, P.I. Spolverini. Eine Porträtreihe von Mitgliedern der Familie Farnese und der Bourbonen, darunter Werke von A. Mazzola, L. Pécheux, J. Zoffany und über 60 Mitgliedern der Kunstakademie; Zeichnungen und Druckgraphik (Parmigianino).

Im selben Stock befindet sich auch das **Teatro Farnese★** *(Öffnungszeiten wie die Galleria Nazionale),* eines der ersten seßhaften Theater in Europa und für lange Zeit das größte der Welt. Es wurde 1618 nach dem Modell des Teatro Olimpico des Palladio in Vicenza errichtet, hat aber bewegliche Kulissen. Es wurde nach schweren Zerstörungen durch Bombentreffer 1944 wieder in den ursprünglichen Zustand gebracht.

Im Gebäude ist auch die **Biblioteca Palatina** mit ihren 550.000 Büchern und illuminierten Handschriften aus dem 9./10. Jh. untergebracht *(Öffnungszeiten: 8.30–13.30);* angeschlossen ist das *Museum für Druckgraphik* (Museo Nazionale Bodoni per l'arte della stampa; *(geöffnet 9–12 Uhr; Sa geschl.).*

Camera di S. Paolo★★ oder *des Corregio* (B3) – Zugang von der Strada M. Melloni *(Öffnungszeiten wie die Galleria Nazionale).* Die ehemalige Wohnstube der Äbtissin des Klosters S. Paolo wurde 1518 von Correggio mit Fresken geschmückt. Er imitierte in den 16 auf Lunetten ansetzenden und durch Gewölberippen voneinander getrennten Wandfeldern der Decke ein Laubendach mit zahlreichen Darstellungen von Putten; in den Lunetten Grisaillen mit mythologischer Thematik. In einem Nebenraum Fresken von A. Araldi (1514).

WEITERE SEHENSWÜRDIGKEITEN UND MUSEEN – **Palazzo Ducale** (*Herzoglicher Palast;* A–B2), inmitten des schönen PARCO DUCALE, der 1560 angelegt wurde und sich mit seinem dichten Baumbestand und zahlreichen Steinskulpturen am linken Ufer des Parma erstreckt. Der Palast wurde von G. Boscoli 1564 für den Fürsten Ottavio Farnese erbaut und von Petitot 1767 erweitert; im Inneren Säle mit Fresken von C. Cignani (Carracci-Saal, 1680), G.B. Trotti, A. Tiárini, J. Sons und Stuckdekorationen aus dem 18. Jh. *(Besichtigung nach Anfrage im dortigen Polizeiwachzimmer, 8.30–12.30 Uhr.)*
Toscanini-Haus (B2), Via R. Tanzi Nr. 13. Geburtshaus des großen Musikers mit Erinnerungsstükken und Zeugnissen seiner langen Schaffenszeit. *(Besichtigung: 9–12 Uhr, nach Anfrage, ☎ 35 964; Mo geschl.)*
Universität (C3), ein majestätischer Bau aus dem 16. Jh., wahrscheinlich von G. Alessi und Vignola. Interessant sind die naturgeschichtlichen Sammlungen, unter anderem das MUSEO ERITREO BOTTEGO

mit Exponaten aus Ostafrika *(Besichtigung: werktags 15–17 Uhr, nach Voranmeldung, ☎ 20 88 55; Mo geschl.; Eingang Via Università 12)* und die RACCOLTA PIOLA DEL CONGO BELGA mit einer ethnographischen und einer zoologischen Abteilung über den Belgischen Kongo; außerdem die *Raccolta di animali del Parmense* (Tiere aus der Region Parma).
Pinacoteca Stuard (C–D3), Via Cavestro Nr. 14. *Öffnungszeiten: werktags 8.30–12, 15–17 Uhr; Sa geschl.* Gemäldesammlung mit Werken der frühen toskanischen Schule (Paolo di Giovanni Fei, B. Daddi, Giovanni di Francesco) aus dem 17.–18. Jh. (Lanfranco, Schedoni, Guercino, S. Ricci, Bellotto usw.). *(Wird neu aufgestellt.)*
S. Sepolcro (C–D5), Kirche aus dem 13. Jh. mit Umbauten aus dem 15. Jh. (Steinkandelaber von 1501 an der unvollendeten Fassade); einschiffiger Innenraum mit Gemälden, Plastiken und Schnitzarbeiten aus dem 15.–18. Jh.; in der 1. Kapelle rechts vom Eingang apulische Ölamphoren, die durch Zufall bei Grabungen unter der Kirche gefunden wurden und die auf eine Besiedelung dieser Zone zur Zeit der römischen Republik hinweisen.
Museum chinesischer Kunst (*Museo di Arte Cinese;* F3), im *Istituto Saveriano per le Missioni Estere* (Xaver-Institut für die Auslandsmission), Viale S. Martino 8. *Öffnungszeiten: 9–12, 15–18 Uhr; Mo, Di geschl.* Sammlung chinesischer Kunstwerke (Bronzen, Keramik, Malerei) vom Altertum (3. Jtsd. v. Chr.) bis heute; ferner *Ethnographisches Museum* mit Stücken aus verschiedenen Kontinenten.

AUSFLÜGE – 4 km nach NO zur **Kartause von Parma** *(Certosa di Parma)*. Das 1285 gegründete, mehrmals umgebaute Kloster, das heute eine Schule für Aufsichtspersonal beherbergt, inspirierte Stendhal zum Titel seines berühmten Romans; in der Kirche (1673) interessante Fresken von S. Galeotti, F. Bibiena und anderen. – 6 km nach SW nach **Vicofértile,** über *S. Pancrazio* an der Via Emilia (in der Pfarrkirche Architekturteile und Skulpturen aus dem ursprünglichen Bau des 12. Jhs.). Sehenswert ist die Pfarrkirche von *S. Geminiano* (restauriert), eine einfache romanische Landkirche mit arabisch-normannischen Flechtbogenornamenten am Außenbau; im Innern skulptiertes romanisches Taufbekken. – 17,5 km nach S zur **Burg von Torrechiara,** auf der Straße nach Langhirano; der mächtige Bau mit drei durch Ecktürme befestigten Ringmauern wurde im 15. Jh. von Pier Maria Rossi erbaut; Innendekorationen (u. a. der Saal der Zauberkünstler) von C. Baglione, besonders eindrucksvoll das Goldene Zimmer mit Fresken von B. Bembo (um 1463). *Besichtigung: Sommer 9–13, 15.30–18.30 Uhr; Winter 9–13, 14–16 Uhr; Sonn- und Feiertage 9–13 Uhr; Mo geschl.; Eintrittsgebühr.*

PASSARIANO 271 Ew, 35 m (6 C1)

Gemeinde Codróipo; Provinz Udine. Kleines Bauerndorf in der friaulischen Ebene bei Codróipo, im Umkreis der großartigen Villa Manin.

✉ 33033, ✆ 0432

Ristorante del Doge, ☎ 91 501, ~~Mo~~
in Zompicchia, 3 km auf der Straße Codróipo – Udine:
Frecce Tricolori, 23 Zi (4 mB/12 mD), P G

Passariano: Villa Manin

Im 16. Jh. befand sich an der Stelle des heutigen Baus ein einfacher Landsitz. Die **Villa Manin*,** die nur von der Villa Pisani in Stra übertroffen wird, wurde von Domenico Rossi nach palladianischen Vorbildern für den letzten Dogen von Venedig, Ludovico Manin, erbaut.

Anläßlich der Vorverhandlungen und späteren Unterzeichnung des Friedens von Campoformio, der das Ende der Republik Venedig besiegelte, hielt sich Napoleon 1797 einige Zeit lang hier auf. Die Villa wurde im Jahre 1969, nach der Restaurierung durch die Ente delle Ville Venete, von der Region Friaul-Julisch Venetien erworben und zu einem Museum und Kongreßzentrum umgewidmet.
Im Inneren geräumige Säle mit Fresken von L. Dorigniy und G. Amigoni, in denen oft Ausstellungen und Kongresse abgehalten werden; zu besichtigen sind die Kapelle mit Bildern von G. Torretti und F. Fontebasso, die Pferdeställe mit alten Karossen, die Waffenkammer und das Zimmer Napoleons. *Besichtigung: 9.30–12.30, 14–17 Uhr bzw. 15–18 Uhr; Mo geschl.*
In der Villa haben das Amt für die Erfassung und Katalogisierung von Kunstwerken der Region Friaul-Julisch Venetien sowie eine Lehrwerkstätte für Restaurierungen ihren Sitz. Rund um den Gebäudekomplex erstreckt sich ein großer Park mit seltenen, genau katalogisierten Pflanzen, kleinen Teichen, Statuen und anderen Kuriositäten.

PAVULLO NEL FRIGNANO 13.114 Ew, 680 m (8 D3)

Provinz Modena.

✉ 41026, ✆ 0536, i *Verkehrsverein,* Piazzale S. Bartolomeo, ☎ 20 358

Freizeitangebot: Tennis; Schwimmbad; Turnzentrum (Sommer); Segelflugplatz; Skilift.

Ferro di Cavallo, Via del Molinetto, ☎ 20 098, 18 Zi (mD), P G ❄, TV
Vandelli, Via Giardini Sud 7, ☎ 20 288, 21 Zi (mD), P G ❄
Parco Corsini, Viale Martiri 7, ☎ 20 129, 16 Zi (mB/mD), P G
Il Boscaiolo, Viale Martiri 17, ☎ 20 304, 26 Zi (25 mD), P ❄, in der Saison nur Sa und So

In der ehemaligen Sommerresidenz der Herzöge von Modena in der Via dei Giardini 3 wird ein *Heimatmuseum des Apennins von Modena* eingerichtet; in derselben Straße neben der Frati-Kirche das *Naturgeschichtliche Museum des Frignano*.
AUSFLUG – 5,5 km nach S nach *Renno,* 647 m, interessant ist eine wahrscheinlich aus dem 9. Jh. stammende **Pfarrkirche.**

PEDRATSCHES siehe Stern

PEIO TERME ca. 2.000 Ew, 1393 m (1 C1-2)

Gemeinde Peio; Provinz Trient. Thermalbad, Sommerfrische und Wintersportort in einer Senke des Monte-Tals (Peio-Tals), umgeben von Nadelwäldern am Fuß der Cevedale-Gruppe.

✉ 38020, ✆ 0463, i AA: in Malé, ☎ 91 280

Freizeitangebot: Tennis; Hallenbad; Seilbahn: Cógolo 1160 m – Peio 1580 m (alte Ortschaft); Gondellift: Peio 1040 m – Tarlenta 2034 m; Sessellifte: Doss dei Gembri: Tarlenta 2002 m – Pian di Laret 2313 m, Pian del Vioz 2313 m – Valle della Nite 2785 m; Schlepplifte; Skischule; Eislaufplatz in Cógolo.

Peio, ☎ 73 233, 42 Zi (mB/mD), P G ❄
Alpino, ☎ 73 212, 36 Zi (mB/mD), P ❄
Vioz, ☎ 73 146, 38 Zi (mB/mD), P G ❄

in Cógolo, 1160 m; 3 km im Tal:
Cevedale, ☎ 74 067, 38 Zi (mB/mD), P ❄
Ortles, ☎ 74 073, 22 Zi (9 mB/11 mD), P G
Il Mulino ◪, an der Kreuzung nach Camasine (6 km n. SO), P, rustikal, Vorbestellung

KURBETRIEB – Zwei Quellen, eine mit Eisen-Karbongehalt (Antica Fonte), die andere schwefel- und bikarbonathältig (Alpina), die in Form von Trinkkuren bei Leber, Nieren- und Stoffwechselerkrankungen verabreicht werden.

PELLIZZANO 826 Ew, 925 m (1 D2)

Provinz Trient. Beliebter Sommerfrischen- und Wintersportort am Talboden des Val di Sole, am Schnittpunkt mit dem kurzen Fazzon-Tal, in dem der schöne *Lago dei Caprioli,* 1307 m, liegt.

✉ 38020, ✆ 0463, i *Fremdenverkehrsbüro* an der Staatsstraße, ☎ 71 183

Freizeitangebot: Skilift in Ossana.

Bellavista, an der Straße, ☎ 71 220, 30 Zi (4 mB/14 mD), P ❄
Cova, an der Straße, ☎ 71 140, P, immer geöffnet

in Fucine di Ossana, 982 m (✉ 38026) 2,5 km Richtung Tonale:
Jole, an der Straße, ☎ 71 125, 26 Zi (9 mB/13 mD), P

Die *Pfarrkirche* mit Stilelementen aus Gotik und Renaissance hat an der rechten Seite eine Vorhalle mit Fresken von S. Baschenis; im Inneren geschnitzte, vergoldete Holzaltäre aus dem 16. Jh., Fresken aus dem 15. Jh. sowie ein großes Fresko von C. Valorsa (1571).

PENICE (PASSO DEL) siehe Bobbio

PÉRGINE VALSUGANA 13.870 Ew, 482 m (1D -E3)

Provinz Trient. Marktflecken am Anfang der Valsugana, an der Wasserscheide zwischen dem Férsina und der Brenta; überragt von einer mittelalterlichen Burg.

✉ 38057, ✆ 0461, i Büros (◪) in Pérgine Valsugana, Piazza Gavazzi 1, ☎ 53 12 58; in S. Cristoforo al Lago, ☎ 51 119; in Tenna, ☎ 70 63 96; in Calceránica al Lago, ☎ 73 39 01; in Caldonazzo, ☎ 72 31 92

Freizeitangebot: Tennis; Badestrand mit Schwimmbecken am Caldonazzo-See bei S. Cristoforo; Boccia-Anlage; Go-Kart-Bahn; Reiten.

Turismo, an der Straße, ☎ 53 10 73, Tx 400442, 33 Zi (mB/mD), P ❄ ≈
Al Castello ◪, beim Schloß, ☎ 53 11 58, 23 Zi (14 mD), P ❄
Al Ponte, Ausfahrt nach Trient, ☎ 53 13 17, 25 Zi (3 mB/12 mD), P, S6

in S. Cristoforo al Lago, 451 m; 2 km nach S:
Hotel Lido Seehof, beim Strand, ☎ 53 10 44, 49 Zi (mB), [P]

am Canzolino-See, 547 m; 3 km Richtung Montagnaga:
Miralago, ☎ 53 12 73, [P], Terrasse, Mi

in Alberè di Tenna, 650 m (Tx 38050):
Margherita, ☎ 70 64 45, 55 Zi (mD), [P], im Pinienhain

in Calceránica al Lago (Tx 38050) 7,5 km auf der Uferstraße n. O Richtung Caldonazzo:
Concorde, Lungolago 56, ☎ 72 34 77, [P], Vorbestellung
Alessandra, an der Landstraße, ☎ 72 408, 8 Zi (mB/mD), [P]
La Piroga, ☎ 72 550, [P], Strand, Do

in Caldonazzo, 485 m (✉ 38052), 9 km nach S:
Due Spade, im Ort, ☎ 72 31 13, 24 Zi (mD), [P] [G]

in Valle dei Mócheni, Richtung NO (✉ 38050):
Terme, in S. Orsola, 925 m (9 km), ☎ 54 11 24, 48 Zi (mD), [P], AIR, Thermalbad

Renaissance-Paläste entlang der Via Mayer; schöne gotische Pfarrkirche aus dem 16. Jh.
SPAZIERGÄNGE – 1,8 km zur *Burg* aus dem späten 15. Jh., zu Beginn des 20. Jhs. restauriert, Hotel. Interessant sind der Audienzsaal, die Folter- oder „Tropfen"-Kammer und die gotische Kapelle.
2,2 km nach *S. Cristoforo al Lago,* 451 m, am N-Ufer des 4,7 km langen, 1,8 km breiten **Caldonazzo-Sees** (5,38 km^2), einem beliebten, kleinen Badeort; am S-Ufer liegen die Ferienorte *Calceránica al Lago,* 465 m, und *Caldonazzo,* 485 m.

PESCHIERA DEL GARDA 8.811 Ew, 68 m (3 E2)

Provinz Verona. Das Städtchen am S-Ufer des Gardasees, wo der Mincio aus dem See tritt, ist heute noch von den Verteidigungsanlagen umgeben, die es zu einer berühmten Festung machten – zuerst im Dienste Venedigs, dann als Pfeiler des österreichischen „Festungsvierecks" (siehe Legnago).

✉ 37019, ✆ 045, i AA: Piazzale Betteloni 15, ☎ 75 50 381

Freizeitangebot: Tennis; Segelschule; Yachthafen; Passagierschiffahrt.

Johnson, Via Marina 4, ☎ 75 50 484, 27 Zi (mD), [P]
S. Marco, Lungolago Masseni, ☎ 75 50 077, 30 Zi (mD), [P]
Rosetta, Via Milano, ☎ 75 50 121, 36 Zi (mD)
Al Secolo, Via Milano 5, ☎ 64 01 64, Fischspezialitäten, [P], Mo
Laura, Via Mantova 28, ☎ 64 05 07, Di

an der Straße nach Desenzano:
Peschiera, in S. Benedetto di Lugana, Via Petrarca, ☎ 75 50 526, 30 Zi (24 mD), [P] [G], Badestrand
Papa, in S. Benedetto, ☎ 75 50 476, 19 Zi (mB)
Cristallo, in Fornaci, ☎ 64 03 77, 10 Zi (mB/mD), [P], Badestrand

Auf der baumbestandenen Piazza Parco Catullo, umgeben von reizlosen Militärbauten, steht der *kleine Palast des Commando del Presidio.* Hier tagte nach dem Durchbruch der Mittelmächte bei Caporetto (8. November 1917) ein Krisenstab der Alliierten, bei dem über die neue Verteidigungslinie an der Piave entschieden wurde. In einem Saal Erinnerungsstücke *(Besichtigung: 9–12 Uhr und 15–17 Uhr).*
Ungefähr 4 km am Seeufer entlang, in Richtung Lazise, liegt der *Vergnügungspark Gardaland* mit Spielen und verschiedenen Attraktionen *(Eintrittsgebühr; 9 Uhr bis Sonnenuntergang).*
SPAZIERGANG zum **Marienwallfahrtsort Frassino,** 2,5 km nach SW, auf der anderen Seite der Autobahn; Kirche aus dem 16. Jh. mit Gemälden aus dem 16.–17. Jh. und einem Altarbild aus dem 15. Jh.

PIACENZA★ 107.617 Ew, 61 m (7 A3)

Provinzhauptstadt, Bischofssitz. Großes Agrar-, Handels- und Industriezentrum in der Po-Ebene, an der Via Emilia gelegen. Verkehrsknotenpunkt. Die wichtigsten Baudenkmäler stammen aus der Zeit, als Piacenza Freie Stadt war, und aus der Renaissance, als es nach 1545 zusammen mit Parma dem Herzogtum der Farnese angehörte.

✉ 29100, ✆ 0523, B2, B2, i EPT: Piazzetta dei Mercanti, B2, ☎ 29 324; TCI: Reisebüro Laneri, Piazza Cavalli 31, Piazzale Marconi 5/E

Gr. Alb. Roma, Via Cittadella 14, ☎ 23 201, Tx 530874, 96 Zi (68 mB/22 mD), [G], AIR (B2–3, **a**)
Nazionale, Via Genova 37, ☎ 75 40 00, Tx 531034, 74 Zi (4 mB/66 mD), [G] (C1, **d**)
Cappello, Via Mentana 6/8, ☎ 25 721, 58 Zi (13 mB/27 mD), [G] (B2, **c**)
Milano, Viale Risorgimento 47–49, ☎ 36 843, 43 Zi (7 mB/31 mD), [G] (A3, **f**)
Florida, Via C. Colombo 29, ☎ 28 296, 40 Zi (16 mB/24 mD) (C4, a. P.)
Antica Osteria del Teatro, Via Verdi 16, ☎ 23 777, französische Küche; in einem Gebäude aus dem 15. Jh., AIR, So + Aug. (B2, **o**)
Ginetto, Piazza S. Antonino 8, ☎ 35 785, AIR, So (B3, **p**)
Gotico, Piazza Cavalli 26, ☎ 21 940, AIR, So (B2, **q**)
Agnello, Via Calzolai 2, ☎ 20 874, Mo (B2, **n**)
Cavour, Largo Matteotti 30, ☎ 28 324, So (B3, **m**)

in der Umgebung:
Da Berté, in Quarto (6 km auf der Straße ins Trebbia-Tal), ☎ 56 01 05, [P], Mo

Die Stadt in der Geschichte – Der Einfluß der nahen Lombardei ist in dieser Grenzstadt der Emilia deutlich zu spüren. Mit seinen vielen mittelalterlichen Bauten und der häufigen Verwendung von Backstein als Konstruktionsmaterial wirkt das Stadtbild streng und ernst. Die ältesten Teile der Stadt, vom Domplatz bis zur Via S. Eufemia, haben in der rasterartigen Anlage der Straßen den Grundriß des römischen Lagers bis heute bewahrt; in den anschließenden mittelalterlichen Vierteln, die sich bis zu den Befestigungsanlagen aus dem 16. Jh. erstrecken, verlaufen die Straßen hingegen unregelmäßig. Die Stadt besitzt eines der schönsten mittelalterlichen Rathäuser Italiens, „il Gotico" („das Gotische") genannt; davor herrliche barocke Reiterstandbilder der Farnese; sehenswerte Renaissancebauten sind die Madonna di Campagna und S. Sisto, errichtet von einem ortsansässigen Architekten (Alessio Tramello); außerdem der Palazzo Farnese, in dem ein bedeutendes archäologisches Museum eingerichtet wird.
Die wichtigsten Wirtschaftszweige der Stadt sind der Handel mit Landwirtschaftsprodukten (Tomaten, Obst, Weintrauben und Wein) und die Viehzucht (Rinder, Schweine); außerdem die lebensmittelverarbeitende Industrie sowie die Herstellung von Kleidern, technischen und chemischen Produkten.

Veranstaltungen – Ferienmesse (April), Viehzuchtmesse (Oktober) u. a. im Messegelände an der Via Emilia in Richtung Parma.

Küche und Keller – Wer aus Mailand oder Turin kommt, findet in Piacenza den ersten Vorposten der emilianischen Küche, allerdings verfeinert und fettärmer durch lombardische, piemontesische und ligurische Einflüsse. Typische Gerichte sind die *pisarei* (Klößchen aus Kartoffelteig) mit Tomaten und Bohnen, die *bomba di riso* (Reisauflauf, gefüllt mit Taubenfleisch und Pilzen), die *burtleina* (gebackene Teigfladen), Tortelli di Margo (Teigtaschen, gefüllt mit magerem Fleisch), verschiedene Arten von *anolini al formaggio* (Teigtäschchen mit Käsefülle), ausgezeichnet sind Schmorbraten und Lendenbraten; in der entsprechenden Jahreszeit findet man auch verschiedene Schneckengerichte (Stracotto di Lumache). Im Po werden Störe und verschiedene kleine Fische, die sogen. *stricc*, gefangen. In der gesamten Region ist die Wursterzeugung weit verbreitet; typisch sind Eoppa (Preßwurst), Bondiola (eine runde, salamiartige Wurst), Capocollo (Salami aus dem Nackenfleisch des Schweins) und diverse Salamiarten mit Knoblauch sowie etliche Schinkensorten, darunter der „gambon" (eine Art Beinschinken). Weine: Gutturnio, Bonarda, Trebbiano, Barbera, Monterosso, Malvasia.

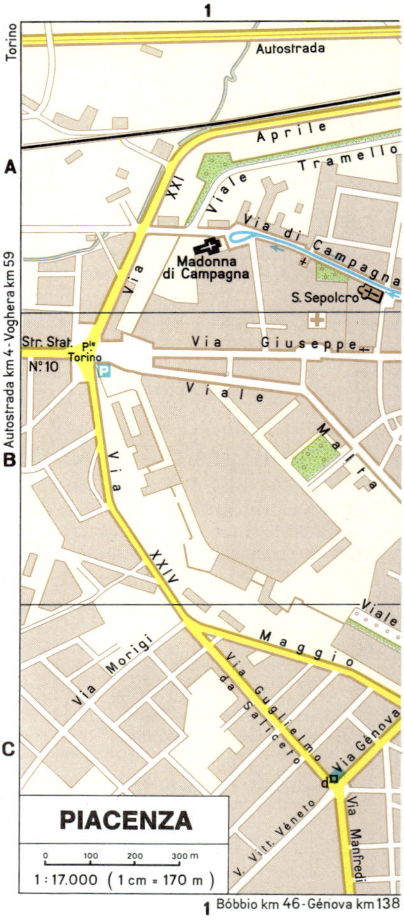

Einkaufstips – Würste, Speck, Salami, Weine, Möbel, Schmiedeeisen aus Grazzano Visconti, religiöse Kunst.

Sehenswürdigkeiten auf einen Blick – *Il Gotico**; Farnese-Standbilder**; Dom*; Madonna di Campagna*.*

Stadtbesichtigung – Erfordert einen halben Tag; der auf der Karte angegebene Rundgang kann zu Fuß oder im Auto unternommen werden; wegen der Parkplatzschwierigkeiten sollte zumindest der erste Teil zu Fuß gemacht werden; den Wagen stelle man nach Möglichkeit in der Umgebung der *Piazza dei Cavalli* mit dem **Gotico**** und den **Farnese-Standbildern**** ab. Von hier erreicht man über die Via Roma und einige enge Gassen den *Palazzo dei Tribunali*, den **Dom***, **S. Antonino*** und die *Galleria Ricci-Otti*. Im Auto fährt man dann zur **Madonna di Campagna***, nach **S. Eufemia, S. Sisto*** und zum **Palazzo Farnese.**

Piazza dei Cavalli (B2–3) – Das Zentrum der Stadt wird von dem alten Rathaus, Il Gotico, beherrscht. In einem Rücksprung des Platzes ragt die hohe Fassade der Kirche **S. Francesco** (begonnen 1278) auf, mit Dreieckgiebel und schönem gotischen Trichterportal mit Skulpturenschmuck von 1480; schöner gotischer Innenraum.

Il Gotico** (B2) – Das alte Rathaus ist ein herrliches Beispiel gotisch-lombardischer Profanbaukunst (1280). Die obere Zone des Backsteinbaus, die auf zwei Arkadengängen aufsitzt, ist mit Mehrfachbogenfenstern und Zinnen geschmückt. Vor dem Palazzo die beiden barocken **Reiterstandbilder der Farnese**,** Hauptwerke von F. Mochi (1620–25). Links Herzog Alexander (1545–92), ein berühmter Heerführer im Dienste Philipps II. von Spanien, rechts sein Sohn Ranuccio I. (1592–1622), ein besonders fähiger Herrscher.

Via Roma – An der Ecke zur Via Giordano Bruno befindet sich der **Palazzo dei Tribunali** (B3), in Renaissanceformen des 15. Jhs. mit kostbarem Marmorportal und elegantem Terrakotta-Fries.

Dom (B3) – Ein bemerkenswertes Beispiel romanischer Architektur, erbaut 1122–1233. Die durch Pfeiler dreigeteilte Fassade ist von einem Giebel bekrönt und mit Vorhallen, Zwerggalerien und einer Fensterrose geschmückt; in den drei

Portalen Reliefs aus dem 12. Jh. Sehenswert sind die Längsseiten und die bewegte Chorpartie, nach oben hin mit Zwerggalerien abgeschlossen und überragt von dem achteckigen Vierungsturm; mächtiger Campanile (1333).

Das INNERE ist durch zylindrische Pfeiler in drei Schiffe geteilt, die sich auch im Querhaus fortsetzen, hat eine Vierungskuppel und einen erhöhten Chor. Im Oberteil des Mittelschiffs haben die Zweipaßöffnungen der Emporen und das Gewölbe bereits gotische Formen. Die Kuppelfresken stammen zum Großteil von Guercino (17. Jh.); im Presbyterium Retabel mit vielen Figuren (1497) und geschütztes Chorgestühl (1471). Weitläufige, eindrucksvolle Krypta mit vielen kleinen Säulen.

Piacenza: Il Gotico

Rechts vom Dom der *Bischofspalast* aus dem 15. Jh. mit klassizistischer Fassade (Mitte 19. Jh.); im ersten Stock die Fürstenappartements mit Möbeln aus dem 18. Jh., Gemälden (C. Procaccini, L. Carracci, C. Cignani) und abgelösten Fresken aus dem Dom.

S. Antonino★ (B3) – Romanische Kirche aus dem 11. Jh., mit einem Querschiff hinter der Fassade und einem achteckigen Vierungsturm; auf der linken Seite eine längliche gotische Vorhalle (1350), das sogenannte „Paradies" (in den Portallaibungen schöne Reliefs aus dem 12. Jh.). Daneben ein kleines

Museum (wird gerade neu eingerichtet; Paramente, Buchmalereien, Reliquiare, Gemälde) und ein Kreuzgang aus dem späten 15. Jh.

Via di Campagna – Auf der linken Seite die Renaissancekirche *S. Sepolcro* (A1) von A. Tramello (1533), mit schönem Innenraum. Neben der Kirche das ehemalige Olivetanerkloster, heute Krankenhaus, ebenfalls von Tramello; zwei Kreuzgänge.

Madonna di Campagna★ (A1) – Die Kuppelkirche, eines der elegantesten Bauwerke der Renaissance, wurde 1528 von A. Tramello errichtet. Reich ausgestattetes Inneres in Form eines griechischen Kreuzes (der Chor wurde im 18. Jh. verlängert). Fresken und Tafelbilder aus dem 16.–18. Jh., darunter vor allem Werke von Pordenone: am Eingang (Hl. Augustinus), in den Eckkapellen (Szenen aus dem Leben der hl. Katharina, Mariä Geburt, Anbetung der Könige und der Hirten, Flucht nach Ägypten), und die von Soiaro fertiggestellten Kuppelfresken.

Via S. Eufemia – Fast ganz am Ende der Straße rechts die romanische Kirche *S. Eufemia* (A2) aus dem 11. Jh.; malerische Fassade (12. Jh.) mit drei tiefen Arkaden.

S. Sisto★ (A2) – Die Kirche wurde 1499–1511 von A. Tramello erbaut; der Fassade (Veränderungen aus dem 18. Jh.) ist ein Arkadenhof vorgelagert. Der dreischiffige Innenraum ist ein schönes Beispiel für frühe Renaissancearchitektur mit einfacher Struktur und elegantem Dekor. Im Presbyterium eine Kopie der Sixtinischen Madonna, die Raffael für diese Kirche gemalt hatte und die sich heute in Dresden befindet; schönes Chorgestühl mit Intarsien von 1514.

Piazza Cittadella – Wird dominiert vom großartigen **Palazzo Farnese** aus der Spätrenaissance (1558, von F. Paciotti; ab 1564 von Vignola fortgesetzt, aber unvollendet geblieben). Links Reste der *Burg der Visconti* aus dem 14. Jh., erhalten sind der Bergfried, zwei Ecktürme und Kurtinen.
Im Palast ist das *Staatsarchiv* untergebracht; in Einrichtung befindet sich das **Städtische Museum** *(Museo Civico)* mit seiner archäologischen Abteilung, in der u. a. die Skulptur des Kleomenes von Athen (1. Hälfte des 1. Jh. v. Chr.), die etruskische Tierleber aus Bronze (2. Jh. v. Chr.), Plastiken, Inschriftentafeln, Mosaike, Hausrat aus römischer Zeit zu sehen sein werden; außerdem Objekte aus der Bronzezeit aus der westlichen Po-Ebene. In anderen Sammlungen: mittelalterliche und moderne Skulpturen, Gemälde, darunter eine große Anzahl von Verherrlichungen der Herrschaft der Farnese (1680–1720), Miniaturen, Glas, Goldschmiedearbeiten, Karossen vom 18.–19. Jh.

Weitere Sehenswürdigkeiten und Museen – **S. Savino**★ (B4); romanische Kirche (Weihe 1107) mit barockem Portikus; der dreischiffige Innenraum hat rein lombardische Formen (im Mittelschiff Kreuzrippengewölbe). Im Presbyterium Fußbodenmosaik aus dem 12. Jh. und barocker Altar mit Reliquien des S. Savino, Patron von Piacenza (gest. 420); darüber hängt ein romanisches Holzkreuz (12. Jh.). Vor dem Presbyterium drei Arkaden (darüber Chorschranken mit Flechtbandornamenten) mit dem Eingang zur *Krypta*★; mit bemerkenswertem Mosaikfußboden aus dem 12. Jh.
Galleria Ricci-Oddi (B–C2), Via S. Siro Nr. 13; *Öffnungszeiten: 10–12, 15–17 Uhr bzw. 18 Uhr (Sommer); 14–16 Uhr (Winter); März–April nur 10–12 Uhr; Mo geschl.; Eintrittsgebühr.* Sammlung moderner Kunst, mit 750 Werken italienischer Künstler des 19. und 20. Jhs.
Galleria Alberoni★, beim Colleggio Alberoni, 2,5 km auf der Straße nach Parma. *Besichtigung: So 15–18 Uhr; an den anderen Tagen auf Anfrage.* Zu sehen ist ein großer Saal mit 18 Gobelins aus flämischen Manufakturen, darunter zwei aus dem 15.–16. Jh., und etliche moderne Säle. Zu den besten Werken gehören: Ecce Homo★ von Antonello da Messina; Thronende Madonna mit der Blumenvase, von J. Provost; Madonna, G. David zugeschrieben; Heilige Familie aus der Werkstatt Raffaels. Außerdem Gemälde aus dem 16.–18. Jh. (Reni, Borgognone, S. Conca, Salvator Rosa) und Erinnerungsstücke an Alberoni. Gegenüber dem Colleggio liegt das Haus der *Fakultät für Bodenkultur der Katholischen Universität von Mailand* (1957).

Ausflüge – 20 km nach **Castel S. Giovanni** (74 m, 11.967 Ew), einer Agrar- und Industriestadt; sehenswert die Kollegiatskirche *S. Giovanni* aus dem 14. Jh. mit einem reich geschnitzten, vergoldeten und bemalten Holzretabel (1448) auf dem Hochaltar und einem anderen Retabel (1540) in der Sakristei. – 5,5 km hinter Castel S. Giovanni liegt der Marktflecken **Borgonovo Val Tidone,** 114 m, 6.534 Ew, mit einer im 14. Jh. erbauten und im 18. Jh. veränderten Burg und der Kollegiatskirche *S. Maria Assunta,* einem gotisch-lombardischen Bau aus dem 15. Jh., in dem ein wertvoller bemalter Holzretabel von 1474 (am Altar am Ende des rechten Seitenschiffs) und zwei Marmorreliefs aus dem 15. Jh. zu sehen sind. Weiter das Tidone-Tal entlang fahren (gute Tafel- und Weintrauben) bis zum *See von Trebecco,* 359 m (26,8 km von Castel S. Giovanni).

PIAN DEL VOGLIO 870 Ew, 612 m (9 D1)

Gemeinde S. Benedetto Val di Sombra; Provinz Bologna. Sommerfrischenort im Bologneser Apennin, in Höhenlage über dem Setta-Tal.

✉ 40040, ✆ 0534, ⓘ *Verkehrsverein* im Gasthof La Loggia, ☎ 98 215

Freizeitangebot: Schwimmbad (Freibecken und Halle); Tennis; Tontaubenschießen; Reiten.

Ginestrella, in Pian delle Ginestre (2 km Richtung Futa), ☎ 98 108, 20 Zi (mD), TV

PIEVE DI CADORE 4.146 Ew, 878 m (2 C3)

Provinz Belluno. Hauptort des Cadore; Sommerfrische und Wintersportort im oberen Piavetal, mit schönem Blick auf den Stausee gleichen Namens.

✉ 32044, ✆ 0435, ⓘ AA: Via XX Settembre 18, ☎ 22 34

Freizeitangebot: Hallenbad; Skilifte auf der Forcella und im Tai; Eisstadion; Bobbahn.

Giardino, Richtung Pozzale, ☎ 55 73, 24 Zi (mB/mD), P ❀ ♆
Al Sole, Via Loero, ☎ 31 41, 25 Zi (11 mB/5 mD)
Al Bosco, Piazza Tiziano, ☎ 22 40, 18 Zi (mB/mD), G
Progresso, Piazza Tiziano, ☎ 31 38, 70 Zi (21 mB/7 mD)

in Tai di Cadore (✉ 32040) 1 km Richtung Cortina:
Canadà, beim ehemaligen Bahnhof, ☎ 22 82, 34 Zi (mB/mD), P G ❀
Posta, an der Umfahrung, ☎ 21 44, 15 Zi (mB/mD)

in Pozzale (✉ 32040) 2 km oberhalb Pieve:
Al Tablà ◪, ☎ 22 93, 8 Zi (mB), P ♆

Auf dem hübschen Hauptplatz (Piazza Tiziano) befindet sich der **Palazzo della Magnifica Comunità Cadorina** aus dem 16. Jh., in dem Varia und ein Museum mit paläologischen Funden aus dem Veneto zu sehen sind. *(Öffnungszeiten: 9–12.30, 16–19.30 Uhr; Mo geschl.; Eintrittsgebühr.)*
In der Nähe ist das **Geburtshaus Tizians** mit einem kleinen Museum, das Erinnerungsstücke an den großen Maler zeigt (Handschriften, Drucke und Reproduktionen; *Öffnungszeiten: Sommer 9–12, 15–18 Uhr; Winter, Auskunft beim Kustos; Eintrittsgebühr.* An der Fassade des Nachbarhauses Fresken, die vielleicht vom Knaben Tizian stammen.
In der **Pfarrkirche** (19. Jh.) viele gute Gemälde, darunter Madonna und Heilige*, von Tizian.
Pieve di Cadore ist das „Dorf des Weihnachtsmannes" geworden, der zahlreiche Briefe von Kindern erhält und beantwortet und mitten im Wald ein kleines Häuschen hat (10 Min. vom Ort entfernt), das man besichtigen kann. Rundherum Gestalten aus den berühmtesten Märchen.

PIEVE DI LEDRO 449 Ew, 659 m (1 E2)

Provinz Trient. Ruhiger Ferienort am malerischen Ledro-See, an dem auch die freundlichen Dörfer *Mezzolago,* 665 m, und *Molina di Ledro,* 630 m, liegen.

✉ 38060, ✆ 0464, i *Fremdenverkehrsbüro,* im Rathaus, ☎ 50 93 22

Freizeitangebot: Strand; Schwimmbad; Tennis; Sessellift Negritella in Tremalzo, 1515–1726 m; Schlepplifte in Bezzecca und Tremalzo.

S. Carlo ◪, in Molina di Ledro, 4 km vom See, ☎ 58 115, 22 Zi (mB/mD), P G ❀
Pieve, an der Straße, ☎ 59 10 91, 15 Zi (mD), P ❀
Mezzolago, in Mezzolago, 2 km vom See, ☎ 50 81 81, 38 Zi (12 mB/22 mD), P, Badestrand

in Bezzecca, 697 m (✉ 38060) 3 km Richtung Storo:
Catulla, an der Straße, ☎ 59 160, 39 Zi (mB/mD), P G ❀ ≋
Baita S. Lucia, 1,5 km nach SW, ☎ 59 575, P, rustikal, ~~Mo~~

in Storo, 368 m (✉ 38089) 18 km nach SO (✆ 0465):
Castel Lodrone, ☎ 65 002, 41 Zi (mB/mD), P G ❀ ≋ ♤, Sauna

Eine Kuriosität am *Ledro-See* (2,2 km^2) stellen die Reste von Pfahlbauten aus der Bronzezeit dar, die bei niedrigem Wasserspiegel bei *Molina* am O-Ende des Sees zu sehen sind. Verschiedene Funde aus der Gegend von 1937–67 (meist aus der Bronzezeit) sind in dem schönen MUSEUM am See zu besichtigen *(im allgemeinen geöffnet von 9–12, 13–18 Uhr);* gleich daneben ein rekonstruierter Pfahlbau.
22 km nach SW liegt **Trémalzo,** 1520 m, in einer schönen Senke, Wintersportanlagen (Sessel- und Schlepplifte). Nach 12 km zweigt man bei dem kleinen See von Ampola von der Staatsstraße ab und fährt 10 km in Richtung Storo weiter.

PIEVE DI LIVINALLONGO 140 Ew, 1465 m (2 C2)

Gemeinde Livinallongo del Col di Lana; Provinz Belluno. Ferienort im oberen Cordévole-Tal, an einem Abhang des Col di Lana an der Großen Dolomitenstraße gelegen.

✉ 32032, ✆ 0436, i AA (◪): am Hauptplatz, ☎ 71 57

Pieve, Hauptplatz, ☎ 71 20, 11 Zi (mB/mD)
Excelsior, 1 km Richtung Cortina, ☎ 71 43, P ♆, ~~Fr~~

PIEVEPÉLAGO 2.335 Ew, 781 m (8 D2)

Provinz Modena. Sommerfrische und Straßenknotenpunkt im Scoltenna-Tal im westlichen Apennin.

✉ 41027, ✆ 0536, i *Verkehrsverein,* Via Costa 25, ☎ 71 304

Freizeitangebot: Tenniszentrum; Schwimmbad; Boccia-Anlage; Sessellifte: in Riolunato: Le Polle 1281 m – Valcava 1654 m; in S. Anna Pélago: Casa Giannino 1113 m – Poggio Scorzatello 1410 m; in Ghiacci, 1584 m – M. Albano 1640 m. Schlepplifte: in Le Lazze, Tagliole, S. Anna Pélago und Riolunato (Le Polle und Passo Centocroci).

Bucaneve, Ausfahrt nach Abetone, ☎ 71 383, 16 Zi (1 mB/9 mD), P G ❀
Galli, an der Umfahrungsstraße, ☎ 71 338, 26 Zi (8 mB/8 mD), P G ❀
Roma, an der Umfahrungsstraße, ☎ 71 315, 26 Zi (2 mB/23 mD), P G ❀

in S. Anna Pélago (✉ 41020) 7 km auf der N. 324 zum Radici-Paß:
Sport, bei der Kirche, ☎ 78 716, 17 Zi (1 mB/13 mD) ❀

AUSFLÜGE – 4,5 km nach NW nach Riolunato. Die Straße nach Séstola führt zunächst über den *Ponte della Folla,* eine mittelalterliche Brücke über den Scoltenna. **Riolunato,** 705 m, 941 Ew, ist ein beliebter Ferienort im Sommer und im Winter. – 11,5 km nach S über *Tagliole,* 1158 m, zu dem 190 m breiten und 550 m langen **Lago Santo,** 1501 m, am Fuße des *Monte Giove.*

PINZOLO 3.043 Ew, 770 m (1 D2)

Provinz Trient. Sommerfrische und Wintersportort in einer weiten Senke des Rendena-Tals an der Einmündung des Genova-Tals.

✉ 38086, ✆ 0465, ℹ AA: Via al Sole, ☎ 51 007

Freizeitangebot: Tennis; Sportzentrum mit Tennis, Schwimmbad, Eislaufen. Gondellift: Pinzolo 800 m – Prà Rotond 1580 m; Sessellifte: Prà Rotond 1580 m – Doss del Sabbion 2101 m; Alpe di Grual 1780–2100 m; Fossadei 1450 m – Sorgente Malga Cioca 1656 m; Schlepplifte in Pinzolo und Prà Rotond; Skischule.

- **Valgenova**, in Giustino (1 km n. S), ☎ 51 542, 50 Zi (mB/mD), P G, ≈
- **Pinzolo Dolomiti,** ☎ 51 024, 44 Zi (mB/mD), P
- **Europeo,** ☎ 51 115, 41 Zi (2 mB/35 mD), P G
- **Olympic,** ☎ 51 505, 28 Zi (mB/mD), P
- **Corona,** ☎ 51 030, 43 Zi (28 mB/4 mD), P
- **Al Mughi,** ☎ 51 242, 21 Zi (9 mB/10 mD), P
- **Beverly,** ☎ 51 158, 25 Zi (mB/mD), P

in der Umgebung:

- **Prima o Poi,** an der 7. Kehre auf der Straße nach Madonna di Campiglio, 10 km, ☎ 57 175, P, ~~Mi~~
- **Cascate del Nardis**, 6 km im Genova-Tal, ☎ 51 454, Blick auf den Wasserfall

Kirche **S. Vigilio** (16. Jh.) mit dem berühmten Außenfresko (Totentanz*), von Simone Baschenis d. J. (1539); im Inneren *(meist geschlossen)* Basreliefs und Skulpturen, darunter eine Kreuzabnahme aus dem 15. Jh.

AUSFLUG – (19,5 km bis Pian di Bédole) ins **Genova-Tal*,** eines der schönsten und unberührtesten Alpentäler, das bei Carisolo, 808 m, in das Rendena-Tal mündet und zwischen dichten Wäldern und großartigen Wasserfällen zum *Pian di Bédole* (1578 m) ansteigt, unterhalb der Gletscher und Gipfel der Adamello- und der Presanella-Gruppe. Am Taleingang (6,5 km) der eindrucksvolle *Wasserfall von Nardis*,* der über 100 m in die Tiefe stürzt; die Straße führt an einigen Schutzhütten vorbei und ist aus Umwelterwägungen im Juli und August für Privatmotorfahrzeuge geschlossen; Beförderung mit Autobussen und Jeeps über die ganze Strecke.

POMPOSA*, ABTEI VON (Abbazia di P.) 3 m (9 B3)

Gemeinde Codigoro; Provinz Ferrara. Wichtiges romanisches Baudenkmal in der einsamen Ebene des trockengelegten Küstenlandes an der Strada Romea.

ℹ EPT: Büro, ☎ 05 33/71 01 00

- **Da Manila,** in Codigoro (5 km), via Buozzi 26, ☎ (0533) 93 192, ~~Mo~~

Das von den Benediktinern wahrscheinlich im 7. Jh. gegründete Kloster war im Mittelalter ein bedeutendes Kulturzentrum (Guido d'Arezzo soll hier die Tonleiter erfunden haben); der Abstieg begann im 15. Jh.; im 17. Jh. wurde die Abtei wegen Malariaverseuchung verlassen. Zu dem riesigen Gebäudekomplex gehören die Basilika mit dem Glockenturm, der Palazzo della Ragione und Reste des Klosters.

Die **Basilika**** wurde im 8.–9. Jh. nach ravennatischem Vorbild erbaut; an der Wende vom 9. zum 10. Jh. wurde der Bau verlängert und mit einer Vorhalle versehen, die mit Terrakottafriesen, Rundfenstern mit Verstrebungen, Skulpturen und Majolikascheiben geschmückt ist; weitere Veränderungen wurden im 12. Jh. vorgenommen. Neben dem Atrium erhebt sich der 48 m hohe *Campanile** (1063) in lombardischen Formen.

Das INNERE der Kirche ist dreischiffig mit erhöhtem Chor und römischen und byzantinischen Spoliensäulen mit Tellerkapitellen. An den Wänden Fresken aus der Bologneser Schule des 14. Jhs.; Apsisfresken* von Vitale da Bologna (1351).

Vom alten Kloster aus dem 11. Jh., später mehrmals restauriert, sind u. a. noch der KAPITELSAAL mit üppigen Fresken* aus dem frühen 14. Jh., vielleicht von einem direkten Nachfolger Giottos, und das REFEKTORIUM, ebenfalls mit Fresken geschmückt (1316–20, wahrscheinlich von einem Meister aus Rimini). In einem Raum neben dem Kapitelsaal soll ein kleines Museum eingerichtet werden.

Gegenüber der Basilika erhebt sich der **Palazzo della Ragione** (wo der Abt zu Gericht saß) aus dem 11. Jh. mit späteren Veränderungen; an der Fassade zweireihige Arkaden.

Abtei von Pomposa

AUSFLUG – 7,5 km nach NO, über die Strada Romea zum **Gran Bosco** oder **Boscone della Mésola,** einer ausgedehnten Waldzone (vorwiegend Steineichen) zwischen dem Po bei Goro und dem Taglio della Falce; man kann den Wald auf einer Straße mit idyllischen

Seitenwegen durchqueren *(Mautgebühr für Kraftwagen; Einlaß für Touristen: Sonn- und Feiertage 8 Uhr bis Sonnenuntergang)*. Auf die Tier- (Hirsche, Damwild, Fasane usw.) und Pflanzenwelt dieses Naturschutzgebietes ist Rücksicht zu nehmen. – 4 km nach N über die Strada Romea erreicht man **Mésola** mit dem 1583 von den Fürsten von Este errichteten Jagdschloß *(Castello delle Robinie)* und dem von einer Mauer mit mächtigen Ecktürmen umgebenen Wald.

PONTEBBA 2.449 Ew, 568 m (6 A1-2)

Provinz Udine. Wichtiger Durchzugs- und Sommerfrischenort in Karnien, am Beginn des Kanaltals, an der Mündung der Pontebbana in den Tagliamento gelegen.

✉ 33016, ✆ 0428

Freizeitangebot: Skilift in Studena Alta, 850 m (3 km); Eislaufplatz.

Café Vecchio, im Ort, ☎ 90 001, 15 Zi (mD)
Val Gleriis, in Studena Alta, ☎ 90 271, 20 Zi (1 mB/12 mD)

Am Fluß Pontebbana, hinter der Bahntrasse, liegt die gotische Kirche *S. Maria Maggiore* (1504), mit einem mächtigen Glockenturm mit Triforenfenstern; in der Kirche ein vergoldeter Schnitzaltar (1517).

PONTE NELLE ALPI siehe Belluno

PORDENONE 51.795 Ew, 24 m (5 C3)

Provinzhauptstadt; Bischofssitz. Wichtige Industrie- und Handelsstadt in der Ebene von Friaul mit einer malerischen Altstadt; Verkehrsknotenpunkt.

✉ 33170, ✆ 0434, A2, A1–2 und B2, AA: Piazza della Mota 13, ☎ 21 912. EPT: Via Mazzini 12/B (A1), ☎ 27 977; TCI: Reisebüro Antonietti, Corso Garibaldi 39

Villa Ottoboni, Via XX Aprile, ☎ 21 967, 72 Zi (13 mB/56 mD), TV, AIR . . (A1, **m**)
Palace H. Moderno, Viale Martelli 2, ☎ 28 215, 111 Zi (16 mB/95 mD), P, TV, AIR . . . (A2, **a**)
Residence Italia, Piazza Constantini 6, ☎ 27 821, 54 Zi (51 mB) . . . (A2, **b**)
Park Hotel, Via Mazzini, ☎ 27 901, 64 Zi (mB/mD), P, AIR . . . (B1, **d**)
Minerva, Piazzale XX Settembre 5, ☎ 26 066, 48 Zi (mB/mD), P, AIR . . . (A2, **c**)
Noncello, Viale Marconi 34, ☎ 23 814, So und August . . . (A1–2, **r**)
Da Edi, Corso Vittorio Emanuele 41/1, ☎ 21 002, Mi . . . (B2, **s**)

in der Umgebung:
Da Gildo, in Porcia (4 km nach W), ☎ 31 231, P, Mo
La Primula, in S. Quirino (9 km nach N), ☎ 91 005, P, Di
Da Secondo, in Villanova di Prata (14 km nach SW), ☎ 62 61 45, P, Di

in S. Vito al Tagliamento (✉ 33078), 23 km nach SO:
Da Angelina, ☎ 80 217, 24 Zi (3 mB/19 mD), P

Die rasche wirtschaftliche und industrielle Entwicklung der letzten Jahre hatte eine starke Bautätigkeit in der Gegend um Pordenone zur Folge, so daß neben der alten Stadt, die sich den Charakter des 14. bis 17. Jhs. bewahrt hat, gleichsam eine neue Stadt entstanden ist. Der berühmteste Künstler, den Pordenone hervorgebracht hat, ist der Maler Giovanni Antonio de Sacchis, genannt Pordenone (1483–1539).
Der wichtigste Wirtschaftszweig der Stadt ist die Herstellung von Elektrohaushaltgeräten, die in Italien im Spitzenfeld dieser Sparte liegt; außerdem werden Sanitärartikel, Keramik, Textilien und elektronische Geräte erzeugt.
VERANSTALTUNGEN – Mustermesse der Region Friaul-Julisch Venetien (September); Nationale Messe der Radioamateure (April–Mai); Kunsthandwerk u. a.

Corso Vittorio Emanuele (A–B1–2) – Hauptstraße der Altstadt mit vielen Palästen aus Gotik, Renaissance und Barock mit Arkadengängen und Resten der alten Fassadenmalereien: sehenswert Nr. 21, *Casa Voraschini,* und Nr. 32, *Palazzo Mantica,* mit Fresken, die dem Pordenone zugeschrieben werden; Nr. 36, *Casa Bassani,* mit gotischen und Renaissanceformen.
Palazzo Comunale (B2) – Gotischer Bau mit Vorhalle und Triforenöffnungen (1291–1365), einem turmartigen Vorbau nach Plänen von Amalteo (16. Jh.) und einer großen Uhr aus der gleichen Zeit. Im Inneren interessanter Ratssaal.

Dom (B2) – Spätgotischer Bau (15. Jh.) mit unvollendet gebliebener Fassade, einem Portal von Pilacorte (1511) und einem schönen Campanile (1219–1417) mit Terrakottaornamenten im Oberteil und einem Turmhelm aus dem 17. Jh. Im Inneren (restauriert nach dem Erdbeben von 1976) Werke von Pordenone (Altarbild mit der Schutzmantelmuttergottes★, Fresken an den Vierungspfeilern und in der Sakristei) und von Fogolino; Tauf- und Weihwasserbecken von Pilacorte.

Städtisches Museum (*Museo Civico;* B2) – Via Vittorio Emanuele Nr. 51, im *Palazzo Ricchieri* aus dem 17. Jh., mit Resten aus Gotik und Renaissance und Spuren von Fresken. *Besichtigung: 9.30–12.30, 15–18.30 Uhr; Mo geschl.* Im Erdgeschoß Holzschnitzarbeiten aus Friaul. Im 1. Stock Werke des Pordenone (Altarbild des hl. Gotthard; Kreuzauffindung; ländlicher Tanz), M. Fogolino, P. Amalteo, Padovanino, A. Carneo, N. Grassi, P. della Vecchia und ein flämisches Tafelbild (Winter). Im 2. Stock, in 13 Sälen, die Sammlung moderner und zeitgenössischer Künstler: Gemälde (Werke von M. Grigoletti und friaulischen und venetischen Malern), Skulpturen (Gipsabguß der Italienischen Venus, von Canova); Werke von A. Marsure u. a., und Graphik vom 19.–20. Jh.

Naturhistorisches Museum (*Museo di Storia Naturale;* B2) – Piazza Giustiniano Nr. 2. *Öffnungszeiten: 9–12, 15–18 Uhr; So 9–12 Uhr; Mo geschl.* Ausgestellt sind Fossilien, Minerale, zoologische, ethnologische und besonders ornithologische Sammlungen.

Von einigem Interesse ist auch die *Kirche del Cristo* oder *S. Maria degli Angeli* (B2), mit einem schönen Portal von Pilacorte (1510), Freskenresten aus dem 14. Jh. und einem Holzkreuz aus dem 16. Jh. im Inneren.

Im NO des Vororts Torre (A2, a. P.) haben Ausgrabungen die Reste römischer Gebäude zu Tage gebracht; die Funde werden in einem archäologischen Museum im Schloß der Grafen von Ragogna ausgestellt werden.

AUSFLÜGE – 12 km nach W, nach **Sacile,** 25 m, 16.530 Ew, einer Industriestadt mit altem Stadtkern mit venezianischem Charakter. Viele der Häuser mit Arkadengängen sind von F. Livenza mit malerischen Schlingenornamenten dekoriert worden. Gotischer *Dom* (15. Jh.) mit schlankem Glockenturm aus dem 16. Jh. Am Sonntag nach Mariä Himmelfahrt findet die charakteristische „Sagra dei Osei" statt, ein Markt, auf dem Vögel sowie Utensilien für Geflügelzucht und Jagd feilgeboten werden, wie es seit dem 14. Jh. der Brauch ist. Nach **Piancavallo,** 30 km nach N, siehe Aviano.

PORDOI-JOCH (Passo Pordoi) 2239 m (2 C2)

Gemeinde Canazei; Provinz Trient. Bergsattel an der Großen Dolomitenstraße, am Fuß der Sella-Gruppe zwischen dem Fassa- und dem Cordévole-Tal gelegen; herrlicher Blick auf die Dolomitengipfel.

✉ 38032, ✆ 0462, ℹ AA: in Canazei, Via Roma 16, ☎ 61 145 und in Arabba, ☎ (0436) 79 130

Freizeitangebot: Seilbahn auf den Sass Pordoi, 2958 m; Sessellifte: Lezuo 2050 m – Belvedere 2425 m, Pont de Vanz 1850–2080 m; Schlepplifte auf dem Joch, in Sass Pordoi und Belvedere sowie auf den Hängen von Arabba und Canazei.

Col di Lana ◪, ☎ 61 277, 34 Zi (4 mB/22 mD), Ⓟ

AUSFLUG – Mit der Seilschwebebahn in 4 Min. steil aufwärts zum **Sass Pordoi*,** 2958 m; überwältigende Fernsicht**.

PORRETTA TERME 4.981 Ew, 349 m (8 D-E3)

Provinz Bologna. Bedeutendes Thermalbad und Sommerfrische im Reno-Tal des Bologneser Apennin.

✉ 40046, ✆ 0534, ℹ AA: Via dei Caduti 20, ☎ 22 021

Freizeitangebot: Hallenthermalschwimmbad mit Sportbecken; Tennis.

Sassocardo ◪, im Kurbezirk (Terme Alte), ☎ 23 074, 60 Zi (mB/mD), Ⓟ, TV, Thermalbadekur
Santoli, Ausfahrt nach Pistoia, ☎ 23 206, ⊠ 211565, 48 Zi (mB/mD),
Castanea ◪, Ausfahrt nach Pistoia, ☎ 22 077, 172 Zi (mD), TV, Thermalbadekur (Self-service Restaurant)
Roma ◪, an der Umfahrungsstraße, ☎ 22 048, Ⓖ

VERANSTALTUNGEN – Internationales Festival des Freien Films (Oktober); Freilichttheater (Juli–August) und Musikalischer Sommer; Internationaler Buchpreis „Ein Buch für Europa".

KURBETRIEB – Sole-, brom-, jodhaltige Quellen mit hohem Mineralgehalt *(Acque Alte)* und mit Schwefelgehalt *(Acque Basse),* die in Form von Bädern, Schlammpackungen, Inhalationen, Irrigationen und Trinkkuren bei Erkrankungen des Atmungs- und Bewegungsapparats, des Unterleibs und der Verdauungsorgane sowie bei Hautkrankheiten angewendet werden. Ganzjähriger Betrieb.

12,5 km nach N liegt im Reno-Tal die Kirche *Riola di Vergato,* ein interessantes Beispiel moderner Sakralarchitektur, erbaut von dem Finnen Alvar Aalto (1978).

PORTOGRUARO 24.862 Ew, 5 m (5 D3)

Provinz Venedig. Agrar- und Industriestadt in der Ebene Venetiens, am Lémene gelegen; bedeutender Straßenknotenpunkt; malerische Laubenstraßen.

✉ 30026, ✆ 042

Trieste, Viale Trieste 18 (Ausfahrt nach Triest), ☎ 71 135, 14 Zi (mB/mD), Ⓟ
Spessotto, Via Roma 2, ☎ 71 040, 32 Zi (16 mD), Ⓟ
La Botte, Ausfahrt nach Pordenone, ☎ 72 564, Ⓟ ❀, Fr

in Pradipozzo (✉ 30020) 6 km Richtung Motta di Livenza:
Tavernatta del Tokai, ☎ 70 280, Fleisch- u. Wildgerichte, Mo + Juli

Das Stadtbild von Portogruaro hat sich seinen mittelalterlichen (Spitzbogenarkaden) und Renaissancecharakter (15.–16. Jh.) bewahrt, mit seinen Palästen im venezianischen Stil, einige mit Fassadenmalereien (beachtenswert die *Palazzi dal Moro, Muschietti, Marzotto, Casa Fabrici*). Weinbau (Tocai); diverse Industriezweige.
Charakteristisch ist der gotische **Palazzo Comunale*** (14.–16. Jh.) mit zwei Zinnendächern, gotischen Fenstern und Außentreppen.
Im **Dom** (Anfang 19. Jh.) auf den Altären Gemälde venezianischer Meister des 16. Jhs. (Giovanni di Martino, P. Amalteo); mächtiger, schiefer Glockenturm aus der Romanik mit Triforen.

Im **Museum** *(Museo Nazionale Concordiese),* Via del Seminario Nr. 22, sind Steinsammlungen, Skulpturen (Diana*, Bronzefigur aus dem 3. Jh. n. Chr.) und verschiedene Objekte aus den Steinbrüchen von Concordia Sagittaria zu sehen, unter anderem eine seltene Kollektion von Steingewichten; Münzen; ein frühchristliches Glas mit Daniel in der Löwengrube *(Öffnungszeiten: 9–14 Uhr; Sonn- und Feiertage 9–13 Uhr; Mo geschl.).*

SPAZIERGÄNGE – 2,2 km nach **Concordia Sagittaria,** 5 m, 10.442 Ew, einem Agrarort am Fluß Lémene; alte, römische Militärkolonie (42 v. Chr.), in Blüte bis ins 6. Jh. Sehenswert sind: die Kathedrale (15. Jh.) mit Elementen aus Gotik und Renaissance, einer geschwungenen Fassadenbekrönung und einem schönen romanischen Glockenturm; das romanische Baptisterium (11.–12. Jh.) in Form eines griechischen Kreuzes mit drei Apsiden ist im Inneren mit interessanten mittelalterlichen Fresken (11.–14. Jh.) geschmückt; im anschließenden frühchristlichen Gebäudekomplex (4.–5. Jh.) befinden sich Grabbezirke mit Sarkophagen und Basiliken (Apostelbasilika unter der heutigen Kathedrale mit großem Mosaikfußboden). An der Straße nach S. Giusto, gleich nach dem Friedhof, Reste einer römischen Brücke aus dem 2. Jh. n. Chr.
3,2 km nach W nach **Summaga,** 6 m; dort die Pfarrkirche S. Maria Assunta* (13. Jh.) mit Resten einer Benediktinerabtei (10.–11. Jh.); im eindrucksvollen Inneren Fresken aus dem 11.–16. Jh.
AUSFLUG – 10 km nach N, zur **Abbazia di S. Maria in Silvis** in *Sesto al Réghena,* einem im 8. Jh. gegründeten und 1790 aufgehobenen Benediktinerkloster. Erhalten ist die Kirche in romanisch-byzantinischem Stil aus dem 12.–13. Jh. (restauriert), der eine tiefe Vorhalle vorgelagert ist (zahlreiche Fresken aus dem 13.–16. Jh.; darunter Paradies und Hölle; Sammlung von Objekten aus verschiedenen Epochen); im dreischiffigen Innenraum Stützenwechsel zwischen Säulen und Pfeilern; interessante Fresken, einige in der Nachfolge Giottos; unter dem erhöhten Chor liegt die große Krypta (Urne der hl. Anastasia aus dem 8. Jh.; Hochrelief, Verkündigung, spätes 13. Jh.).

PORTO TOLLE 11.034 Ew, 0,3 m (10 A1)

Provinz Rovigo. Landwirtschaftliche Streusiedlung auf den Inseln des Po-Deltas, mit *Ca' Tiepolo* am Po di Venezia als Hauptort in einer landwirtschaftlich und biologisch höchst interessanten Zone.

✉ 45018, ✆ 0426, ℹ *Verkehrsverein,* ☎ 81 150

Ca' Tiepolo, Via Matteotti 377, ☎ 81 677, 12 Zi (10 mB/mD), Ⓟ
Alla Padovana, Via Matteotti 54, ☎ 81 238, Ⓟ, mit Zimmern, Sa

Vor dem Rathaus Denkmal für den römischen Volkstribun Ciceruacchio, der hier 1849 erschossen wurde (siehe Anekdote zu Rundfahrt 22).
AUSFLÜGE INS PO-DELTA – Können im Sommer mit Ausflugsbooten (Dauer 3–5 Stunden) unternommen werden; Abfahrtsstellen in Ca' Tiepolo, in Scardovari (15 km nach SO), in Pila (15 km östlich von Ca' Venier, im Auto von Contarina aus erreichbar), in Taglio di Po (14 km nach NW auf der Strada Romea), sowie in anderen Orten. *Informationen in den Verkehrsvereinen Porto Tolle (s. o.) oder von Taglio di Po (☎ 0426/66 05 31).*
Im Auto kann man zum *Leuchtturm* im Mündungstrichter des Po delle Tolle fahren, der einsam zwischen Himmel und Meer liegt. Mit kleinen Fähren kann man im Sommer zu den diversen Inseln vor der Küste und in der Lagune gelangen (nach Boccasette, Barricata, Bacucco, Bastimento, Scano Boa, Scano Gallo usw.)

POSSAGNO 1.839 Ew, 276 m (5 D1)

Provinz Treviso. Kleines Dorf in schöner Lage am Fuß des Monte Grappa; Heimatort des Bildhauers Antonio Canova (1757–1822).

✉ 31054, ✆ 0423

Socal, Via Roma 18, ☎ 54 41 07, 18 Zi (2 mB/4 mD), Ⓟ Ⓖ ❀, gute Küche, Di
Stella d'Oro, Via Canova 48, ☎ 54 41 07, Ⓟ ❀, Do

Im **Wohnhaus von Antonio Canova** Erinnerungsstücke und Raritäten (beachtenswert 34 Temperabilder mit mythologischen Themen) und in der angeschlossenen Gipsothek Gipsmodelle und Originalstudien zu den Werken des Meisters. *Besichtigung: 9–12, 15–18 Uhr (Sommer); 14–17 Uhr (Winter); Mo geschl.; Eintrittsgebühr.*

In schöner Lage auf einem Hügel der **Canova-Tempel*,** eine gelungene Imitation des Pantheon in Rom, erbaut 1819–1830 nach Plänen des Künstlers; Fassade mit großartiger Tempelfront über einer monumentalen Treppe; im Inneren das Grabmal Canovas, vom Meister selbst geschaffen, eine Kreuzabnahme (sein letztes Werk) und einige Gemälde. Von der Kuppel *(Aufstieg auf Wunsch gestattet)* schöne Fernsicht. *Besichtigung: 8–12, 14–19 Uhr (Winter: 13.30–17 Uhr).*

POZZA DI FASSA 1.658 Ew, 1313 m (2 C1)

Provinz Trient. Sommerfrische und Wintersportzentrum im mittleren Fassa-Tal, am Ausgang des Val di S. Nicolò, zu Füßen des Rosengartens und der Monzoni-Gruppe, mit Sicht auf Zwölferkogel und Langkofel. In 1 km Entfernung liegt die Gemeindefraktion **Pera,** 1320 m, am Ende des Vajolett-Tales.

✉ 38036, ✆ 0462, ℹ AA: Rathausplatz, ☎ 64 136

Freizeitangebot: Hallenbad; Gondellift: Pozza 1340 m – Buffaure 2017 m; Skilifte in Pera, Buffaure und Gardeccia; Skischule; Eislaufplatz.

- **Gran Baita** ◪, ☎ 64 284, 30 Zi (mB/mD), P G ❄ ≈
- **Trento** ◪, ☎ 64 279, 49 Zi (mB/mD), P ❄ ≈
- **Materdei** ◪, ☎ 64 255, 48 Zi (mB/mD), P ❄ ≈
- **Ladinia,** ☎ 64 201, 41 Zi (mB/mD), ❄ ≈, Sauna
- **Monzoni,** ☎ 64 280, 59 Zi (38 mB), P ❄
- **Meida,** ☎ 64 283, 52 Zi (39 mB/9 mD), P
- **René** ◪, ☎ 64 258, 34 Zi (mB/mD), P ❄, Sauna
- **Zirm,** ☎ 64 252, 31 Zi (mD), G ❄
- **Montana** ◪, ☎ 64 193, 42 Zi (mB/mD), ❄

in Pera di Fassa, 1320 m (✉ 38030):

- **Crepei,** ☎ 64 103, 34 Zi (mB/mD), P ❄, Sauna
- **Europa** ◪, ☎ 64 158, 35 Zi (mB/mD), P
- **Augusto Salin,** via Dolomiti 19, ☎ 64 147, P, Mi

AUSFLÜGE – Zur **Gardeccia-Schutzhütte,** 1948 m, 6,5 km von *Pera* aus über eine schwierige, enge Straße bis in eine herrliche Mulde zwischen den Wänden des Rosengartens und den Steilabstürzen des Larsec. Einen noch großartigeren Ausblick hat man von der darüberliegenden (1 Stunde) *Schutzhütte am Vajolett,* 2243 m, unter den mächtigen Felsstürzen der Vajolett-Türme, 2813 m. – Mit dem Gondellift von Pozza aus auf den **Buffaure,** 2020 m; Ausblick* auf den Rosengarten und die Sella-Gruppe. – Von Pozza aus 7 km ins **S. Nicolò-Tal,** über eine schmale Straße mit schwierigen Abschnitten, durch einsame Nadelwälder; immer wieder schöne Ausblicke.

PRAD AM STILFSERJOCH (Prato allo Stélvio) 2.879 Ew, 915 m (1 B1)

Provinz Bozen. Sommerfrische im Vintschgau, am Beginn der Stilfserjoch-Straße.

✉ 39026, ✆ 0473, ℹ *Fremdenverkehrsamt für das Ortlergebiet,* ☎ 75 034

Freizeitangebot: Geheiztes Schwimmbad; Tennis.

- **Zentral,** ☎ 75 008, 36 Zi (mB/mD), P G ❄ ≈, Sauna
- **Prato allo Stelvio-Prad** ◪, Ausfahrt zum Stilfserjoch, ☎ 75 006, 23 Zi (mB/mD), P G ❄ ≈

in Spondinig (✉ 39020) 4 km Richtung Meran:

- **Post – zum Hirschen,** ☎ 75 021, 45 Zi (17 mB/mD), P G ❄

Im O des Dorfes die romanische Johannes-Kirche (12. Jh.) mit Fresken vom 13.–15. Jh.

PRAGS (Braies) 619 Ew, 1213–1500 m (2 B2)

Provinz Bozen. Streugemeinde an beiden Talseiten des begrünten Pragser Tals, einem südlichen Seitental des Pustertals, Hauptort *Schmieden* (Ferrara), 1213 m; in der Nachbarschaft der romantische *Pragser Wildsee.*

✉ 39030, ✆ 0474, ℹ *Verkehrsverein,* ☎ 78 660

Freizeitangebot: Skilifte 1400–1675 m.

- **Lago di Braies** ◪, ☎ 78 602, 140 Zi (47 mB/mD), G ❄ 🔑, am See
- **Sporthotel Kameriot,** in Außerprags, ☎ 75 198, 21 Zi (9 mB/12 mD), ❄ ≈, abgeschieden

Der **Pragser Wildsee** *(Lago di Braies),* 1493 m, neben dem Karersee (s. d.) wohl der schönste Dolomitensee, liegt, umgeben von dichtem Tannen- und Fichtenwald, am Fuß des *Großen Seekofels* (Croda del Becco), 2810 m, und des Herrnsteins (Sasso del Signore), 2418 m, und ist 1,2 km lang, 300–400 m breit und 36 m tief.

PREDAZZO 4.047 Ew, 1014 m (2 C-D1)

Provinz Trient. Marktflecken (Holz- und Marmorverarbeitung), Sommerfrische und Wintersportort, wichtiger Durchzugsort im Fleimstal (Val de Fiemme), an der Abzweigung der Straße auf den Rolle-Paß, die über 5,5 km zwischen den grünen Hängen des Monte Viézzena (2491 m) nach **Bellamonte** (1372 m) führt.

✉ 38037, ✆ 0462, ℹ AA: am Kirchenplatz, ☎ 51 237

Freizeitangebot: Hallenbad; Tennis in Predazzo, Bellamonte und Ziano; Überdachte Boccia-Anlage; Reiten; Minigolf; Gondellift Predazzo 1031 m – Le Rois Martinel 1464 m; weiter im Sessellift (2 Teilstücke) nach Gardonè, 1654 m, und Doss Cappello 2209 m; Sessellifte: Belvedere 960 m – Ziano di Fiemme 1214 m; Le Fassane – Morea, in Bellamonte Lusia 1560 m – 1750 m – 1980 m; Schlepplifte in Predazzo, Belvedere di Ziano und Bellamonte; Sprungschanze; Skischule; Eislaufplatz.

- **Ancora,** ☎ 51 651, 36 Zi (mB/mD), P, TV
- **Bellaria,** ☎ 51 369, 60 Zi (mB/mD), P ❀, ≋, Sauna
- **Da Franco,** an der Kreuzung zum Rolle-Paß, ☎ 51 140, Pizzeria, Mi
- **Rosa,** via Garibaldi 30, ☎ 51 239, Mo

in Bellamonte, 1372 m (5,5 km auf der Straße nach dem Rolle-Paß):
- **Bellamonte,** ☎ 56 116, 32 Zi (9 mB/17 mD), P G ❀
- **Stella Alpine,** ☎ 56 114, 34 Zi (mB/mD), P ❀
- **Margherita,** ☎ 56 140, 22 Zi (1 mB/18 mD), P ❀

in Ziano di Fiemme, 953 m (✉ 38030), 4 km Richtung Cavalese:
- **Aurora,** an der Straße, ☎ 56 123, 27 Zi (mB/mD), P G ❀
- **Polo,** an der Straße, ☎ 55 131, 42 Zi (10 mB/27 mD), P G ❀
- **Zanon,** via Zanon 15, ☎ 55 100, 19 Zi (mD), P

VERANSTALTUNGEN – Pferderennen (Juli); Langlauf (letzter Sonntag im Januar).
In der Via Molini, in der *Casa della Cultura* (Haus der Kultur) befindet sich das interessante STÄDTISCHE MUSEUM FÜR VOLKSKUNDE, MINERALOGIE UND GEOLOGIE *(Museo civico di etnologia, mineralogia e geologia; Öffnungszeiten: Sommer und Weihnachten 17–19 Uhr; sonst auf Anfrage beim Fremdenverkehrsverein)*, in dem Fossilien und Minerale aus der Gegend sowie Dokumente zur Heimatgeschichte ausgestellt sind.

PRIMIERO ca. 750 m (2 D2)

Provinz Trient. Bedeutendes Fremdenverkehrszentrum (Sommerfrische und Wintersport), bestehend aus den Ortschaften *Fiera di Primiero,* 713 m, 567 Ew, *Tonadico,* 750 m, 1.260 Ew, *Transacqua,* 746 m, 1.764 Ew, und *Siror,* 765 m, 1.219 Ew, die in einer Senke des Cismon-Tales liegen, umgeben von Dolomitengipfeln (im N die Pala-Gruppe); in der Region von *Siror* liegen auch die Skigebiete von *S. Martino di Castrozza* und *Rolle-Paß* (s. d.).

✉ 38054, ✆ 0439, ℹ AA: Via Fiume 10, ☎ 62 407

Freizeitangebot: Tennis; Hallenbad; Skilifte in der Gegend von Navoi und Mason in Richtung Cereda-Paß und am Paß.

in Fiera di Primiero:
- **Astoria,** an der Flußpromenade, ☎ 62 256, 25 Zi (11 mB), P ❀
- **Aurora,** Ausfahrt nach Feltre, ☎ 62 386, 29 Zi (20 mB/3 mD), P
- **Mirabello,** Via Monte Grappa, ☎ 64 241, 43 Zi (mD), P ≋, Sauna

in Tonadico:
- **Iris,** an der Kreuzung, ☎ 62 000, 66 Zi (mB/mD), P ❀
- **Primiero,** an der Straße, ☎ 62 077, 40 Zi (10 mB/26 mD), ❀
- **Tressane,** an der Straße, ☎ 62 205, 37 Zi (23 mB/9 mD), P G ❀

in Transacaqua:
- **Conca Verde,** an der Flußpromenade, ☎ 62 490, 39 Zi (8 mB/14 mD), P
- **Isola Bella,** in Transacqua, ☎ 62 404, 51 Zi (mB/mD), P, TV

In *Fiera* schöne gotische *Pfarrkirche* von 1493; im Inneren Holzaltäre aus dem 16.–17. Jh. und gotischer Chor.

RAVASCLETTO 852 Ew, 950 m (6 A1)

Provinz Udine. Sommerfrische und Wintersportort in Karnien, in schöner Lage im Valcalda-Tal.

✉ 33020, ✆ 0433, ℹ AA: Bahnhof, ☎ 66 035

Freizeitangebot: Tennis; Seilbahn: M. Zoncolan, 900–1728 m; Sessellifte: Monte Cuel Picciul, 920–1331 m; Valvan, 1320–1718 m; Schlepplifte im Tal und am Zoncolan; Sprungschanze.

- **Valcalda,** im Dorf, ☎ 66 120, 32 Zi (7 mB/25 mD), P G ❀
- **La Perla,** hinter der Seilbahnstation, ☎ 66 039, 40 Zi (mB/mD), P G ❀
- **Fantinel,** an der Straße, ☎ 66 046, 36 Zi (30 mD), P
- **Harris,** in Zovello, 2 km n. O, ☎ 66 050, 14 Zi (mB/mD)

RAVENNA** 136.786 Ew, 4 m (10 C1)

Provinzhauptstadt; Erzbischofssitz. Stadt im NO der Ebene der Romagna, wenige Kilometer vom Meer entfernt (an dem sie ursprünglich lag), berühmt wegen ihrer einzigartigen byzantinischen Kunstschätze; bedeutendes Industriezentrum und Hafenstadt; Agrarmarkt.

✉ 48100, ⌀ 0544, 📯 C3, ✆ C2–3, ℹ EPT: Piazza S. Francesco 7, C3, ☎ 36 129; AA: Via S. Vitale 2, B2, ☎ 35 404; beim Theoderich-Grabmal ◪, A4, ☎ 31 282; TCI: Reisebüro Classense, via Diaz 13

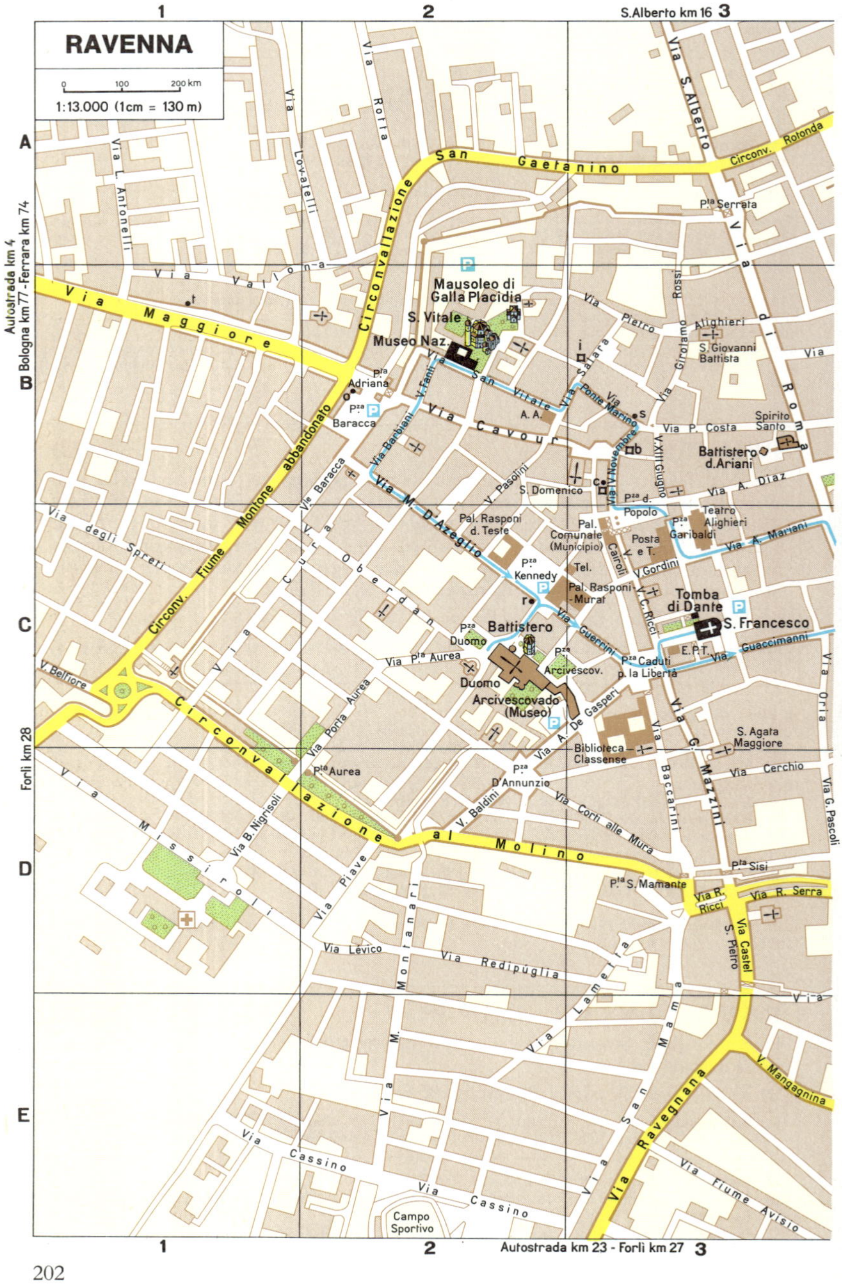

Jolly Mameli, Piazza Mameli 1, ☎ 35 762, Tx 550575, 75 Zi (mB/mD), AIR . . . . . (B4, **a**)
Bisanzio, Via Salara 30, ☎ 27 111, 39 Zi (25 mB/6 mD), AIR . . . . (B3, **i**)
Argentario, Via Roma 45, ☎ 22 555, 34 Zi (mB/mD) . . . . (C4, **f**)
Centrale Byron, Via IV Novembre 14, ☎ 33 479, Tx 551070, 57 Zi (mB/mD), AIR. (B3, **c**)
Trieste, Viale Trieste 11, ☎ 42 15 66, 52 Zi (31 mB/15 mD), P G . . . . (C4, **e**)
Cappello, Via IV Novembre 41, ☎ 22 306, 22 Zi (2 mB/15 mD) . . . . (B3, **b**)
Tre Spade, Via Rasponi 37, ☎ 32 382, Vorbestellen, Mo . . . . (C2, **r**)
Bella Venezia, Via IV Novembre 16, ☎ 22 746, ortolanische Schnitzel, Risotto, So . (B3, **c**)
La Gardela, Via Ponte Marino 3d, ☎ 27 147, Gerichte vom Grill, Do . . . . (B3, **s**)
Scai, Piazza Baracca 22, ☎ 22 520, Trattoria, Mo . . . . (B2, **o**)
Al Gallo, Via Maggiore 87, ☎ 23 775, Trattoria mit Laubengang, Di. . . . . (B1, **c**)

in der Umgebung:
Romea Motel, Via Romea Sud, ☎ 61 247, 39 Zi (mB/mD), P, AIR, z. T.: TV

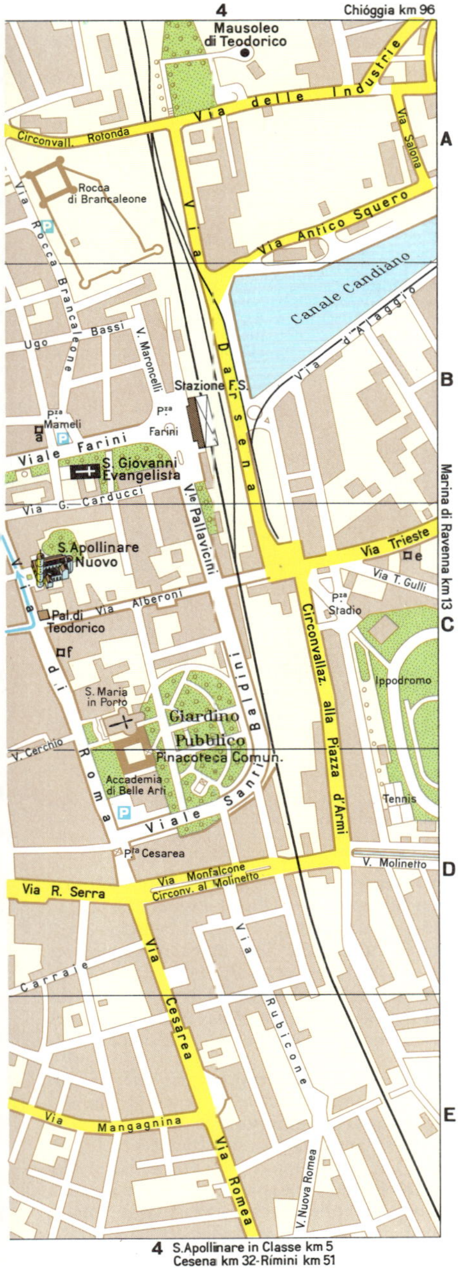

Ca del Pino, Via Romea Nord (8 km Richtung Venedig), ☎ 44 60 61, P, im Pinienhain
Agip, Via Romea Nord (3,5 km), ☎ 37 358, P, AIR, kalte Küche

Die Stadt in der Geschichte – Ravenna erlebte seine größte Blüte im 5.–8. Jh. als Hauptstadt des Weströmischen (ab 404) und danach des Ostgotischen Reiches, später (552–751) des byzantinischen Exarchats. Es wirkte als Bindeglied zwischen römischer und byzantinischer Kultur. Prunkvolle Bauten, wie das Mausoleum der Galla Placidia, die Basilika S. Vitale, das Baptisterium, S. Apollinare Nuovo und S. Apollinare in Classe gelten heute als wichtigste und vollständig erhaltene Zeugen des Übergangs von der spätantiken christlichen Kunst zum byzantinischen Stil. Die Hauptmerkmale der ravennatischen Bauten und ihrer Schmuckformen sind am Außenbau die polygonale Form der Apsiden und die Gestaltung mit Lisenen, Bögen und Blendbogenarkaden; von der Struktur her sind sie meist Zentralbauten mit leichten Kuppelkonstruktionen; über den Kapitellen befinden sich immer mehrere Steinplatten (Teller); Mosaikdekorationen; Kapitelle, Chorschranken usw. aus durchbrochenem Stein.

Eine Stadt stellt sich vor – Einzigartig ist in Ravenna der Kontrast zwischen dem Agrarzentrum, wie es etliche in der Emilia-Romagna gibt, und seinen frühchristlichen und byzantinischen Bauten, die isoliert wirken, wie Zeugen einer zeitlosen Vergangenheit. Dazu ist das Stadtbild Ravennas geprägt durch die typischen zylindrischen Glockentürme aus dem 9. und 10. Jh. sowie durch die urbanistischen Veränderungen aus der Renaissance, die im 15. Jh. von den Venezianern vorgenommen wurden. Durch das rasche industrielle Wachstum der letzten Jahrzehnte erhielt das Stadtbild auch einen modernen Anstrich, der in der Zone um Porto Corsini fast futuristischen Charakter hat. Nach der Entdeckung großer Erdgaslager (1952) entstand eine riesige Industriezone (chemische und petrochemische Produkte: synthetischer Gummi und Stickstoffdünger, Raffination und Verarbeitung von Erdölprodukten, Kunststoffen usw.). Ein großes Wärmekraftwerk entstand, und der Hafen, der über modernste Verladeeinrichtungen verfügt, hat sich zum drittgrößten in der Adria entwickelt, zum größten im Containerverkehr.

Das kulturelle Leben in Ravenna ist bestimmt durch das großartige künstlerische Erbe aus römischer und byzantinischer Zeit und auch aus dem Mittelalter, das in den beiden Museen von Ravenna hervorragend vertreten ist. Wichtige kulturelle Institutionen allgemeiner Art sind die Biblioteca Classense aus dem 18. Jh. mit ihren reichen Schätzen an seltenen Inkunabeln und die Biblioteca Oriani. Die Tradition der ravennatischen Mosaikkünstler wird von einigen Mitgliedern der Akademie der Schönen Künste gepflegt, die besonders für die Restaurierung von römischen und byzantinischen Kunstwerken bekannt ist. Ein Kreis von Dante-Experten pflegt das Andenken an den großen Dichter, der 1321 in Ravenna starb und hier begraben wurde.

Veranstaltungen – Guidarello-Preis für Journalismus und Prosa; internationales Orgelfest in S. Vitale (Juli und August), Dante-Vorträge und -Lesungen (Feber–April); internationale Biennale „Bronzetto Dantesco"; Dante-Feiern; Jazz-Konzerte und Theateraufführungen in der Rocca Brancaleone im Sommer und in den Stadttheatern.

Küche und Keller – Gekocht wird die Küche der Romagna, fast wie in Forlì und Rimini. Typisch ravennatische Gerichte sind die „Orrecchioni" (große, mit magerem Fleisch gefüllte Teigwaren), die „Tardura" (klare Suppe mit Ei), das „Risotto alle Poveraccie" (Reis mit einer speziellen Muschelsorte), die „Passatelli" (dicke Nudeln in klarer Suppe), die „Cavoli Romagnoli" (Kohl), „Pasticcio di Cappelletti oder di Lasagne" (Nudelaufläufe), die (heute seltene) „Salsiccia Matte" (Wurst), Pilze und Trüffeln aus den Pinienwäldern, Huhn und Geflügel aus den Lagunenzonen. Außerdem Fischsuppe (Brodetto) und Fisch vom Holzkohlengrill (Pesce Azzurro alle Bracce), besonders gut in den Restaurants in Marina di Ravenna und in den anderen Küstenorten in der Romagna. Anstelle von Brot ißt man auch hier die „Piada" oder „Piadina" (ungesäuertes Fladenbrot), die eigentlich aus Forlì stammt; „Burleng" oder „Migliaccio" ist eine Süßspeise aus der Romagna, die aus Most, Schweineblut, Mandeln und kandierten Früchten gemacht wird. Typische Weine aus der Romagna: Sangiovese, Trebbiano, Albana, Pagadébit; eine Weinstube mit reichhaltigem Angebot befindet sich im Palazzo Bellenghi in der Via Ricci.

Einkaufstips – Mosaik-, Kupfer- und Schmiedeeisenarbeiten; Antiquitäten (Markt jedes dritte Wochenende des Monats); Obst.

Sehenswürdigkeiten auf einem Blick – *S. Vitale★★; Mausoleum der Galla Placidia★★; Baptisterium des Neon★★; Dante-Grab★; S. Apollinare in Classe★★; Grabmal des Theoderich★.*

Stadtbesichtigung – Erfordert zumindest einen Tag und kann zu Fuß unternommen werden (siehe den auf dem Plan eingezeichneten Rundgang). Parken hinter S. Francesco oder bei S. Maria in Porto und dann zu Fuß oder mit öffentlichen Verkehrsmitteln zur *Piazza del Popolo* im Zentrum; großer Parkplatz auch bei S. Vitale. Über die Via Cavour oder S. Vitale erreicht man **S. Vitale★★** und das **Mausoleum der Galla Placidia★★.** Über Seitenstraßen wieder zur Via Cavour und dann zur großen Piazza Kennedy und zum anschließenden **Domplatz. (Dom, Baptisterium des Neon★★; Museo Arcivescovile★);** nicht weit von hier die Piazza S. Francesco **(S. Francesco★; Dante-Grab★).** Über Via Mariani und Via Roma nach **S. Apollinare Nuovo★★;** an der Via Roma liegen einander auch die **Accademia di Belle Arti** und **S. Maria in Porto** gegenüber. Im Auto erreicht man nacheinander das **Grabmal des Theoderich★** und **S. Apollinare in Classe★★.**

Piazza del Popolo (B–C3) – Stadtzentrum; in der Mitte des Platzes zwei venezianische Säulen von 1483, am Ende der zinnenbekrönte *Palazzo Comunale* (Rathaus; 1681); links davon ein kleiner Palast mit Portikus, dessen Säulen Kapitelle aus dem 6. Jh. mit dem Monogramm des Theodorich haben.

Via S. Vitale (B2) – Auf Nr. 28 ein Haus aus dem 13. Jh. mit Biforenfenstern. Fast ganz am Ende rechts der barocke *Torbogen von S. Vitale* (1622), durch den man zur Basilika und zum Mausoleum der Galla Placidia gelangt.

S. Vitale★★ (B2) – *Öffnungszeiten: Sommer 8.30–19.30 Uhr; Winter 8.30–17 Uhr.* Die Basilika ist eines der am reinsten erhaltenen Beispiele frühchristlicher Kunst in Italien. Nach 525 erbaut und 547 geweiht, manifestiert sie in ihren Formen den Übergang von der spätantiken und byzantinischen Kunst; der schöne polygonale Außenbau ist von einer Kuppel bekrönt; daneben ein zylindrischer Glockenturm.

Ravenna: S. Vitale

Der INNENRAUM★ ist in seiner ungewöhnlichen Struktur von überraschender Schönheit: Über achteckigem Grundriß ragen hohe Arkadenbögen auf, überlagert von einer zentralen, fast schwerelosen Kuppel und aufs reichste geschmückt mit Mosaiken und Marmorplatten. Zwischen die Pfeiler sind sieben Exedren gespannt, die von zwei Reihen kleiner Arkaden durchbrochen sind, von denen die untere sich auf den Wandelgang öffnet, die obere zu den Emporen; beachtenswert die Kapitelle mit den darüberliegenden Tellerscheiben. Die Dekoration des Mittelraums stammt aus dem 18. Jh.

Unter einem Bogen öffnet sich das tiefe Presbyterium, der wegen seiner **Mosaiken★★** wertvollste Teil der Kirche; an den Seitenwänden Evangelisten, Propheten und Szenen aus dem Alten Testament; in der Apsiswölbung Christus zwischen dem hl. Vitalis und dem Bischof Ecclesius; sie stammen aus dem zweiten Viertel des 6. Jh. und zeigen noch klassisches Formengut, während zwei Bildfelder im unteren Teil der Apsis (links Justinian und sein Hofstaat★ und rechts Theodora und ihr Gefolge★) bereits in byzantinischer Manier stilisiert sind. Der Altar in der Mitte des Presbyteriums, aus dem 6. Jh., hat eine Mensa aus orientalischem Alabaster.

Mausoleum der Galla Placidia★★ (B2) – Der auf dem Grundriß des lateinischen Kreuzes um die Mitte des 5. Jhs. errichtete Bau wurde vielleicht von Galla Placidia als eigene Grablege konzipiert. Das Innere ist zur Gänze mit herrlichen **Mosaiken★★** in rein klassischen Formen geschmückt (Evangelisten, Apostel, der Gute Hirte, hl. Laurentius, Hirsche am Brunnen; vor 450); in den Querschiffen drei große antike Sarkophage, von denen man den linken (Ende 5. Jh.) für das Grab der Galla Placidia gehalten hat (die jedoch im Rom begraben ist); der rechte Sarkophag ist vom Anfang des 6. Jh., der mittlere eine römische Arbeit.

Museo Nazionale* (B2) – *Öffnungszeiten: 8.30–13.30 Uhr; Sa 8.30–19 Uhr; Mo geschl.; Eintrittsgebühr.* Das Nationalmuseum ist in den Räumen des ehemaligen Benediktinerklosters neben S. Vitale untergebracht und zeigt besonders interessante römische und frühchristliche Stücke.

In den drei Kreuzgängen (die ersten beiden aus der Renaissance, der dritte barock) römische Marmorskulpturen und Inschriftentafeln, ferner Skulpturenfragmente aus frühchristlicher, byzantinischer, romanischer und gotischer Zeit, und aus der Renaissance. In den Sälen im Oberstock Bronzen aus Spätantike und Renaissance; byzantinische Marmorskulpturen und Chorschranken; griechische, römische und byzantinische Münzen; Medaillen; Tafelbilder der kretisch-venezianischen Schule (14.–18. Jh.) im Gefolge byzantinischer Ikonenmalerei; italienische Gemälde, darunter eine Kreuzigung von Paolo Veneziano; mittelalterliche Stoffe; Elfenbeine; Keramiken.

Piazza Kennedy, früher *del Mercato (Marktplatz)* (C2) – An der einen Seite der großartige *Palazzo Rasponi dalle Teste* vom Anfang des 18. Jhs. und der *Palazzo Rasponi Murat,* restauriert im 17. und 18. Jh.

Dom (C2) – Die erste Kirche wurde Anfang des 5. Jh. von Bischof Orso errichtet, 1734–43, barocker Neubau; links davon schöner zylindrischer *Campanile* aus dem 10. Jh. (restauriert).

Im hellen, dreischiffigen Innenraum am Ende des Mittelschiffs, rechts, reliefgeschmücktes Lesepult* des Erzbischofs Agnello (2. Hälfte 6. Jh.); im rechten Querschiff zwei skulpierte Sarkophage (2. Hälfte 5. Jh.), im linken Querschiff die Cappella del Sacramento (17. Jh.) mit Fresken von G. Reni und Werkstatt (1620).

Baptisterium des Neon** (oder *der Orthodoxen*) (C2) – *Öffnungszeiten: 9–12, 14.30–18 Uhr (Winter: 14.30–17 Uhr); Sonn- und Feiertage 9–12 Uhr.* Schlichter achteckiger Backsteinbau aus der Mitte des 5. Jhs. Die Innenausstattung mit Mosaiken entstand unter Bischof Neon kurz nach 450. Im Innenraum entlang der Wände zweireihige Arkaden mit Marmorinkrustationen, Mosaiken und Stuck, die die Kuppel tragen. In ihrer Wölbung herrliche **Mosaiken**** (Allegorien, Apostel, Taufe Christi) aus der Mitte des 5. Jh. (restauriert). In der Raummitte achteckiger Taufbrunnen (16. Jh.) mit antiken Skulpturen aus Marmor.

Museo Arcivescovile* (*Erzbischöfliches Museum; C2) – Öffnungszeiten: 9–12, 14.30–18 Uhr (Winter: 14.30–17 Uhr); Sonn- und Feiertage: 9–13 Uhr; Eintrittsgebühr.* Untergebracht im Erzbischöflichen Palais hinter dem Dom.

Zu sehen sind: Marmor- und Mosaikfragmente aus der alten Kathedrale: eine byzantinische Marmorfigur ohne Kopf (vielleicht Justinian darstellend) aus dem 6. Jh.; liturgische Geräte. Der Bischofsthron** des Maximinianus, eine Elfenbeinarbeit des 6. Jh., von alexandrinischen Künstlern für Bischof Maximianus geschaffen, besteht aus drei Relieftafeln, die mit Ornamenten und Darstellungen Johannes d. Täufers, der Evangelisten, der Josephsgeschichte und (auf der Rückenlehne) mit Szenen aus dem Leben Christi geschmückt ist. In einer Kapelle *(Oratorio di S. Andrea)* ein griechisches Kreuz und Mosaike* vom Anfang des 6. Jh.

Piazza S. Francesco (C3) – Der Platz liegt im DANTE-VIERTEL. Hier liegen die Kirche S. Francesco und die Bibliothek für Zeitgeschichte (Biblioteca di Storia Contemporanea) in der *Casa Oriani.* Links die *Edicola di Braccioforte,* eine Grabnische von 1480, mit zwei antiken Sarkophagen, auf der anderen Seite das Grab Dantes.

S. Francesco (C3) – Die Kirche geht auf das 5. Jh. zurück, wurde im 10. Jh. erneuert (aus dieser Zeit stammt der Campanile mit Zwei-, Drei- und Vierbogenfenstern). Später nochmals verändert, im Zweiten Weltkrieg beschädigt und danach wiederhergestellt.

Im Inneren sind die Schiffe durch antike Säulen getrennt; der Hochaltar besteht aus der reliefgeschmückten, sogenannten Graburne des hl. Liborius (5. Jh.); in der rechten Kapelle elegante Dekorationen von T. Lombardo (1525); die Krypta stammt aus dem 9.–10. Jh. *Öffnungszeiten: 7–12.30, 14.30–19 oder 20 Uhr.*

Dantes Grab* (C3) – *Besichtigung: 7–19 Uhr.* Der Dichter kam um 1317 auf Einladung des Guido Novello da Polenta nach Ravenna und starb hier am 14. September 1321. Das heutige Grab, in Form eines Tempels, stammt aus dem Jahre 1780; darin befindet sich der Sarkophag, auf dem 1483 ein Porträt des Dichters von P. Lombardo angebracht wurde.

Am Ende des Gärtchens ein Glockenspiel (1921) mit einer von den Städten Italiens gestifteten Glocke; am Treppenabsatz Eingang zum kleinen *Dante-Museum* (Museo Dantesco).

Via di Roma – An der Ecke zur Via Alberoni befindet sich der sogenannte *Palast des Theodorich,* (Palazzo di Teodorico; C4), der Rest eines eigenartigen Gebäudes vom Ende des 7. oder der 1. Hälfte des 8. Jh. Ein Stück weiter S. Apollinare Nuovo.

S. Apollinare Nuovo** (C4) – Theoderich ließ die Kirche zu Anfang des 6. Jh. für die Arianer errichten, später wurde sie von Bischof Agnello für den katholischen Ritus geweiht. Einfache Backsteinfassade mit einem kleinen Portikus, der im 16. Jh. mit antiken Elementen erneuert wurde, daneben ein eleganter zylindrischer Glokkenturm* aus dem 9. Jh.

Der INNENRAUM hat basilikalen Typus mit drei Schiffen und von fein gearbeiteten Kapitellen bekrönte Säulen; vergoldete Kasettendecke aus dem 17. Jh. Die Wände des Mittelschiffs sind mit in drei Streifen angeordneten **Mosaiken**★★ bedeckt: in den beiden oberen (Szenen aus dem Leben Christi; Heilige und Propheten) sind vom Anfang des 6. Jh. und zeigen noch klassische Stilmerkmale; in der unteren Zone, in den Darstellungen der beiden Prozessionszüge★ (die Märtyrer ziehen von Ravenna aus zum thronenden Christus; die Jungfrauen ziehen, angeführt von den Hl. Drei Königen, von der Stadt Classe aus zu der von Engeln umgebenen Madonna mit dem Kind) aus der Mitte des 6. Jhs. hat sich der byzantinische Einfluß bereits vollständig durchgesetzt. Rechts ein fein behauenes Lesepult, im Presbyterium ein Altar und Chorschranken, ebenfalls aus dem 6. Jh. *(Geöffnet: 8–12, 14–17, 18 oder 19 Uhr, je nach Jahreszeit).*

S. Maria in Porto (C4) – Spätrenaissancekirche (1553–1606) mit palladianischer Fassade aus dem 18. Jh. Am 4. Altar rechts ein Gemälde von Scarsellino; in der Apsis schönes Chorgestühl (1576–93) am Altar im linken Querhaus spätbyzantinisches Marmorrelief (Madonna), vielleicht 11. Jh.; am 4. Altar links das Martyrium des hl. Maurus, von Palma Giovane. *Öffnungszeiten: 7–12, 15–19 Uhr.*

Neben der Kirche befindet sich das ehemalige *Kloster der Lateranskanoniker* (1496–1508), zu dem (in Richtung Stadtpark) die sogenannte *Loggetta Lombardesca*★, eine elegante Konstruktion vom Anfang des 16. Jhs., mit einer ebenerdigen, doppelten Säulenhalle und darüberliegender Loggia sowie einem harmonisch proportionierten *Kreuzgang* aus der Renaissance. In nächster Umgebung befinden sich die *Accademia di Belle Arti* (Kunstakademie; C–D4) und die **Pinacoteca Comunale** *(Städtische Gemäldesammlung),* die ehemalige *Galerie der Akademie (Öffnungszeiten: 9–13, 14.30–17.30 Uhr; Eintrittsgebühr, Sonn- und Feiertage gratis),* mit Bildern aus der toskanischen, emilianischen (besonders von Malern aus der Romagna) und venezianischen Schule des 14.–17. Jhs.: L. Monaco (Kreuzigung★), Matteo di Giovanni, Palmezzano, B. Montagna, Guercino (Hl. Romuald), N. Rondinelli (Madonna und Heilige), S. Mazzoni, Bastianino und andere. Unter den Skulpturen befindet sich die berühmte Grabfigur des Guidarello Guidarelli★ (1525) von Tullio Lombardo. Eine andere Abteilung zeigt moderne Kunst. Ebenfalls in der Loggia ist das MUSEO ORNITOLOGICO A. BRANDOLINI (Vogelkundemuseum) untergebracht.

S. Giovanni Evangelista★ (B4) – Die Kirche stammt aus dem 5. Jh. und wurde nach Beschädigungen im letzten Weltkrieg wiederhergestellt. An der Fassade ein gotisches Marmorportal★ mit Ornamentschmuck und Basreliefs; links davon der Glockentrum aus dem 10. Jh. mit Bi- und Triforenfenstern (oberer Teil aus dem 14. Jh.). Schöne polygonale Apsispartie. Im dreischiffigen Innenraum antike Säulen; an den Wänden Reste von Fußbodenmosaiken und Freskenfragmente der Schule von Rimini des 14. Jh. in der linken Kapelle *(geöffnet 7–13, 15–19 Uhr).* Vom rechten Seitenschiff Zugang zum *Renaissancekreuzgang* (Brunnen von 1570).

WEITERE SEHENSWÜRDIGKEITEN – **Baptisterium der Arianer** (B3); *geöffnet 8.30–12.30, 14.30–18 Uhr bzw. 19. Uhr),* ein achteckiger Bau, wahrscheinlich aus dem frühen 6. Jh., in der kleinen Kuppel Mosaike aus der gleichen Zeit (Taufe Christi und Apostelprozession). Daneben die **Kirche S. Spirito** (B3), wahrscheinlich vom Ende des 5. Jhs., zur Zeit Theodorichs die alte Kathedrale der Arianer; im 6. Jh. zur katholischen Kirche umgewandelt, im 16. Jh. verändert und vor kurzem restauriert. Im Inneren schöne Säulen mit byzantinischen Tellerkapitellen (Lesepult aus dem 6. Jh.; antiker Sarkophag). **S. Agata Maggiore** (C–D3) – Kirche aus dem 5.–6. Jh., Ende 16. Jh. restauriert; einfache Fassade mit einem Biforenfenster und Renaissancevorbau, daneben der zylindrische Glockenturm. Im Inneren bemerkenswerte Säulen mit römischen, byzantinischen und Renaissance-Kapitellen; Lesepult aus griechischem Marmor (6. Jh.); antike Architekturreste.

NÄHERE UMGEBUNG – **Grabmal des Theoderich**★ (A4), in 2 km Entfernung vom Zentrum; Zufahrt durch die *Porta Serrata* aus dem 16. Jh. Das Mausoleum wurde 520 von dem Ostgotenkönig Theodorich errichtet und ist ein merkwürdiger polygonaler Bau mit zwei Geschossen (davon das untere in Arkaden aufgelöst); den Dachabschluß bildet eine aus einem einzigen Kalksteinblock geformte Kuppel von 1 m Dicke und 11 m Durchmesser. Im Inneren ein kreuzförmiger Raum, vielleicht eine Grabkammer; darüber ein runder Raum mit einer Porphyrwanne, der ehemalige Sarkophag. *Besichtigung: 8.30–19.30 Uhr; Eintrittsgebühr.*

S. Apollinare in Classe★★, 5 km auf der Staatsstraße nach Rimini. Die Basilika ist das einzige, was von der alten Stadt Classe, dem alten Hafen von Ravenna, übriggeblieben ist. Sie wurde 549 geweiht; der Fassade ist ein Portikus vorgelagert; daneben ein wunderschöner zylindrischer Glockenturm aus dem 10. Jh.

Ravenna: S. Apollinare in Classe

Der großartige, feierliche INNENRAUM★ vom Typus einer dreischiffigen Basilika hat kostbare Säulen mit byzantinischen Kapitellen; in den Seitenschiffen Sarkophage aus dem 5.–6. Jh. und ein reich verziertes Ziborium aus dem 9. Jh. Das erhöhte Presbyterium ist mit verschiedenen **Mosaiken**★ aus dem

6.–7. Jh. bedeckt, darunter ragen jene in der Apsiskalotte mit der allegorischen Darstellung der Transfiguration hervor. Krypta aus dem 12. Jh. (nach Meinung einiger Gelehrter aus dem 9. Jh.). *Besichtigung: Sommer: 7.30–12, 14–18.30 Uhr; Winter: 8–12, 14–17 Uhr bzw. 18 Uhr* Von der Basilika gegen S erstreckt sich der alte *Pinienwald von Classe,* den schon Dante und Byron besungen haben.

AUSFLÜGE – 19,5 km nach W, nach **Bagnacavallo,** 11 m, 17.362 Ew, einem kleinen Agrar- und Industriestädtchen (Obstanbau, Schuh- und Strumpffabriken); historischer Stadtkern mit Arkadengängen und einigen bemerkenswerten Palästen. Die Kollegiatskirche *S. Michele,* um 1600 erneuert, hat noch die Polygonalapsis aus dem 15. Jh. (gotische Fenster und Terrakottadekoration); unter den Gemälden im Inneren auch ein Bild von Bagnacavallo (1542) im Presbyterium. Von einigem Interesse ist die *Piazza Nuova,* ein ovaler, von Arkardengängen begrenzter Platz (1759), auf dem der Markt abgehalten wird. Etwas außerhalb des Ortes, im NW, die Pfarre *S. Pietro in Sylvis*,* ein ravennatischer Bau, wahrscheinlich aus dem frühen 7. Jh. (der Glockenturm wurde bei Restaurierungsarbeiten umgebaut). – Nach **Cotignola** (19 m, 7.106 Ew), 4,3 km nach SW von Bagnacavallo, am Ufer der Senio, im Gebiet der Erdgasvorkommen gelegen; verschiedene Industriezweige (Obstanbau, Gummi, Kunststoffe). Kleines archäologisches MUSEUM (römische Stele aus dem 3. Jh.); *S. Francesco,* spätromanische Kirche mit gotischer Struktur im Inneren. – 12,5 km nach S, nach *Savio,* mit dem interessanten *Museum mechanischer Musikinstrumente* (Museo di strumenti musicali meccanici), neben dem Restaurant Gramadora (siehe Lido del Savio). – 15,5 km nach SW nach **Russi,** 13 m, 11.109 Ew, einem Agrar- und Industrieort mit einer stuckgeschmückten *Pfarrkirche* aus dem 18. Jh.; nach 1 km in Richtung Ravenna die Reste einer *römischen Villa* aus der späten Kaiserzeit. – 17 km nach N nach **Alfonsine,** 6 m, 12.476 Ew, einer Landwirtschafts- und Industriestadt (Straßenbaumaschinen). Zu besichtigen ist das Geburtshaus des Dichters Vincenzo Monti (1754–1828), das als Kulturmuseum eingerichtet ist.

RECOARO TERME 8.200 Ew, 445 m (4 D1)

Provinz Vicenza. Bedeutender Kurort und Sommerfrische im oberen Agno-Tal vor dem Hintergrund der Kleinen Dolomiten; Talstation des Skigebietes *Recoaro Mille* (1000 m–1700 m), das mit dem Sessellift oder mit dem Auto (11 km) von S. Quirico (7,5 km im Tal) zu erreichen ist.

✉ 36076, ✆ 0445, i AA: Via Roma 31, ☎ 75 070

Freizeitangebot: Tennis; Boccia-Anlage; Bowling; Kleiner Zoo beim Kinderspielplatz; Sessellifte: Recoaro 440 m – Recoaro Mille 1007 m; Monte Falcone 1020 –1608 m; Schlepplifte in Recoaro Mille; Skischule; Eislaufplatz.

- **Dolomiti,** im Kurbezirk, ☎ 75 025, 40 Zi (27 mB/mD), P
- **Parco Fortuna,** Via Roma 18, ☎ 75 005, 75 Zi (16 mB/36 mD)
- **Al Pittore,** Via Roma 52, ☎ 75 039, 25 Zi (mB/mD)
- **Seggiovia,** an der Mittelstation des Sessellifts, ☎ 75 050, 34 Zi (mB/mD)
- **Verona,** Via Roma 42, ☎ 75 065, 30 Zi (1 mB/21 mD)
- **Centrale,** Via Vittorio Emanuele, ☎ 75 133, 33 Zi (32 mB/mD)
- **Bersagliere,** Via Campogrosso 42, ☎ 75 082, 32 Zi (7 mB/15 mD)
- **Spagnolo,** Via Lelia 18, ☎ 75 020, 28 Zi (8 mD)

in Recoaro Mille:

- **I Castiglieri,** ☎ 75 288, 34 Zi (mB/mD), P G

KURBETRIEB – Bikarbonat-, alkali-, eisenhältige Quellen mit geringem und mittlerem Mineralgehalt und bikarbonat-, sulfat-, alkali-, eisenhältige Mineralwässer, die besonders in Form von Trinkkuren (ergänzt durch Bäder) bei Verstopfung, Erkrankungen des Verdauungstraktes, der Leber und der Galle angewendet werden; außerdem *(acqua Lora)* bei Erkrankungen des Harnapparates und bei Wassersucht. *Saison:* Juni–Sept. in den Stabilimenti Centrali; Mai–Okt. in den Fonti Centrali.

REDIPUGLIA siehe Monfalcone

REGGIO NELL' EMILIA 131.075 Ew, 60 m (8 B2)

Provinzhauptstadt; Bischofssitz. Bedeutendes Industrie- und Agrarhandelszentrum in der Ebene an der Via Emilia. Wurde von den Römern gegründet, war im Mittelalter freie Stadt und gehörte 1409–1860 gemeinsam mit Modena zum Herzogtum Este.

✉ 42100, ✆ 0522, B2, B2, i EPT: Piazza C. Battisti 4, B2, ☎ 43 370

- **Grand H. Astoria,** Via L. Nobili 2, ☎ 35 245, 113 Zi (mB/mD), P G, TV, AIR . . . (A2, **a**)
- **Il Girarrosto,** Via L. Nobili 2, ☎ 35 245, P G, AIR, S6 . . . (A2, **a**)
- **Europa,** Viale Olimpia 2, ☎ 49 190, 93 Zi (mB/mD), G, TV, AIR . . . (C3, **f**)
- **Park Hotel,** Via De Ruggero 1/B (2 km SW), ☎ 29 21 41, 27 Zi (mB/mD), TV . . . (C2, a. P.)
- **Posta,** Piazza Cesare Battisti 4, ☎ 32 944, 53 Zi (13 mB/35 mD), G . . . (B2, **b**)
- **Sporting,** Via C. Campioli 13 (12 km Richtung Montova, jenseits der Eisenbahn), ☎ 73 974, 14 Zi (mB/mD), TV . . . (A1, a. P.)
- **San Marco,** Piazzale Marconi 1, ☎ 35 364, 50 Zi (mD), Restaurant m. getrennter Geschäftsführung . . . (B3, **e**)
- **Scudo d'Italia,** Via del Vescovado 5, ☎ 34 345, 33 Zi (mD), TV, gute Küche, Sa . . . (B2, **d**)
- **Reggio,** Via S. Giuseppe 7, ☎ 30 307, 26 Zi (6 mD) . . . (B2, **c**)
- **Maiorca,** Viale dei Mille, ☎ 35 203, AIR, Fischspezialitäten, S6 . . . (C2, **n**)

La Zucca, Piazza Fontanesi 1, ☎ 48 57 18, ~~Mi~~, ~~S6~~ + Juni u. Juli . . . . (C2, **p**)
La Rosta, Via Passo Buole 18, ☎ 24 731, 🅿, ~~Mo~~ . . . . (C2, a. P.)
Da Franco, an der Straße von Ceretto bei der Brücke über den Cróstola, ☎ 20 293, 🅿, ~~Mo~~ . . . . (C2, a. P.)
Cinque Pini, Viale Martiri di Cervarolo 46 (2 km Richtung Scandiano), ☎ 43 203, 🅿, ~~Mi~~ . . . . (C2, a. P.)

in der Umgebung:
Aquila d'Oro, da Arnaldo, in Rubiera (✉ 42048), ☎ 62 124, 🅿, ~~S6~~ + Aug.
Il Capriolo, in Canali (5 km Richtung Albinea), ☎ 56 138, 🅿, reggianische Spezialitäten, ~~Mi~~

Eine Stadt stellt sich vor – In den engen, gewundenen Straßen des Zentrums hat sich die mittelalterliche Stadtanlage erhalten, die über den geradlinigen und heute nur noch schwer erkennbaren Straßenzügen des römischen Lagers entstanden war. Den sich dort rechtwinkelig überschneidenden O-W- und N-S-Verbindungen entsprechen in etwa die heutige Via Emilia und die Via Roma – Via S. Carlo. Die bedeutendsten Kunstwerke entstanden im 16. und 17. Jh., besonders in den Werken der aus Reggio stammenden Architekten und Bildhauer Bartolomeo und Prospero Spani. Ein hervorragender Landschaftsmaler war Antonio Fontanesi, ebenfalls aus Reggio (19. Jh.). Im schönen Teatro Municipale (Stadttheater; zu besichtigen) werden von Dezember bis März Darbietungen höchster Qualität gegeben: Oper, Schauspiel, Revuen, Ballett, Konzerte.
Reggio hat einen traditionellen Schwerpunkt in der Erzeugung und Verarbeitung landwirtschaftlicher Produkte, die aus dem fruchtbaren Hinterland kommen (Rinder- und Schweinezucht, Wein), in letzter Zeit war jedoch auch auf dem Sektor von Industrie und Gewerbe ein bemerkenswerter Zuwachs zu verzeichnen.

Veranstaltungen – Internationale Schweineausstellung (April); Internationale Vogelausstellung (November); Internationales Schachturnier (Dezember).

Piazza Prampolini (B2) – Dort befinden sich der Dom und der *Palazzo Comunale* mit Arkadengängen (18. Jh.), wo 1797 in der Sala del Tricolore der Kongreß der Städte der Emilia die Repubblica Cispadana (Republik jenseits des Po) ausrief und als ihr Banner die drei Farben wählte, die später zur italienischen Nationalfahne wurden.

Dom (B2) – Stammt aus dem 13. Jh., wurde aber stark verändert. Die im oberen Abschnitt romanische Fassade ist in ihrem unteren Teil mit Marmor verkleidet (1544) und wird von einem achteckigen Turm überragt; darauf eine Bronzestatue der Madonna zwischen zwei Betenden, von B. Spani (1522); die Statuen von Adam und Eva über dem Tympanon des Mittelportals sind von P. Spani.

Im Inneren zahlreiche Grabmäler von B. und P. Spani; in der 4. Kapelle links Mariä Himmelfahrt und Heilige, von Guercino; in der Treppe, die zum rechten Querschiff hinaufführt, ein Basrelief im Stil der Antelami. Weitläufige Krypta mit Kreuzrippengewölben.

S. Prospero (B2) – Kirche von 1527 mit einer Fassade aus dem 18. Jh. und einem achteckigen Glockenturm. Im Inneren: im Querhaus Grabmonumente von B. und P. Spani; im Presbyterium Fresken von C. Procaccini; Chorgestühl mit Einlegearbeiten von 1546.

Madonna della Ghiara* (B1) – Schöner Bau aus dem frühen 17. Jh. Der großartige Innenraum in der Form eines griechischen Kreuzes ist in der Wölbungszone reich mit Fresken (alttestamentarische Darstellungen) von Malern der Bologneser Schule des 17. Jh. (L. Ferrari, L. Spada, A. Tiarini) geschmückt; beachtenswerter Altar der Muttergottes mit Skulpturen und Basreliefs; auf dem Altar im linken Kreuzarm Christus am Kreuz, von Guercino (1624).

Piazza Cavour – Blickfang ist das großartige *Teatro Municipale* (1857), hinter dem sich der große *Parco del Popolo* (Volksgarten, A2) erstreckt, in dem das rekonstruierte *Monumento dei Concordii,* ein bei Boretto aufgefundenes römisches Grab aus dem 1. Jh. aufgestellt ist Eine Gedenktafel erinnert an den Standort des Geburtshauses des Dichters Ludovico Ariosto.

Galleria Parmeggiani* (B1–2) – Corso Cairoli Nr. 2 *(derzeit wegen Restaurierung geschl.);* ursprünglich eine Privatsammlung, jetzt im Besitz der Stadt, weist sie Sammlungen von angewandter Kunst auf (Goldschmiedearbeiten, Waffen und besonders schöne Gewänder und Stoffe), großteils aus England, Frankreich und Spanien aus dem 15.–19. Jh.; außerdem bedeutende Gemälde der spanischen, flämischen und italienischen Schule.

Städtische Museen *(Musei Civici; B2)* – Via Spallanzani Nr. 1, neben dem Teatro Municipale. *Öffnungszeiten: wochentags 8.30–12.30 Uhr; Di, Fr auch 15–18 Uhr; So 10.30–12.30 Uhr; Mo geschl.* Dazu gehören die SAMMLUNG SPALANZANI mit den Naturalienkollektionen des Lazzaro Spalanzani und wissenschaftshistorischen Dokumenten; das NATURHISTORISCHE MUSEUM *(Museo di storia Naturale)* mit Abteilungen für Biologie (Säugetiere, Vögel), Paläontologie, Mineralogie und Ethnographie; das MUSEUM DES RISORGIMENTO (mit Erinnerungen an die Repubblica Reggiana und die Repubblica Cisalpina) UND DES WIDERSTANDS; das ARCHÄOLOGISCHE MUSEUM mit der bemerkenswerten Sammlung Chierici (von größter Bedeutung für die Erforschung der Vor- und Frühgeschichte der Po-Ebene) und einer Münzensammlung, darunter ein spätantiker römischer Schatz von ca. 490 n. Chr.; schließlich die GALLERIA D'ARTE A. FONTANESI mit Werken aus lokalen Malerschulen vom 15.–20 Jh.

SPAZIERGANG – 3 km nach SO auf der Via Emilia in Richtung Modena zur Villa **Il Mauriziano,** in der der große italienische Renaissance-Dichter Lodovico Ariosto lebte und arbeitete. Im Inneren drei von ihm bewohnte Zimmer mit Fresken aus der Schule von Modena des 16. Jhs., darunter Darstellungen von Dichtern.

AUSFLÜGE – 12,5 km auf der Via Emilia nach SO nach **Rubiera,** 57 m, 9.662 Ew, am Ufer der Secchia gelegen (Erzeugung von Keramik, Einrichtungsgegenständen, mechanischen Produkten). 3 km nach N die interessante romanische Pfarrkirche *Ss. Faustino e Giovita* aus dem 11. Jh. (restauriert) mit bemerkenswerter Apsispartie; im Inneren schönes Leinwandbild aus dem Umkreis des Garofalo (die hll. Faustinus und Jovita). – 19,5 km nach NO nach **Novellara,** 24 m, 11.282 Ew, einer lebhaften Kleinstadt; auf dem weiten Hauptplatz die Kollegiatskirche *S. Stefano* (16. Jh.) mit Fassade aus dem 18. Jh. und die von den Gonzaga im 14.–15. Jh. errichtete **Burg** mit einen kleinen MUSEUM *(geöffnet 9–12 Uhr):* abgelöste Fresken aus dem 13. und 16. Jh., ferner Gemälde, Apothekergefäße aus Faenza (16. Jh.), Münzen der Gonzaga. – Zur **Burg von Canossa** (s. d.), 31 km über *Cavriago* und *Bibbiano* (von wo ein guter Parmesankäse kommt) oder über *Quattro Castella.*

RESCHEN (Résia) 650 Ew, 1525 m (1 A1)

Gemeinde Graun i. V., Provinz Bozen. Sommer- und Winterferienort am gleichnamigen See im oberen Vintschgau, in der Nähe der Quellen der Etsch und am Weg zum *Reschen-Scheideck,* 1507 m, dem Grenzpaß nach Österreich.

✉ 39027, ✆ 0473, ℹ *Fremdenverkehrsbüro,* ☎ 83 101

Freizeitangebot: Geheiztes Hallenbad in Graun; Sessellift: Melag 1858 m – Alpe Masseben 2261 m; Schlepplifte in Reschen, St. Valentin a. d. Haide und Melag; Skischule; Eislaufplatz; Eisschießen; Siehe auch St. Valentin a. d. Haide.

- **Al Moro,** ☎ 83 120, 26 Zi (mB/mD), P ❀ ≈, Sauna
- **Lago di Résia – Seehotel Reschen,** ☎ 83 118, 33 Zi (27 mB/mD), P G ❀ ≈
- **Etschquelle – Sorgente dell 'Adige,** ☎ 83 125, 19 Zi (16 mB/mD), P, Sauna
- **Reschenerhof,** Richtung Grenze, ☎ 83 169, 25 Zi (4 mB/11 mD), P ❀

3 km nach S liegt **Graun im Vintschgau** (Curon Venosta), 1520 m, 2.370 Ew.

RICCIONE* 32.069 Ew, 6 m (10 E2)

Provinz Forlì. Riccione ist einer der bekanntesten, elegantesten und bestbesuchten Badeorte an der mittleren Adria. Mit seinen vielen Grünanlagen hat es den Charakter einer Gartenstadt.

✉ 47036, ✆ 0641, 📯 B2, ✆ A1, ℹ AA: Piazzale Ceccarini 10, B2, ☎ 43 361; Informationsbüro im Bahnhof, ☎ 60 03 81

Freizeitangebot: Tennis (20 Plätze); Bowling; Go-Kart; Reitschule; Yachthafen; Segel- und Wasserskischule; Flughafen in Miramare (ca. 5 km).

Alle Betriebe mit Strandservice

Atlantic ◪, Lungomare Libertà 15, ☎ 60 11 65, [Tx] 550192, 62 Zi (mB/mD), [P] [G] ≋, AIR . . . . . (B2, **aa**)

Savioli Spiaggia ◪, Viale d'Annunzio 6, ☎ 43 252, [Tx] 551038, 71 Zi (mB/mD), [P] ❀ ≋, AIR, Sauna . . . . . (A1–2, **c**)

Abner's, Lungomare Republica, ☎ 60 06 01, [Tx] 550153, 50 Zi (mB/mD), [P] ⚲, ganzjährig geöffnet . . . . . (B2, **e**)

Corallo ◪, Viale Gramsci 113, ☎ 60 08 07, [Tx] 550391, 83 Zi (mB), [P] ⚲. . . . . (C3, **x**)

Sporting ◪, Viale d'Annunzio 98, ☎ 41 359, 41 Zi (mB/mD), [P] . . . . . (A1, a. P.)

De La Ville ◪, Via Spalato 5, ☎ 41 329, 57 Zi (mD), [P] ❀ ≋, TV, AIR . . . . . (B2, **g**)

Promenade ◪, Viale Battisti 1, ☎ 41 697, 39 Zi (mB/mD), [P] [G] ❀ . . . . . (B3, **a**)

Augustus ◪, Viale Oberdan 18, ☎ 43 434, 36 Zi (mD), [P] ❀ ≋, AIR . . . . . (B2, **o**)

President ◪, Via Virgilio 12, ☎ 41 150, 23 Zi (mD), TV, AIR. . . . . (B2, **h**)

Alexandra Plaza ◪, Viale Torino 59 (Richtung Misano), ☎ 61 53 44, [Tx] 550153, 60 Zi (mB), [P] ❀, TV . . . . . (C3, a. P.)

Baltic ◪, Piazzale di Vittorio 1, ☎ 60 09 66, 71 Zi (mB), [P] . . . . . (C3, **m**)

Luna, Viale Ariosto 5, ☎ 40 034, 48 Zi (mB/mD), [P] ❀ ≋ . . . . . (B2, **h**)

Club Hotel ◪, Viale d'Annunzio 58, ☎ 42 105, 68 Zi (mB/mD), [P] . . . . . (A1, **j**)

Sarti ◪, Piazzale di Vittorio, ☎ 42 264, 60 Zi (mD) . . . . . (C3, **q**)

Tropic ◪, Viale d'Annunzio 36, ☎ 41 309, 36 Zi (mD), [P] . . . . . (A1, **b**)

Dory ◪, Viale Puccini 4, ☎ 40 869, 44 Zi (4 mB/37 mD), [P] ❀, AIR . . . . . (A1, **i**)

Gemma, Viale d'Annunzio 82, ☎ 43 251, 32 Zi (mD), ganzjährig geöffnet . . . . . (A1, a. P.)

Anna ◪, Viale Trento Trieste 48, ☎ 60 15 03, 29 Zi (mB/mD) . . . . . (C3, **k**)

Ambasciatori ◪, Viale Milano 99, ☎ 60 15 17, 37 Zi (mD), [P] . . . . . (C3, **f**)

Adlon ◪, Viale d'Annunzio 104, ☎ 41 849, 36 Zi (mD), [P] ≋. . . . . (A1, a. P.)

Clipper ◪, Lungomare Constituzione 21, ☎ 48 216, 40 Zi (mB), [P]. . . . . (A1, **aj**)

Diamond ◪, Via Bandiera 1, ☎ 60 26 00, 36 Zi (mD), [P] ❀. . . . . (C3, **ai**)

Maestri ◪, Viale Gorizia 4, ☎ 43 201, 42 Zi (mD), [P]. . . . . (B2, **at**)

Arizona ◪, Viale d'Annunzio 22, ☎ 48 520, 68 Zi (mB/mD), [P] ❀ . . . . . (A1, **l**)

Belvedere ◪, Viale Gramsci 95, ☎ 60 15 06, 53 Zi, [P] ❀ . . . . . (C3, **ae**)

Mon Cheri ◪, Viale Milano 9, ☎ 60 11 04, 43 Zi (mB/mD), [P] . . . . . (B2, **d**)

Flamengo ◪, Viale d'Annunzio 55, ☎ 41 741, 34 Zi (mD) . . . . . (A1, **z**)

Petronio ◪, Viale Goldoni 9, ☎ 42 111, 50 Zi (mD), [P] . . . . . (A1, a. P.)

Morri ◪, Viale d'Annunzio 42, ☎ 42 753, 26 Zi (mB/mD), [P] . . . . . (A1, **am**)

Select, Viale Gramsci 89, ☎ 60 06 13, 42 Zi (mD), ❀ . . . . . (C3, **w**)

Selene ◪, Viale Gramsci 122, ☎ 60 06 14, 30 Zi (mB/mD), [P] . . . . . (C3, **as**)

d'Este ◪, Viale d'Azeglio 5, ☎ 48 476, 32 Zi (29 mD), [P] . . . . . (A1, a. P.)

Mauritius ◪, Viale Fucini 5, ☎ 40 703, 59 Zi (mD), [P] . . . . . (A1, a. P.)

Montecarlo ◪, Viale d'Annunzio 18, ☎ 42 048, 36 Zi (3 mB/31 mD), [P] . . . . . (A1, **ag**)

🍴🍴🍴 **Al Pescatore,** Via Nievo 11, ☎ 42 526, Meeresspezialitäten, Di + Nov. u. Dez. . . . (B2, **ra**)
🍴🍴🍴 **Punta de l'Est** ◪, Via Emilia 173, ☎ 42 448, Grillspezialitäten, ❀, Mo + Nov. . . . (A1, a. P.)
🍴🍴🍴 **Da Fino** ◪, Via Galli 1, ☎ 43 326, Meeresspezialitäten vom Grill, Mi + Okt. . . . (A2, **rb**)
🍴🍴 **Gambero Rosso** ◪, Molo Levante, ☎ 41 200, Grillspezialitäten, Di + Jan. . . . . . (A2, **rc**)

VERANSTALTUNGEN – In Riccione finden zahlreiche gesellschaftliche und künstlerische Veranstaltungen statt. Besonders in der Badesaison gibt es Gemäldeausstellungen, Konzerte, Kongresse und Sportveranstaltungen; erwähnenswert sind der „Premio Riccione", ein Preis für das italienische Schauspiel undn die Tagung der Theaterkritiker (Juni); die internationale Briefmarkenmesse Riccione – San Marino (August); der Große Preis von Riccione für Kunst und Schauspiel (15. August); der Numismatiker-Kongreß (September). – Interessant auch das moderne Delphinbecken an der Strandpromenade.
Eine *archäologische Sammlung* neben der Städtischen Bücherei, Via Sirtori 7 (B1), zeigt Funde aus der Bronze- und Eisenzeit, Keramiken und Inschriften aus der Römerzeit, die bei Ausgrabungen in jüngster Zeit ans Tageslicht gekommen sind. *Besichtigung auf Anfrage,* ☎ *60 05 04.*
In einem kleinen Park (Viale Torino Nr. 14) liegen die **Terme di Riccione,** wo im Kurhaus *Fonti del Beato Alessio* vier verschiedene Quellen für Trinkkuren verwendet werden (Sole-Brom-Jod-Quelle, Schwefelquelle) mit erfrischender, reinigender, entgiftender Wirkung, speziell bei leichten Leberstörungen.
AUSFLÜGE – 18 km nach SW, nach **Montefiore Conca,** 385 m, 1.464 Ew, einem malerischen Dorf auf einem Hügel über dem Conca-Tal, dicht gedrängt um die riesige *Burg* der Malatesta aus dem 14. Jh.; im Hof Brunnenbecken aus dem 14. Jh.; von den Mauern aus schöner Blick★ auf die Adriaküste. In der *Pfarrkirche* ein Kruzifix auf Holz, Schule von Rimini des 14. Jhs., und eine Madonna mit Kind, von Bartolomeo di Gentile. – 19 km nach S, vorbei an *Morciano,* 83 m, 2 500 Ew, nach **Saludecio,** 348 m, 2.405 Ew, einer Ortschaft von mittelalterlichem Gepräge in schöner Lage. Sehenswerte Reste der Befestigungsanlagen mit Portalen (14. Jh.); klassische **Pfarrkirche,** Ende 18. Jh., mit schönen Gemälden; **Palazzo Albini,** aus dem 16. Jh.

RIGOLATO 1.000 Ew, 760 m (5 A3)

Provinz Udine. Sommerfrische in Karnien, in freier Lage im Gorto-Tal.

✉ 33020, ✆ 0433

🍴🍴 **d'Andrea,** an der Kreuzung, ☎ 68 016, emilianische Küche, Do

RIMINI★ 129.506 Ew, 7 m (**10** E1-2)

Provinz Forlì; Bischofssitz. Große Stadt an der Küste der Romagna, an der Mündung des Flusses Marecchia in die Adria; wichtiger Verkehrsknotenpunkt. Schöne Altstadt mit Bauten aus der Römerzeit und aus der Renaissance, als Rimini unter der glanzvollen Herrschaft von Sigismondo Malatesta (1417–68) stand; **Rimini Marina,** mit den Orten *Viserba, Viserbella, Torre Pedrera* im N und *Rivazzurra* und *Miramare* im S, ist einer der größten Badeorte Europas.

✉ 47037, ✆ 0541, 📯 D2, ✆ C2 und C4, ℹ EPT: Piazzale C. Battisti, C2–3, ☎ 27 927; AA: Parco Indipendenza, B3, ☎ 24 511, Flughafen Miramare (5 km); Alitalia, am Flughafen, ☎ 65 457.

Freizeitangebot: Schwimmbad; Tennis (22 Plätze); Scheiben- und Tontaubenschießen; Reitplatz mit Reitschule; Fechtschule; Bowling; Go-Kart; Baseballstadion; Turnhalle; Passagierschiffahrt, Yachthafen.

in Rimini Città:
🏨 **Napoleon,** Piazza C. Battisti 22, ☎ 27 501, 64 Zi (12 mB/36 mD), P ❀ . . . . (C2, **a**)
🏨 **Duomo,** Via G. Bruno 28, ☎ 24 215, 42 Zi (8 mB/32 mD), G . . . . (C–D2, **b**)
🍴🍴🍴 **Vecchia Rimini,** Piazza Ferrari, ☎ 26 610, AIR, Meeresspezialitäten, Mo . . . . (C2, **rb**)
🍴🍴 **La Bicocca – da Enzo,** Via S. Chiara 105, ☎ 24 148, So . . . . (D1, **rp**)
🍴🍴 **Dalle Zio,** Via S. Chiara 16, ☎ 52 325, Di + Juli . . . . (D2, **rd**)

in Rimini Marina: *Alle Betriebe mit Strandservice*
🏨 **Grand Hotel** ◪, Piazzale Indipendenza, ☎ 24 211, Tx 550022, 1?9 Zi (mB/mD), P ≈ ✂, TV, AIR . . . . (A3, **f**)
🏨 **Imperiale,** Viale Vespucci 16, ☎ 52 255, Tx 550273, 62 Zi (mB/mD), P ❀ ≈, TV, AIR, Sauna . . . . (B3, **i**)
🏨 **Ambascitori,** Viale A. Vespucci 22, ☎ 27 642, Tx 550132, 70 Zi (mB/mD), P ❀ ≈ ✂, TV, AIR . . . . (B3, **r**)
🏨 **Bellevue,** Piazza Kennedy 12, ☎ 54 116, Tx 550546, 66 Zi (mB/mD), P, TV, AIR . . (B4, **d**)
🏨 **Waldorf,** Viale A. Vespucci 28, ☎ 54 725, 52 Zi (mB/mD), P ❀ ≈, TV, AIR . . . . . (B3, **c**)
🏨 **Club House,** Viale Vespucci 52, ☎ 52 166, 28 Zi (mB/mD), P, TV, AIR . . . . (C4, **e**)
🏨 **Villa Adriatica,** Viale A. Vespucci 3, ☎ 54 599, 70 Zi (mB/mD), P ❀ ≈, AIR . . . . (B3, **h**)
🏨 **Villa Rosa-Riviera** ◪, Viale A. Vespucci 71, ☎ 22 506, Tx 550312, 67 Zi (mD) . . . . (B2, **q**)
🏨 **National** ◪, Viale A. Vespucci 42, ☎ 24 963, 71 Zi (mB/mD), P . . . . (C4, **p**)
🏨 **Biancamano,** Via Cappellini 1, ☎ 55 491, 68 Zi (mD) . . . . (A3, **g**)
🏨 **Admiral,** Viale Regina Elena 67, ☎ 81 771, Tx 550527, 90 Zi (mD), P G . . . . (D4, **l**)
🏨 **Sporting** ◪, Viale A. Vespucci 20, ☎ 55 391, 78 Zi (mB/mD), P ❀ ≈ . . . . (B3, **j**)
🏨 **Rosabianca,** Viale Tripoli 186, ☎ 22 577, 52 Zi (mD), P G . . . . (C–D3, **z**)
🏨 **Villa Verde,** Viale Vespucci 38, ☎ 24 742, 35 Zi (mB/mD), P ❀, TV . . . . (C4, **x**)
🏨 **Diplomat,** Viale Regina Elena 70, ☎ 80 011, 68 Zi (mB/mD), P, AIR . . . . (E4, **s**)
🏨 **Oriente** ◪, Viale Regina Elena 57, ☎ 81 205, 58 Zi (mB/mD), P ≈ . . . . (D4, **w**)
🏨 **Eurogarden** ◪, Via Settimi 3, ☎ 80 308, 27 Zi (mD), P . . . . (E4, a. P.)
🏨 **Kursaal** ◪, Viale Regina Elena 80-A, ☎ 81 007, 50 Zi (mB/mD), P . . . . (E4, a. P.)

Aristeo, Viale Regina Elena 106, ☎ 81 150, 44 Zi (mD), [P] ❀ ≈ . . . . (E4, a. P.)
Metropole ◪, Viale Regina Elena 64, ☎ 81 059, 43 Zi (3 mB/34 mD), [P] . . . . (E4, **m**)
Ciotti ◪, Viale Regina Elena 98, ☎ 80 055, 45 Zi (mD), [P] ❀ . . . . (E4, a. P.)
Ariminum ◪, Viale Regina Elena 159, ☎ 80 472, 37 Zi (mD), ❀ . . . . (E4, a. P.)
Rondinella ◪, Via Neri 3, ☎ 80 567, 28 Zi (mD), ❀ . . . . (E4, a. P.)
Annetta ◪, Viale G. Carducci 42, ☎ 22 627, 33 Zi (1 mB/27 mD) . . . . (D4, **n**)
Lotus ◪, Via Rovani 3, ☎ 81 680, 47 Zi (mD), [P] ❀ ≈ . . . . (D4, **t**)
Nancy ◪, Via G. Leopardi 11, ☎ 81 731, 26 Zi (mD), [P]. . . . . (D4, **y**)
La Torretta Bramante ◪, V. Reg. Elena 199, ☎ 80 286, 53 Zi (3 mB/47 mD), [P] ❀ . . . . (E4, a. P.)
Belvedere, Molo di Levante, ☎ 50 178, am Meer, ~~Mo~~ im Winter . . . . (A3, a. P.)
Embassy ◪, Viale Vespucci, ☎ 52 290, ~~Di~~ . . . . (B3, **rf**)

🍴 **Chez-Vous ◪,** Viale A. Vespucci 3/A, ☎ 51 213, ~~Mo~~ . . . . (B3, **rh**)
🍴 **Taverna degli Artisti ◪,** Viale A. Vespuccid 1, ☎ 28 519, ~~M~~ im Winter. . . . . (B3, **ru**)

in Colle di Covignano, 4 km landeinwärts:
🍴 **Parco Covignano ◪,** Via Covignano 265, ☎ 75 11 54, schöner Park, ~~Di~~

in Bellariva, 2 km:
🏨 **Oceanic ◪,** Viale Rimembranze 88, ☎ 80 660, 56 Zi (mD), P ❀ ≈
🏨 **Acerboli ◪,** Via Bertinoro 14, ☎ 33 051, 30 Zi (mD), P ❀
🏨 **Dell 'Angelo ◪,** Via Torino 1, ☎ 80 122, 70 Zi (60 mD), P ❀

in Marebello, 3 km:
🏨 **Carlton ◪,** Viale Regina Margherita 6, ☎ 32 361, 65 Zi (mD), P, am Meer
🏨 **Ravello ◪,** Viale Rapallo 3, ☎ 33 119, 26 Zi (mD), P

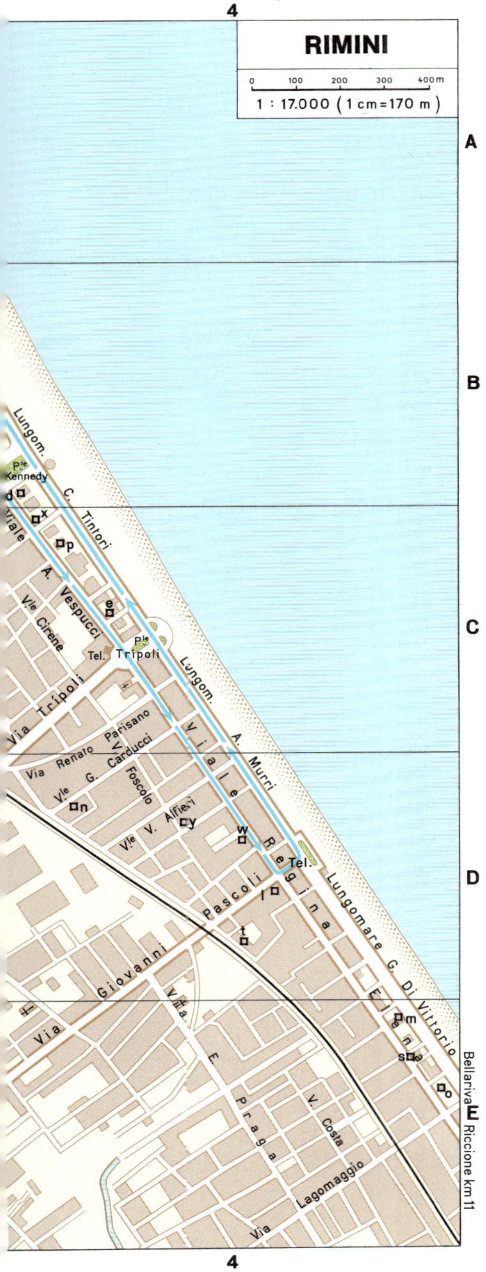

in Rivazzurra, 4 km:
🏨 **Grand Meeting ◪,** Viale Regina Margherita 46, ☎ 32 123, 34 Zi (mB/mD), P, AIR, am Meer
🏨 **De France ◪,** Viale Regina Margherita 48, ☎ 31 551, 65 Zi (mB/mD), P ≈, am Meer
🏨 **Flamingo ◪,** Viale Regina Margherita 36, ☎ 33 731, 38 Zi (mD), P ≈, am Meer
🏨 **San Francisco ◪,** Viale Regina Margherita 42, ☎ 32 338, 54 Zi (mB/mD), P, am Meer
🏨 **Nelson ◪,** Viale Regina Margherita 40, ☎ 32 259, 40 Zi (mD), P, am Meer
🏨 **Haway ◪,** Viale Regina Margherita 38, ☎ 32 367, 36 Zi (mD), P, am Meer

in Miramare (✉ 47045), 5 km:
🏨 **Touring,** Viale Regina Margherita 82, ☎ 33 005, Tx 550273, 66 Zi (mB/mD), ❀, an der Seepromenade
🏨 **Ascot ◪,** Viale Principe di Piemonte 38, ☎ 32 738, 42 Zi (mB/mD), P
🏨 **Due Mari ◪,** Viale Principie di Piemonte 53, ☎ 30 660, 58 Zi (mD), P, ❀, am Meer
🏨 **Roma ◪,** Viale Regina Margherita 78, ☎ 30 605 64 Zi (mB/mD), P, am Meer
🏨 **Mulazzani ◪,** Viale Principe di Piemonte 1, ☎ 32 345, 66 Zi (mD), P G, am Meer
🏨 **Miramare ◪,** Viale Oliveti 93, ☎ 32 510, 55 Zi (mD), P
🏨 **Giannini ◪,** Viale Principe di Piemonted 10, ☎ 30 736, 39 Zi (31 mB), P ❀, am Meer
🏨 **Centrale ◪,** Viale Principe di Piemonte 14, ☎ 30 432, 60 Zi (mD), P
🏨 **La Fiorita ◪,** Viale Principe di Piemonte 8, ☎ 30 339, 75 Zi (60 mD), P, am Meer
🏨 **Arno ◪,** Via Marinelli 9, ☎ 32 369, 30 Zi (mD)

in S. Giuliano a Mare:
🏨 **Delle Nazioni ◪,** Viale Ortigara 37, ☎ 27 844, 52 Zi (mD), P ❀, am Meer . . . . (A2, **am**)
🏨 **St. Gregory ◪,** Via L. Lando 40, ☎ 53 450, 49 Zi (46 mD), P ❀ ≈, am Meer. . . . . (A2, **ar**)

in Rivabella, 2,5 km:
🏨 **Neframa ◪,** Via Toscanelli 36, ☎ 28 724, 42 Zi (39 mD), P ❀, Seeblick . . . . (A1, a. P.)
🏨 **Plage ◪,** Via Avisio 7, ☎ 28 602, 30 Zi (24 mD), P, am Meer . (A1, a. P.)
🏨 **Broom ◪,** Via Podgora 5, ☎ 54 756, 50 Zi (mD), P. . . . . (A1, a. P.)
🏨 **Driade ◪,** Via Toscanelli 25, ☎ 22 825, 33 Zi (mB/mD), P, am Meer. . . . . (A1, a. P.)
🏨 **Costa del Sole ◪,** Via Toscanelli 1-A, ☎ 27 857, 27 Zi (mD), ❀, am Meer. . . . . (A1, **k**)

in Viserba (✉ 47049), 4 km Richtung Cesenático:
- **Bryon** ◪, Via G. Dati 88, ☎ 78 81 61, 30 Zi (mD), Seeblick
- **Tritone** ◪, Via Toscanelli 110, ☎ 73 44 07, 37 Zi (33 mD), 🅿, am Meer
- **Adriatica** ◪, Via G. Dati 1, ☎ 73 82 33, 36 Zi (29 mD), am Meer
- **Nautic** ◪, Via G. Dati 91, ☎ 73 82 35, 31 Zi (28 mD), am Meer
- **Romagna Mia – da Maurizio** ◪, Via Popilia 237 (auf dem Minimondo-Gelände), ☎ 73 52 75, Mo

in Viserbella (✉ 47040), 5 km Richtung Cesenático:
- **Life** ◪, Via Porto Palos 34, ☎ 73 83 70, 45 Zi (mD), ≋, an der Seepromenade
- **Sirio** ◪, Via Spina 3, ☎ 73 46 39, 37 Zi (mD), 🅿 ❀, Seeblick
- **Viking** ◪, Via Galatea, ☎ 73 86 89, 40 Zi (mD), 🅿 ❀, Seeblick
- **Palos** ◪, Via Porto Palos 154, ☎ 72 10 15, 34 Zi (mD), 🅿 ❀
- **Brenta** ◪, Via Porto Palos 134, ☎ 73 43 50, 40 Zi (35 mD)
- **Gallia** ◪, Piazza Monti 40-E, ☎ 73 86 20, 32 Zi (mD), an der Seepromenade

in Torre Pedrera, 7 km Richtung Cesenático:
- **El Cid** ◪, Viale Tocra 5, ☎ 72 01 85, 41 Zi (mD), ❀
- **Doge** ◪, Via San Salvador 156, ☎ 72 01 70, 50 Zi (mD), 🅿 ❀, Seeblick
- **Montmartre** ◪, Via San Salvador 36, ☎ 72 03 11, 60 Zi (mD), 🅿 ≋, an der Seepromenade
- **Du Lac** ◪, Via Lago Tana 12, ☎ 72 04 62, 46 Zi (mD), 🅿 ❀, Seeblick
- **Avila** ◪, Via San Salvador 192, ☎ 72 01 73, 54 Zi (mD), an der Seepromenade

Die ersten schüchternen Anfänge des Badewesens in Rimini gehen bis ins Jahr 1830 zurück. Mit dem Bau von Badeeinrichtungen (1843) entstand der *Lido von Rimini;* ab 1850 begann der Zustrom von vorwiegend deutschen Touristen. Mit der Eröffnung der Eisenbahnlinie Ancona-Bologna (1861), der Errichtung des *Kursalons* (1872), des *Istituto Idroterapico* (*Kuranstalt,* 1876) und des *Grand Hotel* (1908) waren die Voraussetzungen zur Entwicklung zu einem mondänen Badeort gegeben. Zwischen den Kriegen breiteten sich entlang der Küste, besonders nach S, zahlreiche Strandbäder aus, aber der schlagartige Aufstieg Riminis zum internationalen Seebad erfolgte erst ab 1950. Wichtigste Faktoren waren dabei der Ausbau der Verkehrsmittel (Eröffnung der Adria-Autobahn und, 1958, des Flughafens) und besonders die rasche Verbreitung des Massentourismus. Heute erstreckt sich die Badezone mit Fremdenverkehrseinrichtungen (ungefähr 1500 Hotels und Pensionen) fast ohne Unterbrechung über 15 km von Bellaria-Igea Marina (s. d.) bis Riccione (s. d.).
Sehenswürdigkeiten auf einen Blick – *Tempio Malatestiano★★; Triumphbogen des Augustus★.*
Stadtbesichtigung – Erfordert einen halben Tag. Das Auto nach Möglichkeit auf der Piazza Malatesta abstellen und die zentralgelegene Piazza Cavour zu Fuß erreichen; über den Corso Cavour zur Piazza Tre Martiri, von wo aus man einen Abstecher zum **Tempio Malatestiano★★** macht; dann weiter zum *Triumphbogen des Augustus★.* Mit dem Auto gelangt man zu den Badeorten jenseits der Eisenbahntrasse; man fährt über den Viale Principe Amedeo und die belebten Straßen entlang des Meeres und parkt am malerischen Hafenkanal.
Kurbetrieb – Im neuen *Istituto talassoterapeutico* in Miramare wird die Thalassotherapie praktiziert. Es handelt sich dabei um Kurbehandlungen mit Sand und Meerwasser (heiße Sandpackungen, Bäder in erwärmtem, mit Ozon angereichertem Meerwasser, Irrigationen, Inhalationen) bei Erkrankungen des Unterleibs und der Atemwege. *Saison:* Juni–Sept.
Veranstaltungen – Rimini ist ein bedeutendes Kongreßzentrum. In der Badesaison finden zahlreiche künstlerische, kulturelle, sportliche und folkloristische Veranstaltungen und Messen statt (Internationale Einrichtungsmesse im Dez.). Jährlich von April bis September die Sagra Musicale (Musikfest) im Tempio Malatestiano. Unter den Freizeiteinrichtungen ist, besonders für Kinder, das *Fiabilandia* (Märchenland) in Rivazzurra und *Italia in Miniatura (Minimondo)* in Viserba zu erwähnen.

Piazza Cavour (C–D1) – Altes Stadtzentrum mit einem Denkmal für Papst Paul V. (1613) und einem Brunnen aus dem 16. Jh. An einer Seite des Platzes der rekonstruierte *Palazzo Comunale (Rathaus),* der *Palazzo dell 'Arengo* mit einer Erdgeschoß-Loggia und Polyforenöffnungen, von 1204 (im großen Saal im Oberstock ein riesiges abgelöstes Fresko aus der Schule von Rimini des 14. Jhs. mit der Darstellung des Jüngsten Gerichts, und ein weiteres aus dem 16. Jh. mit dem Letzten Abendmahl), sowie der gotische *Palazzo del Podestà* von 1334; am anderen Ende das *Teatro Comunale* (*Stadttheater* 19. Jh.).
Im Erdgeschoß des Palazzo del Podestà ist das MUSEUM PRIMITIVER KUNST *(Museo delle arti Primitive)* untergebracht. *Besichtigung nach Voranmeldung: 8.30–13 Uhr,* ☎ *23 667.* Es besteht hauptsächlich aus der Sammlung Dinz Rialto: reichhaltige ethnographisches Material an Eingeborenenkunst aus Afrika, Ozeanien und Kolumbien; Skulpturen, Votiv- und Ritualmasken; Idole und Kultgegenstände.
Piazza Tre Martiri (D2) – An der Stelle des antiken, römischen Forums, wo Cäsar 49 v. Chr. nach Überquerung des Rubicon eine Ansprache an seine Soldaten gehalten haben soll. Auf dem Platz befinden sich der *Uhrturm* und der restaurierte achteckige *Tempel (Tempietto di S. Antonio),* in Gedenken an das Mauleselwunder des hl. Antonius, das angeblich hier im 13. Jhs. stattgefunden hat.

Tempio Malatestiano★★ (D2) – Das berühmteste Kunstwerk von Rimini und einer der schönsten Frührenaissancebauten. Die Kirche (nach schweren Kriegsschäden wiederhergestellt) stammt aus dem 13. Jh., wurde aber im Auftrag von Sigismondo Malatesta 1447–1460 fast völlig erneuert. Die grandiose Fassade (im oberen Abschnitt unvollendet) entstand nach Plänen von Leon Battista Alberti und orientiert sich an römischen Triumphbögen. An der rechten Seite Arkadenbögen mit Sarkophagen berühmter Persönlichkeiten.

Rimini: Tempio Malatestiano

Der INNENRAUM ist gotisch, einschiffig und wurde bis auf die Höhe der ersten drei Kapellen, (die von schönen Balustraden des Veroneser Bildhauers Matteo de' Pasti abgeschlossen sind), restauriert. Die reiche und elegante plastische Innenausstattung ist von Agostino di Duccio und Gehilfen. Rechts vom Eingang das Grab des Sigismondo Malatesta. Auf der rechten Seite, in der Reliquienkapelle (schließt an die 1. Kapelle an) ein abgelöstes Fresko** von Piero della Francesca; Sigismondo kniend vor dem hl. Sigismund (1451). In der zweiten Kapelle das Grab der Isotta degli Atti**, der dritten Frau von Sigismondo, vielleicht ein Werk von Matteo de' Pasti, und ein Kruzifix** auf Holz von Giotto. In der ersten Kapelle links die Grablege* der Vorfahren und Nachkommen, 1454, von Agostino di Duccio.

Triumphbogen des Augustus* (D2) – Der älteste aller erhaltenen römischen Triumphbögen, und einer der schönsten; mit einer von Säulen gerahmten und von einem Tympanon bekrönten Öffnung (die Zinnen stammen aus dem Mittelalter). Er wurde 27. v. Chr. zu Ehren des Kaisers Augustus an der Stelle errichtet, wo sich die von ihm erneuerte Via Flaminia mit der Via Emilia schneidet.

WEITERE SEHENSWÜRDIGKEITEN UND MUSEEN – **Ponte di Tiberio*** (C1), eine fünfbögige Römerbrücke über den Fluß Marecchia, errichtet unter Augustus, vollendet von Tiberius (14–21 n. Chr.). Auf der anderen Seite der Brücke rechts die Kirche **S. Giuliano** (C1) aus dem 16. Jh.; im Chor das Altarbild Martyrium des hl. Julianus*, von Veronese, und in der 3. Kapelle links ein Flügelaltar von Bittino da Faenza (1409; Szenen aus dem Leben des hl. Julianus).
Castel Sigismondo (D1) – Am Ende der großen Piazza Malatesta; restaurierte Reste des Schlosses, das 1446 nach Plänen von Sigismondo unter Beratung von Filippo Brunelleschi fertiggestellt wurde.
S. Agostino (D1) – Romanisch-gotische Kirche (1246) mit schöner Apsis und hohem Glockenturm*; im einschiffigen Inneren befinden sich in der Apsis und in einer Kapelle unter dem Glockenturm interessante Fresken* der Schule von Rimini des 14. Jhs.
Stadtmuseum und Gemäldegalerie (*Museo und Pinacoteca Comunale* C2) – Vorübergehend in der *Biblioteca Civica* (Städtische Bibliothek), Via Gambalunga 27, untergebracht und nur zum Teil zu besichtigen. *Öffnungszeiten: 9.30–12.30 Uhr; Mo geschl.* Das Museum zeigt archäologische Funde, Keramiken, Gobelins, Renaissancemedaillen. Besonders interessant die Gemäldegalerie mit einigen Bildern der Schule von Rimini des 14. Jhs. und anderen Werken. Hervorzuheben sind: eine Pietà, von Giovanni Bellini, ein Bild von D. Ghirlandaio (Heilige*) und eine Berufung des hl. Matthäus*, von Guido Cagnacci.

AUSFLÜGE – 3 km nach SW zur Kirche **Madonna delle Grazie** aus dem Ende des 14. Jhs. (die Fassade stammt von 1578, die Vorhalle aus dem 17. Jh.), auf dem malerischen Hügel bei Covignano gelegen. Gegenüber das MUSEO DELLE GRAZIE *(Besichtigung auf Anfrage, ausgenommen Mo, ☎ 75 10 61),* mit einer beachtlichen ethnographischen Sammlung, einer Abteilung mit alten chinesischen Münzen, Ausgrabungsfunden und Gemälden. Nicht weit davon, befindet sich in einem Park das *Thermalbad Galvanina,* wo bikarbonat-, kalk-, alkalihältiges Wasser gegen Erkrankungen des Verdauungsapparates, der Harnwege und einige Arten von Stoffwechselstörungen angewendet wird. Kleines *Museum,* in dem naturkundliche, archäologische Objekte und Kunstgegenstände ausgestellt sind. In der Nähe, 3,7 km von Rimini, befindet sich die Kirche *S. Fortunato* aus dem 14. Jh.
17 km nach SW nach **Verucchio,** 296 m, 6.525 Ew, dem Ursprungsort der Familie Malatesta, in schöner Lage; mit einer Burg, die von Sigismondo 1449 restauriert wurde *(Besichtigung: Sommer 9–12, 14–19 Uhr; Winter, nur am Sonntag: 10–12, 14–18 Uhr).* Im Festsaal ein kleines Museum mit frühgeschichtlichen Objekten und einer Steinsammlung. In der Kollegiatskirche *Ss. Martino e Francesco d'Assisi* sind, neben anderen Gemälden, ein bemaltes Holzkruzifix des Venezianers Niccolò di Pietro (1404) und ein weiteres aus der Rimineser Schule des 14. Jhs. (in Restaurierung, nachdem es gestohlen und wiedergefunden wurde) zu sehen. In der nahe gelegenen Gemeindefraktion *Villa Verucchio* (129 m) ist im Kreuzgang des Franziskanerklosters eine riesige Zypresse* zu besichtigen, die angeblich vom hl. Franziskus selbst gepflanzt worden sein soll.

RIOLO TERME 4.760 Ew, 98 m (9 D2)

Provinz Ravenna. Thermalbad im unteren Senio-Tal, mit alten Befestigungsmauern, die den mittelalterlichen Stadtkern und die Burg aus dem 14.–15. Jh. umschließen.

✉ 48025, ✆ 0546, ℹ AA: Corso Matteotti 40, ☎ 71 044

Freizeitangebot: Tennis; Reiten.

- **Cristallo,** Via Firenze 7, ☎ 71 160, 69 Zi (mD), P G
- **Italia,** im Ort, ☎ 71 447, 36 Zi (mD), P, AIR
- **Serena,** im Ort, ☎ 71 086, 30 Zi (1 mB/15 mD), P G, AIR
- **Posta,** im Ort, ☎ 71 020, 38 Zi (1 mB/16 mD), G

KURBETRIEB – Schwefelsolehaltige und natriumchloridhaltige Wässer werden in Form von Inhalationen, Irrigationen, Schlammpackungen und Bädern besonders gegen Bronchialasthma und Bronchitis, Schwerhörigkeit und Rhinolaryngitis eingesetzt. *Saison:* Mitte April–Okt.
VERANSTALTUNGEN – Gemäldeausstellung „Arteforum"; Musikalische Abende: „Ferragosto von Riolo"; Gastronomietreffen „Meer und Hügel".

RITTEN (Renon)* 5.510 Ew, 1200 m (2 C1)

Weitläufiges, schönes Hochplateau im NO von Bozen, zwischen dem Talfer- und dem Eisacktal, beliebte Sommerfrische, auch Wintersportort; Hauptort der Gemeinde ist **Klobenstein** *(Collalbo),* 1156 m; 2 km nach SW liegt **Wolfsgruben** *(Costalovara),* 1206 m; 7,2 km entfernt **Oberbozen** *(Soprabolzano),* 1225 m.

✉ 39054, ✆ 0471, ℹ *Fremdenverkehrsverein* in Klobenstein, ☎ 56 100

Freizeitangebot: Tennis in Klobenstein und Oberbozen; Schwimmbad in Klobenstein, Oberbozen und Mittelberg; Bowling; Reiten; Seilbahn: Bozen 265 m – Oberbozen 1225 m; Schmalspurbahn Oberbozen – Klobenstein 1154 m; Sessellift: Pemmern 1530 m – Schwarzseespitze 2070 m; Schlepplifte in Oberbozen, Lengmoos, Pemmern und am Rittner Horn; Eislaufplatz;

in Oberbozen:
- **Post ◪,** ☎ 55 365, 32 Zi (28 mB/mD), P ❀, ≈ ♆, Sauna
- **Holzner ◪,** ☎ 55 231, 40 Zi (mB/mD), P ❀ ≈ ♆, Sauna
- **Regina,** ☎ 55 142, 24 Zi (mB/mD), P ❀ ♆, Sauna

in Klobenstein:
- **Spögler,** in Lengmoos (1 km), ☎ 56 143, 39 Zi (mB/mD), P, ≈, Sauna
- **Bemelmans,** ☎ 56 127, 49 Zi (mB/mD), P ❀ ✎
- **Dolomiti,** ☎ 56 134, 15 Zi (11 mB), P ❀
- **Piccolo Hotel Schnitzer ◪,** ☎ 56 226, 14 Zi (mB/mD), ❀ ≈ ♆

in Wolfsgruben:
- **Am Wolfsgrubnersee,** ☎ 55 119, 26 Zi (mB/mD), P ❀ ≈
- **Maier ◪,** ☎ 55 114, 24 Zi (mB/mD), P ❀ ✎, TV, Sauna, am See
- **Stella-Lichtenstern,** 1 km n. NO, ☎ 55 147, 26 Zi (14 mB/mD), P ❀

Auf dem Ritten wurde die „Sommerfrische" erfunden: Schon im 16. Jh. zogen sich die reichen Bozner Familien während der heißen Monate auf das Hochplateau mit seinem begünstigten Klima zurück. (Auch heute noch gehört ein Sommerhaus auf dem Ritten zu den gerühmten „Siebener Bozener Seligkeiten".) Die 1907 eröffnete Zahnradbahn wurde 1966 von einer Seilbahn abgelöst.
Eine geologische Sehenswürdigkeit ersten Ranges sind die **Rittener Erdpyramiden★,** bis zu 10 m hohe Steinpfeiler aus Moränenschutt.

RIVA DEL GARDA★ 13.177 Ew, 70 m (1 E2)

Provinz Trient. Hübsches Städtchen am nördlichsten Ende des Gardasees, beliebter Luftkurort.

✉ 38066, ✆ 0464, 📯 B2, ✆ B2, ℹ AA: Giardini Spiaggia degli Olivi, B2, ☎ 51 44 44

Freizeitangebot: Badestrand; Tennis; Reiten; Yachthafen; Passagierschiffahrt; Sessellift auf den Bastione 212 m–656 m.

- **Du Lac e du Parc ◪,** Viale Rovereto 38, ☎ 51 21 22, Tx 400258, 163 Zi (mB/mD), P ❀ ≈ ✎, Sauna . . . (B2, a. P.)
- **Lido Palace Hotel,** Viale Carducci 10, ☎ 51 26 64, 63 Zi (mB), P G ❀ ≈ . . . (B2, **a**)
- **Sole,** Piazza 3 Novembre 35, ☎ 51 26 86, 50 Zi (mB/mD), ❀, Terrasse am See . . . (B1, **b**)
- **Liberty,** Viale Carducci 3/5, ☎ 51 35 81, 34 Zi (mB/mD), P ❀ ≈ . . . (B2, **e**)
- **Astoria,** Viale Trento 9, ☎ 51 26 58, 96 Zi (59 mB/36 mD), P ❀ ≈ . . . (A2, a. P.)
- **Bellavista,** Piazza C. Battisti 4, ☎ 51 42 71, Tx 400278, 32 Zi (30 mD) . . . (B1, **n**)
- **Bristol,** Viale Trento 71, ☎ 52 10 00, Tx 401102, 45 Zi (mB/mD), P ❀ ≈, Sauna . . . (A2, a. P.)
- **Lucciola ◪,** Viale Trento 71, ☎ 52 553, 39 Zi (mD), P ❀ ≈ . . . (A2, a. P.)
- **Luise,** Viale Rovereto 9, ☎ 51 27 96, 58 Zi (mB/mD), P ❀ ≈ ✎ . . . (B2, **f**)
- **Venezia,** Viale Rovereto 62, ☎ 51 22 16, 24 Zi (mB/mD), P ≈ . . . (B2, a. P.)
- **Gardesana,** Via Brione 1 (viale Rovereto), ☎ 51 27 93, 38 Zi (mB/mD), P G ❀ ≈ . . (B2, a. P.)
- **Riviera,** Viale Rovereto 95, ☎ 51 22 79, 28 Zi (mB/mD), P G ❀ ≈ . . . (B2, a. P.)
- **Faccetta Nera,** Via Gazzoletti 8, ☎ 52 231, ~~Mi~~ . . . (B2, a. P.)
- **San Marco,** Viale Roma 20, ☎ 51 44 77, ~~Mo~~ . . . (A1, **r**)
- **La Rocca ◪,** Piazza Cesare Battisti, ☎ 52 217, ❀, ~~Mi~~ . . . (B1, **t**)
- **Bastione,** Via Bastione 19, ☎ 51 26 52, auch Zimmer, Vorbestellung . . . (A1, **u**)
- **Posta,** Viale S. Francesco 37, ☎ 53 438, ~~Mi~~ . . . (B2, **s**)

in der Umgebung:
- **La Gioiasa, ◪,** in Varone, Via delle Cartiere, ☎ 52 715, 43 Zi (5 mB/10 mD), P ❀ ≈
- **La Berlera,** in Ceole (2,5 km Richtung Varone), ☎ 54 085, P, in einer Grotte; Lokalkolorit, ~~Mo~~
- **Ponale – Casa della Trota,** an der Gardesana Occ., 2 km von Riva, ☎ 54 666, P, am See, ~~Mi~~
- **Grotta Cascata del Varone ◪,** beim Zugang zum Wasserfall, ☎ 54 292, P, ~~Di~~
- **Da Piero Bacon,** in nächster Nähe des Wasserfalls (3 km), ☎ 52 01 18, P, ~~Mo~~
- **Club Hotel Lago di Tenno,** am Tenno-See, 11 km nach N, ☎ 50 06 31, 44 Zi (mB/mD), P ❀ ≈ ✎

VERANSTALTUNGEN – Internationaler Kombinationswettbewerb Segeln-Skifahren (Mitte März) mit einer Segelregatta vor Riva und Riesenslalom auf den Hängen des Polsa di Brentónico; italienische Schuhausstellung (Juni); Hotelausstellung von Riva (Februar); Surfausstellung von Riva (Mai); Treffen junger Musiker; Nacht der Märchen; „Goldenes Segel"; Internationale Segelwoche am Garda (Juli); Goldener September; Fest des Gastes, mit Konzerten, Feuerwerk usw.

Piazza 3 Novembre (B1) – Hauptplatz des Städtchens, öffnet sich zum See und ist von Arkadengängen umgeben. Auf der einen Seite die *Torre Apponale,* ein Turm aus dem 13.–14. Jh.; gegenüber das *Rathaus* von 1482 und daneben der *Palazzo Pretorio* (14. Jh.)

Burg (**Rocca;** B1) – Ein von den Wassern des Sees umspülter, rechteckiger, turmbekrönter Bau aus dem 12. Jh. (später restauriert), in dem die *Bibliothek* und das **Museo Civico (Städtisches Museum)** untergebracht sind.

Zu sehen sind: Fossilien- und naturkundliche Sammlungen, Raritäten aus der Lokalgeschichte, Gemälde und Stiche; in einem großen Saal interessante Funde aus dem Pfahlbaudorf am Ledrosee; im Oberstock Rekonstruktionen von Trentiner Kunsthandwerk und Folklore, alte Waffen, Druckgraphik usw. *(Eintrittsgebühr; 8.30–12, 14.30–18.30 Uhr; Mo geschl.).*
Auf der anderen Seite der Burg, in einem Garten, ist der Eingang zur *Spiaggia degli Olivi* (B1–2) mit dem Strandbad.

Inviolata (A1–2) – Barocke Kirche über achteckigem Grundriß; begonnen 1603 von einem anonymen portugiesischen Architekten; im eleganten Inneren reiche Stuck- und Gemäldedekoration.

AUSFLÜGE – Mit dem Sessellift zur **Bastione,** 212 m, einem mächtigen zylindrischen Turm von 1508, unterhalb der Felsspitzen des Monte Rocchetta; schöne Aussicht. – 4 km nach N über die Straße nach Tenno, zum **Wasserfall von Varone*,** der über 90 m tief in eine riesige Felsspalte stürzt; den besten Blick hat man, auch wegen der Lichteffekte, von der oberen Terrasse *(Eintrittsgebühr).*

ROCCA PIÉTORE 1.758 Ew, 1143 m (4 A2)

Provinz Belluno. Sommer- und Winterfrische im Pettorina-Tal (einem Seitental des oberen Cordévole-Tals) am Fuß des mächtigen Marmolata-Massivs (s. d.), mit Blick auf den Monte Pelmo und den Monte Civetta.

✉ 32020, ✆ 0437, ℹ AA von Álleghe und Rocca Piétore, *Verkehrsbüro,* ☎ 72 13 19

Freizeitangebot: Tennis; Hallenbad in Malga Ciapela (Gasthof Tyrolia); Sessellifte in Sottoguda (siehe Marmolata).

in Malga Ciapela, 6,5 km Richtung Fedaja-Paß:
Malga Ciapela ◪, ☎ 72 11 31, 39 Zi (5 mB/31 mD), Ⓟ
Roy ◪, 72 12 46, 31 Zi (29 mD), Ⓟ
Tyrolia ◪, ☎ 72 20 54, 23 Zi (mD), Ⓟ ≋
in Bosco Verde, 3 km Richtung Fedaja-Paß:
Rosalpina, ☎ 72 20 04, 32 Zi (mD), Ⓟ
in Digonera (4 km Richtung Arabba):
Digonera, ☎ 72 11 93, 23 Zi (6 mB/14 mD), Ⓟ
in Laste, 1482 m (14 km von Digonera):
Bel Sit, ☎ 72 11 04, 9 Zi (1 mB/4 mD), Ⓟ

AUSFLUG – Auf die **Marmolata** (s. d.) über die *Serrai di Sottoguda* und mit der Seilschwebebahn von Malga Ciapela aus (6,5 km) oder mit dem Gondellift vom *Lago di Fedaia* aus (16 km).

ROLLEPASS (Passo di Rolle) 1970 m (2 D1–2)

Gemeinde Siror, Provinz Trient. Bergsattel zwischen dem Cismon- und dem Travignolo-Tal, mit Blick auf die Dreitausender der Pala-Gruppe; Sommerfrische und Wintersportort, Ausgangspunkt für Touren und Bergwanderungen.

✉ 38030, ✆ 0439, ℹ AA in S. Martino di Castrozza ☎ 68 101

Freizeitangebot: Sessellift auf die Segantini-Alm, 1938–2190 m Schlepplifte: Cemin-Cavallazza 2205 m, Costazza 2230 m, und andere.

Venezia, am Abhang von Predazzo, ☎ 62 024, 27 Zi (1 mB/18 mD), Ⓟ

SPAZIERGANG – 2,5 km zur **Baita Segantini** (2291 m), die auf einem Sattel liegt, von dem aus man ins Venegia-Tal hinunter bis zur Straße auf den Passo di Valles gehen kann. Von der malerischen Berghütte aus hat man einen großartigen Ausblick auf die Pala-Gruppe.

RONCEGNO 2.318 Ew, 505 m (2 D-E1)

Provinz Trient. Beliebter Kur- und Sommerfrischenort in der mittleren Valsugana.

✉ 38050, ✆ 0461, ℹ AA: ◪ Piazza De Giovanni 2, ☎ 76 40 28; Kurdirektion: Lévico (Villa Paradiso), ☎ 76 40 12, 70 64 81

Palace Hotel Terme ◪, ☎ 76 40 12, 58 Zi (mB/mD), ≋, Sauna, Kurbäder, div.
Villa Flora ◪, ☎ 76 40 30, 21 Zi (10 mB), Ⓟ

RONZONE 400 Ew, 1084 m (1 C3)

Provinz Trient. Sommerfrische im oberen Nonstal unterhalb des Mendelpasses; weite Fernblicke.

✉ 38010, ✆ 0463, ℹ *Verkehrsverein,* ☎ 81 187

Freizeitangebot: Schwimmbad; Tennis.

- **Regina del Bosco,** an der Straße Richtung Mendel, ☎ 81 267, 32 Zi (mB/mD), P ❄ ≈, Sauna
- **Stella delle Alpi,** ☎ 81 267, 36 Zi (mB/mD), P ❄ ✎
- **Orso Grigio,** via Regale 10, ☎ 82 198, P, Di

ROSOLINA MARE 1 m (10 A1)

Gemeinde Rosolina, Provinz Rovigo. Erst vor kurzem entstandener Badeort am Küstenstreifen der Adria zwischen der Mündung der Etsch und dem Po-Delta, in einer Pinienwaldung gelegen.

✉ 45010, ✆ 0426, ℹ AA: in Rosolina, Piazza G. Albertin 16, ☎ 66 45 41, und Viale dei Pini 60, ◪, ☎ 68 012

Freizeitangebot: Swimming-pool im Club Rosapineta; Tennis; Reiten; Segeln; Golf (18 Löcher) in Albarella.

- **Olympia ◪,** Viale dei Pini 40, ☎ 68 057, 62 Zi (57 mB/mD), P ❄
- **Alexander ◪,** Viale dei Pini 60, ☎ 68 047, 66 Zi (59 mD), P ❄
- **Ai Laghetti,** 300 m von der Romea-Straße, ☎ 66 72 10, P, Fische vom Grill, Mi

auf der Isola Albarella (22 km nach S, Auffahrt Rosolina):

- **Golf Hotel Albarella ◪,** ☎ 67 078, Tx 410221, 26 Zi (mB/mD), ❄ ≈ ✎, TV, AIR, Golf
- **Capo Nord ◪,** ☎ 67 139, Tx 410221, 48 Zi (mB/mD), ❄ ≈ ✎, AIR
- **Taverna Marinara ◪,** am Hafen, ☎ 67 019, Fischspezialitäten

6 km nach S (Zufahrt mit dem Auto von Rosolina, 22 km) liegt mitten im Lagunenbereich die Insel **Albarella** (518 ha, Privatbesitz). Ferienanlage in landschaftlich schönem Rahmen mit etlichen Luxushotels und Sportanlagen.

ROVERÈ VERONESE 1.921 Ew, 843 m (3 E3)

Provinz Verona. Sommer- und Winterurlaubsort in den Lessinischen Bergen mit vielen eingemeindeten Orten auf den umliegenden Hängen zwischen dem Squaranto- und dem d'Illasi-Tal. In 5 km Entfernung *Velo Veronese* (1087 m).

✉ 37028, ✆ 045, ℹ im Rathaus, ☎ 78 35 505

Freizeitangebot: Skilifte in der Conca dei Parpari und in Velo Veronese; Kleine Sprungschanze in Velo Veronese.

- **Centrale,** ☎ 66 55 13, 15 Zi (3 mD), ✾

in Cerro Veronese (✉ 37020), 8 km nach W:

- **La Pineta,** ☎ 69 96 33, 30 Zi (mB/mD), P ❄ ✾
- **Belvedere,** ☎ 69 95 08, 28 Zi (mD), P ✾

Bei Camposilvano, 9 km an der Straße nach Malga S. Giorgio, der **Covolo di Camposilvano,** 1220 m, eine Karsthöhle *(Besichtigung: Sa, So im Juni–Sept.; Anmeldung,* ☎ *045/78 35 600)* mit prähistorischen Fundstellen. Daneben das kleine *Lessinische Fossilien-Museum* mit Versteinerungen und Urmenschenfunden. *Öffnungszeiten: 8–12, 14–19 Uhr (Sommer); 14–17 Uhr (Winter).*

ROVERETO 33.071 Ew, 204 m (1 E2-3)

Provinz Trient. Hübsches Städtchen an einer breiten Stelle des Val Lagarina (mittleres Etschtal); Industrieort und Verkehrsknotenpunkt.

✉ 38068, ✆ 0464, 🚂 A2, ✆ A1–2, ℹ AA: Via Dante 63, B2, ☎ 30 363; TCI: Reisebüro Atierri, Via Dante 63

Freizeitangebot: Schwimmbad; Tennis; Boccia-Anlage..

- **Leon d'Oro,** Via Tacchi 2, ☎ 37 333, Tx 401010, 32 Zi (mB/mD), P G ❄, TV . . . . . (A1, **c**)
- **Rovereto,** Corso Rosmini 82/D, ☎ 35 222, Tx 401010, 49 Zi (5 mB/31 mD), P G ❄. (A1, **a**)
- **Rialto,** Via Carducci 13, ☎ 34 599, 60 Zi (1 mB/44 mD), P G. . . . . (A2, **e**)
- **Al Castello,** Via Castelbarco 7, ☎ 34 874, in der Burg, Mo . . . . (B2, **t**)
- **Al Borgo,** Via Garibaldi 13, ☎ 36 300, Mo . . . . (A2, **s**)
- **Cinghiale Blu,** Piazza del Grano, ☎ 33 088, Weinkost, Mi . . . . (B2, **r**)
- **La Genovesa,** 1,5 km auf der N. 42 nach Vicenza, Mi . . . . (B2, a. P.)

Burg *(Castello; B2)* – Im 14. Jh. von den Castelbarco errichtet und im 15. Jh. von den Venezianern erweitert (Zubau der großen Türme). Hier das **Museo Storico della Guerra★** *(Museum des Ersten Weltkriegs);* in 30 Sälen mit der größten italienischen Sammlung an Dokumenten und Erinnerungsstücken über den Krieg 1915–18. *Öffnungszeiten: 9–12, 14–17 Uhr bzw. 19 Uhr; Eintrittsgebühr.*

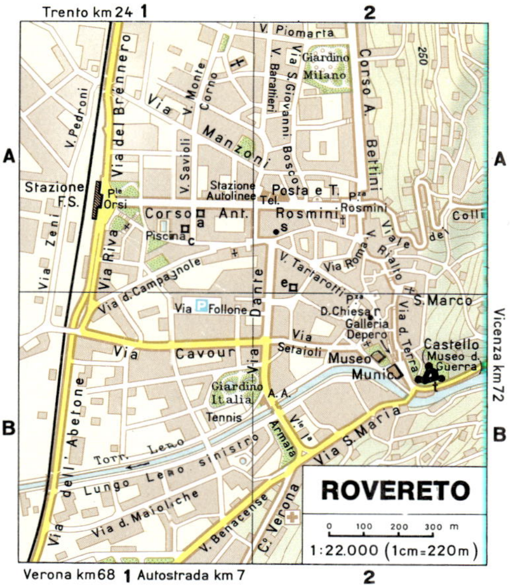

Palazzo del Municipio *(Rathaus; B2)* – Bau aus dem 15.–16. Jh. mit Resten von Fassadenmalerei und schönem Innenhof. Gegenüber großer Gedenkstein für die Gefallenen der aus Welschtirolern gebildeten Legion Trento, die 1915–1918 auf italienischer Seite fochten.

Städtisches Museum *(Museo Civico; B2) – Öffnungszeiten: 9–12, 14.30–17.30 Uhr (April–Sept.); 9–12 Uhr (Okt.–März); Mo und 15. Dez.–15. Feb. geschl.* Ausgestellt sind interessante Sammlungen aus Archäologie, Kunst, Geschichte, • Volkskunst, Naturgeschichte und Numismatik.

Museo Depero (B2) – In 9 Sälen sind Werke des futuristischen Malers Fortunato Depero zu sehen. *Besichtigung: am Vormittag gegen Voranmeldung im Rathaus, Ufficio Economato – Verwaltungsbüro.*

AUSFLÜGE – 2 km nach S zum **Beinhaus von Castel Dante,** 304 m, einem riesigen zylindrischen Bau auf einer Anhöhe im Lagarina-Tal mit den Überresten von 20.000 Gefallenen (Italiener und Österreicher) des Ersten Weltkriegs. Daneben die Ruine der mittelalterlichen Burg von Lizzana. Blick auf das Lagarina-Tal und die Kriegsschauplätze auf den umliegenden Bergen. – 4,3 km nach SO auf den *Colle di Miravalle,* 360 m, wo sich auf einer großen Aussichtsterrasse *(Eintrittsgebühr)* die 3,40 m hohe und 22,5 Tonnen schwere **„Glocke der Gefallenen"** befindet, die jeden Abend im Gedenken an die Gefallenen aller Kriege geläutet wird. – Zum **Cei-See** (913 m), 15 km nach NW, über eine Höhenstraße.

ROVIGO 52.373 Ew, 7 m (9 A2)

Provinzhauptstadt; Bischofssitz. Moderne Stadt, Hauptort des Polésine, Agrarzentrum mit Handels- und Industriebetrieben.

✉ 45100, ✆ 0425, 📯 B2, ✆ B2, ℹ EPT: Corso del Popolo 101, B1, ☎ 22 835

- **Europa Palace,** Viale Porta Po 92, ☎ 29 504, Tx 600179, 56 Zi (mB/mD), P G . . . . (C2, a. P.)
- **Corona Ferrea,** Via Umberto I 21, ☎ 26 201, 30 Zi (3 mB/26 mD), AIR . . . . (B1, **e**)
- **Cristallo,** Viale Porte Adige 1, ☎ 30 701, 42 Zi (40 mB/mD) P G . . . . (A1, **d**)
- **Bologna,** Viale Regina Margherita 6, ☎ 22 406, 14 Zi (3 mB, 2 mD), P . . . . (A1, **b**)
- **Tre Pini,** 1 km in Richtung Ferrara, ☎ 27 111, Mi . . . . (C2, a. P.)
- **Belvedere – da Romano,** Viale Regina Margherita 33, ☎ 31 332, AIR . . . . (A1, **c**)
- **Cauccio,** Viale Oroboni 50, ☎ 31 639, P, Mo . . . . (B3, **r**)
- **Dalla Vecia,** in S. Pietro di Pontecchio (6 km nach SO), ☎ 93 60 45, P, Mo + Aug.
- **Il Palladio,** in Fratta Polésine, 16 km nach SW, P, Mi

Es sind wenige Reste mittelalterlicher Bauten (zwei Burgtürme und die Stadttore von S. Bortolo und S. Agostino) erhalten; deutlichere Spuren hat die Bautätigkeit zur Zeit der venezianischen Herrschaft hinterlassen, der Rovigo ab 1482 unterstellt war. Rovigo ist der natürliche, traditionsreiche landwirtschaftliche Absatzmarkt des Polésine; im S der Stadt große Industrieansiedlungen (Erzeugung von Holz- und Metallmöbeln; Werkzeugfabriken, Gießereien, usw.).

Piazza Vittorio Emanuele (B2) – Das Zentrum der Stadt; in der Mitte eine *Säule* (1519) mit dem Markuslöwen (1881). Rund um den Platz der *Palazzo Municipale* (Rathaus), die ehemalige *Loggia dei Notai* (16. Jh.), mit einem Portikus, darüber Arkaden aus dem 16. Jh. (in einer Nische Madonnenstatue mit Kind von 1590). Seitlich davon der *Uhrturm* aus dem 18. Jh. Im NO des Platzes, neben dem Rathaus, der Palazzo dell' Accademia dei Concordi, s. u.; gegenüber der *Palazzo Roverella,* der sich in den Säulen und Pfeilern des Portikus und in einem Teil des Innenhofes Reste der Struktur des 15. Jhs. (nach Plänen von B. Rossetti) bewahrt hat. Links vom Rathaus, in der Via Laurenti, der *Palazzo Roncale* in den strengen, einfachen Formen der Hochrenaissance (Sammicheli; 1555).

Pinacoteca dei Concordi* (B2) – Gemäldegalerie auf der Piazza Vittorio Emanuele Nr. 14. *Öffnungszeiten: 10–12, 16–18.30 Uhr; Sa, So 10–12 Uhr; Feiertage geschl.*

In sechs Sälen im 1. und 2. Stock sind besonders Werke der venezianischen Schule des 15.–18. Jhs. zu sehen: Marienkrönung, von Nicolo di Pietro; Madonna mit Kind* und Kreuztragung, von Giovanni Bellini; Sacra Conversazione und Geißelung Christi, von Palma Vecchio; Venus vor dem Spiegel*, von Mabuse; Bilder der Veroneser und Ferrareser Schule (S. Filippi, D. Dossi, G. da Carpi); Tod der Kleopatra von S. Mazzoni; Porträts von Piazzetta, Tiepolo und A. Longhi.

Im dritten Stockwerk ist nun die früher im Gebäude des Bischöflichen Seminars untergebrachte Gemäldesammlung des Seminars *(Pinacoteca del Seminario)* aufgestellt; sie umfaßt vor allem Werke des 17./18. Jhs.: Martyrium Christi, von Palma Giovane; der Zinsgroschen, von B. Strozzi; Venus und Psyche, von L. Giordano; Kinderportrait, von Fra 'Galgario; Johannes d. Täufer*, von Piazzetta; G. Nogari; Bäuerlein*, von P. Longhi; G. Zais; F. Cignaroli.

Eine *archäologische Abteilung* umfaßt prähistorische, ägyptische und römische Funde aus dem Polésine, die teilweise aus den Beständen der Sammlungen des Seminars stammen.

S. Francesco (B2) – In romanisch-gotischen Formen zwischen 1300 und 1430 errichtet (Reste an der rechten Seite), im 19. Jh. erneuert. Im Inneren einige Bilder von Ferrareser Malern des 16. Jhs. und Skulpturen.

Beata Vergine del Soccorso (A–B2) – Ein eigenartiger, ausgewogener achteckiger Bau (1594–1602), auch *Rotonda* genannt, von einem Säulenportikus umgeben; freistehender, hoher Campanile nach Plänen von B. Longhena (1655). Das Innere, mit einem schönen Holzaltar von G. Caracchio, ist zur Gänze mit Gemälden von venezianischen Künstlern des 17. Jhs. ausgestattet.
Heimatmuseum des Polésine (*Museo Civico della Civiltà in Polésine;* C3) im *Olivetanerkloster von S. Bartolomeo,* mit Erläuterungen zur vorgeschichtlichen und historischen Kulturentwicklung der mittleren und oberen Polésine und Volkskunde – darunter bedeutende prähistorische Funde aus protovillanovianischen Ansiedlungen bei Fratta Polésine, Villamarzana und Melara, sowie Stücke aus der römischen Antike, Ritzkeramiken aus Rovigo und Badia Polésine aus dem 16.–18. Jh.
Von einigem Interesse: *Dom* (B2), rekonstruiert gegen Ende des 17. Jhs. (Kuppel aus dem 18. Jh.), mit Skulpturen und Gemälden im hellen Innenraum (links vom Hochaltar Bronzekandelaber aus dem 16. Jh.; am Altar im linken Querhaus Auferstandener Christus, von Palma Giovane). – Im Stadtpark zwei schiefe Türme, der eine *Donà* genannt, der andere *Mozza* (der Abgeschnittene), Überreste der mittelalterlichen Burg *(Besichtigung: Sommer: 8–13, 16–20.30 Uhr; Winter: 9.30–12.30, 14–17 Uhr).*
AUSFLÜGE – 15,5 km nach W nach **Lendinara,** 9 m, 13.205 Ew, Marktflecken mit Agrarindustrie (Zucker, Hanf, Konserven), am linken Ufer der Kleinen Etsch (Adigetto). Schönes Stadtbild mit Palästen aus dem 16. Jh. und aus dem Barock (Rathaus mit Vorhalle auf Säulen aus dem 14. Jh.) und Kirchen: *Dom* aus dem 18. Jh. (in der Sakristei Leinwandbild Madonna mit Kind und Engel von D. Mancini, 1511), mit hohem, eleganten Glockenturm; Wallfahrtskirche *Madonna del Pilastrello* (Säulenmadonna; 16.–18. Jh.); am 2. Altar links Christi Himmelfahrt von P. Veronese. – 16 km nach SW nach **Fratta Polésine,** 11 m, 3.010 Ew, wo sich besonders zwischen dem 16. und 18. Jh. die venezianischen Adeligen zahlreiche Villen errichteten; darunter die *Villa Badoer*★ (1570) von Palladio; daneben die *Villa Bragadin* in palladianischem Stil. – Nach (22 km) **Adria** und nach (50 km nach O) **Rosolina Mare** (s. d.). – Mit dem Boot ins **Po-Delta,** siehe Porto Tolle.

SALSOMAGGIORE TERME★ 18.035 Ew, 160 m (7 B3)

Provinz Parma. Stark besuchter, eleganter Thermalkurort, der zu den bedeutendsten Italiens zählt, in einer fruchtbaren Senke im hügeligen Vorland des Apennins bei Parma gelegen.

✉ 43039, ✆ 0524, B2, C2, ℹ AA: Viale Romagnosi 7, B2, ☎ 78 265; Nebenstelle ◪ in Tabiano, Viale delle Fonti 1, ☎ 52 245. – CTI: Viale Romagnosi 10-G, B1, ◪. – **TCI s. CIT**

Freizeitangebot: Schwimmbäder; Tennis und ander Sportmöglichkeiten in Poggio Diana; Hallenthermalschwimmbad im Hotel Porro; Schwimmbad im Parco Leoni.

Grand Hotel & Milano ◪, Via Dante 1, ☎ 77 01 41, Tx 530370, 119 Zi (mB), P ❀ ≈, TV, AIR, Thermalkur . . . (B–C2, **s**)
Grand Hotel Porro, Viale Porro 10, ☎ 78 221, Tx 530369, 86 Zi (79 mB), P ❀ ≈, Solarium, Thermalkur . . . (B1, **b**)
Centralle Bagni ◪, Largo Roma 4, ☎ 77 141, 93 Zi (87 mB), P G ❀, Thermalkur . . . (B2, **d**)
Gran Albergo Bolognese-Cavour ◪, Viale Cavour 1, ☎ 79 141, 106 Zi (89 mB/mD), G ❀, Thermalkur . . . (B1, **c**)
Daniel ◪, Via M. d'Azeglio 8, ☎ 77 02 41, 36 Zi (mB), P ❀ ♆, AIR . . . (B1, **e**)
Valentini ◪, Viale Porro 10, ☎ 78 251, 127 Zi (99 mB), P ❀ ≈, Park, Thermalkur . . . (B1, **l**)
Excelsior ◪, Viale Berenini 3, ☎ 70 641, 54 Zi (mB/mD), P ❀ . . . (C2, **m**)
Cristallo ◪, Viale Matteotti 5, ☎ 77 241, 59 Zi (mB), P ❀ . . . (B2, **w**)
Suisse ◪, Viale Porro 5, ☎ 79 077, 23 Zi (mB), P . . . (B1, **n**)
De La Ville ◪, Piazza Garibaldi 1, ☎ 72 126, 40 Zi (mB/mD), TV . . . (B1, **j**)
Roma ◪, Viale Mascagni 10, ☎ 71 171, 24 Zi (mB/mD), P G ❀, AIR . . . (B2, **s**)
Villa Fiorita ◪, Via Milano 2, ☎ 77 842, 43 Zi (mB), P G ❀ . . . (B–C2, **g**)
Primarosa ◪, Viale Valentini 12, ☎ 70 540, 55 Zi (mB/mD) . . . (B1, **z**)
Rex ◪, Viale Porro 37, ☎ 71 281, 27 Zi (19 mB), ❀ . . . (B1, **q**)
Ambasciatori ◪, Viale Milite Ignoto 2, ☎ 77 641, 41 Zi (31 mB), P . . . (B1, **t**)
Panda, Viale Mascagni 6, ☎ 79 448, P G . . . (B1–2, **f**)
Brescia, Viale Romagnosi 1, ☎ 72 117, 32 Zi (22 mB) . . . (B1, **k**)
Villa Ombrosa ◪, Viale Rimembranze 1, ☎ 72 143, 47 Zi (21 mB), ❀ . . . (B–C2, **i**)
Al Tartufo, Viale Marconi 32, ☎ 72 296, ❀, Muschel- u. Trüffelspezialitäten, ~~Mo~~ . . . (C3, **rb**)
Timocenko – da Tullio, Viale Marconi 19, ☎ 71 160, P, Terrasse, ~~Do~~ im Winter . . . (B3, **rd**)
Alle Querce – Da Giorgio, Via Roma 85 (2 km Richtung Parma, auf einer Anhöhe), ☎ 77 11 84, ❀, ~~Mo~~ . . . (A3, a. P.)
Poggetto, Viale Marconi 59, ☎ 76 91 19, ♆, ~~Di~~ . . . (C3, **ra**)

in Tabiano Terme (✉ 43030) 5,5 km nach O:
Farnese ◪, Viale delle Terme 8, ☎ 66 127, 60 Zi (mB/mD), P ❀ ≈
Quisisana ◪, Viale Fidenza, ☎ 52 216, 52 Zi (mB/mD), ❀
Rossini ◪, Via alle Fonti, ☎ 66 425, 57 Zi (mB), P ❀
Napoleon ◪, Viale delle Terme 11bis, ☎ 66 331, 48 Zi (mD), P, AIR
Royal ◪, Viale delle Terme 11, ☎ 66 227, 27 Zi (mD), P
Pandos, Viale Fonti 15, ☎ 66 234, 57 Zi (mB), ❀
Farnese, Viale Terme, ☎ 66 127, 60 Zi (mB), ❀
Panoramik ◪, Ausfahrt nach Salsomaggiore, ☎ 66 423, 37 Zi (33 mB/mD), P ❀, AIR
Plaza ◪, **Viale delle Terme 7, ☎ 66 121, 37 Zi (mB/mD),** P, **AIR**
Villa Rossi ◪, Via al Castello (oberhalb des Kurbezirks), ☎ 52 238, 31 Zi (6 mB/10 mD), P G ❀ ♆

VERANSTALTUNGEN – In Salsomaggiore werden besonders im Frühjahr und im Herbst verschiedene kulturelle und gesellschaftliche Veranstaltungen abgehalten; Musik (Musikalischer September), Theater, Kunstausstellungen, wissenschaftliche Kongresse, Schönheitskonkurrenzen, Modeschauen, Briefmarkenausstellungen, Sportveranstaltungen.
KURBETRIEB – Sole-jodhaltiges Wasser wird in Form von Bädern, Inhalationen, Spülungen und Schlammpackungen gegen aktute und chronische Entzündungen angewendet: bei arthritisch-rheumati-

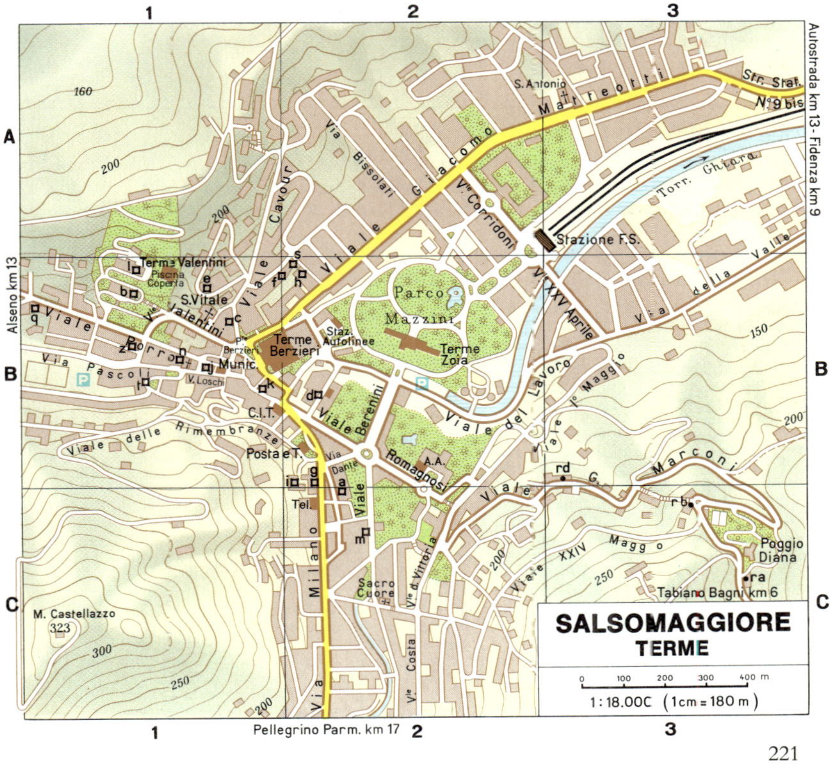

schen Beschwerden, Unterleibserkrankungen, Atemschwierigkeiten nach Brustfellentzündungen, Traumata usw. sowie bei Kinderkrankheiten (Lymphatismus, Bronchitis, etc.). Der Kurbetrieb findet statt in den *Terme Berziere,* einem monumentalen Jugendstilgebäude mit orientalisierenden Stilelementen (1913); in der modernen *Terme Zoia* und in verschiedenen Hotels.
Das Zentrum für Unterhaltung und Zerstreuung ist **Poggio Diana** (C3, 235 m, in schöner Lage mit Park.
5,5 km nach O, in niedrigem Hügelland, liegt **Tabiano Terme,** 166 m, ein Kurort mit modernen Hotels und Kuranstalt. Es werden Mineralwässer mit Sulfat-, Kalk-, Sulfidgehalt mit hohem Schwefel-Wasserstoffanteil in Form von Inhalationen, Trinkkuren, Bädern, Schlammpackungen und Spülungen bei chronischen Erkrankungen der Atemwege, Hautkrankheiten, Nervenentzündungen und Störungen des Stoffwechsels und des Verdauungsapparates angewendet. *Saison:* März–Nov.
AUSFLÜGE – Nach **Scipione,** 260 m, 3,3 km nach NW entlang der Strada Salsediana (schöne Aussicht über Salsomaggiore), einem kleinen, auf einem Hügel gelegenen Dorf mit einer *Burg* aus dem 12. Jh. – Nach **Bargone** (210 m, 5,5 km über eine Abzweigung nach links von der Straße nach Tabiano, kleiner Ort mit Blick auf Salsomaggiore und einer Burg aus dem 12. Jh. – Nach **Vigoleno** (357 m), 11 km nach W, auf der anderen Seite des Stirone, einem Dorf mit mittelalterlichem Ortsbild, dicht gedrängt um die Burg und die Kirche (Spezialität: vino santo – Meßwein) gelegen. Die *Burg* mit zinnenbekrönten Mauern und hohem Bergfried stammt aus dem 12. Jh., im 13. Jh. umgebaut. Die Pfarrkirche S. Giorgio ist ein romanischer Bau (vielleicht 12. Jh.) mit einem beachtenswerten Trichterportal mit Skulpturenschmuck.

SAN DANIELE DEL FRIULI 7.118 Ew, 252 m (6 B1)

Provinz Udine. Marktflecken an den Gletschermoränen des Tagliamento, bekannt für seine kulinarischen Spezialitäten (Rohschinken). Wurde durch das Erdbeben von 1976 schwer beschädigt.

✉ 33038, ✆ 0432

- **Al Picaron,** am Picaron, ☎ 95 71 87, 15 Zi (3 mB/12 mD), P
- **Al Cantinon,** Via Cesare Battisti 2, ☎ 95 51 86, rustikal, ~~Mo~~
- **Da Alfio,** Via Osoppo 95 (Ausfahrt N), ☎ 95 73 80, P, ~~Mo~~ abends, ~~Di~~ u. Juli

VERANSTALTUNGEN – Die traditionelle Sagra del Prosciutto, del Vino e della Birra (Schinken-, Wein- und Bierfest; Ende August).
Im Oberen Ortsteil der **Dom,** mit einer Fassade aus dem 18. Jh. mit (vorübergehend verlagerten – s. u.) Gemälden des Pordenone (1535) und Amalteo.
In der Via Garibaldi die kleine spätgotische ehemalige Kirche **S. Antonio** (15. Jh.) mit einem schönen Portal und einem Rosenfenster; im Inneren ein Freskenzyklus von Pellegrino di S. Daniele (1514–22).
In der Via S. Sebastiana 6, vor der Burgruine, bewahrt das *Territorialmuseum* (Museo del Territorio) verschiedene Kunstwerke, die nach dem Erdbeben von 1976 hierher verlagert wurden, darunter die Dreieinigkeit des Pordenone (1735), früher im Dom; eine polychrome Schutzgruppe (15. Jh.), früher in S. Antonio; ferner archäologische Funde, abgelöste Fresken, Goldschmiedearbeiten.
Von der Brüstung der Burg schöne Fernsicht.

SAN MARINO* 4.500 Ew, 750 m (10 E1)

Hauptstadt der gleichnamigen Republik. Kleine Stadt mit mittelalterlichem Charakter (der zum Großteil auf Erneuerungsarbeiten zurückgeht), an den Hängen des Monte Titano gelegen, mit herrlichem Panorama; beliebtes Touristenziel.

✉ 47031, ✆ 0541, A1–2, A1–2, i *Staatliches Fremdenverkehrsbüro,* Palazzo del Turismo (bei der Seilbahnstation; A1), ☎ 99 21 02

Freizeitangebot: Geheiztes Hallenbad in Borgo Maggiore; Tennis; Tontaubenschießen; Kongreßsaal; Seilbahn von Borgo Maggiore, 521 m.

- **Grand Hotel San Marino,** Via Lungomonte, ☎ 99 24 00, 54 Zi (mB/mD), P G . . . (B2, **a**)
- **Titano,** Via 25 Marzo, ☎ 99 10 07, Tx 505444. 55 Zi (24 mB/21 mD), ... (A1, **c**)
- **Panoramic,** Via del Voltone, ☎ 99 23 59, 28 Zi (mB/mD), P G. . . . . (B2, a. P.)
- **Quercia Antica,** Via Cella Bella 241, ☎ 99 12 57, 27 Zi (5 mB/21 mD), G . . . . . (B2, **g**)
- **La Rocca,** Salita alla Rocca, ☎ 99 11 66, 10 Zi (mB/mD), TV, AIR. . . . . (A2, **r**)
- **Beccafico,** Salita alla Rocca, ☎ 99 11 66, ≋ . . . . (A2, **r**)
- **Joli San Marino,** Viale F. d'Urbino 223, ☎ 99 10 09, 27 Zi (2 mB/20 mD) . . . . . (B2, **e**)
- **Excelsior,** Via J. Istriani, ☎ 99 19 40, 25 Zi (mB/mD), G, ... (B2, **b**)
- **Tre Penne,** Via G. Simone delle Penne, ☎ 99 24 37, 12 Zi (4 mB/8 mD) . . . . . . (A2, **d**)
- **Righi – La Taverna,** Piazza Libertà, ☎ 99 11 96, ~~Mi~~ (Winter) . . . . (A1, **o**)
- **Diamond,** Contrada del Collegio 72, ☎ 99 10 03, mit 7 Zimmern . . . . (A1–2, **n**)
- **Buca S. Francesco,** Via Orafo Antonio, ☎ 99 14 62, ~~Mo~~ (Winter) . . . . (A1, **q**)
- **Nido del Falco,** Via Salita alla Rocca, ☎ 99 13 78, , Terrasse . . . . (A2, **p**)

Geschichte – Der Tradition nach wurde die Republik San Marino zu Beginn des 4. Jhs. von einem dalmatinischen Steinmetz namens Marino, der vor den Christenverfolgungen des Diokletian auf der Flucht war, gegründet. Die ursprünglich religiöse Gemeinschaft erhielt im Mittelalter (13. Jh.) eine Stadtverfassung, die zum Großteil auch heute noch gültig ist, und konnte sich ihre Unabhängigkeit durch die Jahrhunderte bis heute bewahren. Die Republik hat eine Fläche von 61,13 km² und 22.206 Ew (1983). Schutzpatron von San Marino ist die hl. Agathe; ihr Patrozinium wird am 15. Februar in Erinnerung an die Befreiung der Republik von päpstlicher Bevormundung (1740) gefeiert.

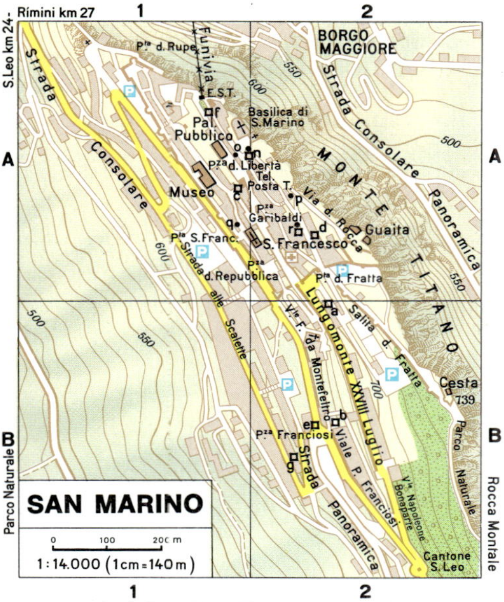

S. Francesco (A1–2) – Befindet sich neben dem *Stadttor S Francesco* (1451). Die Kirche stammt aus dem 14. Jh. (Reste des alten Baus an der Fassade, in der Apsis und in der daneben liegenden Vorhalle) und wurde im 17.–18. Jh. umgebaut.

In der Vorhalle ist der Eingang zu der kleinen PINAKOTHEK mit Gemälden aus der Schule der Marken des frühen 15. Jhs. (Anbetung der Könige, Fresko), von Guercino (Stigmatisierung des Hl. Franziskus★), von Tizian (Hl. Franziskus) und von N. Alunno, Cotignola usw., sowie einer Sammlung moderner zeitgenössischer Kunst. *Öffnungszeiten: s. u., Palazzo Valloni.*

Via Carducci – Verbindet die belebte Piazza del Titano mit der *Porta della Rupe* (15. Jh.) und wird von herrlichen Bauten aus dem 16.–17. Jh. gerahmt (Nr. 145, 146, 151, 152). Darunter der *Palazzo Valloni*, Nr. 141, in dem das **Staatl. Museum** und die **Gemäldegalerie** (*Museo e Pinacoteca di Stato;* A1) untergebracht sind. Zu sehen sind: Möbel des 18. Jhs., italienisch-griechische, etruskische Keramiken, prähistorische, etruskische und römische Ausgrabungsfunde, italienisch-griechische und ägyptische Kleinplastiken, Erinnerungsstücke an Garibaldi, ethnographische Raritäten aus Afrika, Elfenbein- und Silberarbeiten, Medaillen; unter den Gemälden Werke von Guercino, Tintoretto, Domenichino, Ghirlandaio und aus diversen Schulen vom 15.–18. Jh. *Öffnungszeiten: 25. Juni–23. Nov. 8–20 Uhr; sonst 8.30–12.45, 14.45–17.30 bzw. 18 oder 19 Uhr, je nach Jahreszeit.*

Piazza della Libertà (A1) – Hauptplatz der Stadt mit schönem Rundblick. Es befindet sich dort der neugotische **Palazzo Pubblico** oder *del Governo* (Rathaus) vom Ende des vorigen Jhs.; prunkvolles Inneres *(zu besichtigen ist der Versammlungssaal)*. Etwas oberhalb des Platzes liegt die klassizistische Basilika San Marino (1836). Nicht weit davon das *Museo delle Cere (Wachsfigurenkabinett)* mit Nachbildungen von Persönlichkeiten aus San Marino und aus der Welt der Oper.

Festung★ *(Rocche). Besichtigung: siehe Palazzo Valloni.* Auf den drei Zacken des Gipfelgrates des Monte Titano ragen, fast senkrecht über der Ebene, die drei Befestigungstürme oder *Penne* (Federn) auf. Der erste, die sogenannte ROCCA oder GUAITA (A2), geht vielleicht aufs 11. Jh. zurück und wurde im 15. Jh. und danach erneuert; im zweiten, der CESTA aus dem 13. Jh., aber rekonstruiert ist das *Waffenmuseum* (*Museo delle Armi Antiche;* B2) untergebracht; der dritte, der sogenannte MONTALE (a. P.) stammt aus dem 13. Jh. Grandioser Blick★ über die Ebene der Romagna, das Meer und den Apennin.

Borgo Maggiore – In dem am Fuß des Stadthügels gelegenen kleinen Ort, über den man nach San Marino gelangt, befinden sich die moderne Kirche *Beata Vergine della Consolazione* und die modernen *Museen für Feuerwaffen (Armi da Fuoco), Münzen* (beachtliche numismatische Sammlung), *Postwesen* und *Briefmarken* (vollständige Serie aller von der Republik seit 1877 herausgegebenen Briefmarken, neben dem Fremdenverkehr die Haupteinnahmequelle des Staatswesens).

SAN MARTINO DI CASTROZZA★ 450 Ew, 1444 m (2 D1–2)

Gemeinde Siror, Provinz Trient. Zentrum des Alpinismus, beliebter Sommer- und Winterurlaubsort, in einer von Tannenwäldern gerahmten Senke des oberen Cismontales, am Fuß der Pala-Gruppe.

✉ 38058, ✆ 0439, 📯 B2, ✆ B2, ℹ AA: Via Passo Rolle 15, ☎ 68 101, Tx 440043, B2

Freizeitangebot: Tennis im Hotel Dolomiti und in S. Martino; Hallenbad; Bowling; Reiten. Sessellift: S. Martino 1467 m – Col Verde 1970 m, weiter mit der Seilbahn auf die Cima Rosetta 2609 m; Gondellift: Fratazza 1400 m – Tognola 2163 m; Sessellift Ces I: Bellaria 1450 m – Malga Ces 1617 m, Ces II: 1620 m – Coston Ces 2230 m; Schlepplifte in S. Martino, Tognola-Alpe, Malga Ces, Col Verde, Cima Rosetta; Skischule; Skipaß; Eislaufplatz. Siehe auch Rolle-Paß.

Savoia ◪, ☎ 68 004, 73 Zi (58 mB/mD), Ⓟ Ⓖ ❀. . . . . (A1)

Des Alpes ◪, ☎ 68 518, 60 Zi (20 mB/35 mD), Ⓟ Ⓖ, TV. . . . . . . (A2)

San Martino, ☎ 68 011, 48 Zi (43 mB), Ⓟ ❀ ≋ ⚲ (A2)

Colfosco, ☎ 68 224, 54 Zi (22 mB/25 mD), Ⓟ . . . . (B2)

Cristallo, ☎ 68 134, 28 Zi (mB/mD), Ⓟ. . . . (B2)

Regina, ☎ 68 017, 35 Zi (mB/mD), Ⓟ. . . . (A2)

Jolanda, ☎ 68 158, 32 Zi (8 mB/20 mD), Ⓟ (A2)

Rosetta ◪, ☎ 68 622, 54 Zi (34 mB/12 mD), Ⓟ ❀. . . . . (B1–2)

Alpino, ☎ 68 193, 28 Zi (3 mB/19 mD), Ⓟ Ⓖ . . . . (A1)

Colbricon, ☎ 68 063, 26 Zi (mB/mD), Ⓟ ❀ . . (A2)

Bel Sito ◪, ☎ 68 195, 22 Zi (8 mB), Ⓟ. . . . . . (B1)

Drei Tannen ◪, ☎ 68 325, Ⓟ, nur abends, Bierbrauerei, ~~Mo~~ . . . . (A1, **r**)

AUSFLÜGE – 1 km durch das Tal zum Gondellift auf die **Alpe Tognola,** 2163 m, ein besonders im Winter stark frequentiertes Hochplateau (Skilifte); Blick★ auf die Pala-Gruppe.

Auf die **Punta Ces,** 2230 m, einem anderen schönen Aussichtspunkt über die Pala-Gruppe, mit dem Sessellift in zwei Teilstücken über die Hänge unterhalb des Monte Colbricon.

Zu den **Colbricon-Seen,** 1926 m, am NW-Hang der Cavallazza, 2325 m; im Auto bis auf die Malga Ces, 1654 m, dann 1 Stunde zu Fuß auf den Colbricon-Paß und zu den Seen (Schutzhütte); prähistorische Fundstätten.

Zur **Schutzhütte Pedrotti,** 2578 m, und zur **Cima della Rosetta,** 2743 m, in ca. 30. Min. mit dem Sessellift auf den *Col Verde,* 1914 m, dann mit der Seilbahn zwischen Felsüberhängen auf 2909 m Höhe; herrliches Panorama★.

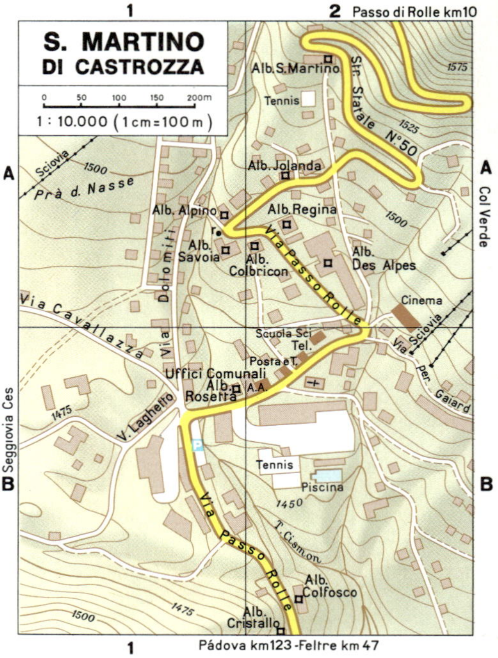

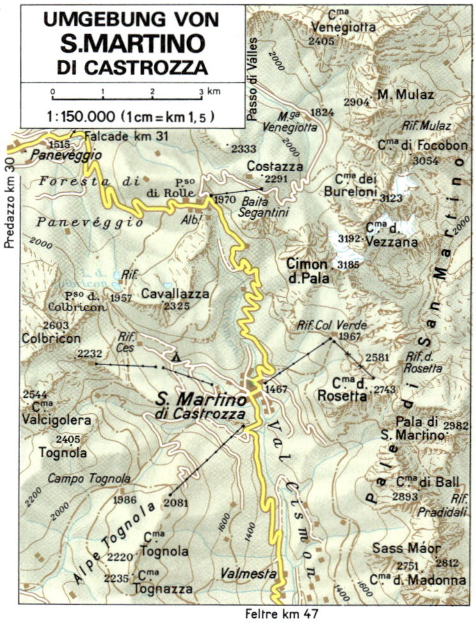

SAN MAURO A MARE 650 Ew, 2 m (10 D1)

Gemeinde San Mauro Pascoli; Provinz Forlì. Badeort an der mittleren Adria zwischen Bellaria und der Mündung des Rubicon.

✉ 47030, ✆ 0541, ℹ *Verkehrsverein,* Piazza C. Battisti 4, ☎ 49 344

Freizeitangebot: Tennis.

Europa ◪, Via Marina 33, ☎ 49 312, 29 Zi (mD), P
Internazionale ◪, Via Vicenzi 23, ☎ 49 475, 24 Zi (mD), P, ❀, am See
Majestic, Via Diana 10, ☎ 49 405, 30 Zi (mD), P ❀

7 km ins Landesinnere nach **S. Mauro Pascoli,** 21 m, 6.600 Ew, einem Zentrum der Schuherzeugung mit dem *Geburtshaus des Dichters Giovanni Pascoli* (1855–1912) mit einem kleinen *Museum* und einer *Bibliothek* (Raritäten, Erinnerungsstücke an den Dichter, Manuskripte, Sammlung kritischer Werke).

SAN-PELLEGRINO-PASS (Passo di San Pellegrino) 1918 m (2 C2)

Gemeinde Moena; Provinz Trient. Sattel inmitten von Almwiesen zwischen dem Fassa- und dem Bióis-Tal, Wintersportzentrum, Ziel von Ausflügen und Rundfahrten.

✉ 38035, ✆ 0462, ℹ AA: in Moena, ☎ 53 122

Freizeitangebot: Seilbahn (1.350 Pers./Std.): 1875 m – Col Margherita, 2511 m; Sessellift Costabella: La Man, 1909 m – Tramezac, 2160 m; Schlepplifte: Chiesetta, Gigante, 1910–2266 m, und andere.

Monzoni, ☎ 53 352, 87 Zi (mB/mD), P ❀, Sauna
Costabella, ☎ 53 326, 27 Zi (mB/mD), P G ❀
S. Marco ◪, ☎ 53 475, 19 Zi (mB/mD), P ❀

AUSFLUG – In der Seilbahn (Kabinen zu 100 Personen) auf den *Col Margherita*, 2511 m, schöner Aussichtspunkt auf die Marmolata, die anderen Gipfel des Fassa-Tals und den oberen Cordevole; Anschluß an den Skizirkus Falcade-Moena.

SAN VITO DI CADORE 1.528 Ew, 1011 m (2 C3)

Provinz Belluno. Sommerfrische und Wintersportort in einem Kessel des Bóite-Tals, umgeben von einem Kranz von Dolomitengipfeln, darunter die Croda Marcora, 3154 m, der Antelao, 3263 m, und der Monte Pelmo, 3168 m; schöne Tannenwälder.

✉ 32046, ✆ 0436, ℹ AA: in Vallboite, Via Nazionale 9 (unterhalb der Kirche), ☎ 91 19

Freizeitangebot: Tennis; Rudern am See; Sessellift nach Alpe di Senes, 970 m–1220 m; Schlepplifte; Eislaufplatz.

Marcora ◪, an der Straße, ☎ 91 01, 46 Zi (mB/mD), P G ❀
Ladinia ◪, Via Ladinia, ☎ 95 62, 29 Zi (mB/mD), P ❀ ⚲
Cima Belprà, in Chiapuzza (Richtung Cortina), ☎ 91 18, 45 Zi (25 mB/12 mD), P
Al Pelmo ◪, an der Straße, ☎ 91 25, 45 Zi (35 mB/3 mD), P ❀
Dolomiti, an der Straße, ☎ 91 46, 31 Zi (29 mB/1 mD), G ❀
Colli, an der Straße, ☎ 92 09, 34 Zi (32 mB)

SPAZIERGANG – 10 Min. zum winzigen *See von S. Vito* im Bóite-Tal.
AUSFLUG – Mit dem Sessellift oder über die Straße (2 km) zum *Schutzhaus Senes,* 1220 m; schöne Aussicht*.

SAN ZENO DI MONTAGNA 1.125 Ew, 583 m (1 F2)

Provinz Verona. Sommerfrische an den Hängen des Monte Baldo mit Blick auf den Gardasee.

✉ 37010, ✆ 045, ℹ *Verkehrsverein* im Rathaus, ☎ 62 80 76

Freizeitangebot: Tennis; Gondellift: Prada, 1050 m – Ortigaretta, 1550 m; Sessellift: Costabella, 1550 m–1850 m; Schlepplifte in Ortigaretta.

Diana ◪, ☎ 62 81 13, 44 Zi (mB/mD), P ❀ ♆
S. Zeno ◪, in Boschetto, ☎ 62 80 31, 53 Zi (2 mB/46 mD), ♆
Bellavista, in Ca' Montagna, ☎ 62 80 14, 41 Zi (2 mB/22 mD), P G ♆, Terrasse
Genziana, in Prada, ☎ 62 81 22, 16 Zi (13 mD), G ♆
Sceriffo, in Corrubio, ☎ 62 80 57, G

9 km gegen NO liegt *Prada,* 1050 m, das durch einen Sessellift mit *Ortigaretta,* 1550 m, verbunden ist.

SAND IN TAUFERS (Campo Tures) 4.288 Ew, 874 m (2)

Provinz Bozen. Hauptort des Tauferertals in einem Kessel am Zusammentreffen von Ahrn- und Raintal (Aurina und Riva) gelegen; Sommerfrische und Wintersportort. 4,5 km im N im Tauferertal liegt **Luttach** *(Lutago),* 955 m, 800 Ew.

✉ 39032, ✆ 0474, ℹ *Fremdenverkehrsverein,* Jungmannstraße, ☎ 68 076, Tx 400439

Freizeitangebot: Hallenbad; Tennis; Gondellift Speikboden (M. Spico, 2517 m) in 2 Sektionen zur Michlreiser Alm, 1974 m; Klausberg-Sessellift, 1054 m–1600 m; Schlepplifte auf dem Klausberg, dem Speikboden u. a.; Eislaufplatz;

Feldmüllerhof ◪, ☎ 68 127, 29 Zi (mB/mD), P ❀ ≈, TV, Sauna
Drumlerhof ◪, ☎ 68 068, 29 Zi (mB/mD), ❀ ≈
Castello ◪, ☎ 68 100, 32 Zi (mD), P ❀ ≈ ٩
Planksteiner, ☎ 68 029, nur abends, S6

in Luttach (✉ 39030), 4,5 km:
Post, ☎ 68, P G ❀
Abfalterer-Alpenhof, ☎ 68 828, 30 Zi (19 mD), P G ❀ ≈, Sauna

in Sankt Johann (✉ 39030), 8,8 km:
Zum Schachen, ☎ 68 837, 32 Zi (mB/mD), P ❀ ≈, Sauna

in Rain, 1598 m, 11 km:
Call' Alto – Hochgalt, ☎ 68 384, 22 Zi (mB/mD), P ❀
Berger, ☎ 68 387, 33 Zi (29 mB/mD), P ❀ ≈, TV, Sauna
Alpenrast, ☎ 68 383, 24 Zi (23 mB/mD), P G

Am Ortseingang *Schloß Neumelans* von 1584 (Privatbesitz) mit Ecktürmen. Oberhalb der Ortschaft am Eingang ins Ahrntal das malerische **Schloß Taufers** (13.–15. Jh.) mit Türmchen und Befestigungsmauern. *Besichtigung: im Sommer 10–12, 15–17 Uhr.* Inneneinrichtung barock (17. Jh.); in der Kapelle Fresken von M. Pacher (1482).
11 km talaufwärts **Taufers** *(Rive di Tures),* 1598 m, Sommerfrische und Wintersportort, in einem hübschen waldigen Kessel gelegen; von der Pfarrkirche St. Wolfgang (15.–17. Jh., Schnitzaltar aus dem 15. Jh.) schöner Blick auf die *Riesenfernergruppe* der Hohen Tauern.

ST. CHRISTINA IN GRÖDEN (Santa Cristina Valgardena) 1.602 Ew, 1428 m (2 B1)

Provinz Bozen. Beliebter Sommer- und Winterurlaubsort im Grödner Tal, mit Blick auf den Langkofel, die Sella-Gruppe und den Odle.

✉ 39047, ✆ 0471, ℹ AA: ☎ 76 346

Freizeitangebot: Tennis; Seilschwebebahn Sochèrs, 1985 m; weiter mit dem Sesslift auf den Ciampinoi, 2255 m; Gondellift auf Raiserjoch, 1556–2106 m; Sessellifte: Monte Para, 1630 m, Mont de Soura, 2020 m; von der Schutzhütte Fermeda auf den Monte Seceda, 2110–2515 m; Catores, 2250–2450 m; Schlepplifte in St. Christina, am M. Pana, am Ciampinoi, am Raiserjoch und am Seceda; Skischule; Sprunglaufschule; Skipaß; Eislaufplätze in St. Christina und am Monte Pana.

Monte Pana ◪, Monte Pana, 1637 m; nach 2,5 km, ☎ 71 Zi (mB), P ❀ ≈ ٩, Sauna
Diamant ◪, 2 km Richtung St. Ulrich, ☎ 76 780, 32 Zi (mB), P ❀ ≈ ٩, Sauna
Carmen, ☎ 76 440, 35 Zi (mD), P G, Sauna
Interski ◪, ☎ 76 660, 23 Zi (mB/mD), P G ❀ ≈ ♆, Sauna
Dosses, 1 km Richtung Wolkenstein, ☎ 76 326, 48 Zi (mB/mD), P G ❀, Sauna
Cristallo, ☎ 76 499, 36 Zi (mB/mD), P ≈, Sauna
Villa Pallua, ☎ 76 400, 30 Zi (mB/mD), P G ❀

ST. KASSIAN (San Cassiano) 400 Ew, 1537 m (2 B-C2)

Gemeinde Abtei, Provinz Bozen. Beliebter Sommer- und Winterurlaubsort in der Hochabtei (Alta Val Badia), in einem Nebental des Gadertals (Abteital, Val Badia) zu Füßen der Felswände der Varella, 3055 m, gelegen.

✉ 39030, ✆ 0471, ℹ *Fremdenverkehrsamt Abtei,* ☎ 84 422

Freizeitangebot: Tennishalle; Reiten in Armentarola; Eislaufplatz; Sessellift: Piz Sorega, 1520–2003 m; dort Schlepplifte (Skizirkus von Pralongia, siehe Corvara); Sessellifte la Brancia, 1860–2000 m; Skischule; Skipaß.

Rosa Alpina, ☎ 84 500, Tx 400552, 45 Zi (mB/mD), P G ≈, Sauna
Diamant ◪, ☎ 84 499, 30 Zi (mB/mD), P G ≈ ٩, TV, Sauna, Bowling
La Stüa ◪, ☎ 84 456, 25 Zi (mD), P ❀ ≈, TV, Sauna, Bowling
Ciasa Antersies ◪, ☎ 84 417, 21 Zi (mB/mD), P ❀ ♆, TV

in Armentarola, 1030 m, 2 km:
Armentarola, ☎ 84 522, 50 Zi (mB/mD), P G ❀ ≈ ٩, Sauna
Ciasa Salares ◪, ☎ 84 445, 49 Zi (37 mB/mD), P G
Gran Paradiso ◪, ☎ 84 424, 31 Zi (mB/mD), P G ❀, Sauna

AUSFLUG – Zum **Falzárego-Paß,** 2105 m (s. d.). 8 km über die Panoramastraße, die vom *Valparola-Paß,* 2192 m, ausgeht.

ST. LEONHARD IN PASSEIER (San Leonardo in Passiria) 3.127 Ew, 689 m (1 B3)

Provinz Bozen. Beliebte Sommerfrische im Passeiertal am Ausgang des Wannsertals, an der Straße auf den Jaufenpaß, 2094 m, und an der Abzweigung zum Timmelsjoch (Passo del Rombo), 2498 m.

✉ 39015, ✆ 0473, ℹ *Verkehrsverein,* ☎ 86 188

Freizeitangebot: Geheiztes Schwimmbad; Reiten; Bowling; Skilifte in Walten, 1262 m (9 km) und auf der Jaufenalm, 1875 m.

- 🏨 **Stroblhof,** ☎ 85 128, 70 Zi (mB/mD), P G ❀ ≈, Sauna
- 🏨 **Theresia** ◪, ☎ 85 228, 22 Zi (mD), P ❀ ≈, Sauna
- 🏨 **Passeirerhof** ◪, ☎ 85 161, 32 Zi (mB/mD), P ❀ ≈, TV, Sauna
- 🏨 **Sonnenhof** ◪, ☎ 85 150, 20 Zi (13 mB/mD), P ❀ ≈
- 🏨 **Klotz,** 1 km Richtung Meran, ☎ 85 179, 15 Zi (12 mB/mD), P G ❀ ≈, Sauna
- 🏨🍴 **Tirolerhof,** ☎ 85 117, 34 Zi (mB/mD), P

in St. Martin in Passeier (✉ 39010) 579 m; 4,2 km Richtung Meran:

- 🏨 **Martinerhof,** ☎ 85 826, 23 Zi (mB/mD), P ❀
- 🏨 **Quellenhof,** 4 km Richtung Meran, ☎ 85 874, 30 Zi (mB/mD), P ❀ ≈ ⚲, Sauna, Dependancen

2 km Richtung Meran das *Geburtshaus Andreas Hofers,* des Tiroler Nationalhelden und Freiheitskämpfers gegen Napoleon. *Besichtigung: 8.30–12, 14–18 Uhr; Eintrittsgebühr.*

ST. ULRICH (Ortisei) 4.154 Ew, 1234 m (2 B1)

Provinz Bozen. Hauptort des Grödner Tals, in einer Senke zwischen Raschötz im N und der Seiser Alm im S; eleganter Sommerfrischen- und Wintersportort. Weltbekannte Holzschnitzarbeiten (früher berühmte Spielzeugproduktion).

✉ 39046, ✆ 0471, 📯 A2, ✆ A1, ℹ AA: im Kongreßhaus, ☎ 76 328, Tx 400305, A1

Freizeitangebot: Frei- und Hallenschwimmbad; Sauna; Tennis (3 Plätze); Eisstadion; Seilbahnen: Seiser Alm, 1996 m; M. Seceda, 2450 m (Mittelstation Furnes, 1736 m); Sessellifte: Raslhötz, 1275 m–2093 m; Seceda, 2111 m–2518 m (siehe St. Christina); Schlepplifte: 3 in St. Ulrich, 4 auf dem Monte Seceda; Skipaß; Siehe auch Seiser-Alm.

Aquila ◪, ☎ 76 203, 85 Zi (67 mB/mD), Ⓟ Ⓖ ❀ ≈ ℅, Sauna . . . . (A1, **a**)
Gardena, ☎ 76 315, 50 Zi (mB/mD), Ⓟ Ⓖ ❀ . . . . (A2, **b**)
La Rodes, in Runggaditsch (Richtung Seis am Schlern), ☎ 76 108, 41 Zi (mB/mD), Ⓟ ❀ ≈, Sauna . . . . (A1, a. P.)
La Perla, in Runggaditsch, ☎ 76 421, 36 Zi (mB/mD), Ⓟ Ⓖ ❀ ≈ ℅, Sauna . . . . (A1, **fp**)
Hell ◪, ☎ 76 785, 27 Zi (mB/mD), Ⓟ ❀, Sauna. . . . . (A2, **i**)
Genziana, ☎ 76 246, 48 Zi (mB/mD), Ⓟ. . . . . (A2, **d**)
Stetteneck ◪, ☎ 76 563, 26 Zi (15 mB/mD), Ⓟ ❀. . . . . (A1, **j**)
Rainell ◪, ☎ 76 145, 28 Zi (mB/mD), Ⓟ ❀ ✿. . . . . (A1, a. P.)
Ronce ◪, ☎ 76 383, 24 Zi (22 mB/mD), Ⓟ ❀ ✿, Sauna. (A1, a. P.)
Astoria ◪, ☎ 76 350, 21 Zi (7 mB/13 mD), Ⓟ . . . . (A2, **f**)
Luise, Via Grohmann 45, ☎ 76 498, 13 Zi (mB/mD), Ⓟ Ⓖ ❀, TV . . . . (A2, a. P.)
Angelo, Via Petein 35, ☎ 76 336, 37 Zi (mB/mD), Ⓟ ❀, Sauna . . . . (A1, a. P.)
Villa Emilia, Via Mureda, ☎ 76 171, 34 Zi (mB/mD), Ⓟ ❀. . . . . (A1, a. P.)

VERANSTALTUNGEN – In der Wintersaison gibt es eine ganze Reihe von Veranstaltungen sportlichen, gesellschaftlichen und folkloristischen Charakters: Skirennen, auch von internationaler Bedeutung, Eishockeyspiele, Folkloreabende usw.
In der Cësa di Ladins (A2) ist das GRÖDNERTAL-MUSEUM untergebracht; zu sehen sind Plastiken (vor allem in Holz) und Bilder von Künstlern aus der Gegend und vor allem die hochinteressante Sammlung Senoner da Vastlé (altes Grödner Holzspielzeug); ferner prähistorische Funde und Sammlungen aus der Gesteins-, Tier- und Pflanzenwelt. *Öffnungszeiten: im allgemeinen Mo–Fr nachm.; Auskunft beim Verkehrsverein oder ☎ 76 245.*

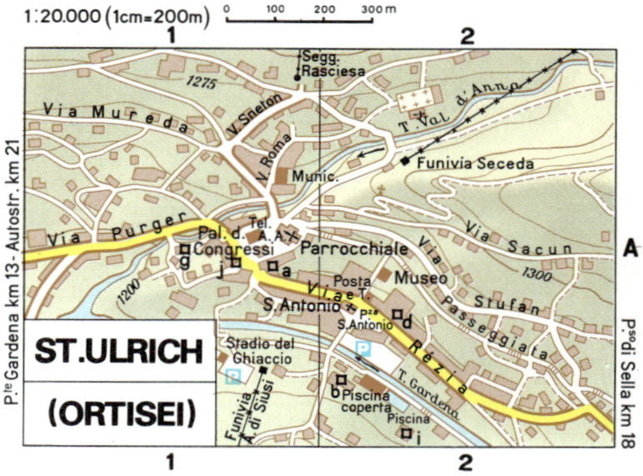

Im *Kongreßpalast* permanente Ausstellung von Werken der Grödner Bildschnitzkunst.
AUSFLÜGE Mit der Seilschwebebahn auf die **Seiser Alm** (s. d.). – In zwei Teilstrecken mit der Seilschwebebahn auf den **Monte Seceda,** 2518 m; in 30 Gehminuten erreicht man von dort aus die **Geislerspitzen.** – Nach **St. Jakob,** 1433 m, mit dem Gondellift; herrlicher Blick* auf die Langkofelgruppe. Im malerischen Ort die gleichnamige kleine Kirche mit gotischen Fresken aus dem 15. Jh.

ST. VALENTIN AUF DER HAIDE (San Valentino alle Muta)

760 Ew, 1470 m (**1** B1)

Gemeinde Graun im Vintschgau, Provinz Bozen. Sommerfrische und Wintersportort im oberen Vintschgau zwischen den nahe beisammenliegenden Reschen- und Haider-Stauseen.

✉ 39020, ✆ 0473, ℹ *Verkehrsverein* Graun i. V., ☎ 83 233

Freizeitangebot: Bowling; Gondellift Haider Alm, 1465–2075 m; Skilifte auf der Haider Alm und in St. Valentin; Skischule; Eislaufplatz; Eisschießen.

Laret-Stocker ◪, ☎ 84 632, 38 Zi (mB/mD), Ⓟ ❀

ST. VIGIL IN ENNEBERG (San Vigilio di Marebbe)

1.100 Ew, 1193 m (**2** B2)

Gemeinde Enneberg, Provinz Bozen. Sommerfrische und Wintersportort in einem weiten Becken des ins untere Gadertal (Val Badia) mündenden Rautals, in Verbund mit den Einrichtungen des Kronplatzes (siehe Bruneck).

✉ 39030, ✆ 0474, ℹ *Verkehrsverein,* ☎ 51 037

Freizeitangebot: Tennis; Bowling; Sportzentrum und Hallenbad; Gondellift Piz de Pláies, 1190–1620 m; Sessellifte: Miara, 1250–1500 m, Col Toron (Furkel), 1452–1793 m, Kronplatz, 1867 m, Ruis, 1757–2282 m; Schlepplifte in St. Vigil, an der Furkel und auf dem Kronplatz; Skischule; Sprungschanze; Eislaufplatz.

Park Hotel Post ◪, ☎ 51 010, 55 Zi (mB/mD), Ⓟ Ⓖ ❀ ≈ ℅, Sauna, gute Küche, ~~Di~~
Floralp ◪, ☎ 51 115, 32 Zi (mD), Ⓟ ❀
Call ◪, ☎ 51 043, 36 Zi (mB/mD), Ⓟ ❀, Sauna
Condor ◪, ☎ 51 017, 24 Zi (mB/mD), Ⓟ Ⓖ ❀, TV, Sauna
Olympia, ☎ 51 028, 16 Zi (13 mB/mD), Ⓟ Ⓖ
Paraccia, ☎ 51 018, 18 Zi (mB/mD), Ⓟ Ⓖ ❀
Carmen ◪, ☎ 51 007, 14 Zi (mD), Ⓟ ❀
Feichter, ◪, in Pieve, 1285 m, 3 km nach N., ☎ 51 061, 9 Zi (2 mB/2 mD), Ⓖ
Da Attilio ◪, ☎ 51 109, Ⓟ, ~~Mo~~

SANTA CROCE 300 Ew, 407 m (2 D3)

Gemeinde Farra d'Alpago, Provinz Belluno. Durchzugsort für den Fremdenverkehr im Alpago, am Ufer des Sees von S. Croce.

✉ 32010, ☏ 0437, ℹ Nebenstelle des AA von Alpago (s. d.); siehe auch Vittorio Veneto (Sella di Fadalto)

- **Pineta,** an der Straße, ☎ 42 26, 9 Zi (mB/mD), P
- **La Baita,** an der Straße, ☎ 42 30, P
- **Bolognese,** an der Straße, ☎ 42 22, P, Di

SANT' ANDREA BAGNI 820 Ew, 190 m (8 B1)

Gemeinde Medesano, Provinz Parma. Kleiner Thermalkurort, in einem Nebental des Taro an den letzten Ausläufen des Apennins gelegen.

✉ 43048, ☏ 0525, ℹ AA: Via 6 Verdi 2/A, ☎ 51 114.

Freizeitangebot: Tennis; Schwimmbad.

- **Centrale,** Viale delle Terme, ☎ 51 127, 31 Zi (3 mB/21 mD),
- **Bagni,** Ausfahrt nach S. Lucia, ☎ 51 346, 11 Zi (mB/mD), P
- **Da Metteo,** Viale delle Terme, ☎ 51 180, Fisch, Mo

in Noceto (✉ 43015) 14 km Richtung Fidenza:
- **Aquila Romana,** ☎ 62 398, mit Zimmer, Vorbestellung, Menü vorherbestimmbar, Mo + Di

KURBETRIEB – Mediominerale Wässer, bikarbonat-alkalisch-erdig salzig-magnesiumhaltig und schwefelig-magnesiumhaltig werden in Form von Trinkkuren, Bädern, Schlammpackungen, Inhalationen bei Erkrankungen des Verdauungs- und Urinaltraktes, Leber- und Frauenleiden, chronischen Atmungsbeschwerden, Arthrose und Arthritis angewendet. *Saison: Mai–Okt.*

SANTARCÁNGELO DI ROMAGNA 16.277 Ew, 42 m (10 E1)

Provinz Forlì. Agrar-, Handels- und Industriestadt an der Via Emilia.

✉ 47038, ☏ 0541

- **Zaghini,** Piazza Gramsci, ☎ 62 61 36, 12 Zi (8 mD), AIR, Mo
- **La Buca,** Porta Cervere (neben der Burg), ☎ 62 62 08, Laubengang, Di

VERANSTALTUNGEN – Hauptanziehungspunkt im Juli ist das Festival Internazionale del Teatro in Piazza (Internationales Straßentheaterfestival): Aufführungen italienischer und ausländischer Folkloregruppen, Prosatheater, Konzerte (Klassische Musik), Soloabende, usw.

Auf dem Hauptplatz der *Triumphbogen* für Papst Klemens XIV. (1772) und der *Palazzo Comunale* (Rathaus). Ein schöner Spaziergang von der Kollegiatskirche (18. Jh.) mit einem Flügelaltar des Iacobello di Bonomo (1385) führt hinauf zum mittelalterlichen Stadtkern auf dem Monte Giove (88 m) rund um die rechteckige, turmbekrönte *Burg* der Malatesta (13.–14. Jh.) aus dem 17. Jh. *Besichtigung: Juni–Sept. Di, Do, Sa 10–12, 16–19 Uhr.* In den Hängen des Hügels zahlreiche künstliche Höhlen, vielleicht Kultstätten aus dem 6.–7. Jh. *(zu besichtigen;* ☎ 68 41 03).

Die kleine **Gemäldegalerie** in der Städtischen Bücherei, Via Cavallotti, besitzt u. a. ein Tafelbild von L. Longhi (1531). In der Via Montevecchi 41 ein **Volkskundemuseum** *(Museo degli Usi e Costumi della Gente Romagnola)* mit einer Dokumentation über die Landarbeit und das Mühlenwesen.

1 km nach S über die Straße nach Novafeltria liegt die Pfarrkirche **S. Michele** aus dem 6. Jh., mit ravennatischen Stilelementen (restauriert).

AUSFLUG – Nach **S. Giovanni in Galilea,** 447 m, 12 km nach SW, einem kleinen alten Ort in schöner Hügellage. In der Burg der Malatesta (13.–15. Jh.) ein ARCHÄOLOGISCHES MUSEUM mit prähistorischen und römischen Objekten, einer Abteilung für das Mittelalter und einer für die Moderne, einer naturkundlichen Sammlung und Renaissancekeramiken aus Faenza und Rimini. *(Besichtigung nach Anfrage beim Kustos, Via Castello.)*

SANTO STEFANO DI CADORE 3.046 Ew, 908 m (2 B-C3)

Provinz Belluno. Hauptort des Comélico an der Mündung des Pádola- in das obere Piave-Tal; Sommerfrische mit Wintersportmöglichkeiten; einige kleine Industriebetriebe (Augengläser).

✉ 32045, ☏ 0435, ℹ AA: an der Kreuzung, ☎ 62 230.

Freizeitangebot: Tennis; Skilifte; Eislaufplatz.

- **Dany,** an der Umfahrung, ☎ 62 538, 16 Zi (11 mD), P
- **Kratter,** an der Umfahrung, ☎ 62 302, 33 Zi (27 mD), P
- **Monaco,** auf der anderen Flußseite, ☎ 62 430, 13 Zi (1 mB/10 mD), P
- **Piave,** in Campolongo (2 km), ☎ 62 203, 20 Zi (1 mB/4 mD)

in S. Pietro di Cadore (✉ 32040), 1038 m, 3 km Richtung Sappada:
- **Bellavista,** im Ort (1 km von der Straße, ☎ 62 407, 11 Zi (2 mB/1 mD),

AUSFLUG – In ugf. 1 Std. mit dem Auto ins *Val Visdende* (Ausfahrt in Richtung Sappada): an der Strecke liegen die beiden Sommerfrischen *Campolongo*, 940 m, und *Presenaio*, 979 m. Das Tal ist eine herrliche, naturbelassene Waldgegend, über 600 ha groß, in eindrucksvoller Gebirgslandschaft.

SAPPADA 1.386 Ew, 1217 m (5 A3)

Provinz Belluno. Das Sommer- und Winterurlaubsgebiet besteht aus mehreren Ortschaften entlang der Straße im breiten Becken des oberen Piave-Tals. In 4 km Entfernung die *Cima Sappada*, 1286 m, zwischen der Piave und dem Degano.

✉ 32047, ✆ 0435, ℹ AA: Hauptstraße (Borgata Bach), ☎ 69 131

Freizeitangebot: Sporthalle; Tennis; Sessellifte: Cima Sappada, 1225 m – M. Ferro, 1700 m; Miravalle, 1250–1700 m; Cima Sappada, 1290 m – M. Siera, 1650 m; Zahlreiche Schlepplifte; Skischule; Eislaufplatz.

- **Cristallo**, in Palù, ☎ 69 104, 23 Zi (9 mB/9 mD)
- **Corona Ferrea,** in Kratten, ☎ 69 103, 20 Zi (mD), P
- **Bladen**, in Bach, ☎ 69 233, 32 Zi (12 mB)

in **Cima Sappada,** 1286 m, 4 km Richtung Udine:
- **Alle Alpi,** im Tal, ☎ 69 102, 14 Zi (mB), P G
- **Bellavista,** über dem Tal, ☎ 69 175, 28 Zi (6 mB/21 mD)

Mitten im Ort das **Heimatmuseum** *(geöffnet Mitte Juli–Mitte Sept., 14.30–19 Uhr; Mo geschl.)* mit volkskundlichen Zeugnissen über Hausformen, Gerätschaften und Lebensformen der einst deutschen Sprachinsel.
Nach 2 km bergab durchfließt die Piave eine enge *Schlucht* mit Erosionsformationen. Etwas weiter, rechts, beginnt das malerische einsame *Val Visdende* (siehe S. Stefano di Cadore).

SÁRSINA 4.042 Ew, 243 m (9 E3)

Provinz Forlì; Bischofssitz. Agrarstädtchen im Savio-Tal; bereits in der Antike besiedelt, Heimat des römischen Dichters Plautus.

✉ 47027, ✆ 0547

- **Al Piano,** 2 km n. S auf der Straße von Tivo, jenseits v. Savio, ☎ 94 848, 25 Zi (mB), in einem antiken Landhaus

Plautus-Festspiele (klassische Theateraufführungen; Juli–Aug.); Volksfest S. Vicinio (Aug.).
Im **Archäologischen Museum** *(Öffnungszeiten: 9–13, 15–18 Uhr (Sommer); 9–14 Uhr (Winter); Sonn- und Feiertage 9–13 Uhr; Mo geschl.)* sind Funde aus der antiken Stadt ausgestellt: Pyramidenartige Grabmäler* aus dem 1. Jh. v. Chr. aus einer römischen Nekropole. Eine Nachbildung eines dieser Mausoleen wurde im Parco della Rimenbranza an der Hauptstraße aufgestellt.
Auf der Piazza Plauto, an der Stätte des römischen Forums (Überreste an der Seite gegen den Hügel), befindet sich die romanische, später veränderte *Kathedrale;* im strengen Innenraum ein romanischer Bischofsthron. In der ehemaligen Kapelle des bischöflichen Seminars wird ein *Diözesanmuseum für sakrale Kunst* eingerichtet.

SASSUOLO 39.718 Ew, 121 m (8 C2-3)

Provinz Modena. Bedeutender Industrieort (Keramikindustrie, Wand- und Bodenfliesen) am Flusse Secchia an dessen Eintritt in die Ebene.

✉ 41049, ✆ 0531

- **Leon d'Oro,** Viale S. Giorgio, ☎ 88 10 19, 29 Zi (2 mB/18 mD)
- **San Marco,** Via Pia 180, ☎ 80 51 53, P

in **Terme della Salvarola** (3 km n. S):
- **Salvarola Terme,** ☎ 88 36 94, 45 Zi (mB/mD), P, Thermalkur

in **Corlo di Formingine** (✉ 41040), 6 km nach NO (siehe auch Modena-Umgebung):
- **Due Pini,** an der Straße 486, ☎ 55 64 11, P

in **Maranello** (7 km nach O):
- **Domus,** ☎ 94 10 71, 22 Zi (mB), AIR
- **Cavallino,** an der Straße nach Abetone gegenüber der Ferrari-Werkstätte, ☎ 94 11 60, P

Mächtiger **Palazzo degli Estensi** (derzeit im Besitz der Militärakademie von Modena), im 17. Jh. von B. Avanzini errichtet; reiche Innenausstattung *(Besichtigung mit Erlaubnis der Besitzer)*.
In einem modernen Haus in der Via Cavallotti ist der Sitz der **Ständigen italienischen Keramikausstellung** *(Mostra Permanente della Ceramica Italiana)*, mit einer Ausstellung aller italienischen Keramikerzeugnisse unter besonderer Berücksichtigung der Werkstätten Sassuolos und der Gemeinden Casalgrande, Scandiano, Fiorano und Castellarano. *Öffnungszeiten: 8.30–12.30, 14.30–18.30 Uhr; Sonn- und Feiertage geschl.*
3 km gegen S liegen die **Terme della Salvarola;** das Kurzentrum befindet sich in einem mit Sporteinrichtungen ausgestatteten Park. Salz-, brom-, jodhaltige und schwefelbikarbonathaltige Wasser werden in Form von Bädern, Schlammpackungen, Inhalationen etc. zur Behandlung von Asthma, Rachenkatarrh, Gehörschäden, rheumatischen und arthritischen Beschwerden, Unterleibserkrankungen angewendet.

SCHIO 36.320 Ew, 193 m (4 D1)

Provinz Vicenza. Malerisches Städtchen am Ausgang des Léogra-Tals, traditionsreiches Industriezentrum (Textil, Maschinenbau).

✉ 36015, ✆ 0445, A3, B2, ℹ TCI: Agentur Gobbi, Via Baccarini 1, ☎ 29 177

Nuovo Miramonti, Via Marconi 3, ☎ 20 692, 74 Zi (73 mB), Radio . . . . (B2, **a**)

in Malo (✉ 26034), 5 km auf der N. 46 nach Vicenza:
Ai Pini, in einem Bauernhaus aus dem 18. Jh., ☎ 52 511, 36 Zi (mD) P, Restaurant m. getrennter Geschäftsführung, So abend, Mo + Aug.

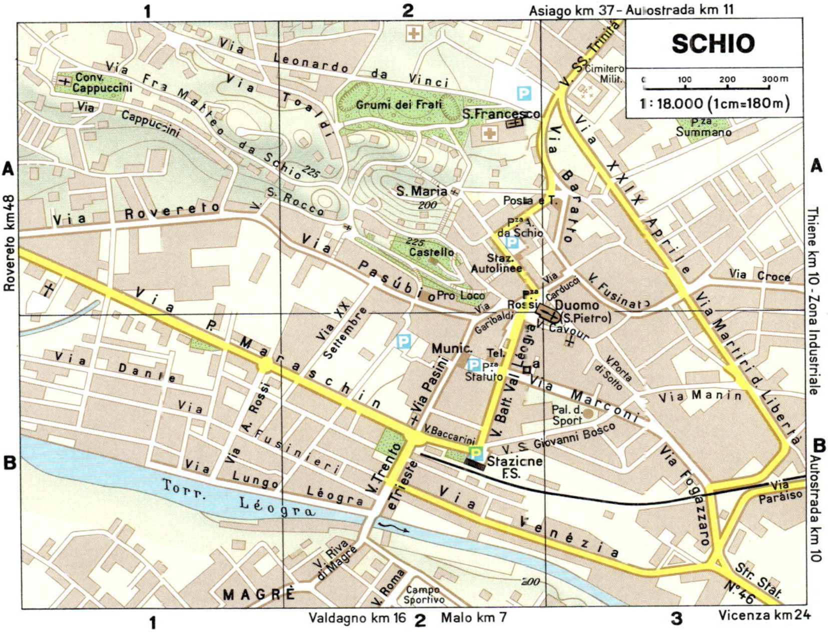

Der klassizistische **Dom** (A–B3; 18. Jh.) beherrscht mit seiner mächtigen Tempelfront (1820) und der doppelten Treppenanlage das Stadtbild; schöne Aussicht. Am dahinterliegenden Platz Denkmal des Wollspinners (1879).
In der Nähe des Parks *Grumi dei Frati* die gotische Kirche **S. Francesco** (A2), 1436 begonnen und im 16. Jh. erweitert, mit elegantem Portal und schönem Glockenturm; im Inneren Gemälde (Mystische Hochzeit der hl. Katharina) und Fresken unterhalb der Gewölbezone von F. Verla (1512); geschnitztes Chorgestühl von 1509.
Sehenswerte Beispiele von Industriearchäologie sind die alten Betriebsgebäude der Firma Lanerossi in der Via Pasubio mit einer klassizistischen, mit Statuen geschmückten Fassade.

SCHLANDERS (Silandro) 4.966 Ew, 721 m (1 B2)

Provinz Bozen. Malerischer Marktflecken und Hauptort des oberen Vintschgaus, zahlreiche Obstgärten, Sommerfrische.

✉ 39028, ✆ 0473, ℹ *Verkehrsverein,* Hauptstraße 123, ☎ 70 155

Freizeitangebot: Hallen- und Freibad; Sauna; Tennis; Bowling; Seilschwebebahn in Latsch nach St. Martin am Berg, 1736 m; Sessellifte von Tarsch, 1184 m, auf die Tarscher Alm, 1940 m; auf der Tarscher Alm, 1854 m–2245 m; Schlepplifte.

Schloßgarten, ☎ 70 424, 23 Zi (mB/mD), P G ≈, Sauna
Montone Nero – Schwarzer Widder, ☎ 70 000, 23 Zi (mB/mD), P
Tre Croci – Drei Kreuze, in Kortsch (1 km Richtung Reschen), ☎ 70 388, 21 Zi (mB/mD), P ≈

in Morter, 729 m (✉ 39021) 5 km nach SO:
Aquila, ☎ 72 038, 48 Zi (mB/mD), P G ≈, Sauna

in Latsch, 639 m (✉ 39021) 8 km nach O:
Paradies, ☎ 73 171, 41 Zi (mB), P G ≈, Sauna
Treindlerhof, in der Nähe des Bahnhofs, ☎ 73 285, P, Di

in Vezzan, 708 m (✉ 39028) 4 km nach O:
Sporthotel, ☎ 70 360, 20 Zi (mB/mD), P G ≈, TV, Sauna

5 km gegen SO an der Mündung des Martelltals liegt **Morter,** 729 m: dort die alten Kirchen *St. Vigil* (11. Jh.) und *St. Dionysius* (spätes 15. Jh.) und unter der Burgruine die 1487 renovierte Kirche *St. Stephan* mit Fresken aus dem 15. Jh.
8 km gegen O in Richtung Meran nach **Latsch** *(Láces),* 639 m, 3.645 Ew, ein Zentrum des Obstanbaus; hier sind die gotische *Heiliggeistkirche* mit Schnitzaltar von 1517 und das *Haus Mühlrain* aus dem 16. Jh. sehenswert.
Im benachbarten *Tarscher Tal* schönes erschlossenes Skigebiet.

SCHNALS (Senales) 1.365 Ew, (1 B2)

Provinz Bozen. Streugemeinde im gleichnamigen Seitental des Vintschgaus, besuchter Sommer- und Winterurlaubsort. Hauptort ist *Karthaus* (Certosa, 1327 m); höher oben liegt *Unser Frau* (Madonna), 1508 m, am Fuß des Staudamms von *Vernagt* (Lago di Vernago); am Ende des Tals liegt *Kurzras* (Corteraso, 2004 m), ein im Aufschwung begriffener Wintersportort.

✉ 39020, ✆ 0473, ℹ *Verkehrsverein* in Karthaus, ☎ 89 148

Freizeitangebot: Seilschwebebahn von Kurzras, 2012 m, auf die Grawand, 3212 m; Sessellifte: Lazaun, 2000–2460 m; Vedretta-See, 2920–3212 m; Schlepplifte in Unser Frau, Vernagt, Kurzras; Gletscherlifte (Sommer); Skischule.

- **Gurschler's,** in Kurzras, ☎ 89 134, 65 Zi (mB/mD), P G
- **Vernagt,** in Vernagt, ☎ 89 192, 50 Zi (mB/mD), P G ≋, Sauna
- **Kurzras,** Kurzras, ☎ 87 516, 51 Zi (25 mB), P ≋, Sauna
- **Vernago al Lago** ◪, am Vernagt-See, ☎ 89 136, 16 Zi (mD), P ≋ ♆, Sauna
- **Aquila Nera – Schwarzer Adler,** in Madonna, ☎ 89 122, 21 Zi (mB/mD), P ❁ ♆
- **Edelweiß,** am Vernagt-See, ☎ 89 633, 19 Zi (mB/mD), P G ❁ ♆

In *Karthaus* ist die ehemalige 1326 gegründete Kartause mit zwei Kreuzgängen sehenswert.
AUSFLUG – Von Kurzras, 2004 m, in die Gletscherzone der Grawand (Coda Grigia), einem jüngst entwickelten Ganzjahresskigebiet der Ötztaler Alpen zwischen Similaun und Weißkugel; mit der Seilbahn erreicht man in 5 Min. 3200 m Höhe; ein Sessellift führt zum Schutzhaus, 2859 m. Schöne Aussicht.

SEISER ALPE (ALPE DI SIUSI)
1:100.000 (1 cm = 1 km)

SEIS AM SCHLERN (Siusi) 980 Ew, 998 m (2 C1)

Gemeinde Kastelruth, Provinz Bozen. Wichtige Sommerfrische am Rand des gleichnamigen Hochplateaus mit Blick auf die mächtigen Felswände des Schlern (Sciliar); in 9 km Entfernung die Seiser Alm (s. d.).

✉ 39040, ✆ 0471, ℹ *Fremdenverkehrsverband,* ☎ 71 124, Tx 400110

Freizeitangebot: Geheiztes Schwimmbad; Tennis; Reiten; Bowling; Eislaufplatz; Eisschießen.

- **Edelweiß ◪,** ☎ 71 130, 43 Zi (mB/mD), P, Sauna
- **Genziana ◪,** ☎ 71 150, 32 Zi (mB/mD), P, Sauna
- **Siusi – Seiserhof ◪,** ☎ 71 126, 103 Zi (mB/mD), P, Sauna
- **Schloßhotel Mirabell ◪,** 2 km an der Straße nach Laranza, ☎ 71 134, 30 Zi (mB/mD), P
- **Dolomiti ◪,** ☎ 71 128, 27 Zi (mB/mD), P
- **Floria ◪,** ☎ 71 137, 20 Zi (mB), P
- **Diana,** ☎ 71 129, 53 Zi (43 mB/3 mD)
- **Aquila,** ☎ 71 146, 16 Zi (mB/mD), P
- **Piccolo Grill ◪,** an der Ausfahrt nach Völs, ☎ 71 166, P, Di

in Bad Ratzes, 1212 m; 3,5 km nach SO:

- **Bad Ratzes ◪,** ☎ 71 131, 49 Zi (mB), P G

SEISER ALM (Alpe di Siusi) 1800–2200 m (2 C1)

Gemeinde Kastelruth, Provinz Bozen. Großartige Hochebene, die größte Hochalm Europas, im Herzen der Dolomiten, mit weitem Blick auf Langkofel, Rosengarten und Schlern; vielbesuchter Sommerfrischen- und Wintersportort.

✉ 39040, ✆ 0471, ℹ *Verkehrsverein* Schlern, Kastelruth, ☎ 71 333; Informationsbüro, ☎ 72 094

Freizeitangebot: Reiten; Hallenbad (im Eurotel); Sauna; Bowling; Eislaufplatz; Seilschwebebahn von St. Ulrich, 1230–1996 m; Gondellift Florian, von Saltria, 1690 m – Commun, 2097 m; Sessellifte: Schutzhütte M. Piz, 1770 m – Schutzhütte Ikarus, 1891 m; Hütte Sole, 1858 m – Bergstation Seilbahn St. Ulrich, 1996 m; Bullaccia, 1840–2112 m; Panorama, 1836–2009 m; Paradiso, 1925–2100 m; zahlreiche Schlepplifte; Skischule; Skipaß.

- **Eurotel Sciliar ◪,** ☎ 72 928, Tx 400181, 84 Zi (mB), G, Sauna
- **Plaza ◪,** ☎ 72 973, Tx 400877, 43 Zi (mB/mD), G, Sauna
- **Steger Dellai ◪,** ☎ 72 964, 59 Zi (46 mB/mD), P, Teich
- **Saltria ◪,** ☎ 72 966, 29 Zi (mD)
- **Goldknopf ◪,** ☎ 72 915, 39 Zi (26 mB/mD), isoliert
- **Paradiso ◪,** ☎ 72 905, 35 Zi (32 mB/mD)
- **Mignon Sabina ◪,** ☎ 72 971, 11 Zi (mB/mD)

SELLA-JOCH (Passo di Sella) 2213 m (2 C1)

Gemeinden Wolkenstein und Canazei, Provinz Bozen und Trient. Berühmter Dolomitensattel zwischen der Sella-Gruppe und dem Langkofel, verbindet das Grödner mit dem Fassa-Tal; Ausflugsziel und Wintersportgegend.

Freizeitangebot: Gondellift auf die Langkofelscharte, 2181–2681 m; Sessellifte: Langkofel-Ost, 2181–2401 m; Grohmannspitze, 2214–2400 m; Col Rodella Nord, 2231–2392 m (s. a. Campitello di Fassa), Fünffingerspitze, 2200–2424 m.

SELLA NEVEA 1190 m (6 A2)

Gemeinde Chiusaforte, Provinz Udine. Sommerfrische und Wintersportort am gleichnamigen Sattel zwischen dem Raccolana-Kanal und dem Tal des Rio del Lago, inmitten hoher und waldreicher Berge.

✉ 33010, ✆ 0433, ℹ ISA: Nevea S. p. A, ☎ 54 016; *Verkehrsverein* von Chiusaforte, im Rathaus, ☎ 52 030

Freizeitangebot: Seilbahn: M. Canin, 1128–1830 m; Skilifte; Skischule

- **Canin,** ☎ 54 019, 32 Zi (mD), P G

SELVA DI CADORE 619 Ew, 1317 m (2 C2)

Provinz Belluno. Sommerfrische im Fiorentina-Tal mit Blick auf die Gipfel des Monte Pelmo, des Monte Civetta und der Marmolata.

✉ 32020, ✆ 0437, ℹ *Verkehrsverein,* ☎ 72 01 00

Freizeitangebot: Tennis; Hallenbad; Sessellift: Pescul, 1423 m – Tabiai Fertazza, 1860 m; Schlepplifte: Cima Fertazza, 1842–2083 m, u. a.

- **Erica,** in S. Fosca, ☎ 72 01 95, 39 Zi (mD), P
- **Santa Fosca,** in S. Fosca, ☎ 72 01 05, Do

Gotische Kirche (15. Jh.) *S. Lorenzo* mit Apsisfresken von 1544.
In der Gemeindefraktion Landria Bauernhöfe aus dem 17. Jh. Im Kulturzentrum des Val Fiorentina ist ein **Heimatmuseum** *(Museo della Storia e delle Tradizioni)* eingerichtet. *Öffnungszeiten: Juli/Aug. am Spätnachmittag; ansonsten nach Bedarf.*
AUSFLUG – 10,5 km zum **Passo di Giau,** 2233 m, siehe Colle S. Lucia.

SERRAMAZZONI 5.221 Ew, 791 m (8 C3)

Provinz Modena. Sommerfrische an der Straße zum Abetone-Paß im Apennin Modenas.

✉ 41083, ✆ 055

Freizeitangebot: Tenniszentrum; Schwimmbad; Motocrosstrecke.

- **Hermitage,** Einfahrt von Modena, ☎ 94 21 62, 47 Zi (5 mB/30 mD)
- **Miravalle,** an der Umfahrung, ☎ 95 20 49, 16 Zi (mD)
- **Ai Nostri Monti,** an der Umfahrung, ☎ 95 20 01, Di

AUSFLUG – 10 km gegen N (bei Montardone links abbiegen) nach *Rocca S. Maria,* 437 m; im Dorf die beachtenswerte romanische Kirche *S. Maria Assunta* (12. Jh.) mit dreischiffigem Innenraum.

SÉSTOLA 2.817 Ew, 1020 m (8 D2-3)

Provinz Modena. Bekannte Sommerfrische und Wintersportort im Apennin von Modena, in schöner Lage am Fuß des Monte Cimone.

✉ 41029, ✆ 0536, ℹ AA: Piazza Passerini 18, (Palazzo Eurocristallo) ☎ 82 324

Freizeitangebot: Tenniszentrum; Hallenbad; Reitzentrum; Volleyball; Tontaubenschießen; Sessellifte: Séstola, 1025 m – Pian del Falco, 1344 m; Guidellina, 979 m – Pian del Falco, 1350 m; La Capanna (Fanano), 1420 m – La Presa, 1730 m – Buca del Cimone, 1976 m; Lamaccione, 1498 m – Pian Cavallero, 1863 m; Seilbahn: Lupo-Paß, 1548 m – Pian Cavallero, 1871 m; Schlepplifte in Pian del Falco, am Ninfa-See, Lupo-Paß, in Lamaccione, Pian Cavallero und Fanano (Fellicarolo); Skischule.

- **S. Marco,** Via delle Rose 2, ☎ 62 330, 40 Zi (11 mB/18 mD)
- **Tirolo,** Via delle Rose 19, ☎ 62 523, 34 Zi (mD)
- **Cristallo,** Piazza Passerini 34, ☎ 62 551, 27 Zi (mD)
- **Capriolo,** Ausfahrt nach Pievepélago, ☎ 62 325, 26 Zi (25 mD)
- **Nuovo Parco,** Corso Umberto I 61, ☎ 62 322, 41 Zi (3 mB/12 mD)
- **Cimone,** Corso Umberto I 30, ☎ 62 531, 18 Zi (3 mB/6 mD)
- **Elena,** Via Caserma 4, ☎ 62 541, 16 Zi (mD)
- **S. Rocco,** Corso Umberto I 46, ☎ 62 382, Mo + Okt. + Nov.
- **Serena da Vittorio,** Corso Umberto I 101, ☎ 62 525, Di

in Pian del Falco, 1350 m, 4 km:
- **Calvanella,** bei der Endstation des Sessellifts, ☎ 62 318, 19 Zi (mB/mD)

in Montecreto (✉ 41025) 864 m, 7 km Richtung Pievepélago:
- **Al Castagneto,** an der Straße, ☎ 63 723, 35 Zi (6 mB/12 mD)
- **Da Maria,** bei Acquaria (10 km im N von Séstola), ☎ 65 007, Mo

in Fanano, (✉ 41021) 640 m, 7 km Richtung Lizzano:
- **Firenze,** an der Umfahrung, ☎ 88 822, 44 Zi (2 mB/19 mD)

AUSFLÜGE – 4 km zum **Pian del Falco,** 1350 m (auch mit Sessellift erreichbar), ein für Sommer- und Winterurlaub gut eingerichtetes Hochplateau. Dann auf schöner Straße durch Nadelwälder weiter (5 km) bis zum malerischen **Lago de Ninfa** im NO des Monte Cimone. – Abzweigen beim *Passo del Lupo,* 1550 m, (Seilbahn auf den Pian Cavallaro) zum (12,5 km) Hochplateau des **Pian Cavallaro,** ein gutes Skigebiet an den N-Hängen des Monte Cimone, 2165 m; schöne Aussicht★.
7 km im SO von Séstola befindet sich in ruhiger Lage im Leo-Tal **Fanano,** 640 m, 3.092 Ew, Sommerfrische und Wintersportort (Sessellift von La Capanna, 1400 m, auf den Cimoncino, 2000 m). Hier sind mehrere Paläste und Kirchen aus dem 16.–18. Jh. und die Kirche mittelalterlichen Ursprungs *S. Silvestro* (romanische Reste an der linken Seite und schöne Kapitelle des 12. Jhs. im Inneren, im frühen 17. Jh. verändert) sehenswert. Eine Straße (6 km) führt nach *Fellicarolo,* 922 m (Skipisten, Sessellift).
7 km gegen W in Richtung Pievepélago liegt **Montecreto,** 864 m, 1.119 Ew, ebenfalls ein Sommerurlaubsort. In der Kirche *S. Giovanni* Skulpturen, Schnitzereien und Gemälde aus dem 16. Jh.

SEXTEN (Sesto di Pusteria) 1.802 Ew, 1310 m (2 B3)

Provinz Bozen. Sommerfrische und Zentrum des Alpinismus, bestehend aus den Ortschaften *Schmieden* (Ferrara), *St. Veit* (S. Vito), *Moos* (Moso) und anderen in einem Kessel des vom Elferkofel und der Dreischusterspitze überragten Sextentals gelegen.

✉ 39030, ✆ 0474, ℹ AA: in St. Veit, Dolomitenstraße 9, ☎ 70 310

Freizeitangebot: Geheiztes Schiwmmbad; Tennisplätze und -halle; Eislaufplatz; Eisschießen; Seilschwebebahn auf den Helm (M. Elmo), 2060 m; Gondellift: Vierschach – Kegelplätze (Helm); Bad St. Josef, 1356 m – Rotwandriesen, 1910 m; Schlepplifte in Waldkeun, Moos und Bad St. Josef; Skischule, Skipaß; M. Croce di Comelico-Paß: siehe Comélico.

Sport Hotel Fischleintal, bei der Seilbahn, ☎ 70 365, 48 Zi (mB/mD), Sauna
Rainer, in Moos, ☎ 70 366, 30 Zi (mB/mD), TV, Sauna
Berghotel Tyrol, in Moos, ☎ 70 386, 25 Zi (mB/mD), Sauna
Tre Cime – Drei Zinnen, in Moos, ☎ 70 321, 41 Zi (mB/mD)
Park Hotel, in St. Veit, ☎ 70 305, 22 Zi (6 mB/19 mD)
Royal, in Moos, ☎ 70 423, 16 Zi (mB/mD), Sauna
St. Veit, in St. Veit, ☎ 70 390, 23 Zi (mB/mD), Sauna
Sesto – Sextenerhof, in St. Veit, ☎ 70 314, 31 Zi (mB/mD)
Monika, in St. Veit, ☎ 30 384, 27 Zi (mB/mD), TV, Sauna

In **St. Veit** auf dem Hauptplatz ein kleines *Privatmuseum* mit Werken des Malers Rudolf Stolz (1874–1960). *Geöffnet Mitte Juni–Mitte Juli, Di, Fr, So, 10–12 Uhr; bis 5. Sept. Mi, Do, 17–19 Uhr.*
AUSFLUG – 7 km ins naturbelassene, wald- und wiesenreiche **Fischleintal** *(Val Fiscalina)*. Die Strecke führt über *Bad Moos* (Bagni di S. Giuseppe) (1362 m, Thermalquellen); von hier Seilbahn zu den Skipisten auf dem Hohen Gaisl (Croda Rossa); danach wunderschöner Blick auf die Dolomitenwände des Elferkofels, 3093 m, Zwölferkofels, 3094 m, und der Dreischusterspitze, 3145 m. Nach (3,5 km) *Fischleinboden* (Campo Fiscalina) ist die Straße für den Verkehr geschlossen. – Mit der Seilbahn ins Gebiet des Monte Elmo, 2434 m, Wasserscheide zum Drautal, mit Anschluß an den Skizirkus von Innichen (s. d.).

SESTO AL RHÉGENA siehe Portugruaro

SISTIANA 2.300 Ew, 68 m (6 D2-3)

Gemeinde Duino-Aurisina, Provinz Triest. Ort am Fuß der Karstberge; in der Nähe (3 km) schöner Badestrand.

✉ 34019, ✆ 040, AA und EPT von Triest, Casa del Forestiero, Abzweigung nach Sistiana Mare, ☎ 20 91 66

Freizeitangebot: Tennis; Boccia-Anlage; Segelschule.

Posta, an der Straße, ☎ 29 91 03, 30 Zi (mB/mD)
Belvedere, an der Straße, ☎ 20 92 56, 31 Zi (17 mB/10 mD)
Villa Pia, an der Straße, ☎ 29 92 37, 17 Zi (1 mB/7 mD)
La Dolina, an der Straße, ☎ 20 91 04, 12 Zi (mD)
Castelroggio, am Hafen, ☎ 20 94 69, Fisch, Di

SOAVE 5.536 Ew, 40 m (4 E1)

Provinz Verona. Marktflecken an den Hängen der Lessinischen Hügel mit mittelalterlichem Ortskern; Zentrum der Produktion des Soave, eines der berühmtesten italienischen Weißweine.

✉ 37038, ✆ 045

Bologna, in S. Bonifacio, 5 km auf der N. 11, ☎ 61 02 31, 40 Zi (mB/mD), z. T. AIR
Roxy, Piazza Castagnetti 1 (Eingang Altstadt), ☎ 61 06 34, Mo
El Grio, in Costeggiola (4 km nach NW), ☎ 69 00 96, Fischspezialitäten, Di

Der historische Ortskern wird von einer von den Skaligern im 14. Jh. errichteten **Stadtmauer** umschlossen; zinnenbekrönt und von 24 Türmen verstärkt, führt sie bis zu der auf dem Schloßberg gelegenen *Burg*.
Am Hauptplatz (Piazza dell' Antenna) der schöne **Palazzo della Giustizia** (1375) mit Spitzbogenportal, Außentreppe, Zinnen und Fenstern und der gotisch-venezianische *Palazzo Cavalli* (1411).
Die die Stadt beherrschende **Burg** *(Besichtigung: Sommer 9–12, 15–19 Uhr; Winter 9–12, 14–16 Uhr; Mo geschl.)* ist sehr alten Ursprungs, wurde zunächst von den Skaligern im 14. Jh. und später (1413) von den Venezianern erweitert. Sie wird von Mauern umschlossen und besitzt zwei Höfe: im zweiten liegt neben dem Wehrturm der Pallas, in dem einige Räume besichtigt werden könne. Schöne Aussicht*.
2 km an der Straße nach Vicenza liegt in *Villanova di S. Bonifacio* die romanische **Abtei S. Pietro Apostolo,** die im 12. Jh. erbaut und später mehrmals verändert wurde: schöne Apsis und Glockenturm von 1139. Im Inneren Kapitelle verschiedener Stile, Fresken des 14. Jhs. und in der Apsis steinernes Altarbild, das B. Giolfino zugeschrieben wird (15. Jh.); beachtenswerte fünfschiffige Krypta.
4,5 km gegen SO liegt **S. Bonifacio,** 31 m, 15.391 Ew, ein betriebsames Städtchen (Maschinenindustrie, Zuckerraffinerie) mit dem romanischen Kirchlein *S. Abbondio*, in dessen Innerem Votivfresken aus dem 15. Jh.

SORAGNA 4.012 Ew, 47 m (8 A1)

Provinz Parma. Agrarstädtchen in der Ebene Parmas am Ufer des Stirone.

✉ 43019, ✆ 0524

Locanda Del Lupo, Via Garibaldi 66, ☎ 69 188, So abend, Mo + Aug.

VERANSTALTUNGEN – Giostra dei Nasi und Fest des „Culatello", der „Fortena" und der „Grana" (gastronomische Veranstaltung im Mai).

In der Ortsmitte die **Rocca** *(Festung)*, ein wuchtiger, quadratischer Bau, der im 16.–18. Jh. als prachtvolle Residenz der Meli Lupi umgestaltet wurde.
Im INNEREN *(Besichtigung mit Führung: Sommer 9–12, 15–19 Uhr; Winter 9–12, 14–17 Uhr; Mo, Di geschl., an Feiertagen Di geöffnet, dafür Mi geschl.)* mehrere Säle mit Stuck- und Freskenausstattung (G. Campi, C. Baglioni, Bibbiena) mit Stichen, Gemälden, Waffen, Möbeln, Keramik aus dem 17.–18. Jh.
In der Nähe der Rocca die barocke *Pfarrkirche* oder *Wallfahrtskirche der Sacra Famiglia* (Hl. Familie).

SOTTOMARINA siehe Chioggia

SPILIMBERGO 11.107 Ew, 132 m (5 B-C3)

Provinz Pordenone. Agrarzentrum mit einigen Industriezweigen auf einer Terrasse am Tagliamento in der oberen Friulaner Ebene, vom Erdbeben des Mai 1976 stark betroffen.

✉ 33097, ✆ 0434, ℹ *Verkehrsverein Spilimbergo,* Via Piave, ☎ 22 74

Michielini, Via Barbacane 3, ☎ 21 50, 40 Zi (mB/mD), P
Stella d'Oro, Via XX Settembre 58, ☎ 22 62, 37 Zi (2 mB/33 mD), P
in Vivaro (✉ 33099) 10 km n. SW:
Gelindo, ☎ 97 037, P, Di

Am Rande der Ortschaft gegen den Taglimento liegt der 1284 begonnene gotische **Dom** mit einem schönem Seitenportal des Zenone da Campione (1376). Im Inneren weite Bogenwölbung. Carmine-Kapelle mit Marmorausstattung, Pilacorte (1498); Orgel* mit bemaltem Kasten (Pordenone, 16. Jh.); beachtenswerte Fresken des 14. und 15. Jh. in den Apsiden und in der Krypta; Pietà-Gruppe (15. Jh.) Wie der Dom, wurde auch die benachbarte **Burg** vom Erdbeben beschädigt und wiederhergestellt. Unter den verschiedenen einzelnen Gebäuden der Burg aus der Zeit der Gotik und Renaissance sticht der sogenannte *Palazzo Dipinto* (Bemalter Palast) mit freskengeschmückter Fassade hervor.

STERN (La Villa) 1483 m (2 B2)

Gemeinde Abtei; Provinz Bozen. Sommerfrische und Wintersportort im oberen Gadertal an der Einmündung des Tales von St. Kassian (S. Cassiano). 3 km im N liegt gegenüber dem Kreuzkofel (Croda di S. Croce) der Verwaltungssitz der Gemeinde, **Pedratsches** *(Pedráces)*, 1315 m, 2.433 Ew, 3,5 km gegen SO *St. Kassian* (s. d.).

✉ 39030, ✆ 0471, ℹ *Fremdenverkehrsamt* Abtei, ☎ 85 037

Freizeitangebot: Tennis; Eislaufplatz; Seilschwebebahn: Piz La Villa, 1431–2077 m; Anschluß an den Skizirkus von Pralongià, siehe Corvara; Sessellift: Pedratsches, 1340 m – Wenzkofel, 1840 m; Schlepplifte auf der Gardenaccia u. a.; Skischule; Skipaß.

Christiana, ☎ 85 016, 31 Zi (mB/mD), P G ≈, TV, Sauna
Dolomiti, ☎ 85 143, 45 Zi (mB/mD), P
La Villa, ☎ 85 035, 26 Zi (mB/mD), P, Sauna
Ladinia, ☎ 85 044, 35 Zi (mB/mD), P, TV, Sauna
in Pedratsches, 1315 m, 3 km Richtung Bruneck:
Sporthotel Teresa, ☎ 85 623, Tx 400518, 48 Zi (mB/mD), P G ≈, TV, Sauna
Serena, ☎ 85 064, 46 Zi (mB/mD), P G ≈, Sauna
Melodia del Bosco, ☎ 85 020, 29 Zi (12 mB/14 mD), P
Lec da Sompunt, beim gleichnamigen See, 2 km von der Straße, ☎ 85 015, 30 Zi (mB), P G ≈, Sauna
Gran Ander, ☎ 85 718, 16 Zi (mB/mD), P G

AUSFLÜGE – Mit der Seilbahn auf den Piz La Villa, 2077 m, von dort schöner Blick ins mittlere Gadertal. – Von St. Leonhard (Pedratsches) auf den Kreuzkofel, 1840 m; schöne Aussicht*.
Westlich von Stern erstreckt sich in 2000–2500 m Höhe die unwirtliche Felswüste der **Gardenaccia.** Die knochenbleiche Hochfläche gehört zu den eigenartigsten Landschaftsformen der Alpen und strahlt eine fast unheimliche Faszination aus.

STERZING* (Vipiteno) 5.338 Ew, 948 m (2 A1)

Provinz Bozen. Malerisches, typisches Südtiroler Städtchen an der Brennerstraße, in einem Kessel des oberen Eisacktals, an der Einmündung von Ratschings- und Ridnauntal im W und Pfitschertal im O gelegen; Sommerfrische und Wintersportort.

✉ 39049, ✆ 0472, B1, B1, ℹ *Fremdenverkehrsamt,* Stadtplatz 3, A1, ☎ 65 325

Freizeitangebot: Geheiztes Hallen- und Freibad; Sauna; Bowling; Tennis; Seilbahn: Roßkopf, 958–1860 m; Sessellift: Ratschings, 1290 m – Rinneralm, 1840 m; Schlepplifte auf dem Roßkopf, dem Jaufenpaß, in Kalch und Ridnaun; Skischule; Eislaufplatz.

Schwarzer Adler, 64 064, 42 Zi (mB/mD), Sauna. . . . . (A1, **d**)
Corona d'Oro – Goldene Krone, 65 210, 24 Zi (21 mB/mD) . . . . (A1, **c**)

in der Umgebung:

Stafler, in Mauls, 13 km auf der Straße nach Sterzing, 67 136, 38 Zi (34 mB/mD), TV, gute Küche, Mi
Kalcherhof, in Ratschings-Kalch, 1445 m (8 km Richtung Jaufen-Paß), 65 420, 31 Zi (mB/mD), Sauna
Wiesnerhof, in Wiesen-Pfitsch, 65 222, 27 Zi (24 mB/mD), Sauna
Gasteigerhof, Ratschings-Gasteig (3 km Richtung Jaufen-Paß), 65 701, 23 Zi (mB/mD), Sauna
Sonklarhof, Ratschings-Ridnaun, 1342 m (12 km nach NW), 66 224, 36 Zi (mB/mD), Sauna

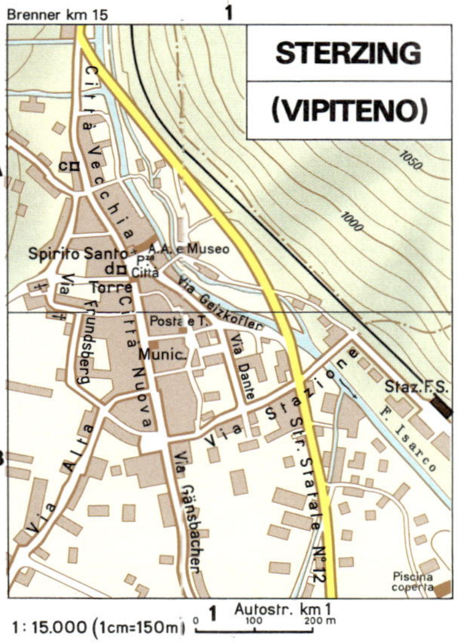

Neustadt* (B1) – Die gerade Straße mit Laubengängen wird an ihrem Ende vom Stadtturm (Zwölferturm) geschlossen; sie wird von Tiroler Häusern mit Erkern und schönen schmiedeeisernen Schildern gesäumt (15., 16., 17. Jh.). Rechts das spätgotische *Rathaus* (16. Jh.) mit schönem Innenhof mit offenen Laufgang; hier ist das *Städtische Museum* untergebracht. Es enthält eine interessante Plastik- und Gemäldesammlung mit Werken aus dem 15. und 16. Jh. *Besichtigung während der Amtsstunden.*

Stadtturm (A1) – Er verbindet die „alte" mit der „neuen" Stadt. Er stammt aus dem Jahre 1468, wurde aber 1867 nach einem Brand neu errichtet. Hinter dem Turm, auf dem Stadtplatz (Mithrasplatz) ein Mithras-Relief aus römischer Zeit und die gotische *Heiliggeistkirche* mit schönen Fresken des Johann von Bruneck (15. Jh.).

Multscher-Museum (*Museo Multscher;* A1) – In den Räumen über dem Fremdenverkehrsamt. *Öffnungszeiten: 8.30–11.30, 15–17 Uhr; Eintrittsgebühr; Auskunft beim Fremdenverkehrsamt.* Hier befinden sich vier große Altarflügel* mit 8 Tafelbildern (Leben Marias und Passion Christi) von H. Multscher aus Ulm (1458), einst die Krönung des Hochaltars der Pfarrkirche.

Pfarrkirche (a. P.) – Gotischer Bau von 1417–1525: im weiten Inneren mit seiner mit barocken Fresken geschmückten Wölbung befinden sich eine Holzstatue von Hans Multscher (1458) und eine Holzgruppe aus dem 15. Jh. (Kalvarienberg). In der Nähe das *Bürgerspital,* ehemalige Kommende des Deutschen Ordens aus dem 15. und 16. Jh.

AUSFLUG – Zur *Gilfenklamm* (Gole di Racines) im Ratschingstal. Zufahrt von Stange, 1149 m, an der Gabelung des schönen Ridaunatals. Mehrere Wasserfälle mit einer natürlichen Steinbrücke. Ein Stück weiter (13 km) liegt *Bichl* (Colle, 1280 m); von dort führt ein Sessellift in den Skizirkus des Jaufenpasses (Passo Giovo).

STILFSER JOCH 2757 m (Passo dello Stelvio) (1 C1)

Gemeinde Stilfs, Provinz Bozen, und Gemeinde Bormio, Provinz Sondrio. Berühmter Alpenübergang (im allgemeinen von Juni bis Oktober geöffnet) in schöner Lage im Nationalpark Stilfser Joch; verbindet den Vintschgau mit der Valtellina; Blick auf die Gletscherwelt des Ortlers. Stark frequentiertes Sommerskigebiet.

✉ 23030, ✆ 0342, AA: Prags am Stilfserjoch, ☎ (0473) 75 034. – AA: Bormio, via Stelvia, ☎ (0342) 90 11 16.

Freizeitangebot: Gondelift: Tricerone, 3008 m, weiter mit der Seilbahn auf den Monte Livrio, 3170 m; Sessellift Nagler-Hütte, 2820–3070 m; Schlepplifte im Sommerskigebiet des Stilfser Jochs (Monte Livrio und Umgebung); Sommerskischule.

Passo dello Stelvio – Stilfserjoch, 90 31 62, 60 Zi (mB/mD)
Perego, 90 45 94, 58 Zi (mD)
Sottostelvio – Franzenshöhe, 7 km in Richtung Trafoi, (0473) 75 068, 24 Zi (20 mB/mD), Sauna

Der Paß liegt in dem über 1350 km² großen **Nationalpark Stilfser Joch** (*Parco Nazionale dello Stelvio*) im Bereich von Ortler und Cevedale (Zufallspitze). Ortler und das Gebiet des Livrio sind für den Sommerskilauf erschlossen.

AUSFLUG – Mit dem Gondellift und der Seilschwebebahn (ca. 15 Min.) zum **Schutzhaus Livrio,** 3174 m, am gleichnamigen Gletscher. Blick* auf die Gipfel des Ortlers und ins Trafoier Tal.

STRA 6.347 Ew, 8 m (**5** E1)

Provinz Venedig. Malerische Ortschaft am Ufer der Brenta, wichtiges Zentrum der Schuherzeugung; einst Sommersitz des venezianischen Adels, der hier zahlreiche Villen errichtete.

- **Venezia,** an der Straße in Richtung Padua, ☎ 50 31 82, 59 Zi (mB/mD), P
- **Paradiso,** Ausfahrt nach Noventa, ☎ (049) 50 30 73, 24 Zi (mB/mD)

in Dolo (✉ 30031) an der Straße N 11, 6 km Richtung Venedig:

- **Villa Ducale,** Riviera di Brenta 157, ☎ 42 00 94, 9 Zi (mB/mD), P, Villa aus dem 17. Jh.
- **Al Bondante – Da Franco,** 1 km Richtung Venedig, ☎ 42 07 45, P, Fisch, So abend + Di

Stra: Villa Pisani

Die großartigste aller venezianischen Sommerresidenzen ist die **Villa Pisani*** (oder *Villa Nazionale di Stra*), die für die Familie Pisani erbaut und 1756 fertiggestellt wurde. Eindrucksvolle Fassade mit zentralem Tempelfrontmotiv und zwei langen, mit Balustraden bekrönten Flügeln. Die Ausstattung der Räume stammt von den bedeutendsten venezianischen Malern des 18. Jhs.: J. Guarana, I. Amigoni, P. A. Novelli. Im Ballsaal das berühmte Fresko* Tiepolos: Apotheose der Familie Pisani (1762). Wunderschöner Garten* mit zahlreichen Pavillons und einem berühmten Heckenlabyrinth. *Besichtigung: 9–13.30 Uhr; Park geöffnet 9–18 Uhr; Mo geschl. Eintrittsgebühr.*

SULDEN (Solda) 350 Ew, 1907 m (**1** C1-2)

Gemeinde Stilfs; Provinz Bozen. Bekannter Sommerfrischen- und Wintersportort in einem von den Gletschern des Ortlers und der Zufallspitze beherrschtem Talkessel im Suldental.

✉ 39020, ✆ 0473, i *Verkehrsbüro,* ☎ 75 415; *Fremdenverkehrsamt für das Ortlergebiet,* Prad am Stilfser Joch, ☎ 75 034

Freizeitangebot: Tennis; Schwimmbad; Reiten; Boccia-Anlage; Eislaufplatz; Seilbahn auf die Schaubachhütte (Rif. Città di Milano), 2060 m, von dort Schlepplift in 2 Abschnitten auf den Madriccio-Paß, 3046 m; Sessellifte: Langenstein, 1900–2330 m, Kanzel, 1920–2350 m; verschiedene Schlepplifte; Skischule; Skipaß.

- **Sulden-Hotel,** oberhalb des Ortes, ☎ 75 481, Tx 400534, 50 Zi (mB/mD), P, TV, Eislaufen, Turnhalle
- **Marlet,** oberhalb des Ortes, ☎ 75 475, 23 Zi (mB/mD), P, Sauna
- **Zebru,** oberhalb des Ortes, ☎ 75 425, 45 Zi (mB/mD), P G, Sauna
- **Cristallo,** ☎ 75 436, 30 Zi (mB/mD), P G, Sauna
- **Eller,** ☎ 75 421, 50 Zi (mB/mD), P G, Sauna
- **Mignon,** oberhalb des Ortes, ☎ 75 445, 21 Zi (mB/mD), P, Sauna
- **Paradies,** ☎ 75 443, 15 Zi (mD), P G
- **Gampen,** ☎ 75 423, 26 Zi (mB/mD), G

AUSFLUG – In 2 Std. oder mit der Seilbahn zum **Mailänder Haus** (Rif. Città di Milano) auf der Zufallspitze in 2581 m Höhe.

TARCENTO 8.943 Ew, 230 m (**6** B1)

Provinz Udine. Sommerfrische am Tagliamento, in hügeliger Gegend inmitten von Wein- und Obstgärten. Nach den Zerstörungen des Erdbebens von 1976 im Wiederaufbau begriffen.

✉ 33017, ✆ 0432, i *Verkehrsverein,* Via Pretura Vecchia, ☎ 78 53 92

Freizeitangebot: Skilift am Tanamea-Paß, 851 m (20 km).

- **Centrale,** Via Garibaldi 1, ☎ 78 51 50, 36 Zi (10 mB/23 mD)d, G
- **Tarcentino,** Via Dante 18/A, ☎ 78 53 54, 14 Zi (mD)
- **Al Mulin Vieri,** Via dei Mulini, ☎ 78 50 76, P, Di

in Collalto, 4 km auf der Straße Tarvis–Udine:

- **La' di Moret,** ☎ 79 472, P, Di

VERANSTALTUNGEN – Internationales Brauchtums-Festival „Europa dei cuori" (Juli); Rallye „Valli di Torre" (August).
Beachtenswert ist der barocke *Palazzo Frangipane* (Rathaus) und der Dom aus dem 18. Jh. mit seinem gotischen Portal, beide sind nach dem schweren Erdbebenschäden wiederhergestellt.
AUSFLÜGE – 4 km gegen S bei Segnacco liegt auf einem mit Zypressen bewachsenem Hügel das Kirchlein *S. Eufemia* aus dem 14. Jh. mit Fassadenturm. – 7 km gegen N an der Straße zum Tanamea-Paß befinden sich die **Höhlen von Villanova;** es kann die *Grotta Nuova* (Neue Höhle), die über 3,6 km lang ist, die *Grotta Vecchia* (Alte Höhle) mit 3 km Länge und die *Grotta Giganti* besichtigt werden. *(Besichtigung: Sa, So, Feiertage mit Führung.)*

TARSOGNO 700 Ew, 768 m (7 C2-3)

Gemeinde Tórnolo, Provinz Parma. Sommerfrische im Apennin von Parma, in offener Lage im oberen Taro-Tal.

✉ 43050, ✆ 0525

- **Sole,** in Bosco Chiesa, an der Landstraße, ☎ 89 142, 24 Zi (9 mB/5 mD), ❄
- **Centrale,** in Breva, an der Landstraße, ☎ 89 112, 19 Zi (3 mB/1 mD), P ❄
- **Centocroci,** im Tal von Cento Croci (5 km), ☎ 89 123, Mi

TARVIS (Tarvisio) 6.060 Ew, 750 m (6 A2)

Provinz Udine. Städtchen im nordöstlichen Zipfel Italiens, in einem Kessel des Kanaltals; Grenzübergang nach Österreich und Jugoslawien; Sommerfrische und Wintersportort gemeinsam mit den Fraktionen *Camporosso in Valcanale,* 819 m, 3 km gegen W, *Fusine in Valromana,* 773 m, 8 km gegen O in der Valromana, und dem Skigebiet *Valbruna – Monte Santo dei Lussari.*

✉ 33018, ✆ 0428, i TCI – AA: Via Roma 10, ☎ 21 35.

Freizeitangebot: Tennis; Gondellift in Konstruktion (ersetzt Seilbahn) auf den M. Lussari von Valbruna aus, 798–1740 m; Sessellifte: M. Prisnig, 779–1310 m, Florianca, 1308–1644 m, Gigante, 785–980 m; Schlepplifte in Tarvis, Valbruna, am M. Lussari und den Prechil-Höhlen; Sprungschanze; Eislaufplatz; Skischule; Langlaufloipen.

- **Nevada,** an der Kreuzung, ☎ 23 32, 57 Zi (mB/mD), G
- **Friuli,** Ausfahrt nach Predil, ☎ 20 16, 38 Zi (5 mB/31 mD), ❄
- **Italia,** an der Kreuzung, ☎ 20 41, 21 Zi (6 mB/1 mD), P
- **Trieste,** im unteren Ort, ☎ 22 14, 25 Zi (1 mB/8 mD), P G
- **Valle Verde,** Richtung Sessellift, ☎ 23 42, 14 Zi (mD), ❄
- **Italia,** an der Kreuzung, ☎ 20 41, P, Mi

in Camporosso in Valcanale (✉ 33010), 3 km Richtung Udine:
- **Sport-Hotel Bellavista,** jenseits der Eisenbahn, ☎ 63 025, 33 Zi (mB/mD), ❄, TV

AUSFLÜGE – 10,5 km zu den beiden **Seen von Fusine** in der Nähe der jugoslawischen Grenze. Besonders schön ist der **Untere See* (Lago Inferiore),** 924 m, durch den Kontrast zwischen der Farbe des Wassers und den umliegenden weißen Felswänden des Mangart, 2678 m. – 5 km bis nach Valbruna und dann mit der Seilbahn zur **Wallfahrtskirche am Monte Lussari,** 1790 m, aus dem Jahre 1360; prachtvolle Aussicht*.

TEOLO 7.083 Ew, 175 m (4 F2)

Provinz Padua. Sommerfrische und Ausgangspunkt für Ausflüge in die Euganäischen Hügel.

✉ 35017, ✆ 049

Freizeitangebot: Tennis.

- **Rocca Pendice,** ☎ 51 60 04, 28 Zi (mB/mD), P ❄
- **La Montanina** ◪, Via Euganea 5, ☎ 51 60 36, P ❄, Terrasse, Mi
- **Settimo Cielo** ◪, in Castelnuovo (3 km nach SO), ☎ 51 60 68, P ❄, Terrasse
- **Alla Posta,** Via Roma 21, ☎ 51 60 03, 27 Zi (mB/mD), P ❄
- **Rif. Monte della Madonna,** bei Santuario, 523 m, ☎ 51 60 86, ❄, Mi

AUSFLUG – 2,5 km zur *Wallfahrtskirche Madonna del Monte,* die im 13.–14. Jh. erbaut, aber mehrmals verändert wurde; vom Gipfel weite Fernsicht. – Zur **Abtei Praglia**** (siehe Abano).

TERLAN (Terlano) 3.050 Ew, 248 m (1 C3)

Provinz Bozen. Bekannter Weinbauort im Etschtal zwischen Bozen und Meran, Sommerfrische.

✉ 39018, ✆ 0471, i *Verkehrsverein,* ☎ 57 165; Vilpian, ☎ 67 648

Freizeitangebot: Schwimmbad; Tennis; Bowling; Seilbahn: Vilpian, 271 m (4 km) – Mölten, 1023 m.

Weingarten, ☎ 57 174, 19 Zi (16 mB/mD), P G ❀ ≈

in Vilpian, 260 m (✉ 39010), 4 km Richtung Meran:
Niedermayr ◪, ☎ 58 074, 19 Zi (2 mB/11 mD), P ❀ ≈ ✂
Sparerhof, ☎ 67 86 71, P ≈, Sauna

in Nals, 331 m (✉ 39010), 4,5 km nach NW:
Nalserhof, ☎ 67 86 78, 23 Zi (mB/mD), P G ❀ ≈, Sauna

in Prissian, 617 m (✉ 39010) 7 km nach NW (Gemeinde Tisens):
Tirolensis, ☎ 90 901, Tx 400633, 58 Zi (50 mB/mD), P G ❀ ≈ ♆, TV, Sauna, Turnhalle
Zum Turm, in Gargazon, 267 m (✉ 39010); 8,5 km Richtung Meran, ☎ 91 225, 36 Zi (mB/mD), P G ❀ ≈

Die gotische Pfarrkirche mit ihren zwei Glockentürmen (einer mit Biforen aus dem 14. Jh., der andere, sehr hohe, moderne) besitzt im Inneren einen Freskenzyklus aus dem 15. Jh.

TÉSERO 2.542 Ew, 1000 m (2 D1)

Provinz Trient. Malerischer Ort im Fleinstal, Sommerfrische an der Einmündung des Stava-Tals; in diesem liegen (2,6 km) die Ortschaften *Stava,* 1250 m, und am Ende des Tals (7,5 km) **Pampeago,** 1750 m, mit Einrichtungen für den Wintersport.

✉ 38038, ✆ 0462, ℹ AA von Cavalese, Nebenstelle an der Staatsstraße, ☎ 83 032

Freizeitangebot: Tennis; Überdachte Boccia-Anlage; Eislaufen; Hallenbad in Pampeago; Sessellifte in Pampeago: Agnello, 1757–2175 m, Tresca, 1850–2190 m, Latemar, 1750–1980 m; Schlepplifte in Panchià und auf der Alpe Pampeago; Skischule.

Pampeago ◪, in Pampeago (7,5 km), ☎ 83 167, 95 Zi (mD), P, Sauna
Alma ◪, an der Straße, ☎ 83 074, 30 Zi (mD), P G ❀
Erica, in Stava (2,5 km), ☎ 83 070, 31 Zi (mB/mD), P ❀

in Panchià, 981 m (✉ 38030), 3 km Richtung Predazzo:
Park Hotel Regina delle Dolomiti, Ausfahrt nach Predazzo, ☎ 83 109, 48 Zi (20 mB/26 mD), P ❀ ≈ ✂, Sauna
Rio Bianco, an der Straße, ☎ 83 077, 39 Zi (6 mB/31 mD), P ❀ ≈ ✂, Sauna

In 3 km Entfernung liegt im Avisio-Tal die kleine Sommerfrische **Panchià,** 981 m, 551 Ew.

THIENE 19.099 Ew, 147 m (4 D1)

Provinz Vicenza. Handels- und Industriestädtchen und Straßenknotenpunkt am Fuß des Hochplateaus von Asiago.

✉ 36016, ✆ 0445

Freizeitangebot: Schwimmbad.

La Torre, Viale del Lavoro 2 (1 km auf der Straße N. 349 nach Vicenza), ☎ 36 43 86, 37 Zi (mB/mD), P
Belvedere, Via Val Posina 51 (Umfahrungsstraße N), ☎ 36 16 05, 9 Zi (mD), P
Ai Milanesi – Da Elio, Via del Costo 55 (Ausfahrt nach Asiago), ☎ 32 486, ~~Do~~
Roma, Via Fogazzaro (Zentrum), ☎ 36 11 084, P, ~~Do~~
Luna, Corso Garibaldi 135, ☎ 31 731, ~~Fr~~

in Lugo di Vicenza (8 km):
Al Torchio Antico, Villa Godi Malinverni, ☎ 80 598, ~~Mo~~

in Breganze (8 km):
Il Cappello, ☎ 83 147, Vorbestellung, ~~So~~ Mittag im Sommer ~~Mo~~
Al Torresan, ☎ 83 260, P ❀, ~~Di~~

Gut ausgebaut ist in Thiene vor allem die traditionsreiche Textilindustrie; ferner Metallurgie, Maschinenbau und kunstgewerbliche Metallbearbeitung (Schmiedeeisen und Kupfer).
In einem umgrenzten Garten (Oratorium aus dem 15. Jh. und Stallungen des Muttoni) erhebt sich der **Palazzo Thiene*** oder *Porto Colleoni:* ein gotisch-venezianischer Bau aus dem 15. Jh. mit schöner Fassade mit Arkaden, Maßwerkfenstern und seitlichen zinnenbekrönten Türmen. Im Inneren *(Führungen: 15, 16, 17 Uhr; Sa, So, Feiertage auch 9, 10, 11 Uhr, Gruppen gegen Voranmeldung, ☎ 36 21 21; Eintrittsgebühr).* Fresken von Fasolo und Zelotti. Am dahinterliegendem Platz das gotische Kirchlein *Della Natività,* ein Backsteinbau mit Bauplastik aus Stein.
Der barocke **Dom** (17. Jh.) besitzt im Chor und in der Apsis schöne Gemälde der venezianischen Schule des 17. und 18. Jhs. (S. Ricci, Carpioni, Maganza, Pittoni), großartige Kassettendecke (1796).
AUSFLÜGE – 8 km gegen NO nach **Lugo di Vicenza,** 225 m, 3.573 Ew; in der Nähe die **Villa Godi-Malinverni*** *(Besichtigung: März–Okt. Di, Sa, So, Feiertage 14–18 bzw. 15–19 Uhr; Gruppen tägl. nach Voranmeldung, ☎ 80 561),* das erste Werk Palladios (1542). Die Loggia und die 10 Säle sind mit Fresken von G.B. Zelotti, G. Campagnola und B. dal Moro geschmückt; die Villa besitzt ein Fossilienmuseum, eine Gemäldegalerie mit Werken italienischer Meister des 19. Jhs. und eine Privatbibliothek mit seltenen Büchern; im Park Statuen. Ganz in der Nähe die **Villa Piovene-Porto Godi** *(Besichtigung: tägl. 14.30–19 Uhr (Sommer), 14–17 Uhr (Winter); Eintrittsgebühr)* im palladianischem Stil mit Tempelfront von 1587; Portal und Treppe sind ein Zubau des 18. Jhs. Im Garten Naturhöhlen und das Kirchlein S. Girolamo (1496). – 6 km gegen S, an der Straße nach Vicenza, **Villaverla,** 75 m, 4.529 Ew, der *Palazzo Ghellini* von A. Pizzocaro (17. Jh.) und *Palazzo Verlato* von V. Scamozzi, im 17. Jh. vergrößert.

TIERS (Tires) 828 Ew, 1028 m (2 C1)

Provinz Bozen. Sommerfrische, auch als Wintersportort besucht, im gleichnamigen grünen Tal des Eisackzuflusses mit Blick auf den Rosengarten.

✉ 39050, ✆ 0471, ℹ *Verkehrsverein,* ☎ 64 21 27

Freizeitangebot: Tennis, Skilift.

- **Stefaner,** in St. Zyprian, 1100 m (2,8 km n. O), ☎ 64 21 75, 16 Zi (mD), P
- **Dolomiti – Lavina Bianca,** in Weißlahnbad, 1179 m (3,3 km n. NO), ☎ 64 21 26, 31 Zi (29 mB/mD), P G ≋, Sauna
- **Paradies,** ☎ 64 21 36, 28 Zi (17 mB/mD), P ≋
- **Cyprianerhof,** in St. Zyprian, ☎64 21 43, 12 Zi (mD), P

2 km nach **St. Cyprian** (S. Cipriano), 1071 m, dort die romanische *Kapelle St. Cyprian;* Blick auf den Rosengarten.

In der Ortschaft **Weißlahnbad** *(Bagni di Lavina Bianca),* 1179 m, in 3 km Entfernung, wird eine mineralhaltige Quelle bei Stoffwechselerkrankungen, Neurasthenie und Rekonvaleszenz angewendet.

TIONE DI TRENTO 3.178 Ew, 565 m (1 E2)

Provinz Trient. Wichtigster Ort der Judikarien am Beginn des Rendena-Tals, Straßenknotenpunkt und Sommerfrische.

✉ 38079, ✆ 0464, ℹ *Verkehrsverein,* Umfahrungsstraße, ☎ 21 051

Freizeitangebot: Tennis.

- **Milano,** auf der Umfahrungsstraße Richtung ℹ DRO, ☎ 21 096, 18 Zi (mB), P
- **Al Cacciatore,** Ausfahrt nach Pinzolo, ☎ 21 075, M6

im Rendena-Tal, Richtung Madonna di Campiglio:

- **Turismo,** in Spiazzo, 650 m (10 km), ☎ 81 058, 54 Zi (mB/mD), P
- **Al Sacra,** in Pelugo, 652 m (7 km), P

AUSFLUG ins **Val di Daone:** zunächst in Richtung SW über den Sattel, der das Sarca- und das Chiese-Tal trennt, vorbei an den kleinen Sommerfrischen *Breguzzo,* 798 m, *Bondo,* 823 m, *Roncone,* 842 m, *Lardaro,* 802 m, und dann gegen NW in das naturbelassene, an Seen, Sturzbächen und Wasserfällen reiche Chiese-Tal, eine malerische Waldlandschaft, über die die Gletscherwelt des Adamello ragt; besonders wildromantisch der Zugang zum Val di Fumo. An seiner Einmündung liegt *Creto,* 514 m; Pfarrkirche aus dem 16. Jh. mit zinnengekröntem Campanile; in der Sakristei Fresken im Mischstil Gotik-Renaissance des 15. Jhs. Weiter das Chiese-Tal entlang kommt man nach 20 km nach *Condino,* 444 m, mit alten Bauernhäusern und zwei im 16. Jh. veränderten Kirchen mit Freskenresten und einigen Kunstschätzen aus dem 14.–16. Jh. Unweit davon trifft man auf die Straße durch das Ampoli- und Ledro-Tal (siehe Pieve di Ledro), und es beginnt der Idro-See.

TIZZANO VAL PARMA 2.605 Ew, 814 m (8 C1)

Provinz Parma. Sommerfrische im Apennin von Parma, am rechten Talhang des Parma-Tals. 9 km nach S die Ortschaft **Schia,** 1241 m, mit Wintersporteinrichtungen.

✉ 43028, ✆ 0521

Freizeitangebot: Schwimmbad; Tennis; Skilifte auf dem M. Caio und dem Pian delle Guide.

- **Sporting,** in Schia, ☎ 86 60 35, 28 Zi (8 mB/8 mD), P, TV
- **Miramonti,** in Schia, ☎ 86 60 34, 8 Zi (2 mB/1 mD), P
- **Roma,** im Ort, ☎ 86 66 24, M6

SPAZIERGANG – 30 Min. zur romanischen Kirche (11. Jh.) *S. Pietro,* 794 m, mit Fresken aus dem 15. Jh.

TOBLACH (Dobbiaco) 2.861 Ew, 1243 m (2 B3)

Provinz Bozen. Sommerfrische und Wintersportort in einem weiten Becken des oberen Pustertals, bestehend aus *Toblach-Dorf* und *Neu-Toblach* (Dobbiaco Vecchio oder Paese; Dobbiaco Nuovo); bedeutende Durchfahrtsstation zwischen Österreich und den östlichen Dolomiten (Cortina d'Ampezzo).

✉ 39034, ✆ 0474, ℹ AA: ☎ 72 132, Tx 400569

Freizeitangebot: Schwimmbad; Tennis; Bowling; Eislaufplatz; Sessellift: Radsberg (Monte Rota), 1600 m; Schlepplifte; Sprungschanze; Skischule.

- **Santer,** an der Straße Richtung Cortina, ☎ 72 142, 47 Zi (mB/mD), P G ≋, Sauna
- **Cristallo,** ☎ 72 138, 30 Zi (26 mB/mD), P ≋, Sauna
- **Parkhotel Bellevue,** ☎ 72 108, 36 Zi (mB/mD), P G ≋
- **Toblacherhof,** an der Kreuzung, ☎ 72 217, 23 Zi (mB/mD), G
- **Sole,** ☎ 72 225, 45 Zi (mB/mD), P G, gute Küche, M6

🏨 **Hubertushof ◪,** 1 km auf der Straße nach Bruneck, ☎ 72 276, 26 Zi (mB/mD), 🅿 Ⓖ ✽
🏨 **Oberhammer,** in S. Maria, 1322 m (2 km nach NW), ☎ 72 195, 22 Zi (19 mB/mD), 🅿 Ⓖ ✽ Ψ
🏨 **Mornia,** ☎ 72 286, 26 Zi (mB/mD), 🅿 Ⓖ ✽ Ψ

auf dem Monte Rota, 1650 m, 5 km nach NW; auch mit dem Sessellift erreichbar:
🏨 **Albergo Alpino Monte Rota,** ☎ 72 215, 21 Zi (mB/mD), 🅿 ✽ ≋ Ψ

am Toblacher See, 1250 m, 4 km auf der Straße nach Cortina:
🏨 **Baur al Lago ◪,** ☎ 72 106, 35 Zi (25 mB/mD), 🅿 ✽, am See

In der malerischen Altstadt neben der barocken *Pfarrkirche* die *Burg* aus dem 16. Jh.
13 km gegen S in einem grünen Talboden der Rienz, dem Höhlensteiner Tal, liegt, umgeben von Dolomitengipfeln (Cadini, Cristallo, Hohe Gaisl), *Schluderbach (Cadorin),* 1437 m, an der Kreuzung der Straßen nach Misurina und Cortina d'Ampezzo.
Auf dem Toblacher Feld entspringt die Drau, mit 755 km einer der größten Nebenflüsse der Donau. Das östliche Pustertal ist der einzige Teil Italiens, der ins Schwarze Meer entwässert.

TOLMEZZO 10.503 Ew, 323 m (6 A1)

Provinz Udine. Städtchen im mittleren Tagliamento-Tal, Hauptort Karniens; Marktflecken mit einigen Industriezweigen (Papiererzeugung).

✉ 33028, ✆ 0433, ⓘ TCI: Carnia Tours, Piazza Stazione 14

Freizeitangebot: Tennis, Skilifte in Sella Chianzutan (13 km).

🏨 **Cimenti,** Ausfahrt nach M. Croce, ☎ 29 26, 21 Zi (2 mB/15 mD), 🅿
🏨 **Roma,** am Hauptplatz, ☎ 20 81, 34 Zi (4 mB/27 mD), 🅿

Sehenswert das **Museo Carnico delle Arti e Tradizioni Popolari** *(Volkskundliches Museum Karniens, Besichtigung: 9–12, 15–18 Uhr im Sommer, 14.30–17.30 Uhr im Winter; Di geschl.;)* mit einer wichtigen ethnographischen und folkloristischen Sammlung; und der **Dom** aus dem 18. Jh. mit Skulpturen aus dem 16. Jh., Marmoraltären und Altarbildern aus dem 18. Jh.

TONALE-PASS (Passo del Tonale) 1883 m (1 D1)

Gemeinde Vermiglio, Provinz Trient. Sattel zwischen dem Massiv von Ortler- und Zufallspitze und der Adamello-Paganella-Gruppe, verbindet das Nons- (oder Sole-)Tal mit der Valcamonica; Sommer- und Winterurlaubsgegend, Sommerskilauf am Presena-Gletscher.

✉ 38020, ✆ 0364, ⓘ AA von Ponte di Legno, ☎ 91 122; Nebenstelle des AA von Valli di Sole, Peio und Rabbi, ☎ 91 343

Freizeitangebot: Seilbahn: Monte Paradiso, 1880–2580 m; weiter Gondellift zur Presena-Hütte, 2750 m; Sessellifte: Valbriolo, 2240 m, M. Tonale West, 2530 m, Nigritella, 1790–2095 m; Schlepplifte: Serodine – Cima Bleis; Cadi und zahlreiche andere; Sommerskilift am Presena-Paß; Sommer- und Winterskischule; Rodelbahn; Eislaufplatz.

🏨 **Miramonti,** ☎ 91 651, 114 Zi (4 mB/109 mD), 🅿
🏨 **Savoia ◪,** ☎ 91 340, 41 Zi (mB/mD), 🅿
🏨 **Redivalle ◪,** ☎ 91 349, 45 Zi (23 mB/15 mD), Ⓖ
🏨 **Sporthotel Vittoria,** ☎ 911 348, 41 Zi (mD), 🅿 ≋, Sauna
🏨 **Serodine,** Richtung Ponte di Legno, ☎ 91 838, 30 Zi (23 mD)
🏨 **Dolomiti,** ☎ 91 344, 26 Zi (3 mB/19 mD), 🅿
🏨 **Giovanni,** Ortsteil Case Sparse (Richtung Ponte di Legno), ☎ 91 539, 24 Zi (10 mB/12 mD)
🍴 **Faita ◪,** heimische Spezialitäten, Lokalkolorit

In einem *Beinhaus* die Überreste von 831 Gefallenen des Ersten Weltkrieges; hier fanden vor allem im Juni 1918 heftige Kämpfe statt.
AUSFLUG – Mit der Seilbahn (6 Min.) zum **Passo Paradiso,** 2580 m; von hier über einen Weg (30 Min.) oder mit einer Seilbahn (10 Min.) zum *Schutzhaus Presena,* 2750 m (Hotel- und Restaurantbetrieb) am Ende des gleichnamigen *Gletschers;* Sommerskigebiet. Blick auf die Presanella-Gruppe und ins obere Nonstal. Ein nicht sehr einfacher Wanderweg (mehr als 2 Std.) führt über den Gletscher und über den Paß von Maroccaro, 2975 m, zum *Schutzhaus Città di Trento,* 2480 m, in wunderschöner Lage hoch über dem Val di Genova.

TONEZZA DEL CIMONE 717 Ew, 992 m (4 D1)

Provinz Vicenza. Sommerfrische und Wintersportort in offener Lage auf dem gleichnamigen wiesen- und nadelwaldreichem Hochplateau.

✉ 36040, ✆ 0445, ⓘ *Verkehrsverein,* Rathaus, ☎ 72 432

Freizeitangebot: Tennis; Skilifte: in Valle dei Fiorentini (12 km in Richtung Folgaría); Gondellift: 1451 m – Monte Campomolon, 1853 m.

🏨 **Vicenza ◪,** Viale degli Alpini (oberhalb des Dorfes), ☎ 72 461, 26 Zi (19 mB/mD)

in Arsiero (✉ 36011) 10 km Richtung Vicenza:
🏨 **Nuova Colonna d'Oro,** beim Pfarrhaus, ☎ 70 171, 24 Zi (8 mB/8 mD)

AUSFLÜGE – 4,5 km gegen S auf einer durch den Wald führenden Straße zum *Piazzale degli Alpini,* 1109 m, und dann in 15 Min. auf den **Monte Cimone,** 1230 m, auf dessen Gipfel ein *Beinhaus* mit den Überresten 1210 Gefallener des Ersten Weltkreigs.
10 km ins Tal nach **Arsiero,** 356 m, eine Sommerfrische mit einigen Industriebetrieben, wo am 1. August ein traditioneller Wettbewerb im Glockenläuten abgehalten wird (Batocio d'argento).

TÓRBOLE 2.250 Ew, 85 m (1 E2)

Gemeinde Nago-Tórbole, Provinz Trient. Eleganter Luftkurort am Gardasee, in schöner Lage am nordöstlichen Ende des Sees. Hier nächtigte Goethe auf seiner Italienreise.

✉ 38069, ✆ 0464, ℹ AA: Lungolago Verona, ☎ 50 51 77

Freizeitangebot: Tennis; Segelkurse; Yachthafen; Schiffahrtsverkehr.

- **Pineta del Lago** ◪, im Ortsteil Marocche, ☎ 55 343, 48 Zi (24 mB/17 mD), ❀ ≈ ♆
- **Villa Helvetia Iphigenia** ◪, Lungolago Verona, ☎ 50 51 34, 27 Zi (11 mB/13 mD), Ⓟ ❀ ♆
- **Paradiso** ◪, Lungolango Verona 43, ☎ 50 51 26, 28 Zi (mB/mD), Ⓟ ❀
- **Geier** ◪, Via Benaco 15, ☎ 50 51 31, 34 Zi (mD), Ⓟ ♆

in Nago (✉ 38060), Richtung Rovereto:
- **Passo di S. Giovanni,** an der Straße ins gleichnamige Tal (1,3 km), ☎ 50 51 51, 21 Zi (mD), Ⓟ Ⓖ ❀ ♆
- **Europa,** in Coe, bei den Riesentöpfen (1 km), ☎ 50 52 48, 32 Zi (4 mB/3 mD), Ⓟ ❀
- **Giardino,** an der Straße, ☎ 50 51 52, 14 Zi (mD)
- **Nago,** Via Stazione, ☎ 50 51 60, 44 Zi (1 mB/36 mD), Ⓟ ❀ ≈

in Linfano (✉ 38062) an der Straße Richtung Riva:
- **Baia Azzurra,** ☎ 50 51 68, 38 Zi (4 mB/28 mD), Ⓟ ❀
- **Angelini** ◪, ☎ 55 279, 30 Zi (mB/mD), Ⓟ ❀ ≈

in Tempesta, 3 km Richtung Malcésine:
- **Villabella** ◪, ☎ 50 51 00, 13 Zi (2 mB/7 mD), Ⓟ ❀ ≈, Badestrand

SPAZIERGANG – Ca. 2–4 km zu den **Riesentöpfen** *(marmitte dei Giganti),* einer interessanten geologischen Formation, die durch Gletscherablagerungen entsteht: zu sehen an der Straße nach Nago und an der Straße von Nago hinunter nach Arco *(Wegweiser).*

TORCELLO siehe Venedig

TORRI DEL BENACO 2.432 Ew, 67 m (3 E2)

Provinz Verona. Luftkurort am östlichen Ufer des Gardasees inmitten von Olivenhainen; gegenüber liegen Gardone Riviera und die Bucht von Salò. 6 km gegen N die Fraktion *Pai,* 131 m.

✉ 37010, ✆ 045 ℹ AA: Piazetta Portici, ☎ 62 61 20

Freizeitangebot: Sportzentrum 4 km an der Straße nach S. Zeno di Montagna (Schwimmbad, Reiten, Tennis); in der Umgebung: Tennis; Segelschule; Yachthafen; Passagierschiffahrt und Autofähre nach Maderno.

- **Gardesana,** Piazza Calderini 20, ☎ 72 25 005, 34 Zi (mB/mD)
- **Europa** ◪, oberhalb des Ortes, ☎ 72 25 086, 20 Zi (7 mB/10 mD), Ⓟ ❀ ≈
- **Astoria** ◪, Via Gardesana 152, ☎ 72 25 322, 27 Zi (mB/mD), Ⓖ ❀
- **Monaco** ◪, in Pai, ☎ 62 75 01, 21 Zi (mB/mD), Ⓟ ❀
- **Continental** ◪, an der Gardesana, im Ortsteil Frader, ☎ 72 25 195, 25 Zi (mD), Ⓟ ❀, Strand, Park
- **Baia dei Pini** ◪, Via Gardesana, ☎ 62 62 15, 24 Zi (mB/mD), Ⓟ ❀, Strand
- **Romeo** ◪, Via Angelo Dall' Oca Bianca 31, ☎ 62 60 40, 40 Zi (28 mD), Ⓟ ❀ ≈
- **Galvani** ◪, in Pontirola (Richtung Malcésine), ☎ 72 25 103, 20 Zi (mD), Ⓟ ❀, Strand
- **Al Caval** ◪, Via Gardesana 156, ☎ 72 25 666, 22 Zi (mD), Ⓟ ❀, Strand
- **Loroll** ◪, in Pai, ☎ 62 75 10, 15 Zi (mB/mD)
- **Panorama** ◪, in Albisano (4,5 km n. O), ☎ 72 25 102, Ⓟ ❀

Der kleine Hafen mit schönen charakteristischen Häusern und dem Kirchlein SS. Trinità, das den Gefallenen gewidmet ist, wird beherrscht von der 1383 errichteten **Skaligerburg** mit mächtigen zinnenbekrönten Türmen.

TOVEL-SEE (Lago di Tovel) 1178 m (1 D2)

Gemeinde Tuenno, Provinz Trient. Kleiner See im gleichnamigen Tal in einem Kessel inmitten von uralten Tannenwäldern am Fuß der nördlichen Felswände der Brenta-Gruppe; Ausflugsziel und Ausgangspunkt für Ausflüge in die Umgebung. Erreichbar (11 km) über *Tuenno,* 629 m, 2.115 Ew, Zentrum des Obstanbaus.

✉ 38019, ✆ 0463, ℹ *Verkehrsverein* in Tuenno, ☎ 31 149

Tuenno, in Tuenno, ☎ 40 454, 21 Zi (mD)
Capriolo ◪, 5 km Richtung Tuenno, ☎ 31 406, 🅿, auch Zimmer, rustikal

Der **See** (ca. 1 km lang und 570 m breit) ist als Schönheit der landschaftlichen Umgebung bekannt und vor allem wegen der von Juli bis September anhaltenden rosaroten Färbung seines Wassers, die von einem Mikroorganismus, dem Glenodinium sanguineum, herrührt: das Phänomen verschwand vor einigen Jahren aufgrund der ständig zunehmenden Verschmutzung des Wassers; derzeit ist man um seine Erhaltung bemüht.

TRAFOI 170 Ew, 1543 m (1 C1)

Gemeinde Stilfs, Provinz Bozen. Sommerfrische und Wintersportort in einem Kessel des engen und waldreichen Trafoiertals an der Straße zum Stilfserjoch.

✉ 39020, ✆ 0473, ℹ *Fremdenverkehrsamt für das Ortlergebiet,* Prad am Stilfserjoch, ☎ 75 034

Freizeitangebot: Gondellift: Kleinboden, 1520–2153 m; Skilifte in Trafoi und Kleinboden; Skischule.

Madatsch ◪, ☎ 75 067, 39 Zi (mB/mD), 🅿 🅶 ❀ ≋ ✵
Tannenheim, ☎ 75 004, 32 Zi (mB/mD), 🅿 🅶

AUSFLUG – Mit der Seilbahn auf die *Furkel (Forcola),* 2190 m, mit Blick auf den Ortler*.

TREVISO* 86.527 Ew, 15 m (5 D2)

Provinzhauptstadt, Bischofssitz. Reizvolle Stadt in der fruchtbaren Ebene im NW Venedigs, an der Mündung des Botteniga in den Sile; wichtiges Agrar- und Industriezentrum. Verkehrsknotenpunkt. Interessante Baudenkmäler aus dem Mittelalter und der Renaissance bezeugen die Bedeutung der zunächst freien Stadt (12.–14. Jh.), die 1389 unter die Herrschaft Venedigs kam.

✉ 31100, ✆ 0422, 📯 B2, ✆ A–B3, ℹ EPT: Via Toniolo 41 (Palazzo Scotti), ☎ 47 632, B2

Continental, Via Roma 16, ☎ 57 216, 82 Zi (mB/mD), AIR . . . . (B2, **f**)
Carlton, Largo Altinia 15, ☎ 55 221, 93 Zi (mB/mD), 🅿, mit Snackbar . . . . . . (B2, **c**)
Campeol, Piazza Ancillotto 4, ☎ 40 871, 16 Zi (mB/mD) . . . . (A2, **e**)
Alfredo el Toulà, Via Collalto 26, ☎ 40 275, internationale Küche, ~~Mo~~ . . . . (B2, **r**)
Al Bersagliere, Via Barberia 21, ☎ 41 968, AIR, ~~So~~ und ~~Mo~~ Mittag . . . . . . (A2, **t**)
Lincontro, Largo Altini 13, ☎ 47 717, ~~Mi~~ und ~~Do~~ Mittag . . . . (B2, **s**)
Becchieri, Piazza Ancillotto 10, ☎ 40 871, ~~Do~~ abends und ~~Fr~~ . . . . (A2, **e**)
All' Antica Torre, Via Inferiore 55, ☎ 53 694, ~~So~~ und ~~Mo~~ Mittag . . . . (A2, **u**)
All' Oca Bianca, Vicolo della Torre 7, ☎ 41 850, ~~Mi~~ . . . . (A2, **v**)

am Stadtrand:
Carletto, Strada Bibano 49 (2 km nach NO), ☎ 62 955, 108 Zi (mD), 🅿 🅶 ❀, AIR, Restaurant mit getrennter Geschäftsführung, ~~Mo~~
Al Fogher, Viale della Repubblica 10 (Ausfahrt nach Vicenza), ☎ 20 686, 48 Zi (6 mB/46 mD), 🅿
Ca' del Galletto, Via S. Bona Vecchia 30 (NW-Stadtrand), ☎ 23 831, 28 Zi (mB/mD), 🅿, AIR
Alnostrobar, Viale della Repubblica 219 (Tangente), ☎ 63 346, ❀, ~~So~~

in Paderno di Ponzano Veneto (✉ 31050), 7 km nach NW:
Relais del Toulà, ☎ 96 023, 10 Zi (mB), ❀ ≋ ⚲ ✵, in einem alten Landhaus, Antiquariat, Stileinrichtung

in Preganziol (✉ 31022), 7 km Richtung Venedig:
Villa Magnolia, Via Terraglio 98, ☎ 93 131, 27 Zi (20 mD), Restaurant ~~So~~ abend und ~~Mo~~
Alle Grazie, Via Terraglio 88, ☎ 54 652, 🅿, ~~Do~~ abend und ~~Fr~~
Bolognese, Via Terraglio 175 (3 km nach N), ☎ 38 08 88

in Mogliano Veneto (✉ 31021), 12 km Richtung Mestre (✆ 041):
Villa Condulmer, in Zerman (4 km), ☎ 45 71 00, 54 Zi (mB/mD), ❀ ≋ ⚲, 17. Jh.-Atmosphäre
La Meridiana-Garden, Via Terraglio 23, ☎ 45 02 30, 54 Zi (29 mB/21 mD), ❀
Park Hotel Margarete, Via Don Bosco 47, ☎ 45 02 87, 20 Zi (4 mB/5 mD), ❀
Al Postiglione, in Marocco (3 km nach S), Via Terraglio 134, ☎ 97 56 00, 🅿, AIR, ~~Di~~

in Zero Branco (✉ 31059), 12 km nach SW:
Da Sauro, Piazza Umberto I 30, ☎ 97 116, ~~Mo~~ abend und ~~Di~~

Eine Stadt stellt sich vor. – Wie beinahe alle Städte Venetiens, hat auch Treviso ein geschlossenes historisches Stadtbild. Die Stadt übt in der Tat nicht nur durch die bedeutenden Kunstdenkmäler und die zahlreichen Paläste des Mittelalters und der Renaissance, die die Arkadenstraßen des Stadtkerns säumen, ihre Anziehungskraft aus; es sind auch die zahlreichen Häuser mit Wandmalereien und vor allem die Kanäle (Sile und Botteniga), denen man auf Schritt und Tritt begegnet und die zusammen mit den gut erhaltenen alten Straßenzügen dem Stadtbild einen besonderen malerischen Reiz verleihen.
Der Handel ist auf dem Agrarsektor bedeutend. Zu Beginn des Jahrhunderts entwickelte sich die Textilindustrie, heute wird sie durch spezialisierte Klein- und Mittelbetriebe auf dem Gebiet der Lampen-, Porzellan- und Keramikherstellung ergänzt.
Typisches aus dem Ortsbild. – *Piazza dei Signori*; Calcamaggiore; Pescheria (Fischmarkt).*
Küche und Keller – Bekannt ist der rote Dadicchio, der in Treviso als Salat, aber auch gebraten oder gebacken serviert wird. Die Salsiccia trevisana oder „luganega" (eine Würstelsorte) wird in Reissuppe ohne Tomaten gekocht („risi e luganega"); Risotto alla „sbiraglia" (Reis mit Hühnerstücken),

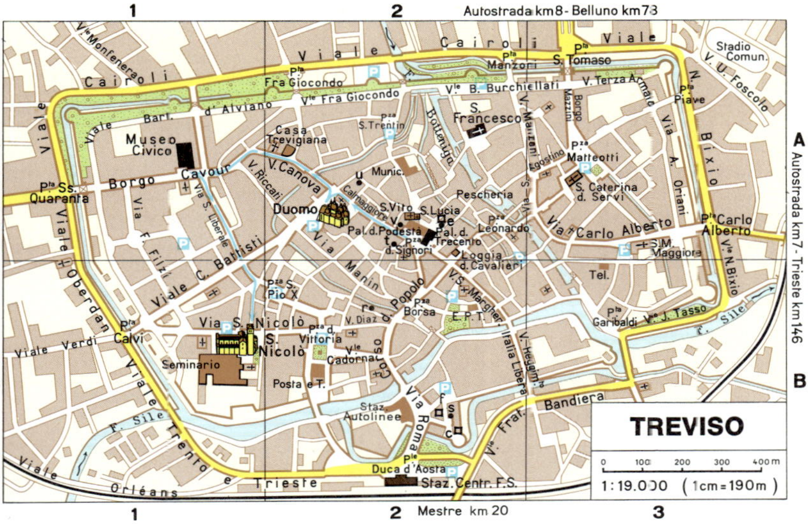

Kuttelflecksuppe; gebratene Gans mit Stangensellerie; Aal und Krebse „di S. Polo"; „sopa coada" (ausgelöste Taube, die mit Brotstücken 5–6 Stunden im Backofen ganz langsam gebraten wird). Weine: Prosecco, Tocai, Cabernet, Merlot, Raboso.
Einkaufstips – Wein, Grappa und Liköre, Schmiedeeisenarbeiten, Keramik, Korbwaren, handgewebte Stoffe.
Sehenswürdigkeiten auf einem Blick – *Palazzo dei Trecento*★; *Dom*★★; *S. Nicolò*★★; *Museum*★.
Veranstaltungen – Nationale Comics-Ausstellung (Treviso Comico; März); Nationaler Bühnenbildner-Wettbewerb (April); Treviso in Fiore („Treviso in Blüte"; Mai–Sept.); Internationaler Opernsängerwettbewerb (Juni); Marktfest „Città de Treviso (Sept.); traditioneller Lukas-Markt (Okt.). Musikalischer Herbst und traditionelle Opern-Stagione (Okt.–Dez.).
Stadtbesichtigung im Zeitraffer – Man benötigt einen halben Tag; in einer Nebenstraße im Zentrum parken und zu Fuß den auf dem Stadtplan eingezeichneten Weg folgen: von der Piazza dei Signori **(Palazzo dei Trecento★)** über Calmamaggiore zum **Dom★★;** durch die Via Canova zum Museo della Casa Trevigiana (Museum für angewandte Kunst) und über die Via Cavour zum **Städtischen Museum★.** Durch die Via S. Liberale und kleine Gäßchen zu **S. Nicolo★★** und zum **Seminario** (Kapitelsaal).

Piazza dei Signori★ (A2) – Der mittelalterliche Platz liegt im Zentrum der Stadt und ist an drei Seiten von kommunalen Bauten begrenzt, die zum Großteil erneuert wurden. An der O-Seite der gotische **Palazzo dei Trecento★** (ca. 1217) mit Arkaden und Triforen (an der Seite gegen die Piazza Indipendenza eine Außentreppe vom Beginn dieses Jahrhunderts; im Erdgeschoß eine monumentale Loggia aus dem 16. Jh.). Daneben der neugotische *Palazzo del Podestà* (heute Präfektur) aus dem 19. Jh. mit der *Torre del Comune.* An der W-Seite der alte *Palazzo Pretorio.*

Auf der dahinterliegenden Piazza del Monte di Pietà der *Monte di Pietà* (Leih- und Pfandhaus) mit der *Cappella dei Rettori★ (Besichtigung: Mo–Fr 8.30–12 Uhr; bei Nr. 2 läuten!)* Kapelle mit Apsis aus dem 16. Jh., reich mit Gemälden, vergoldeten Lederarbeiten und schönem Deckenschmuck ausgestattet. Nicht weit entfernt die Piazza S. Vito (A2) mit den beiden miteinander verbundenen Kirchen S. Lucia und S. Vito, beide mittelalterlichen Ursprungs. **S. Lucia** aus dem 14. Jh. ist die interessantere: Fresken des Tomaso da Modena und Schülern, Plastiken (14.–15. Jh.), darunter Heiligenbüsten auf den Chorschranken. **S. Vito** wurde im 12. Jh. gegründet und im 16. Jh. neu erbaut (außen hoher Säulenportikus) und beherbergt mehrere schöne Gemälde (Altarbild des M. Vecellio; Fresko aus dem 12.–13. Jh. in der rechten Chorkapelle) und Skulpturen (Tabernakel aus dem 14. Jh.).
Calcamaggiore (A2) – Die von Bogengängen und Häusern des 15. und 16. Jh. gesäumte belebte Hauptstraße der Altstadt.

Dom★★ (A2) – Er ist mittelalterlichen Ursprungs (romanische Überreste an der linken Seitenfassade; Löwen zu beiden Seiten des Portikus), die Apsis wurde im 15.–16. Jh. erneuert, der übrige Bau im 18. Jh. verändert; der klassizistische Säulenportikus stammt aus dem Jahre 1836.

Elegantes dreischiffiges Inneres mit sieben Kuppeln. Am 2. Altar rechts Anbetung der Könige★, von Paris Bordone. Am 2. Pfeiler rechts schönes Marmorbasrelief von L. Bregno und A. Lombardo (Heimsuchung). Am Ende des rechten Seitenschiffs die CAPPELLA DELL' ANNUNZIATA (Verkündigungskapelle) aus dem 16. Jh. (1520): im Vestibül mittelalterliche Plastiken (12. und 14. Jh.) und Madonna mit Heiligen des Girolamo da Treviso (in der Mitte; 1487); Hl. Laurentius, von Paris Bordone; am Altar Verkündigung★, von Tizian (1520); an den Wänden Fresken von Pordenone und Schülern (1520). Im Chor von P. Lombardo (1483) und in der Sakramentskapelle (links davon; 1513) mehrere Plastiken★ aus der Renaissance (P. und T. Lombardo; L. Bregno). Sehenswerte Krypta aus dem 11. und 12. Jh. mit Säulenkranz. Am dritten Altar links Hl. Giustina und Heilige, von F. Bissolo. – In der Sakristei vergoldeter Schnitzaltar aus dem frühen 15. Jh.; in der Sakristei der Kanoniker Gemälde von Girolamo da Treviso d. Ä. und P. Bordone.
Links vom Dom das romanische *Baptisterium* (11.–12. Jh.) mit einigen Freskenresten aus dem 12.–14. Jh. in den Apsiden. Dahinter der mächtige Glockenturm (11.–12. Jh.).

Museo della Casa Trevigiana (A2) – Museum für angewandte Kunst in der Via Canova 38 in einem gotischen Haus aus dem 15. Jh. *Öffnungszeiten: 9–12, 14–17 Uhr; Sonn- und Feiertage 10–12 Uhr; Mo geschl. (Wegen Restaurierungsarbeiten vorübergehend geschl.).* Marmorarbeiten aus dem Mittelalter und der Renaissance, dekorative Terrakottaplastiken, Holzskulpturen (15.–18. Jh.), Möbel, Schmiedeeisenarbeiten, alte Waffen, Musikinstrumente etc. Daneben, auf Nr. 40, ein Renaissancebau mit Wandfresken. Weitere beachtenswerte alte Häuser in der Via Riccati, die zum Dom zurückführt: auf Nr. 52–56 Häuser aus der Mitte des 15. Jhs. (Spitzbogenarkaden und Terrakottadekor); gegenüber eine Häuserreihe mit Fassadenfresken aus dem 15. und 16. Jh.

Städtisches Museum★ *(Museo Civico),* Borgo Cavour 22 (A1). Es besteht aus der Archäologischen Abteilung im Erdgeschoß und der Gemäldegalerie im 1. Stock. *Öffnungszeiten: 9–12, 14–17 Uhr; Sonn- und Feiertage 9–12 Uhr; Mo geschl.*

Die ARCHÄOLOGISCHE ABTEILUNG ist unter den Arkaden des Kreuzgangs aus dem 16. Jh. und in den anschließenden Räumen untergebracht. Sie zeigt frühgeschichtliche Gegenstände (Schwerter★), römische Funde (Inschriften, Skulpturen, Porträts, Bronzen), frühchristliche und hochmittelalterliche Skulpturen.

Die GEMÄLDEGALERIE weist in 29 Sälen Gemälde, Skulpturen und Kunstgewerbe auf. Der Schwerpunkt liegt auf Gemälden der venezianischen Schule und lokaler Meister (Girolamo da Treviso d. Ä. und d. J., P.M. Pennacchi, Pozzoserrato). Man beachte vor allem die Werke von Gentile da Fabriano (Madonna mit Kind), Giovanni Bellini und Schule (Madonna★), Cima da Conegliano (Madonna★), L. Lotto (Bildnis eines Dominikaners★), Tizian (Bildnis des Sperone Speroni★), Pordenone, Paris Bordone, I. Bassano (Kreuzigung★), Rosalba Carriera (3 Bildnisse), F. Guardi (Vedute von der Insel S. Giorgio), P. und A. Longhi. Außerdem Werke des 19. Jhs. (Hayez, I. Caffi) und eine Plastik von Canova. Ein Saal ist dem Trevisaner Bildhauer A. Martini gewiedmet (Gipsabgüsse, Terrakotta, Bronmünzen, Graphik; man bemerke das Porträt der Lilian Gish, die Pisana und die Venus).

S. Nicolò★★ (B1) – Großartiger gotischer Backsteinbau aus dem 13.–14. Jh. mit hohen Fenstern an den Langhauswänden und im Chor.

Treviso: S. Nicolò

Das weiträumige schlichte dreischiffige INNERE hat weite Arkaden und eine hölzerne Gewölbekonstruktion. An den riesigen runden Pfeilern Fresken des Tommaso da Modena (2. links) und seiner Schule (14. Jh.); zahlreiche Leinwandbilder schmücken die Eingangswand und die Wände der Seitenschiffe (S. Peranda, Palma il Giovane etc.). Rechtes Schiff: 2. Altar (des auferstandenen Christus), Triptychon mit Plastiken, die L. Bregno zugeschrieben werden; Hl. Christophorus, Fresko des 15. Jhs.; bemerkenswerte Orgel von A. Palma mit bemaltem Orgelkasten (G. Lauro). In der rechten Chorkapelle Fresken aus dem 14. Jh. (ähnliche auch in der Sakristei); am Altar, Leinwandbild (Der ungläubige Thomas), Girolamo da Treviso d. J. oder L. Lotto zugeschrieben. Im Chor: in der Apsis Sacra Conversazione★ von M. Pensaben und G. Savoldo; an der linken Wand das Onigo-Grab★ aus dem frühen 16. Jh., ein Werk von A. Rizzo (Skulptur) und L. Lotto (Malerei, man beachte die beiden Pagen). In der 2. Chorkapelle links eine dem Vivarini oder Andrea da Murano zugeschriebene Madonna (Ende 15. Jh.).
Neben der Kirche das ehemalige Kloster (gegenwärtig **Seminar**), wo man den *Kapitelsaal* (13.–14. Jh.) mit wunderschönen Fresken des Tomaso da Modena (1352) besichtigen kann. *(Auskunft beim Pförtner.)* Im selben Gebäude sind auch ein *Völkerkundliches Museum der Indios von Venezuela* und ein *Naturgeschichtliches Museum* untergebracht *(zu besichtigen Okt.–Mai, 9–12, 15–17 Uhr)* sowie ein *Kunstmuseum (zu besichtigen auf Anfrage, ☎ 42 322).*

WEITERE SEHENSWÜRDIGKEITEN – **S. Francesco★** (A2) – Die gotische Kirche aus dem 13. Jh. hat ein schönes schiffskielartig gewölbtes Innere mit fünf Apsiden (die seitlichen Kapellen wurden erst im 14.–16. Jh. hinzugefügt); an den Wänden mehrere Fresken vom 13.–15. Jh., darunter einige des Tommaso da Modena (1. und 2. linke Chorkapelle); am 4. Pfeiler rechts Grabstein der Tochter Petrarcas, Francesca (gest. 1384); im linken Querschiff das Grab des Sohnes des Dante Alighieri, Pietro (gest. 1364).
S. Maria Maggiore (A3) – 1473 im gotischen Stil erbaut, die Fassade mit eigenartiger Bekrönung; die Apsis und der Tempietto della Madonna im kreuzförmigen Inneren haben Renaissance-Formen.
S. Caterina dei Servi di Maria (A3) – Der im 18. Jh. profanierte gotische Bau (14. Jh.) wurde restauriert und dient Ausstellungszwecken. Im Inneren mehrere Freskenreste und abgehobene Fresken, darunter die Geschichte der hl. Ursula★, von Tommaso da Modena. In der Kapelle der Unschuldigen Kinder ein Gemäldezyklus aus dem frühen 15. Jh. *Besichtigung: 8.45–11.45 Uhr; April–Okt. auch 14–17 Uhr; Sonn- und Feiertage geschl.*
Loggia dei Cavalieri (A2) – Romanischer Arkadenbau aus dem 12.–13. Jh., einst Treffpunkt der Adeligen.
Pescheria (Fischmarkt, A2) – Insel im Botteniga-Kanal, wo der Fischmarkt abgehalten wird; malerisches Kanal- und Gassennetz.
Porta S. Tomaso (A3) – Schönes Stadttor, 1518 von Guglielmo Bergamasco erbaut, die äußere Fassade ist mit Trophäen, Wappen und dem Markuslöwen geschmückt.

AUSFLUG – 9,7 km auf der Straße nach Castelfranco Veneto nach **Istrana** zur **Villa Lattes** aus dem 18. Jh. (im Besitz der Gemeinde Treviso); im reich ausgestattetem Inneren *(Besichtigung: Di, Fr 9–12 Uhr; Sa, So auch 15–18 Uhr).* Kunstsammlungen vor allem orientalischer Werke, und eine originelle und interesannte Glockenspielsammlung.

TRICESIMO 6.673, 198 m (6 B1)

Provinz Udine. Agrar- und Handelszentrum (Möbelindustrie) am Moränenhang des Tagliamento, etwas nördlich von Udine gelegen.

✉ 33019, ✆ 0432

Boschetti, an der Staatsstraße, ☎ 85 12 30, 32 Zi (mB/mD), P
Boschetti, ☎ 85 12 30, P, Friulaner Spezialitäten, Mo
Al Belvedere, im W des Ortes, ☎ 85 13 85, P
Al Belvedere, ☎ 85 13 85, P, Di
Diana, 1 km Richtung Udine, ☎ 85 11 36, Mo

in Zompitta di Reana del Roiale (✉ 33010), 3 km nach O:
Da Rochet, ☎ 85 10 90, P

Die barocke *Pfarrkirche* aus dem 18. Jh. besitzt an ihrer Seitenfassade ein Marmorportal* des Bernardino da Bissone.

TRIENT* (Trento) 99.457 Ew, 194 m (1 D-E3)

Provinz- und Regionalhauptstadt; Bischofssitz; Universität. Die alte Bischofsstadt im Etschtal ist von mächtigen Bergen umrahmt (im W das Bondone- und Paganella-Massiv); wichtiger Verkehrsknotenpunkt an den Straßen zum Brenner und in die Dolomiten. Römischen Ursprungs, war die Stadt im Mittelalter Sitz des mächtigen geistlichen Fürstentums, das im Frühmittelalter Lehensherr von Tirol war (die Grafen von Tirol waren Vögte der Bischöfe von Trient). Heute ist sie Hauptstadt der autonomen Region Trentino-Alto Adige (Trient-Tiroler Etschland). Ihr Name ist eng mit dem berühmten Konzil von Trient (1545–63) verbunden, das die Gegenreformation einleitete.

✉ 38100, ✆ 0461, C2, C2, i Assessorato Provinciale Turismo, Corso III Novembre 132, E2, ☎ 98 00 00. – AA: Via Alfieri 4, Tx 400289, B2; Büro, Piazza Duomo, ☎ 98 12 89.

Freizeitangebot: Hallen- und Freibad in loc. Gocciadoro; Tennis; Reiten; Tontaubenschießen; Bedarfsflughafen in Man di Mattarello, ☎ 94 52 65; Seilbahn: Ponte S. Lorenzo, 200 m – Belvedere di Sardagna (Aussichtsterrasse), 600 m.

Grand Alb. Trento, Via Alfieri 1, ☎ 26 297, 94 Zi (mB/mD), P, TV. . . . . (B2, **a**)
Motel Agip, Via Brennero 166 (Ausfahrt nach Bozen), ☎ 81 117, 47 Zi (mD) P, Solarium . . . . (A2, a. P.)
Alessandro Vittoria, Via Romagnosi 16, ☎ 80 089, 70 Zi (mB/mD), G, TV, AIR . . (B2, **f**)
Monaco, Via Torre d'Augusto 25, ☎ 98 30 60, 32 Zi (mD), TV . . . . (B3, **c**)
America, Via Torre Verde 50, ☎ 98 30 10, 43 Zi (mB/mD), P, TV . . . . (B2, **e**)
Roma, Via Malpaga 9, ☎ 98 51 50, 62 Zi (10 mB/46 mD), P . . . . (C2, **b**)
Everest, Corso Alpini 16, ☎ 23 180, Tx 400499, 120 Zi (mB/mD), P. . . . . (A1, **d**)
Ancora, Via Manzoni 17, ☎ 26 337, 38 Zi (7 mB/30 mD), P . . . . (B2, **r**)
Caminetto, Via Alfieri 1, ☎ 26 297, P, So . . . . (B2, **a**)
Chiesa, Via Morelatti 9, ☎ 85 577, So abends u. Mo . . . . (B–C3, **x**)
Roma, Via S. Simonino 6, ☎ 98 41 50, So. . . . . (C2, **b**)
Hostaria dell' Erba Voglio, Via Suffragio 23, ☎ 98 66 19, Sa u. So . . . . (B2, **h**)
Port d'Aquila – Da Gius, Via Cervara 66, ☎ 23 758, tridentinische Küche, So . . . . (C3, **w**)
Giulia, Via Gazzoletti, ☎ 84 752, So . . . . (B2, **y**)
Birreria Forst, Via Oss Mazzurana 38, ☎ 26 399, Mo . . . . (C2, **t**)
Vecchia Trento, Vicolo della Piccola 10, ☎ 23 058, Pizzeria, Mo . . . . (D2, **u**)

am Stadtrand und in der Umgebung:
Villa Madruzzo, in Cognola (3 km Richtung Pérgine), ☎ 98 62 20, 51 Zi (mD), P
4 Stagioni, in Cognola, ☎ 98 70 31, P, AIR, Mo
La Fattoria, an der neuen Valsugana-Straße über Gardolo, ☎ 82 324, Vorbestellung, Mo
Castello, in Ravina (4 km nach S auf der Uferstraße der Etsch), ☎ 92 33 33, 13 Zi (mB/mD), P, Mi

in der Gegend des Kastells Toblino, 16 km auf der Straße N. 45 b nach Riva:
Castel Toblino, in der Burg am Seeufer, ☎ 44 036, P, Mo

in S. Michele all' Adige, 229 m (✉ 38010), 16 km nach N:
Lord Hotel, in Masetti (1 km n. N), ☎ 65 01 20, 33 Zi (mB/mD), P G
Da Silvio, 1 km auf der Straße Richtung Bozen, P, Do

Eine Stadt stellt sich vor – Die wichtigsten künstlerischen Zeugen entstanden in zwei Epochen: im Mittelalter durch den Bau zahlreicher Kirchen und in der Renaissance mit der städtebaulichen Erneuerung unter dem humanistischen Bischof Bernardo Clesio (1514–39). Zwischen dem Dom und dem Castello del Buonconsiglio, den beiden bedeutendsten Bauten der Stadt, liegt das Stadtzentrum. Rundherum entwickelte sich das moderne Trient, vor allem an der Etsch, wo das wirtschaftliche Herz der Stadt schlägt. Trient, ein bedeutender Verkehrsknotenpunkt, ist die Hauptstadt einer Provinz, deren Wirtschaft neben dem Fremdenverkehr auf Obst- und Weinbau und der Holzindustrie beruht. Die Klein- und Mittelindustriebetriebe liegen vor allem an der Straße zum Brenner: Zement, Maschinenbau (landwirtschaftliche Maschinen), Elektromechanik, Holz, Lebensmittel (Wein, Weinbrennereien, Konserven), Bekleidung und Druckereien. Die nahe der Grenze zwischen dem deutschen und italienischen Kulturraum gelegene Stadt verfügt über zahlreiche kulturelle Einrichtungen, darunter sehenswerte Museen (Archäologie, mittelalterliche Kunst, Naturgeschichte und Geschichte der italienischen Unabhängigkeit). Auf dem Gebiet der Volksmusik ist die „Società Alpinisti Tridentini" (Alpenverein) recht bekannt.

Veranstaltungen – Topolino-Trophäe und internationales Junioren-FIS-Rennen in Bordone; Agrarmesse (März); Internationales Festival für Berg- und Expeditionsfilme (April); Weinmesse (April–Mai); Pilzausstellung (Sept.); Tridentiner Herbst: Ausflüge, Gastronomie, künstlerische Veranstaltungen (Sept.–Okt.); Messe „Tutto Trentino" (Sept.–Okt.).

Typisches aus dem Ortsbild. – *Dom★★; Castello del Buonconsiglio★★ und Provinzialmuseum★.*

Küche und Keller – Venezianische, österreichische, lombardische und andere Einflüsse bestimmen die Küche Trients. Aus Venetien stammen die Polenta mit Stockfisch und Gemüse, das Wildragout, der Aal und die „Pasta e fagioli" (Nudeln mit Bohnen); österreichischen Ursprungs sind Knödel, Gulasch, Geselchtes mit Sauerkraut und Früchtebrot; italienisch (lombardisch u. a.) ist der Nudelauflauf, Kuttelfleck und Ravioli. Lokaltypisch sind hingegen die „strangolapreti" (grüne Kartoffel-Gnocchi), das „Smacafam" (Polenta mit Speck und Würstel) und Pfannkuchen. Weine: Casteller, Marzemino, Merlot, Lagrein, Teroldego, gelber Muskat und verschiedene Pinot-Sorten.

Einkaufstips – Bauernmöbel, Holzschnitzereien, Korbwaren, Spielwaren, Keramik, Bergausrüstungen.

Stadtbesichtigung – Man benötigt einen halben Tag und kann dem am Stadtplan eingezeichneten Rundgang zu Fuß folgen. Das Auto wie angegeben abstellen und zu Fuß zur *Piazza del Duomo* **(Dom★★, Diözesanmuseum).** Von hier durch die Belenzani-, Manci- und S. Marco-Straße zum **Castello del Buonconsiglio★★ (Provinzialmuseum★).** Über die *Piazza R. Sanzio* zu den gegenüber dem Bahnhof liegenden *Giardini Pubblici (öffentlicher Park)* und zur Kirche *S. Lorenzo*. Schließlich beendet man die Besichtigung mit der Fahrt (mit dem Auto) auf den *Doss Trento* oder (mit der Seilbahn) auf das *Belvedere*.

Piazza Duomo (C2) – Sie ist der Mittelpunkt der Stadt; rund um den schönen *Neptun-Brunnen* stehen prächtige Gebäude: die lange Seitenfassade des Doms; der mit Bi- und Triforen ausgestattete **Palazzo Pretorio,** der ehemalige Bischofspalast aus dem 13. Jh., heute Diözesanmuseum (s. u.), die *Torre Civica* (Stadtturm) und die beiden malerischen Häuser *Cazuffi* aus dem 16. Jh. mit Fassadenfresken von Fogolino (16. Jh.).

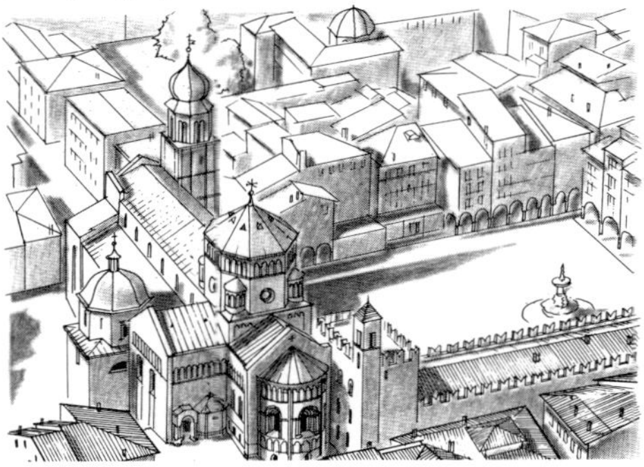

Trient: Dom

Dom★★ (C2) – Strenger romanisch-gotischer Bau (12.–13. Jh.), dessen Seiten durch eine umlaufende Zwerggalerie aufgelockert werden; an der Fassade und am Querschiff große Fensterrosen und reich skulptierte Portale, schöne Apsis (an diese lehnt sich der sogenannte „Castelletto" aus dem 13. Jh. mit Zinnen und Biforenfenstern an). Mächtiger Vierungsturm und wuchtiger Glockenturm aus dem 16. Jh.

Dreischiffiges INNERES mit Kreuzgewölben und Pfeilern in verschiedenen Stilformen. Am Beginn der Seitenschiffe zwei sanft ansteigende Treppen. Entlang der Seitenwände zahlreiche Grabdenkmäler aus dem 16. Jh. In der Kreuzkapelle, rechts, das Kruzifix, vor dem die Beschlüsse des Tridentiner Konzils verkündet wurden. In den beiden Querschiffen bemerkenswerte Freskenreste (13.–15. Jh.). Abgang zu den Überresten einer frühchristlichen Basilika des 6. Jhs. *(Besichtigung: an Wochentagen 10–12, 15–18 Uhr),* mit Ergänzungen aus dem 9. und 12. Jh.; Epitaphe, Fußbodenmosaik, Bischofsgräber.

Diözesanmuseum – *Öffnungszeiten: Mitte Februar – Mitte Nov. 9–12, 14–18 Uhr; Mi geschl.; Eintrittsgebühr.* Das im Palazzo Pretorio untergebrachte Museum bewahrt die größten Kostbarkeiten des Tridentiner Domschatzes: sieben wunderschöne **Tapisserien**★ des P. von Aelst (frühes 16. Jh.) aus Brüssel; Schnitzaltäre und Holzskulpturen aus Trient aus dem 14. und 15. Jh.; Tafelbilder und Gemälde vom 15.–18. Jh.; Erinnerungsstücke an das Tridentiner Konzil. Im Saal des Domschatzes: Ottonisches Sakramentar (11. Jh.); Schatz des Federico Vanga (13. Jh.); gotisches Pastorale des Giorgio Hack (15. Jh.).

Via Belenzani★ (C2) – Die schönste Straße der Stadt wird von Renaissancepalästen im venezianischen Stil, einige mit Fassadenfresken, gesäumt (Nr. 23, 19, 22). Links, in der Via Colico (C1–2) liegt die Renaissancekirche **S. Maria Maggiore** (1520) mit sehenswertem Portal und schönem Glockenturm; Inneres (hier wurden viele Sitzungen des Konzils abgehalten): am 2. Altar rechts Gemälde des Moroni (1541); marmorne Sängerempore (1534).

Via Manci (C2) – Auch sie wird von sehenswerten Palästen gesäumt, besonders schön auf Nr. 63 der barocke *Palazzo Galasso,* genannt „Del Diavolo" (Teufel) von 1602. An ihrem Ende öffnet sich ein kleiner Platz, der *Cantone,* das alte Stadtzentrum.

Castello del Buonconsiglio★★ (B3) – Die ehemalige Residenz der Fürsterzbischöfe wird von einer Burgmauer mit Ecktürmen umschlossen. Die Anlage besteht aus mehreren Gebäuden: im N das zinnenbekrönte *Castelvecchio,* die alte Burg, mit der runden Torre Grande (Großer Turm), im 13. Jh. errichtet und 1475 im gotisch-venezianischen Stil umgebaut (schöne Loggia; malerischer Laubenhof); im Zentrum die sogenannte *Giunta Albertina* (Albertinischer Bau) aus dem 17. Jh.; im S der *Palazzo Magno,* der Renaissance-Palast des Bischofs Bernardo Clesio (1536).
In der Burg sind die Abteilungen Antike, Mittelalter und Moderne des **Provinzialmuseums**★ *(Museo Provinciale d'Arte)* untergebracht. *Öffnungszeiten: 9–12, 14–16.30 Uhr (Winter) bzw. 14–18 Uhr (Sommer); Mo geschl.; freier Eintritt.*

Man geht durch den Garten und kommt rechts zur Todeszelle Cesare Battistis. (Battisti, Journalist und österreichischer Reichsratsabgeordneter, einer der Führer der Irredenta, kämpfte in der italienischen Armee, wurde gefangengenommen und als Hochverräter 1916 in Trient hingerichtet. Er nimmt in Italien etwa die Position Andreas Hofers in Tirol ein.) Das Museum besitzt archäologische, kunstgeschichtliche (Münzen, Handschriften, sakrale Kunst, Gemälde) und volkskundliche Sammlungen, die in mehreren Sälen des Magno Palazzo und des Castelvecchio, mit z. T. geschnitzten Holzdecken und Fresken von Dossi, Romanino oder Fogolino, untergebracht sind. In der *Torre dell' Aquila* befinden sich die sehenswerten Fresken★ mit der Darstellung der *12 Monate* eines unbekannten Meisters des 15. Jhs. im Stil der internationalen Gotik. In einem restaurierten Gebäude der Anlage das MUSEO DEL RISORGIMENTO *(Museum des italienischen Befreiungskampfes)* mit Exponaten und Erinnerungsstücken vor allem aus der Irredenta. *Öffnungszeiten: wie das Provinzialmuseum.*

Piazza Raffaele Sanzio (B2) – Hier erhebt sich die *Torre Verde* (Grüner Turm) mit typischem Kegeldach, einst ein Wehrturm der Stadt.
Giardino Pubblico (*Öffentlicher Park;* B2) – Am Platz gegenüber dem Bahnhof befindet sich das *Dante-Denkmal* von C. Zocchi (1886); die Stadt Trient ließ es in der Zeit der Donaumonarchie errichten, um ihre Zugehörigkeit zu Italien zu zeigen; die österreichischen Stellen waren tolerant genug, diesen als Provokation gedachten Akt zu gestatten. Im O die moderne Anlage des *Palazzo della Ragione* (Verwaltungsgebäude); im W neben dem Autobusbahnhof die romanische Kirche **S. Lorenzo** (B1) aus dem 12. Jh. mit schöner Apsis und eindrucksvollem Inneren.

WEITERE SEHENSWÜRDIGKEITEN UND MUSEEN – **Torre Vanga** (C1), ein quadratischer zinnenbekrönter Turm aus dem 13. Jh. zum Schutz der Etsch; davor ein ebenfalls zinnenbekröntes Gebäude aus dem 13. Jh.
S. Apollinare (B1) – Romanisch-gotische Kirche des 14. Jhs. mit charakteristischem steilen Dach und polygonaler Apsis.
Palazzo delle Albere (D1) – Landsitz mit quadratischem Grundriß mit Ecktürmen, im Auftrag G. Madruzzos in der 1. Hälfte des 16. Jhs. erbaut, mit teilweise erhaltenen Freskenzyklen. Hier ist die *zeitgenössische Abteilung* des *Provinzialmuseums* untergebracht, mit Werken (Gemälden, Skulpturen, Graphiken) vor allem heimischer und mitteleuropäischer Künstler von der 2. Hälfte des 19. Jhs. bis heute. *Öffnungszeiten: wie Castello del Buonconsiglio.*
Naturhistorisches Museum *(Museo Tridentino di Scienze Naturali)* im *Palazzo Sardagna,* Via Calepina 14 (C2). Die reiche Sammlung besteht vor allem aus Funden aus der Region. *Öffnungszeiten: 9–12, 15–17.30 Uhr; So, Mo geschl.*

SPAZIERGANG – 3 km zum **Doss Trento*** (B1), 307 m, einen Felshügel im NW der Stadt, auf dem sich das Römerkastell Verrucca befand. Am Gipfel das säulenumgebene *Denkmal von Cesare Battisti* (1935). Schöner Blick auf Trient. In der Nähe die spärlichen Überreste einer *frühchristlichen Basilika* aus der ersten Hälfte des 6. Jhs.; an der S-Seite das ALPINI-MUSEUM mit Waffen, Dokumenten und Erinnerungsstücken aus der Geschichte der italienischen Eliteeinheit. *Öffnungszeiten: Sommer: 9.30–12.30, 14–17.30 Uhr; Winter: 10.30–12, 14.30–16 Uhr; Mo geschl.*

AUSFLÜGE – Auf den **Belvedere,** 595 m, mit der Seilbahn von S. Lorenzo: Blick auf die Stadt. – 16 km gegen W nach der Durchfahrt durch Vezzano, 385 m, liegt im Sarca-Tal der 1500 m lange und 800 m breite **See von Toblino,** 242 m, umgeben von Felsabstürzen; ein Landstreifen trennt ihn von dem 1200 m langen und 400 m breiten *See von S. Massenza.* Auf einer Halbinsel des *Sees von Toblino* liegt das zinnenbekrönte Castel Toblino, eine mittelalterliche Burg. – 16 km gegen N nach **S. Michele d'Adige,** 229 m, 1.972 Ew, einem Weinbauzentrum im Etschtal an der Einmündung des Nonstals. Im *Castello di S. Michele,* einem ehemaligen Augustinerkloster, ist ein **Volkskundemuseum** untergebracht *(Museo Provinciale degli usi e costumi della Gente Trentina),* mit interessanten Sammlungen von Haushaltsgeräten, Werkzeugen aus dem Trentino, einer Dokumentation über Spinnerei und Weberei, Holzkunsthandwerk, Schmiedeeisenarbeiten, Milchverwertung etc. *Öffnungszeiten: 8.30–12, 14.30–18 Uhr; So, Mo geschl.*

TRIEST* (Trieste) 246.305, 54 m (6 D3)

Provinz- und Regionalhauptstadt; Bischofssitz; Universität. Liegt am Fuße der Ausläufer des Karstes, die halbkreisförmig die schöne Bucht umschließen; Handels- und Industriezentrum; wichtigster italienischer Adriahafen, der freilich aufgrund seiner geographischen Randlage viel von seiner einstigen Bedeutung eingebüßt hat.

✉ 34100, ✆ 040, 📯 B3, ✆ B–C3 und C4–5, B3, A3, ℹ *Fremdenverkehrsamt der Provinz Triest,* Via Rossini, B3, ☎ 62 812; Hauptbahnhof, A3, ☎ 42 08 69; AA: Zentrale: Castello di S. Giusto, C3, ☎ 75 00 02; Informationsbüro: Piazza Unitá d'Italia 4, C2–3, ☎ 75 02 97; CIT: Piazza Unità d'Italia 9, C3, ☎ 24 793; Hauptbahnhof, A3, ☎ 41 82 07; Autobusbahnhof, ☎ 61 08 02. TCI: Piazza Unità d'Italia 6, C2–3. Flughafen in Ronchi (35 km, bei Görz), ☎ 0841/77 70 01; Alitalia, Agenzia Cosulich, Piazza S. Antonio 1, B3, ☎ 68 0171; Stadtterminal: Bahnhof, Viale Miramare, A3, ☎ 42 27 11.

- **Savoy Excelsior Palace,** Riva Mandracchio 4, ☎ 76 90, Tx 460315, 154 Zi (mB), TV, AIR . . . . . (C2, **c**)
- **Grand H. Duchi d'Aosta,** Piazza Unità d'Italia 2, ☎ 62 081, Tx 460358, 52 Zi (mB), TV, AIR . . . . . (C2, **z**)
- **Harry's Grill,** Piazza Unità d'Italia 2, ☎ 62 081, Tx 460358, ~~Do~~ . . . . . (C2, **z**)
- **Jolly Cavour,** Corso Cavour 7, ☎ 76 94, Tx 460139, 163 Zi (158 mB/5 mD), AIR . . (B3, **b**)
- **Colombia,** Via della Geppa 18, ☎ 69 434, 40 Zi (mB/mD) . . . . . (B3, **d**)
- **Continental,** Via S. Nicolò 25, ☎ 65 444, 53 Zi (12 mB/12 mD) . . . . . (C3, **g**)
- **San Giusto,** Via Belli 3 (via dell' Istria), ☎ 76 48 24, 46 Zi (42 mD), G . . . . . (D4, **k**)
- **Abbazia,** Via della Geppa 20, ☎ 61 330, 21 Zi (14 mB/7 mD) . . . . . (B3, **d**)
- **Sacra Osteria,** Via di Campo Marzio 13, ☎ 74 49 68, Fisch, Tische im Freien, Cantinetta, ~~Mo~~ Mittag u. ~~So~~ . . . . . (D1, **s**)
- **Alle Rive,** Riva Gramula 2, ☎ 79 68 09, AIR, Fisch, ~~So~~ abend u. ~~Mo~~ . . . . . (D1–2, **m**)
- **Al Granzo,** Piazza Venezia 7, ☎ 76 23 22, ~~Mi~~ . . . . . (C2, **x**)
- **Antica Trattoria Suba 1863,** Via Comici 2 (zur via Giulia), ☎ 54 368, Laubengang, ~~Mo~~ u. ~~Di~~ . . . . . (B6, a. P.)
- **Nastro Azzuro,** Riva Sauro 12, ☎ 75 59 85, ~~Sa~~ und ~~So~~ . . . . . (C2, **rc**)
- **Tavernatto, da Silvio,** Via del Lloyd 15, ☎ 76 78 99, Fischspezialitäten, Vorbestellung, ~~So~~ u. ~~Sa~~ im Mai u. Sept. . . . . . (E3, **u**)
- **Alla Luna – Venturi,** Piazza Goldoni I, ☎ 79 36 41, AIR, Spez. vom Feuer, ~~So~~ . . . . (C4, **rb**)
- **Adriatico – Da Camillo,** Via S. Lazzaro 7, ☎ 65 680, AIR, Fisch, Vorbestellung, ~~Mo~~ . . . . . (C4, **rd**)

Buffet Benedetto, Via XXX Ottobre 19, ☎ 61 655, AIR, kalte Platte, ~~Mo~~ . . . . . . (B4, **ra**)
Al Bragozzo, Riva Nazario Sauro 22, ☎ 61 398, AIR, Fisch, ~~Mo~~ . . . . (C2, **x**)
Allo Squero, Viale Miramare 42, ☎ 41 08 84, P, Fisch, ~~Mo~~ . . . . (A3, a. P.)
Alle Cave – Mario, Via Valerio 142, ☎ 54 555, P, ~~Di~~ . . . . (A6, a. P.)
Birreria Forst Europa, Via Galatti 11, ☎ 64 417, AIR, ~~Di~~ . . . . (B3, **t**)
Menarosti, Via del Toro 12, ☎ 79 35 16, ~~So~~ u. ~~Mo~~ . . . . (C4, **re**)

in der Umgebung (siehe auch Muggia, Grignano, Sistiana):
- **Park Hotel Obelisco,** in Villa Opicina, 320 m (6 km nach N) beim Obelisk, ☎ 21 26 66, 29 Zi (mB/mD), TV
- **Motel Valrosandra,** in Pese (S. Dorligo della Valle), 14 km vor der Grenze, ☎ 22 62 21, Tx 460519, 80 Zi (38 mB/38 mD), P
- **Fernetti,** in Fernetti (15 km auf der N. 58 zur Grenze), ☎ 21 17 97, 35 Zi (mB/mD)
- **Daneu,** in Opicina auf der N. 58 Richtung Fernetti (10 km), ☎ 21 12 41, 17 Zi (15 mB), P, ~~Do~~
- **Furlan,** in Monrupino (15 km nach N), ☎ 22 71 25, P, ~~Mo~~ u. ~~Di~~
- **Locanda Mario,** in Draga S. Elia (S. Dorligo della Valle), 15 km n. SO, ☎ 22 81 73, P, ~~Di~~

Geschichte – Triest, eine römische Gründung, stellte sich 1382 unter österreichischen Schutz; ihre große Zeit hatte die Stadt aber erst nach dem Ende der venezianischen Republik im 19. Jh. als Haupthafen der österreichisch-ungarischen Monarchie. Triest war neben Trient (s. d.) eines der Hauptziele der Irredenta. Die Stadt und das istrianische Hinterland fielen an Italien. Nach 1945 wurde aus der Stadt und der näheren Umgebung vorübergehend ein Freistaat; 1954 kam Triest endgültig wieder zu Italien.

Eine Stadt stellt sich vor – Die älteste Besiedlung der Stadt fand am Hügel von S. Giusto statt; hier entstand am Ende des 1. Jhs. v. Chr. auf den Überresten einer frühgeschichtlichen Festung die römische Siedlung *Tergeste*. Die Überreste des Amphitheaters und einer Basilika und der sogenannte Arco di Riccardo sind die bedeutendsten Zeugen dieser Zeit. Das Mittelalter hinterließ in der Kathedrale von S. Giusto ein wichtiges Baudenkmal. Einen mächtigen Aufschwung nahm die Entwicklung der Stadt zunächst (1719) mit der Einrichtung des Freihafens und später unter Maria Theresia und Joseph II. durch den ständig zunehmenden Seehandel; es entstand an der Stelle der alten Salinen der neue, regelmäßig angelegte Theresianische Stadtteil. In wenigen Jahren konnte die Stadt ihre Vormachtstellung als einer der wichtigsten Handelshäfen des Mittelmeerraumes ausbauen, da sie der einzige Meereszugang der Habsburgermonarchie war; vom Beginn des 19. Jhs. an manifestiert sich der neuerlangte Wohlstand (in wenigen Jahren entstanden zahlreiche Handels- und Versicherungsgesellschaften und Werften) in zahlreichen klassizistischen Bauwerken der Architekten P. Nobile (S. Antonio), M. Pertsch (Teatro Verdi, Palazzo Carciotti), A. Molari (Alte Börse). Eine letzte entscheidende städtebauliche Ausdehnung setzte trotz der unsicheren politischen Entwicklung nach dem Ersten Weltkrieg ein.

Triest ist auch heute noch, trotz der ständig zunehmenden Konkurrenz der jugoslawischen Häfen, ein Zentrum des Seehandels (Erdöl, Holz, Kaffee) mit Verbindungen nach Mitteleuropa (Pipeline nach Ingolstadt) und zahlreichen Freihandelszonen. Die Wirtschaft orientiert sich in den letzten Jahrzehnten immer mehr in Richtung Industrie: hier befinden sich die Direktionen großer Werften und die Produktionsstätten von Motoren- und Hüttenwerken, von Chemie-, Zement-, Textil- und Maschinenfabriken, Erdölraffinerien, Lebensmittel- (Konserven, Bier, Alkoholika) und Pharmaindustrie und Druckereibetrieben. Das kulturelle Leben hat seine Wurzeln vor allem im 19. Jh. (A. de Giuliani, D. Rossetti); damals entstanden auch die ersten privaten Kunstsammlungen. In unserem Jahrhundert ist vor allem die Literatur von großer Bedeutung (Scipio Slataper, Italo Svevo, Umberto Sava, Giani Stuparich u. a.). Die Universität entstand 1938 im Anschluß an schon bestehende Handelsschulen; heute ist besonders das Internationale Zentrum der UNO für theoretische Physik, das Wissenschaftler aus aller Welt anzieht, von Bedeutung. Es existiert eine Reihe historischer und kunsthistorischer Sammlungen. Reges Leben herrscht auf dem Gebiet der Musik (Conservatorio Tartini, Konzertvereinigung) und des Theaters (Teatro Verdi, Teatro Stabile). Das städtische Leben konzentriert sich vor allem rund um die Piazza dell' Unità d'Italia, die Galleria del Tergesteo, die Piazza della Borsa, den Corso Italia, der Piazza Goldoni, entlang der Via XX Settembre und in der Via Carducci, Via Mazzini und Via Roma. Sehr beliebt sind die Kaffeehäuser, sowohl im Sommer als auch im Winter; die traditionsreichsten sind: degli Specchi S. Marco, Tommaseo und Stella Polare. Zahlreiche kulturelle und künstlerische Vereine.

Typisches aus dem Ortsbild. – *Piazza dell' Unità d'Italia; Piazza della Borsa und Galleria del Tergesteo; Lungomare; Piazza Goldoni; Viale XX Settembre.*

Sehenswürdigkeiten auf einen Blick – *S. Giusto★★; Castello★; Schloß und Park von Miramare.*

Küche und Keller – Die Triestiner Küche ist grundsätzlich der venezianischen und Friulaner verwandt und weist zusätzlich österreichische, griechische, balkanesische, selbst jüdische Einflüsse auf; typisch ist die Verwendung von Muskat und Majoran. Vorspeisen: Jota (Suppe mit Bohnen, Sauerkraut, Kartoffeln), die Pasta butaca (Suppe mit Ei, Butter und Mehl), Gries- und Leberklöße, Lasagne mit Thunfisch, Brotklöße mit Schinken. Besonders zu empfehlen sind die Fischgerichte: in Zwiebel eingelegte Sardinen (Sardoni in savor), Krebse alla Triestina. Eier mit Rucola oder Radicchietto (wilder Salat) oder wildem Spargel als Beilagen. Typisch sind außerdem: der „Zuf" (Polenta mit Pignoli und Rosinen), der Liptauer und die Luganeghe del Cragno. Mehlspeisen: Presnitz (Mandeltorte), Strudel, Krapfen, Pinza, Marzipan. Ausgezeichneter Kaffee. Weine: Refosco und Malvasier aus S. Dorligo, Prosecco von S. Croce; Pinot aus Istrien.

Veranstaltungen – Opern- und Konzertsaison im Teatro Verdi; Theateraufführungen und Konzerte im Teatro Stabile; im Sommer Operetten-Festival; Opern-, Theater- oder Kinoaufführungen im Sommer im Burghof. Son et Lumière in Miramare. Sportveranstaltungen: Trabrennen im Ippodromo Montebello, Segelregatten und Motorbootrennen. Internationale Mustermesse (Juni); Internationale Fremdenverkehrsmesse (September).

Einkaufstips – Orientteppiche; Antiquitäten aus dem 19. Jh.

Stadtbesichtigung im Zeitraffer – Man benötigt mindestens 2 Tage, wenn man auch Schloß Miramare und die Grotta Gigante besichtigen möchte. Der erste Rundgang kann zu Fuß gemacht werden und beginnt auf der *Piazza dell'Unità d'Italia:* Rund um das Rathaus, vorbei am **Teatro Romano★** und dann den Burghügel hinauf **(S. Giusto★★; Museum für Geschichte und Kunst★; Castello★).**

Auch der zweite Rundgang kann zu Fuß absolviert werden, eventuell kann man für die Strecke von der *Piazza Oberdan* zur Uferpromenade ein öffentliches Verkehrsmittel benützen; das Auto verwendet man am besten nur Sonntag vormittag oder zur Besichtigung der etwas abgelegenen Orte (Meeresmuseum, Leuchtturm) und der Umgebung. Von der *Piazza della Borsa (Teatro Verdi)* folgt man dem *Corso Italia* **(Museo Morpugo)** und der *Via Carducci* bis zur *Piazza Oberdan (Museo del Risorgimento).* Von hier zum Lungomare (Uferpromenade), der sich zwischen der *Riva IV Novembre* und der *Riva T. Gulli* erstreckt. Abstecher jeweils zur *Piazza Venezia* **(Museo Revoltella★)** und zur *Piazza Hortis* **(Naturhistorisches Museum),** zum **Museo Sartorio** und zu der **frühchristlichen Basilika;** den Abschluß bildet das **Meeresmuseum★.**

TRIESTE
0 100 200 300 400 m
1 : 17 000 (1 cm = 170 m)
1° itinerario
2° "
Sistiana km 17
1
2
3
A
B
C
D
E
F
Molo II
Molo III
Molo IV
Molo VI
Molo VII
Punto Franco Vecchio
Punto Franco Nuovo
Viale Miramare
Via Udine
Via Commerciale
Terminal
Staz. Centrale F.S.
E.P.T. (Inform.)
Pza d. Libertà
Staz. Autolinee
V. Ghega
Via G. Galatti
Dalma
Posta T.
Pza Vitt. Veneto
Via Milano
Via Roma
Via Filzi
Pza Duca d. Abruzzi
C.o Cavour
Bacino S. Giorgio
Molo Audace
Bacino S. Giusto
Via E.P.T.
G. Rossini
Alitalia
Pal. Carciotti (Capitan. di Porto)
Pza d. Ponterosso
S. Spiridione
S. Antonio
Riva III Novembre
E.P.T.
S. Nicolò
Tel.
Teatro Verdi
Via Mazzini
Pal. d. Governo
Borsa Vecchia
Pza d. Borsa
C.o Italia
Riva Mandracchio
Pza d. Unità d'Italia
C.I.T.
Molo dei Bersaglieri
Stazione Marittima
Imbarco per l'Istria e Pola
Pal. d. Lloyd
A.A.
Palazzo Comunale
Teatro Romano
Via d. Teatro Romano
Bacino S. Marco
Imbarco per Grignano e Grado
Molo Pescheria
Molo F.lli Bandiera
Lanterna
Bagni Pubblici
Porto Turistico
Sacchetta
Molo Venezia
Aquario
Riva N. Sauro
Via Cadorna
Pza Cavana
S. Silvestro
S. Maria Maggiore
Via Capitolina
Arco di Riccardo
Basilica Paleocristiana
Basilica Romana
A.A.
Castello
Pza Hortis
Pza Venezia
Museo Revoltella
Piscina Coperta
Riva T. Gulli
V. Cavana
Museo Sartorio
Museo di Storia Nat.
Via d. Cattedrale
Museo di Storia e d'Arte
S. Giusto
Riva Grumula
Staz. di Campo Marzio
V. G. Cesare
Via Ottaviano Augusto
Museo d. Mare
Facoltà di Lettere
Via dell'Università
Via S. Michele
V. Bramante
V. Tiepolo
Osservatorio Astronom.
Via P. Besenghi
Via Campo Marzio
Viale III Armata
Via Hermet
Pza C. Alberto
V. Franca
Via Franca
Via E. De Amicis
Via P. Besenghi
Via Lodchi
Via C. Combi
Viale R. Gessi
Passeggio di S. Andrea
P.le Rosmini
V. Schiapparelli
Viale dei Campi Elisi
V. S. Marco
Passeggio di S. Andrea
a
b
c
d
g
m
r
s
u
z

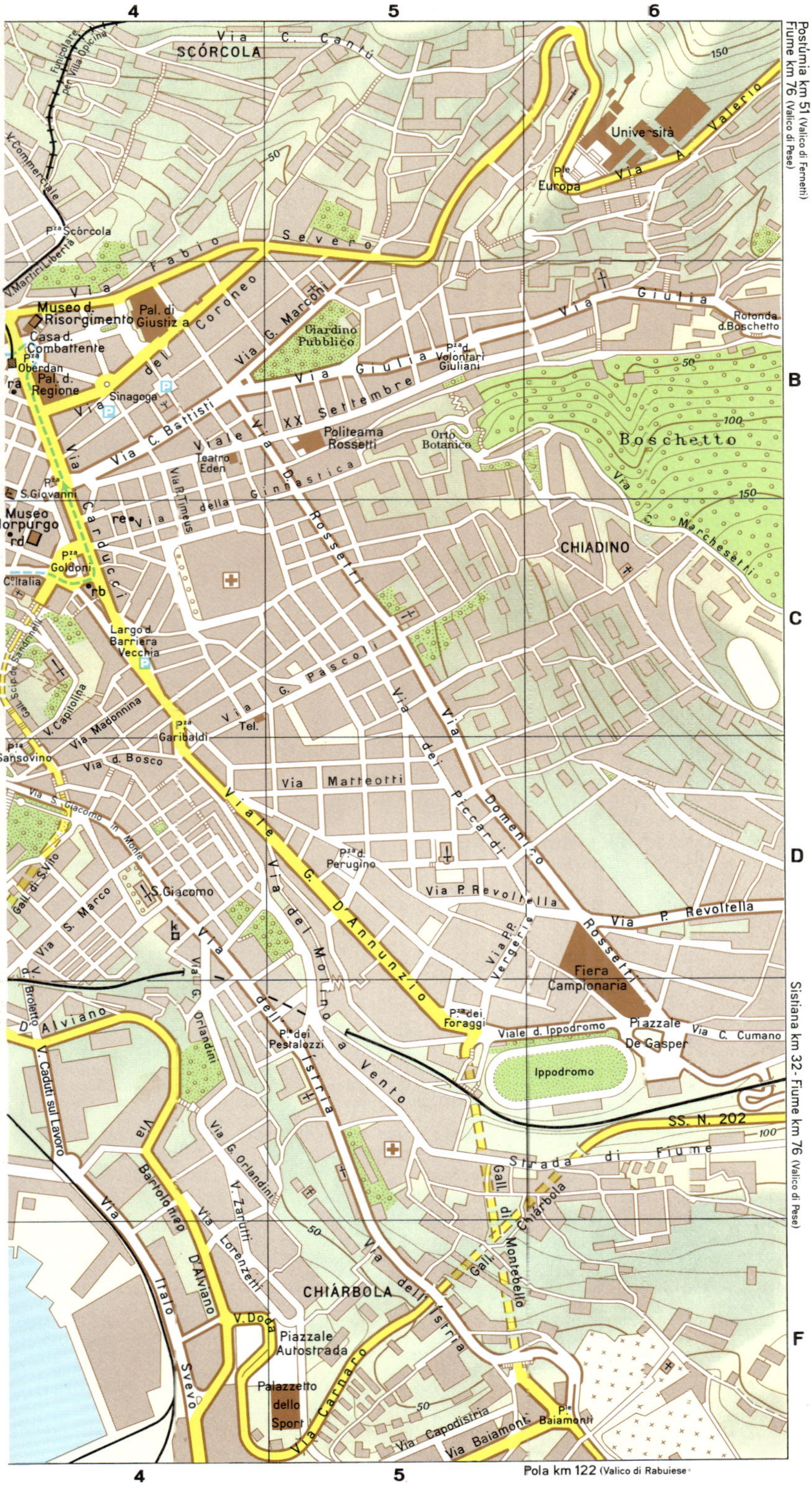
4
5
6
Postúmia km 51 (Valico di Fernetti)
Fiume km 76 (Valico di Pese)
SCÓRCOLA
Via C. Cantù
Funicolare per Villa Opicina
V. Commerciale
P.za Scórcola
V. Martiri Libertà
Via Fabio Severo
Università
P.le Europa
Via A. Valerio
Museo d. Risorgimento
Pal. di Giustizia
Via del Coroneo
Via G. Marconi
Giardino Pubblico
Casa d. Combattente
P.za Oberdan
Pal. d. Regione
Via Sinagoga
Via Giulia
P.za d. Volontari Giuliani
Rotonda d. Boschetto
Via XX Settembre
Via C. Battisti
Viale
Politeama Rossetti
Orto Botanico
Boschetto
Teatro Eden
Via della Ginnastica
Via D. Rossetti
P.za S. Giovanni
Museo Morpurgo
Via Carducci
Via P. Timeus
Via Marchesetti
CHIADINO
P.za Goldoni
C. Italia
Largo d. Barriera Vecchia
Via G. Pascoli
V. Capitolina
Via Madonnina
P.za Garibaldi
Tel.
P.za Sansovino
Via d. Bosco
Via Matteotti
Via dei Piccardi
Via Domenico Rossetti
Via S. Giacomo in Monte
Viale G. D'Annunzio
Via del Molino a Vento
P.za d. Perugino
Via P. Revoltella
S. Giacomo
Via S. Marco
Via P.P. Vergerio
Fiera Campionaria
Via d. Istria
Via G. Orlandini
V. d. Broletto
D'Alviano
P.za dei Foraggi
Viale d. Ippodromo
Piazzale De Gasperi
Via C. Cumano
Sistiana km 32 - Fiume km 76 (Valico di Pese)
P.le dei Pestalozzi
Ippodromo
V. Caduti sul Lavoro
SS. N. 202
Strada di Fiume
Gall. di Chiarbola
Via Bartolomeo D'Alviano
Via Lorenzetti
V. Zanutti
Gall. di Montebello
CHIÀRBOLA
Via Italo Svevo
V. Doda
Piazzale Autostrada
Palazzetto dello Sport
Via Carnaro
Via Capodistria
Via Baiamonti
P.le Baiamonti
B
C
D
F
Pola km 122 (Valico di Rabuiese)

Piazza Unità d'Italia – Teatro Romano – San Giusto – Museum – Castello.

Piazza dell' Unità d'Italia (C2–3) – Großer, gegen das Meer sich öffnender Platz, Zentrum des städtischen Lebens. Er wurde im späten 19. Jh. angelegt: links der *Palazzo del Governo* (Präfektur, 1904); rechts das *Gebäude des Lloyd Triestino* (1883) und der barocke *Palazzo Pitteri* (1790); im Hintergrund der *Palazzo Comunale* (*Rathaus,* 1876), vor diesem die *Säule des Kaisers Karl VI.* (1728), der den Freihafen einrichtete, und ein Brunnen (allegorische Darstellungen der vier Kontinente und Handelsengel) von 1750.

Via del Teatro Romano (C3) – Rechts oben das romanische Kirchlein *S. Silvestro* (11. Jh.) und die mächtige Barockkirche *S. Maria Maggiore* (17. Jh.; im Inneren Gemälde von F. Maffei). Etwas weiter am Fuß des Hügels von S. Giusto die Überreste (Zuschauertribüne und Bühne) des 1938 freigelegten, 6.000 Besucher fassenden **Römischen Theaters**★ aus dem 2. Jh.

Via Capitolina (C3–4) – Sie führt mit schönem Blick über die Stadt auf den Hügel von S. Giusto. Links der *Parco della Rimembranza* an den Abhängen unterhalb der Burg.

Piazza della Cattedrale★ (C3) – Der große Platz nimmt den Gipfel des Hügels ein. Hier erheben sich die Kathedrale S. Giusto, eine *Säule* (1560) mit der „Melone" und der Hellebarde, den Symbolen der Stadt, ferner der *Altar der 3. Armee* (1929), das *Gefallenendenkmal* (1934) von A. Selva und Del Debbio und die Überreste einer *Basilika des ehemaligen römischen Forums* (2. Jh.) und des sogenannten *Kapitolinischen Tempels* (1. Jh.).

S. Giusto★★ (C3) – Die Kirche am Gipfel des Hügels ist das Wahrzeichen der Stadt und deren wichtigstes Bauwerk. Sie entstand im 14. Jh. durch die Zusammenlegung zweier schon bestehender romanischer Basiliken (5.–11. Jh.): der von S. Giusto (rechts) und der Assunta (links). Schlichte Fassade, schöne gotische Fensterrose. Portale von römischen Grabstelen gerahmt. Im wuchtigen *Glockenturm* (14. Jh.) sind Reste der Propyläen eines römischen Tempels eingebaut; in einer Nische Statue des hl. Justus aus dem 14. Jh.; von oben Blick auf die Stadt.

Triest: S. Giusto

Das Innere besitzt 5 asymmetrische Schiffe. Die schiffskielartige Wölbung des Mittelschiffs ist bemalt (16. Jh.); das rechte Schiff ist kuppelgewölbt. In den rechten Apsiden Fresken aus dem 13. Jh. und ein beachtenswertes Mosaik aus dem späten 13. Jh. (Christus zwischen den hll. Justus und Servulus). In der mittleren Apsis ein modernes Mosaik von G. Cadorin (1932) und ein Gemälde von Carpaccio, Madonna mit Heiligen (1540). In der linken Apsis Mosaike der venezianischen Schule des frühen 13. Jhs.: Madonna zwischen den Erzengeln Michael und Gabriel; Apostel; am Fußboden Mosaikreste aus dem 5. Jh. Vom linken Schiff gelangt man ins *Baptisterium* mit einem in den Boden eingelassenen Taufbecken aus dem 9. Jh. Rechts neben der Kirche liegt das gotische Kirchlein *S. Michele del Carnale.*

Museum für Geschichte und Kunst (*Museo di Storia e Arte;* C3) – Eingang in der Via della Cattedrale 15. Das Museum besitzt eine reiche ur- und frühgeschichtliche Sammlung aus der weiteren Umgebung von der Steinzeit bis zur Eisenzeit, ein Münzkabinett und eine graphische Sammlung. *Öffnungszeiten: 9–13 Uhr; Mo geschl.*

Schwerpunkte der prähistorischen Sammlung sind Funde aus der Nekropole von S. Lucia di Tolmino★; eine Sammlung griechischer und italienischer Vasen★ und Terrakotten aus Tarent; antike Goldschmiedearbeiten, darunter ein griechischer Rhython★ aus Gold und Silber (4.–5. Jh. v. Chr.; *auf Anfrage von Studierenden zu besichtigen*); griechische und römische Bronzen, Gläser und Keramik, antikes Elfenbein, Reliefs und Skulpturen (Statuen aus dem römischen Theater, Porträtköpfe, Stelen etc.); eine kleine Reliefsammlung aus Gandhara und ägyptische Gegenstände. Das Münzkabinett verfügt über griechische, römische und mittelalterliche Münzen (Zechinen aus Aquileia, Triest und Venedig) und Geldstücke aus mehreren europäischen Staaten. Das Graphische Kabinett bewahrt u. a. 274 Zeichnungen★ von G.B. Tiepolo aus der *Sammlung Sartorio* auf *(im Rotationssystem ausgestellt).*

Neben dem Museum liegt das Inschriftenmuseum *(Orto Lapidario):* Grabinschriften und Architekturfragmente aus den Gegenden um Triest, Aquileia und aus Istrien; Grabmal von J. J. Winckelmann, dem Vater der Archäologie, der 1768 in Triest ermordet wurde.

Castello★ **(Burg)** (C3) – *Besichtigung: 9–14 Uhr; Sonn- und Feiertage 9–13 Uhr; Mo geschl.; Eintrittsgebühr.* Der heutige Bau wurde 1470 an der Stelle einer venezianischen Festung errichtet, unter Verwendung von Bauteilen des römischen Kastells. Er wurde 1508 (Bastione Rotondo) und in der zweiten Hälfte des 16. Jhs. (Bastione Hoyos) erweitert und 1630 mit dem letzten Wehrturm vollendet. Im Inneren: Museum in den z. T. original ausgestatteten Räumen; Kapelle (barocker Holzchristus, Statue des Johannes d. Täufers, eine Arbeit des 16. Jhs. aus Friaul, und sakrale Malerei); Sala Veneta mit Einrichtungsgegenständen aus dem Haus des Historikers Caprin (Truhe aus dem 16. Jh. und flämische Tapisserien aus dem 17. Jh.); Appartamento del Capitano. In den Wehrgängen Sammlung antiker Waffen★ (Pulverfaß mit Elfenbeineinlegearbeiten aus dem 17. Jh.). Im großen Cortile delle Milizie (Waffenhof; im Sommer Theateraufführungen) eine typische Weinstube.

2. Rundgang

Piazza della Borsa – Corso Italia – Piazza Oberdan – Uferpromenade.

Piazza della Borsa (C3) – Einer der belebtesten Plätze der Stadt; hier liegen der *Tergesteo* (1842), die klassizistische *Alte Börse* von A. Molari (1806) und die *Börse*. Hinter dem Tergesteo liegt das klassizistische *Städtische Teatro Verdi* mit Fassade von M. Pertsch (1801) und das THEATERMUSEUM *(Besichtigung: Di, Do 9–13 Uhr und in den Vorstellungspausen; Mo geschl.)*: alte Instrumente, Porträts, Plakate.
Corso Italia (C3–4) – Verbindet das Stadtzentrum mit den belebten östlichen Vierteln. An seinem Beginn auf Nr. 4 die klassizistische *Casa Steiner* von M. Pertsch (1824); beinahe am Ende, links in der Via Imbriani 5, das **Städtische Museum Morpurgo** (C4; *Öffnungszeiten: 9–13 Uhr; Mo geschl.*) mit den *Sammlungen Heimatgeschichte, Stavropulos* (1. Stock) und *Morpurgo* (2. Stock): Dokumente über Geschichte, Sitten und Gebräuche des alten Triest; ferner eine Bildersammlung; Skulpturen (bemalte Holzstatuen des Veit Stoß, 15.–16. Jh.); Druckgraphik aus mehreren Epochen; Einrichtung eines Bürgerhauses aus dem 19. Jh.
Via Carducci (B–C4) – Eine der breitesten und belebtesten Straßen der Stadt. Man läßt links den Viale XX Settembre und die Via Battisti, die zum öffentlichen Park führt, liegen; im *Viale XX Settembre* zahlreiche Cafes, Bierhallen, Theater und Kinos, auf Nr. 35 das *Teatro Eden* (B4), heute Kino, ein beachtenswerter Jugendstilbau von G. Sommaruga (1906) und auf Nr. 45 das *Teatro Stabile* oder *Politeama Rossetti* (B5; 1878); wenn man kurz vor dem öffentlichen Park von der Via Battisti in die Via Donizetti einbiegt, erreicht man auf Nr. 4 die monumentale *Synagoge* (B4) von F. und A. Berlam (1910).
Piazza Oberdan (B4) – Nahe der Stelle, wo 1882 der Triester Irredentist und Anarchist G. Oberdan wegen eines geplanten Attentats auf Kaiser Franz Joseph I. hingerichtet wurde. Rechts in der Via XXIV Maggio 4 *das Haus mit dem Grab und dem Denkmal Oberdans* von A. Selva *(Besichtigung: 9 Uhr bis Sonnenuntergang; Sonn- und Feiertag 9–13 Uhr.)* Im 1. Stock das **Museo Civico del Risorgimento** *(9–13 Uhr; Mo gschl.)* mit Erinnerungsgegenständen aus der Triestiner Geschichte und dem Unabhängigkeitskampf.

Hafen★ – Er wird von der breiten typischen **Uferpromenade** *(Lungomare)* gesäumt. Im N mündet der 1756 ausgehobene *Canal Grande* (im Hintergrund die klassizistische Kirche *S. Antonio Nuovo,* B3, von P. Nobile, 1849). Entlang des Ufers: *Palazzo Carciotti* (1805), *Hôtel de la Ville* (1839), die griechisch-orthodoxe Kirche *S. Nicolò* (1819) mit prächtigem Inneren. Vorbei am *Molo Audace,* der traditionellen Uferpromenade der Triestiner (von der Spitze Blicke auf die Stadt), gelangt man zur Piazza dell' Unità d'Italia. Am Uferkai N. Sauro folgt hinter der Piazza der *Molo dei Bersaglieri* mit der **Stazione Marittima** (Passagierschiffshafen; C2); gegenüber das Denkmal N. Sauros von T. Alberti. Danach folgt die *Pescheria* (Fischmarkt; C2). In einem Anbau das interessante Städtische **Aquarium** *(Besichtigung: 9–13 Uhr; Mo geschl.)* mit 45 Becken mit Fischen und wirbellosen Meerestieren aus der Adria und der Tropen. Gegenüber der klassizistische *Palazzo Vucetich* (1836).

Piazza Venezia (C2) – Links der von F. Hitzig (1858) erbaute Palast, in dem das **Civico Museo Revoltella★** untergebracht ist (Eingang in der Via A. Diaz 27). *Besichtigung: 9–13 Uhr; Mo geschl.*

Das Museum beherbergt eine wichtige Sammlung moderner Kunst, mit Skulpturen und Gemälden aus dem 19. und 20. Jh. In dem Palast mit seiner typischen Fin de siècle-Einrichtung sind ausgestellt: Skulpturen des 19. Jhs.: A. Canova, L. Bartolini, A. Kaufmann, F. Hayez, D. und G. Induno; Künstler der venezianischen und Triestiner Schule: G.B. Bison, G. Tominz (Selbstbildnis), G.L. Gatteri, C. Dell 'Acqua. Im danebenliegenden Palazzo Revoltella, der von C. Scarpa als Museum adaptiert wurde, befindet sich die *Gemäldegalerie* in Fertigstellung, mit Werken von G. Fattori, G. Favretto, D. Morelli, G. De Nitis, A. Mancini, H. Makart, F. Stuck, J. Zuloaga, F. Casorato, M. Sironi, C. Carrà, L. Fontana; Skulpturen von D. Trentacoste, L. Bistolfi, A. Martini, G. Manzù, M. Marini, A. Viani und Plastiken Triestiner Meister: V. Veruda, J. Grünhut, V. Timmel, P. Marussig, V. Bolaffio, M. Mascherini u. a.

Civico Museo Sartorio (C2) – Am Largo Papa Giovanni XXIII 1 in einem Bau aus der zweiten Hälfte des 18. Jhs. *Besichtigung: 9–13 Uhr; Mo geschl.* Im Inneren ist die Einrichtung eines typischen Triestiner Hauses des späten 19. Jhs. rekonstruiert. Im Erdgeschoß Keramiksammlung★: italienische und europäische Majoliken und Porzellan vom 15.–19. Jh.; Triestiner Keramiken. Zeitweise ausgestellt: Tafelmalerei vom 14.–18. Jh. kretisch-venezianische und slawische Ikonen; Triptychon der hl. Klara★, P. Veneziano zugeschrieben. Im 1. Stock typische Inneneinrichtungen in verschiedenen Stilarten, von Biedermeier zum Historismus, mit reichhaltigem Hausrat und Erinnerungsstücken und Gemälden des 17., 18. (Tiepolo und Schüler) und 19. Jhs. Im 2. Stock werden in Rotation Gemälde aus Triestiner Sammlungen ausgestellt, vor allem aus dem 18. Jh. Ein Zimmer mit originaler Empire-Einrichtung und Gemälden von F. Guardi und Candido Vitali.
Naturhistorisches Museum *(Civico Museo di Storia Naturale)* – Piazza Hortis 2, (C2). *Öffnungszeiten: 9–13 Uhr; Mo geschl.* Die Sammlung wurde 1846 von einer Gruppe von Wissenschaftlern eingerichtet

und 1853 der Stadt übergeben. Sie ist in 2 Geschossen aufgestellt; von besonderem Interesse sind die Abteilungen für Entomologie, Botanik, Paläontologie, Meereszoologie und vergleichende Anatomie. Außerdem Studierzimmer und eine reichhaltige, öffentlich zugängliche Fachbibliothek *(Öffnungszeiten: werktags 9.30–13.30 Uhr).*
Basilica Paleocristiana (C2) – Via Madonna del Mare 11, *Besichtigung, mit Bewilligung des Denkmalamtes (Soprintendenza ai Monumenti), Mi 10–12 Uhr.* Mehrere einfarbige und bunte Mosaike mit Inschriften aus dem späten 4. Jh.

Museo del Mare★ (*Meeresmuseum,* D1) – Via del Campo Marzio 5. Die in jüngst restaurierten Räumlichkeiten neu arrangierte Ausstellung ermöglicht es Wissenschaftlern und Touristen, die Rolle Triests auf dem Gebiet des Schiffsbaus und verwandter Gebiete zu studieren oder kennenzulernen. *Öffnungszeiten: 9–13 Uhr; Mo geschl.; Eintrittsgebühr.*

Die Ausstellung beginnt mit der allgemeinen historischen Entwicklung des Schiffsbaus von den Anfängen bis ins 16. Jh. und setzt dann mit den Triestiner Werften bis zum Ende des 19. Jhs. fort. Eine Abteilung ist der Fischerei gewidmet, mit besonderer Berücksichtigung der in der Adria üblichen Fischfangmethoden, Ausrüstungen und Boote; interessant sind einige Modelle, die die Lage der Netze und die verschiedenen Fischereiarten erläutern.

WEITERE SEHENSWÜRDIGKEITEN – **Arco di Riccardo** (C3) in der Via Trionfo, am Fuß des Colle Capitolino auf einem von alten Häusern umgebenen Platz; er besteht aus einen Bogen und war eines der Stadttore aus augusteischer Zeit (33 v. Chr.). In der Nähe liegt die sogenannte *Rotonda dei Pancera,* von M. Pertsch (1818), ein wichtiges Beispiel der Architektur Triests im frühen 19. Jh.
Faro della Vittoria (A3, a. P.; *Besichtigung normalerweise 9–13 Uhr.*) – Der Leuchtturm wurde 1927 (A. Berlam) auf der Landspitze von Bárcola (3 km) errichtet. Er ist einer der höchsten Leuchttürme (68 m); Blick★ auf den Golf von Triest.
Risiera di S. Sabba. – In der Industriezone im S der Stadt in Ratto Piliera (Zufahrt über die Straße nach Pola); in dem Konzentrationslager des Zweiten Weltkriegs ist heute ein **Widerstands-Museum** eingerichtet. *Öffnungszeiten: Winter 10–13.30 Uhr; Sommer 10–19.30 Uhr; Sonn- und Feiertage 9–13 Uhr; Mo geschl.*
Das **Eisenbahnmuseum** (C-D1) im Bahnhof Campo Marzio, unweit vom Meeresmuseum *(Besichtigung: 9–13 Uhr)* stellt alte Lokomotiven und anderes Eisenbahnmaterial sowie Modelle aus.

UMGEBUNG – 7 km nach N nach **Miramare** auf der Straße N. 14. Das **Schloß von Miramare** wurde von 1855 bis 1860 für Erzherzog Maximilian, den Bruder Kaiser Franz Josephs, von C. Junker errichtet. Der Erzherzog bewohnte das Schloß mit seiner Gemahlin Charlotte von Belgien, bis er 1864 die Kaiserkrone von Mexiko annahm, was ihm drei Jahre später das Leben kosten sollte. Das Schloß liegt auf einem ins Meer vorspringenden Fels und ist von einem großen wunderschönen Park★ mit exotischen Pflanzen umgeben. Das Innere ist heute als **Museum** eingerichtet. *Besichtigung: 9–14 Uhr, Eintrittsgebühr; Sonn- und Feiertage 9–13 Uhr, Eintritt frei; Mo geschl.* Die edlen Räume mit ihren historischen Möbeln, Gemälden, Keramiken, Elfenbeinarbeiten etc. stellen eines der typischsten Beispiele für Fürstenresidenzen im späten 19. Jh. dar. – Nördlich des Schlosses liegt der Badeort *Grignano* (s. d.). – 9 km nach **Villa Opicina** (erreichbar auch mit der Tramway ab Piazza Oberdan; schönes Panorama). Man verläßt die Stadt im NO über die Via Fabio Severo und fährt inmitten des Universitätsviertels, 348 m, am *Obelisken von Opicina,* vorbei; schöner Blick★ auf Triest. Von hier erreicht man in 7 Min. die *Villa Opicina,* 397 m, oder in 45 Min. den *Monte Grisa (Wallfahrtskirche)* und die *Vedetta d'Italia,* 335 m: wunderschöne Aussicht. Hinter Opicina, 6 km gegen N, kommt man nach **Rupingrande,** 309 m; dort die **Casa Carsica** *(Besichtigung: Sonn- und Feiertage 11.30–12.30, 14–17 Uhr; Sommer 14–19 Uhr),* in der kunstgewerbliche Gegenstände, rustikale Möbel und Trachten aus dem Karstgebiet ausgestellt sind.
12,5 km auf der Straße N. 58 zunächst nach (9 km) nach *Opicina* und dann gegen NW über *Borgo Grotta Gigante,* 270 m, zur **Grotta Gigante;** andere Zufahrtsmöglichkeit über *Prosecco* (8 km). In der Nähe der Ortschaft liegt die Grotta Gigante *(Riesengrotte, Besichtigung: täglich 6–14 Führungen, im Sommer alle 30 Min. 9–12, 14–16 Uhr; im Winter 9.30–11.30, 14.30–16.30 Uhr; Mo geschl.).* Die gewaltige Naturhöhle ist 280 m lang, 65 m breit, 107 m hoch und max. 160 m tief. Prachtvolle Tropfsteinformationen. Neben der Höhle ein interessantes *Speläologisches Museum.*
3 km gegen SO von Villa Opicina nach **Trebiciano** zur *Fondazione d'Enriquez,* in der Erinnerungsstücke an den Krieg in einem Freilichtmuseum in Aufstellung sind.
Ca. 10 km in das **Val Rosandra.** – Man verläßt Triest im SO an der Straße N. 15 und biegt dann links ab, bis man *Bagnoli della Rosandra,* 72 m, erreicht. Dieses Karstgebiet mit alpinem Charakter setzt sich deutlich von der umliegenden Umgebung ab (Schutzhaus Premuda, 96 m, des C.A.I.); Überreste eines römischen Aquädukts.
11 km gegen S nach **Muggia** (s. d.).
21,5 km nach **Capodistria** (Koper), siehe Rundfahrt Nr. 21.

UDINE★ 101.179 Ew, 112 m (6 C1)

Provinzhauptstadt; Erzbischofssitz; Universität. Ruhige Stadt mit einigen bemerkenswerten romanischen und gotischen Baudenkmälern venezianischer Prägung, am Rande der Endmoränen der Karnischen und Julischen Alpen in der Ebene gelegen. Die Stadt, das historische Zentrum Friauls, hatte einige Bedeutung als Hauptstadt des Patriarchats von Aquileia und kam 1420 unter venezianische Herrschaft.

✉ 33100, ✆ 0432, C2, C2, ℹ AA: Via dei Missionari 2, C3, ☎ 29 59 72

Freizeitangebot: Flughafen in Ronchi dei Legionari (37 km), ☎ 0841/77 70 01, Alitalia, Via Cavour 1, ☎ 29 39 40; Stadtterminal, Via Sarogana 18, C2, ☎ 29 29 23

Ambassador Palace, Via Carducci 46, ☎ 20 43 54, 87 Zi (66 mB/18 mD), AIR . (C2, **e**)
Astor Hotel Italia, Piazza XX Settembre 24, ☎ 20 70 91, Tx 450120, 80 Zi (mB), , AIR . . . . (C2, **b**)

🏨 **President,** Via Duino 8, ☎ 29 29 05, 67 Zi (mD), G . . . . (A3, **d**)
🏨 **Continental,** Viale Tricesimo 7 (Ausfahrt nach Tarvis), ☎ 46 969, 60 Zi (mB/mD), P G ❄ . . . . (A2, a. P.)
🏨 **Là di Moret,** Viale Tricesimo 276, ☎ 47 19 30, Tx 450505, 46 Zi (mD), G ❄ 🔑, gute Küche, ~~Fr~~ . . . . (A2, a. P.)
🏨 **Casa Bianca,** Via Podgora 16 (Seitenstraße der Viale Venezia), ☎ 35 612, 50 Zi (mB/mD), G . . . . (C1, a. P.)
🏨 **Cristallo,** Piazzale G. d'Annunzio 43, ☎ 20 59 51, 81 Zi (mB/mD), G . . . . (D3, **f**)
🏨 **Friuli,** Viale Ledra 24, ☎ 34 351, 115 Zi (5 mB/85 mD), P . . . . (C1, **h**)
🏨 **Due Palme,** Viale Leonardo da Vinci 5, ☎ 48 18 07, 25 Zi (mD) . . . . (B1, **c**)
🏨 **Ramandolo,** Via Forni di Sotto 28, ☎ 40 994, 37 Zi (9 mB/14 mD) . . . . (B1, a. P.)
🍴🍴🍴 **Antica Maddalena,** Via Pellicceria 4, ☎ 25 111, klassische Küche, ~~Mo~~ . . . . (B2, **t**)
🍴🍴🍴 **Vittello d'Oro,** Via Valvason 4, ☎ 29 19 82, ❄, AIR, ~~Di~~ . . . . (B1–2, **r**)
🍴🍴🍴 **Alla Buona Vite,** Via Treppo 10, ☎ 21 503, ~~Mo~~ . . . . (B2–3, **s**)
🍴🍴 **Al Lepre,** Via Poscolle 27, ☎ 29 57 98, ~~So~~ . . . . (C1, **u**)
🍴🍴 **Birreria Moretti,** Piazzale 26 Luglio, ☎ 29 56 25, ~~Mo~~ . . . . (C1, **n**)
🍴🍴 **Birreria Moretti,** Piazzale Osoppo, ☎ 45 185, ~~Di~~ . . . . (A2, **o**)
🍴 **Vecchia Peschiera,** Piazza XX Settembre, ☎ 29 18 88, Pizzeria, ~~Mo~~ . . . . (C2, **v**)

in Paderno, 2 km nach N (s. auch Tricésimo):
🍴🍴🍴 **Alla Vedova,** Via Tavagnacco 9, ☎ 40 291, P ❄, AIR, ~~So~~ abends und ~~Mo~~

in Tavagnacco, 155 m (✉ 33010), 7 km nach N:
🍴🍴 **Al Grop,** Via Matteotti 7, ☎ 66 02 40, P, ~~Do~~ abends und ~~Fr~~

in Campoformido, 77 m (✉ 33030), 8 km Richtung Pordenone:
🏨 **Doro,** Autobahnauffahrt, ☎ 66 20 92, 55 Zi (mD), P ≋ 🔑, AIR

Eine Stadt stellt sich vor – Udine wurde die bedeutendste Stadt Friauls und zugleich die Erbin Cividales, als 1238 der Patriarch Bertoldo die Residenz des Patriarchats von Aquileia hierher verlegte. Aus dieser mittelalterlichen Zeit bestehen noch einige Türme der ehemaligen Stadtmauern und die Kirchen S. Maria di Castello, S. Francesco und Teile des Doms. Die wichtigsten städtebaulichen Akzente, die noch heute das Stadtbild bestimmen, stammen aus der ersten Zeit der venezianischen Herrschaft (15.–16. Jh.), als zahlreiche Paläste und Monumente im gotischen und Renaissancestil errichtet wurden. Im 18. Jh. hinterließ Tiepolo (Erzbischöfliches Palais, Dom, Oratorio della Purità) bedeutende Zeugen seiner farbenfrohen und lichtdurchflossenen Phantasie.
Heute ist Udine eine lebhafte Stadt, die neben ihren traditionellen Aufgaben als Verwaltungszentrum und Agrarmarkt Friauls auch eine im Aufschwung begriffene Industrie besitzt, vor allem Maschinenbau, Holz und Lebensmittel (Bier und Grappa). Die wichtigsten kulturellen Einrichtungen sind die jüngst erbaute Universität, die Friulaner Philologische Gesellschaft, das Institut für italienische Nationalgeschichte und die Wissenschaftsakademie. Reich ist das künstlerische und kulturelle Erbe, das in der Städtischen Bibliothek (Biblioteca Civica), im Museo e Gallerie d'Arte Antica e Moderna (Museum für Alte und Moderne Kunst), in der Burg und in den Museen für Volkskunde und Naturgeschichte aufbewahrt wird.
Veranstaltungen – Hobby- und Sportmesse (März–April); Nationale Ausstellung „Stühle und Sitzgelegenheiten" (Mai); der Wettbewerb der Studententheater (April) und die Messe „Modernes Wohnen" (September), im Messepalast im Quartiere Fieratico in Torreano am nordöstlichen Stadtrand.
Küche und Keller. – Die Friulaner Küche unterscheidet sich von der venezianischen und der Triestiner durch die hausgemachten Speisen. Typisches: Gerstensuppe; „Brovada" (Rüben), die mit Schweinsrüsseln gegessen werden; die Rüben werden auch einer traditionellen Suppe mit Maismehl, Milch und Bohnen zugegeben; die „cjalzóns", eine Ravioli-Art mit Käse, Hirn oder Huhn gefüllt, in Karnien werden dieselben mit Käse, Kräutern und Obst süß zubereitet. Die Friulaner Salami wird geröstet und mit Polenta serviert. In den Restaurants erhält man viele Grillspeisen mit Polenta. Berühmt ist auch der Rohschinken aus S. Daniele. Typische Mehlspeise ist die „Gubana" aus dem Natisone-Tal. Weine (vor allem vom Collio): Tocai, Sauvignon, Pinot bianco und grigio, Merlot, Carbernet, Verduzzo und der seltene berühmte „Picolit". Sehr beliebt ist auch die Friulaner Grappa.
Sehenswürdigkeiten auf einen Blick. – *Piazza della Libertà★★; Dom★; Castello★ (Burg) und Gemäldegalerie★.*
Stadtbesichtigung – Man benötigt einen halben Tag und kann sich auf die **Piazza della Libertà★,** den **Dom★** und die **Burg★,** die alle nicht weit voneinander entfernt liegen, beschränken.

Piazza della Libertà★★ (C2) – Das monumentale Stadtzentrum am Fuß des Burghügels wird von einer gut aufeinander abgestimmten Gebäudegruppe umschlossen, zu der der Palazzo del Comune (Rathaus), die Loggia S. Giovanni, der *Arco Bollani,* nach Plänen Palladios (1556) gehören; Der Platz wird durch Säulen, Skulpturen (Herkules, Cacus und die Friedensgöttin von Campoformio) und einen Brunnen aus dem 16. Jh. aufgelockert.

Udine: Piazza della Libertà

Palazzo del Comune★ (Rathaus) – Auch *Loggia del Lionello* genannt, wurde von B. delle Cisterne nach Plänen von N. Lionello in eleganten Formen der Gotik und Renaissance 1448–56 errichtet; im Erdgeschoß Arkadengang und oben Maßwerkfenster und Balkone. In einer Ecknische Marienstatue, von B. Bon (1448).

Loggia S. Giovanni★ – Renaissancebau von Bernardino di Morcote (16. Jh.) mit Arkadengang und bekrönendem *Glockenturm* (1527) mit *Markuslöwen* und zwei die Stunden schlagenden Mohren. Im Zentrum ein triumphbogenartiger Durchgang, der zur Kirche *S. Giovanni,* heute Pantheon der Gefallenen, führt.

Dom★ (C2) – Von der originalen gotischen Struktur aus dem 14. Jh., die im 18. Jh. verändert wurde, bestehen noch Überreste an der Apsis (restauriert) und an den Seiten und vor allem die Portale: das zentrale Wimpergportal mit reichem plastischem Schmuck und das Glockenturmportal; der Glockenturm wurde im 15. Jh. auf den Grundmauern des achteckigen Baptisteriums errichtet.

Im INNEREN bilden die mit Stuck, Skulpturen und Fresken ausgestattete Vierung und der Chor ein schönes barockes Ensemble. Beachtenswerte Gemälde von Tiepolo am 1. Altar rechts (Dreifaltigkeit), am 2. Altar (Hl. Hermagor und hl. Fortunatus) und am 4. Altar (Auferstehung und Fresko in der Kalotte; an den Wänden neben dem 1. und 4. Altar bemalte Orgeltüren von P. Amalteo. Am Ende des Mittelschiffs hölzerne Kanzel von 1737 und zwei Orgeln mit bemalten Flügeln, der rechte von Pordenone (zwei Teile sind Kopien der Originale, die sich heute in der Sakristei befinden) und der linke von F. Floreani und G.B. Grassi (1566). Eine Tür links vom Chor führt in die drei Räume umfassende *Schatzkammer (Besichtigung: Di, Do, Sa 9–12 Uhr).* Dazu gehört die gotische Kapelle S. Nicolò, die mit Fresken (Szenen aus dem Leben des hl. Nikolaus★) von Vitale da Bologna (1348–49) und Gemälden und Tafelbildern des „Meisters des Betthimmels", seines Schülers, geschmückt ist; Gemälde des letzteren sind im 2. Raum ausgestellt; im alten Baptisterium unterhalb des Campanile das Grabmal des seligen Bertrand und Heiligenplastiken und Reliefs, ein schönes Werk der lombardisch-venetischen Schule (1343), sowie Möbelstücke und Meßgewänder.

Rechts vom Dom die barocke CAPPELLA DELLA PURITÀ *(Auskunft bei der Dom-Sakristei)* mit Gemälden G.B. Tiepolos (Madonna am Altar*, Maria Himmelfahrt an der Decke) und G.D. Tiepolos (an den Seiten) von 1759.

Aufgang zur Burg. – Von der Piazza della Libertà führt der Weg durch den Arco Bollani (s. o.) und entlang einem malerischen gotisch-venezianischen Arkadengang (1487) auf den Burghügel, von dem aus die Burg und die Kirche S. Maria di Castello die Stadt beherrschen.

Burg* (*Castello*, B2) – Der gewaltige Renaissancebau aus dem 16. Jh. erhebt sich über den Ruinen der ehemaligen Burg der Patriarchen von Aquileja und wurde von G. Fontana entworfen und von Giovanni da Udine errichtet. Er beherbergt das **Städtische Museum** *(Museo Civico)* und die **Gemäldegalerie*** *(Galleria d'Arte Antica e Moderna)*, die aus mehreren Sammlungen bestehen; besonders wichtig ist die Kollektion von Werken Friulaner Meister. *Derzeit (1984) ist die durch das Erdbeben schwer beschädigte Anlage noch in Restaurierung; wir geben in der Folge eine grundsätzliche Aufstellung der Exponate.*

Im Erdgeschoß: Frühgeschichtliche und archäologische Funde, griechische Keramik und Amphoren, römische Mosaiken (aus Aquileia), Bronzen, Kleinplastiken, Glas, Waffen (Langobardischer Saal); Dokumente zur Geschichte Udines, Fresken (Fragmente einer Madonna des Pordenone, 1516); Plastiken aus dem 15. Jh. – Im Mezzanin: Münzen, Kameen, Siegel und sakrale Gegenstände. – Im Obergeschoß die GEMÄLDEGALERIE mit Werken vom 15. Jh. bis heute. Friulaner Maler und Bildhauer (15.–18. Jh.): Bellunello, Domenico Da Tolmezzo (Madonna mit Kind), Girolamo da Udine, Martini, P. Amalteo, Pellegrino da S. Daniele, Pordenone, Bombelli, Carneo, N. Grassi, G.B. Bison; venezianische Maler: Carpaccio (Christus mit den Leidenswerkzeugen*), Carpioni, Diziani, Maffei, Palma il Giovane, S. und M. Ricci, P. Longhi, G.B. Tiepolo (Consilium in Arena*; Erzengel), G.D. Tiepolo. Maler anderer Schulen: Bicci di Lorenzo (Madonna mit Heiligen*), Ghirlandaio (Anbetung), Fra Galgario (Bildnis eines Dominikaners), B. Strozzi, L. Giordano, Bronzino, Caravaggio (Verzückung des hl. Franziskus). Unter den Künstlern des 19. Jhs. Canova, P. Canonica, Mosè Bianchi, B. und E. Ciardi, T. Cremona und A. Milesi.
In der Mitte des Schlosses der *„Parlamentssaal"*, in dem sich einst das Friulaner Parlament versammelte: Fresken von G.B. Tiepolo und anderen; von Tiepolo auch das große Leinwandbild Stärke und Weisheit*. Am Deckenfries Wappen der 292 venezianischen Statthalter ab 1420. Eine Abteilung ist der Graphik gewidmet (G.B. und G.D. Tiepolo).

S. Maria di Castello (B2) – Die älteste Kirche der Stadt, vielleicht aus dem 8. Jh., im 13. Jh. erneuert: die Fassade (1525) und der Glockenturm stammen aus der Renaissance. Strenger romanischer Innenraum mit Fresken aus dem 13. Jh. an den Arkaden und in den Apsiden (Grablegung). Neben der Kirche die *Casa della Confraternità (Haus der Laienbruderschaft, 15. Jh.)*, die mit dem Schloß durch den Renaissancebogen *Arco Grimani* (16. Jh.) verbunden ist. Im Burghof das 1931 wiederhergestellte Haus der Bauernschaft *(Casa della Contadinanza)*, ebenfalls aus dem 16. Jh.

Erzbischöflicher Palast (*Palazzo Arcivescovile;* B–C2) – Auf der Piazza del Patriarcato 1, neben der barocken Kirche *S. Antonio Abate* (13. Jh.). Der Palast *(Besichtigung: 9–12 Uhr; Sa, So, Feiertage geschl.)* ist vor allem wegen der Fresken* Tiepolos, die die Wölbung des Stiegenhauses und der Galerie schmücken, sehenswert: sie sind das Hauptwerk der ersten Schaffensperiode des Meisters (1726–30). Daneben, auf Nr. 3, der barocke *Palazzo Antonini Belgrado,* heute im Besitz der Provinzverwaltung, der innen mit mythologischen und historischen Fresken von G. Quaglio (1698) geschmückt ist (zukünftiger Sitz des *Museums für Sakrale Kunst*).

WEITERE SEHENSWÜRDIGKEITEN – **S. Francesco** (C2), typische Franziskanerkirche, die durch Restaurierung ihre ursprüngliche Form aus dem 13. Jh. wiedererlangte; im Inneren, heute Ausstellungsraum für zeitgenössische Kunst, Überreste von Fresken aus dem 14. und 15. Jh. *(man wende sich an das Städt. Museum).* – In der Via Grazzano 1 im *Palazzo Giacomelli* ist das NATURHISTORISCHE MUSEUM VON FRIAUL *(Museo Friulano di Storia Naturale)* mit zoologischen, mineralogischen, geologischen und botanischen Sammlungen untergebracht. *Öffnungszeiten: 10–12, 14–16 Uhr; Sonn- und Feiertage 9.30–12.30 Uhr.*
S. Giacomo (C1–2) – Auf der Piazza Matteotti; in deren Mitte der schöne Renaissancebrunnen von Giovanni da Udine (1537) mit einer Marienstatue (1486). Die Kirche besitzt eine schöne lombardische Fassade von Bernardino di Morcote (frühes 16. Jh.) und im Inneren schöne Gemälde vom 16.–19. Jh.
Friulaner Kunstgewerbe- und Volkskundemuseum (*Museo friulano delle Arti e Tradizioni Popolari,* C1) – In der Via Viola 3 im restaurierten barocken *Palazzo Gorgo-Maniago* (schöne Barockloggia im Hof). Es besitzt eine volkskundliche und kunstgewerbliche Sammlung mit Ausstellungsstücken aus Friaul ab dem 18. Jh. *Öffnungszeiten: 9–12.30, 15–18 Uhr; So 9–12.30 Uhr; Mo geschl.*
Cappella Manin (B1) – In der Via dei Torriani. Barocker Bau aus dem 18. Jh., dessen sechseckiger Innenraum einheitlich mit Skulpturen und Reliefs von G. Torretti (18. Jh.) ausgestattet ist *(man wende sich an den Sakristan von SS. Redentore).*
Messegelände (A1) – Erbaut 1968; hier ist die Galerie moderner Kunst untergebracht, mit Werken von Künstlern vom 19. Jh. bis heute, aus Friaul und Triest (G.N. Pellis, L. Rapuzzi Johannis, P. Saccomanni, P. Marussig, L. Spazzapan) und von auswärts (Sironi, De Chirico, A. Martini, Mafai, Tamburi, Sassu, Guttuso, Migneco, De Pisis etc.). *(Öffnungszeiten: 9–12.30, 15–18 Uhr; So 9–12.30 Uhr; Mo geschl.).*
Tempio-Ossuario dei Caduti (C1) – Großer Kuppelbau (1936), in dem über 20.000 während des Ersten Weltkrieges gefallene Soldaten ruhen. Gegenüber modernes Widerstands-Denkmal (1969).

AUSFLÜGE – 27 km gegen SW über Codroípo, 43 m, zur **Villa Manin*** (siehe Passariano). – 17 km gegen O nach **Cividale del Friuli*** (s. d.).

VALDAGNO* 28.323 Ew, 266 m (4 D-E1)

Provinz Vicenza. Blühendes Städtchen im Agno-Tal, von dem es auch seinen Namen erhielt (= Val d'Agno); eines der wichtigsten Wollindustriezentren Italiens.

✉ 36078, ✆ 0445, ℹ TCI: Reisebüro Valle dell' Agno, Piazza Mercato 3

Freizeitangebot: Hallen- und Freischwimmbad.

- **Il Serraglio,** in Cornedo Vicentino (2 km Richtung Vicenza), ☎ 40 25 40, P, in einem Haus aus dem 18. Jh., Mi und Aug.
- **Al Pezzo,** in Maglio di Sopra, Contrada Vegri 3, ☎ 40 24 48, P, S6 abend u. Mo

Im alten Stadtkern einige schöne Gebäude aus dem 18. Jh. Die *Villa Valle,* heute *Marzotto,* wird Frigimelica (spätes 17. Jh.) zugeschrieben, die klassizistische *Villa Gajanigo* ist von 1797; Paläste: *Palazzo Festari,* heute Rathaus, und der davorliegende *Palazzo Nanti* (heute Banca Popolare di Valdagno) stammen aus dem 18. Jh.; der *Palazzo Pedoni,* heute *Perin.* Kirche *S. Clemente,* 1748 begonnen, mit einem hohen einzigen Schiff mit schönen Altargemälden (Antonio De Pieri); in der Sakristei Polyptychon in vielfarbigem Stein von Girolamo da Vicenza.
AUSFLUG – 10 Minuten mit dem Auto gegen NW in das Torrazzo-Tal zur *Montagna Spaccata,* ca. 470 m *(Mautstraße, geöffnet April–Okt.).*

VALDOBBIÁDENE 11.032 Ew, 252 m (5 C1)

Provinz Treviso. Agrarstädtchen (Weinbau) mit Industrie an der Piave, am Fuße der Voralpen von Belluno. Sommer- und Winterurlaubsort.

✉ 31049, ✆ 0423, ℹ *Verkehrsverein,* Piazza G. Marconi, ☎ 72 125

Freizeitangebot: Tennis; Sessellift: in Pianezze, 1070 m – M. Barbaria, 1450 m; Schlepplifte; Skischule.

- **Diana,** Viale Roma 49, ☎ 72 237, 34 Zi (mB/mD), P G
- **Alla Cima,** Via Cima 8, ☎ 72 711, P, Mo abend, Di u. Juli
- **Dalla Marianna,** in S. Pietro di Barbozza (2 km nach O), ☎ 72 616, P, Mi abend u. Do

in Pianezze, 1070 m, 12 km:
- **Miravalle,** ☎ 72 271, 29 Zi (5 mB/7 mD), P
- **Stella Alpina,** ☎ 72 400, 17 Zi (3 mB/1 mD), P
- **Tre Noghere,** in Bigolino (✉ 31030) 5 km nach S Richtung Crocetta del Montello, ☎ 78 316, P, Mo

in Miane (✉ 31050), 10 km Richtung Follina (✆ 0438):
- **Da Gigetto,** ☎ 89 31 26, P, Schneckenspezialitäten, Mo, Di und Aug.

Unter den verschiedenen Industriezweigen (Bekleidung, Lebensmittel, Holz), hat die Produktion der natürlich fermentierten Schaumweine (Cartizze) und der Grappa besonderen Ruf. In Valdobbiádene endet die aus Conegliano (s. d.) kommende *Weißweinstraße*; im September die Nationale Schaumweinmesse.

Chiesa arcipretale, Kirche aus dem 17.–18. Jh., mit mächtiger klassizistischer Fassade und hohem Glockenturm von F.M. Preti (1775); im Inneren Gemälde der venezianischen Schule.
AUSFLÜGE – 12 km nach **Pianezze,** 1070 m, ein Ort an den S-Hängen des Monte Cesen, Sommerfrischen- und Wintersportort. Mit dem Sessellift auf den Monte Barbaria, 1465 m; weiter Blick* vom Montello bis zur Piave und über die venezianische Ebene; *Tempio dei Donatori di sangue (Blutspenderkapelle,* 1978). – 13 km gegen NO nach **Follina,** 191 m, 3.434 Ew, ein traditioneller Ort der Wollverarbeitung am Rande des offenen Soligo-Tals mit einigen schönen Häusern. **Zisterzienser-Abtei von Follina,** gegründet im 12. Jh.; gotische Kirche aus dem 14. Jh. mit romanischen Apsiden; im rechten Schiff ein mit 1507 datiertes Fresko, laut letzten Erhebungen von Francesco da Milano (1527); am Hochaltar, in einem reich geschnitzten vergoldeten Holzrahmen, eine Marienstatue. Nebenan KREUZGANG von 1268 mit gekoppelten Säulchen.

VALEGGIO SUL MINCIO 9.233 Ew, 88 m (3 F2-3)

Provinz Verona. Marktflecken und Agrarzentrum (Obstanbau) am Rande der Endmoränen des Gardaseegebiets.

✉ 37067, ✆ 045

- **Allo Scorpione,** Via IV Novembre 10, ☎ 63 51 58, 25 Zi (mD), Fr
- **Bue d'Oro,** Via A. Sala 1, ☎ 79 50 45, 41 Zi (mD), P, Mi abend u. Do
- **La Lepre,** Via Marsala 1, ☎ 79 50 11, P, AIR, mit Zimmern, Mi, Do Mittag
- **Alla Borsa,** Via Goito 2, ☎ 79 50 093, P, AIR, Di abend u. Mi

in der Umgebung:
- **Antica Locanda Mincio,** in Borghetto (beim Ponte Visconteo), ☎ 79 50 059, P, Mi abend u. Do
- **Belvedere,** in S. Lucia (5 km nach NO), ☎ 79 03 019, P, Mi abend u. Do

Am Hügel, der die Ortschaft vom Mincio trennt, die malerischen Ruinen der **Skaligerburg** (13.–15. Jh.). In 2 km Entfernung am Mincio die eindrucksvollen Reste der **Brücke der Visconti** *(Ponte Visconteo)* von 1393, einst Teil des sogen. *Serraglio,* der Befestigungsanlagen, die bis Villafranca di Verona reichten (s. d.).

An der Ausfahrt in Richtung Verona der **Sigurtà-Park,** ein 50 ha großer Landstrich mit schönen, z. T. ausgefallenen Pflanzen (kann mit dem Auto durchfahren werden, ca. 6 km. *Besichtigung: Sa, Sonn- und Feiertage; Eintrittsgebühr.*

VELLEIA 500 m (7 B3)

Provinz Piacenza. Eine der wichtigsten archäologischen Ausgrabungsstätten der Emilia, am Fuße der Hügel des ehemaligen Nationalparks von Piacenza.

Antica Locanda Velleia Romana, in der Nähe der Ausgrabungen, ☎ (0523) 89 71 09, Mo

Velleia oder *Veleia* war eine römische Gemeinde und Hauptort eines großen bergigen Landstrichs; die Blütezeit erlebte die Stadt im 1. Jh., blieb aber bis ins 5. Jh. bedeutend. Der Name stammt von dem ligurischen Volksstamm der *Veleates*. Ihre Bedeutung geht vermutlich nicht zuletzt auf die salzhaltigen Quellen in der Umgebung zurück. Im 18. Jh. wurde die Stadt entdeckt, in jüngster Zeit wurde sie ein Zentrum der archäologischen Forschungen, die im Laufe der zahlreichen Restaurierungen durchgeführt wurden. *Besichtigung: 9 Uhr bis eine Stunde vor Sonnenuntergang.*

Es sind noch nennenswerte Überreste des FORUMS (Portikus, *Basilika*), der *Thermen* und privater Wohnhäuser erhalten.

Das NEUE ANTIKENKABINETT ist in dem Direktionsgebäude aus dem 19. Jh. untergebracht: neben den Ausgrabungsfunden wird in einer didaktischen Ausstellung die städtebauliche und historische Bedeutung der Stadt dokumentiert.

Der ehemalige **Naturschutzpark der Provinz Piacenza (Parco Provinciale Piacentino),** ein schönes bergiges Gebiet (der höchste Punkt ist der Monte Croce dei Segni, 1071 m) mit ausgedehnten Buchenwäldern, wilden Obstbäumen und Sträuchern und baumlosen kargen Abschnitten, ist ein beliebtes Ausflugsziel; bei der kleinen bewirtschafteten Schutzhütte steht eine Votivkapelle.

VENEDIG** (Venezia) ca. 100.000 Ew (mit Vororten 340.873 Ew), 2 m (5 E2)

Provinz- und Regionalhauptstadt; Erzbischofssitz (Patriarchat); Universität. Inselstadt in der Lagune, 4 km vom Festland und 2 km vom offenen Meer entfernt. Die Einzigartigkeit der geographischen Lage, die lichtdurchflossene Atmosphäre, die unglaubliche Schönheit der Marmorpaläste und ihrer Spiegelungen im Wasser und der Reichtum des künstlerischen Erbes machen aus Venedig ein einzigartiges Kunstwerk an sich, eine der berühmtesten Stätten des internationalen Fremdenverkehrs.

✉ 30100, ✆ 041, III, C4, II, C1 (Hauptpost) und Bahnhof S. Lucia (II, B1), ⓘ EPT u. AA: Informationsbüro, S. Marco 71/c, III, E4, ☎ 26 356; Piazzale Roma, II, C1, ☎ 27 402; Bahnhof S. Lucia, II, B1, ☎ 71 50 16; Städt. Fremdenverkehrsbüro, Ca' Giustinian, S. Marco 1364/A, III, E–F4, ☎ 70 07 92. – CIT: Markusplatz 48–50, III, E5, ☎ 85 480. – TCI siehe CIT

Freizeitangebot: Flughafen Marco Polo in Tessera (13 km auf der Straße nach Triest), ☎ 95 73 33; Alitalia, S. Marco 1463 – S. Moisé, ☎ 70 03 55, Stadtterminal: Piazzale Roma 597/I, ☎ 70 55 93, Parken und Garagen für Besucher: Piazzale Roma, II, C1; Tronchetto, (II, B1, a. P.); Fusina und S. Giuliano (Mestre), Autofähre zum Lido und zur Pta. Sabbioni.

in der Gegend des Bahnhofs Santa Lucia:

- **Carlton Executive,** Fondamenta S. Simeone Piccolo, Santa Croce 578, ☎ 71 84 88, 122 Zi (mB/mD), AIR ... (II, B1, **aw**)
- **Etap Park Hotel,** Giardini Papadopoli, ☎ 85 394, Tx 410310, 100 Zi (mB/mD), AIR (I, C1, **ab**)
- **Continental,** Lista di Spagna 166, ☎ 71 51 22, Tx 410287, 104 Zi (mB/mD), Blick auf den Canal Grande ... (II, B2, **ac**)
- **Corso,** Lista di Spagna, ☎ 71 64 22, 24 Zi (1 mB/mD), AIR, (Restaurant beim Hotel Continental) ... (II, B1–2, **r**)
- **Abbazia,** Calle Priuli 66, ☎ 71 73 33, 37 Zi (mB/mD) ... (II, B1, **s**)
- **Basilea,** Rio Marin 817, ☎ 71 84 77, 30 Zi (25 mB/mD) ... (III, B1, **ax**)
- **Caprera/Bolognese,** Lista di Spagna 219, ☎ 71 52 71, 22 Zi (7 mB), Mi ... (II, B2, **p**)
- **Da Luciano al Brindisi,** Campo S. Geremia 307, ☎ 71 69 68, Do ... (III, A1, **rx**)
- **Al Gaffaro,** Fondamenta Minotto 164, ☎ 86 264, So ... (II, C1, **rd**)

in der Nähe des Stadtzentrums (San Marco, Rialto, Accademia):

- **Cipriani,** Isola della Giudecca 10, ☎ 70 774, Tx 410162, 93 Zi (mB/mD), ≈, TV, AIR, Blick auf die Insel S. Giorgio ... (II, E4, **ai**)
- **Gritti Palace,** Campo Santa Maria del Giglio 2467, ☎ 26 044, Tx 410125, 92 Zi (mB), TV, AIR, Blick auf den Canal Grande ... (III, F3, **a**)
- **Danieli,** Riva degli Schiavoni 4196, ☎ 26 480, Tx 410077, 245 Zi (mB), TV, AIR, Aussicht auf den „Bacino" von S. Marco ... (III, E6, **b**)
- **Bauer Grünwald – Grand Hotel,** Campo S. Moise 1459, ☎ 70 70 22, 214 Zi (mB/mD), TV, AIR ... (II, E–F4, **r**)
- **Europa e Regina,** Calle Larga XXII Marzo 2159, ☎ 70 04 77, Tx 410123, 205 Zi (mB/mD), TV, AIR, Terrasse über dem Canal Grande ... (III, F4, **e**)
- **Monaco,** Calle Vallaresso 1325, ☎ 70 02 11, Tx 410450, 80 Zi (65 mB/12 mD), TV, AIR, Terrasse über dem Canal Grande ... (III, E–F4, **g**)
- **Gran Canal,** Calle Vallaresso 1325, ☎ 70 02 11, Tx 410450, AIR, Terrasse über dem Canal Grande, Di ... (III, E–F4, **g**)

Metropole, Riva degli Schiavoni 4149, ☎ 70 50 44, Tx 410340, 65 Zi (mB/mD), TV, AIR, Blick auf den „Bacino“ von San Marco . . . . (II, C4, **d**)
Luna, Calle dell' Ascensione 1243, ☎ 89 840, Tx 410236, 127 Zi (mB/mD), AIR, Blick auf den Canal Grande . . . . (III, E4, **f**)
Saturnia International / Il Cortile, Calle Largo XXII Marzo 2399, ☎ 70 83 77, Tx 410355, 99 Zi (mB/mD), AIR, ~~Mi~~ . . . . (III, E3, **m**)
Londra Palace, Riva degli Schiavoni 4171, ☎ 70 05 33, Tx 431315, 69 Zi (mB/mD), TV, AIR, Blick auf den „Bacino“ von S. Marco . . . . (III, E6, **i**)
Gabrielli–Sandwirth ◪, Riva degli Schiavoni 4100, ☎ 31 580, Tx 410228, 110 Zi (96 mB/mD), AIR, Blick auf den „Bacino“ von S. Marco . . . . (II, D4–5, **c**)
La Fenice et des Artistes, Campiello Fenice 1936, ☎ 32 333, Tx 411150, 68 Zi (mB/mD), AIR . . . . (III, E3, **rb**)
Flora ◪, Calle Larga XXII Marzo 2283/A, ☎ 25 324, 42 Zi (mB/mD), ❀, AIR . . . . (III, F3, **as**)
Ala, Santa Maria del Giglio 2494, ☎ 23 111, Tx 410275, 77 Zi (mB/mD), AIR . . . . (III, F3, **an**)
Bonvecchiati, Calle Goldoni 4488, ☎ 85 017, Tx 410560, 90 Zi (51 mB/30 mD), AIR . . . . (III, D4, **n**)
Cavalletto & Doge Orseolo, Calle del Cavalletto 1107, ☎ 70 09 55, Tx 410684, 81 Zi (52 mB/26 mD), AIR . . . . (III, E4, **k**)
Concordia, Calle larga San Marco 367, ☎ 70 68 66, 60 Zi (mB/mD), Blick auf den S. Marco-Platz . . . . (III, D5, **z**)
Casanova, Frezzeria 1284, ☎ 70 68 55, 45 Zi (42 mB/mD) . . . . (III, E4, **ak**)
Bisanzio, Calle della Pietà 3651, ☎ 70 31 00, 40 Zi (mB/mD), AIR . . . . (II, C4, **al**)
Antico Panada, Calle Specchieri 656, ☎ 70 90 88, 46 Zi (mB/mD), ~~So~~ abend u. ~~Mo~~ . . . . (III, D5, **u**)
Savoia & Jolanda, Riva degli Schiavoni 4187, ☎ 70 66 44, 71 Zi (58 mB/mD) . . . . (III, E6, **q**)
Carpaccio, Calle Corner 2765, ☎ 35 946, 17 Zi (13 mB/mD) . . . . (III, D2, **x**)
Giorgione ◪, SS. Apostoli 4587, ☎ 25 810, 58 Zi (45 mB/9 mD), AIR . . . . (III, B4, **x**)
Boston ◪, Calle dei Fabbri 848, ☎ 87 665, 42 Zi (mB/mD), AIR . . . . (III, D–E4, **aa**)
Do Pozzi, Calle Largo XXII Marzo 2373, ☎ 70 78 55, AIR . . . . (III, E–F3, **aj**)
Da Raffaele, Calle Larga XXII Marzo 2373, ☎ 70 78 55, 29 Zi (mB/mD), AIR, ~~Do~~ . . . . (III, E–F3, aj)
Montecarlo, Calle Specchieri 463, ☎ 70 71 44, 45 Zi (mB/mD), AIR . . . . (III, D5, **at**)
San Marco, Calle dei Fabbri 877, ☎ 70 42 77, 60 Zi (mB/mD) . . . . (III, D–E4, **aa**)
Bel Sito & Berlino, Campo S. Maria del Giglio 2517, ☎ 23 365, 36 Zi (29 mB/mD) . . . . (III, E3, **y**)
Patria Tre Rose, Calle dei Fabbri 905, ☎ 22 490, 31 Zi (27 mB/mD) . . . . (III, D4, **rn**)
Seguso ◪, Zattere ai Gesuiti 779, ☎ 22 340, 36 Zi (mB/mD) . . . . (II, D2, **au**)
Lisbona, Rio San Moisè – Corte Barozzi 2153, ☎ 86 774, 15 Zi (13 mB/mD) . . . . (III, E4, **az**)
Malibran, San Giovanni Crisostomo 5864, ☎ 28 028, 29 Zi (26 mB/mD) . . . . (III, C4, **t**)
Da Nane Mora, San Giovanni Crisostomo 5864, ☎ 28 028, außerhalb ◪, ~~Mi~~ . . . . (III, C4, **t**)
Ateneo, Calle Minelli 1876, ☎ 70 05 88, 23 Zi (mB/mD) . . . . (III, E3, **af**)
La Calcina, Zattere 780, ☎ 27 045, 31 Zi (20 mB/mD) . . . . (II, D2, **au**)
Scandinavia ◪, Campo Santa Maria Formosa 5240, ☎ 23 507, 29 Zi (4 mB/11 mD) . . . . (III, C5–6, **h**)
Marconi e Milano ◪, San Polo 729, ☎ 22 068, 32 Zi (12 mB/mD), Blick auf den Canal Grande und die Rialtobrücke . . . . (III, C4, **av**)
Città di Milano, Campo San Zulian 590, ☎ 27 002, 26 Zi (13 mB/mD), ~~Mo~~ . . . . (III, D5, **ro**)
Accademia – Villa Maravegie, Dorsoduro 1058, ☎ 37 846, 26 Zi (23 mB/mD), ❀ . (III, F1, w)
Serenissima, Calle Goldoni 4486, ☎ 70 00 11, 34 Zi (24 mB/mD) . . . . (III, D4, **ao**)

Bartolomeo, San Marco 5494, ☎ 35 387, 29 Zi (16 mB/mD) . . . . (III, C4, **j**)
Astoria, Calle Fiubera 951, ☎ 25 381, 29 Zi (14 mB/mD) . . . . (III, D4, **ad**)
La Residenza, Campo Bandiera e Moro 3608, ☎ 85 315, 14 Zi (mB/mD) . . . . (II, C4, **ae**)
Da Bruno, San Lio 5726/A, ☎ 30 452, 27 Zi (2 mB/17 mD) . . . . (III, C5, **o**)
Tivoli, Dorsoduro 3823, ☎ 37 752, 19 Zi (9 mB) . . . . (III, D1, **l**)
Alla Salute, Dorsoduro 222, ☎ 22 271 . . . . (III, F3, **ae**)
Da Cici, Dorsoduro 222, ☎ 22 271 . . . . (III, F3, **ae**)
Antico Martini ◪, Campo San Fantin 1983, ☎ 24 121, AIR nur abends, Vorbestellung, große Klasse, ~~Di~~ u. ~~Mi~~ . . . . (III, E3, **re**)
Harry's Bar, Calle Vallaresso 1323, ☎ 36 797, AIR, American Bar, Vorbestellung, ~~Mo~~ . . . . (III, E4, **rf**)
La Caravella, Calle Larga XXII Marzo 2397, ☎ 70 89 01, AIR, Vorbestellung, ~~Mi~~ . (III, E3, **m**)
Taverna la Fenice, Campiello Fenice 1938, ☎ 23 856, elegant, ~~So~~ . . . . (III, E3, **rb**)
Al Campiello, Calle Fusari 4346, ☎ 70 63 96, AIR, Vorbestellung, nur abends, nach dem Theater (elegant), ~~Mo~~ . . . . (III, D4, **rk**)
Do Forni, Calle Specchieri 470, ☎ 37 729, AIR, rustikale moderne Trattoria, ~~Do~~ . . (III, D5, **ra**)
La Colomba, Piscina di Frezzeria 1665, ☎ 23 817, charakteristische Trattoria mit modernen Gemälden, ~~Di~~ . . . . (III, E4, **rc**)
Al Graspo de Ua, Rialto 5093, ☎ 23 647, charakteristische Trattoria, ~~Mo~~ . . . . (III, C4, **rs**)
Noemi, Calle dei Fabbri 909, ☎ 25 238, 15 Zi (4 mB), AIR, ~~So~~ u. ~~Mo~~ Mittag . . . (III, D4, **rm**)
Malamocco, Campiello del Vin 4650, ☎ 27 438, raffinierte Gerichte, ~~Do~~ . . . . (III, E6, **ru**)
Antica Besseta, Calle Savio 1395, ☎ 37 687, altes Gasthaus, ~~Di~~ u. ~~Mi~~ . . . . (III, B1, **rj**)
Da Ivo, Calle dei Fusari 1809, ☎ 70 58 85, Vorbestellung, ~~So~~ u. Jänner . . . . (III, D–E4, **rn**)
Al Colombo, Corte del Teatro 4619, ☎ 22 627, AIR, moderne Trattoria, ~~Mo~~ . . (III, D3–4, **rg**)
Poste Vecie, Pescherie 1608, ☎ 23 822, typisch venezianische Trattoria, ~~Mo~~ abend u. ~~Di~~ . . . . (III, B3, **rp**)
Al conte Pescaor, Piscina San Zulian 544, ☎ 21 483, AIR, auch Pizzeria, ~~Di~~ . . . . . (III, D5, **rh**)
A la Vecia Cavana, Rio Terrà SS. Apostoli 4624, ☎ 87 106, AIR, ~~Mo~~ . . . . (III, B4, **ri**)
Alla Madonna, Calle della Madonna 594, ☎ 23 824, moderne Trattoria, ~~Mi~~ . . . (III, C3–4, **rz**)
Da Raffaele, Ponte delle Ostreghe 2347, ☎ 32 317, AIR, ~~Do~~ u. Jänner . . . . (III, E–F3, **rq**)
Cittá di Milano, Campiello San Zulian 599, ☎ 85 437, ~~Mo~~ u. November . . . . (III, D5, **ro**)
Da Bruno, Calle del Paradiso 5731, ☎ 21 480, AIR, ~~Di~~ . . . . (III, C5, **o**)
Antica Carbonero, Calle Bembo 4648, ☎ 25 479, ~~Di~~ . . . . (III, D4, **rn**)
Fiaschetteria Toscana, San Giovanni Crisostomo 5719, ☎ 35 281, mit Selbstbedienung, ~~Di~~ . . . . (III, B–C4, **rr**)
Paganelli, Riva degli Schiavoni 4182, ☎ 24 324, 23 Zi (5 mB/3 mD), ~~Mi~~ . . . . (III, E6, **rw**)
Montin, Fondamenta Eremite 1147, ☎ 27 151, alter Gasthof mit Zimmer, Laubengang, Künstlerlokal . . . . (II, D2, **rd**)
Alla Letizia, Ruga Rialto 692, ☎ 29 526, AIR, Trattoria, ~~Mo~~ . . . . (III, C3, **rl**)
Taverna S. Trovaso, Dorsoduro 1016, ☎ 70 37 03, Trattoria, Pizzeria, ~~Mo~~ . . . . . (III, F1, **rz**)

Geschichte und Kunst. – Venedig wurde um die Mitte des 5. Jhs. von Festlandbewohnern gegründet, die vor den vordringenden Hunnen geflüchtet waren. Die Stadt verlegte sich auf den Seehandel und erwarb in ihrer Rolle als Mittlerin zwischen Orient und Abendland sagenhaften Reichtum. Vom 9. Jh. an dehnte Venedig, der Regierungsform nach eine Adelsrepublik, seine Macht konsequent aus; die Adria wurde zum venezianischen Binnengewässer; im Kampf um die Vorherrschaft über das östliche Mittelmeer kam es zu der jahrhundertelangen Auseinandersetzung mit dem Erzrivalen Genua. Ein Höhepunkt der venezianischen Macht war der sogenannte 4. Kreuzung 1204, als ein in Diensten Venedigs stehendes Kreuzfahrerheer Konstantinopel eroberte und auf den Trümmern des Byzantinischen Reiches das (freilich kurzlebige) Lateinische Kaiserreich errichtete. Venedig nahm einige griechische Inseln in Besitz und sicherte sich die unbestrittene Seeherrschaft über das östliche Mittelmeer. Auf dem italienischen Festland konnte die Seerepublik in streitbaren Auseinandersetzungen – vor allem mit Mailand – von Bergamo bis zum Po ein bedeutendes Territorium erwerben. Am Beginn des 16. Jhs. zählte die „Serenissima" (die „Durchlauchtigste") zu den mächtigsten Staaten Europas. Dann aber führten zwei Ereignisse zum Niedergang: einerseits das Erstarken der türkischen Macht nach der Eroberung von Konstantinopel 1453, durch das die Seerepublik Einbußen in ihrem traditionellen Handelsmonopol mit dem Orient erlitt, und andererseits die Erschließung der neuen Seehandelswege nach Indien und Amerika, die die Vorherrschaft Venedigs endgültig brachen. Der zweihundertjährige Kampf gegen die Türken fand 1669 mit dem Verlust Kretas ein Ende; das war auch das Ende Venedigs als europäische Großmacht. Als Napoleon 1797 mit einem Federstrich die Unabhängigkeit der Lagunenstadt beendete, begrub er nur eine politische Leiche.
Die künstlerische Größe der Serenissima war ihrer politischen Bedeutung ebenbürtig; zusammen mit Florenz und Rom war Venedig eines der wichtigsten Zentren italienischer Kunst. Bestimmender Charakter der venezianischen Kunst, sowohl in der Malerei als auch in der Architektur, ist die Affinität zur Farbe. Ganz in malerische Wirkung aufgelöst, in orientalischer Manier, ist die Markuskirche, byzantinisch in ihrer Struktur und in ihren Mosaikdekorationen. Im 14. und 15. Jh. kam mit dem Bau des Dogenpalastes, der Cà' d'Oro und zahlreicher großer und kleiner Paläste wie auch der großen Kirchenbauten (Ss. Giovanni e Paolo, Frari-Kirche) eine phantasievolle und schwebende gotische Architektur zur Geltung, die das Antlitz der Stadt bestimmte. Die Renaissance setzte sich in der zweiten Hälfte des 15. Jhs durch. In den Bauten eines P. Lombardo und M. Codussi (S. Maria dei Miracoli, S. Zaccaria) zeigte sich als elegant und überfeinert, in den Werken zahlreicher großer Maler, allen voran der große Giovanni Bellini und Carpaccio, manifestierte sich ein gefühlvoller poetischer Naturalismus. Im 16. Jh. erreichte die venezianische Kunst ihren glanzvollen Höhepunkt. Sansovino (Libreria Marciana) und Palladio (S. Giorgio Maggiore, Redentore) nehmen die Themen der klassischen Architektur wieder auf und geben ihnen eine venezianische Färbung. Giorgione, Tizian, Veronese, Tintoretto, jeder in seiner ganz persönlichen Art, schaffen eine Bilderwelt, die in ihrer Ausdruckskraft und in ihrer Farbenpracht unerreicht geblieben ist. In der im allgemeinen unbedeutend gebliebenen Kunstproduktion des venezianischen 17. Jhs. zeichnen sich nur in der Architektur einige wenige Werke durch Originalität aus. (Madonna della Salute, Ca' Pesaro). Im 18. Jh. erlebt die große venezianische Malerei eine Wiedergeburt in den Gemälden von Piazzetta, Tiepolo, Canaletto, Guardi, Bellotto, Longhi und anderen.

Eine Stadt stellt sich vor – Das Erscheinungsbild der Stadt ebenso wie das Leben in Venedig sind einzigartig und sehr charakteristisch. Die Stadt liegt auf 118 kleinen Inseln, die durch ein Netz von 150 Kanälen *(Canali* oder Rii) durchschnitten werden und durch mehr als 400 Brücken miteinander verbunden sind. Die Kanäle sind die Hauptverkehrsadern der Stadt und sind von Motorschiffen *(batelli* und *motonavi)*, Schnellboten *(motoscafi)*, Barken *(barche)* und den typischen Gondeln *(gondole)* bevölkert. Den Fußgehern ist ein verwirrendes Labyrinth aus engen und verwinkelten Straßen vorbehalten, die

verschiedene Bezeichnungen haben (*Calle, ruga, fondamenta, salizada, rio terrà, sottoportico, ramo* etc.) und auf granziösen Brücken die Kanäle überqueren; manchmal öffnen sie sich unvermittelt auf weite Plätze *(Campi* oder *campielli)* oft noch mit dem alten Brunnen im Zentrum. Ohne die Hilfe eines detaillierten Stadtplans oder den Rat einheimischer Passanten ist die Orientierung in diesem verwinkelten Gassennetz recht beschwerlich. Die Hauptdurchzugsstraßen und eine Reihe von empfohlenen touristischen Rundgängen sind durch Informationstafeln mit der Angabe der bedeutendsten Kunstdenkmäler und Museen gekennzeichnet.
Die Erhaltung der Stadt bringt heute große Probleme mit sich. Die Ursachen dafür sind Legion: die fortschreitende Senkung des Bodens; das Alter der Baudenkmäler; die durch Feuchtigkeit und Wasserbewegung hervorgerufene Verwitterung; die Umweltverschmutzung, die von den Industrieanlagen Margheras ausgeht; die fortschreitende Abwanderung der Bevölkerung wegen der ständigen

Verschlechterung der Bausubstanz und auch wegen der viel besseren wirtschaftlichen Aussichten auf dem Festland. Die „Industrievororte" Venedigs, Marghera und Mestre, sind moderne gesichtslose Städte, anonym und industrialisiert, deren Industrie nicht so sehr die Venezianer selbst als vielmehr die Pendler aus der Provinz anzieht. In der Lagunenstadt selbst eröffnen sich heute noch gute Arbeitsmöglichkeiten in Handwerk und Gewerbe, im Hafen und im Fremdenverkehr, aber auch in der Stadt als Handels-, Schul-, Kultur- und Verwaltungszentrum. Das Problem der Revitalisierung Venedigs steht seit einiger Zeit im Mittelpunkt internationalen Interesses; zahlreiche Baudenkmäler und Kunstwerke wurden erst kürzlich oder werden dank bedeutender Beiträge von Gesellschaften, Stiftungen und Ämtern aus dem In- und Ausland restauriert.
Das gewaltige historische, künstlerische und kulturelle Erbe lebt in prächtigen Kirchen und Palästen mit wertvollen Kunstschätzen, in den reichen Sammlungen der Archive, Museen und privaten Sammlun-

1
2
3
A
B
C
D
E
F
Staz. F.S.
rx
Pal. Labia
Campo (Rai) S.Geremia
S. Geremia
Can. di Cannaregio
Pal. Correr Contarini
S. Marcuola
Pal. Vendramin Calergi
S. Marcuola
la Maddalena
Pal. Correr
Str. Nuova S. Fosca
S. Fosca
R. di S. Fosca
Rio di Noale
Pal. Erizzo
Pal. Giovannelli
CANAL GRANDE
P.le Roma
Riva di Biasio
Fondaco dei Turchi (Museo di Storia Nat.)
Rio del Megio
Pal. Belloni Battagià
Dep. del Megio
S. Giovanni Decollato
Rio S. Zan Degolà
Pal. Gussoni
Rio
P.le Pasqualigo
S. Felice
R. di S. Felice
Strada Nuova
Lista Vecchia dei Bari
S. Stae
Salizzada S. Stae
Ca' Pesaro (Galleria d'Arte Moderna)
Pal. Fontana
Ca' d'Oro (Galleria Franchetti)
rj
Rio Mocenigo
Pal. Corner d. Regina (Archivio Biennale)
S. Cassiano
Pal. Brandolin
S. Giacomo dell'Orio
Campo S. Giacomo dell'Orio
Campo N. Sauro
S. Maria Mater Domini
Rio S. M. Mater Domini
S. Cassiano
C.o S. Cassiano
Pescheria
Campiello d. Strope
Rio Marin
ax
Calle d. Tintor
rp
Rio dei Botteri
R. d. Beccarie
C.o d. Beccarie
Ruga d. Speziali
Calle d. Caffettier
Rio S. Agostin
R. di S. Polo
Rio della Madonnetta
Calle delle Botteri
Rio
Ruga Vecchia
S. Giovanni Elemosinario
Scuola di S. Giovanni Evangelista
Campo S. Stin
Calle Donà
R. di S. Stin
Pal. Corner Mocenigo
Campo S. Polo
S. Aponal
Campo S. Aponal
rl
C.le d. Paradiso
S. Silvestro
Riva del Vin
S. Rocco
i Frari
Rio dei Frari
Rio Terrà
Pal. Michiel
Rio di S. Polo
S. Polo
C.o dei Frari
C.le d. Saoneri
P.le S. Polo
Rio d. Meloni
Pal. Papadopoli
S. Silvestro
C.o S. Rocco
Scuola di S. Rocco
Rio della Frescada
Crosera S. Pantalon
S. Tomà
Pal. Pisani
x
Pal. Grimani
Pal. Bernardo
Riva del Carbon
Pal. Loredan (Municipio)
A. A.
Pal. Farsetti
Pal. Grimani
Rio
S. Benedetto
C.o S. Benedetto
S. Luca
Pal. Persico
S. Angelo
Pal. Corner Spinelli
Calle d. Avvocati
Pal. Fortuny
Campo Manin
Calle Larga Foscari
S. Tomà
Corte dell'Albero
Rio di S. Angelo
Rio di S. Luca
R. Ca' Foscari
Pal. Balbi (Regione Veneto)
Pal. Contarini d. Figure
Palazzi Mocenigo
Calle de la Mandola
Ca' Foscari (Università)
Pal. Giustinian
Pal. Moro Lin
Calle del Pestrin
Calle d. Frati
Oratorio Annunziata
Campo S. Azolo
C.le d. Verona
Rio
af
Salizzada S. Samuele
Calle d. Carrozze
Calle d. Botteghe
rb
S. Fantin
Ca' Rezzonico (Museo del '700)
Pal. Grassi
S. Samuele
S. Stefano
Campo S. Stefano
Rio della Fenice
Calle d. Fenice
re
Teatro la Fenice
Rio d. Fenice
R. di S. Barnaba
S. Barnaba
Calle d. Traghetto
Rio Malpaga
Ca' d. Duca
Rio del Duca
S. Maurizio
Rio di S. Stefano
Rio di S. Maurizio
Campo S. Maurizio
S. Maria Zobenigo
y
m
Calle Larga
Pal. Loredan
S. Vidal (ex chiesa)
Pal. Giustinian Lolin
C.o S. Vidal
Pal. Pisani (Conservatorio)
C.o S. M. Zobenigo
aj
rq
R. d. Ostreghe
R. della Toletta
w
Pal. Contarini d. Scrigni
an
as
rz
Pal. Cavalli Franchetti
Pal. Corner (Ca' Grande)
R. di S. Maurizio
Pal. Contarini Fasan
P.te dell'Accademia
a
Gallerie d. Accademia
Rio di S. Trovaso
S. Maria Zobenigo
S. Trovaso
Campo S. Trovaso
Rio di S. Trovaso
Rio Terrà A. Foscarini
Pal. Contarini Dal Zaffo
Rio S. Vio
C.o S. Vio
Pal. Da Mula
Collez. Guggenheim
Pal. Dario
R. d. Fornace
R. d. Salute
S. Maria d. Salute
S. Gregorio
ae
Rio

VENEZIA (III)
Fouten
1° 2° 3° 4° 5° 6°
Autofähren
Vaporetti
Motorboote
1:7.000 (1cm = 70m)
0 50 100 150 m
4 5 6
A B C D E F
P.le Roma
S. Caterina
Gesuiti
Campo dei Gesuiti
Rio S. Caterina
Rio dei Gesuiti
Fondamenta Nuove
Murano
Burano - Torcello
Calle Larga dei Botteri
Calle del Fumo
Rio S. Andrea
Rio Terrà Barba Frutariol
Rio Ca Dolce
Rio S. Sofia
Calle Racchetta
R. Terrà Ss. Apostoli
Rio Ss. Apostoli
Riva d. Schiavoni
S. Sofia
Ss. Apostoli
Campo Ss. Apostoli
Strada Nuova
Pal. Michiel d. Colonne
Rio dei Ss. Apostoli
S. Canciano
Campo S.M. Nova
Rio di S. Canciano
Rio della Panada
Calle Squero
Rio dei Mendicanti
Fondam. dei Mendicanti
S. Lazzaro dei Mendicanti
Scuola di S. Marco
Ss. Giovanni e Paolo
Campo Ss. Giov. e Paolo
Mon. a Colleoni
Calle Larga G. Gallina
Calle della Testa
S. Maria dei Miracoli
Salizzada S. Canciano
Ca' da Mosto
Fabbriche Nuove
Fabbriche Vecchie
C° Battisti
S. Giacomo di Rialto
Ruga d. Orefici
Pal. dei Camerlenghi
Fondaco d. Tedeschi (Posta T. e Te.)
Pal. Dieci Savi
P.te di Rialto
Rialto
S. Giovanni Crisóstomo
S. Giov. Crisost.
Salizzada S. Giov. Crisost.
C.le d. Erbe
Rio di S. Marina
Campo S. Marina
Ospedaletto
Barbaria delle Tole
Rio S. Giovanni Laterano
Rio del Pestrin
Rio del Fontego
Rio della Fava
Rio del Piombo
Campo S. Bartolomeo
S. Bartolomeo
S. Lio
Salizzada di S. Lio
Pal. Donà
Pal. Priuli
R. d. Paradiso
C° S. Maria Formosa
Calle Lunga S. M. Formosa
S.M. Formosa
Rio di S. Lorenzo
Borgoloco S. Lorenzo
Pal. Manin
C.le Mazzini
Mercerie
Calle della Fava
S. Salvatore
S. Maria d. Fava
Calle delle Bande
Pinacoteca Querini-Stampalia
Ruga Giuffa
Rio di San Severo
C.le del Teatro
Calle di S. Salvatore
Campo S. Luca
S. Giuliano
Rio di S. M. Formosa
E.P.T. (Sede)
Rio del Rimedio
S. Giovanni Nuovo
S. Giorgio d. Greci e Museo
Fond. Osmarin
Rio dei Greci
Calle d. Fuseri
Calle Goldoni
Calle dei Fabbri
Calle Fiubera
Rio dei Fuseri
C.le Larga S. Marco
Pal. Trevisan
Ss. Filippo e Giacomo
Campo S. Provolo
Sal. S. Provolo
S. Zaccaria
Campo S. Zaccaria
Chiostrino di S. Apollonia (Museo Diocesano)
P.te dei Sospiri
Prigioni
Rio di Palazzo
S. Gallo
Fond. Orseolo
Frezzeria
Procuratie Vecchie
P.za S. Marco
Museo Correr
C.I.T.
Piazzetta
P.ta d. Carta
S. Marco
Pal. Ducale
P.te d. Paglia
Riva degli Schiavoni
Rio del Vin
Salizzada S. Moisè
C° S. Moisè
A.A.E.P.T. (inform.)
S. Moisè
Calle Larga XXII Marzo
Pal. Giustinian
Libreria Marciana
Molo
Bacino di S. Marco
Capitaneria di Porto
S. Marco
Pal. Treves Bonfili
Murano
Lido
S. Zaccaria
Lido (Motonave)
S. Lazzaro
S. Giorgio
Giudecca
Tronchetto (Servizio Estivo)
P.ta della Dogana
Dogana di Mare
Seminario

gen, in den wichtigen Bibliotheken und in den zahlreichen wissenschaftlichen Instituten – einige davon mit internationaler Bedeutung – fort. Zu den traditionellen Einrichtungen der Akademie der Schönen Künste und des Ateneo Veneto gesellten sich die neueren und spezialisierten Institute des Centro Internazionale delle Arti e del Costume und der Fondazione Cini. Die Biennale hat sich zu einer ständigen kulturellen Einrichtung entwickelt, deren Tätigkeit nicht mehr auf die Organisation von Ausstellungen beschränkt ist.

Der Hafen Venedigs wird von zahlreichen Schiffahrtslinien angelaufen, die größte Bedeutung besitzen die Schiffe und Fähren nach Griechenland und ins östliche Mittelmeer. Von großer Wichtigkeit ist der Hafen für die Industrieanlagen Margheras: Petrochemie, Chemie (Düngemittel, Schwefelsäure), Metall- (Aluminium, Zink, Kupfer, Stahl) und Glasindustrie; im Aufbau begriffen sind verschiedene Sparten wie Baumaterialien, Maschinenbau, Schiffsbau und Keramikindustrie.

Küche und Keller – Zur typischen venezianischen Küche gehören viele Arten der Reiszubereitung: diese reichen von den bekannten *„Risi e Bisi" (Reis mit Erbsen)* zu den verschiedensten Risotti mit Meeresfrüchten oder Gemüse. Sehr bekannt ist auch der Fegato alla veneziana (Leber); ausgezeichnet sind die hier erhältlichen Meeresfrüchte (Sardellen, Aal, Stockfisch, Scampi, Tintenfische etc.) und vor allem die klassische Fischsuppe. Im allgemeinen sind die venezianischen Spezialitäten auch im übrigen Venetien erhältlich, wie die „Polenta e Osei", die „Pasta e Fagioli" (Nudeln mit Bohnen), die „Bigoli" (eine Nudelart aus Vollweizen) und die verschiedenen Arten der Lammfleisch- und Geflügelzubereitung. Unter den typischen Mehlspeisen seien die *„Baicoli"*, die *„Zaleti"*, der *„Busolà forte"* erwähnt. Der beste Wein ist der Raboso; gute Weine aus der Provinz sind außerdem der Tocai und der Pinot bianco oder rosso.

Einkaufstips – Murano-Glas, Spitzen, Teppiche, Möbelstoffe, Keramik, Mosaike, Lackstilmöbel, Antiquitäten.

Veranstaltungen – Von internationaler Bedeutung ist die jüngst neuorganisierte „Kunst-Biennale" mit Abteilungen für Film, Musik, Architektur und Bildende Kunst; auch der Literatur-Preis „Il Campiello" ist bekannt. Jährlich sind wichtige Ausstellungen der alten und modernen Kunst oder der venezianischen Kultur gewidmet. Neben den Aufführungen des Teatro La Fenice (Opernsaison im Winter, Symphonische Saison im Frühjahr), eines der bekanntesten italienischen Häuser, gibt es Theateraufführungen des Teatro del Ridotto und des 1978 wiedererstandenen Teatro Goldoni, die Konzerte des Circolo Artistico im Palazzo delle Prigioni und die Veranstaltungen der Fondazione Cini. Traditionelle Feste und Regatten aus der Zeit der Republik sind das „Fest des Erlösers" (Festa del Redentore; 3. Samstag im Juli), mit einem Defilee beflaggter und illuminierter Boote, und die „Regata Storica" (Gondel-Wettbewerb), die am ersten Sonntag im September stattfindet und eine große Fremdenverkehrsattraktion darstellt. Beim Fest der „Madonna della Salute" wird über den Canal Grande eine aus Booten bestehende Prozessionsbrücke errichtet. Ferner sei noch auf die „Festa della Sensa" (Christi Himmelfahrt), die „Festa di San Marco" (25. April; Gondelregatta) und an die traditionellen Feste am Lido und auf den Inseln der Lagune (Juli–Sept.) hingewiesen.

Typisches aus dem Ortsbild – Es gibt kaum einen Winkel der Stadt, der nicht malerisch genannt werden könnte. Die Punkte, die den Besucher am meisten ansprechen, sind: *Markusplatz★★ und Piazzetta; Riva degli Schiavoni★; Canal Grande★★; Mercerie★; Rialtobrücke★; Campo Ss. Giovanni e Paolo★.*

Sehenswürdigkeiten auf einen Blick. – Markuskirche★★; Dogenpalast★★; Libreria Marciana★★; Canal Grande★★; Gallerie dell' Accademia★★; Museo Correr★; Colleoni-Denkmal★★; Ss. Giovanni e Paolo★★; S. Maria dei Miracoli★; Scuola di San Rocco★★; Ca' d'Oro★★; S. Maria Gloriosa dei Frari★★; S. Maria della Salute★; S. Giorgio Maggiore★; Ca' Rezzonico★; Ca' Pesaro★.

Stadtbesichtigung im Zeitraffer – Man benötigt mindestens drei Tage; die Beschreibung der Stadt ist hier in 6 Rundgängen, die alle beim Markusplatz beginnen, unterteilt.

Der 1. RUNDGANG beschränkt sich auf die *Piazza* und die *Piazzetta San Marco* **(Markuskirche★★; Museo Correr★; Dogenpalast★★; Markus-Bibliothek★★).**

Der 2. RUNDGANG gilt dem *Canal Grande* und kann mit dem Linienboot (keine direkte Linie nehmen) oder mit der Gondel absolviert werden.

Der 3. RUNDGANG führt über die *Salizzada San Moisè zur Brücke der Akademie* (**Galleria dell' Accademia★★,** Gemäldegalerie); von hier mit dem Boot bis zur *Haltestelle Ca'Rezzonico* **(Ca'Rezzonico★, Museo del Settecento Veneziano, Museum des Venezianischen 18. Jhs.).** Über den *Campo San Barnaba* und den *Campo S. Margherita (Kirche und Scuola dei Carmini),* dann über die *Fondamenta S. Sebastiano* zur Kirche **S. Sebastiano★;** weiter über den Kai der *Zattere* zu **S. Maria della Salute★.**

Der 4. RUNDGANG führt über die *Mercerie★* und die *Rialto-Brücke* auf die andere Seite des Canal Grande nach *San Cassiano* und *S. Giacomo dell' Orio* bis zur **Scuola di S. Giovanni Evangelista★, Frari-Kirche★★, S. Rocco★** und zur **Scuola di S. Rocco★★.** Über *Campo S. Polo* und *Campo S. Aponal* kehrt man zur *Rialto-Brücke* zurück (man kann am Canal Grande auch ein Boot nehmen).

Der 5. RUNDGANG führt über *Campo S. Zulian* nach **S. Maria Formosa★** und zur **Pinacoteca Querini Stampalia★** (Gemäldegalerie); von hier über die *Calla Lunga S. Maria Formosa zum Campo Ss. Giovanni e Paolo* **(Kirche Ss. Giovanni e Paolo★★; Colleoni-Denkmal★★).** In der Nähe liegt **S. Maria dei Miracoli★;** über den *Campo S. Giovanni Crisostomo* und den *Campo Ss. Apostoli* auf die *Strada Nuova* **(Ca' d'Oro★★, Galleria Franchetti★).**

Der 6. RUNDGANG führt durch die *Calle Canonica* zur Kirche **S. Zaccaria★;** über die *Fondamenta Osmarin* zur **Scuola di S. Giorgio degli Schiavoni★;** weiter über die *Salizzada S. Antonin* nach *S. Giovanni in Bragora;* von hier zum *Arsenal* und dem **Museo Storico Navale★ (Marinemuseum).** Über die *Riva degli Schiavoni* kehrt man in Richtung S. Marco zurück: bei der Haltestelle S. Zaccaria setzt man mit dem Boot nach **S. Giorgio Maggiore★** über, und dann weiter mit dem Boot bis zum **Redentore★.**

Öffentlicher Bootsverkehr – Verkehrslinien, die dem Besucher nützlich sind: *Linie 1,* Schnellverkehr, vom Piazzale Roma zum Bahnhof, Rialto, S. Marco und Lido mit zahlreichen Haltestellen zu beiden Seiten des Canal Grande. *Linie 2,* Direktverbindung, vom Piazzale Roma durch den Rio Novo bis zu S. Samuele, dann weiter wie Linea 1, allerdings mit weniger Haltestellen. *Linie 3* (nur im Sommer), vom Tronchetto nach S. Marco und dem Lido (direkt). *Linie 4* (nur im Sommer), wie Linea 1 über den Canal Grande nach S. Marco und dem Lido, aber mit weniger Haltestellen. *Linie 5:* „Circolare destra", von S. Zaccaria nach S. Basilio, Piazzale Roma, Fondamenta Nuove und nach Murano; „Circolare sinistra", von S. Zaccaria über Fondamenta Nuove, Murano, Piazzale Roma, S. Basilio auf die Zattere und die Giudecca. *Linie 6,* direktes Schiff von der Riva degli Schiavoni auf den Lido. *Linie 11,* Lido–Pellestrina–Chioggia in ca. 1½ Stunden. *Linie 12,* Fondamenta Nuove–Murano–Burano–Torcello. *Linie 14:* Lido–Pta. Sabbioni. Autofähre zum Lido und zur Punta Sabbioni. Im Linienverkehr gelten fixe Preise, während der Tarif für Gondelfahrten pro Stunde berechnet wird; er kann je nach Zeitpunkt der Fahrt und der Anzahl der Personen variieren. Immer den Preis *vor* Antritt der Fahrt festlegen!

Die Stadt von oben – Man kann vom Campanile di S. Marco (siehe S. 270) oder von S. Giorgio Maggiore (siehe S. 280) die gesamte Stadt überschauen.

1. Rundgang
Piazza und Piazzetta San Marco – Markuskirche – Dogenpalast – Museo Correr – Markusbibliothek.

Markusplatz** (*Piazza S. Marco;* III, E4–5) – Vielleicht der schönste Platz der Welt, mit einem marmornen Ballsaal zu vergleichen; er war zu allen Zeiten Zentrum des venezianischen Lebens. Der beinahe rechteckige, von Tausenden Tauben belebte Platz wird an drei Seiten von Arkadengängen umgeben, unter denen sich zahlreiche Cafés und Geschäfte befinden; an der vierten Seite stehen die prächtige Markuskirche und der mächtige freistehende Campanile. An ihm liegen im N die **Torre dell'Orologio** (**Uhrturm,** *Besichtigung: 9–12, 14–17 Uhr; Sonn- und Feiertage 9–12 Uhr; Eintrittsgebühr*), erbaut wahrscheinlich von Mauro Codussi (1499) mit Bronzefiguren, den sogenannten *Mohren* (1497), die die Stunden schlagen; und die **Procuratie Vecchie** (Sitz der Prokuratoren von S. Marco, das höchste Amt in der ehemaligen Republik), ein langgestrecktes Gebäude mit zwei Arkadenreihen, 1514 von G. Celesto erbaut, später von B. Bon und G. Bergamasco umgebaut, vollendet 1532 von J. Sansovino; im W der 1810 angebaute *Napoleonflügel;* im S die **Procuratie Nuove** *(Neue Prokuraturen),* begonnen 1582 von V. Scamozzi in Anlehnung an die anschließende Markusbibliothek des Sansovino (s. d.), fertiggestellt 1640 von B. Longhena.

Markuskirche** (*Basilica di S. Marco;* III, E5) – Der bedeutendste Sakralbau der Stadt, ein Meisterwerk romanisch-byzantinischer Baukunst. Die Kirche wurde im 9. Jh. über dem 823 von Alexandrien in Ägypten nach Venedig überführten Leichnam des Evangelisten Markus errichtet. (Der hl. Markus ist der Stadtpatron Venedigs und sein Attribut, der Löwe, das Wappentier der Republik.) Erweiterungen und Umbauten im 11.–17. Jh. Im Aufbau der Kirche herrscht die Horizontale über der Vertikalen vor; die fünf Kuppeln geben ihr ein orientalisches Aussehen.

Venedig: Markuskirche und Dogenpalast

Die zweigeschossige, mit wertvollem Marmor und Säulchen verkleidete FASSADE ist durch fünf Bogenöffnungen unterteilt: in den Giebelfeldern befinden sich Mosaiken (fast alle im 17. und 18. Jh. erneuert); der obere Abschluß mit Kielbogen und Baldachinen mit Statuen stammt aus der Gotik (14. Jh.). Die fünf Portale haben Türklopfer aus Bronze aus dem 11.–14. Jh. Man beachte die wertvollen byzantinischen Reliefs zwischen den einzelnen Arkaden und die schönen Reliefstreifen (Monatsdarstellungen; Tugenden; Propheten), die die mittlere Arkade unten (13. Jh.) und den oberen Bogen (15. Jh.) schmükken. Am Laufgang, der die beiden Geschosse trennt, befinden sich Kopien der berühmten vier Bronzepferde, die 1204 aus Konstantinopel nach Venedig geschafft wurden. Die Originale stehen heute im Museum der Markuskirche.

An den SEITENFASSADEN wiederholen sich die architektonischen und dekorativen Elemente der Hauptfassade. An der N-Seite: prächtiges Portal; wertvolle Basreliefs aus dem 12.–13. Jh.; höher oben die vier Giganten*, die die Dachrinnen stützen (15. Jh.). An der S-Seite ist der obere Teil nicht mit Marmor verkleidet: an der Ecke zur Porta della Carta die Tetrarchen* oder vier Mohren, eine Porphyrgruppe, die Krieger oder Könige darstellt, wahrscheinlich ein syrisches Werk des 4. Jhs.; davor zwei quadratische reliefgeschmückte Pfeiler, ebenfalls syrische Werke des 5.–6. Jhs. (nach anderer Ansicht byzantinisch-islamisch aus dem 12. Jh.).

Die VORHALLE nimmt die gesamte Breite des Baus ein. Die Wände haben Marmor- und Säulchenverkleidung; die Wölbung und die Kuppeln sind mit veneto-byzantinischen Mosaiken* aus dem 12.–13. Jh. geschmückt (biblische Szenen). Drei Portale mit Bronzetürklopfern des 11.–12. Jhs. führen ins Innere. In der Mittelachse erblickt man durch eine quadratische Öffnung, den sogenannten „pozzo" (Brunnen), das mit Mosaiken (16. Jh.) geschmückte Gewölbe, genannt das Paradies.

Der INNENRAUM** ist eine typische byzantinische Kreuzkuppelkirche. Jeder Arm des Kreuzes ist durch Arkaden, über denen Galerien liegen, die ursprünglich den Frauen vorbehalten waren, in drei Schiffe unterteilt; mächtige Pfeiler tragen die fünf Kuppeln. Die architektonische Struktur verschwindet beinahe hinter den überwältigenden Mosaiken auf Goldgrund, die die Wände und die Gewölbe bedecken. Der aufgrund der Bodensenkung unebene und gewellte Fußboden besteht ebenfalls aus Mosaiken (12. Jh.; zum Teil neuere Ergänzungen). Es lohnt sich, in jedem einzelnen Kirchenschiff länger zu verweilen, um in Ruhe den Gesamteindruck und die zahlreichen Details aufnehmen zu können.

Die **Mosaiken**★★ sind Werke byzantinischer und venezianischer Meister des 12. und 13. Jhs. und wurden teilweise im 16. und 17. Jh. nach Entwürfen von Tizian, Tintoretto, Veronese u. a. erneuert. Unter den byzantinischen Mosaiken, die an ihrem strengen und hierarchischen Figurenaufbau leicht erkennbar sind, beachte man vor allem jene der unteren Wände der Seitenschiffe (Christus, Maria, Apostel, Propheten), der Kuppeln und vor allem die Himmelfahrtsszene der Hauptkuppel. Der erhöhte CHOR wird von marmornen Schranken (Ikonostasen) mit Statuenbekrönung der Dalle Masegne (1394) abgeschlossen. *(Besichtigung: 9.30–16.30 Uhr bzw. 17.30 Uhr; Sonn- und Feiertage 14–17 Uhr; Eintrittsgebühr, gilt auch für die Schatzkammer, s. u.).* Der Hochaltar der den Leichnam des hl. Markus birgt, wird von einem von vier Alabastersäulen★ (6.–13. Jh.) gestützten prächtigen Baldachin (Ziborium) mit sechs Statuen aus dem 13. Jh. gekrönt.
Hinter dem Altar befindet sich die berühmte **Pala d'Oro**★★, eine prachtvolle byzantinisch-venezianische Goldschmiedearbeit (10.–14. Jh.) mit 80 Emailtafeln und zahlreichen gefaßten Edelsteinen. In der linken Apsisnische Bronzetür★ der Sakristei, das letzte Werk des J. Sansovino (1546–69). Am Ende des linken Schiffs öffnet sich die CAPPELLA DELLA MADONNA DEI MASCOLI mit einem gotischen Altar von 1430 und einem Kuppelmosaik des 15. Jhs. nach Entwürfen von M. Giambono, J. Bellini, A. Mantegna.
Im rechten Seitenschiff befindet sich der Eingang zur **Schatzkammer**★ *(Besichtigung wie Chor)*, mit zahlreichen byzantinischen Kunstwerken, die bei der Einnahme Konstantinopels 1204 nach Venedig gebracht wurden.

Ausgestellt sind: Vasen, Pokale, Reliquiare (13.–18. Jh.), Evangeliare, gotische Bucheinbände. In der TAUFKAPELLE *(Battistero)* befinden sich ein Taufbecken von Sansovino (1545) und gotische Grabmäler (14. Jh.); in den Kuppeln Mosaiken aus dem 14. Jh.; an der linken Wand Freskenreste aus dem 12. Jh., die erst kürzlich freigelegt wurden. Daneben liegt die ZEN-KAPELLE mit Mosaiken des 13. Jhs., einem Bronzealtar aus dem 16. Jh. und dem großen Grabmonument des Kardinal Zen (1501).
Von der Vorhalle führt eine Treppe auf die Galerie und zum MUSEUM *(Museo Marciano; Besichtigung: tägl. 10–17 Uhr; Eintrittsgebühr)*, in dem illuminierte Handschriften, Mosaikfragmente, ein Flügelaltar des P. Veneziano (1345), Gemälde des 15. Jhs., Tapisserien des 16. Jhs., persische Teppiche etc. ausgestellt sind. In einem Nebenraum sind die Originale der vier antiken **Bronzepferde**★ der Fassade ausgestellt, ein Werk aus dem Umkreis des Bildhauers Lysipp (4./3. Jh. v. Chr.); nach anderen eine römische Arbeit (1. Jh. n. Chr.).
Von der Galerie kann man die Gewölbemosaike aus der Nähe betrachten; Zugang zur FASSADENTERRASSE, von dort schöner Blick★ auf den Markusplatz und die Piazzetta.

Campanile★ – *Besichtigung: tägl. 10–16 Uhr; Aufzug; Eintrittsgebühr.* Der freistehende, 96,80 m hohe Turm stürzte 1902 ein (keine Opfer und keine wesentlichen Beschädigungen anderer Gebäude) und wurde 1912 wiederaufgebaut. Von oben überwältigender Blick★ auf die Stadt und die Lagune. Dem Campanile ist die marmorne **Loggietta**★, ein eleganter Bau von Sansovino (1540), vorgebaut. Der mit Bronzestatuen geschmückte Bau war einst Treffpunkt der Adeligen und später Sitz der Wachen während der Sitzungen des Großen Rates.

Museo Correr★ (III, E4) – Eingang über die Treppe des Napoleonischen Flügels der Prokuratien. Beachtenswert ist der schöne klassizistische Ballsaal (Ausstellungshalle). *Besichtigung: wochentags 10–16 Uhr, Sonn- und Feiertage 9.30–12.30 Uhr; Di geschl.; Eintrittsgebühr.*

Sammlung von Dokumenten und Objekten aus dem venezianischen Leben des 14.–18. Jhs., Renaissance-Bronzen (G. Campagna, Riccio, Tiziano Aspetti, Sansovino), venezianische und orientalische Waffen aus dem 16.–17. Jh. und eine bemerkenswerte GEMÄLDEGALERIE★ mit Meisterwerken von Jacopo (Kreuzigung★), Gentile (Bildnis des Dogen Mocenigo) und Giovanni Bellini (Kreuzigung★; Verklärung★; Pietà★), Carpaccio (Bildnis einer Venezianerin★), C. Turà (Pietà★), Antonello da Messina (Pietà), L. Lotto (Bildnis★); außerdem Werke deutscher (L. Cranach) und flämischer (Van der Goes, D. Bouts) Maler. In der kunstgewerblichen Sammlung sind Stoffe, Spitzen, Elfenbeinarbeiten, islamische Bronzen, italienische Keramiken des 16. Jhs. (Urbino, Pesaro, Faenza, Venedig) ausgestellt. Abteilungen für historische Stadtplanung, Volkskunde und Volkskunst stehen vor der Eröffnung. Im selben Gebäude ist auch der Sitz des MUSEO DEL RISORGIMENTO *(Eingang beim Museo Correr, selbe Öffnungszeiten).*

Piazzetta S. Marco★★ – Sie wird vom Dogenpalast und der Alten Bibliothek begrenzt und öffnet sich auf die Mole von S. Marco mit Blick auf die Insel S. Giorgio. Am Ufer erheben sich zwei *Säulen* (12. Jh.) mit Säulenbasen aus dem 16. Jh. und mit venezianisch-byzantinischen Kapitellen; sie tragen die Statuen des Markuslöwen und des hl. Theodor (Kopie; Original im Dogenpalast). Der Platz zwischen den beiden Säulen war einst Hinrichtungsstätte.

Dogenpalast★★ (*Palazzo Ducale;* III, E5) – Residenz des Dogen und Sitz der höchsten Regierungsämter; Symbol der Macht und der Stärke der alten Republik. Das auf einem Vorgängerbau aus dem 9. Jh. fußende Bauwerk aus dem 14.–15. Jh. ist das schönste Beispiel der venezianischen Gotik. Die Umkehr der Massen (unten aufgelöst, oben kompakt) und die mehrfarbige Marmorverkleidung verleihen ihm eine schwebende Leichtigkeit. Über dem Arkadengang des Erdgeschosses (man beachte die figürlichen Kapitelle der Säulen) läuft eine elegante Maßwerkgalerie. Zwei prächtige Balkone (frühes 15. und 16. Jh.) unterbrechen die Abfolge der Spitzbogenfenster im oberen Teil.

Durch die neben der Seitenfront der Markuskirche gelegene prächtige gotische **Porta della Carta**★ von G. und B. Bon (Mitte 15. Jh.) mit Statuen verschiedener Künstler gelangt man in den wunderschönen INNENHOF★★; in seinem Zentrum zwei bronzene Brunneneinfassungen aus dem 16. Jh. Die W- und die S-Seite besitzen gotische Arkadengänge. Die O-Seite wurde in dekorativem Renaissancestil errichtet. An der Eingangsseite erheben sich die barocke UHRENFASSADE (1615) und der FOSCARI-BOGEN (1470) in einem Mischstil von Gotik und Renaissance (in zwei Nischen die Bronzeabgüsse der berühmten Statuen von Adam und Eva, s. u.). Gegenüber dem Arco Foscari führt die monumentale SCALA DEI GIGANTI★ *(Gigantentreppe)* auf den Arkadengang, wo der neugewählte Doge die Dogenkappe erhielt. Die Treppe wurde nach Plänen des A. Rizzo errichtet (Ende 15. Jh.); die riesigen Statuen von Neptun und Mars sind ein Werk des J. Sansovino (1554).

Inneres – *Besichtigung: Sommer 8.30–18 Uhr, Winter 8–14 Uhr; Eintrittsgebühr.* Über eine Treppe an der O-Seite erreicht man den oberen Arkadengang. Von hier führt die SCALA D'ORO★ (*Goldene Treppe* 1558; in der Tonnenwölbung vergoldeter Stuck von A. Vittoria) in das erste Obergeschoß, wo der Rundgang beginnt.

Zunächst eine Gruppe von Räumen, das sogenannte APPARTAMENTO DUCALE; vor diesem liegt der große Kartensaal (Sala delle Mappe) mit geographischen Kartenwerken. In den verschiedenen Sälen reiche Deckendekorationen, Renaissancekamine; über einer Türe Hl. Christophorus, Fresko von Tizian (1534); mehrere Gemälde, darunter Pietà★, von Giovanni Bellini; Markuslöwe, von Carpaccio; Toter Christus, von Q. Metsys. Nochmals durchquert man den Kartensaal und kommt in die Sala degli Scudieri mit zwei Gemälden von Tintoretto. Im zweiten Obergeschoß beginnt man die Besichtigung in der *quadratischen Vorhalle:* an der hölzernen Decke (16. Jh.) Gemälde von Tintoretto; an den Wänden Gemälde von Veronese und F. Bassano. – *Sala delle 4 Porte* mit Deckenfresken von Tintoretto Gemälden von Tizian★, (Der Doge Grimani betet den Glauben an (1556), und Tiepolo (Neptun überreicht Venedig die Gaben des Meeres★). *Anticollegio:* an den Wänden vier prächtige Tafeln★ des Tintoretto (Schmiede des Vulkan; Merkur und die Grazien; Bacchus und Ariadne; Mars und Minerva); Der Raub der Europa★★, von Veronese; Die Rückkehr Jakobs, von J. Bassano. – *Sala del Collegio:* Gemälde von Tintoretto und Veronese (Sebastiano Venier, der Sieger von Lepanto, dankt Christus★); großartige eingelegte Holzdecke mit prächtigen Tafelbildern★ von Veronese. – *Senatssaal:* schöne Decke (1581) mit Gemälden von Tintoretto und anderen; an den Wänden Gemälde von Palma Giovane. – Man erreicht wieder die Sala delle 4 Porte und dann den *Saal des Rates der Zehn:* an der schön dekorierten Decke Tafelbilder von Veronese und seinen Schülern. – *Sala della Bussola* (Kompaß-Saal): in der Nähe der Tür die „Bocca di Leone" (Löwenmaul), eine Bronzeplastik, in der zur Zeit der Republik anonyme Denunziationen deponiert wurden. *Saal der drei Ältesten des Zehnerrates:* Deckenbilder★ von Veronese, Zelotti und Helfern. – *Waffensäle* mit der Waffenkammer des Rates der Zehn; Waffen und Kriegserinnerungsgegenstände. Man betritt den *Vorraum des Großen Rates;* im ersten Raum Tabernakelbildchen der Madonna mit Kind aus dem 15. Jh.; der zweite Raum links ist der *Guariento-Saal* mit den Überresten des großen Paradiesfreskos von Guariento (1367), das 1577 einem Brand zum Opfer fiel; in anschließenden Nischen die Statuen von Adam und Eva★, 1464 von A. Rizzo für den Foscari-Bogen (s. o.) geschaffen; dort stand auch eine dritte Statue (Wächter★, Rizzo zugeschrieben). – Weiter in den gewaltigen SAAL DES GROSSEN RATES (54 m mal 25 m), dessen Ausstattung ebenso wie jene des davorliegenden *Wahlsaales* aus der Zeit nach dem Brand von 1577 stammt: an den Wänden Gemälde von Tintoretto (Das Paradies★, 24,65 m mal 7,45 m, eines der größten Leinwandbilder der Welt), J. Bassano, Aliense, Palma Giovane u. a.; unterhalb der Decke verläuft ein Fries mit 76 Dogenporträts (jenes des Verräters Marin Faliero, der 1355 enthauptet wurde, ist durch ein schwarzes Feld ersetzt) von J. und D. Tintoretto; großartige vergoldete Schnitzdecke mit 35 eingelassenen Bildern von Veronese (Apotheose Venedigs★), Tintoretto u. a. – *Sala della Quarantia Civil Nuova, Sala dello Scrutinio (Wahlsaal):* an Wänden und Decken Gemälde von Tintoretto, Aliense, Palma Giovane (Jüngstes Gericht), A. Vicentino (Schlacht von Lepanto). – Schließlich erreicht man die *Sala della Quarantia Criminal,* mit einem Gemälde des Palma il Giovane, Der Herr spricht zu Jakob, dann die *Sala del Magistrato al Criminal* und die *Sala del Magistrato alle Leggi.* – Man steigt wieder bis zur Loggia hinab und kann noch die *„Pozzi"* besichtigen, die alten, feuchten und finsteren Gefängnisse.

Venedig: Alte Bibliothek

Alte Bibliothek★★ (*Libreria Marciana; III, E5*) – Hauptwerk der venezianischen Hochrenaissance, erbaut 1537–88 von J. Sansovino. Der klassische harmonische Bau mit Erdgeschoßarkaden und Statuen auf der Balustradenbekrönung wurde für die vom Kardinal Bessarione der Republik geschenkte Bibliothek errichtet.

Unter den Arkaden auf Nr. 13 *(wenn geschlossen, Auskunft beim Museum, Nr. 7),* führt ein monumentales Stiegenhaus von A. Vittoria (1554) zu den Prachtsälen, den einstigen Bibliotheksräumen, heute als Ausstellungsräumlichkeiten genutzt; an den Wänden und der Decke Gemälde von Tizian, Veronese, Tintoretto und A. Schiavone. Unter den wertvollen Handschriften das von flämischen Meistern des 15. Jhs. illuminierte Grimani-Brevier★.

Auf Nr. 17 befindet sich der Eingang zum **Archäologischen Museum** *(Museo Archeologico)*, das wertvolle griechische und römische Skulpturen beherbergt, darunter: griechische Frauenstatuen* (Demeter, Hera, Athene), aus dem 5. und 4. Jh. v. Chr.; drei verwundete gallische Krieger (3. Jh. v. Chr.); Grimani-Altar*, Zulian-Kamee* (beide hellenistisch); Büsten der Kaiser Trajan und Vitellius; Münzen. *Öffnungszeiten: 9–13 Uhr; Mo geschl.*

Neben der Bibliothek liegt an der Seite der Mole der ebenfalls von Sansovino erbaute strenge *Palazzo della Zecca* (Münzamt, 1536); im ehemaligen Hof befindet sich heute der Lesesaal der Biblioteca Marciana.
Ponte della Paglia (III, E5) – Führt an der Mole über den Kanal hinter dem Dogenpalast. Von ihr sieht man die im Renaissancestil errichtete O-Front des Dogenpalastes und die berühmte **Seufzerbrücke** (*Ponte dei Sospiri*, 17. Jh.). Diese Brücke mußten die Gefangenen überschreiten, bevor sie der Staatsinquisition vorgeführt wurden. Jenseits der Brücke beginnt die Riva degli Schiavoni, siehe S. 280, mit den Bootshaltestellen.

2. Rundgang
Zu beiden Seiten des Canal Grande

Der **Canal Grande**** ist die Hauptverkehrsader der Stadt und durchquert sie von NW nach SO. Er ist 3800 m lang und 30 bis 70 m breit und teilt die Stadt durch seine umgekehrte S-Windung in zwei Teile. In beiden Richtungen verkehren Linienboote, Gondeln und Barken. An beiden Ufern stehen die Marmorpaläste der venezianischen Aristokratie (die typischen Anlegepfähle aus Holz tragen des öfteren die Wappen der ehemaligen Besitzer) aus dem 12.–18. Jh., vor allem aber aus dem 14. und 15. Jh. mit ihren typischen gotischen Spitzbogen- und Maßwerkfenstern. Dem Besucher wird durch den Reichtum an Farbe, die ständig wechselnden Lichtreflexe im Wasser, die abwechslungsreichen Blickpunkte und letztlich durch die Schönheit der Bauten an und für sich ein unvergeßliches Schauspiel geboten. *(Es wird empfohlen, für diese Besichtigung eine Gondel zu mieten.)*

Linkes Ufer

PUNTA DELLA SALUTE oder *della Dogana* (III, F2) am Beginn des Kanals mit dem niederen Bau des *Meeres-Zollamts* (1682).
S. Maria della Salute* (III, F3) siehe S. 275, einer der schönsten Bauten am Kanal.

HALTESTELLE SALUTE.
Palazzo Dario, P. Lombardo zugeschrieben (1487), Renaissance, mit dreigeschossiger Galerie.
Palazzo Da Mula (spätes 15. Jh.) mit dreigeschossiger Spitzbogengalerie.
Palazzo Contarini dal Zaffo, Renaissance (Ende 15. Jh.), vielleicht von G. Buora, mit fünfachsiger zweigeschossiger Galerie.

Rechtes Ufer

HALTESTELLE S. MARCO.
Palazzo Giustinian, gotisch (1474) dreigeschossige Fenstergalerie, Sitz der Biennale.
Palazzo Treves dei Bonfili (17. Jh.) mit strenger klassizistischer Fassade; Innenausstattung Empire (frühes 19. Jh.).
Palazzo Contarini-Fasan, gotisch (1475) mit schönen Balkonen, „Casa di Desdemona“ genannt.

HALTESTELLE S. MARIA ZOBENIGO.
Palazzo Cornèr*, genannt **Ca'Grande** (III, F2–3; *Präfektur*), großartiger Bau von Sansovino (1536) mit klassischer dreigeschossiger Fassade.
Palazzo Cavalli-Franchetti, (15. Jh.); Ende des 19. Jhs. restauriert und vergrößert.

Ponte dell'Accademia (III, F2), moderne Holzbrücke, die erste der drei Brücken, die den Kanal überspannen.

HALTESTELLE DER ACCADEMIA.
Gallerie dell'Accademia, siehe S. 274.
Palazzo Contarini degli Scrigni, bestehend aus zwei Gebäuden; das linke von Scamozzi (1609; Manierismus), das rechte aus dem späten 15. Jh. (Gotik).
Palazzo Loredan, gotisch (15. Jh.); in zwei Nischen wappenhaltende Knappen (15. Jh.).

HALTESTELLE CA'REZZONICO.
Ca'Rezzonico* (III, E1), mächtiger Barockbau von B. Longhena (1660), von Massari um 1750 vollendet, Sitz des MUSEO DEL SETTECENTO VENEZIANO, siehe S. 274.
Palazzo Giustinian, gotisch (15. Jh.). Hier komponierte Richard Wagner „Tristan und Isolde“.
Ca'Foscari* (III, E1), harmonischer gotischer Bau des 15. Jhs. mit achtachsiger zweigeschossiger Galerie, Sitz der UNIVERSITÄT (Philologie, Volkswirtschaft, Handelswissenschaft).
Palazzo Balbi, genannt „in volta di Canal“ (im Kanalbogen), von A. Vittoria in den klassischen Formen der Hochrenaissance erbaut (1590), Sitz der *Regionalverwaltung*.

HALTESTELLE S. TOMÀ.
Palazzo Persico, Renaissance, 16. Jh.
Palazzo Pisani-Moretta, gotisch (15. Jh.) mit zwei schönen Maßwerkgalerien.

Palazzo Giustinian-Lolin, barock, von B. Longhena (um 1630) mit zwei Geschossen errichtet.
Ca'del Duca (19. Jh.) mit Resten aus dem 15. Jh. Sammlung von venezianischem Porzellan des 18. Jhs. und orientalischer Kunst *(Öffnungszeiten: Mo, Mi, Fr 9.30–12.30 Uhr; Sa 15–18 Uhr. Eintritt frei)*.
Kirche von S. Samuele mit malerischem romanischem Glockenturm (12. Jh.).
Palazzo Grassi, barock mit klassizistischen Formen, von G. Massari (18. Jh.): Ausstellungen alter und moderner Kunst; Sitz des Centro di Cultura Palazzo Grassi.
Palazzo Moro-Lin (17. Jh.), genannt „dalle 13 finestre“ (zu den 13 Fenstern).
Palazzo Contarini delle Figure, Renaissancebau, Scarpagnino zugeschrieben (1504), mit großem Balkon im ersten und schönem Fenster im zweiten Geschoß.
Palazzi Mocenigo, vier Bauten des 16.–18. Jhs. Hier wohnten Giordano Bruno (1592) und Lord Byron (1818).

HALTESTELLE S. ANGELO.
Palazzo Cornèr-Spinelli* (III, D2) aus der Frührenaissance, Meisterwerk des Codussi (spätes 15. Jh.); zwei Geschosse mit Maßwerkfenstern.

Linkes Ufer	Rechtes Ufer
Palazzo Grimani, in den eleganten Formen der lombardischen Renaissance (frühes 16. Jh.) mit dreiachsiger Loggia. *Palazzo Bernardo,* gotisch (15. Jh.), reich dekoriert. *Palazzo Papadopoli,* Hochrenaissance (16. Jh.), mit zweigeschossiger Loggia. HALTESTELLE S. SILVESTRO. RIVA DEL VIN. *Palazzo dei Dieci Savi,* im Renaissancestil mit Arkaden von Scarpagnino (1521) errichtet.	**Palazzo Grimani★** (III, D3), Meisterwerk des Sanmicheli (1556), Appelationsgerichtshof; triumphbogenähnliche Gliederung. *Palazzi Farsetti e Loredan* (Rathaus), typische venezianisch-byzantinische Bauten des 12. und 13. Jhs. mit durchlaufenden Loggien. *Palazzo Manin* (Banca d'Italia), von J. Sansovino im Renaissancestil errichtet (1536–1575). HALTESTELLE RIALTO.

Rialtobrücke★ (*Ponte di Rialto;* III, C4) – Die schönste und berühmteste Brücke Venedigs wurde 1591 von Antonio da Ponte neu erbaut. Die Länge beträgt 48 m, die Breite 22,10 m; sie überspannt den Kanal mit einem einzigen Bogen, der 28 m lang und an der höchsten Stelle 7,50 m hoch ist. Auf der Brücke Arkadenreihe mit Läden.

Linkes Ufer	Rechtes Ufer
Palazzo dei Camerlenghi, Renaissance, wahrscheinlich von Guglielmo Bergamasco (1528), mit zweigeschossiger Arkadenloggia. *Fabbriche Vecchie di Rialto,* mit Arkaden, hier wird der malerische Obst- und Gemüsemarkt abgehalten. 1522 von Scarpagnino errichtet. *Fabbriche Nuove di Rialto* von Sansovino (1556) mit langen Erdgeschoßarkaden. Heute Sitz des *Gerichtshofs.* *Pescheria,* moderner neugotischer Bau (1907), Fischmarkt. *Palazzo Brandolin,* gotisch (15. Jh.) mit eleganten Bogenöffnungen. *Palazzo Corner della Regina,* von D. Rossi (1724), klassizistisch; Sitz des Biennale-Archivs (siehe S. 276). **Ca'Pesaro★** (III, B2–3), prunkvoller Barockbau, von Longhena (1628) begonnen, von A. Gaspari (1710) vollendet. Sitz der GALLERIA D'ARTE MODERNA, siehe S. 276, und MUSEO ORIENTALE, siehe S. 276. *Kirche S. Stae* mit belebter Barockfassade von D. Rossi (1709). HALTESTELLE S. STAE. *Palazzo Belloni-Battagià,* von Longhena (17. Jh.) mit großer Loggia. *Depositi del Megio (alter Hirsespeicher der Republik),* ein strenger Backsteinbau mit Zinnen (15. Jh.). **Fondaco dei Turchi** (III, A2), im venezianisch-byzantinischen Stil errichtet, 1869 grundlegend erneuert. Sitz des MUSEO DI STORIA NATURALE, siehe S. 281.	*Fondaco dei Tedeschi,* das ehemalige deutsche Handelshaus, heute Hauptpost, von Scarpagnino (1505); die Fassade war mit Fresken Tizians und Giorgiones geschmückt. *Ca' da Mosto,* typischer Bau aus dem 13. Jh. Im 16.–18. Jh. war hier der berühmte Gasthof „Leon Bianco" untergebracht. *Palazzo Michiel dalle Colonne,* im späten 17. Jh. umgebaut; Erdgeschoßarkaden. HALTESTELLE CA'D'ORO. **Ca'd'Oro★★** (III, B3), siehe S. 279, Spätgotik (15. Jh.), im 19. Jh. restauriert; Sitz der GALLERIA FRANCHETTI. *Palazzo Fontana,* im Spätstil Sansovinos (17. Jh.). *Palazzo Gussoni* (16. Jh.), dem Sanmichele zugeschrieben. *Palazzo Erizzo alla Maddalena,* gotisch (15. Jh.). **Palazzo Vendramin-Calergi★** (III, A2), im eleganten Renaissance-Stil von Codussi und Lombardo errichtet (1509). 1883 starb hier Richard Wagner. Wintersitz des Kasinos. HALTESTELLE S. MARCUOLA. *Palazzo Correr Contarini,* ein prächtiger Bau aus dem 17. Jh. mit zwei Loggien mit Architrav. CANALE DI CANNAREGIO, der zweitgrößte Kanal der Stadt, der von der malerischen *Brücke „delle Guglie"* überquert wird. Links der barocke **Palazzo Labia** (III, A1), heute Sitz des Fernsehens; bemerkenswerter Festsaal mit Fresken von Tiepolo (1745–1756). Barfüßer-Kirche *(degli Scalzi),* barock, siehe S. 281.

Ponte della Stazione oder **degli Scalzi** (II, B1), die letzte der drei Brücken über den Canal Grande (1934).

Linkes Ufer	Rechtes Ufer
Kirche S. Simeone Piccolo, klassizistisch, mit schöner kupfergrüner Kuppel (1738). HALTESTELLE S. CHIARA. **Piazzale Roma** (II, C1), hier endet der Straßendamm Ponte della Libertà (1933), der Venedig mit Mestre verbindet (Parkhäuser).	HALTESTELLE DEGLI SCALZI. *Bahnhof S. Lucia.*

3. RUNDGANG

San Moisè – Accademia – Ca'Rezzonico – San Barnaba – San Sebastiano – Zattere – S. Maria della Salute.

Campo S. Moisè (III, E4) – Die Fassade der Kirche **S. Moisè** (1668) ist ein typisches Beispiel des dekorativen Barock in Venedig (im Inneren Skulpturen und Gemälde, darunter eine Fußwaschung, ein Spätwerk Tintorettos). Ein weiteres Beispiel eines ähnlichen Stils ist die überladene Fassade der Kirche **S. Maria Zobenigo** oder **del Giglio** (III, E3; 1683), die nicht weit entfernt am gleichnamigen Platz liegt. Im Inneren befinden sich Gemälde von Tintoretto (Vier Evangelisten★ hinter dem Hochaltar; Altarbild am 3. Altar links). Am nahe gelegenen Campo S. Fantin steht das kürzlich restaurierte **Teatro La Fenice** (III, E3) von 1792, dessen Inneres nach dem Brand von 1837 erneuert wurde; ihm gegenüber die Kirche **S. Fantin,** ein eleganter Renaissancebau, von Scarpagnino (1507–49) begonnen, der Chor von Sansovino (1564) vollendet. Links die ehemalige Schule San Fantin (frühes 17. Jh.), Sitz einer 1812 von Napoleon gegründeten wissenschaftlich-literarischen Akademie.
Campo S. Stefano oder *Morosini* (III, E2) – Hier, auf einem der größten Plätze Venedigs, stehen bedeutende Gebäude, darunter auf Nr. 2945 der *Palazzo Loredan* von 1536, heute Sitz des *Istituto Veneto di Scienze, Lettere ed Arti;* Denkmal des N. Tommaseo (1882). An der rechten Seite des Platzes die

gotische Kirche **S. Stefano**★ (III, E2) aus dem 14. und 15. Jh. mit einem wunderschönen spätgotischen Portal. Schönes dreischiffiges Inneres mit typischem dekorierten schiffskielartigen Gewölbe; im Chor mit hoher polygonaler Apsis ein prachtvolles gotisches Chorgestühl (1488); in der Sakristei Gemälde von B. Vivarini (Polyptychon), Bonifacio de' Pitati (Madonna mit Heiligen, zugeschrieben) und Tintoretto (Letztes Abendmahl; Fußwaschung★; Christus am Ölberg★).
Man überquert den Platz und sieht links, am Campiello Pisani, den **Palazzo Pisani** (III, F2) aus dem 17./18. Jh., heute Sitz des *Musikkonservatoriums;* rechts die profanierte Barockkirche *S. Vidal (S. Vitale),* im Inneren ein schönes Gemälde *(Hl. Vitalis* und Heilige★) von V. Carpaccio (1514); heute Ausstellungsgebäude moderner Malerei.
Ponte dell' Accademia (III, F2) – Wunderschöner Blick auf den Canal Grande: auf der einen Seite bis zum Beginn des Kanals und zur Kirche S. Maria della Salute, auf der anderen Seite bis zur „Volta da Canal" (siehe auch S. 272).

Accademia★★ (*Akademie der Schönen Künste;* III, F1–2) – Die größte Sammlung venezianischer Malerei des 14.–18. Jhs. Das Museum ist im Oberstock der profanierten gotischen Kirche, dem palladianischen Kloster und der Schule von Scuola die S. Maria della Carità untergebracht. *Öffnungszeiten: 9–14 Uhr; Sonn- und Feiertage 9–13 Uhr; Mo geschl.; Eintrittsgebühr.*

Saal I: Alte venezianische Meister des 13.–15. Jhs. Paolo Veneziano (Krönung Mariens★); Lorenzo Veneziano (Verkündigung und Heilige); Jacobello del Fiore (Krönung Mariens★); Michele di Matteo; Michele di Giambono. – Saal II: Venezianer des 15. Jhs.: Carpaccio (Darbringung im Tempel; Die Gekreuzigten auf dem Ararat); Giovanni Bellini (Madonna und Heilige★); Cima da Conegliano (Madonna und Heilige★; Madonna mit der Apfelsine★); M. Basaiti (Berufung★). – Saal III: wie Saal II. B. Montagna; G. Buonconsiglio; Cima da Conegliano (Grablegung; Sacra Conversazione); B. Diana; Sebastiano del Piombo (Sacra Conversazione zugeschrieben). – Saal IV: Maler des 15. Jhs.: Mantegna (hl. Georg★★); Piero della Francesca (hl. Hieronymus★, 1540–50); C. Tura (Madonna mit Kind★, um 1545); Giovanni Bellini (Madonna mit schlafendem Kind★; Madonna mit hl. Katharina und Magdalena★); Hans Memling (Bildnis eines Jünglings). – Saal V: Werke von Giovanni Bellini (Madonna mit Engeln★; Maria im Rosenhag★★, 1487; Madonna mit Johannes dem Täufer und einer Heiligen★★; Pietà★; Allegorie★★), und Giorgione (das berühmte Gewitter★★, 1507–10; Die Alte★). – Saal VI–VIII: Maler des 15. und 16. Jhs.: Paris Bordone (Ringübergabe); Bonifacio de Pitati; Tintoretto (Madonna dei Tesorieri★; Himmelfahrt); Tizian (Johannes der Täufer★); Palma Vecchio (Sacra Conversazione★); L. Lotto (Bildnis eines Edelmannes★★); Savoldo; Romanino (Pietà); Previtali. – Saal IX: Tizian und Helfer (Tobias; Evangelistensymbole); De' Pitati. – Saal X: Werke von Tizian (Pietà★, das letzte Werk des Künstlers, von Palma Giovane vollendet), Veronese (Gastmahl im Haus des Levi★★) und Tintoretto (Wunder des hl. Markus★★, 1548; Grablegung★, 1560; Bildnis des J. Soranzo★). – Saal XI: Werke von Veronese (Verkündigung; Madonna mit Heiligen★★; Hochzeit der hl. Katharina★), Tintoretto (Adam und Eva★, 1553; Kain und Abel) und Tiepolo (Zwickel: Betende★; Die eherne Schlange★). – Saal XII: Werke von G. Zais, M. Ricci und F. Zuccarelli (18. Jh.). Saal XIII: Venezianer des 16. Jhs.: Tintoretto (Hl. Hieronymus), L. Bassano, A. Schiavone. – Saal XIV und XV: Maler des 17. und 18. Jhs.: D. Feti (Betrachtung★); B. Strozzi; F. Solimena; G. Liss. – Saal XVI–XVII: Venezianer des 18. Jhs.: Tiepolo (Bozzetti); Piazzetta (Wahrsagerin★); S. Ricci; Magnasco; Guardi; Canaletto; Rosalba Carriera (Bildnisse★); P. und A. Longhi. – Saal XVIII: Maler des 18. Jhs.: Zuccarelli; Morlaiter. – Saal XIX: Venezianer des 15. Jhs.: Basaiti; Catena; Carpaccio; Boccacino (Mystische Hochzeit der hl. Jungfrau). – Saal XX: G. Mansueti (Zyklus der Wunder des Hl. Kreuzes, Wende 15./16. Jh.); Gentile Bellini (Wunder der in den Kanal gefallenen Reliquie★; Prozession am Markusplatz★), B. Diana, L. Bastiani und Carpaccio (Heilung eines Besessenen★). – Saal XXI: Legende der hl. Ursula★, Gemäldezyklus von Carpaccio, 1490–95. – Saal XXIII; Venezianer des 15. Jhs.: Carolo Crivelli (4 Triptychen); Gentile Bellini; V. und A. Vivarini; L. Bastiani; G. Buonconsiglio. – Saal XXIV: Werke von A. Vivarini und Giovanni D' Alemagna (Madonna mit Heiligen★), Tizian (Tempelgang Mariens★, 1538), Nicolò di Pietro; Reliquiar des Kardinal Bessarione (byzantinisch; 14.–15. Jh.).

Ca'Rezzonico (III, E1) – Mächtiger Barockpalast, begonnen 1649 von Longhena, vollendet nach 1750 von G. Massari, mit rustizierten Quadern im Erdgeschoß und zwei Geschossen mit Rundbogenöffnungen. Sitz des **Museums des venezianischen 18. Jhs.** *(Museo del Settecento Veneziano). Öffnungszeiten: 10–16 Uhr; Sonn- und Feiertage 9.30–12.30 Uhr; Fr geschl.; Eintrittsgebühr.* In prächtig ausgestatteten Räumen (einige mit Deckenfresken von Tiepolo und seinen Schülern) ist eine interessante Dokumentation über das Leben und die Kultur im Venedig des 18. Jhs. zusammengetragen.

Ausgestellt sind Tapisserien, Möbel, Lackgegenstände, Bekleidung, Einrichtungsgegenstände, ein Marionettentheater, eine Apotheke des 18. Jhs. und eine Gemäldesammlung. Darin Werke von G.B. Piazzetta, F. Maffei, G.B. Tiepolo, P. Longhi (Bildchen mit Genreszenen★), Rosalba Carriera, Canaletto, Guardi (Ridotto★; Sprechzimmer im Nonnenkloster★) und Fresken★ von G.B. Crosato, J. Guarana und G.D. Tiepolo (aus der Villa von Zianigo) zu sehen.

Campo S. Margherita (II, C2) – Ein typischer malerischer Platz, Zentrum des einheimischen Lebens, Markt, umgeben von schönen alten Häusern.
Scuola dei Carmini (II, C–D1) – *Öffnungszeiten: 9–12, 15–18 Uhr; So geschl.; Eintrittsgebühr.* Der barocke Bau aus dem 17. Jh. wird B. Longhena zugeschrieben. Die Räume sind reich mit Stuck und Gemälden ausgestattet. Im oberen Saal wunderschöne Decke mit neun eingelassenen Leinwandbildern★ von G.B. Tiepolo (1739–44), ein Hauptwerk aus der reifen Schaffensperiode des Meisters.

I Carmini (II, D1) – Kirche aus dem 14. Jh. mit Renaissance-Fassade mit rundbogigem Abschluß (frühes 16. Jh.) und schönem gotischem Seitenportal (14. Jh.). Dreischiffiger Innenraum, Renaissance, reich an Skulpturen und Gemälden des 17. Jhs.: am 2. Altar rechts Anbetung der Hirten★, ein Meisterwerk des Cima da Conegliano (um 1510); in der rechten Chorkapelle (linke Wand) Basrelief der Grablegung★, vielleicht von Francesco di Giorgio (um 1473); am 2. Altar links Hl. Nikolaus★ von L. Lotto (1529). An der rechten Seite ein schöner *Kreuzgang.*

S. Sebastiano★ (II, D1) – *Besichtigung (Pförtner): 9–11, 16–18 Uhr; Sonn- und Feiertage 12–13 Uhr.* Die Kirche (16. Jh.) ist berühmt wegen der herrlichen Gemälde des Veronese (der hier 1588 begraben wurde) aus den Jahren 1555–1565. Man beachte vor allem drei Deckenbilder (Geschichte der Königin Esther★★), die Orgelflügel (von F. Fiorentino und Domenico da Treviso, 1558), die großen Gemälde im Chor (Martyrium des hl. Sebastian★; die Heiligen Markus und Marcellinus★) und die Deckenbilder der Sakristei, die ersten Werke des Meisters in Venedig.

Weitere Kunstschätze: am 2. Altar rechts die Marmorgruppe der Madonna mit Jesus und Johannes, von T. Lombardo (1557) und das Podocattaro-Grabmal des Sansovino. Von der Sakristei erreicht man die Tribüne oder Nonnenchor: von hier kann man die Deckenbilder Veroneses (Hl. Sebastian vor Diokletian; Martyrium des Heiligen; 1558), aus nächster Nähe bewundern. – Im ehemaligen Kloster ist ein Teil der Universität untergebracht.

Angelo Raffaele (II, D1) – Die Kirche wurde 1639 neu errichtet, das Innere stammt aus dem 18. Jh., und ist vor allem wegen der bemalten Orgelflügel (Tobiaslegende★) von Guardi bekannt. In der Nähe liegt **S. Nicolò dei Mendicoli** (dei Mendicanti, Bettler), eine der ältesten Kirchen der Stadt, mit Umbauten vom 12. bis zum 16. Jh. Romanischer Glockenturm. Reich ausgestatteter, dreischiffiger Innenraum, erst kürzlich restauriert.

Zattere (II, D1–2–3) – Schöne Promenade auf dem Dorsoduro entlang dem breiten CANALE DELLA GIUDECCA; die malerische Insel gleichen Namens (so genannt, weil hier früher die Juden wohnten, bevor sie gezwungen wurden, ins Ghetto zu übersiedeln), befindet sich gegenüber. Vor dem Kai liegt an einem Seitenkanal die Kirche **S. Trovaso** aus dem 16. Jh. (III, F1); im Inneren: Hl. Crysogonus von M. Giambono; in der linken Chorkapelle und in der Sakramentskapelle mehrere Bilder von Tintoretto, darunter ein Letztes Abendmahl★. Auf den Zattere liegt die Kirche der **Gesuati** (II, D2), mit Werken von Piazzetta (3. Altar rechts), Tiepolo (erster Altar rechts und Deckenfresko) und Tintoretto (3. Altar links); Skulpturen von G.M. Morlaiter.

Punta della Salute oder della Dogana (III, F4) – Sie liegt am Zusammenfluß des Canal Grande und des Canale della Giudecca, gegenüber dem Becken von S. Marco und der Insel S. Giorgio. Hier befindet sich der mächtige Bau der *Dogana di Mare* (Seezollgebäude, 1682), dessen Eckturm von der Bronzegruppe der beiden Atlanten bekrönt ist, die einen Globus mit einer sich im Wind drehenden Gestalt der Fortuna tragen (B. Falcone).

Campo della Salute – Links der Kirche della Salute liegt der strenge Bau des *Seminario Patriarcale* (Erzbischöfliches Seminar; III, F4), von B. Longhena (1669). Hier ist die interessante **Pinacoteca Manfrediniana** untergebracht *(Besichtigung ist nur für Studienzwecke gestattet);* Skulpturen und schöne Gemälde: Giorgione (Apollo und Daphne★); Cima da Conegliano; Filippino Lippi; Beccafumi usw.

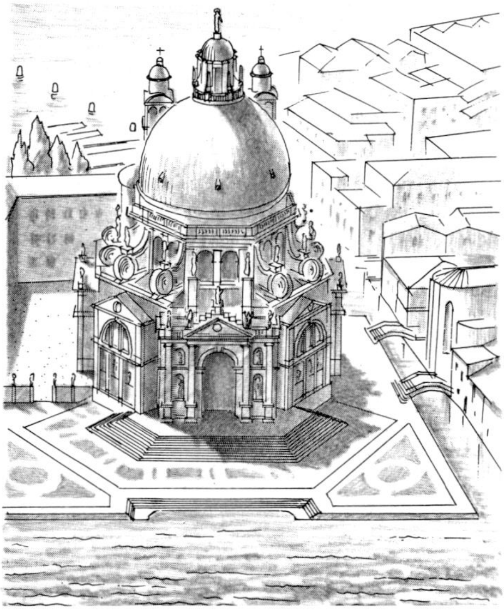

Venedig: S. Maria della Salute

S. Maria della Salute★ (III, F3) – Dieses Meisterwerk der venezianischen Barockbaukunst wurde von B. Longhena (1631–81) nach dem Ende der Pestepidemie errichtet. Der mächtige Marmorbau erhebt sich über einem achteckigen Grundriß, ist mit zahlreichen Skulpturen versehen und von einer riesigen Kuppel bekrönt: er stellt einen der wichtigsten Akzente im Stadtbild von Venedig dar. Die einzelnen Fassadenabschnitte erinnern an Triumphbogen, ein breiter Treppenaufgang führt zum Eingangsportal

Der großartige, aus einem Achteck mit Umgang und Seitenkapellen bestehende Innenraum wird von einer hohen Kuppel abgeschlossen. Am 3. Altar links Ausgießung des Hl. Geistes, ein Spätwerk Tizians. Am ebenfalls von Longhena entworfenen Hochaltar eine griechisch-byzantinische Madonna und Skulpturen von G. Le Court. Links kommt man in die *Sagrestia Grande* (Große Sakristei, *Spende*): am Altar hl. Markus und Heilige★ (1512), und drei Deckengemälde (Das Opfer Abrahams; David und Goliath; Kain und Abel) von Tizian (1543). An den Wänden Die Hochzeit zu Kanaa★, von Tintoretto; außerdem vier Madonnen des Sassoferrato.

4. RUNDGANG

Mercerie – Rialtobrücke – Frari-Kirche – San Rocco – Campo S. Polo – Rialto.

Mercerie★ (III, D4–5) – Sie führen unter verschiedenen Namen in den einzelnen Abschnitten vom Markusplatz zur Rialtobrücke und gehören zu den schönsten und belebtesten Straßen der Stadt. Der Weg wird noch heute (der Name besagt, daß es sich um eine Geschäftsstraße handelt) von eleganten Geschäften gesäumt. Gegen Ende **S. Salvador** (oder *S. Salvatore,* III, D4), eine schöne Renaissancekirche mit barocker Fassade.

Im dreischiffigen Inneren befinden sich: im rechten Seitenschiff das Grabdenkmal Venier von Sansovino★ (1561) und am darauffolgenden Altar Verkündigung★, ein Spätwerk Tizians (1560), hinter diesem befindet sich eine wertvolle Silberschmiedearbeit aus dem 14.–15. Jh. (selten zu besichtigen); in der linken Chorkapelle Giovanni Bellinis Bild der Jünger von Emmaus★.

Campo S. Bartolomeo (III, C4) – Einer der belebtesten Plätze der Stadt; hier treffen die von S. Marco, Rialto und dem Bahnhof kommenden Straßen aufeinander. In der Mitte das schöne *Goldoni-Denkmal* von A. Dal Zotto (1883).

Rialtobrücke★ (*Ponte di Rialto;* III, C4) – Auf der Brücke herrscht ständig ein reges Treiben (vgl. auch S. 273). Drei parallele Treppenläufe führen über sie, in den mittleren jeweils doppelten Bogenöffnungen befinden sich Läden. Von der Spitze genießt man einen schönen Blick auf den Canal Grande. Auf der anderen Seite der Brücke liegt rechts der elegante *Palazzo dei Camerlenghi,* siehe S. 273, links der schlichte *Palazzo dei Dieci Savi.*

Venedig: Rialtobrücke

Ruga degli Orefici *(dei Oresi)* – Malerischer Marktplatz, in der Mitte öffnet sich an der rechten Seite ein Platz vor der Kirche *S. Giacomo di Rialto* (III, C4); vor der Kirche ein offener Arkadengang. Sie wird traditionellerweise für die älteste Kirche der Stadt gehalten, wurde aber erst im 11. und 12. Jh. neu errichtet und 1601 erneuert (am Hauptaltar S. Giacomo, Marmorstatue von A. Vittoria; am rechten Altar Verkündigung, von M. Vecellio).
Campo S. Cassiano – Die barocke Kirche *S. Cassiano* aus dem 17. Jh. (III, B3) besitzt im Chor drei Gemälde des Tintoretto, darunter eine Kreuzigung★ (1568); in der rechten Chorkapelle Bilder von L. Bassano. Einen schönen geschlossenen Raum des 18. Jhs. bildet die Sakristei mit der nebenan liegenden Cappellina del Medico (1746) mit Marmorstuck und Gemälden von G.B. Pittoni.

Palazzo Cornèr della Regina (III, B3) – S. Croce 2214. Der klassizistische Bau mit zweigeschossiger Galerie von D. Rossi (1724) ist Sitz des *Archivio Storico della Biennale di Venezia (Historisches Archiv der Biennale; Besichtigung: wochentags 9–13 Uhr),* ein internationales Dokumentationszentrum für moderne Kunst. Es besitzt eine Bibliothek und eine Zeitschriftensammlung, eine Schallplattensammlung, ein Dokumentations-Archiv, ein Filmmuseum, ein historisches Archiv, vier Werkstättenräume und eine Datenverarbeitungsanlage.

Galleria d'Arte Moderna (*Museum für Moderne Kunst,* III, B2–3) – Es hat seinen Sitz im zweiten Geschoß des **Palazzo Pesaro** am Canal Grande (siehe S. 273), der einen schönen Hof und einen prächtigen Festsaal besitzt. *(Wegen Restaurierung vorübergehend geschlossen.)* Es beinhaltet gestiftete und bei den Ausstellungen der Biennale erworbene Werke der Malerei, Plastik und Graphik von zeitgenössischen Künstlern des In- und Auslands. Ferner verfügt das Museum über eine Auswahl von Werken des 19. Jhs., die augenblicklich nicht ausgestellt werden.

Museo Orientale★ (*Orientalisches Museum,* III, B2–3) – Es ist im dritten Stock desselben Palastes untergebracht und besitzt eine reiche und wertvolle Sammlung von Kunstwerken des Fernen Ostens: Gemälde, Porzellan, Lackmöbel, Elfenbeinarbeiten aus Japan, China, Java und anderen Ländern.

Campo S. Maria Mater Domini – Ein typischer Platz mit Brunneneinfassung im Zentrum und alten venezianischen Häusern (13.–15. Jh.). Er erhielt seinen Namen von der Renaissancekirche (1502–40)
S. Maria Mater Domini (III, B2), deren Fassade Sansovino zugeschrieben wird. Harmonischer Innenraum *(derzeit nicht zu besichtigen)*: am 1. Altar marmornes Antependium von L. Bregno (1524); am 2. Altar rechts hl. Christine★ von V. Catena (1520); im linken Querschiff Auffindung des Kreuzes★, von Tintoretto; am 1. Altar links Verklärung, von F. Bissolo (1512).
S. Giacomo dell' Orio (III, B1) – Die Kirche besitzt im Chor noch ihre ursprüngliche Struktur aus dem 12.–13. Jh. Der dreischiffige Innenraum weist ein hölzernes schiffskielartiges Deckengewölbe aus dem 14. Jh. auf; in der Renaissanceapsis: Madonna mit Heiligen★, von L. Lotto (1546); Martyrium des hl. Sebastian mit den hll. Laurentius und Rochus, von G. Buonconsiglio; über dem Hochaltar ein Kruzifix von P. Veneziano; im linken Querschiff die hll. Hieronymus, Laurentius und Prosper, von Veronese. In der Neuen Sakristei sind die Deckengemälde des Veronese (1577) und an den Wänden die Bilder des F. Bassano interessant. Die Alte Sakristei ist von Palma Giovane ausgestattet (1575).

Scuola S. Giovanni Evangelista★ (III, C1) – *Besichtigung: wochentags 9.30–12.30 Uhr; Sa, So geschl.* Durch einen schönen Renaissancevorhof von P. Lombardo (1481) erreicht man den Hof mit der gotischen Kirche und dem Eingang zur Scuola (Sitz einer Laienbruderschaft). In der Erdgeschoßhalle sind mehrere Marmorskulpturen ausgestellt. Von hier führt eine prächtige Treppe des Mauro Codussi (1498) in den Saal des oberen Geschosses. Wände und Decke sind mit Ölgemälden aus dem 16.–18. Jh. überzogen; von hier gelangt man in die Kreuz-Kapelle (Oratorio della Croce); am Altar ein gotisches Silber- und Kristallkreuz von 1379.

S. Maria Gloriosa dei Frari** (III, C1) – Eine der wichtigsten Kirchen der Stadt; gemeinsam mit Ss. Giovanni e Paolo eine Art venezianisches Pantheon. Sie wurde 1340–1443 von den Franziskanern errichtet. Prächtige gotische Formen und strenge Fassade, Marmorportale auch an den Seiten (man beachte in der Nähe des Eingangs die Madonna mit Kind zwischen zwei Engeln eines venezianisch-toskanischen Bildhauers der 1. Hälfte des 15. Jhs.), bewegte Chorpartie und Glockenturm von 1396. *Besichtigung: 9–12, 14.30–17.30 Uhr; Eintrittsgebühr.*

Der riesige dreischiffige, durch Spitzbogenarkaden unterteilte INNENRAUM beherbergt zahlreiche Grabdenkmäler venezianischer Dogen und anderer bedeutender Persönlichkeiten des 14.–19. Jhs. Unter den unzähligen Gemälden und Skulpturen, die die Kirche schmücken, sollen hier nur die wichtigsten genannt werden. Im Zentrum des Mittelschiffs der Mönchschor* (Gotik-Renaissance) mit äußerer Marmorverkleidung und das geschnitzte Chorgestühl mit Intarsien (1468). Im rechten Seitenschiff: im 2. Joch Grabmal Tizians von 1852; am 3. Altar Hl. Hieronymus*, von A. Vittoria. – Im rechten Querschiff: rechts Grabmal des J. Marcello mit der Statue des Verstorbenen auf dem von Karyatiden gestützten Sarkophag, ein Werk des P. Lombardo; Grab des Seligen Pacificus, ein Werk Florentiner Meister des 15. Jhs.; Grabdenkmal des B. Pesaro, von L. Bregno. – In der Sakristei: Triptychon** der Madonna mit Heiligen, ein Hauptwerk von G. Bellini in der Originalrahmung; Reliquienschrein mit dem Blut Christi, Marmorplastik des 15. Jhs. – In der 3. Chorkapelle Polyptychon von B. Vivarini (1482); in der 1. Kapelle eine bemalte Holzstatue Johannes des Täufers*, von Donatello (1450).

Die Apsis wird von wunderschönen Spitzbogenfenstern abgeschlossen: an der rechten Wand Denkmal* des Dogen F. Foscari (Gotik-Renaissance), von A. und P. Bregno (ca. 1457); an der linken Wand Denkmal* des Dogen N. Tron, von A. Rizzo (ca. 1476), ein Meisterwerk der Renaissanceplastik in Venedig; über dem Hochaltar die berühmte Himmelfahrt Mariens** (Assunta, 1518) von Tizian, die durch ihre Lebendigkeit und Farbigkeit besticht. – Linke Chorkapellen: in der 1. am Altar Gemälde von B. Licinio (1535), vom selben Maler auch die Franziskanermärtyrer (linke Wand); in der 3. Kapelle Hl. Ambrosius und Heilige*, von A. Vivarini und Basaiti (1503); am Altar der 4. Kapelle Triptychon, von B. Vivarini (1474), über dem Taufbecken Statue Johannes des Täufers, von J. Sansovino (1554). – Linkes Seitenschiff: am 2. Altar das prächtige Altarbild Tizians der Madonna di Ca'Pesaro* (1526); mächtiges Grabmonument des Dogen G. Pesaro von B. Longhena (1669); Grabmal des Bildhauers A. Canova, nach Entwürfen des Meisters (1827).

Scuola di San Rocco** (III, D1) – *Besichtigung: Sommer 9–13, 15 30–18.30 Uhr; Winter: 10–13 Uhr; Sa, So auch 15–18 Uhr; Eintrittsgebühr.* Der Bau wurde von 1517–1549 errichtet; die schöne Fassade stammt von Scarpagnino. (San Rocco = Hl. Rochus.)
Die riesigen Säle im INNEREN sind mit großen **Gemälden** von Tintoretto** ausgestattet; in der Kraft der Erfindung und in der Lichtführung stellen sie den Gipfel der Kunst des Meisters dar. Im dreischiffigen Erdgeschoßsaal Szenen aus dem Neuen Testament (1583–87), darunter vor allem Verkündigung*, Flucht aus Ägypten*, Ägyptische Maria. Eine prächtige Treppe von Scarpagnino führt in den Saal des Obergeschosses: in den einzelnen Deckenabschnitten 21 Leinwandbilder mit Geschichten aus dem Alten Testament (1576–78); an den Wänden 12 Szenen aus dem Neuen Testament (1578–81).

Auf Staffeleien neben dem Altar: Verkündigung, von Tizian; Heimsuchung, von Tintoretto; Abraham und die Engel und die von Engeln gerettete Hagar, von Tiepolo. Im nebenan liegenden Albergo-Saal die monumentale Kreuzigung* (1565) und dramatische Passionszenen** (1564–66). An der Decke das erste Gemälde Tintorettos für die Scuola, der hl. Rochus. Auf einer Staffelei der kreuztragende Christus*, Giorgione oder Tizian zugeschrieben; daneben ein Jugendwerk Tizians, Ecce Homo.

S. Rocco* (III, C1) – Die im 18. Jh. umgebaute Kirche beherbergt beachtenswerte Gemälde von Tintoretto (zwei Bilder an der inneren Fassadenwand; zwei an der rechten Wand; vier im Chor, insbesondere Der hl. Rochus pflegt die Pestkranken*).

Campo S. Polo (III, C2) – Größter Platz der Stadt; hier fanden einst die wichtigsten Volksfeste statt. Er wird von prächtigen Palästen (14.–18. Jh.) und dem Chor der alten, aber mehrmals umgebauten Kirche **S. Polo** umgeben; Glockenturm (1362). Im dreischiffigen Inneren: Gemälde des Tintoretto (Eingangswand und 1. Altar rechts), Veronese (linke Chorkapelle), G.B. Tiepolo (2. Altar links) und G.D. Tiepolo (Kreuzwegstationen* in der Christuskapelle); am Hochaltar Bronzestatuen von A. Vittoria.
Campo S. Aponal (III, C3) – Hier steht die ehemalige Kirche **S. Aponal,** ein gotischer Bau aus dem 15. Jh. mit schönem geschwungenem oberen Abschluß und romanisch-gotischem Glockenturm mit Triforen. Jetzt Archiv der Stadtgemeinde; *keine Besichtigung.*
S. Silvestro (III, C3) – Die um die Mitte des 19. Jhs. neuerrichtete Kirche mit klassizistischer Fassade birgt im Inneren einige beachtenswerte Gemälde. 1. Altar rechts: Taufe Christi* von Tintoretto (ca. 1580); linke Seitenwand: Thronende Madonna mit Heiligen, Polyptychon auf Goldgrund, venezianische Schule des 14. Jhs.; 1. Altar links: Hl. Thomas Becket, von G. Santacroce (1520).
Ruga Vecchia S. Giovanni – Hier liegt die von Scarpagnino 1539 erbaute Kirche **S. Giovanni Elimosinario.** Der Glockenturm stammt aus dem späten 14. Jh. In dem schlichten, eleganten Inneren (derzeit wegen Restaurierung geschlossen) am Hochaltar Hl. Johann der Almosenier*, von Tizian (1533); in der rechten Kapelle Drei Heilige*, von Pordenone (1530).

5. RUNDGANG

Campo S. Zulian – S. Maria Formosa – Ss. Giovanni e Paoli – Strada Nuova.

Campo S. Zulian – Die Kirche **S. Giuliano** (III, D5) wurde 1553 von Sansovino mit den Geldmitteln des Arztes T. Rangone errichtet. Die Bronzestatue des Stifters, von Sansovino oder Vittoria, befindet sich über dem Hauptportal. Inneres: Gemälde von Veronese (1. Altar rechts), L. Bassano (Hl. Hieronymus), Girolamo da Santacroce (Chor) und B. Boccacino (1. Altar links) und Plastiken von A. Vittoria (2. Altar rechts) und G. Campagna (links vom Chor).

Campo S. Maria Formosa (III, C5) – Einer der typischsten Plätze der Stadt, einst wurden hier Theateraufführungen veranstaltet. Er wird von beachtenswerten Palästen umgeben (Nr. 5866, Palazzo Priuli von 1580; Nr. 6125–27, 2 Palazzi Donà, gotisch, aus dem 15. Jh.).

S. Maria Formosa (III, C–D5) – Die Kirche wurde in der Frührenaissance 1492 von Mauro Codussi errichtet. Die klassizistischen Fassaden stammen aus dem 16. Jh., der barocke Glockenturm aus dem 17. Jh. Im harmonischen dreischiffigen Inneren★ mit tiefen Seitenkapellen: 1. Kapelle rechts, Triptychon von B. Vivarini (1473); rechtes Querschiff, hl. Barbara★ mit 4 Heiligen, ein berühmtes Polyptychon des Palma Vecchio; rechts Letztes Abendmahl, von L. Bassano.

Pinacoteca Querini Stampalia★ (III, D5–6) – Die Gemäldegalerie befindet sich im 2. Stock des Renaissancepalastes, der seit 1869 Sitz der *Fondazione Querini Stampalia* ist (wichtige Bibliothek). *Öffnungszeiten: Sommer 10–15.45 Uhr; Winter 10–14.45 Uhr; Sonn- und Feiertage 10–14.45 Uhr (nur Sommer); Mo geschl.; Eintrittsgebühr.*

In 20 Sälen, die zum Teil noch ihre Originalausstattung aus dem 18. Jh. besitzen, Werke venezianischer Meister des 14.–18. Jhs.: Donato und Catarino Veneziano (Krönung Mariens★); Giovanni Bellini (Darbringung im Tempel); Lorenzo di Credi (Anbetung der Jungfrau); V. Catena (Judith★); Palma il Vecchio (Bildnis des F. Querini und der Paola Priuli★; Heiliges Gespräch★); Luca Giordano (hl. Sebastian); P. Vecchia (4 idyllische Szenen★); G.B. Tiepolo (Prokuratorenbildnis★); P. Longhi (Die sieben Sakramente★, wunderschöne Jagdszenen am Festland und in der Lagune★); F. Zugno (Bildnis des D. Dolfin★). Im Saal links vom Eingang ist die Serie der venezianischen volkstümlichen Feste von G. Bella (18. Jh.) ausgestellt.

Campo Ss. Giovanni e Paolo – Nach dem Markusplatz der monumentalste Platz der Stadt. Er wird von der Kirche Ss. Giovanni e Paolo und der Scuola di S. Marco umschlossen. Im Zentrum das Reiterstandbild des Colleoni und schöne Brunneneinfassung aus dem 16. Jh.

Denkmal des Colleoni★★ (III, B–C5) – Gemeinsam mit dem Gattamelata des Donatello in Padua das wichtigste Reiterstandbild der Renaissance. Es ist ein Werk des Florentiners Andrea del Verrocchio (1488), der der Statue des berühmten Heerführers aus Bergamo, der im Dienste der Lagunenrepublik stand, eine ausdrucksvolle Dramatik verlieh. Nach dem Tod Verrocchios wurden Guß und Sockel von A. Leopardi vollendet (1496).

Ss. Giovanni e Paolo★★ oder *Ss. Zanipolo* (III, B–C6) – Mächtige Dominikanerkirche, errichtet 1246–1430, neben der Frari-Kirche das größte gotische Gotteshaus von Venedig. Unvollendete Fassade, Portal von B. Bon (Gotik-Renaissance, 1461); schöne rechte Seitenfront und großartige polygonale Apsis★ mit hohen Fenstern.

Der dreischiffige gotische riesige INNENRAUM ist dem der Franziskanerkirche S. Maria dei Frari verwandt. Wie in letzterer sind auch hier zahlreiche Dogen, Heerführer und bedeutende Persönlichkeiten der Republik aus dem 14.–18. Jh. bestattet. Die wichtigsten Kunstschätze: Innere Eingangswand: drei Mocenigo-Denkmäler, von denen besonders jenes des Dogen Pietro Mocenigo★ zu beachten ist, ein Meisterwerk des P. Lombardo (1481). – Rechtes Seitenschiff: Am 1. Altar: Madonna mit Heiligen★, von F. Bissolo (?); Grabmonument des Marcantonio Bragadin, des Verteidigers von Famagusta, V. Scamozzi zugeschrieben. 2. Altar, Flügelaltar des hl. Vinzenz Ferrer★, von Giovanni Bellini (um 1465); Am Ende des Schiffs die prächtige Dominikaner-Kapelle (1716), Deckenbild, Glorie des hl. Dominikus★, von G.B. Piazzetta. – Rechtes Querschiff: Altarbild (Hl. Augustinus verteilt Almosen★) von L. Lotto (1542); großes Buntglasfenster★ (15. Jh.); 2. Altar: Christus mit Heiligen, von Rocco Arconi. – Chor mit heller polygonaler Apsis und mehreren Dogengräbern, links Grabmal des A. Vendramin★, von P. und T. Lombardo (15. Jh.), gotisches Grabmal des Dogen M. Corner★ mit Statue der Madonna und 4 Heiligen, von Nino Pisano.
Am Ende des linken Querschiffs Eingang zur CAPPELLA DEL ROSARIO★ *(Rosenkranzkapelle;* 16. Jh.); unter dem Grabmal des Dogen A. Venier, von P.P. Dalle Masegne. Die Rosenkranzkapelle wurde 1867 durch einen Brand schwer beschädigt; (dabei gingen Plastiken des A. Vittoria, Gemälde des Tintoretto und Bassano u. a. verloren). An der rekonstruierten Decke 4 prächtige Gemälde★ von Veronese; in dem aus dem Brandschutt errichteten Chor eine Statue und zwei Kandelaber von A. Vittoria und Reliefs aus dem 18. Jh. – Linkes Seitenschiff: Unterhalb der Orgel Flügelaltarbild von B. Vivarini; die Sakristei wurde von V. Scamozzi entworfen; weiter an der Seitenschiffwand: Grabmal des Dogen T. Mocenigo, von toskanischen Künstlern (1423), des Dogen N. Marcello, von P. Lombardo (nach 1474); am 1. Altar Statue des hl. Hieronymus★, von A. Vittoria.

Scuola di San Marco★ (III, B6) – Das ehemalige Gebäude einer Laienbruderschaft ist heute öffentliches Krankenhaus. Die lange marmorne Fassade, von P. Lombardo und G. Buora (1487–90) gehört zu den schönsten Werken der venezianischen Frührenaissance; der Rundbogenabschluß stammt von Mauro Codussi (1495); am Hauptportal Giebelplastik, B. Bon oder Lamberti zugeschrieben (15. Jh.); in den einzelnen Feldern perspektivische Reliefs mit Scheinarchitektur von T. Lombardo.

S. Maria dei Miracoli★★ (III, B5) – Dieses Juwel der venezianischen Frührenaissance ist ein Werk von P. und T. Lombardo (1489). Vielfarbige Marmorinkrustationen beleben die mächtige geschwungene Fassade. Auch das Innere, von raffinierter Eleganz, ist mit mehrfarbigem Marmor verkleidet, an der Kassettendecke Heiligenbüsten und Gemälde von P.M. Pennacchi (1528); erhöhter Chor mit Balustrade und feinen Steinschneidearbeiten (T. Lombardo).

Campo S. Giovanni Crisostomo – Die schöne Renaissancekirche **S. Giovanni Crisostomo** (III, B–C4) auch *Santuario della Madonna delle Grazie* genannt, wurde von M. Codussi (1504) mit rundbogigem Abschluß und schönem Glockenturm errichtet. Inneres auf dem Grundriß eines griechischen

Kreuzes mit Tonnenwölbung und Zentralkuppel. Am 1. Altar rechts Drei Heilige*, ein Spätwerk Giovanni Bellinis (1513); am Hochaltar großartiges Altarbild* von Sebastiano del Piombo (um 1509).
Campo Ss. Apostoli – Die Kirche **Ss. Apostoli** (III, B4) wurde im 16. Jh. erbaut und im 18. Jh. erneuert. Im Inneren die Renaissancekapelle der Corner, die Mauro Codussi zugeschrieben wird (1499): Am Altar Kommunion der hl. Lucia, von Tiepolo* (1748), ferner zwei Corner-Grabmäler, die T. Lombardo (16. Jh.) zugeschrieben werden; in der rechten Chorkapelle byzantinisierende Fresken aus dem 14. Jh.
Strada Nuova (III, B3–4) – Die breite Straße wurde im 19. Jh. angelegt und verbindet Rialto mit dem Bahnhof. Linker Hand in der *Calle della Ca' d'Oro* befindet sich der Eingang zur Ca' d'Oro.

Ca' d'Oro** (III, B3) – Mit dem Dogenpalast ist der jüngst restaurierte Palast das Hauptwerk der venezianischen Gotik, erbaut 1421–40 von B. Bon und M. Raverti. Der Name (Goldenes Haus) stammt von den ursprünglichen Vergoldungen der Front zum Canal Grande hin. Diese wurde im 19. Jh. großzügig mit mehrfarbigem Marmor verkleidet, besitzt eine Erdgeschoßloggia, wunderschöne Maßwerkarkaden und eine Zinnenbekrönung.
Der Palast ist zusammen mit dem benachbarten *Palazzo Giusti* der Sitz der erst unlängst neu arrangierten **Galleria G. Franchetti*** *(Gemäldegalerie Franchetti; Öffnungszeiten: 9–14 Uhr; Sonn- und Feiertage 9–13 Uhr; Mo geschl.)* mit Gemälden italienischer und ausländischer Meister sowie Marmorplastiken, Bronzen und Keramiken aus Venedig, vor allem aus dem 15.–18. Jh.

Im schönen Arkadenhof Brunnenfassung* von B. Bon (1427) und an den Wänden griechische, römische und mittelalterliche Marmortafeln und Skulpturen. Die Ausstellungsräume des zweigeschossigen Palastes liegen zu beiden Seiten der großen, sich in weiten Arkaden gegen den Canal Grande öffnenden Mittelsälen, man beachte vor allem: im 1. Stock ein Polyptychon des A. Vivarini (Passion Christi*); A. Mantegna (Hl. Sebastian**); Carpaccio (Verkündigung; Tod Mariens); Giovanni da Rimini (Hl. Christophorus); B. Diana (Madonna mit Heiligen); M. Giambono (G. Ferrari; L. Signorelli; C. Braccesco; Andrea di Bartolo; Jacopo del Sellaio. Unter den Skulpturen eines der berühmtesten Werke des Antico (Apollo, 1498), Bronzen und Marmorplastiken von T. Lombardo (Junges Paar), V. Gambello, G. M. Mosca (Porträt eines Porzia) und Medaillen (Pisanello, Gentile Bellini, S. Savelli). Über eine geschnitzte Holztreppe aus dem 15. Jh. gelangt man in den 2. Stock: Flämische Tapisserien aus dem 16. Jh., Büsten des A. Vittoria, Gemälde von Tizian (Venus am Spiegel*), Tintoretto (Bildnis), H. van Eyck (Kreuzigung), Van Dyck (Bildnis*) und anderer flämischer und holländischer Künstler, ein Segnender Christus eines deutschen Meisters, Entwürfe von Bernini, zwei Veduten Venedigs von F. Guardi und venezianische Keramiken ab dem 12. Jh.; besonders beachtenswert sind die abgenommenen Freskenfragmente* von Tizian, Giorgione (seltene Beispiele für venezianische Fassadenmalerei) und Pordenone.

6. Rundgang

Calle Canonica – S. Zaccaria – Scuola di S. Giorgio degli Schiavoni – Arsenal – S. Giorgio Maggiore – Redentore.

Ponte di Canonica – An der Brücke liegt die Renaissancefassade des marmorinkrustierten **Palazzo Trevisan** (III, D5), wahrscheinlich ein Werk von B. Bon, frühes 16. Jh. Rechts Blick auf den Rio di Palazzo, die hintere Front des Dogenpalastes und die Seufzerbrücke. Am Ende des kurzen Kais Eingang zu dem 1967–77 restaurierten malerischen romanischen KREUZGANG S. APOLLONIA aus dem 13. Jh.

Hier und in den benachbarten Räumen des ehemaligen Klosters S. Apollonia ist das unlängst eingerichtete **Diözesanmuseum** *(Museo Diocesano d'Arte Sacra)* untergebracht. Im 1. Stock zwei moderne Restaurierungswerkstätten für Holz- und Leinwandbilder; die Werke werden nach ihrer Restaurierung ausgestellt. Im Museum sind auch Werke aus venezianischen Kirchen zu sehen, die aus technischen Gründen von ihren ursprünglichen Ausstellungsorten entfernt wurden.
Campo S. Zaccaria – Zugang durch ein gotisches Portal mit einem Basrelief des Jahres 1430, wohl von einem toskanischen Künstler. Der abgeschlossene malerische Platz wird von der mächtigen Kirchenfassade bestimmt. Daneben ein typischer Backsteinglockenturm (13. Jh.), links der mit Läden besetzte Bogengang des Kreuzganges (16. Jh.) des alten Klosters.

S. Zaccaria* (III, D–E6) – Die Kirche aus dem 15. Jh. wurde 1480–1500 von Mauro Codussi fertiggestellt. Er gab ihr eine mehrgeschossige Marmorfassade, die zu den schönsten der Stadt zählt. Über dem Portal die Statue des hl. Zacharias von A. Vittoria.

Dreischiffiges INNERES mit gotischer Apsis mit Umgangschor und Radialkapellen. Entlang der Seitenschiffwände große Leinwandbilder des 17.–18. Jhs. Am 2. Altar links Madonna mit Heiligen*, ein Hauptwerk Giovanni Bellinis (1505). – Im rechten Schiff befindet sich der Eingang zur CAPPELLA DI S. ANASTASIO *(Eintrittsgebühr)* mit Gemälden von Tintoretto (Geburt Johannes des Täufers) und geschnitztem Chorgestühl (1455–64). Von hier in die CAPPELLA DI S. TARASIO; in der Apsis bedeutende Fresken (Gottvater und Heilige*) des Florentiners Andrea del Castagno und des Francesco da Faenza (1442); drei Flügelaltäre* mit Gemälden des A. Vivarini und Giovanni d'Alemagna (1443). Die beiden Kapellen sind ein Überrest des gotischen Baus; dreischiffige Krypta.
S. Giorgio dei Greci (III, D6) – Griechisch-orthodoxe Kirche aus der Spätrenaissance (1561). Reich ausgestattetes Inneres (Chorgestühl, Marmor-Ikonostase, Kanzel). Links neben der Kirche Eingang zum MUSEUM BYZANTINISCHER MALEREI *(Museo dei Dipinti Sacri Bizantini; Öffnungszeiten: 9–12.30, 15.30–18 Uhr; Sonn- und Feiertage 9–12 Uhr; Di geschl.)*, eine interessante Sammlung byzantinischer Gemälde und venezianisch-kretischer Ikonen.

Scuola di S. Giorgio degli Schiavoni* oder *Scuola Dalmata dei Ss. Giorgio e Trifone* (II, C4) – *Besichtigung: Sommer 9.30–12.30, 15–18.30 Uhr; Winter 10–12.30, 15–18.30 Uhr; Sonn- und Feiertage 10 bzw. 10.30–12.30 Uhr; Mo geschl.; Eintrittsgebühr.* Der Bau wurde von den in Venedig ansässigen Dalmatinern am Beginn des

16. Jhs. errichtet und ist vor allem wegen des **Gemäldezyklus**** von Carpaccio berühmt geworden. Der Zyklus erzählt das Leben der hll. Georg, Hieronymus und Tryphon und gehört zu den Hauptwerken des Meisters, der hier von 1502–1511 arbeitete. An der Eingangswand: Auferstehung, von Aliense.

Campo Bandiera e Moro – Auf dem Platz die 1475 errichtete Kirche **S. Giovanni in Bragora** (II, C4). Typische Fassade mit bogenförmigem Abschluß.
Im dreischiffigen gotischen Inneren mehrere schöne Gemälde: rechts neben der Sakristeitür: hl. Helena und Konstantin, von Cima da Conegliano; Auferstandener Christus*, von A. Vivarini; Chor: Taufe Christi*, von Cima da Conegliano (1494); Letztes Abendmahl, von Paris Bordone; linke Chorkapelle: Triptychon, von F. Bissolo; Madonna mit den hll. Johannes dem Täufer und Andreas, Triptychon des B. Vivarini; linkes Seitenschiff: Madonna mit Kind und kleines Bild des Erlösers, beide von A. Vivarini.

Arsenal – Die Schiffswerft der mächtigen Kriegs- und Handelsflotte der Lagunenrepublik. Die Anlage stammt aus dem 12. Jh. und wurde mehrmals vergrößert. Sie wird von einer hohen zinnenbekrönten Mauer umschlossen, der Zugang vom Land führt durch ein großes *Portal* (1460) im Stil der Frührenaissance, mit dem geflügelten Markuslöwen. Zu sehen u. a. die *Gaggiondre,* Werftbaracken aus dem 16. Jh., erbaut von Sansovino; die *Corderie,* die Seilerwerkstätten (in den 300 m langen Hallen wurden die Schiffstaue gedreht) und das *Gebäude des „Bucintoro",* das Bootshaus der Staatsgaleere des Dogen. 1682 wurde der Vorplatz geschaffen, auf dem allegorische Figuren und die Statuen von vier aus Griechenland stammenden Löwen (einer aus Piräus, einer aus Delos) stehen. Dahinter liegt die *Insel San Pietro,* ein unberührter, stimmungsvoller Fleck, mit der Kirche **S. Pietro di Castello,** aus dem 8. Jh. (Umbau im 16./17. Jh), die bis 1807 die Kathedrale von Venedig war. Mächtiger Campanile von M. Codussi (1482–90).

Marinemuseum* (*Museo Storico Navale;* II, D5) – Das Museum liegt am Ende der Riva degli Schiavoni am Campo S. Biagio. Der Bau aus dem 16. Jh. war ein ehemaliger Kornspeicher der Republik. Mit Erinnerungsgegenständen, Waffen, Modellen, Stichen etc. wird die Geschichte der venezianischen Marine im 16.–18. Jh. und der italienischen Marine ab 1866 dokumentiert. *Öffnungszeiten: wochentags 9–13 Uhr; Sa 9–12 Uhr; Sonn- und Feiertags geschl.; Eintrittsgebühr.*

Riva degli Schiavoni* (III, E6; II, D4) – Prachtvolle Uferpromenade am Becken von S. Marco mit Blick auf die Kirche della Salute, die Insel S. Giorgio, die Giardini (Gärten) und den Lido. Sie erhielt ihren Namen von den Seeleuten aus Dalmatien (auch Schiavonia genannt), die hier mit ihren Schiffen vor Anker lagen und Markt abhielten. Man erreicht zunächst die Kirche **della Pietà** (II, C4) von 1760, in deren Innerem sich Gemälde von Tiepolo (Decke des Hauptraums und des Chors) und von Moretto da Brescia (oberhalb des Choreinganges) befinden. Etwas weiter das Denkmal Viktor Emanuels II. von E. Ferrari (1887). Nach dem *Ponte di Vin* liegen am hier sehr belebten Kaiufer die Bootshaltestellen; das gotische *Hotel Danieli* (15. Jh.) und das Gebäude der *Prigioni* (Gefängnis; 1589–1614).

S. Giorgio Maggiore* (II, D4) – *Bootsverbindung (Vaporetto) von der Haltestelle S. Zaccaria.* Die Kirche erhebt sich auf der gleichnamigen Insel gegenüber dem Molo von S. Marco. Die prächtige klassische Fassade mit Tempelfrontmotiv ist eine der schönsten Schöpfungen Palladios (1565–80); die Fassade wurde 1611 vollendet.

Dreischiffiges INNERES mit hohen Arkaden, weiten Wölbungen und Kuppel. Am 1. Altar rechts: Christi Geburt, von J. Bassano. Im Chor: am Hochaltar Bronzegruppe, von G. Campagna (1593); an den Wänden zwei Meisterwerke Tintorettos (1594): Letztes Abendmahl* und Mannalese*. Im Retrochor, der sich hinter dem Hochaltar öffnet, reich geschnitztes Chorgestühl* von 1598.
Im benachbarten Kloster *(Besichtigung: Auskunft beim Pförtner)* der Konklavesaal, in dem im Jahre 1800 Papst Pius VII. gewählt wurde, am Altar Hl. Georg und der Drache*, eine Kopie (1516) von Carpaccios Bild in der Scuola degli Schiavoni; die Grablegungskapelle mit einer wunderschönen Grablegung*, von Tintoretto; vom Glockenturm (1791) herrlicher Blick* auf Venedig und die Lagune (Aufzug). Rechts neben der Kirche, in Teilen des Klosters mit seinen zwei Kreuzgängen* *(Besichtigung auf Anfrage),* ist der Sitz der **Fondazione Cini,** zu der auch ein Freilichttheater *(Teatro Verde)* gehört. Im Erdgeschoß das große *Refektorium* von Palladio; über eine monumentale Treppe von B. Longhena erreicht man den 1. Stock: wissenschaftliche Institute der Stiftung und die Bibliothek, ebenfalls von Longhena (Schränke aus dem 17. Jh.). Kunstsammlung (Stiftung V. Cini): Drucke, Miniaturen, Inkunabeln.

Redentore* (II, E3) – Auf der Insel Giudecca. *Bootsverbindung (Vaporetto) von der Riva degli Schiavoni oder den Zattere.* Die Kirche ist ein Hauptwerk Palladios und wurde nach seinem Tod getreu nach seinen Plänen 1577–92 errichtet; prächtige klassische Fassade.

In dem von einer Kuppel gekrönten majestätisch-strengen INNENRAUM läuft eine feierliche Säulenordnung entlang der Wände des einschiffigen Baus und des Chors. An den Altären Gemälde venezianischer Meister des 16.–17. Jhs.: Geburt Christi (1. Kapelle rechts) und Auferstehung (2. Kapelle links) von J. Bassano; im linken Schiff Himmelfahrt, aus der Werkstatt J. Tintorettos, und Grablegung, von Palma Giovane; am barocken Hochaltar Christus am Kreuz zwischen den hll. Markus und Franziskus, Skulpturen von G. Campagna (16. Jh.). In der Sakristei schöne Werke: Madonna mit Kind und zwei Engeln, von A. Vivarini; Madonna mit Heiligen, von F. Bissolo; Taufe Christi, von Veronese; Madonna mit Kind, von L. Bastiani.

Während der berühmten Festa del Redentore, die zur Erinnerung an die Pest von 1576 alljährlich am 3. Sonntag im Juli abgehalten wird, wird die Kirche durch eine von Booten gestützte Brücke mit den Zattere verbunden.

WEITERE SEHENSWÜRDIGKEITEN – **Gli Scalzi*** (II, B1) – Barocke Kirche der Karmeliter, von Longhena begonnen; die reich dekorierte Fassade ist von G. Sardi (1680). Der harmonische Innenraum ist einheitlich ausgestattet. In der 2. Kapelle rechts und der 1. Kapelle links Gewölbefresken von Tiepolo. Das Tiepolo-Fresko in der Hauptwölbung wurde 1915 bei einem Bombenangriff zerstört und 1932 durch ein Fresko von E. Tito ersetzt.
S. Giobbe* (II, B1) – Die Kirche wurde im 15. Jh. im Mischstil von Gotik und Renaissance errichtet. Elegantes Portal von P. Lombardo und schöner Glockenturm. Im Inneren sowohl der Chor als auch seine beiden Nebenkapellen von Lombardo (man beachte den Grabstein des Dogen Moro*); in der 2. Kapelle links Terrakottareliefs in der Art des Lucca della Robbia und ein marmornes Relief von A. Rossellino. In der Sakristei schöne Decke aus dem 16. Jh.
Madonna dell' Orto* (II, A3) – Diese typisch venezianische gotische Kirche wurde im Laufe des 15. Jhs. erbaut. Die Fassade ist mit Statuen und einem schönen Portal (Gotik-Renaissance) geschmückt. Das dreischiffige Innere birgt wichtige Gemälde von Tintoretto (der Künstler wurde hier 1594 in der rechten Chorkapelle begraben). Rechtes Seitenschiff: Tempelgang Mariens*; 4. Kapelle links: Die hl. Agnes erweckt den Licinius*; im Chor: große Leinwandbilder (Jüngstes Gericht* und Anbetung des Goldenen Kalbes*). Außerdem: 1. Altar rechts: Johannes der Täufer*, von G.B. Cima da Conegliano (1493); 1. Kapelle links: Madonna mit Kind*, von G. Bellini.
S. Alvise (II, A2) – Die aus dem 14. Jh. stammende, mehrmals veränderte Kirche (derzeit in Restaurierung) besitzt im Inneren bemerkenswerte Gemälde: acht Bildchen (Bibelszenen) volkstümlicher Kunst des 15. Jhs. und drei schöne, derzeit verlagerte Altarblätter G.B. Tiepolos (Kalvarienberg*; Dornenkrönung; Geißelung).
Gesuiti (III, A5) oder *S. Maria Assunta*. Kirche mit imposanter Barockfassade und reich ausgestattetem Innenraum: 1. Altar links: Martyrium des hl. Laurentius, von Tizian (1558); im linken Querschiff Mariä Himmelfahrt, ein Jugendwerk Tintorettos; ferner mehrere Skulpturen (man beachte die Kanzel mit Marmorschmuck und den Hochaltar). Im benachbarten *Oratorio dei Crociferi* ein Gemäldezyklus von Palma Giovane.
S. Francesco della Vigna (II, C4) – Große Renaissancekirche von Sansovino mit klassizistischer Fassade von Palladio. Weites einschiffiges Inneres, reich an Kunstschätzen: 1. Altar des rechten Querschiffs: Madonna*, von Antonio da Negroponte (1540); Chor: Grabplatte, von A. Bragadin (ca. 1487); linke Chorkapelle: Skulpturen von P. Lombardo und Helfern (15. Jh.). In der Cappella Santa, die man durch das linke Querschiff erreicht, Madonna mit Heiligen*, von Giovanni Bellini; in der 5. Kapelle links: Sacra Conversazione von Veronese (1551).
Museum Fortuny (III, D3) – Campo Benedetto 3780. Das Museum ist im gotisch-venezianischen *Palazzo Pesaro degli Orfei* untergebracht: Teppiche und Wandteppiche, Stoffe, Gemälde und Theatermodelle von Mariano Fortuny. *Öffnungszeiten: wochentags 8.30–19 Uhr; Mo geschl.*
Sammlung Peggy Guggenheim (III, F2–3) – Im unvollendeten Palazzo Vernier dei Leoni am Canal Grande. Das Museum besitzt bedeutende Werke der Malerei und Plastik ab 1910 (Dadaismus, Kubismus, Abstrakte, Surrealismus etc.). *Öffnungszeiten: 12–18 Uhr; Sa 18–21 Uhr; Di geschl.; Eintrittsgebühr.*
Naturhistorisches Museum *(Museo di Storia Naturale)* im **Fondaco dei Turchi** (III, A2) am Canal Grande, siehe S 273; *Öffnungszeiten: 9–13.30 Uhr; Sonn- und Feiertage 9–12 Uhr; Eintrittsgebühr.* Im Hof einige schöne Brunneneinfassungen, Architekturfragmente und Skulpturen. Im 1. Stock mehrere Abteilungen, vor allem Meeresfauna, Mineralien, geologische und botanische Sammlung.
Neues Ghetto (*Ghetto Nuovo*; II, A–B2) – Malerisches Judenviertel aus dem 16. Jh., um einen großen Platz gruppiert, an diesem das **Jüdische Gemeindemuseum** *(Museo della Comunità Israelitica)* mit Erinnerungsstücken und Kuriositäten aus verschiedenen hebräischen Schulen. In der Nähe die von B. Longhena 1655 erbaute Synagoge. *Besichtigung: 10.30–12.30, 15–17 Uhr; Sa geschl.; Eintrittsgebühr.*
Giardini Pubblici (*Öffentliche Gärten;* II, D–E5–6) – *Bootsverbindung von der Riva degli Schiavoni.* Hier befinden sich die Pavillons der Biennale von Venedig, der berühmten Ausstellung internationaler Kunst, die alle zwei Jahre abgehalten wird.
Aquarium (III, E5–6) – In der Calle degli Albanesi 4259 *(Besichtigung: tägl. 9–20 Uhr)*: Meeres- und Lagunenfauna.

LAGUNE VON VENEDIG

LIDO VON VENEDIG 19.000 Ew, 2 m (Lido di Venezia)

Nobelwohnviertel und einer der berühmtesten Badeorte Italiens, 1,4 km von Venedig entfernt, auf einer 12 km langen Insel gelegen, die die Lagune vom offenen Meer trennt.

✉ 30126, ✆ 041, ℹ siehe Venedig.

Freizeitangebot: Kasino; Golfplatz (18 Löcher) in Alberone (9 km nach SW); Tennis: Lungomare Marconi; Galopprennbahn, Reitplatz und Tontaubenschießen in Ca' Bianca; Bedarfsflugplatz in S. Nicolò. Zufahrtsmöglichkeiten: Linienboote (ab Piazzale Roma); Direktverbindungen: (Motoscafi) vom Bahnhof und Piazzale Roma; (Motonavi) von der Riva degli Schiavoni; Lagunen-Autofähre: Riva degli Schiavoni – Lido – Alberoni – S. Pietro in Volta – Pellestrina – Chioggia; Autofähre von der Riva degli Schiavoni nach Punta Sabbione (Lido di Jésolo) mit Zwischenlandung am Lido di Venezia. Küste des Cavallino: siehe Jésolo.

Excelsior, Lungomare Marconi 41, ☎ 76 02 01, Tx 410023, 245 Zi (mB/mD), TV, AIR, Strand . . . . . (D1, **a**)
Des Bains, Lungomare Marconi 17, ☎ 76 59 21, Tx 410142, 270 Zi (mB/mD), AIR, Strand . . . . . (B2–3, **b**)
Quattro Fontane, Via Quattro Fontane 16, ☎ 76 02 27, 72 Zi (62 mB/7 mD), (C2, **g**)
Villa Mabapa, Riviera San Nicolò 16, ☎ 76 05 90, 62 Zi (mB/mD), ... (A3, a. P.)
Helvetia, Gran Viale 4/6, ☎ 76 01 05, 54 Zi (mB/mD), ... (B2, **d**)
Adria, Urania – Nora Biasutti, Via Dandolo 29, ☎ 76 01 20, ☎ 410666, 73 Zi (mB/mD), ... (B2, **m**)

Petit Palais ◪, Lungomare Marconi 54, ☎ 76 59 93, 25 Zi (mB/mD) . . . . (D1, a. P.)
Villa Otello ◪, Via Lepanto 12, ☎ 76 00 48, 35 Zi (mB/mD), ❀ . . . . (B2, **p**)
Rivamare ◪, Lungomare Marconi 44, ☎ 76 03 52, 27 Zi (11 mB/6 mD) . . . . (D1, **h**)
Vianello ◪, Ortsteil Alberoni, Via Ca' Rossa 10, ☎ 73 10 72, 20 Zi (13 mB/mD), ❀. (D1, a. P.)
Centrale & Byron, Via M. Bragadin 30, ☎ 76 00 52, 38 Zi (34 mB/mD) . . . . (C2, **u**)
Belvedere ◪, Via Cerigo 2, ☎ 76 01 15, 25 Zi (mB/mD) . . . . (A2, **s**)
Porticiollo – Da Danilo ◪, Ortsteil Alberoni, ☎ 76 83 84, AIR, ~~Mi~~. . . . . (D1, a. P.)
Buon Pesce ◪, Riv. S. Nicolò 50, ☎ 76 05 33, ~~Di~~. . . . . (A3, a. P.)
Trattoria Da Ciccio, Via S. Gallo 241, ☎ 27 65 489, Meeresspezialitäten, Laubengang, Ⓟ, ~~Di~~ . . . . (D1, a. P.)
Da Valentino, Via Gallo 81, ☎ 76 01 28, ~~Mo~~. . . . . (C1, **t**)

Am Lungomare Marconi befindet sich das *Casinò Municipale (Kasino)* und der *Palazzo del Cinema* (D1, Filmpalast), in dem jährlich die berühmten Filmfestspiele abgehalten werden. Am Lungomare D'Annunzio 1 das *Ospedale al Mare* (A3): Meereskuren mit geheiztem Meereswasser, Sandbädern, Inhalationen etc.

Am S-Ende der Insel auf einem Landstrich, der das Meer von der Lagune trennt (über 6 km), befindet sich *Malamocco,* der alte Hafen Venedigs, und der freundliche Ort *Alberoni,* dort Golfplatz.

500 m vom Lido entfernt liegt die Insel **S. Lazzaro degli Armeni** mit einem armenischen Kloster: mehrsprachige Druckerei und Papierrestaurierung, Bibliothek, historisches Museum und Gemäldesammlung.

BURANO 5.500 Ew (mit Torcello), 2 m

Das auf mehreren kleinen Inseln in der Lagune erbaute Fischerdorf 9 km von Venedig entfernt, wurde durch seine ab dem 16. Jh. florierende Spitzenklöppelei bekannt.

Da Romano, Via Galuppi 25, ☎ 73 00 30, Bildersammlung, Risotto-Spezialitäten, Di

Recht interessant ist der Besuch der Klöppelschule im gotischen *Palazetto del Podestà* (venezianischer Stadthalterpalast) in der Via Galuppi 4. *Besichtigung: 9–18 Uhr; Di geschl.*
AUSFLUG – 20 Min. mit dem Boot nach **S. Francesco del Deserto,** eine Insel in malerischer Einsamkeit mit einem aus dem 13. Jh. stammenden Franziskanerkloster. *Besichtigung 9–11 15–17.30 Uhr; Spende.*

MURANO 7.600 Ew, 2 m

Marktflecken auf fünf kleinen Inseln, 1,2 km von Venedig entfernt. Er ist vor allem für seine zahlreichen Glasfabriken, die hier seit dem 13. Jh. bestehen, bekannt (siehe *Stadtplan Venedig II).*

Erreichbar mit der *Bootslinie 5* (circolare). Die Boote fahren alle 15 Min. von S. Zaccaria (Riva degli Schiavoni), Piazzale Roma, dem Bahnhof (Ferrovia) und den Fondamente Nuove. Man kann auch die Linie Nr. 12 nach Burano und Torcello nehmen, die stündlich von den Fondamente Nuove abfährt (am Nachmittag häufiger). Die Fahrt nach Torcello dauert ca. 45 Min. Entlang dieser Strecke liegt die **Insel S. Michele** (II, A4), der malerische Friedhof von Venedig, mit der schönen Kirche *S. Michele,* von M. Codussi (1478). – *Touristen-Ausflugsboote* von Venedig nach Murano – Burano – Torcello mit Besichtigung der Glasfabriken und Klöppelschule fahren von der Riva degli Schiavoni ab.

Museo dell' Arte Vetraria* (II, A6) – Museum für Glaskunst im Palazzo Giustinian auf den Fondamenta Giustinian. *Besichtigung: 10–16 Uhr; Sonn- und Feiertage 9–12.30 Uhr; Mi geschl.* Im Erdgeschoß archäologische Glassammlung, die Funde stammen vor allem aus Zara: ägyptisches, alexandrinisches, römisches Glas etc. Im Obergeschoß venezianisches Glas vom 15.–18. Jh. (man beachte den Hochzeitsbecher Barovier*, 1470–80) und Werke aus dem Ausland (Spanien, Deutschland, Böhmen); eine Abteilung ist der modernen und zeitgenössischen Produktion gewidmet.
Ss. Maria e Donato* (II, A6) – Die im ravennatisch-byzantinischen Stil mit prächtiger Apsis* mit Nischen und Blendbogen errichtete Kirche stammt aus dem 12. Jh. und besitzt einen stämmigen Glockenturm Im Inneren schöne Kapitelle und Mosaikfußboden (1140); in der Apsis byzantinisches Mosaik (Muttergottes) aus dem 13. Jh. und Fresken (Evangelisten) aus dem frühen 14. Jh. Einige bemerkenswerte Gemälde: Tod Mariens, Polyptychon aus dem 14. Jh.; Madonna mit Kind, von L. Bastiani (1484); Hl. Donatus, bemalter Holzretabel, 1310.

Palazzo Da Mula (II, B5–6) – Gotisch, aus dem 15. Jh., mit byzantinischen Fragmenten (12.–13. Jh.) an der Fassade und im Innenhof.
S. Pietro Martire (II, B5–6) – Die Kirche aus der Mitte des 15. Jhs., 1511 umgebaut, besitzt beachtenswerte Gemälde von Giovanni Bellini (Madonna mit Heiligen; 1488), Tintoretto und Veronese. In der Sakristei geschnitztes Gestühl aus dem 17. Jh.

TORCELLO 2 m

Einsames Dorf auf einer Insel im äußersten N der Lagune, 10 km von Venedig entfernt; im Frühmittelalter (7.–9. Jh.) Bischofssitz und Hauptstadt des Lagunenbereichs. Großartige Baudenkmäler zeugen von vergangener Pracht.

✉ 30012, ✆ 041

Locanda Cipriani ☎ 73 01 50, 6 Zi (mB/mD), AIR, Vorbestellung

Kathedrale** – *Besichtigung: 10–12.30, 14–18 30 Uhr (Sommer, 14–16.30 Uhr (Winter); Eintrittsgebühr.* Der byzantinische Bau aus dem 17. Jh. wurde im 11. Jh. zusammen mit dem majestätischen Campanile erneuert. Dreischiffiges Inneres;

Torcello: Kathedrale

Säulen mit antiken und byzantinischen Kapitellen; Fußboden mit eingelegtem Marmor und Mosaiken (11. Jh.). An der inneren Fassadenwand großes Mosaik (Jüngstes Gericht★) aus dem 12./13. Jh. Im Mittelschiff zwei Ambos und Ikonostasen mit großartigen Transennen (11. Jh.) und Wandgemälden des 15. Jhs. im Architrav; großartige Mosaiken des 12./13. Jhs. auf dem Triumphbogen, auf der Mittelapsis (Muttergottes mit Kind★★) und der rechten Apsis.
S. Fosca★ – Romanische Basilika (11. Jh.) mit einem griechischen Kreuz als Grundriß, einem Portikus und einer schönen Apsis mit Doppelgalerie; Säulenreihe aus griechischem Marmor.

Museum – Gegenüber der Kathedrale stehen der Palazzo dell' Archivio und der Palazzo del Consiglio (14. Jh.), in denen das MUSEO DEL ESTUARIO untergebracht ist: Archäologisches Material von Altino und aus der Lagune (Reliefs, Bronzen, Keramik etc.); diverse Kunstgegenstände des 12.–17. Jhs. (Skulpturen, Gemälde), darunter die Reste des alten silbernen Altars der Kathedrale (14. Jh.) *Öffnungszeiten: wie Kathedrale; Mo geschl.*
AUSFLÜGE von Venedig aus – Nach **Chioggia★** (s. d.), mit dem Motorschiff von der Riva degli Schiavone, 2 Stunden.
– zur **Villa Nazionale★** in Stra (s. d.), 24 km auf der Straße nach Padua.
– Zu den **Brenta-Villen** mit dem „Burchiello" (siehe Padua), eine Schiffsverbindung, die im Sommer (Di, Do, Sa) verkehrt. Informationen bei den Reisebüros.
– Zur **Villa Foscari** (Malcontenta), 14 km (siehe Mestre).
– Nach **Padua★★** (s. d.) und nach **Treviso★** (s. d.).

VENZONE 2.389 Ew, 230 m (6 B1)

Provinz Udine. Altes Städtchen im unteren Tagliamento-Tal mit Überresten der mittelalterlichen Stadtmauern, traditioneller Marktort, wurde vom Erdbeben des 6. Mai 1976 und den Nachbeben völlig zerstört.

✉ 330, ✆ 0432

- **Carnia,** an der Straße bei der Kreuzung nach Tolmezzo (5 km nach N), ☎ 98 51 21, 41 Zi (mD), Ⓟ
- **Market Alpen,** an der Straße, ☎ 98 50 45, Ⓟ, Ⓢ

Die Altstadt, an deren Wiederaufbau gearbeitet wird, war von den ansehnlichen Resten der doppelten Ringmauer umgeben, deren 14 Türme alle dem Beben zum Opfer fielen; nur der Turm des hl. Genesius ist wiederaufgebaut worden.
Der mächtige gotische *Dom,* ein Meisterwerk des Maestro Giovanni, (1338) wurde bis auf einige Mauerüberreste und Bogen zerstört; er besaß hohe Apsiden, Türme und reliefgeschmückte Portale. Der Wiederaufbau des Gotteshauses wird betrieben. Am dahinterliegenden Platz sind in einem provisorischen Bau 34 Mumien aus dem ehemaligen Baptisterium zu sehen.
Der schöne *Palazzo Comunale* (Rathaus), erbaut 1300–1410, im Ersten Weltkrieg und im Erdbeben zerstört und zweimal wiederaufgebaut, besitzt eine tiefe Eingangshalle, eine Außentreppe und Biforenfenster.

VERONA★★ 261.947 Ew, 59 m (3 E3)

Provinzhauptstadt; Bischofssitz. Verona, nach Venedig die wichtigste Stadt Venetiens, liegt in einer Schleife der Etsch am Fuße der Ausläufer der Lessinischen Hügel; wichtiges Agrar-, Handels- und Industriezentrum, Verkehrsknotenpunkt ersten Ranges. Reiche Baudenkmäler und Kunstschätze aus Antike, Mittelalter und Renaissance.

✉ 37100, ✆ 045, C5, D4, ℹ EPT: Galleria Liston, Piazza Bra 10, D4, ☎ 30 086. – CIT: Piazza Bra 2, D4, ☎ 59 17 88, Tx 480114

Freizeitangebot: Flugplatz in Villafranca, 10 km in Richtung Mantua, ☎ 51 37 00. Alitalia, Corso Porta Nuova 61, ☎ 59 42 22, Stadtterminal: Bahnhof Porta Nuova.

Due Torri, Piazza S. Anastasia 4, ☎ 59 50 44, Tx 480524, 100 Zi (mB), AIR	(B5, **g**)
Victoria, Via Adna 8, ☎ 59 05 66, Tx 431109, 44 Zi (mB)	(C4, **i**)
Colomba d'Oro, Via S. Cattaneo 10, ☎ 59 53 00, Tx 480872, 52 Zi (mB), Ⓖ, AIR	(C–D4, **a**)
Grand Hotel, Corso Porta Nuova 105, ☎ 59 56 00, Tx 481198, 48 Zi (mB), AIR	(E3, **b**)
Accademia, Via Scala 12, ☎ 59 62 22, Tx 480874, 116 Zi (mB), AIR	(C4–5, **c**)
Firenze, Corso Porta Nuova 88, ☎ 59 02 99, Tx 431111, 60 Zi (mB), AIR	(E3, **m**)
Nuovo Hotel S. Pietro, Via S. Teresa 1 (Fiera), ☎ 58 26 00, Tx 480523, 58 Zi (mB), Ⓖ	(F3, a. P.)
Giulietta e Romeo, Vicolo Tre Marchetti 3, ☎ 23 554, 29 Zi (26 mB)	(C4, **d**)
S. Luca, Volto S. Luca 8, ☎ 59 13 33, Tx 481074, 41 Zi (mB)	(D3–4, **f**)
Italia, Via G. Mameli 64, ☎ 91 80 88, 54 Zi (mB), Ⓖ	(A4, **o**)
Torcolo, Via Listone 3, ☎ 21 512, 19 Zi (mB), AIR	(D4, **k**)
Milano, Vicolo Tre Marchetti 11, ☎ 59 60 11, 50 Zi (mB), Ⓟ	(C4, **d**)
Rossi, Via Coste 2, ☎ 56 90 22, 39 Zi (mB), AIR	(F1, **m**)
Europa, Via Roma 8, ☎ 59 47 44, 46 Zi (mB)	(D4, **e**)
De' Capuleti, Via del Pontiere 26, ☎ 32 970, 36 Zi (29 mB)	(E4–5, **j**)
Trieste, Corso Porta Nuova 57, ☎ 24 799, 36 Zi (mD), Ⓖ	(E4, **i**)
Siena, Via G. Marconi 41, ☎ 23 074, 27 Zi (12 mB/12 mD), Ⓖ	(E3, **s**)

Doge, Via C. Abba 12/b, ☎ 91 24 91, 16 Zi (8 mB/4 mD) . . . (B3, **q**)
Piccolo Hotel, Via Camuzzoni 3/b, ☎ 56 94 00, 42 Zi (mB), P . . . (E2, **n**)
Sanmicheli, Via Valverde 2, ☎ 23 749, 15 Zi (mB) . . . (D–E3, **x**)
Bologna, Piazzetta Scalette Rubiani 3, ☎ 26 830, 34 Zi (30 mB) . . . (C4, **p**)
Valverde, Via Valverde 91, ☎ 33 611, 20 Zi (2 mB/9 mD) . . . (E3, **l**)
Tre Corone, Piazza Bra 16, ☎ 22 462, elegant, Tische im Freien, ~~Do~~ . . . (D4, **r**)
Dodici Apostoli, Corticella S. Marco 3, ☎ 24 680, in einem alten Gebäude; veronesische Spezialitäten, ~~Mo~~ . . . (C4, **v**)
Desco, Via Dietro San Sebastiano 7, ☎ 59 53 98, AIR, nostalgisch, ~~So~~ . . . (C5, **rn**)
Arche, Via Arche Scaligere 6, ☎ 21 415, nur Fisch, Vorbestellung, ~~Mo~~ . . . (C5, **re**)
Marconi, Vicolo Crocioni 6, ☎ 33 271, modern, elegant, ~~So~~ . . . (C5, **rc**)
Verona Antica, Via Sottoriva 10, ☎ 34 124, Lokalkolorit, Vorbestellung, ~~Mo~~ mittag u. ~~So~~ abends . . . (C5, **rl**)
Accademia, Via Scala 12, ☎ 26 072, P, AIR, ~~So~~ abends im Winter u. ~~Mi~~ . . . (C4-5, **c**)
Re Teodorico, Piazza Castel S. Pietro 1, ☎ 49 990, ✱, elegant, ~~Fr~~ . . . (A6, **ra**)
La Serra di Mamma Sinico, Via Leoncino 11, ☎ 26 150, AIR, ~~Mi~~ . . . (D5, **rb**)
Al Bragozzo, Via del Pontiere 13, ☎ 30 035, Meeresspezialitäten, ~~Mo~~ . . . (E5, **t**)
Torcoloti, Via Zambelli 24, ☎ 26 777, AIR, ~~So~~ u. ~~Mo~~ abend . . . (C5, **u**)
Da Sebastian, Corso Cavour 49, ☎ 30 097, nur Fisch, ~~Di~~ und ~~Sa~~ mittags . . . (D3, **rm**)
Chez Domenico, Via del Lavoro 8 (Messe), ☎ 58 19 91, ~~Mo~~ abends u. ~~Di~~ im August . . . (F3, a. P.)
Venezian, Vicolo Pallone 2, ☎ 30 012, ~~So~~ . . . (D5, **z**)
La Greppia, Via Samaritana 3, ☎ 34 577, ~~Mo~~ . . . (C5, **y**)
Ciopeta, Vicolo Filarmonico 2, ☎ 26 843, ~~Fr~~ abends u. ~~Sa~~ . . . (D4, **ro**)
Al Maffei, Vicolo Monte 6, ☎ 30 359, AIR, ~~Di~~ . . . (B5, **rd**)
La Quercia, Via Tonale 5, ☎ 49 947, ~~Mi~~ u. August . . . (B3, **rf**)
Torcolo – Da Pomari, Via C. Cattaneo 11, ☎ 30 018, ~~Mi~~ . . . (D4, **rh**)

an der N. 11:
Crocioni Rizzi, in Crocioni di Bussolengo (12 km in Richtung Brescia), ☎ 67 41 93, 4 Zi (3 mB), P G $
Motelagip, in S. Michele Extra (4 km Richtung Vicenza), ☎ 97 20 33, 68 Zi (mD), P
Gardenia, in S. Michele Extra, 28 Zi (mD), P
Nuova Ca' dell' Ebreo, 5,5 km Richtung Brescia, ☎ 56 45 91, ~~Mo~~ abend u ~~Di~~

in der Umgebung:
Gran Can, in Pedemonte, 10 km nach Valpolicella, ☎ 77 01 911, 24 Zi (mB) P G $ ≈, TV
Brennero Mini Hotel, in Parona, 6 km auf der Straße N. 12 nach Trient, ☎ 40 604, 20 Zi (mB/mD)
Agnello d'Oro, in Bussolengo, 11 km an der Straße nach Lazise, ☎ 71 50 154, 27 Zi (22 mB)
La Diga, Lungadige Attiraglio 33 (4,5 km auf der Straße N. 12 nach Trient), ☎ 56 31 94, P, Estrosische Küche, ~~Mo~~
Ciccarelli, in Madonna di Dossobuono (7 km auf der N. 62 nach Mantua), ☎ 51 30 11, P, ~~Fr~~ abend u. ~~Sa~~
Villa Bertani, in Quinto di Valpantena (6 km auf der Straße nach Bosco Chiesanuova), ☎ 55 007, P $, in einem Haus aus dem 18. Jh., ~~Mo~~

Die Stadt in der Geschichte – Dank seiner geographischen Schlüssellage in Oberitalien war Verona schon in der Römerzeit eine wichtige und blühende Stadt; dies wird heute noch durch die zahlreichen erhaltenen Baudenkmäler aus der Kaiserzeit bewiesen: die Arena, das Theater, die Porta dei Borsari, der Arco dei Gavi. Ihre Bedeutung nahm im Frühmittelalter nicht ab, als sie im 6. Jh. eine der Residenzen von Theoderich d. Gr. (dem „Dietrich von Bern" der deutschen Heldensage) und des Langobardenkönigs Alboin wurde, und steigerte sich noch weiter vom 12. bis zum 14. Jh., als Verona zunächst freie Stadt wurde und dann unter die Herrschaft des ehrgeizigen und mächtigen Geschlechts der Skaliger kam. Aus dieser Epoche stammen bedeutende Sakral- und Profanbauten wie San Zeno Maggiore, S. Anastasia, S. Fermo Maggiore, das Castelvecchio und die Skaligergräber. 1404 fiel Verona an Venedig und teilte dessen Schicksal bis 1797. Nach dem Ende der Lagunenrepublik kam Verona mit dem übrigen Venetien an Österreich, 1805–1814 zum kurzlebigen napoleonischen Königreich Italien und dann bis 1866 wieder an Österreich. In dieser Zeit war die Stadt Eckposten des „österreichischen Festungsvierecks" (siehe Lignago).
Große Söhne der Stadt waren in der Römerzeit der Dichter Catull, der Schriftsteller Cornelius Nepos und der Baumeister und Architekturtheoretiker Vitruv; in der Renaissance der Architekt Michele Sanmichele (1484–1559) und der Maler Poalo Caliari, genannt Veronese (1528–1588).
Daß Verona heute nach Venedig die schönste Kunststadt Venetiens ist, verdankt es bedeutenden Baumeistern wie Fra' Giocondo, der die Loggia del Consiglio schuf, und Sanmichele, von dem die neuen Stadtmauern und eine Reihe schöner Paläste stammen, sowie der Malerschule von Verona (Altichiero, Stefano da Verona, D. u. F. Morone, Girolamo dei Libri, Liberale da Verona, G. u. G.F. Caroto, Bonifacio Veronese), die mit Pisanello und Veronese ihren Höhepunkt erreichte.
Eine Stadt stellt sich vor – Die Attraktion Veronas als Kunststadt – und darin gehört sie zu den bedeutendsten in Oberitalien – verdankt sie in erster Linie ihren Monumentalbauten. Auf Schritt und Tritt begegnet man Baudenkmälern aus der Römerzeit, der Gotik, der Renaissance und vor allem der Romanik, die hier eine besondere Blüte erlebte. Aber diese große Architektur macht nur einen Teil des Zaubers der Stadt aus. Verona ist reich an malerischen, farbigen Plätzchen und Winkeln; das Leben pulsiert in den alten Mauern; und die landwirtschaftliche Lage mit der Doppelschleife der Etsch, die mitten durch die Stadt fließt, und den Hügeln im Hintergrund trägt zur Faszination des Ortes bei.
Die Stadt hat ein sehr reges kulturelles Leben; da gibt es zwei große Bibliotheken, verschiedene wissenschaftliche Institute, mehrere kulturelle Vereinigungen wie die Literaturgesellschaft, die Philharmonische Akademie, die Gesellschaft für Ur- und Frühgeschichte u. a. Ein weiterer Beitrag wird durch die Erneuerung der Museen, durch die Restaurierung der Kunstdenkmäler, durch die Pflege des Stadtbildes und seiner Umgebung, durch Ausstellungen alter und moderner Kunst und durch Theater- und Opernaufführungen geleistet; außerdem durch den Ausbau der noch im Anfangsstadium begriffenen Universität.
Verona ist einer der wichtigsten Umschlagplätze Italiens für Obst und Gemüse; die Stadt ist Sitz einer Warenbörse und veranstaltet wichtige Landwirtschafts- und Viehmessen. Die wichtigsten Industriesparten sind Papier und graphisches Gewerbe, Maschinen- und Eisenbahnbau, pharmazeutische Produkte und Weinherstellung.
Typisches aus dem Ortsbild – *Liston (Piazza Bra); Piazza delle Erbe★; Piazza dei Signori★; Piazzetta delle Arche★; Etschpromenade.*
Sehenswürdigkeiten auf einen Blick – *Arena★★; S. Zeno Maggiore★★; Castelvecchio★★; Skaligergräber★; Piazza delle Erbe★ und Piazza dei Signori★; S. Anastasia★.*

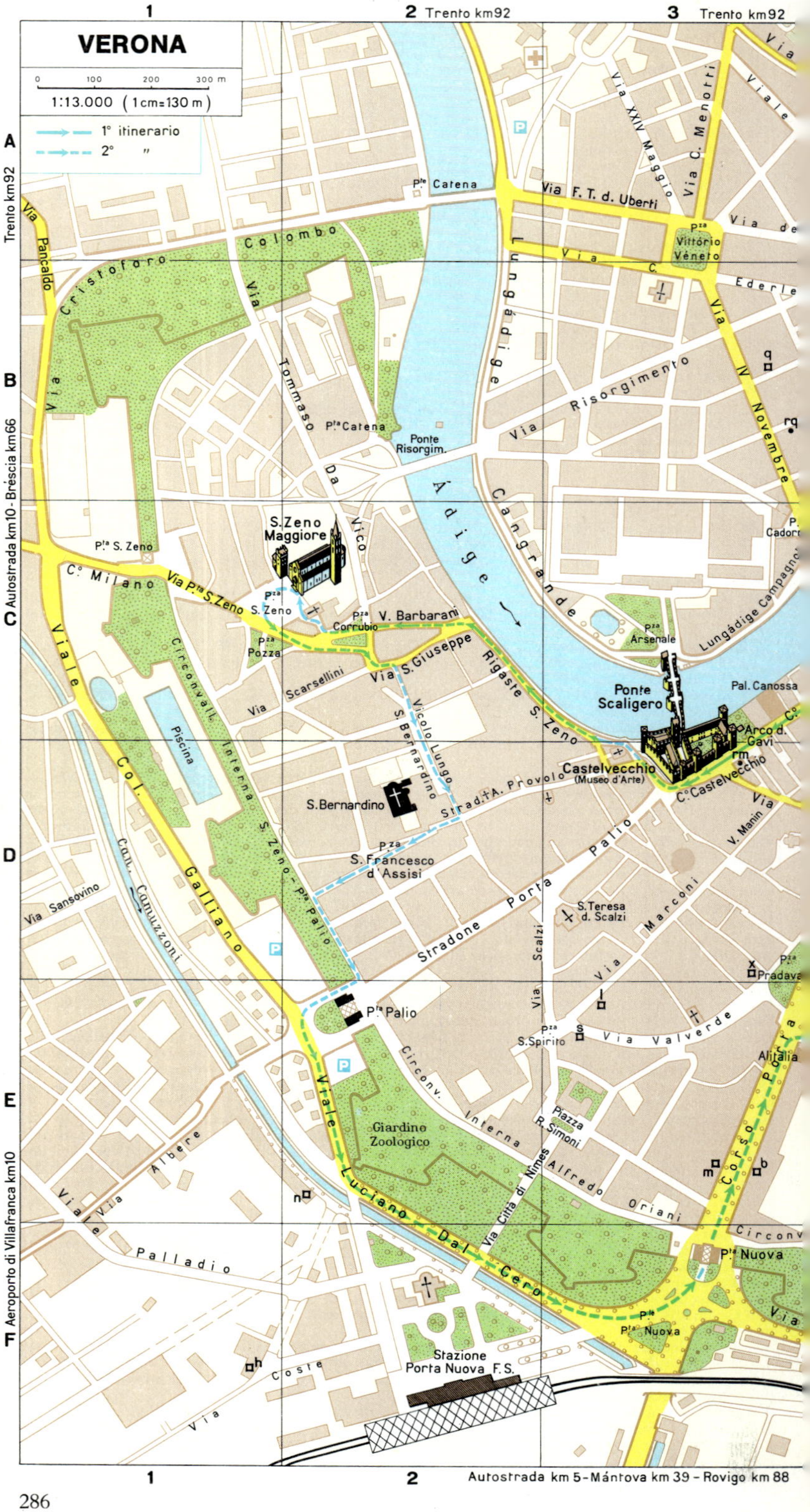
VERONA
0 100 200 300 m
1:13.000 (1 cm=130 m)
1° itinerario
2° "
Trento km92
Autostrada km10 - Bréscia km66
Aeroporto di Villafranca km10
Autostrada km 5 - Mántova km 39 - Rovigo km 88
Via Pancaldo
Viale Cristoforo Colombo
Via Tommaso Da Vico
P.te Catena
P.ta Catena
Ponte Risorgim.
Via F. T. d. Uberti
Via XXIV Maggio
Via C. Menotti
P.za Vittorio Veneto
Via C. Ederle
Via IV Novembre
Lungádige
Via Risorgimento
Ádige
Cangrande
Lungádige Campagnola
P.za Arsenale
P.te S. Zeno
C.o Milano
Via P.ta S. Zeno
S. Zeno Maggiore
P.za S. Zeno
P.za Corrubio
V. Barbarani
P.za Pozza
Via S. Giuseppe
Rigaste S. Zeno
Via Scarsellini
Vicolo Lungo S. Bernardino
S. Bernardino
Strad. A. Provolo
Ponte Scaligero
Pal. Canossa
Arco d. Gavi
Castelvecchio (Museo d'Arte)
C.o Castelvecchio
Via V. Manin
Viale Col. Galliano
Circonvall. Interna S. Zeno - P.ta Palio
Piscina
Can. Camuzzoni
Via Sansovino
P.za S. Francesco d'Assisi
Stradone Porta Palio
S. Teresa d. Scalzi
Via Scalzi
Via Marconi
P.ta Palio
P.za S. Spirito
Via Valverde
P.za Pradaval
Alitalia
Corso Porta Nuova
Viale Luciano Dal Cero
Giardino Zoologico
Circonv. Interna Alfredo Oriani
Piazza R. Simoni
Via Città di Nimes
Via Albere
Viale Palladio
Via Coste
Stazione Porta Nuova F.S.
P.ta Nuova
P.le Nuova
P.za Nuova
Circonv.
Via

4
5
6
A
B
C
D
F
Via Mameli
Bixio
Mille
Via Garibaldi
Via Ippolito Nievo
Via S. Alessio
S.Giorgio
S.Giorgio in Braida
S.Stefano
Castel S.Pietro
Museo Archeologico
Teatro Romano
S.Giovanni in Valle
Vescovado
Pza Broilo
Pte Pietra
Rig. Redentore
Duomo
Pza d. Duomo
Via Duomo
V. Ponte Pietra
Pte Garibaldi
Lungadige Panvinio
Lung. G. Matteotti
F. Anzani
Pal. Miniscalchi
Via Garibaldi
Gall.d'Arte Moderna
S. Anastasia
Via Redentore
Via S.Chiara
S.Chiara
Pza Fra Giovanni
Via S.M.in Organo
S. Maria in Organo
Lung. Re Teodorico
V.Rosa
S. Anastasia
Prefettura
Loggia
Arche Scaligere
Pza d.Signori
Pal.d.Ragione
Pza Indipendenza
Posta e T.
Pza d. Erbe
Via Cairoli
S. Eufemia
Via Emilei
S.Giov. in Foro
Borsari
Pte d. Vittoria
V. Diaz
Pta d.Borsari
Lorenzo
Cavour
Ss. Apostoli
Pal. Bevilacqua
V. Oberdan
V. Catullo
Via Mazzini
Casa di Giulietta
Via Stella
Via Cappello
Lung. Rubele
Pte Nuovo
Lung. Sanmicheli
Via S. Tommaso
Via dell'Acqua Morta
Carducci
Giard. Giusti
Pal. e Giardino Giusti
Via Muro Padri
Via Interrato
Via S. Paolo
Via XX Settembre
S. Paolo
E.P.T.
C.I.T.
V. Mario
V. Anfiteatro
S.Nicolò
Arena
Pal. Malfatti
Liston
Pza Bra
Gran Guardia
Portoni di Bra
Pal. Municipale
Via Leoncino
V.Leoni
S. Fermo Maggiore
Str. S. Fermo
Tel.
Pte Navi
Pal. Pompei (Museo Storia Nat.)
Università
Lung. Pta Vittoria
Pta Vittoria
S.Pietro Incarnario
Str. Maffei
Via Filippini
Ádige
Via d. Alpini
Via Nuova
Pza Cittadella
V. Benegodi
V. Tezone
V. Macello
Via Pallone
V. Montanari
V. Bertoni
V. Don
Pte Aleardi
Pte Cimitero
Via Torbido
Cimitero Monumentale
Battisti
Via SS. Trinità
SS. Trinità
Via d. Zappatore
V. del Pontiere
Tomba di Giulietta
Lungadige Capuleti
Gallarossa
Via Minatore
V. del Lanciere
Via del Fante
Raggio di Sole
Giardini Pubblici Raggio di Sole
Franco Faccio
Pte S.Francesco
Lungadige
Vicenza km 51
Autostrada km9 - Vicenza km51

Küche und Keller – Verona hat viele seiner Spezialitäten mit anderen Städten Venetiens gemein; typische Veroneser Speisen sind gekochtes Fleisch mit peperata (gepfefferte Sauce mit Käse), Risotto alla „pilota" (Reis mit Schweinefleisch), Gnocchi al burro (Kartoffelnockerl mit Butter), Paparele (breite Nudeln) mit Erbsen oder Bohnen, Bígoli (Spaghetti) mit Sardinen. Ausgezeichnet ist der Fisch vom Gardasee und die Salami mit Knoblauch. Hühnerbrüste mit Schinken sind ein altes Rezept der Skaligerzeit. Selten geworden ist die „pastissada de caval" (geräuchertes Pferdefleisch). Typische Mehlspeisen: das bekannte Pandoro; weniger bekannt sind die „natalini" und die österliche „brassadella". Weine: Valpolicella, Valpantena, Bardolino, Amarone und Soave, weißer Custoza und Lugana; Dessertwein: Recioto.

Einkaufstips – Verona bietet viele Möglichkeiten für den Antiquitätenliebhaber; in den Straßen S. Anastasia, Massalongo und Sottoriva findet man in den Läden Porzellan, Möbel, Ziergegenstände, Tapisserien, Gemälde und Druckgraphik. In den Geschäften des Stadtzentrums, vor allem in der Via Mazzini und Via Cappello, reiche Auswahl für jeden Geschmack.

Veranstaltungen – Große Messen: SAMOTER (Februar), Ausstellung von landwirtschaftlichen Maschinen und Geräten für Hoch- und Tiefbau (alle zwei Jahre); Internationale Landwirtschafts- und Viehmesse, eine der wichtigsten dieser Art in Europa (März); Vinitaly, Weinmesse (Oktober); Eurocarne (Oktober) für Pferde- und Rindfleisch; Internationale Messe für Pferde und Pferdesport (November); weitere Messen (Konserven; Landwirtschaft; Kräuter). Veronas Opernsaison, die „Arena" (Mitte Juli bis Mitte August), gehört zu den berühmtesten in Europa, mit großartigen Aufführungen im römischen Amphitheater; Schauspielaufführungen im Römischen Theater und in Kirchen und Kreuzgängen („Theatersommer", Juni–Sept.); „Baccanale del Gnocco" (Karnevalsfreitag).

Stadtbesichtigung im Zeitraffer – Die Besichtigung erfordert mindestens einen Tag und ist hier in zwei Rundgängen unterteilt.

Der ERSTE RUNDGANG ist den wichtigsten Baudenkmälern der Innenstadt vorbehalten und beginnt auf der *Piazza Bra* (das Auto in der Via del Pallone entlang der Mauern parken) bei der **Arena★★** und führt durch die *Via Mazzini* auf die *Piazza delle Erbe* mit den benachbarten historischen Bauwerken **Loggia del Consiglio★; Skaligergräber★.** Über den *Corso S. Anastasia* nach **S. Anastasia,** und über die *Via Duomo* zum **Dom★;** über den *Corso Borsari* **(Porta dei Borsari★)** und den *Corso Cavour* gelangt man zum **Castelvecchio★** (Museum★).

Der ZWEITE RUNDGANG kann mit dem Auto gemacht werden, allerdings ist mit Parkschwierigkeiten zu rechnen. Vom Castelvecchio über den Lungadige nach **S. Zeno Maggiore★** und durch das gleichnamige Gäßchen nach **S. Bernardino★.** Von der **Porta Palio★** aus gelangt man über die Bastionen, den *Corso Porta Nuova* und einige Nebenstraßen zum sogenannten **Grab der Julia★** und über den *Stradone Maffei* und die *Strada S. Fermo* zum *Ponte Navi* und zur nahe gelegenen Kirche **S. Fermo Maggiore★.** Auf der anderen Seite der Etsch der **Palazzo Pompei★** *(Naturhistorisches Museum★).* Durch die Viertel am linken Etschufer, vorbei an der Kirche **S. Maria in Organo★,** gelangt man zum **Römischen Theater★** und zur *Porta S. Giorgio* **(S. Giorgio in Braida★).**

1. RUNDGANG

Piazza Bra – Arena – Piazza delle Erbe – Loggia del Consiglio – Skaligergräber – Dom – Porta dei Borsari – Castelvecchio.

Piazza Bra (D4) – Der einst außerhalb der Stadt gelegene weitläufige Platz mit Gartenanlagen ist heute das Zentrum Veronas. An ihm liegen im NO die Arena, im SO das klassizistische *Rathaus* (1838), im S der Barockbau der *Gran Guardia* (begonnen 1610, vollendet 1821; heute für Ausstellungen verwendet) und die *Portoni della Bra,* die Reste der Zitadelle aus dem Jahre 1389; daneben der Eingang zum **Museo Lapidario Maffeiano** *(Öffnungszeiten: 9–19 Uhr; Mo geschl.).* Es wurde 1714 von Scipione Maffei gegründet; die jüngst erst neu geordneten Exponate umfassen griechische, etruskische, römische, frühchristliche und mittelalterliche Inschrifttafeln, darunter ein Mithras-Relief aus dem 2. Jh. n. Chr. Im NW mehrere Paläste (auf Nr. 16 der von Sanmicheli 1555 erbaute *Palazzo Malfatti*) mit Lauben, die den LISTON bilden, eine belebte Fußgängerpassage.

Arena★★ (D4) – Eines der größten erhaltenen römischen Amphitheater; erbaut im 1. Jh. n. Chr.; von den Außenmauern sind nur vier Arkaden mit drei Säulenordnungen erhalten, die inneren Mauern sind mit 72 Arkaden und zwei Säulenordnungen völlig erhalten.

Das INNERE *(Eingang normalerweise gegenüber der CIT an der NW-Seite; Besichtigung: 9–19 Uhr; Mo geschl.; während der Opernsaison 8–14 Uhr; Eintrittsgebühr)* hat ovalen Grundriß (44,43 m x 73,58 m), 44 Stufenreihen, Raum für 22.000 Zuschauer. Alljährlich im Juli und August großartige Opernaufführungen.

Via Mazzini (C4–5) – Sie verbindet Piazza Bra und Piazza delle Erbe; Fußgängerzone mit eleganten Geschäften und Cafés.

Piazza delle Erbe★ (C5) – Nimmt die Stelle des antiken Forums ein. Umgeben von alten Häusern und Türmen, malerisch wegen der großen Schirme des täglich abgehaltenen Marktes. In der Mittelachse: *Marktsäule* (1401); die *Berlina,* Tribüne für Statthalter und Adelige (16. Jh.); *Brunnen der Madonna Verona,* wahrscheinlich des Bonino da Campione (1368); *Markussäule* (1523). An der linken Seite des Platzes (SW) die *Casa dei mercanti* (Haus der Kaufleute, 14. Jh.) mit Biforen; an der N-Seite die *Torre del Gardello* (1370) und der ba-

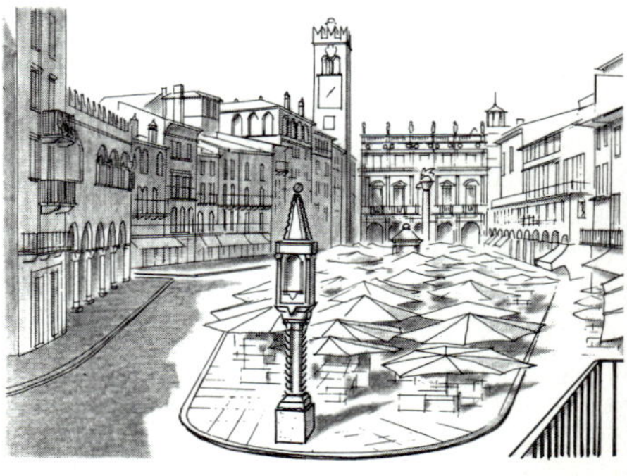

Verona: Piazza delle Erbe

rocke *Palazzo Maffei;* an der rechten Seite (NO) auf Nr. 24–36 die *Mazzanti-Häuser* (14.–16. Jh.) mit schlecht erhaltenen Fresken (16. Jh.) und ein Torbogen, der *Arco della costa* (so genannt wegen der daran befestigten Walrippe, 1470), der zur Piazza dei Signori und der hohen *Torre dei Lamberti* (s. u.) führt.

Piazza dei Signori* (C5) – Hier war der Sitz aller öffentlichen Stadtämter. Der hofähnliche Platz ist von Repräsentativbauten umgeben; im Zentrum das Dante-Denkmal (1865). Rechts der *Palazzo della Ragione* oder **Palazzo del Comune** (12. Jh.), im 16. Jh. stark verändert*; schöner romanischer Arkadenhof mit Triforen im Obergeschoß und gotisierender Freitreppe (*Scala della Ragione,* 15. Jh.), die zu einem schönen Portal führt: darüber erhebt sich die 84 m hohe *Torre dei Lamberti* aus dem 12.–15. Jh. *(Besichtigung: Winter 8–14 Uhr; Sommer 9–19 Uhr; Mo geschl.; Aufzug; Eintrittsgebühr);* großartiger Blick über das Stadtzentrum. – Durch einen Laubengang zum *Palazzo dei Tribunali* (Gerichtsgebäude), mit Skaligerturm und Portal von Sanmicheli (1531). An der anderen Seite des Platzes die elegante **Loggia del Consiglio*** aus dem späten 15. Jh., einer der anmutigsten Bauten der venezianischen Frührenaissance, der Legende nach von Fra Giocondo als Sitz des Stadtrates erbaut. Eleganter Portikus und zwischen Pilastern gekoppelte Fenster; polychrome Verkleidung und reiche Bauplastik. – Der *Palazzo del Governo,* einst Skaligerresidenz (hier waren Dante und Giotto zu Gast), schließt den Platz; durch Restaurierungen wurde der Originalzustand des 13. Jhs. wiederhergestellt; das schöne Portal stammt von Sanmicheli (1532).

Skaligergräber* (B–C5) – Rechts vom Palazzo del Governo führt ein Bogen auf einen kleinen Platz, einer der typischsten Winkel der Stadt, mit der romanischen Kirche *S. Maria Antica* (12. Jh.) und den Skaligergräbern, den großartigen Begräbnisstätten der Herrscher über Verona. Sie sind von einem schmiedeeisernen Gitter mit dem Wappen der Scala (14. Jh.) umgeben, haben Ädikulaform, sind mit gotischen Baldachinen bekrönt und mit Skulpturen Campioneser Meister (14. Jh.) geschmückt. Innerhalb der Umgrenzung *(derzeit in Restaurierung)* links die Gräber des Mastino II. und des Cansignorio (gest. 1373), ein Werk des Bonino da Campione; im Hintergrund das Grab des Giovanni; über der Kirchentür Kopie des Grabes des Cangrande I. (gest. 1329) mit einer Reiterstatue als Tumbafigur.

S. Anastasia (B5) – Die großartige gotische Kirche wurde von den Dominikanern 1290 bis 1481 erbaut. Die unvollendete Fassade hat ein außergewöhnliches Doppelportal* aus dem 14. Jh. (man beachte die Reliefs am Architrav); schön sind auch die polygonalen Apsiden und an der Flußseite ein hoher Backsteinturm (1481).

Im dreischiffigen INNEREN mit runden Pfeilern sind kostbare Kunstschätze aufbewahrt. Besonders beachtenswert: an den ersten beiden Pfeilern die von „Buckligen" getragenen Weihwasserbecken (16. Jh.); der Fregoso-Altar (1. Altar rechts) des Sanmicheli (1565); beim 3. Altar rechts Fresken des Liberale und der Mantegnaschule; am 4. Altar rechts (1542), hl. Marin von F. Caroto; im rechten Querschiff ein schöner Renaissancealtar (1502) mit Altarbild (Thronende Madonna mit Thomas von Aquin und Augustinus) des Girolamo dei Libri (1512); 2. Chorkapelle rechts, großes Fresko des Giotto-Schülers Altichiero (1395, Madonna mit drei Heiligen* und Familie Cavalli); in der ersten Kapelle zwei gotische Grabmäler mit Terrakottareliefs (Michele da Firenze, 1435); im Chor großes Fresko des Jüngsten Gerichts (sog. Meister des Jüngsten Gerichts, 14. Jh.) und das Grabmal der Contesia Serego (1429), das dem Florentiner Nani di Bartolo zugeschrieben wird. Im linken Querschiff (sehenswerte Gemälde von F. Morone) führt ein Spitzbogenportal in die Cappella Giusti *(wenn geschlossen, Auskunft beim Mesner),* wo derzeit ein kostbares Fresko* von Pisanello ausgestellt ist (hl. Georg).

Links neben der Fassade über einem Tor das gotische *Grabmal des Castelbarco* (gest. 1320) und das Backsteinkirchlein *S. Giorgetto* oder *S. Pietro Martire*.

Via Ponte Pietra – Endet beim *Ponte Pietra* (A–B5) an der Etsch. Die Brücke ist römischen Ursprungs und wurde nach vollständiger Zerstörung im letzten Weltkrieg mit dem Originalmaterial wiederaufgebaut (1959); schöner Blick auf die Schleife des Flusses und auf die vom Castel S. Pietro beherrschte Uferpromenade. Ohne den Fluß zu überqueren, über die Piazza Broilo zum *Vescovado* (Bischofspalast) mit schöner Renaissancefassade mit reichem ornamentalem und figurativem Dekor (venezianisches Maßwerk, 1502); schönes Portal. Weiter zur Apsis* des Doms (12. Jh.), die mit ihrer Lisenengliederung und dem wunderschönen Fries zu den reinsten Werken der Veroneser Romanik gehört.

Dom (B5) – Der romanische Bau (12. Jh.) wurde in Gotik (15. Jh.) und Renaissance verändert. Fassade mit prächtigem Hauptportal* mit Flachreliefs des Meisters Nicolò (12. Jh.); ein ähnliches Portal an der rechten Seitenfassade; der von Sanmicheli entworfene Glockenturm (16. Jh.) wurde in jüngster Zeit fertiggestellt.

Das gotische INNERE ist dreischiffig mit hohen Pfeilern und weiten Bögen. In den Kapellen und im Chor, der durch eine Marmorsäulchenbalustrade des Sanmicheli abgeschlossen ist (1534), mehrere Gemälde und Skulpturen vom 14.–16. Jh.; besonders bemerkenswert: im rechten Seitenschiff Epiphanie des Liberale da Verona (2. Altar); Verklärung Christi, von Giambettino Cignaroli (3. Altar); im linken Seitenschiff, Triptychon von A. Brenzoni (1533; 3. Altar) und Mariä Himmelfahrt* von Tizian (1. Altar links).
Links vom Dom romanischer KREUZGANG mit Zwillingssäulchen (ca. 1140) und Mosaikresten des Vorgängerbaus, der frühchristlichen Basilika (5. Jh.); Zugang zu der kleinen Kirche S. Elena (romanisch auf frühchristlichen Grundmauern) und dem Baptisterium *S. Giovanni in Fonte* (achteckiges Taufbecken* aus dem 13. Jh.), beide aus dem 12. Jh.

Via Duomo – An den Häusern Nr. 10, 6, 1 schöne Renaissanceportale. Am Ende der Straße (Via A. Forti 1) der *Palazzo Forti-Emilei* (18. Jh.; ein Bauflügel des Hofs aus der Romanik); im Inneren Ausstellungsräume und zwei derzeit geschlossene Museen, das *Museo del Risorgimento* und die **Galleria d'Arte Moderna.**
Corso di Porta Borsari – Typische Straße des alten Verona, entspricht der Hauptstraße der Römerstadt. Romanisches Kirchlein *S. Giovanni in Foro* (C4); auf Nr. 27 und 32 zwei mittelalterliche Häuser.

Porta dei Borsari★ (C4) – Eines der Stadttore des römischen Verona, erbaut am Ende des 1. Jhs. Der Name ist mittelalterlichen Ursprungs („bursarii" = Steuereintreiber des Bischofs). Vom antiken Bau stammt die äußere Fassade mit den beiden giebelbekrönten Durchfahrtstoren, darüber die von eleganten Säulchen gerahmten Fenster.

Corso Cavour (C3–4) – Eine der schönsten Straßen der Stadt mit vielen Adelspalästen (Nr. 2, barock; Nr. 11, Renaissance; Nr. 10, gotisch). Links, etwas nach hinten versetzt, der kleine Glockenturm und die Seitenfassade der romanischen Kirche *Ss. Apostoli* (12. Jh., von der Sakristei kann man in die Kirche *Ss. Tosca e Teuteria* hinabsteigen, 8. Jh.); gleich danach auf Nr. 19 der prächtige **Palazzo Bevilacqua**★ (C4), ein Meisterwerk des Sanmicheli (1530). Gegenüber der gotische Torbogen der Kirche **S. Lorenzo** (12. Jh.) mit schmaler Fassade zwischen zwei Rundtürmen und interessantem dreischiffigem Inneren mit Pfeilern und 3 Apsiden. Auf Nr. 44 der *Palazzo Canossa* des Sanmicheli (1537); etwas weiter auf einem kleinen Platz der wiederaufgebaute *Arco dei Gavi,* ein römischer Torbogen aus augusteischer Zeit.

Castelvecchio★★ (C–D3) – Das wichtigste profane Baudenkmal des Mittelalters in Verona, errichtet 1354–57 von Cangrande II. della Scala als Festung und Residenz, 1375 vollendet. Der imposante Backsteinbau mit Zinnen und Maßwerk besteht aus zwei Teilen: rechts (O) auf rechteckigem Grundriß mit Ecktürmen und großem Hof der ehemalige Waffenplatz; links die eigentliche Residenz mit doppelter Mauerummantelung, zwei Höfen und Zugbrücken. Diese beiden Teile werden durch eine noch aus der Zeit der Stadtrepublik Verona (12. Jh.) stammende Mauer verbunden; hier steht die *Porta del Morbio* (12. Jh.), ein Stadttor, durch das früher die Straße nach S. Zeno führte.
Die Burg ist Sitz des **Städtischen Kunstmuseums** *(Civico Museo d'Arte; Öffnungszeiten 9–19 Uhr; Mo geschl.; Eintrittsgebühr; Eingang im Haupthof)* mit bemerkenswerten Gemälden vor allem venezianischer Meister des 14.–18. Jhs.

Stark vertreten ist die Veroneser Schule: mit den frühen Meistern Turone (Dreieinigkeits-Polyptychon★), Altichiero, Stefano da Verona (Rosenkranzmadonna★), Pisanello (Madonna★); Meistern des 15. Jhs. wie F. Morone, Liberale, Cavazzola Caroto (Mädchen mit Zeichnung★), Giolfino; den Malern des 16. Jhs. wie Veronese (Bevilacqua-Lazise Altarbild; Grablegung), D. Brusasorci (Bildnis des Pase Guarienti), Farinati und B. India; den Meistern des 17. Jhs. wie M.A. Bassetti (zwei Bildnisse eines Alten; der hl. Antonius von Padua, der Ungläubige Thomas), P. Ottino, A. Turchi, C. Ridolfi; und aus dem 18. Jh. die Werke von A. Balestra, Giambettino Cignaroli und P. Rotari. Unter den Werken anderer Meister Venetiens sind zu nennen: Mantegna (Hl. Familie), Jacopo Bellini (hl. Hieronymus in der Wüste), Gentile Bellini (Christus am Kreuz mit Stifter), Giovanni Bellini (2 Madonnen★), C. Crivelli (Schmerzensmadonna★), B. Montagna, M. Basaiti, Alvise Vivarini (Madonna), B. Strozzi (Männerbildnis), Tintoretto (Konzert im Freien★, Anbetung der Hl. Drei Könige, Stillende Madonna), G.B. Tiepolo (Heliodor★; Entwurf zu einem Deckengemälde), F. Guardi (zwei Phantasielandschaften), P. Longhi (Venezianische Familie). Meister anderer Schulen: Tommaso da Modena, Pisanello („Wachtelmadonna"★) und mehrere Flamen. Von großer Bedeutung ist der Schatz der Via Trezza★: Goldschmiedearbeiten und Emails vom 13.–14. Jh.; Stoffe und Seiden vom Grab des Cangrande I.; illuminierte Handschriften des Liberale und des Girolamo dai Libri. Wichtige Waffensammlung, von der Langobardenzeit bis ins 17. Jh. Bemerkenswert ist auch die Skulpturensammlung mit Werken des 14. Jhs. aus Verona, darunter besonders wertvoll die vom Grab des Cangrande I. stammende Reiterstatue★.

Das Castelvecchio ist durch die großartige **Skaligerbrücke**★ (*Ponte Scaligero;* C3) mit dem anderen Etschufer verbunden; die 1945 zerstörte und mit dem ursprünglichen Material wiederaufgebaute zinnenbekrönte Brücke setzt in drei Bogen über den Fluß.

2. Rundgang

S. Zeno Maggiore – Porta Palio – Grab der Julia – S. Fermo Maggiore – Palazzo Pompei – Römisches Theater.

Rigaste S. Zeno (C2–3) – Führt neben einer Mauer entlang der Etsch, schöner Blick auf Fluß und Burg. Am Beginn der Straße das Kirchlein *S. Zeno in Oratorio* aus dem 13. Jh. mit gotischer Fassade.

S. Zeno Maggiore★★ (C1–2) – Erhebt sich auf einem stillen, weiten Platz, zwischen dem Turm (13.–14. Jh.) der alten Abtei (links) und dem freistehenden Glockenturm (11.–12. Jh.). Eines der Meisterwerke der romanischen Architektur in Italien und neben der Arena das berühmteste Baudenkmal Veronas. Erster Bau aus dem 5. Jh. über dem Grab des ersten Bischofs von Verona (gest. 380); im 12. und 13. Jh. völliger Neubau (die Apsis aus dem Jahre 1398). Die elegante, in warmen Elfenbeintönen gehaltene Fassade mit großer Fensterrose (frühes 13. Jh.), Portal★ und Vorhalle mit Reliefs des Meisters Nicolò (1138) und mit einer kunstgeschichtlich überaus bemerkenswerten Bronzetür★ aus dem 12. Jh. mit Relieffeldern zur Geschichte des Zeno und Szenen des Alten und Neuen Testaments.

Verona: S. Zeno

Tieferliegend das schlichte, majestätische dreischiffige INNERE mit Pfeilern, erhöhtem Chor über der Krypta und schiffskielförmigem Gewölbe (1386). An der Fassadeninnenseite Kruzifix des Lorenzo Veneziano; am Beginn des rechten Seitenschiffes achteckige Taufkapelle (spätes 12. Jh.). Im rechten Seitenschiff und im Chor Fresken (13.–15. Jh.). Über der Chorbegrenzung Statue (Christus und die Apostel*) aus dem 13. Jh.; am Hochaltar wundervolles Triptychon (Madonna mit Heiligen**) des Mantegna (1459); gotisches Chorgestühl (15. Jh.), ein Teil heute in der Krypta. In der linken Chorkapelle eigentümliche Statue (Lachender hl. Zeno) aus dem 14. Jh. Die offene Krypta mit sieben Bogenführungen ruht auf antiken Säulen; moderne Urne des hl. Zeno.

Vom linken Seitenschiff kommt man in den stimmungsvollen romanischen KREUZGANG (12.–14. Jh.) mit Zwillingssäulen; neben dem Portal Grabmäler. Zugang zum Oratorium *S. Benedetto* aus dem 12. Jh. mit Spolien (Säulen und Kapitelle aus dem 6. Jh.).

S. Bernardino* (D2) – Die Kirche wurde von 1451–66 im Übergangsstil zwischen Gotik und Renaissance erbaut; vor der Fassade ein Kreuzgang mit elegantem lombardischen Portal (1474).

Im zweischiffigen Inneren mehrere Gemälde der Veroneser Schule des 15. und 16. Jhs.: Fresken des N. Giolfino (1522) in der ersten Kapelle rechts; Gemälde des F. Bonsignori (1488) in der zweiten Kapelle rechts; Gemälde des F. Morone, N. Giolfino, A. Badile und G.F. Caroto in der fünften rechten Kapelle. Rechts der Chorkapelle die elegante Cappella Pellegrini von Sanmicheli (1556). Am Hauptaltar großes Triptychon von F. Benaglio (1462). Bemerkenswert auch die Orgel aus dem Jahre 1481 (an den Flügeln Gemälde des Morone). Im benachbarten Kloster *(Eingang vom Kreuzgang aus; Spende)* der MORONE-SAAL, mit Fresken von Morone und Gehilfen (1503).

Porta Palio* (E2) – Durch dieses Tor, das schönste der von Sanmicheli 1542–57 entworfenen Stadttore, führte das traditionelle Pferderennen des Palio. Strenge klassizistische Architektur, fünf Bogenöffnungen an der Innenseite, drei an der Außenfassade.

Viale L. Dal Clero – Links die beiden von den Österreichern errichteten *Festungstürme von S. Spirito* und *der Riformati*, die sich an die alten Stadtmauern anschließen. Die **Stadtmauern** gehen auf die Skaliger zurück, wurden von den Venezianern und dann von den Österreichern erneuert. Sie umschließen heute noch in einer Länge von 10 km die Stadt. Rechts der *Bahnhof der Porta Nuova* (F2).
Corso di Porta Nuova – Verbindet den Bahnhof mit der Piazza Bra. An ihrem Beginn die von Sanmicheli erbaute *Porta Nuova* (1540), später verändert.
Via del Pontiere – Rechts führt eine Straße zum **Grab der Julia*** *(Besichtigung: 9–19 Uhr; Mo geschl.)* in der malerischen Anlage des Kreuzgangs und der ehemaligen romanischen Kirche S. Francesco al Corso. In der Krypta der angebliche Sarkophag der Julia, der Titelheldin des berühmten Dramas Romeo und Julia von Shakespeare.
Nebenan das *Freskenmuseum (Museo degli Affreschi)* mit von der Wand gelösten Fresken von der Romanik bis zur Renaissance, mit Schwerpunkt auf Werken aus dem 16. Jh., darunter das „Musikzimmer“ des Paolo Farinati. – Am Ende der Via del Pontiere geht man unter einer zinnenbekrönten *Mauer* aus der Skaligerzeit durch und im Anschluß ihr entlang.
Stradone Maffei (D4–5) – Mit prächtigen Häusern und Palästen aus der Renaissance (Nr. 2–3), desgleichen im *Stradone S. Fermo.* In dieser Straße die Kirche **S. Pietro Incarnario,** mit römischen Grundmauern und einem Glockenturm aus dem 14. Jh. Auf Nr. 13 der Sanmicheli zugeschriebene *Palazzo Maffei-Lebrecht,* mit schönem Innenhof (16. Jh.).

S. Fermo Maggiore* (D5) – Diese Kirche, eine der bemerkenswertesten in Verona, besteht aus zwei übereinanderliegenden Gebäuden, das untere romanisch, aus dem 11.–12. Jh., das obere gotisch, aus dem 13.–14. Jh.; schöne Fassade mit tiefem Gewändeportal (links das Grab des Fracastoro, Leibarzt der Skaliger im 14. Jh.), an der linken Seite Doppelportal (1363) mit Vorhalle und malerischen Apsiden.

Das INNERE mit schiffskielartigem Gewölbe (1314) ist reich an Fresken des 14. und 15. Jhs. und Plastiken des 15. und 16. Jhs.; in der Portallünette Turone zugeschriebenes Kruzifix; rechts, neben der Kanzel, Engel, Reste eines Freskos des Stefano da Verona; in der Mitte links öffnet sich die große Kapelle des Allerheiligsten mit mehreren Gemälden aus dem 17. Jh.; das mittlere Altarbild (Madonna und Heilige*) von G.F. Caroto (1528). Am ersten Altar links Gemälde (hl. Nikolaus) von Battista dal Moro, in der Ecke Brenzoni-Denkmal* des Florentiners Nanni di Bartolo (1439), dahinter das berühmte Fresko Pisanellos, Verkündigung*. Durch die Sakristei gelangt man zu den Resten des alten romanischen Kreuzgangs, von dort hinab in die dreischiffige, im vorderen Teil vierschiffige UNTERKIRCHE mit Freskenresten des 11.–13. Jh.; hinter dem Hochaltar ein hölzernes Kruzifix aus dem 14. Jh.

Palazzo Pompei* (D6) – Eines der schönsten Werke Sanmichelis (1530), heute Sitz des **Naturhistorischen Museums*** *(Museo di Storia Naturale),* das zu den interessantesten Italiens zählt. *Öffnungszeiten: 9–12, 15–18 Uhr bzw. 15.30–18.30 Uhr (Juni–Aug.); Fr. geschl.; Eintrittsgebühr.*

In der Eingangshalle Fossilienfunde aus dem Quartär in Venetien (der Elefant aus Quinzano). – 1. Saal: Eiszeitliche Fossilien* aus Bolca: Fische, Reptilien, Pflanzen; bemerkenswert der „Engelsfisch" aus der Familie der *Eoplatax*. – 2. u. 3. Saal: Mineralogie und Petrographie der Alpen; geologische Modelle der Vulkane Italiens. Entlang der Haupttreppe Veroneser Marmor. – 4. Saal: Wirbellose Meeresfische. – 7. u. 8. Saal: Vögel und Fauna Italiens. 9. Saal: Exotische Vögel. – 10.–13. Saal: Säugetiere. – 14. Saal: Amphibien und Reptilien. – 15. Saal: Paläontologische Sammlung und Modelle der wichtigsten geologischen Landschaften Italiens. – 16. Saal: Fauna des Quartär in Venetien (Höhlenbär, große Hirsche). – 17. Saal: Italienische Pilzsammlung. – 18. Saal: Allgemeine urgeschichtliche Sammlungen; 19. Saal: Urgeschichte Venetiens, mit wertvoller Sammlung aus der Bronzezeit vom Gardasee. Das Museum besitzt auch eine wissenschaftliche Bibliothek, Labors, Konferenzzimmer und Studiensäle (Anfrage in der Direktion).

Via Leoni (C–D5) – Der Name stammt von der römischen **Porta dei Leoni** des 1. Jhs., von der noch ein Bogen und ein giebelbekröntes Fenster erhalten sind. In ihrer Fortsetzung, der *Via Cappello*, auf Nr. 21–23 das angebliche *Haus der Julia*, ein gotischer Bau (13. Jh.) mit dem berühmten (erneuerten) Balkon. *Besichtigung: 9–19 Uhr; Mo geschl.*

Ponte Nuovo (C5) – Von der Piazza Indipendenza überquert man die Etsch über den *Ponte Nuovo* (schöner Blick) und gelangt zur Kirche **S. Tommaso Cantuariense** (15. Jh.) mit schöner gotischer Fassade (im Inneren am 4. Altar rechts ein Gemälde des Girolamo dei Libri).

S. Maria in Organo* (B6) – Die schöne Kirche stammt in ihrer heutigen Form aus dem Jahre 1481; die Fassade ist im oberen Teil gotisch, der untere Teil im 16. Jh. von Sanmicheli mit Marmor verkleidet.

Reiche Innenausstattung aus der Renaissance: Fresken des N. Giolfino (rechts) und des G.F. Caroto (links) entlang dem Mittelschiff; Fresken von Giolfino in der rechten Chorkapelle, von D. Brusasorci in der linken. An der Hinterwand rechts ein Altarbild von G. Savoldo (1533). Im Chor und in der Sakristei (Besichtigung auf Anfrage) feine Intarsienarbeiten* von Fra Giovanni da Verona (1491–1523), die Landschaften des Brusasorci rahmen. Am 3. Altar des linken Seitenschiffes Bild von F. Morone (1503). Interessant die dreischiffige Krypta mit Resten des alten Baus (7.–8. Jh.) und Teil einer römischen Mauer.

Römisches Theater* (B5–6) – Von dem Bau aus dem 1. Jh. n. Chr. sind noch Reste des Bühnenaufbaus erhalten sowie die halbkreisförmigen Stufenreihen der Cavea, die auf der einen Seite von dem gotischen Kirchlein *Ss. Siro e Libera* überragt wird, auf der anderen Seite von einer Arkadenreihe. Im Sommer Ballett- und Theateraufführungen. *Besichtigung: Sommer 9–19 Uhr; Winter 8–14 Uhr; Mo geschl.*

Am oberen Ende des Zuschauerraums (schöne Aussicht über die Stadt und die Etsch) führt ein Aufzug zum **Archäologischen Museum** im ehemaligen Kloster S. Girolamo. Zugang zum Kloster (15. Jh.) und zur *Kirche* (schöne freskierte Decke des G.F. Caroto und anderen; im Chor ein Renaissance-Triptychon, Veroneser Schule). In den Räumen um den Kreuzgang etruskische, griechische und römische Bronzen; Fragmente von Mosaiken und antiken Statuen, Gläser, Geräte, Terrakotten und römischen Vasen; im Untergeschoß Mosaike und Architekturfragmente. Von den Terrassen schöne Aussicht* auf die Stadt.

S. Stefano (A5) – Die Kirche stammt aus dem 5.–8. Jh. und wurde im 12. Jh. z. T. erneuert (Apsis aus dem 14. Jh.); Steinbaldachin über dem Portal, achteckiger Turmaufsatz mit Zweipässen; im Umgangschor noch Reste des alten Baus (Kapitelle); bemerkenswerte Krypta.

S. Giorgio in Braida* (A4–5) – Beherrscht mit ihrer mächtigen Kuppel die Flußschleife der Etsch. Erbaut zwischen 1477 und 1536, Fassade aus dem 17. Jh.

Großartiger harmonischer einschiffiger Innenraum mit beachtenswerten Gemälden: über dem Eingang Taufe Christi, von Tintoretto; vier Orgeltüren des Romanino (Hl. Georg vor dem Richter; Martyrium des hl. Georg), darunter Madonna und Heilige, von Moretto; im Chor ein Hauptwerk Tintorettos, Das Martyrium des hl. Georg*; am 4. Altar links (Altar von Sanmicheli) Thronende Madonna mit Heiligen, von Girolamo dei Libri; am 3. Altar Triptychon des G.F. Caroto. Auf der rechten Seite der Kirche Arkadenkreuzgang aus der Renaissance.

Vor der Kirche die **Porta S. Giorgio** mit drei Durchgängen, die Sanmicheli 1525 bei der gleichnamigen Bastion durch die Stadtmauer schlug.

Via Emilei – Einige Renaissancepaläste (Nr. 20, 22) und die gotische Kirche **S. Eufemia** (C4; 13.–15. Jh.); schönes Portal (1486) im Inneren Fresken von Martino da Verona (Chor) und G.F. Caroto (rechte Chorkapelle).

WEITERE SEHENSWÜRDIGKEITEN – **Palazzo Giusti** aus dem 16. Jh.; wundervoller italienischer Garten mit Terrassen aus dem 18. Jh., Zypressenalleen und Aussichtsterrasse.
Ss. Nazaro e Celso, in der Via Muro Padri (C6; a. P.). – Im Inneren der 1483 erbauten gotischen Kirche bemerkenswerte Gemälde venezianischer Meister der Renaissance (A. Badile, G. Mocetto, Girolamo dei Libri, B. Montagna). Im linken Querschiff die Renaissancekapelle S. Biagio mit schöner Innenausstattung.
S. Giovanni in Valle (B6) – Romanische Kirche (12. Jh.) mit Steinbaldachin über dem Portal (in der Lünette ein dem Stefano da Verona zugeschriebenes Fresko) und schönen Apsiden. Im Inneren Stützenwechsel von Pfeilern und Säulen; Freskenreste aus dem Jahre 1194; in der Krypta Grab der Heiligen Simon und Judas aus dem 4. Jh. In der Nachbarschaft ein *Afrikanisches Missionsmuseum*.
Museum Miniscalchi-Erizzo – In Aufstellung begriffenes Museum im gleichnamigen restaurierten Palast in der Via Mammaso 2A (B4); in jährlichem Wechsel werden Gemälde und Kunstgegenstände aus Privatsammlungen ausgestellt.
Zoologischer Garten (E2) – Eingang in der Via Città di Nimes *(Sommer, 8.30 Uhr bis Sonnenuntergang):* Vögel, Raubtiere, Affen, Zebras, Elefanten, Reptilien, Raubvögel etc.
Messegelände – Auf einer Fläche von ca. 300.000 m² an der Zufahrtsstraße zur Autobahn jenseits der Stazione di Porta Nuova. *Kutschenmuseum des 19. Jhs.*

SPAZIERGÄNGE – Nach **S. Michele Extra,** einem Vorort im O der Stadt, zu der bemerkenswerten, Sanmicheli zugeschriebenen Kirche **Madonna della Campagna,** auch *Della Pace (des Friedens)* genannt, weil sie im Jahre des Friedens von Château-Cambresis begonnen wurde (1561 vollendet); ein im Inneren achteckiger Rundbau mit umlaufendem Säulenportikus.

AUSFLÜGE – Ins **Valpolicella,** der bekannten Weinbaugegend im NW von Verona mit vielen Landhäusern und Wildbächen, die von den Lessinischen Hügeln sich ins Etschtal ergießen. – 6,5 km: **Parona di Valpolicella,** 80 m, dort mehrere Villen (beachtenswert vor der Ortseinfahrt die *Villa di S. Dionigi* mit romanischer Kirche). – 8 km: **Arbizzano,** 110 m, *Pfarrkirche* mit Portal aus dem 13. Jh. (im Inneren achteckiges Taufbecken und Triptychon aus dem 14. Jh.). – 11 km: **Pedemonte,** 105 m; *Villa Boccoli*★ mit großem Park, von Palladio (1566) entworfen, aber nur z. T. ausgeführt. – 13,3 km: **S. Floriano,** 149 m, mit der romanischen Kirche *S. Floriano* aus dem frühen 12. Jh., Chor später erneuert. – 18,5 km: **Fumane,** 200 m, Weinbauort (Recioto), in der Nähe die Sanmicheli oder Giulio Romano zugeschriebene *Villa della Torre*★, interessant wegen ihres an römische Villen erinnernden Grundrisses mit Peristyl. Von Fumane durch das landschaftlich reizvolle Prognotal mit interessanten paläontologischen Funden; Besuch des Naturparks der **Wasserfälle von Molina** (in der Ortschaft ein Botanisches Museum), weiter nach **S. Anna d'Alfaedo,** 939 m; im Rathaus kleines Museum mit prähistorischen Funden und Fossilien. Im S von S. Anna bei *Vaggimal,* 723 m, der berühmte *Ponte di Veia*★, eine mehr als 50 m lange Naturbrücke.
Von S. Floriano in Richtung W, dann bergauf über *S. Ambrogio di Valpolicella* gegen N bis nach (8 km) **S. Giorgio,** 375 m, in schöner Lage (Sicht bis zum Gardasee) mit interessanter, in den Formen der Romanik wiederaufgebauter *Kirche*★ (13. Jh., im Inneren Freskenreste, achteckige Taufkapelle, am Hochaltar ein aus Resten des Ziboriums aus dem 8. Jh. zusammengesetzter Baldachin); daneben ein malerischer Kreuzgang.
Nach (20,5 km) **Illasi,** 174 m, 14 km auf der Staatsstraße Nr. 11 gegen O, dann links abbiegen. Zwei prächtige Villen: *Villa Carlotti* im palladianischen Stil (1735) und *Villa Sagramoso Perez Pompei* (1737), beide mit Fresken und reicher Innenausstattung. Weiter nach N durch das Illasital über *Badia Calavena,* 470 m (Reste eines Benediktinerklosters aus dem 11. Jh.), bis nach (45,5 km) **Giazza,** 758 m, mit einem VOLKSKUNDEMUSEUM. Die Straße führt weiter durch das Revolto-Tal, zunächst durch felsiges Gelände, dann durch Nadelwald, auf den Kamm der Lessinischen Hügel bis (51,5 km) zum *Schutzhaus Revolto,* 1320 m; von dort Möglichkeit zu Ausflügen in die benachbarten Gebiete der Provinz Trient.
Nach **Volargne** (21 km, 174 m) auf der Staatsstraße Nr. 12 in Richtung Trient zur *Villa del Bene*★ aus dem 15. Jh., 1551 von Sanmicheli erweitert; im Inneren *(zu besichtigen; Pförtner)* Fresken von Caroto und Brusasorci. Weiter durch die *Chiusa di Rivoli,* eine enge Schlucht zwischen der Kette des Monte Baldo und den Lessinischen Hügeln, in der nur der Fluß, die Staatsstraße und die Eisenbahn Platz finden.

VETRIOLO TERME 1500 m (1 E3)

Gemeinde Lévico Terme; Provinz Trient. Bekannter Thermalkurort, Sommerfrischen- und Wintersportort der Valsugana, an den bewaldeten Hängen der Panarotta, 2000 m, mit herrlichem Panorama.

✉ 38056, ✆ 0461, ℹ AA: in Lévico, Viale Dante 7, ☎ 70 61 01

Freizeitangebot: Tennis; Sporthalle; Eislaufplatz; Kursaal. Gondellift Cima Esi, 1495–1828 m; Sessellifte: Malga Montagna Grande, 1575 m – Cima Esi, 1814 m; Rigolor, 1513 m – Cima Panarotta, 1962 m; Schlepplifte.

Italia, ☎ 70 64 14, 45 Zi (22 mB/12 mD)
Trento, ☎ 70 64 01, 41 Zi (37 mB)
Compet, in Compet, 1200 m (2 km), ☎ 70 64 66, 35 Zi (mB/mD)

Kurbetrieb – Stark und schwach arsen- und eisenhaltige Quellen, die in Form von Trinkkuren, Bädern, Schlammpackungen und Unterwassermassagen zur Behandlung von Blut-, Haut-, Schilddrüsen-, Nerven-, Hals-Nasen-Ohren-Erkrankungen, Arthritis und Frauenleiden angewendet werden. *Saison:* Juli–15. Sept.

VICENZA★★ 112.771 Ew, 40 m (4 E2)

Provinzhauptstadt; Bischofssitz. Am Zusammenfluß des Retrone und des Bacchiglione am Fuße der Monti Bérici gelegen, ist Vicenza vor allem dank dem Architekten Palladio eine der wichtigsten Kunststätten Venetiens; wichtiges Industrie- und Handelszentrum, Verkehrsknotenpunkt.

✉ 36100, ✆ 0444, D2, D2, ℹ EPT: Piazza Matteotti (Teatro Olimpico; C3), ☎ 28 944

Campomarzio, Viale Roma 27, ☎ 24 560, 35 Zi (mB/mD) . . . (D2, **b**)
Continental, Via G.G. Trissino 89, ☎ 50 54 78, 52 Zi (mB/mD) . . . (D4, **e**)
City Hotel, Viale Verona 12, ☎ 56 36 33, 23 Zi (mB) . . . (D1, a. P.)
Cristina, Corso S. Felice 32, ☎ 34 280, 24 Zi (20 mD), meublé . . . (D1, **c**)
Basilica, Piazza Erbe 9, ☎ 21 204, 21 Zi (mB/mD) . . . (D3, **g**)
Antica Trattoria Tre Visi, Contrada Porti 6, ☎ 23 964, vizentinische Küche, So abend u. Mo . . . (C2, **q**)
Allo Scudo di Francia, Contrà Piancoli 4, ☎ 28 655, So abend u. Mo . . . (D3, **z**)
All' Abbuffata 2, Piazza Porta Padova, ☎ 50 52 13, Fisch, Mo . . . (C4, **u**)
Gran Caffé Garibaldi, Piazza dei Signori, ☎ 44 147, Di abend u. Mi . . . (C2–3, **v**)
Al Pozzo – Da Sergio e Ciacio, Via S. Antonio 1, ☎ 21 411, internationale Küche, Di und So im Juli und Aug. . . . (D2, **s**)
Rocchetta, Viale Mazzini – Ecke Via C. Cattaneo, ☎ 42 016, vizentinische Spezialitäten, Holzkohlengrill, So . . . (D1, **r**)

am Stadtrand und in der unmittelbaren Umgebung:

Europa, Viale S. Lazzaro 11 (Ausfahrt nach Verona), ☎ 56 41 11, ⊠ 341138, 72 Zi (mB), TV, AIR

Motelagip, Via degli Scaligeri 68 (Autobahnauffahrt Vicenza W), ☎ 56 47 11, 132 Zi (mD), P, AIR

Tre Torri, in Altavilla Vicentina (6 km auf der Staatsstraße N. 11 nach Verona), ☎ 98 04 11, ⊠ 430515, 76 Zi (mB), P G, TV, Radio

Alfa Hotel, Viale dell' Orificeria 52 (Autobahnauffahrt Vicenza W), ☎ 56 54 55, 32 Zi (mD), P, TV, AIR

Genziana, in Altavilla Vicentina, 8 km in den Hügeln, ☎ 98 03 98, 19 Zi (mB), P

Nord Hotel, in Ponte Alto, 5 km gegen Verona, ☎ 52 27 33, 58 Zi (46 mB/mD), P G

Da Remo, Via Caimpenta (2 km auf der Staatsstraße nach Padua), ☎ 50 00 18, P ≈, ~~Mo~~

Pedavena, Viale Verona 79, ☎ 56 30 64, P, AIR, Bierbrauerei, ~~Mi~~

Al Dinosauro, Via Edolo (bei der Autobahnauffahrt Vicenza W), ☎ 56 44 63, P, ~~Di~~

Leoncino, in Tavernelle, 5 km gegen Verona auf der Staatsstraße N. 11, ☎ 98 00 32, ~~So~~, ~~Mo~~, Jänner, August

De Gobbi, in Creazzo, 4 km gegen Verona auf der Staatsstraße N. 11, ☎ 52 05 09, ~~Do~~ abend u. ~~Fr~~

Ai Cacciatori, in Sarmego, 11 km nahe der Staatsstraße N. 11 nach Padua, ☎ 58 00 65, P, AIR, ~~Mi~~

in den Monti Berici:

Michelangelo, in Arcugnano, ☎ 55 03 00, 40 Zi (mB), P ≈, TV, Villa 18. Jh.

Storione, in Arcugnano, an der Straße, ☎ 55 00 13, P, ~~Mo~~

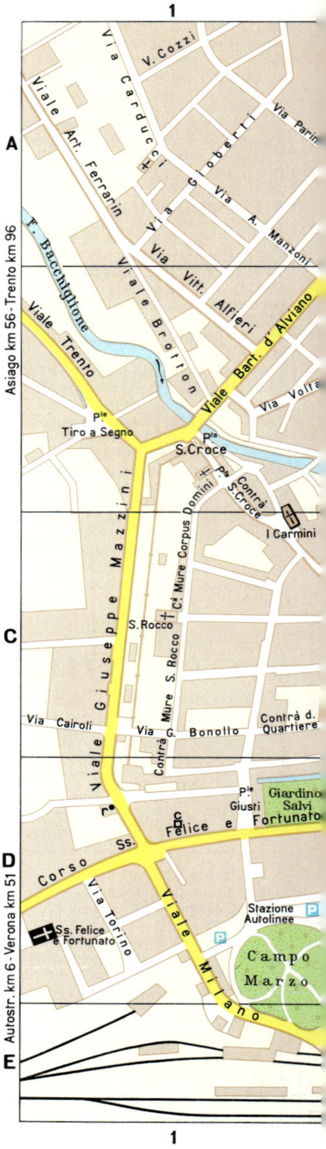

Die Stadt in der Geschichte – Nach einer ersten paläovenezianischen Siedlung wurde die Stadt römisch *(Vicetia),* im Mittelalter war sie freie Gemeinde; nach Machtkämpfen mit Padua und Verona stellte sich die Stadt 1404 unter den Schutz Venedigs. In dieser Zeit begann die städtebauliche Erneuerung, die bis ins 16. Jh. andauerte und aus Vicenza eine der architektonisch wichtigsten Städte Italiens machte. Die Paläste übernahmen zunächst den gotisch-venezianischen Baustil (Casa Zen; die Paläste Schio, Porto Breganze, Thiene; Casa Pigafetta u. a.); diese wurden im 15. Jh. durch venezianische oder emilianische Renaissancepaläste ersetzt oder ergänzt: die Paläste Angaran, Negri, Thiene (Banca Popolare) usw. Schließlich schuf Andrea Palladio (1508–1580) im 16. Jh. einen klassizistischen Baustil, der in der Folge in ganz Europa bestimmend werden sollte. Die wichtigsten Beispiele für diese Architektur sind in Vicenza die Basilika, die Paläste Chiericati, Porto, Valmarana, Bonin-Thiene, das Teatro Olimpico und die Villa Rotonda. Die palladianische Tradition wurde von Vincenzo Scamozzi (1552–1617) weitergeführt und setzte sich bis ins 19. Jh. fort. Palladio und Scamozzi sind beide Söhne der Stadt.

Eine Stadt stellt sich vor – Auf den Ruf Vicenzas als Stadt Palladios muß nicht nochmals hingewiesen werden. Die städtebauliche Erneuerung, die dieser Architekt – einer der wichtigsten Künstler der Renaissance – durchsetzte, bestimmt das gesamte Stadtzentrum; Anzahl und Pracht der klassizistischen Paläste sind für Italien absolut einzigartig. Dennoch besteht auch ein anderes Vicenza; spaziert man ohne festes Ziel durch die Stadt, so entdeckt man enge Gassen mit typischen venezianischen Häusern, unvermutet auftauchende Kanäle mit schönen Brücken und zahlreiche schöne Blickpunkte auf die malerische Hügelkette der Voralpen auf der einen und die Monti Bérici auf der anderen Seite. In Vicenza bestehen mehrere bekannte kulturelle Einrichtungen wie die traditionsreiche Accademia Olimpica, eine Städtische Bibliothek, das kostbare Städtische Museum und das Internationale Architekturforschungszentrum A. Palladio.

Die wirtschaftlichen Tätigkeiten sind vielseitig. Die traditionelle Woll- und Seidenindustrie, die in den umliegenden Gemeinden am Fuße der Berge (Valdagno, Schio etc.) große Erzeugungsbetriebe besitzt, hat ihre Verwaltungsbüros und Auslieferungslager in der Stadt; einige Betriebe arbeiten auf dem Gebiet der Baumwoll- und Schmuckerzeugung; vertreten sind ferner Maschinenbau, chemisch-pharmazeutische Industrie, Papiererzeugung, Druckereien etc. Die wichtigste Handelsgütermesse ist die Fiera Campionaria im September; andere bedeutende Veranstaltungen sind die Nationale Schmuckmesse (Juni) und die Internationale Ausstellung für Paläontologie, Mineralogie und Edelsteinkunde (September). Im Teatro Olimpico finden Theater- und Opernaufführungen statt (Settembre Vicentino).

Küche und Keller – Die bekannteste Vicentiner Spezialität ist das Baccalà alla vicentina (Stockfisch); es folgen die „Bovoli" al burro, aglio e prezzemolo (Schnecken mit Butter, Knoblauch und Petersilie) und andere typische Speisen Venetiens: „Risi e Bisi" (Reis mit Erbsen), Riso e asparagi (Reis mit Spargel), Riso e Tagliatelle (Reis mit Nudeln) und viele andere Arten der Reiszubereitung; gegrilltes Geflügel gehört zu den typischen Hauptgerichten. Typische Mehlspeisen sind die „Smejassa" (aus Maismehl), die „Fritole", die „Grostoli", die „Fugazza". Weine der Monte Berici sind der Gambellara, der Breganze („torcolato") und der Barbarano.

Einkaufstips – Stoffe, Wollwaren, Keramik, Schmuck, geschnitzte Steinskulpturen, Metallarbeiten.

Typisches aus dem Ortsbild – *Piazza dei Signori*★*; Corso Palladio*★*; Contrà Porti*★*; Monte Bérico*★.

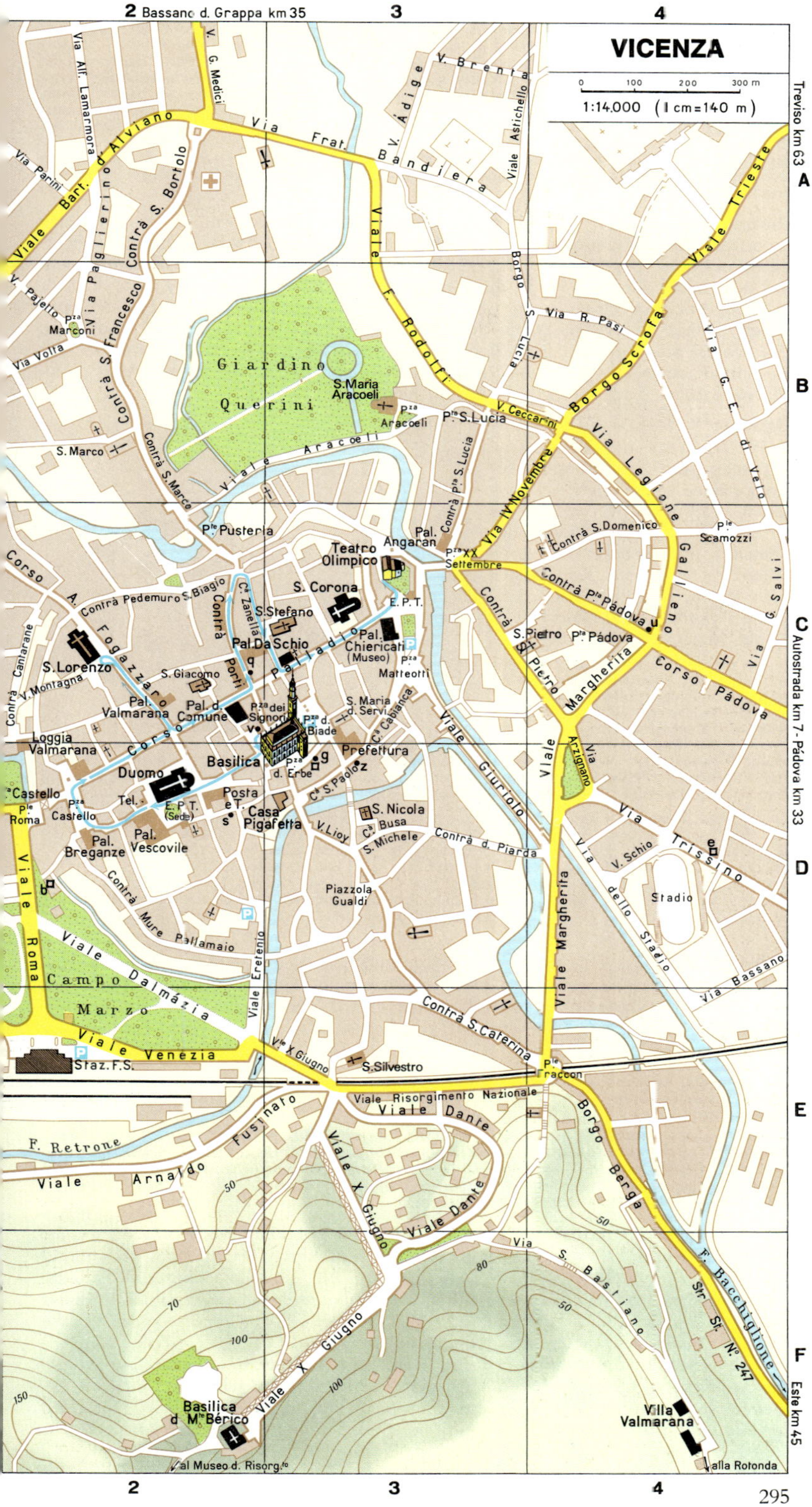
VICENZA
0 100 200 300 m
1:14.000 (1 cm=140 m)
Bassano d. Grappa km 35
Treviso km 63
Autostrada km 7 - Pádova km 33
Este km 45
al Museo d. Risorg.to
alla Rotonda
Viale Bart. d'Alviano
V. G. Medici
Via Alf. Lamarmora
Via Parini
Via Paglierino
Contrà S. Bortolo
Via Frat. Bandiera
V. Brenta
V. Ádige
Viale Astichello
Viale F. Rodolfi
Borgo S. Lucia
Via R. Pasi
Viale Trieste
Borgo Scrofa
Via G. E. di Velo
V. Pajello
P.za Marconi
Via Volta
Contrà S. Francesco
Giardino Querini
S. Maria Aracoeli
P.za Aracoeli
P.te S. Lucia
V. Ceccarini
Via Legione Gallieno
S. Marco
Contrà S. Marco
Viale Aracoeli
Contrà P.ta S. Lucia
Via IV Novembre
Contrà S. Domenico
P.le Scamozzi
Via G. Salvi
P.le Pusterla
Pal. Angaran
Teatro Olimpico
P.za XX Settembre
Corso A. Fogazzaro
Contrà Pedemuro S. Biagio
Contrà Porti
C.a Zanella
S. Corona
E. P. T.
S. Stefano
Contrà P.ta Pádova
Pal. Da Schio
Corso Palladio
Pal. Chiericati (Museo)
P.za Matteotti
S. Pietro
P.te Pádova
Contrà S. Pietro
Corso Pádova
S. Lorenzo
S. Giacomo
V. Montagna
Contrà Cantarane
Pal. Valmarana
Pal. d. Comune
P.za dei Signori
P.za d. Biade
S. Maria d. Servi
C.a Cabianca
Viale Giuriolo
Viale Margherita
Via Arzignano
Loggia Valmarana
Basilica
P.za d. Erbe
Prefettura
Duomo
Castello
P.le Roma
P.za Castello
Tel.
E. P. T. (Sede)
Posta e T.
Casa Pigafetta
C.a S. Paolo
S. Nicola
C.a Busa
S. Michele
V. Lioy
Contrà d. Piarda
Via Trissino
V. Schio
Via dello Stadio
Stadio
Pal. Breganze
Pal. Vescovile
Contrà Mure Pallamaio
Piazzola Gualdi
Viale Roma
Viale Dalmázia
Viale Eretenio
Campo Marzo
Via Bassano
Contrà S. Caterina
Viale Venezia
V.le X Giugno
Staz. F.S.
S. Silvestro
P.le Fraccon
Viale Risorgimento Nazionale
Viale Dante
Borgo Berga
F. Retrone
Fusinato
Viale Arnaldo
Viale X Giugno
Via S. Bastiano
F. Bacchiglione
Str. St. No 247
Basilica d. M.te Bérico
Villa Valmarana
2
3
4
A
B
C
D
E
F

Sehenswürdigkeiten auf einen Blick – *Basilika★★; Teatro Olimpico★★; Palazzo Chiericati★ und Museo Civico★; Paläste★ am Corso Palladio und in der Contrà Porti; Villa Valmarana★; La Rotonda★.*
Stadtbesichtigung – Man benötigt einen Tag; wenn man auch die Museen, den Monte Bérico und die Rotonda besichtigt, eineinhalb Tage. Das Auto wie am Stadtplan eingezeichnet oder in den Außenbezirken abstellen und zu Fuß oder mit einem öffentlichen Verkehrsmittel zur *Piazza dei Signori* **(Basilika★★)**; von hier zur nahe gelegenen *Piazza Duomo* **(Dom★)**. Dem am Stadtplan eingezeichneten Rundgang folgend, kommt man zu *Piazza Castello* und dann auf den *Corso Palladio:* zunächst in den *Corso Fogazzaro* **(S. Lorenzo)** und dann in die *Contrà Porti* und *Contrà Zanella* abbiegen. Gegen Ende des Corso Palladio liegt die Kirche **S. Corona★**; auf der *Piazza Matteotti* befindet sich das **Museo Civico★** und das **Teatro Olimpico★★.** Mit dem Auto erreicht man die Gegend des Monte Bérico und die umliegenden Villen.

Piazza dei Signori★ (C2–3) – Der harmonisch geschlossene Platz bildet das monumentale Stadtzentrum. Hier erheben sich an der S-Seite die Basilika, daneben die 82 m hohe *Torre di Piazza* (12.–15. Jh.); am Ende zwei venezianische *Säulen,* eine mit dem Markuslöwen (1473), die andere mit dem Erlöser; an der N-Seite die sich mit drei Arkaden öffnende und mit Stuckarbeiten geschmückte **Loggia del Capitano★** *(Palast des venezianischen Statthalters),* ein Werk Palladios (1571), und der *Palazzo del Monte di Pietà* (Pfandleihhaus) aus dem 16. Jh., in dessen Mitte sich die barocke Fassade der Kirche *S. Vincenzo* befindet (1617; am ersten Altar links Marmorplastik der Grablegung, von O. Marinali).

Basilika★★ (C–D3) – Das wichtigste Bauwerk der Stadt, eine der schönsten Schöpfungen der Renaissance in Venetien, zwischen 1549 und 1617 erbaut. Sie ist ein Hauptwerk Palladios: der Künstler ummantelte den gotischen *Palazzo della Ragione* aus dem 15. Jh. mit einer klassizistischen Arkaden- und Galerienfolge aus Marmor.

Vicenza: Basilika

An der rechten Seite führt eine Treppe in die Galerie des Obergeschosses; von ihr gelangt man in den großen gotischen Saal mit schiffskielartiger Wölbung, der die gesamte Stockwerkfläche einnimmt. Hier ist das *Palladio-Museum* untergebracht *(Öffnungszeiten: 9–12, 14.30–17 Uhr; So 10–12 Uhr; Mo geschl.)* mit Autographen, Entwürfen und Modellen des Meisters. An der Rückseite der Basilika befindet sich die Piazza delle Erbe: hier erhebt sich ein mittelalterlicher Turm, der durch einen Torbogen (1494) mit der Basilika verbunden ist.

An der nahe gelegenen Piazza delle Biade die Kirche **S. Maria dei Servi** (C3) aus dem 15. Jh. (die Fassade stammt aus dem 18. Jh., das Portal aus der Renaissance); im gotischen Inneren Gemälde des B. Montagna (1. Altar rechts) und lombardischer Altar aus dem späten 15. Jh. (2. Altar links).
Piazza del Duomo – Hier liegen der Dom und auf Nr. 11 der *Bischofspalast* (*Palazzo Vescovile,* D2), mit wunderschönem Renaissance-Arkadenhof★ von Bernardino di Milano (1494). An der S-Seite des Platzes unter dem Palazzo Proti ein unterirdischer **römischer Kryptoportikus,** der wahrscheinlich von einem Palast aus dem 1. Jh. n. Chr. stammt. *Öffnungszeiten: Di, Fr, Sa 9.30–11.30 Uhr; Auskunft C.T.G., Piazza Duomo 2.*

Dom★ (D2) – Das im 14.–16. Jh. erbaute und nach den Zerstörungen des letzten Krieges teilweise neugebaute Gotteshaus hat eine schöne gotische Fassade aus mehrfarbigem Marmor mit Blendarkaden (1467) und eine schöne Renaissance-Apsis, an deren Seite sich ein auf römischen Mauern ruhender romanischer Glockenturm (11. Jh.) erhebt.

Das einschiffig kreuzgewölbte gotische INNERE mit Seitenkapellen und erhöhtem Chor beherbergt Gemälde von F. Maffei (3. Altar rechts), Lorenzo Veneziano (5. Altar rechts) und B. Montagna (4. Altar links).

Piazza Castello (D2) – Auf Nr. 18 der unvollendete *Palazzo Porto-Breganze,* mit der charakteristischen Dreisäulenfassade von V. Scamozzi nach einem Entwurf von Palladio (Ende 16. Jh.). An der Kreuzung mit dem Corso Palladio erhebt sich ein mächtiger *Turm,* der einzige Rest der mittelalterlichen *Skaligerburg.* Jenseits der Porta Castello erstreckt sich der Giardino Salvi mit der palladianischen *Loggia Valmarana* (1592) über einem kanalisierten Wasserlauf.

Corso Andrea Palladio★ (1. Abschnitt; C–D2) – Die Hauptverkehrsader, die die Stadt von W nach O durchquert, besteht aus einer Abfolge bedeutender Paläste und Kirchen aus dem 14.–18. Jh. Sehenswert: auf Nr. 13 der großartige, Palladio zugeschriebene und von Scamozzi ausgeführte *Palazzo Bonin-Thiene;* auf Nr. 45 der *Palazzo Capra* aus der Renaissance (15. Jh.); auf Nr. 47 der gotisch-venezianische *Palazzo Thiene* (15. Jh.) mit schönem Maßwerkfenster; auf Nr. 67 der elegante gotisch-venezianische *Palazzo Braschi* (15. Jh.) mit Erdgeschoßarkaden; auf Nr. 98 der **Palazzo del Comune★** (C2, Rathaus) mit Arkaden und schönem Innenhof, ein Meisterwerk Scamozzis (1592; auf Anfrage beim Portier kann man im 2. Geschoß den Sitzungssaal mit einem Fries des G. Carpioni und einen mit Stuckarbeiten aus dem 17. Jh. geschmückten Saal besichtigen).

S. Giacomo (C2) – Die etwas zurückversetzte restaurierte Kirche dient derzeit als Ausstellungshalle *(Besichtigung: Di, Sa 10–12.30, 16–19 Uhr; So 10–12 Uhr).* Das Innere ist mit Gemälden Vicentiner Meister des 16. und 17. Jhs. geschmückt (G.B. und A. Maganza, F. Maffei, G. Carpioni, E. Cittadella, G.A. Fumiani).

Corso Fogazzaro (C2) – Eine der belebtesten Straßen der Stadt, von zahlreichen sehenswerten Renaissance- und Barockpalästen gesäumt; auf Nr. 16 der mächtige *Palazzo Valmarana* von Palladio; etwas weiter der *Palazzo della Banca d'Italia* von F. Muttoni (1711) mit barocker Fassade gegen die Piazza S. Lorenzo, gegenüber der gleichnamigen Kirche.

S. Lorenzo (C2) – Mächtiger gotischer Backsteinbau der Franziskaner (13. Jh.). An der Fassade prächtiges, mit Skulpturen geschmücktes Portal (1344) und Wandgräber. In dem schönen, durch Rundpfeiler unterteilten Inneren mehrere Grabmäler des 14.–16. Jhs.; beachtenswerte Altarreliefs im rechten Querschiff (15.–16. Jh.); in der linken Chorkapelle abgelöstes Fresko (Enthauptung Johannes des Täufers) von B. Montagna. Kreuzgang aus dem 15. Jh.

Contrà Porti★ (C2) – Die Straße wird von prächtigen Palästen gesäumt: auf Nr. 6–10 der gotisch-venezianische *Palazzo Cavalloni-Thiene* aus dem 15. Jh.; auf Nr. 11 der mächtige *Palazzo Porto-Barbaran* von Palladio (1570); auf Nr. 12 der *Palazzo Thiene* (Banca Popolare) aus der Renaissance, ein Werk des Lorenzo da Bologna (1489) mit kostbarem Terrakotta-Portal; die feierliche hintere Fassade zur Contrà Zanella (s. d.) ist ein Werk Palladios (1558); auf Nr. 14 die gotische *Casa Sperotti-Trissino* mit schönem Balkon; auf Nr. 17 der gotisch-venezianische *Palazzo Porto-Breganze* (1481) mit Renaissance-Portal und Arkadenhof; auf Nr. 16 der Renaissance-*Palast Porto-Fontana;* auf Nr. 19 der wunderschöne gotisch-venezianische *Palazzo Colleoni-Porto* (spätes 14. Jh.); auf Nr. 21 der von Palladio errichtete, aber unvollendet gebliebene *Palazzo Iseppo da Porto* (1552).

Contrà Zanella (C2) – Auch sie wird von bedeutenden Bauwerken flankiert: auf Nr. 2 die malerische gotisch-venezianische *Casa Fontana-Sesso* aus dem 14.–15. Jh.; auf Nr. 1 der zinnenbekrönte *Palazzo Negri de Salvi* aus der Renaissance (Ende 15. Jh.); links die barocke Kirche *S. Stefano:* im linken Querschiff Gemälde Madonna mit Heiligen, ein schönes Werk des Palma il Vecchio; etwas weiter die Rückseite des Palazzo Thiene (s. o.).

Corso Palladio★ (2. Abschnitt; C3) – Auf Nr. 147 der **Palazzo Da Schio★,** „Ca' d'Oro" (Goldenes Haus) genannt, ein Schmuckstück gotisch-venezianischer Architektur des 14.–15. Jhs. (im Atrium Architekturfragmente und antike Inschriften.) Hinter der Kirche S. Corona (s. u.) auf Nr. 165–67 das sogenannte *Haus des Palladio,* dessen Fassade dem berühmten Architekten zugeschrieben wird (1560–70).

S. Corona★ (C3) – Dominikanerkirche, begonnen 1261, mit prächtigem Marmorportal und schönem Glockenturm. Dreischiffiges gotisches Inneres mit tiefem Renaissance-Chor von Lorenzo da Bologna (1489). *Besichtigung: 9.30–12.15, 15.30–18 Uhr; Mo vormittag geschl.*

3. Altar rechts: Anbetung der Könige★, von Veronese (1573); im Chor barocker Hochaltar (1669); in der Apsis hölzernes Chorgestühl mit Intarsien aus dem späten 15. Jh. (die Sitze sind von 1544). Linke Chorkapelle: Schönes Reliquiar (14. Jh.) mit dem vom hl. Ludwig von Frankreich geschenkten Dorn der Krone Christi. 5. Altar des linken Seitenschiffs: Taufe Christi★★, ein Spätwerk von Giovanni Bellini; 3. Altar: Hl. Antonius, von L. Bassano; 2. Altar links: Hl. Magdalena mit Heiligen, ein Spätwerk von B. Montagna.

Piazza Matteotti (C3) – Großer begrünter Platz, an dem sich rechts der Palazzo Chiericati und links in einem Garten das Teatro Olimpico befinden; hinter letzterem erhebt sich ein zinnenbekrönter mittelalterlicher Turm.

Palazzo Chiericati★ (C3) – Ein Werk des Palladio (1551) von klassischer Schönheit mit mächtigem Säulenportikus und darüberliegender, mit Statuen bekrönter Balustrade. Der Palast ist heute Sitz des aus mehreren Sammlungen bestehenden **Städtischen Museums (Museo Civico).** *Öffnungszeiten: 9.30–12.15, 15.30–18 Uhr; Mo vormittag geschl.*

Vicenza: Palazzo Chiericati

Das Museum besitzt *frühgeschichtliche und archäologische Funde* (man beachte die paläovenezianischen Votivblättchen★ mit figürlichen Darstellungen aus dem 4.–3. Jh. v. Chr.) und eine bemerkenswerte GEMÄLDEGALERIE★, die sich vor allem aus Werken der Venezianischen Schule vom 14.–18. Jh. zusammensetzt. Die Malerei Venetiens des 14. Jhs. ist durch Paolo Veneziano vertreten; jene des 15. Jhs. durch Battista da Vicenza, B. Montagna (Thronende Madonna mit Heiligen★; Kreuztragender Christus), G. Buonconsiglio (Grablegung★), Cima da Conegliano, D. Morone, Carpaccio, G. Mansueti und anderen. Von den wichtigsten Vertretern der Malerei des 16. Jhs. sind bedeutende Werke ausgestellt: Veronese (Madonna mit Heiligen★), Tintoretto (hl. Augustinus heilt Pestkranke), J. Bassano (Die Vicentiner Statthalter beten die Jungfrau an★). Die Malerei des 17. und 18. Jhs. wird durch zahlreiche Werke dokumentiert: Carpioni und Maffei (Verherrlichung der venezianischen Statthalter), S. und M. Ricci, Pietro della Vecchia, Pittoni, Cignaroli, G. Zais, Tiepolo (Immacolata; Die Zeit enthüllt die Wahrheit★), Piazzetta (Verzückung des hl. Franziskus★); beachtenswert sind außerdem einige Landschaften und Stilleben des 17. und 18. Jhs. Wichtige Maler anderer Schulen: B. Boccaccino, F. del Cairo, Luca Giordano, und vor allem die Flamen Hans Memling (Kreuzigung★) und Van Dyck (Die drei Lebensalter★); man beachte außerdem eine Terrakotta-Plastik der Madonna mit Kind★ von J. Sansovino. Das Museum besitzt außerdem eine Sammlung wertvoller Architekturzeichnungen von A. Palladio. In drei Sälen des Erdgeschosses befinden sich schöne Decken und im 1. Stock zwei Friese von Brusasorci und Zelotti.

Teatro Olimpico★★ (C3) – *Besichtigung: Sommer 9.30–12.30, 15–17.30 Uhr; Winter 9.30–12.30, 14–16 Uhr; Sonn- und Feiertage 9.30–12.15 Uhr; Eintrittsgebühr.* Das letzte Werk von Palladio (1580), vollendet von Scamozzi. Das aus Holz und Stuck erbaute Theater lehnt sich an den Typus des klassischen Theaters des Altertums an; der Zuschauerraum ist in Form einer halben Ellipse mit Stufen angelegt, die feste Bühne mit Statuen und architektonischen Perspektiven stellt die sieben Straßen Thebens dar und wurde von Scamozzi entworfen.

WEITERE SEHENSWÜRDIGKEITEN – **Ss. Felice e Fortunato★** (D1) – Die für die Kirchengeschichte der Stadt wichtige romanische Kirche wurde im 10. Jh. errichtet und im 12. Jh. erneuert; in der Vorhalle sind mehrere frühchristliche Sarkophage zu sehen.

Dreischiffiges Inneres mit basilikalem Querschnitt und einem über einer Krypta erhöhten Chor; beachtenswerte Fußbodenmosaike aus dem Vorgängerbau des 4. und 5. Jhs.; am Altar rechts vom Chor, beim Eingang zum *Martyrion* aus dem 5. Jh., eine Madonna aus dem 15. Jh. Schöner kleiner Glockenturm aus dem 12. Jh. mit Ergänzungen aus dem 14. Jh.

Casa Pigafetta (D3; in der Via Pigafetta 9) – Malerischer, reich geschmückter Bau der venezianischen Spätgotik des 15. Jhs. Hier wurde der berühmte Seefahrer, Navigator bei Magellans erster Weltumsegelung (1519–22), geboren.
S. Nicola da Tolentino (D3) – Das Oratorium aus dem 16.–17. Jh. ist vor allem wegen seines reich mit Stuck und Gemälden geschmückten Innenraums interessant *(links vom Eingang läuten):* F. Maffei (von diesem Maler ist auch das Hochaltarbild der Hl. Dreifaltigkeit), G. Carpioni, A. Zanchi u. a. Man beachte auch den nahe gelegenen *Ponte di S. Michele,* eine Brücke aus dem Jahre 1623 (Blick auf den historischen Stadtkern) und einige Häuser in der Contrà Piancoli: Nr. 4 und 6 gotisch-venezianische Bauten des 15. Jhs.; Nr. 8, Haus aus dem frühen 16. Jh. im Renaissance-Stil.
Palazzo Angaran (C3) – Der Bau aus dem späten 15. Jh. hat an der Fassade und der linken Seite gegen den Bacchiglione Arkaden.
I Carmini (B–C1) – Die neugotische Kirche besitzt noch Portale und einige andere Teile der zerstörten Kirche S. Bartolomeo (14.–15. Jh.); am 1. Altar rechts: Hl. Dreifaltigkeit, von Veronese; am 2. Altar links: Grablegung, von Bassano; am 1. Altar links: Madonna und Heilige, von B. Montagna.
S. Pietro (C4) – Gotische Kirche (15. Jh.) mit Renaissance-Fassade aus dem späten 16. Jh.; im Inneren schöne Gemälde (A. und G.B. Maganza, G.B. Zelotti und F. Maffei). Im nahe gelegenen Hospiz (in der Eingangshalle Denkmal des Gründers, von Canova) ein *Kreuzgang*★ aus dem 15. Jh. mit doppeltem Arkadengang, dessen Bogen mit Terrakottaplastiken verziert sind.
S. Maria Arcoeli (B3) – Eines der wenigen barocken Bauwerke Vicenzas, entworfen von Guarino Guarini, ausgeführt von C. Borella (17. Jh.), auf elliptischem Grundriß, mit prächtigem Hochaltar (Altarbild von Marco Liberi).
S. Marco (B2) – Die barocke Kirche aus dem 18. Jh. mit reich geschmückter Fassade beherbergt (2. Altar rechts) eine Verzückung der hl. Therese, von S. Ricci.

UMGEBUNG – Die **Basilica di Monte Bérico★** (F2) erreicht man über die Ausfahrt im S, dann über die Viale X Giugno, die von Arkaden mit Kapellen des F. Muttoni (18. Jh.) gesäumt wird. Die Basilika erhebt sich auf einem die Stadt beherrschenden Hügel, an der Stelle, an der die Hl. Jungfrau einer Frau aus dem Volke erschien (1426). Die heutige Kuppelkirche mit drei Fassaden entstand 1688–1703.

Im Inneren wird der Chor durch das alte gotische Oratorium gebildet, am Altar befindet sich die verehrte Marienstatue von 1444; am rechten Altar eine Pietà★, ein Meisterwerk des B. Montagna (1500); von diesem Maler stammt auch ein abgenommenes Fresko mit dem gleichen Thema in der Sakristei. Im Refektorium das große Leinwandbild (Abendmahl Gregors des Großen★) von Veronese, vielleicht das schönste Abendmahlgemälde des Meisters (1572); gotischer Kreuzgang von 1429.

Vom Platz vor der Kirche (Piazzale della Vittoria) schöner Blick★ auf Vicenza und die Kriegsschauplätze von 1915–18. Etwas weiter befindet sich die barocke *Villa Guiccioli* aus dem 18. Jh., die das *Museo del Risorgimento (Ital. Unabhängigkeitsmuseum)* beherbergt, eine große dokumentarische Sammlung aus der Zeit der Italienischen Einigung mit Abteilungen, die dem Ersten und Zweiten Weltkrieg gewidmet sind. *Besichtigung: 9–12, 14–18 Uhr (Sommer); 15–17 Uhr (Winter); So 9–12.30 Uhr; Mo geschl.; derzeit wegen Restaurierung geschl.*

Die **Villa Valmarana★** (F4) und die **Rotonda★** (ca. 3 km) erreicht man über eine Abzweigung ca. in der Mitte des Viale X Giugno und dann zu Fuß über die Via S. Bastiano (Zufahrt mit dem Auto über die Straße Nr. 247). In der *Villa Valmarana★,* die 1668 errichtet wurde, sind der kleine Palast und das Gästehaus mit prächtigen Fresken★ von G.B. Tiepolo und dessen Sohn Gian Domenico ausgestattet (1757). *Besichtigung: 15–18 Uhr; Do, Sa auch 10–12 Uhr; Sonn- und Feiertage nur*

10–12 Uhr; Eintrittsgebühr; auf Nr. 8 läuten. In der Via della Rotonda 33 befindet sich die berühmte **Villa La Rotonda★** *(im allgemeinen nur von außen zu besichtigen, 9–12, 15–19 Uhr; ☎ 21 793; Eintrittsgebühr für die Besichtigung des Gartens).* Das geniale Werk Palladios (1550) wurde von Scamozzi vollendet (1606). Der völlig symmetrische Bau auf quadratischem Grundriß hat nach allen vier Richtungen identische ionische Tempelfrontfassaden und einen kuppelgewölbten kreisrunden zentralen Saal.

4 km zur Abteikirche **S. Agostina;** man verläßt die Stadt über das Viertel S. Felice in Richtung SW und fährt unter der Autobahnbrücke durch. Die Kirche wurde im 14. Jh. im romanischen Baustil begonnen und an der Apsis in der Gotik vollendet; die Langhauswände sind mit Fresken venezianischer und emilianischer Schule des 14. Jhs. geschmückt, am Hochaltar ein Polyptychon des Battista da Vicenza (1404; Madonna mit Kind und Heiligen).
22 km nach S nach **Barbarano Vicentino;** von der Wallfahrtskirche des Monte Berico weiter nach S durch eine freundliche Landschaft entlang dem Hauptkamm der Monti Bérici. Hinter *Arcugnano,* 161 m, genießt man eine schöne Aussicht auf den grünen Talkessel mit dem kleinen See von Fimon und andererseits auf die Ebene. *Barbarano Vicentino,* 55 m, ist ein alter Ort am Fuß der SW-Ausläufer der Monti Bérici. *Pfarrkirche* (18. Jh.) mit Glockenturm aus dem 14. Jh. und im Inneren einem großen Altarbild (Mariä Himmelfahrt) von Palma il Giovane; nebenan liegt der gotisch-venezianische *Palazzo dei Canonici* aus dem 15. Jh.
Man kann nach Vicenza auch auf einem anderen Weg zurückkehren Weiterfahrt bis *Ponte di Barbarano,* dort schlägt man die Straße N. 247 ein und fährt entlang des Osthangs der Bérici über *Costozza,* 73 m, wo sich die *Villa Garzadori,* heute *Schio* (1690), und die *Villa Trento,* heute *Carli* (1645), befinden; man kann die *Taverna Eolia (Di geschl.)* aufsuchen; eine nebenan liegende Höhle sorgt für immer gleichbleibenden Luftzug und eine konstante Temperatur. 7 km hinter Costozza liegt **Montegaldella,** 23 m; dort ist die Villa Campagnolo oder *„La Deliziosa“,* mit Statuen von Marinali (17./18. Jh.) zu besichtigen *(Do, Sa 9–12 Uhr)*
In **Dueville,** 57 m, 12 km nach N, in einer Gegend mit zahlreichen Landhäusern, lohnt der Besuch der *Villa Monza* (heute Gemeindeamt), von Muttoni (1715), der *Villa Da Porto* in Vivaro (2. Hälfte 16. Jh.) und der *Villa Da Porto* in Pilastroni von O. Calderari (1776), *(zu besichtigen: So 8–12, 15–18 Uhr).*

VIGNOLA 19.906 Ew, 125 m (8 C3)

Provinz Modena. Wichtiges Zentrum des Obstanbaus (bekannte Kirschenproduktion), außerdem Konserven- und Weinindustrie, in der Nähe des Einzugsgebietes des Panáro in die Ebene.

✉ 41058, ✆ 059

Freizeitangebot: Tennis; Schwimmbad und Boccia-Anlage in Guiglia.

Eden, Via C. Battisti 49, ☎ 77 28 47, 15 Zi (11 mD), G ♆
Old River, Via Portello 7, ☎ 77 14 52, P ♆, Terrasse, MC

in Spilamberto (✉ 41057), 7 km in Richtung Modena:
San Pellegrino, an der Straße, ☎ 78 43 18, 38 Zi (mD), P G ❀, auch Restaurant, mit getrennter Geschäftsführung

in Guiglia (✉ 41052), 12 km nach SW:
Tre Lune, an der Ausfahrt, ☎ 79 23 85, 18 Zi (mB/mD), P ❀

Heimatstadt des Architekten Jacopo Barozzi, genannt Vignola (1507–73). – Eine typische Mehlspeise ist die „Torta Barozzi“.
Imposante **Burg** mit hohen Ecktürmen (1401–35). Im Inneren können der Hof mit der hohen *Torre Nonantalona* (der Turm ist mit einigen anderen Überresten noch ein Teil des mittelalterlichen Vorgängerbaus), die freskengeschmückte Kapelle (1401–48) ud einige ebenfalls im 15. Jh. ausgestattete Säle besichtigt werden *Besichtigung: wochentags 9–12, 15–18 Uhr; Sonn- und Feiertage: 10–12, 15–18 Uhr; Mo geschl.*
2 km gegen W an der Straße nach Marano sul Panáro liegt eine kürzlich restaurierte romantische *Kirche* mit vollständig erhaltener Apsis und später verändertem Innenraum.
12 km gegen SW liegt auf einem Hügel mit schöner Aussicht ins Panáro-Tal **Guiglia,** 490 m, 3.042 Ew, eine bekannte Sommerfrische. Von der ehemaligen Burg aus dem 14. Jh. ist der in einem Palast aus dem 18. Jh. (heute Hotel) eingebaute Turm erhalten geblieben.
AUSFLUG – Nach **Pieve Trebbio** (siehe Zocca), 5,6 km hinter Guiglia, über *Monteorsello,* 523 m; in der Pfarrkirche eine schöne Terrakotta-Statue (Madonna mit Kind) von A. Begarelli (1545).

VIGO DI CADORE 1.772 Ew, 951 m (2 C3)

Provinz Belluno. Sommerfrische auf einem Hochplateau im oberen Piave-Tal.

✉ 32040, ✆ 0435, ℹ AA: ◪ in Vigo, Piazza S. Orsola, ☎ 77 058; in Laggio di Cadore, Borgata Nicolò, ☎ 77 057

Freizeitangebot: Skilifte auf dem Pian dei Buoi, 1800 m (oberhalb Lozzo di Cadore), in Laggio und Casera Razzo.

Sporting, in Pelos (an der Straße), ☎ 77 103, 14 Zi (mD), P ≈
Miramonti, in Laggio, ☎ 77 007, 48 Zi (6 mB/3 mD), P

Kirchlein *S. Orsola* aus dem 14. Jh., mit Fresken aus dem späten 14. und frühen 15. Jh. geschmückt. In 1 km Entfernung die eingemeindete Ortschaft **Laggio di Cadore,** 944 m, ebenfalls eine besuchte Sommerfrische. Ca. 1 km gegen S liegt einsam inmitten grüner Wiesen die Kirche *S. Margherita* aus dem frühen 14. Jh., deren Inneres mit Fresken (Geschichte der hl. Margarete) aus dem 14.–15. Jh. ausgestattet ist.

Am anderen Ufer der Piave liegt in 3 km Entfernung **Lozzo di Cadore,** 756 m, 1.638 Ew, von hier führt eine Bergstraße zum *Schutzhaus Marmarole,* 1786 m, und zum *Pian dei Buoi,* 1825 m (Skilift), unterhalb der schönen Marmarole-Gruppe.
Nach 14 km an der Straße nach Sauris liegt das **Hochplateau** von **Razzo,** 1745 m, mit Wäldern und Wiesen; Skigebiet (Skilifte).

VIGO DI FASSA 886 Ew, 1400 m (**2** C1)

Provinz Trient. Wichtiger Fremdenverkehrsort im Fassatal an den Hängen des Rosengartens, am Beginn der Straße zum Karerpaß (Passo di Costalunga) gegenüber vom Zwölferkofel, 2428 m; Sommerfrischen- und Wintersportort.

✉ 38039, ✆ 0462, ℹ AA: Via Roma 2, ☎ 64 093, [Tx] 400540

Freizeitangebot: Geheiztes Hallenbad; Tennis; Seilbahn nach Ciampedíe, 2000 m. Skilifte im Vigo, Ciampedíe und Gardeccia; Skischule; Eislaufplatz.

- **Corona (Parkhotel)** ◪, ☎ 64 211, [Tx] 400180, 61 Zi (mB), [P] [G] ❀ ≈ ⚲, Sauna
- **Catinaccio,** Ausfahrt nach Costalunga, ☎ 64 209, 26 Zi (mB/mD), [P] [G] ❀, Sauna
- **Andes,** ☎ 64 575, 24 Zi (mB/mD), [P] [G]
- **Alla Rosa,** ☎ 64 286, 42 Zi (mB), [P] [G] ❀ ≈, Sauna
- **Gran Mugon,** in Tamion, 1550 m; 4 km Richtung Costalunga, ☎ 64 208, 17 Zi (mB/mD), [P] ❀

In der eingemeindeten Ortschaft *S. Giovanni* (1 km) die malerische gotische Kirche *S. Giovanni* (15. Jh.) mit einem schönen Glockenturm und prächtigen Portalen; der gotische Innenraum ist mit Fresken aus dem 16. Jh. geschmückt. Interessant ist auch die über dem Dorf liegende Kirche *S. Giuliana* aus dem 15. Jh., die mit Fresken aus derselben Zeit ausgestattet ist.
AUSFLÜGE – Mit der Seilbahn auf den **Ciampedie,** ca. 2000 m, einem schönen Hochplateau an den Felswänden des Larsec; in 30 Min. gelangt man auf einem leicht begehbaren Pfad in den Kessel der *Gardeccia* (s. Pozza). – 13 km zum **Karersee*** über den Karerpaß, 1745 m (s. Karersee).

VILLAFRANCA DI VERONA 25.118 Ew, 54 m (**3** F3)

Provinz Verona. Wichtiges Agrarstädtchen mit etwas Industrie in der Ebene im SW Veronas, Ort des Friedensschlusses zwischen Napoleon III. und Österreich am 8. Juli 1859, der zur Abtretung der Lombardei führte.

✉ 37069, ✆ 045

Freizeitangebot: Flughafen von Verona, 1 km nach NO, ☎ 51 37 00.

- **Roveda,** 2 km auf der N. 62 nach Verona, ☎ 63 83 78, 48 Zi (mB), [P]
- **Ca' 21,** Via Quadrato 21 (auf der Umfahrungsstraße), ☎ 63 79 86, ~~Di~~
- **Paradiso,** Via Mantova 1 (Ausfahrt nach Mantua), ☎ 63 84 04, ~~Mo~~

Die mächtige **Skaliger-Burg*** (12.–14. Jh.) mit Zinnen und Türmen und einem hohen Wehrturm im Zentrum umschließt das malerische Kirchlein des Heilands; die Burg war ursprünglich Teil einer im Jahre 1345 begonnenen, 16 km langen Verteidigungslinie, des sogenannten *Serraglio,* der die Festungen von Villafranca, Nogarole und Valeggio sul Mincio (s. d.) miteinander verband.

VILLA MINOZZO 4.443 Ew, 680 m (**8** D2)

Provinz Reggio nell' Emilia. Sommerfrische im Apennin von Reggio auf einem Hochplateau entlang der Secchia. 18 km gegen S an der Straße nach Piandelagotti liegt inmitten von Kastanienwäldern **Civago,** 1011 m.

✉ 42030, ✆ 0522

Freizeitangebot: Sessellifte: Alpe di Cusna: Rescadore, 1125 m – Lama Gallina, 1480 m; Pianelli, 1476–1711 m; Febbio, 1504–2063 m; Schlepplifte in Civago (Apenninia) und in Alpe Cusna.

- **Del Lago,** in Gazzano, 811 m (17 km), ☎ 80 31 22, 46 Zi (6 mB/28 mD), [G]
- **Val Dolo,** in Civago (18 km), ☎ 80 71 41, 14 Zi (4 mB/2 mD), [P] ❀

In der Umgebung befinden sich zahlreiche Wintersportorte: 17 km, in der Nähe von Febbio, die *Alpe di Cusna,* 1168 m, ein Plateau unterhalb des Monte Cusna (in der Nähe das Schutzhaus *Zamboni* des CAI); 22,5 km, hinter Civago, liegt *Appenninia,* ca. 1100 m.
AUSFLUG – 27 km auf einer Panorama-Straße über *Costabona,* 824 m, und *Quara,* 722 m, nach **Toano,** 842 m, 3.989 Ew, eine Sommerfrische in schöner Lage. Auf einem Hügel über dem Ort die romanische Kirche *S. Maria di Castello* (frühes 12. Jh.); Blick in die Täler der Seccia und des Dolo.

VILLA SANTINA 2.117 Ew, 363 m (**6** A1)

Provinz Udine. Marktflecken mit einigen Industriebetrieben am Beginn des Gorto-Kanals im mittleren Tagliamento-Tal.

in Ampezzo (✉ 33021) 3 km nach W:
- **Colmajer,** Via Nazionale 86 (beim Ort), ☎ 0433/80 219, 23 Zi (mB/mD), [P] [G]

in Sauris (✉ 33020) 27 km nach NW:
- **Nuova Maina,** in la Maina, 1000 m, ☎ 0433/86 016, 17 Zi (10 mD), [P], am See

Die *Pfarrkirche* stammt aus dem 16. Jh. und besitzt noch Überreste eines älteren Vorgängerbaus. SPAZIERGANG – 30 Min. gegen SO zur auf einem 401 m hohen Hügel gelegenen *Kirche von Invillino* aus dem 16. Jh.; im Inneren *(derzeit wegen Restaurierung geschlossen)* vergoldeter Schnitzaltar des Domenico da Tolmezzo (15.–16. Jh.).

AUSFLUG – 27 km nach **Sauris.** Durch das Tagliamento-Tal bis (14 km) **Ampezzo,** 560 m, 1.506 Ew, einer Sommerfrische mit Häusern im karnischen Stil; weiter auf tunnelreicher Straße durch das enge und naturbelassene Lumiei-Tal. *Sauris* ist eine Gemeinde mit verstreut gelegenen Häusergruppen im mittleren und oberen Lumiei-Tal (*La Maina,* 1023 m, oberhalb eines großen Stausees. *Sauris di Sotto,* 1212 m, der Hauptort; *Sauris di Sopra,* 1400 m) in schöner wald- und wiesenreicher Umgebung, Wintersportgebiet (Skilifte).

VITTORIO VENETO★ 30.040 Ew, 145 m (5 C2)

Provinz Treviso. Städtchen am Fuß der Voralpen von Belluno; beachtenswertes Fremdenverkehrs-, Handels- und Industriezentrum, bekannt für die Schlacht (24. Okt.–3. Nov. 1918) und den umstrittenen italienischen Sieg zu Ende des Ersten Weltkrieges.

✉ 31029, ✆ 0438, B1–2, B1, ℹ AA: Piazza del Popolo, ☎ 57 243

Freizeitangebot: Hallen- und Freibad; Tennis; Reitzentrum in Castelcucco. Golf und Skilifte auf dem Pian del Cansiglio, 21 km nach NO (s. Cansiglio).

- **Terme,** Via delle Terme 4, ☎ 55 345, 39 Zi (mB/mD), G . . . . . (C1, **a**)
- **Vittorio Veneto,** Via S. Gottardo 7, ☎ 53 629, 24 Zi (5 mB/14 mD) . . . . . (C1, **c**)
- **Flora,** Viale Trento e Trieste 18, ☎ 53 142, 22 Zi (1 mB/16 mD), P G . . . . . (B1, **b**)
- **Sanson,** in S. Giacomo di Veglia (2 km Richtung Sacile), ☎ 50 01 61, 28 Zi (1 mB/17 mD), P . . . . . (D2, a. P.)
- **Leon d'Oro,** Via Cavour 8, ☎ 53 327, 12 Zi (8 mD), P . . . . . (A1, **h**)
- **Il Postiglione,** Via Cavour 39, ☎ 56 924, Di . . . . . (A1, **m**)
- **Da Carlo,** in S. Giacomo di Veglia, ☎ 57 483, Mo . . . . . (D2, a. P.)
- **Leon d'Oro,** Via Cavour 8, ☎ 53 327, Mi . . . . . (A1, **h**)

entlang der Straße Nr. 51, Richtung Fadalto-Sattel:
- **Posta e Miravalle,** in Fadalto-Alto, 450 m (14 km), ☎ 58 838, 13 Zi (mD), P
- **Winkler – Al Rinforzo,** in S. Floriano, 176 m (6 km), ☎ 57 126, 9 Zi (1 mB/4 mD)
- **Al Valentino,** Ausfahrt von der Autobahn (5 km), ☎ 57 844, Mo abends u. Di
- **Da Mosè,** in Fadalto Alto (13 km), ☎ 58 835, P, Wildbret-Spezialitäten, Do

in Revine Lago, 226 m (✉ 31010) 6 km nach NW:
- **Al Cadelach,** auf der Landstraße, ☎ 58 34 21, P, mit Zimmern, Di

in Tarzo, 267 m (✉ 31020) 7 km nach W:
- **Venezia,** an der Straße, ☎ 58 62 07, 29 Zi (5 mB/15 mD), P G ≋, 1985 geschlossen

Wichtigste Wirtschaftszweige: Fahrzeugindustrie (Mopeds, Fahrräder, Karosserie), Textilindustrie (Wolle, synthetische Fasern), Zementerzeugung, Lebensmittelindustrie (Kekse).
VERANSTALTUNGEN – Vogelmarkt (15. August); Messe und Volksfest von S. Augusta (21.–22. August); Nationaler Geigen- und Violoncellowettbewerb (September–Oktober); Nationaler Chorwettbewerb (November).
Stadtbesichtigung – Man benötigt einige Stunden und kann sich auf den Stadtteil Serravalle beschränken: *Via Martiri della Liberta★* und *Piazza Flaminio* mit der *Loggia Serravallese★* (Museo del Territorio Cenedese).

Die Stadt besteht aus zwei ehemals benachbarten Ortschaften: *Céneda* im S und *Serravalle* im N, die durch den langen und schönen *Viale della Vittoria* miteinander verbunden werden; in der Mitte weite Parkanlagen und die Piazza del Popolo mit einem modernen Kriegerdenkmal.

CÉNEDA – Die **Kathedrale** (D1) aus dem 18. Jh. mit schönem Glockenturm aus dem 13. Jh. beherbergt in ihrem weitläufigen Innenraum zwei Gemälde des Jacopo da Valenza (15. Jh.; 4. Altar rechts und 2. links) und Werke der Schule Tiepolos in der Sakristei. Am dahinterliegenden Platz (Renaissance-Brunnen) steht die vielleicht von Sansovino entworfene **Loggia Cenedese** (1538); im Portikus Fresken von Amalteo. Hier ist ein *Schlachtenmuseum* untergebracht, das MUSEO DELLA BATTAGLIA *(Öffnungszeiten: 10–12, 14–17 Uhr; Sommer: 10–12, 16–18 Uhr; Mo geschl.; Eintrittsgebühr)* mit interessanten Erinnerungsstücken an den Ersten Weltkrieg.
Auf dem Gipfel eines 211 m hohen Hügels das mit Zinnen und Türmen geschmückte **Castello di S. Martino** (D1), das bis in die Germanenzeit zurückgeht; heute bischöfliches Palais.
Am Hochaltar der Kirche **S. Maria del Meschio** (D2) Verkündigung★ von Previtali.

SERRAVALLE – Gut erhaltener alter Stadtkern aus dem 15.–16. Jh. – Am Beginn das **Bürgerkrankenhaus** (*Ospedale Civico;* A1) aus dem 14. Jh. mit Spitzbogenarkaden und im Inneren dem Kirchlein *S. Lorenzo* mit interessanten Fresken des 15. Jhs.
Die arkadengesäumte **Via Martiri della Libertà★** durchquert den gesamten Stadtteil: zahlreiche gotische und Renaissancehäuser im venezianischen Stil, besonders hervorzuheben: der Palazzo Troyer, Nr. 4–12, und der Renaissancebau des Palazzo Minucci *(Besichtigung: werktags 9–12 Uhr)* mit einer Sammlung moderner und alter Gemälde, Skulpturen, Keramiken und Kunstgegenstände. Am Ende der Straße die geschlossene Piazza Marc' Antonio Flaminio mit der malerischen **Loggia Serravalese★** (A1) von 1462 mit Triforen, gotischem Balkon und Wappen. Heute ist das ehemalige Rathaus Sitz des REGIONALMUSEUMS VON CÉNEDA *(Museo del*

Territorio Cenedese). Öffnungszeiten: Winter 10–12, 15–17 Uhr; Sommer 15–17 Uhr; Di geschl.; Eintrittsgebühr.

Das Museum verfügt über eine erst kürzlich neu arrangierte vorgeschichtliche, römische und mittelalterliche Abteilung; unter den Skulpturen ein Relief des Sansovino (Madonna mit Kind); Gemälde: Werke der venezianischen Schule, Votivbildchen der Madonna und abgenommene Fresken. Im Versammlungssaal Fresken, Wappen und Möbel.

Im **Dom** (A1), im 18. Jh. mit schönem Glockenturm mit Turmhaube errichtet, befinden sich am Hochaltar ein Gemälde (Madonna mit Heiligen*) von Tizian und an den seitlichen Chorwänden zwei Werke des Francesco da Milano.

Die Kirche **S. Andrea** oder *Pieve di Bigonzo* (A2) aus dem 14. Jh. besitzt einen malerischen seitlichen Arkadengang und einen eigenartigen Innenraum mit vier Ädikulamotiven aus der Renaissance in den Ecken; an den Wänden Fresken des 15.–16. Jhs. und Leinwandbilder des Frigimelica und anderer lokaler Meister.
Die gotische Kirche *S. Giovanni Battista* (A1, a. P.; erreichbar über die malerische Via Roma und Via Mazzini) aus dem 14. Jh. besitzt ein Renaissanceportal und im Inneren Gemälde (Jacopo da Valenza, Francesco da Milano) und in der 1. Kapelle rechts Fresken aus dem 15. Jh. (andere aus dem frühen 16. Jh. in der zweiten Kapelle rechts). Außerhalb der Ortschaft, am anderen Ufer des Meschio, liegt die Kirche *S. Giustina* aus dem späten 16. Jh., die das schöne Grabdenkmal des Rizzardo VI. da Camino (1336) beherbergt.

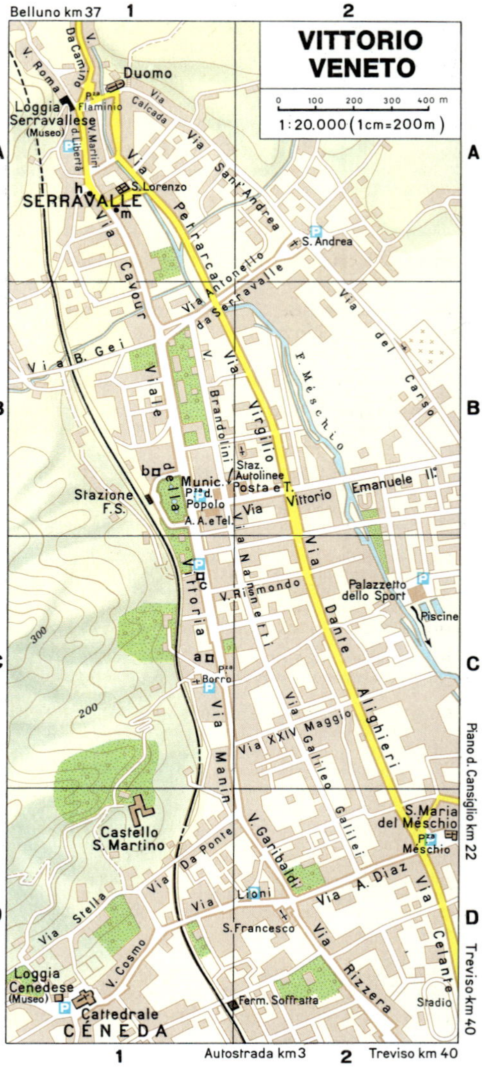

Spaziergang – In 25 Min. gelangt man von der Piazza Flaminio zur von einem alten zinnenbekrönten Turm flankierten Wallfahrtskirche **S. Augusta,** 349 m; (im Inneren Antependium aus Stein und Fresko aus dem 15. Jh.); Blick auf die Stadt.

Ausflüge – Zu den **Höhen des Calerion,** ca. 320 m, bei den *Piai di Fregona,* 8 km gegen NO über Fregona, eine Reihe von Schluchten und Höhlen, durch die ein schmaler, steiler Pfad führt. – 21 km gegen NW auf einer Panoramastraße zum **Col Visentin,** 1761 m. Vom Gipfel *(Schutzhaus delle Vittorie)* großartiger Blick über die Ebene Venetiens und auf die Dolomitengipfel. – 19 km gegen NW zum **Passo di S. Boldo:** die Straße führt durch das Soligo-Tal, vorbei an den beiden Seen von Revine, an denen die verstreuten Häusergruppen von *Revine Lago* liegen, und dann über eine kurvenreiche Straße mit Tunnel auf die Paßhöhe. Von hier kann man ins Belluna-Tal hinabfahren. Wenn man hingegen weiter im Soligo-Tal bleibt, kommt man (5,5 km nach der Abzweigung) nach *Follina* (siehe Valdobbiádene). – Zum **Altopiano del Cansiglio** (s. d.), 17 km bis nach Crosetta, 1120 m, am Beginn des Waldes.

VÖLS AM SCHLERN (Fiè allo Sciliar) 2.539 Ew, 880 m (2 C1)

Provinz Bozen. Sommerfrische auf dem kleinen Hochplateau gleichen Namens mit Blick auf den Ritten (Renon).

✉ 39050, ✆ 0471, ℹ *Verkehrsverein,* ☎ 72 047

Freizeitangebot: Schwimmbad; Heu-Heilbad; Skilift; Eislaufen am Weiher; Rodelbahn.

Turm, ☎ 72 014, 23 Zi (mB/mD), [P] ❀ ≈ ⚘, Sauna
Emmy, in Obervöls, ☎ 72 006, 38 Zi (mB/mD), [P] ❀ ≈, TV
Völser Heubad, in Obervöls, ☎ 72 020, 23 Zi (mB/mD), [P] [G] ❀, TV, Sauna, Heubäder
Rose, ☎ 72 016, 34 Zi (mB/mD), [P] ❀ ≈, TV, Sauna
Tsafon, in Obervöls, ☎ 72 024, [P], Vorbestellung, französische Küche, ~~Do~~

Sehenswert ist im Zentrum die spätgotische Pfarrkirche *Maria Himmelfahrt* aus dem 16. Jh
In 3 km Entfernung der **Völser Weiher** *(Laghetto di Fiè),* 1036 m, ein kleiner Moorsee (Seerosen) zu Füßen des Schlern.

WELSBERG (Monguelfo) 2.344 Ew, 1087 m (2 B2)

Provinz Bozen. Sommerfrische und Wintersportort in einem Kessel des Pustertals an der Einmündung des Gsieser Tals.

✉ 39035, ✆ 0474, [i] *Verkehrsverein,* ☎ 74 118; in Taisten, ☎ 74 010

Freizeitangebot: Tennis; Skilifte; Eislaufplatz.

Dolomiten, nahe beim Bahnhof, ☎ 74 146, 21 Zi (17 mB/mD), [P] ❀
Alpenhof, ☎ 74 212, 13 Zi (mB/mD), [P] [G] ❀ ≈, Sauna
Panorama, in Taisten, ☎ 74 017, [P] [G] ❀
Hell, am Hauptlatz, ☎ 74 126, [P], familiäre Umgebung, ~~Mo~~

Die barocke *Pfarrkirche* berherbergt barocke Altäre und Gemälde von P. Troger (18. Jh.). An der Einmündung des Gsieser Tals liegt an einem Felsen die **Burg Welsberg,** 1132 m, aus dem 16. Jh. mit einem hohen rechteckigen Turm.
2,5 km taleinwärts **Taisten** *(Tésido),* 1206 m, mit einem Kirchlein und einer Kapelle aus dem 15. Jh.

WELSCHNOFEN (Nova Levante) 1.668 Ew, 1182 m (2 C1)

Provinz Bozen. Sommerfrische und Wintersportort an der Dolomitenstraße im Eggental mit Blick auf Rosengarten und Latemar.

✉ 39056, ✆ 0471, [i] AA: an der Umfahrungsstraße, ☎ 61 31 26

Freizeitangebot: Geheiztes Freibad in Welschnofen; geheiztes Hallenbad in Karersee; Tennis; Reiten in Karersee; Gondellifte: Laurin I, Frommer Alm, 1730 m; Laurin II, Rosengartenhütte, 2315 m; Skilifte; Skischule; Eislaufplatz. Siehe auch Karersee.

Posta – Cavallino Bianco ▣**,** ☎ 61 31 13, 48 Zi (mB/mD), [P] [G] ❀ ≈ ⚲, TV, Sauna
Angelo, ☎ 61 31 31, 37 Zi (mB/mD), [P] [G] ❀ ≈, Sauna
Centrale, ☎ 61 31 64, 19 Zi (mB/mD), [P] ❀ ≈
Panorama, ☎ 61 32 32, 18 Zi (mB/mD), [P] ❀ ⚘
Stella ▣**,** ☎ 61 31 25, 35 Zi (mB/mD), [P] [G] ❀ ≈
Tyrol ▣**,** ☎ 61 32 61, 12 Zi (mB/mD), [P] [G]
Pardeller, ☎ 61 31 44, 14 Zi (mB/mD), [P]

SPAZIERGÄNGE – 5,3 km zum **Karersee*,** 1519 m, und 8,5 km zum **Karerpaß,** 1745 m (s. Karersee).

WOLKENSTEIN IN GRÖDEN (Selva di Val Gardena) 2.277 Ew, 1563 m (2 B-C1)

Provinz Bozen. Bekannter und wichtiger Sommerfrischen- und Wintersportort in einem schönen Kessel des Grödner Tals in der großartigen Umgebung der Sella-Gruppe und des Langkofels. In 3 km Entfernung, an der Gabelung der Straßen zum Sella-Joch und zum Grödner Joch, liegt **Kreuzboden** *(Plan de Gralba),* 1810 m.

✉ 39048, ✆ 0471, [i] *Fremdenverkehrsamt,* ☎ 75 122, [Tx] 400359

Freizeitangebot: Tennis; Reiten. Seilschwebebahn Ciampinoi, 2255 m; Gondellift Cir (Dantercepies), 1650–2350 m; Sessellifte: Costabella, 1565–1747 m; Ciampinoi, 1570–2150 m. In *Plan de Gralba:* Seilschwebebahn auf den Piz Sella, 1785–2240 m; Sessellift Piz Setour, 1789–2064 m. Skilifte in Wolkenstein, Plan de Gralba, Ciampinoi, Piz Setour. Eislaufen; Eishockey; Skischule; Skipaß. Siehe auch Grödner Joch und Sella-Joch.

Gran Baita ▣**,** ☎ 75 210, 60 Zi (mB/mD), [P] [G] ❀ ≈, TV, Sauna
Aaritz ▣**,** ☎ 75 011, 44 Zi (mB/mD), [P] ❀ ≈, TV, Sauna, nur Halbpension
Antares ▣**,** ☎ 75 400, [Tx] 400580, 49 Zi (mB/mD), [P] [G] ❀ ≈, TV, Sauna
Tyrol ▣**,** ☎ 75 270, 40 Zi (mB/mD), [P] [G] ❀ ≈, TV, Sauna
Maciaconi ▣**,** Richtung S. Christina, ☎ 76 229, 40 Zi (mB/mD), [P], TV, Sauna
Laurin ▣**,** ☎ 75 105, 30 Zi (mB/mD), [P] [G] ❀, Sauna
Malleier ▣**,** ☎ 75 296, 37 Zi (mB/mD), [P] ❀
Genziana ▣**,** ☎ 75 187, 29 Zi (mB/mD), [P] ❀ ≈, TV, Sauna, nur Halbpension
Condor ▣**,** ☎ 75 055, 26 Zi (mB), [P] ❀ ⚘, Sauna
Olympia ▣**,** ☎ 75 145, 42 Zi (mB/mD), [P] ❀, Sauna
Armin ▣**,** ☎ 75 347, 20 Zi (mB/mD), [P], TV
Alpenroyal, ☎ 75 178, 31 Zi (mB/mD), [P] [G] ❀ ≈, TV, Sauna

- **Astor ◪,** ☎ 75 207, 24 Zi (mB/mD), Ⓟ ❀
- **Miravalle ◪,** ☎ 75 166, 32 Zi (1 mB/16 mD), Ⓟ ❀ ♆
- **Bellevue ◪,** ☎ 75 227, 31 Zi (13 mB/11 mD), Ⓟ ❀ ♆
- **Stella ◪,** ☎ 75 162, 52 Zi (30 mB/14 mD), Ⓟ
- **Mignon ◪,** ☎ 75 092, 21 Zi (mB/mD), Ⓟ ❀
- **Meisules ◪,** Kreuzboden, 1810 m; 3 km, ☎ 75 200, 28 Zi (16 mB/5 mD), Ⓟ, romagnolische Küche
- **Chalet Portillo ◪,** ☎ 75 205, 25 Zi (mB/mD), Ⓟ ❀, TV, Sauna
- **Salaia ◪,** ☎ 75 104, 28 Zi (mB/mD), Ⓟ Ⓖ ❀ ≋, Sauna
- **Kristiania ◪,** Richtung St. Christina, ☎ 76 847, 35 Zi (31 mB/mD), Ⓟ ❀

AUSFLÜGE – 11 km aufs **Sella-Joch,** 2213 m (s. d.). – 10 km oder mit der Seilbahn zum **Grödner Joch,** 2121 m (s. d.). – Mit Seilbahn oder Gondellift auf den **Ciampinoi,** 2255 m.

ZIANO DI FIEMME siehe Predazzo

ZOCCA 4.164 Ew, 759 m (8 D3)

Provinz Modena. Sommerfrische im Apennin von Modena in schöner Lage auf einem Hügel zwischen dem Panáro- und dem Samoggia-Tal.

✉ 41059, ✆ 0531, ℹ *Verkehrsverein,* Rathaus, ☎ 98 70 73

Freizeitangebot: Fechtzentrum; Schwimmbad in Zocca und in Monte Ombraro; Tennis; Boccia-Anlage.

- **Joli,** bei der Kirche, ☎ 98 70 52, 37 Zi (mB/mD), Ⓟ Ⓖ ❀ ♆
- **Da Ciccio,** bei der Kirche, ☎ 88 70 52, Ⓖ ❀ ♆, Fr
- **Panoramic,** Ausfahrt nach Vignola, ☎ 98 70 10, 28 Zi (mB/mD), Ⓟ ♆, Terrasse
- **Verrucchia,** in Resóla (3 km nach SW), ☎ 98 70 16, 31 Zi (4 mB/21 mD), Ⓟ ❀
- **Da Marino,** in Resóla (3 km nach SW), ☎ 98 70 16, Ⓟ ❀, Do

in Rocca Malatina (✉ 41050) 7 km Richtung Vignola:
- **Il Faro,** bei Sassi, ☎ 79 58 84, Ⓟ ♆, Terrasse, Di

AUSFLUG – 10 km gegen NW nach **Pieve Trebbio,** 466 m: man zweigt links von der Straße nach Vignola ab und erreicht zunächst *Rocca Malatina* (2 km in Richtung W liegen die *Sassi della Rocca,* große turmähnliche Sandsteinmonolithen). In *Pieve Trebbio* befindet sich die protoromanische Kirche *S. Giovanni Battista* (9.–10. Jh.), deren Fassade mit einem Sarkophag geschmückt; beachtenswerter dreischiffiger Innenraum mit Ziborium, Bischofsthron und Chorschranken. Daneben die achteckige *Taufkapelle.*

ZOLDO ALTO 1.372 Ew (2 C2)

Provinz Belluno. Streusiedlung zwischen Tannenwäldern im innersten Zoldo-Tal an den Hängen des Monte Pelmo und der Civetta, beliebte Sommerfrische, bestehend aus *Fusine,* 1177 m, (Hauptort); *Pianaz,* 1264 m, am Fuße des Monte Pelmo; *Mareson,* 1338 m; *Pecol,* 1375 m, hat auch Einrichtungen für den Wintersport.

✉ 32010, ✆ 0437, ℹ *Verkehrsverein* (◪), in Mareson, ☎ 78 91 45

Freizeitangebot: Hallenbad; Sessellifte: Pecol, 1400 m – Crep di Pecol, 1799 m; Pioda (in Pala Favera) 1500–1950 m; Schlepplifte in Pala Favera und in Crep di Pecol; Skischule in Pecol.

- **La Caminatha ◪,** in Coi (2 km von der Straße), ☎ 78 93 38, 39 Zi (5 mB/30 mD), Ⓟ ♆
- **Valgranda ◪,** in Pecol, ☎ 78 97 42, 25 Zi (mB/mD), Ⓟ ❀ ≋
- **Bosco Verde ◪,** in Pecol, ☎ 78 91 51, 22 Zi (mB/mD), Ⓟ ❀
- **Maè ◪,** in Mareson, ☎ 78 91 89, 19 Zi (mB/mD), ♆
- **Cristellin ◪,** in Mareson, ☎ 78 91 69, 21 Zi (3 mB/14 mD), Ⓟ ⚲

Im *Kirchlein von Mareson* zwei Altäre von A. Brustolon; am Hochaltar Gemälde von 1732.
AUSFLUG – 9,6 km von Fusine entfernt liegt die **Forcella Staulanza,** 1773 m, ein Sattel zwischen dem Pelmetto, 2993 m, und dem Monte Crot, 2157 m; schöner Blick* ins Zoldo-Tal und auf den Monte Civetta.

REGISTER

Die im Ortsteil eigens angeführten Orte sind fett gedruckt

Abano Terme 41, 56
Abetone-Paß 234
Abtei 226
Abtei-Tal (siehe Gadertal)
Acquaria 234
Adria 57
Agaro, Monte 98
Agordo 36, 57
Agrone 29
Ala 58
Alba 94
Albarella, Insel 218
Alberè di Tenna 191
Aberoni 282
Alfonsine 207
Algund (Lagundo) 161
Alleghe 58
Alpago 58
Alpe Cermis 101
Alpe di Cusna 300
Alpe di Suisi (siehe Seiser Alm)
Alseno 106
Altino 164
Ampezzo 301
–, Valle d' 85
Ampola-See 195
Anaúnia (siehe Nonstal)
Andalo 29, 58
Ansiei-Tal 165
Antholz Obertal (Anterselva di Sopra) 59
Antholzer Tal (Valle di Anterselva) 37, 59, 176
Appenninia 300
Appiano sulla strada del vino (siehe Eppan)
Aquileia 46, 59
Arabba 32, 34, 61
Arbizzano 293
Arco 26, 61
Argenta 129
Ariano Polesine 57
Armentarola 226
Arsiero 243
Arquà Petrarca 41, 61
Arta Terme 62
Arzignano 173
Asiago 38, 39, 62
– *Hochplateau* 157
Ásolo 43, 63
Assenza 89
Auer (Ora) 63
Aurisina 235
Auronzo, Schutzhütte 37, 166
Auronzo di Cadore 38, 63
Außerprags (Bráies di Sopra) 200
Avelengo (siehe Hafling)
Aviano 64
Avio, Burg von 58

Bach 230
Bad Moos (Bagni di S. Giuseppe) 235
Bad Ratzes (Bagni di Razzes) 232
Badia Alta (siehe Hochabtei)
Badia, Val (siehe Gadertal)
Badia Polésine 64
Bagnacavallo 199
Bagni di Lavina Bianca (siehe Weißlahnbad)
Bagni di Rabbi 156
Bagni di Razzes (siehe Bad Ratzes)
Bagni di S. Giuseppe (siehe Bad Moos)
Bagno di Romagna 64
Bagnoli della Rosandra 46, 256
Baldo, Monte 129, 149
Ballino 26
Barbarano Vicentin 288
Bárcola 47, 243
Bardi 65
Bardolino 26, 65
Bardone 131
Bargone 222
Barigazzo 140
Baselga di Pinè 65
Bassano del Grappa 43, 66
Battaglia Terme 41, 67
Bazzano 51, 84
Bedolè 62
Bedonia 85
Bellamonte 201
Bellaria-Igea Marina 68
Bellariva 213
Belluno 40, 68
Belvedere di Pocol 33, 36, 116
Belvedere, Fort 148
Berceto 71
Bergenzano 95
Bertinoro 67
Bertoldi 141
Bezzecca 29, 189
Bibbiano 202
Bibione 71
Bieno 94
Bieve 98
Bobbio 72
Boccadirio, Wallfahrtsstätte 99
Bogliaco 18
Boite 121
Bolca 73
BOLOGNA 50, 52, 73
Akademie d. Wissenschaften 79
Augustinerkloster 79
Bibliothek 82
Casa Bertoni 83
– dei Drappieri 79
– Emaldi 83
– Gnudi 84
– Grassi 80
– Isolani-Bologni 81
– Tacconi 81
Carducci-Haus 82
Certosa 84
Erzbischöfl. Palais 83
Galleria d'Arte Moderna 84
– Davia Bargellini 80
Hof des Pilatus 81
Kirchen:
– dell'Annunziata 83
– Corpus Domini 81
– Crocefisso 81
– Madonna di Galliera 83
– Madonna di S. Luca 84
– Metropolitana 83
– S. Bartolomeo 90
– S. Domenico 82
– S. Francesco 83
– S. Giacomo Maggiore 79
– S. Giovanni Battista dei Celestini 81
– S. Giovanni in Monte 80
– S. Maria dei Servi 80
– S. Maria della Vita 82
– S. Martino 80
– S. Michele in Bosco 84
– S. Paolo 83
– S. Paolo in Monte 84
– S. Petronio 77
– S. Procolo 81
– S. Salvatore 82
– S. Sepolcro 81
– S. Stefano 81
– Ss. Vitale e Agricola, (S. Stefano) 81
– Ss. Vitale e Agricola 84
– S. Vittore 84
– Trinitá 81
Montagnola 83
Musikkonservatorium 79
Museen:
– d'Arte Industriale 80
– Archäolog. M. 82
– Civico Bibliografico 79
– del Risorgimento 82
– Seefahrtsmuseum 79
– für Textilkunde 83
Neptun-Brunnen 78
Palazzina della Viola 83
– Mariani 83
Palazzo
Aldrovandi-Montanari 83
– dei Banchi 77
– Bevilacqua 81
– Bocchi 83
– Bolognini-Amorini 81
– Calzoni 83
– Comunale 78
– Conoscenti 83
– Davia-Bargellini 80
– Fantuzzi 84
– Fava 83
– Felicini-Fibbia 83
– Gamberini 83
– Ghisilardi-Fava 83
– di Giustizia 81
– Malvezzi-Campeggi 79
– Marconi 84
– Marescalchi 82
– della Mercanzia 81
– dei Notai 77
– del Podestà 78
– della Prefettura 82
– di Re Enzo 78
– Salem-Magnani 79
Piazza
– della Mercanzia 81
– del Nettuno 78
– di Porta Kavegnana 79
– Maggiore 77
– S. Domenico 82
– S. Stefano 80
Pinacoteca Nazionale 79
Porta Galliera 83
– Maggiore 80
Portico del Pavaglione 82
Römisches Theater 81
„Schiefe Türme" 79
Stadttheater 79
Städt. Kunstsammlungen 78
Strada Maggiore 80
Torre Alberici 80
– dell'Arengo 78
– degli Asinelli 79
– Azzoguido o Altabella 83
– Emaldi 83
– de'Galluzzi 81
– Garisenda 79
– Prendiparte 83
Torri Pendenti (siehe Schiefe Türme)
Universität 79
Via Galliera 83
– dell'Indipendenza 83
– Marsala 80
– Rizzoli 79
– S. Vitale 84
– Zamboni 79
Villa Aldini 84
Bolzano (siehe Bozen)
Bondeno 123
Bondo 241
Borca di Cadore 85
Bore 65
Borghetto 260
Borgo Grotta Gigante 256
Borgo Maggiore 223
Borgo Panigale 73

Borgo Val di Taro 85
Borgonovo Val Tidone 194
Boschetto 225
Bosco Chiesanuova 85
Bosco della Mésola 49
Bosco di Corniglio 112
Bosco, Gran 196
Bozen (Bolzano) 28, 85
Bráies (siehe Prags)
– *Lago di (siehe Pragser Wildsee)*
Brasimone, See von 99
Breganze 240
Breguzzo 241
Brenner (Brénnero) 89
Brennerbad (Terme di Brénnero) 89
Brenta 42
Brenta-Villen 42, 183, 284
Brentónico 89
Brenzone 89
Brescello 142
Bressanone (siehe Brixen)
Brisighella 87
Brixen (Bressanone) 31, 90
Brocon-Paß 98
Bruneck (Brunico) 31, 37, 92
Budrio 84
Buie 47
Burano 283
Burg von Avio 58
– *Branzoll* 147
– *Canossa* 94
– *Fürstenberg* 156
– *Hocheppan* 118
– *Polenta* 71
– *Rodeneck* 91
– *„v. Romeo u. Julia"* 173
– *Rossena* 95
– *Runkelstein* 89
– *Taufers* 226
– *Torrechiara* 51, 189
– *Welsberg* 303
Burgeis (Burgusio) 30, 156
Burraia 93
Burgstall (Postal) 147
Busseto 53, 92
Bussolengo 148

Ca' Montagna 225
Ca' Tiepolo 199
Cafragna 134
Cagnò 131
Calalzo di Cadore 93
Calceránica al Lago 191
Caldaro, Lago di (siehe Kalterer See)
Caldaro sulla strada del vino (siehe Kaltern)
Caldonazzo 191
Caldonazzo-See 191
Calestano 134
Cálice (siehe Kalch)
Calieron, Höhlen 302
Campagnola 155
Campigna 93
Campitello dí Fassa 32, 93
Campo Carlo Magno 154
Campofórmido 257
Campolongo 229
Campolongo-Paß 61
Camporosso in Valcanale 239
Camporóvere 59
Camposilvano, Höhle 218
Campo Túres (siehe Sand im Taufers)
Canali 208
Canazei 32, 94, 233
Candide 111
Candriai 172
Canossa, Burg von 94
Canove 63
Cansiglio, Hochplateau des 39, 40, 58, 95
Canzolino-See 191
Cáorle 95
Capanno di Garibaldi 157
Capodistria (Koper) 47
Cappella 39, 148
Caprile 58
Caprioli, Seen von 190
Carano 100
Carbonin (siehe Schluderbach)
Carezza al Lago (siehe Karersee)
Carisolo 196
Carpaneto Piacentino 54
Carpegna 50
Carpi 51, 95
Carrara S. Giorgio 68
Carrara S. Stefano 68
Casal Borsetti 156
Casalecchio di Reno 76
Casella 43, 63
Cassola 66
Castel Coira (siehe Churburg)
Castel Lamberto (siehe Lamprechtsburg)
Castel Maggiore 72
Castel Róncolo (siehe Burg Runkelstein)
Castel S. Giovanni 194
Castel S. Pietro Terme 98
Castelfondo 131
Castelfranco Emilia 169
Castelfranco Veneto 41, 96
Castell'Arquato 54, 97
Castell dell'Alpi 153
Castelletto 89
Castello d'Aviagno 64
– *di Fiemme* 100
– *Nazionale* 183
– *Zumelle* 71
Castello Tésino 98
Castel Maggiore 76
Castelnovo ne' Monti 98
Castelnuovo 239
Castelrotto (siehe Kastelruth)
Castiglione dei Pépoli 98
Castione Marchesi 130
Castrocaro Terme 99
Cattólica 99
Cavalese 34, 100
Cavallino 145
Cavareno 100
Caviola 121
Cavriago 209
Cei, Lago di 219
Cella 134
Cembra 101
Cembra, Val di (siehe Zimmertal)
Ceneda 301
Cento 101
Crento Croci-Paß 147
Cermes (siehe Tscherms)
Cerreto, See von 102
Cerro Veronese 218
Certosa (siehe Karthaus)
Cervarezza 98
Cérvia 102
Cervignano del Friuli 59
Cesena 104
Cesenático 105
Cessalto 112, 174
Cesuna 62
Chiapuzza 225
Chiaravalle della Colomba 54, 106
Chiesa (Lavarone) 35, 148
Chioggia 48, 106
–, *Valli di* 284
Chiusa (siehe Klausen)
Chiusaforte 233
Churburg (Castel Coira) 30, 137
Ciampedie 300
Ciano 172
Ciano d'Enza 94
Cima Grappa 42
Cima Sappada 43, 230
Cimone, Mte. 52, 130, 147, 234, 243
Cisa-Paß 71, 134
Cisano 65
Cittadella 41, 108
Città di Milano, rifugio (siehe Mailänderhaus)
Cittanova (Novigrad) 47
Civago 300
Cividale del Friuli 45, 108
Cles 29, 109
Codigoro 196
Codróipo 189, 259
Cognento 166
Cógolo 189
Coi 304
Col Alto 117
Colbricon-Seen 224
Col di Villa (siehe Kohlererberg)
Collagna 102
Collalbo (siehe Klobenstein)
Collalto 238
Collecchio 51, 134
Colle di Cervignano 213
Colle Isarco (siehe Gossensaß)
Colle S. Lucia 35, 110
Colorno 110
Col Rodella 32, 93
Col Visentin 70, 302
Comacchio 48, 110
– Valli di 110, 149
Comano, Terme di 111
Comélico 37, 111
Commezzadura 165
Conco 62
Concordia Sagittaria 46, 198
Condino 29, 241
Conegliano 40, 43, 111
Contarina 48, 199
Cordévole-Tal 57, 61, 121
Córedo 110
Cormons 138
Cornaiano (siehe Girlan)
Corniglio 112
Cornuda 159
Correggio 112
Cortaccia (siehe Kurtasch)
Corte 85
Cortemaggiore 54, 113
Corteraso (siehe Kurzras)
Cortina d'Ampezzo 33, 36, 113
Corvara (Corvara in Badia) 116
Costalovara (siehe Wolfsgruben)
Costalunga, Passo di (siehe Karerpaß)
Costeggiola 235
Costermano 136
Costozza 299
Cotignola 207
Cremona 53
Creto 28, 241
Cristallo, Monte 37, 38, 115
Croce d'Aune, Paß 123
Curon Venosta (siehe Graun im Vintschgau)

Danta 111
Daone, Val di 20 e 241
Dermulo 29
Desenzano del Garda 26
Deutschnofen (Nova Ponente) 117
Dietenheim (Teodoro) 92
Digonera 217
Dimaro 156
Dobbiaco (siehe Toblach)
Dogana Nuova 130
Dolo 238
Dolomiten 117
Dolomitenstraße, Große 32
Domegge di Cadore 93
Dorf Tirol (Tirolo) 163
Dosoledo 111
Doss Trento 250
Dozza 143
Drei Zinnen 37
Duino 46, 118
Duna Verde 95

Eggental (Val d'Ega) 32, 117, 146, 303
Egna (siehe Neumarkt)
Enego 63
Enneberg (Marebbe) 228
Eppan an der Weinstraße (Appiano sulla strada del vino) 29, 118
Eraclea Mare 145

Este 41, 118
Euganäische Hügel 40

Fadalto 301
Faenza 119
Fagarè 112
Fai della Paganella 121
Faidello 130
Falcade 121
Falzárego-Paß 33, 35, 36, 121
Fanano 52, 234
Fanzolo 97
Farra d'Alpago 229
Farra di Soligo 112
Fassa-Tal 32, 93, 94, 146, 198, 222, 300
Faver 101
Febbio 300
Fedaia, Pian di 157
Feldthurns, Schloß (Velturno) 91
Felino 51
Fellicarolo 234
Feltre 39, 122
Fernetti 251
Ferrara 123
Ferrara (siehe Schmieden, Prags)
Ferrara (siehe Schmieden, Sexten)
Ferrara di Monte Baldo 129
Fiavè 19
Fidenza 53, 129
Fiè allo Sciliar (siehe Völs am Schlern)
Fiemme, val di (siehe Fleimstal)
Fiera di Primiero 34, 201
Fiorenzuola d'Arda 130
Fischleinboden (Campo Fiscalina) 235
Fischleintal (Val Fiscalina) 235
Fleimstal (Val de Fiemme) 34, 100, 201
Fleres, Val di (siehe Pflerschtal)
Fogliano 139
Foiana (siehe Völlan) 140
Folgaría 130
Folgárida 131
Follina 260
Fondo 131
Fondo Grande 131
Fontanellato 53, 131
Fontevivo 132
Forcella Aurine 135
Forcella Levardet 44
Forcella Staulanza 35, 304
Forlì 132
Forlimpópoli 133
Forni Avoltri 133
Forni di Sopra 134
Forno di Zoldo 134
Fornovo di Taro 134
Forst (Foresta) 161
Foza 62
Frassenè 134
Frassino 191
Frassinoro 135
Fratta Terme 71
Fratta Polésine 220
Fricca, Orrido della 39
Fucine 190
Fugazze, Pian delle 135
Fumane 293
Fusine 304
Fusine-Seen 239
Futa-Paß 152

Gabicce Monte 100
Gadertal (Abtei-Tal, Val Badia) 61, 121, 141, 147, 226, 228
Gaggio Montano 52, 135
Gaibola 84
Galliera Veneta 42
Gallio 62
Galzignano Terme 67
Gampenjoch (Passo delle Palade) 26, 131, 147
Garda 136
Gardasee 136
Gardeccia-Schutzhütte 22, 200
Gardena, Passo di (siehe Grödner Joch)
Gardenaccia 236
Gardesana 136
Gardone Riviera 26
Gargazon (Gargazzone) 240
Gatteo a Mare 137
Gazzano 300
Gemona del Friuli 45, 137
Genova-Tal 27, 196
Ghedina, See von 116
Ghionghi 148
Giau, Paß 110, 234
Giávera del Montello 172
Giazza 293
Giovo, Passo di (siehe Jaufenpaß)
Gilfenklamm (Gole de Racines) 237
Girlan (Cornaiano) 118
Giustino 196
Glurns (Glorenza) 30, 137
Gomagoi 21
Gorgo al Monticano 176
Görz (Gorizia) 46, 138
Gosaldo 135
Gossensaß (Colle Isarco) 139
Gradara 100
Gradisca d'Isonzo 46, 138
Grado 47, 140
Grappa, Monte 42, 67, 199
Graun im Vintschgau (Curon Venosta) 209, 228
Grazzano Visconti 54, 141
Grea 93
Grignano 47, 141
Grödner Joch (Passo di Gardena) 34, 141, 303
Grödner Tal (Valgardena) 33, 141, 226, 227, 228, 303
Gropparello 54
Grostè 155
Grotta Gigante 46, 256
Gualtieri 142
Guastalla 141
Gufidaun (Gudon) 147
Guiglia 299
Guntschna (Gúncina) 89

Hafling (Avelengo) 161
Hl. Drei Brunnen (Tre Fontane) 30
Hochabtei (Alta Val Badia) 147, 226
Hocheppan, Burg 118
Höhlensteiner Tal 242

Idro-See 241
Igea Marina 68
Illasi 293
Imola 142
Innichen (San Cándido) 38, 143
Isola d'Istria (Izola) 47
Isonzo-Schlachtfelder 139
Istrana 42, 246

Jaufenalm (Malga Giovo) 226
Jaufenpaß, (Passo di M. Giovo) 31, 226, 236
Jenesien (S. Genesio Atesino) 89
Jesolo (Lido di Jésolo) 144
Judikarien 28, 110, 241

Kalch 237
Kalterer See (Lago di Cáldaro) 146
Kaltern an der Weinstraße (Cáldarao sulla strada del vino) 145
Karersee (Carezza al Lago) 145
–, Lago di Carezza 32, 146, 300, 303
Karerpaß (Passo di Costalunga) 32, 300, 303
Karthaus (Certosa) 232
Kastelruth (Castelrotto) 146, 233
Klausen (Chiusa) 146
Klobenstein (Collalbo) 215
Kohlererberg (Col di Villa) 89
Kolfuschg (Colfosco) 146
Koper (siehe Capodistria)
Kratten 230
Kreuzboden (Plan de Gralba) 34, 304
Kronplatz (Plan de Corones) 92
Kurtasch (Cortaccia) 146
Kurzras (Cortenaso) 232

Láces (siehe Latsch)
Ladaro 241
Ladurns (Ladurno) 140
Lagarina, Val 58, 89, 155, 218
Lagdei 112
Laggio di Cadore 299
Lago Santo (Modena) 195
– (Parma) 112
Lagundo (siehe Algund)
Lagune von Venedig 108, 144, 281
Lama Mocogno 147
La Maina 300
Lamprechtsburg 92
Lana 27, 147
Landro, Lago di 29
Lardaro 241
La Santona 147
Lastè 217
Latisana 148
Latsch (Láces) 232
Lavarone 39 148
Lavazè-Paß 100
La Villa (siehe Stern)
Lazaro di Savena 76
Lazise 25, 148
Lazzaretto 168, 177
Ledro-See 29, 148, 195
Ledro-Tal 241
Legnago 149
Lendinara 64, 220
Lentiai 40, 71
Lévico Terme 149
Le Viotte 173
Lidi di Comacchio 149
Lidi Ferraresi 149
Lido Adriano 156
– degli Estensi 149
– degli Scacchi 149
– delle Nazione 149
Lido del Savio 150
Lido del Sole 71
– di Classe 150
– di Jésolo (siehe Jesolo)
– di Panzano 171
– di Pomposa 149
– di Spina 149
– di Staranzano 171
– di Volano 149
Lido von Venedig 281
Lignano 151
Limone sul Garda 25
Linfano 243
Livinallongo 195
Livrio, Schutzhaus 237
Lizzano in Belvedere 152
Loiano 152
Lonigo 153
Lorenzago di Cadore 153
Lozzo di Cadore 300
Lugagnano Val d'Arda 97
Lugana 18
Lugo 153
Lugo di Vicenza 240
Lusiana 62
Luttach (Lutago) 90
Luvigliano 57
Luzzara 142

Macerata Feltria 48
Maderno 26
Madonna dei Boschi 153
Madonna dei Fornelli 153
Madonna delle Grazie 215
Madonna dell' Acero 152
Madonna del Monte, Kloster 105
–, Wallfahrtskirche 239
Madonna del Piratello, Wallfahrtsstätte 143
Madonna di Campiglio 27, 154

Madonna di Dossobuono 285
Madonna di Pietralba, Wallfahrtsstätte (siehe Weißenstein)
Madonna di Senales (siehe Unsere Frau)
Magrè all' Adige (siehe Margreid)
Magugnano 86
Maia Alta (siehe Obermais)
Maia Bassa (siehe Untermais)
Mailänder Haus 225
Malamocco 282
Malcésine 25, 155
„Malcontenta" 42, 164, 183
Malè 27, 156
Malga Ciapela 35, 157, 217
Malga Giovo (siehe Jaufenalm)
Malga S. Giorgio 85
Málgolo 101
Málles Venosta (siehe Mals)
Malosco 131
Mals (Málles Venosta) 27, 156
Maranello 230
Marano Lagunare 59
Maranza (siehe Meransen)
Marebbe (siehe Enneberg)
Marebello 213
Mareson 304
Marghera 163
Margreid (Magrè all'Adige) 146
Marienberg, Kloster 156
Marilleva 164
Marina di Ravenna 156
Marina Julia 171
Marina Romea 156
Marling (Marlengo) 155
Marmolata (Marmolada) 31, 34, 157, 217
Marola 157
Maróstica 43, 157
Marzabotto 52, 158
Masarè 58
Maser 159
Medesano 229
Mel 70
Méltina (siehe Mölten)
Mendel (Méndola) 29, 159
Meran (Merano) 27, 159
Meran 2000 161
Meransen (Maranza) 92
Mésola 48, 197
Mestre 163
Mezzana 164
Mezzaselva 38
Mezzolago 195
Miane 260
Mignano, Lago di 97
Milano Marittima 102
Miola 65
Miramare (Riccione) 209
Miramare (Rimini) 211
Miramare (Triest) 46, 256
Mirándola 165
Mira Vecchia 34
Misa 158
Misano Adriatico 165
Misurina 165
Misurina-See 33, 37, 38, 64, 166
Mittelantholz (Anterselva di Mezzo) 59
Mittelberg (Monte di Mezzo) 215
Mitterdorf, Kaltern 45
Mócheni, Valle dei 191
Mocogno, Piane di 147
Modena 51, 166
Moena 35, 170
Mogliano Veneto 244
Molina di Fiemme 100
Molina di Ledro 195
Molina, Wasserfälle von 293
Mölten (Méltina) 239
Molveno 29, 170
Molveno-See 111, 170
Monastier di Treviso 112
Monchio delle Corti 112
Monclássico 156
Monfalcone 46, 170
Monghidoro 153
Monguelfo (siehe Welsberg)
Monrupino 251
Monsélice 41, 171
Montagnaga 65
Montagnana 41, 171
Montebelluna 172
Monte Baldo 155, 225
Monte Bondone 172
Montecchio Maggiore 173
Montechiarúgolo 51, 174
Montecreto 234
Monte Croce Comélico, Passo di 111
Monte di Mezzo (siehe Mittelberg)
Montefiore Conca 211
Montefiorino 173
Montegaldella 299
Monte Giovo, Passo di (siehe Jaufenpaß)
Montegrotto Terme 173
Montello 172
Monte Lussari, Wallfahrtskirche 239
Monteorsello 294
Monteortone 41, 57
Montepiano-Paß 98
Montereale Valcellina 64
Monte Rua, Einsiedelei 41, 57
Monte S. Vigilio (siehe Vigiljoch)
Monte Santo di Lussari 239
Montetondo (siehe Schloß Ringberg)
Monteveglio 84
Monti Berici 293
Monticelli Terme 174
Montiggl (Montícolo), Seen von 118
Moos (Moso) 38, 234
Morciano 211
Morgnaga 18
Moritzing (S. Maurizio) 87
Morter 232
Moso (siehe Moos)
Motto di Livenza 174
Muggia 47, 174
Mühlbach (Rio di Pusteria) 92
Murano 283
Mussolente 67
Müstair 30

Nago 26, 243
Nals (Nalles) 240
Nardis, Wasserfall 196
Nationalpark Stilfser Joch 237
Naturns (Naturno) 175
Naturschutzpark der Provinz Piacenza 54, 261
Nervesa della Battagia 172
Neumarkt (Egna) 63
Neustift, Kloster 31, 91
Nevegal, Alpe del 70
Niederdorf (Villa Bassa) 175
Niederrasen (Rasun di Sotto) 59
Noceto 229
Nonántola 51, 175
Nonstal (Anaúnia) 28, 109, 131, 218, 242, 250
Novacella, Abbazia di (siehe Neustift)
Novafeltria 43
Nova Levante (siehe Welschnofen)
Nova Ponente (siehe Deutschnofen)
Nove 158
Novellara 209
Noventa Vicentiana 41
Novigrad (siehe Civitanova)

Oberbozen 215
Obereggen (S. Floriano) 117
Obermais 159
Oderzo 176
Olang (Valdáora) 59, 176
Oliero, Grotten von 67
Ora (siehe Auer)
Oriago 164
Orrido della Fricca 39
Ortigaretta 225
Ortisei (siehe St. Ulrich)
Oslávia 139
Ottava Presa 95
Ottental 93

Padavena 123
Paderno di Ponzano Veneto 244
Pádola 111
PADUA (Padova) 40, 176
Baptisterium 180
Botanischer Garten 182
Caffè Pedrocchi 180
Cappella delli Scrovegni 181
Casa di Ezzelino 181
Dom 180
Gattamelata-Standbild 181
Grab des Antenor 181
Kirchen:
– Eremitani 181
– I Carmini 183
– S. Antonio 181
– S. Francesco 183
– S. Giustina 183
– S. Lucia 181
– S. Maria dei Servi 183
– S. Sofia 183
Liviano 180
Loggia 182
– della Gran Guardia 180
Museen:
– f. Archäologie u. Kunst 180
– Diözesanmuseum 180
Odeo Cornaro 182
Oratorio
– di S. Giorgio 182
– di S. Michele 183
Palazzo
– degli Anziani 180
– del Capitanio 180
– del Monte de Pietà 180
– Olzignani 183
– della Ragione 180
Piazza
– Cavour 180
– delle Erbe 180
– del Santo 181
– dei Signori 180
Prato della Valle 183
Rathaus 180
Santuario dell' Arcella 183
Scuola del Carmine 183
– di S. Antonio 182
– di S. Rocco 181
Universität 180
Via VIII Febbraio 180
– Roma 183
– Umberto I 183
Paganella 59
Pai 243
Pala-Gruppe 35
Palade, Passo delle (siehe Gampenjoch)
Palmanova 46, 183
Palmschoß (Plancios) 90
Palù 230
Palus-S. Marco 62
Paluzza 44, 62
Pampeago 240
Panchià 240
Paneveggio 35
Pánico 84
Paradiso, Passo 242
Parco Nazionale dello Stelvio (siehe Nationalpark Stilfser Joch)
Parco Provinciale Piacentino (siehe Naturschutzpark der Provinz Piacenza)
Parenzo (Poreč) 47
Parma 51, 184
–, Kartause von 189
Parona di Valpolicella 293
Passariano 189
Pastrengo 148
Pasubio, Monte 135
Paularo 44, 62
Pavullo nel Frignano 52, 189
Pecol 94, 304
Pedavena 123
Pedemonte 293
Pedratsches (Pedráces) 236
Pedrotti, Schutzhütte 224

Peio Terme 190
Pelizzano 190
Pelizzone, Passo del 65
Pellestrina 108
Pelugo 27, 241
Pénegal, Monte 159
Pénice, Monte 72
Pénice-Paß 72, 190
Pennabilli 49
Pera 200
Pera di Fassa 32
Pérgine Valsugana 190
Pertegada 152
Pescantina 148
Peschiera del Garda 25, 191
Pescosta 117
Pese 251
Pflerschtal (Val di Fleres) 139, 140
Piacenza 54, 191
Pian Capallaro 234
Pian del Falco 234
Pian di Fedaia 157
Pian di Vedoia 191
Piana, Monte 166
Pianaz 304
Piancavallo 64
Piandelagotti 135
Piane di Mocogno 147
Pianezze 260
Piano 165
Piano d'Arta 62
Piano del Voglio 153, 188
Pianoro 76
Piazzola sul Brenta 42, 183
Pietra di Bismántova 98
Pieve d' Alpago 58
Pieve di Cadore 194
–, See von 93, 194
Pieve di Cento 101
Pieve di Ledro 189, 195
Pieve di Livinallongo 189, 195
Pieve di Soligo 112
Pieve di Tremósine 18
Pievepélago 195
Pieve Tesino 98
Pieve Trebbio 299, 304
Pieve Vecchia 18
Pinarella 102
Pinzolo 27, 196
Piove di Sacco 183
Pirano (Piran) 47
Plancios (siehe Palmschoß)
Plan de Corones (siehe Kronplatz)
Plan de Gralba (siehe Kreuzboden)
Plois 58
Plose 90
Pocenia 148
Po-Delta 48, 199, 220
Pocol 33, 36, 46
Poiana Maggiore 33
Polcenigo 64
Polenta, Burg 71
Polsa 85
Pomposa, Abtei von 49, 196
Ponale 29
Ponte Arche 27, 111
Ponte di Brenta 171
Ponte nelle Alpi 40, 68
Ponte S. Lorenzo 35
Ponte Taro 184
Pontebba 197
Pontebbana 197
Pontecchio Marconi 52, 84
Porcía 197
Pordenone 45, 197
Pordoi-Joch (Passo Pordoi) 32, 33, 198
Pordoi-Spitze (siehe Sass Pordoi)
Poreč (siehe Parenzo)
Porretta Terme 198
Porta Vescovo 32, 51
Porto 89
Portobuffolè 176
Porto Garibaldi 149
Portogruaro 46, 198
Portorose (Portoroz) 47
Porto S. Margherita 95
Porto Tolle 198
Possagno 42, 199
Postal (siehe Burgstall)
Pove del Grappa 66
Pozza di Fassa 32, 200
Pozzale 195
Pra' Alpesina 129
Prad am Stilfser Joch (Prato allo Stelvio) 200
Prada 225
Pradipozzo 199
Praglia, Abtei 41, 57, 196
Prags (Bráies) 200
Pragser Wildsee (Lago di Bráies) 37, 200
Prato allo Stélvio (siehe Prad)
Prato Spilla 112
Predazzo 26, 201
Preganziol 244
Presenaio 44, 230
Primiero 201
Prissian (Prissiano) 240
Prosecco 256
Punta Marina 156
Punta Sabbioni 145
Punta di S. Vigilio 26, 136
Pustertal (Val Pusteria) 92, 143, 234, 242

Quara 300
Quarántoli 165
Quattro Castella 51

Racines, Gole di (siehe Gilfenklamm)
Radici, Passo delle 135
Rasen Antholz (Rasun Anterselva) 59
Rasun di Sotto (siehe Niederrasen)
Raticosa, Passo della 153
Ratschings (Racines) 237
Ravascletto 201
Ravenna 48, 202
Razzo, Hochplateau 300
Recoaro Mille 207
Recoaro Terme 207
Redipuglia 139, 141, 171
Reggio nell'Emilia 51, 207
Reischach (Riscone) 92
Rendena-Tal 196, 241
Renno 190
Renon (siehe Ritten)
Reschen (Résia) 209
Reschen-Scheideck 209
Revine Lago 301
Riccione 207
Ridaun (Ridanna) 237
Rienz 242
Riffian (Rifiano) 31
Rigolato 211
Rimini 50, 211
Rimini Marina 211
Ringberg, Schloß 146
Rio di Pusteria (siehe Mühlbach)
Riolo Terme 215
Riolunato 195
Riscone (siehe Reischach)
Ritten (Renon) 215
Rivabella 213
Riva del Garda 25, 26, 216
Rivazzurra 211, 213
Rivoltella 18
Roana 62
Rocca Malatina 304
Rocca Piétore 217
Rocca S. Maria 234
Rollepaß (Passo di Rolle) 217
Romano Alto 67
Rombo, Passo del (siehe Timmelsjoch)
Romeno 101
Roncade 112
Roncegno 217
Ronchi 170
Roncobilaccio 99
Róncole Verdi 53, 93
Róncolo, Castel (siehe Runkelstein)
Roncone 241
Ronzano 84
Ronzone 218
Rosandra, Valle di 256
Rosetta, Cima della 224
Rosolina Mare 218
Rossena, Castello di 97
Rota, Monte 242
Rotweinstraße 112
Roverè Veronese 218
Rovereto 38, 218
Rovigo 219
Rua, Monte, Einsiedelei 57
Rubikon 137
Rubbiano 173
Rubiera 209
Ruffrè 159
Rumerlo 111
Runkelstein, Burg (Castel Roncolo) 89
Rupingrande 256
Russi 207

Säben, Kloster (Sabione) 147
Sacile 198
Sagrado 139
Sala Baganza 46
Sala Bolognese 45
Salino 44
Salò 26
Salsomaggiore Terme 220
Saludecio 211
Salvarosa 96
Samboseto 93
Samone 98
S. Ambrogio Valpolicella 293
S. Andrea 135
S. Andrea Bagni 229
S. Anna d'Alfaedo 293
S. Anna Pélago 195
S. Antonio in Bosco 46
S. Antonio, Caldaro (siehe St. Anton, Kaltern)
S. Antonio a Trebbia 191
S. Antonio di Mavignola 27
S. Benedetto Val di Sombra 194
S. Boldo, Passo di 40, 302
S. Bonifacio 235
S. Candido (siehe Innichen)
S. Cassiano (siehe St. Kassian)
S. Cesario sul Panáro 169
S. Cipriano (siehe St. Cyprian)
S. Cristina Valgardena (siehe St. Christina in Gröden)
S. Cristoforo al Lago 191
S. Croce 229
S. Daniele del Friuli 44, 222
S. Donato, Kirche 71
S. Elena d'Este 41
S. Eufemia, Kirche 239
S. Felice del Benaco 26
S. Felice sul Panáro 165
S. Floriano 293
S. Floriano, Val Ega (siehe Obereggen)
S. Floriano del Collio 136
S. Fosca, Kirche 28
S. Francesco del Deserto, Insel 283
S. Genesio Atesino (siehe Jenesien)
S. Giacomo, Brentónico 89
S. Giacomo, Modena 165
S. Giacomo di Veglia 291
S. Giorgio 293
S. Giovanni al Timavo 118
S. Giovanni in Galilea 229
S. Giovanni in Ottavo, Kirche 90
S. Giovanni in Persiceto 175
S. Giovanni in Valle Aurina (siehe St. Johann im Ahrntal)
S. Giuliano a Mare 213
S. Giuseppe (siehe Bad Moos)
S. Giustina, Lago di 109
S. Ilario d'Enza 174
S. Lazzaro degli Armeni, Insel 282
S. Lazzaro di Sávena 76
S. Leo 49
S. Leonardo in Passiria (siehe St. Leonhard in Passeier)

S. Lorenzo in Banale 111
S. Lucia 260
S. Maria in Silvis, Kloster 46, 199
S. Marino 49, 222
S. Marino di Bentivoglio 84
S. Martino di Castrozza 35, 223
S. Martino in Passiria (siehe St. Martin in Passeier)
S. Martino in Rio 113
S. Massenza, Lago di 250
S. Mauro a Mare 224
S. Maurizio (siehe Moritzing)
S. Mauro Pascoli 225
S. Michele (siehe St. Michael, Eppan)
S. Michele, Insel 283
S. Michele, Monte 139
S. Michele all'Adige 250
S. Nicolò, Valle di 200
S. Nicolò di Comélico 111
S. Orsola 191
S. Paolo, Appiano (siehe St. Pauls, Eppan)
S. Pellegrino-Paß 34, 225
S. Pellegrino in Alpe 135
S. Piero in Bagno 64
S. Pietro di Cadore 111, 230
S. Pietro di Feletto 43, 112
S. Polo d'Enza 95
S. Polo di Piave 112
S. Quirino 197
S. Romedio, Wallfahrtsstätte 101
S. Salvatore 72
S. Secondo Parmense 131
S. Sinon, Kirche 121
S. Stefano di Cadore 229
S. Valentino 89
S. Valentino alla Muta (siehe St. Valentin auf der Haide)
S. Vigilio (siehe Vigiljoch)
S. Vigilio, Punta di 26, 136
S. Vigilio di Marebbe (siehe St. Vigil in Enneberg)
S. Vito, Ostellato 129
S. Vito, Sexten (siehe St. Veit im Sextental)
S. Vito di Cadore 225
Ss. Vittore e Corona, Kirche 122
S. Zeno di Montagna 225
S. Zenone degi Ezzelini 66
Sand in Taufers (Campo Tures) 225
Sanguinetto 149
Santarcángelo di Romagna 229
Santel 120
Santona, La 147
Sanzeno 29, 101
Sappada 44, 230
Sarca-Tal 241
Sardagna 173
Sarmego 294
Sársina 230
Sasso Marconi 84, 158
Sass Pordoi 32, 198
Sassuolo 230
Sauris 44, 300
Savio 151
Schenna (Scena) 163
Schia 241
Schio 231
Schlanders (Silandro) 231
Schloß Feldthurns 91
– *Freiberg* 161
– *Labers* 161
– *Miramare* 256
– *Neumelans* 226
– *Ringberg* 146
– *Rundegg* 161
– *Schenna* 163
– *Tirol* 163
– *Vorst* 161
Schluderbach (Carbonin) 242
Schluderns (Sluderno) 27, 137
Schmieden, Prags (Ferrara) 200
Schmieden, Sexten (Ferrara) 234
Schnals (Senales) 232
Scipione 222
Seceda, Monte 228
Segonzano, Erdpyramiden 101
Seis am Schlern (Suisi) 232
Seiser Alm (Alpe di Siusi) 146, 228, 232
Sella-Joch 34, 233, 303
Sella Nevea 233
Selva di Cadore 233
Selva di Val Gardena (siehe Wolkenstein)
Senales (siehe Schnals)
Serenella 65
Serrada 39, 131
Serraia-See 65
Serramazzoni 234
Serravalle 301
Sesto al Réghena 46, 199
Sesto di Pusteria (siehe Sexten)
Séstola 52, 234
Sette Comuni 62
Sexten (Sesto di Pusteria) 234
Sextental 37, 143
Sieben Gemeinden 62
Silandro (siehe Schlanders)
Sirano 158
Sirmione 26
Siror 201, 217, 223
Sistiana 46, 235
Siusi (siehe Seis am Schlern)
Sluderno (siehe Schluderns)
Smarano 109
Soave 235
Socchieve 44
Solda (siehe Sulden)
Solighetto 43, 112
Soligo 112
Soprabolzano (siehe Oberbozen)
Soragna 53, 253
Sottoguda 35
Sottomarina 106
Spiazzi 129
Spiazzo 241
Spilamberto 51, 170, 299
Spilimbergo 45, 236
Spina 110
Spinale, Monte 155
Spondinig (Spondigna) 200
St. Anton, Kaltern (San Antonio, Cáldaro) 146
St. Christina in Gröden (S. Cristina Valgardena) 226
St. Cyprian (S. Cipriano) 241
St. Johann im Ahrntal (S. Giovanni in Valle Aurina) 226
St. Jakob (S. Giacomo) bei Bozen 85
St. Jakob, Grödner Tal 228
St. Kassian (S. Cassiano) 226, 236
St. Leonhard in Passeier (S. Leonardo in Passiria) 226
St. Martin in Passeier (S. Martino in Passiria) 31, 227
St. Michael, Eppan (S. Michele, Appiano) 29, 118
St. Nikolaus, Kaltern 146
St. Pauls, Eppan (S. Paolo, Appiano) 118
St. Ulrich (Ortisei) 34, 227
St. Valentin auf der Haide (S. Valentino alla Muta) 228
St. Veit, Sextental (S. Vito, Sesto) 235
St. Vigil in Enneberg (S. Vigilio di Marebbe) 228
Staller Sattel (Passo Stalle) 59
Staulanza, Forcella 35, 304
Stelvio, Passo dello (siehe Stilfser Joch)
Sténico 28, 111
Stern (La Villa) 236
Sterzing (Vipiteno) 31, 236
Stilfs 244
Stilfser Joch (Passo dello Stelvio 30, 237
Stirone 235
Stra 238
Strada del Vino Bianco 112
Strada del Vino Rosso 112
Strigno 98
Studena Alta 197
Südtiroler Weinstraße 146
Sulden (Solda) 29, 238
Sulzbergtal (Val di Sole) 156
Summaga 199

Tabiano Terme 221
Taglio di Po 199
Tai di Cadore 195
Taisten (Tésido) 303
Tanameca, Passo di 238
Tarcento 45, 238
Tarsogno 239
Tarvis (Tarvísio) 239
Tarzo 301
Tassullo 28
Taufers i. Münstertal (Tubre) 30, 137, 226
Taufers, Burg 226
Tavagnaco 257
Tavernelle 51
Telve 98
Tempio 109
Tenno 26
Tenno-See 216
Teodore (siehe Dietenheim)
Teolo 41, 239
Terlan (Terlano) 239
Terme della Salvarola 230
Terme di Bacedasco 130
Terme di Bobbio 72
Terme di Brénnero (siehe Brennerbad)
Termeno (siehe Tramin)
Terra del Sole 99
Terraglio 42
Térres 29
Tésero 35, 36, 240
Tésido (siehe Taisten)
Tésimo (siehe Tisens)
Tessera 261
Thiene 240
Tiers (Tires) 241
Tignale 18
Timavo 118
Timmelsjoch (Passo del Rombo) 226
Tione di Trento 241
Tirolo (siehe Dorf Tirol)
Tisens (Tésimo) 240
Tizzano Val Parma 241
Toano 300
Toblach (Dobbiaco) 241
Toblacher See 242
Toblino-See 250
Tofana 115
Tofana di Mezzo 115
Tolmezzo 44, 242
Tonadico 201
Tonale-Paß 242
Tondi di Falória 115
Tonezza del Cimone 39, 242
Tórbole 25, 243
Torcegno 98
Torcello 283
Torrechiara, Castello di 51, 189
Torreglia 52
Torre Pedrera 211
Torres 58
Torri del Benaco 26, 243
Tovel-See 243
Trafoi 244
Tramin (Termeno) 146
Transacqua 201
Tre Croci-Paß 114
Tre Fontane (siehe Hl. Drei Brunnen)
Trebiciano 256
Tremalzo 195
Tremósine 26
Trento (siehe Trient)
Treporti 145
Treschè-Conca 62
Treviso 42, 244
Tricésimo 247
Trient (Trento) 39, 247
Triest (Trieste) 46, 47, 250
Tscherms (Cermes) 147

Tubre (siehe Taufers)
Tuenno 29, 243

Überetsch 29, 118, 146
Udine 44, 256
Umago (Umag) 47
Ultental (Valle d'Ultimo) 148
Unterdorf, Kaltern 146
Unsere Frau (Madonna di Senales) 232
Untermais (Maia Bassa) 159

Vahrn (Varna) 91
Vajolett-Schutzhaus 32, 200
Valbona-Paß 39
Valbruna 239
Valdagno 260
Valdáora (siehe Olang)
Valgardena (siehe Grödner Tal)
Val di Cembra (siehe Zimmertal)
Val di Luce 130
Val di Sogno 155
Val di Sole (siehe Sulzbergtal)
Valdobbiádene 43, 260
Valeggio sul Mincio 260
Válles, Passo di 121
Valli di Chioggia 107
Valparola, Passo di 121, 226
Valpolicella 292
Valsanzibio 41, 67
Valsugana 98, 149, 190
Valt 121
Váltina (siehe Walten)
Valverde 106
Val Visdende 44, 230
Vaneze 172
Varena 100
Varna (siehe Vahrntal)
Varone, Wasserfall 217
Vason, 172
Vedanna, Certosa di 70
Velleia 54, 261
Velturno (siehe Feldthurns)
Velo d'Ástico 31
Velo Veronese 218
Venegazzù 172
VENEDIG (Venezia) 261
Accademia 272, 274
Aquarium 281
Arsenal 280
Bahnhof S. Lucia 273
Bibliothek, Alte 271
Biennale-Archiv 276
– Ausstellungspavillons 281
Brücken (siehe auch Ponte):
– Accademia 272 274
– Bahnhofs- (Barfüßer-) 273
– Paglia 272
– Rialto- 273, 276
– Seufzer- 272
Ca' da Mosto 273
– del Duca 272
– d'Oro 273, 279
– Foscari 272
– Grande 272
– Pesaro 276
– Rezzonico 274
Campanile 270
Campo
– Bandiera e Moro 280
– Morosino 273
– della Salute 275
– S. Aponal 277
– Ss. Apostoli 279
– S. Bartolomeo 276
– S. Cassiano 276
– S. Giovanni e Paolo 278
– S. Giovanni Crisostomo 278
– S. Margherita 274
– S. Maria Formosa 278
– S. Maria Mater Domini 276
– S. Moisè 273
– S. Polo 277
– S. Stefano 273
– S. Zaccaria 279
– S. Zulian 277
Canal Grande 272
Canale di Canareggio 273
Colleoni-Denkmal 278
Diözesanmuseum 279
Dogana di Mare (siehe Seezollgebäude)
Dogenpalast 270
Dorsoduro 275
Fabbriche Nuove di Rialto 273
– Vecchie di Rialto 273
Fischmarkt 273
Fondaco dei Tedeschi 273
– dei Turchi 273
– del Megio 273
Fondazione Chini 281
Friedhof (S. Michele) 283
Galleria
– dell'Accademia 273
– d'Arte Moderna 273, 276
– Franchetti 273, 279
Ghetto Nuovo 281
Giardini Pubblici 281
Giudecca 275, 280
Goldoni-Denkmal 276
Jüdisches Gemeindemuseum 281
Kirchen:
– Angelo Rattaete 275
– Barfüßerkirche, Degli Scalzi 273, 281
– dei Frari 277
– Gesuati 275
– Gesuiti 281
– Madonna dell'Orto 281
– della Pietà 280
– dell Redentore 280
– S. Alvise 281
– S. Aponal 277
– Ss. Apostoli 279
– S. Cassiano 276
– S. Fantin 273
– S. Francesco della Vigna 281
– S. Giacomo dell'Orio 276
– S. Giacomo di Rialto 276
– S. Giobbe 281
– S. Giorgio dei Greci 279
– S. Giorgio Maggiore 280
– S. Giovanni Crisostomo 278
– S. Giovanni Elemosinario 277
– Ss. Giovanni e Paolo 278
– S. Giovanni in Bragora 280
– S. Giuliano 277
– S. Marco (siehe Markuskirche)
– S. Maria dei Miracoli 278
– S. Maria della Pietà 280
– S. Maria della Salute 275
– S. Maria di Zobenigo 273
– S. Maria Formosa 278
– S. Maria Gloriosa dei Frari 277
– S. Maria Mater Domini 266
– S. Moisè 273
– S. Nicolò dei Mendicoli 275
– S. Pietro di Castello 280
– S. Polo 277
– S. Rocco 277
– S. Salvatore 275
– S. Samuele 272
– S. Sebastiano 275
– S. Silvestro 277
– S. Simeone Piccolo 273
– S. Stae 273
– S. Stefano 274
– S. Trovaso 275
– S. Vitale (ex) 274
– S. Zaccaria 279
– S. Zanipólo 278
– Scalzi 273, 281
Libreria Marciana 271
Marinemuseum 280
Markuskirche 269
Markusplatz 269
Mercerie 275
Museen:
– Accademia 272, 274
– Archäolog. M. 272
– Byzantinischer Malerei 279
– Correr 270
– Fortuny 281
– Marciano 270
– Marine-M. 280
– Moderner Kunst 273, 276
– Naturhistor. M. 273, 281
– Oriental. M. 276
– Peggy Guggenheim 281
– del Risorgimento 270
– del Settecento Veneziano 274
– di Storia Naturale 273, 281
– Storico Navale 280
Palazzo
– Balbi 272
– Belloni Battagià 273
– Bernardo 273
– Brandolin 273
– dei Camerlenghi 273, 276
– Cavalli-Franchetti 272
– Contarini dal Zaffo 272
– Contarini degli Scrigni 272
– Contarini delle Figure 272
– Contarini-Fasan 272
– Cornèr 272
– Cornèr della Regina 276
– Cornèr-Spinelli 272
– Corrèr Contarini 273
– Da Mula 272
– Dario 272
– dei Dieci Savi 273, 276
– Donà 278
– Ducale (siehe Dogenpalast)
– Erizzo alla Maddalena 273
– Farsetti-Loredan 273
– Fontana 273
– Giustinian 272
– Giustinian-Lolin 272
– Grassi 272
– Grimani 273
– Gussoni 273
– Labia 273
– Loredan, Canal Grande 272
– Loredan, Campo Morosino 273
– Manin 273
– Michiel dalle Colonne 273
– Mocenigo 272
– Moro-Lin 272
– degli Orfei 281
– Papadopoli 273
– Persico 272
– Pesaro 273, 276
– Pisani 274
– Pisani-Moretta 272
– Priuli 278
– Treves dei Bonfili 272
– Trevisan 279
– Vendramin Calergi 273
– Vernier dei Leoni 281
– della Zecca 272
Pescheira (siehe Fischmarkt)
Piazza S. Marco 269
Piazzale Roma 273
Piazetta S. Marco 270
Pinacoteca Manfrediniana 275
– Querini Stampalia 278
Ponte
– dell'Accademia 272
– di Canonica 279
– della Libertà (Straßendamm Mestre-S. Lucia) 273
– della Paglia 272
– di Rialto 273, 276
– dei Sospiri (siehe Seufzerbrücke)
– della Stazione (degli Scalzi) 273
Porta della Carta 271
Procuratie Nuove 269
– Vecchie 269
Punta della Salute 272
Rialto 273
Riva degli Schiavoni 280
– del Vin 273
Ruga degli Orefici 276
– vecchia S. Giovanni 277

S. Lucia 273
S. Michele, Insel 283
Sammlung Peggy Guggenheim 281
Scuola
– dei Carmini 274
– S. Giorgio degli Schiavoni 279
– S. Giovanni Evangelista 276
– S. Marco 278
– S. Rocco 277
Seezollgebäude 275
Seminario Patriarcale 275
Seufzerbrücke 272
Strada Nuova 279
Teatro La Fenice 273
Uhrturm (Torre dell'Orologio) 269
Universität 272
Volta da Canal 272
Zattere 275, 281
Venosta, Val (siehe Vintschgau)
Venzone 45, 284
Vermiglio 242
Vernagt (Vernago) 232
VERONA 284
Arena 288
Arche Scaligere (siehe Skaligergräber)
Arco della Costa 289
– dei Gavi 290
Bischofspalast (Vescovado) 289
Casa de Giuletta (siehe Haus der Julia)
Castelvecchio 290
Corso Cavour 290
Dom 289
Galleria d'Arte Moderna 290
Grab der Julia 291
Grabmal des Castelbarco 289
Haus der Julia 292
Kirchen:
– della Madonna di Campagna 293
– S. Anastasia 289
– Ss. Apostoli 290
– S. Bernadino 291
– S. Eufemia 292
– S. Fermo Maggiore 291
– S. Giorgetto 289
– S. Giorgio in Braida 292
– S. Giovanni in Foro 290
– S. Giovanni in Valle 292
– S. Lorenzo 290
– S. Maria Antica 289
– S. Maria in Organo 292
– Ss. Nazaro e Celso 292
– S. Pietro Incarnario 291
– S. Pietro Martire 289
– S. Stefano 292
– S. Tosca e Teuteria 290
– S. Tommaso Cantuariense 292
– S. Zeno Maggiore 290
Liston 288
Loggia del Consiglio 289
Markus-Säule 288
Mazzanti-Häuser 289
Messegelände 292
Museen:
– Afrik. Missions-M. 292
– Archäolog. M. 292
– Fresken-M. 291
– Kutschen-M. d. 19. Jhs. 292
– Lapidario Maffeiano 288
– Miniscalchi Erizzo 292
– Naturhistor. M. 291
– del Risorgimento 290
– Städt. Kunstmuseum 290
Palazzo:
– Bevilacqua 290
– Canossa 290
– del Commune 289
– Forti-Emilei 290
– Giusti 292
– del Governo 281
– della Gran Guardia 288
– Maffei 288
– Maffei-Lebrecht 291
– Malfatti 288
– Pompei 291
– dei Tribunali 290
Piazza Bra 288
– delle Erbe 288
– dei Signori 289
Ponte Nuovo 292
– Pietra 289
– Scaligeri (siehe Skaligerbrücke)
Porta dei Borsari 290
– dei Leoni 292
– del Morbio 290
– Nuova 291
– Palio 291
– S. Giorgio 292
Rathaus 288
Römisches Theater 292
Skaligerbrücke 290
Skaligergräber 289
Stadtmauern 291
Tomba di Giuletta (siehe Grab der Julia)
Torre del Gardello 288
– dei Lamberti 289
Vescovado (siehe Bischofspalast)
Zoologischer Garten 292
Verucchio 49
Vetriolo Terme 293
Vezzano 250
Vicenza 42, 293
Vico 134
Vicofértile 189
Vidiciático 52, 152
Vigarano Mainarda 120
Vigiljoch (S. Vigilio) 27, 148, 163
Vignola 50, 170, 299
Vigo 65
Vigo di Cadore 299
Vigo di Fassa 31, 300
Vigoleno 54, 222
Vigolo Marchese 54, 97
Vigo Lomaso 26
Vill (Villa) 63
Villa
– *Aria* 158
– *Barbarigo* 41
– *Barbaro (Volpi)* 43, 158
– *del Bene* 293
– *Campagnola* 299
– *Carlotti* 293
– *Contarini* 42
– *Cornèr (Chiminelli)* 97
– *Emo-Capodilista* 97
– *Feretti-Angeli* 42
– *Foscari* 48, 164, 283
– *Garzadori* 299
– *Gradenigo* 42
– *Imperiale* 42
– *Lattes* 42
– *Lazara Pisani* 42
– *Macchiavello* 158
– *Malcontenta* 48, 164, 283
– *Manin* 141, 189, 259
– *Il Mauriziano* 209
– *Monza* 299
– *Nazionale* 41, 183, 238
– *Negri-Piovene* 67
– *Pasole-Berton* 123
– *Pisani (Lónigo)* 153
– *Pisani (Montagnana)* 172
– *Pisani (Stra)* 42, 183, 238
– *Rinaldi-Barbini* 63
– *Rotonda* 298
– *Sagramosa Perez Pompei* 293
– *Savoini* 112
– *Simes (Contarini)* 42, 183
– *della Torre* 293
– *Trento* 299
– *Valmarana* 42, 298
– *Venier-Contarini-Zen* 41
– *Verdi di S. Agata* 53, 93
– *Widmann* 41
Villabassa (siehe Niederdorf)
Villafranca di Verona 300
Villamarina 106
Villa Minozzo 300
Villanova, Borca di Cadore 85
Villanova, Höhlen von 239
Villanova, S. Bonifacio 235
Villa Opicina 46, 256
Villa Santina 300
Villa Verucchio 215
Vilpian (Vilpiano) 240
Vintschgau (Val Venosta) 29, 175
Vipiteno (siehe Sterzing)
Visdende, Val 230
Viserba 211
Viserbella 211
Visinada 40
Vivaro 236
Vittorio Veneto 40, 302
Volano 38
Volargne 293
Volpago 166
Völlan (Foiana) 148
Völs am Schlern (Fie allo Scilіar) 302

Walten (Váltina) 215
Weinstraßen:
– *Rotweinstraße* 112
– *Südtiroler W.* 146
– *Weißweinstraße* 112
Weißbrunner See 147
Weißenstein, Wallfahrtskirche (Madonna di Pietralba) 117
Weißlahnbad (Bagni di Lavina Bianca) 211
Welsberg (Monguelfo) 303
Welschnofen (Nova Levante) 303
Wolfsgruben (Costalovara) 215
Wolkenstein in Gröden (Selva di Val Gardena) 303

Zadina Pineta 106
Zerman 244
Ziano de Fiemme 201
Zero Branco 244
Zibello 47
Zimmertal (Val di Cembra) 101
Zocca 304
Zoldo Alto 304
Zoldo-Tal 35, 134
Zompicchia 189
Zompitta 247
Zoppè di Cadore 134
Zuel 114
Zuglio 44, 62
Zumelle, Castello di 71